KCG
해양경찰학개론

노 호 래

박영사

PREFACE 머리말

해양경찰의 직무는 해양에서의 경찰 및 오염방제 업무를 담당한다. 구체적으로 해양에서의 ① 수색·구조·연안안전관리 및 선박교통관제와 경호·경비·대간첩·대테러작전, ② 공공의 안녕과 질서유지를 위하여 해양관련 범죄의 예방·진압·수사와 피해자 보호, ③ 공공안녕에 대한 위험의 예방과 대응을 위한 정보의 수집·작성·배포, ④ 오염 방제 및 예방활동, ⑤ 해양경찰 직무와 관련된 외국 정부기관 및 국제기구와 협력이 있다. 이러한 다양한 직무는 육상에서 경찰청의 경찰업무, 소방청의 재난관리업무, 환경부의 오염방제 업무를 해양에서 시행하고 집행하는 복합성과 복잡성을 가지고 있다. 이는 가히 해양경찰이 해양에서 국가업무의 거의 전부를 수행하는 종합행정기관이라고 자리매김할 수 있을 것이다.

위와 같은 직무를 수행하는 실천목표는 '바다의 수호자,' '정의의 실현자,' '국민의 봉사자,' '해양의 전문가'이다.

'바다의 수호자'로서 국민의 생명과 안전을 지키며 인류의 미래 자산인 해양 보전에 맡은 바 책임을 다한다.

'정의의 실현자'로서 청렴과 공정을 생활화하며 원칙과 규범을 준수하고 올바르게 법을 집행한다.

'국민의 봉사자'로서 소통과 배려를 바탕으로 국민이 만족하고 신뢰하는 해양서비스를 제공한다.

'해양의 전문가'로서 창의적 자세와 도전정신으로 어떠한 어려움도 극복하며 임무를 완수한다.

이러한 직무를 바탕으로 해양경찰학은 사회생활의 안전과 관련된 측면을 다루게 되는 것이므로 기본적으로 사회과학의 한 학문분과에 속하게 된다. 다만 해양경찰학은 바다, 선박과 관련되어 있으므로 이러한 분야에서는 기본적으로 자연과학적인 지식이 중요하게 된다. 이러한 점에서 바라보면 해양경찰학은 융합학문으로서의 성격도 가진다. 따라서 해양경찰학은 순수한 기초과학이 아니라 기초적인 분과학문들이 이루어 놓은 이론과 지식들을 응용하여 해양경찰현상을 연구하고 실제문제해결에 응용하는 실용적 학문이라고 정의할 수 있을 것이다.

본서는 2022년에 시행되는 각종 법령의 제정과 개정된 내용을 빠짐없이 반영하였다. 그리고 2018년 해양경찰 채용부터 출제가 시작된 해양경찰학개론 기출문제를 이 책에 반영하였으며, 실제 출제된 부분을 본문에서 표기하여 해양경찰 채용과 승진에서 도움이 될 수 있도록 하였다. 해양경찰 실무를 기준으로 적절하게 장을 나누고

그에 맞는 구성을 하여 실용성을 특징으로 한다.

본서는 15개의 장으로 구성되어 있다. 제1장은 해양경찰과 해양경찰학, 제2장은 해양경찰의 역사, 제3장은 해양경찰의 관할 및 해양행정기관, 제4장은 해양경찰의 법치행정과 조직법, 제5장은 해양경찰과 경찰공무원법 관계, 제6장은 해양경찰작용법, 제7장은 해양경찰 기획·운영론, 제8장은 해양경찰 통제, 제9장은 비교해양경찰론, 제10장은 해양경비론, 제11장은 구조·안전론, 제12장은 해양경찰 수사론, 제13장은 해양경찰 국제정보론, 제14장은 해양경찰 장비관리론, 마지막으로 제15장은 해양오염방제론으로 구성되어 있다.

그동안 해양경찰학개론의 출판은 2016년 발행된 문두사의 노호래외 14인 공저 해양경찰학개론이 있었고, 그 이후 2018년 박영사의 윤성현·박주상·김경락 공저의 저서가 있었으며, 2021년 7월 박주상·김경락·윤성현의 개정판이 있었다. 2020년 8월에는 김종선의 해양경찰학Ⅰ·해양경찰학Ⅱ가 발행되었다. 이들은 해양경찰학의 체계화와 발전에 기여한 선구자들이다. 선행 연구자들의 저서 출판에 매우 깊은 감사의 말씀을 드린다.

끝으로 이 책이 출판되도록 격려해 주신 동국대학교의 이황우 교수님·최응렬 교수님, 순천향대학교의 장석헌 교수님, 군산대학교의 유영현·오윤용·이상문·김종길·임유석 교수님, 한서대학교의 이주성 교수님, 한국해양대학교의 최정호 교수님, 목포해양대학교의 박주상·임채현 교수님, 경상대학교의 박상식·정봉규 교수님, 대전대학교의 이상훈 교수님, 전주대학교의 권창국 교수님, 부경대학교의 임석원·함혜현 교수님, 강원도립대의 이강훈 교수님, 해양경찰청의 김병로 치안정감님·윤성현·김용진·이명준·강성기 치안감님·장인식 경무관님·이근안 총경님·김석규 경정님, 군산해양경찰서의 한재진 경정님에게 깊은 감사의 말씀을 드린다.

또한 본서의 출판과 교정에 매우 큰 도움을 주신 박영사의 안종만 회장님, 이영조 부장님, 최문용 편집위원님, 박송이 과장님을 비롯하여 편집을 담당해 주신 박영사의 편집부에도 깊은 감사의 말씀을 드린다.

2022년 2월
군산대학교 종합교육관에서
저자 씀

CONTENTS 목차

CHAPTER 01 해양경찰과 해양경찰학

CHAPTER 02 해양경찰의 역사

CHAPTER 03 해양경찰의 관할과 해양행정기관

CONTENTS
목차

CHAPTER 06 해양경찰작용법

CONTENTS
목차

CHAPTER 09 비교해양경찰제도

CHAPTER 10 해양경비론

CHAPTER 13 해양경찰 국제 · 정보론

CHAPTER 15 해양오염방제론

참고문헌

해양경찰과 해양경찰학

SECTION

01 해양경찰의 개념 형성과 이념

Ⅰ. 경찰의 개념 변천

경찰의 개념은 시대성·역사성을 띠는 개념일 뿐만 아니라, 국가마다 고유한 전통과 사상이 반영된 것이어서 일률적으로 정의 내리기가 쉽지 않다.[1] 경찰개념을 정립해야 하는 이유는 그 개념 정립에서 해양경찰의 존재 이유와 임무 또는 목적을 도출해 낼 수 있으며, 오늘날의 우리 해양경찰개념을 가장 잘 설명할 수 있는 개념이 무엇인지를 고찰할 필요가 있기 때문이다. 해양경찰은 1953년 창설할 때에 내무부 치안국 소속으로 탄생하였고, 해양경찰청 소속 경찰공무원(이하 해경이라 한다)은 경찰청 소속 경찰공무원(이하 육경이라 한다)과 마찬가지로 제도상으로 보통경찰기관이기 때문에 우선 경찰의 개념을 살펴볼 필요가 있다.

1. 대륙법계와 영미법계의 경찰개념 변천

1) 대륙법계

고대 그리스·로마 시대에 경찰이라는 용어는 Police·Polizei라는 용어에서 온 것으로 이해되고 있다. Police·Polizei라는 용어는 그리스의 Politeia라는 말에서 유래한다. Politeia란 근원적으로 국가의 헌법, 국가기능의 공동행사, 국가기능의 공동작용 등을 뜻하였다. 고대 로마에서도 Politia라는 말은 공화국의 헌법과 그것을 수행하는 일반적인 행정활동으로 이해되었다.[2]

독일에서는 15세기에 처음으로 Polizei라는 말이 나타났는데, 그 의미는 "공동체의 양호한 질서상태", "그 공동체의 양호한 질서상태의 창설·유지를 위한 활동"을 뜻하였다. 이 시기까지만 하여도 국가활동의 종류에 대한 구분이 나타나지 않았

1) 강용길외 7인(2009). 「경찰학개론(상)」, 경찰공제회, p. 23.
2) 홍정선(2007). 「경찰행정법」, 박영사, p. 6.

고,[3] 16세기 「제국경찰법」에서는 교회행정 권한을 제외한 일체의 국가행정을 '경찰'이라고 하여, 경찰권은 절대주의적 국가권력의 기초가 되었으며 세속적인 공권력으로 사회 질서를 유지함을 의미했다.[4]

17－18세기(경찰국가시대)에 차츰 행정이 전문화를 추구하면서 국가행정이 외정(外政)·군정(軍政)·재정(財政)·내정(內政)으로 분화되어 내무행정만을 경찰이라 하였다. 이 시기의 군주는 신민의 복지를 위해 자유로운 재량에 따라 일반적인 경제적·사회적 관계의 촉진을 위해 활동을 할 수 있었고, 법적 근거 없이 임의적으로 신민의 권리를 침해할 수 있는 무제한의 권한을 가졌다. 이를 복지경찰이라고 한다.[5]

18세기 후반에 이르러 경찰의 임무는 현저한 위험의 방지이고, 복지의 촉진은 경찰의 고유한 임무가 아니며, 경찰권의 발동은 소극적인 위험방지 분야에 한정되게 되었다.[6] 1794년 프로이센 일반란트법 제10조 제2항 제17호는 "공적 평온·안전과 질서의 유지를 위해, 그리고 공중이나 개인에게 놓이는 위험의 방지를 위해 행하는 필요한 작용은 경찰의 직무이다"라고 규정하였다.

그러나 동 규정은 프랑스 혁명에 대한 반동으로 실제로 지켜지지 않았으며, 19세기 전반까지 소극적 목적 외에 복지경찰도 인정되는 것이 현실이었다. 19세기에 독일 경찰의 개념은 개념은 경찰업무를 수행하는 행정청의 종류 여하를 불문하고 모든 위험방지임무로 이해되었다. 그리하여 경찰개념은 건축경찰, 어업경찰, 보건위생경찰, 시장경찰, 집회경찰 등으로 세분되어 사용되게 되었다.

20세기의 1931년 프로이센 경찰행정법(Pr. PVG 제14조 제1항)에서 경찰의 직무범위는 소극목적에 한정되는 경찰개념이 확립되었다. 그 후 1936년 나치정권이 등장하여 각주에 속해 있던 경찰권을 국가에 집중하였고, 1937년에는 형사경찰과 비밀국가경찰(게슈타포)을 포함하는 보안경찰을 설치하였으며, 국가치안본부를 설치하였다.

제2차 세계대전 이후 연합국은 점령정책의 일환으로 경찰의 탈나치화, 탈군사화, 비정치화, 민주화 및 지방분권화를 추진하여 국가경찰화된 것을 다시 주경찰로 회복하였고 협의의 행정경찰사무(영업경찰, 건축경찰, 보건경찰 등의 경찰사무)를 경찰사무에서 다른 관청의 분장사무로 이관시켰다. 이를 비경찰화(非警察化)라 한다.

한편 프랑스에서는 1795년 「죄와 형벌법전」 제16조에서 "경찰은 공공질서를 유지하고 개인의 자유와 재산 및 안전을 유지하기 위한 기관이다"라고 규정하고 있

3) 홍정선(2007). 동게서.
4) 강용길외 7인(2009), 전게서, p. 23.
5) 홍정선(2007), 전게서, p. 6.
6) Johann Stephan Püttner, Institutiones juris Germanici, 1770.

고, 그것은 1884년의 「지방자치법전」에 계승되어 동 제97조는 "자치체경찰은 공공의 질서·안전 및 위생을 확보함을 목적으로 한다"고 규정하는 등 경찰의 직무를 소극 목적에 한정하고 있으나 역시 위생사무 등 협의의 행정경찰사무가 포함되어 있었다.[7]

2) 영 · 미법계

영·미법계의 경찰개념은 경찰을 시민과 대립관계로 보지 않았다. 이 점에서 경찰과 시민관계를 대립의 관계로 보는 대륙법계의 경찰개념과 구별된다. 영·미법계는 경찰을 주권자인 시민으로부터 자치권한을 위임받은 조직체로서의 경찰이 주권자인 시민을 위해서 수행하는 기능과 역할을 중심으로 형성되었기 때문에 서비스기능과 역할을 강조한다. 따라서 경찰권이라고 하는 통치권적 개념을 전제로 하는 대륙법계의 경찰개념과 구분된다.

3) 해양질서의 형성

로마시대에는 바다는 만민법에 의해 사람들에게 자유롭게 개방되어 사적인 소유가 금지되었고, 중세 유럽각국은 연안해역에 영유를 주장하였다.

15－17세기(대항해시대)에는 스페인과 포르투칼에 의해 해양이 지배되었고, 후반부에는 영국과 네덜란드가 해양대국으로 대두하였다.

18－19세기에는 해양은 연안국이 지배하는 「좁은 영해」(연안에서 3해리가 일반적)와 자유로운 「넓은 공해」로 나누어진다는 사고방식이 주류를 이루었다.

19세기 후반－20세기에는 해양이용이 광대해짐에 따라 과도한 영해범위를 주장하거나 어업권, 해협통항권 등에 대해 각국의 입장 차이가 발생하여 해양에 관한 국제관습을 법전화하기 위한 움직임이 생겨났다.

1930년에는 Haag 국제법 법전 편찬회의에서 영해의 폭에 대해 합의하지 못하고 조약체결에 실패하였다.

1945년에 미국이 대륙붕의 천연자원에 대한 관할권 및 연안어업을 규제하는 수역을 주장하는 「트루먼선언」을 하였다. 이 사건 이후 많은 나라가 연안해역의 관할권을 주장했다.

1958년에는 제1차 UN해양법회의에서 「제네바해양법조약」을 체결하지만 영해의 폭은 정해지지 못하였다.

7) 강용길외 7인(2009), 전게서, p. 25.

1960년에는 제2차 UN해양법회의에서 영해 폭의 합의를 꾀했으나 실패하였다.

1973년에는 제3차 UN해양법회의 이후 10년간의 교섭을 거쳐 1982년에 「UN해양법협약」을 체결하게 되었다.

1977년에는 200해리 어업수역을 설정하는 나라가 연이어 나타나는 등의 변화의 영향을 받아 우리나라도 「영해법」을 제정하고 영해의 폭을 12해리로 하였다.

1982년에는 「UN해양법협약」이 채택되었고, 1994년에 발효되었다.

1996년에는 「UN해양법협약」이 우리나라에서 발효되었고, 「영해법」이 「영해 및 접속수역법」으로 변경과 개정이 있었고, 「배타적 경제수역법」과 「배타적 경제수역에서의 외국인어업 등에 대한 주권적 권리의 행사에 관한 법률」의 제정되었다. 그리고 해양경찰청이 경찰청의 부속기관에서 해양수산부의 외청인 중앙행정관청으로 승격되었다.

2. 우리나라의 경찰개념 형성

프랑스법의 '경찰권(Pouvoir de Police)' 관념은 독일의 '경찰(Polizei)'이라는 관념의 형성에 영향을 미치고, 일본이나 우리나라의 경찰개념의 형성에 있어서 중요한 영향을 미쳤다.[8] 특히 우리나라에 있어서 일본의 영향은 매우 크다고 볼 수 있다. 강화도조약(1876) 이후 일본의 영향을 받아 왔으며, 갑오경장(1894)에 의해서 근대적 법치주의가 도입되고 제도화되어 간다. 경찰관(警察官)이란 관직명을 사용한 것은 1894년의 갑오개혁 때의 일이 아니라 그 이전이었으며, 배치된 지역도 개항장인 인천, 부산, 원산에서부터 비롯되었다.

1) 경찰관(警察官)이라는 관직명 등장

1884년 4월 21일, "화도진별장(花島津別將) 김굉신(金宏臣)을 인천항경찰관(仁川港警察官)으로 임명하다"[9]라는 역사기록이 있고, 우리나라에서 처음으로 경찰이라는 용어가 사용되었다. 경찰관이라는 관직명 사용은 갑오개혁 때가 아니라 그 보다 10년 정도 앞선 1884년이었고, 개항이 있는 인천항에서 출발하였다.

1885년 10월 29일, 통리교섭통상 사무아문(統理交涉通商事務衙門)에서 아뢰기를 "인천항에 이미 경찰관(警察官)을 두었으니, 부산과 원산 두 항구에도 똑같이 설치

8) 강용길외 7인, 상게서, p. 26.

9) 日省錄 고종 21년 4월 21일.

하는 것이 어떻겠습니까?" 하니, 윤허하였다(統理交涉通商事務衙門啓: "仁川港旣設警察官矣, 釜山, 元山兩港, 亦一體設置何如 ?" 允之). 부산은 첨사(僉使) 최석홍(崔錫弘), 원산은 서기관(書記官) 박의병(朴義秉)으로 하여금 겸대(兼帶)케 하다.[10]

경찰이라는 용어사용은 갑오경장(1894)에서 처음으로 사용[11]한 것이 아니라 그 이전부터 사용되었다. 그 증거는 앞의 기록들에서 알 수 있다. 1884년에 김굉신을 인천항경찰관에 임명하고, 1885년에 인천항에 경찰관을 배치하였으니 부산, 원산에도 배치해야 된다는 기록이 있다. 경찰관이라는 관직명 사용은 갑오경장에 의한 경무청신설 때보다 10년 정도 앞선 것으로 역사기록에서 나타난다.[12]

갑오개혁(1894) 때 각 항구의 경찰관(警察官)을 경무관(警務官)으로 변경하고, 경무청에 소속시켰다. 경찰관은 경무관과 동위의 관직으로 1884년에서 1894년 시기의 경찰관은 상당히 높은 고위직에 해당한다. 즉 조선왕조실록의 공식기록상 경찰업무를 담당하는 관직의 명칭은 처음에는 일본의 영향을 받아 인천, 부산, 원산 등의 무역항에서 "경찰관"이라고 칭하였다가 갑오경장 때 "경무관"이라는 명칭으로 바뀌었음을 알 수 있고, 관직명으로 경찰관이라는 명칭사용의 최초는 항구도시인 인천에서 비롯되었음을 알 수 있다.[13]

2) 갑오경장에 의한 제도화

우리나라에서의 근대적 의미의 경찰제도는 갑오경장(1894년, 고종 31년)부터이지만 그 관직명 사용은 앞에서 기술하였듯이 그 전부터 있었다. 고종 31년에 포도청이 폐지되고, 의정부관제(議政府官制)에 의해 내무아문 소속의 경무청이 설치되었다. 경무청은 국민을 보호하고, 건강을 보호하며, 순찰하는 것 외에 사법사무와 감옥사무를 직무로 하였다. 1895년 3월 칙령 제53호의 발포로 내부(內部)가 경찰사무를 관장하는 근대적인 경찰제도가 마련되었다.[14]

갑오개혁안의 실행을 위하여 반포된 신관제는 6조(曹)를 기초로 하여 중앙기관을 편성하되, 의정부[15] 밑에 8개아문(내무, 외무, 탁지, 군무, 법무, 학무, 공무, 농상)을 두

10) 高宗實錄 고종 22년 10월 29일.
11) 李運周(2002). 警察學概論, p. 69.
12) 노호래(2011). "해양경찰사 小考－한말 개항장(開港場)의 감리서(監理署)와 경무서(警務署)를 중심으로－, 「한국경찰연구」, 제10권 제2호, p. 71.
13) 상게논문, p. 72.
14) 김형중(1990), 「한국고대경찰사」, 수서원, pp. 23－25.
15) 의정부는 내각(內閣)으로 개칭을 반복하다가 광무 11년(1907년 6월) 내각관제가 제정·반포되어 의정부를 폐지하고 내각을 설치하여 한일합방 때(1910년 8월)까지 시행됨.

고, 내무아문의 장관격인 내무대신 밑에 7국(총무, 판적, 주현, 위생, 지리, 사사, 회계국)과 1청(경무청)을 두어 경무청이 경찰사무를 관장하도록 하였다. 이에 따라 갑오년(1894) 7월 14일(음력)에 「경무청관제 · 직장」[16] 및 「행정경찰장정」[17]이 제정된 것이다. 「경무청관제직장」의 제정에 따라 좌 · 우 포도청은 폐지되고 한성부에 경무청이 신설되었고, 경무청은 처음에는 법무아문에 소속하다가 내무아문(1895년 4월부터 내부로 개칭됨)의 관할에 속하게 되었다. 또한 경찰작용은 「행정경찰장정」의 법적 토대 위에서 수행할 수 있게 되었다. 이와 같은 경찰조직은 일제 강점기를 거쳐 1945년 해방, 1991년의 「경찰법」에 의해 경찰청이 중앙행정기관으로 변경되고, 1996년에 해양경찰청도 중앙행정기관이 되었으며, 2021년 「해양경찰법」이 시행되어 해양경찰의 조직법이 마련되었다.

3. 형식적 의미의 경찰과 실질적 의미의 경찰(18 3차 · 19 간부 · 21 하반기)

형식적 의미의 경찰개념은 제도상 · 실정법상 개념으로 보통경찰기관에서 직무상 하는 모든 작용을 말한다. 해양경찰청도 경찰청과 마찬가지로 보통경찰기관이다. 「경찰관직무집행법」 제1조 제1항에서 "이 법은 국민의 자유와 권리 및 모든 개인이 가지는 불가침의 기본적 인권을 보호하고 사회공공의 질서를 유지하기 위한 경찰관(경찰공무원만 해당)의 직무 수행에 필요한 사항에 대하여 규정함을 목적으로 한다"로 규정하고 있다. 해경도 육경과 마찬가지로 경찰공무원이다. 이에 따라 해경도 「경찰관직무집행법」이 전반적으로 적용된다. 다만, 해경은 「정부조직법」에서 "해양에서의 경찰 및 오염방제에 관한 사무를 관장"하는 것으로 정해져 있으므로 해양과 관련하여 「경찰관직무집행법」상의 직무와 권한을 행사할 수 있다.

「경찰관직무집행법」 제2조는 보통경찰기관의 직무의 범위를 명시하고 있다. 그 직무의 범위는 "① 국민의 생명 · 신체 및 재산의 보호, ② 범죄의 예방 · 진압 및 수

16) 경무청관제직장(警務廳官制職掌)은 경무청의 조직 및 사무분장에 관한 규정으로서 종래 각 관청에서 취급해 오던 행정경찰사무를 일원화하여 통괄하고 순찰 및 사법경찰사무(범인의 체포, 수사 및 송치 등)를 수행하는 등 제도상 경찰행정기관으로서의 토대를 마련하였다(한국경찰사편찬위원회(1972), 「한국경찰사(I)」, 내무부치안국, p. 319).

17) 행정경찰장정(行政警察章程)은 일본의 「행정경찰규칙(行政警察規則)(1875)」과 「위경죄즉결례(違警罪卽決例)」를 혼합하여 옮겨 놓은 것으로 경찰의 작용에 관한 법규이다. 행정경찰의 목적을 명시하여 과잉단속의 엄금, 총순 · 순검의 복무요령, 위경죄심판절차, 경찰관리의 채용방법, 경찰관리의 인사제도, 그리고 경찰권의 행사방법, 행정벌제도 등을 규정하는 외에 수사 및 체포업무는 사법경찰의 직무이므로 사법경찰규칙에 따라야 한다고 규정하고 있다(한국경찰사편찬위원회(1972), 「한국경찰사(I)」, 내무부치안국, pp. 319－320).

사·범죄피해자 보호, ③ 경비, 주요 인사(人士) 경호 및 대간첩·대테러 작전 수행, ④ 공공안녕에 대한 위험의 예방과 대응을 위한 정보의 수집·작성 및 배포, ⑤ 교통 단속과 교통 위해(危害)의 방지, ⑥ 외국 정부기관 및 국제기구와의 국제협력, ⑦ 그 밖에 공공의 안녕과 질서 유지이다. 권력적 작용뿐만 아니라 비권력적 작용(해상범죄예방, 해상순찰, 해상교통 지도, 해양정보 수집, 민원안내, 해상 교통정보제공 등)도 포함한다.

또한 「해양경찰법」 제14조[18]의 직무는 제도상·실정법상 보통경찰기관으로서 수행해야 하는 직무를 규정하고 있고, 이는 형식적 의미의 경찰에 해당한다.

다르게 표현하면 형식적 의미의 경찰이란 실질적인 성질을 불문하고 제도적 의미의 경찰이 관장하는 모든 사무를 말한다. 형식적 의미의 경찰은 입법자가 경찰에 부여한 모든 사무를 의미하는 바, 그 내용이 무엇인가를 가리지 않는다. 형식적 의미의 경찰개념이 의미가 있는 것은 제도적 의미의 경찰이 위험방지임무 외에 법규상 부여된 그 밖의 다른 행정활동(예 해상순찰, 행정지도, 서비스 활동 등·범죄수사)도 수행하고 있기 때문이다. 이 형식적 의미의 경찰개념은 각국마다 차이가 있다. 예를 들면 우리나라 특유의 정보경찰활동이나 보안(대공)경찰활동은 형식적 의미의 경찰에 해당하고 다른 나라에서 찾아보기가 쉽지 않다.[19]

실질적 의미의 경찰개념은 그 작용의 소관기관 여하를 불문하고 국가작용의 '성질', 즉 작용을 표준으로 하는 개념으로 직접 사회공공의 안녕과 질서를 유지하기 위하여 일반통치권에 의하여 국민에게 명령·강제하여 그 자연적 자유를 제한하는 작용이다. 즉 해양경찰관이 일반통치권에 의하여 명령·강제하거나 해양수산부 지방해양수산청·어업관리단 소속 공무원의 명령·강제, 관세청 소속 공무원의 명령·강제를 할 경우 실질적 의미의 경찰에 해당한다. 이에 따라 형식적 의미의 경찰과 실질적 의미의 경찰은 중첩되기도 한다.

18) **해양경찰법 제14조(직무)** ① 해양경찰은 해양에서의 수색·구조·연안안전관리 및 선박교통관제와 경호·경비·대간첩·대테러작전에 관한 직무를 수행한다. <개정 2021. 1. 13.>
② 해양경찰은 해양에서 공공의 안녕과 질서유지를 위하여 해양관련 범죄의 예방·진압·수사와 피해자 보호에 관한 직무를 수행한다. <개정 2021. 1. 13.>
③ 해양경찰은 해양에서 공공안녕에 대한 위험의 예방과 대응을 위한 정보의 수집·작성·배포에 관한 직무를 수행한다. <신설 2021. 1. 13.>
④ 해양경찰은 해양오염 방제 및 예방활동에 관한 직무를 수행한다. <개정 2021. 1. 13.>
⑤ 해양경찰은 직무와 관련된 외국 정부기관 및 국제기구와 협력하여야 한다. <개정 2021. 1. 13.>

19) 홍정선(2007). 전게서, p. 10.

Ⅱ. 해양경찰의 개념

해양치안기관의 창립은 학문적인 논의에서 출발하였다기 보다는 국가제도의 변화 및 행정제도적인 필요성에서 발전했다. 우리나라의 경우 해양경찰의 탄생은 어업자원 보호에서부터 시작하고, 미국의 Coast Guard는 밀수단속에서부터 시작하였으며, 일본의 해상보안청은 밀입국과 해상치안기능의 부재에 따라 미국의 Coast Guard를 모델로 하여 설립하게 된다. 세계적으로 육지의 관할권은 비교적 명확하였으나 해양에서의 관할권은 비교적 최근에 정립되었다. 영해, 접속수역, 배타적 경제수역, 대륙붕에 대한 연안국의 관할권은 최근에 인정되고 정립되어 가는 과정에 있다. 이에 따라 세계의 해양치안기관은 육지의 치안기관보다 늦게 만들어지는 경향이 있다.

1. 미국과 일본의 해상치안기관 성립

해상치안기관들이 성립되는 것은 비교적 최근의 일이다. 미국의 경우 처음에는 밀수를 방지하기 위하여 1790년에 밀수단속기관(Revenue Cutter Service: 관세경찰에 해당)가 설치되어 있었고, 1874년에 인명구조기관(Life Saving Service)이 설치되었다. 이러한 밀수단속기관과 인명구조기관이 1915년에 통합되어 US Coast Guard라는 공식명칭이 성립되었으며, 일본의 해상보안청은 밀항과 밀수를 방지하기 위하여 US Coast Guard를 모델로 해상보안청이 1948년에 창설되었다.[20)]

1) 미국의 해양경비대(USCG)(20 간부)

미국의 해양경비대의 기원은 1790년까지 거슬러 올라간다. USCG(United States Coast Guard)라는 공식명칭은 1915년에 성립되었고, Coast Guard는 오랜 기간 동안 여러 정부기관들의 융합의 산물이다.[21)] US Coast Guard의 창설은 U.S. R.C.S. 사령관인 Ellsworth P. Bertholf와 U.S.L.S.S. 사령관 Summer Kimball의 노력에 의해 이루어졌다.[22)] Coast Guard라는 명칭이 이 때 출현하였고, Korea Coast Guard,

20) 노호래(2012). "일본 해상보안제도의 특징과 정책적 제언," 한국공안행정학회보 제49호, pp. 107－112.

21) Thomas P. Ostrom(2006). The UNITED STATES COAST GUARD 1790 To THE PRESENT: A History, Oakland, Oregon: RED ANVIL PRESS, p. 11.

22) U.S. Revenue Cutter Service(USRCS)의 사령관 Ellsworth P. Bertholf와 U.S. Life－Saving

〈그림 1〉 US Coast Guard의 창시자들: Ellsworth P. Bertholf와 Summer Kimball

(USRCS 사령관 Bertholf)

(USLSS 사령관 Kimball)

Japan Coast Guard 등의 국제적인 고유명사를 만들어 냈다.

USCG의 탄생과 변화과정은 다음과 같다.[23] USCG의 전신은 1790년 8월에 설치된 밀수단속기관(RCS: Revenue Cutter Service)과 1874년 6월에 설치된 인명구조기관(LSS: Life Saving Service)이다. 밀수단속기관인 RCS가 활동할 당시에 해군은 없었고, 해상에 있어서 밀수의 성행에 대응하기 위하여 설치했기 때문에 해상으로부터의 밀무역을 방지하는 것을 임무로 했다. 여전히 RCS는 해군이 편성될 때까지 유일한 해군력으로서의 성격을 가지고 있었고, 해군이 편성된 후에도 해군과 밀접한 관계가 있었으며, 미국이 참전한 수많은 전쟁에서 해군과 함께 참전한 역사가 있다. 또한 LSS는 선박조난에 동반한 피해를 최소한도로 유지하기 위하여 설치된 것이므로 조난선박에 원조를 하고, 조난에 직면한 인명 및 재산을 구조하는 것을 임무로 하며, 선박을 수단으로 해상순시경계 외에 지역별 구조기관을 설치하고 활동했다.

그러나 RCS의 함정이 밀무역 단속만을 하고, LSS의 구조함정이 조난선박의 구조라는 그 본래의 업무를 행하는 것은 비효율적일 수 있었다. 예를 들면 LSS 선박이 조난선박의 구조를 위한 해상순시경계 중에 밀무역선박을 발견한 경우에 그 밀수단

Service의 사령관인 Summer Kimball의 노력과 재무성의 리더십 및 의회의 전폭적인 지원이 있었고, 미국의 정치인, 언론 등에 대하여 Bertholf는 두 개의 기관을 하나의 기관으로 통합하여 효율성을 확보하겠다고 행정부, 의회, 국민들에게 제안하면서 두 기관을 폐지하거나 각각을 해체하여 다른 기관에 넘기려는 계획를 방어하고 1915년 1월 28일에 US Coast Guard를 탄생시켰다(https://coastguard.dodlive.mil/2015/01/celebrating-coast-guard-history-100th-anniversary-of-the-act-to-create-the-u-s-coast-guard/, 2019. 11. 22. 검색).

23) 村上暦造·森 征人(2009). "海上保安廳の成立と外國法制の繼受," 海上保安法制-海洋法と國內法の交錯, 三省堂, pp. 27-28.

속을 하도록 업무를 조정하고, 그러한 방향이 보다 경제적·합리적인 것으로 판단되었으며, 또한 RCS가 밀무역방지를 위한 관세법의 집행에 머무르지 않고, 넓은 바다에 적용되는 연방법을 집행하는 기관을 창설하는 것이 적절한 것으로 판단하게 되었다.

그 결과 1915년 1월 RCS와 LSS가 통합되고, 해양경비대를 창설했다. 그 후 그 직무범위가 확대되어 1936년에는 해상에 있어서 적용 가능한 연방법을 다른 정부기관을 대신해서 집행하는 연방정부의 주요 법집행기관이 되고, 또한 1939년에는 등대와 항로표지의 건설과 보수 및 운용을 담당하게 되었다. 1942년에는 선박의 건조수리 및 개조에 관계된 허가, 선박검사, 선박직원에 대한 면허장의 교부 및 정지 등의 직무를 담당하였고, 항해의 안전, 해상에 있어서의 인명 및 재산의 보호에 관계된 거의 모든 직무를 행하였다. 해양경비대는 평시에 있어서는 재무장관[24]의 지휘감독을 받아 활동하고(9·11 테러사건 이후 현재에는 국토안보부장관의 지휘감독을 받음), 전시에는 대통령의 명령이 있을 때에는 해군장관의 지휘를 받고, 해군의 일부로서 활동하도록 되어 있지만, 이것은 해양경비대의 전신인 RCS가 해군과 밀접한 관계가 있었고, 미국이 참전한 많은 전쟁에 해군과 함께 참전한 역사에 기인한 것이다.

미국 해양경비대는 해상안전, 범죄수사, 환경, 교통, 해양조사 등 종합적인 해양집행업무를 수행하고 있다.

미국 해양경비대는 "연방법을 집행하거나 집행을 지원하기 위하여 해상 항공감시, 차단을 하여야 한다. 미국 관할권에 속한 공해와 수역의 수면·수중에서의 인명과 재산의 안전 증진을 위하여 특별히 법으로 다른 기관에 위임한 경우를 제외한 모든 것에 대한 법을 정비하고 공포하며 규칙을 집행해야 한다. 해상안전을 위하여 국방설비, 항로표지, 쇄빙설비, 구조설비 등이 합목적적인 것이 되도록 개발·설치·보수·운영해야 하고, 해양연구조사를 실시해야 한다. 전쟁 시에는 해상방어구역 통제임무를 수행하는 것을 포함한 해군 특수 임무수행 기능을 하도록 대비태세를 갖추어야 한다"로 명시하고 있다(US Coast Guard Code Title 14).

미국 해양경비대의 임무를 요약하면 ① 국가안전 및 법집행(Homeland Security and Law Enforcement), ② 항만안전 및 경비(Port Safety and Security), ③ 해상검문검색(Marine Inspection), ④ 방어 작전(Defense Operation), ⑤ 수색 및 구조(Search and Rescue), ⑥ 항행 보조 시설 및 항행 안전(Aids to Navigation and Boating Safety), ⑦

24) 1967년에 교통부(United States Department of Transportation)의 소속이 되고, 2003년에 국토안보부(United States Department of Homeland Security)에 이관되었다.

수로 관리(Waterways Management), ⑧ 해양오염방제(Environmental Response), ⑨ 쇄빙작업(Ice Operations), ⑩ 선박면허 발급(Marine Licensing)등 이다.

2) 일본의 해상보안청

2차 세계대전 전후의 일본 주변 해역은 밀항과 밀수가 횡행하는 무질서한 상태였고, 소화(昭和) 21년(1946)에는 조선반도에서 콜레라가 만연하였고, 밀항자를 통하여 일본에 유입되는 것을 극도로 두려워했다. 이를 대비하기 위하여 연합군각서(Suppression of Illegal Entry into Japan, 12 Jun 1946, SCAPIN－1015)에 따라 1946(소화 21)년 7월 1일 운수성 해운총국(運輸省 海運總局)에 불법입국선박감시본부(不法入國船舶監視本部), 구주해운국(九州海運局)에 불법입국선박감시부(不法入國船舶監視部)가 설치됨과 함께 문사(門司), 선기(仙崎), 박다(博多), 당진(唐津), 장기(長崎) 및 약송(若松) 등의 6개의 기지에 감시선이 배치되었다.[25]

위와 같은 행정기관들이 설립되었으나 효과적이고 일원적인 관리가 이루어지지 않았다.[26] 즉 불법입국감시본부 등의 행정기관이 발족되었으나 동본부는 불법입국선박의 감시를 목적으로 하고 있고, 항해의 안전과 해상치안의 유지에 해당하는 해상보안에 관계된 행정사무 일반을 취급하는 것이 아니었고, 불법입국선박감시 업무 외의 해상보안에 관련된 행정사무는 과거와 같이 경찰, 세관, 검역소, 해운국, 제이부원국(第二復員局) 등의 기관이 독립적으로 실행하였다. 그러나 이러한 행정기관들이 각각의 행정목적을 위하여 많은 경비(經費)와 설비를 개별적으로 유지하는 것은 전후의 어려운 재정상황하에서 매우 비경제적이고 불합리하며, 해상보안을 강화하기 위해서는 1개의 행정기관이 필요한 함정과 시설을 일원적으로 관리·운영하고, 그 기관의 책임하에 항해의 안전과 해상치안의 유지에 관한 행정사무 전반을 포괄적·종합적 권한을 행사하는 것이 바람직한 동시에 유효한 것으로 생각되었다.

이와 같은 상황하에서 1946(소화 21)년 1월 미국 해양경비대의 미루즈 대령이 연합군최고사령부의 요청에 따라 일본을 방문하여 해상보안의 일원적인 관리기관의 설치를 조언하고 권고했다.[27] 이러한 조언과 권고에 따라 일본정부는 1947(소화 22)년 5월 22일, 운수성(運輸省)에 해상보안기관을 설치하는 것을 차관회의에 올리기로 결정하고, 각의(閣議) 및 연합군최고회의사령부(聯合軍最高會議司令部)와 협의하여 법안을 국회에 상정했다. 국회에서 심의한 후 1948년(소화 23)는 4월 27일에 해상보안

25) 海上保安廳總務部政務課, 1961: 參考資料 6－7項.
26) 村上暦造·森 征人(2009), 전게서, p. 26.
27) 海上保安廳總務部政務課, 1961: 參考資料 10－11項.

청법(소화 23년 법률 제28호)이 제정되었고, 동년 5월 1일 해상보안청이 발족되었다.[28)]

일본 해상보안청의 직무는 해상에서의 법집행, 해난구조, 해양오염방지, 해상에서의 범죄예방 및 진압, 해상에서의 범인수사 및 체포, 해상에서의 선박교통에 관한 규제, 수로·항로표지에 관한 사무, 기타 해상안전확보에 관한 사무 및 이에 부대하는 사항, 해상안전 및 치안의 확보에 관한 사무를 관장한다(海上保安廳法 第2條).

2. 우리나라 해양경찰의 임무

우리의 해양경찰은 여러 차례의 변천이 있었다.[29)] 1953년 12월 23일 어업자원의 보호, 평화선의 수호, 해양치안을 목적으로 내무부 소속의 해양경찰대가 창설되었다. 그후 정부의 유사기능 통·폐합방침에 따라 1955년 2월 7일 해사행정을 통할할 해무청이 발족되면서 내무부 산하에 있던 해양경찰대는 상공부 해무청소속으로 이관되고 기관명을 해양경비대로 개칭하게 되었다. 4·19와 5·16의 격동기인 1961년 10월 2일 정부의 행정 간소화와 합리화를 위한 정부조직개편 방침에 따라 해무청이 해체되고, 해양경비대는 1962년 4월 3일 제정된 「해양경찰대설치법」에 의해 다시 해양경찰대가 되고 내무부장관의 직속기관이 되었으며 공무원의 직급 또한 경찰계급으로 환원되었다. 1996년 8월 8일에는 경찰청의 소속에서 해양수산부 소속의 해양경찰청으로 중앙행정관청이 되었다. 2014년 11월 19일 정부조직개편에 의하여 기존의 해양경찰청은 국무총리 소속의 국민안전처 해양경비안전본부가 되었다가 2017년 7월 26일 다시 종전 해양수산부의 외청인 해양경찰청으로 환원되었다.

미국의 해양경비대나 일본의 해상보안청과 비교하여 한국 해양경찰청은 항로표지 업무를 담당하지 않고, 해양안전 업무의 경우 해양수산부와 분담하여 업무를 수행한다. 다만 2019년에 「선박교통관제에 관한 법률」이 제정되어 선박교통관제 업무를 해양경찰청이 전적으로 담당하게 되었다.

28) 村上曆造·森 征人(2009), 전게서, p. 27.

29) 海洋警察廳(2003). 海洋警察五十年史, p. 3.

1) 실정법상 해양경찰의 임무(사물관할)

사물관할은 작용법적 개념이 아니라 조직법적 개념이다. 관할이란 어느 조직의 업무에 속하느냐에 대한 조직법적 개념이다.

해양경찰 사무에 대한 법적인 개념정의는 실정법상의 근거 조항은 「정부조직법」 제43조 제2항의 "해양에서의 경찰 및 오염방제에 관한 사무를 관장하기 위하여 해양수산부장관소속으로 해양경찰청을 둔다"고 규정하고, 「해양경찰법」 제14조에서 다음과 같이 해양경찰의 직무를 구체화하고 있다.

① 해양경찰은 해양에서의 수색 · 구조 · 연안안전관리 및 선박교통관제와 경호 · 경비 · 대간첩 · 대테러작전에 관한 직무를 수행한다.
② 해양경찰은 해양에서 공공의 안녕과 질서유지를 위하여 해양관련 범죄의 예방 · 진압 · 수사와 피해자 보호에 관한 직무를 수행한다.
③ 해양경찰은 해양에서 공공안녕에 대한 위험의 예방과 대응을 위한 정보의 수집 · 작성 · 배포에 관한 직무를 수행한다.
④ 해양경찰은 해양오염 방제 및 예방활동에 관한 직무를 수행한다.
⑤ 해양경찰은 직무와 관련된 외국 정부기관 및 국제기구와 협력하여야 한다.

직무범위는 「해양경찰법」 제14조 해양경찰의 직무, 「해양경비법」 제7조 직무의 범위,[30] 「경찰관직무집행법」 제2조의 경찰공무원의 직무범위 규정에 대한 해석을 통하여 구체화할 수 있고, 해양경찰작용 측면에서는 일반적인 정립된 경찰권 개념에 근거할 수밖에 없다. 「해양경찰법」 제14조의 해양경찰의 직무는 「수상에서의 수색·구조에 관한 법률」, 「해양경비법」, 「연안사고 예방에 관한 법률」, 「선박교통관제에 관한 법률」, 「해양환경관리법」 등에서 구체적으로 알 수 있고, 해양관련 사건에 대하여 각종의 형사법을 적용할 수 있으며, 각종의 해양·수산관련 법규에서 처벌 수준이 벌금 이상인 경우 해양경찰은 일반사법경찰관리로서 당연히 수사를 해야 하고, 과태료는 부과징수권이 있는 경우 부과·징수할 수 있다. 또한 「UN해양법 협

30) **해양경비법 제7조**(해양경비 활동의 범위) 해양경찰청 소속 경찰공무원(이하 "해양경찰관"이라 한다)은 다음 각 호의 어느 하나에 해당하는 해양경비 활동을 수행한다. <개정 2017. 4. 18., 2017. 7. 26.>
1. 해양 관련 범죄에 대한 예방
2. 해양오염 방제 및 해양수산자원 보호에 관한 조치
3. 해상경호, 대(對)테러 및 대간첩작전 수행
4. 해양시설의 보호에 관한 조치
5. 해상항행 보호에 관한 조치
6. 그 밖에 경비수역에서 해양경비를 위한 공공의 안녕과 질서유지

약」과 이를 수용한 「영해 및 접속수역법」, 「배타적 경제수역 및 대륙붕에 관한 법률」, 「배타적 경제수역에서의 외국인어업 등에 대한 주권적 권리의 행사에 관한 법률 및 대륙붕에 관한 법률」에서 연안국에 법집행권에 있는 경우 해양경찰이 직무를 수행할 수 있다.

해양경찰의 경찰권은 해양에서의 공공의 안녕·질서에 대한 위험을 방지하기 위하여 일반통치권에 기하여 국민에게 명령·강제함으로써 국민의 자연적 자유를 제한하는 작용이라고 정의할 수 있다.[31] 이와 같은 정의는 실질적 경찰개념에 해당한다. 형식적 개념은 현재의 해양경찰이 제도상 수행하고 있는 것을 말한다. 형식적 의미의 경찰에 해당하는 것들은 행정경찰상 명령·강제 작용이라고 볼 수 없는 수색구조에서의 인명구조 활동 등의 서비스 활동을 포함한다. 해양경찰작용의 특성으로는 경찰청 소속 경찰공무원 보다 급부행정, 즉 국민에게 봉사하는 서비스 활동이 더 많은 비중을 차지하는 편이다.

2) 해양에서 공공의 안녕과 질서에 대한 위험방지

(1) 공공의 안녕

공공의 안녕의 구성요소는 법질서의 불가침성(공공안녕의 제1요소), 국가의 존립과 기능성 보장, 개인의 권리와 법익의 보호로 구분할 수 있다.[32]

첫째, 법질서의 불가침성은 공법을 위반한 경우 공공안녕에 대한 위험으로 취급하여 해양경찰이 직접 개입하게 된다. 사법을 위반한 경우 개인 상호간의 문제로서 해양경찰의 개입영역이 아니지만 해양경찰의 개입이 없이는 법이 무효화되거나 사실상 어려워질 경우에만 해양경찰권이 발동될 수 있다. 이를 보충성의 원칙이라 한다. 최근에는 개인이 경찰권 발동을 요구하는 재량권의 0으로의 수축이론과 반사적 이익의 보호법익화에 의하여 경찰개입청구권이 인정되고 있다.

둘째, 국가의 존립·기능성 불가침이다. 국가의 존립 불가침이란 국가경찰인 해양경찰은 국가의 존립을 보호해야 한다는 것이다. 국가의 존립이 침해를 받을 경우 해양경찰은 가벌성이 없더라도 수사·정보·외사·보안 활동은 가능하다. 국가의 기능성 불가침은 국회·정부·법원·지방자치단체 등의 국가기관의 정상적인 기능성을 의미한다. 해양경찰은 이러한 국가기관의 기능성을 보호해야 한다. 개인이 이러한 기능성을 해치는 경우 공무집행방해죄에 해당한다. 다만 국가에 대한 비판이 폭력

31) 박상희(2007. 2). "해양경찰법제정비의 기본방향," 국제해양문제연구 제18권 제1호, p. 82.

32) 김창윤 외 27인 공저(2018). 「경찰학」, 박영사, pp. 44-45.

등을 동반하지 않으면 해양경찰은 개입이 불가하다.

셋째, 개인의 권리와 법익의 보호이다. 사유 재산적 가치와 무형의 권리(지적 재산권)도 보호의 대상이다. 사적 문제는 시기를 놓쳐 권리가 무효화될 우려가 있을 때에만 해양경찰이 원조하며, 이 때에도 해양경찰의 조치는 잠정적 보호에 한정되고, 최종적 보호는 법원에 의하여 구제가 되어야 한다. 공공의 안녕은 국가 등 집단과 관련되는 것과 개인과 관련되는 것을 포함한 이중적 개념이다.

(2) 공공의 질서

공공의 안녕은 성문법의 영역이고, 공공의 질서는 불문법의 영역이다. 공공의 질서란 개인 행동에 대한 불문규범의 총체를 말한다. 시대에 따라 변하는 상대적·유동적 개념이다. 오늘날 대부분의 생활영역에서 규범화추세로 공공의 질서 영역도 점차 축소되고 있다. 해양경찰의 개입여부의 판단은 의무에 합당한 재량이 인정되지만 엄격한 합헌성이 요구된다.

(3) 위험

① 위험의 의의(18 3차 · 19 간부)

위험이란 가까운 장래에 공공의 안녕이나 질서에 손해가능성이 존재하는 것을 말한다. 그 손해는 보호법익의 객관적 감소로 현저한 침해가 있어야 한다. 단순한 성가심이나 불편함 등은 해양경찰의 개입의 대상이 아니다. 해양경찰의 개입은 구체적 위험 또는 최소한 추상적인 위험이 있을 때 가능하다. 여기서 추상적 위험은 구체적 위험의 예상가능성을 의미하고, 위험은 보호법익에 대해 구체적으로 존재해야 하는 것은 아니다.

위험이 해양경찰 개입의 전제 조건이지만, 보호법익에 위험이 반드시 존재할 필요는 없다. 예를 들면 보행자가 없을 때 신호를 위반한 운전자도 「도로교통법」을 위반한 것이고, 이는 법질서의 불가침성 침해했기 때문에 경찰책임자가 된다. 해양경찰의 일반적인 위험 예방조치는 조직법적 임무범위 내에서 작용법적 근거 없이도 항상 수행할 수 있다.

② 위험 인식

㉠ 외관적 위험: '살려 달라'는 소리에 출입문을 부수고 들어갔는데, 실제는 TV에서 나는 소리로 사려 깊은 판단을 하였으나, 실제는 위험이 없는 경우이다. 적법하므로 해양경찰관의 민·형사상 책임과 국가손해배상책임은 없지만, 손실보상책임은 있다. 이 경우는 구체적 위험 또는 추상적 위험이

존재한 경우이다.

㉡ 위험 혐의: 익명의 폭파 위험이 있음을 이유로 모든 사람을 대피시킨 경우 사려 깊은 판단을 할 때, 위험 가능성은 예측되나 실현이 불확실한 경우이다. 위험조사 차원의 개입이 가능하고 위험이 명백할 때까지 예비적 조치만 가능하다. 적법하므로 경찰관의 민·형사상의 책임은 없지만, 국가의 손실보상책임이 가능하다.

㉢ 오상 위험: 위험의 외관이나 혐의가 정당화되지 아니함에도 위험의 존재를 잘못 추정한 것이다. 오상위험은 추정적 위험과 같은 의미이다. 오상위험은 경찰상 위험이 아니고, 해양경찰의 경찰의 개입은 위법하다. 이에 따라 국가 손해배상책임 및 해양경찰관의 민·형사책임이 발생한다.

(4) 범죄 수사

수사는 형식적 의미의 경찰에 해당되고, 해양에서의 공공의 안녕과 질서유지를 위한 위험방지와 상호 연관된다. 수사 법정주의란 형사소송법 등 수사에 관한 규정들은 대부분 범죄가 있으면 수사 의무가 발생하는 것으로 규정한다. 이에 따라 수사는 재량행위가 아니다.

(5) 치안 서비스

현대 행정은 적극적인 치안서비스 활동을 요구하고 있다. 위험방지와 범죄수사는 넓은 의미의 치안서비스를 위한 것이다. 해양경찰은 육상의 경찰청·소방청의 업무를 수행하는 종합행정기관이고, 특히 소방청의 인명구조·응급구조 업무를 해양에서 수행하므로 서비스 기능이 업무의 상당 부분을 차지한다.

3) 해양경찰권의 기초

(1) 광의의 해양경찰권

광의의 해양경찰권이란 협의의 경찰권, 수사권, 비권력적 활동(치안서비스)을 모두 합한 개념이다.

(2) 협의의 경찰권(18 3차 · 19 간부)

협의의 경찰권은 실질적 의미의 경찰 혹은 광의의 행정경찰에 해당한다. 광의의 행정경찰은 협의의 행정경찰과 보안경찰이 합한 개념이다.

사회 공공의 안녕, 질서를 유지하기 위하여 일반통치권에 근거하여 국민에게 명령 · 강제하는 권한을 말한다. 국회의장의 경호권과 재판장의 법정경찰권은 일반통치권을 전제로 하지 않고 부분 사회의 내부질서를 목적으로 하므로 경찰권의 작용이 아니다.

해양경찰권은 경찰책임자에게만 발동하는 것이 아니다. 법령상 근거가 있고 긴급한 경우 경찰책임자가 아닌 자에게도 발동이 가능하다(예 수상에서의 수색 · 구조 등에 관한 법률 제29조: 수난구호를 위한 종사명령 등).

해양경찰권의 대상은 통치권에 복종하는 모든 자로서 법인과 외국인을 포함하고, 다른 행정기관이 경찰 의무를 위반하는 경우의 경찰권 발동여부에 대한 통설은 '다른 행정기관의 적법한 임무수행을 방해하지 않는 범위에서 허용된다'고 본다.

(3) 수사권

형사소송법에서 경찰에 부여한 권한으로 자연인(내국인 · 외국인) 및 법인에게 발동이 가능하다. 특히 형사소송법에 규정된 관계자(피의자, 참고인 등) 이외에는 발동이 불가능하다. 수사권이 제한되는 경우는 외교사절(면책특권), 공무집행 중인 미군범죄(SOFA), 대통령(불소추특권), 국회의원(불체포특권)이 있다. 다만, 화재 등 긴급한 경우에는 외교사절의 동의가 없어도 공관에 들어갈 수 있는데, 이는 국제관례로 인정된다.

(4) 비권적작용 및 서비스

비권력적 수단은 조직법적 직무범위 내에서 근거규정(수권규정)이 없어도 행사가 가능하고, 최근 적극적인 치안서비스가 강조되고 있다. 서비스 활동은 해상교통정보의 제공, 인명구조, 선박안전점검, 이동민원상담, 진료지원, 해기사 면허교육, 해양경찰서 및 함정 견학, 농어촌 일손돕기 등을 들 수 있다.

4) 연안국과 기국의 경찰권

(1) 연안국의 경찰권

연안국은 내수, 영해, 접속수역 및 경제수역에서 국익과 해양질서를 유지하기 위하여 관할권을 가지고 있고, 그 관할권은 연안국의 배타적 권리임과 동시에 「UN해양법협약」에서도 인정하고 있으며, 우리나라의 「영해 및 접속수역법」, 「배타적 경제수역 및 대륙붕에 관한 법률」, 「해양경비법」 등에서 수용하여 규정하고 있다.

외국선박 위에서 발생한 형사범죄가 연안국에 영향을 주고 사회질서를 파괴할 경우 연안국은 범죄인을 체포하도록 경찰권을 인정하고 있다. 연안국은 경제수역 안에서 자원의 탐사, 조사, 보존 및 개발 등과 관련하여 국내법의 시행과 관련하여 승선, 조사, 나포 또는 체포 및 소송 등을 취할 수 있고, 이러한 조치는 연안국의 관할권 중 경찰권에 해당된다(UN 해양법 협약 제27조 · 제73조).

(2) 기국의 경찰권

「UN해양법협약」은 어느 나라에 대해서도 항해의 자유, 항공의 자유, 해저전선과 파이프 부설의 자유, 인공섬 건설의 자유, 어로의 자유 및 과학연구의 자유와 같은 공해 사용의 자유권을 인정하고 있다. 이 경우 어느 선박이 위의 자유권을 침해 또는 위반한 경우, 기국[33]은 위반선박에 대하여 경찰권을 발동하여 조사한 후에 처벌하여야 한다. 이는 소극적 경찰권을 의미하지만 해상교통과 항해사고 및 어로 활동이 증가하는 현실에서 다른 선박의 공해사용 자유권을 침해하는 행위는 기국이 규제하여야 할 의무 가운데 하나이고, 생물자원을 보호할 의무도 있으므로 이에 대한 관할권도 경찰권에 포함된다(UN해양법협약 제 87조 · 제94조 · 제117조).

모든 국가는 공해상에서 해적행위, 마약거래행위 및 불법방송행위를 방지할 책임과 방지를 위한 협력의무가 있으므로 전 세계의 모든 국가는 해양경찰권을 가진다고 볼 수 있다. 그리고 해양의 이용과 관련하여 해양과 자원은 유한하고 인류의 공동유산이므로 이용국은 해양환경의 보전과 인명의 보호를 위한 적절한 조치가 필요하다. 이 조치는 기국의 명령 · 강제 작용이고 기국의 경찰권 행사이다. 특히 해양환경의 오염원은 육상오염, 연안국의 해저개발오염, 해양구조물 · 시설물 또는 선박활동에 의한 오염, 대기오염을 규제하여야 하므로 선박의 기국과 연안국은 해양환경 보호를 위한 관할권을 행사하여야 한다고 「UN해양법협약」에서 규정하고 있다(UN 해양법협약 제105조 · 제108조 · 제109조 · 제136조 · 제145조 · 제194조).

33) 기국(flag state)이란 선박이 소속하는 국가, 선적국(船籍國)이라고도 한다. 모든 국가는 자국을 기국으로 하는 선박을 공해에서 항행시킬 권리를 가지고 있다(UN 해양법협약 90조). 선박법에서 한국선박은 국기를 달도록 의무화하고 있다. **선박법 제11조(국기 게양과 표시)** 한국선박은 해양수산부령으로 정하는 바에 따라 대한민국 국기를 게양하고 그 명칭, 선적항, 흘수(吃水)의 치수와 그 밖에 해양수산부령으로 정하는 사항을 표시하여야 한다. <개정 2013. 3. 23.>

Ⅲ. 해양경찰의 수단

1. 권력적 수단: 명령과 강제

경찰은 사회 공공의 안녕과 질서를 유지하기 위하여 명령·금지나 강제와 같은 권력적 수단을 사용함을 특징으로 한다. 즉, 경찰관청은 위험을 방지하거나 경찰위반상태를 제거하기 위하여 일반통치권에 근거하여 명령·강제함으로써 경찰에게 주어진 임무를 수행한다.

경찰권에 의한 명령·금지나 강제는 법령으로 직접 경찰의무를 발생시키는 경우를 제외하면 행정작용에 의한다. 경찰명령은 작위, 부작위, 수인, 급부를 요구함으로써 이루어진다. 예를 들면 조종면허가 없는 자는 동력수상레저기구를 조종해서는 안 되는데,[34] 이것은 경찰상의 금지에 해당하고 경찰하명에 속한다.

해양경찰은 경찰강제를 통하여 실력으로 경찰목적을 달성할 수 있다. 「경찰관직무집행법」은 그 중에서도 즉시강제의 기본법으로서의 역할을 한다. 또한 부수적인 것으로 해양경찰에게 법적으로 허용된 허가(조종면허)나 확인(조종면허시험의 합격·불합격의 결정), 공증(조종면허증의 교부) 또는 그 취소·정지를 통해서도 해양경찰은 임무를 수행한다.

외국선박(외국의 군함 및 비상업용 정부선박 제외)이 위반한 혐의가 있다고 인정될 때에는 해양경찰은 정선(停船)·검색·나포(拿捕), 그 밖에 필요한 명령이나 조치를 할 수 있고(영해 및 접속수역법 제6조), 「UN해양법 협약」에 따른 추적권(追跡權)의 행사, 정선(停船)·승선·검색·나포 및 사법절차를 포함하여 필요한 조치를 할 수 있다(배타적 경제수역 및 대륙붕에 관한 법률 제5조 제3항).

---

34) **「수상레저안전법」 제20조(무면허조종의 금지)** 누구든지 조종면허를 받아야 조종할 수 있는 동력수상레저기구를 조종면허를 받지 아니하고(조종면허의 효력이 정지된 경우를 포함한다) 조종하여서는 아니 된다. 다만, 다음 각 호의 어느 하나에 해당하는 경우에는 그러하지 아니하다. <개정 2014. 11. 19., 2017. 7. 26.>
1. 1급 조종면허가 있는 자의 감독하에 수상레저활동을 하는 경우로서 해양수산부령으로 정하는 경우
2. 조종면허를 가진 자와 동승하여 조종하는 경우로서 해양수산부령으로 정하는 경우

2. 비권력적 수단

서비스 지향경찰활동에 속하는 인명구조, 함정·항공기에 의한 순찰, 일상적인 해상교통의 관리, 해상정보의 제공, 해상교통의 안내, 권고 등의 행정지도와 범죄의 예방에 기여하는 수많은 활동 등이 포함된다고 볼 수 있다. 그밖에 정보경찰이 수행하는 정보의 수집이나 작성·배포 활동도 비권력적 활동에 속하는 것임은 부인할 수 없으나, 여기에는 일정한 제한이 따른다. 개인정보를 보호하고 인권을 침해해서는 아니 된다.

3. 범죄수사를 위한 수단

"수사에 관하여는 그 목적을 달성하기 위하여 필요한 조사를 할 수 있다. 다만, 강제처분은 이 법률에 특별한 규정이 있는 경우에 한하며, 필요한 최소한도의 범위 안에서만 하여야 한다(형사소송법 제199조 제1항)"라고 규정하여 임의수사를 원칙으로 하고 강제수사는 예외적으로 허용하고 있다. 임의수단에는 상대방의 동의나 임의의 협력을 얻어서 행해지는 수사활동은 영장없이도 가능하다. 임의수사에 대한 규정은 "소유자, 소지자 또는 보관자가 임의로 제출한 물건 또는 유류한 물건은 영장없이 압수할 수 있다(형사소송법 제108조)"이 있다.

강제수단에는 체포, 구속, 압수, 수색 등의 영장이 대표적이고, 각각에 대해서는 요건, 기간 등의 엄격히 법정되어 있으며, 이를 위반할 경우에는 위법수사의 문제가 발생하고 경찰관은 「형법」상의 직권남용죄 등으로 처벌되거나, 「국가배상법」상 배상책임의 대상이 될 수 있다.

그러나 임의수단이든 강제수단이든 경찰관은 사법경찰관리로서 피의자 또는 다른 사람의 인권을 존중하는 데 특히 주의하여야 한다. 이러한 내용은 "검사·사법경찰관리와 그 밖에 직무상 수사에 관계있는 자는 피의자 또는 다른 사람의 인권을 존중하고 수사과정에서 취득한 비밀을 엄수하며 수사에 방해되는 일이 없도록 하여야 한다(형사소송법 제198조 제2항)"고 규정하고 있다.

Ⅳ. 경찰개념의 분류

1. 해양경찰과 경찰청 소속 경찰공무원 - 지역관할에 따른 구분

원칙적으로 해양경찰청 소속 경찰공무원인 해양경찰은 해양에서의 경찰사무에 한하여 관할권을 행사하며, 경찰청은 육상에서의 경찰사무를 관할하는 것을 기본으로 한다. 이것은 종래 해양경찰청이 경찰청에 속해 있을 때에는 문제가 없었으나, 1996년 8월 8일 해양수산부의 신설과 동시에 해양수산부장관 소속으로 해양경찰청을 설치하면서 양자 간의 관할범위를 명확히 할 필요성이 생겨났다.

해양경찰은 협의의 행정경찰기관이 아니고, 경찰청과 마찬가지로 보통경찰기관의 하나이다. 그것은 경찰청이 육상에서의 모든 경찰사무를 관장하는 것과 마찬가지로, 해양경찰은 해양관련 행정기관이 관장하는 행정작용에 부수하여 일어나는 질서유지에 관한 사무만을 담당하는 것이 아니고, 해양에서의 경찰 및 오염방제에 대한 사무를 담당하며, 그 신분도 경찰청의 구성원과 동일한 「경찰공무원법」에 의한 경찰공무원이기 때문이다.[35]

2. 일반사법경찰관리와 특별사법경찰관리 - 직무범위의 차이에 따른 구분

해양범죄의 수사기관은 일반사법경찰관리와 특별사법경찰관리로 구분된다. 해양범죄에 대한 일반사법경찰관리에는 해양경찰청 소속 경찰공무원과 검사가 있고, 특별사법경찰관리에는 해양수산부 공무원, 세관공무원, 어업감독공무원(국가 및 지방자치단체 소속), 선장과 해원, 선원근로감독관, 등대에서 근무하는 국가공무원이 있다. 해양경찰은 해양관련 범죄에 대한 사법경찰권이 있고, 해양에서의 특별사법경찰관리는 개별 법령에서 정한 한정된 분야에서 사법경찰권을 행사한다.

3. 사법경찰과 행정경찰 - 존립목적에 따른 구분

경찰의 존립목적에 따라 행정경찰과 사법경찰로 구분할 수 있다. 행정경찰은 사회 공공의 안녕과 질서유지를 목적으로 명령·강제 등을 그 수단으로 하여 행정을 실현하는 것을 의미한다. 이에 비하여 사법경찰은 국가의 형벌권 실현을 목적으로

35) 박균성·김재광(2010). 「경찰행정법」, 박영사, p. 94.

범죄를 수사하고 범인을 체포·진압하는 전략적 수단의 실현을 의미한다. 행정경찰과 사법경찰의 분류는 3권(입법, 사법, 행정) 분립사상이 투철했던 프랑스에서 확립되어 대륙법계 여러 나라에서 일반화되어 있으나, 영미법계 국가에서는 행정경찰과 사법경찰을 구별하지 않고 사법경찰사무를 보통경찰기관의 고유사무로 파악하고 있다. 우리나라에서는 경찰조직법상으로는 행정경찰과 사법경찰을 구분하지 않고 보통경찰기관이 행정경찰사무를 아울러 관장하고 있다.

행정경찰작용은 일반 경찰행정 활동이라는 점에서 각종 경찰행정법규의 적용을 받으나, 사법경찰작용은 형사사법 활동이라는 점에서 형사법의 적용을 받는다. 그러나 실제적으로 행정경찰과 사법경찰은 명확히 구분하기는 용이하지 않다.[36]

4. 국가경찰과 자치경찰 - 권한과 책임의 소재에 의한 구분

경찰이 행사하는 권한과 책임의 소재에 따라서 국가경찰과 자치경찰로 구분할 수 있다. 해양경찰은 경찰청 소속 경찰공무원과 마찬가지로 국가경찰이다. 국가경찰은 그 설립과 유지의 권한 및 책임이 국가에 귀속되는 것이고, 자치경찰은 지방자치단체가 그러한 역할을 담당하는 것을 의미한다. 2006년 7월 「제주특별자치도 설치 및 국제자유도시 조성을 위한 특별법」의 제정을 통해 제주특별자치도에 자치경찰제도가 도입되었다.

5. 보안경찰과 협의의 행정경찰 - 수행기관의 차이에 의한 구분

보통경찰기관이 수행하는 본래 의미의 치안유지업무와 관련하여 보안경찰과 협의의 행정경찰로 구분할 수 있다. 경찰을 실질적 의미의 개념으로 정의하는 경우, 사회공공의 안녕과 질서를 유지하기 위하여 국민에게 명령·강제하는 권력적 작용이면 그것이 어느 행정기관의 업무이든지 불문하고 경찰이라고 너무 넓게 해석되기 때문에 보통경찰기관이 수행하는 본래 의미의 치안유지활동과 기타 국가행정기관의 행정작용과 부수하여 수행하는 질서유지활동으로 구분하여, 전자를 보안경찰이라고 하고, 후자를 협의의 행정경찰이라고 한다.[37] 즉 보통경찰기관이 경찰업무를 수행하느냐, 아니면 기타 행정기관이 경찰업무를 수행하느냐의 차이라고 볼 수 있다.

---

36) 김성호·안영훈·이효(1998). 자치경찰제의 준거틀과 모형설계, 한국지방행정연구원 연구보고서, pp. 21－22.

37) 김충남(2008). 경찰학개론, 박영사, p. 8.

제2차 세계대전의 종전과 함께 미·영을 중심으로 하는 연합국의 점령당국이 독일이나 일본 그리고 우리나라에서 행했던 과거의 경찰사무의 정리, 이른바 비경찰화(非警察化)작업은 바로 협의의 행정경찰사무에 대하여 이루어졌다.[38] 비경찰화에 의해 건축경찰, 영업경찰 등의 업무가 일반행정기관으로 이관되었다.

6. 예방경찰과 진압경찰 - 경찰권 발동의 시점에 의한 구분

예방경찰이란 공공의 안녕과 질서의 유지를 위해 위험을 사전에 방지하기 위하여 이루어지는 경찰작용을 말하고, 진압경찰이란 위험이 현실화되어 장해가 생긴 경우에 공공의 안녕과 질서의 회복을 위한 경찰작용을 말한다. 예방경찰은 행정경찰의 한 내용이 되며, 진압경찰은 행정경찰의 의미 외에 사법경찰의 의미도 갖는다. 진압경찰을 오로지 사법경찰의 의미만으로 파악하는 것은 오늘날의 시각에서는 바람직하지 않다.[39]

예방경찰의 예로는 「경찰관직무집행법」 제4조의 "정신착란 또는 술취한 상태로 인하여 자기 또는 타인의 생명·신체와 재산에 위해를 미칠 우려가 있는 자와 자살을 기도하는 자"를 발견한 때에는 "보건의료기관 또는 공공구호기관에 긴급구호를 요청하거나 경찰관서에 보호하는 등 적당한 조치를 할 수 있다"는 규정에 의한 보호조치를 들 수 있다.[40]

---

38) 이운주(2002). 경찰학개론, 경찰대학, p. 12.

39) 홍정선(2007). 전게서, p. 32.

40) 예방경찰에 해당하는 법의 규정은 다음과 같다.
해사안전법 제35조 ② 해양경찰서장은 제1항을 위반하여 선박 통항을 방해한 자 또는 방해할 우려가 있는 자에게 일정한 시간 내에 스스로 해산할 것을 요청하고, 이에 따르지 아니하면 해산을 명할 수 있다.
해사안전법 제39조(순찰) 해양경찰서장은 선박 통항의 안전과 질서를 유지하기 위하여 소속 경찰공무원에게 수역등·항로 또는 보호수역을 순찰하게 하여야 한다.
해양경비법 제7조(해양경비 활동의 범위) 해양경찰청 소속 경찰공무원(이하 "해양경찰관"이라 한다)은 다음 각 호의 어느 하나에 해당하는 해양경비 활동을 수행한다. <개정 2017. 7. 26.> 1. 해양 관련 범죄에 대한 예방
연안사고 예방에 관한 법률 제10조(출입통제 등) ① 해양경찰청장은 연안사고 예방을 위하여 특별자치도지사·시장·군수·구청장, 소방서장 및 항만에 관한 업무를 관장하는 해양수산부 소속 기관의 장의 의견을 들어 인명사고가 자주 발생하거나 발생할 우려가 높은 다음 각 호의 장소에 대하여 출입통제를 할 수 있다.

7. 평시경찰과 비상경찰 - 위해의 정도와 급박성에 따른 구분

평시경찰은 일반경찰기관이 일반경찰법규에 의하여 평시에 행하는 경찰작용을 말하고, 비상경찰이라 함은 전시, 계엄[41]이 선포된 경우, 통합방위사태 등 비상시에 군대가 행하는 경찰작용을 말한다. 예를 들면, 비상계엄의 경우 계엄사령관이 경찰사무를 행한다.

「통합방위법」은 적(敵)의 침투·도발이나 그 위협에 대응하기 위하여 국가 총력전(總力戰)의 개념을 바탕으로 국가방위요소를 통합·운용하기 위한 통합방위 대책을 수립·시행하기 위하여 필요한 사항을 규정함을 목적으로 한다(통합방위법 제1조).

특정경비해역 및 일반경비해역에서의 통합방위작전은 함대사령관이 수행한다고 규정하고 있고(통합방위법 제15조), 「통합방위법시행령」 제23조는 "특정경비해역 및 일반경비해역에서 함대사령관이 관할해역의 해양경찰청 소속 경찰공무원을 작전 통제하여 군·경 합동작전을 수행하며, 해안경계 부대의 장은 선박의 입항·출항 신고기관에 근무하는 해양경찰청 소속 경찰공무원을 작전 통제하여 임무를 수행한다"고 규정하고 있다.

8. 질서경찰과 봉사경찰 - 서비스 내용에 의한 구분

이것은 형식적 의미의 경찰 중에서 경찰활동의 내용을 기준으로 한 분류이다. 질서경찰이란 보통경찰조직의 직무범위 중에서 강제력을 수단으로 사회공공의 안녕과 질서유지를 위한 법집행을 주로 하는 경찰활동을 말하며, 봉사경찰이란 강제력이 아닌 서비스, 계몽, 지도 등을 통하여 경찰직무를 수행하는 경찰활동을 말한다. 전자에는 범죄수사, 진압, 즉시강제, 해상교통위반자에 대한 처분 등이 있으며, 후자에는 수난구호, 해상안전지도, 청소년 선도, 해상교통정보의 제공, 해상순찰 등이 있다.

---

41) 계엄법 제7조(계엄사령관의 관장사항)
① 비상계엄의 선포와 동시에 계엄사령관은 계엄지역안의 모든 행정사무와 사법사무를 관장한다.
② 경비계엄의 선포와 동시에 계엄사령관은 계엄지역안의 군사에 관한 행정사무와 사법사무를 관장한다.

9. 일반경찰과 청원경찰 - 제도와 적용법에 따른 구분

일반경찰(육경, 해경 포함)이란 제도적 의미의 경찰에 의해 이루어지는 일반적인 경찰작용 또는 제도적 의미의 경찰을 말하고, 청원경찰이란 「청원경찰법」에 의해 이루어지는 경찰을 말한다.

10. 고등경찰과 보통경찰 - 보호법익의 가치를 기준으로 한 구분

고등경찰과 보통경찰의 개념은 일제강점기에 만들어 진 개념으로 현재 우리 경찰에서는 제도적으로 고등경찰과 보통경찰을 구분하지 않고 있다. 일반 경찰기관의 업무 중에서 국가의 안전보장과 관련된 사무, 즉 대북관련 정보수집분석이나, 반국가적 사범의 검거 및 처리 등은 고등경찰의 업무에 속한다고 할 수 있다.[42] 경찰에 의하여 보호되는 법익의 가치를 기준으로 하여 고등경찰과 보통경찰로 구분한다. 고등경찰은 사회적으로 보다 고차원의 가치를 지닌 법익을 보호하거나 국가조직의 근본에 대한 위해의 예방 및 제거를 위한 작용(예 사상, 종교, 집회, 결사, 언론, 출판에 관한 경찰작용)을 말하며, 일반 사회 공공의 안녕과 질서유지를 위한 경찰작용(예 교통, 경비, 풍속 등)이면 보통경찰이라고 한다.

V. 해양경찰의 기본이념

경찰철학에는 경찰이념론과 경찰윤리가 포함된다. 경찰의 기본이념이란 행정조직으로서 경찰의 기본적 가치·기본방향·규범 등을 의미하고, 경찰윤리는 개개인의 경찰관에게 요구되는 이상적인 경찰상이다.[43] 오늘날의 경찰은 경찰의 기본이념이 각 경찰관의 공직윤리를 통하여 바람직한 경찰상으로 나타날 때 국민의 신뢰를 받을 수 있게 된다. 김창윤외 27인(2018)은 경찰의 기본이념으로 민주주의, 법치주의, 인권존중주의, 정치적 중립주의, 경영주의를 주장하고 있고, 윤성현·박주상·김경락(2018)은 민주주의, 법치주의, 인권존중주의, 정치적 중립주의, 경영주의를 내용으로 하고 있으나 본서에서는 해양경찰의 기본이념을 민주주의, 법치주의, 국제법 존중주

42) 홍정선(2007). 전게서, pp. 32－33.

43) 김창윤외 27인 공저(2018). 전게서, p. 66.

의, 인권존중주의, 정치적 중립주의, 경영주의를 구성요소로 설정한다.

1. 민주주의

첫째, 국민주권과 권력의 기원에 관한 것이다. 우리 「헌법」 제1조는 "대한민국은 민주공화국이다, 대한민국의 주권은 국민에게 있고, 모든 권력은 국민으로부터 나온다"로 규정하고 있다. 해양경찰이 경찰권을 행사하는 것은 국민으로부터의 위임에 근거한 것이다. 따라서 권력 자체를 위하여 행사되어서는 아니 되며, 해양경찰에게 경찰권을 위임한 국민을 위하여 행사되어야 한다.

둘째, 주권자인 국민 개개인에게 참여할 기회를 제공하고 해양경찰활동을 공개해야 한다. 이에 대한 법적 제도는 행정절차와 정보공개이다. 「행정절차법」 제1조는 "이 법은 행정절차에 관한 공통적인 사항을 규정하여 국민의 행정참여를 도모함으로써 행정의 공정성·투명성 및 신뢰성을 확보하고 국민의 권익을 보호함을 목적으로 한다"고 규정하고 있다. 그리고 「공공기관의 정보공개에 관한 법률」 제1조는 "이 법은 공공기관이 보유·관리하는 정보에 대한 국민의 공개청구 및 공공기관의 공개의무에 관하여 필요한 사항을 정함으로써 국민의 알권리를 보장하고 국정에 대한 국민의 참여와 국정운영의 투명성을 확보함을 목적으로 한다"고 규정하고 있다.

셋째, 조직 내부적으로 권한의 분배가 적절히 이루어져야 한다. 해양경찰조직을 구성하고 있는 개개 경찰관의 민주주의 의식이 확립되어야 하며, 특히 지휘관에게는 해양경찰조직 전체를 민주적으로 관리·운영하고 통합할 민주적 리더십이 필요하다.

2. 법치주의

「헌법」 제37조 제2항은 "국민의 모든 자유와 권리는 국가안전보장·질서유지 또는 공공복리를 위하여 필요한 경우에 한하여 법률로써 제한할 수 있으며, 제한하는 경우에도 자유와 권리의 본질적인 내용을 침해할 수 없다"고 규정하여 국민의 자유와 권리를 제한하고 의무를 부과하는 모든 활동은 법률로써만 가능하다.

해양경찰활동의 경우 그 작용형태가 행정처분(예를 들어 조종면허 취소처분)인 경우나 행정강제, 그 중에서도 특히 상대방에게 사전에 의무를 과함이 없이 행사되는 즉시강제의 경우에 이와 같은 법치주의의 원리가 강하게 요구된다. 이에 반하여 국민의 자유와 권리를 제한하지 아니하고, 국민에게 의무를 과하지 아니하는 순전한 임의활동은 직무의 범위 내에서라면, 법률의 개별적 수권규정이 없더라도 이를 행할 수 있다. 예를 들면 해상교통정보의 제공이나 함정의 순찰 등의 활동이 그것이다.

그러나 임의활동이라고 하더라도, 예를 들어 「경찰관직무집행법」상의 임의동행과 같이 궁극적으로 국민의 자유와 권리를 제한하고, 국민에게 의무를 과하는 데까지 이르는 임의활동은 상대방의 완전한 자유의사에 기한 동의를 필요로 하며, 이를 넘는 동의는 더 이상 동의로 인정되지 아니하고, 따라서 그러한 경찰관의 행위는 불법행위를 구성하여 국가배상책임의 문제가 제기될 수 있다.[44)]

3. 국제법 존중주의

우리 「헌법」 제6조에 의하면 "① 헌법에 의하여 체결·공포된 조약과 일반적으로 승인된 국제법규는 국내법과 같은 효력을 가진다, ② 외국인은 국제법과 조약이 정하는 바에 의하여 그 지위가 보장된다"고 규정하고 있다. 이 규정에 따르면 국제법규는 법률 이상의 효력을 가지고 있다고 볼 수 있다.

우리나라는 「해양법에 관한 국제연합협약」에 가입하여 국회에서 비준하였고 각종의 해양관련 법령에는 국제협약의 효력을 우선하는 규정을 두는 경우가 많다. 이는 국제해양법을 존중하는 입법태도라고 볼 수 있다. 따라서 해양에서 활동하는 해양경찰은 국제해양법을 존중해야 한다.

첫째, 「해양경비법」 제12조 해상검문검색과 제13조 추적·나포에 대한 규정에서 외국선박에 대한 해상검문검색은 대한민국이 체결·비준한 조약 또는 일반적으로 승인된 국제법규에 따라 실시하고, 외국선박에 대한 추적권의 행사는 「해양법에 관한 국제연합 협약」 제111조에 따른다고 규정하여 국제법 존중주의를 표현하고 있다.

둘째, 「해양환경관리법」 제4조(국제협약과의 관계) 해양환경 및 해양오염과 관련하여 국제적으로 발효된 국제협약에서 정하는 기준과 이 법에서 규정하는 내용이 다른 때에는 국제협약의 효력을 우선한다. 다만, 이 법의 규정내용이 국제협약의 기준보다 강화된 기준을 포함하는 때에는 그러하지 아니하다.

셋째, 「배타적 경제수역 및 대륙붕에 관한 법률」 제1조(목적) 이 법은 「해양법에 관한 국제연합 협약」에 따라 배타적 경제수역과 대륙붕에 관하여 대한민국이 행사하는 주권적 권리와 관할권 등을 규정하여 대한민국의 해양권익을 보호하고 국제해양질서 확립에 기여함을 목적으로 한다.

넷째, 「배타적 경제수역에서의 외국인어업 등에 대한 주권적 권리의 행사에 관한

44) 강용길외 7인(2009), 전게서, p. 97.

법률」 제1조 이 법은 「해양법에 관한 국제연합협약」의 관계 규정에 따라 대한민국의 배타적 경제수역에서 이루어지는 외국인의 어업활동에 관한 우리나라의 주권적 권리의 행사 등에 필요한 사항을 규정함으로써 해양생물자원의 적정한 보존·관리 및 이용에 이바지함을 목적으로 한다.

다섯째, 「영해 및 접속수역법」에서도 「해양법에 관한 국제연합협약」에 따라 영해 12해리, 접속수역을 24해리로 정하고 있으며, 동법 제7조에서 대한민국의 영해 및 접속수역과 관련하여 이 법에서 규정하지 아니한 사항에 관하여는 헌법에 의하여 체결·공포된 조약이나 일반적으로 승인된 국제법규에 따른다고 규정하고 있다.

이와 같이 국제법을 존중하는 국내 법규가 다수 존재하고 있으며, 이에 따라 해양경찰의 법집행과 활동에 있어서 국제법을 존중하고 지켜야 한다. 해양경찰청의 업무는 주로 해상에서 이루어지는 것으로 함정이 그 임무수행을 하는 경우 공해상의 활동, 외국 영해에서의 항행 또는 외국 선박이나 외국인을 상대로 한 업무를 수행할 필요가 있을 때 국제법의 규제를 받는 경우가 많다. 외국 선박에 대하여 잘못된 법집행을 한 경우 해당 함정의 문제로 끝나는 것이 아니라 대한민국과 외국의 외교적 문제로 귀결될 수 있다.

4. 인권존중주의

「헌법」 제10조는 인권존중과 관련하여 "모든 국민은 인간으로서의 존엄과 가치를 가지며, 행복을 추구할 권리를 가진다. 국가는 개인이 가지는 불가침의 기본적 인권을 확인하고 이를 보장할 의무를 진다"고 규정하고 있다. 이와 더불어 헌법 제37조는 "국민의 자유와 권리는 헌법에 열거되지 아니한 이유로 경시되지 아니한다, 국민의 모든 자유와 권리는 국가안전보장·질서유지 또는 공공복리를 위하여 필요한 경우에 한하여 법률로써 제한할 수 있으며, 제한하는 경우에도 자유와 권리의 본질적인 내용을 침해할 수 없다"고 규정하여 국민의 자유와 인권을 보호하고 있다.

「해양경찰법」 제3조 "해양경찰은 그 직무를 수행할 때 국민 전체에 대한 봉사자로서 공정·중립을 지켜야 하고, 헌법과 법률에 따라 국민의 자유와 권리를 존중하며, 부여된 권한을 남용하여서는 아니 된다," 「경찰관직무집행법」 제1조 제2항은 "이 법에 규정된 경찰관의 직권은 그 직무수행에 필요한 최소한도 내에서 행사되어야 하며 이를 남용하여서는 아니 된다," 「해양경비법」 제8조 "해양경찰관은 이 법에 따른 직무를 수행할 때 권한을 남용하여 개인의 권리 및 자유를 침해하여서는 아니 된다"고 규정하고, 「형사소송법」 제198조는 "피의자에 대한 수사는 불구속 상태에서 함을 원칙으로 한다, 검사·사법경찰관리와 그 밖에 직무상 수사에 관계있는 자는 피의자 또는 다른 사람의 인권을 존중하고 수사과정에서 취득한 비밀을 엄수하며 수사에 방해되는 일이 없도록 하여야 한다"고 규정하여 수사에 있어서 인권을 최대한 보호해야 함을 규정하고 있다.

또한 국가는 인권을 보호하기 위하여 국가인권위원회를 설치하여 운영하고 있다. 「국가인권위원회법」 제1조는 "이 법은 국가인권위원회를 설립하여 모든 개인이 가지는 불가침의 기본적 인권을 보호하고 그 수준을 향상시킴으로써 인간으로서의 존엄과 가치를 구현하고 민주적 기본질서의 확립에 이바지함을 목적으로 한다"라고 규정하여 인권보호를 제도화하고 있다.

5. 정치적 중립주의

「헌법」 제7조는 "공무원은 국민 전체에 대한 봉사자이며, 국민에 대하여 책임을 진다. 공무원의 신분과 정치적 중립성은 법률이 정하는 바에 의하여 보장된다"라고 규정하고 있고, 「국가공무원법」 제1조는 "이 법은 각급 기관에서 근무하는 모든 국가공무원에게 적용할 인사행정의 근본 기준을 확립하여 그 공정을 기함과 아울러 국가공무원에게 국민 전체의 봉사자로서 행정의 민주적이며 능률적인 운영을 기하게 하는 것을 목적으로 한다"로 규정하고 있고, 「국가공무원법」 제65조는 "공무원은 정당이나 그 밖의 정치단체의 결성에 관여하거나 이에 가입할 수 없다. 공무원은 선거에서 특정 정당 또는 특정인을 지지 또는 반대하기 위한 행위를 하여서는 아니 된다. 「해양경찰법」 제6조 제3항 "위원은 해양수산부장관의 제청으로 국무총리를 거쳐 대통령이 임명한다. 이 경우 해양수산부장관은 위원 임명을 제청할 때 해양경찰의 정치적 중립이 보장되도록 하여야 한다"로 규정하고 있다. 이 외에도 정치적 행위의 금지에 관한 규정은 국회규칙, 대법원규칙, 헌법재판소규칙, 중앙선거관리위원회규칙 또는 대통령령에 규정되어 있다.

6. 경영주의

해양경찰에게는 해양에서의 경찰 및 오염방제, 연안에서의 안전관리, 해양에서의 수색·구조, 선박의 교통관제라는 기본적 임무가 주어져 있으며, 이를 효율적으로 달성하기 위해서는 해양경찰의 조직·인사·예산·장비 등이 조직목표의 달성을 위하여 최적으로 관리되어야 한다. 해양경찰 경영주의란 이러한 목표달성을 위해서 해양경찰조직의 구성과 인적·물적 자원의 배분이 이루어지도록 하는 것을 말한다.

이러한 경영주의 이념에는 고객만족성, 효율성, 효과성이 있다.[45] 고객만족이란 고객에 대한 관심을 높이고, 고객에 대한 대응성과 서비스의 질 향상을 가져오는 것을 말한다. 효율성은 투입과 산출의 비율을 의미하며, 비용편익분석으로 효율성이 측정된다. 효과성은 목표의 달성도를 의미하며, 조직이 최종적으로 어떠한 결과를 외부에 산출하는가를 의미한다. 오늘날에는 과거의 능률성이나 효과성의 차원을 넘어서는 생산성 차원의 경영마인드도 요구되고 있다.

Ⅵ. 해양경찰 윤리

1. 사회계약설

민주적인 경찰활동에 대한 근거를 제시하는 社會契約論은 로크(John Locke)에 의해 주장되었고, 그의 저서 『정부에 관한 제2논문(Second Treatise of Government)』에서 찾을 수 있다.[46] 로크는 시민사회 이전의 자연상태(state of nature)에서 사람들은 자유(liberty)를 가지고 있지만 안전(security)을 결여하고 있고, 이러한 자연 상태의 결함으로 인해 개인들은 자연 상태를 떠나 시민사회를 결성하고 있고, 이러한 정치적 사회를 결성하는 개인들의 결정을 사회 계약(compact)이라고 한다. 사회계약을 통해서 개인은 좀 더 큰 안정을 위해 자기 자신의 권리를 정치기구에 부여하게 되고, 정부가 그들을 대신해서, 각 개인을 위해서 행위를 할 것이라는 믿음하에 생명과 재산의 보호업무를 정부에 믿고 맡기는 것이다. 이렇듯 정부의 기관인 해양경찰은 국민들이 위임한 권력을 국민들을 위해 행사해야 하는 것이다.

2. 행정윤리

행정윤리란 "공무원이 행정 업무를 수행할 때 국민 전체에 대한 봉사자로서 행정이 추구하는 공공 목적을 위해 준수해야 할 행동규범"이다. 이러한 행정윤리의 정의에는 다음과 같은 특징이 내포되어 있다.[47]

45) 김창윤외 27인 공저(2018), 전게서, p. 71.

46) 李運周(2003). 警察學槪論, p. 43.

47) 이종수·윤영진 외공저(2009). 새행정학, 대영문화사, pp. 200-203.

첫째, 행정윤리는 공무원으로서의 신분을 가진 사람이 그의 공적인 행정업무와 관련되어 지켜야 할 가치기준을 의미한다.

둘째, 공무원은 국민 일부의 봉사자가 아니라 국민 전체에 대한 봉사자로서 공익을 추구해야 한다.

셋째, 행정윤리는 협의로 해석되어 공무원의 부정부패와 관련되어 소극적으로 이해되기도 한다.

넷째, 공무원으로서의 직업윤리는 공무원이 입안하고 집행하는 정책내용이 윤리적이어야 한다는 의미도 내포되어 있다.

따라서 해양경찰의 윤리는 국가공무원으로서 신분을 가진 사람이 그의 공적인 행정업무와 관련하여 지켜야 할 가치기준을 의미하고, 국민 전체에 대한 봉사자로서 공익을 추구하며, 부정부패하지 않고, 해양행정과 관련하여 정책을 입안하고 집행하는 정책이 윤리적이어야 함을 의미한다. 공직자의 부정부패를 통제하기 위하여 「공직자윤리법」에 의하여 재산의 변동사항을 등록하거나 공개하도록 제도화하고 있고, 「부정청탁 및 금품 등 수수의 금지에 관한 법률」에 의해 부정청탁 및 공직자 등의 금품 등의 수수(收受)를 금지하고 있다.

3. 경찰 부패

1) 경찰부패의 경찰의 조직 내 사회화 과정

① 공식적 과정: 경찰업무 절차, 교육프로그램, 상사의 지침 등에 의한 사회화 과정이다.

② 비공식적 과정: 고참이나 동료 등을 통한 관례 등으로서 현실적으로 경찰관들은 공식적 사회화 과정보다는 비공식적 사회화 과정의 영향이 더 크다.

2) 작은 호의에 대한 논의

(1) 작은 호의와 뇌물

작은 호의는 감사와 애정의 표시로 경찰권 행사에 대한 자발적인 것이고, 뇌물은 직무와 관련하여 정당한 의무를 그르치거나 의무 불이행을 감행하게 하는 정도의 이익을 말하는 것으로서 양자 간에 개념적 구별은 되지만 현실적으로 그 경계가 불분명하며 구별이 명확하지 않다.

(2) 작은 호의 논의

구분	내용
허용론	① 형성재 이론: 경찰은 작은 호의로 시민과 친밀감 형성 ② 이성과 지능: 경찰관은 호의와 뇌물을 구분할 수 있으며, 작은 호의 때문에 편파적으로 업무를 처리하지 않음 ③ 관행성: 공짜 커피 같은 것은 뿌리 깊은 관행으로 완전히 없애는 것은 불가능 ④ 자발성: 강제가 아닌 자발적임 ⑤ 당연성: 비록 해야 할 일을 하지만 고마움을 표시하는 것은 당연히 할 수 있음
금지론	① 작은 호의도 정례화되면 신세를 졌다는 생각으로 불공정하게 처리 우려 ② 작은 호의를 받아들이는 사람은 미끄러지기 쉬운 경사로 위에 있는 것임 ③ 일부 경찰관은 작은 호의와 뇌물을 구별하지 못하고 특권의식이 싹틈 ④ 공짜 커피 등 호의를 전하는 사람은 대개 불순한 의도가 있음

3) 하이덴 하이머의 부정부패

(1) 개념

구분	내용
관직중심적	금전적인 것과 금전적 형태가 아닌 사적 이익을 위하여 권위를 남용하는 것
시장중심적	부패는 위험을 감수하더라도 원하는 이익을 위하여 높은 가격을 지불하는 결과
공익중심적	공직자가 금전 보상의 댓가로 이로운 행위를 함으로써 공중의 이익에 손해를 끼침

(2) 하이덴 하이머의 부패 유형

구분	내용
백색 부패	이론상 일탈행위로서 구성원 다수가 용인하는 선의의 부패, 관례화된 부패 ※ 경기가 밑바닥인데도 경기가 살아나고 있다고 관련 공직자가 거짓말을 한 경우
흑색 부패	사회 전체에 심각한 해를 끼치는 것으로 구성원 모두가 처벌을 원하는 부패 ※ 업무와 관련된 대가성 있는 뇌물수수
회색 부패	백색과 흑색의 중간으로 얼마든지 흑색부패로 발전할 수 있는 잠재성을 지닌 것으로 일부집단은 처벌을 원하지만 다른 집단은 원하지 않는 경우의 부패 ※ 정치인에 대한 후원금, 떡값, 적은 액수의 호의, 선물, 음료수, 과일 등

4) 「부패방지 및 국민권익위원회의 설치와 운영에 관한 법률」상 부패 행위(법 제2조 제4호)

① 공직자가 직무와 관련하여 그 지위 또는 권한을 남용하거나 법령을 위반하여 자기 또는 제3자의 이익을 도모하는 행위
② 공공기관의 예산사용, 공공기관 재산의 취득 · 관리 · 처분 또는 공공기관을 당사자로 하는 계약의 체결 및 그 이행에 있어서 법령에 위반하여 공공기관에 대하여 재산상 손해를 가하는 행위
③ 위 ①, ②에 따른 행위나 그 은폐를 강요, 권고, 제의, 유인하는 행위(간접적 부패행위까지 포함)

5) 경찰부패의 현실적 특징

① 단속, 규제, 조사 등을 하는 경찰로부터 유리한 결정을 이끌기 위해 뇌물을 제공한다.
② 경찰조직의 위계구조와 충성문화 강조는 부패의 토양이 된다.
③ 경찰인 자신을 권력집단으로 인식하고 뇌물을 당연한 관행으로 받아들인다.
④ 경찰이 서로의 부정을 나눔으로써 공범관계가 성립하고 부정행위를 덮어주는 것이 만연된다.

6) 경찰인의 부패화 과정

(1) 부패 단계

경찰의 부패화 과정은 봉사 수단 → 좌절 → 체념 → 부패의 순서로 진행된다.

① 1단계: 경찰직을 사회 봉사의 수단으로 생각
② 2단계: 낮은 봉급, 경찰에 대한 낮은 사회인식, 승진좌절 등 현실의 벽을 실감하고 좌절
③ 3단계: 경찰 역할이 무의미해져 냉소적으로 되면서 체념
④ 4단계: 경찰직을 사익과 안락을 추구하는 수단으로 이용하면서 부패

(2) 예기적 사회화 과정

경찰이 되고자 하는 사람이 자기 또는 주변인의 경험이나 언론매체를 통하여 경찰에 대한 사회화를 미리하는 것을 의미한다. 예를 들면 경찰 준비생이 경찰의 음주운전 기사를 보고 자신은 저렇게 하지 않겠다는 생각을 가지는 경우를 예기적 사회화과정이라 한다.

7) 경찰 일탈 이론(22 간부)

이 론	내 용		학 자
미끄러지기 쉬운 경사로 이론	긍정	사소한 호의(공짜 커피)가 부패로 연결	셔먼
		사소한 호의도 거절해야 한다.	델라트르
	비판	대부분 경찰은 작은 호의와 뇌물을 구별할 수 있어서 작은 호의 때문에 반드시 부패를 범하는 것은 아니다.	펠드버그

이 론	내 용	학 자
전체 사회 가설	① 시민사회(시카고)가 경찰부패를 묵인하여 경찰을 부패하게 만들었다고 주장 ② 주민들과 도박을 일삼았으나 주민들 아무도 문제화하지 않는 경우 ③ 미끄러지기 쉬운 경사로 이론과 유사	윌슨
구조 원인 가설 (조직 부패)	① 신참은 고참에 의해 부패에 물든다. ② 대상업소에서 월정금을 받아 동료들과 분배 ③ 서로의 부패를 눈감아주는 '침묵의 규범' 발생 ④ '법규와 현실의 괴리'로 발생(혼자 출장 가면서 2명의 출장비 청구, 퇴근 후 시간외근무 조작) ⑤ 부패는 개인적 결함이 아닌 조직적 문제	니더호퍼, 로벅, 바커
썩은 사과 가설 (개인 부패)	① 자질 없는 경찰관이 모집단계에서 배제되지 못하고 유입되어 전체가 부패 ② 부패는 조직의 문제가 아닌 개인적 결함	
비지바디니스 (Busybodiness)	남의 비행에 일일이 참견하여 도덕적 충고를 하는 것(내부고발과 구별)	
도덕적 해이 (Moral Hazard)	① 법과 제도적 허점을 이용하여 자기 책임을 소홀히 하거나 집단적인 이기주의를 보이는 상태 ② 도덕적 가치관이 붕괴되어 동료의 부패를 부패로 인식하지 못함(동료의 부패를 모르는 척하는 침묵의 규범과 구별)	

8) 경찰부패에 대한 내부고발(Whistleblowing)

(1) 내부고발의 의의

① 동료의 부패를 감찰이나 외부의 언론매체에 공표하는 것으로 '침묵의 규범'과 반대되는 개념이다.

② 남의 비행에 참견하여 도덕적 충고를 하는 '비지바디니스(busybodiness)'와 구별된다.

③ 내부고발에서 가장 고려해야 것은 조직에 대한 충성과 공공의 이익이다.

(2) 내부고발의 원인(엘레스톤)

① 정보를 공표하기 위하여 의도된 일련의 행동을 수행
② 정보는 공적인 기록사항
③ 정보는 조직내의 현실적인 사소하지 않은 잘못에 관한 것임
④ 내부고발하는 개인은 현재 또는 과거의 구성원임

(3) 내부고발의 정당화 요건(클라이니히)

① 적절한 도덕적 동기에 의해 이루어질 것
② 외부공표 전 모든 내부채널 사용하여야 함
③ 내부고발자의 신념이 합리적 증거에 근거할 것
④ 도덕적 위반의 중대성, 급박성에 대한 세심한 고려 필요
⑤ 어느 정도 성공가능성이 있어야 함

4. 공직자윤리법

「공직자윤리법」은 공직자 및 공직후보자의 재산등록, 등록재산 공개 및 재산 형성과정 소명과 공직을 이용한 재산취득의 규제, 공직자의 선물신고 및 주식백지신탁, 퇴직공직자의 취업제한 및 행위제한 등을 규정함으로써 공직자의 부정한 재산증식을 방지하고, 공무집행의 공정성을 확보하는 등 공익과 사익의 이해충돌을 방지하여 국민에 대한 봉사자로서 가져야 할 공직자의 윤리를 확립함을 목적으로 한다.

1) 재산등록 의무자(경사 이상)

「공직자윤리법」 제3조에 의해 해양경찰의 재산 등록의무자는 총경 이상의 경찰공무원이고,[48] 하부법령인 「공직자윤리법 시행령」 제3조에서 정하는 특정 분야의 공무원은 국가경찰공무원 중 경정, 경감, 경위, 경사와 자치경찰공무원 중 자치경정, 자치경감, 자치경위, 자치경사이다. 따라서 해양경찰에서 등록의무자는 경사이상의 해양경찰공무원이다.

2) 등록대상 범위와 등록할 재산

(1) 등록대상 재산의 범위(법 제4조 제1항)

등록의무자가 등록할 재산의 범위는 다음 어느 하나에 해당하는 사람의 재산(소유 명의와 관계없이 사실상 소유하는 재산, 비영리법인에 출연한 재산과 외국에 있는 재산

48) 「공직자윤리법」 제3조(등록의무자) ① 다음 각 호의 어느 하나에 해당하는 공직자(이하 "등록의무자"라 한다)는 이 법에서 정하는 바에 따라 재산을 등록하여야 한다.
9. 총경(자치총경을 포함한다) 이상의 경찰공무원과 소방정 이상의 소방공무원
13. 그 밖에 국회규칙, 대법원규칙, 헌법재판소규칙, 중앙선거관리위원회규칙 및 대통령령으로 정하는 특정 분야의 공무원과 공직유관단체의 직원

포함)으로 한다.

① 본인
② 배우자(사실상의 혼인관계에 있는 사람을 포함)
③ 본인의 직계존속 · 직계비속. 다만, 혼인한 직계비속인 여성과 외증조부모, 외조부모, 외손자녀 및 외증손 자녀는 제외한다.

(2) 등록할 재산

등록의무자가 등록할 재산은 다음과 같다(공직자 윤리법 제4조 제2항).

① 부동산에 관한 소유권 · 지상권 및 전세권
② 광업권 · 어업권 · 양식업권, 그 밖에 부동산에 관한 규정이 준용되는 권리
③ 다음의 동산 · 증권 · 채권 · 채무 및 지식재산권(知識財産權)
가. 소유자별 합계액 1천만원 이상의 현금(수표를 포함한다)
나. 소유자별 합계액 1천만원 이상의 예금
다. 소유자별 합계액 1천만원 이상의 주식 · 국채 · 공채 · 회사채 등 증권
라. 소유자별 합계액 1천만원 이상의 채권
마. 소유자별 합계액 1천만원 이상의 채무
바. 소유자별 합계액 500만원 이상의 금 및 백금(금제품 및 백금제품을 포함한다)
사. 품목당 500만원 이상의 보석류
아. 품목당 500만원 이상의 골동품 및 예술품
자. 권당 500만원 이상의 회원권
차. 소유자별 연간 1천만원 이상의 소득이 있는 지식재산권
카. 자동차 · 건설기계 · 선박 및 항공기
④ 합명회사 · 합자회사 및 유한회사의 출자지분, ⑤ 주식매수선택권

3) 재산의 등록 시기 및 공개

(1) 재산등록 시기

공직자는 등록의무자가 된 날부터 2개월이 되는 날이 속하는 달의 말일까지 등록의무자가 된 날 현재의 재산을 해양경찰청 등록담당부서에 등록하여야 한다(공직자윤리법 제5조 제1항).

등록의무자는 매년 1월 1일부터 12월 31일까지의 재산 변동사항을 다음 해 2월 말일까지 등록기관에 신고하여야 한다. 다만, 최초의 등록 후 또는 「공직자윤리법」 제5조 제1항 단서에 따른 신고 후 최초의 변동사항 신고의 경우에는 등록의무자가 된 날부터 그 해 12월 31일까지의 재산 변동사항을 등록기관에 신고하여야 한다(공

직사윤리법 제6조 제1항).

(2) 등록재산의 공개

공직자윤리위원회는 관할 등록의무자 중 해당하는 공직자 본인과 배우자 및 본인의 직계존속·직계비속의 재산에 관한 등록사항과 변동사항 신고내용을 등록기간 또는 신고기간 만료 후 1개월 이내에 관보 또는 공보에 게재하여 공개하여야 한다(제10조 제1항).

해양경찰에 있어서 공개대상자는 치안감 이상이므로 해양경찰에 있어서 공개의 대상이 될 수 있는 직위는 해양경찰청장(치안총감), 차장(치안정감), 중부지방해양경찰청장(치안정감), 남해지방해양경찰청장(치안감), 서해지방해양경찰청장(치안감), 기획조정관(치안감), 경비국장(치안감 또는 경무관), 구조안전국장(치안감 또는 경무관), 수사국장(치안감 또는 경무관), 국제정보국장(치안감 또는 경무관), 장비기술국장(치안감 또는 경무관)이 대상이 될 수 있다. 위 직위에서 치안감 이상의 직위를 가지고 있다면 당연히 공개의 대상이 된다. 다만, 「공직자윤리법」 제10조 제1항에서 지방해양경찰청장을 포함한다고 규정하고 있지 않기 때문에 경무관이 기관장인 동해지방해양경찰청장(경무관), 제주지방해양경찰청장(경무관)은 공개의 대상이 아니다.

4) 등록사항 심사결과의 처리(법 제8조의 2 제1항)

공직자윤리위원회는 등록사항의 심사(재심사를 포함) 결과 등록대상재산을 ① 등록대상재산을 거짓으로 기재한 경우, ② 등록대상재산을 중대한 과실로 빠트리거나 잘못 기재하는 경우, ③ 허위의 자료를 제출하거나 거짓으로 소명하는 등 불성실하게 재산등록을 하거나 심사에 응한 경우, ④ 직무상 알게 된 비밀을 이용하여 재물 또는 재산상 이익을 취득한 사실이 인정된 경우 다음 어느 하나의 조치를 하여야 한다.

㉠ 경고 및 시정조치
㉡ 과태료 부과
㉢ 일간신문 광고란을 통한 허위등록사실의 공표.
㉣ 해임 또는 징계의결 요구

5. 부정 청탁 및 금품 등 수수의 금지에 관한 법률

「부정 청탁 및 금품 등 수수의 금지에 관한 법률」은 공직자 등에 대한 부정청탁 및 공직자 등의 금품 등의 수수(收受)를 금지함으로써 공직자 등의 공정한 직무수행을 보장하고 공공기관에 대한 국민의 신뢰를 확보하는 것을 목적으로 한다(법 제1조).

1) 금품 등의 개념(법 제2조)

① 금전, 유가증권, 부동산, 물품, 숙박권, 회원권, 입장권, 할인권, 초대권, 관람권, 부동산 등의 사용권 등 일체의 재산적 이익
② 음식물 · 주류 · 골프 등의 접대 · 향응 또는 교통 · 숙박 등의 편의 제공
③ 채무 면제, 취업 제공, 이권(利權) 부여 등 그 밖의 유형 · 무형의 경제적 이익

2) 부정청탁의 금지(법 제6조)

누구든지 직접 또는 제3자를 통하여 직무를 수행하는 공직자 등에게 부정청탁을 해서는 아니 된다(법 제5조 제1항). 부정청탁을 받은 공직자등은 그에 따라 직무를 수행해서는 아니 된다.

3) 부정청탁의 신고 및 처리(법 제7조)

① 공직자등은 부정청탁을 받았을 때에는 부정청탁을 한 자에게 부정청탁임을 알리고 이를 거절하는 의사를 명확히 표시하여야 한다.
② 공직자등은 거절 등의 조치를 하였음에도 불구하고 동일한 부정청탁을 다시 받은 경우에는 이를 소속기관장에게 서면(전자문서를 포함)으로 신고하여야 한다.
③ 신고를 받은 소속기관장은 신고의 경위 · 취지 · 내용 · 증거자료 등을 조사하여 신고 내용이 부정청탁에 해당하는지를 신속하게 확인하여야 한다.

4) 공직자등의 부정청탁 등 방지에 관한 업무의 총괄(법 제12조)

국민권익위원회는 다음 사항에 관한 업무를 관장한다.

① 부정청탁의 금지 및 금품등의 수수 금지 · 제한 등에 관한 제도개선 및 교육 · 홍보계획의 수립 및 시행
② 부정청탁 등에 관한 유형, 판단기준 및 그 예방 조치 등에 관한 기준의 작성 및 보급
③ 부정청탁 등에 대한 신고 등의 안내 · 상담 · 접수 · 처리 등
④ 신고자 등에 대한 보호 및 보상
⑤ ①부터 ④까지의 업무 수행에 필요한 실태조사 및 자료의 수집 · 관리 · 분석 등

6. 해양경찰 헌장(21 간부)

해양경찰 헌장은 1998년 제정됐으나 시간이 지나면서 사문화가 되다시피 하여, 해양경찰의 이념과 정신을 강조하고 현재뿐만 아니라 미래 세대까지도 아우를 수 있도록 변화된 시대상과 국민의 눈높이에 맞춰 헌장을 새롭게 2021년 1월 1일에 시행되었다.

기존 헌장이 해양경찰로서의 사명감을 중시했다면 개정된 헌장은 공직자이자 해양경찰로서 올바른 공직가치와 함께 실천 의지를 강조하고 있다. 헌장 전문은 국가에 헌신하고 국민에 봉사하는 공무원 본연의 자세와 해양경찰의 임무와 역할을 명시했고, 본문에서는 조직의 독자적 특성을 반영해 '바다의 수호자', '정의의 실현자', '국민의 봉사자', '해양의 전문가'로서 해양경찰 구성원이 지켜야 할 4가지 실천 목표를 제시하고, 해양경찰이 추구해야할 목표와 태도를 보다 더 명확하고 쉽게, 구체적으로 제시함으로써 일선 현장에서 행동지침으로도 활용할 수 있도록 했다.

해양경찰 헌장

우리는 자랑스러운 대한민국 해양경찰이다.
우리는 헌법을 준수하며 국가에 헌신하고 국민에게 봉사한다.
우리는 해양주권 수호와 해상치안 확립에 힘쓰며
안전하고 깨끗한 바다를 만들기 위해 최선을 다한다.
이에 굳은 각오로 다음을 실천한다.

1. '바다의 수호자'로서 국민의 생명과 안전을 지키며
   인류의 미래 자산인 해양 보전에 맡은 바 책임을 다한다.
1. '정의의 실현자'로서 청렴과 공정을 생활화하며
   원칙과 규범을 준수하고 올바르게 법을 집행한다.
1. '국민의 봉사자'로서 소통과 배려를 바탕으로
   국민이 만족하고 신뢰하는 해양서비스를 제공한다.
1. '해양의 전문가'로서 창의적 자세와 도전정신으로
   어떠한 어려움도 극복하며 임무를 완수한다.

7. 해양경찰청 공무원 행동강령(해양경찰청 훈령)

이 규칙은 「부패방지 및 국민권익위원회의 설치와 운영에 관한 법률」 및 「공무원 행동강령」에 따라 해양경찰청 소속 공무원이 지켜야 할 행동 기준을 규정하는 것을 목적으로 한다. (21 하반기)

1) 적용범위(제3조)

이 규칙은 해양경찰청 소속 공무원과 해양경찰청에 파견된 공무원에게 적용하며, 「국가공무원 복무규정」에 따른 근무 시간 이외의 휴무, 휴가 등인 때에도 적용된다. (21 하반기)

2) 공정한 직무수행을 해치는 지시에 대한 처리(제4조)(21 채용)

공무원은 상급자가 자기나 타인의 부당한 이익을 위하여 공정한 직무수행을 현저하게 해치는 지시를 하였을 때에는 그 사유를 그 상급자에게 별지 서식 또는 전자우편 등의 방법으로 소명하고 그 지시에 따르지 않거나, 별지 서식 또는 전자우편 등의 방법으로 지정된 행동강령에 관한 업무를 담당하는 공무원(행동강령책임관)과 상담할 수 있다.

① 지시를 이행하지 않았는데도 같은 지시가 반복될 때에는 별지 서식 또는 전자우편 등의 방법으로 즉시 행동강령책임관과 상담하여야 한다.
② 상담 요청을 받은 행동강령책임관은 지시 내용을 확인하여 그 지시를 취소하거나 변경할 필요가 있다고 인정되면 해양경찰청장 또는 소속기관의 장에게 보고하여야 한다. 다만, 지시 내용을 확인하는 과정에서 부당한 지시를 한 상급자가 스스로 그 지시를 취소하거나 변경하였을 때에는 소속 해양경찰관서장에게 보고하지 않을 수 있다.
③ 보고를 받은 해양경찰관서장은 필요하다고 인정되면 지시를 취소 · 변경하는 등 적절한 조치를 하여야 한다. 이 경우 공정한 직무수행을 해치는 지시를 이행하지 않았는데도 같은 지시를 반복한 상급자에게는 징계 등 필요한 조치를 할 수 있다.

3) 사적 이해관계의 신고 등(제5조)

공무원은 사적이해 관계가 있는 경우[49] 그 사실을 안 날부터 5일 이내에 해양경

---

49) 해양경찰청 공무원 행동강령 제5조(사적 이해관계가 있는 경우)
1. 공무원 자신이 직무관련자인 경우
2. 공무원의 4촌 이내 친족(「민법」 제767조에 따른 친족을 말한다)이 직무관련자인 경우
3. 공무원 자신이 2년 이내에 재직하였던 법인·단체가 직무관련자인 경우
4. 공무원 자신 또는 그 가족(「민법」 제779조에 따른 가족을 말한다). 이하 같다)이 임직원 또는 사외 이사로 재직하고 있는 법인·단체가 직무관련자인 경우
5. 공무원 자신 또는 그 가족이 직무관련자를 대리하거나 직무관련자에게 고문·자문 등을 제공하거나 해당 대리·고문·자문 등의 업무를 하는 법인·단체에 소속되어 있는 경우
6. 공무원 자신 또는 그의 가족이 단독 또는 합산하여 다음 각 목에 해당하는 비율 이상의 주식·시분, 자본금 등을 실질적으로 소유하고(소유 명의와 관계없이 실질적인 소유관계

찰관서장에게 해당 사실을 서면(전자문서 포함)으로 신고하여야 한다. 다만, 각종 증명서 발급, 민원 접수, 문서 송달, 그 밖에 이와 유사한 단순 민원업무의 경우에는 예외로 한다.

① 직무관련자 또는 공무원의 직무수행과 관련하여 이해관계가 있는 자는 해양경찰관서장에게 별지 서식에 따라 서면으로 조치를 신청할 수 있다. 다만, 불가피한 경우에는 신청한 날부터 3일 이내에 신청사유를 소명할 수 있는 자료를 제출하여야 한다.

② 해양경찰관서장은 조치 신청의 대상이 된 공무원에게 그에 대한 의견을 요구할 수 있고, 이 경우 해당 공무원은 지체 없이 그에 대한 의견을 별지 서식에 따라 문서로 제출하여야 한다.

③ 공무원은 직무관련자와 사적 이해관계가 있다고 인정하는 경우에도 해양경찰관서장에게 별지 서식에 따라 서면으로 조치를 신청할 수 있다.

④ 신고나 신청을 받은 해양경찰관서장은 소속 공무원의 공정한 직무 수행을 할 수 없다고 판단하는 경우에는 해당 공무원에게 다음의 조치를 할 수 있다. ㉠ 직무 참여의 일시중지, ㉡ 직무대리자 또는 직무 공동수행자의 지정, ㉢ 직무 재배정, ㉣ 전보

를 기준으로 한다) 있는 법인·단체(이하 "특수관계사업자"라 한다)가 직무관련자인 경우

가. 공무원 자신 또는 그의 가족이 소유하는 주식 총수가 발행주식총수의 100분의 30 이상인 사업자

나. 공무원 자신 또는 그의 가족이 소유하는 지분 총수가 출자지분총수의 100분의 30 이상인 사업자

다. 공무원 자신 또는 그의 가족이 소유하는 자본금 합산금액이 자본금 총액의 100분의 50 이상인 사업자

7. 300만원 이상의 금전거래가 있는 자가 직무관련자인 경우
8. 해양경찰청 및 소속기관의 퇴직공무원(임직원)으로서 퇴직 전 5년간 같은 부서에서 근무하였던 사람이 직무관련자인 경우
9. 학연, 지연, 종교, 직연 또는 채용동기 등 지속적인 친분 관계가 있어 공정한 직무 수행이 어렵다고 판단되는 사람이 직무관련자인 경우
10. 최근 2년 이내에 인가·허가, 계약의 체결, 정책·사업의 결정 또는 집행 등 직무 수행으로 직접적인 이익을 받았던 사람과 지속적인 친분 관계가 형성되어 공정한 직무 수행이 어렵다고 판단되는 경우
11. 그 밖에 해양경찰청장이 공정한 직무수행이 어려운 관계에 있다고 판단되는 자가 직무관련자인 경우

4) 금지사항(제12 · 18 · 22조)(21 하반기)

금지사항에는 예산의 목적외 사용 금지(제12조), 금품 등의 수수 금지(제22조), 알선·청탁 등의 금지(제18조) 등이 있다.

① 공무원은 여비, 업무추진비 등 공무 활동을 위한 예산을 목적 외의 용도로 사용하여 소속 기관에 재산상 손해를 입혀서는 안 된다.
② 공무원은 자기 또는 타인의 부당한 이익을 위하여 다른 공직자(「부패방지 및 국민권익위원회의 설치와 운영에 관한 법률」에 따른 공직자를 말함)의 공정한 직무수행을 해치는 알선 · 청탁 등을 해서는 안 된다.
③ 공무원은 직무수행과 관련하여 자기 또는 타인의 부당한 이익을 위하여 직무관련자를 다른 직무관련자나 공직자에게 소개해서는 안 된다.
④ 공무원은 직무 관련 여부 및 기부 · 후원 · 증여 등 그 명목에 관계없이 같은 사람으로부터 1회에 100만원 또는 매 회계연도에 300만원을 초과하는 금품 등을 받거나 요구 또는 약속해서는 안 된다.

5) 경조사 통지 제한(제27조)

공무원은 직무관련자나 직무관련공무원에게 경조사를 알려서는 안 된다. 다만, 다음의 어느 하나에 해당하는 경우에는 경조사를 알릴 수 있다.

① 친족(「민법」 제767조에 따른 친족을 말함)에게 알리는 경우
② 현재 근무하고 있거나 과거에 근무하였던 기관의 소속 직원에게 알리는 경우
③ 신문, 방송 또는 직원에게만 열람이 허용되는 내부통신망 등을 통하여 알리는 경우
④ 공무원 자신이 소속된 종교단체 · 친목단체 등의 회원에게 알리는 경우

6) 행동강령책임관의 지정과 점검(제35조 · 제36조)

해양경찰청과 그 소속기관에 행동강령책임관을 둔다. 해양경찰청의 감사담당관, 해양경찰교육원의 운영지원과장, 중앙해양특수구조단의 행정지원팀장, 지방해양경찰청의 청문감사담당관, 해양경찰서의 기획운영과장, 해양경찰정비창의 기획운영과장을 각각 그 기관의 행동강령책임관으로 한다.

① 행동강령책임관은 「부정청탁 및 금품 등 수수의 금지에 관한 법률」에 따른 부정청탁 금지 등을 담당하는 담당관을 겸할 수 있다.

② 행동강령책임관은 다음의 업무를 수행한다.

가. 행동강령의 교육 · 상담에 관한 사항

나. 행동강령의 준수 여부에 대한 점검 및 평가에 관한 사항

다. 행동강령 위반행위의 신고접수 · 조사처리 및 신고인 보호에 관한 사항

라. 그 밖에 공무원 행동강령의 운영을 위하여 필요한 사항

③ 행동강령책임관은 공무원의 행동강령 이행실태 및 준수 여부 등을 매년 2회 이상 정기적으로 점검하여야 한다. (21 하반기)

SECTION

02 해양경찰의 정체성

Ⅰ. 해양경찰학의 의미

해양경찰학이란 무엇인가? 해양경찰학은 기본적으로 경찰학을 기본으로 하여 논의될 수 있다. 그런데 경찰학에서도 그 학문성과 정체성[50]의 논의가 전개되고 있다. 이러한 점은 새로운 학문분야가 등장하게 되면 경험하게 되는 문제이다.

인접학문분야라고 할 수 있는 경찰학의 개념정의를 살펴보면 다음과 같다.

경찰학이란 "경찰행정과 경찰제도와 조직, 경찰업무에 대한 다양한 연구로 관련 이론을 정립하고 검증하며, 새로운 발전방향을 모색해 가는 사회과학의 한 학문적 영역",[51] "경찰이라고 불리는 국가 조직의 행사와 그 작용과 관련된 제반관념과 현상을 연구하는 학문",[52] "경찰이라고 불리우는 국가제도 혹은 공권력의 행사와 관련된 제반 관념·현상·원리들을 규명한 지식의 총체,"[53] "시각적으로 확인되는 경찰의 구조·활동 관리뿐만 아니라 경찰관들의 의식세계나 경찰일탈까지도 경찰학의 연구영역에 포함된다"[54]고 본다.

또 다른 학자는 "사회현상 중에서도 공공의 안녕과 질서유지를 위한 경찰권의 발동과 관련된 경찰행정현상과 경찰조직 관리, 다양한 문제해결을 위한 치안정책의 결정과 집행을 연구대상으로 하는 응용사회과학",[55] "경찰의 기원, 경찰의 목표, 체제 및 수단 등을 연구하는 학문",[56] "경찰"이라고 불리는 국가제도 혹은 공권력의 행사와 관련된 제반 관념이나 현상 혹은 원리들을 체계적으로 규명한 지식의 총

---

50) 남궁구(1998). "경찰학의 정체성규명에 관한 시론", 치안정책연구 제11호, 치안연구소; 김상호, "경찰학의 정체성 및 학문적 성격에 대한 고찰", 경찰학연구, 2003, 제4호 등이다.

51) 허경미(2008). 경찰학개론, 박영사, p. 3.

52) 황현락(2009). 경찰학개론, 청목출판사, p. 15.

53) 임창호(2004). 경찰학의 이해, 박영사, p. 23.

54) 이황우·조병인·최응렬(2003). 경찰학개론, 한국형사정책연구원, p. 47.

55) 조철옥(2008). 경찰학개론, 대영문화사, p. 37.

56) 김충남(2005). 경찰학개론, 박영사, p. 9.

체[57] 등으로 정의하고 있음을 볼 수 있다.

이러한 개념정의를 살펴보면 기본적으로 연구대상과 연구방법을 중심으로 개념을 정의하고 있음을 알 수 있다. 이러한 개념정의를 따라 해양경찰학이란 "해양경찰에 관련된 지식의 총체"라고 정의할 수 있을 것이다.

해양경찰학이 학문성을 충족시키기 위해서는 자신만의 제한된 영역에서 고유한 이론체계를 필요로 하게 될 것이다. 제한된 범위를 대상으로 하여 검증 가능한 인식을 획득한다고 하는 면을 해양경찰에 적용해보면 제한된 범위로서 해양경찰이 하는 일이라고 정의해 볼 수 있고, 이를 바탕으로 하여 검증이 가능한 인식을 획득하는 것을 의미한다.

경찰학을 연구하는 학자들은 학문적 정체성을 다음과 같은 것을 제시하고 있다. "하나의 학문이 그 정체성을 지니기 위해서는 궁극적으로 ① 연구대상이 구체적으로 확정되고, ② 그러한 대상을 체계적으로 정리하고 해석할 수 있는 연구방법이 구체적으로 확정되어야 한다. 그와 함께, ③ 대학에서의 독립된 학과의 존재, ④ 전문가들의 학회 결성, ⑤ 전공분야 학술지의 발간 등은 더욱 더 학문의 정체성을 공고히 하는데 도움을 줄 수 있을 것이다.[58] 이러한 방법을 해양경찰학 학문의 정체성을 고민하는 데에 활용될 수 있다. 이러한 요건에 충족하는지를 검토하면 아래와 같다.

Ⅱ. 연구방법과 해양경찰학의 성격

1. 연구방법

해양경찰학도 해양경찰을 중심으로 하여 제 학문에서 나온 이론 등을 수정 보완하여 독자적인 학문으로 만들어나가는 것이 타당하다. 연구방법으로는 철학적, 사학적, 법학적, 행정학적, 기타 경험과학적 분야를 망라하는 것으로 볼 수 있다. 다만 해양경찰은 해양에서 선박을 사용한다는 점에서 특수성이 있다. 따라서 연구방법의 면에서도 자연과학적인 연구성과를 적극적으로 수용해야 할 것이다. 즉, 해양경찰학

57) 이황우 · 조병인 · 최응렬, 전게서, p. 46.

58) 김상호(2003). "경찰학의 정체성 및 학문적 성격에 대한 고찰", 경찰학연구, 제4호, p. 170; 임재강(1999). "한국 경찰행정학 교과서의 분석", 한국공안행정학회보 제8호, 한국공안행정학회, pp. 392-393.

의 연구방법으로는 사회과학을 중심으로 하여 자연과학적 연구방법을 수용하는 종합과학적 접근방법을 사용하여야 한다.

다시 말하면 해양경찰학도 하나의 학문으로써 그 정체성을 공고히 하기 위해서는 해양경찰 및 치안환경이라고 하는 연구대상을 중심으로 여러 학문이 만나는 학제적 접근을 추구하여야 할 것이다.

2. 연구전문가 집단

1) 해양경찰관련 학회결성과 학술지 발간

학회공동체란 역사적 세계관을 가진 학자들의 집합체이다. 개별학자의 연구업적을 학회지나 학술대회 및 학술발표회를 통해 나누며 축적함으로써 다양한 이론을 소개하고 개발하며 이론의 흐름을 형성하는데 중요한 역할을 담당하게 된다. 해양경찰과 관련하여 전문적인 학회가 구성되어 활발한 토론과 논의가 있어야 할 것이다. 이를 통하여 해양경찰학의 기초를 수립하는 역할을 담당해야 할 것이다.

또한 전공분야 학술지의 발간은 해양경찰학의 정체성을 공고히 하는데도 일조할 것으로 판단된다.

2) 대학에서의 해양경찰관련 학과의 존재

해양경찰학의 학문적 교육을 담당하는 학과로는 우선 해양경찰학과 또는 해양경찰학 전공이 있다. 이름은 다소 다르지만 해양경찰학과(전공 포함)가 설치되어 있는 학과는 한국해양대, 전남대, 부경대, 경상대, 제주대, 목포해양대, 강원도립대, 한서대, 관동대, 영산대 그리고 군산대가 있다.

3. 해양경찰학의 학문적 성격

해양경찰학은 사회생활의 안전과 관련된 측면을 다루게 되는 것이므로 기본적으로 사회과학의 한 학문분과에 속하게 된다. 다만 해양경찰학은 바다, 선박과 관련되어 있으므로 이러한 분야에서는 기본적으로 자연과학적인 지식이 중요하게 된다. 이러한 점에서 바라보면 해양경찰학은 융합학문으로서의 성격도 가진다. 따라서 해양경찰학은 순수한 기초과학이 아니라 기초적인 분과학문들이 이루어 놓은 이론과 지식들을 응용하여 해양경찰현상을 연구하고 실제문제해결에 응용하는 실용적 학문이라고 정의할 수 있을 것이다.

SECTION

03 해양경찰청과 국방부 · 경찰청 · 소방청과의 비교

Ⅰ. 해양경찰청의 설치 목적과 지원 요청

1. 해양경찰의 직무

「해양경찰법」상 해양경찰의 직무는 「해양경찰법」 제14조에서 규정하고 있고, 해양경찰청의 설치 목적은 해상에서 인명 및 재산을 보호하고, 법률 위반, 즉 범죄의 예방 및 수사 그리고 진압하는 것이다. 인명 및 재산보호는 해양안전을 의미하고, 법률 위반의 예방 및 수사 및 진압은 주로 해상치안의 유지를 의미한다. 해양경찰 작용 관련 법령에는 「형법」, 행정적 단속법령인 「수산업법」, 「관세법」 등이 있고, 항해안전 그 자체를 목적으로 한 「선박안전법」, 「선박직원법」 양자를 포함하고 있다. 따라서 해양경찰청의 설치 목적은 해상안전과 해상치안유지의 양 목적이 포함되어 있다.

해양경찰청의 설치 목적과 밀접한 관계가 있는 국방부(해군) 및 경찰·소방 임무와 비교하면 다음과 같다.

2. 「해양경찰법」과 「재난 및 안전관리 기본법」에 의한 지원 요청

1) 해양경찰청장은 국민의 안전을 위협하는 해양재난 또는 해양사고의 대응을 위하여 필요한 경우 관계 행정기관의 장 또는 지방자치단체의 장에게 필요한 협력을 요청할 수 있다(해양경찰법 제17조 제1항).

2) 중앙대책본부장과 시장·군수·구청장은 재난이 발생하거나 발생할 우려가 있다고 인정하면 국방부장관에게 군의 인력과 장비의 지원을 요청할 수 있고, 특별한 사유가 없으면 요청에 따라야 한다(재난 및 안전관리 기본법 제39조).

3) 시장·군수·구청장은 응급조치를 하기 위하여 필요하면 다른 시·군·구나 관

할 구역에 있는 군부대 및 관계 행정기관의 장, 그 밖의 민간기관·단체의 장에게 인력·장비·자재 등 필요한 응원(應援)을 요청할 수 있다. 이 경우 응원을 요청받은 군부대의 장과 관계 행정기관의 장은 특별한 사유가 없으면 요청에 따라야 하고, 응원에 종사하는 사람은 그 응원을 요청한 시장·군수·구청장의 지휘에 따라 응급조치에 종사하여야 한다(재난 및 안전관리 기본법 제44조).

4) 국방부장관은 항공기나 선박의 조난사고가 발생하면 관계 법령에 따라 긴급구조업무에 책임이 있는 기관의 긴급구조활동에 대한 군의 지원을 신속하게 할 수 있도록 ① 탐색구조본부의 설치·운영, ② 탐색구조부대의 지정 및 출동대기태세의 유지, ③ 조난 항공기에 관한 정보 제공 등의 조치를 취하여야 한다(재난 및 안전관리 기본법 제57조).

Ⅱ. 국방부와의 임무 비교

1. 국방부의 임무

대통령은 「헌법」과 법률이 정하는 바에 의하여 국군을 통수하고, 국군의 조직과 편성은 법률로 정한다(헌법 제74조). 대통령은 헌법, 이 법 및 그 밖의 법률에서 정하는 바에 따라 국군을 통수한다(국군조직법 제6조). 국방부장관은 국방에 관련된 군정 및 군령과 그 밖의 군사에 관한 사무를 관장하고(정부조직법 제33조 제1항), 국방부장관은 대통령의 명을 받아 군사에 관한 사항을 관장하고 합동참모의장과 각군 참모총장을 지휘·감독한다(국군조직법 제8조).

국군은 육군, 해군 및 공군으로 조직하며, 해군에 해병대를 두고, 각군의 전투를 주임무로 하는 작전부대에 대한 작전지휘·감독 및 합동작전·연합작전을 수행하기 위하여 국방부에 합동참모본부를 둔다. 군사상 필요할 때에는 대통령령으로 정하는 바에 따라 국방부장관의 지휘·감독하에 합동부대와 그 밖에 필요한 기관을 둘 수 있다(국군조직법 제2조).

국방부 국군의 임무는 두 가지이다. 하나는 외국의 침략에 대한 방위이고, 다른 하나는 국내 치안유지이다. 전자가 주 임무이고, 후자는 부속임무이다. 국군의 활동은 대통령 또는 국방부장관의 출동명령이 있을 경우이다. 국군의 출동은 「해양경찰법」 제17조 제1항에 의한 협력요청, 「재난 및 안전관리 기본법」 제39조·제44조·제57조 따른 재난 및 사고시의 지원요청, 응원요청에 의한 경우에 한정된다. 그 외에 관련 법령에서 국방부 국군의 통제를 명문화한 경우이다. 해양경찰은 해상안전과 치안유지를 그 임무로 하는 행정관청이므로 평상시 국방부의 군이 방위행정을 주임무로 하는 데 비해, 해양경찰은 경찰행정을 주임무로 한다. 해양경찰은 상관의 명령에 복종하는 한 각자가 자발적인 활동을 하는데 지장이 없으며, 활동과 권한행사를 위해 특별한 출동명령을 요하지 않는다. 사법경찰권 행사의 경우 해양경찰관에서 모두 그 권한이 주어져 있고, 해양범죄에 관한 한 모든 범죄가 그 대상이 되는 점에서 국군의 사법경찰권과는 큰 차이가 있다. 여기서 주의할 점은 이상의 경우는 평시 상태의 경우이고 비상사태(계엄, 통합방위)하에서는 해양경찰의 임무는 전부 또는 일부가 군과의 공동임무 또는 통제를 받게 되며, 관련 법령에서 군의 통제를 받도록 되어 있는 경우가 있다.

2. 군의 통제가 가능한 경우

1) 「헌법」과 「계엄법」에 의한 통제

대통령은 전시·사변 또는 이에 준하는 국가비상사태에 있어서 병력으로써 군사상의 필요에 응하거나 공공의 안녕질서를 유지할 필요가 있을 때에는 법률이 정하는 바에 의하여 계엄을 선포할 수 있고, 비상계엄이 선포된 때에는 법률이 정하는 바에 의하여 영장제도, 언론·출판·집회·결사의 자유, 정부나 법원의 권한에 관하여 특별한 조치를 할 수 있다(헌법 제77조).

비상계엄은 대통령이 전시·사변 또는 이에 준하는 국가비상사태 시 적과 교전(交戰) 상태에 있거나 사회질서가 극도로 교란(攪亂)되어 행정 및 사법(司法) 기능의 수행이 현저히 곤란한 경우에 군사상 필요에 따르거나 공공의 안녕질서를 유지하기 위하여 선포하고, 경비계엄은 대통령이 전시·사변 또는 이에 준하는 국가비상사태 시 사회질서가 교란되어 일반 행정기관만으로는 치안을 확보할 수 없는 경우에 공공의 안녕질서를 유지하기 위하여 선포한다(계엄법 제2조 제2항·제3항).

2) 「통합방위법」에 의한 통제

통합방위사태는 갑종사태, 을종사태 또는 병종사태로 구분하여 선포한다. 해당하는 상황이 발생하면 국방부장관 또는 행정안전부장관은 즉시 국무총리를 거쳐 대통령에게 통합방위사태의 선포를 건의하여야 한다. 대통령은 건의를 받았을 때에는 중앙협의회와 국무회의의 심의를 거쳐 통합방위사태를 선포할 수 있다(법 제12조 제

1항 · 제2항 · 제3항).

시 · 도경찰청장, 지역군사령관 또는 함대사령관은 을종사태나 병종사태에 해당하는 상황이 발생한 때에는 즉시 시 · 도지사에게 통합방위사태의 선포를 건의하여야 하고, 시 · 도지사는 건의를 받은 때에는 시 · 도 협의회의 심의를 거쳐 을종사태 또는 병종사태를 선포할 수 있다. 시 · 도지사는 을종사태 또는 병종사태를 선포한 때에는 지체 없이 행정안전부장관 및 국방부장관과 국무총리를 거쳐 대통령에게 그 사실을 보고하여야 한다(법 제12조 제4 · 5 · 6항).

통합방위작전이란 통합방위사태가 선포된 지역에서 통합방위본부장, 지역군사령관, 함대사령관 또는 시 · 도경찰청장이 국가방위요소를 통합하여 지휘 · 통제하는 방위작전을 말한다(법 제2조). (21 간부)

통합방위작전의 임무를 수행하는 사람은 그 작전지역에서 대통령령으로 정하는 바에 따라 임무 수행에 필요한 검문을 할 수 있고(법 제15조 제5항). 시 · 도지사 또는 시장 · 군수 · 구청장은 군 · 경 합동작전에 관련되지 아니한 사람에 대하여는 출입을 금지 · 제한하거나 그 통제구역으로부터 퇴거할 것을 명할 수 있다(법 제16조 제1항). 시 · 도경찰청장, 지방해양경찰청장(대통령령으로 정하는 해양경찰서장을 포함), 지역군사령관 및 함대사령관은 관할구역 중에서 적의 침투가 예상되는 곳 등에 검문소를 설치 · 운용할 수 있다(법 제18조 제1항).

3) 「방어해면법」에 의한 통제

대통령은 군사상 방어가 필요한 해면에 대하여 전시 · 사변이나 그 밖에 군사상 특히 필요할 때에는 국무회의의 심의를 거쳐 영해의 전부 또는 일부를 방어해면구역(防禦海面區域)으로 지정하거나 그 지정을 변경할 수 있고(법 제2조), 대비정규전(對非正規戰) · 해상전투 · 대상륙방어전 등을 위한 군사작전상 긴급한 사유로 방어해면구역 지정을 기다릴 여유가 없을 때에는 합동참모의장 · 해군작전사령관 또는 함대사령관이 임시로 그 구역을 지정하여 고시할 수 있다(법 제3조).

지정된 방어해면구역을 출입하거나 항행하려는 모든 선박은 해군작전사령관 또는 함대사령관의 허가를 받아야 하고(제4조), 방어해면구역에 있는 모든 선박은 관할통제권자가 군사작전상 필요하여 내리는 명령을 따라야 한다(법 제5조).

관할통제권자는 군사작전상 필요할 경우에는 방어해면구역에서 특정 행위를 제한하거나 금지할 수 있고, 위반한 사람 또는 선박에 대하여는 방어해면구역에서 퇴거하도록 명령하거나 강제로 퇴거시키거나, 시설물의 철거 등 원상회복에 필요한 조치를 명할 수 있다(법 제6조 · 7조).

4) 「어선안전조업법」에 의한 통제

군이 경찰권을 행사할 수 있는 경우는 「어선안전조업법」 제17조에 의한 서해 접경해역의 통제이다. 서해 북방한계선과 잇닿아 있는 접경해역 중 대통령령[59]으로 정하는 어장에 대한 출입항은 신고기관의 협조를 받아 그 지역 관할 군부대장이 통제할 수 있다(법 제17조).

국방부장관 또는 해양경찰청장은 국가안전보장 또는 질서유지를 위하여 필요한 경우 해양수산부장관, 광역시장·도지사·특별자치도지사와 협의하여 해양수산부장관 또는 시·도지사에게 일정한 해역에서 지정된 기간 동안 조업 또는 항행의 제한을 요청할 수 있다. 다만, 국방부장관 또는 해양경찰청장은 조업 또는 항행을 즉시 제한하지 아니하면 어선의 안전한 조업 또는 항행에 중대한 영향이 있다고 판단하는 경우 조업 또는 항행을 제한할 수 있다. 이 경우 국방부장관 또는 해양경찰청장은 해양수산부장관, 해당 시·도지사 및 관계기관에 즉시 통보하여야 한다(법 제16조).

5) 「어업자원보호법」에 의한 통제

관할수역내에서 어업을 하려고 하는 자는 해양수산부장관의 허가를 받아야 하고(법 제2조), 관할수역을 위반한 자는 3년 이하의 징역 또는 3천만원 이하의 벌금에 처하고 그 소유 또는 소지하고 있는 어선, 어구, 채포물, 양식물 및 그 제품은 이를 몰수한다(법 제3조).

관할수역 위반에 대한 범죄수사에 있어서는 해군함정의 승무장교, 사병 기타 대통령령으로 정하는 공무원이 사법경찰관리의 직무를 행하고, 필요하다고 인정한 때에는 범칙선박의 회항을 명할 수 있으며, 위반의 혐의가 있다고 인정한 때에는 단순한 통과선박일지라도 이를 정지시키고 임검, 수색 기타 필요한 처분을 할 수 있다(법 제4조).

59) **어선안전조업법 시행령 제9조(서해 접경해역의 어장)** 법 제17조 제1항에서 "대통령령으로 정하는 어장"이란 다음 각 호의 도서 주변의 어장을 말한다. 1. 백령도 2. 대청도 3. 소청도 4. 연평도 5. 강화도

Ⅲ. 경찰청과의 비교

1. 개 설

해경은 태동시부터 경찰기관에 소속되어 육경과 유사점이 많다. 육경은 「정부조직법」 제34조 제5항에 의하여 "치안에 관한 사무를 관장하기 위하여 행정안전부장관 소속으로 경찰청을 둔다"라고 하여 경찰청 설치근거를 두고 있고, 동법 제6항에서 '경찰청의 조직·직무범위 그 밖에 필요한 사항은 따로 법률로 정한다'고 하는 위임규정에 근거하여 「국가경찰과 자치경찰의 조직 및 운영에 관한 법률」을 시행하고 있다.

그러나 해경은 「정부조직법」 제43조 제2항에서 "해양에서의 경찰 및 오염방제에 관한 사무를 관장하기 위하여 해양수산부장관 소속으로 해양경찰청을 둔다"라고 하여 해양수산부에 해양경찰청을 설치하고 있고, 조직법으로 「해양경찰법」을 두고 있다.

육경과 해경은 1996년 8월 이전에는 동일한 법령의 적용을 받아 왔지만, 이후 해양경찰이 해양수산부 소속의 외청으로 독립되면서 「국가경찰과 자치경찰의 조직 및 운영에 관한 법률」의 적용이 배제되었다. 다만 「경찰관직무집행법」의 적용을 받고 있어 해경의 직무범위는 사무범위 내에서 육경과 동일한 집행권한을 가지고 있다. 「경찰관직무집행법」은 경찰공무원의 직무범위를 포괄적으로 규정하고 있으므로 해경과 육경 모두에 적용되는 기본적인 작용법이다.

2. 유사성

1) 유사한 조직구조

조직편제상 해경은 해양수산부 소속이고, 육경은 행정안전부 소속이지만 조직편제에 있는 기능 중 육상과 해상이라는 공간적 특성과 해양오염방제 업무를 제외하면 기능이 유사하다. 해양경찰청장과 경찰청장 모두 직급은 치안총감으로서 경찰공무원이고, 양청의 차장도 치안정감으로서 동일하다.

2021년 8월 현재 해양경찰청의 부서편성은 기획조정관, 6국(경비국, 구조안전국, 수사국, 국제정보국, 해양오염방제국, 장비기술국), 해양경찰청 소속기관으로 해양경찰교육원, 중앙해양특수구조단, 해양경찰정비창, 지방행정기관으로 전국에 5개 지방해양경찰청, 19개 해양경찰서와 서해 5도 특별경비단을 두고 있으며, 해양경찰서 소속의

96개의 파출소와 234개의 출장소 및 경비구난함정, 형사기동정, 방제정, 구난헬기 등을 보유하고 있다.

2021년 8월 현재 경찰청의 부서편성은 청장을 중심으로 1차장 1본부 9국 10관 32과 22담당관 1팀으로 구성되어 있다. 생활안전국 · 교통국이 민생치안을, 수사기획조정관 · 과학수사관리관 · 수사국 · 형사국 · 사이버수사국 · 안보수사국이 소속된 국가수사본부가 수사를 담당하고, 경비국 · 정보국 · 외사국이 사회질서 유지를, 대변인 · 감사관 · 기획조정관 · 경무인사기획관 · 정보화장비정책관이 행정지원을 각각 담당하고 있다. 부속기관으로는 경찰대학 · 경찰인재개발원 · 중앙경찰학교 · 경찰수사연수원 등 4개의 교육기관과 책임운영기관인 경찰병원이 있다.

또한 치안사무를 지역적으로 분담 수행하기 위하여 전국 특별시 · 광역시 · 도에 18개 시 · 도경찰청을 두고 있으며 시 · 도경찰청장 소속하에 경찰서 257개, 지구대 585개, 파출소 1,437개를 운영하고 있다.

해양경찰청과 경찰청, 5개의 지방해양경찰청과 18개의 지방경찰청, 19개의 해양경찰서와 257개의 경찰서, 96개의 파출소 · 243개의 출장소와 585개의 지구대 · 1,437개의 파출소 등 조직편제가 유사하다. 대체로 양 기관은 조직편제가 유사하고 해양경찰청만의 특성이 있는 직제로는 구조안전국(해양안전과, 수색구조과, 수상레저과), 해양오염방제국(방제기획과, 기동방제과, 해양오염예방과), 장비기술국(육경은 정보화장비정책관 소속의 장비담당관과 경비국의 항공과), 해양경찰정비창이 있다. 이 중 해양오염방제국의 업무는 환경부의 업무와도 유사하다.

2) 신분의 동일성

경찰공무원(해경, 육경)은 모두 「경찰공무원법」의 적용을 받는다. 「국가공무원법」의 특별법인 「경찰공무원법」은 경찰공무원의 신분을 갖는 특정직 공무원에 대하여 적용되는 법률로서 제정되어 있다. 따라서 「경찰공무원법」과 그 하부 법령인 「경찰공무원징계령」은 양자 모두에 적용된다.

경찰공무원(해경, 육경)은 「경찰공제회법」에 의해 공제회원으로 권리를 누릴 수 있다. 동법은 경찰공제회를 설립하여 경찰공무원에 대한 효율적인 공제제도를 확립 · 운영함으로써 이들의 생활안정과 복지 증진에 이바지함을 목적으로 한다. 「경찰공제회법」 제7조에 의해 경찰공제회에 회원이 될 수 있는 사람은 「경찰공무원법」에 따른 경찰공무원, 「제주특별자치도 설치 및 국제자유도시 조성을 위한 특별법」에 따른 자치경찰공무원, 공제회의 임원 및 직원, 그 밖에 정관으로 정하는 사람이다. 해경과 육경은 경찰공무원이기 때문에 가입신청서를 제출하고 최초의 부담금(회비)

을 낸 날에 그 자격을 취득한다.

경찰공무원(해경, 육경)은 공사상 시 국가유공자에 준하여 군·경지원 혜택을 받을 수 있는 「국가유공자 등 예우 등에 관한 법률」의 적용을 받는다. 동법은 국가를 위하여 희생하거나 공헌한 국가유공자와 그 유족에게 합당한 예우(禮遇)를 하고 국가유공자에 준하는 군경(軍警) 등을 지원함으로써 이들의 생활안정과 복지향상을 도모하고 국민의 애국정신을 기르는 데에 이바지함을 목적으로 한다.

경찰공무원(해경, 육경)은 퇴직 후에 「대한민국재향경우회법」에 의해 사회활동을 할 수 있다. 동법 제4조에 의해 경우회의 회원은 정회원과 명예회원으로 구성되고, 경우회의 정회원은 퇴직 경찰공무원으로 하고, 명예회원은 현직 경찰공무원으로 한다. 동법 제15조에서 경우회의 재정은 국가는 경우회의 운영을 위하여 필요하다고 인정할 때에는 보조금을 교부할 수 있고, 지방자치단체는 필요하다고 인정하는 경우회의 사업에 대하여 보조금을 교부할 수 있다.

3) 경찰관직무집행법의 적용

「경찰관직무집행법」은 해경과 육경에 동일하게 적용된다. 해양경찰과 육지경찰은 「경찰관직무집행법」에서 규정하고 있는 직무범위와 개별적 수권조항, 일반적 수권조항에 따라 업무를 수행하고 있다. 「경찰관직무집행법」이 해양의 특수성을 반영하지 못한 점이 있어서 「해양경비법」[60]이 제정되어 2012년 8월 23일부터 시행되어 오고 있다. 「경찰관직무집행법」에 의한 범죄의 예방, 위험발생방지조치, 사실확인, 장구의 사용, 총기의 사용, 유치장의 설치 등 양 경찰기관이 동일하게 적용된다. 또한 해경과 육경에 공동으로 적용되는 법에는 「경범죄처벌법」, 「경찰공무원 보건안전 및 복지 기본법」이 있다.

4) 범죄수사

경무관, 총경, 경정, 경감, 경위는 사법경찰관으로서 범죄의 혐의가 있다고 사료하는 때에는 범인, 범죄사실과 증거를 수사하고, 경사, 경장, 순경은 사법경찰리로

---

60) **「해양경비법」**은 경비수역에서의 해양안보 확보, 치안질서 유지, 해양자원 및 해양시설 보호를 위하여 해양경비에 관한 사항을 규정함으로써 국민의 안전과 공공질서의 유지에 이바지함을 목적으로 한다.

「해양경비법」과 다른 법률과의 관계는 해양경비에 관하여 「통합방위법」에서 규정한 것을 제외하고는 「해양경비법」에서 정하는 바에 따르고, 해양경비에 관하여 「해양경비법」에서 규정한 것을 제외하고는 「경찰관직무집행법」을 적용한다.

서 수사의 보조를 하여야 한다(형사소송법 제197조 제1항·제2항).

이에 따라 경찰공무원(해경, 육경)은 특별사법경찰관리가 아닌 일반사법경찰관리로서 범죄에 대한 수사와 범인의 체포를 할 수 있다. 경찰공무원은 순경부터 치안총감에 이르기까지 보통경찰기관으로서 임무를 수행한다.

5) 제복 착용과 무기 휴대

제복을 착용하고 경찰권을 행사함으로써 업무 집행의 위하력이 매우 높다. 경찰제복이 주는 부정적인 효과도 있지만 경찰제복에서 법집행의 위하력은 매우 긍정적으로 받아들여지는 부분이다. 경찰공무원(해경, 육경)이 경찰제복을 착용하고 법을 집행한다는 것은 잠재적인 범법자들에게 매우 효과적이다. 경찰공무원은 제복을 착용할 의무가 있고, 직무수행을 위하여 필요한 때에는 무기를 휴대할 수 있다(경찰공무원법 제26조 제1항·제2항). 무기의 사용에 대해서는 그 요건과 절차가 「경찰관직무직행법」, 「해양경비법」에 규정되어 있고, 경찰관의 복제에 관하여 필요한 사항은 행정안전부령 또는 해양수산부령으로 정한다. 해경의 경우 「해양경찰청 소속 경찰공무원 복제에 관한 규칙(해양수산부령)」이 있고, 육경의 경우 「경찰복제에 관한 규칙(행정안전부령)」이 있다.

6) 관할구역의 획정

경찰관서별 관할구역을 획정하는 것도 해경과 육경이 유사하다.[61] 육경은 소속기관에 대한 관할구역을 지방경찰청의 관할, 경찰서 관할 등으로 확정하고, 해경도 해양경찰서의 관할구역을 내수면과 해수면을 총괄하여 해상 및 육상의 관할구역을 설치하고 있다. 해상의 관할은 해양경찰의 기능에 부합된 조치이며, 육상의 관할구역은 「수상레저안전법」의 시행으로 인해 설정된 것이다.[62] 따라서 관할면적만을 기준으로 단순 비교하면 해경(해경의 관할은 육지면적의 4.5배)이 육경보다 관할구역이 훨씬 넓다고 볼 수 있다.

---

61) 金現(2005. 2). 韓國 海洋警察 機能의 再定立에 관한 硏究, 전남대학교 대학원 박사학위논문, p. 66.

62) 「수상레저안전법 시행규칙」 제8조 제2항에 따르면 동력수상레저기구 조종면허증 재발급 신청서를 관할 해양경찰서장에 제출하여야 한다. 「해양경찰청과 그 소속기관 직제 시행규칙」 제19조<별표 2>의 지방해양경찰관서의 관할구역에서 조종면허증 재발급관할 해양경찰서의 육지관할을 규정하고 있다.

7) 장기간 동일조직 소속

육경은 1945년 10월 21일에 미 군정청에 경무국과 각 도에 경찰부를 창설하고, 해경은 1953년 12월 23일에 창설된 이래 동일한 조직에서 성장해 왔기 때문에 정서적·문화적으로 동질감이 있다. 해경이 상공부 해무청 소속으로 있었던 약 7년 기간을 제외하고, 1996년까지 37년간 동일한 조직에 있었다. 1953년 이전에도 지금의 해경 역할을 수행한 수상경찰서가 존재하였다. 부산수상경찰서는 1924년에 설치되어 1957년에 영도경찰서로 변경되었고, 인천수상경찰서는 1949년에 신설되어 1962년에 인천경찰서에 통합되었다. 따라서 해양경찰의 역사는 1953년 이전으로 거슬러 올라 갈 수 있다.

3. 해양경찰의 차별성

해경과 육경의 차별성은 여러 번의 소속부처 변경으로 인한 육경 소속 경찰과의 이질성, 업무집행에 있어서 수단(선박)의 의존성, 자연적 조건에 의한 제약, 자치경찰화의 낮은 가능성, 국제적 충돌과 외교적 마찰의 발생가능성, 타 기관에 대한 지원, 해양경찰의 관할권, 해양오염방제·수색구조(SAR)·해상안전·선박교통관제 업무 수행이 있다.[63] 이러한 점을 종합적으로 고려하여 차별성은 다음과 같다.

1) 법집행과정에서 다른 나라와의 외교적 충돌가능성

UN해양법협약은 국제적인 약속이지만 국가간에 해양에 관한 관할문제에서 완벽한 합의가 이루어지지 않았기 때문에 해석이 다를 수 있고 미확정된 것들이 있다. 이러한 해양을 관할하는 것은 해양경찰이기 때문에 해양경찰이 법집행을 할 경우 외교적 문제로 비화될 수 있다. 외교적 문제로 비화된 사례는 군산해양경찰서에서 불법어업 중국 어선을 단속하는 과정에서 어선이 침몰하고 중국 선원 1명이 사망한 사건[64]이다. 이 사건에서 중국당국의 압력에 의해 특수공무집행방해를 한 중국

63) 김현, 전게논문, pp. 67－69.

64) 2010년 12월 18일 발생한 불법조업 중국 어선 침몰사고와 관련해 우리 해경은 정당한 법집행 과정에서 발생한 사고라는 입장을 거듭 밝혔다. 군산해양경찰서장은 브리핑을 통해 우리 배타적 경제수역으로부터 0.8마일 안쪽에서 정선 명령을 내린 것이 분명하며, 배타적 경제수역내에서 정선 명령을 받았을 때에는 응해야 했으며, 현재 중국 선원 3명에 대해 사고당시 상황 등에 대한 진술을 확보했다며, 채증영상과 레이더스코프 기록 등을 토대로 정확한 사고 경위를 파악중이라고 한다. 이와 함께 앞으로 중국과 합동으로 수사할 경우 중국측

선원들을 무혐의처리한 경우가 있다.

일본과 중국간의 외교갈등 사례도 있다. 이 사건은 2010년 9월 7일 센카쿠(尖閣)열도(중국명 댜오위다오·釣魚島)에서 중국 어선이 일본 해상순시선에 충돌하면서 양국 간 심각한 외교 분쟁이 벌어졌다. 센카쿠 열도를 실효적으로 지배하고 있는 일본 정부는 "국내 법에 따라 엄정히 대처하겠다"며 선장을 구속했다. 하지만 중국은 이에 항의해 고위급 회담 전면 중단, 일본 관광 취소, 희토류 수출 중단 등을 통해 일본을 압박했고, 일본은 결국 선장을 조기 석방했다. 중국은 이에 그치지 않고 일본에 사과와 배상을 요구했고, 중국에서는 대규모 반일 시위가 벌어지기도 했다.

이 사건에서 중국은 힘으로 일본을 압박해 센카쿠열도가 분쟁지역임을 세계에 알리는 데 성공했다. 일본은 중국의 힘의 공세에 놀라 억류한 중국인 선장을 석방하고 말았으나 중국이 이에 대한 사과와 배상을 요구하자 거부할 의사를 밝혔다. 중국에 사과를 하고 배상요구까지 받아들인다면 결국 센카쿠열도는 중국 영토임을 일본 스스로 인정하는 꼬투리가 되므로 일본은 더 이상의 양보는 없다고 맞섰다. 양국수뇌 간 대화를 거부한 중국에 대해 일본은 아시아·유럽 정상회의(ASEM)와 같은 국제무대에서 센카쿠열도가 일본 섬임을 적극적으로 밝히는 작전을 택했다.

2) 해양오염방제 업무수행

해경은 육경과는 다르게 해양에서의 오염방제업무를 수행한다. 해경은 오염물질이 해양에 배출될 우려가 있거나 배출되는 경우를 대비하여 해양오염의 사전예방 또는 방제에 관한 국가긴급방제계획을 수립하여 시행하여야 한다. 그리고 해양오염사고로 인하여 긴급방제 그 밖의 필요한 조치를 수행하게 하기 위하여 해양경찰청에 방제대책본부를, 해양경찰서에 지역방제대책본부를 각각 설치할 수 있다(해양환경관리법 제62조). 선박의 선장 또는 해양시설의 관리자, 오염물질의 배출원인이 되는 행위를 한 자, 배출된 오염물질을 발견한 자는 배출기준을 초과하는 오염물질이 해양에 배출되거나 배출될 우려가 있다고 예상되는 경우 지체 없이 해양경찰청 또는 해양경찰서장에게 이를 신고하여야 한다(해양환경관리법 제63조).

에서 신병을 확보한 선원 5명에 대한 조사가 진행되고, 해경 단독으로 수사한다면, 우리측이 확보한 선원 3명을 상대로 공무집행 방해 경위 등을 집중 조사할 것이라고 설명했다. 동영상 공개와 관련해서는 현재 수사가 진행 중이기 때문에 비공개가 원칙이라며, 중국과 외교적 협의를 거쳐 수사가 끝나는 시점에서 동영상 공개 여부를 검토하겠다고 한다(ytn, 2010. 12. 22).

3) 법집행과 서비스의 수단으로 함정 활용

업무집행에 있어서 선박의존성이 있다. 육상과 달리 해수면에서 선박이라는 교통수단이 없으면 업무집행이 곤란하다. 이외에 과학적인 장비가 필요함은 물론이고 이를 운용하고 관리할 수 있는 전문가들이 필요하다. 따라서 대부분의 해양경찰은 선박운용에 대하여 해박한 지식을 갖추어야 하고 경찰관으로서 업무를 수행할 수 있는 법적 지식도 함께 갖추어야 하는 이중부담이 있다.

함정을 활용하여 법집행을 하기 때문에 자연적 조건에 제약을 받는다. 해상의 일기변화는 과학적인 첨단장비를 무용지물로 만들 수 있으며, 위험한 상황에서 근무해야 하는 부담이 있다.

4) 해수면에서의 수색 · 구조

해양경찰청장은 해수면에서 자연적·인위적 원인으로 발생하는 조난사고로부터 사람의 생명과 신체 및 재산을 보호하고 효율적인 수난구호를 위하여 수난대비기본계획을 5년 단위로 수립하여야 하고(수상에서의 수색·구조 등에 관한 법률 제4조 제1항). 해수면에서의 수난구호에 관한 사항의 총괄·조정, 수난구호협력기관과 수난구호민간단체 등이 행하는 수난구호활동의 역할조정과 지휘·통제 및 수난구호활동의 국제적인 협력을 위하여 해양경찰청에 중앙구조본부를 둔다(수상에서의 수색·구조 등에 관한 법률 제5조 제1항).

지방에는 5개의 지방해양경찰청[65]과 19개에 해양경찰서[66]가 설치되어 관할구역 내에서의 수색·구조의 업무를 수행하고 있다. 한국도 국제 SAR 협약에 정식 가입하고 그의 의무사항을 이행하고자 1995년 6월에 「수난구호법시행령」을 개정하여 현실화하였다.

5) 기술적 전문성

우선 해양경찰청의 부서편성에 있어서 장비기술국(장비기획과·장비관리과·항공과 및 정보통신과)을 설치하고 있다. 경찰청과는 달리 장비기술국이 국 단위로 설치되어 있다는 것이고, 해양경찰청의 부속기관으로 해양경찰정비창이라는 책임운영기관이 있다. 해양경찰정비창은 1953년 12월 해양경찰대 영선반으로 운영되다가, 1984년 1

65) 지방해양경찰청은 중부(인천)·동해(동해)·서해(목포)·남해(부산)·제주 등 5개이다.

66) 해양경찰서 현황은 2022년 1월 현재 속초, 동해, 울진, 포항, 울산, 인천, 평택, 태안, 보령, 군산, 부안, 목포, 완도, 부산, 통영, 창원, 여수, 제주, 서귀포 등 총 19개 소가 있다.

월 해양경찰대 정비보급과 수리창으로 운영, 1994년 5월 현재의 정비창 신축준공(부산 다대포), 1995년 9월 해양경찰정비창이 해양경찰독립기관으로 승격(대통령령 제14,770호), 2000년 1월 책임운영기관으로 개편(대통령령 제16,490호)되었다. 정비창의 주요 임무는 함정 정비 및 수리업무, 함정장비 운용 및 정비술 교육지도, 해군지원 수리업무에 관한 사항이다. 그 조직은 창장, 기획운영과, 장비관리과, 기관과, 전기전자과, 기술품질과, 선체과 등 6개 과로 구성되어 있다.

6) 집권적인 국가경찰기관

해경은 육경과는 달리 국가경찰기관으로서 자치경찰로 변화될 가능성이 거의 없다. 육경은 자치제도와 연계하여 지역실정에 부합한 업무집행이 바람직하여 「경찰법」이 「국가경찰과 자치경찰의 조직과 운영에 관한 법률」로 변경되어 자치경찰을 시행하고 있다. 해경은 국가안보 및 경비기능의 비중이 크기 때문에 자치경찰 기능이 많지 않다. 미국의 해양경비대, 일본의 해상보안청 등의 외국의 해양치안제도를 살펴보아도 해양안보와 경비 기능이 자치경찰 기능으로 자치단체에서 수행하는 사례는 찾아볼 수 없다.[67] 미국의 Coast Guard는 군대의 성격을 가지고 있고, 일본도 일반경찰은 자치제도를 도입하고 있지만 해상보안청은 국가 법집행기관이다.

해경을 자치 경찰화 하자는 의견도 있으나 다른 나라의 사례를 검토하면 어려운 측면이 있다.[68] 일본의 경우 행정조직 개편과정에서 절충적인 자치경찰을 시행하고 있는 경찰청과의 통합 혹은 경찰청과 같이 국가공안위원회에 해상보안청을 소속시키는 것이 어떠하냐는 의견이 있었으나 ① 해상보안행정은 선박조사, 해난심판, 선원자격 등의 다른 해사행정과의 일체로서 이루어져야 한다는 점, ② 해상보안청 자체가 경찰업무만이 아니고 수색·구난, 오염방제, 항로표지, 수로 등의 다양한 업무를 실시하는 기관으로 경계가 없는 해양에 관한 사항 및 바다를 낀 외국과의 관계가 비중이 크다는 점, ③ 원래 지방자치의 일환으로 행해졌던 육지경찰 업무와 국가가 실시하고 있는 해상보안업무의 일체화는 행정개혁에 역행하는 면이 있어서 익숙하지 못하다는 점이 고려되어 지방자치제도를 도입하지 않았다.[69] 이러한 일본의 사례는 우리나라에서도 신중히 검토할 필요성이 있다.

---

67) 해양경찰선진화기획단(1998). 해양경찰발전방안.

68) 이상인(2009). 해양경찰의 자치경찰제 도입 가능성 연구, 서울시립대학교 석사학위논문; 박성수·김우준(2009). "자치경찰제도의 도입에 따른 해양경찰의 역할 변화에 관한 연구," 한국지방자치연구, 제10권 제4호, pp. 169－194.

69) 泉昌弘(일본해상보안청 섭외관)(1998. 9). "海上保安廳の責務は現狀," 해양환경안전학회 해양관리행정 선진화세미나자료집, p. 80.

Ⅳ. 소방청과의 비교

1. 해양경찰 조직과의 관련성

내무부 치안국 시기(1948－1975년)에는 해양경찰이 해무청 소속시기(1955－1962년)를 제외하고 해양경찰과 같은 내무부 치안국 소속이었다. 이 때의 소방공무원의 신분은 해양경찰과 같은 「경찰공무원법」이 적용되었다.

국민안전처 중앙소방본부 시기(2014년 11월－2017년 7월)에는 「정부조직법」이 개정안이 국회에서 통과되어 해양경찰과 같은 국무총리 국민안전처 소속의 기관이었다. 소방청은 육상에서 각종의 사고에 대응하고 재난에 대응하는 기관이고, 해양경찰청은 해양에서 사고와 재난에 대응하는 기관이다. 각종 사고의 대응기관이라는 점에서 재난관리기관이라는 공통성이 있다. 해양경찰청의 소관 법령인 「수상에서의 수색구조 등에 관한 법률」에서 해상에서의 수색구조는 해양경찰청이, 내수면에서의 수색구조는 소방청이 담당하는 것으로 규정하고 있다.

2. 항구에 매어둔 선박의 화재 발생과 소방청

「소방기본법」은 "화재를 예방·경계하거나 진압하고 화재, 재난·재해, 그 밖의 위급한 상황에서의 구조·구급 활동 등을 통하여 국민의 생명·신체 및 재산을 보호함으로써 공공의 안녕 및 질서 유지와 복리증진에 이바지함을 목적으로 한다(소방기본법 제1조)"고 규정하고 있고, "국가와 지방자치단체는 화재, 재난·재해, 그 밖의 위급한 상황으로부터 국민의 생명·신체 및 재산을 보호하기 위하여 필요한 시책을 수립·시행하여야 하며(소방기본법 제2조의 2)", "시·도의 화재 예방·경계·진압 및 조사, 소방안전교육·홍보와 화재, 재난·재해, 그 밖의 위급한 상황에서의 구조·구급 등의 업무를 수행하는 소방기관의 설치에 필요한 사항은 대통령령으로 정한다(소방기본법 제3조 제1항)"로 규정되어 있다.

그러나 "소방대상물이란 건축물, 차량, 선박(「선박법」 제1조의2 제1항[70])에 따른

70) 「선박법」 제1조의2(정의) ① 이 법에서 "선박"이란 수상 또는 수중에서 항행용으로 사용하거나 사용할 수 있는 배 종류를 말하며 그 구분은 다음 각 호와 같다.
1. 기선: 기관(機關)을 사용하여 추진하는 선박[선체(船體) 밖에 기관을 붙인 선박으로서 그 기관을 선체로부터 분리할 수 있는 선박 및 기관과 돛을 모두 사용하는 경우로서 주로 기관을 사용하는 선박을 포함한다]과 수면비행선박(표면효과 작용을 이용하여 수면에 근

선박으로서 항구에 매어둔 선박만 해당), 선박 건조 구조물, 산림, 그 밖의 인공 구조물 또는 물건을 말한다"로 규정하고 있다(소방기본법 제2조). 소방대상물, 즉 화재가 났을 경우 불을 꺼야 하는 대상물로 선박이 포함되지만 항구에 매어둔 선박만 해당된다.[71] 따라서 조업중인 어선에 대한 화재의 경우 소방청의 진화 대상이 아니다.

3. 조난사고 발생 시의 소방과 해양경찰

"조난사고"란 수상에서 ① 사람의 익수·추락·고립·표류 등의 사고, ② 선박 등의 침몰·좌초·전복·충돌·화재·기관 고장 또는 추락 등의 사고로 인하여 사람의 생명·신체 또는 선박 등의 안전이 위험에 처한 상태를 말한다(수상에서의 수색·구조 등에 관한 법률 제2조).

해양경찰청장은 해수면에서 자연적·인위적 원인으로 발생하는 조난사고로부터 사람의 생명과 신체 및 재산을 보호하고 효율적인 수난구호를 위하여 수난대비기본계획을 5년 단위로 수립하여야 하고, 수난대비기본계획을 집행하기 위하여 수난대비집행계획을 매년 수립·시행하여야 한다(수상에서의 수색·구조 등에 관한 법률 제4조 제1항·제2항).

해경(구조본부의 장)은 해수면에서 수난구호를 효율적으로 수행하기 위하여 구조대를 편성·운영하고, 해수면과 연육로로 연결되지 아니한 도서(소방관서가 설치된 도서는 제외한다)에서 발생하는 응급환자를 응급처치하거나 의료기관에 긴급히 이송하기 위하여 구급대를 편성·운영하여야 한다(수상에서의 수색·구조 등에 관한 법률 제7조 제1항).

소방청장, 소방본부장 및 소방서장은 내수면에서의 수난구호를 위하여 구조대를 편성·운영하고, 내수면에서 발생하는 응급환자를 응급처치하거나 의료기관에 긴급히 이송하기 위하여 구급대를 편성·운영하여야 한다(수상에서의 수색·구조 등에 관한 법률 제7조 제2항).

접하여 비행하는 선박을 말한다)

2. 범선: 돛을 사용하여 추진하는 선박(기관과 돛을 모두 사용하는 경우로서 주로 돛을 사용하는 것을 포함한다)
3. 부선: 자력항행능력(自力航行能力)이 없어 다른 선박에 의하여 끌리거나 밀려서 항행되는 선박

71) 항구에 정박중인 선박에서 화재가 발생한 사례는 태안 신진항에 정박해 있던 선박에서 화재가 발생, 20여 척의 배가 소실됐다. 2021. 3. 23. 오전 3시 29분 충남 태안군 근흥면 신진항에서 정박한 23t 규모 어선에서 화재가 발생했고, 충남소방본부와 태안해양경찰이 공동으로 대응하여 화재를 진압했다. 화재대응에 대한 책임으로 해양경찰서장이 경질되기도 했다.

"수난구호"란 수상에서 조난된 사람 및 선박, 항공기, 수상레저기구 등(이하 "선박 등"이라 한다)의 수색·구조·구난과 구조된 사람·선박 등 및 물건의 보호·관리·사후처리에 관한 업무를 말한다(수상에서의 수색·구조 등에 관한 법률 제2조).

해수면에서의 수난구호는 구조본부의 장이 수행하고, 내수면에서의 수난구호는 소방관서의 장이 수행한다. 다만, 국제항행에 종사하는 내수면 운항선박에 대한 수난구호는 구조본부의 장과 소방관서의 장이 상호 협조하여 수행하여야 한다(수상에서의 수색·구조 등에 관한 법률 제13조).

4. 재난발생 시의 대응기관(21 채용)

"재난"이란 국민의 생명·신체·재산과 국가에 피해를 주거나 줄 수 있는 것으로서 자연재난과 사회재난을 말한다(재난 및 안전관리 기본법 제3조).

재난이 발생한 경우 재난관리 주관기관과 사고의 유형은 다음의 <표 1>과 같다. 재난관리 주관기관은 업무영역에 따라 행정안전부, 해양수산부, 소방청, 해양경찰청으로 구분하여 재난에 대응하고 있다.

<표 1> 재난관리 주관기관 및 재난 및 사고의 유형

재난관리 주관기관	재난 및 사고의 유형
행정안전부	• 정부중요시설 사고 • 공동구 재난(국토교통부가 관장하는 공동구는 제외한다) • 내륙에서 발생한 유도선 등의 수난 사고 • 풍수해(조수는 제외)·지진·화산·낙뢰·가뭄·한파·폭염으로 인한 재난 및 사고로서 다른 재난관리주관기관에 속하지 아니하는 재난 및 사고
해양수산부	• 조류 대발생(적조에 한정), 조수(潮水) • 해양 분야 환경오염 사고, 해양 선박 사고
소방청	• 화재·위험물 사고 • 다중 밀집시설 대형화재
해양경찰청	• 해양에서 발생한 유도선 등의 수난 사고

연 / 습 / 문 / 제　CHAPTER 01 해양경찰과 해양경찰학

01 다음 〈박스〉 중 해양경찰의 개념에 대한 설명으로 옳지 않은 것은 모두 몇 개인가?

21 채용

> ㉠ 실질적 의미의 해양경찰은 실정법상 해양경찰기관에 분배되어 있는 임무를 달성하기 위하여 행하여지는 일련의 해양경찰 활동을 의미한다.
> ㉡ 실질적 의미의 해양경찰은 해양경찰기관이 담당하는 권한이나 조직의 활동과 관계없이 해양경찰작용의 성질을 기준으로 파악한 개념이다.
> ㉢ 실질적 의미의 해양경찰은 학문적으로 정립된 개념으로, 일반 행정기관에서 수행하는 행정작용은 실질적 의미의 해양경찰작용에 해당하지 않는다.
> ㉣ 현행법상에 해양경찰이 담당하도록 규정되어 있는 사항은 내용을 불문하고 모두 형식적 의미의 해양경찰 업무에 속한다.

① 1개　② 2개
③ 3개　④ 4개

해설 ㉡㉣은 옳고, ㉠㉢이 틀리다.

정답 ②

02 경찰의 임무에 대한 설명으로 가장 옳지 않은 것은?　18 3차 · 19 간부

① '공공의 안녕과 질서에 대한 위험방지'가 경찰의 궁극적인 임무라 할 수 있다.
② 오늘날 대부분의 생활영역에 대한 법적 규범화 추세에 따라 공공질서 개념의 사용 가능분야는 점점 축소되고 있다.
③ '공공의 안녕'이란 개념은 '법질서의 불가침성'과 '국가의 존립 및 국가기관의 기능성의 불가침성'으로 나눌 수 있는 바, 이 중 '법질서의 불가침성'이 공공 안녕의 제1요소이다.
④ 경찰의 개입은 추상적 위험으로는 부족하고, 구체적 위험이 있을 때 가능하다.

해설 구체적 위험은 가까운 미래에 손해발생의 충분한 가능성이 존재하는 경우이고, 추상적 위험은 구체적 위험의 예상가능성만을 의미한다. 경험에 의하여 어떤 행위나 상태로부터 구체적 위험이 발생한 충분한 개연성이 존재할 때 이를 추상적 위험이라고 한다. 추상적 위험은 손해가 발생할 가능성은 있지만, 아직 구체화되지 않은 것을 의미한다. 경찰의 개입은 구체적 위험 내지 추상적 위험이 있을 때 가능하다.

정답 ④

03 다음 〈박스〉 중 「해양경찰청 공무원 행동강령」에 대한 설명으로 옳은 것은 모두 몇 개인가?

21 하반기 · 22 간부

> ㉠ 이 규칙은 「부패방지 및 국민권익위원회의 설치와 운영에 관한 법률」 제8조 및 「공무원행동강령」 제24조에 따라 해양경찰청 소속공무원이 지켜야 할 행동 기준을 규정하는 것을 목적으로 한다.
> ㉡ 이 규칙은 해양경찰청 소속 공무원과 해양경찰청에 파견된 공무원에게 적용되지만, 「국가공무원 복무규정」에 따른 근무 시간 이외의 휴무, 휴가 등인 때에는 적용되지 않는다.
> ㉢ 공무원은 여비, 업무추진비 등 공무 활동을 위한 예산을 목적 외의 용도로 사용하여 소속기관에 재산상 손해를 입혀서는 안된다.
> ㉣ 공무원은 직무 관련 여부 및 기부 · 후원 · 증여 등 그 명목에 관계없이 같은 사람으로부터 1회에 100만원 또는 매 회계연도에 300만원을 초과하는 금품등을 받거나 요구 또는 약속해서는 안 된다.
> ㉤ 공무원은 직무수행과 관련하여 자기 또는 타인의 부당한 이익을 위하여 직무관련자를 다른 직무 관련자나 공직자에게 소개해서는 안 된다.
> ㉥ 행동강령책임관은 공무원의 행동강령 이행실태 및 준수 여부 등을 매년 1회 이상 정기적으로 점검하여야 한다.

① 2개　② 3개
③ 4개　④ 5개

해설 옳은 것은 ㉠, ㉢, ㉣, ㉤이고, 틀린 것은 ㉡, ㉥이다.

정답 ③

04 다음 중 해양경찰 헌장(2021. 1. 1. 시행)의 내용으로 옳지 않은 것을 모두 고르시오 .

21 간부

> ㉠ '바다의 수호자'로서 국민의 생명과 안전을 지키며 인류의 미래 자산인 해양 보전에 맡은 바 책임을 다한다.
> ㉡ '국민의 봉사자'로서 청렴과 공정을 생활화하며 원칙과 규범을 준수하고 올바르게 법을 집행한다.
> ㉢ '정의의 실현자'로서 소통과 배려를 바탕으로 국민이 만족하고 신뢰하는 해양서비스를 제공한다.
> ㉣ '해양의 전문가'로서 창의적 자세와 도전정신으로 어떠한 어려움도 극복하며 임무를 완수한다.

① ㉠, ㉡　② ㉡, ㉢
③ ㉡, ㉣　④ ㉢, ㉣

해설 • '정의의 실현자'로서 청렴과 공정을 생활화하며 원칙과 규범을 준수하고 올바르게 법을 집행한다.
• '국민의 봉사자'로서 소통과 배려를 바탕으로 국민이 만족하고 신뢰하는 해양서비스를 제공한다.

정답 ②

05 다음 중 경찰 부패이론에 대한 설명으로 가장 옳은 것은? 22 간부

① 썩은 사과나무 가설은 경찰의 부패 원인을 개인의 윤리적 성향의 문제로 보는 견해로, 이러한 부패의 관행은 경찰관들 사이에서 침묵의 규범으로 받아 들여진다고 본다.

② 미끄러운 경사로 이론은 윌슨이 주장한 견해로, 부패에 해당하지 않는 작은 호의가 큰 부패로 발전하게 된다는 이론이다.

③ 전체사회 가설은 미국 시카고 경찰을 분석하여 내린 이론으로, 시민사회의 부패가 경찰부패의 원인이 된다는 견해이다.

④ 구조 · 원인 가설은 니더호퍼, 로벅 등이 주장한 견해로, '바늘 도둑이 소도둑 된다.'는 관점과 유사하다.

정답 ③

해양경찰의 역사

SECTION

01 해상활동과 수군활동시대

국가가 있는 곳에 질서유지가 요청되는 것은 당연한 이치이고, 공공의 안녕과 질서에 대한 치안유지는 국가의 존립목적과도 직접적인 연관성을 가지고 있다.[1] 해양경찰의 역사를 어느 시점부터 시작해야 하는지에 대한 의문점이 발생한다. 범죄예방과 범인검거, 해상치안의 기능은 고대국가 이후 현대국가에 이르기까지 어떠한 형태로든지 그 체제와 기능이 연결될 수밖에 없는 것이 역사적인 흐름이다. 다만 시대와 시대 그리고 국가와 국가 간의 통합이나 교체에 따른 변혁기에 따라 조직 명칭이나 업무가 다른 기관으로 이전되거나 변화되면서 다른 형태로 모습을 진화·발전하는 경우가 역사상 자주 발생한다. 이러한 관점에 따라 본서에서는 바다에서 해상치안의 유지기능은 국가가 있으면 존재하였다고 보고 역사기록에 바탕을 두어 해양경찰의 역사를 기술하고자 한다.

Ⅰ. 삼국시대

3면이 바다로 둘러싸인 우리나라 역시 기원전부터 해상활동을 전개되었다는 흔적이 남아있다. 삼국시대에 들어와서는 삼국 모두가 활발하게 해상활동을 전개했다는 기록이 남아 있다.

1. 고구려

479－482년 기간에 제나라에 가는 사신이 배를 타고 바다를 건넜다는 기록이 있다.[2] 이것은 고구려에서 일상적으로 우리나라 서해를 건너 중국에 왕래하였다는 것을 보여준다. 또한 고구려 사람들의 일본 영토로의 이주·왕래에 의한 경제 문화적

1) 김형중(2011). "高麗前期 金吾衛의 조직과 기능에 관한 연구," 한국경찰연구 제10권 제3호, pp. 3－5.

2) 「남제서」 고구려전.

관계가 일찍부터 있었고 570년 이후 약 100년 사이에 고구려의 사신이 23차례에 걸쳐 '왜'를 방문하였다는 기록이 있다.[3]

고구려에는 강력한 해군도 조직되어 있었다. 233-234년에 오나라 사신이 왔을 때 그들을 호송하기 위하여 25명의 조의들을 함께 보냈다는 기록과 고구려의 광개토왕비문에 "병신년(396년)에 왕이 수군(해군)을 거느리고 이산국(백제)을 쳤다"는 기록이 있다. 항해술에는 중국 사신이 고구려에 갈 때에 뱃길을 물으니 밤에는 별을 쳐다보고 낮에는 해를 가늠하여 간다고 말한 사실[4]과 669년 정월에 당나라의 중 법안이 신라에서 자석을 얻었다는 사실[5]로 미루어 보아 지문항법과 천문항법의 초보적인 지식이 도입되고 있었다고 볼 수 있다.

2. 백제

백제는 지리적 조건과 관련하여 중국, 일본과의 왕래를 오직 바다를 통해서만 할 수 있었으므로 조선기술과 항해술이 발전하였다. 260년 정월 국가기구에 국방을 담당한 '위사좌평'을 설치한 것으로 보아 여기서 바다를 방위하는 수군의 활동과 함선을 건조하는 일을 감독하는 일을 장악하였다고 볼 수 있다.[6] 백제에서는 배로 중국과 일본에 사신을 보냈다는 기록이 있다.

<표 1> 백제에서 이웃나라에 사신을 보낸 역사 기록

연 대	사신 왕래	출 처
372	진나라에 사신을 보냄	「삼국사기」 24권 백제본기 근초고왕 27년 정월
379	진나라에 사신을 보냄	「삼국사기」 24권 백제본기 근구수왕 5년 3월
384	진나라에 사신을 보냄	「진서」
402	일본에 사신을 보냄	「삼국사기」 25권 백제본기 아신왕 11년 5월
406	진나라에 사신을 보냄	「삼국사기」 25권 백제본기 전지왕 2년 2월
418	일본에 사신을 보냄	「삼국사기」 25권 백제본기 전지왕 14년 여름
429	송나라에 사신을 보냄	「삼국사기」 25권 백제본기 비류왕 3년 가을
440	송나라에 사신을 보냄	「삼국사기」 25권 백제본기 비류왕 14년 겨울
472	위나라에 사신을 보냄	「삼국사기」 25권 백제본기 개로왕 18년

자료: 한국과학사 편찬위원회(2001). 「한국과학사」.

3) 한국과학사 편찬위원회(2001), 「한국과학사」, 여강출판사, 제1절 삼국시대의 조선 및 항해기술.
4) 담수(談藪).
5) 「삼국사기」 6권 신라본기 문무왕 9년 정월.
6) 「삼국사기」 24권 백제본기 고이왕 27년 정월.

백제는 일본에 가장 많은 문화적 영향을 준 나라로서 일본에로의 왕래를 빈번히 하였을 뿐만 아니라 조선기술도 전달하였다. 이와 관련된 대표적인 자료로서 「일본서기」기록[7]에 따르면 271년에 일본이 백제의 지식있는 학자들을 초빙하였고, 백제 사람의 후손이 일본에서 선장으로 일하였다는 것, 백제의 선박에 의하여 기술자와 학자 등의 내왕이 빈번하게 있었다는 내용이 있다. 또한 일본에서는 백제 사람들이 만든 크고 든든한 배를 '백제배'라고 일컬었다고 한다. 이와 같은 자료와 사실들은 백제에서 조선기술이 발전하였고 항해술도 높았다는 것을 보여준다.

백제는 4세기 중반 근초고왕 때 마한세력을 정복하여 전라도 남해안에 이르렀으며, 북으로는 황해도 지역을 놓고 고구려와 대결하였다. 또, 낙동강 유역의 가야에 대해서도 지배권을 행사하였다. 정복활동을 통하여 축적한 군사력과 경제력을 바탕으로 백제는 수군을 정비하여 중국의 요서 지방, 산둥지방과 일본의 규슈 지방에까지 진출하는 등 활발한 대외활동을 벌였다.[8]

3. 신라

신라시대의 기록으로는 기원전 50년(박혁거세 8년)에 왜인이 변방을 침범했다는 것을 시작으로 많은 기록이 있다. 393년 왜인이 내습하여 금성(金城)을 포위하고 5일이 지나도록 전과가 없자 퇴각하기 시작했고, 399년 8월 침입한 왜병의 규모가 크므로 고구려에 구원을 요청했다. 457년 왜인이 월성(月城)을 포위했다. 문무왕(文武王 661－680년)은 생전에 용이 되어 왜병을 물리치겠다고 염원하여 바다(문무대왕 해중릉)에 묻혔다고 한다. 이는 당시 왜침의 심각성을 짐작할 수 있다.[9]

신라조정에서는 조선을 감독하는 국가기관으로서 583년에 처음으로 '선부서(船府署)'가 설치되었다.[10] 583년 이전 기록으로 289년에는 왜적이 침공한다는 통보를 받고 선박과 병기를 수리하였으며[11] 467년 봄에는 관원을 시켜 전함을 수리하였다.[12]

신라에서는 512년에 우산도(울릉도)를 정복할 때 전선에 나무로 만든 허수아비 사자를 싣고 가서 전과를 거두었다는 기록[13]과 진흥왕 때에만도 사신을 북제에 1차

7) 「일본서기」 25권 효덕기 백치 원년.
8) 국사편찬위원회·국정도서 편찬위원회(2008). 고등학교 국사, 교육인적자원부, p. 49.
9) 장수호(2011). 조선시대말 일본의 어업 침탈사: 개항에서 1910년까지 일본의 어업 침탈에 관한 연구, 수상경제연구원BOOKS & 블루앤노트, pp. 28－30.
10) 「삼국사기」 4권 신라본기 진평왕 5년 정월.
11) 「삼국사기」 2권 신라본기 유례니사금 6년 5월.
12) 「삼국사기」 3권 신라본기 자비마립간 10년.

(564), 진나라에 4차(566, 567, 568, 570년)에 걸쳐 보냈다는 기록[14]으로 보아 해상으로 군사활동과 사신왕래가 활발히 진행되었다는 것을 알 수 있다.

울릉도(우산도) 정벌에 대한 삼국사기의 기록을 살펴보면 다음과 같다.[15] 지증마립간 13년(512) 여름 6월에 우산국(于山國)이 항복하여 해마다 토산물을 바쳤다. 이찬 이사부(異斯夫)[16]가 하슬라주(何瑟羅州, 강릉지방) 군주가 되어 우산국을 복속하였다.

Ⅱ. 통일신라와 발해

1. 선부 설치

신라가 3국을 통일하자 일본은 신라에 대한 적대적 정책을 계속 실시하였으므로 신라는 수군력을 강화하는데 노력하지 않을 수 없었다. 통일신라는 통치체제를 재편성하는 과정에서 678년에 선부서(船府署)를 선부(船府)로 개편하여 수군을 통솔하는 독자적인 중앙기구로 만들었다. 종전의 선부서는 병부에 소속되었던 관청이었으나 신설된 선부는 병부에서 떨어져 나와서 그와 동등한 권한을 행사하는 독자적인 중앙통치기구의 하나가 되었다.

선부는 수군과 선박에 대한 문제를 모두 관할하는 지휘통솔기구였다. 선부가 독립적인 행정기구로 되면서 병부와 같은 등급의 기관으로 되었고, 그 책임자(선부령)의 자리에는 병부령과 같은 급의 고관들이 임명되게 되었다. 이것은 신라의 수군력 강화와 해상활동에 큰 관심을 가지고 있었음을 알 수 있다.[17]

---

13) 「삼국사기」 4권 신라본기 지증마립간 13년 6월.

14) 「삼국사기」 4권 신라본기 진흥왕 25년, 27년, 18년 3월, 29년 6월, 31년 6월.

15) 「삼국사기」 4권 신라본기 지증마립간 13년 6월.

16) 이사부(異斯夫): 일명 태종(苔宗). 성은 김씨로서 내물왕의 4대손이다. 505년(지증왕 6) 변경이던 실직주(悉直州: 삼척)의 군주(軍主)로 임명되었다. 512년에 아슬라주(阿瑟羅州) 군주로 있으면서 지금의 울릉도인 우산국(于山國)을 신라에 귀속시켰는데, 나무로 만든 사자를 배에 싣고 가서 항복하지 않으면 맹수를 풀어 멸하겠다고 속여 협박하는 계교를 썼다. 541년(진흥왕 2) 병부령(兵部令)이 되어 562년까지 실권을 장악하였다. 545년에는 국사 편찬을 제안하여 거칠부(居柒夫) 등이 《국사》를 편찬하는 계기를 만들었고, 549년에 한강 상류지역까지 신라 영토를 넓혔다. 562년에는 반란을 일으킨 가야(伽倻)에 출정하여 대가야를 멸망시키고 소백산맥 동쪽에 신라의 지배권을 확립하였다(두산백과, 2013. 1. 22. 검색).

17) 오봉근외 4인(1991). 「조선수군사」, 백산자료원, p. 93.

2. 장보고와 청해진

828년을 전후로 해상운송을 통한 국가간의 무역이 우리나라를 중심으로 이루어졌다. 통일신라 이전부터 수나라나 당나라 등 중국 대륙과 왜국에 사신을 보내[18] 예물을 교환한 사실이 있다. 이는 당시에 이미 배를 운항한 항해가들이 있었음을 알 수 있다.

통일신라 이후에는 완도에서 태어난 장보고가 일찍이 당나라로 건너가 徐州 무령군의 군중 소장으로 승진하여 산동성 등주 일대의 이정기(李正己) 족벌을 평정하는데 공을 세운 것으로 알려져 있다.[19]

그 후 장보고는 귀국하여 828년 흥덕왕(興德王)의 재가를 받아 전라남도 완도(莞島)에 청해진(淸海鎭)을 건설했다. 이곳은 전략적으로 볼 때 한·중·일 3각무역을 추진하기에 유리한 해로상에 위치하고 있었다.

그는 산동반도(山東半島) 남해안 일대와 회하(淮河)유역의 여러 도시에 거미줄처럼 펼쳐있던 신라상인들의 상업기지가 연결되어 있었고, 그 중 일부는 자신의 직접적인 장악하에 두었다. 이 사실은 중국연안일대를 여행한 일본의 구법승 엔닌(圓仁)의 일기 「입당구법순례행기(入唐求法巡禮行記)」에 상세히 기록되어 있다.[20]

엔닌(圓仁)은 「입당구법순례행기」에서 구법활동 중 은덕을 베푼 장보고 대사를 신격화하고, 귀국 후 교토에 적산선원을 세워 장보고로 추정되는 재신 적산대명신을 모시게 하였다. 속일본기(續日本記)에도 태제부(太帝府)가 중앙정부에 올린 글 가운데 "번외의 신라국 신하인 장보고가 사신을 보내 방물을 올렸다"라는 내용이 있다.[21] 또한 중국 해안 일대에 여러 곳(특히 지금의 강소성 지방의 금주, 사주와 산동반도의 등주 등)에 신라 사람들의 거류지인 '신라방'이 있었다고 한다.[22]

18) 해운항만청(1980). 한국해운항만사, pp. 207－208.
19) 김천식(2004). "장보고의 海商活動의 범위와 역사적 의의," 海運物流硏究 제41호, p. 182.
20) 李基東(1991). "9－10世紀에 있어서 黃海를 舞臺로 한 韓·中·日 3국의 해상활동," 震檀學報 (71·72), p. 293.
21) 김문경(1995). "한·일에 비친 장보고," 「동양사학연구」, 50권.
22) 엔닌 스님은 「입당구법순여행기」에서 839년 등주에 들러서 '신라관,' '신라배,' '발해관,' '발해배'들을 보았으며 845년에는 초주에 들러서 '신라방'을 방문하였다고 서술하였다.

3. 발해의 조선 및 항해기술

발해의 해상활동은 732년 9월 장문규가 거느린 발해의 수군이 압록강 구와 요동반도 남단의 수군기지들을 떠나 바닷길로 당나라 등주(지금의 산동성 봉래현 동남)를 기습하였고 727년(무왕 9년) 8월 발해에서 처음으로 24명으로 구성된 발해사절단을 일본에 보낸 사실이 있다. 발해에서 일본과의 무역과 사신거래는 동해를 건너 해상으로만 진행되었다. 이러한 거래는 727년에 첫 사절단을 파견한 것으로부터 시작하여 발해국 마지막까지 근 200년 동안 모두 34차에 걸쳐 진행되었다고 한다.

Ⅲ. 고려시대

고려는 후삼국을 통합하는 과정에서 수군의 힘에 크게 의존하였다. 태조 왕건이 태봉국 시절에 백선장군(百船將軍)·해군대장군(海軍大將軍)이 되어 후백제 수군과 여러 차례 해전을 치러 큰 승리를 거두었고, 고려의 창건 이후에도 여러 명의 수군장군들을 두어 수군을 유지했던 것으로 볼 때 추정해 볼 수 있다.[23)]

왕건이 활약한 후삼국시대의 태봉수군에 대한 역사적 자료를 살펴보면 다음과 같다.

903년 3월에 주사(舟師)를 거느리고 서해로부터 광주(光州) 지역에 이르러 금성군(錦城郡)을 공격하여 빼앗고, 10여 군현을 쳐서 취하고는 금성을 고쳐 羅州(현재의 전남 나주)라 한 뒤, 군사를 나누어 지키게 하고 돌아왔다.[24)]

(궁예가) 태조로 하여금 정주에서 전함을 수리하게 하고, 알찬종희(閼粲宗希), 김언(金言) 등을 부장으로 삼아 군사 2,500명을 거느리고 가서 광주 진도군을 쳐서 빼앗았다.[25)]

고려사의 기록으로 나타나는 수군은 919년에 천우위(天牛衛)에 해령(海領) 1령을 두었다는 내용이 나타난다.[26)] 고려의 1령은 대개 1천명으로 이루어졌다. 천우위는 고려의 2군 6위 가운데 하나로서 중앙군에 속해있었다.[27)]

---

23) 임원빈·김주식·이민웅·정진술 공편(2004). 고려시대 수군관련 사료집, 신서원, p. 11.

24) 「高麗史」 卷1 世家 太祖 卽位前.

25) 「高麗史」 卷1 世家 太祖 卽位前.

26) 「高麗史」 卷 77, 백관지 2.

27) 1045년 고려사 병지의 기록에 의하면 1령에는 호군(호군) 1명, 중랑장(중랑장) 2명, 낭장(낭장) 5명, 별장 5명, 산원 5명, 오위 20명, 대정 40명, 징군방정인 1천명, 망군정인 6백 명으

태조 왕건은 해상활동을 배경으로 대두한 인물이었고, 후백제 공격을 위한 羅州 중심의 경략은 해군력의 뒷받침을 받아 이룩될 수 있었던 것이다. 이미 신라말에 청해진을 근거지로 하는 활발한 해상활동이 있었고, 또 라말여초(羅末麗初)에 대중국 무역활동이 해로를 통해 광범위하게 이루어지고 있었다는 큰 추세를 고려하더라도 고려초의 해군력은 상당하였으리라 추정할 수 있다.[28)]

고려 전기의 수군은 수군, 해군, 선병, 주사 등으로 불리었다. 고려 수군의 기원은 태봉 수군에서 찾을 수 있고, 당시에 중앙정부에서 필요에 따라 수군으로 동원할 수 있는 잠재적 병력 자원은 최소한 5천명 이상이었을 것으로 추정된다.[29)]

고려 후기의 수군관련 주요 인물을 살펴보면 1381년에 정지(鄭地)가 처음으로 해도원수(海道元帥)에 임명되었고, 얼마 후에 병으로 사직하고 대신 심덕부(沈德符)가 임명되었으며, 1383년에는 나세(羅世)가 임명되었다. 그 해에 정지가 다시 해도도원수(海道都元帥)에 임명되었고, 1386년에는 해도원수4도 도지휘체치사(海道元帥四道都指揮處置使)가 되었다. 그리고 1389년에는 박인우(朴麟祐)가 양광좌우도 수군도만호(楊廣左右道水軍都萬戶)에 임명되었다. 1390년에는 왕강(王康)이 경상도 수군도체찰사(慶尙道水軍都體察使)에 임명되었고, 얼마 후에 전라·경상·양광 3도수군 도체찰사(全羅慶尙楊廣三道水軍都體察使)로 임명되었다.

이처럼 원수·도원수·도지휘처치사·도만호·도체찰사 등과 같은 수군지휘관의 임명은 필요에 의해 수군을 부분통합 또는 전부통합 지휘하는 데 따른 임시방편이었고, 수군의 지휘조직으로 만호(萬戶)가 연해 각처에 배치되었던 것은 1390년에 이르러서였다.[30)]

1. 11세기 동여진 해적 및 왜구의 등장과 대응

1) 사서의 해적 관련 기록

고려가 후삼국을 통일한 이후 한동안 동해 방면의 군사 상황과 관련된 별다른 기록이 없었으나 1005년부터 해적이 나타났다는 고려사의 기록이 있다.

로 모두 1,678명이 소속되어 있었다(「高麗史」 卷 81, 병지).

28) 陸軍本部(1968). 「韓國軍制史」, p. 105.

29) 이창섭(2005. 3. 30). "高麗 前期 水軍의 運營," 「史叢」 60, p. 27.

30) 임원빈·김주식·이민웅·정진술 공편(2004), 전게서, p. 12.

목종 8년(1005) 봄 정월에 동여진이 登州(함경남도 안변)를 노략질하여 주진과 촌락 30여 곳을 불사르고 가니 장수를 보내어 막았고,[31] 목종 8년에 진명현[32](鎭溟縣: 함경남도 원산)과 금양현(金壤縣: 강원도 통천)에 성을 쌓았고, 목종 9년(1006)에는 용진진(龍津鎭: 강원도 문천)에 성을 쌓았으며, 목종 10년(1007)에 흥화진(興化鎭)과 울진(蔚珍), 익령현(翼嶺縣: 강원도 양양)에 성을 쌓았고, 목종 11년(1008)에 통주(通州)에 성을 쌓았으며, 등주(登州)에 성을 쌓았다(高麗史」 卷 82, 兵志)

목종 8년 이후에 쌓은 동계 지역 여섯 성의 위치는 모두 동해안에 접하고 있거나 매우 가까우며, 상당수의 동북 방면에 치우쳐져 있다. 목종 8년(1005)부터 11년까지 매년 동계 지역의 해안에 성을 쌓는 기사가 나오는 것으로 미루어 이 시기에 동계, 그 중 해안 지역이 군사적 위협에 노출되었고, 이를 방어할 필요성이 커져가고 있었음을 짐작할 수 있다.

현종 즉위년(1009) 3월에 과선(戈船) 75소(艘)를 만들어 진명구(鎭溟口)에 정박시켜 동북의 해적을 막게 하였고,[33] 현종 2년(1011) 8월에 동여진의 배 100여소가 경주를 노략질 하였다(高麗史 卷4)

주목할 점은 동해에 접한 진명구에 함대를 배치한 기록이다. 이 함대가 방어해야 하는 대상은 동북의 해적인데, 당시 고려의 동북쪽에 위협세력이 될 만한 정치적 실체가 없었고 여진족만이 산거하고 있으므로, 여기서 언급된 대상은 동여진 해적이다.

2) 동해의 수군 건설: 도부서

고려는 목종 8년부터 동여진 해적의 공세에 시달렸던 동해안 지역의 전략적 요지에 성을 쌓음으로써 이를 해적에 대한 방어 거점으로 삼았다. 고려는 동여진 해적을 격퇴할 수군을 양성하였으며, 이와 함께 동해안에서 해적을 물리칠 수군 관련 업무를 담당하는 전담기구로 도부서(都部署)를 설치하였다.[34]

도부서는 동계의 진명도부서(鎭溟都部署)와 원흥도부서(元興都部署), 북계의 통주도

31) 「高麗史」 卷 3, 世家 穆宗 8년 정월; 「高麗史節要」 卷 3, 穆宗 8년 정월.

32) 진명성 축성은 동여진 해적을 막거나 견제하기 위한 수군 양성 또는 도부서 설치와 관련하여 일찍부터 주목받았다 〔崔碩南(1965). 『韓國水軍活動史』, 鳴洋社, p. 79.〕

33) 「高麗史」 卷 82, 兵志 2 鎭戍.

34) 이창섭(2008년 2월), 전게논문, p. 96.

부서(通州都部署)와 압강도부서(鴨江都部署), 그리고 동남해 지역을 관할했던 경주의 동남도부서(東南海都部署)가 있었는데, 이 가운데 동여진 해적을 대비하여 가장 먼저 설치된 것은 동계 지역에 설치된 진명도부서였다.

진명도부서는 진명현에 성을 쌓은 목종 8년(1005) 이후, 늦어도 진명구에 대규모 함대를 배치되는 현종 즉위년(1009) 이전에는 설치되었다고 추정된다.[35] 수군 기지와 담당 부서를 설치하면서 고려는 함대 양성에도 관심을 기울였다. 이에 대한 기록으로는 현종 즉위년 3월에 과선 75소를 만들어 진명구에 배치해서 동북의 해적을 막게 했다는 기록은 후삼국 통일전쟁이 끝난 뒤에 수군과 관련된 존재가 나타난 첫 번째 기록이다.

현종 때인 1011년 3년 5월 기사(己巳)에 동여진이 청하·영일현(淸河·迎日縣) 등을 노략질하니 도부서의 문연(文演), 강민첨(姜民瞻), 이인택(李仁澤), 조자기(曹子奇)를 보내어 주군의 병사를 독려하여 적을 격파하여 도망치게 하였다.[36]

동여진 해적에 대한 고려의 대응을 요약하여 정리하면 목종 8년 이후 동여진 해적에 대한 대응책을 마련하던 고려는 현종 즉위년에 대규모 선단을 진명구(鎭溟口)에 배치하는 것을 시작으로 동해 지역의 수군을 증강하기 시작한다. 동해 일대의 방어 책임이 현종대까지는 기본적으로 전명도부서에 있었다. 당시 동해 연안의 수군은 축성, 전선 건조, 역로망 정비[37]를 통해 활동을 뒷받침받았으며, 현종 3년 5월에 동여진 해적이 경주 일대를 공격했으나 고려가 이를 격퇴함으로써 이후 동여진 해적의 활동은 크게 둔화되었다.[38]

고려시대 왜구관계의 최초기록으로 1019년(현종 10년) 4월 장위남(張渭男)이 해적선 8척을 나포하고 그에 승선했던 일본인 포로들은 정자량(鄭子良)으로 하여금 돌려보냈다는 것이고, 그 후 1093년(선종 10년) 안서도호부(安西都護府) 관할하에 연평도 순검군(巡檢軍)이 해적선 1척을 나포했는데 거기에 왜인 19명, 송나라인 12명과 활(弓), 전(箭), 도검(刀劍), 갑주(甲冑), 수은(水銀), 진주(眞珠), 유황(硫黃), 법라(法螺) 등이 적재되어 있었다.[39] 이 적재물로 보아 나포선은 사무역을 겸한 왜선이었다는 것을 알 수 있다.

---

35) 金南奎(1966).「高麗都部署考」,『史叢』11, p. 473·474.

36) 高麗史」卷 4, 世家 顯宗 3년 5월 己巳.

37) 현종 3년경에 완성된 驛道의 6科體制, 현종 말엽까지 계속 정비되었던 22역도에 의한 역로망의 정비를 하였다. 6과 체제는 역도의 효율적 운영을 위한 정수에 따라 역을 6개 등급으로 나누어 운영한 것을 말한다. 22역도는 오늘날의 통신과 연락체제라고 볼 수 있다.

38) 이창섭, 전게논문, p. 104.

39) 장수호(2011), 전게서, p. 31.

2. 최무선(崔茂宣)의 활약

고려 후기 화약사용의 성행과 왜구로 인한 화약병기의 필요성에서 독자적인 화약제조의 가능성은 성숙해갔고, 최초로 화약제조에 성공한 이는 최무선이었다. 「고려사」 1377년 기록에 따르면,

> 처음으로 화통도감을 설치하였다. 이는 판사 최무선의 상언에 따라서이다. 무선은 앞서 원나라 염초장(焰硝匠) 이원(李元)과 같은 마을에서 살면서 그를 잘 대접하여 그 기술을 몰래 얻어 들었다. 그리고는 家僮(심부름꾼) 數人으로 하여금 이를 배워 그 시작에 성공한 후 드디어 화통도감(火焔都監)의 설치를 건의하여 실현하였다(高麗史, 卷 133 辛禑傳 3年(1377) 10月條).

화통도감 설치 이후 20종의 화기가 제조되었고, 그 위력은 보는 사람이 모두 경악할 정도이었다고 하고, 도감설치 후 반년만인 우왕 4년(1378) 4월에는 화기발사의 전문부대로 보여지는 화염방사군(火焔放射軍)이 경외(京外)의 각사(各寺)에 편성되었다. 화약사용 및 도감설치의 최초 최대의 목적이던 왜구격퇴에 활용하였는데, 우왕(禑王) 6년(1380)의 전라도 진포(鎭浦) 싸움에서 그 절정을 이루었다.[40]

이 때에 왜구는 300여척(혹은 500여척 이라함)으로 진포(鎭浦: 금강입구)에 침입하여 모든 배를 굵은 밧줄로 굳게 묶어 안전을 도모한 후, 거의 다 상륙하여 내륙 각지로 흩어져 人家를 멋대로 불질서 약탈하였다. 고려 조정에서는 그 동안의 제작한 최무선의 화약병기를 시험할 때라 하여 그를 부원수(副元帥)로 임명하고, 도원수(都元帥) 심덕부(沈德符), 상원수(上元帥) 나세(羅世)로 함께 나아가 치게 하였다. 최무선은 화기를 싣고 곧바로 진포에 이르러 화포로서 적선을 불태웠다. 다시 3년이 지난 우왕 9년(1383년)에는 정지(鄭地)장군이 진포전의 보복 목적으로 진도(珍島)에 70여척으로 침습한 왜구를 역시 화기로써 모두 불태웠다.[41]

고려 말기 왜구의 침범이 자주 발생하고, 대규모화 했던 것은 그 시기가 일본에서는 무로마치 바쿠후시대로서 그 약 60년간은 계속된 남북조 쟁란기(南北朝 爭亂期: 1333－1392년)라 중앙통치력이 혼란한 시기였기 때문이다. 당시 고려를 비롯하여 원나라의 연안지방에 이르기까지 왜구에 의해서 약탈당하여 포소부근(浦所附近)은 황폐화되다시피 되었다.[42]

---

40) 육군본부(1968). 「韓國軍制史」, p. 393.

41) 동게서.

42) 장수호(2011), 전게서, p. 36.

Ⅳ. 조선시대

1. 조선 전기

1) 수군제도

조선 초기에는 수군이 육군과 구별되어 독립하고 새로운 병종으로 확립된 시기라고 볼 수 있다.[43] 이전 시기에도 수군이 있었지만, 조선 초기 수군은 기타 육군 병종과는 다른 편제와 역할을 갖게 된다. 수군은 바다에서 선상생활을 한다는 특수한 여건과 왜적과 해상전투를 벌이는 것 등으로 인해, 일반 백성들에게는 고역으로 인식되고 점차 천역으로 기피대상 병종이 되었다. 그렇지만 국가적 차원에서 볼 때 꼭 필요한 군사조직이었기 때문에, 조선정부는 이를 강화하기 위해 노력하였다.

위화도 회군에서 조선왕조를 세운 태조 이성계는 왜구소탕의 명장으로서 경험과 고려 말기부터 추진하여 온 군비 확장과 해변요소에 수군영(水軍營)의 설치를 계승하는 한편 왜구에 대해서는 회유책을 시행하였다.[44]

조선왕조는 국초부터 연해요충에 설진·치장(設鎭·置將)하는 등 해방(海防)을 강화하고 수군의 제도를 정립해 나아갔다.[45] 그 결과 세종 무렵에는 각도에 수군도안무처치사(水軍都安撫處置使) 또는 수군첨절제사(水軍僉節制使))를 두고, 각 진포(鎭浦)에 도만호(都萬戶)와 만호(萬戶)를 두고 군선을 배치하여 수군의 제도를 일단 완비했다. 그런데 세조대에 이르면 경국대전의 편찬을 계기로 그 제도가 약간 달라졌다. 각도의 수군 책임자는 수군절도사(水軍節度使, 水使라고 약칭)로 되고 그가 첨절제사(僉節制使, 僉使라고 약칭)와 만호를 거느리게 된 것이다. 수사는 주진(主鎭)인 각도 수영에, 그리고 첨사와 만호 등 진장(鎭將)은 요해지(要害地)의 독진(獨鎭)에 상주하게 되었다.

수군관련 관직의 계급체계를 검토하면 수사가 정 3품, 첨사가 종 3품, 우후가 정 4품, 만호가 종 4품이었다. 수사는 종 2품인 관찰사나 각도 병사보다 한 계층 아래이지만 당상관이고, 종 4품인 만호는 군수와 동격이고, 종 5품인 현령과 종 6품인 현감보다는 높은 관직이다. 이순신 장군이 정읍현감에서 전라좌수사로 발탁된 것은 종 6품에서 정 3품 벼슬자리로 전례 없이 승진한 인사발령이었다. 각도의 수영과

43) 장학근외(1997). 조선시대 수군관련 사료집 1, p. 13.

44) 장수호(2011), 전게서, p. 36.

45) 金在瑾(1984), 전게서, p. 95.

제진(諸鎭)에는 각기 소정의 군선과 수군이 배치되어 있었다.[46]

2) 대왜정책(對倭政策)

(1) 대마도 정벌과 삼포개항

조선초기에도 왜구의 약탈행위는 가끔 발생하였다. 산악이 많아 자신의 농산물만으로써는 식생활을 충족시킬 수 없는 대마도의 왜인들은 조선이 교역을 거절할 경우 해적과 같은 습성을 발휘할 수밖에 없었다. 세종(世宗) 때인 1419년 이종무(李從茂)가 대마도를 정벌한 것은 왜구의 근거지를 소탕하려고 한 것이다.[47]

1419년 대마도 정벌 이후 거의 한세기 동안 일본 해적들의 대규모적이고 체계적인 침입은 없었다. 그러나 일본 열도에서는 봉건영주들 사이의 분쟁이 계속되고 있었고, 각지의 해적들의 준동도 완전히 종식된 것은 아니었다. 이에 따라 조선정부는 해상 및 해안방어를 늦추지 않으면서도 일본의 각지 봉건영주의 무역선 파견요청을 일부 허용하는 정책을 실시하였다.

대마도의 종씨(宗氏)가 누차 사신을 보내어 사죄의 뜻을 표하였으므로, 조선에서는 제한된 교역을 허락하였다.[48] 이에 따라 내이포(乃而浦, 웅천: 1423년), 부산포(富山浦, 동래: 1423년), 염포(鹽浦, 울산: 1426년) 등 3포를 열어 무역할 것을 허락하고, 3포에는 왜관(倭館)을 두어 교역에 종사하도록 하였다. 그 결과 왜선이 3포에 빈번히 내왕하면서 많은 미곡과 면포를 수입해 갔다.

이를 제한하려 한 것이 세종 25년(1443)의 계해약조(癸亥約條)였다. 이 약조에 의하여 대마도주는 1년에 50척의 세견선을 파견할 수 있을 뿐이고, 대마도주의 도서(圖書, 증인: 證印)가 찍힌 증명서가 있어야만 입항할 수 있게 되었다. 1년의 거래량을 세사미두(歲賜米豆) 200섬(石)으로 제한하였다.

1510년 4월 4일 대마도영주의 대관 성친(盛親)이 왜적선 100척과 함께 삼포거류왜인들은 내이포와 부산포에 처들어오는 사건을 일으켰다. 이를 삼포왜란이라고 한다.[49]

이 삼포왜란이 진정된 후 3포를 폐쇄하고 교역을 끊었으나, 대마도주의 애걸로

---

46) 동게서.

47) 李基白著(1992). 韓國史新論, 一潮閣, p. 258.

48) 동게서.

49) 삼포왜란의 진행과정은 보면 1510년 4월 4일 이른 새벽 대마도 영주가 보낸 해적떼와 야합한 삼포의 왜인무리 4,000－5,000명은 갑옷과 투구, 활과 검, 창, 방패로 무장하고 내이포성밖 백성들의 집에 불을 지르고, 성을 포위공격하여 강점하며, 조선의 병선들을 불태웠다. 다음 날에는 웅천성으로 밀려들이 부산포를 공격하여 첨시를 살해히였고, 거제도의 영등포에 침입하여 백성들의 재산을 약탈하였다(중종실록, 권 11, 5년 4월).

다시 중종 7년(1512)에 임신약조(壬申約條)를 맺고, 계해약조에 규정된 세견선과 세사미두를 반으로 감하여 각기 25척, 100섬으로 제한하고 교역을 허락하였다.

임진왜란(1592년)과 정유재란(1597년) 이후 1604년 초까지 일본과의 관계는 완전히 단절되었다. 그 동안 포로송환, 사신교환 등이 있었고, 己酉約條는 1609년(광해군 1년) 6월에 일본과 새로이 임진·정유 왜란 때의 납치자 송사를 위한 약조(送使約條)를 체결하고 삼포(三浦)를 다시 개방했다. 1611년 11월에는 세견선 체류 기한을 80일로 결정하고 1617년 4월 부산에서 왜인 잡상(雜商)을 금했다.

(2) 일본의 남해안 지역 어장요구와 고초도조어금약(孤草島釣魚禁約)

3포가 개항되면서 대마도인들이 고기잡이를 할 수 있는 지역은 부산포, 내이포로 제한되었다. 그 후 대마도에서는 1427년(세종 9년) 3월에 左衛門大郎이 대마도인의 생계가 어렵다고 호소하면서 고성(固城)과 구라량(仇羅梁)을 추가로 허가해 줄 것을 요청하였으며, 3년 후인 1430년 9월에도 六郎次郎이 고성포, 구라량 등지를 내왕하면서 장사하기를 요청하였으나 거절당하였다.[50] 이와 같이 항구의 추가 개항을 요청하였지만 거절당하자 방향을 전환하여 경상도 연해어장의 확대를 요구하기 시작했다. 이에 따라 1430년 11월에는 가배량·구라량·두모포·서생포에서, 1438년 10월에는 고성·구라량에서 고기잡이를 할 수 있도록 요청하였다.[51] 그러나 조선에서는 삼포 지역만으로도 충분하다고 하면서 그들의 요구를 들어주지 않았다.

1435년(세종 17년) 10월에는 대마도의 고기잡이 어선과 흥리왜인(興利倭人)[52]이 삼포뿐만이 아니라 가배량·구라량 등지를 왕래하면서 무역하고 또 조선의 선군을 동승하여 경계없이 마음대로 어업활동을 할 수 있도록 요청하였다. 이에 대해 조선에서는 가배량 등지를 왕래하면서 무역하는 것을 허락하지 않는 대신에 조선의 船軍이 왜선에 동승하여 개운포 등을 왕래하면서 어업활동을 할 수 있도록 허락하였다.[53] 이로써 왜인들은 삼포 중 가장 서쪽에 위치한 내이포를 경계로 하여 동쪽으로 염포의 개운포지역에서 어업활동을 할 수 있었다. 그러나 내이포로부터 서쪽 지역은 왜인들의 출입을 철저하게 통제하였다. 그 때문에 왜인들은 전라도와 충청도 해안을 마음대로 왕래할 수 없었으며, 정해진 해역이외의 지역을 항행하는 왜선은 왜구로 간주되어 제재를 받았다. 이러한 조치에도 불구하고 왜인들의 불법어업활동은 근절되지 않았다.[54]

50) 세종실록 권 35, 9월 3일 을묘(27); 권 49, 12년 9월 임술(24).
51) 세종실록 권 50, 12년 11월 기해(2); 권 59, 권 83, 20년 10월 기사(18).
52) 단독상행위(무역)을 하는 자를 흥리왜인(興利倭人) 또는 상왜(商倭)라 칭했다.
53) 세종실록 권 70, 17년 10월 을묘(17).

이와같이 조일 양국간의 어업에 관한 갈등과 대립이 진행되었다. 이러한 어업갈등을 해결하고 왜인들이 조선의 영역을 침탈하는 것을 사전에 방지하기 위한 조치가 바로 1441년(세종 23년)의 고초도조어금약(孤草島釣魚禁約)이었다. 고초도는 지금의 전남 여천군 삼산면 손죽리의 섬인 손죽도로 추정된다.[55] 이 고초도조어금약은 신숙주의 『해동제국기』에 자세히 기록되어 있다.[56]

이와 같이 고초도해역에서 어업활동을 허용해 주는 것은 현재 우리의 배타적 경제수역에서 외국인이 어업활동을 하기 위해서는 해양수산부장관의 허가를 받아야 하는 것과 유사하고, 어세를 징수하는 것은 입어료를 징수하는 것과 유사하다. 그 밖에 「배타적 경제수역에서의 외국인어업 등에 대한 주권적 권리의 행사에 관한 법률」에서 입어조건 등을 세세하게 규정하고 있는 것처럼 고초도 지역에 대하여 조선의 영해라는 것을 왜인들에게 인식시키고 실효적으로 지배하고 있었으며, 불법조업에 대해서 대응한 것이라고 볼 수 있다.

(3) 포도청

1474년(성종 5)에 포도장(捕盜將)을 다시 설치하였다. 포도대장은 도둑을 잡고, 야간순찰을 담당하였다. 성종 때 포도장의 사목에 의하면 "만약 도적이 섬으로 도망하여 들어간 경우 수군절도사(水軍節度使)와 수군만호(水軍萬戶)가 포도장의 지휘를 받았다"고 한다.[57] 포도청은 육지에서 도둑을 잡는 기능에 주력하였으나, 도적이 섬으로 숨어들어갈 경우 수군절도사와 만호가 관리하였다. 반면 왜적이 조선 해역에 출몰할 경우 도추포사(都追捕使)로 하여금 병선을 거느리고 가서 왜적을 추포하도록 하였다.

54) 한문종(2011). "조선의 남방지역과 일본에 대한 경계인식," 한일관계사연구 39, pp. 152-153.

55) 상게논문, pp. 125-126.

56) 대마도 왜인으로 어업활동을 하는 자는 도주의 三著圖書의 文引을 받아 知世浦에 도착하여 문인을 바치면 萬戶는 문인을 다시 발급해 준다. 고초도의 지정된 곳 이외에는 함부로 돌아다니는 것을 금하며, 어업활동을 마치면 지세포로 돌아와 만호에게 문인을 반납하고 漁稅를 바친다. 만호는 도주의 문인에 回批(회비)하여 도장을 찍어주고 돌아갈 때 증거로 삼는다. 만약 문인을 가지지 않은 자와 풍랑을 이기지 못한다는 핑계로 몰래 무기를 가지고 변방 섬을 횡행하는 자는 적으로 간주하여 처벌한다(신숙주, 해동제국기, 종빙응접기 조어금약).

57) 해양경찰교육원·목포대학교 도서문화연구원(2019). 해양경찰 뿌리찾기, pp. 42-43.

2. 조선후기

1) 수군제도

각 도에 수영과 수사(水使)를 두고, 그 산하 중요 진(津)에 첨사(僉使)와 만호(萬戶)라는 관직을 두는 수군제도의 기본적인 틀은 조선후기에 변함이 없었다. 그러나 그 제도의 일부 내용은 임진왜란이라는 대변란을 겪으면서 달라진 점도 있었다.

우선 무엇보다도 큰 변화는 충청, 전라, 경상의 3도수군을 통괄하는 삼도수군통제사의 신설이다. 조선전기에 각도의 수군은 각도의 수사가 개별적으로 지휘하게 되어 있었다. 그러나 선조 25년 임진왜란이 발생하자 각도의 수군을 총 지휘할 직책이 필요해서 그간 전공이 큰 전라좌수영 이순신장군을, 선조 26년 8월에 삼도수군통제사로 임명한 것이 그 시초였다.

인조 11년(1633)에는 경기, 충청, 황해의 3도 수군을 지휘하는 삼도통어사(三道統禦使)를 처음으로 두었다. 통제영이 삼남지방의 왜침에 대비하기 위하여 설치된 데 비하여 통어영(統禦營)은 수도의 방비를 위하여 설치되었다. 경기수사(京畿水使)가 겸임하도록 되어 있는 통어영은 해방의 제2선이라고 할 수 있어 통제영처럼 적극적으로 운영되지 못하고 한 때 폐지된 일도 있었다. 그러나 정조 13년(1789)에 부활되어 본영을 강화 옆 교동부(喬桐府)에 두고 그곳 부사(府使)가 통어사와 경기수사를 겸했다. 고종 30년(1893) 수도권의 방비를 보다 강화하고 수군도 근대화하기 위하여 통어영은 남양부(인천)로 옮겨지며 연해총제영(沿海摠制營)으로 되었으나 제 구실을 하지 못했다.[58]

후기 수군제도에서 달라진 점은 통제사와 통어사의 관하에 들어 있는 연해의 각 읍이 군선을 가지고 직접 해방을 담당하게 된 점이다. 당초에 연해제읍은 수군을 초정(抄定)하여 영진에 제공하는 수군충족지정(水軍充定之政)만을 담당했었는데, 삼포왜란(三浦倭亂) 이후로 왜침이 다시 시작되자 요해지(要害地)에 배치되어 있는 첨사, 만호의 세력만 가지고는 해안방어에 만전을 기하기가 어렵게 되어 제읍도 군선을 확보하고 가까운 곳에 선소(船所)를 마련하는 등 군비를 갖추어 직접 해안방어를 하게 하였다.

경국대전과 속대전의 경우를 비교하면 군선이 배치된 영진이 경국대전에서는 73개에 불과하던 것이 후자에서는 총 142개로 배가되어 있다. 이것은 연해제읍(沿海諸邑)이 해안방어에 직접 참가함으로써 이루어진 것이다.

---

58) 신숙주, 전게서.

2) 황당선과 해랑적

조선후기에 군사적으로 중대한 문제로 부각된 것은 황당선(荒唐船)[59]과 해랑적(海狼賊)[60]의 침범을 막는 것이었다. 명나라 혹은 청나라의 어선, 상선으로서 불법적으로 우리나라 연해를 침범하는 배를 황당선(荒唐船)이라 하였는데, 이들의 출몰은 16세기 중반부터 나타나기 시작하였다. 중종 39년(1544) 7월 전라병사 한기(韓琦)는 황당선을 정부에 보고하기도 하였다.[61]

16세기 중반부터 서해에 황당선이 출몰하여 민간인에게 피해를 입히고 있었다. 명나라, 청나라 북부의 어민들과 상선들은 이 시기부터 서해를 건너와서 비밀무역도 하고 물고기도 잡았다. 그들 중 일부는 평상시에는 어업과 상업에 종사하였으나, 소득이 적거나 식량이 떨어지면 해안에 상륙하여 노략질을 하고 우리의 배들을 습격하기도 하는 해랑적(海狼賊), 수적선(水賊船)으로 변신하기도 하였다.[62]

이에 따라 조선후기에는 서해의 방위가 중요 문제로 떠올랐다. 광해군 즉위년(1608)에 군산도 부군에 나타난 수적선(水賊船) 5, 6척은 부안 지방을 도적질하고 우리나라 상선을 약탈하여 갔으며,[63] 또 광해군 원년(1609)에는 군산포 만호가 해적에게 피살되기도 하였다.[64] 특히 이때 군산포 만호가 해적에게 피살되자 국왕은 '국가의 큰 치욕이다'라고 말하기도 하였다.

17세미말 이후에는 황당선들이 황해도 장산곶, 해주 앞바다에 수백척씩 와서 해삼을 채취하느라고 침범하였고,[65] 1712－1714년간에는 그전보다도 황당선의 침습

---

59) 조선 중기 이후에 '이국선(異國船)'을 달리 이르던 말. 모양이 눈에 설어서 황당한 것이라는 뜻이다.

60) 해적과 같은 말이다. "경기, 충청 양도 바다 위 해랑적이 성하여 해상에 물화 실은 배들이 내왕하기 염려되는 중에…"라는 표현이 한말의 독립신문에 기재되어 있다.

61) 군산도(群山島)를 수색하다 이름 모를 네 사람을 잡아서 추문하니, 공초하기를 "우리는 한산(韓山)의 염간(鹽干)인데 여덟 사람이 같은 배에 타고 소금을 싣고서 황해(黃海) 지방을 향하여 가던 중 마량(馬梁) 앞에 이르니, 큰 배 한 척이 있고 그 좌우에 작은 배가 있었다. 그 안에는 붉은 수건으로 머리를 싸매기도 하고 비단으로 옷을 만들어 입기도 한 이상한 복장의 사람이 1백여 명 있었다. 이들의 배에 올라와 약탈하기 시작할 때에 다른 네 사람은 물에 뛰어들었는데 살았는지 죽었는지 모르겠다. 안손(安孫) 등 우리 네 사람을 잡아 가서 샘물이 있는 곳을 안내하게 하여 횡간도(橫看島)에 이르러 샘물을 길어다가 배에 실은 뒤에, 우리들을 섬에 버려두고 곧 쌍돛을 펴고 서해 큰 바다를 향하여 갔다"라고 하였습니다(『中宗實錄』 104, 중종 39년 7월 壬寅).

62) 오봉근외 4인(1991). 전게서, p. 372.

63) 『光海君日記』 8, 광해군 즉위년 9월 癸巳.

64) 『光海君日記』 12, 광해군 1년 1월 庚戌.

65) 『肅宗實錄』 51, 38년 6월 임술.

이 심하다는 보고가 자주 조선정부에 올라갔다. 조선정부는 청나라측에 항의하여 그들을 단속하도록 요구하였으며, 1710년에는 청나라로부터 조선측이 임의로 처분해도 좋다는 동의를 받았으며 다시 1720년에는 조선측에서 포사격을 가하여 격침, 처단해도 무방하다는 합의까지 받았다.[66)]

이러한 사건들이 발생하자 인조 2년에 군산도에 별장을 두어 고군산진이라고 칭하고,[67)] 방패선(防牌船) 1척을 배치하였다. 방패선은 방선(防船)이라고도 하는데, 선체의 갑판 위에 방패 판을 세워 적의 화살로부터 군사를 보호한 전투함으로써 전선(戰船)보다는 작고, 병선(兵船)보다는 크다. 방패선의 승선 인원은 31명으로 되어 있다.[68)]

인조 15년(1637) 2월에는 고군산에 배치된 방패선(防牌船)을 전선(戰船)으로 바꾸었고,[69)] 이듬해인 인조 16년(1638) 2월에는 새로 마련한 전선의 사부(射夫)·포수(砲手)·격군(格軍: 櫓軍, 노젓는 군인)을 육지의 속오군(束伍軍)으로 채워 주었다.[70)] 전선은 조선후기 수군의 주력함으로서 흔히 판옥선이라고도 부르는데, 전선 1척에는 사부, 포수, 격군 등으로 이루어진 수군이 164명 승선하였다.[71)]

고군산진의 해안방어(海防)업무는 1876년 강화도 조약으로 외국에 문호를 연 이후에도 계속되었다. 고종 17년(1880) 1월 전라감사 심이택(沈履澤)은 정부에 고군산첨사 김응섭(金應燮)의 치보(馳報)를 인용·보고하고 있다.[72)]

이러한 기록을 볼 때 19세기 후반에도 불법조업을 하는 중국인들을 단속하는 등 해안방어 업무를 충실히 수행하고 있었던 것이다. 오늘날에도 중국 어선들이 서해상에서 불법조업을 하고 있다. 과거에는 수군이 불법조업에 대해 대응했지만 오늘날에는 해양경찰이 불법조업 외국어선에 대해 EEZ 내에서 순찰을 하는 등 어자원을 보호하고 규제하고 있다.

---

66) 『肅宗實錄』 49, 36년 9월 기미, <비변사등록> 숙종 46년 7월 16일.

67) 『大東地志』, 萬頃, 古群山島鎭. '仁祖二年 置別將於舊鎭 稱古群山'.

68) 金在瑾(1989). 『우리 배의 歷史』, 서울대학교 출판부, pp. 268－269.

69) 『湖南鎭誌』, 「古群山鎭誌與事例并錄成册」(서울대 奎 12188).

70) 『承政院日記』 63, 인조 16년 2월 5일 己亥.

71) 『肅宗實錄』 40, 숙종 30년 12월 甲午.

72) 고군산진에서 서쪽으로 30리쯤 떨어진 곳에 이양선(異樣船) 30여 척이 와서 정박하였으므로 11일에 급히 가서 문정(問情)하니, 그 사람들의 머리 모양이 앞은 깍고 뒤는 길렀으며 실은 것은 고기 잡는 그물과 밧줄이었다는 내용이었습니다. 모두 고기를 잡는 것이므로 크게 우려될 것은 없겠지만 저 사람들을 잘 일깨워 고기를 잡지 말도록 하라는 내용으로 말을 잘 만들어 써서 보내겠습니다(『고종실록』 17, 고종 17년 1월 23일).

SECTION

02 개항과 일제강점기

Ⅰ. 개항장의 관리

1. 개항과 어업협정

근대적인 조약형식에 의하여 외국과 체결한 최초의 조약은 고종 13년(1876) 일본과 맺은 병자수호조약(일명 강화도 조약)이다. 이는 고종 12년 일본이 고의적으로 운양호사건(雲揚號事件)[73]을 일으켜 강요한 조약이다.

강화도 조약에 규정한 부산을 1876년에, 1879년에 원산개항, 1880년에 인천이 개항하여 3개 항구가 개항되었다. 그리고 건양 2년(1897) 7월에 목포, 진남포를 개방하고, 광무 3년(1899) 5월에 군산, 성진, 마산을 개항하였다. 개항장에는 감리서가 설치되고 1884년 인천항경찰관 배치, 개항장경무서, 개항장재판소, 그리고 국경지방 개시장에는 변계경무서도 아울러 설정되었다.

강화도 조약의 어느 곳에서도 일본인의 입어허가에 대한 내용은 없었다. 조정에서는 개항에 따른 새로운 어업질서를 위하여 중국과 「상민수륙무역장정(中朝常民水陸貿易章程)」을 1882년 8월 23일 체결하고 그에 부수하여 청국인에 대하여 서해안의 황해, 평안, 양도 연안에 입어할 수 있는 권리를 인정했다. 그리고 1883년 7월 25일 「재조선국일본인민통상장정 및 해관세칙(在朝鮮國日本人民通商章程竝海關稅則)」을 체결했다. 이 조약에 의해서 일본인의 입어를 합법적으로 인증하게 되었다.

---

73) 일본군함 운양호는 고종 12년 8월 21일 아무런 예고도 없이 강화도 동남방 난지도부근에 투묘한 다음 담수를 찾는다는 표면상의 이유를 들어 단정(短艇)으로 연안을 탐색하면서 초지진포대(草芝鎭砲臺)까지 접근하자 이를 주시하던 우리 포대의 수비병은 국토방위의 목적에서 발사하였다. 운양호는 일본을 떠날 때부터 조선과의 사이에 국제분쟁을 일으키도록 명령받고 우리 영해 깊숙이 침입해 들어온 것이다. 그러다가 포격을 받은 일본함은 예정대로 사건이 일어나자 초지진은 물론 영종진(永宗鎭)까지 보복적인 맹포격을 가하며 육전대까지 상륙시켜 살육과 약탈의 만행을 저지른 후 장기(長琦)로 돌아갔다(李瑄根(1961－1963년). 韓國史, 乙酉文化史. p. 377).

"일본국 어선은 조선국 전라, 경상, 강원, 함경의 4도 해변, 조선국 어선은 일본국 히젠, 지구젠, 이시미, 나가도의 조선 바다에 면한 곳, 이스모, 쓰시마의 해변에 왕래포어(往來捕魚)하는 것을 인증한다. 그러나 임의로 화물(어획물)을 무역하는 것은 허가하지 않으며 위반자의 물품은 몰수한다. 단 어개(魚介)를 매매하는 것은 불문에 부친다. 그리고 피차 납하는 어세(魚稅) 및 기타의 세목(細目)을 대해서는 실시 2년 후에 그 사정을 보아 다시 협의하여 정한다"고 규정하고 있다(재조선국 일본인민통상장정 제41관).

이 통상장정 제41관의 규정은 일본의 메이지정부와 수교 후 양국 간에 합의한 어업관계조약이었다. 이는 앞서서 언급한 1441년(세종 23년) 대마도주의 요구에 의하여 대마도민에게 고초도 근해입어를 허가한 어업약정(孤草島釣魚禁約)이 있었다.[74]

그 후 그동안 협의를 미루어 왔던 통상장정 제41관의 세목 제정을 하게 되었다. 1889년(고종 26년 · 메이지 22년) 11월 12일 비로소 입어관계 규정의 내용을 더욱 상세하게 구체화하여 전문협약서로의 「조선일본양국통어장정(朝鮮日本兩國通漁章程)」을 체결했다. 이는 1965년 1차 한 · 일 어업협정과 1999년의 신 한 · 일 어업협정과 비교될 수 있다.[75]

2. 항구에 경찰관 임명

강화도조약(1876) 이후 일본의 영향을 받아 왔고, 갑오경장(1894)에 의해서 근대적 법치주의가 도입되고 제도화되어 간다. 경찰관(警察官)이란 관직명을 사용한 것은 1894년의 갑오개혁 때의 일이 아니라 그 이전이었으며, 배치된 지역도 개항장인 인천, 부산, 원산에서부터 비롯되었다. 그 역사적 기록을 검토해 보면 다음과 같다.

1) 항(港) 경찰관(警察官)이라는 관직명 등장 역사 기록

① 1884년 4월 21일, "화도진별장(花島津別將) 김굉신(金宏臣)을 인천항경찰관(仁川港警察官)으로 임명하다"[76]라는 역사기록이 있고, 우리나라에서 처음으로 경찰

---

74) 장수호(2011), 전게서, p. 73.

75) **한 · 일 어업협정**: 1965년 6월과 1998년 11월에 서명이 이뤄진 한 · 일 양국 간의 어업협정을 말한다. 1차 한일어업협정은 1998년 1월 23일 일본의 일방적 파기 선언으로 무효화되었으며, 이후 양국 간 협상이 진행돼 그해 11월 서명이 이뤄지며 1999년 1월 22일부터 신한일어업협정이 발효되었다.

76) 日省錄 고종 21년 4월 21일.

이라는 용어가 사용되었다. 경찰관이라는 관직명 사용은 갑오개혁 때가 아니라 그 보다 10년 정도 앞선 1884년이었고, 개항이 있는 인천항에서 출발하였다.

② 1885년 10월 29일, 통리교섭통상 사무아문(統理交涉通商事務衙門)에서 아뢰기를 "인천항에 이미 경찰관(警察官)을 두었으니, 부산과 원산 두 항구에도 똑같이 설치하는 것이 어떻겠습니까?" 하니, 윤허하였다(統理交涉通商事務衙門啓: "仁川港旣設警察官矣, 釜山, 元山兩港, 亦一體設置何如 ?" 允之). 부산은 첨사(僉使) 최석홍(崔錫弘), 원산은 서기관(書記官) 박의병(朴義秉)으로 하여금 겸대(兼帶)케 하다.[77]

③ 1886년 10월 3일, 박기종(朴琪琮)을 부산항경찰관(釜山港警察官)에, 김병철(金炳澈)을 동서기관(同書記官)에 차하(差下)하다.[78]

④ 1890년 2월 20일, 통리교섭통상사무아문에서 아뢰기를, "회령(會寧)에 감리(監理)를 설치한 지 여러 해가 되었으니, 해당 세관 사무를 경찰(警察)하지 않을 수 없습니다. 전 장부관(前掌簿官) 진홍구(陳洪九)를 경찰관(警察官)으로 임명하여 그 세관의 사무를 맡아보게 하는 것이 어떻겠습니까?" 하니, 윤허하였다(二十日。統理交涉通商事務衙門啓: "會寧監理設置, 已有年矣。該稅關事務, 不可無警察, 前掌簿官 陳洪九, 警察官差下, 使之句管該稅關事務何如?" 允之).[79]

⑤ 1893년 4월 12일, 해연총제영(海沿總制營)[80]에서 아뢰기를, "인천의 군사를 본영에 소속시키도록 윤허를 내리셨습니다. 장령(將領)이 없어서는 안될 것이니 인천항경찰관(仁川港警察官) 우경선(禹慶善)을 대관(隊官)에 차하(差下)하는 것이 어떻겠습니까?"하니 윤허하였다(海沿總制營啓: "因內務府草記, 仁川兵丁, 付屬本營事, 允下矣, 不可無將領。仁川港警察官禹慶善, 隊官差下何如?" 允之).[81]

⑥ 1894년 8월 6일, 갑오개혁 때 군국기무처의 의안에 따르면 "각 항구(港口)의

---

77) 高宗實錄 고종 22년 10월 29일.

78) 日省錄 고종 23년 10월 3일.

79) 高宗實錄 고종 27년 2월 20일.

80) 조선후기 수군제도가 전기의 것보다 다른 점의 하나는 통제사(統制使)와 통어사(統禦使)의 존재이다. 통제영(統制營)이 三南지방의 왜침에 대비하여 설치된 데 대하여 통어영(統禦營)은 수도의 방어를 위하여 설치되었다. 경기수사가 통어사를 겸임했다. 통어영은 해방(海防)의 후방 제2선이라고 할 수 있어 통제영처럼 적극적으로 운영되지 못하고 한 때 폐지된 일도 있었다. 그러나 정조 13년(1789)에 부활되어 본영을 강화 옆 교동부(喬桐府)에 두고 그곳 부사가 통어사와 경기수사를 겸임했다. 또 고종 30년(1893)에는 수도권의 방비를 보다 강화하고 수군도 근대화하기 위하여 통어영은 남양부(인천)로 옮겨지며 해연총제영(海沿總制營)으로 되었으나 그 2년 후 兵·水營을 혁파되어 끝내 제구실을 하지 못하고 말았다〔金在瑾(1999). 우리배의 歷史, p. 253〕.

81) 高宗實錄 고종 30년 4월 12일.

경찰관을 경무관(警務官)으로 고쳐 부르고 경무청(警務廳)에 소속시키며 그 승진과 강등 등의 사무는 경무청에서 내무대신(內務大臣)에게 신청하여 시행하도록 하고, 관원의 품계를 올려 경무부관(警務副管)을 경무부사(警務副使)로 고치고 3품으로 올리며, 경무관(警務官)은 주임경무(奏任警務)로 올리고, 서기관(書記官)은 판임주사(判任主事)로 고치겠습니다. 이상에 대해 모두 윤허하였다"고 기록하고 있다("各港警察官, 改稱警務官, 移屬警務廳, 其黜陟等事, 自警務廳申請內務大臣施行事。一, 官秩增補, 警務副管, 改以警務副使, 陞爲三品, 警務官陞爲奏任, 警務書記官, 改以判任主事事。" 竝允之).[82]

2) 검토

경찰이라는 용어사용은 갑오경장(1894)에서 처음으로 사용[83]한 것이 아니라 그 이전부터 사용되었다. 그 증거는 앞의 기록들에서 알 수 있다. ①에서 1884년에 김굉신을 인천항경찰관에 임명하고, ②에서 1885년에 인천항에 경찰관을 배치하였으니 부산, 원산에도 배치해야 된다는 기록이 있고, ④⑤에서 1890년의 기록에도 경찰관을 임명하여 세관의 사무를 하게 했다는 기록이 있다. 警察官이라는 관직명 사용은 갑오경장에 의한 경무청신설 때보다 10년 정도 앞선 것으로 역사기록에서 나타난다.[84]

그리고 ④에서 알 수 있듯이 "진홍구(陳洪九)를 경찰관(警察官)으로 임명하여 그 세관의 사무를 맡아보게 하였다"라고 기술하고 있어서 경찰관이 정부의 기능이 미분화된 상태에서 세관업무(관세업무)도 경찰관이 담당한 것으로 추정되고, 오늘날의 관점에서 보면 협의의 행정경찰역할도 수행한 것으로 평가된다.

또 ④의 기록에서 "세관사무를 警察하지 않을 수 없다," "세관사무를 경계하고 살피지 않을 수 없다"는 기록에서 경찰의 개념을 유추해 볼 수 있다. 경계하고 살핀다는 뜻이 경찰이고, 이를 담당하는 관리가 경찰관임을 알 수 있다.

⑥의 기록에 의하면 〔각 항구 경찰관(警察官) → 경무관(警務官)〕으로 변경하고, 경무청에 소속시켰다. 1895년의 「警務廳官制」에서 경무청의 최고책임자는 경무사(警務使)이고, 다음 계급으로 12인의 경무관(警務官), 주사(主事) 8인, 총순(總巡) 30인으로 되어 있다. 서열상 경무사 다음이 경무관이다. 경찰관을 경무관으로 변경하였

82) 高宗實錄 고종 31년 8월 6일.
83) 李運周(2002). 警察學槪論, p. 69.
84) 노호래(2011). "해양경찰사 小考－한말 개항장(開港場)의 감리서(監理署)와 경무서(警務署)를 중심으로－", 「한국경찰연구」, 제10권 제2호, p. 71.

으므로 경무관과 경찰관은 동일한 직급이다. 따라서 [경무관=경찰관]이라는 등식이 성립하므로 1884년에서 1894년 시기의 "警察官"은 상당히 높은 고위직인 것으로 평가할 수 있다.

요약하면 조선왕조실록의 공식기록상 경찰업무를 담당하는 관직의 명칭은 처음에는 일본의 영향을 받아 인천, 부산, 원산 등의 무역항에서 "경찰관"이라고 칭하였다가 갑오경장 때 "경무관"이라는 명칭으로 바뀌었음을 알 수 있고, 관직명으로 경찰관이라는 명칭사용의 최초는 개항장에서 비롯되었음을 알 수 있다.[85] 그리고 분명히 항구의 경찰관이 지방에 있었음에도 불구하고 수도의 경무청에 소속시킨 것은 지방에서의 유일한 신식경찰임을 의미하는 동시에 무역항의 중요성이 높았기 때문인 것으로 분석된다.

3. 개항장 감리서

고종 20년(1883) 8월 19일에 인천·원산·부산의 3개소의 개항장에 감리(監理)를 두어서 통상사무를 관장케 한 것이 개항·시장감리서(開港·市場監理署) 설치의 맨 처음이다. 그렇지만 이 때부터 바로 감리서(監理署)라고 불렀는지 아니면 그 뒤에 와서 감리서라고 불렀는지의 여부는 확실치 않다. 그러나 감리서라고 하여 하나의 독립된 기구로서 취급된 것은 좀 더 뒤의 일이고, 처음에는 감리라고만 하던 것을 뒤로 내려오면서 감리서라고 한 것 같다. 이 때 설치된 감리는 3개 개항장 내에 있어서 최고책임자로서 권한을 행사하였다.[86]

이러한 감리서는 개항장의 감리뿐만 아니라 그 뒤 고종 26년(1889) 8월에는 개항장이 아니고 개방지나 개시장[87]과 같은 경흥(慶興)·회령(會寧)에도 각각 감리를 두어 한청(韓靑)·한러(韓露) 육로통상사무를 해당 부사(府使)가 겸임토록 하여 그곳에서 일어나는 모든 대외관계사무까지 처리토록 하였다. 따라서 감리는 개항장에 있어서나 육로통상에 있어서의 여러 가지 대외관계 문제들을 처리토록 하였으며, 이러한 업무는 점차 확대되었다.

조선왕조실록의 감리서에 대한 언급을 살펴보면 1892년(고종 29년)에 이미 감리서

---

85) 상게논문, p. 72.

86) 李鉉淙(1978). 開港場監理署와 居留地置廢에 관한 硏究, 동국대학교 대학원 박사학위논문, p. 29.

87) 개항장은 주로 항구인데 대하여 개시장은 주로 육지, 즉 내륙지방에 설치되는 것으로, 예를 들면 평양개시장 등이 대표적인 것이다. 결과적으로 보면 개항장이 되어야 개시장으로도 되는 것으로 두 가지가 다 같이 개방지가 되는데 있어서는 마찬가지이다.

를 설치한 지 여러 해가 되었다는 기록이 있고 경흥 감리서의 관리임명에 대한 논의가 있다. 적어도 감리서는 1892년 이전에 설치된 것으로 판단된다. 이 감리서의 업무는 오늘날의 산업통상자원부, 외교부, 해양경찰서, 출입국관리소, 관세청의 업무를 담당한 것으로 생각된다.

『통리교섭통상사무아문(統理交涉通商事務衙門)에서 아뢰기를, "경흥 감리서(慶興監理署)를 설치한 지 이미 여러 해가 되고, 상거래가 점점 왕성해지고 사무가 복잡하게 되었으니, 전 부사(前府使) 신국희(申國熙)를 방판경흥통상사무(幫辦慶興通商事務)로 임명(差下)하는 것이 어떻겠습니까?"하니, 윤허하였다』.[88]

고종 32년(1895년)에 인천, 부산, 원산 3항의 감리서 폐지에 관한 안건(칙령 제99호)을 반포하고, 덕원 군청을 원산항에 옮겨 두고 종래의 감리서를 그 군청으로 쓰는 안건을 반포하였다.[89] 그 이유는 지방제도를 개편하면서 감리사무를 관찰사에게 속하게 하는 것이 가능하고, 예산을 절감하기 위한 것으로 판단된다. 개항장 감리서가 폐지되고 난 다음에 모든 것을 지방행정조직에 따라 적용하였으며, 개항장을 관할하는 군수(郡守)는 개항장이 없는 군수와는 달리 특별한 직권이 부여되었다.

감리서가 폐지된 지 불과 6개월만에 감리서와 거의 동일한 기구로서 개항장소재지의 군수가 담당한 섭외사무(涉外事務)를 일원화시키기 위하여 지사서(知事署)가 설치되었다. 감리서를 폐지할 때에 부관찰사(府觀察使)가 있는 지방은 해당 지방의 관찰사가 대외국인 관계나, 교섭관계 등 통상사무처리를 하도록 규정하였으며, 부(府)가 없는 개항시장에 있어서는 해당 지방의 군수에게 그 권한을 주어서 처리하도록 하였다. 그러나 지사서는 부청(府廳)이 없는 곳에 한해서 지사서를 설치하였으므로 개항장 지방의 군수에게 맡겨졌던 권한을 지사로 하여금 담당하여 처리토록 하였다.

고종 33년(1896)에 각 개항장의 질서유지를 위하여 "감리(監理)"제도를 부활하여 사무를 관장하게 하였고, 「각 개항장 감리 부설 관제에 관한 규칙(各開港場監理復設官制規則)」을 제정하여 반포하였다.[90] 1896년 8월 10일에는 종래의 관찰사 등이 관장하던 개항장 업무를 감리가 관장하게 함으로써 감리서제(監理署制)가 복구되고 이어 8월 10일에는 각 개항장에 외부(外部) 소속의 감리서와 별도로 내부(內部)소속의 경무서가 새로이 설치되었다. 이는 고종 20년(1883)에 창설된 감리서가 고종 32년(1895)년 폐지되고, 이어서 6개월 만에 지사서가 설치되었다가, 또다시 6개월 후에 지사서가 폐지되고 감리서가 부활된 것이다.

감리서의 감리는 외부대신이 임명하고 지휘·감독한다. 감리는 항구 내에 거류하

88) 『고종실록』 29, 고종 29년 5월 5일.

89) 『고종실록』 33. 고종 32년 5월 26일.

90) 『고종실록』 34. 고종 33년 8월 7일.

는 외국인의 인명, 재산과 본국인과의 일체 소송을 각국 영사와 서로 심사하는 권한을 가지며, 항구에 경무관, 총순, 순검을 둔다. 경무관은 내부에서 임명하고 해임하지만 경찰직무는 감리의 지휘·감독을 받는다.

처음에 감리서는 인천, 동래, 덕원, 경흥의 4개 지역이고, 경무서도 이 4곳에 설치되었다. 1996년 「각 개항장경무서 설치에 관한 건(칙령 제52호)」에 의하면 인천, 동래, 덕원, 경원 각 개항장에 경무서(警務署)를 설치하여 당해 항의 경찰사무를 관장하게 하였다고 규정한 것에서 그 설치 사실을 알 수 있다. 그 후 1897년 9월 12일에는 무안, 삼화에 감리서와 경무서가 증치되었고, 1899년(광무 3년) 5월 4일에는 옥구, 창원, 성진 및 평양에 감리서가 설치되고, 같은 해 5월 12일에는 이 4곳에 경무서가 추가 설치되었다.

감리서의 업무를 구체적으로 살펴보면 감리는 각 군수와 각항의 경무관에게 훈령과 지령을 내리며 목사를 제외한 부윤에게 항의 사무에 관한 사건을 훈령으로 지령한다고 되어 있다. 감리서의 직원은 인천항의 경우 감리 1인, 주사 3인, 서기 2인, 통변 1인을 합하면(1+3+2+1) 7명에 불과하다. 이들이 모든 항 사무를 담당하기가 어려웠을 것이다. 실질적인 집행은 개항장경무서를 통하여 이루어졌을 것으로 판단된다. 인천항경무서의 직원은 칙령(뒤의 표4 참조) 52호(1896년)에 따르면 총 69인으로 경무관 1인, 총순 2인, 순검 60인, 청사 3인, 압뇌 3인(1+2+60+3+3=69인)이었다. 감독은 감리서 직원이 하고 현장집행은 개항장경무서의 직원이 담당하였을 것으로 추정이 가능하다. 7명으로 할 수 있는 업무량은 제한될 수밖에 없기 때문이다.[91]

91) 노호래(2011). "해양경찰사 小考－한말 개항장(開港場)의 감리서(監理署)와 경무서(警務署)를 중심으로－", 「한국경찰연구」, 제10권 세2호, p. 68.

4. 개항장 경무서

1) 경무청 관제직장

갑오경장 때(1894. 8.)에는 「경무청관제직장(警務廳官制職掌)」과 「행정경찰장정(行政警察章程)」[92]을 제정하고, 「경무청관제직장」 제1조에 의하여, "좌·우포청을 합쳐 경무청을 설립하고, 내무아문에 소속시켜 한성부 오부자내의 일체의 경찰사무를 관장"하게 하였다. 그 최고책임자로서 경무사(警務使)를 두고 그로 하여금 경찰사무와 감옥사무를 총괄토록 하고, 범죄인을 체포·수사하여 法司에 이송토록 하는 임무를 수행하였다. 동관제에 의하여 최초로 한성(오늘날의 서울) 시내에 5개 경무지서(警務支署)를 설치하고 경무관(警務官)을 서장으로 보하였다.[93] 이러한 「경무청관제직장」은 일본의 경시청관제(警視廳官制)를 모방한 것이다.[94]

1894년 군국기무처(軍國機務處) 의안에서 각 항구(港口)의 경찰관을 경무관(警務官)으로 고쳐 부르고 경무청(警務廳)에 소속시키며 그 승진과 강등 등의 사무는 경무청에서 내무 대신(內務大臣)에게 신청하여 시행하도록 하였다.[95]

경무청의 업무로서 선박(船舶), 어렵(漁獵), 표파선(漂破船)에 대한 경찰사무를 담당하는 것으로 되어 있어서 오늘날의 해양경찰의 업무도 맡고 있음을 알 수 있다. 「경무청관제직장」에는 1884년부터 경찰관을 개항인 인천, 원산, 부산에 임명하였다는 기록을 앞에서 언급하였다. 이 경찰관이라는 관직명을 경무관으로 개칭되었고, 이 경무관은 한성의 5개 경무지서장과 동위의 계급이었다. 이는 수도인 한성의 치안유지와 함께 개항장이 있는 도시도 중요시했음을 알 수 있다.

이 때의 경무청의 업무는 <표 2>에서 알 수 있듯이 실로 방대하다. 시장경찰, 종교경찰, 풍속경찰, 교통경찰, 건축경찰, 위험물관리경찰, 위생경찰, 집회시위에 관한 오늘날의 정보경찰 등 현재의 각 부처의 협의의 행정경찰업무와 보통경찰기관의 업무를 모두 관장하였음을 알 수 있다.

---

92) 「행정경찰장정」은 우리나라 최초의 근대적 경찰작용법에 해당하는 것으로 경찰의 직무를 ① 백성의 위험방지, ② 위생사무, ③ 풍기단속, ④ 범법자의 수사로 구분하였다. 司法사항에는 따로 검찰이나 사법경찰규칙에 따라 수사·체포·送廳에 종사하고, 경찰관리는 비례원칙에 따라 백성의 사생활에 불간섭하여 공정한 근무를 하도록 규정하였다[한국경찰사편찬위원회, (1972). 「韓國警察史」, 내무부 치안국, p. 326].

93) 이운주 외(2000). 경찰학개론, p. 155.

94) 한국경찰사편찬위원회(1972). 전게서, p. 318.

95) 고종실록, 고종 32권, 31년(1894 갑오) 8월 6일(경술).

<표 2> 경무청관제직장(1894년 음력 7월 14일)

제1조 좌우포도청을 합쳐 경무청을 설립하고, 내무아문에 예속시켜 한성부 오부자내이 일체의 경찰사무를 관장케 한다.

제2조 경무사 일원 · 부관일원 · 경무관 기원 · 서기관 기원 · 총순 기원 · 순검 기원을 둔다.

제3조 총무국은 부관이 주장하고 경무관 기원이 좌개 사무와 영업을 양조한다. 장 · 시 · 회사 · 제조소 · 교당 · 강당 · 도장 · 연예 · 유희소 · 휘장 · 장식 · 채회 · 도박 · 선박(船舶) · 하안 · 도로 · 교량 · 철도 · 전선 · 공원 · 차마 · 건축 · 전야 · 어렵(漁獵) · 인명상이 · 군집 · 喧(훤) · 화총포 · 화약 · 발화물 · 도검 · 수재 · 화재 · 표파선(漂破船) · 유실물 · 매장물 · 전염병예방 · 소독 · 검역 · 종두 · 식물 · 음수 · 의약 · 가축 · 屠場 · 묘지, 기타 위생에 관계되는 사무일체 · 罪人搜捕, 증거물을 수집하여 總巡에게 부하는 일, 풍충 · 기아 · 결사 · 집회 · 신문 · 잡지 · 도서 · 기타 판인 등의 경찰사무..............

제4조 경무사 일원은 칙임하고 내무대신이 절제를 받아 한성부 오부자내 경찰과 금감사무, 죄범을 査拿(사나), 경중을 분별하여 법사로 이송 聽判하는 일을 총괄한다...................

2) 경부관제

경부시기(1900－1902년)는 경찰조직이 장관급 행정부서로서 존재한 시기이다. 1900년 6월 9일 고종황제는 "갑오경장(甲午更張)할 때에는 경무청이 내부 직속으로 되어 있으나 지금에 이르러서는 국내의 경찰사무가 점차로 은번(殷繁)하여 현재의 제도가 적당치 않으니 경부(警部)를 따로 설치하되 관제를 새로 정하라"는 조칙(詔勅)을 내렸다.[96] 3일 후에 경부관제로 공표되었다. 독립된 경부 조직이 탄생하면서, 의정부에 경부대신이 신설되어 전국 경찰사무를 관장하고 경찰관리를 지휘·감독하였다.[97]

1900년 9월 22일 개정 반포한 「경부관제」에서는 2개국(경무국, 서무국)이 3개국(경무국, 서무국, 회계국)으로 변경되었다.[98] 경부관제에 의하면 경찰의 업무가 한성 및 개항장 경무와 감옥서를 통할하였다. 한성 및 개항장의 경우 그 중요도가 높았기 때문에 근대경찰제도를 가장 먼저 시행한 지역이었다고 볼 수 있다. 그리고 1894년 「경무청관제직장」에는 개항장 경무에 대한 규정이 없지만 경부관제에는 "제1조에서 경부에서 국내 일체 경찰사무를 관리하며 한성 및 각 지방 개항장 경무와 감옥서를 통할하고, 경찰관리를 감독하는 일을 한다"고 규정되어 있다.

96) 高宗實錄 광무 4년 6월 9일.

97) 현규병(1955). 「韓國警察制度史」, 민주경찰연구회, pp. 132－133.

98) 한국경찰사편찬위원회, 전게서, p. 432.

<표 3> 경부관제(1900. 6. 12, 칙령 제30호)

제1조 경부에서 국내 일체 경찰사무를 관리하며 한성 및 각 지방 개항장 경무와 감옥서를 통할하고, 경찰관리를 감독하는 일.
제2조 경부에 좌개직원을 치할 사: 대신(장관) 1인 칙임 1등, 협판(차관) 1인 칙임 2등 혹 3등, 국장 2인 칙임 혹 주임, 경무관 15인 주임, 주사 8인 판임, 총순 40인 판임, 감옥서장 1인 주임, 간수장 2인 판임, 주사 2인 판임
제3조 경부대신은 각부관제통칙에 게한 바를 종하여 각부 대신과 동일한 직권이 유하고 의정부찬정을 예겸한 일
제4조 대신은 소속관리를 통독하고 경찰사무를 지휘하는 일
제5조 협판은 대신을 좌하여 부중 사무를 정리하고 각 국과 사무를 감독하는 일
제8조 경찰관은 상관의 명을 承하고 경찰위생사무와 범죄인 집포에 종사하며 우 사법관의 명을 승하여 령장집행과 증거수집을 보조하며 순검 급 간수 기타 고원 등을 지휘하는 일

경부관제는 1902년 2월 16일 폐지되고, 새로운 경무청관제가 시행되었다. 이 경무청은 경부체제보다는 격하되었지만, 1895년 경무청이 수도경찰관서인데 비하여 격이 상승되어 전국 경찰을 관리하였다. 1895년의 경무청과는 달리 새로운 경무청은 내부대신의 지휘 감독하에 있으면서, 사실상 반독립적인 강력한 조직체로 평가되었다. 이러한 신경무청직제는 1905년 2월 26일까지 지속되었다.[99]

각 개항에 감리서가 설치되고 경무관(警務官)을 배치하여 개항장내의 질서유지에 노력을 기울였다. 그러나 경무관은 내부의 소관이지만 경무관이 항내에서만은 감리의 지휘하에 있도록 하였다. 즉 감리는 개항장에서 일어나는 모든 일에 대하여 권한을 위임받아 사무를 집행하였다. 따라서 개항장에서 최고의 권한을 행사하는 사람은 감리였다.[100]

3) 개항장 경무서

개항장경무서는 개항도시의 실질적인 법집행기관으로 볼 수밖에 없다. 그 이유는 앞의 「개항장 감리부설관제에 관한 규칙」에서 감리서의 직원은 감리를 포함하여 7명인데, 이들이 항만에서 모든 법집행업무를 수행하기에는 어렵다. 감리라는 명칭에서 알 수 있듯이 감리서 직원은 감독을 하고 현장의 법집행업무는 개항장 경무서에서 담당하였다고 볼 수밖에 없다. <표 4>에서 인천항의 개항장 경무서의 직원은 총 69인 것에서 추론해 볼 수 있는 것이다.

99) 상게서, pp. 462－465.
100) 李鉉淙(1978). 전게서, p. 82.

고종 32년(1895) 4월 29일 고종의 재가를 얻어 칙령 제85호로 경무청관제(警務廳官制)가 법규화되었다. 이 때의 경무청관제에는 개항장에 대해서는 아무런 규정이 없었다. 그러다가 개항장의 사무가 번잡하여지고, 외국인과의 관계에서 많은 문제가 생기므로 개항장경무서가 설치되었다.

1896년에 5월 1일에 인천, 원산, 부산에 개항장에 우선 경찰관(나중에 명칭변경에 의하여 경무관)을 두었다가 독립관서로 제도화된 것은 1996년 건양원년(建陽元年) 8월 10일에 칙령 제52호에 의해서이다. 이 때의 칙령을 보면 "짐이 각개항장의 경무서 설치에 관하는 건을 재가하여 반포케 하노라"라고 되어 있다.[101]

〈표 4〉 **개항장 경무서 관제(1896. 8. 12, 칙령 제52호)**

제1조 인천, 동래, 덕원, 경흥 각 개항장에 경무서를 설치하여 당해 항 경찰사무를 장리케 함.
제2조 항무를 위하여 경무관 이하 배치함은 내부대신이 수시증감하되 현재의 경무관 이하 직원과 경비는 아래와 같다. 인천항 69인 · 8,472원, 동래항 69인 · 8,472원, 덕원항 46인 · 5,842원, 경흥항 25인 · 2,555원
제3조 각 항장 경무관과 총순은 내부대신이 파견하되 경찰의 직무는 경무청 경찰직무에 준함.
제4조 경무관은 당해 항 감리의 지시에 따라 소속직원을 감독함.
제5조 총순은 감리의 명을 따르고 경무관의 지휘를 받아 항내경찰사무에 종사하되 경무관을 설치하지 않은 장소에서는 해당 감리의 지휘를 받아 소속직원을 감독함.
제6조 경무관리의 징계는 순검이상은 해당 경무관이 전횡하고 경무관과 총순은 해당 감리가 내부로 보하여 내부에서 행함.
제7조 경무관이 내부에 관계된 일이 있을 때는 감리를 경유하지 않고 직보함.
제8조 본령은 반포일로부터 시행함.

개항장경무서에는 경무관(警務官)과 총순(總巡), 순검(巡檢), 청사(廳使) 및 압뇌(押牢)가 배치되었는데, 그 경찰의 직무는 경무청 경찰직무에 준한다고 하였고, 경무관은 당해 감리의 지휘를 받아 부하직원을 감독하고, 총순은 경무관의 지휘를 받아 경찰업무에 종사하되 경무관이 없는 경흥과 평양에는 감리의 지휘를 받아 소속 직원을 감독하도록 하였다. 다만, 내부에 관련된 사항은 감리를 거치지 않고 경무관이 바로 내부에 보고하는데, 이는 개항장경무서가 내부에 소속되어 있었기 때문이다.[102] 인천항과 동래항 경무서의 예산표에 의하면 각각 경무관 1인, 총순 2인, 순검 60인, 청사 3인, 압뇌 3인으로 총 69명이 근무하였고, 이보다 작은 규모의 덕원항에는 경무관 1인, 총순 1인, 순검 40인, 청사 2인, 압뇌 2인으로 총 46명의 정원

101) 구한국관보, 제402호.
102) 박범래(1988). 한국경찰사, 경찰대학, pp. 148-149.

으로 운영되었다.

각 개항장의 경무관과 총순은 내부대신이 파견하되 경찰의 직무는 모두 경무청의 경찰직무에 준하여 집행케 하였으며, 이 경무관은 개항장 감리의 지휘를 받아 소속 직원을 감독하고 총순도 감리의 명을 받아 경무관의 지휘에 따라 항내의 경찰사무에 종사하되 경무관을 설치하지 않은 개항장에서는 경무관 대신에 감리의 지휘를 받아 소속직원을 감독하였다.

「개항장경무서관제」는 광무 9년(1905)에 종합되고 또 그 위치도 알 수 있다. 각 개항시장에 경무서를 두고, 그 관할은 내부관할에 속하며, 당해 항·시장내 경찰사무를 관장한다. 1905년에 12개의 개항시장경무서가 존재하였고, 그 중 평양시경무서와 의주시경무서는 항구가 아니라 내륙에 설치되어 개시장이었다. 그 시기에 총 10개의 항구도시에 개항장경무서가 설치되어 있었다. 이 중 남한지역인 인천항경무서(제물포), 동래항경무서(부산), 옥구항경무서(군산포), 무안항경무서(목포)는 오늘날에도 해양경찰서가 설치되어 있다. 인천에는 해양경찰청과 중부지방해양경찰청, 인천해양경찰서가 있고, 부산에는 남해지방해양경찰청과 부산해양경찰서가 설치되어 있으며, 군산에는 군산해양경찰서가 있고, 목포에는 서해지방해양경찰청과 목포해양경찰서가 설치되어 있다. 과거의 개항장경무서가 있었던 지역에 대부분 해양경찰관서가 설치되어 있다.[103]

<표 5> **각 개항시장경무서관제(1905. 2. 26, 칙령 17호)**

제1조 각 개항시장에 경무서를 둔다.
제2조 각 개항시장경무서는 내부관할에 속하며 당해 항 시장내 경찰사무를 관장한다.
제3조 각 개항시장경무서의 위치는 아래와 같다.
인천항경무서(제물포), 삼화항경무서(증남포), 동래항경무서(부산), 옥구항경무서(군산포), 덕원항경무서(원산), 창원항경무서(마산포), 경흥항경무서(경흥), 성진항경무서(성진), 무안항경무서(목포), 평양시경무서(평양), 용천항경무서(용암포), 의주시경무서(의주)
제4조 각 항시장에 총순(總巡) 2인을 둔다.
제5조 총순은 감리의 명에 따라 관내경찰에 종사하며 순검(巡檢)을 감독하고, 그 직무는 경무청 경찰직무에 준한다.
제6조 총순의 진퇴는 내부대신이 전행(專行)하고 징계는 감리가 내부에 보고하고 시행한다.
제7조 순검의 원액(員額)은 각 항시장사무번영을 위하여 내부대신이 정한다.
제8조 순검의 진퇴와 징계는 총순이 감리에게 보고하고 시행한다.

103) 노호래(2011). 전게서, p. 77.

Ⅱ. 일제강점기

을사조약(乙巳條約)으로 인해서 한국은 외교권의 상실과 동시에 개항장에 설정되었던 경무서도 폐지되지 않을 수 없었다. 을사조약 후 통감부를 설치하게 되었는데, 통감부에는 총무부, 농상공부과 경무부(경무총장)을 두었다. 통감부 경무부(1906년 2월)에는 고등경찰과, 경무과, 보안과, 위생과 등을 설치하였다.[104] 1906년 2월 통감부가 개설되자 한국에 주차(駐箚)하는 헌병이 군사경찰외에도 행정경찰(行政警察) 및 사법경찰(司法警察)을 맡았다. 이를 헌병경찰제라고 한다.

개항장 경무서는 을사조약(1905년)이 체결된 이후인 광무 10년(고종 43년, 1906년) 6월 19일에 전국적으로 경무서, 지서분파소제가 정해지면서 광무 11년(1907년, 고종 44년) 2월 20일자로 각 개항·시장 경무서 관제를 폐지하였다.

한국 주권의 일부가 일제에게 강점되자 개항장에 설치된 감리서는 을사조약 제3조의 규정에 따라 일본이사관(日本理事官)이 대행하였다. 이사관의 설치는 종전의 개항장 뿐만 아니라 일제가 그동안 개항장으로 삼으려 하던 곳에 마음대로 개항장화할 수 있는 권리를 얻었고 이사청(理事廳)을 두어서 외교·통상관계 등 행정을 담당할 수 있게 되었다.

1889년(고종 26년·메이지 22년) 11월 12일에 체결한 「조선·일본 양국통어장정(朝鮮日本兩國通漁章程)」은 폐지하고 1908년 10월 31일 「한·일 양국신민의 어업에 관한 협정」을 새로이 체결했다. 그 협정 내용은 「한국어업법」을 제정하여 그대로 반영되었다. 「한국어업법」은 1908년 11월 11일 법률 제29호로 공포하고 1909년 4월 1일부터 실행하기로 하고 통감부에서 고시(제186호)했다.

이에 따라 「한국어업법」의 실시로 일본인의 입어는 연안바다에만 한정되었다가 그 이후 전 국토, 강, 만, 하천 및 호지(湖地)에 이르기까지 전국 내외 수계 어디에서나 영위할 수 있게 되었다. 일본인도 내국법체제에 편입되어 한국인과 동일하게 어업을 수행할 수 있게 되었다. 그러나 일본 입어자의 범법행위에 대한 재판은 이사청 혹은 통감부 법무원(統監府 法務院)에서만 집행하도록 하는 치외법권을 부여했다. 이는 불평등 규정으로서 지배자의 우월성을 강제하는 식민통치법의 전형이었다.[105]

104) 한국경찰사편찬위원회, 전게서, p. 711.

105) 장수호(2011), 전게서, p. 105.

Ⅲ. 울릉도와 독도의 관리

1. 울릉도의 관리

17세기말 동래의 능로군(노젓는 군사) 안용복이 자발적으로 울릉도와 독도에 침입한 일본 해적들을 물리치기 위하여 호끼주(돗도리현)까지 가서 그 태수(다이묘)와 담판을 하고 독도가 우리 영토라는 것을 확인하게 한 사실이다. 이에 대해 일부 조선의 관리들은 그가 국법을 어겼으니 처형해야 한다고 하였으나 남구만 등이 변호하여 무사하게 될 수 있었다.[106)]

울릉도에 대한 수토(搜討: 수색토벌)는 그전부터 일정하게 진행해 오던 것이었지만 일본 해적들의 울릉도 침입과 점거책동이 강화된 것과 관련하여 다시 규정을 만들고 해마다 수토를 진행하게 하였다. 그러다가 무슨 사정이 있으면 중지하게 하였다. 이 섬에도 응당 주민들이 살게 하고 그들의 생산활동과 안전을 보장해 줄 대책을 세웠어야 하였으나 별다른 대책이 없이 계속 섬을 비워두었다.[107)]

울릉도에 도장(島長), 도감(島監)을 둔 것은 1895년 이후의 일이었고, 고종실록에 기록되어 있다.[108)]

2. 독도의 역사와 관리

독도는 삼국시대에는 우산국에 속해 있었고, 조선시대에는 우산도, 자산도, 가지도, 상봉도 등으로 불렀다. 우산도에 대해서는 세종실록지리지(1454),[109)] 신증동국여

---

106) 오봉근 외4인(1991), 전게서, p. 376.

107) 상게서, pp. 376－377.

108) 고종실록의 기록으로는 ① 내무 대신(內務大臣) 박영효(朴泳孝)가 아뢰기를, “울릉도(鬱陵島)를 수토(搜討)하는 규례를 이제 영구히 혁파하였으니 월송 만호(越松萬戶)가 겸하고 있는 도장(島長)을 별도로 감당할 만한 1인을 택하여 도장으로 차정(差定)하여 도민 사무(島民事務)를 관령(管領)하게 하고 해마다 배를 수차례 보내어 도민의 질고(疾苦)를 물어보는 것이 어떻겠습니까?”하니, 윤허하였다〔고종 33권, 32년(1895 을미) 1월 29일(신축)〕.
② 내부 대신(內部大臣) 박정양(朴定陽)이, ‘울릉도(鬱陵島)에 도감(島監)을 두는 안건입니다.’라고 상주(上奏)하니, 조령을 내리기를, “재가(裁可)한다.” 하였다〔고종 33권, 32년(1895 을미) 8월 16일(갑신)〕.
③ 칙령(勅令) 제12호 「지방 제도 중 울릉도 도감 설치 건(地方制度中鬱陵島島監設置件)」으로 도감(島監)이 설치되었다〔고종 37권, 35년(1898 무술) 5월 26일(양력)〕.

지승람(1530), 동국문헌비고(1770), 증보문헌비고(1908)를 비롯한 관찬문헌과 지도에 기록되어 있다.[110)]

2005년 일본 시마네현은 독도에 대한 여론 조성을 위해 2월 22일을 소위 "죽도의 날(죽도(竹島)는 독도의 일본명)"로 정하고 매년 행사를 개최하고 있다. 2008년 일본 문부과학성은 중학교 사회과 학습지도요령 해설서에 독도 관련 내용을 기술하여 독도에 관한 교육을 심화시키도록 하였다. 이처럼 최근 일본은 독도에 대한 교육, 홍보를 더욱 강화하고 있다.

예로부터 울릉도 주민들은 독도를 울릉도의 부속섬으로 인식하고 있었고, 조선시대 관찬문서인 만기요람[111)](1808년)에는 '독도가 울릉도와 함께 우산국의 영토였다'는 내용이 기록되어 있다.

1900년 10월 대한제국은 칙령 제41호[112)]를 공표하여, 울릉군수가 울릉도 본섬과 함께 독도를 관할할 것을 확고히 하였다. 과거 일본 정부의 공문서조차도 독도가 대한민국의 영토라는 것을 인정하였다. 대한제국은 울릉도의 영역에 울도군(鬱島郡)이라는 새 명칭을 붙여 관할구역을 정한 것이다. 대한제국 칙령 41호는 바로 고종의 '울릉도 군도론'[113)]의 표현이었다. 고종은 칙령 41호를 통해 울릉도 군도를 울도군으로 명명했고, 송도를 석도(독도)로 표기했다.[114)]

독도가 일본관할이 아니라는 일본의 문서는 1696년 도쿠가와(德川) 막부의 울릉도 도해금지(渡海禁止) 문서, 19세기 말 메이지(明治) 정부의 「조선국교제시말내탐서」(1870년), 「태정관 지령」(1877년) 등이 그것이다. 특히 1877년 3월 일본 메이지 시대 최고 행정기관인 태정관은 17세기말 도쿠가와 막부의 울릉도 도해금지 사실을 근거로 '울릉도 외 1도, 즉 독도는 일본과 관계없다는 사실을 명심할 것'이라고 분명히 지시하였다.[115)]

1904년 9월, 러일전쟁 초중반까지만 해도 일본은 독도 침탈을 주저하고 있었다.

---

109) 세종실록지리지의 독도에 대한 기록: 우산과 무릉 두 섬이 현의 正東 바다 가운데 있다. 두 섬이 서로 거리가 멀지 아니하여 날씨가 맑으면 가히 바라볼 수 있다. 신라 때에 우산국, 또는 울릉도라고도 했는데 지방은 100리이다(世宗實錄 권 153, 지리지, 삼척도호부, 울진현).

110) 한국해양수산연구원 독도연구센터. "독도는 대한민국의 고유 영토입니다."

111) <만기요람> 군정편 4 해방 동해 기사.

112) 대한제국 칙령 제41호(1900년 10월 25일): (울도)군청은 台霞洞(태하동)에 두고 구역은 울릉 全島와 竹島, 石島를 관할할 것.

113) '을릉도 군도론'이란 울릉도란 울릉도 본도와 우산도, 송죽도(지금의 독도)라는 3개의 섬으로 구성되는 군도라는 것이다.

114) 동북아역사재단(2010). 독도 · 울릉도연구, p. 78.

115) 동북아역사재단 홈페이지(2011. 1. 17. 검색).

당시 일본 내무성 이노우에(井上) 서기관은 독도 편입청원에 대해 반대하였다. 그 이유는 "한국 땅이라는 의혹이 있는 쓸모없는 암초를 편입할 경우 우리를 주목하고 있는 외국 여러 나라들에 일본이 한국을 병탄하려고 한다는 의심을 크게 갖게 한다"는 것이다. 이것은 1877년 메이지 정부가 가지고 있었던 '독도는 한국의 영토'라는 인식을 그대로 반영한 것이다.[116]

그러나 러일전쟁 당시 일본 외무성의 정무국장인 야마자 엔지로(山座円次郎)는 독도 영토편입을 적극 추진토록 하였다. 그 이유를 독도를 영토로 편입하고 망루를 설치하고 무선 또는 해저전선을 설치하면 적함을 감시하는 것이 편리하다는 것이다.

1905년 1월, 일제는 러일전쟁이라는 침략전쟁 중에 한반도 침탈의 첫 신호탄으로 독도를 자국의 영토로 침탈하는 조치를 취하였다. 이 침탈조치를 일본은 처음에는 독도가 주인이 없는 땅이라며 무주지 선점이라고 했다가, 후에는 독도에 대한 영유의사를 재확인하는 조치라며 입장을 바꾸었다.

제2차 세계대전의 종전과 더불어, 일본은 폭력과 탐욕에 의해 탈취한 모든 지역으로부터 축출되어야 한다는 카이로선언(1943년) 등 전후 연합국의 조치에 따라 독도는 당연히 한국의 영토로 회복되었다. 전후 일본을 통치했던 연합국총사령부는 훈령(SCAPIN) 제677호를 통해 독도를 일본의 통치적, 행정적 범위에서 제외하였고, 샌프란시스코 강화조약(1951년)은 이러한 사실을 재확인하였다.[117]

116) 동북아역사재단 홈페이지(2011. 1. 17. 검색).

117) 동북아역사재단 홈페이지(2011. 1. 17. 검색).

SECTION

03 1945년 이후의 해양경찰

해경과 육경을 비교해 볼 때 제도적인 면에서는 같고, 해상이라는 공간에서 경찰 작용을 한다는 점에서 차이가 있다. 해경은 시대에 따라 각각 다른 특성을 갖고 발전해 왔고, 업무내용도 법체계, 국가정책, 사회환경, 국민정서 등 여러 가지 요인의 영향을 받으며 논리적 개념으로서가 아니라 역사적·제도적 개념으로 변천하여 왔다.[118] 육경은 국민의 인권보호와 봉사경찰보다는 정치적 환경의 지배를 받아 운영되어온 반면에 해경은 자원보호, 환경, 해상교통 등 봉사업무와 경비, 국방임무 차원에서 출발되었다.[119]

8·15 해방 이후 해양경찰의 시대구분[120]은 10년 단위, 국제적인 변화 혹은 조직의 성장면에서 구분한다기 보다는 해양경찰조직의 명칭과 신분관계, 소속부처 등을 고려하여 태동기, 해무청시기, 신해양경찰대시기, 해양경찰청시기, 중앙행정관청시기, 국민안전처 해양경비안전본부시기, 2017년 해양경찰청이 환원되었으므로 환원 해양경찰청 시기로 나누기로 한다.

Ⅰ. 태동기(1945. 8. - 1962. 4.)

1. 창설 배경

1) 해방병단(1945)과 조선해양경비대(1946)

1945년 해방 직후의 해양경찰대가 창설되기 전에 해방병단(解放兵團)과 조선해양경비대의 활동은 해양경찰 태동의 계기가 되었다. 해방병단은 1945년 11월 미 군정청의 인가를 받아 창단하였고, 이 해방병단을 계승하여 1946년 5월 조선해양경비대

118) 海洋警察廳(2003). 海洋警察五十年史, pp. 3－4.

119) 동게서

120) 노호래(2011). "현대 해양경찰사 연구," 한국공안행정학회보 제45호, p. 98.

(Korea Coast Guard)가 창설되었으며, 이 조선해양경비대는 1948년 대한민국 정부수립과 동시에 해군으로 조직명이 변경되었다.[121]

2) 맥아더 라인

1945년 8월 15일 해방 후 미국 제5함대사령관의 명의로 일본어선의 어로제한수역을 각서 제80호로 일본정부에 전달함으로써 군사상 통제뿐만 아니라 어자원 남획에 제동을 걸었다. 이 제한선을 당시 연합군 총사령관이었던 맥아더(McArthur Douglas)원수의 이름을 따서 「맥아더 라인」(McArthur Line)이라 부르게 되었다.[122] 맥아더 라인은 1945년 9월에 선포되었고, 해방 이후 해양주권과 관련한 최초의 조치이었다. 맥아더라인은 연합군이 일본 주변에 선포한 해역제한선(海域制限線)으로,

121) 1945년 해방 직후 손원일(초대 해군참모총장 역임) 등 해군창설에 뜻을 같이하는 인사들이 모여 해사협회(海事協會)를 결성하고, 동 협회는 한국해군 창설의 역할을 담당하겠다고 미군정청에 제안하였고, 1945년 11월 미 군정청의 인가를 받아 해방병단(解放兵團)을 창단하였다. 해병병단은 1946년 1월에 국방사령부로의 편입되고, 진해에 총사령부와 해군병학교(현재의 해군사관학교)를 조직하는 등 해군의 모체가 되고 해양경찰이 태동하게 하는 씨앗이 되었다. 그 후 미 군정청의 승인을 받아 1946년 6월 해방병단의 조직을 계승한 조선해양경비대(Korea Coast Guard)를 창설하게 되었다. 미 군정청은 조선해양경비대의 임무를 "조선 영해의 해상 및 도서순찰과 치안유지·사고조사를 담당하고, 선박검사에 관한 일체의 임무와 선원의 면허·증명 등 선원관리를 담당한다"고 명시하여 조선해양경비대를 군사조직이라기 보다는 해양경찰의 기능을 가진 치안조직으로 그 성격을 규정하였다. 1946년 9월 조선해양경비대의 운영을 지원하기 위하여 방한한 코스트 가드(US Coast Guard) 자문단의 조언을 참고하여 조선해양경비대의 운영·관리 전반을 보다 체계적으로 정비하였다. 이때의 자문활동은 「The Coast Guardman's Manual」라는 책자에서 "1946년 Korea Coast Guard를 조직·관리하고 훈련하기 위하여 코스트 가드팀을 서울로 보냈고, 이 조직이 해양경찰이 되었다"라고 언급하고 있다. 1948년 대한민국 정부수립과 동시에 조선해양경비대는 국방부 해군으로 개칭되었다. 조선해양경비대는 한국 해군의 전신이기도 하지만 해양경찰의 뿌리이기도 하다. 한국해군은 1953년 해양경찰대가 창설되기 전까지 해상치안 활동의 주체로 활동하게 되었다(오정동(2017). 해양경찰학개론 제1판, 서울고시각, pp. 5-6).

122) 맥아더라인 선포에 따라 타격을 받은 일본 수산업계는 「맥아더 라인」의 철회를 요구하였고 일본어선들은 「맥아더 라인」을 월선하여 제주도와 흑산도를 중심으로 한 서해 해역의 주요어장에 대거 침입하여 남획하기에 이르렀다. 이러한 불법어업에 대해 정부수립 초기의 우리 해군함정은 「맥아더 라인」을 월선한 일본어선들을 발견하고도 나포하지 않고 퇴거하도록 경고만 했다. 그러나 일본 수산청 소속의 순찰선들이 이러한 행위를 묵인비호하는 상황에서 계속적인 일본어선들의 침범에 우리 국민들의 분노가 날로 고조되자 당시 이승만 대통령이 해군참모총장에게 "향후 맥아더라인을 월선 침범하는 일본어선들을 모조리 나포하라"는 특명을 하달함으로써 우리나라 남·서해역에 침범하여 조업중인 일본어선들을 나포하기에 이른다. 이러한 정부의 강경한 조치는 한·일간 논란의 쟁점이 되었다(海洋警察廳(2003). 海洋警察五十年史, pp. 4-5).

당초에는 대한민국의 주권선(主權線) 이라기보다는 일본에 대한 군사상의 통제선이자 일본 어선의 무차별적인 어자원 남획행위를 규제하는 어로제한수역선(漁撈制限水域線)으로 설정되었다. 그러나 사실상 맥아더라인은 우리나라와 일본의 해상경계를 획정하는 선으로서, 해상에서의 국경을 의미하는 선으로 작용하였다.

〈그림 1〉 맥아더 라인(McArthur Line)

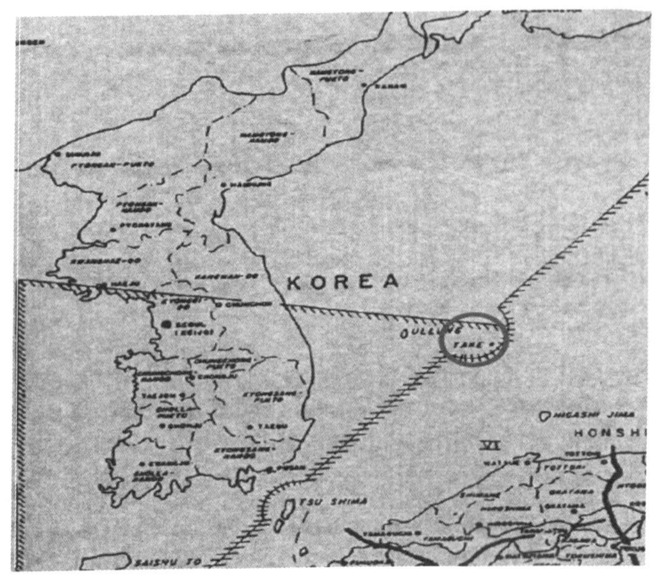

3) 평화선과 클라크 라인

1950년 6월 25일 북한 공산집단의 불법남침으로 인한 피비린내 나는 동족상잔의 와중에 일본어선들의 맥아더라인 월선조업은 더욱 심해졌으며, 1951년 9월 8일 샌프란시스코에서 미국의 대 일본평화조약이 조인됨으로써 자동적으로 「맥아더 라인」도 철폐될 단계에 이르렀다. 이에 정부는 우리 해양의 천연자원 개발과 어업자원을 보존하기 위하여 1952년 1월 18일 국무원 고시 제14호로 「인접해양의 주권에 대한 대통령선언」을 내외에 선포하였다.[123] 평화선은 1965년 6월 체결된 '한·일어업협정'에 따라 철폐되기까지 13년여 동안 우리의 주권선으로 유지되었다. 이러한 우리 정부의 주권선 선포에 일본은 공해자유의 원칙을 주장하였지만, 우리 정부는 국제선례(國際先例)인 1945년 「트루만선언」과 1953년 국제법 위원회에서 채택된 9개 조문, 그리고 1955년 로마에서 개최된 「해양자원의 보존에 관한 기술위원회」 등에서 명

123) 海洋警察廳(2003). 海洋警察五十年史, p. 5.

<그림 2> 인접해양의 주권에 관한 대통령 선언(1952. 1. 18)과 평화선

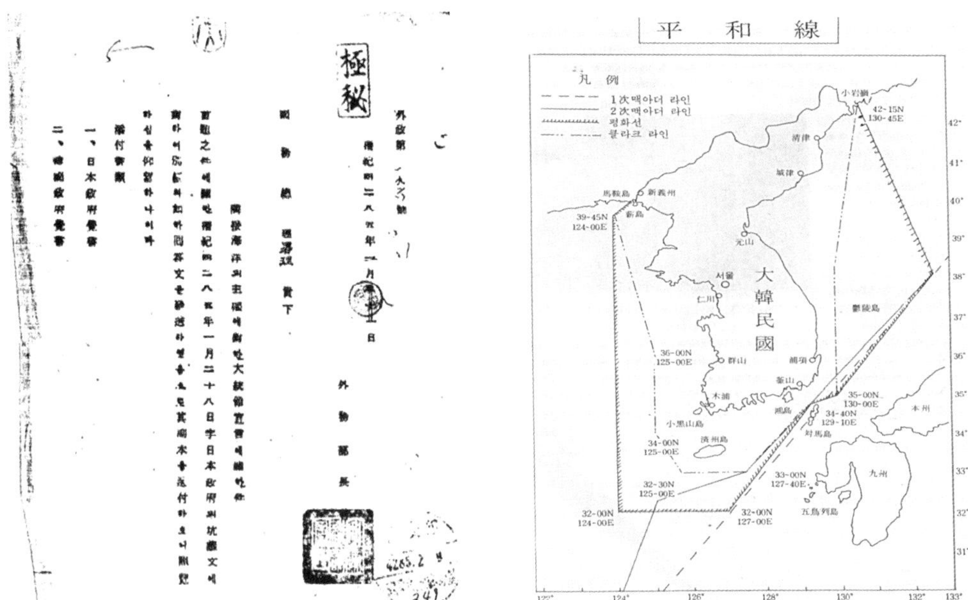

시한 바와 같이 국제기구가 현 실정하에서 모든 보존수역을 규제하고 관리하기가 불가능하기 때문에 연안국의 보존수역 설정은 필연적이며 연안국이 취한 일방적 조치가 타국에서도 적용된다는 근거에 의하여 일본측의 주장을 단호히 거절하였다.

평화선이 설정되고 3개월이 지난 1952년 4월 25일 「맥아더라인」이 철폐되었고 그후 1952년 9월 27일 당시 연합군 총사령관인 클라크 장군이 공산불순분자의 해상침투를 봉쇄하기 위하여 한반도 주변에 해상방위수역을 설정하였는데, 이것이 「클라크라인(Clark Line」이다.

1952년 10월 4일 대통령 긴급명령 제12호로 「포획심판령」[124]을 제정·공포하고 포획심판소 및 고등포획심판소를 개설하여 「클라크라인」은 물론 평화선을 침범하는 일본어선은 모두 나포하여 포획심판령과 관계법령을 적용 처벌하게 되었다.[125]

이 당시 독도 영유권 문제는 1952년 「인접해양의 주권에 대한 대통령선언」으로 시작되었다. 독도의용수비대 결성(1953년)하고 독도에 망루를 구축하였다.[126] 홍순칠

124) 포획심판령[시행 1952. 10. 4.] [대통령긴급명령 제12호, 1952. 10. 4, 제정]

제1조 본령은 포획사건을 조약과 일반적으로 승인된 국제법규에 의거하여 심판함을 목적으로 한다.

제2조 포획사건은 제1차는 포획심판소, 제2차는 고등포획심판소에서 심판한다.

제3조 포획심판소에는 소장 1인 및 심판관 6인을 둔다.

125) 海洋警察廳(2003). 海洋警察五十年史, 전게서, p. 5.

(독도 수비대장, 1929-1986년)은 독도 사수를 결심하고 1953년에 무기 등을 구입하고 군에서 제대한 청년들을 규합하여 독도의용수비대를 조직하였다. 독도의용수비대는 1953년 일본 해상보안청 순시선과 총격전을 벌여 퇴거시키고, 일본 수산고등학교 실습선을 귀환시키는 등의 활동을 전개하였다. 그들은 독도 지킴이 활동을 하다가 1956년 12월 30일 모든 무기와 독도 수비임무를 경찰에 인계하고 울릉도로 돌아왔다.[127)]

4) 어업자원보호법 제정(1953. 12. 12.)

「어업자원보호법」[128)]은 평화선을 침범하는 외국어선을 단속하기 위해서 제정된 법이다. 한반도와 그 부속도서의 해안과 좌의 제선을 연결함으로써 조성되는 경계선간의 해양을 어업자원을 보호하기 위한 관할수역으로 한다(동법 제1조). 그리고 관할수역 내에서 어업을 하려고 하는 자는 주무부장관의 허가를 받아야 한다(동법 제2조).

---

126) 독도 영유권 문제는 1952년 「인접해양의 주권에 대한 대통령선언」으로 시작하여, 1953년 4월 1일에는 일본의 순시선이 침입하여 일본국 시마네현 죽도라는 표식판을 세웠다. 그러자 해녀들이 이를 뽑고, 다시 울릉도 청년들이 대한민국 경상북도 울릉군 남면 도동 1번지라고 쓴 푯말을 세웠다. 그러다가 1953년 4월 26일에는 독도 의용수비대 발대식을 가져 33명이 활동을 개시하였다. 7월 20일에는 망루를 구축하는 작업을 완료하였다. 7월 23일에는 전투가 벌어졌다(윤명철(2016). 현 동아시아 해양국경분쟁의 역사적 근거 연구와 대안탐색, 경제인문사회연구회, p. 22).

127) 해양경찰교육원·목포대학교 도서문화연구원(2019). 전게서, pp. 229-230.

128) 어업자원보호법[시행 1953. 12. 12.] [법률 제298호, 1953. 12. 12, 제정]

제1조 (관할수역) 한반도와 그 부속도서의 해안과 좌의 제선을 연결함으로써 조성되는 경계선간의 해양을 어업자원을 보호하기 위한 관할수역(이하 관할수역이라 칭함)으로 한다.

제2조 (관할수역내의 어업허가) 관할수역내에서 어업을 하려고 하는 자는 주무부장관의 허가를 받아야 한다.

제3조 (벌칙) 전조에 위반한 자는 3년 이하의 징역, 금고 또는 50만환 이하의 벌금에 처하고 그 소유 또는 소지하고 있는 어선, 어구, 채포물, 양식물 및 그 제품은 이를 몰수한다.

제4조 (범죄의 수사) 전조의 범죄수사에 있어서는 해군함정의 승무장교, 사병 기타 대통령령으로 정하는 공무원이 사법경찰관리의 직무를 행한다. 전항의 수사에 있어서 필요하다고 인정한 때에는 범칙선박의 회항을 명할 수 있다. 제2조 위반의 혐의가 있다고 인정한 때에는 단순한 통과선박일지라도 이를 정지시키고 임검, 수색 기타 필요한 처분을 할 수 있다.

5) 수상경찰서의 존재

해양경찰기능을 수행하면 해양경찰의 역사라고 볼 수 있으므로 해방된 후에 일본의 영향으로 부산수상경찰서가 존재하였으므로 해양경찰의 역사에 포함되어야 하므로 현대의 해양경찰사의 시작은 1953년 해양경찰대 창설 때부터 구분하는 것이 아니라 1945년 해방 때까지 거슬러 올라가야 한다고 생각된다. 그리고 1949년 5월에는 인천수상경찰서가 신설된 것도 해양경찰의 역사라고 보아야 한다. 그 이유는 해상에서 불법어업 단속 등의 해양경찰업무를 수행하였기 때문이다. 1953년 해양경찰대가 신설된 이후에도 한 동안 해양경찰대와 수상경찰서가 병존한 시기가 있었다. 그 시기는 1953년부터 1961년 7월까지이다.[129)]

(1) 부산수상경찰서

1924년 3월 3일에는 부산수상경찰서[130)]가 총독부령 제8호로 신설되었다.[131)] 주업무는 부산부 해상(수면) 일원을 관할구역으로 하고 수상에서의 경찰 및 위생사무관리, 사법 행정업무를 맡았다. 수척의 경비선을 보유하고 있었으며, 경북연안 및 경남, 전남 연안 부정어업규제도 하였다. 즉 부산과 일본 시모노세키 사이를 왕래하던 관부연락선을 비롯한 부산항에 출입하는 모든 배와 사람들을 통제하는 기관이었다.

(2) 인천수상경찰서

인천 수상경찰서는 1949년 5월 7일에 신설되었다. 그 관할 지역은 인천시 월미도, 사도 및 부천군 6개 도서이었고, 1961년 7월 9일 인천수상경찰서가 폐지되었다는 인천중부경찰서 연혁에 나타나고, 신문기사에는 1962년에 「경찰서직제중 개정건」에서 인천수상경찰서를 폐지하고 인천경찰서에 병합한다는 기사가 있다.[132)] 1949년에 인천수상경찰경찰서 신설의 법적 근거는 「경찰서의 명칭·위치 및 관할구

---

129) 노호래(2011). 전게서, pp. 96-98.

130) 부산수상경찰서는 1924년 3월 3일 창설(현재의 부산시 중구 대교동)하면서 영도주재소(현재 대교파출소), 남항주재소(현재 남항파출소), 대풍포주재소(구 대평파출소) 3개소를 두고 영도구 행정구역과 부산해안 전역 치안을 담당하였고, 1947년 10월 8일 부산시 영도구 대교도 4가 63번지로 청사를 이전하여 1957년 7월 26일 영도경찰서로 개칭(대통령령 1298호)되면서 청사가 노후하여 1957년 12월 31일 부산시 영도구 대교동 4가 3번지로 청사를 이전하였다(釜山地方警察廳(2000). 「釜山警察史」, p. 100).

131) (국가보훈처, 국내항일독립운동사적지, http://815book.co.kr/sajuk/TREA/#, 2011. 8. 3. 검색).

132) 경향신문, 1962. 1. 27.

역변경에 관한 건」(대통령령 제101호, 1949. 5. 7.)이고, 이 법규에 의해 경기도에 인천수상경찰서와 동인천 경찰서를 신설하고 관할구역을 설정하였다.

2. 내무부 치안국 소속의 해양경찰대

1953년 10월 5일 해양경찰대 설치계획을 수립하고 조직편성 및 예산조치 등을 추진하여 1953년 12월 12일 평화선을 침범하는 외국어선을 단속하고 어업자원을 보호하기 위하여 「어업자원보호법」을 제정하고 관할수역의 경비를 담당하기 위하여 내무부 치안국 산하에 해양경찰대를 설치하게 되었으며 해군으로부터 180톤급 경비정 6척을 인수하여 1953년 12월 23일 부산에서 "해양경찰대"를 창설하였다.[133)]

1953년 12월 14일 해양주권선 내의 해양경비에 임하게 하기 위하여 대통령령 제844호로 「해양경찰대편성령」[134)]이 공포되고 동년 12월 16일 내무부 내훈 제11호로

<그림 3> **해양경찰대 발대식(1953. 12. 23.)**

133) 해양경찰학교(2009). 경무일반, p. 9.

134) 「**해양경찰대편성령(1953. 12. 14, 대통령령 제844호)**

제1조 인접해양주권 내의 해양경비에 당하게 하기 위하여 내무부 치안국 경비과에 경찰관으로써 동 경비과장 소속하에 해양경찰대를 편성한다.
제2조 대에 대장을 두되 경무관 중에서 내무부장관이 명한다. 대장은 상사의 명을 받아 직무를 담당하며 부하직원을 지휘 감독한다.
제3조 대의 기지는 경상남도 부산시에 둔다. 단, 내무부장관은 필요에 따라 이를 다른 지역에 이동시킬 수 있다. 대의 임무를 분담하기 위하여 해양순찰반을 편성한다.
제5조 반의 기지는 다음 지역에 둔다. 경기도 인천시, 전라북도 군산시, 전라남도 목포시, 경상북도 포항시, 강원도 강릉군 묵호읍, 제주도 북제주군 제주읍.
제6조 해면연안을 관할하는 경찰서장은 대의 경비업무에 적극 협력하여야 한다.
제7조 대운영에 필요한 사항은 내무부장관이 정한다"...이하생략.

<그림 4> 해양경찰대 기구표(1953. 12. 23)

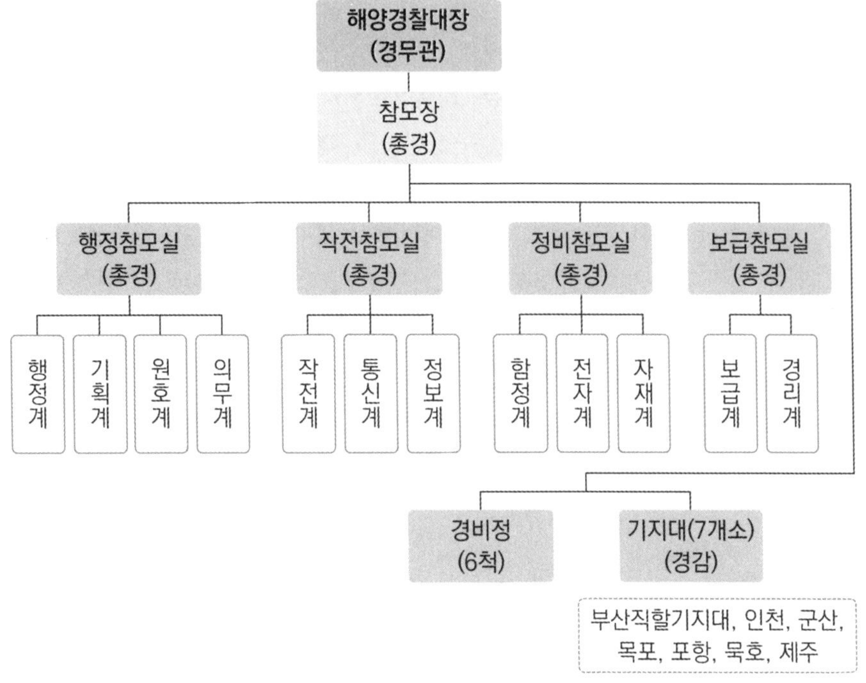

「해양경찰대편성령시행규칙」이 제정됨으로써 내무부 치안국 경비과장 산하에 해양경찰대가 편성되었다. 해양경찰대장은 경무관으로 보하고, 해양경찰대의 업무를 분장하기 위하여 참모장, 행정참모, 작전참모, 정비참모, 보급참모를 두었으며, 참모장과 각 참모는 총경으로 보하고, 부산, 인천, 군산, 목포, 제주, 포항, 묵호 등 7개 기지대와 해양순찰반이 편성되었다.[135]

1954년 6월 26일 내무부 내훈 제12호에 의거 「해양경찰대편성령시행규칙」이 개정되어, 관할구역이 인근 해양주권선 내의 해양에서 연안 3마일 외부로부터 인접 해양주권선까지의 해역으로 변경되었다(3마일 이내의 해역은 육상경찰 관할). 또한 기구 중 참모장 제도를 폐지하고, 통신참모를 신설하였으며, 7개 기지감을 기지대장으로 개칭하고, 각 지구대의 경비구역을 설정하였다.

135) 海洋警察廳(2003). 海洋警察五十年史, 전게서, p. 8.

Ⅱ. 해무청 해양경비대 시기(1955. 2. - 1962. 4.)

해무청 해양경비대 시기는 내무부 소속의 해양경찰대에서 상공부의 해무청으로 변경되는 시기를 말한다. 이 시기는 구성원들이 경찰관 신분에서 「어업자원보호법」에 따른 수사를 담당하는 특별사법경찰관리 신분으로 전환되었다.

법률 제354호에 의한 「정부조직법」 개정으로 수산, 해양경비, 조선, 항만공사에 관한 사무와 일반항만 및 해운행정을 일괄 관장하기 위하여 상공부 소속하에 해무청을 신설하고 해무청 내에 수산국, 해운국, 시설국을 두었다. 이에 따라 1955년 2월 대통령령 제1010호의 해무청직제에 의하여 수산국내에 해양경비과를 두고 「어업자원보호법」에 관련되는 해양경비와 항로표지[136]보호에 관한 사항을 분장하게 하고 동년 8월 19일 대통령령 제1083호로 「해양경비에 종사하는 공무원의 직종, 정원 및 직무권한에 관한 건」이 공포되었다.

> 「해양경비에 종사하는 공무원의 직종, 정원 및 직무권한에 관한 건」
> 해양경비원은 「어업자원보호법」 제4조(범죄의 수사)에 규정한 사법경찰관의 직무를 행하게 하고, 계급은 총경, 경감, 경위를 각각 경령, 경정, 경위로, 경사를 경조장, 일등경조, 이등경조로 순경은 삼등경조, 일등경수, 이등경수로 분류하였다. 또한 해양경비과장이 그 과원으로써 해양경비대를 편성하고 필요한 곳에 해양순찰반을 두게 하였고 서기관인 해양경비과장이 해양경비대장을 겸임하도록 하였으며, 정원은 대장을 포함 572명으로 정하였다(海洋警察廳(2003). 海洋警察五十年史, pp. 11-12).

1956년 7월 해무청훈령 제12호로 해양경비대의 업무를 원활히 수행하기 위하여 해양경비대를 해양경비사령부로 개칭하고, 사령관은 이사관으로 참모장은 서기관으로 각각 보하였다. 하급조직으로서는 사령부 내에 행정선임참모, 작전선임참모, 후방선임참모, 감찰관실, 본부사령실, 본부통신대, 제1정대사령, 제2정대사령, 해안구조대사령, 항공대사령, 기지사령으로 조직을 개편하였으며, 이 날짜로 부산기지대를 폐지하였다. 1957년 11월에는 해양경비대로 변경하고 인천, 군산, 포항, 묵호 기재대를 폐지하였다.

1961년 11월 「조선수난구호령」을 폐지하고 「수난구호법」[137]을 제정하고 시행하였다.

---

136) 항로표지란 등대, 등표, 입표, 부표, 안개신호, 전파표지, 특수신호표지를 말한다.

137) **「수난구호법」의 제정목적**은 조난선박과 인명의 구호 및 표류물·침몰품 등의 인양과 이에 수반한 업무처리에 관한 사항을 규정하여, 수난구호업무에 신속·적절한 처리를 기하며, 인명·재산의 보전에 기여토록 하려는 것이고, 조난선박에 관한 규정은 조약에 따로 정한 바가

Ⅲ. 新해양경찰대 시기(1962. 5. - 1991. 7.)

이 시기는 내무부장관 직속의 해양경찰대 시기로서 육지경찰이 경찰청으로 독립되기 이전이다.

1962년 「해양경찰대설치법」을 제정하여 내무부장관 소속하에 해양경찰대를 두고 「어업자원보호법」에 의한 관할수역내의 범죄수사와 기타 해상에 있어서의 경찰에 관한 사무를 관장하게 하였으며, 대장은 행정부이사관, 부대장은 경무관으로 보하도록 하는 한편 하부조직에 관한 해양경찰대의 직제, 공무원의 직종과 정원에 관한 사항을 각령으로 정하게 하였다. 따라서 1962년 5월 1일 이 법의 시행으로 해양경비에 종사하는 공무원의 직종, 직무권한에 관한 건은 폐지되었다.[138]

이 「해양경찰대설치법」[139]은 상공부 해무청 산하에 있던 해양경비대가 내무부 산하의 해양경찰대로 이관되는 근거가 된 것이다. 해양경찰대직제를 공포하고, 「해양경찰대설치법」의 목적에 따른 직무를 관장하도록 하였다. 해양경찰대의 대장·부대장·총경·경감·경위·경사·순경의 공무원을 두고, 하부조직으로서 경무과·경비과·정비과·통신과·기지대 및 항공대를 두었으며, 과장과 기지대 및 항공대의 장은 총경으로 보하도록 하였다. 그러나 당시 7개 기지대장과 항공대장은 주로 경감 또는 경위로 보해졌다.

1951년 10월부터 시작되었던 일본과의 국교 정상화를 위한 외교교섭이 숱한 파국과 우여곡절 끝에 타결을 보게 되어, 1965년 12월 18일 「한·일 어업협정」이 체결됨에 따라 평화선 경비는 어업전관수역 경비에 중점을 두게 되었다. 이 협정의 내용은 연안 또는 직선기선으로부터 12마일 이내는 한국전관수역, 전관수역선으로부터 평화선까지는 우리 어선과 일본 어선이 공동으로 조업할 수 있는 공동규제수역과 공동어자원조사 수역으로 구분하여 일본 어선의 조업척수와 어획량 등을 규제

있는 경우 외에는 외국선박에 대하여는 이를 적용하지 아니하며, 조난선박 및 인명의 구호업무는 경찰서장이 하며, 지방해운국장·구청장·시장·군수는 경찰서장에게 조력하여야 하고, 조난자의 보호와 물품의 처분 등 일체의 사무를 처리하도록 하며, 경찰서장은 구호를 위하여 긴급한 사항이 있는 경우에는 사람을 징용하거나 선박 등을 징발 또는 타인의 토지·건물 등을 사용할 수 있도록 하였다.

138) 海洋警察廳(2003). 海洋警察五十年史, 상게서, pp. 16－159.

139) 「해양경찰대설치법」은 1973년 1월 15일 폐지되었다. 법률 제2437호의 「정부조직법」 개정으로 1962년 4월 3일 제정되었던 해양경찰대설치법을 폐지하고, 정부조직법 제3조 제1항에 근거하여 대통령령으로 제정된 해양경찰대직제(1969년 9월 20일 전면개정, 1971년 7월 14일 및 1972년 5월 6일 일부개정)에 의한 조직기구가 되었다.

하는 것이었다. 이로써 한·일간의 조업질서는 새로운 질서를 맞이하게 되었다.

우리 어선이 북한에 피랍되는 것을 방지하기 위하여 어로보호경비를 강화하게 되었는 바, 처음에는 해군이 담당하던 어로보호업무를 수산청으로 넘겼다가 1969년부터 해군, 수산청 등 관계기관의 협조하에 해양경찰대가 주관하게 되었다. 따라서 1969년 3월 경기도의 덕적도에 서해어로보호본부를 설치하였고, 동년 11월 1일에는 강원도 속초에 속초어로보호본부를 설치하게 되었으며, 또한 속초기지대를 신설하여 동해어로보호업무를 지원하게 됨으로써 7개 기지대에서 8개 기지대로 기구가 증설되었다. 동·서해 어로보호본부는 1972년에 이르기까지 서해의 조기 성어기와 동해의 명태 성어기에 한하여 해경, 해군, 수산청의 파견요원으로 구성·운영되어 오다가 1972년 4월 합동부령으로 「선박안전조업규정(규칙)」이 제정되면서 속초 및 인천지구대에 어로보호본부를 상설하고 지구해양경찰대장이 어로보호본부장을 겸하게 되었다.

1969년 9월에 본부에 정보수사과를 신설하여 종전 경비과에 속해 있던 정보수사기능을 강화하여 늘어나는 해상범죄의 수사와 해상관계 정보활동을 보강하게 되었고, 해상직무교육의 충실을 기하기 위하여 1971년 7월 해양경찰대교육대가 발족되었다.

1972년 5월 해양경찰대직제를 개정하여 부산지구해양경찰대를 신설하는 한편 기지대를 지구해양경찰대로 개칭함으로써 경찰기관으로서의 지위를 향상시켰다. 하부조직으로 본대에 5개과와 9개 지구해양경찰대를 두게 되었으며, 지구대에 함정을 배치하여 경비함정 운용체제를 종전의 본대중심체제에서 지구대중심체제로 전환, 관할구역 내에서 독자적인 지휘권을 가지고 책임경비를 하게 되었다.

1974년 8월 15일 광복절 기념행사에서 육영수 여사 저격사건이 있었고, 이에 따라 경찰력을 강화할 필요성이 있었으므로 1974년 12월 24일 내무부 치안국을 치안본부(차관급)로 격상시켰다.

1977년 12월 「영해법」을 제정하였다. 최근 국제연합해양법회의의 추세와 주변국가들의 관례에 따라 우리나라도 12해리 영해를 선포하고, 실시하고자 제정하였고, 영해의 범위를 12해리로 하되 일정수역에는 12해리 이내에서 대통령령으로 정하도록 하였다.

산업발전으로 국가경제가 크게 성장하면서 환경보전의 필요성이 날로 증가하자 1977년 12월 「해양오염방지법」을 제정, 해양오염방지업무를 담당하게 되는 등 업무량이 증가하자 해양경찰대직제를 개정하여 조직을 개편하였다. 1978년 8월 해양경찰대직제에 의하면 본대에 관리부와 경비부, 해양오염관리관실을 신설하였고, 오염관리관 아래에 감시과, 방제과, 시험연구과를 두었으며, 지구대에 해상공해과를 둠으로써 본대에 2부 1실 9개과 지구대에 4개과를 두어 새로운 조직면모를 갖추었다.

1979년 10월 내무부, 국방부, 수산청 등 관련 중앙행정기관과 긴밀하고 원활하게 업무협조 체계를 구축하기 위해 인천으로 이전하였다.

1984년에서 1991년의 기간에는 조직의 위상제고를 위해 해양경찰대장의 직급을 치안감에서 치안정감으로 경정급 지구대장의 직급을 총경으로 격상하고 선박에 대한 안전조업·운항지도와 월선, 피랍방지 등 해양경찰 업무를 효율적으로 수행하기 위하여 1986년부터 1989년까지 3차례에 걸쳐 선박출입항신고기관 368개소를 연안경찰서로부터 인수하고,[140] 1986년 해상범죄수사, 해양오염감시 등 민생치안 질서확립을 위해 1989년에 대공계, 형사계를 신설하고 1990년 해난구조대 신설 및 해양오염관리관실을 해양오염관리부로 변경하였다.

Ⅳ. 해양경찰청 시기(1991. 7. - 1996. 8.)

이 시대구분은 1991년 5월 「경찰법」 제정에 따라 해양경찰이 경찰청 소속의 해양경찰청이었던 시기를 말한다. 이 시기는 경찰청 산하 해양경찰청 체제를 유지하면서 경찰기관으로서 지속적인 발전을 도모하였던 시기이다. 인력, 장비 면에서 보강이 계속되었고 조직편제도 지방청 단위로서 필요한 조직들을 갖추기 시작하였다. 1996년 해양수산부가 발족되기까지 안정된 토대 위에 발전을 도모하였고 해상에서 경찰기능, 안전관리, 그리고 해양오염관리를 수행하는 중앙행정기관으로의 인프라를 형성해 가는 시기였다.[141] 이 시기의 해양경찰 조직의 변화는 다음과 같다.[142]

1991년 5월 31일 「경찰법(법률 제4369호)」이 제정되어 경찰청장 소속하에 해양경찰청으로 승격하여 최초의 청단위로 발전하게 되고, 지구해양경찰대가 해양경찰서로 승격하게 된다. 동년 7월 23일 「경찰청과 그 소속기관 등 직제」가 제정되어 본청은 4부 11과 1창 1담당관과 11개 해양경찰서로 편제된다.

대외적으로는 1991년 9월 17일 남·북한 유엔 동시가입 및 1992년 「남북사이의 화해와 불가침 및 교류협력에 관한 합의서」와 「한반도 비핵화공동선언」 및 한·러, 한·중 국교 정상화가 이루어졌다. 해양분야에서는 1994년 「바다의 마그나카르타」

140) 선박출입항통제업무 인수는 3차례에 걸쳐 있었다. 이는 선박의 출입항 통제와 해상조업 통제에 관한 업무관장기능을 일원화하고 해양경찰대의 기능강화 및 대원사기진작이 목적이었다.

141) 김현(2005. 2). 한국해양경찰 기능의 재정립에 관한 연구, 전남대학교 대학원 박사학위논문, p. 41.

142) 海洋警察廳(2003). 海洋警察五十年史, 전게서, pp. 160－184.

인 「유엔해양법협약」의 발효와 함께 연안국들은 200해리 배타적 경제수역(EEZ)을 설정하고, 자국 EEZ내에서 외국어선에 대한 조업규제를 강화하는 등 해양은 국경 없는 바다에서 국경 있는 바다로 변화되었다.

1992년에는 「즉결심판에 관한 절차법」[143]이 개정되어 해양경찰서장이 해상관련 경미한 사범에 대하여 관할법원에 「경범죄처벌법」에 의한 즉결심판을 청구할 수 있게 되었다. 1993년 「경찰청과 그 소속기관등직제」를 개정하여 일반직 공무원 직급별 명칭을 변경하였다.

국내적으로는 선복량의 증가와 안전불감증으로 인해 292명이 희생된 서해훼리호 침몰사고,[144] 씨프린스 좌초사고[145] 등의 대형 해양사고는 우리나라가 국내·외적으로 해양사고 다발국으로 인식되는 불명예를 가져왔고 우리 사회에서 안전에 대한 각성의 소리가 드높아지기 시작했으며, 한·중 수교로 인한 중국과의 관계 개선에 따라 중국 어선의 우리수역 침범 불법조업과 해상밀입국사건이 일간지 사회면의 중요기사로 다루어질 정도로 심각한 사회문제로 대두되어 우리나라 해역을 실질적으로 확보하고 지킬 수 있는 해양경찰의 역할이 그 어느 때보다 요구되는 중요한 시기였다.

해양경찰은 이러한 시대적 과제에 적극적으로 대응하기 위해 1993년 서해훼리호

---

143) **「즉결심판에 관한 절차법」**개정: 동법 제2조의 즉결심판의 대상은 “지방법원, 지원 또는 시·군법원의 판사는 즉결심판절차에 의하여 피고인에게 20만원 이하의 벌금, 구류 또는 과료에 처할 수 있다”라고 규정하고 있고, 동법 제3조는 “즉결심판은 관할경찰서장 또는 관할해양경찰서장이 관할법원에 이를 청구한다”고 규정하고 있다.

144) **서해훼리호 침몰사고**: 1993년 10월 10일 09:40경 전북 부안군 위도면 파장금항을 출항하여 격포항으로 항해중이던 여객선 서해훼리호(110톤, 정원 221명)가 위도 동방 4.6km해상 임수도 근해에서 전복·침몰하여 362명(승객 355, 선원 7)중 79명이 구조되고 나머지 292명이 사망하였다. 이 사고를 계기로 「수난구호법」개정, 해양경찰청장을 중앙구조조정본부장으로 하는 구난체제 일원화, 신속한 사고 접수 및 전파를 위해 5개 구난무선국과 위성 조기경보 수신체제를 구축하게 되었다. 특히, 대형 인명사고 예방을 위하여 내무부로부터 여객선 및 유도선 안전관리 업무를 인수받았다(해양경찰청(2003). 海洋警察50年史, p. 194).

145) **씨프린스호 좌초·오염사건**(1995년 7월 23일)
씨프린스호(140,587톤, 승선원 20명, 선종: 원유운반선)는 1995년 7월 23일 14시 10분경 전남 여천군 남면 소리도 동쪽 8km 지점에 위치한 작도와 충돌하는 사고가 발생하였다. 이 사고는 대규모 기름유출사고가 우리나라에서도 발생할 수 있음을 입증시켜준 사고였고, 기름오염의 심각성을 일깨워 준 계기가 되었다. 이에 따라 정부에서는 방제정책의 중요성을 인식하고 방제업무의 해양경찰청으로 일원화, 국가·지역 방제실행계획 수립, 과학지원단 제도 도입, 해양경찰 방제능력 확충 및 방제조합 설립, 민간방제능력 확충, 국제협력 체제 구축 등 많은 발전을 가능하게 하는 전환점이 되었다(해양경찰청(2003). 海洋警察50年史, p. 208).

사고 이후 1994년부터 해수면 유·도선의 안전관리업무를 일선 시·도지사로부터 이관받고 범국가적인 수난구호체제 구축을 위하여 1994년 12월 SAR 협약을 수용하기 위한 국내입법으로 「수난구호법」을 개정하고 이어서 1995년 10월 SAR협약에 가입하여 국제적 구난협력체제에 동참하는 등 국제적인 해양경찰로 도약하는 계기가 되었다.

조직면에서도 1991년 5월 「경찰법」 제정으로 해양경찰대는 경찰청 소속기관인 해양경찰청으로, 지구해양경찰대는 해양경찰서로 변경되었다. 청장의 하부조직으로는 경무부(경무과, 기획감사과, 정비보급과, 전산담당관), 경비부(경비과, 구난과, 통신과), 정보수사부(수사과, 정보과), 해양오염관리부(감시과, 방제과, 시험연구과)와 정비창을 두었으며, 11개 해양경찰서에는 경무과, 경비통신과, 정비보급과, 정보수사과, 해양오염관리과를 기본으로 두도록 했다. 1991년 6월 함정에 의한 기존의 인명구조체계로는 한계가 있으므로 위험성이 높은 사고 발생시 구조를 전담하기 위해 잠수요원 29명으로 구성된 특수해난구조단을 발족하였다.

1995년 12월(시행 1996년 6월) 낚시어선을 이용하는 승객의 안전을 도모하고 낚시어선업의 건전한 발전과 어가(漁家)의 소득증대를 위해 법률 「낚시어선업법」을 제정하였다. 또한 SAR(Search and Rescue)통신망 구축사업은 해난사고 발생시 신속하고 체계적인 조난신호 처리를 위하여 국제해사기구(IMO)에서 채택하여 시행하는 세계 해상조난 및 안전제도(GMDSS: Global Maritime Distress And Safety System)[146]에 규정한 선박조난신호 청취를 위한 '통신장치 설치' 및 해양경찰청과 예하 해양경찰서에 '수색구조용 전산망 구축' 사업으로 1995년 12월부터 1998년 3월 까지 3단계로 나누어 해양경찰청을 '중앙구조본부'로 부산, 인천, 동해, 목포, 제주해양경찰서를 5개 '구조조정본부'로 선정하여 추진하였다.

146) SAR협약: IMO(국제해사기구)의 SAR협약(International Convention on Maritime Search and Rescue, 1979): 해양경찰청은 SAR협약의 국내이행기관으로서 해상에서의 조난선박 및 인명에 대한 수색구조 업무를 수행하고 있다. SAR협약은 1979년 4월 독일 함부르크에서 체결되어 1985년 6월 발효되었으며, 우리나라에서는 1995년 10월 발효되었다〔해양경찰청(2009). 해양경찰백서, p. 96〕.

V. 중앙행정관청 시기(1996. 8. - 2014. 11.)

1. 1996년 8월 8일 해양수산부 외청인 해양경찰청으로 승격

1996년 8월 8일 해양경찰청이 외청으로 승격되어 경무국, 경비구난국, 정보수사국, 해양오염관리국으로 4국을 두었다.

<그림 5> 해양경찰청 기구표(1996. 8. 8.)

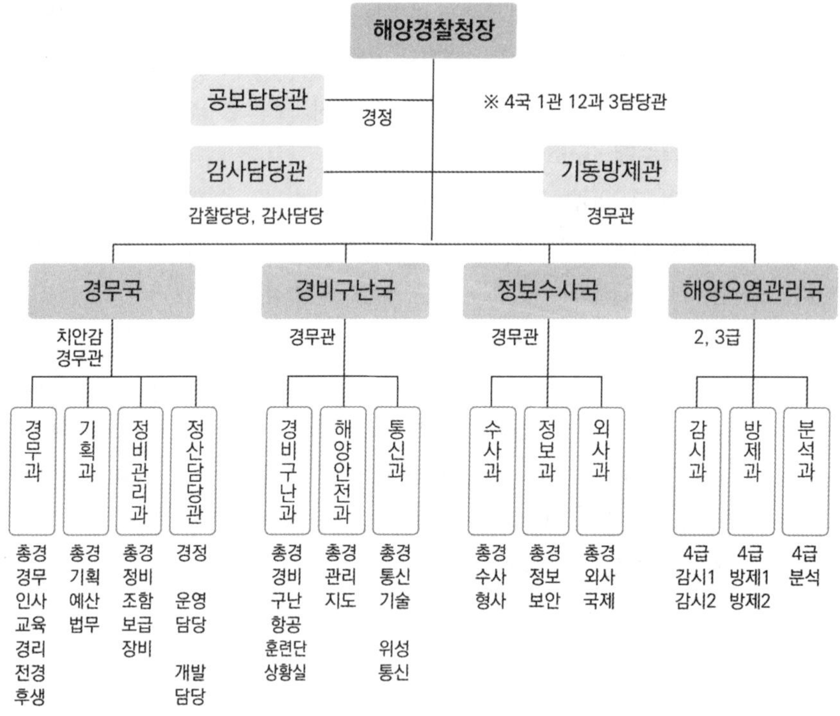

「유엔해양법협약」이 1994년 11월 발효하였으나 우리나라는 1995년 12월 국회의 비준을 거쳐 1996년 1월 유엔에 비준서를 기탁하여 1996년 2월 발효하게 되었다. 「유엔해양법협약」이 국내적으로 발효하게 됨에 따라 정부는 우리나라의 권리를 확보하고 국제해양질서에 동참하기 위해 「영해 및 접속수역법」, 「배타적 경제수역에서의 외국인어업 등에 대한 주권적 권리의 행사에 관한 법률」, 「배타적 경제수역법」[147] 등 9가지 국내법령을 제·개정하여 1996년 8월 8일부터 시행하게 됨에 따라 해양경찰청은 관할해역을 어업자원보호선 내측해역으로 한정되어 있던 것을 관할해

역 외측범위를 두지 않도록 개정하였다. 그 결과 해양경찰의 관할해약은 영해에서 배타적 경제수역으로 약 5.2배 넓어짐에 따라 광역해역의 경비 및 해양자원 확보가 최우선 과제로 대두되었다.[148)]

배타적 경제수역 선포에 따라 수역의 범위는 확대되었으나, 「배타적 경제수역에서의 외국인어업 등에 대한 주권적 권리의 행사에 관한 법률」은 외국과의 협정에서 따라 정하는 경우에는 그 협정을 따르도록 되어 있다. 이러한 법률규정에 따라 어업협정을 개정할 필요성이 발생하여 1999년 1월 「한 · 일 어업협정」을 개정하고, 2001년 6월 「한 · 중어업협정」이 체결되어 어업협정선을 침범하는 외국어선의 불법조업 단속 등 해상치안수요가 급증하였다.

이와 같은 격변하는 국내외 정세와 해양 환경의 소용돌이 속에서 해양경찰은 1953년의 12월 창설이래 45년만에 해양경찰 고유의 위상을 확보하지 못하다가 1994년 유엔해양법협약 발효 등 국제적으로 해양에 대한 중요성이 크게 부각되고, 해상교역량의 99.7%를 해상수송에 의존하고 있는 우리나라의 경제적 입지를 고려하여 정부의 해양정책 강화에 따라 1996년 8월 8일 「정부조직법」개정으로 경찰청 소속기관에서 해양수산부의 외청으로 독립함으로써 '해양경찰청 시대'를 열었다.

이에 따라 「정부조직법」 제41조 제3항에 의거 해양에서의 경찰 및 오염방제에 관한 사무가 신설되었으며, 해양경찰청은 종전 4부 1창 1담당관 11과에서 4국 1관 3담당관 12과로 확대 개편하고, 해양경찰서는 6－8과(1대) 17계 1실, 정비창은 7과 1단 8계로 개편되는 등 조직발전의 전기가 되었다.

1999년 2월에는 「수상레저안전법」[149)]이 공포되었다. 국민소득의 향상과 수상레저활동의 다양화로 수상레저 인구가 급속히 증대됨에 따라 수상레저기구 조종자에 대한 면허제도, 수상레저활동자의 안전준수의무, 수상레저기구사업자의 등록제도 등을 도입함으로써 수상레저활동의 안전과 질서를 확보하고 수상레저사업의 건전한 발전을 도모하기 위한 것이었다.

1999년 2월부터 국제해사기구(IMO)의 권고에 따라 세계 해상조난 및 안전제도(GMDSS)의 시행으로 국제항로에 취항하는 모든 선박과 일정규모 이상의 선박 · 어

---

147) 우리나라가 1996년 1월 29일 유엔해양법협약을 비준(1996년 2월 28일 발효)함에 따라 동 협약에서 인정하고 있는 배타적 경제수역의 범위를 설정하고, 배타적 경제수역 안에서 우리나라의 권리와 외국인에게 허용되는 해양 이용에 관한 자유 등을 정함으로써 국제적으로 중요성이 증대되고 있는 새로운 국제해양질서에 적극적으로 동참하기 위해 '배타적 경제수역법'이 제정되었다.

148) 해양경찰청(2009). 해양경찰백서, 전게서, pp. 217－218.

149) **수상레저안전법의 제정**은 해양경찰청의 기능이 육상의 내수면까지 확장될 수 있는 계기가 되어 수상레저활동의 안전관리에 대하여 총체적 책임기관으로 확대되었다.

선들은 조난 및 안전통신장비를 시설하였고, 해상에서의 선박 조난사실을 청취하기 위해 해양경찰청은 '중앙구조본부'로 하여 '위성조난통신소(Cospas-Sarsat System)'을 설치 운용하고 있으며, 부산·인천·동해·목포·제주해양경찰서를 '구조조정본부'로 구성하여 '구난무선국'을 운용하고 있다.

1999년 5월에는 21세기 신지식·정보화 시대에 대비하여 정부기능을 핵심역량 위주로 재편하고 일부부처간 기능을 재조정을 통하여 효율적인 국정운영체제를 구축하기 위하여 「정부조직법」이 개정됨에 따라 「해양경찰청과 그 소속기관직제」를 개정하여 청장의 업무대행체제 확립을 위해 차장을 신설하고, 경무과를 독립시켜 총무과로 신설하며, 기동방제관을 폐지하고 그 사무를 경비구난국과 해양오염관리국으로 분장 이관시키고, 수상레저업무 해상교통 문자방송업무를 신설하며, 정원 31인(본청 12인, 소속기관 19인)을 감축하였다.

1999년 11월 OPRC(International Convention on Oil Pollution Preparedness, Response and Co-operation, 1990)협약에 가입했다. 국가방제능력을 초과하는 재난적인 대형 유류오염사고를 대비하여 각 국가별로 대응태세를 구축하기에는 경제적인 부담이 크고 유출된 기름이 인접국까지 확산되어 해양환경의 피해를 가중시키는 등 국제적인 협력의 필요성이 대두되어 1990년 11월 유류오염 대비·대응 및 협력에 관한 국제협약(OPRC 협약)을 채택하여 1995년 5월 13일 발표되었다. 우리나라도 1999년 11월 9일에 이 협약에 가입하여 2000년 2월 9일 국내에 발표됨에 따라 국제협력체제 구축을 위한 기반을 갖추게 되었다.

2. 해양경찰의 날 제정

1998년 12월 23일 처음으로 '해양경찰의 날'이 제정되어 첫 기념식을 거행하였고, 9월 10일로 변경되었으며, 2013년에는 「해양경비법」에 의한 법정기념일이 되었다.[150] 그 동안 해양경찰청은 매년 10월 21일인 경찰의 날에 경찰청과 함께 기념식을 가져왔다. 그러나 해양경찰청이 독립 외청으로 승격한 것을 계기로 해양가치에 대한 국민의 인식을 제고하면서 해양경찰의 독자적인 위상을 확립할 필요성이 커짐에 따라 해양경찰 역량강화 방안의 하나로 해양경찰 창립기념일인 12월 23일을 해양경찰의 날로 정한 것이다. 그러나 2011년부터 배타적 경제수역 발효일인 9월 10일로 변경하였다. 변경 이유는 해양경찰의 기념일로 끝내지 않고 다양하고 급변하는 국제적 해양문제와 해양의 중요성을 국민들에게 알리고 국민과 함께 하는 기념

150) 노호래외 14인(2016). 해양경찰학개론, 문두사, p. 118-119.

일로 발전시킨다는 취지였다. 또한 2012년 11월에는 9월 10일을 해양경찰의 날로 지정하는 내용의 「해양경비법」개정안이 2013년 4월 국회를 통과하였고, 5월 22일 공포되어 2013년부터 법정기념일로 격상되었다. 그 후 「해양경비법」상의 해양경찰의 날은 2020년 시행된 「해양경찰법」으로 변경[151]하여 규정하고 있다.

3. 해양경찰 영문명칭 변경

2004년 11월에는 해양경찰의 영문표기를 'Korea National Maritime Police Agency'에서 'Korea Coast Guard'로 변경되었다.[152] 이는 Maritime Police라는 표현이 독자적인 행정기관을 나타내기 보다는 해양을 담당하는 경찰청 소속기관이라는 이미지가 강해 중앙행정기관으로서의 위상에 맞지 않고, 미국 등 세계적으로 유사한 해상치안기관의 명칭이 Coast Guard인데 비해 해양경찰청의 명칭이 달라 이들 해외기관과 국제협력을 확대하는 데에도 어려움이 있었기 때문이었다. 이에 따라 일선 해양경찰서의 영문표기도 ○○ Coast Guard로 바뀌었다.

4. 해양경찰청장의 직급이 차관급인 외청으로 승격

2005년 7월 해양경찰청장의 직급을 치안정감에서 치안총감으로, 차장의 직급을 치안감에서 치안정감으로 상향조정하고, 정책홍보관리관 및 국제협력관을 신설하며, 경무기획국을 장비기술국으로 개편 〔차장 6국(관) 16과 3담당관 1단〕 하였다.

5. 지방해양경찰청으로 확대개편(2006년 11월 9일 이후)

2006년 11월에는 동해·목포·부산지방해양경찰본부를 각각 동해·서해·남해지방해양경찰청으로 확대 개편하고, 인천지방해양경찰본부를 폐지하며, 인천해양경찰서를 본청 직할서로 개편하였다. 지방청 신설에 필요한 소요인력 확보를 위해 본청 인력 25인(총경 2, 경정 4, 경감 6, 경위 4, 경장 5, 순경 4)을 소속기관으로 이체하였고, 지방청 신설 및 연안인명구조장비 도입 등에 따른 운용인력 71인(경무관 3, 총경 7, 경정 4, 경감 19, 경사 4, 순경 3, 4급 2, 5급 1)을 소속기관에 증원하였다. 2008년 2

151) **해양경찰법 제4조(해양경찰의 날)** 국민에게 해양주권 수호의 중요성을 널리 알리고 해양안전 의식을 높이기 위하여 매년 9월 10일을 해양경찰의 날로 하고, 기념행사를 한다.

152) 노호래외 14인(2016). 전게서, p. 118.

월 이명박 정부의 정부조직개편에 따라 해양경찰청의 소속이 해양수산부에서 국토해양부의 외청으로 개편되었다.

2012년 6월에는 제주지방해양경찰청이 신설되고, 동년 6월 25일에는 서해지방해양경찰청장의 직급이 경무관에서 치안감으로 격상되었으며, 2012년 12월에는 창원해양경찰서가 신설되었다.

2013년 11월에는 「해양경찰청과 그 소속기관 직제」 제24조에 의해 남해지방해양경찰청장의 직급이 치안감으로 격상되었고, 서해지방해양경찰청에 안전총괄부가 신설되었다.

6. 해양경비법 시행(2012. 8. 시행)

「해양경비법」은 2012년 8월에 시행되었다. 제정 이유는 급변하는 해양환경의 변화에 능동적으로 대처하여 해양안보를 수호하고 해양 자원을 보호하기 위한 해양경찰의 활동범위를 명확하게 하고, 해양경찰 활동의 수행을 위한 해상검문검색, 선박 등의 추적·나포, 해상항행 보호조치 등의 대상 및 발동요건을 구체화하며, 해양경찰관이 사용가능한 장비와 장구 등을 명시하여 해양경찰활동이 엄격한 법적 절차에 따라 진행되도록 하는 등 육상에서의 공공질서 및 치안의 확보 등을 주된 목적으로 하는 일반경찰활동과는 다른 특성을 가진 해양경비 업무수행에 관한 법적인 근거를 마련함으로써 해양에서의 국민의 안전과 공공질서 유지에 이바지하려는 것이었다.

7. 박근혜 정부(2013. 2. - 2017. 3.)의 해양수산부 부활

박근혜 정부(2013. 2. – 2017. 3.)에서는 2013년 3월 「정부조직법」을 개정하여 이명박 정부의 국토해양부를 폐지하고 해양수산부를 다시 부활시켰다. 이에 따라 해양경찰청은 해양수산부장관의 소속기관이 되었다.

8. 「연안사고 예방에 관한 법률」 시행(2014. 8.)

「연안사고 예방에 관한 법률」의 제정 이유는 국민소득 증가와 주 5일 근무제의 정착 등 사회적 여건 변화에 따라 연안을 중심으로 한 체험캠프 활동, 관광, 해양스포츠 등 국민들의 관심이 높아지고 있으며, 크고 작은 연안사고가 매년 증가하고 있다. 그러나 연안 체험캠프 활동에 대한 현장 안전관리 부재와 갯골 등 연안 위험요소에 대한 체계적 관리가 이루어지지 않아 태안 사설 해병대캠프 사고와 같은 다수의 인명사고가 발생하고 있고, 새로운 해양관광산업으로 자리 잡고 있는 스킨 스쿠버 체험활동 중에도 인명피해가 빈번히 발생하고 있으나 이에 대한 안전규정 등 사고 예방을 위한 법률적 기반이 미흡한 실정이었다. 이에 따라 연안에서 발생하는 인명사고를 사전에 예방하여 국민의 생명과 재산을 보호하고 공공의 안전을 확보하기 위해 제정하였다. 이 법률은 2014년 5월 21일 제정되어 2014년 8월 22일 시행되었다.

Ⅵ. 국민안전처 해양경비안전본부 시기(2014. 11. - 2017. 7.)

1. 세월호 사건의 발생과 조직개편(2014년)

조직개편의 배경은 2014년 4월 16일 세월호 사건이 발생하여 무고한 생명 304명이 사망하거나 실종되었다. 이 사건에 대한 대응에서 해양수산부, 안전행정부, 해양경찰청의 대응이 부실하였다고 지적하였다. 이에 따라 2014년 5월 19일 박근혜 대통령은 이러한 희생이 헛되지 않도록 대한민국이 다시 태어나는 계기를 반드시 만들겠다고 담화문을 발표하면서 조직개편안을 제시하였다.

2014년 조직개편의 이유는 각 부처에 분산되어 있는 재난관리 기능을 통합 관리함으로써 강력한 재난안전 컨트롤타워를 구축하고 재난현장의 대응성과 전문성을 강화하기 위하여 국무총리 소속으로 국민안전처를 설치하며, 해양경찰청은 수사·정보 기능을 경찰청으로 이관하고, 해양에서의 경비·안전 및 오염방제 기능을 국민안전처로 이관하고 폐지한다는 것이다.[153]

153) 2014년 조직개편안의 주요 내용은 다음과 같다.
첫째, 안전행정부의 재난안전 총괄·조정 기능 등과 소방방재청의 기능, 해양경찰청의 해양경비·안전 및 오염방제 기능을 통합하여 국무총리 소속으로 국민안전처를 설치한다. 국민안전처장관은 국무위원으로 보하고, 차관은 정무직으로 보한다. 국민안전처장관은 안전 및 재난에 관하여 국무총리의 명을 받아 관계 중앙행정기관을 총괄·조정한다. 둘째, 해양경찰청은 수사·정보 기능을 경찰청으로 이관하고, 해양에서의 경비·안전 및 오염방제 기능을 국민안전처로 이관하고 폐지한다. 교육부장관이 겸임하는 교육·사회·문화 부총리를 신설하여 총리의 명을 받아 교육·사회·문화 정책에 관하여 관계 기관을 총괄·조정하도록 한다.

2. 국민안전처 해양경비안전본부로 조직 개편(2014년)

2014년 11월 19일 「정부조직법」이 시행되어 국민안전처 해양경비안전본부는 기존의 6국 체제에서 3국 체제로 변화되었다. 그 3국은 해양경비안전국, 해양장비기술국, 해양오염방제국으로 변화되었다. 그 사무 범위는 해양에서의 경비안전오염방제 및 해상발생사건의 수사로 다소 축소되었으며, 조직개편에 의하여 정보수사국, 기획조정관, 국제협력관 등의 직제가 폐지되고, 그 업무는 해양경비안전국으로 통합되었다.[154)]

이러한 조직 개편안은 세월호 사고 이후 약 한달 만에 청와대를 중심으로 만들어졌으며 정확하고 체계적인 조직진단이 시행되지 않았고, 사회적 공감대 결여로 정부조직 개편과정 중 부처 이기주의와 정치적 타협에 의해 변형되었으며 조직의 이름까지도 변경하는 결과를 가져왔다.[155)]

3. 수사 · 정보업무 일부 경찰청으로 이관 및 VTS 업무 총괄

2014년 11월 정보와 수사기능의 경찰청 이관으로 정보수사국이 과단위로 축소되어 인력감소를 가져왔다. 정보수사국과 국제협력관의 폐지로 정보수사 인력 505명을 경찰청으로 정원을 이채하였다. 해양수산부와 해양경찰청으로 이원화하여 운영하던 해상교통관제센터(VTS: Vessel Traffic Service)가 국민안전처 해양경비안전본부로 이관되었고, 15개 항만 VTS와 3개 연안 VTS 총 18개의 VTS를 관할하게 되었다.

4. 중부해양경비안전본부 신설(2014년) 및 중앙해양특수구조단 신설(2014년)

2014년 11월 중부해양경비안전본부가 신설되어 서해 중부권 해역인 인천, 평택, 태안, 보령까지 4개 지역 해양경비안전서를 관할하였다. 산하에는 해양경비안전센터 24개, 출장소 46개를 운영하며, 경찰관 1,717명, 일반직 153명, 의경 501명 등 2,371명이 배치되었다. 보유 장비로는 1,000톤급 이상 경비함 4척 등 함정 68척,

---

154) 기존 해양경찰청은 2관 4국 22과를 두고 소속기관인 4개 지방청, 17개 해양경찰서, 해양경찰교육원, 해양경찰연구소, 해양경찰정비창이었으나 2014. 11. 19. 국민안전처 해양경비안전본부는 3국 14과로 변경 · 축소되었고, 지방은 5개 지방해양경비안전본부(중부해양경비안전본부 신설), 17개 해양경비안전서, 국민안전처의 소속기관으로 해양경비안전교육원(해양경비안전연구센터는 교육원의 부속기관으로 개편), 중앙해양특수구조단을 신설하였다.

155) 윤성현 · 박주상 · 김경락(2018), 해양경찰학개론, 박영사, p. 58.

항공기 6대 등이 있었다.

세월호 참사 이후 2014년 12월에는 구조·방재 전문 인력 62명을 선발하여 중앙해양특수구조단을 신설하였다. 주요 임무로는 대형·특수해양사고의 구조 및 수중수색과 현장지휘, 중·대형 해양오염사고 발생시 응급방제조치 등이었다.

5. 복수 치안정감 체제(2016년)와 세종특별자치시로 본부 이전(2016년)

진도 여객선 사고 이후 2014년 개편된 정부조직에 따라 해양경비안전본부를 포함한 국민안전처 전체 부서를 이전하기로 한 「중앙행정기관 등의 이전계획 변경안」이 2015년 10월 고시되어 해양경찰본부가 1979년 부산에서 인천으로 이전한 후 37년 만에 내륙인 세종특별자치시로 옮기게 되었다.

서해 경비기능이 약해질 수 있다는 우려로 중부해양경비안전본부를 신설하였고, 북방한계선 인근 서해 5도 해상경비를 담당하고 중국 어선 불법조업을 단속하는 중부해양경비안전본부의 기능 강화 취지에서 2016년 4월 「국민안전처와 그 소속기관 직제」가 개정되어 본부장의 직급이 치안감에서 치안정감으로 상향되었다. 그 동안 해양경비안전조정관 1명만이 치안정감 계급을 보유하고 있었으나, 2016년 4월 중부해양경비안전본부장의 계급이 치안감에서 치안정감을 격상됨에 따라 해양경찰은 창설 63년 만에 복수치안정감 시대를 열게 되었고, 해양경찰에서 복수치안정감 체제의 의미는 치안정감 계급이 2명으로 늘어나 복수 경쟁체제가 구축되면서 해양경찰 내부에서 해양경찰의 수장을 배출할 가능성이 높아지게 되었다.

그리고 2016년 4월 서해해양경비안전본부 소속 부안해양경비안전서가 신설됨으로써 해양경비안전서가 18개로 늘어났다.

「중앙행정기관 등의 이전계획 변경안」에 따라 2016년 8월 해양경비안전본부가 인천에서 세종특별자치시로 이전하였다. 2016년 4월 22일-24일 1단계 이전 때 송도청사 근무 인원 271명 중 102명(38%)이 근무지를 세종으로 옮겼으며, 나머지 인원 169명(62%)이 세종으로 이동하면서 해양경찰은 37년간 본부 소재지였던 인천을 떠나게 되었다.

Ⅶ. 환원 해양경찰청 시기(2017. 7. 이후)

1. 정부조직 개편과 해양경찰청 환원(2017년)

박근혜 대통령 탄핵은 「헌법」에 위배되는 범죄 의혹(박근혜－최순실 게이트, 비선실세 의혹, 대기업 뇌물 의혹 등)을 사유로 국회에서 야당(더불어민주당, 국민의당, 정의당) 의원들이 대통령에 대한 대통령 탄핵 소추를 발의해 헌법재판소에서 탄핵을 인용한 일을 말한다. 2016년 12월 9일 오후 4시 10분에 탄핵소추안이 국회에서 가결되었다. 그리고 같은 날 오후 7시 3분에 대통령(당시 박근혜)은 국회로부터 탄핵 소추 의결서를 받는 동시에 헌법상 대통령 권한 행사가 정지되었다. 이로 인해 황교안 국무총리가 대통령 권한대행을 맡게 되었다. 2017년 3월 10일, 헌법재판소는 재판관 전원일치로 대통령 박근혜 탄핵 소추안을 인용하여 박근혜 대통령은 대통령직에서 파면되었다. 이에 따라 대통령 선거가 실시되었다. 대통령 선거당시 각 당은 해양경찰청의 부활을 약속하였고 대통령에 당선된 문재인 정부는 「정부조직법」을 개정하여 2017년 7월 26일자로 국민안전처를 해체하여 해양경비안전본부를 예전의 해양경찰청으로 환원시켰다.

2. 해양경찰청과 그 소속기관 직제 개정(2017년)

해양경찰의 역할을 재정립하여 해양안전을 확보하고, 해양주권 수호 역량을 강화하기 위하여 해양수산부장관 소속으로 해양경찰청을 신설하는 내용으로 「정부조직법」이 개정(2017. 7. 26. 공포 · 시행)됨에 따라 해양경찰청과 그 소속기관의 조직과 직무범위 및 정원 등을 구체적으로 정하였다.

「해양경찰청과 그 소속기관 직제」개정의 주요내용은 해양경찰청은 해양에서의 경찰 및 오염방제에 관한 사무를 관장하도록 함(제3조), 해양경찰청에 두는 하부조직(제6조부터 제15조까지)으로 해양경찰청에 운영지원과 · 경비국 · 구조안전국 · 수사정보국 · 해양오염방제국 및 장비기술국 등을 두고, 해양경찰청 소속기관(제17조부터 제34조까지)은 해양경찰청장 소속으로 해양경찰교육원 · 중앙해양특수구조단 · 지방해양경찰청 및 해양경찰정비창 등을 두었다.

3. 수사 · 정보기능 회복(2017년)과 서해 5도 특별경비단 · 울진해양경찰서 신설(2017년)

2017년 4월 중부해양경비안전본부 소속 서해 5도특별경비단이 신설되었고, 2017년 7월 2중부해양경찰청 소속으로 직제가 변경되었다.

해양경찰청 조직 해체 이후 정보수사국은 해양경비안전국내 해양수사정보과로 축소되었다가 2017년 7월 해양경찰청이 환원되면서 수사정보국으로 개편되었다. 이 과정에서 경찰청으로 이관되었던 수사 · 정보 담당 해양경찰공무원 200명을 다시 이관 받았다. 수사 · 정보가 국(局)단위에서 과(課) 단위로 축소된 2년 8개월 동안 해양범죄의 검거실적은 크게 감소하였다. 2017년 11월에 동해지방해양경찰청 소속으로 울진해양경찰서가 신설되었다.

4. 해양경찰청 본부를 인천으로 이전(2018년)

해양경찰청은 2018년 5월 21일 국무회의 의결에 따라 2018년 11월에 본부를 인천 송도청사로 이전하였다. 문재인 대통령 공약사항이었던 '해양경찰청 인천 환원'이 마무리되었다. 해경은 1953년 내무부 치안국 소속 해양경찰대로 출범 당시 부산에 있다가 1979년 인천으로 이전했다. 지난 2014년 세월호 사고 이후 국민안전처 소속 해양경비안전본부로 개편되면서 2016년 국민안전처와 함께 세종특별시로 이전했고, 2018년 11월 해양경찰청이 다시 인천으로 돌아왔다.

5. 「해양경찰법」 · 「선박교통관제에 관한 법률」 · 「어선안전조업법」 시행(2020년)

「해양경찰법」은 2019년 8월 제정되어 2020년 2월 21일에 시행되었다. 「해양경찰법」의 제정이유는 해양경찰이 해양주권을 수호하고 해양 안전과 치안 확립에 필요한 책임을 다할 수 있도록 해양경찰의 특수하고 다양한 직무를 제도적으로 뒷받침할 필요가 있고, 국가 해양관리 정책 환경의 변화를 수용하고 미래의 직무수행에 대비할 수 있도록 해양경찰의 책무, 해양경찰위원회의 설치, 해양경찰청의 조직과 직무, 해양안전 확보를 위한 협력과 참여, 해양경찰 직무수행의 기반 조성 등에 관한 제도적 기반을 마련하려는 것이었다. 동법에서 해양경찰의 날(제4조), 해양경찰위원회설치(제5조), 해양경찰청장 2년 임기제(제11조), 해양경찰청장은 해양경찰에서 15년 이상 국가경찰공무원으로 재직한 자로서 치안감 이상 국가경찰공무원으로 재직 중이거나 재직했던 사람 중에서 임명한다(제12조) 등을 규정하여 자체 청장을 배출할 수 있게 되었다.

「선박교통관제에 관한 법률」은 2019년 12월 3일에 제정되어 2020년 6월 4일 시행되었고,[156] 「어선안전조업법」은 2019년 8월 27일에 제정되어 2020. 8. 28. 시행되었다.[157]

6. 해양경찰청에 수사국 신설(2021년)

「해양경찰법」을 개정(2021. 1. 13. 신설)하여 수사부서의 장에 관한 내용을 2021. 1. 13. 신설하였다. 수사부서의 장은 「형사소송법」에 따른 해양경찰의 수사에 관하여 대통령령으로 정하는 바에 따라 해양경찰청 소속 공무원을 지휘·감독한다(해양경찰법 제15조의 2 제1항). 수사부서의 장은 해양경찰청 외부를 대상으로 모집하여 임용할 수 있고, 자격을 갖춘 사람 중에서 임용한다(해양경찰법 제15조의 2 제2항). 수사부서의 장의 임기를 2년으로 했다(해양경찰법 제15조의 2 제4항·제5항). 그리고 2021. 1. 14. 시행의 「해양경찰청과 그 소속기관 직제」를 개정하여 수사국을 신설하였고, 해양경찰교육원장의 직급을 경무관으로 낮추었다.

---

156) 선박교통관제는 선박의 위치를 탐지하고 선박과 통신할 수 있는 장비를 설치·운영함으로써 선박에 대하여 안전에 관한 정보 및 항만운영정보를 제공하는 것으로서 선박교통의 안전과 항만운영의 효율성을 확보하기 위하여 필수적이고 중요한 요소이지만, 「**해사안전법**」과 「**선박의 입항 및 출항 등에 관한 법률**」에서 최소 사항만을 규정하고 세부 운영규정은 하위법령에 위임되어 있으며, 그 업무도 해양수산부와 해양경찰청으로 이원화되어 있어서 법체계를 간소화하고 업무를 담당하는 기관을 일원화할 필요성이 제기되고 있었다. 이에 따라 「해사안전법」과 「선박의 입항 및 출항 등에 관한 법률」로 분산되어 있는 선박교통관제 관련 사항을 이 법으로 통합하여 규정함으로써 선박교통의 안전 및 항만운영의 효율성을 높이고 해양환경을 보호하는 데 이바지하려는 목적을 가지고 있다.

157) 「**어선안전조업법**」**의 제정 이유**는 해상에서 어선의 조업과 항행 중 부주의 등으로 인한 충돌, 침몰 등의 사고가 빈발하고 있고, 서해 5도 해역에서는 남·북한 대치상황으로 인한 사고위험이 상존하고 있으며, 중국 어선의 불법조업 등도 우리 어선의 안전조업에 위험요소가 되고 있으므로 어선사고의 예방과 사고 발생 시 신속한 대응을 위한 국가의 지원과 노력이 필요한 상황이지만 체계적인 법률적·제도적 장치가 미흡한 실정이었다. 이는 기존의 해양수산부령에 불과하였던 「선박안전조업규칙」이 법률적인 체계를 갖춘 것이다.

Ⅷ. 요약정리

태동기에도 해양경찰대라는 명칭을 가지고 있었고, 1962년부터 1991년에도 해양경찰대라는 명칭을 사용했으므로 1962년 이후 1991년 까지를 新해양경찰대 시기로 하고, 해무청 시기는 특별경찰기관이므로 신분관계가 다르므로 해무청 시기로 별도 구분하고, 1991년부터 2014년 현재까지 해양경찰청이라는 명칭을 사용하지만 1991년부터 1996년 8월 이전까지는 경찰청의 부속기관인 해양경찰청이었다. 이 시기는 해양경찰청 시기로 구분하고, 1996. 8. 8. 부터는 해양수산부의 외청으로 승격된 시기는 중앙행정관청이었으므로 중앙행정관청 시기로 구분한다. 이 중앙행정관청으로서의 지위는 국토해양부 소속을 거쳐 2014년 11월까지 해양수산부의 외청으로 있는 시기를 말한다.

2014년 11월부터 2017년 7월까지 해양수산부 소속 해양경찰청이 국무총리 소속의 국민안전처 해양경비안전본부로 변경되었다. 이 시기는 소속부처가 해양수산부가 아니라 국무총리 소속이므로 별도로 구분하여 국민안전처 시기로 구분하였고, 그리고 2017년 7월 문재인 정부는 해양경찰의 소속을 과거의 해양수산부로 환원시켰으므로 이 시기를 환원 해양경찰청 시기로 구분하였다.

태동기(1945. 8. – 1955. 2.)에는 해군에서 차출된 장병을 경찰관으로 임명하기도 하고, 해양경찰대 초대대장을 해군 대령 출신을 임명하였다. 해양경찰대 기구의 조직구성과 부서편성 등을 살펴보면 해군의 성격이 강하였다.

해무청 시기(1955. 2. – 1962. 4.)에는 「해무청직제」에 의하여 수산국 내에 해양경비과를 두고 「어업자원보호법」에 관련되는 해양경비와 항로표지보호에 관한 사항을 분장하게 하고 해양경비원이란 명칭을 사용하였고, 해양경비원은 「어업자원보호법」 제4조(범죄의 수사)에 규정한 사법경찰관의 직무를 행하였다. 또한 태동기와 해무청 시기에 수상경찰서가 존재하였다. 일제강점기에 신설되어 1945년부터 1957년까지 존치했던 부산수상경찰서가 있었고, 인천수상경찰서는 1949년에 신설되어 1961년까지 유지되었고 인천과 경기도 일대의 도서지역을 관할하였다는 것이다. 부산수상경찰서는 해양경찰대가 발족되어 해무청 소속으로 변경되었던 시기에도 있었고 1957년에 영도경찰서로 변경되었다. 그리고 인천수상경찰서는 1961년 인천경찰서에 편입된다. 적어도 1957년까지는 2개의 수상경찰서와 해양경찰대 또는 해양경비대가 병존한 시기이다.

新해양경찰대 시기(1962. 5. – 1991. 7.)는 4개의 정부 박정희, 최규하, 전두환, 노태우 등의 4개의 정부가 이어져 왔던 기간으로 30여 년의 기간이다. 국가경제가 급격히 성장하는 시기로서 1961년 해양경찰대설치법의 제정, 1965년 한·일 어업협정 체결, 1986년 아시안 게임, 1988년 88 올림픽, 우리 어선이 북한에 피랍되는 것을 방지하기 위한 어로보호본부의 설치, 1977년 12월 31일 해양오염방지법 제정에 따른 본대에 해양오염관리관실의 신설, 1986년부터 1989년까지 3차례에 걸쳐 선박출입항신고기관 368개소를 연안경찰서로부터의 인수 등의 변화가 있었다.

해양경찰청시기(1991. 7.－1996. 8.)는 1991년 5월 31일의 「경찰법」 제정에 따라 경찰청 소속의 해양경찰청시기를 말한다. 이 시기는 경찰청 산하 해양경찰청 체제를 유지하면서 경찰기관으로서 지속적인 발전을 도모하였던 시기이다. 인력, 장비면에서 보강이 계속되었고 조직편제도 지방청 단위로서 필요한 조직을 갖추기 시작하였다. 1996년 해양수산부가 발족되기까지 안정된 토대 위에 발전을 도모하였고 해상에서 경찰기능, 안전관리, 그리고 해양오염관리를 수행하는 중앙행정기관으로 인프라를 형성하는 시기였다(김현, 2005: 41).

중앙행정관청시기(1996. 8.－2014. 11.)는 국제적으로 유엔해양법협약이 발효되고, 정부는 우리나라의 권리를 확보하고 국제해양질서에 동참하기 위해 「배타적 경제수역법」 등 9가지 국내법령을 제·개정하였으며, 1996년 8월 8일에는 해양경찰청의 소속이 경찰청에서 해양수산부의 외청으로 변화되어 중앙행정행정관청이 되었다. 2008년 2월 29일에는 이명박 정부의 정부조직개편에 따라 해양경찰청의 소속이 해양수산부에서 국토해양부의 외청으로 개편되었다. 2013년 3월 23일에는 박근혜 정부의 공약이행을 위한 「정부조직법」개정에 따라 해양경찰청의 소속이 국토해양부에서 해양수산부의 외청으로 다시 환원되었다.

국민안전처 해양경비안전본부 시기(2014. 11.－2017. 7.)는 2014년 세월호 사건 이후 박근혜 정부의 정부조직개편에 의하여 해양경찰은 중앙행정관청으로서의 지위가 없어지고 국민안전처의 소속부서가 변경되었다. 이 시기에는 해양재난에 대한 관심이 증대되어 해양특수구조대가 신설되기도 했다. 해양수산부에서 관장하던 해상교통관제업무가 국민안전처로 이관되어 중앙의 해양경비안전본부에 해상교통관제과가 신설되었으며, 해양경찰이 해상교통관제업무를 총괄하게 되었다.

환원 해양경찰청 시기(2017. 7. 26. 이후)는 박근혜 대통령이 탄핵되어 새로운 대통령으로 선출된 문재인 정부는 국민안전처를 해체하여 해양경비안전본부를 해양경찰청으로 환원하고 해양경찰청의 소속부처를 해양수산부로 변경하였다. 이 시기에는 「해양경찰법」과 「선박교통관제에 관한 법률」이 시행되었다.

〈표 6〉 현대 해양경찰사 시대구분과 주요 내용

구 분	정 부	기 간	소속기관	주요 내용
태동기	이승만 정부	1945-1955	내무부 치안국 해양경찰대	• 해방병단과 조선해양경비대(1946) • 맥아더라인(1945) • 평화선 선포 · 클라크라인(1952) • 경찰관직무집행법 제정(1953) • 어업자원보호법 시행(1953) • 치안국 해양경찰대 소속으로 창설(1953)
해무청 시기	이승만 ~ 윤보선 정부	1955-1962	상공부 해무청 해양경비대 (1955. 2.)	• 내무부 치안국 해양경찰대 → 상공부 해무청 해양경비대로 변경(1955) • 어업자원보호법에 따른 해양경비 · 항로표지업무 수행 • 866정 승조원 중공 피랍사건(1955) • 해양경비사령부로 개칭(1956) • 해양경비대로 전환(1957) • 수난구호법 제정 · 시행(1961)
新해양 경찰대 시기	박정희 ~ 최규하 ~ 전두환 ~ 노태우 정부	1962-1991	내무부 치안국 해양경찰대 (1962. 5.)	• 내무부 치안국 해양경찰대로 변경(1962) • 해양경찰대설치법 시행(1962) • 한 · 일 수교(1965) • 한 · 일 어업협정 체결(1965) • 동 · 서해 어로보호본부 설치(1969) • 경찰공무원법 제정(1969) • 본대에 정보수사과 신설(1969) • 남영호 침몰사고(1970) • 해양경찰교육대 발족(1971)
			내무부 치안본부 해양경찰대 (1974. 11.)	• 선박안전조업규정(규칙) 시행(1972) • 863정 피격사건(1974) • 치안본부 소속으로 변경(1974) • 영해법 제정(1977) • 해양오염 감시 · 방제기능 추가(1978) • 해양경찰대 본대 청사 인천 이전(1979) • 선박출입항 통제업무 인수(1986-1989)
해양 경찰청 시기	노태우 ~ 김영삼 정부	1991-1996	경찰청소속 해양경찰청 (1991. 7.)	• 경찰법제정(1991) • 경찰청 소속 해양경찰청(1991) • 지구해양경찰대를 해양경찰서로 변경(1991) • 특수해난구조단 발족(1991) • 해양경찰서장에게 즉결심판 청구권 부여(1992) • 한 · 중 수교(1992) • 서해 훼리호 침몰하고 발생(1993)

구 분	정 부	기 간	소속기관	주요 내용
				• 해수면 유 · 도선사업 및 구조업무 관장(1994) • 해양경찰 정비창 신설(1994) • 씨프린스호 좌초 · 오염사건(1995) • SAR협약 가입(1995) • 낚시어선업법 시행(1996)
중앙행정 관청 시기	김대중 ~ 노무현 ~ 이명박 ~ 박근혜 정부	1996-2014.11.	해양수산부 소속 해양경찰청 (1996. 8.)	• 해양경찰청 해양수산부 외청으로 변경(1996) • 페스카마 15호 사건(1996) • 배타적 경제수역법 시행(1996) • 배타적 경제수역에서의 외국인어업 등에 대한 주권적권리의 행사에 관한 법률 시행(1996) • 영해법을 영해 및 접속수역법으로 개정(1996) • 한 · 일 어업협정 개정(1999) • 1990 OPRC 협약 가입(1999) • 해양경찰청 차장 신설(1999) • 해상교통문자방송(NAVTEX) 시작(1999) • 수상레저안전법 시행(2000) • 한 · 중 어업협정 체결(2001) • 해양경찰 특공대 신설(2002) • 수사종합정보시스템 경찰청과 공유(2003) • 해양경찰학교 개교(2004) • 광역 위성지휘통신망(KOSNET) 구축 • 해양경찰청장 직급 치안총감으로 상향(2005) • 신풍호 사건(2005) • 남북해운합의서 발효(2005) • 동해 · 서해 · 남해 지방해양경찰청 개청(2006) • 122 해양사고 긴급번호 서비스실시(2007) • 해양경찰서 122 해양경찰구조대 운영(2007) • 해양경찰학교 천안 이전(2007) • 헤베이스피리트호 오염사고(2007) • 해양경찰청 국토해양부 소속으로 변경(2008)
			국토해양부 소속 해양경찰청 (2008. 2.)	• PSI 해상 승선 및 검색 주도기관으로 지정(2009) • 천안함 피격사건(2010) • 5 · 24 조치(2010) • 연안 해상교통관제(VTS) 인수(2010) • 해양경찰연구소 설립(2010) • 해양경찰의 날 12. 23.을 9. 10.로 변경(2011) • 삼호주얼리호 해적사건(2011)

구 분	정 부	기 간	소속기관	주요 내용
			해양수산부 소속 해양경찰청 (2013. 3.)	• 해양경비법 시행(2012) • 제주해양경찰청 신설(2012) • 해양경찰청 해양수산부 외청으로 변경(2013) • 해양경찰교육원 여수 이전(2013) • 세월호 사건발생(2014) • 연안사고예방에 관한 법률 시행(2014)
국민안전처 해양경비 안전본부 시기	박근혜 ~ 문재인 정부	2014.11. – 2017.7.	국무총리 소속 국민안전처 (2014. 11.)	• 국무총리 국민안전처 소속으로 변경(2014) 해양에서의 경비 · 안전 · 오염방제 및 해상에서 발생한 사건의 수사로 한정 • 해상교통관제업무 총괄(2014) • 중앙해양특수구조단 신설(2014) • 수사 · 정보 업무 일부 경찰청 이관(2014) • 중부해양경비안전본부 신설(2014) • 중부해양경비안전본부장 치안정감으로 격상(2016) • 해양경비안전본부 세종 이전(2016)
환원 해양경찰청 시기	문재인 정부	2017. 7. 이후	해양수산부 소속 해양경찰청 (2017. 7.)	• 해양경찰청 해양수산부 외청으로 변경(2017) • 수사 · 정보 기능 회복(2017) • 해양경찰청 본부 인천 이전(2018) • 해양경찰법 시행(2020) • 선박교통관제에 관한 법률 시행(2020) • 어선안전조업법 시행(2020) • 본청에 수사국 신설(2021) • 해양경찰교육원장 직급 경무관으로 하향(2021)

01 해양경찰의 역사와 관련하여 다음 설명 중 옳지 않은 것을 모두 고르시오. 19 1차

> ㉠ 1953년 해양경찰대가 창설되었다.
> ㉡ 1953년 해양경찰대 창설 이후 지금까지 해양경찰의 신분은 계속 경찰공무원이었다.
> ㉢ 2014년 국민안전처 소속 해양경비안전본부로 개편되었다.
> ㉣ 2017년 국토교통부 외청으로 해양경찰청이 부활하였다.

① ㉠, ㉢　② ㉡, ㉢
③ ㉡, ㉣　④ ㉢, ㉣

해설 ㉡에서 1955년에서 1961년 해양경비대 시기에는 경찰관 신분이 아니었다. ㉣의 경우 해양경찰청은 2017년 문재인 정부 출범과 함께 해양수산부 외청으로 환원되었다.

정답 ③

02 다음은 해양경찰의 변천사를 설명한 것이다. (　)안에 들어갈 말을 차례로 나열한 것은? 19 간부

> (㉠)년 12월 23일 내무부 치안국 소속 해양경찰대로 발족되어 영해경비, 어업자원보호 임무를 수행하다가, 1955년 상공부 해무청 소속으로 바뀌어 해양경비 임무 등을 수행하였다. 1962년 5월 1일에는 다시 내무부 소속으로 복귀하여 해상에서 경찰에 관한 사무와 해난구조와 해양오염에 관한 사무를 관장하기 시작하다가 1991년 8월에는 경찰법 제정에 의하여 경찰청 소속기관으로 편입되었다가, (㉡)년 8월 8일에는 해양수산부 발족과 함께 외청(중앙행정관청)으로 독립하였다.

① ㉠ 1953, ㉡ 1996　② ㉠ 1950, ㉡ 1993
③ ㉠ 1951, ㉡ 1992　④ ㉠ 1952, ㉡ 1995

해설 ㉠- 1953, ㉡-1996

정답 ①

03 우리나라 해양경찰 조직의 발전과정 중 중요한 사건에 대한 설명이다. 시간 순서대로 가장 바르게 연결한 것은? 20 간부

> ㉠ 중부지방해양경비안전본부(현재 중부지방해양경찰청)가 신설되었다.
> ㉡ 「배타적 경제수역법」이 제정 후 시행되었다.
> ㉢ 해양경찰청이 경찰청과 분리되어 해양수산부 외청으로 독립하였다.
> ㉣ 내무부 치안국이 치안본부로 변경되면서, 해양경찰대도 치안본부 소속으로 변경되었다.

① ㉣－㉢－㉡－㉠　　② ㉣－㉡－㉢－㉠
③ ㉣－㉢－㉠－㉡　　④ ㉣－㉡－㉠－㉢

해설 ㉠ 2014년 11월 28일 중부해양경비안전본부가 신설됨. ㉡ 배타적 경제수역법은 1996년 9월 10일 시행되었다. ㉢ 1996년 8월 8일의 조직개편이다. ㉣ 1974년의 조직변화이다.

정답 ①

04 「수상에서의 수색 · 구조 등에 관한 법률」은 과거 「수난구호법」의 제명을 변경한 법률이다. 해양경찰의 역사 중 「수난구호법」이 제정된 시기 이후의 일어난 일로 가장 옳은 것은? 19 3차

① '인접해양의 주권에 관한 대통령 선언'이 선포되고 평화선이 설정되었다.
② 평화선을 침범하는 외국어선을 단속하고 어업자원을 보호하기 위해 해양경찰대가 창설되었다.
③ 상공부 해무청 소속 해양경비대가 해양경비대 사령부로 개칭되었다.
④ 상공부에서 내무부 치안국 소속 해양경찰대로 변경되었다.

해설 ① 1952년 1월 18일, ② 1953년 해양경찰대 편성령을 공포하였다. ③ 상공부 해무청 해양경비대 시대에 수난구호법(현 수상에서의 수색구조에 관한 법률)이 제정(1961년 11월 1일)되고, 해양경찰의 업무가 해난구조업무까지 확대되었다. ④ 1962년 4월 3일 해양경찰대설치법을 제정 · 공포하였고, 5월 1일에 시행하였다.

정답 ④

05 다음 〈박스〉 중 우리나라 해양경찰의 역사와 관련하여 다음 설명 중 옳은 것은 모두 몇 개인가?

21 상반기

> ㉠ 1953년 내무부 치안국 소속으로 부산에서 해양경찰대가 창설되었다.
> ㉡ 1955년 상공부 해무청 소속 해양경비대로 변경되었으며, 구성원은 일반사법경찰관리의 신분으로 전환되었다.
> ㉢ 2014년 국민안전처 소속 해양경비안전본부로 개편되었다.
> ㉣ 2017년 독립외청으로 국토해양부 소속 해양경찰청으로 변경되었다.
> ㉤ 2019년 작용법인 「해양경찰법」이 제정되었으며, 2020년부터 시행되었다.

① 1개 ② 2개
③ 3개 ④ 4개

해설 ㉠㉢이 옳은 것임. ㉡은 특별사법경찰관리 신분으로 변경됨, ㉣은 해양수산부 소속으로 변경, ㉤은 작용법이 아니라 조직법임.

정답 ②

06 다음 〈박스〉는 해양경찰 조직의 발전과정과 관련된 내용이다. 시간적인 순서로 옳게 나열한 것은?

21 하반기

> ㉠ 수난구호법 제정
> ㉡ 배타적 경제수역법을 제정하고 시행
> ㉢ 내무부 경찰청 아래 해양경찰청을 두어 경찰관청화
> ㉣ 해양경찰청장의 계급을 차관급인 치안총감으로 격상
> ㉤ 내무부 치안국을 치안본부로 격상, 해양경찰대를 치안본부 소속으로 변경

① ㉠－㉤－㉢－㉡－㉣ ② ㉤－㉠－㉢－㉡－㉣
③ ㉠－㉤－㉢－㉣－㉡ ④ ㉤－㉠－㉣－㉢－㉡

해설 ㉠ 1961 - ㉤ 1974- ㉢ -1991 ㉡ 1996- ㉣ 2005

정답 ①

해양경찰의 관할과 해양행정기관

SECTION

01 해양경찰의 사물·인적·지역 관할

Ⅰ. 사물 관할

해양경찰의 사물관할이란 해양경찰이 처리할 수 있고 또 처리해야 하는 사무내용의 범위를 말하며, 넓은 의미의 해양경찰권이 발동될 수 있는 범위를 설정함으로써 그 범위를 넘는 분야에 관하여는 해양경찰이 개입할 수 없도록 한다는 점에서 법적 의미를 가진다. 「정부조직법」 제43조 제2항은 "해양에서의 경찰 및 오염방제에 관한 사무를 관장하기 위하여 해양수산부장관 소속으로 해양경찰청을 둔다"라고 규정하고, 「해양경찰법」 제14조에서 해양경찰의 직무를 정하고 있다. 이러한 직무가 해양경찰의 사물관할에 해당한다.

사법경찰관리에는 일반사법경찰관리와 특별사법경찰관리가 있고, 양자는 관할이 다르지만 상호협력해야 할 경우가 있다. 해양경찰은 일반사법경찰관리에 해당한다. 양자의 관계에 대한 법률은 「형사소송법」 제245조의10, 「사법경찰관리의 직무를 행할 자와 그 직무범위에 관한 법률」, 「검사와 사법경찰관의 상호협력과 일반적 수사준칙에 관한 규정」 등에 의하여 군사법경찰관리, 교도소장, 선원 근로감독관, 어업관리단 공무원, 관세청 공무원, 선장[1] 등은 원칙적으로 각 소속관서의 관할구역 내에서 법에서 규정한 범죄에 대해 사법경찰관리로서의 직무를 행하게 되어 있으므로 해양경찰의 수사활동시에는 유의하여야 한다.

해양경찰의 사물관할은 원칙적으로 법질서 위반이면 아무 제한이 없으나 다른 법으로 특별히 제한한 경우에는 제약이 따른다. 예를 들면 「선원법」위반 범죄로서 근

1) **사법경찰관리의 직무를 수행할 자와 그 직무범위에 관한 법률 제7조**(선장과 해원 등) ① 해선(海船)[연해항로(沿海航路) 이상의 항로를 항행구역으로 하는 총톤수 20톤 이상 또는 적석수(積石數) 2백 석 이상의 것] 안에서 발생하는 범죄에 관하여는 선장은 사법경찰관의 직무를, 사무장 또는 갑판부, 기관부, 사무부의 해원(海員) 중 선장의 지명을 받은 자는 사법경찰리의 직무를 수행한다.

로계약 위반은 검사 또는 선원근로감독관만이 수사할 수 있고,[2] 관세사건은 관세청(세관)에,[3] 조세사건은 국세청(세무서)에[4] 인계해야 되나 「특정범죄가중처벌 등에 관한 법률」[5]위반에 해당할 때에는 일반사법경찰관(해양경찰)이 소속기관장(관세청, 국세청)의 고발 없이도 수사할 수 있다.

Ⅱ. 인적 관할

넓은 의미의 경찰권이 어떤 사람에게 적용되는가의 문제를 인적 관할이라고 할 수 있다. 경찰권은 원칙적으로 모든 사람에게 적용되나, 국내법적으로는 대통령과 국회의원에 대하여, 국제법적으로는 외교사절과 주한미군에 대해서 일정한 제한이 있다.

국내법적인 법적 근거는 다음과 같다. 대통령은 내란 또는 외환의 죄를 범한 경우를 제외하고는 재직중 형사상의 소추를 받지 아니한다(헌법 제84조). 국회의원은 현행범인인 경우를 제외하고는 회기중 국회의 동의없이 체포 또는 구금되지 아니한다. 국회의원이 회기전에 체포 또는 구금된 때에는 현행범인이 아닌 한 국회의 요구가 있으면 회기중 석방된다(헌법 제44조). 국회의원은 국회에서 직무상 행한 발언과 표결에 관하여 국회외에서 책임을 지지 아니한다(헌법 제45조).

국제법적으로 외교관의 신체는 불가침이고, 어떠한 방법으로도 신병의 체포와 구금은 할 수 없다. 또 외교관은 경찰권에 복종하지 않으며, 경찰규칙에 위반하더라

---

2) **선원법 제127조(사법경찰권)** ① 선원근로감독관은 「사법경찰관리의 직무를 행할 자와 그 직무범위에 관한 법률」이 정하는 바에 의하여 사법경찰관의 직무를 행한다. ② 이 법·「근로기준법」 그 밖의 선원근로관계법령에 의한 서류의 제출·심문이나 신문 등 수사는 오로지 검사와 선원근로감독관이 행한다. 다만, 선원근로감독관의 직무에 관한 범죄의 수사에 대하여는 그러하지 아니하다.

3) **관세법 제284조(공소의 요건)** ① 관세범에 관한 사건은 관세청장 또는 세관장의 고발이 없는 한 검사는 공소를 제기할 수 없다. ② 다른 기관이 관세범에 관한 사건을 발견하거나 피의자를 체포한 때에는 즉시 관세청 또는 세관에 인계하여야 한다.

4) **조세범처벌법 제21조(고발)** 이 법에 따른 범칙행위에 대해서는 국세청장, 지방국세청장 또는 세무서장의 고발이 없으면 검사는 공소를 제기할 수 없다.

5) **특정범죄가중처벌 등에 관한 법률 제16조(소추에 관한 특례) 제6조(관세법위반의 가중처벌)** 및 제8조(연간 5억원 이상 조세포탈의 가중처벌)의 죄에 대한 공소(公訴)는 고소 또는 고발이 없는 경우에도 제기할 수 있다.

도 억류 등의 강제처분을 받지 않는다. 접수국은 상당한 경의를 가지고 외교관을 대우하고, 그 신체, 자유, 품위의 침해방지를 위하여 모든 적절한 조치를 취하여야 한다(외교관계에 관한 비엔나협약 제29조). 외교관의 개인적인 주거, 서류, 통신, 재산도 불가침이다(동협약 제30조). 주한미군에 대해서는 「한미행정협정」에 의하여 경찰권이 제한된다. 이를 반영하여 해양경찰청의 훈령인 「범죄수사규칙」 제187조에서도 외교특권에 대하여 인정하고 해양경찰청 수사국장에게 보고하고 지시를 받도록 규정하고 있다.

Ⅲ. 지역(토지) 관할

1. 해양경찰청과 경찰청간의 관할 구분

원칙적으로 경찰청은 육상에서의 경찰사무에 관할권을 가지므로 해양경찰청은 해양에서의 경찰사무에 대한 관할함에 그친다. 이것은 종래 해양경찰청이 경찰청에 속해 있을 때에는 그리 문제가 없었으나, 해양경찰청의 소속이 1996년에 해양수산부로 변경됨에 따라 양자 간의 관할 범위를 명백히 할 필요가 있었다.

「해양경찰법」 제14조에서 ① 해양에서의 수색·구조·연안안전관리 및 선박교통관제와 경호·경비·대간첩·대테러작전에 관한 직무, ② 해양에서 공공의 안녕과 질서유지를 위하여 해양관련 범죄의 예방·진압·수사와 피해자 보호에 관한 직무, ③ 해양에서 공공안녕에 대한 위험의 예방과 대응을 위한 정보의 수집·작성·배포에 관한 직무, ④ 해양오염 방제 및 예방활동에 관한 직무를 수행하는 기관은 해양경찰이고, 경찰청은 육상에서 「경찰관직무집행법」 제2조의 직무범위 내에서 업무를 수행한다.

문제는 육지와 해양이 중첩되는 경우이다. 범죄의 경우 이동성이 있으므로 실행의 착수가 육지나 바다에서 시작되어도 결과가 육지에서 발생하거나 해상에서 발생할 수도 있어서 관할을 해상과 육상으로 일률적으로 나누어 규정하기에는 현실적으로 곤란한 점이 있다는 것이다.[6] 이러한 점을 고려하여 해양경찰청과 경찰청은 「해양경찰청과 경찰청의 수사관할 양해각서」[7]를 통하여 해양관련 범죄는 해양경찰

6) 순길태(2017). 해양경찰학개론, 대영문화사, p. 414.

7) 「해양경찰청과 경찰청의 수사관할 양해각서」(2017).

청에서 우선적으로 관할하도록 합의하고, 양기관에서 중복수사가 진행되고 있는 경우 먼저 착수한 기관이 수사함을 원칙으로 한다고 정했다.

2. 치외법권 지역

외교공관과 외교관의 개인주택은 국제법상 치외법권 지역이므로 불가침의 대상이다. 따라서 외교사절의 요구나 동의가 없는 한 해양경찰은 거기에 들어갈 수 없는 것이 원칙이다. 관사에 대한 불가침에 준하여 외교사절의 보트, 승용차, 비행기 등 교통수단도 불가침의 특권을 갖는다.

외교사절단의 장은 외교사절단 기관장의 주거를 포함한 공관지역 및 외교사절단 기관장의 수송 수단에 파견국의 국기 및 문장을 사용할 권리를 가진다(외교관계에 관한 비엔나협약 제20조). 사절단의 공관은 불가침이며, 접수국의 관헌은 사절단의 장의 동의가 없는 한 공관에 들어올 수 없다. 접수국은 공관에 대한 침입과 파괴를 방지하고 공관의 안정과 위엄을 유지하기 위해 모든 적절한 조치를 취해야 한다. 또, 사절단의 공관, 공관내의 용구류, 기타 재산, 수송수단은 수색, 강제집행 등의 면제된다(외교관계에 관한 비엔나협약 제22조 제1항 · 제2항 · 제3항). 이러한 내용이 반영된 「범죄수사규칙」은 대 · 공사관 등에의 출입, 외국군함에의 출입, 외국선박내의 범죄에 대하여 경찰권을 제한하고 있다.

그러나 '경찰상의 상태책임'과 관련하여서는 화재나 전염병의 발생 등과 같이 공안을 유지하기 위하여 긴급을 요하는 경우에는 사절의 동의 없이도 공관에 들어갈 수 있는데 이는 국제적 관습으로 인정되고 있다.

수사관할의 기본원칙은 동일한 피의자에 대해서는 같은 사유로 중복 조사 및 소환을 하지 않기로 하고, 필요시에 상대기관에 공조요청을 할 수 있도록 하였다. 범죄에 대한 수사관할은 범죄장소, 범죄의 성질, 관련법 등을 종합적으로 검토하여 결정하되 해양관련 범죄는 해양경찰청에서 우선적으로 관할하도록 합의하였다. 여기서의 해양관련 범죄란 ① 해양에서 발생한 범죄, ② 해양에서 발생하여 육상으로 이어지는 범죄, ③ 육상에서 발생하여 해양으로 이어지는 범죄 중 해양관련성이 높거나 해양에 중대한 영향을 미치는 범죄, ④ 어민 등 종사자의 해양관련 범죄, ⑤ 선박, 조선소, 해양플랜트, 물양장 등 해양과 관련된 장소에서 발생한 범죄를 말한다.

다만, 해양관련 범죄 중 육상에서 발생한 범죄, 해양에서 발생하여 육상으로 이어지는 범죄에 대해서는 경찰청에서도 수사할 수 있다. 양 기관에서 중복수사가 진행되고 있는 경우에는 먼저 착수한 기관에서 수사함을 원칙으로 한다. 수사착수 시점 판단의 근거는 KICS (Korea Information System of Criminal－justice Service, 형사사법정보시스템)에 입력된 입건시점을 기준으로 하되, 최초 첩보의 내용 및 사건의 진행 정도 등을 종합적으로 판단하여 관할 기관을 판단한다.

3. 미군영내

SOFA협정은 군대 규율과 질서를 유지해야 하는 군대의 특수성을 감안, 미군당국이 부대 영내외에서 경찰권을 행사함으로써 자체적으로 질서와 안전의 유지를 위하여 필요한 적절한 조치를 취할 수 있도록 하고 있다.[8)]

1) 시설 및 구역 내부 경찰권

미군 당국은 그 시설 및 구역 내에서 범죄를 행한 모든 자를 체포할 수 있다. 그리고 미군 당국이 동의한 경우와 중대한 죄를 범하고 도주하는 현행범인을 추적하는 때에는 대한민국 경찰도 시설 및 구역 내에서 범인을 체포할 수 있다. 한편, 대한민국 경찰이 체포하려는 자로서 한미행정협정 대상이 아닌 자가 이러한 시설 및 구역내에 있을 때에는 대한민국 경찰이 요청하는 경우에 미군 당국은 그 자를 체포하여 즉시 인도하여야 한다.

2) 사람이나 재산에 관한 압수 · 수색 · 검증

대한민국 당국은 미군 당국이 동의하는 경우가 아니면 미군이 사용하는 시설 또는 구역 내에서 사람이나 재산에 대해 또는 소재 여하를 불문하고 미국 재산에 관하여 압수·수색 또는 검증을 할 수 있다. 그러나 이에 관한 대한민국 당국의 요청이 있을 때에는 미군 당국은 필요한 조치를 취하여야 한다.

4. 해양경찰의 사물관할과 토지관할의 일치 여부(19 간부)

해양경찰의 토지관할과 사물관할은 항상 일치하는 것은 아니다. 「정부조직법」 제43조 제2항은 "해양에서의 경찰 및 오염방제에 관한 사무를 관장하기 위하여 해양수산부장관 소속으로 해양경찰청을 둔다"라고 규정하고, 「해양경찰법」 제14조에서 해양경찰의 직무를 정하고 있다. 이러한 직무가 해양경찰의 사물관할에 해당한다.

그러나 내수면인 호수나 강에 설치된 수상레저업에 대한 업무는 「해양경찰법」이나 「수상레저안전법」에 따라 해양경찰의 사물관할이다. 그러나 해양경찰의 사물관할은 해양에서의 경찰 및 오염방제이지만 내수면의 수상레저업은 해양이 아닌 내수

---

8) 「대한민국과 아메리카합중국 간의 상호방위조약 제4조에 의한 시설과 구역 및 대한민국에서의 합중국 군대의 지위에 관한 협정」 제22조 제10항에 관한 합의의사록.

면에서 이루어지는 것으로 해양경찰의 지역관할(토지관할)인 해양이 아니다. 이것은 토지관할과 사물관할이 일치하지 않는 경우이다.

예를 들면 「수상레저안전법」 제10조의 수상안전교육은 외부 기관에 위탁할 수 있고, 안전교육 위탁기관의 인적 기준, 장비·시설 등의 지정 기준 및 절차는 대통령령으로 정한다로 되어 있다. 그 위탁기관은 보통 해양이 아닌 육지에 소재하고 있다. 이에 대한 감독을 위하여 해양경찰은 해양경찰의 토지관할이 아닌 육지에서 행정작용을 할 수 있다.

또한 해양경찰관서의 지방해양경찰관서의 관할구역[9] 「해양경찰청과 그 소속기관 직제 시행규칙(별표 2)」에서 육지관할 규정하고 있고, 이에 따라 조종면허 취득자는 「수상레저안전법」 제8조의 조종면허를 관할 해양경찰서에서 발급받아야 한다.

9) 지방해양경찰관서의 관할구역(해양경찰청과 그 소속기관 직제 시행규칙(별표 2)

명칭		관할구역
중부 지방해양 경찰청	인천서	서울특별시, 인천광역시 및 경기도 시흥시 · 하남시 · 구리시 · 남양주시 · 포천시 · 양주시 · 동두천시 · 파주시 · 김포시 · 고양시 · 의정부시 · 부천시 · 가평군 · 연천군
	평택서	경기도 광명시 · 안산시 · 안양시 · 군포시 · 과천시 · 의왕시 · 수원시 · 성남시 · 광주시 · 이천시 · 용인시 · 화성시 · 오산시 · 평택시 · 안성시 · 양평군 · 여주군 및 충청남도 당진시
	태안서	세종특별자치시, 충청남도 태안군 · 예산군 · 아산시 · 천안시 · 서산시 및 충청북도 단양군 · 제천시 · 충주시 · 괴산군 · 음성군 · 증평군 · 진천군 · 청원군 · 청주시
	보령서	대전광역시, 충남 홍성군 · 보령시 · 서천군 · 청양군 · 부여군 · 공주시 · 계룡시 · 논산시 · 금산군 및 충북 보은군 · 옥천군 · 영동군
서해지방 해양 경찰청	군산서	전북 군산시 · 김제시 · 익산시 · 전주시 · 완주군 · 진안군 및 무주군
	부안서	전북 정읍시 · 남원시 · 부안군 · 고창군 · 순창군 · 임실군 및 장수군
	목포서	광주광역시, 전남 목포시 · 나주시 · 담양군 · 무안군 · 신안군 · 영광군 · 영암군 · 장성군 · 진도군(완도서의 관할구역 제외) · 함평군 및 해남군 문내면 · 산이면 · 화원면 · 황산면
	완도서	전남 강진군 · 완도군 · 장흥군 · 해남군(문내면 · 산이면 · 화원면 · 황산면 제외) 및 진도군
	여수서	전남 여수시 · 광양시 · 순천시 · 곡성군 · 고흥군 · 보성군 · 구례군 및 화순군
남해 지방해양 경찰청	통영서	경남 통영시 · 거제시 · 사천시 · 진주시 · 남해군 · 고성군 · 하동군 · 산청군 · 함양군 및 거창군
	창원서	경남 창원시 · 함안군 · 의령군 · 창녕군 · 합천군 및 부산광역시 강서구 천가동 · 녹산동
	부산서	부산광역시(기장군 및 강서구 천가동 · 녹산동 제외) 및 경남 양산시 · 김해시 · 밀양시
	울산서	울산광역시 및 부산광역시 기장군
동해지방 해양 경찰청	포항서	대구광역시 및 경북 포항시 · 의성군 · 청송군 · 김천시 · 구미시 · 칠곡군 · 달성군 · 성주군 · 영천시 · 경산시 · 경주시 · 군위군
	울진서	경상북도 울진군 · 영덕군 · 봉화군 · 예천군 · 문경시 · 안동시 · 상주시 · 영양군 · 영주시
	동해서	강원도(속초시 · 춘천시 · 고성군 · 양구군 · 인제군 · 화천군 · 양양군 · 철원군 · 홍천군 및 강릉시 주문진읍은 제외) 및 경상북도 울릉군
	속초서	강원도 속초시 · 춘천시 · 고성군 · 양구군 · 인제군 · 화천군 · 양양군 · 철원군 · 홍천군, 강릉시 주문진읍
제주 지방해양 경찰청	제주서	제주특별자치도 제주시(우도 제외)
	서귀포서	제주특별자치도 서귀포시 및 제주시 우도

SECTION

02 해양경찰의 해양관할

해양관할은 지역(토지)관할의 일종이라고 볼 수 있다. 해양관할은 여러 차례의 국제적인 논의 끝에 합의가 성립되어 「UN해양법협약」이 발효되었다. 연안국의 관할해역은 곧 해양경찰의 관할영역이므로 이에 대하여 살펴볼 필요가 있다. 내수, 영해, 접속수역, 경제수역, 대륙붕이냐에 따라 연안국의 배타적 지배권, 경제적 이용권 등에서 차이가 있기 때문에 각각의 성격을 규명해야 한다. 이러한 관할영역을 획정하는 기준점은 영해기선이다.

영해의 출발선인 기선(baseline)은 통상기선(normal baseline)과 직선기선(straight baseline)으로 구분된다. 통상기선은 연안국이 공인한 대축척해도상의 표시된 해안의 저조선(低潮線)이다. 만조선(滿潮線)이 아님을 유의할 필요가 있다.[10] 「UN해양법협약」 제3조는 "영해의 폭은 基線으로부터 12해리를 넘지 못한다"이는 영해는 12해리를 넘으면 안 된다는 것이지, 모든 영해는 예외 없이 12해리이어야 함을 의미하는 것은 아니다. 따라서 대한해협의 경우 한·일간의 직선거리가 24해리가 되지 않기 때문에 대한민국의 영해는 3해리로 규정하고 있다.[11]

「UN해양법협약」 제55조는 배타적 경제수역(exclusive economic zone: EEZ)을 '특별한 법제도'로 규정함으로써 이것이 영해와 공해의 성격을 함께 가진, 즉 그 어느 한 쪽으로 편입시킬 수 없는 혼혈적 성격의 수역임을 시사하고 있다. EEZ는 "영해 밖에 인접한 수역"으로서,[12] 영해기선으로부터 200해리를 넘을 수 없다.[13] EEZ에 대한 연안국의 권리는 연안국이 실제로 EEZ를 주장 혹은 선포했을 때에만 존재한다는 의미에서, 그것은 선택적인 것이다. 이에 반해 대륙붕(大陸棚)에 대한 연안국의 권리는 "점유 또는 선포에 의존함이 없이" 단지 법의 작용에 의하여 갖는 것이라는 점에서 고유의 권리이다.[14]

---

10) UN해양법 협약 제5조.

11) 영해및접속수역법 제1조 및 동법 시행령 제3조에서 영해의 범위에서 12해리 이내에서 정할 수 있도록 하고 있고, 대한해협에서의 영해의 범위를 정하고 있다.

12) UN해양법 협약 제55조.

13) UN해양법 협약 제57조.

14) Ragiina v. Anderson, Great Britain, Court of Criminal Appeal, 1868; Shaw, p. 160.

<그림 1> 수역의 구분

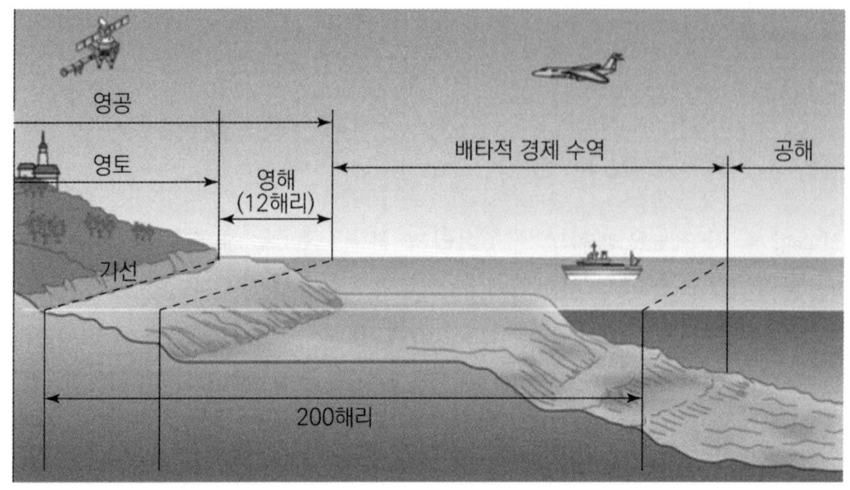

Ⅰ. 영해와 접속수역

1. 연안국의 주권

연안국의 주권은 영토, 내수 및 영해(상공, 해저 및 그 하부)에 미친다(UN해양법협약 제2조). 이 주권이 미치는 폭에 대해서 연안국은 기선으로부터 12해리를 넘지 않는 범위에서 결정할 수 있다(UN해양법협약 제3조). 내수는 영해를 측정하는 기선의 육지 쪽에 있는 수역으로 하천, 호수 등을 포함한다. 「UN해양법협약」에서는 그밖에 만(제10조), 직선기선의 내측 수역(제7조 3항), 항(港)(제11조), 군도수역(제50조) 등도 내수로 취급하고 있다. 일반적으로 내수에는 연안국의 주권이 미치며 외국선박의 무해통항권은 인정되지 않는다(제2조 1항, 제17조).[15)]

2. 통항의 의의(UN해양법협약 제18조)(21 간부)

통항이란 다음의 목적을 위하여 영해를 지나서 항행함을 말한다.

① 내수에 들어가지 아니하거나 내수 밖의 정박지나 항구시설에 기항하지 아니

15) 島田征夫 著, 최홍배 · 이성형공역(2010). 전게서, p. 179.

하고 영해를 횡단하는 것

② 내수를 향하여 또는 내수로부터 항진하거나 또는 이러한 정박지나 항구시설에 기항하는 것

통항은 계속적이고 신속하여야 한다. 다만, 정선이나 닻을 내리는 행위가 통상적인 항행에 부수되는 경우, 불가항력이나 조난으로 인하여 필요한 경우, 또는 위험하거나 조난상태에 있는 인명·선박 또는 항공기를 구조하기 위한 경우에는 통항에 포함된다.

3. 무해통항권(無害通航權)

연안국의 영해에 대한 권리가 주권 그 자체이긴 하지만 내수를 포함한 영토에 대해서는 인정되지 않는 중요한 제한이 일반관습법상 부과되어 있다. 선박의 무해통항권(right of innocent passage)이 바로 그것이다. 즉, 선박은 연안국의 사전허가나 연안국에 대한 사전통고 없이도 외국영해를 무해하게 통과할 권리를 향유한다.[16]

여기서 우선 제기되는 쟁점은 군함과 같이 비상업적·권력적 목적으로 운용되는 국가선박도 무해통항권을 향유하는가 하는 점이다. 종래 이 문제에 대한 국제관습법의 태도는 부정적이었던 것으로 보인다. 실제로 연안국의 태도는 이를 허용하는 국가와 부인하는 국가로 나뉘어 대립하고 있으며, 부인하는 국가는 사전허가를 요구하는 국가와 단지 사전통고만을 요구하는 국가로 구분된다.

무해통항과 관련하여 「1958년 영해협약」과 「UN해양법협약」의 태도는 다음과 같다. 1958년 영해협약은 잠수함(submarines)에 대하여, 「UN해양법협약」은 잠수항행무기(submarines and other underwater vehicles)에 대해서만 영해에서 물위로 떠올라 국기를 게양할 것을 조건으로 무해통항을 허용하고 있을 뿐,[17] 이 문제를 명시적으로 다루지 않아 '조약해석'의 문제로서 찬·반견해가 대립하고 있다. 이 두 협약에 군함(비상업용 정부선박 포함)의 무해통행권을 시사하는 여러 표현과 규정이 존재하는 것은 사실이지만,[18] 이 문제를 계속해서 논의의 대상으로 남아 있다.[19] 이 문제

---

16) UN해양법협약 제17조.

17) 1958년 영해협약 제14조 제6항, UN해양법협약 제20조.

18) 예컨대, 영해 무해통항을 '모든'선박들에게 적용되는 규칙으로 표현하고 있는 UN해양법협약 제2부 제3절 제1관의 제목, 제19조 2항, 제20조, 제22조 2항, 제23조, 제30조 등.

19) 이에 관하여 한국의 "**영해 및 접속수역법(제5조 제1항)**"은 "...외국의 군함 또는 비상업용정부선박이 영해를 통항하고자 할 때에는 대통령령이 정하는 바에 따라 관계당국에 사전통고하여야 한다"고 규정하고 있으며, 동법 시행령 제4조에서는 "외국의 군함 또는 비상업용 정부선박이 영해를 통항하고자 할 때에는 법 제5조 제1항 후단의 규정에 따라 그 통항 3일전까지

에 대한 해답이 무엇이든, 국제관습법상으로나 「1958년 영해협약」상 그리고 「UN해양법 협약」상 무해통항은 오로지 '선박(ships)'에 적용되는 개념임을 유의하여야 한다.[20]

'무해'라 함은 연안국의 평화, 공공질서 또는 안전을 해치지 아니하는 것을 말한다. 영해에서 다음의 어느 활동에 종사하는 외국선박의 통항은 연안국의 평화, 공공질서 또는 안전을 해치는 것으로 본다.[21]

(a) 연안국의 주권, 영토보전 또는 정치적 독립에 반하거나, 또는 UN헌장에 구현된 국제법의 원칙에 위반되는 그 밖의 방식에 의한 무력의 위협이나 무력의 행사,
(b) 무기를 사용하는 훈련이나 연습,
(c) 연안국의 국방이나 안전에 해가 되는 정보수집을 목적으로 하는 행위,
(d) 연안국의 국방이나 안전에 해로운 영향을 미칠 것을 목적으로 하는 선전행위,
(e) 항공기의 선상발진·착륙 또는 탑재,
(f) 군사기기의 선상발진·착륙 또는 탑재,
(g) 연안국의 관세·재정·출입국관리 또는 위생에 관한 법령에 위반되는 물품이나 통화를 싣고 내리는 행위 또는 사람의 승선이나 하선,
(h) 이 협약에 위배되는 고의적이고도 중대한(wilful and serious) 오염행위,
(i) 어로활동,
(j) 조사활동이나 측량활동의 수행,
(k) 연안국의 통신체계 또는 그 밖의 설비·시설물에 대한 방해를 목적으로 하는 행위,
(l) 통항과 직접 관련이 없는 그 밖의 활동.

4. 접속수역의 설정

접속수역은 연안국가가 관세부과, 재정, 방역과 이민법의 시행을 위해 배타적 권리를 갖게 되는 영해와 접속하거나, 그 바깥에 있는 해역이다. 연안국은 자국 영해에 접속하는 해역에서(기선으로부터 24해리 이내) 통관, 재정, 출입국관리, 위생상의

(공휴일은 제외한다) 외교통상부장관에게 다음 각호의 사항을 통고하여야 한다. 다만, 전기 선박이 통과하는 수역이 국제항행에 이용되는 해협으로서 동 수역에 공해대가 없을 경우에는 그러하지 아니하다.

20) 金大淳(2010). 國際法論, 三英社, p. 969.

21) UN해양법협약 제19조 제2항.

규칙위반(밀수, 밀입국, 전염병의 침입 등)을 방지하기 위해 관할권을 행사할 수 있다(UN해양법협약 제33조).

접속수역에서의 관계 당국의 권한으로 관계 당국은 다음 각 호의 목적에 필요한 범위에서 법령에서 정하는 바에 따라 그 직무권한을 행사할 수 있다(영해 및 접속수역법 제6조의 2).

① 대한민국의 영토 또는 영해에서 관세·재정·출입국관리 또는 보건·위생에 관한 대한민국의 법규를 위반하는 행위의 방지

② 대한민국의 영토 또는 영해에서 관세·재정·출입국관리 또는 보건·위생에 관한 대한민국의 법규를 위반한 행위의 제재

5. 「영해 및 접속수역법」상의 규정

1) 영해와 접속수역의 범위

(1) 영해의 범위(19 · 21 간부)

대한민국의 영해는 기선(基線)으로부터 측정하여 그 바깥쪽 12해리의 선까지에 이르는 수역(水域)으로 한다. 다만, 대통령령으로 정하는 바에 따라 일정수역의 경우에는 12해리 이내에서 영해의 범위를 따로 정할 수 있다(법 제1조).

영해의 폭을 측정하기 위한 통상의 기선은 대한민국이 공식적으로 인정한 대축척해도(大縮尺海圖)에 표시된 해안의 저조선(低潮線)으로 한다. 지리적 특수사정이 있는 수역의 경우에는 대통령령으로 정하는 기점(23개)을 연결하는 직선을 기선으로 할 수 있다(법 제2조).

직선을 기선으로 하는 수역과 그 기점: 영해 및 접속수역법 시행령 [별표 1](21 간부)

수역	지명
영일만	달만갑, 호미곶
울산만	화암추, 범월갑
남해안	1.5미이터암, 생도, 홍도, 간여암, 하백도, 거문도, 여서도, 장수도, 절명서
서해안	소흑산도, 소국흘도(소흑산도북서방), 홍도, 고서(홍도북서방), 횡도, 상왕등도, 직도, 어청도, 서격렬비도, 소령도

(2) 접속구역의 범위(19 · 21 간부)

대한민국의 접속수역은 기선으로부터 측정하여 그 바깥쪽 24해리의 선까지에 이

르는 수역에서 대한민국의 영해를 제외한 수역으로 한다. 다만, 대통령령으로 정하는 바에 따라 일정수역의 경우에는 기선으로부터 24해리 이내에서 접속수역의 범위를 따로 정할 수 있다(법 제3조의2).

2) 외국선박의 통항

외국선박은 대한민국의 평화·공공질서 또는 안전보장을 해치지 아니하는 범위에서 대한민국의 영해를 무해통항(無害通航)할 수 있다. 외국의 군함 또는 비상업용 정부선박이 영해를 통항하려는 경우에는 대통령령으로 정하는 바에 따라 관계 당국에 미리 알려야 한다(사전통고)(법 제5조 제1항). (18 3차 · 19 간부)

외국선박이 통항할 때 다음의 행위를 하는 경우에는 대한민국의 평화·공공질서 또는 안전보장을 해치는 것으로 본다. 다만, ②부터 ⑤까지, ⑪ 및 ⑬의 행위로서 관계 당국의 허가 · 승인 또는 동의를 받은 경우에는 그러하지 아니하다(법 제5조 제2항). (19 채용)

① 대한민국의 주권 · 영토보전 또는 독립에 대한 어떠한 힘의 위협이나 행사(行使), 그 밖에 국제연합헌장에 구현된 국제법원칙을 위반한 방법으로 하는 어떠한 힘의 위협이나 행사
② 무기를 사용하여 하는 훈련 또는 연습
③ 항공기의 이함(離艦) · 착함(着艦) 또는 탑재
④ 군사기기의 발진(發進) · 착함 또는 탑재
⑤ 잠수항행
⑥ 대한민국의 안전보장에 유해한 정보의 수집
⑦ 대한민국의 안전보장에 유해한 선전 · 선동
⑧ 대한민국의 관세 · 재정 · 출입국관리 또는 보건 · 위생에 관한 법규에 위반되는 물품이나 통화(通貨)의 양하(揚荷) · 적하(積荷) 또는 사람의 승선 · 하선
⑨ 대통령령으로 정하는 기준을 초과하는 오염물질의 배출
⑩ 어로(漁撈)(19 채용)
⑪ 조사 또는 측량
⑫ 대한민국 통신체제의 방해 또는 설비 및 시설물의 훼손
⑬ 통항과 직접 관련 없는 행위로서 대통령령으로 정하는 것

3) 무해통항의 일시정지

대한민국의 안전보장을 위하여 필요하다고 인정되는 경우에는 대통령령으로 정하는 바에 따라 일정수역을 정하여 외국선박의 무해통항을 일시적으로 정지시킬 수 있다(법 제5조 제3항).

영해내의 일정수역에 있어서 외국선박의 무해통항의 일시적 정지는 국방부장관이

행하되, 미리 국무회의의 심의를 거쳐 대통령의 승인을 얻어야 한다. 국방부장관이 대통령의 승인을 얻은 때에는 무해통항의 일시적 정지수역·정지기간 및 정지사유를 지체없이 고시하여야 한다(시행령 제7조).

4) 위반선박의 정선

외국선박(외국의 군함 및 비상업용 정부선박을 제외한다)이 무해통항(제5조)의 규정을 위반한 혐의가 있다고 인정되는 때에는 관계당국은 정선·검색·나포 기타 필요한 명령이나 조치를 할 수 있다(법 제6조).

6. 동서해 특정해역(안보수역)

우리나라는 접속수역 외에도 안보목적을 위한 수역을 설정했다. 동·서해 어로보호를 위한 특정해역이 바로 그 것이다. 이 해역의 설정은 북한과의 계속적인 군사적 대치상태를 반영한 것으로 1972년에 시행된 「선박안전조업규칙」에 의해 설정되었고, 이러한 「선박안전조업규칙」이 법률적인 체계를 갖추어 「어선안전조업법」이 2020년 시행되었다. 이 해역은 북한에 대한 우리나라 영해의 외측경계 북단인 북방한계선에 접하는 구역, 즉 동해 및 서해의 특정해역이다.

이 수역설정의 가장 큰 목적은 우리나라의 어선들이 북한에 의해 피랍되는 것을 막기 위해서였다. 또 부분적으로는 북한의 무장간첩들이 우리나라 영토로 해상침투하는 것을 막으려는 의도에서도 만들어진 것이다. 이런 목적으로 만들어진 수역은 안보수역이라 칭해지기도 했다.

해양수산부장관은 어선의 안전한 조업과 항행을 위하여 필요한 경우 관계 중앙행정기관의 장과 협의를 거쳐 특정해역에서의 어업별 조업구역 및 기간 등을 제한할 수 있다(어선안전조업법 제13조 제1항).

해양경찰청장은 특정해역의 조업보호에 관한 다음의 사무를 처리하기 위하여 해양경찰관서에 조업보호본부를 설치·운영할 수 있다(어선안전조업법 제18조 제1항). 이 근거에 따라 속초해양경찰서 및 인천해양경찰서에 각각 동해조업보호본부 및 서해조업보호본부를 설치하고 있다.

① 조업보호를 위한 경비 및 단속
② 어선의 출입항 및 출어등록의 현황 파악과 출어선(出漁船)의 동태 파악
③ 해양사고 구조
④ 조업을 하는 자의 위법행위의 적발·처리 및 관계 기관 통보
⑤ 특정해역에 출입하는 어획물운반선의 통제

Ⅱ. 배타적 경제수역

1. 배타적 경제수역 제도의 의의

배타적 경제수역이란 영해에 접속된 특정수역으로서 연안국이 당해 수역의 상부수역·해저 및 하층토에 있는 천연자원의 탐사·개발 및 보존에 관한 주권적 권리와 당해 수역에서의 인공도·시설의 설치·사용 및 보존에 관한 주권적 권리와 해양환경의 보호·보존 및 과학적 조사의 규제에 대한 배타적 관할권을 행사하는 수역을 말한다. 배타적 경제수역은 영해를 200해리까지 연장하려는 연안 국가와 이를 저지하려는 해양국가간의 타협에서 생겼다.

종래 국제법상 공해어업 자유의 인정으로 각국은 자유로이 공해에서 어업을 할 수 있었고 예외적으로 관계국간의 협정에 의해 제한될 뿐이었다. 그러나 제2차 세계대전 이후 어업기술의 급속한 발달로 인한 남획으로 공해의 어족 자원이 격감하여 종국적으로는 인접 연안국 영해 내의 어족자원도 고갈될 우려가 있고, 연안국이 어족자원을 효과적으로 보존하기 위해 일방적 선언 또는 조약으로 근해에 대한 어업관할권을 주장하게 되었으며, 이 주장이 1958년 제1차 해양법회의에서 보존수역제도로 확립되었다. 그 후 1960년대에 독립한 신생국들은 보존수역제도에 만족하지 않고 어업 자원을 포함한 모든 천연자원에 대해 보다 강력한 경제적 주권 내지 관할권을 행사해야 한다고 함으로써 배타적 경제수역 제도가 탄생하게 되었다.

2. 연안국의 주권적 권리

「UN해양법협약」은 연안국의 주권적 관리를 다음과 같이 규정하고 있다. 연안국은 해저, 그 하부 또는 상부수역의 천연자원을 탐사·개발하고, 보존·관리하기 위한 주권적 권리를 가진다(제56조 1항 a). 연안국은 동 수역내의 생물자원의 총어획가능량을 결정하고, 그것을 어획할 능력이 없을 때에는 잉여분에 대해 다른 국가의 어획을 인정해야 한다(제61조 제1항, 제62조 제2항).[22]

연안국은 동 수역에서 어업 이외의 경제적 개발을 위하여 주권적 권리, 인공섬, 시설의 설치와 이용, 해양과학조사, 해양환경의 보호 등에 관한 관할권을 가진다(제56조 제1항 a·b). 그 뿐만 아니라 동 수역과 대륙붕상에서의 해양과학조사는 연안국

22) 島田征夫 著, 최홍배·이성형 공역(2010). 전게서, p. 184.

의 동의를 요한다(제246조 제2항).[23]

3. 배타적 경제수역 및 대륙붕에 관한 법률

1) 의의

우리나라가 「유엔해양법협약」을 비준(1996. 1. 29.)함에 따라 1996. 2. 28. 발효됨으로써 동 협정에 규정되어 있는 배타적 경제수역 제도를 실시함에 있어 그 범위를 설정하고, 이 수역에서 우리나라의 배타적 권리와 외국인에게 허용되는 해양이용에 관한 자유 등을 정함으로써 국제적으로 중요성이 증대되고 있는 새로운 해양질서에 적극 동참함에 그 목적이 있다.

2) 범위 및 한계

대한민국의 배타적 경제수역 범위는 영해기선으로부터 200해리까지이며 대한민국과 대항하거나 인접하고 있는 국가와의 경계획정은 국제법을 기초로 관계국과의 합의에 의하여 획정하여야 한다. 따라서 배타적 경제수역의 실제적인 범위는 200해리에서 영해 범위 12해리를 제외한 188해리이며, 우리나라의 기선으로부터 400해리가 되지 않는 중국이나 일본과의 직선기선은 상호협의에 의하여 결정해야 한다. (19 · 22 간부)

3) 배타적 경제수역에 있어서의 권리(19 간부)

대한민국은 협약에 따라 배타적 경제수역에서 다음의 권리를 가진다(배타적 경제수역 및 대륙붕에 관한 법률 제3조 제1항)

① 주권적 권리: 해저의 상부 수역, 해저 및 그 하층토(下層土)에 있는 생물이나 무생물 등 천연자원의 탐사 · 개발 · 보존 및 관리를 목적으로 하는 주권적 권리와 해수(海水), 해류 및 해풍(海風)을 이용한 에너지생산 등 경제적 개발 및 탐사를 위한 그 밖의 활동에 관한 주권적 권리(22 간부)
② 다음 각 목의 사항에 관하여 협약에 규정된 관할권
　㉠ 인공섬 · 시설 및 구조물의 설치 · 사용
　㉡ 해양과학 조사
　㉢ 해양환경의 보호 및 보전
③ 협약에 규정된 그 밖의 권리

---

23) 상게서.

4) 외국 및 외국인의 권리 및 의무

외국 또는 외국인은 협약의 관련 규정에 따를 것을 조건으로 대한민국의 배타적 경제수역과 대륙붕에서 항행(航行) 또는 상공 비행의 자유, 해저 전선(電線) 또는 관선(管線) 부설의 자유 및 그 자유와 관련되는 것으로서 국제적으로 적법한 그 밖의 해양 이용에 관한 자유를 누린다(배타적 경제수역 및 대륙붕에 관한 법률 제4조 제1항).

외국 또는 외국인은 대한민국의 배타적 경제수역과 대륙붕에서 권리를 행사하고 의무를 이행할 때에는 대한민국의 권리와 의무를 적절히 고려하고 대한민국의 법령을 준수하여야 한다(배타적 경제수역 및 대륙붕에 관한 법률 제4조 제2항). (22 간부)

5) 대한민국의 권리행사

대한민국은 배타적 경제수역에서 법령 시행권을 가지며, 대한민국과 관계국간의 별도의 합의가 없는 한 대한민국의 권리행사는 중간선까지만 미친다. (22 간부) 그리고 배타적 경제수역에서 대한민국의 권리를 침해하거나 법령을 위반한 혐의가 있다고 인정된 자에 대하여 추적권의 행사, 정선, 승선, 나포, 검색 및 사법절차를 포함하여 필요한 절차를 취하여야 한다.

Ⅲ. 대륙붕

1. 대륙붕의 개념

1) 지질학적 의의

원래 대륙붕은 대륙에 인접한 완만한 경사의 해저지단으로서 대체로 수심 200미터 지점까지 계속된다. 일반적으로 수심 200미터 지점을 넘어서면 갑자기 급경사를 이루어 깊은 바다에 연결된다. 이 급경사를 대륙사면이라 한다. 이러한 대륙붕은 지역에 따라 그 형태가 매우 다양하다.

2) 대륙붕의 역사

대륙붕 문제가 국제사회에 부각된 것은 1945년 미국의 트루먼 대통령이 미국 대륙붕자원에 대하여 미국이 관할권과 통제권을 가진다고 일방적으로 선언한데서 유래된다. 트루먼 선언은 자원관할권을 주장한 것이지 항해자유의 저촉이나 주권개념을 포함하지 않았다. 많은 국가들이 이 선례에 좇아 대륙붕선언을 함에 따라 이 분야의 관습법이 형성된 것이다.

연안국은 대륙붕의 생물 및 광물자원에 대한 관할권을 가질 뿐이며, 그 바다위의 항해자유를 저촉하는 것이 아니다. 또한 대륙붕의 한계획정은 합의에 의해야 하고 형평에 입각하여야 한다.

3) 경제수역의 등장과 대륙붕의 의의

대륙붕의 법적체제가 1958년 제네바협약에 의하여 성문화되고 어느 정도 확립되어 가는 시기에 경제수역이라는 새로운 개념이 등장하였다. 이 경제수역은 해저와 그 상부수역을 통합한 보다 광범위하고 강력한 관할권을 인정한 것으로, 경제수역과 대륙붕이 겹치는 수역에서는 대륙붕이 아무런 의미도 없다.

2. 대륙붕의 법적 의의

1) 1958년 제네바협약

1958년 대륙붕에 관한 제네바협약 12조에 의하면 대륙붕이란 연안에 인접한 영해 밖 수역의 해저 및 지하로서 상부 수심이 200m까지의 지점, 또는 이 한계를 넘어서라도 그 수심이 자원개발을 가능하게 하는 지점까지의 지역을 말하며 여기에는 섬의 연안에 인접한 동일한 수역의 해저 및 그 지하도 포함된다.

<그림 2> 대륙붕의 개념도

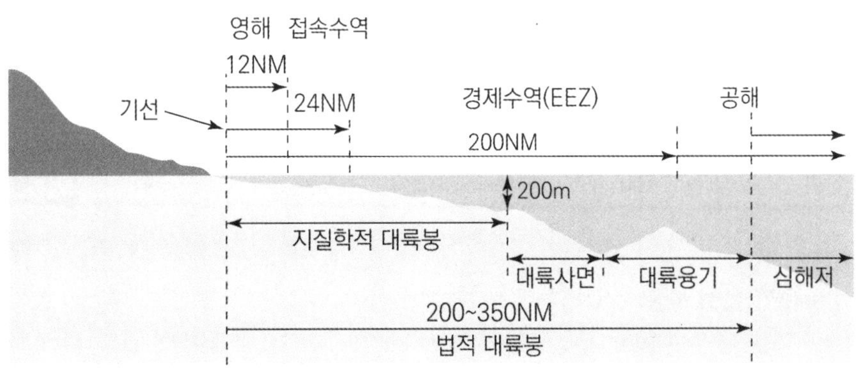

2) 1982년 유엔해양법 협약

1982년 「유엔해양법협약」 76조에 의하면 연안국의 대륙붕은 영해를 넘어 대륙변계의 외측에 이르는 그 국가의 영토의 자연적 연장인 물에 잠긴 영역의 해저 및 그 지하이다.

3. 대륙붕의 한계 획정

1) 200해리 이내인 경우

대륙붕의 외측 한계설정에 있어서 기준이 되는 대륙변계의 외측이 영해기준선으로부터 200해리 이내에 위치한 경우에는 200해리까지 설정할 수 있다. 200해리까지는 아무런 조건 없이 대륙붕의 한계를 설정할 수 있다는 것이다.

2) 200해리를 초과하는 경우

대륙변계의 외측이 200해리를 초과하는 경우에는 복잡한 두 가지 조건 내지는 기준에 따라야 한다.

첫째, 350해리를 초과하지 않거나 또는 2,500m 등심선으로부터 100해리를 초과하지 못한다.

둘째, 대륙사면 하단에서 60해리까지 설정하거나 대륙붕의 외측 한계점의 퇴적암의 두께를 대륙붕 외측 한계점으로부터 대륙사면까지의 최대거리로 나눈 값이 1/100보다 크지 않도록 설정해야 한다.

3) 대륙붕 한계위원회

영해기선으로부터 200해리를 넘어서 대륙붕의 외측한계를 설정하려는 연안국은 1982년 「해양법협약 부속서 Ⅱ」에 의하여 설치하는 대륙붕 한계위원회에 정보를 제공한다. 대륙붕한계위원회는 이를 검토한 다음 대륙붕 외측한계를 설정하면 이 외측한계는 확정되고 제3자에 대하여 대항할 수 있다.

4. 대륙붕의 법적체제

1) 자원관할권

대륙붕은 그 수역의 해저 및 지하에 있는 자원에 대한 관할권을 본질적 내용으로 한다. 좀더 구체적으로 말해서 자원관할권은 대륙붕 수역의 해저 및 그 지하에 있는 모든 생물자원의 탐사·개발·이용권을 의미하며 생물자원에 관하여는 대륙붕 수역 해저에 정착하고 있는 정착성 생물자원(sjedentary species)에 국한된다. 정착성 생물자원이란 해저에 부착되어 있거나 묻혀있는 유기체로서 이동할 수 없는 것, 또는 해저 및 그 지하와 끊임없는 물리적 접촉을 통하여야만 이동이 가능한 것이다.

2) 해양의 자유

연안국의 자원관할권은 해저 및 그 지하에만 미치기 때문에 상부수역, 바다 위, 상공에는 공해의 법적체제에 적용된다. 「1958년 제네바협약」 제5조는 대륙붕의 탐사 및 이용은 정당화할 수 없는 방법으로 항해, 어업 및 생물자원보존, 해양연구조사를 방해해서는 안 된다고 규정하고 있다.

3) 1971년 Moscow조약

연안국의 권한에도 몇 가지 주요한 제한이 추가된다. 우선 1971. 2. 10. 해저 비핵화에 관한 1971년 Moscow조약은 핵무기 및 대량파괴무기를 대륙붕에 설치할 수 없도록 규정하고 있다.

Ⅳ. 공해

1. 공해의 개념

1) 공해의 정의

공해란 어느 특정국가의 관할권에 속하지 않는 바다 부분을 의미한다. 1982년 「UN해양법협약」 제86조도 이 점을 인정하여 공해규정은 배타적 경제수역, 영해,

국내수역, 군도수역이 아닌 바다 부분에 적용된다고 하여, 소극적인 방식에 의하여 공해를 정의하고 있다. 여기서 공해라 함은 해저는 포함하지 않고 상부수역 및 바다 위를 의미하는 것이다. 공해 밑에 있는 해저는 심해저라는 별도의 법적 체제를 형성한다.

2) 공해의 법적 성격

공해의 법적 성격은 어느 특정국가의 전속적 권한행사의 대상이 아니라 모든 국가가 다같이 공동으로 사용하는데 있다. 무주물이 아니라 특수한 형태의 공동소유물이라 할 수 있다. 즉 국제공동체가 공동으로 소유하고 이용하며, 국제질서에 직접적으로 귀속되는 국제공역이라 할 수 있다. 그리고 공동소유라고는 하지만 지분이 인정되지 않는 단체적 성격이 매우 강한 형태라고 해야 한다.

2. 공해자유의 원칙

1) 공해자유의 의의

공해자유란 어떤 특정 국가가 이 수역의 일부나 전부를 배타적으로 이용하거나 또는 독점적 권한을 행사하는 것을 배제하고 국제적 규정에 따라 모든 국가의 국민이 자유롭게 이용할 수 있도록 개방되었다는 의미이다.

구체적 내용은 항해의 자유, 비행의 자유, 해저 케이블 및 파이프라인 설치의 자유, 인공 섬 기타 국제법에서 허용한 설치물 건설의 자유, 어업의 자유, 과학조사의 자유 등이다.

2) 공해자유의 제한

(1) 공해영역의 축소

공해자유의 원칙은 매우 오래된 전통적 원칙이지만 오늘날 여러 가지로 제한되고 있다. 우선 양적인 면에서 보면 영해가 확장되고 접속수역·경제수역·군도수역·대륙붕 등 각종 관할권의 수역이 인정됨으로써 상대적으로 공해자유의 적용영역이 크게 축소되고 있다.

(2) 공해자유의 질적 축소

공해자유는 질적인 면에서도 상당히 축소되고 있다. 우선 공해자유의 원칙은 평화적 목적이어야 하며, 군사적 목적의 위험한 사용은 제한된다. 그리고 환경보호의 목적에서도 점점 규제조치가 강화될 것이 예상되고, 심해저 개발과 관련하여 국제심해저기구의 권한행사를 저해할 수 없다.

또한 과학적 조사, 케이블 및 파이프라인 설치도 개인적·집단적 독점화를 내용으로 하는 것은 허용하지 않는다. 항해분야에서도 해상교통이 급증함에 따라 미리 예방적 조치가 취해지고 있으며, 선장도 마음대로 항로를 선택할 수 없다. 선박충돌의 위험이 따르기 때문이다.

3. 공해상 선박에 대한 국기 국가의 관할권

1) 국기 국가 관할권의 의의

공해상 선박에 대하여는 국기 국가가 배타적 관할권을 행사한다는 것이 전통적으로 확립된 원칙이다. 「1958년 공해에 관한 제네바협약」 제6조도 이 점을 인정하고 있으며, 1982년 「UN해양법협약」 92조도 같은 내용의 규정을 하고 있다. 이 규정을 적용함으로써 선박 내에서 질서유지를 위한 사법권, 경찰권, 기타 행정권 행사에 통일을 기할 수 있다.

2) 국기 국가 관할권의 행사범위

(1) 공용선박

공용선박에 있어서는 국기 국가의 배타적 관할권이 철저하게 적용된다. 1982년 「UN해양법협약」 제95조－제96조도 이러한 배타적 관할권을 인정하며, 다른 어떤 나라의 관할권으로부터도 면제된다고 규정하고 있다. 그러나 이런 철저한 면제권에 대하여는 집단적 규율준수를 내용으로 하는 적절한 조약, 특히 공해방지조약의 적용과 관련하여 점차 문제가 제기되고 있다.

(2) 사용선박

사용선박에 관하여도 국기 국가의 배타적 관할권이 원칙적으로 인정된다. 실제로 국기 국가의 배타적 관할권이 중요한 의미를 갖는 것은 이러한 사용선박에 관련되기 때문이다. 만일 동일한 선박 안에 있는 수많은 사람들에게 각각 그 국적에 따라 다른 법을 적용하게 되면 극도로 복잡한 혼란이 생길 것이다. 그러므로 이러한 문제점을 해결하기 위하여 국기 국가의 법질서만 통일적으로 적용하는 것이다.

4. 공해상의 각종 경찰권

1) 공해 경찰권의 일반개념

공해의 질서유지를 위한 경찰권행사는 필요한 것이지만 공해가 어느 특정 국가의 배타적 관할권에 종속되지 않기 때문에 국제법은 원칙적으로 모든 국가에 대하여 이 권한 행사를 위임하여 각각 이 규칙을 설정하여 유지하도록 하였다. 다만 제도적 통일을 이룩하기 위하여 관계 국제기구의 주관아래 이 방면의 다자조약을 제정하여가는 경향이 강화된다. 이러한 공해상의 규칙을 위반하였거나 위반한 충분한 혐의가 있는 선박에 대하여는 검문·방문탐색·강제우회를 시킬 수 있고, 위반이 확증되면 제재를 가하도록 하는 것이 법 공동체의 논리상 당연한 것이다.

2) 일반 경찰권의 행사

(1) 일반 경찰권행사의 의의

공해에서 행사되는 일반 경찰권행사란 공해상의 질서유지를 위하여 경찰권을 실현하는 일반적 절차행사를 의미한다. 전통적으로 논의되고 있는 이러한 절차행위에는 검문권·방문수색권·나포권 등이 있다.

(2) 검문권

검문권이란 군함이 일정한 범죄의 혐의가 뚜렷한 사용선박에 대하여 그 선박서류를 조사함으로써 그 선박의 정체 내지 신분을 밝혀내는 것이다. 1982년 「UN해양법협약」 제110조는 해적행위·노예매매·불법 라디오방송·선박의 국적이 없는 것·국기를 허위로 게양한 것 등의 혐의가 있을 때 검문권을 행사할 수 있도록 규정하고, 혐의가 없는 것이 밝혀지면 손해에 대한 보상을 하도록 하고 있다.

(3) 방문수색권

방문수색권이란 군함이 일정한 범죄의 혐의가 뚜렷한 사용선박의 범죄여부를 밝히기 위하여 사용선박 내부 및 선적화물을 조사하는 것이다.

(4) 나포권

군함이 범죄의 혐의가 있는 사용선박을 검문하거나 방문수색한 결과 해적·노예매매 등 명시된 불법행위를 범하였음이 밝혀진 때에는 그 범죄선박을 나포하여 강제로 인근 항구나 적절한 항구로 끌어다가 적절한 처벌 내지 제재를 가하게 된다.

3) 해적 및 노예매매의 처벌

모든 국가의 군함은 해적이나 노예매매의 의심이 가는 선박을 통제하고 검문하며 방문수색하고, 범죄가 확증되면 나포할 수 있다. 나포한 국가는 이런 범죄자들을 형사소추할 수 있다.

4) 통신에 관한 경찰권

1982년 「UN해양법협약」 제109조는 공해상의 불법방송에 대한 처벌권을 광범위하게 인정하고 있다. 우선 방송시설이 선박에 설치된 경우에는 국기 국가가 처벌할 수 있음은 물론, 그 설치물의 등록국가들도 처벌권을 갖는다. 그 범인의 국적국가, 그 송신을 청취할 수 있는 국가도 모두 처벌을 받는다.

5) 추적권

추적권이란 외국선박이 연안국의 법규를 위반하고 도주하는 경우 연안국의 군함이 그 관할수역에서 추적을 시작한 경우에는 공해에서도 계속하여 심문 나포하여 강제로 데려올 수 있는 권한을 말한다. 다만 추적은 중단되지 않고 계속되어야 하고, 도주선박이 소속국가나 제3국의 영해로 들어간 경우에는 중단하여야 한다. 해역별 외국에 인정된 권리는 아래의 표와 같다.

<표 1> 외국에 인정된 권리

권 리	내 수	영 해	배타적 경제수역	공 해
무해통항권	X	○	-	-
항행의 자유	X	X	○*	○
상공비행의자유	X	X	○*	○
해저전선 · 파이프라인 부설의 자유	X	X	○*	○
어획의 자유	X	X	X	○
해양과학조사의 자유	X	X	X	○
해양구축물 설치의 자유	X	X	X	○

* 단, 연안국의 권리와 의무는 타당하게 고려되어야 한다.

V. 중국과 일본과의 어업협정

동북아의 배타적 경제수역의 해양경계는 획정되지 않았다. 한·중·일은 어업분야만 협의하여 자국의 어민들이 조업을 하고 있다.

<그림 3> 2001년 한 · 중 어업협정(좌) · 1999년 한 · 일 어업협정(우)

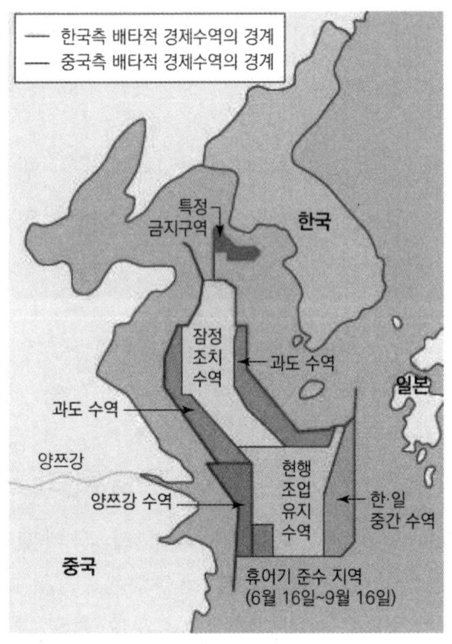

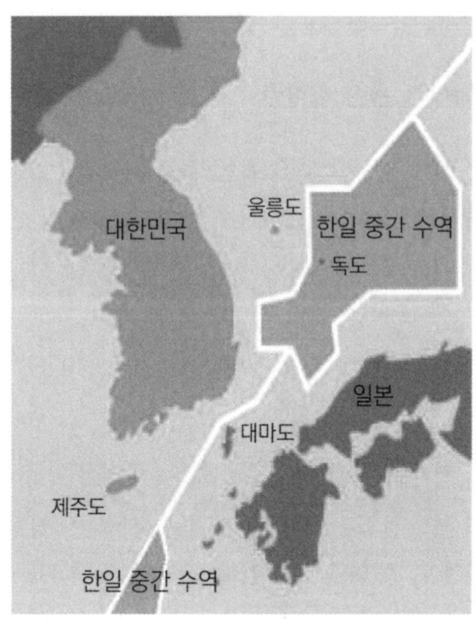

1. 한 · 중 어업협정(2001년)

2000년 8월 3일 한·중 어업협정을 체결했고 2001년 6월 30일 협정이 발효되었다. 잠정조치수역은 양국이 공동관리하는 수역으로 신고 없이 자유롭게 조업할 수 있는 수역이고, 과도수역은 어업협정으로 인한 충격을 완화하기 위해 4년 동안 잠정조치수역처럼 자유롭게 조업할 수 있는 수역이다. 이후 <그림 2>의 왼쪽은 중국 배타적 경제수역으로, 오른쪽은 한국 배타적 경제수역으로 편입되었다. 현행 조업유지구역은 협정과 관계없이 조업을 할 수 있는 수역이고, 양쯔강 수역은 2003년 6월 30일까지 우리나라 어선이 조업할 수 있고 그 이후부터는 중국측 수역이다. 특정금지구역은 다른 나라 어선의 조업을 금지한 수역으로 「어선안전조업법」상의 서해 5도 구역(NLL)이다.

2. 한 · 일 어업협정(1999년)

우리나라는 일본과 1965년 한·일 어업협정을 맺었고, 그 이후 1998년 11월 2차 어업협정을 맺고, 1999년 1월 22일부터 발효되었다. 주요내용은 배타적 경제수역 사이에 중간수역을 두어 양국 모두 어업을 할 수 있도록 했다. 독도가 한일 중간수역에 포함되었고, 우리나라는 독도 영해 12해리를 주장했지만 일본과 합의되지 않았고, 일본에서는 중간수역에 자신들의 어장이라고 하던 대화퇴(大和堆)의 절반 가량이 들어갔다고 강력히 반대했었다.

〈그림 4〉 한 · 중 · 일 어업협정의 결과

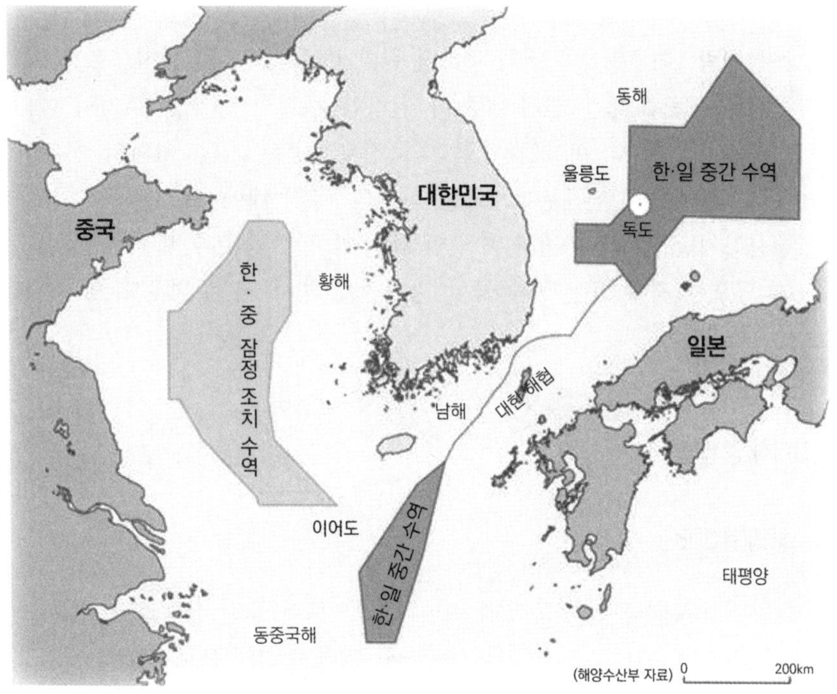

Ⅵ. 형사관할권

1. 기국(flag state, UN해양법협약)(19 간부)

선박이 소속하는 국가를 말하고, 선적국(船籍國)이라고도 한다. 모든 국가는 자국을 기국으로 하는 선박을 공해에서 항행시킬 권리를 가지고 있다(UN 해양법협약 제90조). 선박에 대한 국적의 부여, 선박의 등록 및 자국의 국기를 게양할 권리에 관한 조건은 각국이 정할 수 있지만, 편의치적선(便宜置籍船)의 남용방지를 위해 기국과 해당 선박간에는 진정한 관계(진정한 결합)가 있어야 한다(UN해양법협약 제91조 제1항).

공해상의 선박 · 승무원은 기국의 배타적 관할권에 따를 것을 원칙으로 하지만(기국주의[24]), 해적행위 등에 대한 임검(臨檢)의 권리와 추적권 등 기국주의의 예외가 인정되고 있다. 단, 군함 및 비상업무 목적의 정부선박은 기국 이외의 어떠한 국가의 관할권에서도 완전하게 면제된다. 또한 타국의 영해 내에서도 기국이 형사 · 민사재판권을 행사하지만, 범죄의 결과가 연안국에 미치는 경우나 마약의 불법거래의 방지를 위해 필요한 경우 등은 연안국이 관할권을 행사 하는 경우도 있다(UN해양법협약 제27조 · 28조).

2. 군함(UN해양법협약)

1) 군함의 정의(제29조)

군함이란 어느 한 국가의 군대에 속한 선박으로서, 그 국가의 국적을 구별할 수 있는 외부표지가 있으며, 그 국가의 정부에 의하여 정식으로 임명되고 그 성명이 그 국가의 적절한 군적부나 이와 동등한 명부에 등재되어 있는 장교의 지휘 아래 있으며 정규군 군율에 따르는 승무원이 배치된 선박을 말한다.

---

24) **기국주의(旗國主義)**: 선박이나 항공기는 국적을 가진 국가의 국기를 게양하도록 하고, 그 기국법(旗國法)에 따라 선박이나 항공기에 대한 관할권을 결정하는 원칙을 말한다. 기국주의는 법의 효력에 대한 속지주의(屬地主義)의 특수한 경우라고 할 수 있다(네이버 지식백과).

2) 군함의 연안국 법령위반(제30조)

군함이 영해통항에 관한 연안국의 법령을 준수하지 아니하고 그 군함에 대한 연안국의 법령준수 요구를 무시하는 경우, 연안국은 그 군함에 대하여 영해에서 즉시 퇴거할 것을 요구할 수 있다.

3) 군함이나 그 밖의 비상업용 정부선박에 의한 손해에 대한 기국의 책임(제31조)

기국은 군함이나 그 밖의 비상업용 정부선박이 영해통항에 관한 연안국의 법령 또는 이 협약이나 그 밖의 국제법규칙을 준수하지 아니함으로써 연안국에게 입힌 어떠한 손실이나 손해에 대하여도 국제책임을 진다.

4) 공해의 군함(제95조)

공해에 있는 군함과 비상업용 선박은 기국외의 어떠한 국가의 관할권으로부터도 완전히 면제된다.

「UN 해양법 협약」 제95조와 제96조: 군함과 비상업용 선박의 관할권 면제
① 공해에 있는 군함은 기국외의 어떠한 국가의 관할권으로부터도 완전히 면제된다.
② 국가가 소유하거나 운용하는 선박으로서 정부의 비상업적 업무에만 사용되는 선박은 공해에서 기국외에 어떠한 국가의 관할권으로부터도 완전히 면제된다.(19 채용)

3. 임검권(제110조)

UN해양법협약 제95조(공해상 군함의 면제)와 제96조(정부의 비상업적 업무에만 사용되는 선박의 면제)에 따라 완전한 면제를 가지는 선박을 제외한 외국선박을 공해에서 만난 군함은 다음과 같은 혐의를 가지고 있다는 합리적 근거가 없는 한 그 선박을 임검하는 것은 정당화되지 아니한다. 다만, 간섭행위가 조약에 따라 부여된 권한에 의한 경우는 제외한다.

① 그 선박의 해적행위에의 종사
② 그 선박의 노예거래에의 종사
③ 그 선박의 무허가방송에의 종사 및 군함 기국이 제109조에 따른 관할권 보유
④ 무국적선
⑤ 선박이 외국기를 게양하고 있거나 국기제시를 거절하였음에도 불구하고 실질적으로 군함과 같은 국적 보유

혐의가 근거없는 것으로 밝혀지고 또한 임검을 받은 선박이 그 혐의를 입증할 어떠한 행위도 행하지 아니한 경우에는 그 선박이 입은 모든 손실이나 피해에 대하여 보상을 받는다.

4. 추적권(제111조)(19 3차)

1) 시작과 계속

외국선박에 대한 추적은 연안국의 권한있는 당국이 그 선박이 자국의 법령을 위반한 것으로 믿을 만한 충분한 이유가 있을 때 행사할 수 있다. 이러한 추적은 외국선박이나 그 선박의 보조선이 추적국의 내수·군도수역·영해 또는 접속수역에 있을 때 시작되고 또한 추적이 중단되지 아니한 경우에 한하여 영해나 접속수역 밖으로 계속될 수 있다.(19 채용)

영해나 접속수역에 있는 외국선박이 정선명령을 받았을 때 정선명령을 한 선박은 반드시 영해나 접속수역에 있어야 할 필요는 없다. 외국선박이 접속수역에 있을 경우 추적은 그 수역을 설정함으로써 보호하려는 권리가 침해되는 경우에 한하여 행할 수 있다.

2) 연안국의 법령위반

추적권은 배타적 경제수역이나 대륙붕(대륙붕시설 주변의 안전수역 포함)에서 이 협약에 따라 배타적 경제수역이나 대륙붕(이러한 안전수역 포함)에 적용될 수 있는 연안국의 법령을 위반한 경우에 준용한다.

3) 소멸

추적권은 추적당하는 선박이 그 국적국 또는 제3국의 영해에 들어감과 동시에 소멸한다.(19 채용)

4) 손해배상

추적권의 행사가 정당화되지 아니하는 상황에서 선박이 영해 밖에서 정지되거나 나포된 경우, 그 선박은 이로 인하여 받은 모든 손실이나 피해를 보상받는다.

5. 해상에서의 범죄

1) UN해양법협약 제27조

연안국의 형사관할권은 오직 다음의 경우를 제외하고는 영해를 통항하고 있는 외국선박의 선박 내에서 통항중에 발생한 어떠한 범죄와 관련하여 사람을 체포하거나 수사를 수행하기 위하여 그 선박 내에서 행사될 수 없다.(22 간부)

① 범죄의 결과가 연안국에 미치는 경우
② 범죄가 연안국의 평화나 영해의 공공질서를 교란하는 종류인 경우
③ 그 선박의 선장이나 기국의 외교관 또는 영사가 현지 당국에 지원을 요청한 경우
④ 마약이나 향정신성물질의 불법거래를 진압하기 위하여 필요한 경우

제12부에 규정된 경우나 제5부에 따라 제정된 법령위반의 경우를 제외하고는, 연안국은 외국선박이 외국의 항구로부터 내수에 들어오지 아니하고 단순히 영해를 통과하는 경우, 그 선박이 영해에 들어오기 전에 발생한 범죄와 관련하여 사람을 체포하거나 수사를 하기 위하여 영해를 통항중인 외국선박 내에서 어떠한 조치도 취할 수 없다.

2) 외국 선박 내의 범죄(해양경찰청 범죄수사규칙 제188조)

경찰관은 대한민국의 영해에 있는 외국 선박 내에서 발생한 범죄로써 다음의 어느 하나에 해당할 때에는 수사를 해야 한다.

① 대한민국 육상이나 항내의 안전을 해할 때
② 승무원 이외의 사람이나 대한민국의 국민에 관계가 있을 때
③ 중대한 범죄가 발생하였을 때

6. 항행사고(UN해양법협약 제97조)

공해에서 발생한 선박의 충돌 또는 선박에 관련된 그 밖의 항행사고로 인하여 선장 또는 그 선박에서 근무하는 그 밖의 사람의 형사책임이나 징계책임이 발생하는 경우, 관련자에 대한 형사 또는 징계 절차는 그 선박의 기국이나 그 관련자의 국적국의 사법 또는 행정당국 외에서는 제기될 수 없다.

징계문제와 관련, 선장증명서, 자격증 또는 면허증을 발급한 국가만이 적법절차

를 거친 후, 이러한 증명서의 소지자가 자국국민이 아니더라도, 이러한 증명서를 무효화할 권한이 있다.

선박의 나포나 억류는 비록 조사를 위한 조치이더라도 기국이 아닌 국가의 당국은 이를 명령할 수 없다.

SECTION

03 해양행정기관

Ⅰ. 해양수산부

1948년 「정부조직법」 제정에 따라 교통부의 해운국과 상공부의 수산국에서 출발한 해양수산업무는 1996년 장관급 기관인 해양수산부가 되었다. 2008년 이명박 정부 때에는 해양업무는 국토해양부로 수산업무는 농림수산식품부로 분산되었으나 2013년 박근혜 정부 시기에 해양수산부로 부활되어 2022년 현재까지 이어지고 있다.

해양에서의 경찰 및 오염방제에 관한 사무를 관장하기 위하여 해양수산부장관 소속으로 해양경찰청을 두고 있고, 해양경찰행정에 관한 사항을 심의·의결하기 위하여 해양수산부에 해양경찰위원회를 설치하고 있다. 해양경찰청은 장관급 기관이 아니기 때문에 부령(시행규칙)을 제정할 수 없고 해양수산부령을 통하여 제정하고 있다.

해양수산부장관은 총톤수 10톤 이상의 동력어선 어업허가(수산업법 제41조), 어선안전조업기본계획의 수립(어선안전조업법 제7조), 항만법, 항만운송사업법, 선박법, 선박직원법, 선원법 등 다양한 법령에서 규정하고 있는 해양·수산분야의 각종의 인·허가에 관한 권한을 가지고 있다. 해양경찰이 집행하는 법령의 대부분이 해양수산부 소관 법령이므로 해양경찰청과 해양수산부는 밀접한 관련성을 가지고 있다.

1. 조직

해양수산부장관은 해양정책, 수산, 어촌개발 및 수산물 유통, 해운·항만, 해양환경, 해양조사, 해양수산자원개발, 해양과학기술연구·개발 및 해양안전심판에 관한 사무를 관장하고, 해양에서의 경찰 및 오염방제에 관한 사무를 관장하기 위하여 해양수산부장관 소속으로 해양경찰청을 둔다. 해양경찰청에 청장 1명과 차장 1명을 두되, 청장 및 차장은 경찰공무원으로 보한다(정부조직법 제43조).

해양수산부장관의 관장사무를 지원하기 위하여 해양수산부장관 소속으로 국립수산물품질관리원·국립해양조사원·어업관리단 및 국립해사고등학교를 두고,

해양수산부장관의 소관사무를 분장하기 위하여 해양수산부장관 소속으로 지방해양수산청을 두며, 해양사고사건을 심판하기 위하여 「해양사고의 조사 및 심판에 관한 법률」에 따라 해양수산부장관 소속으로 해양안전심판원을 두고,

해양수산부장관의 관장사무를 지원하기 위하여 「책임운영기관의 설치·운영에 관한 법률·시행령·시행규칙」에 따라 국립수산과학원, 해양수산인재개발원 및 국립해양측위정보원을 둔다(해양수산부와 그 소속기관 직제 제2조).

1) 해양수산부 수산정책실

수산정책실의 주요업무에는 ① 수산 관련 정책의 종합·조정, ② 외국과의 어업협정 관련 업무, ③ 연근해어업제도의 조정·운영, 허가 등에 관한 업무, ④ 수산자원 보호구역·관리수면·보호수면의 지정·관리 및 운영, ⑤ 낚시의 육성 및 관리에 관한 업무, ⑥ 수산분야 공유수면 점용·사용 및 매립 관련 업무, ⑦ 불법어업 지도·단속 등 어업질서확립을 위한 업무, ⑧ 접경수역 조업어선 월선·피랍 예방 등 안전 관리, ⑨ 어업지도선 수급계획 수립·조정, ⑩ 어업관리단의 운영 지원, ⑪ 어선의 건조허가·등록 및 톤수측정 등 어선제도에 관한 연구·운영, ⑫ 연근해어선의 해상사고 예방 및 어선안전관리에 관한 업무, ⑬ 어업정보통신국의 운영 감독, ⑭ 양식어업 관련 면허·허가·신고 등에 관한 업무 등이 있다.

2) 해양수산부 해사안전국

해사안전국의 주요 업무에는 ① 해사안전 관련 법·제도·정책·기술의 개발 관련 업무, ② 선박 등록제도 및 선박톤수측정제도에 관한 업무, ③ 외국선박의 항만국 통제 및 국적선박에 대한 승선점검, ④ 선박시설안전관리제도의 운영, ⑤ 선박검사 제도, ⑥ 선박으로부터의 해양오염 방지, ⑦ 선급법인의 지도·감독, ⑧ 위험물의 해상운송 및 저장에 관한 업무, ⑨ 선박 평형수(平衡水)에 관한 업무, ⑩ 해상재해·해양재난·해양사고 관련 업무, ⑪ 해적(海賊)피해 관련 업무, ⑫ 국제선박 및 항만시설보안규칙(ISPS Code)에 관한 업무, ⑬ 해양안전종합시스템(GICOMS) 관련업무, ⑭ 선박자동식별시스템·선박모니터링시스템·장거리위치추적시스템의 구축·운영, ⑮ 항로표지 업무, ⑯ 차세대 해양안전종합관리체계(e-Navigation)관련 업무 등이 있다.

해사안전국은 선박검사, 선박안전, 항만보안 등 해양안전 예방중심으로 기능을 수행하고 있다. 이에 반하여 해양경찰청은 구조안전국에 해양안전과, 수색구조과를 두고 있다. 해양경찰은 해양사고의 예방보다는 이미 발생한 이후의 구조에 중점을

두고 있다. 예방과 구조는 동전의 앞뒷면이라고 볼 수 있는데, 하나의 기관이 담당하는 것이 아니라 해양수산부 해사안전국과 해양경찰청의 구조안전국이 2개의 기관이 각각의 업무를 수행하고 있다.

2. 해양 · 수산 관련 주요 기관

1) 해양수산부 소속기관

(1) 지방해양수산청

지방해양수산청은 11개의 지역에 두고 있다. 해양수산청의 업무로는 ① 해상운송사업, 선박 등록[25] 및 검사, ② 선원근로감독 등 선원 관련 업무, ③ 항만 운영 및 연안역 관리, ④ 항만건설공사, 항만재개발 및 항만시설 유지 · 보수, ⑤ 어항의 건설 및 관리, ⑥ 항로표지시설 설치 · 유지 및 보수, ⑦ 공유수면 관리 · 매립 및 연안관리, ⑧ 해양환경보전, 어업경영체의 등록 및 관리, ⑨ 자율관리어업공동체 지도에 관한 사항 등이 있다.

(2) 해양안전심판원

세종특별자치시에 중앙해양안전심판원을 설치하고 있고, 지방에는 4개의 지방심판원을 두고 있으며, 그 지방심판원은 부산지방해양안전심판원, 인천지방해양안전심판원, 목포지방해양안전심판원, 동해지방해양안전심판원이다. 해양안전심판원은 「해양사고의 조사 및 심판에 관한 법률」 제3조에 따라 해양사고사건을 심판하기 위하여 해양수산부장관 소속으로 해양안전심판원을 설치하고 있다.

해양안전심판원은 해양사고의 원인규명, 재결, 징계, 직무교육의 이수명령, 해양사고정보시스템의 구축 · 운영 등의 직무를 수행한다.

(3) 어업관리단

어업관리단은 3개의 지방기관을 두고 있다. 그 지방기관에는 동해어업관리단, 서해어업관리단, 남해어업관리단이 있다.

---

25) **선박법 제8조(등기와 등록)** ① 한국선박의 소유자는 선적항을 관할하는 지방해양수산청장에게 해양수산부령으로 정하는 바에 따라 선박을 취득한 날부터 60일 이내에 그 선박의 등록을 신청하여야 한다. 이 경우 「선박등기법」 제2조에 해당하는 선박은 선박의 등기를 한 후에 선박의 등록을 신청하여야 한다. <개정 2013. 3. 23., 2018. 12. 31.>

어업관리단은 사무는 ① 어업지도선의 운항 관리, ② 어업의 지도·단속 및 조정·관리, ③ 어업지도선의 통신 운용, ④ 어업지도선 승선요원의 교육훈련, ⑤ 원양어선의 조업상황 감시 및 불법·비보고·비규제 어업(IUU)에 대한 경보 발령 등이다.

어업관리단 소속의 어업감독 공무원은 「수산업법」에 따른 어업감독 공무원으로서 「사법경찰관리의 직무를 수행할 자와 그 직무범위에 관한 법률」에 의한 특별사법경찰관리이다. 직무범위와 수사관할은 소속 관서 관할 구역에서 발생하는 「수산업법」에 규정된 범죄, 「양식산업발전법」에 규정된 범죄, 「어업자원보호법」에 규정된 범죄, 「수산자원관리법」에 규정된 범죄, 「어선법」에 규정된 범죄 및 「내수면어업법」에 규정된 범죄이다.

(4) 국립해양조사원

국립해양조사원(國立海洋調査院, Korea Hydrographic and Oceanographic Agency, 약칭: KHOA)은 대한민국 해양수산부의 소속기관이다. 1996년 8월 8일 발족하였으며, 부산광역시 영도구 해양로 351에 위치하고 있다. 원장은 고위공무원단 나등급에 속하는 일반직 공무원으로 보한다.

국립해양조사원은 ① 해양조사, 해양관측 자료의 수집·분석·평가 및 해양예보, ② 수로측량, 해도 등 수로도서지 간행 및 항해안전에 관한 업무, ③ 해양영토 획정을 위한 과학조사 및 동해 등 해양지명에 관한 업무, ④ 기후변화 대응, 해양재난 대책 및 해양에너지 개발 지원, ⑤ 해군작전 지원 및 해양과학기술 개발·연구에 관한 업무, ⑥ 요트 등 해양레저 이용 인프라 구축 및 해양정책 지원, ⑦ 해양조사장비의 검정에 관한 업무, ⑧ 국가해양관측망 설치·운영·관리 및 해양과학조사 자료 관리에 관한 업무를 담당한다. 그리고 해양조사선을 두고 있다.

2) 법인

(1) 해양환경관리공단

해양환경의 보전·관리·개선을 위한 사업, 해양오염방제사업, 해양환경·해양오염 관련 기술개발 및 교육훈련을 위한 사업 등을 행하게 하기 위하여 해양환경관리공단을 설립하고, 그 공단은 법인으로 하며 정관이 정하는 바에 따라 지사·사업소·연구기관·교육기관 등을 둘 수 있다(해양환경관리법 제96조). 공단은 다음 각 호의 사업을 수행한다(해양환경관리법 제97조).

① 해양환경의 보전·관리에 관한 사업, ② 해양환경개선을 위한 사업, ③ 해양오염방제에 필요한 사업, ④ ① 내시 ③의 사업에 부대되는 사업 중 정관으로 정

하는 사업, ⑤ 해양환경 관련 국제협력 및 기술용역사업, ⑥ 해양환경에 대한 교육·훈련 및 홍보, ⑦ ① 내지 ⑥과 관련하여 국가 또는 지방자치단체로부터 위탁받은 사업, ⑧ 그 밖에 공단의 설립목적을 달성하기 위하여 필요한 사업으로서 대통령령이 정하는 사업 등이다.

(2) 한국해양교통안전공단

한국해양교통안전공단은 1979년 발족된 한국어선협회를 출발점으로 하고 있다. 1998년 「선박안전법」 개정에 따라 한국선박안전기술원이 설립되었고, 1999년 선박검사기술협회로 명칭이 바뀌었다가 2007년 선박안전기술공단으로 변경되었다가, 2019년 「한국해양교통안전공단법」이 제정되어 현재의 명칭이 되었다.

한국해양교통안전공단의 주요 업무로는 선박 또는 선박용 물건에 대한 검사, 선박 또는 선박용 물건의 도면 승인, 우수사업장에서 제조 또는 정비된 선박용 물건 또는 소형 선박에 대한 확인 작업, 선박용 물건 또는 소형 선박이나 컨테이너에 대한 검정, 화물의 적재·고박 등에 관한 승인 등이 있다.

또한 선박의 감항성 확보와 해상에서 인명의 안전 확보를 위한 조사·시험·연구 및 이와 관련한 기술의 개발과 보급, 선박 안전에 관한 국제협약에 따른 기술기준의 연구 및 분석, 선박의 설계·건조감리 등 용역 수탁 사업 등을 담당하고 있다. 주요 조직으로는 경영본부·안전본부·기술연구원이 있고, 부산을 비롯한 전국 18개 지역에 지부를 두고 있다.

(3) 한국선급

한국선급(KR, Korea Register of Shipping)은 1960년 해무청에서 허가한 비영리 사단법인 한국선급협회로 설립되어 1987년 한국선급으로 명칭을 변경하였다. 한국선급은 해상에서의 인명과 재산의 안전을 도모하고 조선 해운 및 해양에 관한 기술을 진흥시키기 위하여 설립된 대한민국 유일의 국제 선박 검사 기관이다. 6본부 49개 지부(국내 14개, 국외 35개) 등으로 구성되어 있고, 주요업무는 ① 선박의 건조, 등록, 검사 및 이와 관련된 도면 심의, ② 조선 재료, 선박용 물건, 발전 설비 등 육상용 설비와 기기의 제작에 관한 도면 심의, 승인 및 검사, ③ 선박 건조 및 크레인 등 각종 기기의 제조 감리, ④ 국제 협약에 따른 업무, ⑤ 각국 정부로부터 권한을 위임받은 업무, ⑥ 「선박안전법」 제60조에 의한 한국 정부 대행 검사 업무, ⑦ 지방자치단체 등 기타 공공기관에서 위임한 업무, ⑧ 해운, 선박, 해양 구조물, 풍력 발전 등 육상 시설 및 설비와 기기에 관한 연구, 설계 평가, 검사, 감리 및 기타 관련 업무, ⑨ 신재생 에너지 및 환경 관련 인증, 검사, 연구 등의 업무와 온실가스 관련 검·인증, 연구 등의 업무, ⑩ ISO 9000등 각종 규격에 대한 인증, 교육 및 연수 업무 등이다.

(4) 한국해양구조협회

한국해양구조협회는 「수상에서의 수색 · 구조 등에 관한 법률」에 근거하여 설립한 사단법인이다. 설립목적은 해수면에서의 수색구조·구난활동 지원, 수색구조·구난에 관한 기술·제도·문화 등의 연구·개발·홍보 및 교육훈련, 행정기관이 위탁하는 업무의 수행과 해양 구조·구난 업계의 건전한 발전 및 해양 구조·구난 관계 종사자의 기술향상을 위한 것이고, 동협회는 법인으로 한다(수상에서의 수색·구조 등에 관한 법률 제26조). 해양경찰청장 또는 지방자치단체의 장은 협회에 위탁한 업무의 수행에 필요한 행정적·재정적 지원을 할 수 있다.

(5) 한국수상레저안전협회

한국수상레저안전협회는 「수상레저안전법」에 근거하여 설립한 사단법인이다. "수상레저활동 안전관리에 대한 연구·개발, 홍보 및 교육훈련 등 해양경찰청장 등의 행정기관이 위탁하는 업무의 수행과 수상레저산업의 건전한 발전 및 수상레저 관련 종사자의 안전관리 업무능력 향상을 위하여 한국수상레저안전협회를 설립할 수 있다(수상레저안전법 제28조의 2)"는 근거에 의하여 설립한 기관이다.

동 협회의 사업은 ① 수상레저안전 및 수상레저산업의 진흥을 위한 연구사업, ② 조종면허시험관리시스템 및 수상레저기구등록시스템 개발을 위한 연구사업, ③ 조종면허시험, 수상레저기구 등록·안전검사·안전점검의 대행, ④ 수상레저사업자 및 레저기구사용자 등에 대한 인명구조교육, 수상안전교육 및 관련 장비·교재의 개발, ⑤ 「수상레저안전법」 또는 그 밖의 법령에 따라 국가 또는 지방자치단체가 위탁하는 업무, ⑦ 그 밖에 해양경찰청장이 필요하다고 인정하는 사업 등이다.

Ⅱ. 지방자치단체

우리나라의 지방자치단체는 「지방자치법」에 따라 2가지 종류로 분류된다. 2015년 1월 현재 17개의 광역자치단체(특별시·광역시·도·특별자치시·특별자치도)와 226개의 기초자치단체(시·군·구)가 있다.

각 지방자치단체에는 주민의 직접선거로 선출된 단체장이 임면하는 지방공무원과 단체장의 제청으로 대통령 및 소속 장관이 임면하는 국가공무원으로 구성되는 집행기관이 있고, 주민의 직접선거로 선출된 지방의원으로 구성되는 지방의회가 있다.

지방의회는 조례의 제정 및 개폐, 예산의 심의·확정, 결산의 승인, 행정사무감사 및 조사, 청원의 처리 등을 담당한다. 지방자치단체는 지방세 수입과 각종 수수료·사용료 등 세외수입, 중앙정부로부터 지원받는 지방교부세, 국고보조금, 지방세 등을 통해 지방재정을 충당하고 있다.

「어선법」상 시장·군수·구청장은 어선의 건조·개조의 허가 등(제8조)를 하고, 어선의 소유자는 그 어선이나 선박이 주로 입항·출항하는 항구 및 포구를 관할하는 시장·군수·구청장에게 등록을 하여야 한다(어선법 제13조 제1항).

「수상레저안전법」상 동력수상레저기구의 소유자는 주소지를 관할하는 시장·군수·구청장에게 동력수상레저기구를 소유한 날부터 1개월 이내에 등록신청을 하여야 한다(제30조 제1항). 시장·군수·구청장은 야간 수상레저활동을 금지(제21조)할 수 있고, 시·군·구 소속 공무원 중 수상레저안전업무에 종사하는 사람은 음주측정을 할 수 있다(제22조). 이와 같이 일정 정도의 명령·강제, 즉 경찰권을 행사할 수 있다.

「수산업법」상 정치망어업, 마을어업을 하려는 자는 시장·군수·구청장의 면허를 받아야 한다(제8조)고 규정하여 지방자치단체장에 면허권을 부여하고 있고, 공익상 필요한 경우 시장·군수·구청장은 면허한 어업을 제한 또는 정지하거나 어선의 계류(繫留) 또는 출항·입항을 제한할 수 있다(제34조 제1항). 허가어업의 경우 어선의 규모에 따라 시·도지사가 허가사항과 시장·군수·구청장의 허가사항이 나누어져 있다(제41조). 또한 지방자치단체장은 특별사법경찰관리인 어업감독공무원을 지정[26)]

26) **수산업법 시행령 제50조(어업감독 공무원의 자격 등)** ① 법 제72조 제4항에 따른 어업감독 공무원은 다음 각 호의 어느 하나에 해당하는 사람으로 한다. <개정 2013. 3. 23.>

1. 수산에 관한 사무를 담당하는 국가공무원으로서 해양수산부장관 또는 시·도지사가 지정하는 사람
2. 수산에 관한 사무를 담당하는 지방공무원으로서 시·도지사 또는 시장·군수·구청장이 지정하는 사람

할 수 있다.

「양식산업발전법」상 양식업을 하려는 자는 시장·군수·구청장(서울특별시 한강의 경우에는 한강 관리에 관한 업무를 관장하는 기관을 말함)의 면허를 받아야 한다. 다만, 외해양식업을 하려는 자는 시·도지사의 면허를 받아야 한다(제10조).

「해수욕장의 이용 및 관리에 관한 법률」상 특별자치도지사 또는 시장·군수·구청장은 해수욕장의 지정, 해수욕장 지정의 변경 및 해제, 해수욕장의 관리·운영, 안전관리조치, 해수욕장시설의 안전점검, 해수욕장의 이용 제한 등을 할 수 있다. 해양에서의 안전관리의 일정 부분을 담당하고 있는 것이다.

이와 같은 지방자치단체의 면허, 허가 업무 등은 해양경찰업무와 관련성이 높다. 그러한 이유로 「해양경비법」에서는 해양경찰관서에 통보하도록 의무를 부과하고 있다.

① 해양수산부장관, 특별시장 · 광역시장 · 특별자치시장 · 도지사 · 특별자치도지사 · 시장 · 군수 · 구청장의 경비수역에서 「공유수면 관리 및 매립에 관한 법률」에 따른 공유수면 점용 · 사용허가를 하는 경우 해양경비 활동에 중대한 지장을 줄 것으로 인정할 때에 통보(제20조 제1항).
② 해양수산부장관, 시 · 도지사 또는 시장 · 군수 · 구청장의 어촌 · 어항법」에 따른 어항개발사업을 시행하는 경우 해양경비 활동에 중대한 지장을 줄 것으로 인정할 때에 통보(제20조 제3항).
③ 시 · 도지사 또는 시장 · 군수 · 구청장의 「수산업법」에 따른 어업 면허 또는 「양식산업발전법」에 따른 면허를 하는 경우 해양경비 활동과 관련이 있는 사항 통보(제20조 제4항).

Ⅲ. 관세청

관세의 부과·감면 및 징수와 수출입물품의 통관 및 밀수출입단속에 관한 사무를 관장하기 위하여 기획재정부장관 소속으로 관세청을 두고, 청장 1명과 차장 1명을 두되, 청장은 정무직으로 하고, 차장은 고위공무원단에 속하는 일반직 공무원으로 보한다(정부조직법 제27조 제5항·제6항).

관세청의 조직은 본부, 세관관서 34개 세관, 16개 세관비즈니스센터를 두고, ① 수출입물량과 여행자에 대한 통관관리, ② 수입물품에 대한 관세 및 내국세 부과로 재정수입확보, ③ 밀수단속을 통한 국내산업 보호기능 수행, ④ 사회안전과 국민건강 보호를 위한 마약, 총기류 및 유해식품 불법반입 단속, ⑤ 환경보호를 위한 유해화학물질, 희귀동식물 불법반입 단속, ⑥ 공정한 경쟁을 위한 원산지 허위표시, 지식재산권 침해물품의 단속, ⑦ 불법외환거래 및 자금세탁방지를 위한 새로운 대외거래 종합단속 등의 업무를 담당한다. 부산세관 물류감시과장의 직무[27]는 해상에서 이루어지는 상황이 많다.

세관공무원은 관계기관의 장에게 원조를 요구할 수 있다. 항만에 있는 세관의 경우 해양경찰과 밀접한 관련이 있다. 관세공무원은 관련 업무의 집행에 있어서 물리력이 부족하기 때문에 해양경찰에 도움을 요청할 수 있다. 그 근거규정은 「관세법」에 규정되어 있다.

세관장은 직무를 집행하기 위하여 필요하다고 인정될 때에는 ① 육군·해군·공군의 각 부대장, ② 국가경찰관서의 장, ③ 해양경찰관서의 장 중 어느 하나에 해당하는 자에게 협조를 요청할 수 있다(제267조의2 제1항). 협조 요청을 받은 자는 밀수 관련 혐의가 있는 운송수단에 대하여 추적감시 또는 진행정지명령을 하거나 세관공무원과 협조하여 해당 운송수단에 대하여 검문·검색을 할 수 있으며, 이에 따르지 아니하는 경우 강제로 그 운송수단을 정지시키거나 검문·검색을 할 수 있다(제267조의2 제2항).

한편, 해양경찰청과 관세청은 해상에서 발생하는 대테러, 수출입 물품관련 불법행위, 불법 입·출국, 해양오염 등 국제성 범죄의 예방·단속을 위하여 수사 공조체제를 공고히 하고, 양 기관의 협력강화로 해상범죄에 대한 탄력적인 대처와 시너지(Synergy) 효과를 극대화하기 위하여 「해양경찰청과 관세청간 해상범죄 단속에 관한 양해각서」를 체결하였다.[28] 그 양해각서의 주요내용은 다음과 같다.

---

27) **「관세청과 그 소속기관 직제 시행규칙」 제12조(부산세관의 과단위 사무분장) 제9항**: 물류감시과장의 직무 ① 항만 또는 공항에 대한 감시업무 총괄, ② 전자문서방식에 의한 선박 또는 항공기의 출입신고 및 자료관리, ③ 총기류·폭발물 등 테러관련 물품의 반입방지, ④ 선박용품 또는 항공기용품의 하역 및 용역제공에 관한 업무, ⑤ 승선 또는 탑승허가에 관한 사항, ⑥ 항만용역업체 또는 공항용역업체의 관리, ⑦ 국제무역선 또는 국제무역기에 하역하는 물품의 감시, ⑧ 운송수단의 물품취급시간 외에 행하는 물품취급의 통보·접수 및 감시, ⑨ 선박 또는 항공기로 출입국하는 여행자, 승무원, 그 밖의 출입국자에 대한 휴대품검사 및 면세통관, ⑩ 선박 또는 항공기의 입출항 및 검색에 관한 사항, ⑪ 감시선단의 운용 및 외항기동감시, ⑫ 해상감시에 관한 사항, ⑬ 감시정 및 감시장비의 운용, ⑭ 관리대상화물 중 감시대상화물의 현장선별·정보수집·분석 및 추적 감시·검사, ⑮ 우범선박의 지정 및 관리, ⑯ 권역내 세관의 감시업무에 대한 지원·지도 및 감독, ⑰ 수출입물류업체의 법규수행능력평가 측정 및 관리(선박회사, 항공사 및 화물운송주선업자에 한정한다), ⑱ 감시종합상황실의 운영과 감시통제, ⑲ 감시에 관한 정보의 수집·분석 및 종합관리, ⑳ 우범차량의 지정 및 관리.

28) 해사신문, 2004. 6. 30.

① 양 기관이 상대방 고유 업무와 관련한 정보 · 첩보를 입수한 경우에 반드시 상대방 기관에 통보하기로 하고, 테러 등 국가 안보와 관련한 첩보 입수시 즉시 통보와 공동대응
② 해경은 밀수 등 관세청 소관 직무범위에 속하는 불법행위를 인지 · 검거한 경우 즉시 관세청에 인계하고, 관세청은 밀입국 등 해양경찰청 직무범위에 속하는 불법 행위에 대하여 즉시 해양경찰청에 인계하는 것을 원칙으로 하고, 사건규모, 성격, 적용 법령 등을 종합 판단해 수사공조가 필요한 경우 「합동수사반」을 편성 · 운영
③ 양 기관은 해상에서의 검거활동을 위해 인력, 감시선박 및 항공기 등 장비지원을 요청할 수 있으며 요청받은 기관은 업무수행에 특별한 지장이 없는 한 그 요구에 응하기로 함
④ 해상범죄 수사력 향상을 위해 각 기관에서 행하는 교육과정에 참여토록 해 수사기법을 전파 · 공유하고, 대 국민 홍보시 상호 협력하기로 함.

01 해양경찰의 임무와 관할에 대한 다음 설명 중 옳은 것을 모두 고르시오. 19 간부

㉠ 해양경찰의 직무범위를 정하고 있는 법령으로는 「해양경찰법」, 「해양경비법」, 「경찰관 직무집행법」, 「국가경찰과 자치경찰의 조직 및 운영에 관한 법률」, 「정부조직법」이 있다.
㉡ 배타적 경제수역에서의 해양경찰 임무와 관련된 국제협약에는 「UN해양법협약」, 「한·일 어업협정」, 「한·중 어업협정」이 있다.
㉢ 영해라 할지라도 외국선박에 대해서는 기국주의가 적용되어 해양경찰이 경찰권을 행사할 경우 일정한 한계가 있다.
㉣ 해양경찰의 관할은 사물관할, 토지관할, 인적관할로 구분할 수 있다.
㉤ 해양경찰의 토지관할과 사물관할은 항상 일치한다.

① 1개 ② 2개
③ 3개 ④ 4개

해설 ㉡, ㉢, ㉣, 3개임. ㉠의 국가경찰과 자치경찰의 조직 및 운영에 관한 법률은 경찰청의 사물관할에 대한 사항이 규정되어 있고, ㉤의 경우 내수면인 호수나 강에 설치된 수상레저업에 대한 업무는 해양경찰법이나 수상레저안전법에 따라 해양경찰의 사물관할이다. 그러나 해양경찰의 사물관할은 해양에서의 경찰 및 오염방제이지만 내수면의 수상레저업은 해양이 아닌 내수면에서 이루어지는 것으로 해양경찰의 지역관할(토지관할)인 해양이 아니다. 이것은 토지관할과 사물관할이 일치하지 않는 경우이다.

정답 ③

02 불법조업선박 단속에 관한 근거 법령에 대한 설명으로 가장 옳지 않은 것은? 19 채용

① 국제법적 근거로는 「해양법에 관한 국제연합 협약」 및 「한·중 어업협정」, 「한·일 어업협정」 등이 있다.
② 「영해 및 접속수역법」에 따라 영해에서 관계당국의 승인을 받으면 어로행위가 가능하도록 명시되어 있어 단속이 불가능하다.
③ 배타적 경제수역과 동일하게 대륙붕에서는 불법어로 단속권한을 명시하고 있다.
④ 「배타적 경제수역에서의 외국인어업 등에 관한 주권적 권리행사에 관한 법률」에는 불법 어업활동 혐의 선박에 대한 정선명령이 명시적으로 규정되어 있다.

해설 어로행위는 「영해 및 접속수역법」 제5조의 허가·승인 또는 동의 대상이 아니다.

정답 ②

03 다음 설명으로 가장 옳지 않은 것은? 19 간부

① 「영해 및 접속수역법」상 대한민국의 영해는 기선으로부터 측정하여 그 바깥쪽 12해리의 선까지에 이르는 수역으로 한다.

② 「영해 및 접속수역법」상 영해의 폭을 측정하기 위한 통상의 기선은 대한민국이 공식적으로 인정한 대축척해도에 표시된 해안의 저조선으로 한다.

③ 「배타적 경제수역 및 대륙붕에 관한 법률」상 대한민국의 배타적 경제수역은 협약에 따라 기선으로부터 그 바깥쪽 200해리의 선까지에 이르는 수역 중 대한민국의 영해를 포함한 수역으로 한다.

④ 「배타적 경제수역 및 대륙붕에 관한 법률」상 대한민국은 협약에 따라 배타적 경제수역에서 천연자원의 탐사·개발·보존 및 관리를 목적으로 하는 주권적 권리를 갖는다.

해설 「배타적 경제수역 및 대륙붕에 관한 법률」 제2조(배타적 경제수역과 대륙붕의 범위) ① 대한민국의 배타적 경제수역은 협약에 따라 「영해 및 접속수역법」 제2조에 따른 기선(基線)(이하 "기선"이라 한다)으로부터 그 바깥쪽 200해리의 선까지에 이르는 수역 중 대한민국의 영해를 제외한 수역으로 한다.

정답 ③

04 해양경찰 직무집행의 근거는 국내법으로 「해양경비법」, 「경찰관직무집행법」 등이 있으며, 국제법으로는 「UN해양법협약」 등이 있다. 다음 중 「UN해양법협약」에 대한 내용으로 가장 옳지 않은 것은? 19 3차

① 영해, 접속수역, 배타적 경제수역 등에 관한 사항이 규정되어 있다.

② 추적권은 중단없이 계속되어야 하므로, 피의선박이 다른 나라 영해에 들어가도 계속될 수 있다.

③ 추적권은 연안국의 주권적 권리가 미치는 수역에서 자기 나라의 법령을 위반하였다고 믿을만한 충분한 이유가 있을 때에는 그 추적을 영해 밖까지 할 수 있는 권리이다.

④ 공해에 있는 군함은 기국외의 어떠한 국가의 관할권으로부터도 완전히 면제된다.

해설 추적권은 추적당하는 선박이 그 국적국 또는 제3국의 영해에 들어감과 동시에 소멸한다 (UN해양법협약 제111조 제3항).

정답 ②

05 다음 중 「해양법에 관한 국제연합 협약(United Nations Convention on the Law of the Sea)」상 통항의 의미에 대한 내용으로 가장 옳지 않은 것은? 21 간부

① 통항이라 함은 내수에 들어가지 아니하거나 내수 밖의 정박지나 항구시설에 기항하지 아니하고 영해를 횡단하는 것 또는 내수를 향하여 또는 내수로부터 항진하거나 또는 이러한 정박지나 항구시설에 기항하는 것을 목적으로 영해를 지나서 항행함을 말한다.

② 통항은 계속적이거나 신속하여야 한다.

③ 정선이나 닻을 내리는 행위가 통상적인 항행에 부수되는 경우 통항에 포함된다.

④ 불가항력이나 조난으로 인하여 필요한 경우, 또는 위험하거나 조난상태에 있는 인명·선박 또는 항공기를 구조하기 위한 경우에는 통항에 포함된다.

해설 제18조 통항의 의미, 2. 통항은 계속적이고 신속하여야 한다.

정답 ②

06 다음 중 해양경찰의 관할에 대한 설명으로 가장 옳지 않은 것은? 22 간부

① 「정부조직법」 제43조와 「해양경찰법」 제14조에 규정되어 있는 임무 및 직무의 범위는 해양경찰의 사물관할에 해당한다.

② 해양경찰의 토지관할이란 경찰권이 발동될 수 있는 지역적 범위로서 영해, 접속수역 및 배타적 경제수역이 여기에 포함된다.

③ 선박은 국제법적으로 기국주의가 적용되지만, 선박에 승선 중인 선원들에 대한 해양경찰권 행사에는 아무런 제한이 없다.

④ 우리나라의 경우 영미법계의 영향으로 범죄수사에 관한 임무가 경찰의 사물관할로서 인정되고 있다.

해설 「UN해양법협약」 제27조에 의해 승선 중인 선원에 대하여 제한을 받는다.

정답 ③

해양경찰의 법치 행정과 조직법

SECTION

01 해양경찰과 법치행정

Ⅰ. 해양경찰 관계법 일반

1. 국제법

국제법은 국가 상호간에 명시된 합의에 바탕을 둔 조약과 여러 국가의 관행(慣行)을 기초로 하여 성립되는 국제관습법으로 성립되고 있다. 조약은 그 조약에 참가한 국가밖에 구속하지 않기 때문에 현재도 국제사회 일반에 타당한 국제법은 국제관습법의 형태를 취하고 있다. 해양경찰의 임무에 중요한 조약으로는 다음의 <표>와 같다.

「UN 해양법 협약(UN Convention on the Law of the Sea)」의 발효와 함께 배타적 경제수역까지 해양경찰의 관할해역이 넓어져서 1996년 해양경찰청이 중앙행정관청으로 승격되었다.

1982년 12월 「UN 해양법 협약」과 부속문서가 채택되었다. 주요내용은 12해리 영해, 200해리 배타적 경제수역, 350해리 대륙붕, 해양의 환경보호, 국제해협과 군도수역에서의 통항 제도, 심해저 개발, 국제해양법재판소(ITLOS), 대륙붕한계위원회(CLCS)이다. 「UN 해양법 협약」은 「영해 및 접속수역법」, 「배타적 경제수역 및 대륙붕에 관한 법률」, 「배타적 수역에서의 외국인 어업 등에 대한 주권적 권리의 행사에 관한 법률」, 「해양환경관리법」, 「해양과학조사법」 등에서 수용하였다.

해상에 있어서의 수색 및 구조에 관한 협약(SAR, 1979)」은 해양사고에 대한 국제적인 수색 및 구조체계를 확립하기 위한 것으로 「수상에서의 수색·구조 등에 관한 법률」에 수용되었다.

「대량살상무기 확산방지구상(PSI)」은 2009년 북한의 핵실험을 계기로 우리나라도 참여하였고, 2012년 「해양경비법」에 반영되었다. 해양오염과 관련된 조약들은 「해양환경관리법」에서 수용되었다. 이러한 조약을 수용한 법률들은 해양경찰의 법집행에서 법적 근거가 된다.

협약명	주요 내용	수용 법률
UN 해양법 협약	• 12해리 영해, 200해리 배타적 경제수역, 350해리 대륙붕 • 해양환경보호, 국제해협 · 군도수역통항 • 국제해양법재판소 · 대륙붕한계위원회	영해 및 접속수역법, 배타적 경제수역 및 대륙붕에 관한 법률, 배타적 수역에서의 외국인 어업 등에 대한 주권적 권리의 행사에 관한 법률, 해양환경관리법, 해양과학조사법
1972년 국제해양충돌 예방규칙(COLREG, 1972)	• 안전한 속력, 충돌을 회피하기 위한 동작 및 좁은 수로항법	해사안전법
1974년 해상에서의 인명 안전을 위한 국제협약(SOLAS, 1974 · 1978 · 1988)	• 선박의 구조와 설비 등에 대해서 국제적인 통일된 원칙과 규칙을 설정 • 세계해상조난안전제도(GMDSS)	선박안전법, 전파법, 항만법, 해사안전법
1978년 선원의 훈련, 자격증명 및 당직근무의 기준에 관한 국제협약(STCW, 1978)	• 선원의 자격에 대한 국제적인 통일기준	선박직원법, 선원법
해상에 있어서의 수색 및 구조에 관한 협약(SAR, 1979)	• 해양사고에 대한 국제적인 수색 및 구조체계 확립	수상에서의 수색 · 구조 등에 관한 법률
선박으로부터의 오염방지를 위한 국제협약 1978년 의정서(MARPOL 73/78)	• 기름, 화학제품, 포장된 상태의 유해물질, 쓰레기, 오수에 의한 오염	해양환경관리법
1972년 폐기물 및 그 밖의 물질의 투기에 의한 해양오염방지에 관한 협약(LC)	• 쓰레기 투기 규제, 해양오염방지 • 모든 방사성 폐기물의 해양투기 금지	해양환경관리법, 폐기물관리법, 오수 분뇨 및 축산폐수의 처리에 관한 법률, 수질환경보전법
1990년 유류오염의 대비, 대응 및 협력에 관한 국제협약(OPRC, 1990)	• 600 DWT 이상의 모든 유조선 이중선체 갖추도록 함.	해양환경관리법
국제포경규제협약	• 고래자원의 보존	수산업법, 수산자원관리법
인질 억류방지에 관한 국제협약	• 일체의 인질억류행위를 방지, 기소 및 처벌을 위한 실효적 조치 강구	형법, 국민보호와 공공안전을 위한 테러방지법
항해의 안전에 대한 불법행위의 억제를 위한 협약(SUA)	• 선박과 승객 및 승무원에 대한 나포, 납치, 함선 훼손 폭파 등 불법행위근절	선박 및 해상구조물에 대한 위해행위의 처벌 등에 관한 법률
대륙붕 상에 소재한 고정플랫폼의 안전에 대한 불법행위의 억제를 위한 의정서	• 한국 2003년 발효	선박 및 해상구조물에 대한 위해행위의 처벌 등에 관한 법률

협약명	주요 내용	수용 법률
마약 및 향정신성 물질의 불법 거래방지에 관한 국제연합협약	• 한국 1999년 발효	마약류 관리에 관한 법률, 마약류 불법거래 방지에 관한 특례법
대량살상무기 확산방지구상(PSI)	• 2009년 북한의 핵실험을 계기로 참여	2012년 해양경비법에 반영
국제선박 및 항만시설 보안규칙(ISPS Code)	• 9 · 11 테러 이후 IMO에서 제정	2007년 국제 항해선박 및 항만시설의 보안에 관한 법률
한 · 일 어업협정	• 1965년 구어업협정과 1999년 신어업협정	
한 · 중 어업협정	• 2001년 발효	
난민의 지위에 관한 협약	• 1993년 발효	난민법, 출입국관리법
남북해운합의서	• 2005년 발효	

2. 국내법

1) 해양경찰 관련 법률

해양경찰관계법은 크게 해양경찰조직법, 해양경찰작용법으로 구분할 수 있다. 해양경찰조직법은 경찰업무를 집행하는 행정기관의 구성 및 관할, 경찰관청 상호간의 관계, 경찰행정의 감독 등을 규율하는 법규를 말하며, 이에는 「정부조직법」, 「해양경찰법」, 「경찰공무원법」, 「의무경찰대 설치 및 운영에 관한 법률」 등이 있다.

해양경찰작용법은 경찰행정의 내용을 규율하는 법규로서 경찰행정상의 법률관계의 성립, 변경, 소멸에 관련된 모든 법규를 말하며, 경찰의 직무, 경찰권발동의 근거와 한계, 경찰책임, 각종 경찰상 처분, 경찰강제 등을 규율하고 있다.

해양경찰작용에 관한 일반법으로는 「경찰관직무집행법」과 「해양경비법」이 있고, 그 밖에 「경찰직무응원법」이 있으며, 해양경찰공무원으로서의 신분에 관한 사항은 「경찰공무원법」에 규정하고 있다.

해양경찰작용과 관련한 일반적인 근거법률이 존재하지 않으므로 「경찰관직무집행법」을 일반법적 근거로 삼을 수 있으나, 이 법률은 일반경찰의 활동을 전제로 한 법률이기 때문에 동 법률을 그대로 적용하는 데에는 다소의 무리가 따른다. 이에 따라 「해양경비법」이 제정되었다.

개별적인 해양경찰관련법으로는 「해양환경관리법」, 「선박의 입항 및 출항 등에 관한 법률」, 「해사안전법」, 「항만법」, 「항만운송사업법」, 「해양사고의 조사 및 심판에 관한 법률」, 「유선 및 도선사업법」, 「선원법」, 「선박직원법」, 「선박안전법」, 「해운법」, 「도선법」, 「어선안전조업법」, 「어선법」, 「어촌·어항법」, 「영해 및 접속수역법」, 「배타적 경제수역에서의 외국인 어업 등에 대한 주권적 권리의 행사에 관한 법률」, 「배타적 경제수역 및 대륙붕에 관한 법률」, 「해양과학조사법」, 「선박법」, 「수산업법」, 「양식산업 발전법」, 「낚시관리 및 육성법」 등 30여개의 관련 법이 있다.

2) 소관 법(21 간부)

해양경찰청의 소관법령이란 해양경찰청이 맡아 관리하는 법령을 말한다. 해양경찰청 단독의 소관법은 「해양경찰법」, 「수상에서의 수색·구조 등에 관한 법률」, 「수상레저안전법」, 「연안사고 예방에 관한 법률」, 「해양경비법」, 「선박교통관제에 관한 법률」, 「해양경찰장비 도입 및 관리에 관한 법률」(2022. 4. 14. 시행)등 총 7개가 있다.

해양경찰위원회의 심의·의결 사항으로 "해양경찰청 소관 법령 또는 행정규칙의 제정·개정·폐지, 소관 법령에 따른 기본계획·관리계획 등의 수립 및 이와 관련된 사항(해양경찰법 제5조)"이 있다. 이에 따라 해양경찰위원회는 법령과 행정규칙의 제정·개정·폐지를 위해서는 해양경찰위원회의 안건으로 상정해야 한다. 상정 시기는 제정·개정 등 계획보고를 하고, 지휘부 결제를 한 다음이다.

다른 행정기관과 공동으로 소관하는 법에는 「밀항단속법」(법무부 공동), 「경범죄처벌법」(경찰청 공동), 「경찰공무원 보건안전 및 복지기본법」(경찰청 공동), 「경찰공무원법」(경찰청 공동), 「재난 및 안전관리 기본법」(행정안전부·소방청 공동)」 등이 있다.

Ⅱ. 법치행정의 원리

1. 의의 및 요소

1) 의의

행정작용이 합헌적인 법률에 따라 수행되어야 한다는 법치행정의 원리는 대륙법계의 전통에 근거한 것이며, 일반적으로 법치주의의 원리가 행정에 투영되어 나타난 원칙으로 이해된다.[29] 법치행정의 원칙이란 행정권도 법에 따라 행해져야 하며(법의 지배), 만일 행정권에 의해 국민의 권익이 침해된 경우에는 이의 구제제도를

29) 류지태·박종수(2009), 전게서, p. 53.

위한 제도가 보장되어야 하는 것(행정통제제도 내지 행정구제제도의 확립)을 의미한다.[30]

해양경찰관은 국가에 대해서 법을 준수할 책임을 짐과 동시에, 국민에 대해서도 법에 따라 해양경찰행정을 수행할 책임을 진다. 만약 해양경찰관이 법에 위반하여 국민에게 불이익한 조치를 취하였다면, 국민에게는 재판 및 기타 법적 구제절차를 통하여 해양경찰관의 위법한 조치에 대한 시정을 구할 권리가 보장된다. 이 점이 법과 직무명령과의 본질적인 차이이다. 직무명령은 상급자에 대하여 편면적으로 준수의무를 지지만, 법은 해양경찰관을 국가에 대하여 구속받게 할 뿐만 아니라 국민과의 관계에서도 구속한다. 이를 쌍면적 구속력이라고 한다.[31]

2) O. Mayer의 법치행정의 원리의 3요소

독일 행정법학의 아버지로 불리우는 오토 마이어가 제시한 3요소는 법률의 법규창조력, 법률우위의 원칙, 법률유보의 원칙으로 나눌 수 있다.[32]

(1) 법률의 법규창조력

법률의 법규창조력이란 국가 작용 중 법규를 정립하는 입법은 모두 의회가 행하여야 한다는 원칙을 말한다. 헌법 40조는 "입법권은 국회에 속한다"고 규정함으로써 국회입법의 원칙을 선언하고 있다. 다만, 입법의 명령에의 구체적 위임은 허용되고 있다.

(2) 법률 우위의 원칙(제약규범)

법은 행정에 우월한 것이며 행정이 법에 위반하여서는 안 된다는 원칙이다. 즉 행정은 어떠한 경우에도 법률에 위반되는 조치를 취해서는 안 된다. 법치행정 원리의 최소한 또는 불가결의 요소이며 소극적 성격이라고 할 수 있다. 여기서의 법률은 법규명령, 관습법, 행정법의 일반원리까지 포함한 개념이고, 법률이 행정작용과 사법작용보다 우위에 있다.

(3) 법률 유보의 원칙(근거규범)

행정권의 발동에는 법률의 근거가 있어야 한다는 원칙으로서 적극적 성격을 가지고

30) 박균성 · 감재광(2010), 전게서, p. 7.
31) 강용길외 7인(2009), 전게서, p. 118.
32) 박균성 · 김재광, 전게서, pp. 8－10.

있다. 역으로 법률의 근거가 없는 경우에는 행정개입의 필요가 있더라도 행정권은 발동될 수 없다는 것을 의미한다. 적용되는 행정의 범위는 여러 학설로 나누어진다.

학 설	내 용
침해유보설	국민의 자유와 재산을 침해하는 행정작용은 법률의 근거가 있어야 한다는 견해(과거의 통설)
전부유보설	모든 행정작용에는 법률의 근거가 필요하다는 견해
급부행정유보설	국민의 자유와 재산에 대한 침해행정뿐만 아니라 급부행정에도 원칙상 법률의 근거가 있어야 한다고 주장하는 견해
권력행정유보설	행정권의 일방적 의사에 의하여 국민의 권리 · 의무를 결정하게 되는 모든 모든 권력적 행정작용에는 법률의 근거가 있어야 한다는 견해
중요사항유보설	공동체나 시민에게 중요한 행정권의 조치는 침해행정뿐만 아니라 급부행정에 있어서도 법률의 근거를 요하고, 비중요사항은 법률적 근거 없이도 행정권을 발동할 수 있다는 견해

2. 법의 3가지 측면(18 3 · 19 간부)

1) 조직규범

해양경찰활동은 조직법(해양경찰법 제14조)에 정해진 범위 내에서 행해져야 한다. 만약 해양경찰관이 조직법상의 직무 외의 행위를 하면 이는 직무행위로 볼 수 없고, 그 효과는 국가에 귀속되지 않는다.

2) 제약규범

해양경찰활동은 법률의 규정을 위반해서는 아니 된다.

3) 근거규범

해양경찰기관은 수권규정(작용법)이 있어야 해양경찰권을 발동할 수 있다.

Ⅲ. 해양경찰법의 법원

1. 서설

해양경찰법의 법원에는 성문법원과 불문법원이 있다. 법원이란 해양경찰행정에 관한 법의 존재형식을 의미하고, 해양경찰행정은 성문법주의가 원칙이지만, 해양경찰행정 영역이 다양성과 복잡성으로 불문법원이 보충적으로 적용된다. 성문법원은 법조문의 형식으로 정립한 것으로 문서로 나타나 있는 것을 말하고, 불문법원은 문서의 형태로 나타나 있지 아니한 것을 말한다. 해양경찰법은 통일된 단일법전이 존재하지 않는다.

2. 성문법원

1) 헌법

행정의 조직이나 작용의 기본원칙을 규정하고 있다. 행정조직법정주의(제96조), 국가안전보장·질서유지를 위한 국민의 자유와 권리의 제한에 대한 법정주의(제37조 2항), 비상시와 관련된 긴급명령(제76조), 계엄(제77조) 등을 규정하고 있다.

2) 법률

해양경찰과 관련된 주요 법률에는 「해양경찰법」, 「경찰공무원법」, 「경찰관직무집행법」, 「해양경비법」, 「수상에서의 수색·구조 등에 관한 법률」, 「경찰직무응원법」, 「경범죄처벌법」, 「즉결심판에 관한 절차법」 등이 있다. 해양경찰권의 발동은 법률에 근거해야 하므로 가장 중심적인 법원이다.

3) 조약 및 국제법규(19 3차)

「헌법」에 의하여 체결·공포된 조약과 일반적으로 승인된 국제법규는 국내법과 동일한 효력을 가진다(헌법 제6조). 국내법과 동일한 효력을 가지므로 별도의 국내법 제정 절차가 필요하지 않다. 그 내용이 우리의 해양경찰활동에 관하여 구체적인 규정을 포함하고 있다면 그것은 해양경찰활동을 위한 법원이 된다(예를 들면 UN해양법협약).

더불어 범죄인인도조약, 형사사법공조조약, 난민의 지위에 관한 협약, 비자면제협정은 해양경찰의 법집행에서 직접적인 법적 구속력을 갖는다. 해양경찰작용이 그러한 조약에 위반한 경우 그 행정작용은 위법한 것이 된다.[33]

4) 행정입법(법규명령 · 행정규칙)

행정입법은 행정이 제정하는 것을 의미하며 법규명령과 행정규칙이 있다. 법규명령은 법률 등의 위임에 의하여 정해지며, 대통령령, 총리령, 부령이 있다. 행정규칙은 상급행정기관이 직권으로 소속 행정기관 등에 대하여 제정하는 것으로 법규의 성질을 가지지 않는 규율(훈령, 지시, 예규, 일일명령)을 말한다.

5) 자치법규

자치법규에는 법률의 위임[34]에 따라 지방자치단체의 지방의회가 정하는 조례, 지방자치단체의 장이 제정하는 규칙, 교육감이 제정하는 교육규칙이 있다.

헌법	행정의 조직이나 작용을 정한 부분은 그 한도 내에서 경찰행정법의 법원이 된다.	
법률	경찰권의 발동은 법률에 근거해야 하므로 가장 중심적인 법원이다.	
조약 및 국제법규	헌법에 의하여 체결 · 공포된 조약과 일반적으로 승인된 국제법규는 국내법과 동일한 효력을 가진다.(별도의 국내법 제정 절차 불요)	
법규명령	의의	① 국회의 의결 없이 행정기관에 의하여 제정된 법규로서 대통령령(시행령), 총리령 · 부령(시행규칙)으로 구분된다. ② 일반 · 추상적 규정, 국민과 행정청을 동시에 구속하는 양면적 구속력, 재판규범이다.
	위임명령	① 상위 법령의 구체적 위임이 필요하며, 새로운 법규사항 규정 가능 ② "~에 관한 사항은 해양수산부령으로 정한다." 형식으로 규정 ③ 대통령령, 총리령 · 부령
	집행명령	① 상위법령의 구체적 위임 불필요하며, 새로운 법규사항 규정 불가능 ② "~의 시행에 필요한 사항은 해양수산부령으로 정한다." 형식으로 규정 ③ 대통령령, 총리령 · 부령

33) 박균성 · 김재광(2016). 경찰행정법, 박영사, p. 17.

34) 낚시관리 및 육성법 제5조(낚시제한기준의 설정) ③ 특별시 · 광역시 · 특별자치시 · 도 · 특별자치도(이하 "시 · 도"라 한다) 또는 시 · 군 · 구(자치구를 말한다)는 관할 수역의 수생태계와 수산자원의 보호 등을 위하여 특히 필요하다고 인정되면 그 시 · 도 또는 시 · 군 · 자치구의 조례로 제1항에 따라 정한 낚시제한기준보다 강화된 낚시제한기준(기준 항목의 추가를 포함한다)을 정할 수 있다. <개정 2019. 8. 20., 2021. 4. 13.>

	특징	① 국민과 행정청을 동시에 구속하는 양면적 구속력이 있어서 재판규범이 됨. ② 특별한 규정이 없는 한 공포한 날부터 20일 경과시 효력발생 ※ 법률도 특별한 규정이 없는 한 공포한 날부터 20일 경과시 효력(헌법) ③ 국민의 권리제한 또는 의무부과와 직접 관련되는 법령(법률, 부령 등)은 공포 후 30일이 경과한 날부터 시행되도록 하여야 함(법령 등 공포에 관한 법률 제13조의2)
	한계	① 법률에 의한 일반적 · 포괄적 위임 금지 ② 국회 전속적 법률사항 위임금지 ③ 법률에서 위임한 사항을 전면적 재위임 금지 ④ 처벌규정 원칙적 금지, 예외적 위임(처벌규정 절대적 위임 금지 X) • 구성요건: 법률이 구체적 기준을 정하여 위임 가능 • 형벌: 법률이 형벌의 종류와 상한을 정하여 위임 가능
자치법규	조례	① 법령의 범위 안에서 자치단체 의회가 정하는 자치법규 ② 법률의 위임한 경우 벌칙 부과 가능하고(지방자치법 제28조), 조례 위반에 대하여는 1천만원 이하의 과태료 부과 가능(동법 제34조)
	규칙	자치단체장이 정하는 자치법규

3. 불문법원

해양경찰작용은 주로 성문법규로 규율하지만 때로는 그 공백을 메우거나 또는 의문점을 보충 · 해석하기 위하여 불문법원이 의미를 가진다.

1) 관습법

관습법으로는 입어권이 있다. 입어권이란 입어자가 마을어업의 어장(漁場)에서 수산동식물을 포획 · 채취할 수 있는 권리를 말한다. 어업신고를 한 자로서 마을어업권이 설정되지 전부터 해당 수면에서 계속하여 수산동식물을 포획 · 채취하여 온 사실이 대다수 사람들에서 인정되는 자 중 대통령령으로 정하는 바에 따라 어업권원부(漁業權原簿)에 등록된 자는 입어권이 인정된다(수산업법 제2조).

2) 판례법

판례에서 동일한 원칙이 반복되어 사람들이 그러한 원칙을 법적인 것으로 확신하게 되는 경우이다.

3) 조리: 행정법의 일반원리

인간사회의 모든 법질서가 지향해야 할 윤리적 기초로서 정의의 원칙에 합당한 것을 말한다. 이에는 비례의 원칙, 평등의 원칙(행정의 자기구속의 원칙), 신뢰보호의 원칙, 부당결부금지의 원칙이 있다. 이러한 원칙에 위반할 경우 위법이 된다. 최근 법치행정의 원리, 비례의 원칙, 평등의 원칙, 성실의무 및 권한남용금지의 원칙, 신뢰보호의 원칙, 부당결부금지의 원칙은 「행정기본법」에서 명문화되었다.

의의	① 일반사회의 보편적 원리로 성문법과 관습법이 없을 경우 최후의 보충적 법원 ② 오늘날 법의 일반원칙은 성문화되어 가는 추세 ③ 경찰의 행위가 형식상 적법하더라도 조리에 위반하면 위법
평등 원칙 (자기구속 원칙)	① 동종의 사안에 대하여 동일한 결정을 하도록 행정청이 스스로 구속받음 ② 행정선례가 적법해야 하며, 위법한 선례에는 자기구속 당하지 않음 ③ 실정법에 명시: ※ 행정기본법: 평등의 원칙(제9조)
비례 원칙 (과잉금지 원칙)	① 경찰권 발동과 관련하여 발전하였으며 오늘날에는 모든 행정에 적용 ② 적합성, 필요성, 상당성의 원칙 모두 충족해야 함 ③ 실정법에 명시: 헌법 제37조 제2항, 경찰관직무집행법 제1조 제2항 ④ 경찰비례의 원칙은 일반조항에 근거하여 경찰권을 발동하는 경우에는 물론 개별적 수권조항에 근거하여 경찰권을 발동하는 경우에도 적용된다. (22 간부) ※ 경직법 제1조②: 직권은 그 직무 수행에 필요한 최소한도에서 행사되어야 하며 남용되어서는 아니 된다. ※ 행정기본법: 비례의 원칙(제10조), 행정절차법: 과잉금지(행정지도)원칙(제48조)
신뢰보호 원칙	① 행정기관의 일정한 행위에 대한 개인의 신뢰를 보호하여 주는 원칙 ② 행정청의 해석과 관행은 공익 또는 제3자의 정당한 이익을 현저히 해할 우려가 있는 경우를 제외하고는 새로운 해석 또는 관행에 의하여 소급하여 불리하게 처리하여서는 아니 된다. (행정절차법 제4조 제2항) ③ 행정기본법과 행정절차법이 일반적인 근거가 될 수 있다. ④ 신뢰보호위반은 원칙적으로 취소사유이며 예외적으로 무효사유도 가능 ⑤ 운전면허 취소 사유에 해당함에도 착오로 운전면허 정지 처분을 한 이후, 운전면허 취소 처분은 허용될 수 없다. (대판 2000. 2. 25. 99두10520) ⑥ 실정법에 명시: ※ 행정기본법: 신뢰보호의 원칙(제12조) ※ 행정절차법: 신의성실 · 신뢰보호의 원칙(제4조)
부당결부금지의 원칙	① 행정청은 행정작용을 할 때 상대방에게 해당 행정작용과 실질적인 관련이 없는 의무를 부과해서는 아니 된다. (행정기본법 제13조) ⑥ 실정법에 명시: ※ 행정기본법: 부당결부금지의 원칙(제13조)

4. 해양경찰 법원의 효력

1) 시간적 효력

대통령령, 총리령 및 부령은 특별한 규정이 없으면 공포한 날부터 20일이 경과함으로써 효력을 발생하고(법령 등 공포에 관한 법률 제13조), 국민의 권리 제한 또는 의무 부과와 직접 관련되는 법률, 대통령령, 총리령 및 부령은 긴급히 시행하여야 할 특별한 사유가 있는 경우를 제외하고는 공포일부터 적어도 30일이 경과한 날부터 시행되도록 하여야 한다(법령 등 공포에 관한 법률 제13조의2).

2) 지역적 효력

대통령령과 총리령, 부령은 전국에 미치고, 조례는 당해 지방자치단체의 관할구역에 미친다.

3) 대인적 효력

치외법권을 가진 자는 우리 행정법의 적용을 받지 아니한다.

5. 행정입법

1) 의의

행정부가 제정하는 규정을 행정입법이라고 하며 법규명령과 행정규칙으로 나눌 수 있다.

법규명령은 국민을 구속하는 효력이 있고, 행정규칙은 내부 사무처리기준을 정한 것이다.

2) 주요내용 비교

구 분	법규명령	행정규칙
표현형식	시행령(대통령령),시행규칙(총리령 · 부령)	훈령, 지시, 예규, 일일명령
구속력	대내 · 대외 구속력 있음.	대내구속력 있고, 대외구속력 없음
형식	요식행위(문서 O, 구두 X)	불요식행위(문서 O, 구두 O)

구 분	법규명령	행정규칙
근거	필요	불요
공포	필요	불요
법규성	있음	없음
재판규범	인정	부정
위반효과	위법	위법은 아니고 징계사유
한계	법률우위원칙과 법률유보원칙 적용	법률우위원칙적용, 법률유보원칙 적용않됨.

3) 내용과 형식의 다른 경우

법규명령 형식의 행정규칙	형식은 법규이지만 내용은 행정규칙인 경우, 대통령령(시행령)은 법규명령으로 보지만, 부령(시행규칙)은 행정규칙으로 본다.
행정규칙 형식의 법규명령(법령보충규칙)	형식은 행정규칙이지만 상위법령의 구체적인 위임에 따라 제정되어 상위법령을 보충하고 있으면, 상위법령과 결합하여 법규성을 갖는다(판례).

4) 재량준칙에 대한 법규성

재량준칙은 재량권 행사의 일반적인 기준을 제시하는 행정규칙을 의미하고, 재량준칙에 따른 행정 관행의 반복으로 평등의 원칙이나 자기구속의 법리가 적용되는 경우에 외부적 효력이 있다(대판 2014. 11. 27. 2013두18964). 다만, 이는 판례가 행정규칙 자체의 법규성을 인정한 것은 아니기 때문에 행정규칙의 법규성은 부정된다.

6. 훈령

1) 의의

상급관청이 하급관청이나 보조기관의 권한행사를 일반적으로 지휘하는 명령을 말한다. 원칙적으로 일반적·추상적 사항에 대하여 발령하지만, 개별적·구체적 사항에 대해서도 가능하다. (22 간부)

훈령은 「행정효율과 협업촉진에 관한 규정」상 지시문서에 해당한다(행정효율과 협업촉진에 관한 규정 제4조). 그 지시문서의 종류에 훈령·지시·예규·일일명령 등 행정기관이 그 하급기관이나 소속 공무원에 대하여 일정한 사항을 지시하는 문서가 있다(행정효율과 협업촉진에 관한 규정 제4조).

2) 요건

형식적 요건	① 훈령권 있는 상급관청이 발한 것일 것 ② 하급관청의 권한 내의 사항에 관한 것일 것 ③ 직무상 독립한 범위에 속하는 사항이 아닐 것
실질적 요건	① 내용이 실현 가능하고 명확할 것 ② 내용이 적법하고 타당할 것 ③ 내용이 공익에 반하지 않을 것

3) 경합

주관상급관청과 비주관상급관청이 훈령이 충돌하는 경우 주관상급관청에 따르고, 주관상급관청이 모두 주관상급관청인 경우 직근상급관청을 따른다(예 해양경찰청 훈령과 서해지방해양경찰청 훈령이 충돌하는 경우 직근 상급관청인 서해지방해양경찰청의 훈령에 따른다). 주관상급관청이 불명확한 때에는 주관쟁의의 방법으로 해결한다.

4) 심사권

형식적 요건	① 하급 관청은 훈령의 형식적 요건을 심사할 권한 있음 ② 훈령이 형식적 요건을 갖추지 못한 경우 복종 거부 가능
실질적 요건	① 하급 관청은 실질적 요건을 심사할 권한 없음 ② 훈령이 실질적 요건을 갖추지 못한 경우에도 복종 ③ 예외적으로 훈령의 내용이 명백하게 중대하고 하자가 있는 경우에는 심사권이 있으며, 복종 거부할 수 있음

5) 위반의 효과

위반의 대외적 효과는 상급관청의 훈령에 위반한 하급관청의 행위도 적법하며 유효하고, 대내적 효과는 경찰공무원의 직무상 복종의무 위반으로 징계사유가 될 수 있다.

6. 훈령과 직무명령

직무명령이란 상급자가 하급자에게 발하는 명령을 말한다. 훈령과 직무명령의 차이를 구분하면 다음과 같다.

구분	훈령	직무명령
의의(22 간부)	상급관청이 하급관청에 명령	상관이 부하 공무원에게 명령
효력	경찰기관의 의사를 구속	경찰관 개인을 구속
구성원 변경	영향 없음	효력 상실
범위	직무사항에 한함	직무사항+공무원의 복무행위 • 직무와 간접적으로 관련(복장, 두발) (O) • 직무와 관련 없는 사생활 (X) • 부하의 권한행사 외의 사항 (X)
양자 관계	훈령은 직무명령의 성격을 가짐 (일반 · 추상적 + 개별 · 구체적)	직무명령은 훈령의 성격을 갖지 못함 (일반 · 추상적 X)
법적 근거	필요 없음	

SECTION

02 해양경찰 조직법

Ⅰ. 해양경찰조직법 개설

1. 의의

해양경찰조직법은 해양경찰의 조직에 관한 법을 의미한다. 구체적으로 설명하면 해양경찰조직법은 해양경찰기관의 설치, 폐지, 구성, 권한 및 해양경찰기관 상호간의 관계, 해양경찰관청의 임면·직무 등을 정한 법으로 「해양경찰법」, 「해양경찰청과 그 소속기관 직제·시행규칙」 등이 있다. 해양경찰조직법은 해양경찰행정의 내부조직을 규율하는 법으로서 해양경찰작용을 규율하는 해양경찰작용법과 구별된다.

2. 행정조직 법정주의

행정조직에 관한 사항은 기본적으로 법률로 정하여야 한다는 원칙을 행정조직법정주의라고 한다. 현행 「헌법」 제96조는 "행정각부의 설치·조직과 직무범위는 법률로 정한다"고 규정하여 행정조직법정주의를 채택하고 있다. 이에 근거하여 제정된 「정부조직법」은 국가의 행정조직에 관한 기본법이며, 정부조직법」 제43조 제2항·제3항에 근거하여 「해양경찰법」이 제정되었다. 「해양경찰법」은 해양경찰의 조직에 관한 기본법이다.

해양경찰조직은 해양경찰에 관한 국가의사를 결정하여 표시할 수 있는 기관인 해양경찰관청과 그 의사를 구체적으로 실현하는 해양경찰집행기관으로 나눌 수 있고, 상하 계층적 및 지역적으로 중앙의 해양경찰청과 지방해양경찰청, 해양경찰서로 나눌 수 있다.

3. 해양경찰 조직 구성과 기본개념

해양경찰청은 본청에 1차장, 기획조정관·감사담당관·6국(경비국, 구조안전국, 수사국, 국제정보국, 해양오염방제국, 장비기술국), 운영지원과을 두고, 부속기관으로 해양경찰교육원, 중앙해양특수구조단, 해양경찰정비창이 있고, 지방행정기관으로 전국에 5개 지방해양경찰청, 19개 해양경찰서를 두고 있다.

해양경찰청과 그 소속기관의 조직 및 정원의 합리적 운용과 관리를 위한 기준을 정함을 목적으로 「해양경찰청과 그 소속기관 조직 및 정원에 관한 규칙」이 있고, 그 규칙에 의해 기본 개념이 설정되어 있다.

1) 기본 개념

(1) 특별지방행정기관

특별지방행정기관이란 중앙행정기관에 소속되어, 해당 관할구역 내에서 시행되는 소속 중앙행정기관의 권한에 속하는 행정사무를 관장하는 국가의 지방행정기관으로 지방해양경찰청, 해양경찰서 등을 말한다.

(2) 부속기관

부속기관이란 행정권의 직접적인 행사를 임무로 하는 기관에 부속하여 그 기관을 지원하는 행정기관으로서 해양경찰교육원, 중앙해양특수구조단, 해양경찰정비창을 말한다.

(3) 소속기관

소속기관이란은 중앙행정기관에 소속된 기관으로서, 특별지방행정기관과 부속기관을 말한다.

(4) 보조기관(19 3차)

보조기관(line)이란 행정기관의 의사 또는 판단의 결정이나 표시를 보조함으로써 행정기관의 목적달성에 공헌하는 기관으로 각 국·과·계 등을 말한다.

(5) 보좌기관(19 3차)

보좌기관(staff)이란 행정기관이 그 기능을 원활하게 수행할 수 있도록 그 기관장이나 보조기관을 보좌함으로써 행정기관의 목적달성에 공헌하는 기관으로 각 관·

담당관 · 팀(기획조정관, 감사담당관) 등을 말한다.

(6) 하부조직

하부조직이라 함은 행정기관의 보조기관과 보좌기관을 말한다.

(7) 해양경찰청 조직관리부서

해양경찰청 조직관리부서란 해양경찰청 혁신행정법무담당관실을 말한다.

4. 「해양경찰법」의 제정

1) 제정 배경

「해양경찰법」은 2019년 8월 20일 제정되어 2020년 2월 21일에 시행되었다. 「해양경찰법」의 제정 배경은 해양경찰이 해양주권을 수호하고 해양 안전과 치안 확립에 필요한 책임을 다할 수 있도록 해양경찰의 직무를 제도적으로 뒷받침할 필요가 있고, 국가 해양관리 정책 환경의 변화를 수용하고 미래의 직무수행에 대비할 수 있도록 해양경찰의 책무, 해양경찰위원회의 설치, 해양경찰청의 조직과 직무, 해양안전 확보를 위한 협력과 참여, 해양경찰 직무수행의 기반 조성 등에 관한 법제도적 기반을 마련하는 것이었다.

2) 「해양경찰법」의 필요성

「해양경찰법」 제정의 필요성은 ① 공권력행사기관으로 기본권 제한의 근거 법률 부재, ② 해양경찰의 특수한 직무를 반영하지 못했던 법제 현실, ③ 해양사고 발생 시 마다 지속적으로 지적받는 전문성 부족, ④ 사법개력을 반영할 법적 기반 마련 필요, ⑤ 조직의 기반 약화와 신분의 불안정 등 5가지이다.[35)]

(1) 공권력행사기관으로 기본권 제한의 근거 법률 부재

해양경찰청은 검찰청, 경찰청과 마찬가지로 국민의 신체와 자유에 직접적인 영향을 줄 수 있는 일반사법경찰권을 가진 기관임에도 불구하고, 직무범위에 대한 명확한 법적 근거가 없이 국민의 기본권을 제한하고 있고, 국민의 법적 안정성과 예측

---

35) 해양경찰청(2019). 「해양경찰법해설서」, pp. 19-23.

가능성을 담보하지 못한다는 우려가 함께 공존했었다. 그동안 해양경찰은 「정부조직법」 제43조 제2항과 「해양경찰청과 그 소속기관 직제」, 「해양경찰청과 그 소속기관 직제 시행규칙」에 의해 조직이 구성되어 있었다.

(2) 해양경찰의 특수한 직무를 반영하지 못했던 법제 현실

해양경찰은 수색구조 및 안전, 해양치안 질서유지, 해양오염방제 등 매우 다양한 영역의 업무를 수행하고 있고, 국내 유일의 해양종합 법집행기관으로서의 특수성을 가지고 있다. 해양이라는 특수한 공간적 상황에서 발생하는 각종 위험과 재난상황에 대응한 해양경찰의 직무범위와 영역은 점차 확대되어 왔으나 법제도적으로는 현재의 해양경찰 직무를 충분히 반영하지 못한다는 지적과 우려가 계속되었다.

(3) 해양사고 발생시 마다 지속적으로 지적받는 전문성 부족

2019년 12월 말까지 해양경찰의 역대 청장 16명 중 14명이 경찰청 출신으로 역량을 발휘하여 해양안전을 책임지기에는 전문성이 떨어진다는 국회와 언론의 지적은 반복되어 왔다. 해양경찰청 내 청장 후보군은 치안정감 2명에 불과하여 후보자가 많은 경찰청 소속 치안정감(6명)과 치열하게 경쟁할 수밖에 없는 구조적인 문제가 있었다. 이에 따라 전문성을 갖춘 역량 있는 자체 청장이 임명되기 위해서는 현행 법제도에 대한 개선이 시급한 상황이었다.

(4) 사법개혁을 반영할 법적 기반 마련 필요

현재 검찰·경찰 간 수사권 조정에 관한 논의가 정책적으로 추진되고 있다. 「형사소송법」 등이 개정되어 법제도적인 개선과 변화가 필수적으로 수반될 것이다. 그러나 「해양경찰법」 제정 이전에는 「정부조직법」과 대통령령인 「해양경찰청과 그 소속기관 직제」규정 뿐이어서 수사권 조정 논의 결과를 반영시킬 수 없는 입법적 공백 상태가 초래될 수 있었던 상황이었다. 검찰과 경찰청은 자체 조직법 내에서 수사권 조정에 관한 내용을 반영할 수 있지만 해양경찰은 대통령령인 직제규정에 해당 내용을 반영할 수밖에 없다. 이는 국민의 기본권 보호와 직접적인 관련을 갖는 수사권 조정결과가 법률에 포섭하지 못하기 때문에 법치주의의 법률유보의 원칙에 어긋난다.

(5) 조직의 기반 약화와 신분의 불안정

법치주의 원칙에 따라 법률로서 조직과 직무를 규정해 놓지 않으면 정부는 대통령령인 직제 개정을 통해 조직을 개편할 수 있고, 이는 조직과 신분의 안정성 저하로 이어져 조직의 기반이 약화되고, 직원의 사기를 저하시키며 안정적인 정책수립에 큰 장애가 발생한다. 그 동안 1953년 해양경찰대로 창설된 이후 경찰청, 해양수산부, 국토해양부, 국민안전처 등으로 소속과 명칭이 자주 변경되고 업무의 범위 또한 변화되었다. 이러한 조직변천 과정은 국민들의 여망이나 소속 직원들의 의사보다는 주로 중앙정부 판단이나 정치적 상황에 따라 조직이 개편됨에 따라 조직의 정체성에 큰 영향을 미치고 직원의 사기 저하를 야기하였다.

3) 주요 내용

주요내용은 다음과 같다.

① 해양에서 사람의 생명·신체 및 재산 보호, 대한민국의 국익 보호 및 해양영토 수호 등 해양경찰의 책무를 규정함(제2조).

② 해양경찰은 직무를 수행할 때 국민 전체에 대한 봉사자로서 공정·중립을 지켜야 하고, 국민의 자유와 권리를 존중하며, 권한을 남용해서는 아니 됨(제3조).

③ 해양경찰청 소관 법령의 제정·개정·폐지, 기본계획 등의 수립, 해양경찰청 인사운영 기준 등에 관한 사항을 심의·의결하기 위하여 해양수산부에 해양경찰위원회를 둠(제5조).

④ 해양경찰청장은 치안총감으로 보하고, 해양경찰에서 15년 이상 국가경찰공무원으로 재직한 자로서 치안감 이상 국가경찰공무원으로 재직 중이거나 재직했던 사람 중에서 임명함(제11조 및 제12조).

⑤ 해양경찰청장은 해양안전 확보를 위하여 적절한 교육·훈련 체계를 마련하고, 해양사고 등 관련 상황을 파악하고 전파할 수 있는 지휘·통신체계를 마련하도록 함(제16조).

⑥ 해양경찰청장은 해양재난 또는 해양사고의 대응에 필요한 경우 관계 기관에 협력을 요청할 수 있음(제17조).

⑦ 해양경찰청장은 해양경찰행정에 국민이 참여할 수 있도록 다양한 참여방법과 협력의 기회를 제공하도록 노력하여야 함(제18조).

⑧ 해양경찰청장은 우수한 인적자원을 양성하는 등 직무수행의 전문성 확보를 위하여 노력하고, 직무수행에 필요한 함정·항공기 등의 도입 및 관리계획을 시행하며, 해양경찰 업무에 필요한 연구개발 지원 등을 위한 시책을 마련하여 추진하여야 함(제19조부터 제21조).

4) 수사부서의 장 신설(2021. 1.)

(1) 외부임용 자격요건

외부임용 자격요건으로 수사부서의 장은 「형사소송법」에 따른 해양경찰의 수사에 관하여 대통령령으로 정하는 바에 따라 해양경찰청 소속 공무원을 지휘·감독하고, 수사부서의 장은 해양경찰청 외부를 대상으로 모집하여 임용할 수 있다. 이 경우 다음 각 호의 자격을 갖춘 사람 중에서 임용한다(해양경찰법 제15조의 2 제1항·제2항).

① 10년 이상 해양수사업무에 종사한 사람 중에서 「국가공무원법」에 따른 고위공무원단에 속하는 공무원, 3급 이상 공무원 또는 총경 이상 경찰공무원으로 재직한 경력이 있는 사람
② 판사·검사 또는 변호사의 직에 10년 이상 있었던 사람
③ 변호사 자격이 있는 사람으로서 국가기관, 지방자치단체, 「공공기관의 운영에 관한 법률」 제4조에 따른 공공기관에서 법률에 관한 사무에 10년 이상 종사한 경력이 있는 사람
④ 대학이나 공인된 연구기관에서 법률학·경찰학·해양경찰학 분야에서 조교수 이상의 직이나 이에 상당하는 직에 10년 이상 있었던 사람
⑤ ①부터 ④까지의 경력 기간의 합산이 15년 이상인 사람

(2) 외부 임용 결격 사유

수사부서의 장을 해양경찰청 외부를 대상으로 모집하여 임용하는 경우 다음 각 호의 어느 하나에 해당하는 사람은 수사부서의 장이 될 수 없다(해양경찰법 제15조의 2 제3항).

① 「경찰공무원법」의 결격사유에 해당하는 사람
② 정당의 당원이거나 당적을 이탈한 날부터 3년이 지나지 아니한 사람
③ 선거에 의하여 취임하는 공직에 있거나 그 공직에서 퇴직한 날부터 3년이 지나지 아니한 사람
④ 제2항 제1호에 해당하는 공무원 또는 판사·검사의 직에서 퇴직한 날부터 1년이 지나지 아니한 사람
⑤ 제2항 제3호에 해당하는 사람으로서 국가기관등에서 퇴직한 날부터 1년이 지나지 아니한 사람

(3) 수사부서장의 임기

수사부서의 장을 해양경찰청 외부를 대상으로 모집하여 임용하는 경우 「경찰공무원법」 제30조에도 불구하고 수사부서의 장의 임기는 2년으로 하고 중임할 수 없다. 이 경우 수사부서의 장은 임기가 끝나면 당연히 퇴직한다. 수사부서의 장을 해양경찰청 내부를 대상으로 임명하는 경우 수사부서의 장의 임기는 2년으로 한다(해양경찰법 제15조의 2 제4항·제5항).

Ⅱ. 해양경찰기관

1. 행정주체와 해양경찰기관의 개념

1) 행정주체

행정주체[36]란 행정을 행할 권리와 의무를 가지고, 자기의 이름과 책임하에 행정을 실시하는 단체(법인)를 의미하며, 그 법적 효과는 모두 행정주체에 귀속이 된다. 현재 우리나라 경찰행정의 주체는 국가와 제주특별자치도(제주자치경찰)가 있고, 해양경찰은 국가공무원이므로 해양경찰의 행정주체는 국가이다.

2) 해양경찰기관

해양경찰기관이라 함은 해양에서 경찰권한을 행사하는 해양경찰조직의 구성단위를 말한다. 해양경찰기관은 경찰기관의 구성자인 경찰공무원과는 구별된다. 해양경찰기관은 그를 구성하는 경찰공무원의 변경과 관계없이 통일적인 일체로서 존속한다. 해양경찰기관은 해양경찰청, 보조기관인 차장·국장·과장, 지방해양경찰청, 지방해양경찰청의 과장, 해양경찰교육원, 해양경찰서, 해양경찰서의 과장, 파출소, 출장소, 함정, 해양경찰연구센터, 해양경찰정비창 등을 의미한다.

2. 보통경찰기관

보통경찰기관이란 경찰작용을 주된 업무로 수행하는 행정기관을 말한다. 보통경찰기관에는 행정관청의 지위를 갖는 해양경찰관청, 심의 의결기관인 해양경찰위원회 그리고 집행기관인 해양경찰집행기관이 있다. 해양경찰에서의 관청으로는 해양

---

36) 행정주체에는 국가와 공공단체(지방자치단체, 공공조합, 영조물법인, 공법상재단), 공무수탁사인으로 나눌 수 있다. 행정주체는 원칙적으로 법인으로서 스스로 권리·의무의 주체가 되어 법률관계의 당사자가 되기도 하며, 재산권을 취득하며 소를 제기하거나 소의 대상이 될 수도 있다. 국가는 본원적인 행정주체이고, 지방자치단체는 헌법적인 제도적 보장의 대상이며, 직접 선출된 주민대표기관을 통해 의사형성 권한을 갖는 등 독자적인 지위를 갖는다. 공무수탁사인은 국가가 특정된 경미한 범위에서 사인에게 위탁하고 그 한도에서 그에게 권한을 부여할 수 있다. 이 때의 권한을 수탁받은 당사자를 공무수탁사인이라고 한다[류지태·박종수(2009). 「행정법신론」, 제13판, 박영사, pp. 711－713].

수산부 외청 소속의 해양경찰청장, 지방해양경찰청장, 해양경찰서장이 있다.

3. 해양경찰위원회(20 3차 · 21 1차)

해양경찰위원회는 「해양경찰법」에 근거하여 설치되었고, 해양경찰 정책의 민주성과 투명성 제고를 위한 통제장치이다. 해양수산부 소속으로 설치되어 해양수산부와 해양경찰청간의 원활한 업무 협조와 조율이 가능할 것으로 판단된다. 해양경찰위원회의 심의·의결 절차를 통해 해양경찰의 정책이 수정·보완될 수 있고, 각계의 의견을 수렴할 수 있는 장점이 있다.

1) 심의 · 의결 기관

(1) 심의 · 의결 사항

해양경찰행정에 관한 심의·의결 사항은 다음과 같다(해양경찰법 제5조).

① 해양경찰청 소관 법령 또는 행정규칙의 제정·개정·폐지, 소관 법령에 따른 기본계획·관리계획 등의 수립 및 이와 관련된 사항
② 인권보호와 부패방지 및 청렴도 향상에 관한 주요 정책사항(22 하반기)
③ 해양경찰청 소속 공무원의 채용·승진 등 인사운영 기준과 교육 및 복지증진에 관한 사항
④ 해양경찰장비·시설의 도입·운영에 관한 사항
⑤ 그 밖에 주요 정책과 제도 개선 및 업무발전에 관하여 필요하다고 인정되어 위원회 의결로 회의에 부치는 사항

해양수산부장관 또는 해양경찰청장은 중요하다고 인정되어 위원회의 심의·의결이 필요한 사항은 회의에 부칠 수 있고, 해양수산부장관은 심의·의결된 내용이 적정하지 아니하다고 판단할 때에는 재의를 요구할 수 있다.

(2) 심의 · 의결을 거치지 아니한 경우

해양경찰위원회가 해양경찰청장의 의사를 구속하는 심의·의결을 하거나 외부에 표시할 수는 없으나 해양경찰청장이 심의·의결을 거치지 아니하고 행위한 경우에는 무권한의 행위가 되며 무효가 된다. 지금까지 지휘부 결재만으로 시행되던 해양경찰청의 주요 행정은 반드시 심의·의결을 거쳐야만 된다는 점에서 큰 변화를 가져올 것이다.

2) 위원회의 구성 및 위원의 임명(해양경찰법 제6조)

위원회는 위원장 1명을 포함한 7명의 위원으로 구성하되, 위원장 및 위원은 비상임으로 하고, 위원 중 2명은 법관의 자격이 있는 사람이어야 한다.

위원은 해양수산부장관의 제청으로 국무총리를 거쳐 대통령이 임명한다. 이 경우 해양수산부장관은 위원 임명을 제청할 때 해양경찰의 정치적 중립이 보장되도록 하여야 한다.

다음 어느 하나에 해당하는 사람은 위원이 될 수 없다.

① 당적을 이탈한 날부터 3년이 지나지 아니한 사람

② 선거에 의하여 취임하는 공직에서 퇴직한 날부터 3년이 지나지 아니한 사람

③ 경찰, 검찰, 국가정보원 직원 또는 군인의 직에서 퇴직한 날부터 3년이 지나지 아니한 사람

④ 「국가공무원법」 제33조 각 호의 어느 하나에 해당하는 사람

3) 위원의 임기 및 신분보장(해양경찰법 제7조)

① 위원의 임기는 3년으로 하며, 연임[37]할 수 없다. 이 경우 보궐위원의 임기는 전임자 임기의 남은 기간으로 한다. (22 하반기)

② 위원은 정당에 가입하거나 제6조 제4항 제2호 또는 제3호의 직에 취임 또는 임용되거나 제4호에 해당하게 된 때에는 당연히 퇴직된다.

③ 위원은 중대한 신체상 또는 정신상의 장애로 직무를 수행할 수 없게 된 경우를 제외하고는 그 의사에 반하여 면직되지 아니한다.

④ 위원에 대하여는 「국가공무원법」 제60조 및 제65조를 준용한다.

4) 위원회의 운영(해양경찰법 제8조 · 9조 · 10조)

해양수산부장관이 재의를 요구하려고 하는 경우에는 의결한 날부터 10일 이내에 재의요구서를 위원회에 제출하여야 하고, 위원장은 재의요구가 있으면, 그 요구를 받은 날부터 7일 이내에 회의를 소집하여 다시 의결하여야 한다.

---

37) 연임과 중임: 연임은 임기제의 기관이 그 임기를 채우고 연속하여 임기를 시작하는 것을 의미하고, 중임은 임기제의 기관이 임기를 채운 것과는 무관하게 거듭하여 임용되어 취임하는 것을 말한다. 따라서 해석상 중임이 연임보다 넓은 개념이다. 해양경찰위원의 경우 연임할 수 없으므로 1번 쉬고 다시 할 수 있다. 해양경찰청장의 임기는 2년으로 하고, 중임할 수 없으므로 임기를 채우거나 못채우거나 관계없이 다시 취임할 수 없다.

위원장은 위원회의 심의를 위하여 필요한 경우에는 관계 공무원에게 필요한 사항의 보고 또는 자료의 제출을 요구하거나 관계 전문가로부터 의견을 청취할 수 있고, 보고 또는 자료의 제출을 요구받은 관계 공무원은 성실히 이에 응하여야 한다.

위원회의 사무는 해양경찰청에서 수행하고, 위원회의 회의는 재적위원 과반수의 출석과 출석위원 과반수의 찬성으로 의결하며, 「해양경찰법」에 규정된 것 외에 위원회의 운영 등에 필요한 사항은 대통령령으로 정한다.

4. 해양경찰관청

1) 해양경찰관청의 의의(19 3차)

행정관청은 국가 또는 다른 행정주체의 기관이라 할 수 있다. 행정관청은 스스로 법인격을 갖는 것이 아니고, 행정주체를 위해 자기의 책임과 이름으로 부여된 권한을 행사하는 지위에 있게 된다. 행정관청의 개념은 조직적 측면을 강조하느냐 아니면 기능적 측면을 강조하느냐에 따라 조직적 의미의 행정관청, 기능적 의미의 행정관청으로 나눌 수 있다.[38]

조직적 의미의 행정관청은 피라미드구조의 국가적 행정계층제 속으로 편입된 행정기관을 조직적 의미의 행정관청이라 할 수 있다. 통상적으로 학설에 따르면 국가의 의사를 결정하여 외부에 표시할 수 있는 권한을 갖는 행정기관을 행정관청이라고 한다.[39]

국가경찰행정관청이란 위험방지임무에 관한 국가의사를 결정하고 이를 외부에 표시할 수 있는 권한을 가진 기관을 의미한다. 경찰행정관청은 법률로서 경찰의 직무와 권한이 부여된 행정관청이라 정의할 수도 있다.[40] 따라서 해양경찰관청은 해양에서 위험방지임무에 관한 국가의사를 결정하고 외부에 표시할 수 있는 권한을 가진 기관을 의미한다고 볼 수 있다. 해양경찰관청에는 해양경찰청장, 지방해양경찰청장, 해양경찰서장으로 구성되어 있다.

---

38) 류지태 · 박종수(2009). 행정법신론 제13판, 박영사, p. 717.

39) 동게서.

40) 홍정선(2007). 경찰행정법, 박영사, p. 104.

2) 해양경찰청장(COMMISSIONER GENERAL): 해양경찰청(KOREA COAST GUARD HEADQUARTERS)

(1) 지위

해양에서의 경찰 및 오염방제에 관한 사무를 관장하기 위하여 해양수산부 소속으로 해양경찰청을 둔다(정부조직법 제43조 제2항). 해양경찰청장의 임명절차와 권한은 「해양경찰법」 제11조에 규정되어 있다.

① 해양경찰청에 해양경찰청장을 두며, 해양경찰청장은 치안총감으로 보한다.
② 해양경찰청장은 해양경찰위원회의 동의를 받아 해양수산부장관의 제청으로 국무총리를 거쳐 대통령이 임명한다.
③ 해양경찰청장은 해양경찰에 관한 사무를 총괄하고 소속 공무원 및 각급 해양경찰기관의 장을 지휘·감독한다.
④ 해양경찰청장의 임기는 2년으로 하고, 중임할 수 없다.

임명자격으로 "해양경찰청장은 해양경찰에서 15년 이상 국가경찰공무원으로 재직한 자로서 치안감 이상 국가경찰공무원으로 재직 중[41]이거나 재직했던 사람 중에서 임명한다(해양경찰법 제12조)"로 되어 있다. 해양경찰청장은 경찰청장과 같은 계급인 치안총감이지만 인사청문[42]의 대상이 아니다.

---

41) 「해양경찰법」이 시행된 이후 첫 번째 해양경찰청장은 2020년 3월 4일부로 치안감에서 치안총감으로 2계급 승진하였다. 과거의 「경찰공무원법」상으로는 2계급 승진이 불가하였으나 「**경찰공무원법**」 **제11조 제1항**에서 "① 경찰공무원은 바로 아래 하위계급에 있는 경찰공무원 중에서 근무성적평정, 경력평정, 그 밖의 능력을 실증(實證)하여 승진임용한다. 다만, 해양경찰청장을 보하는 경우 치안감을 치안총감으로 승진임용할 수 있다"라는 단서조항을 2019년 8월 20일 신설하여 가능하게 되었다.

42) 「국회법」 제65조의 2(인사청문회)
① 제46조의3에 따른 심사 또는 인사청문을 위하여 인사에 관한 청문회(이하 "인사청문회"라 한다)를 연다.
② 상임위원회는 다른 법률에 따라 다음 각 호의 어느 하나에 해당하는 공직후보자에 대한 인사청문 요청이 있는 경우 인사청문을 실시하기 위하여 각각 인사청문회를 연다.
1. 대통령이 임명하는 헌법재판소 재판관, 중앙선거관리위원회 위원, 국무위원, 방송통신위원회 위원장, 국가정보원장, 공정거래위원회 위원장, 금융위원회 위원장, 국가인권위원회 위원장, 국세청장, 검찰총장, 경찰청장, 합동참모의장, 한국은행 총재, 특별감찰관 또는 한국방송공사 사장의 후보자
2. 대통령당선인이 「대통령직 인수에 관한 법률」 제5조 제1항에 따라 지명하는 국무위원 후보자
3. 대법원장이 지명하는 헌법재판소 재판관 또는 중앙선거관리위원회 위원의 후보자

지방조직으로는 해양경찰청장 소속하에 5개의 지방해양경찰청을 두고, 지방해양경찰청장 소속하에 해양경찰서를 둔다. 해양경찰서장 소속하에 파출소를 두며, 해양경찰청장은 임시로 필요한 때에는 출장소를 둘 수 있다.

해양경찰청장은 「수상에서의 수색구조 등에 관한 법률」상 수난구호에 있어서 중앙구조본부의 장이고, 「수상레저안전법」에 따라 조종면허의 허가권자이며, 취소·정지권도 해양경찰청장의 권한이다. 「해양환경관리법」상 해양경찰청장은 해양오염방제를 위한 국가긴급방제계획의 수립 및 시행권을 가지고 있다. 해양경찰청은 협의의 행정경찰기관이 아니고 경찰청과 같은 보통경찰기관이다. 해양경찰은 「해양경찰법」과 「해양경찰청과 그 소속기관직제 및 시행규칙」의 적용을 받고, 「경찰공무원법」, 「경찰관직무집행법」, 「경찰직무응원법」은 경찰청과 같이 적용된다.

(2) 해양경찰청의 보좌기관과 보조기관

보좌기관은 행정기관이 그 기능을 원활하게 수행할 수 있도록 그 기관장이나 보조기관을 보좌함으로써 행정기관의 목적달성에 공헌하는 기관으로 각 관·담당관·팀 등을 말한다.

보조기관은 행정기관의 의사 또는 판단의 결정이나 표시를 보조함으로써 행정기관의 목적달성에 공헌하는 기관으로 각 국·과·계 등을 말한다. 해양경찰청에 운영지원과, 경비국, 구조안전국, 수사국, 국제정보국, 장비기술국, 해양오염방제국을 두고 있다.

(3) 해양경찰청의 부속기관(21 · 22 간부 · 20 3차)

행정권의 직접적인 행사를 임무로 하는 기관에 부속하여 그 기관을 지원하는 행정기관으로서 해양경찰청의 부속기관에는 해양경찰교육원, 중앙해양특수구조단, 해양경찰정비창이 있다.

① 해양경찰교육원(KOREA COAST GUARD ACADEMY)

해양경찰교육원은 소속공무원(해양경찰청 소속 의무경찰 포함)의 교육훈련 및 해양경찰업무와 관련된 기관·단체가 위탁하는 교육훈련을 관장한다. 해양경찰교육원에 교장 1인을 두되, 교장은 경무관으로 보하고, 교장은 해양경찰청장의 명을 받아 해양경찰교육원의 사무를 통할하고, 소속공무원을 지휘·감독한다.

해양경찰청과 그 소속기관 직제 제20조(해양경찰연구센터) ① 해양에서의 경찰 및 오염방제 업무에 관한 연구·분석·장비개발 등에 관한 사무를 관장하기 위하여 해양경찰교육원장 소속으로 해양경찰연구센터(이하 "연구센터"라 한다)를 둔다. (21 하반기)

② 중앙해양특수구조단(KOREA COAST GUARD SPECIAL RESCUE UNIT)

중앙해양특수구조단은 ㉠ 대형·특수 해양사고의 구조·수중수색 및 현장지휘, ㉡ 잠수·구조 기법개발·교육·훈련 및 장비관리 등에 관한 업무, ㉢ 인명구조 등 관련 국내외 기관과의 교류 협력, ㉣ 중·대형 해양오염사고 발생 시 현장출동·상황파악 및 응급방제조치, ㉤ 오염물질에 대한 방제기술 습득 및 훈련을 담당한다.

중앙해양특수구조단에 단장 1명을 두고 단장은 총경으로 보하고, 단장은 해양경찰청장의 명을 받아 소관사무를 총괄하고, 소속 공무원을 지휘·감독한다. 중앙해양특수구조단의 소관 사무를 분장하기 위하여 중앙해양특수구조단장 소속으로 서해해양특수구조대 및 동해해양특수구조대를 둔다.

서해해양특수구조대장 및 동해해양특수구조대장은 중앙해양특수구조단장의 명을 받아 소관 사무를 총괄하고, 소속 공무원을 지휘·감독한다.

③ 해양경찰정비창(KOREA COAST GUARD SHIPYARD)

해양경찰정비창은 함정의 정비 및 수리에 관한 사무를 관장한다. 해양경찰정비창에 창장(CHIEF OF KOREA COAST GUARD SHIPYARD) 1인을 두되, 창장은 임기제 공무원으로 보한다.

3) 지방해양경찰청장과 해양경찰서장(특별지방행정관청)

특별지방행정기관이라 함은 중앙행정기관(해양경찰청)에 소속되어, 해당 관할구역 내에서 시행되는 소속 중앙행정기관의 권한에 속하는 행정사무를 관장하는 국가의 지방행정기관으로 지방해양경찰청, 해양경찰서 등을 말한다. 지방해양경찰관청에는 지방해양경찰청장과 해양경찰서장이 있다.

(1) 지방해양경찰청장(COMMISSIONER OF KOREA COAST GUARD REGION-○○)

해양경찰청의 사무를 지역적으로 분담 수행하게 하기 위하여 지방해양경찰청을 두고, 지방경찰청은 관할구역 안에서의 해양치안에 관한 사무를 수행하는데, 지방해양경찰청의 명칭·위치는 대통령령(해양경찰청과 그 소속기관 직제), 그 관할구역은 해양수산부령(해양경찰청과 그 소속기관 직제 시행규칙)으로 정한다. 지방해양경찰청장은 해양에서의 경찰 및 해양오염방제에 관한 사무를 관장하는 지방행정관청이다. 지방해양경찰청장은 「수상에서의 수색·구조등에 관한 법률」상 수난구호에 있어서 광역구조본부의 장이기도 하다.

지방해양경찰청장은 해양경찰서장의 소관 사무를 분장하기 위하여 해양수산부령으로 정하는 바에 따라 해양경찰서장 소속으로 파출소를 둘 수 있고, 필요한 경우에는 해양수산부령으로 정하는 바에 따라 해양경찰서장 소속으로 출장소를 둘 수 있으며, 파출소 및 출장소의 명칭·위치와 관할구역, 그 밖에 필요한 사항은 지방해양경찰청장이 정한다.

지방해양경찰청의 소관 사무를 분장하기 위하여 지방해양경찰청장 소속으로 해상교통관제센터를 두고, 해상교통관제센터의 명칭 및 위치는 해양수산부령으로 정하며, 관할구역 등 그 밖에 필요한 사항은 지방해양경찰청장이 정한다.

지방해양경찰청에 청장 1인을 두되, 청장은 치안정감(중부), 치안감(서해, 남해) 또는 경무관(동해, 제주)으로 보한다. 지방해양경찰청장은 해양경찰청장의 명을 받아 소관사무를 통할하고, 소속공무원을 지휘·감독한다.

2009년 11월 9일 이전에는 지방조직이 인천·동해·목포·부산지방해양경찰본부이었으나 2009년 11월 9일 이후에는 동해·서해·남해 3개의 지방해양경찰청으로 확대 개편되었고, 2014년 11월 19일 이후 5개의 지방본부로 구성되었고, 그 지방본부는 남해해양경비안전본부, 서해해양경비안전본부 및 중부해양경비안전본부의 본부장은 치안감으로, 동해 지방해양경비안전본부의 본부장과 제주해양경비안전본부는 경무관으로 보하였으며, 2016년 4월 21일 중부해양경비안전본부장의 직급을 치안정감으로 높였다. 문재인 정부시기인 2017년 7월 26일 해양경찰청이 환원되면서 5개의 지방해양경찰청(중부, 서해, 남해, 동해, 제주)으로 변화되었다.

(2) 해양경찰서장(CHIEF OF KOREA COAST GUARD STATION ○○)

지방해양경찰청장의 소관 사무를 분장하기 위하여 지방해양경찰청장 소속하에 해양경찰서를 두되, 해양경찰서장은 총경으로 보한다. 해양경찰서장은 지방해양경찰청장의 명을 받아 소관사무를 통할하고, 소속공무원을 지휘·감독한다. 해양경찰서장은 가장 말단의 행정관청이기도 하다.

「수상에서의 수색구조 등에 관한 법률」상 해양경찰서장은 해상에서의 수난구호업무에 대한 관할권을 가지고 있고, 수난구호에 있어서 지역구조본부의 장이다. 해양경찰서장은 「수상레저안전법」상 수상레저활동의 금지구역의 지정, 시정명령 등을 발할 수 있는 권한을 가지고 있고, 「해양환경관리법」상 사인에게 폐기물 배출해역을 지정할 수 있고 지정해역의 이용제한, 지정해역의 위치변경, 배출폐기물의 종류 또는 폐기물 배출량의 조정 등 필요한 조건을 붙일 수 있다.

5. 본청의 조직

1) 해양경찰청장

(1) 해양경찰청장(COMMISSIONER GENERAL)

해양경찰청장은 해양수산부장관 소속의 중앙 해양경찰관청으로 해양경찰청장은 해양경찰에 관한 사무를 총괄하고 소속 공무원 및 각급 해양경찰기관의 장을 지휘·감독하고, 치안총감으로 보한다.

(2) 대변인(SPOKESPERSON)

청장 밑에 대변인 1명을 두고, 대변인은 4급 또는 총경으로 보하며, 대변인은 다음 사항에 관하여 청장을 보좌한다.

① 주요정책에 관한 대언론 홍보 계획의 수립 · 조정 및 소속기관의 대언론 정책홍보 지원 · 조정
② 보도계획의 수립, 보도자료 작성 · 배포
③ 인터뷰 등 언론과 관련된 업무
④ 온라인대변인 지정 · 운영 등 소셜 미디어 정책소통 총괄 · 점검 및 평가

2) 차장(DEPUTY COMMISSIONER GENERAL)

해양경찰청 차장은 치안정감으로 보하고, 차장 밑에 기획조정관 및 감사담당관 각 1명을 둔다.

(1) 기획조정관(DIRECTOR GENERAL FOR PLANNING AND COORDINATION)

기획조정관은 치안감으로 보하고, 다음 사항[43]에 관하여 차장을 보좌한다.

기획조정관 밑에 기획재정담당관·혁신행정법무담당관, 인사담당관 및 교육훈련담

43) 기획조정관의 차장 보좌사무
1. 주요정책과 업무계획의 수립 및 종합·조정, 2. 각종 지시사항 및 국정과제의 점검·관리
3. 청 내 정부혁신 관련 과제 발굴·선정, 추진상황 확인·점검 및 관리
4. 예산 편성·집행 조정 및 재정성과 관리, 5. 국유재산관리계획 수립 및 집행
6. 국회 관련 업무의 총괄·조정, 6의2. 해양경찰위원회의 간사업무에 관한 사항
7. 행정관리 업무의 총괄·조정, 8. 조직진단 및 평가를 통한 조직과 정원의 관리
9. 소관 법제 업무 총괄, 10. 소관 행정심판 및 소송 업무, 규제개혁업무 총괄
11. 성과관리 및 행정개선의 총괄·지원, 12. 소속 공무원의 임용·상훈 및 그 밖의 인사
13. 소속 공무원의 교육·훈련

당관을 두되, 기획재정담당관·혁신행정법무담당관 및 인사담당관은 총경으로, 교육훈련담당관은 서기관 또는 총경으로 보한다.

(2) 감사담당관(AUDIT AND INSPECTION DIVISION)

감사담당관은 4급 또는 총경으로 보하고, 다음 사항에 관하여 차장을 보좌한다.

① 행정감사제도의 운영 및 행정감사계획 · 부패방지종합대책의 수립 · 조정
② 해양경찰청 및 그 소속기관에 대한 감사
③ 해양경찰청 및 그 소속기관에 대한 다른 기관의 감사결과 처리
④ 소속 공무원의 재산등록 · 선물 신고 및 취업제한에 관한 업무
⑤ 사정업무 및 징계위원회의 운영
⑥ 진정 · 민원 및 비위사실의 조사 · 처리
⑦ 해양수색구조 안전성 등에 대한 감사

(3) 스마트해양경찰추진팀(SMART COAST GUARD STEERING TEAM)

「행정기관의 조직과 정원에 관한 통칙」에 따라 차장 밑에 스마트해양경찰추진팀을 두고, 팀장은 경정으로 보한다. 스마트해양경찰추진팀은 다음 사항에 관하여 차장을 보좌한다.

① 해양경찰 분야 첨단 기술 활용 관련 계획의 수립 · 시행
② 해양경찰 분야 맞춤형 기술 개발에 관한 연구 · 기획
③ 아이디어 발굴을 통한 해양경찰 장비 개발에 관한 사항
④ 해양경찰 개인 장비의 현장 적합성 제고에 관한 사항

(4) 해양경비기획단(MARITIME SECURITY PLANNING UNIT)

「행정기관의 조직과 정원에 관한 통칙」에 따라 차장 밑에 해양경비기획단을 두고, 단장 1명을 두며, 단장은 총경으로 보한다. 해양경비기획단장은 다음 사항에 관하여 차장을 보좌한다.

① 해양경비정보 · 상황인식 체계 구축에 대한 기획 및 조정
② 해양경비정보의 수집 · 분석 · 활용에 관한 사항
③ 해양경비정보의 수집 · 공유 관련 기관간 협력에 관한 사항
④ 해양경비정보센터 구축 및 운영에 관한 사항

(5) 선박교통관제기술개발단(VESSEL TRAFFIC SERVICE TECHNOLOGY UNIT)

「행정기관의 조직과 정원에 관한 통칙」에 따라 차장 밑에 선박교통관제기술개발단을 둔다.

단장 1명을 두며, 단장은 기술서기관으로 보한다. 선박교통관제기술개발단장은 다음 사항에 관하여 차장을 보좌한다.

① 음주운항, 과속, 항로이탈 등 해양사고 위험 탐지 시스템 개발 및 운영에 관한 계획의 수립 · 시행
② 음주운항 자동탐지시스템 활용에 관한 사항
③ 음주운항 자동탐지시스템과 해상교통관제시스템 등과의 연동에 관한 사항

(6) 양성평등정책팀

「행정기관의 조직과 정원에 관한 통칙」에 따라 차장 밑에 양성평등정책팀을 둔다.

양성평등정책팀에 팀장 1명을 두며, 팀장은 경정으로 보하고, 양성평등정책팀장은 다음 사항에 관하여 차장을 보좌한다.

① 해양경찰 분야 양성평등 관련 정책의 수립 및 이행 관리
② 해양경찰 분야 성 주류화(性 主流化) 제도 운영 및 지도
③ 해양경찰청과 그 소속기관 내 성희롱 · 성폭력 예방 대책 수립
④ 해양경찰청과 그 소속기관 내 양성평등 관련 제도 및 문화의 개선 방안 수립 · 조정

3) 운영지원과(GENERAL AFFAIRS DIVISION)

운영지원과장은 총경으로 보하고, 다음 사항을 분장한다.

① 보안 · 당직 · 청내안전 및 관인의 관리
② 소속 공무원의 복무 · 연금 · 급여 및 복리후생에 관한 사무
③ 문서의 분류 · 접수 · 발송 · 보존 및 관리, 기록관의 운영 · 관리
④ 물품의 구매 및 조달
⑤ 자금의 운용 및 회계
⑥ 의무경찰의 운영 및 관리
⑦ 민원의 접수 · 관리 및 정보공개제도 업무
⑧ 그 밖에 다른 국 및 담당관의 주관에 속하지 아니하는 업무

4) 경비국(MARITIME SECURITY BUREAU)(19 1차)

경비국에 경비국장(DIRECTOR GENERAL FOR MARITIME SECURITY) 1명을 두고, 국장은 치안감 또는 경무관으로 보하며, 경비국에 경비과·종합상황실 및 해상교통관제과를 두되, 경비과장·종합상황실장은 총경으로 보하고, 해상교통관제과장은 서기관 또는 기술서기관으로 보한다. 국장은 다음 사항을 분장한다.

① 해양경비에 관한 계획의 수립·조정 및 지도
② 경비함정·항공기 등의 운용 및 지도·감독(22 간부)
③ 동·서해 특정해역에서의 조업 경비
④ 해양에서의 경호, 대테러 예방·진압
⑤ 통합방위 및 비상대비 업무의 기획 및 지도·감독
⑥ 해양상황의 처리와 관련된 주요업무계획의 수립·조정 및 지도
⑦ 해양상황의 접수·처리·전파 및 보고
⑧ 해상교통관제(VTS) 정책 수립 및 기술개발
⑨ 해상교통관제센터의 설치·운영
⑩ 해상교통관제센터의 항만운영 정보 제공
⑪ 해상교통관제 관련 국제교류·협력

5) 구조안전국(RESCUE AND SAFETY BUREAU)

구조안전국에 구조안전국장(DIRECTOR GENERAL FOR RESCUE AND SAFETY) 1명을 두고, 국장은 치안감 또는 경무관으로 보하며, 구조안전국에 해양안전과·수색구조과 및 수상레저과를 두고, 각 과장은 총경으로 보한다. 국장은 다음 사항을 분장한다.

① 연안해역 안전관리에 관한 정책의 수립·조정 및 지도
② 연안해역 안전 관련 법령·제도의 연구·개선
③ 파출소 및 출장소 운영
④ 해수면 유선 및 도선 사업 관련 제도 운영
⑤ 해수면 유선 및 도선 사업의 면허·신고 및 안전관리
⑥ 해수욕장 안전관리
⑦ 어선출입항 신고업무(22 간부)
⑧ 해양사고 재난 대비·대응
⑨ 해양에서의 구조·구급 업무
⑩ 중앙해양특수구조단 운영 지원 및 해양경찰구조대 등 해양구조대 운영 관련 업무
⑪ 해양안전 관련 민·관·군 구조협력 및 합동 구조 훈련
⑫ 해양수색구조 관련 국제협력 및 협약 이행
⑬ 수상레저 안전관리에 관한 정책의 수립·조정 및 지도
⑭ 수상레저 안전 관련 법령·제도의 연구·개선
⑮ 수상레저 안전문화의 조성 및 진흥(22 간부)
⑯ 수상레저 관련 조종면허 및 기구 안전검사·등록 등에 관한 업무
⑰ 수상레저 사업의 등록 및 안전관리의 감독·지도
⑱ 수상레지 인진 관련 단제 관리 및 민관 협업체계 구성

6) 수사국(INVESTIGATION BUREAU)

수사국에 국장(DIRECTOR GENERAL FOR INVESTIGATION) 1명을 두고, 국장은 치안감 또는 경무관으로 보한다. 수사국에 수사기획과 · 수사과 · 형사과 및 과학수사팀을 두며, 수사기획과장 · 수사과장 · 형사과장은 총경으로, 과학수사팀장은 경정으로 보한다. 국장은 다음 사항을 분장한다.

① 수사업무 및 범죄첩보에 관한 기획 · 지도 및 조정
② 범죄통계 및 수사 자료의 분석
③ 해양과학수사업무에 관한 기획 · 지도 및 조정

7) 국제정보국(INTERNATIONAL AFFAIRS AND INTELLIGENCE BUREAU)

국제정보국에 국장(DIRECTOR GENERAL FOR INTERNATIONAL AFFAIRS AND INTELLIGENCE) 1명을 두고, 국장은 치안감 또는 경무관으로 보한다, 국제정보국에 정보과 · 외사과 · 보안과 및 국제협력과를 두며, 정보과장 · 외사과장 · 보안과장 및 국제협력과장은 총경으로 보한다. 국장은 다음 사항을 분장한다.

① 정보업무의 기획 · 지도 및 조정
② 정보의 수집 · 분석 및 배포
③ 보안경찰업무의 기획 · 지도 및 조정
④ 외사경찰업무의 기획 · 지도 및 조정
⑤ 국제사법공조 관련 업무
⑥ 해양경찰 직무와 관련된 국제협력업무의 기획 · 지도 및 조정

8) 해양오염방제국(MARINE POLLUTION RESPONSE BUREAU)(18 3차 · 19 간부)

해양오염방제국에 해양오염방제국장(DIRECTOR GENERAL FOR MARINE POLLUTION RESPONSE) 1명을 두고, 국장은 고위공무원단에 속하는 일반직 공무원으로 보하되 그 직위의 직무등급은 나등급으로 한다. 해양오염방제국에 방제기획과 · 기동방제과 및 해양오염예방과를 두며, 방제기획과장은 부이사관 또는 기술서기관으로, 기동방제과장 및 해양오염예방과장은 기술서기관으로 보한다. 국장은 다음 사항을 분장한다.

① 해양오염 방제 조치
② 국가긴급방제계획의 수립 및 시행
③ 해양오염 방제자원 확보 및 운영
④ 해양오염 방제를 위한 관계기관 협조
⑤ 국제기구 및 국가 간 방제지원 협력
⑥ 해양오염 방제 관련 조사 · 연구 및 기술개발
⑦ 방제대책본부의 구성 · 운영 및 긴급방제 총괄지휘
⑧ 해양오염 방제매뉴얼 수립 및 조정
⑨ 방제훈련 계획의 수립 및 조정
⑩ 기름 및 유해화학물질 사고 대비 · 대응
⑪ 오염물질 해양배출신고 처리
⑫ 방제비용 부담 등에 관한 업무
⑬ 방제조치에 필요한 전산시스템 구축 · 운용
⑭ 지방자치단체의 해안 방제조치 지원에 관한 업무
⑮ 해양오염 방지를 위한 예방활동 및 지도 · 점검
⑯ 선박해양오염 · 해양시설오염 비상계획서 검인 등에 관한 업무
⑰ 방제자재 · 약제 형식승인
⑱ 오염물질 해양배출행위 조사 및 오염물질의 감식 · 분석 등에 관한 업무
⑲ 해양환경공단의 방제사업 중 긴급방제조치에 대한 지도 · 감독
⑳ 해양오염방지를 위한 구난조치

9) 장비기술국(EQUIPMENT AND TECHNOLOGY BUREAU)

장비기술국에 장비기술국장(DIRECTOR GENERAL FOR EQUIPMENT AND TECHNOLOGY) 1명을 두고, 국장은 치안감 또는 경무관으로 보한다. 장비기술국에 장비기획과 · 장비관리과 · 항공과 및 정보통신과를 두되, 장비기획과장 · 장비관리과장 · 항공과장은 총경으로, 정보통신과장은 서기관 · 기술서기관 또는 총경으로 보한다. 국장은 다음 사항을 분장한다.

① 해양경찰장비(함정, 항공기, 차량, 무기 등)의 개선 및 획득
② 해양경찰장비의 정비 및 유지 관리
③ 해양경찰정비창에 대한 지도 · 감독
④ 물품 · 무기 · 탄약 · 화학 장비 수급관리 및 출납 · 통제
⑤ 경찰제복 및 의복의 보급 · 개선
⑥ 해양항공 업무 관련 계획의 수립 · 조정 등에 관한 업무
⑦ 해양에서의 항공기 사고조사 및 원인분석
⑧ 정보통신 업무계획의 수립 · 조정 등에 관한 업무
⑨ 정보통신 보안업무

10) 해양경찰교육원(KOREA COAST GUARD ACADEMY)

(1) 교육원에 원장 1명을 두며, 원장은 경무관으로 보한다.

(2) 해양경찰교육원은 다음 사무를 관장한다.

① 소속 공무원(의무경찰 포함)의 교육 및 훈련
② 해양에서의 경찰 및 오염방제 업무와 관련된 기관 · 단체가 위탁하는 교육 및 훈련
③ 해양에서의 경찰 및 오염방제 업무에 관한 연구 · 분석 및 장비 · 기술 개발

(3) 해양경찰교육원에 운영지원과 · 교무과 · 교수과 · 직무교육훈련센터 및 학생과를 두며, 운영지원과장 · 교무과장 · 교수과장 및 직무교육훈련센터장은 총경으로, 학생과장은 경정으로 보한다.

(4) 해양경찰연구센터

① 해양에서의 경찰 및 오염방제 업무에 관한 연구 · 분석 · 장비개발 등에 관한 사무를 관장하기 위하여 해양경찰교육원장 소속으로 해양경찰연구센터를 둔다.

② 연구센터에 센터장 1명을 두며, 센터장은 4급으로 보한다.

③ 센터장은 해양경찰교육원장의 명을 받아 소관사무를 총괄하고, 소속 공무원을 지휘 · 감독한다.

11) 중앙해양특수구조단(KOREA COAST GUARD SPECIAL RESCUE UNIT)

(1) 중앙해양특수구조단은 다음 사무를 관장한다.

① 대형 · 특수 해양사고의 구조 · 수중수색 및 현장지휘
② 잠수 · 구조 기법개발 · 교육 · 훈련 및 장비관리 등에 관한 업무
③ 인명구조 등 관련 국내외 기관과의 교류 협력
④ 중 · 대형 해양오염사고 발생 시 현장출동 · 상황파악 및 응급방제조치
⑤ 오염물질에 대한 방제기술 습득 및 훈련

(2) 단장

특수구조단에 단장 1명을 두며, 단장은 총경으로 보한다. 단장은 해양경찰청장의 명을 받아 소관사무를 총괄하고, 소속 공무원을 지휘 · 감독한다.

(3) 해양특수구조대(○○ COAST GUARD SPECIAL RESCUE TEAM)

① 특수구조단의 소관 사무를 분장하기 위하여 특수구조단장 소속으로 서해해양

특수구조대 및 동해해양특수구조대를 둔다.

② 서해해양특수구조대 및 동해해양특수구조대에 대장 각 1명을 두며, 서해해양특수구조대장은 경정으로, 동해해양특수구조대장은 경감으로 보한다.

③ 서해해양특수구조대장 및 동해해양특수구조대장은 특수구조단장의 명을 받아 소관 사무를 총괄하고, 소속 공무원을 지휘·감독한다.

6. 지방해양경찰청의 조직

1) 지방해양경찰청장(COMMISSIONER OF KOREA COAST GUARD REGION-○○)

지방해양경찰청에 청장 1명을 둔다. 중부지방해양경찰청장은 치안정감으로, 서해지방해양경찰청과 남해지방해양경찰청의 청장은 치안감으로, 그 밖의 지방해양경찰청장은 경무관으로 보한다. 지방해양경찰청장은 해양경찰청장의 명을 받아 소관사무를 총괄하고, 소속 공무원을 지휘·감독한다. 중부지방해양경찰청, 서해지방해양경찰청 및 남해지방해양경찰청에 각각 안전총괄부를 둔다.

(1) 지방해양경찰청 안전총괄부(GENERAL SAFETY DEPARTMENT)

중부지방해양경찰청 안전총괄부, 서해지방해양경찰청 안전총괄부 및 남해지방해양경찰청 안전총괄부에 부장(DIRECTOR GENERAL FOR GENERAL SAFETY) 각 1명을 둔다. 안전총괄부장은 경무관으로 보한다. 부장은 다음 사항을 분장한다.

① 해상경비에 관한 계획의 수립 및 지도
② 해양에서의 수색 · 구조업무
③ 파출소 · 출장소 운영 및 외근업무의 기획 · 지도
④ 해상교통관제센터 운영 및 관제업무의 지도 · 감독
⑤ 수상레저 안전관리
⑥ 항만 운영 정보 제공 및 연안해역 안전 관리
⑦ 수사업무와 그 지도 및 조정
⑧ 정보업무에 관한 지도 및 조정
⑨ 국제적 범죄 또는 외국인 관련 범죄의 수사지도
⑩ 해양오염 방제조치 관련 업무
⑪ 해양오염예방을 위한 지도 · 점검 및 감시 · 단속
⑫ 오염물질 감식 및 분석
⑬ 해양상황의 접수 · 처리 · 전파 및 보고

(2) 지방해양경찰청의 하부 조직

① 안전총괄부와 과

지방해양경찰청에 다음 각 호의 구분에 따라 부 및 과를 두고, 지방해양경찰청장 밑에 청문감사담당관 및 종합상황실장을 둔다. 다만, 중부·서해 및 남해지방해양경찰청은 안전총괄부장 밑에 종합상황실장을 둔다(해양경찰청과 그 소속기관 직제 시행규칙 제20조 제1항).

㉠ **중부·서해 및 남해지방해양경찰청**: 안전총괄부 및 기획운영과. 이 경우 안전총괄부에 경비과·구조안전과·수사과·정보외사과 및 해양오염방제과를 둔다.

㉡ **동해 및 제주지방해양경찰청**: 기획운영과·경비안전과·수사과·정보외사과 및 해양오염방제과

② 지방해양경찰청 과장의 직급

기획운영과장·경비과장·구조안전과장·경비안전과장 및 수사과장은 총경으로, 정보외사과장은 총경 또는 경정으로, 해양오염방제과장은 기술서기관·공업사무관·보건사무관·환경사무관·해양수산사무관 또는 방재안전사무관으로, 청문감사담당관은 총경 또는 경정으로, 종합상황실장은 경정으로 보한다(해양경찰청과 그 소속기관 직제 시행규칙 제20조 제2항).

③ 지방해양경찰청장의 직할단 및 직할대(18 3차 · 19 간부)

지방해양경찰청장 밑에 항공단을 직할단으로 두고, 특공대를 직할대로 둔다. 다만, 중부지방해양경찰청장 밑에는 서해 5도 특별경비단 및 항공단을 직할단으로 두고, 특공대를 직할대로 둔다.

서해 5도 특별경비단장(CHIEF OF WEST SEA SPECIAL SECURITY UNIT)은 총경으로, 항공단장은 총경 또는 경정으로, 특공대장은 경정 또는 경감으로 보한다.

각 직할단(서해 5도 특별경비단 제외)의 장 및 직할대의 장의 보좌사무는 해양경찰청장이 정하는 기준에 따라 지방해양경찰청장이 정한다.

(3) 해상교통관제센터(○○ VESSEL TRAFFIC SERVICE CENTER)

① 지방해양경찰청의 소관 사무를 분장하기 위하여 지방해양경찰청장 소속으로 해상교통관제센터를 둔다. (22 간부)

② 해상교통관제센터는 연안교통관제센터와 항만교통관제센터로 구분한다. (22 간부)

③ 해상교통관제센터에 센터장 1명을 두며, 연안교통관제센터장은 5급 또는 경정으로, 항만교통관제센터장은 5급으로 보한다.

7. 해양경찰서의 조직

1) 해양경찰서 현황

해양경찰서(KOREA COAST GUARD STATION ○○)에 서장 1명을 두고, 해양경찰서장(CHIEF OF KOREA COAST GUARD STATION ○○)은 총경으로 보한다. 서장은 지방해양경찰청장의 명을 받아 소관사무를 총괄하고, 소속 공무원을 지휘·감독한다. 전국적으로 19개의 해양경찰서가 있다. 중부지방해양경찰청에 4개, 서해지방해양경찰청에 5개, 남해지방해양경찰청에 4개, 동해지방해양경찰청에 4개, 제주지방해양경찰청에 2개이다.

지방해양경찰청	해양경찰서	
	명 칭	위 치
중부지방해양경찰청	인천해양경찰서	인천광역시 중구
	평택해양경찰서	경기도 평택시
	태안해양경찰서	충청남도 태안군
	보령해양경찰서	충청남도 보령시
서해지방해양경찰청	군산해양경찰서	전라북도 군산시
	부안해양경찰서	전라북도 부안군
	목포해양경찰서	전라남도 목포시
	완도해양경찰서	전라남도 완도군
	여수해양경찰서	전라남도 여수시
남해지방해양경찰청	통영해양경찰서	경상남도 통영시
	창원해양경찰서	경상남도 창원시
	부산해양경찰서	부산광역시 영도구
	울산해양경찰서	울산광역시 남구
동해지방해양경찰청	포항해양경찰서	경상북도 포항시
	울진해양경찰서	경상북도 울진군
	동해해양경찰서	강원도 동해시
	속초해양경찰서	강원도 속초시
제주지방해양경찰청	제주해양경찰서	제주특별자치도 제주시
	서귀포해양경찰서	제주특별자치도 서귀포시

2) 해양경찰서의 조직

(1) 해양경찰서 과의 구성과 직급

해양경찰서에 기획운영과 · 경비구조과 · 해양안전과 · 수사과 · 정보외사과 · 해양오염방제과 및 장비관리과를 둔다. 다만, 인천해양경찰서 및 동해해양경찰서에는 기획운영과 · 경비구조과 · 해양안전과 · 수사과 · 정보외사과 · 해양오염방제과 · 장비관리과 및 보안팀을 두고, 태안해양경찰서 · 완도해양경찰서 · 울산해양경찰서 · 포항해양경찰서 · 속초해양경찰서 · 보령해양경찰서 · 부안해양경찰서 및 울진해양경찰서에는 기획운영과 · 경비구조과 · 해양안전과 · 수사과 · 정보외사과 · 해양오염방제과 및 장비운영관리팀을 둔다.

각 과장 및 팀장은 경정 또는 경감으로 보한다. 다만, 해양오염방제과장은 공업사무관 · 보건사무관 · 환경사무관 · 해양수산사무관 · 방재안전사무관으로 보하고, 분장사무는 해양경찰청장이 정하는 기준에 따라 지방해양경찰청장이 정한다.

(2) 파출소(KOREA COAST GUARD SUBSTATION ○○) 및 출장소(KOREA COAST GUARD SUBSTATION BRANCH ○○)의 설치기준

파출소 및 출장소의 명칭 · 위치와 관할구역, 그 밖에 필요한 사항은 지방해양경찰청장이 정한다. (22 간부)

해양경찰서장의 소관 사무를 분장하기 위하여 해양경찰서장 소속으로 파출소를 두되, 다음 각 호의 어느 하나에 해당하는 경우에는 출장소를 둘 수 있다.

① 도서, 농 · 어촌 벽지 등 교통 · 지리적 원격지로 인접 해양경찰관서에서의 출동이 용이하지 아니한 경우
② 관할구역에 국가중요시설 등 특별한 경계가 요구되는 경우
③ 휴전선 인근 등 보안상 취약지역을 관할하는 경우
④ ①부터 ③까지에서 규정한 사항 외에 치안수요가 특수하여 파출소를 운영하는 것이 적당하지 아니한 경우

Ⅲ. 해양경찰 집행기관

해양경찰집행기관은 소속 해양경찰관청의 명을 받아 경찰에 관한 국가의사를 실력으로써 집행하는 경찰기관이다. 해양경찰집행기관은 그 직무의 일반성 여하에 따라 일반경찰집행기관과 특별경찰집행기관으로 구분할 수 있다.

1. 일반경찰집행기관

해양경찰청 소속의 경찰공무원(치안총감, 치안정감, 치안감, 경무관, 총경, 경정, 경위, 경사, 경장, 순경) 한 사람 한 사람이 일반경찰집행기관이다. 일반경찰기관인 해양경찰청 소속 경찰공무원은 제복을 착용하고, 무기를 휴대할 수 있음을 특징으로 한다.[44]

2. 특별경찰집행기관

일반경찰작용 중에서도 특정한 분야의 경찰작용에 관한 경찰집행기관을 말하는데, 의무경찰, 청원경찰 등을 들 수 있다.

(1) 의무경찰

간첩(무장공비를 포함)의 침투거부(浸透拒否), 포착(捕捉), 섬멸(殲滅), 그 밖의 대(對)간첩작전을 수행하고 치안업무를 보조하기 위하여 지방경찰청장 및 대통령령으로 정하는 국가경찰기관의 장 또는 해양경찰기관의 장 소속으로 의무경찰대를 두고, 경찰청장 또는 해양경찰청장은 필요한 경우 그 소속으로 따로 의무경찰대를 두거나 대통령령으로 정하는 바에 따라 의무경찰대의 총괄기관을 둘 수 있다(의무경찰대 설치 및 운영에 관한 법률 제1조). 그리고 의무경찰은 임무수행에 필요하다고 인정할 때에는 경비지역에서 검문을 할 수 있다(의무경찰대 설치 및 운영에 관한 법률 제2조의2).

최근 해양경찰에서는 의무경찰을 점차 줄이고 폐지하려는 계획을 실행하고 있다. 이들은 그 조직과 임무에 있어서는 군복부를 대신하는 것이고, 그 임무는 치안유지

---

44) 경찰공무원법」 제20조 ① 경찰공무원은 제복을 착용하여야 한다.
② 경찰공무원은 직무수행을 위하여 필요한 때에는 무기를 휴대할 수 있다.
③ 경찰공무원의 복제에 관하여 필요한 사항은 행정안전부령 또는 해양수산부령으로 정한다.

의 일환이다.

(2) 청원경찰

① 의의

청원경찰이란 국가기관 또는 공공단체와 그 관리하에 있는 중요 시설 또는 사업장, 국내 주재(駐在) 외국기관, 그 밖에 행정안전부령으로 정하는 중요 시설, 사업장 또는 장소에서 그 해당하는 기관의 장 또는 시설·사업장 등의 경영자가 경비를 부담할 것을 조건으로 경찰의 배치를 신청하는 경우 그 기관·시설 또는 사업장 등의 경비(警備)를 담당하게 하기 위하여 배치하는 경찰을 말한다(청원경찰법 제2조). 예를 들면 해양수산부 지방해양수산청 소속의 청원경찰이 육지와 해양의 접경지역에 해당하는 항만에서 한정된 경찰업무를 수행한다.

② 청원경찰의 직무와 배치

청원경찰은 청원주와 배치된 기관·시설 또는 사업장 등의 구역을 관할하는 경찰서장의 감독을 받아 그 경비구역만의 경비를 목적으로 필요한 범위에서 「경찰관직무집행법」에 따른 경찰관의 직무를 수행한다. 청원경찰을 배치받으려는 자는 대통령령으로 정하는 바에 따라 관할 지방경찰청장에게 청원경찰 배치를 신청하여야 한다. 지방경찰청장은 청원경찰 배치 신청을 받으면 지체 없이 그 배치 여부를 결정하여 신청인에게 알려야 한다. 지방경찰청장은 청원경찰 배치가 필요하다고 인정하는 기관의 장 또는 시설·사업장의 경영자에게 청원경찰을 배치할 것을 요청할 수 있다(청원경찰법 제3조, 제4조).

③ 청원경찰의 복무와 무기휴대 등

청원경찰의 복무에 관하여는 「국가공무원법」과 「경찰공무원법」을 준용한다. 청원경찰은 근무 중 제복을 착용하여야 한다. 지방경찰청장은 청원경찰이 직무를 수행하기 위하여 필요하다고 인정하면 청원주의 신청을 받아 관할 경찰서장으로 하여금 청원경찰에게 무기를 대여하여 지니게 할 수 있다(청원경찰법 제5조, 제8조).

Ⅳ. 해양경찰관청의 권한의 대리와 위임 및 상호관계

1. 권한의 의미와 효과

1) 권한과 권리

행정기관의 분류는 권한의 차이에 기초한 것이다. 권한과 유사한 용어로 권리가 있다. 권리의 '권(權)'은 힘(power)을 나타내고, '리(利)'는 이익을 나타내는 것으로, 권리란 자기의 이익을 지키는 힘을 의미한다. 그런데 이익을 지키는 힘이라는 점에서 권한도 권리와 같다. 차이가 있다면 권리는 자기의 이익을 지키는 데 반해, 권한은 타인의 이익을 지켜 주는 힘이라는 점이다.[45] 예를 들면 해양경찰청장이 그 권한에 의해 지키고자 하는 것은 자기 자신의 사리사욕이 아니라 국가라는 타인(제3자)의 이익인 것이다. 그러나 그러한 힘(권)이 있다고 해도 법으로 정해진 한도가 있기 때문에 권리와는 구별하여 권한이라고 부른다.

2) 권한의 효과

권한의 효과에는 외부적 효과와 내부적 효과가 있다.

외부적 효과로 경찰행정청(해양경찰청장, 지방해양경찰청장, 해양경찰서장)은 독립된 법인격을 갖지 않고 행정주체(국가)를 대표하는 기관이므로 경찰행정청의 대외적인 행위의 법적 효과는 경찰행정청 자신이 아니라 행정주체인 국가에 귀속된다.

내부적 효과로 경찰행정청의 권한은 경찰행정청 상호간에 있어서 활동범위와 한계를 정한다. 즉, 경찰행정청은 권한의 범위 내에서 활동할 수 있고, 다른 경찰행정청의 권한에 속하는 활동을 행할 수 없다.

2. 권한의 대리

1) 권한의 대리의 의의

행정청의 권한은 행정청 자신이 행사하는 것이 원칙이다. 그러나 일정한 사유가 있는 경우 경찰행정청의 권한의 전부 또는 일부를 다른 행정기관이 대신 행사하고

45) 이철주 · 강경선 · 김민배(2004). 행정법Ⅰ, 한국방송통신대학교 출판부, p. 106.

그 행위가 피대리관청의 행위로서 효력을 발생하는 것을 말한다. 대리는 발생원인을 기준으로 수권대리와 법정대리가 있다.

2) 대리의 종류

(1) 수권대리(임의대리)

수권대리는 피대리관청의 수권에 의하여 대리관계가 발생하는 경우로서 대리의 금지규정이 있거나 성질상 대리인정을 할 수 없는 사항을 제외하고는 보통 보조기관에 일정범위의 대리권을 부여할 수 있다. 이는 개별적인 법적근거를 요하지 않는다.

(2) 법정대리

법정대리는 피대리관청의 수권에 의한 것이 아니고, 법정사실이 발생하였을 경우에 직접 법령의 규정에 의하여 당연히 발생하는 것으로 협의의 법정대리와 지정대리가 있다. 이는 피대리관청 권한의 전부에 미친다.

① 협의의 법정대리

"대통령이 궐위되거나 사고로 인하여 직무를 수행할 수 없을 때에는 국무총리, 법률이 정한 국무위원의 순서로 그 권한을 대행한다(헌법 제71조)"와 같이 법정 사실의 발생에 의하여 당연히 발생하는 경우로서 이를 보충대리하고 한다.

② 지정대리

"국무총리가 사고로 직무를 수행할 수 없는 경우에는 기획재정부장관이 겸임하는 부총리, 교육부장관이 겸임하는 부총리의 순으로 직무를 대행하고, 국무총리와 부총리가 모두 사고로 직무를 수행할 수 없는 경우에는 대통령의 지명이 있으면 그 지명을 받은 국무위원이, 지명이 없는 경우에는 제26조 제1항에 규정된 순서에 따른 국무위원이 그 직무를 대행한다(정부조직법 제22조)"와 같이 지정대리는 관청구성자가 존재하면서 다만 사고가 있을 때에 인정되는 것이 보통이다.

3) 권한의 위임과의 구별

권한의 대리와 권한의 위임은 양자 모두 행정청의 행위를 다른 행정기관이 대신하여 행사한다는 점에서 공통점을 가지지만, 다음과 같이 구별된다.

(1) 권한의 대리는 피대리자(위임관청) 권한의 전부 또는 일부를 대리자가 피대리

자를 위한 것임을 표시(현명주의)하고 자기의 명의로 대행하는 것으로 그 행위는 피대리자의 행위로서 효과가 발생한다.

(2) 위임은 자신의 권한을 행사하지 아니하고 법령에 근거하여 권한의 일부를 보조기관 또는 하급관청에게 이전하여 행사하게 하는 것이다.

(3) 권한의 위임에 있어서는 위임청의 권한이 수임행정기관에 이전되는데 반하여 권한의 대리는 행정청이 그의 권한을 일시적으로 대리기관으로 하여금 대리하여 행사하게 하는 것에 지나지 않으며 권한 자체가 이전되는 것은 아니다.

(4) 복대리는 대리권자가 다시 다른 사람으로 하여금 대리하게 하는 것으로서, 언제나 임의대리에 해당한다. 복대리인은 대리권자의 대리인이 아니라 피대리인의 대리인이다.

(5) 대리는 주로 보조기관, 위임은 주로 하급행정기관(하급관청)이 상대방이 된다.

(6) 권한의 위임은 법령상 정해진 권한분배를 변경하는 것이므로 법적 근거를 요하지만, 권한의 대리 중 임의대리는 통설에 의하면 법적근거를 요하지 않는다.

구 분	임의대리	법정대리	위임
사례	청장 대신 차장이 회의참석	청장 사망 차장 대리	해양경찰청장이 지방해양경찰청장에 위임
법적 근거	법의 근거 불요	법의 근거 필요	법의 근거 필요
권한의 이전	이전 되지 아니함	이전 되지 아니함	이전 됨
이전 범위	일부	전부	일부
위임청 감독	가능	불가능	가능
복대리/재위임	불가능	가능	가능
법률 효과	피대리관청	피대리관청	수임관청
명의	대리기관	대리기관	수임

4) 대결과 위임전결

법령의 근거가 불요한 내부적 사실행위로서, 외부에는 본래 행정청의 이름으로 표시된다.

(1) 대결

결재만 맡기는 것으로 결재권자가 휴가, 출장 등으로 일시 부재시 하급자가 대신하여 결재하는 것을 말한다.

(2) 위임전결(내부위임)

결재만 맡기는 것으로 위임전결 규칙에 의거하여 상시적으로 하급자에게 결재를 맡기는 것을 말한다.

3. 권한의 위임

1) 권한의 위임의 의의

경찰행정관청이 자기에게 주어진 권한을 스스로 행사하지 않고 법령에 근거하여 타자에게 사무처리권한의 일부를 실질적으로 이전하여 그자의 이름과 권한과 책임으로 특정의 사무를 처리하게 하는 것을 권한의 위임이라고 한다. 권한의 위임은 법령에 근거가 필요하고, 권한이 위임된 경우 위임한 행정청에는 그 권한이 없으며, 수임을 받은 행정기관이 자기 이름으로 그 권한을 행사한다.

2) 일반적 근거

(1) 일반적 근거: 「정부조직법」 제6조(권한의 위임 또는 위탁)

① 행정기관은 법령으로 정하는 바에 따라 그 소관사무의 일부를 보조기관 또는 하급행정기관에 위임하거나 다른 행정기관·지방자치단체 또는 그 기관에 위탁 또는 위임할 수 있다. 이 경우 위임 또는 위탁을 받은 기관은 특히 필요한 경우에는 법령으로 정하는 바에 따라 위임 또는 위탁을 받은 사무의 일부를 보조기관 또는 하급행정기관에 재위임할 수 있다.
② 보조기관은 위임받은 사항에 대하여는 그 범위에서 행정기관으로서 그 사무를 수행한다.
③ 행정기관은 법령으로 정하는 바에 따라 그 소관사무 중 조사·검사·검정·관리 업무 등 국민의 권리·의무와 직접 관계되지 아니하는 사무를 지방자치단체가 아닌 법인·단체 또는 그 기관이나 개인에게 위탁할 수 있다.

(2) 「행정권한의 위임 및 위탁에 관한 규정」 주요 내용

① 위임: 권한의 일부를 그 보조기관이나 하부기관에 맡기는 것을 말한다.
위탁: 권한의 일부를 다른 행정기관의 장에게 맡기는 것을 말한다.
② 위임·위탁 전에 수임기관의 수임능력을 점검하고, 인력과 예산을 이관해야 한다. 즉 위임자가 인력과 예산을 부담한다.

③ 단순 사무를 제외하고 수임·수탁사무 처리에 필요한 교육과 처리지침을 통보하여야 한다.

④ 위임·위탁기관은 사무 처리의 적정성 확보를 위하여 수시로 감사할 수 있다.

⑤ 위임·위탁기관은 그 사무를 지휘·감독하고 그 처리가 위법·부당할 때에는 취소·정지시킬 수 있다.

⑥ 위임·위탁기관은 수임·수탁기관에 사전승인이나 협의할 것을 요구할 수 없다(사후감독은 가능).

※ 예외: 해양경찰청장은 중앙해양특수구조단·해양경찰교육원·해양경찰정비창 및 지방해양경찰청장에게 다음 구분[46]에 따른 권한을 위임할 수 있고, 임용권을 위임받은 소속기관 등의 장은 소속 경찰공무원을 승진임용할 때에는 미리 해양경찰청장에게 보고해야 한다(해양경찰청 소속 경찰공무원 임용에 관한 규정 제4조 제1항·제2항).

⑦ 수임·수탁기관에 사무처리 책임이 있으며, 위임·위탁기관은 감독책임을 진다.

⑧ 권한이 위임되면 권한이 이전되므로 위임한 행정청은 그 권한을 상실한다.

(3) 해양경찰의 권한 위임과 위탁의 例

첫째, 내부 기관과 자치단체에 위임하는 경우는 다음과 같다.

「수상레저안전법」 제54조는 "이 법에 따른 해양경찰청장의 권한은 대통령령으로 정하는 바에 따라 그 일부를 그 소속 기관의 장 또는 시장·군수·구청장에게 위임할 수 있다"고 규정하고 있고, 「수상레저안전법시행령」 제39조는 "해양경찰청장은 법 제54조에 따라 다음 각 호의 구분에 따른 권한을 지방해양경찰청장, 해양경찰서장 또는 시장·군수·구청장(특별자치시장 포함)에게 위임한다.

① 지방해양경찰청장: 안전관리계획의 시행에 필요한 지도·감독
② 해양경찰서장: 면허증의 발급, 조종면허의 취소·정지처분, 과태료의 부과·징수
③ 시장·군수·구청장: 과태료의 부과·징수

---

46) **해양경찰청 소속 경찰공무원 임용에 관한 규정 제4조(임용권의 위임)** ① 해양경찰청장은 법 제7조 제4항에 따라 중앙해양특수구조단·해양경찰교육원·해양경찰정비창 및 지방해양경찰청(이하 "소속기관등"이라 한다)의 장에게 다음 각 호의 구분에 따른 권한을 위임할 수 있다. <개정 2020. 12. 31.>

1. 중앙해양특수구조단장: 중앙해양특수구조단 소속 경찰공무원 중 경감 이하의 전보권 및 경사 이하의 승진임용·파견·휴직·직위해제 및 복직에 관한 권한
2. 해양경찰교육원장 또는 지방해양경찰청장: 해양경찰교육원 또는 지방해양경찰청 소속 경찰공무원 중 경정의 전보·파견·휴직·직위해제 및 복직에 관한 권한과 경감 이하의 임용권
3. 해양경찰정비창장: 해양경찰정비창 소속 경찰공무원 중 경정의 전보권과 경감 이하의 임용권

둘째, 민간기관에 위탁하는 경우는 다음과 같다.

행정기관은 법령으로 정하는 바에 따라 그 소관 사무 중 조사·검사·검정·관리 사무 등 국민의 권리·의무와 직접 관계되지 아니하는 ① 단순 사실행위인 행정작용, ② 공익성보다 능률성이 현저히 요청되는 사무, ③ 특수한 전문지식 및 기술이 필요한 사무, ④ 그 밖에 국민 생활과 직결된 단순 행정사무를 민간위탁할 수 있다(행정권한의 위임 및 위탁에 관한 규정 제11조 제1항).

민간위탁의 예로는 “해양경찰청장은 안전교육에 관한 사무의 전부 또는 일부를 해양경찰청장이 지정하는 기관이나 단체에 위탁하여 실시할 수 있다(수상레저안전법 제10조 제2항)”이 있고, “해양경찰청장은 수상구조사 시험의 실시에 관한 업무를 대통령령으로 정하는 바에 따라 시험관리 능력이 있다고 인정되는 관계 전문기관에 위탁할 수 있다(수상에서의 수색·구조 등에 관한 법률 제30조의 2 제7항)”고 규정하고 있다.

4. 상급기관의 권한 감독

1) 의의

상급기관이 하급기관의 권한행사를 감독하여 국가의사를 통일적으로 실현하고, 하급기관의 권한행사의 적법성과 합목적성을 행하는 상급기관의 지휘 감독작용을 말한다.[47] 상급기관의 감독권은 개별적·구체적 법적 근거는 필요하지 않으나, 일반적이거나 추상적인 법적 근거는 필요하다(해양경찰법 등).

그 법적 근거는 “해양경찰청장은 해양경찰에 관한 사무를 총괄하고 소속 공무원 및 각급 해양경찰기관의 장을 지휘·감독한다(해양경찰법 제11조 제3항)”, “지방해양경찰청장은 해양경찰청장의 명을 받아 소관사무를 총괄하고, 소속 공무원을 지휘·감독한다(해양경찰청과 그 소속기관 직제 제26조 제3항)”에서 찾을 수 있다.

2) 예방적 수단

(1) 감시권

상급기관이 하급기관의 권한 행사를 알기 위하여 보고를 받거나, 서류장부를 검사하거나 사무감사를 행하는 권한을 말한다. 감시권의 발동에는 「공공감사에 관한

47) 허경미(2020). 경찰학개론, 박영사, p. 99.

법률」, 「중앙행정기관 및 지방자치단체 자체감사기준」에 의해 제한된다. 해양경찰청의 내부 훈령에는 「해양경찰청 감사·감찰관 윤리강령」, 「해양경찰청 자체감사 운영규칙」, 「해양경찰청 일상감사 운영규칙」, 「해양경찰청 청렴시민감사관 설치 및 운영규칙」이 있다.

(2) 행정명령권

① 행정명령이란 상급기관이 하급기관 또는 보조기관의 권한행사를 지휘하는 권한을 말한다. 행정명령은 하급기관에 대한 지시나 명령의 성질을 가지며, 하급기관은 이에 구속된다. 하급기관이 행정명령을 위반할 경우 징계의 대상이 된다.

② 행정명령은 행정기관에 대한 명령으로 공무원 개인에 대한 명령인 직무명령과 구분된다. 행정명령은 일반국민에 대한 기속력이 없다. 행정명령의 유형에는 훈령, 지시, 예규, 일일명령이 있다.

③ 하급기관은 상급기관의 행정명령에 대한 실질적 요건에 관한 심사권은 없고 복종하여야 한다. 다만, 행정명령이 범죄를 구성하거나 당연무효라고 인정되는 경우에는 복종을 거부해야 하며, 이에 복종하면 하급기관도 책임을 부담한다.

④ 행정명령이 경합하는 경우에는 직근 상급기관의 훈령에 따라야 하고, 대등한 상급기관들간의 행정명령이 경합된 경우에는 주관 상급기관의 행정명령에 따라야 한다.

3) 주관쟁의 결정권

상급기관이 소속 하급기관 상호간에 주관쟁의가 있을 경우 결정하는 권한을 말한다.

경찰기관 간에 권한의 다툼이 있는 경우, 공통의 상급기관이 있는 경우에는 그의 조정에 따르며, 공통의 상급기관이 없는 경우에는 각각의 상급기관의 협의에 의해 결정된다.

협의가 이루어지지 않을 때는 국무회의의 심의(행정각부간의 권한의 획정)를 거쳐 대통령이 결정한다(헌법 제89조 10호).

5. 대등기관간의 관계

1) 상호존중

대등기관 상호간에는 서로 상대 행정기관의 권한을 존중하고 이를 침범하지 못한다. 해양경찰기관이 그 권한 내에서 행한 행위는 그것이 무효가 아닌 한 다른 행정기관도 이에 구속되는 공정력이 인정된다.

2) 상호협력

서로 다른 행정관청 간의 관계는 감독관계이 있지 않고, 협력관계에 있다. 하나의 사안이 둘 이상의 대등 해양경찰기관의 권한에 관련되는 사항은 상호협의에 의하여 결정하고 처리한다.

대응기관 사이에 한 기관의 직무상 필요한 사무가 타 기관의 관할에 속할 경우 타 기관에 사무처리를 위탁(촉탁)할 수 있다.

3) 행정응원

(1) 「행정절차법」에 따른 행정응원

행정청은 다음 어느 하나에 해당하는 경우에는 다른 행정청에 행정응원(行政應援)을 요청할 수 있다(법 제8조 제1항).

① 법령등의 이유로 독자적인 직무 수행이 어려운 경우
② 인원·장비의 부족 등 사실상의 이유로 독자적인 직무 수행이 어려운 경우
③ 다른 행정청에 소속되어 있는 전문기관의 협조가 필요한 경우
④ 다른 행정청이 관리하고 있는 문서(전자문서 포함)·통계 등 행정자료가 직무 수행을 위하여 필요한 경우
⑤ 다른 행정청의 응원을 받아 처리하는 것이 보다 능률적이고 경제적인 경우

행정응원을 요청받은 행정청은 다음 어느 하나에 해당하는 경우에는 응원을 거부할 수 있다(법 제8조 제2항).

① 다른 행정청이 보다 능률적이거나 경제적으로 응원할 수 있는 명백한 이유가 있는 경우
② 행정응원으로 인하여 고유의 직무 수행이 현저히 지장받을 것으로 인정되는 명백한 이유가 있는 경우

행정응원은 해당 직무를 직접 응원할 수 있는 행정청에 요청하여야 하고, 행정응원을 요청받은 행정청은 응원을 거부하는 경우 그 사유를 응원을 요청한 행정청에 통지하여야 한다(법 제8조 제3항·제4항).

행정응원을 위하여 파견된 직원은 응원을 요청한 행정청의 지휘·감독을 받는다. 다만, 해당 직원의 복무에 관하여 다른 법령등에 특별한 규정이 있는 경우에는 그에 따른다(법 제8조 제5항).

행정응원에 드는 비용은 응원을 요청한 행정청이 부담하며, 그 부담금액 및 부담방법은 응원을 요청한 행정청과 응원을 하는 행정청이 협의하여 결정한다(법 제8조 제6항).

(2) 「경찰직무응원법」에 따른 행정응원(19 1차)

시·도경찰청장 또는 지방해양경찰관서의 장은 돌발사태를 진압하거나 공공질서가 교란(攪亂)되었거나 교란될 우려가 현저한 지역을 경비할 때 그 소관 경찰력으로는 이를 감당하기 곤란하다고 인정할 때에는 응원(應援)을 받기 위하여 다른 지방경찰청장이나 지방해양경찰관서의 장 또는 자치경찰단을 설치한 제주특별자치도지사에게 경찰관 파견을 요구할 수 있다(법 제1조 제1항).

경찰청장이나 해양경찰청장은 돌발사태를 진압하거나 특수지구를 경비할 때 긴급한 경우 시·도경찰청장, 소속 경찰기관의 장 또는 지방해양경찰관서의 장에게 다른 시·도경찰청 또는 지방해양경찰관서의 경찰관을 응원하도록 소속 경찰관의 파견을 명할 수 있다(법 제1조 제2항).

파견된 경찰관은 파견받은 시·도경찰청 또는 지방해양경찰관서의 경찰관으로서 직무를 수행한다(법 제2조).

(3) 「재난 및 안전관리기본법」에 따른 행정응원

시장·군수·구청장은 응급조치를 하기 위하여 필요하면 다른 시·군·구나 관할 구역에 있는 군부대 및 관계 행정기관의 장, 그 밖의 민간기관·단체의 장에게 인력·장비·자재 등 필요한 응원(應援)을 요청할 수 있다. 이 경우 응원을 요청받은 군부대의 장과 관계 행정기관의 장은 특별한 사유가 없으면 요청에 따라야 하고(법 제44조 제1항), 응원에 종사하는 사람은 그 응원을 요청한 시장·군수·구청장의 지휘에 따라 응급조치에 종사하여야 한다(법 제44조).

(4) 「수상에서의 수색 · 구조 등에 관한 법률」에 따른 행정응원

중앙구조본부, 광역구조본부 및 지역구조본부의 장은 신속한 수난구호를 위하여 수난구호협력기관의 장에게 소속 직원의 파견 및 장비의 지원을 요청할 수 있다. 이 경우 요청을 받은 기관·단체의 장은 특별한 사유가 없는 한 이에 응하여야 한다(법 제5조).

수난구호협력기관의 장은 수난구호활동을 위하여 구조본부의 장 또는 소방관서의 장으로부터 필요한 지원과 협조 요청이 있을 경우 특별한 사정이 없으면 이에 응하여야 한다(법 제14조).

01 경찰기관의 활동은 법률의 일정한 요건하에서 수행하도록 수권하는 규정이 없으면, 자기의 판단에 따라 독창적으로 행위 할 수 없다는 원칙과 가장 관계 깊은 것은?

18 3차 · 19 간부

① 조직규범의 원칙 ② 제약규범의 원칙
③ 법률유보의 원칙 ④ 법률우위의 원칙

해설 법률유보의 원칙: 경찰권의 발동에는 법률의 근거가 있어야 한다. 즉 법률의 직접적인 근거 또는 법률의 위임에 근거하여 제정된 명령에 의한 근거가 있어야 한다. 법률의 근거가 없는 경우에는 행정개입의 필요가 있더라도 경찰행정권이 발동될 수 없다는 것을 의미한다.

정답 ③

02 해양경찰 행정응원에 관한 다음 설명 중 가장 옳지 않은 것은? 19 1차

① 해상에서 행정응원의 기본법은 「수상에서의 수색·구조 등에 관한 법률」이다.
② 「수상에서의 수색·구조 등에 관한 법률」상 수난 구호를 위해 행정응원을 요청할 수 있는 권한은 구조본부의 장과 소방관서의 장에게 있다.
③ 「경찰직무 응원법」상 경찰응원에 의하여 파견된 경찰관은 파견한 관서의 경찰관으로서 직무를 수행한다.
④ 해양경찰청장 또는 경찰청장은 돌발사태를 진압하거나 특수지구를 경비하도록 하기 위해 필요할 때에는 경찰기동대를 편성하여 필요한 지역에 파견할 수 있다.

해설 경찰직무응원법 제2조: 파견된 경찰관은 파견받은 지방경찰청 또는 지방해양경찰관서의 경찰관으로서 직무를 수행한다.

정답 ③

03 경찰법의 법원(法源)에 관한 설명 중 가장 옳지 않은 것은? 19 3차

① 경찰법의 법원에는 성문법원(成文法源)과 불문법원(不文法源)이 있다.
② 성문법원에는 법률, 명령 등이 있고, 불문법원에는 관습법, 관례 등이 있다.
③ 헌법에 의해 체결·공포된 조약이라 하더라도 국내법과 동등한 효력을 가진다고 볼 수는 없다.
④ 대통령은 법률에서 구체적으로 범위를 정하여 위임받은 사항과 법률을 집행하기 위하여 필요한 사항에 대하여 대통령령을 발할 수 있다.

해설 조약(條約)은 국제법주체인 국가·국제조직·교전단체 간의 문서에 의한 합의를 말하는데, 조약·협약·규약·헌장·규정·협정·의정서·결정서·약정·교환공문·잠정협정 등의 명칭에 관계없이 현행 헌법에 의하여 체결되고 공포된 조약과 일반적으로 승인된 국제법규는 국내법과 동일한 효력을 가지게 된다. 여기서 '일반적으로 승인된 국제법규'는 국제사회의 보편적 규범으로서 세계 대부분의 국가가 승인하고 있는 법규를 말하는데, 국제관습법과 일반적으로 규범력이 인정되고 있는 조약 등도 포함한다.

정답 ③

04 다음 〈박스〉는 「해양경찰법」상 해양경찰위원회에 관한 내용이다. 옳지 않은 것은 모두 몇 개인가? 21 1차

> ㉠ 해양경찰행정에 관하여 다음 각 호의 사항을 심의·의결하기 위하여 해양수산부에 해양경찰위원회(이하 "위원회"라 한다)를 둔다.
> ㉡ 위원장 및 위원은 비상임이며, 위원회는 위원장 1명을 제외한 7명의 위원으로 구성한다.
> ㉢ 위원은 해양수산부장관의 제청으로 국무총리를 거쳐 대통령이 임명한다.
> ㉣ 위원의 임기는 3년으로 하며, 중임할 수 없다.
> ㉤ 해양수산부장관이 재의를 요구하려고 하는 경우에는 의결한 날부터 7일 이내에 재의요구서를 위원회에 제출하여야 한다.
> ㉥ 위원장은 재의요구가 있으면, 그 요구를 받은 날부터 7일 이내에 회의를 소집하여 다시 의결하여야 한다.
> ㉦ 독립성 유지를 위하여 위원회의 사무는 해양수산부 산하에서 수행한다.

① 1개 ② 2개
③ 3개 ④ 4개

해설 ㉡ 위원장 포함 7인, ㉣ 중임이 아니라 연임, ㉤ 7일이 아니라 10일, ㉦ 해양수산부 산하가 아니라 해양경찰청에서 수행.

정답 ④

05 다음 중 해양경찰청이 단독으로 소관하는 법률은 모두 몇 개인가? 21 간부

㉠ 「수상에서의 수색 · 구조 등에 관한 법률」
㉡ 「해양경비법」
㉢ 「수상레저안전법」
㉣ 「수중레저활동의 안전 및 활성화 등에 관한 법률」
㉤ 「해양환경관리법」
㉥ 「연안사고 예방에 관한 법률」
㉦ 「선박교통관제에 관한 법률」
㉧ 「어선안전조업법」

① 4개 ② 5개
③ 6개 ④ 7개

해설 단독 소관법률은 ㉠ 「수상에서의 수색 · 구조 등에 관한 법률」, ㉡ 「해양경비법」, ㉢ 「수상레저안전법」, ㉥ 「연안사고 예방에 관한 법률」, ㉦ 「선박교통관제에 관한 법률」 5개임. 이에 덧붙여 「해양경찰법」과 「해양경찰장비 도입 및 관리에 관한 법률」(2022. 4. 14. 시행)이 있다.

정답 ②

06 해양경찰 행정기관에는 행정관청, 자문기관, 보조기관, 보좌기관 등이 있다. 이와 관련하여 다음 중 옳은 것은 모두 몇 개인가? 19 3차

㉠ 행정관청은 행정주체의 법률상 의사를 결정하여 외부에 표시하는 권한을 가지는 행정기관을 말하며, 일반적으로 파출소장을 보조기관으로 본다.
㉡ 계선조직(line)을 보좌기관이라고 하고, 참모조직(staff)을 보조기관이라고 한다.
㉢ 일반적으로 차장 · 국장 · 과장 · 계장은 보좌기관에 해당하며, 기획조정관 · 감사담당관은 보조기관에 해당한다.
㉣ 정책자문위원회는 자문기관에 해당한다.
㉤ 행정관청에는 해양경찰청장, 지방해양경찰청장, 해양경찰서장이 있다.

① 2개 ② 3개
③ 4개 ④ 5개

해설 해양경찰조직법 - 해양경찰조직법의 종류, ㉠, ㉣, ㉤이 맞는 설명이다.
㉡ 계선조직(line)을 보조기관이라고 하고, 참모조직(staff)을 보좌기관이라고 한다.
㉢ 일반적으로 차장 · 국장 · 과장 · 계장은 보조기관에 해당하며, 기획조정관 · 감사담당관은 보좌기관에 해당한다.

정답 ②

해양경찰과 「경찰공무원법」 관계

SECTION

01 해양경찰공무원의 분류

Ⅰ. 공무원의 분류

공무원은 국가사무를 처리하는 국가공무원과 주로 지방사무를 처리하는 지방공무원으로 구성된다. 그리고 국가공무원은 경력직 공무원과 특수경력직 공무원으로 나누어진다. 해양경찰청에서 근무하는 경찰공무원은 행정부에 소속하여 있고, 그 부처는 해양수산부 소속이며, 경력직 공무원에 해당하고, 경력직 중 특정직 공무원에 해당한다. 해양경찰청 소속 공무원 중 해양오염방제부서에 근무하는 공무원은 특정직이 아니라 일반직에 해당하고, 장비기술국과 해상교통관제센터에 근무하는 공무원의 경우 일반직 공무원 또는 경찰공무원으로 임용해야 하는 직위가 있다.

1. 국가공무원과 지방공무원

공무원은 국가공무원과 지방공무원으로 구분할 수 있고, 우리나라는 양자에 대한 법체계를 달리하여 「국가공무원법」과 「지방공무원법」이 따로 제정되어 있다. 국가공무원은 국가사무, 즉 중앙정부의 업무를 수행하고 그들에 대한 보수는 국비로 지급하는 것이 원칙이다. 지방공무원은 지방자치단체에 의해 임명되거나 선거에 의해 지방자치단체에 취임하는 공무원으로서 그들의 보수는 지방비에서 지급되는 것이 원칙이다.

2. 국가공무원의 구분

국가공무원은 경력직 공무원과 특수경력직 공무원으로 구분한다(국가공무원법 제2조 제1항).

"경력직 공무원"이란 실적과 자격에 따라 임용되고 그 신분이 보장되며 평생 동안(근무기간을 정하여 임용하는 공무원의 경우에는 그 기간 동안을 말함) 공무원으로 근무할 것이 예정되는 공무원을 말하며, 그 종류는 다음과 같다(국가공무원법 제2조 제2항).

① 일반직 공무원: 기술·연구 또는 행정 일반에 대한 업무를 담당하는 공무원

② 특정직 공무원: 법관, 검사, 외무공무원, 경찰공무원, 소방공무원, 교육공무원, 군인, 군무원, 헌법재판소 헌법연구관, 국가정보원의 직원, 경호공무원과 특수분야의 업무를 담당하는 공무원으로서 다른 법률에서 특정직 공무원으로 지정하는 공무원

특수경력직 공무원이란 경력직 공무원 외의 공무원을 말하며, 그 종류는 다음과 같다(국가공무원법 제2조 제3항).

① 정무직 공무원: 선거로 취임하거나 임명할 때 국회의 동의가 필요한 공무원, 고도의 정책결정 업무를 담당하거나 이러한 업무를 보조하는 공무원으로서 법률이나 대통령령(대통령비서실 및 국가안보실의 조직에 관한 대통령령만 해당)에서 정무직으로 지정하는 공무원

② 별정직 공무원: 비서관·비서 등 보좌업무 등을 수행하거나 특정한 업무 수행을 위하여 법령에서 별정직으로 지정하는 공무원

3. 고위공무원단

국가의 고위공무원을 범정부적 차원에서 효율적으로 인사관리하여 정부의 경쟁력을 높이기 위하여 고위공무원단을 구성한다(국가공무원법 제2조의2 제1항).

"고위공무원단"이란 직무의 곤란성과 책임도가 높은 다음 직위에 임용되어 재직 중이거나 파견·휴직 등으로 인사관리되고 있는 일반직 공무원, 별정직 공무원 및 특정직 공무원(특정직 공무원은 다른 법률에서 고위공무원단에 속하는 공무원으로 임용할 수 있도록 규정하고 있는 경우만 해당)의 군(群)을 말한다(국가공무원법 제2조의2 제2항).

① 「정부조직법」에 따른 중앙행정기관의 실장·국장 및 이에 상당하는 보좌기관

② 행정부 각급 기관(감사원은 제외)의 직위 중 ①의 직위에 상당하는 직위

③ 「지방자치법」 및 「지방교육자치에 관한 법률」에 따라 국가공무원으로 보하는 지방자치단체 및 지방교육행정기관의 직위 중 ①의 직위에 상당하는 직위

④ 그 밖에 다른 법령에서 고위공무원단에 속하는 공무원으로 임용할 수 있도록 정한 직위

해양경찰청의 해양오염방제국의 국장은 고위공무원단에 속하는 일반직 공무원으로 보한다(해양경찰청과 그 소속기관 직제 제14조).

인사혁신처장은 고위공무원단에 속하는 공무원이 갖추어야 할 능력과 자질을 설

정하고 이를 기준으로 고위공무원단 직위에 임용되려는 자를 평가하여 신규채용·승진임용 등 인사관리에 활용할 수 있다(국가공무원법 제2조의2 제3항).

4. 해양경찰의 일반직 공무원 임용

현행 직제상 해양경찰청 소속 공무원 중 경찰공무원이 아닌 일반직 공무원으로 임용해야 하는 경우는 해양경찰정비창장, 해양오염방제국장, 해양경찰연구센터장, 항만교통관제센터장이 있고, 연안교통관제센터장, 대변인, 감사담당관은 경찰공무원으로도 임용이 가능하다.

해양경찰정비창에 창장 1인을 두되, 창장은 임기제 공무원으로 보한다(해양경찰청과 그 소속기관 직제 제33조). 대변인은 4급 또는 총경으로 보하고(해양경찰청과 그 소속기관 직제 제7조), 감사담당관은 4급 또는 총경으로 보한다(해양경찰청과 그 소속기관 직제 제9조).

해양오염방제국에 국장 1명을 두고, 국장은 고위공무원단에 속하는 일반직 공무원으로 보한다(해양경찰청과 그 소속기관 직제 제14조).

해양에서의 경찰 및 오염방제 업무에 관한 연구·분석·장비개발 등에 관한 사무를 관장하기 위하여 해양경찰교육원장 소속으로 해양경찰연구센터를 두고, 센터장 1명을 두며(해양경찰청과 그 소속기관 직제 제20조), 해양경찰연구센터장은 기술서기관으로 보한다(해양경찰청과 그 소속기관 직제 시행규칙 제17조).

해양경찰연구센터에 운영지원팀·장비연구팀·화학분석연구팀 및 정책연구팀을 두며, 각 팀장은 공업사무관·보건사무관·환경사무관·해양수산사무관·방재안전사무관·공업연구관·환경연구관·경정 또는 경감으로 보한다(해양경찰청과 그 소속기관 직제 시행규칙 제17조).

연안교통관제센터장은 방송통신사무관·해양수산사무관 또는 경정으로, 항만교통관제센터장은 방송통신사무관 또는 해양수산사무관으로 보한다(해양경찰청과 그 소속기관 직제 시행규칙 제32조).

Ⅱ. 「경찰공무원법」상의 규정

1. 「국가공무원법」과 「경찰공무원법」의 관계

1) 「국가공무원법」과 「경찰공무원법」은 일반법과 특별법의 관계이다.
2) 경찰공무원에 대하여는 「경찰공무원법」이 우선 적용되지만, 「경찰공무원법」에 규정이 없거나 「국가공무원법」을 준용하고 있는 경우는 「국가공무원법」이 적용된다.
3) 일반직 공무원과 의무경찰순경(의경)은 「경찰공무원법」상 경찰공무원에 해당하지 않는다. 다만, 의경은 「형법」상 공무집행방해죄에서는 공무원에 해당하며, 「국가배상법」상의 공무원 개념에도 포함된다.

2. 경찰공무원의 분류

1) 개념

경찰공무원이란 「국가공무원법」 및 「경찰공무원법」의 적용 대상이 되는 국가의 특정직 공무원으로서 경찰의 직무에 종사하는 자를 의미한다. 보통 순경에서 치안총감에 이르는 계급을 가진 공무원이 해당된다. 조직상 해양경찰기관에 근무하는 일반직 공무원은 경찰공무원에 해당하지 않는다.

2) 경찰공무원의 분류

(1) 계급상 분류

① 경찰공무원의 계급은 순경, 경장, 경사, 경위, 경감, 경정, 총경, 경무관, 치안감, 치안정감, 치안총감으로 한다.
② 책임과 보수 등에 차이를 두기 위한 수직적 분류이다.

(2) 경과상 분류(19 1차)

① 직무의 종류에 따라 구분하는 수평적 분류이다.
② 경과의 구분은 대통령령(해양경찰청 소속 경찰공무원 임용에 관한 규정)으로 정한다.
③ 경찰공무원을 신규채용할 때에 경과를 부여하여야 한다.

④ 경과는 총경 이하에 부여하고, 수사경과 · 항공경과 · 정보통신경과 · 특임경과는 경정 이하에 부여하므로 총경에 부여하지 않는다.

⑤ 종류: 해양경과, 수사경과, 항공경과, 정보통신경과, 특임경과

SECTION

02 해양경찰공무원 관계

Ⅰ. 해양경찰공무원 관계 일반

1. 해양경찰공무원 관계의 성질

해양경찰공무원의 근무관계는 '포괄적 지배권'과 '법치주의 적용 제한'을 내용으로 하는 전통적 '특별권력관계'가 아니고, 공익성이 강한 특성으로 인하여 근로 3권의 제한이나 이중배상 금지 등의 제한이 따른다.

2. 용어의 정의(경찰공무원법 제2조)

(1) **임용:** 신규채용 · 승진 · 전보 · 파견 · 휴직 · 직위해제 · 복직 · 면직과 중징계에 해당하는 파면 · 해임 · 강등 · 정직을 말한다. 경징계에 해당하는 감봉과 견책은 임용개념에 해당되지 않는다.

(2) **전보:** 경찰공무원의 동일 직위 및 자격 내에서의 근무기관이나 부서를 달리하는 임용을 말한다.

(3) **복직:** 휴직 · 직위해제 또는 정직(강등에 따른 정직 포함) 중에 있는 경찰공무원을 직위에 복귀시키는 것을 말한다.

3. 임용권자(경찰공무원법 제7조)

총경 이상 경찰공무원은 해양경찰청장의 추천을 받아 해양수산부장관의 제청으로 국무총리를 거쳐 대통령이 임용한다. 다만, 총경의 전보, 휴직, 직위해제, 강등, 정직 및 복직은 해양경찰청장이 한다(동법 제7조 제1항).

경정 이하의 경찰공무원은 해양경찰청장이 임용한다. 다만, 경정으로의 신규채용, 승진임용 및 면직은 해양경찰청장의 제청으로 국무총리를 거쳐 대통령이 한다(동법

제7조 제2항).

임용권자	내 용	
대통령	원칙	총경 이상(해양경찰청장 추천 → 해양수산부장관 제청)
	예외	경정의 신규채용 · 승진임용 · 면직(해양경찰청장 제청 → 국무총리 경유)
해양경찰청장	원칙	경정 이하
	예외	총경의 전보, 휴직, 직위해제, 강등, 정직 및 복직

4. 임용권 위임(해양경찰청 소속 경찰공무원 임용에 관한 규정 제4조)

해양경찰청장은 중앙해양특수구조단 · 해양경찰교육원 · 해양경찰정비창 및 지방해양경찰청의 장에게 다음 구분에 따른 권한을 위임할 수 있다(동규정 제4조).

임용권을 위임받은 소속기관등의 장은 소속 경찰공무원을 승진임용할 때에는 미리 해양경찰청장에게 보고해야 하고(동규정 제2항), 해양경찰청장은 정원의 조정, 신규채용, 인사교류 및 파견을 위해 필요한 경우에는 직접 임용할 수 있다(동규정 제3항).

해양경찰교육원장은 해양경찰연구센터장에게 다음 권한을 다시 위임할 수 있다. 이 경우 임용권을 재위임 받은 해양경찰연구센터장은 그 소속 경사 이하 경찰공무원을 승진임용하려면 미리 해양경찰교육원장에게 보고해야 한다(동규정 제4항).

지방해양경찰청장은 해양경찰서장에게 권한을 다시 위임할 수 있다. 이 경우 임용권을 재위임 받은 해양경찰서장은 그 소속 경사 이하 경찰공무원을 승진임용하려면 미리 지방해양경찰청장에게 보고해야 한다(동규정 제5항).

위임자		위임 내용
해양경찰청장 → 소속기관	중앙해양특수구조단장	• 중앙해양특수구조단 소속 경찰공무원 중 경감 이하의 전보권 및 경사 이하의 승진임용 · 파견 · 휴직 · 직위해제 및 복직에 관한 권한 • 단 소속 경찰공무원을 승진임용할 때에는 미리 해양경찰청장에게 보고
	해양경찰교육원장 지방해양경찰청장	• 소속 경찰공무원 중 경정의 전보 · 파견 · 휴직 · 직위해제 및 복직에 관한 권한과 경감 이하의 임용권 • 단, 소속 경찰공무원을 승진임용할 때에는 미리 해양경찰청장에게 보고
	해양경찰정비창장	• 소속 경찰공무원 중 경정의 전보권과 경감 이하의 임용권 • 단, 소속 경찰공무원을 승진임용할 때에는 미리 해양경찰청장에게 보고

위임자	위임 내용
지방해양경찰청장 → 경찰서	• 해양경찰서 소속 경찰공무원 중 경감 이하의 전보권 • 해양경찰서 소속 경찰공무원 중 경사 이하의 승진임용 · 파견 · 휴직 · 직위해제 및 복직에 관한 권한 • 단, 경사 이하 경찰공무원을 승진임용하려면 미리 지방해양경찰청장에게 보고
해양경찰교육원장 → 해양경찰연구센터장	• 소속 경찰공무원 중 경감 이하의 전보권 • 소속 경찰공무원 중 경사 이하의 승진임용 · 파견 · 휴직 · 직위해제 및 복직에 관한 권한 • 단, 경사 이하 경찰공무원을 승진임용하려면 미리 해양경찰교육원장에게 보고

5. 경찰공무원 인사위원회(경찰공무원법 제5조 · 해양경찰청 소속 경찰공무원 임용에 관한 규정)

경찰공무원의 인사(人事)에 관한 중요 사항에 대하여 해양경찰청장의 자문에 응하게 하기 위하여 해양경찰청에 경찰공무원인사위원회를 둔다(동법 제5조 제1항). 구체적인 내용은 「해양경찰청 소속 경찰공무원 임용에 관한 규정」 제9조－제14조에 규정하고 있다.

구 분	내 용
성격	해양경찰청 소속 자문기관
구성	5-7인(위원장 포함)
위원장과 위원	인사위원회의 위원장과 위원은 해양경찰청 소속 경찰공무원 중에서 해양경찰청장이 임명
의결정족수	회의는 재적위원 과반수의 찬성으로 의결

Ⅱ. 해양경찰 공무원관계 발생

1. 임용의 개념 및 시기

1) 개념

임용이란 신규채용·승진·전보·파견·휴직·직위해제·복직·면직과 중징계에 해당하는 파면·해임·강등·정직을 말한다. 해양경찰 입직에서부터 퇴직까지의 전 기간에 걸쳐 발생한다.

2) 시기

경찰공무원은 임용장이나 임용통지서에 적힌 날짜에 임용된 것으로 보며, 임용일자를 소급해서는 안 된다. 사망으로 인한 면직은 사망한 다음 날에 면직된 것으로 본다(해양경찰청 소속 경찰공무원 임용에 관한 규정 5조).

2. 임용 결격 및 당연 퇴직 사유

1) 「국가공무원법」상이 임용 결격 사유(19 간부)

다음 어느 하나에 해당하는 자는 공무원으로 임용될 수 없다(국가공무원법 제33조).

① 피성년후견인
② 파산선고를 받고 복권되지 아니한 자
③ 금고 이상의 실형을 선고받고 그 집행이 종료되거나 집행을 받지 아니하기로 확정된 후 5년이 지나지 아니한 자
④ 금고 이상의 형을 선고받고 그 집행유예 기간이 끝난 날부터 2년이 지나지 아니한 자
⑤ 금고 이상 형의 선고유예를 받은 경우에 그 선고유예 기간 중에 있는 자
⑥ 법원의 판결 또는 다른 법률에 따라 자격이 상실되거나 정지된 자
⑦ 공무원으로 재직기간 중 직무와 관련하여 「형법」 제355조 및 제356조에 규정된 죄를 범한 자로서 300만원 이상의 벌금형을 선고받고 그 형이 확정된 후 2년이 지나지 아니한 자
⑧ 「성폭력범죄의 처벌 등에 관한 특례법」 제2조에 규정된 죄를 범한 사람으로서 100만원 이상의 벌금형을 선고받고 그 형이 확정된 후 3년이 지나지 아니한 사람
⑨ 미성년자에 대한 다음 각 목의 어느 하나에 해당하는 죄를 저질러 파면·해임되거나 형 또는 치료감호를 선고받아 그 형 또는 치료감호가 확정된 사람(집행유예를 선고받은 후 그 집행유예

기간이 경과한 사람 포함)
가. 「성폭력범죄의 처벌 등에 관한 특례법」 제2조에 따른 성폭력범죄
나. 「아동 · 청소년의 성보호에 관한 법률」 제2조 제2호에 따른 아동 · 청소년대상 성범죄
⑩ 징계로 파면처분을 받은 때부터 5년이 지나지 아니한 자
⑪ 징계로 해임처분을 받은 때부터 3년이 지나지 아니한 자

2) 경찰공무원의 임용결격 사유(경찰공무원법 제8조 제2항)(19 1차)

다음 어느 하나에 해당하는 사람은 경찰공무원으로 임용될 수 없다.

① 대한민국 국적을 가지지 아니한 사람
② 「국적법」 제11조의2 제1항에 따른 복수국적자
③ 피성년후견인 또는 피한정후견인
④ 파산선고를 받고 복권되지 아니한 사람(당연퇴직 사유는 아님)
⑤ 자격정지 이상의 형(刑)을 선고받은 사람
⑥ 자격정지 이상의 형의 선고유예를 선고받고 그 유예기간 중에 있는 사람(당연퇴직 사유는 아님)
⑦ 공무원으로 재직기간 중 직무와 관련하여 「형법」 제355조(횡령, 배임) 및 제356조(업무상 횡령, 배임)에 규정된 죄를 범한 자로서 300만원 이상의 벌금형을 선고받고 그 형이 확정된 후 2년이 지나지 아니한 사람
⑧ 「성폭력범죄의 처벌 등에 관한 특례법」 제2조에 규정된 죄를 범한 사람으로서 100만원 이상의 벌금형을 선고받고 그 형이 확정된 후 3년이 지나지 아니한 사람
⑨ 미성년자에 대한 다음 각 목의 어느 하나에 해당하는 죄를 저질러 형 또는 치료감호가 확정된 사람(집행유예를 선고받은 후 그 집행유예기간이 경과한 사람을 포함한다)
가. 「성폭력범죄의 처벌 등에 관한 특례법」 제2조에 따른 성폭력범죄
나. 「아동 · 청소년의 성보호에 관한 법률」 제2조 제2호에 따른 아동 · 청소년대상 성범죄
⑩ 징계에 의하여 파면 또는 해임처분을 받은 사람

3) 당연퇴직 사유(경찰공무원법 제27조)

경찰공무원이 제8조 제2항 어느 하나에 해당하게 된 경우에는 당연히 퇴직한다. 다만, 제8조 제2항 제4호는 파산선고를 받은 사람으로서 「채무자 회생 및 파산에 관한 법률」에 따라 신청기한 내에 면책신청을 하지 아니하였거나 면책불허가 결정 또는 면책 취소가 확정된 경우만 해당하고, 제8조 제2항 제6호는 「형법」 제129조(수뢰, 사전수뢰)부터 제132조(알선수뢰)까지, 「성폭력범죄의 처벌 등에 관한 특례법」 제2조, 「아동 · 청소년의 성보호에 관한 법률」 제2조 제2호(아동 · 청소년대상 성범죄) 및 직무와 관련하여 「형법」 제355조(횡령, 배임) 또는 제356조(업무상의 횡령과 배임)에 규

정된 죄를 범한 사람으로서 자격정지 이상의 형의 선고유예를 받은 경우만 해당한다. 요약하면 금품수수, 성, 횡령 등과 관련된 범죄를 범하여 선고유예를 받은 경우이다.

4) 임용관련 판례

(1) 임용당시 경찰관 임용 결격사유가 있었지만 임용권자의 과실에 의하여 임용결격자임을 밝혀내지 못하였다 하더라도 그 그 임용행위는 당연무효로 보아야 한다(대법원 2005. 7. 28. 선고 2003두469 판결).

(2) 「공무원연금법」이나 「근로기준법」에 의한 퇴직금은 적법한 공무원으로서의 신분취득 또는 근로고용관계가 성립되어 근무하다가 퇴직하는 경우에 지급되는 것이고, 당연무효인 임용결격자가 공무원 신분을 취득하거나 근로고용관계가 성립될 수 없는 것이므로 임용결격자가 공무원으로 임용되어 사실싱 근무하여 왔다고 하더라도 그 피임용자는 퇴직금청구를 할 수 없다(대법원 1987. 4. 14. 86누459 판결).

3. 신규채용

1) 종류(경찰공무원법 제10 · 11조)

공개경쟁채용	① 경정 및 순경의 신규채용은 공개경쟁채용시험으로 한다. ② 경위 신규채용: 교육수료 간부후보생
경력경쟁채용	① 3년(공무상 질병 · 부상 · 휴직은 5년) 이내 퇴직 경찰공무원을 퇴직시 계급으로 재임용하는 경우 ② 직무관련 자격증 소지자 임용 ③ 근무실적 · 연구실적 · 전문지식 가진 사람 임용 ④ 5급 공개경쟁채용시험이나 사법시험 합격자를 경정이하 임용 ⑤ 섬, 외딴곳 등 특수지역 근무할 사람 임용 ⑥ 외국어에 능통한 사람 임용 ⑦ 자치경찰 공무원을 그 계급에 상응하게 임용 ⑧ 수사부서의 장을 외부 공모하여 임용(해양경찰법 제15조의2)
부정행위 제재	부정행위를 한 응시자에 대해서는 해당 시험을 정지 또는 무효로 하고, 그 처분이 있은 날부터 5년간 시험응시자격을 정지한다.

2) 채용후보자명부 등(경찰공무원법 제11조 · 해경 임용에 관한 규정)

등록	시험에 합격하고 채용후보자 등록을 하지 아니하면 임용 의사 없는 것으로 간주
등재순위	성적순위에 따라 등재하되, 신임교육을 받은 경우 그 교육성적순위에 따름
유효기간	2년으로 하되, 필요에 따라 1년의 범위에서 그 기간을 연장할 수 있다.
자격상실	① 채용후보자가 임용 또는 임용제청에 응하지 않은 경우 ② 채용후보자로서 받아야 할 교육훈련에 응하지 않은 경우 ③ 채용후보자로서 받은 교육훈련 성적이 수료점수에 미달되는 경우 ④ 채용후보자로서 교육훈련을 받는 중에 퇴교처분을 받은 경우(다만, 질병 등 교육훈련을 계속할 수 없는 불가피한 사정으로 퇴교처분을 받은 경우 제외)

4. 시보임용(경찰공무원법 제13조 · 해경 임용에 관한 규정)(22 간부)

대상		경정 이하의 경찰공무원을 신규 채용할 때에는 1년간 시보로 임용한다(경찰공무원법 제13조 제1항)(19 1차)
기간		① 1년, 기간 만료 다음 날에 정규 임용 ② 정직, 감봉, 휴직, 직위해제 처분을 받은 기간은 시보임용기간에 산입하지 아니한다. 징계 중 견책은 포함된다.
교육훈련		시보예정자는 교육훈련 중에 임용예정 계급의 1호봉 봉급의 80%를 지급받을 수 있다.
신분보장		교육성적이나 근무성적 불량시 면직할 수 있으므로 신분보장을 받지 못한다.
면제대상		① 경찰대학, 경찰간부후보생 졸업생 ② 경찰공무원으로서 상위계급으로의 승진에 필요한 자격을 갖추고 임용예정계급에 상응한 공개경쟁채용시험에 합격한 사람 ③ 퇴직 공무원이 퇴직 전 계급으로 재임용하는 경우 ④ 자치경찰을 그 계급의 국가경찰로 임용하는 경우
면직	사유	① 징계사유에 해당할 때 ② 교육훈련성적이 만점의 60% 미만이거나 생활기록이 매우 불량 ③ 제2평정요소에 대한 근무성적평정점이 50% 미만인 경우 ※ 제2평정요소: 근무실적, 직무수행능력, 직무수행태도
	절차	시보기간 중에 면직사유에 해당하는 경우 임용권자는 정규임용심사위원회를 거쳐(징계절차 X) 면직 또는 면직제청할 수 있다.

5. 정규임용심사위원회(해경 임용에 관한 규정 시행규칙 제9조)(22 간부)

소속/성격	임용권자 또는 임용제청권자 소속
구 성	5-7인
위원장	최상의 계급 또는 선임인 경찰공무원
위원	경감 이상 중에서 위원회가 설치된 기관장이 임명, 심사대상자보다 상위 계급자
의결정족수	재적 2/3 출석으로 개의, 출석 과반수 찬성으로 의결
심의사항	① 시보임용경찰공무원을 정규 경찰공무원으로 임용시 적부심사 ② 시보 공무원이 징계사유에 해당하여 임용함이 부적당하다고 인정하는 경우에는 정규임용심사위원회를 거쳐 면직 또는 면직 제청 가능

Ⅲ. 경찰공무원 관계의 변경

1. 승진

1) 의의

승진은 하위계급의 경찰공무원이 상위계급으로 임용하는 것을 말한다. 바로 밑 하위계급에서 승진하는 것이 원칙이나 해양경찰청장(치안총감)의 경우 치안감에서도 곧바로 2계급 승진이 가능하고,[1)] 총경·경무관으로의 승진은 심사를 통한 승진만 가능하다. 승진에는 일반승진(심사승진, 시험승진), 근속승진, 특별승진이 있다.

2) 경정이하 계급으로 승진 비율(해경 임용에 관한 규정 제52조 제4항)

계급별로 전체 승진임용 예정 인원에서 특별승진임용 예정 인원을 뺀 인원의 60퍼센트(경정·경감 계급으로의 승진의 경우에는 70퍼센트)를 심사승진임용 예정 인원으로 하고, 나머지 40퍼센트(경정·경감 계급으로의 승진의 경우에는 30퍼센트)를 시험승진임용 예정 인원으로 한다. 다만, 특수분야의 승진임용 예정 인원을 정하는 경우에는 심사승진임용 예정 인원과 시험승진임용 예정 인원의 비율을 다르게 정할 수 있다.

1) **경찰공무원법 제15조(승진)** ① 경찰공무원은 바로 아래 하위계급에 있는 경찰공무원 중에서 근무성적평정, 경력평정, 그 밖의 능력을 실증(實證)하여 승진임용한다. 다만, 해양경찰청장을 보하는 경우 치안감을 치안총감으로 승진임용할 수 있다.

3) 구분

심사승진	① 경무관 이하 계급으로의 승진(총경 이하에 승진대상자 명부 작성) ② 승진대상자 명부의 선순위자 순으로 승진 대상자 5배수 범위에 있는 사람 중에서 심사 · 선발(승진대상자 명부 → 선발 → 승진후보자 명부)
시험승진	경정 이하까지
특별승진	① 치안정감 이하까지 1계급 특진이 원칙 ② 경위 이하에서 공을 세우고 전사 · 순직한 경우는 2계급 특진 가능
근속승진 (19 1차 · 21 간부)	① 순경을 경장으로: 해당 계급에서 4년 이상 근속자 ② 경장을 경사로: 해당 계급에서 5년 이상 근속자 ③ 경사를 경위로: 해당 계급에서 6년 6개월 이상 근속자 ④ 경위를 경감으로: 해당 계급에서 8년 이상 근속자 ※ 경감 근속 대상자의 40%만 승진(40% 초과 불가)

4) 승진제한 사유(해경 임용에 관한 규정 제54조)

다음 어느 하나에 해당하는 경찰공무원은 승진임용될 수 없다(제1항).

① 징계의결 요구, 징계처분, 직위해제, 휴직(「공무원 재해보상법」에 따른 공무상 질병 또는 부상으로 인하여 「국가공무원법」에 따라 휴직한 사람을 특별승진임용하는 경우 제외) 또는 시보임용기간 중에 있는 사람

② 징계처분의 집행이 끝난 날부터 다음 각 목의 구분에 따른 기간(징계처분 또는 「적극행정 운영규정」에 따른 소극행정으로 인한 징계처분의 경우에는 각각 6개월을 더한 기간)이 지나지 않은 사람

가. 강등 · 정직: 18개월, 나. 감봉: 12개월, 다. 견책: 6개월

③ 징계에 관하여 경찰공무원과 다른 법령을 적용받는 공무원으로 재직하다가 경찰공무원으로 임용된 사람으로서, 종전의 신분에서 징계처분을 받고 그 징계처분의 집행이 끝난 날부터 다음 각 목의 구분에 따른 기간이 지나지 않은 사람

가. 강등: 18개월, 나. 근신 · 영창 또는 그 밖에 이와 유사한 징계처분: 6개월

④ 계급정년이 연장된 사람

5) 승진 및 계급정년 연수 비교(21 간부)

승진최저연수(해경 임용규정), 근속승진 · 계급정년 · 연령정년(경찰공무원법)은 다음과 같다.

승진 최저 연수(규정 제53조)	근속 승진(법 제16조)	계급 정년(법 제30조)
① 순경, 경장: 1년 ② 경사, 경위: 2년 ③ 경감, 경정: 3년 ④ 총경: 4년	① 순경 → 경장: 4년 ② 경장 → 경사: 5년 ③ 경사 → 경위: 6.5년 ④ 경위 → 경감: 8년	① 치안감: 4년 ② 경무관: 6년 ③ 총경: 11년 ④ 경정: 14년 ※ 연령정년: 60세

2. 휴직(국가공무원법)

휴직에 관한 규정은 「경찰공무원법」이나 「해양경찰청 소속 경찰공무원 임용에 관한 규정」이 아니라 「국가공무원법」에 규정되어 있다. 따라서 「국가공무원법」 휴직 규정이 국가공무원인 해양경찰에 적용된다.

직권 휴직 사유	임용권자는 본인의 의사에 불구하고 휴직을 명해야 한다(제71조 제1항). ① 신체 · 정신상의 장애로 장기 요양이 필요할 때: 1년+1년(연장) 공무상 질병 · 부상은 3년+2년(연장) ② 「병역법」에 따른 병역 복무를 마치기 위하여 징집 또는 소집된 때 ③ 천재지변이나 전시 · 사변, 그 밖의 사유로 생사(生死) 또는 소재(所在)가 불명확하게 된 때: 3개월, 경찰공무원은 법원의 실종선고 받는 날까지(경찰공무원법 제29조) ④ 그 밖에 법률의 규정에 따른 의무를 수행하기 위하여 직무를 이탈하게 된 때 ⑤ 「공무원의 노동조합 설립 및 운영 등에 관한 법률」에 따라 노동조합 전임자로 종사하게 된 때
의원 휴직 사유	임용권자는 휴직을 원하면 휴직을 명할 수 있다(제71조 제2항). ① 국제기구, 외국 기관, 국내외의 대학 · 연구기관, 다른 국가기관 또는 대통령령으로 정하는 민간기업, 그 밖의 기관에 임시로 채용될 때: 채용 기간, 민간기업 3년 ② 국외 유학을 하게 된 때: 3년 + 2년(연장) ③ 중앙인사관장기관의 장이 지정하는 연구기관이나 교육기관 등에서 연수하게 된 때: 2년 ④ 만 8세 이하 또는 초등학교 2학년 이하의 자녀를 양육하기 위하여 필요하거나 여성공무원이 임신 또는 출산하게 된 때: 자녀 1명당 3년 ⑤ 조부모, 부모(배우자의 부모 포함), 배우자, 자녀 또는 손자녀를 부양하거나 돌보기 위하여 필요한 경우. 다만, 조부모나 손자녀의 돌봄을 위하여 휴직할 수 있는 경우는 본인 외에 돌볼 사람이 없는 등 대통령령 등으로 정하는 요건을 갖춘 경우로 한정한다.: 1년, 재직기간 중 총 3년 ⑥ 외국에서 근무 · 유학 또는 연수하게 되는 배우자를 동반하게 된 때: 3년 + 2년(연장) ⑦ 대통령령 등으로 정하는 기간 동안 재직한 공무원이 직무 관련 연구과제 수행 또는 자기개발을 위하여 학습 · 연구 등을 하게 된 때: 1년
휴직 중 신분	휴직 중인 공무원은 신분은 보유하나 직무에 종사하지 못한다(국가공무원법 제73조 제1항).

복직	① 휴직 기간 중 그 사유가 없어지면 30일 이내에 임용권자 또는 임용제청권자에게 신고하여야 하며, 임용권자는 지체 없이 복직을 명하여야 한다(국가공무원법 第73조 제2항). ② 휴직 기간이 끝난 공무원이 30일 이내에 복귀 신고를 하면 당연히 복직된다(국가공무원법 第73조 제3항). ③ 경찰공무원법 제2조 제3호: "복직"이란 휴직 · 직위해제 또는 정직(강등에 따른 정직 포함) 중에 있는 경찰공무원을 직위에 복귀시키는 것을 말한다.

3. 직위해제(국가공무원법)

1) 개념

직위해제란 공무원 본인에게 직위를 계속 보유하는 데 장애가 되는 사유가 있는 경우에 공무원의 신분을 보유하게 하면서 직무를 잠정적으로 박탈하는 행위를 말한다. 직위해제된 공무원은 직무에 종사하지 못하며, 출근을 할 수 없다.

「경찰공무원법」에 직위해제 규정이 없으므로 휴직과 마찬가지로 「국가공무원법」이 적용된다. 직위해제는 징계의 의미를 가지고 있지만 정계처분은 아니다(대법원 1983 10. 25. 선고 83누184 판결).

직위해제 사유 (20 간부)	① 직무수행 능력이 부족하거나 근무성적이 극히 나쁜 자 ② 중징계(파면 · 해임 · 강등 또는 정직)에 해당하는 징계 의결이 요구 중인 자 ③ 형사 사건으로 기소된 자(약식명령 청구된 자 제외) ④ 고위공무원단에 속하는 일반직 공무원으로서 적격심사를 요구받은 자 ⑤ 금품비위, 성범죄 등 대통령령으로 정하는 비위행위로 인하여 감사원 및 검찰 · 경찰 등 수사기관에서 조사나 수사 중인 자로서 비위의 정도가 중대하고 이로 인하여 정상적인 업무수행을 기대하기 현저히 어려운 자 ※ "① 직무수행 능력이 부족하거나 근무성적이 극히 나쁜 자의 경우"에 해당하여 대기 명령을 받은 자가 3개월 내에서 교육 등 실시 후에도 능력 또는 근무성적의 향상을 기대하기 어렵다고 인정된 때에 징계위원회의 동의를 얻어 직권면직(국가공무원법 제70조 제1항 · 제2항)
직위해제, 징계처분 의병과 가능	직위해제처분은 징계처분과 같은 성질의 처분이라고 볼 수 없으므로 동일한 사유에 대한 직위해제처분이 있은 후 다시 해임처분이 있었다하여 일사부재리의 법리에 어긋난다고 볼 수 없다(대법원 1984. 2. 28. 선고 83누4891 판결)

<table>
<tr><td>효력</td><td>
① 직위를 부여하지 아니한 경우에 직위해제 사유가 소멸되면 지체없이 직위를 부여하여야 한다(할 수 있다 X)(제73조의 3 제2항).
② 직위해제 후 징계하여도 일사부재리 원칙이나 이중처벌금지 원칙에 위배되지 않음
③ 직위해제시 직무에 종사하지 못하고 출근 의무도 없다.
④ 직위해제된 사람에게는 봉급을 감액하여 지급한다.(공무원보수규정 제29조)
<table>
<tr><th>사유</th><th>3개월 내</th><th>3개월 후</th></tr>
<tr><td>중징계 · 형사사건 · 금품, 성범죄 등</td><td>50%</td><td>30%</td></tr>
<tr><td>고위공무원단 적격심사</td><td>70%</td><td>40% → 직권면직</td></tr>
<tr><td>능력부족</td><td>80%</td><td>직권면직(징계위 동의)</td></tr>
</table>
⑤ 직위해제 기간은 최저근무연수에 산입되지 않는다. 다만, 다음의 경우는 산입한다.
(1) 징계위원회 · 소청심사위원회 · 법원에서 징계하지 않기로 하거나 무효가 된 경우
(2) 직위해제된 사건이 법원에서 무죄로 확정된 경우
</td></tr>
</table>

2) 관련 판례

(1) 직위해제는 징계처분이 아니다. 직위해제처분이 공무원에 대한 불이익한 처분이긴 하나 징계처분과 같은 성질의 처분이라 할 수 없으므로 동일한 사유로 직위해제 처분을 하고 다시 감봉처분을 하였다 하여 일사부재리원칙에 위배된다 할 수 없다. 직위해제는 경찰지휘관 등에게 징계책임을 묻는 대신에 활용되는 경우가 종종 있고, 직위해제와 징계책임이 동시에 이루어질 수도 있으며, 직권면직으로 이어질 수도 있다(대법원 1983. 10. 25, 83누184).

(2) 직위해제는 일반적으로 공무원이 직무수행능력이 부족하거나 근무성적이 극히 불량한 경우, 공무원에 대한 징계절차가 진행중인 경우, 공무원이 형사사건으로 기소된 경우 등에 있어서 당해 공무원이 장래에 있어서 계속 직무를 담당하게 될 경우 예상되는 업무상의 장애 등을 예방하기 위하여 일시적으로 당해 공무원에게 직위를 부여하지 아니함으로써 직무에 종사하지 못하도록 하는 잠정적인 조치로서의 보직의 해제를 의미하므로 과거의 공무원의 비위행위에 대하여 질서 유지를 목적으로 행하여지는 징벌적 제재로서의 징계와는 그 성질이 다르다(대법원 2003. 10. 10. 선고 2003두5945 판결).

4. 강임, 전과, 전직

강 임	① 직제 · 정원 변경, 예산 감소 등의 이유로 등급을 내리는 것인데, 자기가 원하는 보직으로 이동하기 위하여 강임을 희망할 수 있음. ② 강임된 공무원은 상위 직급에 결원이 생기면 우선 임용되며, 본인이 동의하여 강임된 공무원은 경력과 인력사정 등을 고려하여 우선 임용될 수 있음. ③ 경찰공무원에게는 적용되지 않음(징계로 강등은 가능).
전 과	① 전과는 해양경과에서 수사경과, 항공경과, 정보통신경과 또는 특임경과로의 전과만 인정한다. ② 정원 감축 등 해양경찰청장이 정하는 사유가 있는 경우 수사경과, 항공경과, 정보통신경과 또는 특임경과에서 해양경과로의 전과를 인정할 수 있다. ③ 경과가 신설 또는 폐지되는 경우에는 전과를 인정할 수 있다(해경 임용규정 시행규칙 제4조).
전 직	직렬을 달리하는 임명이며, 경찰공무원에는 적용 안 됨.

Ⅳ. 경찰공무원 관계의 소멸

1. 당연퇴직(경찰공무원법 제30조)

당연퇴직에는 법에서 정한 사유가 발생한 경우 별도의 행위없이 당연히 경찰공무원의 신분을 상실하는 것을 말하고, 연령정년과 계급정년이 있다.

효과	① 당연퇴직 발령은 관념의 통지이므로 처분성이 없어 항고소송의 대상이 되지 않는다. ② 당연퇴직한 공무원이 사실상 공무원으로 근무했더라도 공무원 연금법상의 퇴직급여 청구는 불가(판례) ③ 정년이 된 날이 1월에서 6월 사이에 있으면 6월 30일에, 7월에서 12월 사이에 있으면 12월 31일에 당연퇴직(퇴직일자는 1년에 2회)
협의의 퇴직	① 정년에 달한 때 ② 당연퇴직 사유에 해당할 때
연령정년	만 60세
계급정년	① 치안감 4년, 경무관 6년, 총경 11년, 경정 14년 ② 징계로 강등된 경우 강등 전 계급 중 가장 높은 계급의 계급정년으로 하고, 기간 산정은 강등되기 전 계급의 근무연수와 강등 이후의 근무연수를 합산 ③ 수사 · 정보 · 외사 · 보안 · 자치경찰사무 등 특수부문 총경 · 경정은 4년 범위에서 연장 가능 ④ 전시 · 사변, 그 밖의 비상사태에서 위 기간을 2년 범위에서 연장 가능 ㉠ 경무관 이상: 해양경찰청장이 해양수산부장관, 국무총리를 거쳐 대통령의 승인을 받아 연장 ㉡ 총경 · 경정: 해양경찰청장이 국무총리를 거쳐 대통령의 승인받아 연장

2. 면직

1) 면직의 구분

면직에는 의원면직과 일방적 면직이 있다.

<table>
<tr><td rowspan="2">의원 면직</td><td colspan="2">① 경찰공무원의 의사표시로 임용권자가 수리하여 경찰공무원관계 소멸
② 사직서를 제출하였더라도 수리되기 전에 직장을 무단이탈하면 징계 및 형사책임이 있다(대판 1991. 11. 21. 91누3666).</td></tr>
<tr><td colspan="2">명예퇴직: 의원면직에 해당함, 공무원으로 20년 이상 근속(勤續)한 자가 정년 전에 스스로 퇴직(임기제 공무원이 아닌 경력직 공무원이 임기제 공무원으로 임용되어 퇴직하는 경우로서 대통령령으로 정하는 경우 포함)하면 예산의 범위에서 명예퇴직 수당을 지급할 수 있다(국가공무원법 제74조의 2 제1항).</td></tr>
<tr><td rowspan="2">일방적 면직</td><td>징계면직</td><td>징계에 의한 면직으로 파면과 해임
※ 파면과 해임은 신분을 박탈하는 징계처분이라는 점에서 동일하지만 공직에의 취임제한, 퇴직급여 및 퇴직수당 급여 제한에서 다르다.</td></tr>
<tr><td>직권면직</td><td>법정사유 발생시 임용권자가 직권으로 면직처분</td></tr>
</table>

2) 면직 관련 판례

(1) 조사기관에 소환당하여 구타당하리라는 공포심에서 조사관의 요구를 거절하지 못하고 작성교부한 사직서는 본인의 진정한 의사에 의하여 작성한 것이라고 볼 수 없으므로 그 사직원에 따른 면직처분은 위법하다(대법원 1968. 3. 19. 선고 67누164 판결).

(2) 사직서의 제출이 의사결정의 자유를 박탈하는 정도이면 무효이고, 의사결정의 자유를 제한하는 정도에 그친 경우 사직의 의사표시는 외부적·객관적으로 표시된 바를 존중해야 한다. 비록 사직원 제출자의 내심의 의사가 사직할 뜻이 아니었다고 하더라도 진의 아닌 의사표시에 관한 「민법」 제197조는 그 성질상 사직의 의사표시와 같은 사인의 공법행위에는 준용되지 아니하므로 그 의사가 외부에 표시된 이상 그 의사는 표시된 대로 효력을 발한다(대법원 1997. 12. 12. 선고 97누13962 판결).

(3) 순경이 전투경찰대 근무발령을 받고도 3일간 지연 부임하였고, 지연 부임한 당일 가정 사정을 이유로 제출한 사직원이 수리되기 전에 귀가하여 무단 이탈한 행위에 대하여 파면 처분한 것은 정당하다(대법원 1971. 3. 23. 선고 71누7 판결).

SECTION

03 해양경찰공무원의 권리 · 의무 및 책임 · 권익보장

Ⅰ. 해양경찰공무원의 권리와 의무

해양경찰공무원의 권리는 신분 및 재산상 권리가 있다. 국가공무원과의 공통된 신분상 권리는 직무집행권, 신분·직위 보유권, 쟁송제기권이 있고, 경찰공무원만의 특수한 신분상 권리는 제복착용권, 무기휴대·사용권, 장구사용권 등이 있다. 해양경찰공무원의 의무는 법령에 나누어 규정되어 있고, 그 의무는 「국가공무원법」, 「공직자윤리법」, 「경찰공무원법」, 「경찰공무원 복무규정」에서 규정하고 있다.

권 리	신분상	공통	직무집행권, 신분 · 직위 보유권, 쟁송제기권
		특수	• 경찰공무원법: 제복착용권, 무기휴대권 • 경찰관직무집행법: 무기 · 장비 · 장구 사용권 • 해양경비법: 무기 · 장비 · 장구 사용권
	재산상	보수청구, 보상청구, 연금청구, 실비변상, 실물대여	
의 무	국가공무원법	기본의무	성실, 선서
		직무	종교중립, 친절공정, 복종, 직무전념(직장이탈금지, 영리업무금지, 겸직금지), 법령준수
		신분	영예제한, 집단행동금지, 청렴, 비밀엄수, 정치운동금지, 품위유지
	공직자윤리법	신분	재산 등록 · 공개, 퇴직후 3년간 취업제한, 외국 선물 신고
	경찰공무원법	직무	제복착용, 거짓보고금지, 지휘권남용 금지, 직무유기금지
	경찰공무원 복무규정 (대통령령)	기본강령	경찰사명, 경찰정신, 규율, 단결, 책임, 성실 · 청렴
		복무 등	민사개입금지, 지정장소 외 직무금지, 근무중 음주금지, 여행제한, 상관신고, 포상휴가 등

1. 경찰공무원의 권리

1) 신분상 권리

(1) 직무집행권

경찰공무원은 법령에 정해진 직무를 집행할 권리를 갖는다. 해양경찰의 정당한 직무집행을 방해하였을 경우에 공무집행방해죄(형법 제136조),[2] 상급 해양경찰관이 하급 경찰관이 부당한 권한을 행사했을 경우 직권남용죄(형법 제123조)[3]가 성립될 수 있다.

(2) 신분 및 직위보유권

공무원은 형의 선고, 징계처분 또는 이 법에서 정하는 사유에 따르지 아니하고는 본인의 의사에 반하여 휴직·강임 또는 면직을 당하지 아니한다(국가공무원법 제68조 제1항). 다만, 치안총감·치안정감[4]과 시보임용기간 중에 있는 경찰공무원이 근무성적 또는 교육훈련성적이 불량할 때에는 면직시킬 수 있으므로 신분보장이 되지 않는다(경찰공무원법 제13조 제3항).

임용권자나 임용제청권자는 법령으로 따로 정하는 경우 외에는 소속 공무원의 직급과 직류를 고려하여 그 직급에 상응하는 일정한 직위를 부여하여야 한다(국가공무원법 제32조의5 제1항).

(3) 소청제기권·쟁송제기권

소청은 행정소속 공무원이 징계처분 등에 소청심사위원회에 제기하는 불복신청을 말하고, 소청전치주의에 의하여 소청심사위원회의 심사와 결정을 거친 후 행정소송을 제기할 수 있다.

행정소송은 현재 소속하고 있는 기관장을 피고로 하는 것이 아니라 해양경찰청장(기관장 X)을 피고로 하지만, 임용권을 위임했을 경우 위임받은 자가 피고가 된다.

---

2) **형법 제136조(공무집행방해)** ① 직무를 집행하는 공무원에 대하여 폭행 또는 협박한 자는 5년 이하의 징역 또는 1천만원 이하의 벌금에 처한다.

3) **형법 제123조(직권남용)** 공무원이 직권을 남용하여 사람으로 하여금 의무없는 일을 하게 하거나 사람의 권리행사를 방해한 때에는 5년 이하의 징역, 10년 이하의 자격정지 또는 1천만원 이하의 벌금에 처한다.

4) **경찰공무원법 제36조** ① 치안총감과 치안정감에 대해서는 「국가공무원법」 제68조 본문을 적용하지 아니한다.

국가배상청구권의 피고는 국가 또는 지방자치단체이므로 해양경찰은 국가공무원이므로 국가가 배상책임을 진다.

(4) 무기휴대 및 사용권

무기휴대는 「경찰공무원법」에서 정하고 있고,[5] 무기사용은 「경찰관직무직행법」과 「해양경비법」에 근거하여 사용할 수 있다.

경찰관이라 하여 허가 없이 개인적으로 총포 등을 구입하여 소지하는 것을 허용하는 것은 아니다(대법원 1996. 7. 30. 선고 95도2408 판결).

(5) 제복착용권

경찰공무원은 제복을 착용하여야 한다. 이 제복착용권은 권리이면서 의무에 해당한다. 해양경찰공무원의 복제(服制)에 관한 사항은 해양수산부령으로 정한다(경찰공무원법 제26조 제1항·제2항).

2) 재산상 권리

(1) 보수 청구권

보수란 봉급과 수당을 합산한 금액을 말한다. 해양경찰이 보수규정은 별도로 없고, 「공무원보수규정(대통령령)」에서 통합하여 규정하고 있다.

보수청구권은 포기·양도가 금지되고, 압류는 1/2로 제한되며, 보수청구권의 소멸시효는 보수청구권을 공권으로 보아 국가재정법에 의하여 5년이라는 견해와 사권으로 보아 민법에 의하여 3년이라는 견해 대립이 있으나 판례는 3년으로 본다.

(2) 연금 청구권

해양경찰의 각종 급여는 인사혁신처장이 결정하고 공무원연금공단에서 지급한다. 급여 결정에 관한 인사혁신처장의 권한은 공무원연금공단에 위탁이 가능하다.

급여제한 사유 해당여부는 「공무원연금법」에 의한 공무원재해보상심의회에서 심의하고,[6] 급여에 이의가 있으면 「공무원재해보상법」에 의한 공무원재해보상연금위원회

5) **경찰공무원법 제26조(복제 및 무기 휴대)** ① 경찰공무원은 제복을 착용하여야 한다.
② 경찰공무원은 직무 수행을 위하여 필요하면 무기를 휴대할 수 있다.

6) **공무원연금법 제29조(급여사유의 확인 및 급여의 결정)** ① 각종 급여는 그 급여를 받을 권리를 가진 사람의 신청에 따라 인사혁신처장의 결정으로 공단이 지급한다. 다만, 제59조에 따른 장해연금 또는 장해일시금, 제63조 제3항 및 제4항에 따른 급여제한사유 해당 여부 등 대통

에서 심사한다.[7]

급여 이의로 공무원재해보상연금위원회에 청구할 때에는 그 결정 등이 있었던 날부터 180일, 그 사실을 안 날부터 90일 이내에 하여야 한다.

「공무원연금법」에 따른 급여인 퇴직급여, 퇴직유족급여, 비공무상 장해급여, 퇴직수당 등이 청구권의 소멸시효는 모두 5년이다.

(3) 보상 청구권(공무원재해보상법)

「공무원재해보상법」의 목적은 공무로 인한 부상, 질병, 상해, 사망에 대하여 적합한 보상, 공무원의 재활 및 직무복귀를 지원, 재해 예방 사업으로 공무원이 직무에 전념하도록 여건을 조성하기 위한 것이고, 「공무원연금법」의 목적은 공무원의 퇴직, 장해 또는 사망에 대하여 적절한 급여를 지급하고 후생복지를 지원함으로써, 공무원 또는 그 유족의 생활안정과 복지향상에 이바지하는 것이다.

「공무원재해보상법」에 따른 급여를 받을 권리의 소멸시효는 요양급여, 부조급여, 재활급여, 간병급여는 3년이고, 그 외는 5년이다(제54조 제1항).

(4) 보훈권

경찰공무원으로서 전투나 그 밖의 직무 수행 또는 교육훈련 중 사망한 사람(공무상 질병으로 사망한 사람 포함) 및 부상(공무상의 질병 포함)을 입고 퇴직한 사람과 그 유족 또는 가족은 「국가유공자 등 예우 및 지원에 관한 법률」 또는 「보훈보상대상자 지원에 관한 법률」에 따라 예우 또는 지원을 받는다(경찰공무원법 제21조).

(5) 실비변상청구권

공무원은 보수 외에 대통령령 등으로 정하는 바에 따라 직무 수행에 필요한 실비(實費) 변상을 받을 수 있고, 공무원이 소속 기관장의 허가를 받아 본래의 업무수행에 지장이 없는 범위에서 담당 직무 외의 특수한 연구과제를 위탁받아 처리하면 그 보상을 지급받을 수 있다(국가공무원법 제48조 제1항·제2항). 이에 따라 해양경

령령으로 정하는 사항은 「공무원 재해보상법」 제6조에 따른 공무원재해보상심의회의 심의를 거쳐야 한다. <개정 2020. 12. 22.>

7) **공무원재해보상법 제51조(심사의 청구)** ① 급여에 관한 결정, 그 밖에 이 법에 따른 급여 등에 관하여 이의가 있는 사람은 대통령령으로 정하는 바에 따라 제52조에 따른 공무원재해보상연금위원회에 심사를 청구할 수 있다.
② 제1항의 심사 청구는 그 결정 등이 있었던 날부터 180일, 그 사실을 안 날부터 90일 이내에 하여야 한다. 다만, 그 기간 내에 정당한 사유가 있어 심사 청구를 할 수 없었던 것을 증명한 경우는 예외로 한다.

찰공무원은 공무상 출장을 갔을 경우 「공무원여비규정(대통령령)」에 따라 운임·일비·숙박비·식비·이전비·가족여비 및 준비금 등을 받을 수 있다.

3) 공무원직장협의회 가입권

공무원은 「공무원직장협의회의 설립·운영에 관한 법률」이 정하는 바에 따라 자유로이 공무원직장협의회에 가입하거나 협의회를 탈퇴할 수 있다(법 제4조).

① 기관 단위로 설립하며 하나의 기관에는 하나의 협의회만 설립(법 제2조)

② 6급 이하 일반직 공무원 또는 경감 이하 경찰공무원이 가입 가능(법 제3조)

③ 지휘·감독 직책이나 인사, 예산, 경리, 물품출납, 비서, 기밀, 보안, 경비 및 이와 유사한 업무 종사자는 가입 불가

④ 노동조합 설립이 금지되는 공무원에 대하여 근무환경 개선, 업무능률향상, 일반적 고충처리 등을 협의(법 제5조)

※ 개별적 고충 사항은 고충심사위원회의 심의사항이다.

⑤ 협의회 업무를 전담하는 공무원을 둘 수 없다(시행령 제12조).

2. 경찰공무원의 의무

1) 선서의무(국가공무원법 제55조)

공무원은 취임할 때에 소속 기관장 앞에서 대통령령 등으로 정하는 바에 따라 선서(宣誓)하여야 한다. 다만, 불가피한 사유가 있으면 취임 후에 선서하게 할 수 있다.

2) 성실의무(국가공무원법 제56조)

모든 공무원은 법령을 준수하며 성실히 직무를 수행하여야 한다. 성실의무는 다른 의무의 원천이며, 법적인 의무이다.

3) 「국가공무원법」상 직무상 의무

(1) 종교중립의 의무(법 제59조의2)

공무원은 종교에 따른 차별 없이 직무를 수행하여야 하고, 소속 상관이 종교중립 의무에 위배되는 명령을 한 경우에는 따르지 아니할 수 있다.

(2) 친절 · 공정의 의무(법 제59조)

법적인 의무로서, 국민 전체의 봉사자로서 친절하고 공정하게 직무를 수행하여야 한다.

(3) 복종의 의무(법 제57조)

① 공무원은 상관의 직무상 명령에 복종하여야 한다.

② 해양경찰의 수사 이의제기: 「해양경찰법」 제15조 제1항 · 제2항

㉠ 해양경찰청 소속 공무원은 상관의 지휘 · 감독을 받아 직무를 수행하고, 그 직무수행에 관하여 서로 협력하여야 한다.

㉡ 해양경찰청 소속 공무원은 구체적 수사와 관련된 제1항의 지휘 · 감독의 적법성 또는 정당성 여부에 대하여 이견이 있는 경우에는 이의를 제기할 수 있다.

(4) 직무전념의 의무

① 직장이탈금지(법 제58조)

소속 상관의 허가 또는 정당한 사유 없이 직장을 이탈하지 못한다.

공무원을 구속할 경우 사전에 그 소속기관장에 사전에 통보(현행범은 제외)해야 한다.

※ 감사원, 검찰, 경찰 등은 수사 · 조사를 개시 또는 종료시 10일내에 소속 기관장에게 통보할 의무가 있다.

② 영리업무 금지 · 겸직금지(법 제64조)

공무원은 공무 외에 영리를 목적으로 하는 업무에 종사하지 못하며 소속 기관장의 허가 없이 다른 직무를 겸할 수 없다.

(5) 법령준수의 의무

모든 공무원은 법령을 준수하며 성실히 직무를 수행하여야 한다(국가공무원법 제56조).

4) 「국가공무원법」상 신분상 의무(20 간부)

(1) 영예 등의 제한(법 제62조)

외국 정부로부터 영예나 증여를 받을 경우는 대통령의 허가를 받아야 한다.

(2) 집단행동 금지(법 제66조)

① 사실상 노무에 종사하는 공무원을 제외하고 노동운동이나 집단행위가 금지된다.
② 공무원으로서 노동조합에 가입된 자가 조합업무에 전임하려는 경우에는 장관의 허가를 받아야 한다.
③ 경찰공무원이 위반하는 경우 2년 이하 또는 200만원 이하 벌금이 부과된다(경찰공무원법 제37조 제4항).

(3) 청렴의무(법 제61조)

① 직무관련 직접적이든 간접적이든 사례·증여·향응을 주고 받을 수 없다.
② 직무관련 불문하고 소속 상관에게 증여하거나 받아서는 안된다.

(4) 비밀엄수의 의무(법 제60조)(19 간부)

① 퇴직 후에도 준수해야 한다. 위반할 경우 재직 중에는 형사(피의사실공표죄, 공무상 비밀누설죄)·징계 책임, 퇴직 후에는 형사책임을 진다.
② 직무상 비밀과 직무와 관련한 비밀도 포함된다.
③ 비밀은 실질적으로 보호할 가치가 있는 것만이 해당한다. 이는 실질설에 해당하고, 학설상 통설이며 판례의 입장이다.

(5) 정치관여 금지(법 제65조)

① 공무원은 정당이나 그 밖의 정치단체의 결성에 관여하거나 이에 가입할 수 없다.
② **「경찰공무원법」상의 정치관여 금지**

경찰공무원은 정당이나 정치단체에 가입하거나 정치활동에 관여하는 행위를 하여서는 아니 된다(법 제23조 제1항).[8]

---

8) **경찰공무원법 제23조(정치 관여 금지)** ① 경찰공무원은 정당이나 정치단체에 가입하거나 정치활동에 관여하는 행위를 하여서는 아니 된다.
② 제1항에서 정치활동에 관여하는 행위란 다음 각 호의 어느 하나에 해당하는 행위를 말한다.
1. 정당이나 정치단체의 결성 또는 가입을 지원하거나 방해하는 행위

정치관여 금지를 위반한 경우 5년 이하 징역과 5년 이하 자격정지이고, 공소시효는 「형사소송법」에 불구하고 10년으로 한다(법 제37조 제3항).[9]

(6) 품위유지 의무(법 63조)

직무 내외를 불문하고 품위가 손상되는 행위를 하여서는 아니 된다.

5) 「공직자윤리법」상 신분상 의무

재산등록 · 공개(제2장)	① 등록의무자가 된 날부터 2개월이 되는 날이 속하는 달의 말일까지 등록의무자로 된 날 현재의 재산을 등록한다. ② 재산등록은 법에서 총경 이상, 시행령에서 경사 이상으로 규정 ③ 재산공개 대상은 치안감 이상 또는 시 · 도청장의 본인, 배우자, 직계존 · 비속이며 공직자윤리위원회는 신고기간 만료 후 1개월내 관보 · 공보 게재
퇴직자 취업 제한(제4장)	① 취업심사대상자(경사 이상)은 퇴직일부터 3년간 일정규모 이상의 기관에 취업할 수 없다. 다만, 공직자윤리위원회로부터 퇴직 전 5년간 소속 부서(기관)의 업무와 밀접 관련성이 없다는 확인을 받거나 취업승인을 받은 때는 취업 가능 ② 경감-경사 퇴직자는 시행령에서 규정하는 서비스 종사자 등으로 취업하는 경우 취업심사대상자에서 제외(시행령 제31조 제2항)
선물신고 의무(제15 · 16조)	① 외국으로부터 받은 선물은 그 외국의 시가로 미화 100달러, 국내 시가로 10만원 이상이면 소속 기관장에게 신고하고 그 선물을 인도하여야 한다. ② 신고된 선물은 신고 즉시 국가 또는 지방자치단체에 귀속된다.

---

2. 그 직위를 이용하여 특정 정당이나 특정 정치인에 대하여 지지 또는 반대 의견을 유포하거나, 그러한 여론을 조성할 목적으로 특정 정당이나 특정 정치인에 대하여 찬양하거나 비방하는 내용의 의견 또는 사실을 유포하는 행위
3. 특정 정당이나 특정 정치인을 위하여 기부금 모집을 지원하거나 방해하는 행위 또는 국가·지방자치단체 및 「공공기관의 운영에 관한 법률」에 따른 공공기관의 자금을 이용하거나 이용하게 하는 행위
4. 특정 정당이나 특정인의 선거운동을 하거나 선거 관련 대책회의에 관여하는 행위
5. 「정보통신망 이용촉진 및 정보보호 등에 관한 법률」에 따른 정보통신망을 이용한 제1호부터 제4호까지의 규정에 해당하는 행위
6. 소속 직원이나 다른 공무원에 대하여 제1호부터 제5호까지의 행위를 하도록 요구하거나 그 행위와 관련한 보상 또는 보복으로서 이익 또는 불이익을 주거나 이를 약속 또는 고지(告知)하는 행위

9) **경찰공무원법 제37조(벌칙)** ③ 경찰공무원으로서 제23조를 위반하여 정당이나 정치단체에 가입하거나 정치활동에 관여하는 행위를 한 사람은 5년 이하의 징역과 5년 이하의 자격정지에 처하고, 그 죄에 대한 공소시효의 기간은 「형사소송법」 제249조 제1항에도 불구하고 10년으로 한다.

6) 「경찰공무원법」상 직무상 의무(20 · 22 간부)

제복착용의 의무	복제에 관한 사항은 해양수산부령으로 정함
거짓보고 금지	직무에 관하여 거짓으로 보고나 통보를 하여서는 아니 된다.
지휘권남용 등 금지	① 전시 · 사변 · 비상사태 등에서 지휘 · 감독하는 사람은 정당한 사유 없이 그 직무 수행을 거부 · 유기하거나 경찰공무원을 지정된 근무지에서 진출 · 퇴각 · 이탈하게 하여서는 아니 된다. ② 위반자는 3년 이상 징역이나 금고형
직무유기 금지	직무를 게을리하거나 유기해서는 아니 된다.

7) 「해양경찰법」상의 의무

(1) 해양경찰의 책무(법 제2조)(20 3차)

① 해양경찰은 해양에서 사람의 생명·신체 및 재산을 보호하고, 해양사고에 효율적으로 대응하기 위한 시책을 추진하여야 한다.
② 해양경찰은 대한민국의 국익을 보호하고 해양영토를 수호하며 해양치안질서 유지를 위하여 필요한 조치와 제도를 마련하여야 한다.
③ 해양경찰은 해양경찰의 정책에 대한 국민의 의견을 존중하고, 민주적이고 투명한 조직운영을 위하여 노력하여야 한다.

(2) 해양경찰의 직무수행(법 제15조)

① 해양경찰청 소속 공무원은 상관의 지휘·감독을 받아 직무를 수행하고, 그 직무수행에 관하여 서로 협력하여야 한다.
② 해양경찰청 소속 공무원은 구체적 수사와 관련된 ①항의 지휘·감독의 적법성 또는 정당성 여부에 대하여 이견이 있는 경우에는 이의를 제기할 수 있다.

8) 「경찰공무원 복무규정(대통령령)」상 의무

(1) 기본 강령

① 경찰사명: 경찰공무원은 국가와 민족을 위하여 충성과 봉사를 다하며, 국민의 생명·신체 및 재산을 보호하고, 공공의 안녕과 질서를 유지함을 그 사명으로 한다.
② 경찰정신: 경찰공무원은 국민의 수임자로서 일상의 직무수행에 있어서 국민의 자유와 권리를 존중하는 호국·봉사·정의의 정신을 그 바탕으로 삼는다.

③ 규율: 경찰공무원은 법령을 준수하고 직무상의 명령에 복종하며, 상사에 대한 존경과 부하에 대한 존중으로써 규율을 지켜야 한다.
④ 단결: 경찰공무원은 주어진 사명을 다하기 위하여 긍지를 가지고 한마음 한뜻으로 굳게 뭉쳐 임무수행에 모든 역량을 기울여야 한다.
⑤ 책임: 경찰공무원은 창의와 노력으로써 소임을 완수하여야 하며, 직무수행의 결과에 대하여 책임을 진다.
⑥ 성실 · 청렴: 경찰공무원은 성실하고 청렴한 생활태도로써 국민의 모범이 되어야 한다.

(2) 복무 등

① **민사분쟁 개입금지**: 직권을 이용하여 부당한 타인의 민사분쟁 개입 금지
② **지정장소 외에서의 직무수행 금지**: 상사의 허가 · 명령없이 직무 무관 장소에서 직무 금지
③ **근무시간 중 음주금지(술)**: 특별한 사정이 있는 경우는 예외로 하되, 주기가 있는 상태에서 직무를 수행하여서는 아니 된다.
④ **여행의 제한**: 휴무일 등에 2시간 이내에 직무하기 복귀 어려운 지역으로 여행 시 소속 기관장에 신고하여야 하며, 치안상 특별한 사정이 있는 기간에는 소속 기관장의 허가
⑤ 상관에 대한 신고: 소속 상관에 신규채용, 승진, 전보, 파견, 출장, 연가, 교육훈련기관에의 입교, 기타 신분 · 근무관계 변동사항 신고

(3) 사기진작 등

① **포상휴가**: 경찰기관의 장은 1회에 10일 이내 허가할 수 있으며, 포상휴가 기간은 연가일수에 산입하지 않는다.
② 연일 및 공휴일 근무자는 그 다음 날 1일의 휴무를 허가하여야 한다.
③ 당직 또는 철야 근무자는 다음 날 오후 2시를 기준으로 오전 또는 오후 휴무를 허가하여야 한다.

Ⅱ. 경찰공무원의 책임

1. 징계의 의의와 형벌과의 비교

1) 의의

경찰공무원의 의무위반에 대하여 경찰공무원관계의 질서를 유지하기 위하여 국가가 사용자로서의 지위에서 과하는 제재를 의미하고, 그 제재로서의 벌을 징계벌이라 하고 이 벌을 받아야 할 책임을 징계책임이라 한다.

2) 징계벌과 형벌의 비교

(1) 권력적 기초

징계벌은 경찰공무원관계에서 국가가 사용자의 지위에서 가지는 권한의 행사로 과하여진다. 이는 특별권력관계에서 부과하는 제재이다. 이에 반하여 형벌은 국가의 일반통치권의 발동으로서 과하여진다.

(2) 목적 · 대상 · 내용

구 분	징 계 벌	형 벌
목 적	공무원관계의 내부적 질서유지 목적	일반의 질서유지 목적
대 상	공무원법상의 의무위반을 대상	형법상의 의무위반을 대상
내 용	공무원의 신분상 이익의 일부 또는 전부를 박탈하는 것(고의 · 과실을 요하지 않음)	신분상의 이익뿐만 아니라 재산적 이익 · 신체적 자유의 박탈도 그 내용으로 함(고의 · 과실을 요함)

(3) 병과

징계벌은 특별권력관계에 의해서, 형벌은 일반권력관계에 의해서 부과되는 것이기 때문에 성질을 달리한다. 따라서 병과할 수 있으며, 병과할 경우 일사부재리의 원칙에 반하지 않는다.

2. 징계의 내용

징계의 종류에는 중징계와 경징계가 있고, 중징계에는 파면, 해임, 강등, 정직이고, 경징계는 감봉과 견책이 있다. 파면과 해임은 경찰공무원의 신분을 박탈하는 것이고 경찰공무원으로 재임용될 수 없다.

1) 파면, 해임(22 간부)

파면의 경우 근무기간이 5년 이상인 경우 퇴직급여(월급)·퇴직수당(퇴직금)에서 각각 2분의 1을 감액하고, 5년 미만인 경우 퇴직급여는 퇴직급여는 4분의 1을 감액하고 퇴직수당을 2분의 1을 감액한다.

해임의 경우 원칙적으로 퇴직급여와 퇴직수당에서 감액이 없지만, 「금품 및 향응수수, 공금의 횡령 · 유용」으로 징계에 의하여 해임된 경우 5년 이상은 퇴직급여와 퇴직수당에서 각각 4분의 1을 감액한다. 5년 이하인 경우 퇴직금의 8분의 1 감액, 퇴직수당의 4분의 1을 감액한다.[10)]

2) 승진 제한

징계를 받은 경찰공무원의 승진제한 기간은 ① 강등·정직 18개월, ② 감봉 12개월, ③ 견책 6개월이다. 「국가공무원법」 제78조의2 제1항 각 호의 징계 사유,[11)] 「해양

---

10) **공무원연금법 시행령 제61조(형벌 등에 따른 퇴직급여 및 퇴직수당의 감액)** ① 공무원 또는 공무원이었던 사람이 법 제65조 제1항 각 호의 어느 하나에 해당하게 되었을 때에는 다음 각 호의 구분에 따라 퇴직급여 및 퇴직수당을 감액한 후 지급한다. 이 경우 퇴직연금 또는 조기퇴직연금은 그 감액사유에 해당하는 날이 속하는 달까지는 감액하지 아니한다.
1. 법 제65조 제1항 제1호 및 제2호(탄핵 또는 징계에 의하여 파면된 경우)에 해당하는 사람
가. 재직기간이 5년 미만인 사람의 퇴직급여: 4분의 1
나. 재직기간이 5년 이상인 사람의 퇴직급여: 2분의 1
다. 퇴직수당: 2분의 1
2. 법 제65조 제1항 제3호(금품 및 향응 수수, 공금의 횡령 · 유용으로 징계에 의하여 해임된 경우)에 해당하는 사람
가. 재직기간이 5년 미만인 사람의 퇴직급여: 8분의 1
나. 재직기간이 5년 이상인 사람의 퇴직급여: 4분의 1
다. 퇴직수당: 4분의 1

11) **국가공무원법 제78조의2(징계부가금)** ① 제78조에 따라 공무원의 징계 의결을 요구하는 경우 그 징계 사유가 다음 각 호의 어느 하나에 해당하는 경우에는 해당 징계 외에 다음 각 호의 행위로 취득하거나 제공한 금전 또는 재산상 이득(금전이 아닌 재산상 이득의 경우에는 금전으로 환산한 금액을 말한다)의 5배 내의 징계부가금 부과 의결을 징계위원회에 요구하여

경찰청 소속 경찰공무원 임용에 관한 규정」 제90조[12]에서 정한 성범죄, 양성평등, 음주운전, 음주측정불응 등의 경우, 「적극행정 운영규정」에 따른 소극행정으로 인한 징계처분의 경우 6개월이 가산된다(해경 임용에 관한 규정 제54조 제1항 2호).

3) 포상에 의한 승진제한 단축

경찰공무원이 징계처분을 받은 후 해당 계급에서 ① 훈장, ② 포장, ③ 모범공무원 포상, ④ 대통령표창 또는 국무총리표창, ⑤ 제안이 채택·시행되어 받은 포상 등의 상을 받은 경우에는 승진임용 제한기간의 2분의 1을 단축할 수 있다(해양경찰청 소속 경찰공무원 임용에 관한 규정 제54조 제3항).

4) 강등 · 정직 · **감봉 · 견책**(19 간부)

강등은 1계급 아래로 직급을 내리고(고위공무원단에 속하는 공무원은 3급으로 임용하고, 연구관 및 지도관은 연구사 및 지도사로 한다) 공무원신분은 보유하나 3개월간 직무에 종사하지 못하며 그 기간 중 보수는 전액을 감한다. 다만, 계급을 구분하지 아니하는

야 한다. <개정 2015. 5. 18.>

1. 금전, 물품, 부동산, 향응 또는 그 밖에 대통령령으로 정하는 재산상 이익을 취득하거나 제공한 경우
2. 다음 각 목에 해당하는 것을 횡령(橫領), 배임(背任), 절도, 사기 또는 유용(流用)한 경우
   가. 「국가재정법」에 따른 예산 및 기금
   나. 「지방재정법」에 따른 예산 및 「지방자치단체 기금관리기본법」에 따른 기금
   다. 「국고금 관리법」 제2조 제1호에 따른 국고금
   라. 「보조금 관리에 관한 법률」 제2조 제1호에 따른 보조금
   마. 「국유재산법」 제2조 제1호에 따른 국유재산 및 「물품관리법」 제2조 제1항에 따른 물품
   바. 「공유재산 및 물품 관리법」 제2조 제1호 및 제2호에 따른 공유재산 및 물품
   사. 그 밖에 가목부터 바목까지에 준하는 것으로서 대통령령으로 정하는 것

12) **해양경찰청 소속 경찰공무원 임용에 관한 규정 제90조(특별승진의 제한 및 취소)** ① 제86조 제1항 제4호에 따라 특별승진임용할 때에는 해당 경찰공무원이 재직기간 중 중징계처분(파면, 해임, 강등 또는 정직을 말한다) 또는 다음 각 호의 어느 하나에 해당하는 사유로 경징계처분(감봉 또는 견책을 말한다)을 받은 사실이 없어야 한다.
1. 「국가공무원법」 제78조의2 제1항 각 호의 징계 사유
2. 「성폭력범죄의 처벌 등에 관한 특례법」 제2조에 따른 성폭력범죄
3. 「성매매알선 등 행위의 처벌에 관한 법률」 제2조 제1항 제1호에 따른 성매매
4. 「양성평등기본법」 제3조 제2호에 따른 성희롱
5. 「도로교통법」 제44조 제1항에 따른 음주운전 또는 같은 조 제2항에 따른 음주측정에 대한 불응

공무원과 임기제 공무원에 대해서는 강등을 적용하지 아니한다(국가공무원법 제80조 제1항). (22 간부)

정직, 감봉, 견책의 기간은 다음과 같다(국가공무원법 제80조 제3항·제4항·제5항).

정직은 1개월 이상 3개월 이하의 기간으로 하고, 정직 처분을 받은 자는 그 기간 중 공무원의 신분은 보유하나 직무에 종사하지 못하며 보수는 전액을 감한다.

감봉은 1개월 이상 3개월 이하의 기간 동안 보수의 3분의 1을 감한다. (22 간부)

견책(譴責)은 전과(前過)에 대하여 훈계하고 회개하게 한다.

<table>
<tr><th colspan="2" rowspan="2">구 분</th><th colspan="2" rowspan="2">기 간</th><th rowspan="2">퇴직급여
(월급)</th><th rowspan="2">퇴직수당
(퇴직금)</th><th colspan="2">승진 제한</th><th rowspan="2">내 용</th></tr>
<tr><th>원칙</th><th>금품·성·
소극·음주</th></tr>
<tr><td rowspan="7">중징
계</td><td rowspan="2">파면</td><td colspan="2">5년 이상 근무</td><td>1/2 감액</td><td>1/2</td><td></td><td></td><td rowspan="5">경찰공무원 신분박탈
(경찰공무원 재임용 불가)</td></tr>
<tr><td colspan="2">5년 미만 근무</td><td>1/4 감액</td><td>1/2</td><td></td><td></td></tr>
<tr><td rowspan="3">해임</td><td colspan="2">원칙</td><td>감액없음</td><td>감액없음</td><td></td><td></td></tr>
<tr><td rowspan="2">금품
향응</td><td>5년
이상</td><td>1/4 감액</td><td>1/4 감액</td><td></td><td></td></tr>
<tr><td>5년
미만</td><td>1/8 감액</td><td>1/4 감액</td><td></td><td></td></tr>
<tr><td>강등</td><td colspan="2">3개월</td><td>X</td><td></td><td rowspan="2">18개월</td><td rowspan="4">+6개월</td><td>강등 + 3월 직무정지</td></tr>
<tr><td>정직</td><td colspan="2">1-3개월</td><td>X</td><td></td><td>1-3월 직무정지</td></tr>
<tr><td rowspan="2">경징
계</td><td>감봉</td><td colspan="2">1-3개월</td><td>1/3 감액</td><td></td><td>12개월</td><td>1-3월 보수 1/3 감액</td></tr>
<tr><td>견책</td><td colspan="2"></td><td></td><td></td><td>6개월</td><td>징계절차로 경고(훈계)</td></tr>
</table>

3. 징계권자

경찰공무원의 징계는 징계위원회의 의결을 거쳐 징계위원회가 설치된 소속 기관의 장이 하되, 「국가공무원법」에 따라 국무총리 소속으로 설치된 징계위원회에서 의결한 징계는 해양경찰청장이 한다. 다만, 파면·해임·강등 및 정직은 징계위원회의 의결을 거쳐 해당 경찰공무원의 임용권자가 하되, 경무관 이상의 강등 및 정직과 경정 이상의 파면 및 해임은 해양경찰청장의 제청으로 해양수산부장관과 국무총리를 거쳐 대통령이 하고, 총경 및 경정의 강등 및 정직은 해양경찰청장이 한다(경찰공무원법 제33조).

징계 등 의결을 요구한 자는 경징계의 징계 등 의결을 통지받았을 때에는 통지받은 날부터 15일 이내에 징계등을 집행하여야 한다(경찰공무원 징계령 제18조 제1

항).

징계 등 의결을 요구한 자는 징계 등 의결을 집행할 때에는 의결서 사본에 징계 등 처분 사유 설명서를 첨부하여 징계 등 처분 대상자에게 보내야 한다(경찰공무원 징계령 제18조 제2항).

<table>
<tr><th>구 분</th><th>징계 종류</th><th>경무관 이상</th><th>총 경</th><th>경 정</th><th>경감 이하</th></tr>
<tr><td rowspan="4">중징계</td><td>파면</td><td rowspan="4">대통령
↑ (장관 · 총리)
해양경찰청장 제청</td><td colspan="2" rowspan="2"></td><td rowspan="4"></td></tr>
<tr><td>해임</td></tr>
<tr><td>강등</td><td colspan="2" rowspan="2">해양경찰청장</td></tr>
<tr><td>정직</td></tr>
<tr><td rowspan="2">경징계</td><td>감봉</td><td rowspan="2">해양경찰청장</td><td colspan="3" rowspan="2">지방해양경찰청장 등 소속기관이 장</td></tr>
<tr><td>견책</td></tr>
</table>

4. 징계부가금과 시효

1) 징계부과금(국가공무원법 제78조의2)

(1) 금품, 향응, 국가 예산의 횡령 등으로 징계를 요구할 경우 그 금품의 5배 이내로 징계부가금 부과 의결을 징계위원회에 요구하여야 한다.

(2) 징계위원회는 대상자가 형사처벌이나 변상책임을 이행한 경우 조정된 범위에서 징계부가금 의결하거나 이미 의결된 경우는 감면 등의 조치를 하여야 한다.

(3) 징계부가금 부과처분을 받은 사람이 납부기간 내에 그 부가금을 납부하지 아니한 때에는 처분권자(대통령이 처분권자인 경우에는 처분 제청권자)는 국세강제징수의 예에 따라 징수할 수 있다.

2) 징계 및 징계부가금 부과 사유의 시효(20 간부)

징계의결등의 요구는 징계 등 사유가 발생한 날부터 다음 구분에 따른 기간이 지나면 하지 못한다(국가공무원법 제83조의2 제1항).

(1) 징계 등 사유가 다음 각 목의 어느 하나에 해당하는 경우: 10년

가. 「성매매알선 등 행위의 처벌에 관한 법률」 제4조에 따른 금지행위

나. 「성폭력범죄의 처벌 등에 관한 특례법」 제2조에 따른 성폭력범죄

다. 「아동·청소년의 성보호에 관한 법률」 제2조 제2호에 따른 아동·청소년대상 성범죄
라. 「양성평등기본법」 제3조 제2호에 따른 성희롱

(2) 징계 등 사유가 제78조의2 제1항 각 호(금품 및 향응 수수, 공금의 횡령 · 유용)의 어느 하나에 해당하는 경우: 5년

(3) 그 밖의 징계 등 사유에 해당하는 경우: 3년

5. 징계의 사유

1) 징계사유

공무원이 다음 어느 하나에 해당하면 징계 의결을 요구하여야 하고 그 징계 의결의 결과에 따라 징계처분을 하여야 한다(국가공무원법 제78조 제1항).

① 이 법 및 이 법에 따른 명령을 위반한 경우
② 직무상의 의무(다른 법령에서 공무원의 신분으로 인하여 부과된 의무 포함)를 위반하거나 직무를 태만히 한 때
③ 직무의 내외를 불문하고 그 체면 또는 위신을 손상하는 행위를 한 때

2) 징계사유의 발생시점

공무원(특수경력직 공무원 및 지방공무원 포함)이었던 사람이 다시 공무원으로 임용된 경우에 재임용 전에 적용된 법령에 따른 징계 사유는 그 사유가 발생한 날부터 이 법에 따른 징계 사유가 발생한 것으로 본다(국가공무원법 제78조 제2항).

3) 징계의결 요구

징계 의결 요구는 5급 이상 공무원 및 고위공무원단에 속하는 일반직 공무원은 소속 장관이, 6급 이하의 공무원은 소속 기관의 장 또는 소속 상급기관의 장이 한다. 다만, 국무총리·인사혁신처장 및 대통령령 등으로 정하는 각급 기관의 장은 다른 기관 소속 공무원이 징계 사유가 있다고 인정하면 관계 공무원에 대하여 관할 징계위원회에 직접 징계를 요구할 수 있다(국가공무원법 제78조 제4항).

4) 퇴직을 희망하는 공무원의 징계

임용권자 또는 임용제청권자는 공무원이 퇴직을 희망하는 경우에는 제78조 제1항에 따른 징계사유가 있는지 및 제2항 각 호의 어느 하나에 해당하는지 여부를 감사원과 검찰·경찰 등 조사 및 수사기관의 장에게 확인하여야 한다(국가공무원법 제78조의4 제1항).

확인 결과 퇴직을 희망하는 공무원이 파면, 해임, 강등 또는 정직에 해당하는 징계사유가 있거나 다음 어느 하나에 해당하는 경우(①·③ 및 ④의 경우에는 해당 공무원이 파면·해임·강등 또는 정직의 징계에 해당한다고 판단되는 경우에 한정) 소속 장관 등은 지체 없이 징계의결등을 요구하여야 하고, 퇴직을 허용하여서는 아니 된다.

① 비위(非違)와 관련하여 형사사건으로 기소된 때
② 징계위원회에 파면·해임·강등 또는 정직에 해당하는 징계 의결이 요구 중인 때
③ 조사 및 수사기관에서 비위와 관련하여 조사 또는 수사 중인 때
④ 각급 행정기관의 감사부서 등에서 비위와 관련하여 내부 감사 또는 조사 중인 때

6. 징계절차(경찰공무원징계령)

1) 감사원의 조사와의 관계(국가공무원법 제83조)

(1) 감사원에서 조사 중인 사건에 대하여는 ③에 따른 조사개시 통보를 받은 날부터 징계 의결의 요구나 그 밖의 징계 절차를 진행하지 못한다.
(2) 검찰·경찰, 그 밖의 수사기관에서 수사 중인 사건에 대하여는 ③에 따른 수사개시 통보를 받은 날부터 징계 의결의 요구나 그 밖의 징계 절차를 진행하지 아니할 수 있다.
(3) 감사원과 검찰·경찰, 그 밖의 수사기관은 조사나 수사를 시작한 때와 이를 마친 때에는 10일 내에 소속 기관의 장에게 그 사실을 통보하여야 한다(20간부).

2) 해양경찰기관장의 요구

(1) 해양경찰기관장은 소속 경찰공무원이 징계사유가 있다고 인정한 때와 하급기관으로부터 징계 의결요구를 받은 때에는 지체없이 징계의결을 요구하여야 한다.
(2) 해양경찰기관의 장은 그 사건이 상급 경찰기관의 징계위원회 관할에 속한 경

우에는 그 상급 경찰기관의 장에게 징계 등 의결의 요구를 신청하여야 한다.

(3) 해양경찰기관의 장이 징계 등 의결 요구 또는 그 신청을 할 때에는 중징계 또는 경징계로 구분하여 요구하거나 신청하여야 한다.

(4) 해양경찰기관의 장은 징계 등 의결을 요구할 때에는 징계 의결 또는 징계부가금 부과 의결 요구서 사본을 징계 등 심의 대상자에게 보내야 한다(심의 대상자가 수령 거부시 예외).

(5) 해양경찰기관의 장은 그 소속이 아닌 경찰공무원에게 징계 사유가 있다고 인정될 때에는 해당 경찰기관의 장에게 그 사실을 증명할 만한 충분한 사유를 명확히 밝혀 통지하여야 한다. 통지받은 해양경찰기관의 장은 타당한 이유가 없으면 통지를 받은 날부터 30일 이내에 징계 의결 요구 또는 상급 경찰기관장에게 징계 등 의결의 요구를 신청하여야 한다.

3) 징계위원회 의결

(1) 출석통지서는 징계위원회 개최 5일 전까지 대상자에게 도달해야 한다.

(2) 징계위원회를 거치지 않거나 대상자에게 진술의 기회를 주지 않은 징계 의결은 무효이다.

(3) 대상자가 징계위원회 출석을 원하지 않거나 출석 통지하였음에도 정당한 사유없이 불출석하면 서면 징계 의결 가능

(4) 대상자 소재불명시 출석통지를 관보에 게재 → 게재일부터 10일 경과시 송달간주

(5) 위원회는 요구서를 받은 날부터 30일 이내에 의결하여야 하며, 부득이한 경우 의결을 요구한 경찰기관장의 승인을 받아 30일 이내 연장 가능하다.

(6) 징계위원회의 의결 내용은 공개하지 아니한다.

(7) 징계위원회는 대상자의 평소 행실, 근무성적, 공적, 뉘우치는 정도와 징계 등 의결 요구자의 의견을 고려하여야 한다.

(8) 징계위원회 위원장도 표결권이 있다.

4) 징계 집행

(1) 징계 집행 기간

① 경징계: 징계 의결 요구한 자가 징계 의결 통지받은 날부터 15일 이내에 집행한다.

② 중징계: 지체없이 대상자의 임용권자에게 의결서 정본을 보내어 처분 제청

→ 임용권자는 제청받고 15일 이내에 집행한다.

(2) 집행시에는 의결서 사본에 처분 사유설명서를 첨부하여 대상자에게 통지하여야 한다.

(3) 총경·경정의 강등·정직의 집행은 해양경찰청장이 한다.

5) 징계 감경·면제 참작사유(해양경찰공무원 징계양정 등에 관한 규칙)

행위자	다음 어느 하나에 해당하는 경우에는 징계책임을 감경하여 징계의결 등을 요구 또는 의결하거나 징계책임을 묻지 않을 수 있다. ① 과실로 인하여 발생한 의무위반행위가 다른 법령에 의해 처벌사유가 되지 않고 비난가능성이 없는 때 ② 국가 또는 공공의 이익을 증진하기 위해 성실하고 능동적으로 업무를 처리하는 과정에서 부분적인 절차상 결함 또는 비효율, 손실 등의 잘못이 발생한 때 ③ 의무위반행위의 발생을 방지하기 위해 최선을 다했으나 부득이한 사유로 결과가 발생하였을 때 ④ 의무위반행위를 자진신고하거나 사후조치에 최선을 다하여 원상회복에 크게 기여한 때 ⑤ 간첩 또는 사회이목을 집중시킨 중요사건의 범인을 검거한 공로가 있을 때 ⑥ 감경 제외 대상이 아닌 의무위반행위 중 직무와 관련이 없는 사고로 인한 의무위반행위로서 사회 통념에 비추어 공무원의 품위를 손상하지 않았다고 인정되는 때
감독자	다음 어느 하나에 해당하는 경우에는 징계책임을 감경하여 징계의결등을 요구 또는 의결하거나 징계책임을 묻지 않을 수 있다. ① 부하직원의 의무위반행위를 사전에 발견하여 적법 타당하게 조치한 때 ② 부하직원의 의무위반행위가 감독자 또는 행위자의 비번일, 휴가기간, 교육기간 등에 발생하거나, 소관업무와 직접 관련 없는 등 감독자의 실질적 감독범위를 벗어났다고 인정된 때 ③ 부임기간이 1개월 미만으로 부하직원에 대한 실질적인 감독이 곤란하다고 인정된 때 ④ 교정이 불가능하다고 판단된 부하직원의 사유를 명시하여 인사상 조치(전출 등)를 보고하는 등 성실히 관리한 이후에 같은 부하직원이 의무위반행위를 일으켰을 때 ⑤ 그 밖의 부하직원에 대하여 평소 철저한 교양감독 등 감독자로서의 임무를 성실히 수행했다고 인정된 때

6) 재징계 의결 요구(국가공무원법 제78조의3)

(1) 처분권자는 소청심사위원회 또는 법원에서 징계처분의 무효·취소 결정이 있는 경우에는 다시 징계의결을 요구하여야 한다. 다만, 징계양정의 과다를 이유로 무효·취소를 받은 감봉·견책에 대하여는 징계의결을 요구하지 아니할 수 있다.

(2) 처분권자가 재징계의결을 요구하는 경우에는 소청심사위원회 결정 또는 법

원 판결이 확정된 날부터 3개월 이내에 징계의결을 요구하여야 한다.

7. 징계위원회

경무관 이상의 경찰공무원에 대한 징계의결은 「국가공무원법」에 따라 국무총리 소속으로 설치된 징계위원회에서 한다(경찰공무원법 제32조 제1항).

경찰공무원 징계위원회는 경찰공무원 중앙징계위원회와 경찰공무원 보통징계위원회로 구분한다.

경찰공무원 중앙징계위원회는 해양경찰청에 두고, 경찰공무원 보통징계위원회는 해양경찰청, 지방해양경찰청, 해양경찰교육원, 의무경찰대, 해양경찰서, 해양경찰정비창, 경비함정 및 해양경찰청장이 지정하는 경감 이상의 경찰공무원을 장으로 하는 기관에 둔다(경찰공무원징계령 제3조).

경찰공무원 중앙징계위원회는 총경 및 경정에 대한 징계 또는 「국가공무원법」 제78조의2에 따른 징계부가금 부과 사건을 심의·의결한다(경찰공무원징계령 제4조 제1항).

경찰공무원 보통징계위원회는 해당 징계위원회가 설치된 경찰기관 소속 경감 이하 경찰공무원에 대한 징계 등 사건을 심의·의결한다(경찰공무원징계령 제4조 제2항).

구분	경찰공무원 보통징계위원회	경찰공무원 중앙징계위원회	(국무총리 소속) 중앙징계위원회
근거	경찰공무원 징계령		공무원 징계령
소속	소속기관	해양경찰청	국무총리
구성	11-51인(회의시 위원장 포함 5-7명, 성별고려 구성) ※ 회의시 위원장과 경찰기관장이 지정하는 4-6명의 위원, 민간위원의 수는 위원장을 포함한 위원 수의 2분의 1 이상		17-33
위원장	최상위계급 또는 최상위계급에 먼저 임용된 자		인사혁신처장
공무원위원	대상자보다 상급자로서 경위 이상 또는 6급 이상		
민간위원	변호사 5년 이상 부교수 이상 20년 이상 근속 퇴직공무원 민간부문 인사·감사 임원급	총경 또는 4급 이상 퇴직 공무원 정교수 이상 법관·검사·변호사 10년 이상 민간부문 인사·감사 임원급	(생략)
	위원장 포함 전체위원 수의 1/2 이상 민간인 (회의시에도 동일) ※ 퇴직 공무원: 퇴직 전 5년부터 퇴직할 때까지 근무했던 적이 있는 경찰기관의 경우 퇴직일부터 3년이 경과한 사람		위원장 제외 전체 위원수의 1/2 이상 민간인

심의대상	지방해양경찰청: 경감 이하 해양경찰서: 경위 이하 의경부대 등: 경사 이하	총경, 경정	경무관 이상
의결	① 위원장도 표결권 있음 ② 과반수 출석, 출석 과반수 찬성으로 의결하되, 의견이 나뉘어 과반수 불가시 과반수가 될 때까지 가장 불리한 의견을 제시한 위원의 수를 그 다음으로 불리한 의견(유리한 의견)을 제시한 위원의 수에 차례로 더하여 그 의견을 합의된 의견으로 본다.		

8. 해양경찰 공무원의 변상책임

1) 국가배상법의 의한 변상

(1) 고의 또는 과실로 인한 변상책임

① 법적 근거

국가나 지방자치단체는 공무원 또는 공무를 위탁받은 사인이 직무를 집행하면서 고의 또는 과실로 법령을 위반하여 타인에게 손해를 입히거나, 「자동차손해배상 보장법」에 따라 손해배상의 책임이 있을 때에는 이 법에 따라 그 손해를 배상하여야 하고, 그 경우에 공무원에게 고의 또는 중대한 과실이 있으면 국가나 지방자치단체는 그 공무원에게 구상(求償)할 수 있다(국가배상법 제2조 제1항 · 제2항).

② 관련 판례

㉠ **공무원의 중과실**: 공무원의 중과실이란 공무원에게 통상 요구되는 정도의 상당한 주의를 하지 않더라도 약간의 주의를 한다면 손쉽게 위법 · 유해한 결과를 예견할 수 있는 경우임에도 불구하고 이를 간과함과 같은 거의 고의에 가까운 현저한 주의를 결여한 상태를 의미한다(대법원 2011. 9. 8. 선고 2011다34521 판결).

㉡ **해양경찰공무원의 국민의 생명 · 신체 보호 의무의 한계**: 개인 보트를 이용하여 일가족이 섬으로 나들이를 갔다가 보트가 전복되어 일가족이 사망한 사건에서 해양경찰 공무원들은 최초 실종 신고를 받았으나 피해자들의 입항 여부에 관하여 소홀히 파악하였고 이후 해양경찰청 대응이 늦었다는 이유로 업무상 주의의무 위반 사실을 인정하였다.

「경찰법」, 「경찰관직무집행법」, 「수난구호법」의 제반 규정을 종합하면, 경찰공무원은 국민의 생명, 신체 및 재산의 보호와 범죄의 예방, 진압 및 수사, 치안정보의 수집, 교통의 단속 기타 공공의 안녕과 질서유지를 그 임무로 하고 있고, 특히 해양경찰은 해양에서 국민에게 발생하는 위해의 방지를 임무로 하며, 해양조난사고의 경우 그 위험성이 다른 사고에 비하여 훨씬 증대한다는 점에 비추어, 특히 해양경찰은 일반경찰보다 더욱 엄격한 업무상 주의의무를 부담하므로 해양경찰의 업무상 주의의무 위반과 이로 인한 손해발생 사이의 상당인과 관계는 매우 폭넓게 해석될 수 있고, 해양경찰관의 직무상 의무를 부과하는 법령의 목적 및 이 사건 가해행위의 태양 및 피해의 정도 등을 고려한다면, 이 사건 사고와 관련된 피고의 업무상 주의의무 위반과 피해자들 사망의 결과 사이에는 상당인과 관계가 있다(대법원 2007. 11. 15. 선고, 2007다38618 판결).

(2) 공공시설물의 하자로 인한 변상책임

도로·하천, 그 밖의 공공의 영조물(營造物) 설치나 관리에 하자(瑕疵)가 있기 때문에 타인에게 손해를 발생하게 하였을 때에는 국가나 지방자치단체는 그 손해를 배상하여야 하고, 손해배상을 적용할 때 손해의 원인에 대하여 책임을 질 자가 따로 있으면 국가나 지방자치단체는 그 자에게 구상할 수 있다(국가배상법 제5조 제1항·제2항).

2) 회계관계 직원의 변상책임

회계관계 직원은 고의 또는 중대한 과실로 법령이나 그 밖의 관계 규정 및 예산에 정하여진 바를 위반하여 국가, 지방자치단체, 그 밖에 감사원의 감사를 받는 단체 등의 재산에 손해를 끼친 경우에는 변상할 책임이 있고, 현금 또는 물품을 출납·보관하는 회계관계직원은 선량한 관리자로서의 주의를 게을리하여 그가 보관하는 현금 또는 물품이 망실(亡失)되거나 훼손(毁損)된 경우에는 변상할 책임이 있다(회계관계직원 등의 책임에 관한 법률 제4조 제1항·제2항).

3) 형사·민사 책임

(1) 형사책임

해양경찰공무원의 의무위반행위가 행정법령 이외에 형사법령에 위반하는 경우 범죄가 되어 형사책임을 부담해야 한다. 이에는 형법상의 직무유지, 직권남용, 불법체포 및 감금, 가혹행위, 피의사실공표, 공무상비밀누설, 선거방해, 수뢰, 업무상과실치사 등이 있다.

(2) 민사책임

해양경찰공무원의 직무상 위법행위가 고의·중과실에 의한 경우에는 해양경찰관 개인이 불법행위로 인한 배상책임을 직접 부담할 수 있다.[13] 대법원 판례에 의하면 공무원의 경과실이 있는 경우에는 공무원 개인에게 배상책임이 불가능하지만 공무원에게 고의나 중대한 과실이 있는 경우에는 배상청구가 가능하다는 입장이다. 즉 공무원에게 고의·중과실이 있는 경우 피해자는 국가 외에 가해공무원을 상대로 배상을 청구할 수 있고, 경과실이 있는 경우에는 선택적 배상청구를 할 수 없다는 입장이다.[14]

Ⅲ. 해양경찰공무원의 권익보장제도

1. 처분사유설명서의 교부(국가공무원법 제75조)

공무원에 대하여 징계처분 등을 할 때나 강임·휴직·직위해제 또는 면직처분을 할 때에는 그 처분권자 또는 처분제청권자는 처분사유를 적은 설명서를 교부(交付)하여야 한다. 다만, 본인의 원(願)에 따른 강임·휴직 또는 면직처분은 그러하지 아니하다(제1항).

처분권자는 피해자가 요청하는 경우 「성폭력범죄의 처벌 등에 관한 특례법」 제2조에 따른 성폭력범죄 및 「양성평등기본법」 제3조 제2호에 따른 성희롱에 해당하는 사유로 처분사유 설명서를 교부할 때에는 그 징계처분결과를 피해자에게 함께 통보하여야 한다(제2항).

2. 고충심사위원회

고충심사위원회에 관한 법적 근거는 「국가공무원법」 제76조의2, 「경찰공무원법」 제31조, 「공무원고충처리규정(대통령령)」에 근거를 두고 있다.

공무원은 인사·조직·처우 등 각종 직무 조건과 그 밖에 신상 문제와 관련한 고

13) 박주상·김경락·윤성현(2021). 해양경찰학개론, 박영사, p. 201.

14) 홍정선(2020). 행정법원론(하), 박영사, p. 384.

충에 대하여 상담을 신청하거나 심사를 청구할 수 있으며, 누구나 기관 내 성폭력 범죄 또는 성희롱 발생 사실을 알게 된 경우 이를 신고할 수 있다(국가공무원법 제76조의2 제1항).

경찰공무원의 인사상담 및 고충을 심사하기 위하여 해양경찰청, 지방해양경찰관서에 경찰공무원 고충심사위원회를 두고, 경찰공무원 고충심사위원회의 심사를 거친 재심청구와 경정 이상의 경찰공무원의 인사상담 및 고충심사는 「국가공무원법」에 따라 설치된 중앙고충심사위원회에서 한다(경찰공무원법 제31조).

공무원은 누구나 인사·조직·처우 등 직무 조건과 관련된 신상 문제와 「성폭력범죄의 처벌 등에 관한 특례법」에 따른 성폭력범죄·「양성평등기본법」에 따른 성희롱 및 「공무원 행동강령」에 따른 부당한 행위 등으로 인한 신상 문제와 관련된 고충의 처리를 요구할 수 있고, 인사혁신처장, 임용권자 또는 임용제청권자는 공무원의 고충을 예방하고 고충이 발생한 경우 신속하고 공정하게 처리하기 위해 노력해야 한다(공무원고충처리규정 제2조 제1항·제2항).

고 충 처 리	공무원은 누구나 인사 · 조직 · 처우 등 직무 조건과 관련된 신상 문제와 성폭력 범죄(성폭력처벌법), 성희롱(양성평등기본법), 부당한 행위(공무원행동강령) 등으로 인한 신상 문제와 관련된 고충의 처리를 요구할 수 있다(공무원고충처리규정 제2조 제1항).
성 격	자문기관
소 속	① 경찰공무원 보통고충심사위원회: 해양경찰청, 지방해양경찰청, 해양경찰서 등 해양수산부장관이 지정 ② 중앙고충심사위원회(소청심사위원회): 재심 또는 경정 이상 고충 처리(경찰공무원법 제31조)
구 성	① 7명-15명(민간위원은 위원장 제외한 위원수의 1/2 이상) ② 회의시, 위원장 + 위원장 지정 5-7명, 성별고려 구성, 민간위원 1/3 이상
위원장	인사 · 감사 담당 과장
심 의	고충심사 결정은 30일 이내에 하며 30일 연장 가능【30 + 30】
의 결	5인 이상 출석, 출석 과반수 찬성

3. 성희롱 · 성폭력 근절을 위한 공무원 인사관리규정(대통령령)

1) 국가공무원은 누구나 성희롱·성폭력 사실을 임용권자 등에게 신고할 수 있다(제3조).
2) 임용권자등은 성희롱·성폭력 신고를 받거나 알게 된 경우에는 지체없이 사실조사를 하여야 하며 필요시 수사기관에 통보하여야 한다(제4조 제1항).

3) 임용권자등은 위 2)에 따른 조사기간 중에 피해자가 요청하고 필요하다고 인정하는 경우 피해자나 가해자로 신고된 사람에 대하여 근무장소 변경, 휴가 사용 권고 등 적절한 조치를 하여야 한다(제4조 제3항).
4) 위 (2) 조사결과 성희롱·성폭력이 확인될 경우, 피해자에 대하여 교육훈련 등 파견근무, 다른 직위에의 전보, 근무장소 변경, 휴가 사용 권고 등을 할 수 있다. 단, 피해자 의사에 반한 조치는 하여서는 아니 된다(제5조).
5) 조사 결과 공직 내 성희롱 또는 성폭력 발생 사실이 확인되면 가해자에게 직위해제, 관할 징계위원회에 징계 의결 요구, 징계 의결 요구 전 승진임용 심사 대상에서 제외, 다른 직위에의 전보, 성과평가 최하위등급 부여, 감사·감찰·인사·교육훈련 분야 등의 보직 제한 등의 조치를 할 수 있다(제6조).

4. 소청심사위원회

「국가공무원법」 제9조에서 제16까지·제76조에서 소청심사위원회에 대하여 규정하고 있다. 행정소송과의 관계를 검토하면 처분, 그 밖에 본인의 의사에 반한 불리한 처분이나 부작위(不作爲)에 관한 행정소송은 소청심사위원회의 심사·결정을 거치지 아니하면 제기할 수 없다. 이를 행정심판전치주의라고 한다(국가공무원법 제16조).

설 치	행정기관 공무원의 징계처분, 그 밖에 그 의사에 반하는 불리한 처분이나 부작위에 대한 소청을 심사·결정하게 하기 위하여 인사혁신처에 둔다.
소속/성격	인사혁신처에 설치, 합의제 행정관청
구 성	5-7인 상임위원(위원장 포함) + 상임위원의 1/2 이상 비상임위원
위원장	정무직 · 대통령 임명(인사혁신처의 경우)
위 원	• 인사혁신처장 제청 → (총리) → 대통령 임명 • 3급이상 또는 고위공무원단 3년이상 근무한 자(상임) • 행정학, 정치학, 법률학 전공 부교수 5년 이상(비상임) • 법관, 검사, 변호사 자격 5년 이상(비상임) • 임기: 상임위원은 3년(1차에 한하여 연임), 비상임위원은 2년 • 상임위원은 다른 직무 겸직 금지 • 금고(벌금 X) 이상 형벌, 장기 심신쇠약 등을 제외하고 면직불가

심사	① 심사청구는 징계처분 설명서를 받은 날 또는 의사에 반한 불리한 처분이 있은 것을 안 날부터 30일 이내 해야 한다. (기간 도과시 행정소송 불가) ② 소청을 접수하면 심사는 지체 없이, 결정은 60일 + 30일(연장) ③ 검증 · 감정 · 사실조사 · 증인소환 등을 할 수 있고, 관계기관의 공무원을 증인으로 소환하면 해당 기관장은 이에 따라야 한다.
의결정족수	① 재적 2/3 출석, 출석 과반수 ② 의견을 나눌 경우에는 과반수에 이를 때까지 가장 불리한 의견에 차례로 유리한 의견을 더하여 그 중 가장 유리한 의견을 합의된 의견으로 본다. ③ 다만, 중징계(파면 · 해임 · 강등 또는 정직)에 대한 취소 · 변경, 효력 · 존재여부 확인은 재적 2/3 출석, 출석 2/3 찬성으로 한다. (이 경우에도 구체적인 결정의 내용은 출석위원 과반수의 합의에 따르되, 의견이 나뉜 경우에는 가장 불리한 의견에 차례로 유리한 의견을 더하여 그 중 가장 유리한 의견을 합의된 의견으로 본다.)
결정	① 직접 처분을 취소 · 변경하거나 처분 행정청에 취소 · 변경을 명령 ② 소청심사위원회의 취소 · 변경 명령은 그에 따른 행정청의 징계나 처분이 있을 때까지는 종전에 행한 징계(징계부가금) 처분에 영향 없음 ③ 소청심사위원회의 결정은 처분 행정청을 기속한다. ④ 원징계 처분보다 중한 징계(징계부가금)를 결정할 수 없다.
불복 (20 간부)	① 인사혁신처장의 재심청구 불가 ② 행정소송은 소청심사위원회 결정을 반드시 거친 후 가능(행정심판 전치주의) ③ 행정소송의 피고: 징계, 휴직, 면직, 그 밖에 불리한 처분에 대한 피고는 해양경찰청장(임용권 위임시 피위임자인 수임관청) (경찰공무원법 제34조)

연 / 습 / 문 / 제 CHAPTER 05 해양경찰과 「경찰공무원법」 관계

01 다음 중 빈칸에 들어갈 숫자를 모두 더한 것은? 19 간부

> ㉠ 정직: 공무원 신분은 유지하되, 1개월 이상 ( )개월 이하 직무정지
> ㉡ 강등: 공무원 신분은 유지하되, 1계급 아래로 직급을 내리고 ( )개월간 직무정지
> ㉢ 해임: 경찰공무원 관계가 소멸되고, 향후 ( )년간 일반공무원 임용금지
> ㉣ 파면: 경찰공무원 관계가 소멸되고, 향후 ( )년간 일반공무원 임용금지

① 11 ② 14
③ 17 ④ 20

해설 ㉠-3, ㉡-3, ㉢-3, ㉣-5이고, 그 합은 14이다.

정답 ②

02 경찰공무원의 의무 중에서 재직 중은 물론이고, 퇴직 후에도 지켜야 되는 경찰공무원의 의무로 가장 옳은 것은? 19 간부

① 품위유지의 의무 ② 비밀엄수의 의무
③ 정치운동의 금지의무 ④ 종교중립의 의무

해설 「국가공무원법」 제60조(비밀 엄수의 의무) 공무원은 재직 중은 물론 퇴직 후에도 직무상 알게 된 비밀을 엄수(嚴守)하여야 함.

정답 ②

03 「국가공무원법」상 직위해제 사유는 모두 몇 개인가? 20 간부

> ㉠ 직무 수행능력이 부족하거나 근무성적이 극히 나쁜 자
> ㉡ 직제와 정원의 개폐 또는 예산의 감소 등에 따라 폐직 또는 과원이 되었을 때
> ㉢ 형사사건으로 기소된 자(약식명령이 청구된 자는 제외)
> ㉣ 파면 · 해임 · 강등 또는 정직에 해당하는 징계의결이 요구 중인 자
> ㉤ 휴직기간이 끝나거나 휴직사유가 소멸된 후에도 직무에 복귀하지 아니하거나 직무를 감당할 수 없는 때
> ㉥ 전직시험에서 세 번 이상 불합격한 자로서 직무수행 능력이 부족하다고 인정된 때

① 1개 ② 2개
③ 3개 ④ 4개

해설 ㉠, ㉢, ㉣이 직위해제 사유이다. 국가공무원법 제73조의3(직위해제)
① 1. 직무수행 능력이 부족하거나 근무성적이 극히 나쁜 자
2. 파면 · 해임 · 강등 또는 정직에 해당하는 징계 의결이 요구 중인 자
3. 형사 사건으로 기소된 자(약식명령이 청구된 자는 제외한다)

정답 ③

04 경찰공무원의 소청심사에 관한 다음 설명 중 가장 옳지 않은 것은? 20 간부

① 소청심사위원회가 소청 사건을 심사하기 위하여 징계요구 기관이나 관계기관의 소속 공무원을 증인으로 소환하면 해당 기관의 장은 이에 따라야 한다.
② 경찰공무원의 징계처분에 대해서 소청심사위원회의 심사·결정을 거치지 아니하고 행정소송을 제기할 수 있다.
③ 소청심사위원회 상임위원의 임기는 3년으로 하며, 한 번만 연임할 수 있다.
④ 소청심사위원회는 「국가공무원법」에 따른 소청을 접수하면 지체 없이 심사하여야 한다.

해설 국가공무원법 제16조(행정소송과의 관계) ① 제75조에 따른 처분, 그 밖에 본인의 의사에 반한 불리한 처분이나 부작위(不作爲)에 관한 행정소송은 소청심사위원회의 심사 · 결정을 거치지 아니하면 제기할 수 없다.

정답 ②

05 「경찰공무원법」에 규정된 의무가 아닌 것으로만 묶인 것은? 20 간부

㉠ 제복 착용의 의무
㉡ 거짓보고 등의 금지
㉢ 집단 행위의 금지
㉣ 종교중립의 의무
㉤ 지휘권 남용 등의 금지
㉥ 품위유지의 의무

① ㉠, ㉤
② ㉡, ㉣
③ ㉢, ㉥
④ ㉡, ㉥

해설 ㉠, ㉡, ㉤이 경찰공무원법에서 규정한 의무이다.

정답 ③

06 다음 중 빈칸에 들어갈 숫자를 모두 더한 것은? 20 간부

㉠ 정직은 ( )개월 이상 ( ) 개월 이하의 기간으로 하고, 정직 처분을 받은 자는 그 기간 중 공무원의 신분은 보유하나 직무에 종사하지 못하며 보수의 전액을 감한다.
㉡ 파면은 경찰공무원 관계가 소멸되고 향후 ( )년간 일반공무원 임용이 금지된다.
㉢ 금품 및 향응 수수, 공금의 횡령 · 유용 경우의 징계 사유의 시효는 발생한 날부터 ( )년이다.
㉣ 감사원과 검찰 · 경찰, 그 밖의 수사기관은 조사나 수사를 시작한 때와 이를 마친 때에는 ( )일 내에 소속 기관의 장에게 그 사실을 통보하여야 한다.

① 22
② 23
③ 24
④ 30

해설 ㉠-1, 3, ㉡-5년, ㉢-5년, ㉣-10

정답 ③

07 다음 중 징계의 종류에 대한 설명으로 가장 옳지 않은 것은? 22 간부

① 해양경찰공무원으로 10년간 재직하다 파면된 경우의 퇴직급여는 1/2을 감액하고 지급한다.

② 해양경찰공무원으로 3년간 재직하다 금품·향응수수의 이유로 징계 해임된 자의 경우에는 퇴직급여의 1/4을 감액하여 지급한다.

③ 강등이란 공무원의 신분은 보유하되, 직급을 1계급 아래로 내리고 3개월간 직무가 정지되는 것을 의미한다.

④ 감봉이란 1개월 이상 3개월 이하의 기간으로 보수의 1/3이 감액되는 경징계이다

해설 ②의 경우 5년 이하인 경우 퇴직금의 8분의 1 감액한다.

정답 ②

해양경찰작용법

SECTION

01 해양경찰작용의 법적 근거와 한계

Ⅰ. 해양경찰작용의 법적 근거

해양경찰작용법이란 해양경찰행정의 내용을 규율하는 법률로서 해양경찰행정상의 법률관계의 성립·변경·소멸에 관련된 모든 법규를 말한다. 해양경찰작용법은 해양경찰의 직무, 해양경찰권 발동의 근거와 한계, 해양경찰작용의 유형, 해양경찰 처분의 법적 효력, 해양경찰강제 등을 내용으로 한다.

1. 법률유보의 원칙

1) 법률 유보의 원칙

법률유보의 원칙이란 해양경찰작용이 법률에 근거해서만 발동할 수 있고, 법률이 수권한 때에 한하여 일정한 경우에 일정한 요건하에서 행위할 수 있음을 의미한다.[1] 해양경찰이 해양경찰작용을 위해서는 수권규정 및 그 경찰작용의 발동요건과 한계를 정한 것으로서 권한 규정이 있어야 한다.

2) 해양경찰권 발동의 근거

(1) **조직법적 근거**: 해양경찰의 임무범위로서, 모든 해양경찰작용에는 조직법적 근거가 필요하다.

(2) **작용법적 근거**: 해양경찰의 권력적 활동은 별도의 법적인 근거가 있어야 하며 이때의 법은 수권조항(근거규범)을 의미한다.

(3) 해양경찰권 발동에 관한 일반법으로 「경찰관직무집행법」이 있고, 해양여건을 반영한 「해양경비법」이 있으며, 다수의 해양·수산관련 개별법에도 존재한다.

---

1) 류지태·박종수(2009). 「행정법 신론」, 제13판, p. 56.

2. 개별적 수권조항과 개괄적 수권조항

1) 의의

(1) **개별적 수권조항:** 현행법제상 「경찰관직무집행법」이 일반경찰작용법에 해당한다. 경찰관직무집행법은 공공의 안녕과 질서의 유지를 위하여 개인의 자유영역에 대하여 빈번히 침해를 가져오는 개별(특별)구성요건을 갖고 있다. 이를 소위 표준처분이라 부른다.[2] 즉 「경찰관직무집행법」 제3조(불심검문)에서 제10조의 4(무기의 사용)가 그 예이다. 이러한 방식의 장점은 구체적 법적 근거가 있을 때에만 경찰권을 발동할 수 있으므로, 법률유보의 원칙을 철저히 지켜 국민의 기본권을 보호할 수 있다는 것이다. 단점은 개별적인 법적 근거가 없으면 예상되는 위험에 대처하기가 곤란하기 때문에 경찰의 법집행 탄력성이 저하된다는 것이다.[3]

(2) **개괄적 수권조항:** 위험의 예방·진압이 필요한 경우이지만, 그 위험의 예방·진압을 위한 법적 근거가 특별경찰법에도 없고 일반경찰법에[4]도 특별한 규정으로 존재하지 아니하는 경우에 최종적으로 그 위험의 예방·진압을 위한 법적 근거로서 적용되는 일반경찰법상 개괄적인 조항을 일반조항이라 부른다.[5]

2) 「경찰관직무집행법」 제2조 제7호의 개괄조항의 인정여부

(1) 긍정설

① 경찰관의 직무범위를 규정하고 있는 "「경찰관직무집행법」 제2조 제7호의 '공공의 안녕과 질서유지'에 관한 규정을 실정법상의 경찰관에 대한 개괄적 수권조항으로 볼 수 있다고 한다. 그러나 개괄조항은 개별적 수권조항이 없는 경우에 있어서의 제2차적·보충적 수권조항으로 이해되어야 한다는 입장이다.[6] 이 밖에 긍정설로 ② 「경찰관직무집행법」 제5조에 '위험발생의 방지'까지 규정되어 있음을 주요 논거의 하나로 하여 「경찰관직무집행법」 제5조를 근거로 보는 견해도 있고,[7] ③ 「경

---

2) 홍정선(2007). 「경찰행정법」, p. 225.

3) 강용길외 3인(2010), 「경찰학개론 I」, p. 174.

4) 기본적으로 위험방지에 관한 일반적인 규정으로 이루어진 경찰법을 일반경찰법이라 부른다. 현행법제상 경찰관직무집행법이 일반경찰법에 해당한다.

5) 홍정선, 상게서, p. 261.

6) 김남진, 경찰행정법, p. 132; 류지태, 행정법신론, p. 801, 남승길(1997). "경찰관직무집행법," 공법연구, 제25집 제3호, p. 99.

7) 이운주(2005). "경찰법상의 개괄수권조항에 관한 연구," 서울대학교 법학박사학위논문, p. 200.

찰관직무집행법」 제2조와 제5조 그리고 제6조를 종합하여 근거로 보는 견해도 있다.

(2) 부정설

이 학설은 "경찰권을 포함한 권력적 행정작용에는 법률의 근거를 요한다는 점에서는 견해가 일치되어 있으며, 또한 그 경우의 법률은 당연히 개별적인 작용법률만을 의미한다고 본다. 따라서 우리 헌법상 경찰권발동의 수권조항으로서 개괄조항을 인정하기 어렵다는 견해로서, 이 경우 법률은 당연히 개별적인 작용법이어야 하고, 포괄적·일반적인 수권법은 허용되지 아니한다고 본다. 그러한 점에서 위의 「경찰관직무집행법」 제2조 제7호는 경찰권의 발동근거에 관한 개괄조항이 아니고, 그것은 다만 경찰의 직무범위를 정한 것으로서, 본질적으로는 조직법적인 성질의 규정이라는 입장이다.[8]

(3) 입법필요설

이 견해는 현행법상 일반조항은 인정되고 있지 아니하지만, 개정을 통해 일반조항이 규정되어야 한다는 입장이다.[9]

(4) 판례

판례는 「경찰관직무집행법」 제2조를 일반조항으로 보는 듯하다.[10]

구분	내용
긍정설 (통설, 판례)	① 경찰권 발동의 요건과 한계를 모두 규정하는 것은 불가능 ② 경직법 제2조⑦ "공공의 안녕과 질서유지"는 실정법상 일반적 수권조항의 근거 ③ 개별적 수권조항이 없는 경우에 보충적으로 적용 ④ 일반조항의 남용은 조리상 한계로 통제 가능 ⑤ 일반조항의 해석은 학설 · 판례로 특정 가능 ⑥ 독일에서는 학설과 판례로 확립
부정설	① 경직법 제2조 ⑦은 본질적으로 조직법적 규정이다. ② 일반조항 인정시 법률유보의 형해화 발생 ③ 경찰작용은 대표적인 권력적 · 침해적 작용이므로 개별법의 근거가 필요 ④ 독일법과 달리 명시적 규정이 없다.

8) 박윤흔, 최신행정법강의(하), p. 325; 박균성, 행정법(하) p. 400; 이상규, 신행정법론(하), p. 303; 최영규, 경찰행정법, p. 175.
9) 김재광, "경찰관직무집행법의 개선방안에 관한 연구," p. 55; 김남현, 경찰행정법, p. 149; 정하중, 행정법 각론, p. 237; 김철용, 행정법(Ⅱ), p. 247.
10) 대판 1986. 1. 28, 85도2448(군도시과 단속계요원인 청원경찰관이 경찰관직무집행법 제2조에 따라 허가 없이 창고를 주택으로 개축하는 것을 단속하는 것은 정당한 공무집행에 속한다).

(5) 요약

개념상 해양경찰의 임무규범(직무규정)과 권한규범(권한규정)은 구분되어야 한다. 임무규정은 임무영역(사무범위)을 나타낸다. 권한규범은 해양경찰에 의한 사무수행의 여부가 아니라 방법을 규정한다. 특히 권한규범은 법치국가원리 내지 「헌법」 제37조 제2항에 근거하여 해양경찰이 사인의 권리를 침해할 수 있는 법적 근거를 말하는 것으로 이해되기도 한다.[11] 따라서 해양경찰의 임무수행이 사인의 권리를 침해하면, 침해의 근거로서 권한규범이 필요하게 되는 것이다. 임무는 해양경찰이 무엇을 하는가의 문제이고, 권한은 해양경찰이 임무를 어떻게 수행할 수 있는가의 문제이다.

3. 해양경찰작용의 문제

해양경찰작용과 관련된 일반적인 근거법률이 존재하지 않으므로 「경찰관직무집행법」 규정을 일반법적 근거로 삼을 수 있으나, 이 법률은 일반적으로 경찰청 소속 경찰공무원의 활동을 전제로 한 법률이기 때문에 동법률을 그대로 적용하는 데에는 문제가 많다. 따라서 해양경찰활동 전반에 관한 일반적인 활동근거를 담은 법률적 근거를 마련할 필요성이 있다.[12]

해양경찰관련법은 해양경찰 작용을 개별법으로 규율되고 있다. 2020년에 조직법에 해당하는 「해양경찰법」이 제정되었고, 2012년에 「해양경비법」이 제정되었으나 가칭 해양경찰직무집행법은 제정되지 못하고 있다. 다만, 「해양경비법」의 제정에 의하여 해양경비분야에서 작용법을 갖추게 되었다.

작용법 관계에 있어서 체계적 정비가 이루어지지 못하여 경찰권행사에 있어서 법률적 근거나 행사의 한계, 각종 해양경찰수단의 체계화, 경찰책임의 확정 등과 관련하여 많은 문제를 노정시키고 있으므로 해양경찰의 조직 및 작용전반에 대한 일반법의 제정을 통하여 해양경찰업무를 체계적으로 규율할 필요가 있다.[13] 현재 일반적인 근거법규가 입법이 되지 않은 상황에서 「경찰관직무집행법」에 의하여 해양경찰작용을 할 수밖에 없다.

11) 홍정선(2007). 「경찰행정법」, 박영사, p. 265.
12) 박상희(2001). "해양경찰의 법적 문제", 「해사법연구」 제13권 제1호, p. 52.
13) 상게서, p. 54.

Ⅱ. 해양경찰권 발동의 요건과 한계

1. 발동의 요건

해상에서의 경찰작용도 일반 경찰작용과 마찬가지로 외형적인 구조상 침해행정에 속하기 때문에 법률유보의 원칙이 적용되므로 개별법으로 해양경찰권 발동의 요건을 명확하게 규율하여야 한다. 대체로 현행법상으로도 해상에서의 경찰활동에 대하여 일정한 요건을 규정하고 있다.

그러나 미처 예상하지 못한 새로운 위험상황에 대하여는 개별법에서 그 요건을 규율하지 못하고 있으므로 일반적인 해양경찰권 발동의 요건을 마련함으로써 이에 의하여 해양경찰권을 발동해야 할 것이다. 해양경찰권 발동의 일반적인 요건은 해양이라는 특수상황을 어느 정도 고려해야 할 것이지만, 대체로 일반경찰권발동의 요건, 즉 "공공의 안녕과 질서," "위해" 등의 개념요소가 그대로 포함될 것이다.[14] 따라서 해양경찰권 발동의 일반적 요건은 "해양에서의 공공의 안녕과 질서에 대한 위험이 발생할 우려가 있는 경우"가 해당될 것이다.

2. 한계

1) 의의

법치행정의 원리상 경찰권은 법령이 정하는 범위 내에서 합목적적으로 행사될 때, 적법·타당한 것이 되고 관계자를 구속하게 된다. 이와 같이 경찰권의 행사가 적법·타당한 행위로서 효과를 발생할 수 있는 한계를 경찰권의 한계라 한다.[15] 이 경찰권의 한계는 법규상의 한계와 조리상의 한계로 나눌 수 있다. 일반적인 경찰권 발동의 조리상의 한계로서의 경찰소극 목적의 원칙, 경찰비례의 원칙, 경찰공공의 원칙 등 해양경찰의 영역에서도 적용될 수 있을 것이다.

2) 법규상의 한계

법률 유보의 원리상 국민의 권익을 침해하는 해양경찰권의 발동은 반드시 개별 법률의 근거가 있어야 할 뿐만 아니라 그 법률이 정하는 범위 내에서 이루어져야 한다.

---

14) 상계서, p. 63.

15) 홍정선(2007). 「경찰행정법」, 박영사, p. 267.

3. 해양경찰권 발동의 조리상의 한계(재량한계)

1) 경찰소극목적의 원칙

경찰권은 위해의 방지·제거라는 소극적 목적에 한정되어야 한다는 독일의 크로이쯔베르크 판결에 의해서 확립되었다. 적극적으로 사회복지 증진을 위해서 경찰권을 발동할 수 없다는 원칙이다.

2) 경찰공공의 원칙

① 경찰권은 공공의 안녕과 질서유지와 관계없는 사적 관계에 대해서는 발동할 수 없다는 원칙이다.
② 사생활 불가침의 원칙, 사주소 불가침의 원칙, 민사관계 불가침의 원칙 등이 있다.
③ 사주소 내의 행위가 직접 사회공공의 안녕과 질서에 영향을 미쳐 그에 대한 장해가 될 경우 경찰권 발동은 가능하다. (22 간부)

3) 경찰책임의 원칙

(1) 의의

① 원칙적으로 질서위반의 행위 또는 상태의 위험 및 발생에 대하여 직접 책임질 지위에 있는 자에 대해서만 발동할 수 있다는 것을 말하는 것으로 직접 책임질 지위에 있지 아니한 제3자에게 발동할 수 없다는 원칙이다.
② 경찰책임은 고의, 과실, 위법성, 위험인식, 행위능력, 책임능력, 국적, 정당한 권원을 불문하고 사회공공의 안녕과 질서에 대한 객관적인 위험상황이 존재하면 인정된다. 위법하지 않아도 경찰책임을 진다.
③ 모든 자연인, 권리능력이 없는 사법인(私法人)도 경찰책임자가 된다.

(2) 경찰책임의 종류

행위책임	① 자기 또는 자기의 보호·감독 하에 있는 자의 행위에 대한 책임 ② 사용자가 피사용자의 행위에 책임을 지는 것은 자기책임이다. (대위책임 X)(22 간부)
상태책임	① 물건 또는 동물의 질서위반 상태에 대하여 소유자나 점유자 또는 사실상 관리하고 있는 자가 지는 책임을 의미 ② 고의·과실을 불문, 정당한 권원 없이 사실상 지배하고 있더라도 책임 발생

복합적 책임	① 다수인의 행위 또는 다수인이 지배하는 물건의 상태로 하나의 질서위반 상태가 발생하는 경우 → 일부 또는 전체에 대하여 경찰권 발동 가능 ② 행위책임과 상태책임이 경합하는 경우 ⇨ 경찰위반 상태를 가장 신속하고 효과적으로 제거할 수 있는 위치에 있는 자에게 경찰권을 발동하는 것이 원칙(일반적으로 행위책임자에게 경찰권을 발동하는 것이 적절하나 반드시 그런 것은 아님)

(3) 해양경찰 긴급권(경찰책임의 예외) (22 간부)

① 해양경찰권은 원칙적으로 경찰위반상태에 있는 자에게만 발동되어야 하지만, 예외적으로 긴급 상태에서는 비책임자에게도 경찰책임이 인정되는 경우가 있는데 이를 경찰긴급권이라 한다.

② 예외적으로 목전의 급박한 위해를 제거하는 경우에 한하여 반드시 법령에 근거하여야 한다.

③ 해양경찰긴급권에 대한 일반규정은 없으며, 「수상에서의 수색구조 등에 관한 법률」,[16] 「소방기본법」,[17] 「경범죄처벌법」,[18] 「경찰관직무집행법」[19]등 개별

---

16) **수상에서의 수색구조 등에 관한 법률 제29조(수난구호를 위한 종사명령 등)** ① 구조본부의 장 및 소방관서의 장은 수난구호를 위하여 부득이하다고 인정할 때에는 필요한 범위에서 사람 또는 단체를 수난구호업무에 종사하게 하거나 선박, 자동차, 항공기, 다른 사람의 토지·건물 또는 그 밖의 물건 등을 일시적으로 사용할 수 있다. 다만, 노약자, 정신적 장애인, 신체장애인, 그 밖에 대통령령으로 정하는 사람에 대하여는 제외한다.

17) **소방기본법 제24조(소방활동 종사 명령)** ① 소방본부장, 소방서장 또는 소방대장은 화재, 재난·재해, 그 밖의 위급한 상황이 발생한 현장에서 소방활동을 위하여 필요할 때에는 그 관할구역에 사는 사람 또는 그 현장에 있는 사람으로 하여금 사람을 구출하는 일 또는 불을 끄거나 불이 번지지 아니하도록 하는 일을 하게 할 수 있다. 이 경우 소방본부장, 소방서장 또는 소방대장은 소방활동에 필요한 보호장구를 지급하는 등 안전을 위한 조치를 하여야 한다.

18) **경범죄처벌법 제3조(경범죄의 종류)** 29. (공무원 원조불응) 눈·비·바람·해일·지진 등으로 인한 재해, 화재·교통사고·범죄, 그 밖의 급작스러운 사고가 발생하였을 때에 현장에 있으면서도 정당한 이유 없이 관계 공무원 또는 이를 돕는 사람의 현장출입에 관한 지시에 따르지 아니하거나 공무원이 도움을 요청하여도 도움을 주지 아니한 사람

19) **경찰관직무집행법 제5조(위험 발생의 방지 등)** ① 경찰관은 사람의 생명 또는 신체에 위해를 끼치거나 재산에 중대한 손해를 끼칠 우려가 있는 천재(天災), 사변(事變), 인공구조물의 파손이나 붕괴, 교통사고, 위험물의 폭발, 위험한 동물 등의 출현, 극도의 혼잡, 그 밖의 위험한 사태가 있을 때에는 다음 각 호의 조치를 할 수 있다.
1. 그 장소에 모인 사람, 사물(事物)의 관리자, 그 밖의 관계인에게 필요한 경고를 하는 것
2. 매우 긴급한 경우에는 위해를 입을 우려가 있는 사람을 필요한 한도에서 억류하거나 피난시키는 것
3. 그 장소에 있는 사람, 사물의 관리자, 그 밖의 관계인에게 위해를 방지하기 위하여 필요하다고 인정되는 조치를 하게 하거나 직접 그 조치를 하는 것

법에서 규정하고 있다.

④ 경찰책임이 없는 자에 대한 경찰긴급권으로 인한 손실은 보상하여야 한다.

⑤ 경찰책임의 원칙에 위반한 경찰권 발동은 위법행위로서 무효·취소의 사유가 된다.

4) 경찰비례의 원칙

(1) 의의

① 해양경찰권은 공공의 안녕과 질서유지를 위하여 필요한 최소한도에서 발동되어야 한다는 원칙으로 '과잉금지의 원칙'이라고 한다. 해양경찰권 발동의 조건과 정도를 명시한 원칙이다.

② 경찰비례의 원칙은 일반조항에 근거하여 경찰권을 발동하는 경우에는 물론 개별적 수권조항에 근거하여 경찰권을 발동하는 경우에도 적용된다. (22 간부)

③ 초기에는 경찰행정에서 논의되어 오다가 오늘날에는 모든 행정에서 적용된다.

(2) 근거(18 3차·19 간부)

① 과거에는 불문법 원칙이었지만 최근에는 실정법에 명문화하고 있다.

② 실정법적 근거로서 「헌법」 제37조 제2항[20]과 「경찰관직무직행법」 제1조 제2항,[21] 「해양경비법」 제8조,[22] 「해양경찰법」 제3조[23]에 명문의 규정이 있고, 「행정기본법」 제10조 비례의 원칙,[24] 「행정절차법」 제48조 과잉금지(행정지도)원칙[25]이 있다.

---

20) **헌법 제37조** ② 국민의 모든 자유와 권리는 국가안전보장·질서유지 또는 공공복리를 위하여 필요한 경우에 한하여 법률로써 제한할 수 있으며, 제한하는 경우에도 자유와 권리의 본질적인 내용을 침해할 수 없다.

21) **경찰관직무집행법 제1조(목적)** ② 이 법에 규정된 경찰관의 직권은 그 직무 수행에 필요한 최소한도에서 행사되어야 하며 남용되어서는 아니 된다.

22) **해양경비법 제8조(권한남용의 금지)** 해양경찰관은 이 법에 따른 직무를 수행할 때 권한을 남용하여 개인의 권리 및 자유를 침해하여서는 아니 된다. <개정 2014. 11. 19., 2017. 7. 26.>

23) **해양경찰법 제3조(권한남용의 금지 등)** 해양경찰은 그 직무를 수행할 때 국민 전체에 대한 봉사자로서 공정·중립을 지켜야 하고, 헌법과 법률에 따라 국민의 자유와 권리를 존중하며, 부여된 권한을 남용하여서는 아니 된다.

24) **행정기본법 제10조(비례의 원칙)** 행정작용은 다음 각 호의 원칙에 따라야 한다.
1. 행정목적을 달성하는 데 유효하고 적절할 것
2. 행정목적을 달성하는 데 필요한 최소한도에 그칠 것
3. 행정작용으로 인한 국민의 이익 침해가 그 행정작용이 의도하는 공익보다 크지 아니할 것

③ **내용:** 아래의 세 가지 요건은 어느 하나가 아니라 모두 충족되어야 한다.

적합성	목적에 대한 수단의 적합성
필요성	목적달성을 위해 필요 최소한의 침해 수단의 선택(최소침해의 원칙)
상당성 (20 간부)	① 침해되는 사익보다 공익이 커야 한다. 즉 경찰권의 행사로 인해 발생되는 불이익이 경찰권의 행사로 인해 초래되는 효과보다 큰 경우에는 의도한 조치가 취해져서는 안 된다(협의의 비례 원칙). ② 격언 "대포로 참새를 쏘아서는 안된다"는 원칙

④ **위반의 효과:** 비례원칙 위반은 위법하며 행정소송 및 국가배상책임 성립한다.

⑤ **판례:** 불법집회와 시간·장소적으로 근접하지 않은 경우에는 비록 집회 참가 목적이 명백하더라도 사전에 이를 제지할 수 없다.

5) 보충성의 원칙

다른 수단이 없을 때 최후적으로 사용하여야 한다는 원칙을 말한다.

25) **행정절차법 제48조(행정지도의 원칙)** ① 행정지도는 그 목적 달성에 필요한 최소한도에 그쳐야 하며, 행정지도의 상대방의 의사에 반하여 부당하게 강요하여서는 아니 된다.

SECTION

02 해양경찰작용 관계

Ⅰ. 해양경찰작용의 유형

1. 해양경찰상 행정행위

행정행위는 행정청이 법 아래에서 구체적 사실에 관한 법집행으로 행하는 권력적 단독행위로서 공법행위를 의미하고, 행정행위는 실정법상의 개념이 아니라 학문상의 개념으로 정립된 것으로, 실정법상의 인가, 허가, 면허, 결정 등 여러 가지 명칭으로 규정되어 있다. 취소소송 등 항고소송의 대상은 '처분 등'으로 규정되어 있으며, 그 처분에 해당하는 행위가 주로 행정행위이다.

해양경찰상 행정행위에는 법률행위적 행정행위, 준법률행위적 행정행위가 있다. 세분하면 법률행위적 행정행위에는 명령적 행위(하명, 허가, 면제)가 있고, 형성적 행정행위(특허, 인가, 대리)가 있고, 준법률행위적 행정행위에는 확인, 공증, 통지, 수리가 있다.

법률행위적 행정행위	명령적 행위	하명, 허가, 면제
	형성적 행위	특허, 인가, 대리
준법률행위적 행정행위	확인, 공증, 통지, 수리	

2. 법률행위적 행정행위

의사표시(효과의사)를 구성요소로 하고, 의사표시의 내용에 따라 법적 효과가 발생한다.

1) 명령적 행위

(1) 해양경찰 하명

① 의의 및 유형: 경찰목적인 사회 공공의 안녕과 질서유지를 위하여 일반통치권에 의거하여 개인에게 특정한 작위·부작위·급부·수인 의무를 과하는 행정행위를 말한다. 경찰관의 수신호나 교통신호등의 신호도 경찰하명에 해당한다.

작 위	어떤 행위를 하도록 의무를 명하는 것으로 '장부비치의무' 등이 있다.
부작위	어떤 행위를 하지 않도록 의무를 명하는 것으로 '경찰금지'라고 하며 가장 일반적인 하명이다. '음주운항금지' 등이 있다.
수 인	경찰권 발동으로 발생하는 침해를 받아들여야 하는 의무이다. 범죄 예방 · 제지를 위하여 선박에 출입할 때 선장은 침해를 감수하고 이를 허용해야 하는 의무 등이다.
급 부	금전 또는 물품의 급부 의무로서 '조종면허시험 수수료 납부의무' 등이 있다.

② 하명의 효과

㉠ 하명의 상대방은 행정주체에 대하여만 의무를 이행할 책임이 있고 그 이외의 제3자에 대하여 법상 의무를 부담하는 것은 아니다.

㉡ 하명의 효과는 원칙적으로 수명자에게만 발생하나, 대물적 하명의 경우에는 그 물건의 법적 지위를 승계한 자에게도 효과가 미친다

③ 하명 위반의 효과

㉠ 경찰의무를 불이행한 경우 경찰상 강제집행이 이루어지고, 경찰의무를 위반한 경우 경찰벌의 대상이 된다.

㉡ 경찰하명에 위반한 행위는 원칙적으로 그 사법상의 효력에는 아무런 영향이 없다. 영업정지명령에 위반하여 수상레저사업을 하더라도 그 거래행위의 효력에는 영향이 없다는 의미이다.

④ 하명에 대한 구제

㉠ 적법한 하명: 수명자는 수인의무를 부담하므로 손실보상을 청구할 수 없는 것이 원칙이나, 예외적으로 수명자 또는 책임 없는 제3자에게 '특별한 희생'을 가한 경우에는 손실보상청구가 인정될 수 있다.

㉡ 위법한 하명: 손해배상, 행정심판·소송 등으로 구제를 받을 수 있다.

(2) 해양경찰 허가

① **의의**: 경찰상의 목적을 위한 일반적·상대적 금지(절대적 금지 X)를 특정한 경우에 해제함으로써 적법하게 특정한 행위를 할 수 있도록 자연적 자유를 회복시켜 주는 경찰처분을 말한다.

② **요건**: 허가는 신청에 의하는 것이 보통이나, 예외적으로 '수상레저금지구역의 해제'와 같이 신청에 의하지 않고도 행하여질 수 있다.

③ **허가기준의 법령**: 허가를 신청할 때와 허가처분을 할 때에 적용되는 법령이 다른 경우에, 처분 당시에 시행중인 법령을 기준으로 하는 것이 원칙이다.

④ **위반의 효과**: 허가는 적법요건이며 유효요건은 아니다. 이를 위반하면 위법하더라도 무효가 되는 것은 아니다.

(3) 해양경찰 면제

① **의의**: 법령 또는 경찰처분에 의하여 일반적으로 과하여진 작위·수인·급부의무를 특정한 경우에 해제시켜 주는 행정행위를 말한다.

② 경찰허가는 부작위 의무를 해제하고, 경찰면제는 작위, 급부, 수인의무를 해제한다.

2) 형성적 행위

(1) **특허**: 광의의 특허는 특정의 상대방에게 권리, 능력, 포괄적 법률관계를 설정하는 행위를 말한다. 그 중 권리설정행위를 협의의 특허라 한다. 그 예로는 포괄적 법률관계설정행위로는 해양경찰 공무원임명(특별권력관계설정), 귀화허가(일반권력관계설정)가 있다.

(2) **인가**: 인가란 제3자의 법률적 행위를 보충하여 그의 법률상 효과를 완성시키는 행위를 말한다.

(3) **공법상 대리**: 공법상 대리는 제3자가 행할 행위를 행정주체가 대신하여 행함으로써 제3자가 행한 것과 같은 법적 효과를 발생시키는 행정행위를 말한다. 이는 법률의 규정에 의하여 행해지는 법정대리(행정조직내부의 대리는 제외)이다. 그 예로는 체납처분 중 압류재산의 공매처분,[26] 행려병 사자의 유류품처분 등이 있다.

---

26) 우리수역에서 불법조업하다가 선박이 나포되어 담보금을 납부하지 않는 경우 그 선박을 일정기간 민간인 관리업체에 위탁관리한 후 선주측이 인수해가지 않으면 공매처분하거나 폐선을 하고 있다. 이 때의 공매처분은 공법상 대리에 해당한다.

3. 준법률행위적 행정행위

준법률행위적 행정행위란 행정청 효과의사의 표시가 아니라 행정청의 판단 내지 인식의 표시에 대해 법률에서 일정한 법적 효과를 부여하는 행정행위를 말한다. 의사표시 이외의 정신작용(판단, 인식, 관념의 표시)을 구성요소로 하고 직접적으로 법규가 효력을 부여한다.

1) 확인

확인이란 특정한 사실 또는 법률관계에 대하여 의문이 있거나 다툼이 있는 경우에 공적인 권위로써 그 존부·정부를 확인하는 행위이다(판단의 표시). 그 예로는 당선인 결정, 해양경찰공무원 합격자 결정, 국가시험합격자결정 등이 있다.

2) 공증

공증이란 특정한 사실 또는 법률관계의 존부를 공적으로 증명하여 공적 증거력을 부여하는 행위를 말한다. 그 예로는 등기·등록(부동산등기, 외국인등록 등), 등재(토지대장에 등재 등), 합격증서발급, 여권발급 등이 있다.

3) 통지

통지란 특정인 또는 불특정 다수인에게 특정사실을 알리는 행위를 말한다. 그 예로는 귀화의 고시, 납세독촉, 대집행계고 등이 있다.

4) 수리

수리란 타인의 행정청에 대한 행위를 유효한 행위로서 수령하는 행위를 말하며, 이는 행정청의 인식표시행위이다. 그 예로는 혼인신고의 수리, 이의신청 및 행정심판서의 수리 등이 있다.

법령 등으로 정하는 바에 따라 행정청에 일정한 사항을 통지하여야 하는 신고로서 법률에 신고의 수리가 필요하다고 명시되어 있는 경우(행정기관의 내부 업무 처리 절차로서 수리를 규정한 경우 제외)에는 행정청이 수리하여야 효력이 발생한다(행정기본법 제34조).

4. 행정지도

1) 의의

행정지도란 행정기관이 그 소관 사무의 범위에서 일정한 행정목적을 실현하기 위하여 특정인에게 일정한 행위를 하거나 하지 아니하도록 지도, 권고, 조언 등을 하는 행정작용을 말한다(행정절차법 제2조). 행정지도는 비권력적 사실행위로서의 성격을 갖는 것으로 상대방의 임의적 협력을 받아 행정목적을 실현하려는 수단이다.

2) 행정지도의 원칙과 방식

(1) 행정지도의 원칙

① 과잉금지 · 임의성의 원칙

행정지도는 그 목적달성에 필요한 최소한도에 그쳐야 하며(과잉금지의 원칙), 행정지도의 상대방의 의사에 반하여 부당하게 강요하여서는 아니 된다(임의성의 원칙).

행정지도는 그 목적달성에 필요한 최소한도에 그쳐야 하며, 행정지도의 상대방 의사에 반하여 부당하게 강요하여서는 아니 된다(행정절차법 제48조 제1항).

② 불이익조치금지원칙

행정기관은 행정지도의 상대방이 행정지도에 따르지 아니하였다는 것을 이유로 불이익한 조치를 하여서는 아니된다(행정절차법 제48조 제2항).

(2) 행정절차법의 행정지도

① 행정지도의 방식

㉠ 행정지도 실명제: 행정지도를 행하는 자는 그 상대방에게 당해 행정지도의 취지 · 내용 및 신분을 밝혀야 한다(행정절차법 제49조 제1항).

㉡ 행정지도가 말로 이루어지는 경우에 상대방이 제1항의 사항을 적은 서면의 교부를 요구하면 그 행정지도를 하는 자는 직무 수행에 특별한 지장이 없으면 이를 교부하여야 한다(행정절차법 제49조 제2항).

② **의견제출**: 행정지도의 상대방은 당해 행정지도의 방식 · 내용 등에 관하여 행정기관에 의견제출을 할 수 있다(행정절차법 제50조).

③ **다수인을 대상으로 하는 행정지도**: 행정기관이 같은 행정목적을 실현하기 위하여 많은 상대방에게 행정지도를 하고자 하는 때에는 특별한 사정이 없는 한 행정지도에 공통적인 내용이 되는 사항을 공표하여야 한다(행정절차법 제51조).

(3) 법적 근거와 한계

행정지도는 비권력적·임의적 작용이므로 작용법적 근거 없이도 가능하나, 조직법적 근거는 반드시 있어야 한다.

Ⅱ. 해양경찰 작용의 의무이행 확보수단

1. 개설

해양경찰 작용의 의무이행 확보수단으로는 전통적 수단과 새로운 수단이 있고 그 종류는 아래와 같다. 직접적 의무이행 확보수단에는 강제집행(집행벌 제외), 즉시강제가 있고, 간접적 이행확보수단에는 경찰벌·집행벌, 새로운 의무이행 확보수단이 있다.

전통적 수단	경찰강제	강제집행	대집행, 집행벌, 직접강제, 강제징수
		즉시강제	대인·대물·대가택적 즉시강제
	경찰벌	경찰형벌	형벌 부과
		경찰질서벌	과태료 부과
새로운 수단	과징금, 가산금, 명단 공개, 수익적 행정행위의 취소·철회, 취업제한, 공급거부, 관허사업의 제한, 국외여행의 제한 등		

2. 경찰강제

경찰강제는 장래에 의무내용을 이행시키거나 이행이 있는 것과 같은 상태를 실현하기 위한 수단이라는 점에서 과거의 의무위반에 대한 제재로서 과하는 경찰벌과 구별된다. 경찰강제는 자력강제에 해당하고, 민사상 강제집행은 타력에 의한 강제에 해당한다.

1) 강제집행

(1) 개념

강제집행은 의무의 존재와 그 불이행을 전제로 한다는 점에서, 이를 전제로 하지 않고 급박한 경우에 행해지는 즉시강제와 구별된다. 강제집행은 경찰하명에 의한 경찰의무의 불이행에 대하여 경찰권이 강제적으로 의무를 이행시키거나 의무의 이행이 있었던 것과 동일한 상태를 실현하는 사실작용이다. 강제집행은 전형적인 권력작용이므로 법률의 근거를 요한다. 일반법으로는 「행정기본법」, 「행정대집행법」과 「국세징수법」이 있고, 단행법으로는 「관세법」, 「출입국관리법」, 「수산업법」, 「해양환경관리법」 등이 있다. 그 수단에는 대집행, 집행벌(이행강제금), 직접강제, 강제징수가 있다.

(2) 강제집행의 수단

직접강제는 행정대집행이나 이행강제금 부과의 방법으로는 행정상 의무 이행을 확보할 수 없거나 그 실현이 불가능한 경우에 실시하여야 하고, 직접강제를 실시하기 위하여 현장에 파견되는 집행책임자는 그가 집행책임자임을 표시하는 증표를 보여 주어야 한다(행정기본법 제32조 제1항 · 제2항).

직접강제의 계고 및 통지에 관하여는 「행정기본법」 제31조 제3항 및 제4항을 준용한다.

대집행	① 정의: 의무자가 행정상 의무(법령 등에서 직접 부과하거나 행정청이 법령 등에 따라 부과한 의무를 말함)로서 타인이 대신하여 행할 수 있는 의무를 이행하지 아니하는 경우 법률로 정하는 다른 수단으로는 그 이행을 확보하기 곤란하고 그 불이행을 방치하면 공익을 크게 해칠 것으로 인정될 때에 행정청이 의무자가 하여야 할 행위를 스스로 하거나 제3자에게 하게 하고 그 비용을 의무자로부터 징수하는 것(행정기본법 제30조 제1항) ② 절차: 대집행의 계고 → 대집행영장에 의한 통지 → 대집행 실행 → 비용징수 ③ 예시: 시설물의 철거(수산업법 제68조), 장애물의 제거(선박입출항법 제40조), 이동명령에 불응하는 불법주차 차량 견인, 무허가건물 철거 ④ 일반법: 행정대집행법
집행벌 (이행강제금)	① 정의: 의무자가 행정상 의무를 이행하지 아니하는 경우 행정청이 적절한 이행기간을 부여하고, 그 기한까지 행정상 의무를 이행하지 아니하면 금전급부의무를 부과하는 것(행정기본법 제30조 제1항). ② 비대체적 작위의무 또는 부작위에 대하여 과하는 금전적 부담, 대체적 작위의무에도 집행벌을 부과할 수 있으며, 행정청은 대집행과 이행강제금을 선택적, 중첩적으로 활용할 수 있다(2001헌바80). ③ 반복적으로 부과할 수 있으며, 간접적 · 심리적 압박 수단임. ④ 집행벌은 의무이행을 위한 강제집행이고, 경찰벌은 의무위반에 대한 제재이므로, 집행벌과 경찰벌(형벌, 과태료)을 병과할 수 있다.
직접강제	① 정의: 의무자가 행정상 의무를 이행하지 아니하는 경우 행정청이 의무자의 신체나 재산에 실력을 행사하여 그 행정상 의무의 이행이 있었던 것과 같은 상태를 실현하

	는 것(행정기본법 제30조 제1항). 모든 의무불이행(대체 · 작위, 비대체 · 작위, 부작위, 수인의무 등)에 대해서 가능. ② 직접 의무자의 신체 · 재산에 실력을 가하는 가장 강력한 최후의 수단 ③ 예시: 외국인 강제퇴거(출입국관리법 제46조), 도선사업의 폐쇄(유도선법 제9조), 낚시어선영업의 폐쇄(낚시관리 및 육성법 제38조) ④ 대집행과 구분: 대집행은 비용징수를 하지만 직접강제는 비용징수 절차가 없다.
강제징수	① 정의: 의무자가 행정상 의무 중 금전급부의무를 이행하지 아니하는 경우 행정청이 의무자의 재산에 실력을 행사하여 그 행정상 의무가 실현된 것과 같은 상태를 실현하는 것(행정기본법 제30조 제1항). ② 절차: 독촉 → 체납(압류-매각-청산) → 체납중지 → 결손처분 ③ 예시: 부담금과 가산금의 강제징수(해양환경관리법 제20조) ④ 일반법: 국세징수법이 있다.

2) 즉시강제

(1) 의의

즉시강제란 현재의 급박한 행정상의 장해를 제거하기 위한 경우로서 다음 어느 하나에 해당하는 경우에 행정청이 곧바로 국민의 신체 또는 재산에 실력을 행사하여 행정목적을 달성하는 것을 말한다(행정기본법 제30조 제1항 제5호).

① 행정청이 미리 행정상 의무 이행을 명할 시간적 여유가 없는 경우

② 그 성질상 행정상 의무의 이행을 명하는 것만으로는 행정목적 달성이 곤란한 경우

즉시강제는 행정상 의무불이행을 전제로 하지 않는다는 점에서 강제집행과 구별되고, 법적 근거로는 「경찰관직무집행법」과 개별법으로 「식품위생법」, 「소방기본법」 등이 있다.

(2) 「경찰관직무집행법」상의 수단

즉시강제는 다른 수단으로는 행정목적을 달성할 수 없는 경우에만 허용되며, 이 경우에도 최소한으로만 실시하여야 하고, 즉시강제를 실시하기 위하여 현장에 파견되는 집행책임자는 그가 집행책임자임을 표시하는 증표를 보여 주어야 하며, 즉시강제의 이유와 내용을 고지하여야 한다(행정기본법 제33조 제1항 · 제2항).

① **대인적 즉시강제**: 감염병환자의 즉각적인 강제격리, 불심검문(임의적 수단이라는 견해 있음), 보호조치(제4조), 위험발생방지조치(제5조), 범죄의 예방 · 제지(제6조), 무기사용(제10조의 4), 경찰장비의 사용(제10조), 경찰장구 사용(제10조의 2), 분사기 사용(제10조의 3) 등

② **대물적 즉시강제**: 임시영치(제4조), 위험발생 방지조치(제5조) 등

③ **대가택적 즉시강제**: 위험방지를 위한 가택출입 · 검색(제7조) 등

(3) 한계

① 즉시강제의 발동에는 엄격한 법규의 근거가 필요하다. 조리상의 한계에는 급박성, 소극성, 비례성, 보충성이 있다. 따라서 해양경찰작용은 이러한 조리상의 한계를 갖추어야 한다.

② 영장주의

㉠ **영장불요설**: 즉시강제는 급박한 상태에서 발동되므로 영장주의는 적용되지 않는다.

㉡ **영장필요설**: 헌법상 영장제도는 즉시강제에도 적용된다.

㉢ **절충설(통설)**: 즉시강제에도 영장주의를 인정하는 것이 원칙이지만 예외적으로 행정목적 달성을 위하여 불가피한 합리적인 이유가 있는 경우에 한하여 영장주의의 배제가 가능하다.

③ 구제

㉠ 적법한 즉시강제: 피해가 특별한 희생에 해당한다면 손실보상청구가 가능하다.[27]

㉡ 위법한 즉시강제: 행정쟁송, 손해배상, 정당방위 등이 가능하다. 즉시강제는 권력적 사실행위로서 행정쟁송의 대상인 '처분 등'에는 해당하지만, 단기간에 종료되므로 법률상 이익이 존재하지 않아 성질상 행정소송에 의한 구제는 적합하지 않은 측면이 있다.

3) 해양경찰 조사

(1) 의의

행정조사란 행정기관이 정책을 결정하거나 직무를 수행하는 데 필요한 정보나 자료를 수집하기 위하여 현장조사 · 문서열람 · 시료채취 등을 하거나 조사대상자에게

---

27) **경찰관직무집행법 제11조의2(손실보상)** ① 국가는 경찰관의 적법한 직무집행으로 인하여 다음 각 호의 어느 하나에 해당하는 손실을 입은 자에 대하여 정당한 보상을 하여야 한다. <개정 2018. 12. 24.>

1. 손실발생의 원인에 대하여 책임이 없는 자가 생명 · 신체 또는 재산상의 손실을 입은 경우(손실발생의 원인에 대하여 책임이 없는 자가 경찰관의 직무집행에 자발적으로 협조하거나 물건을 제공하여 생명 · 신체 또는 재산상의 손실을 입은 경우를 포함한다)
2. 손실발생의 원인에 대하여 책임이 있는 자가 자신의 책임에 상응하는 정도를 초과하는 생명 · 신체 또는 재산상의 손실을 입은 경우

보고요구·자료제출요구 및 출석·진술요구를 행하는 활동을 말한다(행정조사기본법 제2조 1호). 해양경찰조사는 행정조사의 일종으로서 경찰기관이 실행하는 조사작용이다.

(2) 경찰조사의 종류

경찰조사에는 권력적 경찰조사, 비권력적 경찰조사가 있다. 행정기관은 법령 등에서 행정조사를 규정하고 있는 경우에 한하여 행정조사를 실시할 수 있다. 다만, 조사대상자의 자발적인 협조를 얻어 실시하는 행정조사의 경우에는 그러하지 아니하다(행정조사기본법 제5조).

권력적 경찰조사에는 불심검문(경찰관직무집행법 제3조), 어업감독공무원의 조사(수산업법 72조), 세관공무원의 조사(관세법 제266조) 등이 있다.

비권력적 경찰조사에는 해양경찰활동에 대하여 어민을 대상으로 만족도를 조사하는 것을 들 수 있다.

(3) 권력적 조사와 증표의 제시

경찰조사를 하는 경우 경찰공무원은 그 권한을 증명하는 증표를 제시해야 한다. 예를 들면 「경찰관직무집행법」 제7조에 의해 타인의 토지·건물 또는 배 또는 차에 출입할 때 "그 신분을 표시하는 증표를 제시하여야 하며, 함부로 관계인의 정당한 업무를 방해하여서는 아니 된다"고 규정하고 있다.

4) 새로운 수단

금전상 제재에는 과징금,[28] 가산금, 가산세,[29] 부과금 등이 있다. 금전이외의 제재에는 공급거부, 명단공개,[30] 관허사업의 제한, 법위반 물건의 운반차량·선박 등

---

28) **수상레저안전법 제51조의2(과징금)** ① 해양경찰청장 또는 시·도지사(제4호의 경우로 한정)는 면허시험 면제교육기관, 안전교육 위탁기관, 시험대행기관 또는 검사대행자가 다음 각 호의 구분에 따른 사유에 해당하여 업무정지처분을 하여야 하는 경우로서 그 업무정지가 그 기관을 이용하는 자에게 심한 불편을 주거나 그 밖에 공익을 해칠 우려가 있다고 인정되면 업무정지처분에 갈음하여 1천만원 이하의 과징금을 부과할 수 있다.

29) **관세법 제42조(가산세)** ① 세관장은 납세의무자가 제9조에 따른 납부기한(이하 이 조에서 "법정납부기한"이라 한다)까지 납부하지 아니한 관세액(이하 이 조에서 "미납부세액"이라 한다)을 징수하거나 제38조의3 제1항 또는 제6항에 따라 부족한 관세액(이하 이 조에서 "부족세액"이라 한다)을 징수할 때에는 다음 각 호의 금액을 합한 금액을 가산세로 징수한다. <개정 2011. 12. 31., 2014. 12. 23., 2016. 12. 20., 2019. 12. 31., 2020. 12. 22.>

30) **관세법 제116조의2(고액·상습체납자의 명단 공개)** ① 제116조에도 불구하고 관세청장은 체납발

의 사용 또는 면허정지[31] 등이 있다.

행정청은 법령 등에 따른 의무를 위반한 자에 대하여 법률로 정하는 바에 따라 그 위반행위에 대한 제재로서 과징금을 부과할 수 있고, 과징금의 근거가 되는 법률에는 과징금에 관한 다음 사항을 명확하게 규정하여야 한다(행정기본법 제28조 제1항·제2항). 다음 사항은 ① 부과·징수 주체, ② 부과 사유, ③ 상한액, ④ 가산금을 징수하려는 경우 그 사항, ⑤ 과징금 또는 가산금 체납 시 강제징수를 하려는 경우 그 사항 등이다.

3. 해양경찰법

1) 해양경찰 형벌

해양경찰형벌은 행정법상 의무위반에 대하여 형법에 형명이 있는 형벌을 과하는 경우에 해당한다. 형법상의 형명에는 사형, 징역, 금고, 자격상실, 벌금, 구류, 과료, 몰수의 9종이 있다. 해양경찰형벌은 형법총칙이 적용되고 형사소송절차에 의해 부과된다. 해양·수산 관련 법령의 벌칙에서 위의 9종의 처벌규정이 있는 경우 해양경찰 형벌에 해당하고 해양경찰은 범죄를 수사하여 처벌해야 한다. 경미한 사건은 즉결심판과 통고처분 절차에 따라 처벌한다.

(1) 즉결심판(즉결심판에 관한 절차법)

① 대상과 청구

범증이 명백하고 죄질이 경미한 범죄사건을 신속·적정한 절차로 심판하기 위하여 즉결심판제도를 운영하고 있다. 지방법원, 지원 또는 시·군법원의 판사는 즉결심판절차에 의하여 피고인에게 20만원 이하의 벌금, 구류 또는 과료에 처할 수 있고(제2조), 즉결심판의 청구는 관할 해양경찰서장이 관할법원에 한다(제3조 제1항).

② 청구의 기각

판사는 사건이 즉결심판을 할 수 없거나 즉결심판절차에 의하여 심판함이 적당하

생일부터 1년이 지난 관세 및 내국세등(이하 이 항에서 "체납관세등"이라 한다)이 2억원 이상인 체납자에 대하여는 그 인적사항과 체납액 등을 공개할 수 있다.

31) **수상레저안전법 제13조(조종면허의 취소·정지)** ① 해양경찰청장은 조종면허를 받은 사람이 다음 각 호의 어느 하나에 해당하는 경우에는 해양수산부령으로 정하는 바에 따라 조종면허를 취소하거나 1년의 범위에서 기간을 정하여 그 조종면허의 효력을 정지할 수 있다. 다만, 제1호·제2호·제3호의2 또는 제4호에 해당하면 조종면허를 취소하여야 한다.

지 아니하다고 인정할 때에는 결정으로 즉결심판의 청구를 기각하여야 한다. 그러한 경우 해양경찰서장은 지체없이 사건을 관할지방검찰청 또는 지청의 장에게 송치하여야 한다(제5조).

③ 정식재판 청구

㉠ 정식재판을 청구하고자 하는 피고인은 즉결심판 선고·고지를 받은 날부터 7일내 정식재판 청구서를 해양경찰서장에 제출하여야 한다. 정식재판청구서를 받은 해양경찰서장은 지체없이 판사에게 이를 송부하여야 한다(제14조 제1항).

㉡ 해양경찰서장은 그 선고·고지를 한 날부터 7일 이내에 정식재판을 청구할 수 있다. 이 경우 경찰서장은 관할지방검찰청 또는 지청의 검사의 승인을 얻어 정식재판청구서를 판사에게 제출하여야 한다(제14조 제2항).

④ 유치명령

판사는 구류의 선고를 받은 피고인이 일정한 주소가 없거나 또는 도망할 염려가 있을 때에는 5일을 초과하지 아니하는 기간 해양경찰관서 유치장에 유치할 것을 명령할 수 있다. 다만, 이 기간은 선고기간을 초과할 수 없다(제17조).

(2) 통고처분(경범죄처벌법)

① 범칙자(법 제6조)

"범칙자"란 범칙행위를 한 사람으로서 다음 어느 하나에 해당하지 아니하는 사람을 말한다.

㉠ 범칙행위를 상습적으로 하는 사람
㉡ 죄를 지은 동기나 수단 및 결과를 헤아려 볼 때 구류처분을 하는 것이 적절하다고 인정되는 사람
㉢ 피해자가 있는 행위를 한 사람
㉣ 18세 미만인 사람

② 해양경찰서장은 범칙자로 인정되는 사람에 대하여 그 이유를 명백히 나타낸 서면으로 범칙금을 부과하고 이를 납부할 것을 통고할 수 있다(법 제7조 제1항).

③ 통고처분은 형사처분이 아니라 준사법적 행정처분이다.

④ 통고처분을 이행할 경우 확정판결과 동일한 효력이 있으며 일사부재리 원칙이 적용된다.

⑤ 통고처분을 불이행한 경우 그 효력은 상실하며 해양경찰서장은 즉결심판을 제기한다.

⑥ 통고처분을 받은 자는 그 처분에 이의가 있는 경우에도 행정소송을 제기할

수 없다.

(3) 해양경찰청 경미범죄사건 심사위원회 운영규칙(해양경찰청 훈령)

① 이 규칙은 경미범죄사건 피의자의 전과자 양산을 방지하기 위하여 "경미범죄사건 심사위원회"를 설치하고 그 구성과 운영에 필요한 사항을 규정함을 목적으로 한다(제1조).

② 정의(제2조)
"경미범죄사건"이란 형사사법정보시스템에 입력된 사안 중 20만원 이하의 벌금, 구류 또는 과료에 처해질 것으로 예상되는 경미한 범죄를 말하고, "감경결정"이란 형사 처리될 사건을 즉결심판 청구 또는 훈방으로 결정하는 것을 말한다.

③ 위원회의 설치(제4조 · 제7조)
각 해양경찰서에 위원회를 설치하고, 위원회는 위원장 1명을 포함하여 7명 이상 9명 이하의 위원으로 구성한다. 이 경우 외부위원은 과반수가 되어야 한다. 위원장은 해양경찰서장으로 하고, 내부위원은 해양경찰서 과장 중에서 해양경찰서장이 위촉한다.

2) 해양경찰질서벌(질서위반행위규제법)

(1) 개념

해양경찰질서벌은 행정법상의 의무위반에 대한 제재로서 과태료를 과하는 경우이다. 각 법령에 신고, 보고, 등록, 서류비치 등을 이행하지 않을 경우에 부과한다. 이는 형법총칙이 적용되지 않고 절차는 「질서위반행위규제법」에 의한다.

(2) 「질서위반행위규제법」의 주요내용

① 질서위반행위의 성립과 과태료 처분은 행위 시의 법률에 따른다(법 제3조).
② 고의 · 과실이 없는 행위는 과태료 부과하지 아니한다(법 제7조).
③ 14세 미만자에 과태료를 부과하지 않는다(법 제9조).
④ 심신장애로 옳고 그름을 판단할 능력이 없거나 그 판단에 따른 행위를 할 능력이 없는 자의 행위는 과태료 미부과, 심신미약은 감경한다(법 제10조).
⑤ 2인 이상의 위반은 각자가 위반한 것으로 본다(법 제12조).
⑥ 행위 종료된 날부터 5년 경과시 과태료 부과 불가(법 제19조), 과태료 확정 후 5년간 미징수하면 시효 소멸한다(법 제15조).

⑦ 10일 이상의 기간을 정하여 의견제출 기회를 주어야 한다(법 제16조).

⑧ 과태료 부과 통지를 받은 날부터 60일 이내에 해당 행정청에 서면으로 이의제기 할 수 있다(제20조). 이의제기하면 과태료 처분은 효력을 상실한다. 이의제기를 받은 행정청은 이의제기를 받은 날부터 14일 이내에 법원에 통보하여야 한다(법 제21조).

⑨ 1년의 범위에서 징수유예 가능(법률 규정), 시행령에서는 9개월 이내로 하고 3개월 연장할 수 있도록 한다.

⑩ 징수유예 사유: 기초생활 수급권자, 차상위계층 중 한부모 지원자·의료급여수급권자·자활 참여자, 불의의 재난, 동거 가족이 질병 등으로 1개월 이상 치료받는 경우, 본인 외에는 가족을 부양할 사람이 없는 경우, 실업급여수급자, 개인회생절차개시, 장애인, 기타 대통령령으로 정하는 부득이한 사유이다(기타 생계유지 곤란하거나 자금사정에 현저한 어려움 예상, 사업이 중대한 위기, 도난 등으로 재산에 현저한 손실).

SECTION

03 경찰관직무집행법

Ⅰ. 서설

1. 2020년 개정사항

「경찰관직무집행법」은 1953년에 제정되어 수십 차례 개정되었다. 최근 2020년 12월의 개정 이유와 주요내용은 아래와 같다.

문재인 정부의 경찰 개혁의 일환으로 인권보호의 중요성이 증대되고 있고, 이에 따라 경찰청은 인권교육의 실시, 범죄피해자 보호, 인권위원회 및 인권침해 사건 진상조사단의 운영 등 인권보호를 위한 많은 노력을 기울이고 있으나, 현행법상 경찰의 인권보호에 대한 표현이 명시되어 있지 않고, 경찰관의 직무 중 하나로 치안정보의 수집·작성 및 배포를 규정하고 있으나 "치안정보"의 개념이 모호하여 이를 근거로 경찰이 자의적으로 광범위한 정보 수집활동을 할 수 있다는 우려가 계속되어 왔다.

이에 따라 경찰관의 인권보호 의무를 법률에 명시하여 인권을 존중하는 경찰 활동을 정립하는 한편, 현행법상 "치안정보"의 개념을 "공공안녕에 대한 위험의 예방과 대응을 위한 정보"로 수정하고, 경찰관이 수집·작성·배포와 이에 수반되는 사실의 확인을 할 수 있는 정보의 범위 및 처리 기준 등을 대통령령으로 구체적으로 정할 수 있는 위임 근거를 마련하였다.

2. 「경찰관직무집행법」의 특성

1) 목적

제1조(목적) ① 이 법은 국민의 자유와 권리 및 모든 개인이 가지는 불가침의 기본적 인권을 보호하고 사회공공의 질서를 유지하기 위한 경찰관(경찰공무원만 해당한다. 이하 같다)의 직무 수행에 필요한 사항을 규정함을 목적으로 한다. (개정 2020. 12. 22.)(20 간부)
② 이 법에 규정된 경찰관의 직권은 그 직무 수행에 필요한 최소한도에서 행사되어야 하며 남용되어서는 아니 된다. (20 간부)

(1) 경찰의 인권보호 목적을 명시적으로 규정

최근 인권보호의 중요성이 증대되고 있고, 이에 따라 경찰청은 인권교육의 실시, 범죄피해자 보호, 인권위원회 및 인권침해 사건 진상조사단의 운영 등 인권보호를 위한 많은 노력을 기울이고 있는 것을 반영하여 경찰의 인권보호에 대한 표현을 명시적으로 규정하였다.

(2) 경찰비례의 원칙

「경찰관직무집행법」에 경찰 비례의 원칙과 권한남용 금지 의무를 명시적으로 규정하고 있다.

2) 성격

「경찰관직무집행법」에 '공공의 안녕과 질서유지'라는 대륙법계적 개념과 '국민의 생명 · 신체 · 재산 보호'라는 영미법적 개념이 반영되었다.

「경찰관직무집행법」은 경찰작용의 일반법이고, 즉시강제의 일반법이다. 또한 경찰청 소속 경찰공무원과 해양경찰청 소속 경찰공무원의 직무수행에 적용된다. 「청원경찰법」에 의한 청원경찰(예를 들면 지방해양수산청 소속으로 항만에 배치된 청원경찰)은 그 경비구역 내에서 수사목적이 아닌 경비 목적으로 「경찰관직무집행법」에 따른 직무를 수행한다.

3) 직무의 범위(법 제2조)(20 간부)

경찰관은 다음의 직무를 수행한다.

① 국민의 생명 · 신체 및 재산의 보호
② 범죄의 예방 · 진압 및 수사
③ 범죄피해자 보호
④ 경비, 주요 인사(人士) 경호 및 대간첩 · 대테러 작전 수행
⑤ 공공안녕에 대한 위험의 예방과 대응을 위한 정보의 수집 · 작성 및 배포
⑥ 교통 단속과 교통 위해(危害)의 방지
⑦ 외국 정부기관 및 국제기구와의 국제협력
⑧ 그 밖에 공공의 안녕과 질서 유지

3. 「경찰관직무집행법」상 즉시강제

대인적	불심검문(견해대립), 보호조치, 범죄예방 및 제지, 경찰장구 · 분사기 · 무기 사용
대물적	임시영치
대가택적	위험방지를 위한 출입
대인 · 대물 · 대가택	위험발생 방지

Ⅱ. 조문별 내용

1. 불심검문(법 제3조)

1) 불심검문[32)]의 법적 성질

(1) **행정경찰작용설**: 불심검문을 사회공공의 안녕과 질서유지를 유지하기 위하여 일반통치권에 의하여 명령·강제하는 행정경찰작용으로 보는 견해로서, 관련 정보수집을 위한 조사의 수단으로 보는 경찰조사설과 대상자가 검문에 불응할 경우 어느 정도 유형력을 행사할 수 있다는 점에서 즉시강제로 보는 즉시강제설로 나뉜다.

(2) **준사법경찰작용설**: 불심검문이 수사는 아니지만 현실적으로 수사로 이어지고 있고, 수사와 같이 개인의 기본권 침해 우려가 있으므로 형사소송법상 모든 규제가 그대로 적용되어야 한다는 견해이다.

---

32) **제3조(불심검문)** ① 경찰관은 다음 각 호의 어느 하나에 해당하는 사람을 정지시켜 질문할 수 있다.

1. 수상한 행동이나 그 밖의 주위 사정을 합리적으로 판단하여 볼 때 어떠한 죄를 범하였거나 범하려 하고 있다고 의심할 만한 상당한 이유가 있는 사람
2. 이미 행하여진 범죄나 행하여지려고 하는 범죄행위에 관한 사실을 안다고 인정되는 사람

② 경찰관은 제1항에 따라 같은 항 각 호의 사람을 정지시킨 장소에서 질문을 하는 것이 그 사람에게 불리하거나 교통에 방해가 된다고 인정될 때에는 질문을 하기 위하여 가까운 경찰서·지구대·파출소 또는 출장소(지방해양경찰관서를 포함하며, 이하 "경찰관서"라 한다)로 동행할 것을 요구할 수 있다. 이 경우 동행을 요구받은 사람은 그 요구를 거절할 수 있다. <개정 2014. 11. 19., 2017. 7. 26.>

③ 경찰관은 제1항 각 호의 어느 하나에 해당하는 사람에게 질문을 할 때에 그 사람이 흉기를 가지고 있는지를 조사할 수 있다.

④ 경찰관은 제1항이나 제2항에 따라 질문을 하거나 동행을 요구할 경우 자신의 신분을 표시하는 증표를 제시하면서 소속과 성명을 밝히고 질문이나 동행의 목적과 이유를 설명하여야 하며, 동행을 요구하는 경우에는 동행 장소를 밝혀야 한다.

⑤ 경찰관은 제2항에 따라 동행한 사람의 가족이나 친지 등에게 동행한 경찰관의 신분, 동행 장소, 동행 목적과 이유를 알리거나 본인으로 하여금 즉시 연락할 수 있는 기회를 주어야 하며, 변호인의 도움을 받을 권리가 있음을 알려야 한다.

⑥ 경찰관은 제2항에 따라 동행한 사람을 6시간을 초과하여 경찰관서에 머물게 할 수 없다.

⑦ 제1항부터 제3항까지의 규정에 따라 질문을 받거나 동행을 요구받은 사람은 형사소송에 관한 법률에 따르지 아니하고는 신체를 구속당하지 아니하며, 그 의사에 반하여 답변을 강요당하지 아니한다.

(3) **사법·행정경찰 작용설(병유설)**: 불심검문은 사회공공의 질서를 유지하고 범죄를 예방하는 행정경찰의 성격과 범인을 검거하고 증거를 수집하는 사법경찰 작용의 성격도 동시에 가지고 있다는 견해이다.

(4) **이원설**: 불심검문의 목적과 검문의 대상, 범죄의 특정 여부나 경찰관의 범죄혐의의 인식 정도에 따라서 행정경찰작용과 사법경찰작용으로 구분하는 견해이다.

(5) **판례**: 행정경찰 목적의 경찰활동으로 행하여지는 경찰관직무집행법 제3조 제2항 소정의 질문을 위한 동행요구도 형사소송법의 규율을 받는 수사로 이어지는 경우에는 형사소송법 제199조 제1항에서의 임의수사의 원칙 등의 법리가 적용되어야 한다고 판시하였다(대법원 2006. 7. 6. 2005도6810, 판결).

2) 대상

(1) 죄를 범하였거나 범하려 하는 사람, 이를 안다고 인정되는 사람이 대상이다.

(2) 사전에 범죄를 제지하려는 예방적 목적과 범죄자를 발견해서 검거하려는 사후진압적 목적이 포함되어 있다.

3) 불심검문의 방법(수단)

(1) 정지

경찰관은 다음 어느 하나에 해당하는 사람을 정지시켜 질문할 수 있다. (21 1차)

㉠ 수상한 행동이나 그 밖의 주위 사정을 합리적으로 판단하여 볼 때 어떠한 죄를 범하였거나 범하려 하고 있다고 의심할 만한 상당한 이유가 있는 사람

㉡ 이미 행하여진 범죄나 행하여지려고 하는 범죄행위에 관한 사실을 안다고 인정되는 사람

① 경찰관은 거동불심자를 정지시킬 수 있으며 자동차도 정지시킬 수 있다.

② 검문에 불응하는 경우 팔이나 어깨를 잡거나 앞을 가로막는 행위, 팔꿈치를 가볍게 끄는 행위 등의 유형력을 행사할 수 있다.

③ 자전거를 이용한 날치기 사건 직후 범인과 유사한 인상착의의 사람이 자전거 타는 것을 발견한 경찰관이 정지를 요구하고 앞을 가로막은 것은 정당하다(대판 2012.9.13. 2010도6203).

(2) 질문(18 3차)

① 상대방을 피의자로 조사하는 것이 아니므로 진술거부권을 고지할 필요는 없으며,

법률상 명시되어 있지도 않다.

② 낯선 사람이 집 앞에 서 있다는 신고를 받고 출동하여 주민등록증 제시를 요구하였으나, 상대방이 거부하는 경우 이를 강제로 확인할 수 없다.

(3) 경찰관의 신분증 제시

① 법에서는 신분을 표시하는 증표, 시행령에서 경찰 공무원증이라고 규정하고 있으므로 정복을 입었더라도 경찰 공무원증을 제시하여야 한다.

② 다만, 대법원은 대상자가 검문하는 사람이 경찰관이고 검문 이유를 충분히 알았다면, 신분증을 제시하지 않았다고 해서 위법한 공무집행이라고 할 수 없다고 판시하였다(대판 2014. 12. 11. 2014도7976). 그러나 이 판결로 신분증 제시 의무가 해제된 것은 아니다.

③ 「주민등록법」 제26조[33]에서는 경찰관이 주민의 신원이나 거주관계 확인 목적으로 주민등록증을 제시하도록 요구할 때, 정복근무 중인 경우에는 신분증 제시 의무를 면제하고 있다. 「경찰관직무집행법」에서 면제 규정이 두고 있는 것은 아니다.

(4) 흉기조사(18 3차)

① 경찰관에게 흉기 조사권을 주는 이유는 불의의 공격으로부터 경찰관을 보호하기 위함이므로 수상한 자에 대해서 범죄혐의를 입증하기 위한 목적으로 조사하여서는 안 된다.

② 대상은 흉기에 한정되며 일반 소지품(도난품 등)은 제외된다.

③ 방법은 대상자 옷을 가볍게 두드리는 외표검사에 한정된다.

④ 따라서 대상자의 승낙 없이 호주머니를 뒤지거나 소지하고 있는 가방을 직접 열어보는 행위는 인정되지 않으며 상대로 하여금 꺼내도록 하거나 가방을 열도록 하여야 한다.

⑤ 대상자는 경찰관의 흉기 소지 여부 조사를 거부할 수 있다는 명문 규정은 없다.

⑥ 흉기의 임시영치는 불심검문이 아닌 보호조치를 할 때 가능하다.

---

33) **주민등록법 제26조(주민등록증의 제시요구)** ② 사법경찰관리는 제1항에 따라 신원 등을 확인할 때 친절과 예의를 지켜야 하며, 정복근무 중인 경우 외에는 미리 신원을 표시하는 증표를 지니고 이를 관계인에게 내보여야 한다.

4) 임의동행

(1) 요건(18 3차)

① 정지시킨 장소에서 질문을 하는 것이 그 사람에게 불리하거나 교통에 방해가 된다고 인정될 때이다.

② 반드시 상대방의 동의나 승낙이 있어야 하며 대상자는 언제든지 동행요구를 거절할 수 있다.

③ 임의동행하기 전에 동행을 거부할 수 있음을 고지할 의무는 「경찰관직무집행법」상에 규정되어 있지 않다.

④ 판례
대법원은 임의동행을 경찰관직무집행법 제3조 제2항에 의한 임의동행과 형사소송법 제199조 제1항에 의한 임의동행으로 구분하면서, 형사소송법 제199조 제1항에 따라 범죄 수사를 위하여 수사관이 동행에 앞서 피의자에게 동행을 거부할 수 있음을 알려 주었거나 동행한 피의자가 언제든지 자유로이 동행과정에서 이탈 또는 동행장소로부터 퇴거할 수 있었음이 인정되는 등 오로지 피의자의 자발적인 의사에 의하여 이루어진 경우에, 형사소송법이 아닌 경찰관직무집행법을 적용하여 임의동행 후 경찰관서에 6시간을 초과하여 머물게 한 것을 불법구금으로 본 하급심의 법리는 잘못되었다고 판시하였다(대법원 2020. 5. 14. 2020도398).

(2) 절차

① 동행을 요구할 경우 자신의 신분을 표시하는 증표를 제시하면서 소속과 성명을 밝히고 질문이나 동행의 목적과 이유를 설명하여야 하며, 동행을 요구하는 경우에는 동행 장소를 밝혀야 한다.

② 장소는 해양경찰관서(해양경찰서 · 파출소 · 출장소)이다.

(3) 사후조치

① 동행한 경찰관은 대상자의 가족 알리거나 본인으로 하여금 즉시 연락할 수 있는 기회를 주어야 하며, 변호인의 도움을 받을 권리가 있음을 고지하여야 한다.

② 당해인은 언제든지 퇴거할 수 있으며, 6시간을 초과하여 경찰관서에 머물게 할 수 없다.

③ 당해인은 형사소송에 관한 법률에 따르지 아니하고는 신체를 구속당하지 아니

하며, 그 의사에 반하여 답변을 강요당하지 아니한다.

④ 불신검문 불응시 경찰관의 대응조치나 당해인에 대한 처벌규정은 없다.

2. 보호조치(법 제4조)

1) 의의

보호조치[34]는 응급구호가 필요한 경우 긴급구호를 요청하거나 해양경찰관서에 일시적으로 보호하는 조치로서 재량행위이고, 대인적 즉시강제에 해당한다.

정신착란을 일으키거나 술에 취하여 자신 또는 다른 사람의 생명·신체·재산에 위해를 끼칠 우려가 있는 사람에게 보호조치를 할 수 있다. (18 3차 · 19 간부)

---

34) **제4조(보호조치 등)** ① 경찰관은 수상한 행동이나 그 밖의 주위 사정을 합리적으로 판단해 볼 때 다음 각 호의 어느 하나에 해당하는 것이 명백하고 응급구호가 필요하다고 믿을 만한 상당한 이유가 있는 사람(이하 "구호대상자"라 한다)을 발견하였을 때에는 보건의료기관이나 공공구호기관에 긴급구호를 요청하거나 경찰관서에 보호하는 등 적절한 조치를 할 수 있다.

1. 정신착란을 일으키거나 술에 취하여 자신 또는 다른 사람의 생명·신체·재산에 위해를 끼칠 우려가 있는 사람
2. 자살을 시도하는 사람
3. 미아, 병자, 부상자 등으로서 적당한 보호자가 없으며 응급구호가 필요하다고 인정되는 사람. 다만, 본인이 구호를 거절하는 경우는 제외한다.

② 제1항에 따라 긴급구호를 요청받은 보건의료기관이나 공공구호기관은 정당한 이유 없이 긴급구호를 거절할 수 없다.

③ 경찰관은 제1항의 조치를 하는 경우에 구호대상자가 휴대하고 있는 무기·흉기 등 위험을 일으킬 수 있는 것으로 인정되는 물건을 경찰관서에 임시로 영치(領置)하여 놓을 수 있다.

④ 경찰관은 제1항의 조치를 하였을 때에는 지체 없이 구호대상자의 가족, 친지 또는 그 밖의 연고자에게 그 사실을 알려야 하며, 연고자가 발견되지 아니할 때에는 구호대상자를 적당한 공공보건의료기관이나 공공구호기관에 즉시 인계하여야 한다.

⑤ 경찰관은 제4항에 따라 구호대상자를 공공보건의료기관이나 공공구호기관에 인계하였을 때에는 즉시 그 사실을 소속 경찰서장이나 해양경찰서장에게 보고하여야 한다. <개정 2014. 11. 19., 2017. 7. 26.>

⑥ 제5항에 따라 보고를 받은 소속 경찰서장이나 해양경찰서장은 대통령령으로 정하는 바에 따라 구호대상자를 인계한 사실을 지체 없이 해당 공공보건의료기관 또는 공공구호기관의 장 및 그 감독행정청에 통보하여야 한다. <개정 2014. 11. 19., 2017. 7. 26.>

⑦ 제1항에 따라 구호대상자를 경찰관서에서 보호하는 기간은 24시간을 초과할 수 없고, 제3항에 따라 물건을 경찰관서에 임시로 영치하는 기간은 10일을 초과할 수 없다. [전문개정 2014. 5. 20.]

2) 보호조치 대상자

강제 보호조치	정신착란자, 술에 취하여 자신 또는 다른 사람의 생명 · 신체 · 재산에 위해를 끼칠 우려가 있는자, 자살 시도자
임의 보호조치	미아 · 병자 · 부상자 등으로 적당한 보호자가 없으며 응급구호가 필요하다고 인정되는 사람

3) 방법

긴급구호 요청	① 보건의료기관이나 공공구호기관에 긴급구호를 요청할 수 있고, 정당한 이유없이 거절할 수 없다. 거절하더라도 「경찰관직무집행법」상 처벌규정은 없다. ② 응급환자의 경우 정당한 이유없이 거절하면 「응급의료에 관한 법률」 제60조 제3항[35]에 의하여 3년 이하 징역 또는 3천만원 이하 벌금
경찰관서 일시보호	24시간 초과할 수 없다.

4) 임시영치: 무기 · 흉기 등 위험한 물건을 10일간 임시영치가 가능하다.

5) 사후조치

(1) 지체없이 대상자의 가족, 친지 또는 그 밖의 연고자에게 통지해야 한다.

(2) 연고자를 발견하지 못할 경우: 대상자를 공공보건의료기관이나 공공구호기관에 즉시 인계(의무적) → 소속 해양경찰서장에게 즉시 보고 → 해양경찰서장은 지체없이 해당 공공보건의료기관 또는 공공구호기관의 장 및 그 감독행정청에 통보해야 한다.

---

35) **응급의료에 관한 법률 제60조(벌칙)** ③ 다음 각 호의 어느 하나에 해당하는 사람은 3년 이하의 징역 또는 3천만원 이하의 벌금에 처한다. <개정 2015. 1. 28., 2016. 5. 29., 2019. 1. 15., 2020. 4. 7.>
1. 제6조 제2항을 위반하여 응급의료를 거부 또는 기피한 응급의료종사자
제6조(응급의료의 거부금지 등) ② 응급의료종사자는 업무 중에 응급의료를 요청받거나 응급환자를 발견하면 즉시 응급의료를 하여야 하며 정당한 사유 없이 이를 거부하거나 기피하지 못한다.

3. 위험발생의 방지(법 제5조)

1) 법적 성질

위험발생의 방지조치[36]는 대인 · 대물 · 대가택적 즉시강제에 해당한다. 「경찰관직무집행법」에 규정된 즉시강제 중 가장 포괄적이어서 이를 개괄적 수권조항으로 보는 견해도 있다.

2) 위험 발생 방지조치 요건

(1) 사람의 생명 또는 신체에 위해를 끼치는 경우

(2) 재산에 중대한 손해를 끼칠 우려가 있는 천재(天災), 사변(事變), 인공구조물의 파손이나 붕괴, 교통사고, 위험물의 폭발, 위험한 동물 등의 출현, 극도의 혼잡, 그 밖의 위험한 사태가 있을 때

3) 방법(수단)

경고	그 장소에 모인 사람, 사물의 관리자, 그 밖의 관계인에 경고
억류 · 피난	매우 긴급한 경우 위해 입을 우려자를 억류 · 피난
위해방지	그 장소에 있는 사람, 사물의 관리자, 그 밖의 관계인에게 위해 방지 조치를 하게 하거나 직접 조치
접근 · 통행금지	해양경찰관서장(해양경찰서 · 파출소 · 출장소)은 대간첩 작전지역이나 해양경찰관서 · 무기고 등 국가중요시설에 대한 접근 · 통행을 제한 · 금지

36) **제5조(위험 발생의 방지 등)** ① 경찰관은 사람의 생명 또는 신체에 위해를 끼치거나 재산에 중대한 손해를 끼칠 우려가 있는 천재(天災), 사변(事變), 인공구조물의 파손이나 붕괴, 교통사고, 위험물의 폭발, 위험한 동물 등의 출현, 극도의 혼잡, 그 밖의 위험한 사태가 있을 때에는 다음 각 호의 조치를 할 수 있다.
1. 그 장소에 모인 사람, 사물(事物)의 관리자, 그 밖의 관계인에게 필요한 경고를 하는 것
2. 매우 긴급한 경우에는 위해를 입을 우려가 있는 사람을 필요한 한도에서 억류하거나 피난시키는 것
3. 그 장소에 있는 사람, 사물의 관리자, 그 밖의 관계인에게 위해를 방지하기 위하여 필요하다고 인정되는 조치를 하게 하거나 직접 그 조치를 하는 것

② 경찰관서의 장은 대간첩 작전의 수행이나 소요(騷擾) 사태의 진압을 위하여 필요하다고 인정되는 상당한 이유가 있을 때에는 대간첩 작전지역이나 경찰관서 · 무기고 등 국가중요시설에 대한 접근 또는 통행을 제한하거나 금지할 수 있다.

③ 경찰관은 제1항의 조치를 하였을 때에는 지체 없이 그 사실을 소속 경찰관서의 장에게 보고하여야 한다.

④ 제2항의 조치를 하거나 제3항의 보고를 받은 경찰관서의 장은 관계 기관의 협조를 구하는 등 적절한 조치를 하여야 한다. [전문개정 2014. 5. 20.]

4) 보고

(1) 해양경찰관이 위험발생 방지조치를 한 경우 지체 없이 해양경찰관서장에 보고하여야 한다.

(2) 보고를 받은 해양경찰관서장은 관계 기관의 협조를 구하는 등 적절한 조치를 하여야 한다.

5) 관련 판례

대법원은 농민 시위를 진압한 이후 위험발생 방지조치 없이 트랙터 1대를 도로상에 방치한 채 철수한 결과 야간에 그 트랙터로 인하여 교통사고가 난 경우 국가배상책임을 인정하였다.

4. 범죄의 예방과 제지(법 제6조)

해양경찰관은 범죄의 예방과 제지[37]를 위한 조치를 취할 수 있다.

수단	경고	① 범죄가 목전에서 발생하려고 하는 경우 ⇨ 경고 ② 경고의 방법은 구두, 신호, 문서 등 제한이 없다.
	제지	① 생명 · 신체에 위해 또는 재산에 중대한 손해를 끼칠 우려가 있는 긴급한 경우 → 제지할 수 있다. ② 범죄행위가 목전에 행하여지려고 할 때 경고를 하고 즉시 제지할 수 있다(X). ③ 대법원판례: 집회장소와 시간 · 장소적으로 근접하지 않은 경우 해당 집회 참가행위가 불법이어도 이를 제지할 수 없음(대판 2008.11.13. 2007도9794).

5. 위험방지를 위한 출입(법 제7조)

해양경찰관의 위험방지를 위한 출입[38]은 대가택적 즉시강제에 해당한다. 긴급출

37) **제6조(범죄의 예방과 제지)** 경찰관은 범죄행위가 목전(目前)에 행하여지려고 하고 있다고 인정될 때에는 이를 예방하기 위하여 관계인에게 필요한 경고를 하고, 그 행위로 인하여 사람의 생명·신체에 위해를 끼치거나 재산에 중대한 손해를 끼칠 우려가 있는 긴급한 경우에는 그 행위를 제지할 수 있다. [전문개정 2014. 5. 20.]

38) **제7조(위험 방지를 위한 출입)** ① 경찰관은 제5조 제1항·제2항 및 제6조에 따른 위험한 사태가 발생하여 사람의 생명·신체 또는 재산에 대한 위해가 임박한 때에 그 위해를 방지하거나 피해자를 구조하기 위하여 부득이하다고 인정하면 합리적으로 판단하여 필요한 한도에서 다른

입(제1항), 예방출입(제2항), 대간첩 긴급검색(제3항)으로 구성되어 있다.

구 분	긴급출입(제1항)	예방출입(제2항)	대간첩 긴급검색(제3항)
출입 장소	타인의 토지 · 건물 · 배 · 차 등	공개된 장소	
출입 시간	주야 불문	영업 · 공개된 시간	주야 불문
관리자 동의	불요	필요	불요
① 예방 출입은 공개된 장소, 공개된 시간에 관리자의 동의를 얻어야 한다. ② 위험이 임박한 긴급출입과 대간첩 긴급검색은 주야불문, 동의 불문한다.			

6. 사실확인 및 출석요구(법 제8조)[39]

1) 사실 확인

해양경찰관서장은 국가기관이나 공사단체 등에 사실조회를 할 수 있으며, 긴급한 경우 소속 경찰관이 현장에서 직접 해당 기관장의 협조를 받아 사실 확인할 수 있다. 사실 확인은 비권력적 사실행위에 해당한다.

사람의 토지 · 건물 · 배 또는 차에 출입할 수 있다.

② 흥행장(興行場), 여관, 음식점, 역, 그 밖에 많은 사람이 출입하는 장소의 관리자나 그에 준하는 관계인은 경찰관이 범죄나 사람의 생명 · 신체 · 재산에 대한 위해를 예방하기 위하여 해당 장소의 영업시간이나 해당 장소가 일반인에게 공개된 시간에 그 장소에 출입하겠다고 요구하면 정당한 이유 없이 그 요구를 거절할 수 없다.

③ 경찰관은 대간첩 작전 수행에 필요할 때에는 작전지역에서 제2항에 따른 장소를 검색할 수 있다.

④ 경찰관은 제1항부터 제3항까지의 규정에 따라 필요한 장소에 출입할 때에는 그 신분을 표시하는 증표를 제시하여야 하며, 함부로 관계인이 하는 정당한 업무를 방해해서는 아니 된다. [전문개정 2014. 5. 20.]

39) **제8조(사실의 확인 등)** ① 경찰관서의 장은 직무 수행에 필요하다고 인정되는 상당한 이유가 있을 때에는 국가 기관이나 공사(公私) 단체 등에 직무 수행에 관련된 사실을 조회할 수 있다. 다만, 긴급한 경우에는 소속 경찰관으로 하여금 현장에 나가 해당 기관 또는 단체의 장의 협조를 받아 그 사실을 확인하게 할 수 있다.

② 경찰관은 다음 각 호의 직무를 수행하기 위하여 필요하면 관계인에게 출석하여야 하는 사유 · 일시 및 장소를 명확히 적은 출석 요구서를 보내 경찰관서에 출석할 것을 요구할 수 있다.

1. 미아를 인수할 보호자 확인
2. 유실물을 인수할 권리자 확인
3. 사고로 인한 사상자(死傷者) 확인
4. 행정처분을 위한 교통사고 조사에 필요한 사실 확인 [전문개정 2014. 5. 20.]

2) 「경찰관직무집행법」상 출석요구

출석 요구서를 보내 해양경찰관서에 출석할 것을 요구할 수 있는 경우는 ① 미아를 인수할 보호자 확인, ② 유실물을 인수할 권리자 확인, ③ 사고로 인한 사상자(死傷者) 확인, ④ 행정처분을 위한 교통사고 조사에 필요한 사실 확인을 하는 경우이다.

「경찰관직무집행법」에 의한 출석요구 대상이 아닌 경우는 ① 범죄피해 확인, ② 형사책임 규명을 위한 사실조사, ③ 고소사건 처리를 위한 사실확인, ④ 형사처벌을 위한 교통사고 조사를 하는 경우이다.

7. 정보의 수집 · 작성 · 배포(법 제8조의2)

1) 수집되는 정보의 범위

(1) 기존 '치안정보'라는 광범위하고, 모호한 개념 대신 '범죄·재난·공공갈등 등 공공안녕에 대한 위험의 예방과 대응을 위한 정보'[40]로 정보의 개념을 명확히 하였다.

(2) 대통령령 위임 사항

대통령령에 위임한 사항은 ① 경찰관이 수집·작성·배포 등을 하는 정보의 범위 및 처리 기준, ② 정보의 수집·작성·배포에 수반되는 사실의 확인과 절차와 한계이다.

2) 위법한 정보수집에 대한 제재

(1) 직권남용: 1년 이하의 징역이나 금고(경찰관직무집행법 제12조)로 처벌한다.

(2) 정치관여: 5년 이하의 징역과 5년 이하의 자격정지(공소시효 10년)로 처벌한다(경찰공무원법 제23조·제37조 제3항).

---

40) **제8조의2(정보의 수집 등)** ① 경찰관은 범죄 · 재난 · 공공갈등 등 공공안녕에 대한 위험의 예방과 대응을 위한 정보의 수집·작성·배포와 이에 수반되는 사실의 확인을 할 수 있다.
② 제1항에 따른 정보의 구체적인 범위와 처리 기준, 정보의 수집 · 작성 · 배포에 수반되는 사실의 확인 절차와 한계는 대통령령으로 정한다.

8. 국제협력(법 제8조의3)과 유치장(법 제9조)

해양경찰청장은 이 법에 따른 경찰관의 직무수행을 위하여 외국 정부기관, 국제기구 등과 자료 교환, 국제협력 활동 등을 할 수 있다. (20 간부)

법률에서 정한 절차에 따라 체포·구속된 사람 또는 신체의 자유를 제한하는 판결이나 처분을 받은 사람을 수용하기 위하여 경찰서와 해양경찰서에 유치장을 둔다.

9. 경찰장비의 사용 등

1) 경찰장비의 사용(법 제10조)

① 경찰관은 직무수행 중 경찰장비를 사용할 수 있다. 다만, 사람의 생명이나 신체에 위해를 끼칠 수 있는 경찰장비(위해성 경찰장비)를 사용할 때에는 필요한 안전교육과 안전검사를 받은 후 사용하여야 한다.

② "경찰장비"란 무기, 경찰장구, 최루제와 그 발사장치, 살수차, 감식기구, 해안 감시기구, 통신기기, 차량·선박·항공기 등 경찰이 직무를 수행할 때 필요한 장치와 기구를 말한다. (21 1차)

③ 경찰관은 경찰장비를 함부로 개조하거나 경찰장비에 임의의 장비를 부착하여 일반적인 사용법과 달리 사용함으로써 다른 사람의 생명·신체에 위해를 끼쳐서는 아니 된다.

※ 폐기 또는 성능 저하 장비는 개조하여 본래의 용법으로 사용 가능(위해성 경찰장비규정 제19조)

④ 위해성 경찰장비는 필요한 최소한도에서 사용하여야 한다.

⑤ 경찰청장은 위해성 경찰장비를 새로 도입하려는 경우에는 대통령령으로 정하는 바에 따라 안전성 검사를 실시하여 그 안전성 검사의 결과보고서를 국회 소관 상임위원회에 제출하여야 한다. 이 경우 안전성 검사에는 외부 전문가를 참여시켜야 한다.

⑥ 위해성 경찰장비의 종류 및 그 사용기준, 안전교육·안전검사의 기준 등은 대통령령으로 정한다.

2) 경찰장구의 사용(법 제10조의2)

① 경찰관은 다음 각 호의 직무를 수행하기 위하여 필요하다고 인정되는 상당한

이유가 있을 때에는 그 사태를 합리적으로 판단하여 필요한 한도에서 경찰장구를 사용할 수 있다.

1. 현행범이나 사형 · 무기 또는 장기 3년 이상의 징역이나 금고에 해당하는 죄를 범한 범인의 체포 또는 도주 방지
2. 자신이나 다른 사람의 생명 · 신체의 방어 및 보호(재산 X)
3. 공무집행에 대한 항거(抗拒) 제지

② "경찰장구"란 경찰관이 휴대하여 범인 검거와 범죄 진압 등의 직무 수행에 사용하는 수갑, 포승(捕繩), 경찰봉, 방패 등을 말한다.

3) 분사기 및 최루탄의 사용(법 제10조의3)

경찰관은 다음 각 호의 직무를 수행하기 위하여 부득이한 경우에는 현장책임자(경찰관 X)가 판단하여 필요한 최소한의 범위에서 분사기(「총포 · 도검 · 화약류 등의 안전관리에 관한 법률」에 따른 분사기를 말하며, 그에 사용하는 최루 등의 작용제를 포함한다. 이하 같다) 또는 최루탄을 사용할 수 있다.

1. 범인의 체포 또는 범인의 도주 방지
2. 불법집회 · 시위로 인한 자신이나 다른 사람의 생명 · 신체와 재산 및 공공시설 안전에 대한 현저한 위해의 발생 억제

4) 무기의 사용(법 제10조의4)

경찰관은 범인의 체포, 범인의 도주 방지, 자신이나 다른 사람의 생명·신체의 방어 및 보호(재산 X), 공무집행에 대한 항거의 제지를 위하여 필요하다고 인정되는 상당한 이유가 있을 때에는 그 사태를 합리적으로 판단하여 필요한 한도에서 무기를 사용할 수 있다. 다만, 다음 각 호의 어느 하나에 해당할 때를 제외하고는 사람에게 위해를 끼쳐서는 아니 된다.

1. 「형법」에 규정된 정당방위와 긴급피난에 해당할 때
2. 다음 각 목의 어느 하나에 해당하는 때에 그 행위를 방지하거나 그 행위자를 체포하기 위하여 무기를 사용하지 아니하고는 다른 수단이 없다고 인정되는 상당한 이유가 있을 때(보충성)
   가. 사형 · 무기 또는 장기 3년 이상의 징역이나 금고에 해당하는 죄(긴급체포 대상)를 범하거나 범하였다고 의심할 만한 충분한 이유가 있는 사람이 경찰관의 직무집행에 항거하거나 도주하려고 할 때
   나. 체포 · 구속영장과 압수 · 수색영장을 집행하는 과정에서 경찰관의 직무집행에 항거하거나

도주하려고 할 때
다. 제3자가 가목 또는 나목에 해당하는 사람을 도주시키려고 경찰관에게 항거할 때
라. 범인이나 소요를 일으킨 사람이 무기 · 흉기 등 위험한 물건을 지니고 경찰관으로부터 3회 이상 물건을 버리라는 명령이나 항복하라는 명령을 받고도 따르지 아니하면서 계속 항거할 때
3. 대간첩 작전 수행 과정에서 무장간첩이 항복하라는 경찰관의 명령을 받고도 따르지 아니할 때

5) 무기, 장구, 분사기 · 최루탄의 사용 요건

무 기	**위 해 수반 불가**	• 범인체포, 도주방지 • 자신이나 다른 사람의 생명 · 신체 방어, 항거제지
	위 해 수반 가능	• 긴급체포 대상자가 항거 · 도주 • 영장(체포 · 구속 · 압수 · 수색) 집행 항거 · 도주 • 제3자가 범인을 도주시키려 항거 • 현행범이 무기를 들고 3회 경고에 계속 항거 • 긴급피난 · 정당방위 · 간첩 (정당행위 아님): 보충성 원칙 불요
장 구		• 현행범 · 긴급체포 대상의 범인체포, 도주방지 • 자신과 다른 사람의 생명 · 신체 방어, 항거제지 ※ "현행범 · 긴급체포 대상 범인의 체포" 요건은 장구가 유일하며, 다른 경우는 "범인의 체포"로 규정
분사기 · 최루탄		• 범인체포, 도주방지 • 불법집회시위로 자신과 다른 사람의 생명 · 신체 · 재산 · 공공시설에 위해 발생 억제 ※ 가스발사총: 「위해성경찰장비규정」에서 법률의 요건보다 넓게 범인체포, 도주방지, 타인 또는 경찰관의 생명 · 신체에 대한 방호, 공무집행에 대한 항거의 억제를 위해서도 사용할 수 있음.

6) 위해성 경찰장비 사용기준(대통령령)

(1) 경찰장비의 종류(제2조)

무 기	권총, 유탄발사기, 도검(다목적발사기 X, 가스발사총 X)
장 구	경찰봉, 호신용경봉, 포승, 수갑, 방패, 전자방패, 전자충격기
분사기 · 최루탄	근접분사기, 가스분사기, 가스발사총(고무탄겸용 포함), 최루탄(발사장치 포함)
기 타	가스차, 살수차, 특수진압차, 물포, 석궁, 다목적발사기 ※ 다목적발사기는 고무탄 등 발사 가능

(2) 사용기준

수갑 · 포승 **호송용포승**	① 체포 · 구속 영장 집행, 호송 ② 범인 · 주취자 · 정신착란자의 자살 · 자해 방지목적 사용시 ⇨ 관서장에 보고
경찰봉 **호신용경봉**	불법 집회 · 시위로 인한 자타 생명 · 신체, 재산 · 공공시설 위험 방지
전자충격기	14세 미만, 얼굴, 임산부에 사용 금지
전자방패	14세 미만, 임산부 사용 금지
권총 · 소총	총기 · 폭발물로 대항하는 경우를 제외하고 14세 미만, 임산부 금지(얼굴 X)
가스발사총	① 범인체포, 도주방지, 자 · 다 · 생 · 신 방어, 항거제지 ② 1m 이내 얼굴 금지 (14세 미만, 임산부 X)
최루탄발사기	최루탄발사기는 30도 이상, 가스차 등의 최루탄발사대는 15도 이상 발사각
물 포	① 불법해상시위를 해산, 선박운항정지(정선)명령 불응하고 도주하는 선박을 정지시키기 위하여 부득이한 경우 ② 현장책임자가 판단 ③ 사람을 향하여 직접 물포를 발사해서는 안 된다.
가스차	① 불법집회 · 시위 · 소요사태로 자타 생명 · 신체, 재산 · 공공시설 위험을 억제 ② 현장책임자가 판단
특수진압차	① 소요 사태의 진압, 대간첩 · 대테러작전의 수행 ② 경찰관이 판단
기 타	석궁: 인질범 체포, 대간첩 · 대테러작전 등에서, 현장책임자 판단 다목적발사기: 인질범 체포, 대간첩 · 대테러작전 등 도주차량차단장비: 무면허 · 음주운전, 검문불응 도주차량 등
판단자 및 **보고자**	① 경찰관: 특수진압차 ② 현장책임자: 가스차, 경비함정 물포, 석궁, 기록보관(살수차, 분사기, 무기) ③ 경찰관서의 장: 자살 · 자해 방지목적 수갑 · 포승 사용시 경찰관서의 장에 보고

(3) 안전성 검사 등

안전 교육	위해성 경찰장비를 사용하는 경찰관은 안전교육을 받아야 한다.
안전 검사	위해성 경찰장비를 사용하는 경찰관이 소속한 국가경찰관서의 장은 안전검사를 실시하여야 한다.
신규도입 장비 **안전성 검사**	① 위해성 경찰장비를 새로 도입하는 경우에, 장비가 사람의 생명 · 신체에 미치는 영향을 평가하여야 한다. ② 위해성 장비 도입시 반드시 외부 전문가를 참여시켜야 한다(법 제10조 제5항). ③ 외부 전문가는 안전성 검사 종료후 30일 이내에 경찰청장에 의견 제출 ④ 경찰청장은 안전성 검사 실시 후 3개월 이내에 국회 소관 상임위원회(행안부 장관 X)에 결과보고서를 제출하여야 한다.

(4) 경찰관서의 장(사용 기준 및 보고)

경직법(제3조 제2항)	해양경찰서장, 파출소장, 출장소장
위해성 경찰장비 규정(제5조)	해양경찰청장 · 지방해양경찰청장 또는 해양경찰서장 기타 경무관 · 총경 · 경정 또는 경감을 장으로 하는 국가경찰관서의 장에게 보고

10. 장비 사용기록 보관

경찰관직무집행법(제11조)	위해성 경찰장비 사용기준 등에 관한 규정 제20조
제10조 제2항에 따른 살수차, 제10조의3에 따른 분사기, 최루탄 또는 제10조의4에 따른 무기를 사용하는 경우 그 책임자(사용자 X)는 사용 일시 · 장소 · 대상, 현장책임자, 종류, 수량 등을 기록하여 보관하여야 한다.	① 제2조 제2호부터 제4호까지의 위해성 경찰장비(제4호의 경우에는 살수차만 해당한다)를 사용하는 경우 그 현장책임자 또는 사용자는 별지 서식의 사용보고서를 작성하여 직근상급 감독자에게 보고하고, 직근상급 감독자는 이를 3년간 보관하여야 한다. ② 무기 사용보고를 받은 직근상급 감독자는 지체없이 지휘계통을 거쳐 해양경찰청장에게 보고하여야 한다.

11. 손실보상(경찰관직무집행법 제11조의2)

㉠ 손실발생의 원인에 대하여 책임이 없는 자가 생명 · 신체 또는 재산상의 손실을 입은 경우(손실발생의 원인에 대하여 책임이 없는 자가 경찰관의 직무집행에 자발적으로 협조하거나 물건을 제공하여 생명 · 신체 또는 재산상의 손실을 입은 경우를 포함한다)
㉡ 손실발생의 원인에 대하여 책임이 있는 자가 자신의 책임에 상응하는 정도를 초과하는 생명 · 신체 또는 재산상의 손실을 입은 경우

① 국가는 경찰관의 적법한 직무집행으로 인하여 다음 어느 하나에 해당하는 손실을 입은 자에 대하여 정당한 보상을 하여야 한다.
② 보상을 청구할 수 있는 권리는 손실이 있음을 안 날부터 3년, 손실이 발생한 날부터 5년간 행사하지 아니하면 시효의 완성으로 소멸한다.
③ 손실보상신청 사건을 심의하기 위하여 손실보상심의위원회를 둔다.

경찰관직무집행법시행령

- 제9조(손실보상의 기준 및 보상금액 등) ① 손실보상을 할 때 물건을 멸실 · 훼손한 경우에는 다음 각 호의 기준에 따라 보상한다.
1. 손실을 입은 물건을 수리할 수 있는 경우: 수리비에 상당하는 금액
2. 손실을 입은 물건을 수리할 수 없는 경우: 손실을 입은 당시의 해당 물건의 교환가액
3. 영업자가 손실을 입은 물건의 수리나 교환으로 인하여 영업을 계속할 수 없는 경우: 영업을 계속할 수 없는 기간 중 영업상 이익에 상당하는 금액

  ② 물건의 멸실 · 훼손으로 인한 손실 외의 재산상 손실에 대해서는 직무집행과 상당한 인과관계가 있는 범위에서 보상한다.
- 제10조(손실보상의 지급절차 및 방법) ① 경찰관의 적법한 직무집행으로 인하여 발생한 손실을 보상받으려는 사람은 별지 제4호 서식의 보상금 지급 청구서에 손실내용과 손실금액을 증명할 수 있는 서류를 첨부하여 손실보상청구 사건 발생지를 관할하는 국가경찰관서의 장에게 제출하여야 한다.

  ② 보상금 지급 청구서를 받은 국가경찰관서의 장은 해당 청구서를 손실보상청구 사건을 심의할 손실보상심의위원회가 설치된 해양경찰청, 지방해양경찰청의 장(이하 "해양경찰청장등"이라 한다)에게 보내야 한다.

  ④ 해양경찰청장 등은 제3항에 따른 결정일부터 10일 이내에 다음 각 호의 구분에 따른 통지서에 결정 내용을 적어서 청구인에게 통지하여야 한다.

  ⑤ 보상금은 다른 법률에 특별한 규정이 있는 경우를 제외하고는 현금으로 지급하여야 한다.

  ⑥ 보상금은 일시불로 지급하되, 예산 부족 등의 사유로 일시금으로 지급할 수 없는 특별한 사정이 있는 경우에는 청구인의 동의를 받아 분할하여 지급할 수 있다.

  ⑦ 보상금을 지급받은 사람은 보상금을 지급받은 원인과 동일한 원인으로 인한 부상이 악화되거나 새로 발견되어 다음 각 호의 어느 하나에 해당하는 경우에는 보상금의 추가 지급을 청구할 수 있다.
- 제11조(손실보상심의위원회의 설치 및 구성) ① 소속 경찰공무원의 직무집행으로 인하여 발생한 손실보상청구 사건을 심의하기 위하여 해양경찰청, 지방해양경찰청에 손실보상심의위원회를 설치한다.

  ② 위원회는 위원장 1명을 포함한 5명 이상 7명 이하의 위원으로 구성한다.

  ③ 위원회의 위원은 소속 경찰공무원과 다음 각 호의 어느 하나에 해당하는 사람 중에서 경찰청장 등이 위촉하거나 임명한다. 이 경우 위원의 과반수 이상은 경찰공무원이 아닌 사람으로 하여야 한다.
1. 판사 · 검사 또는 변호사로 5년 이상 근무한 사람
2. 「고등교육법」 제2조에 따른 학교에서 법학 또는 행정학을 가르치는 부교수 이상으로 5년 이상 재직한 사람
3. 경찰 업무와 손실보상에 관하여 학식과 경험이 풍부한 사람

  ④ 위촉위원의 임기는 2년으로 한다.
- 제12조(위원장) ① 위원장은 위원 중에서 호선한다.

  ② 위원장은 위원회를 대표하며, 위원회의 업무를 총괄한다.

  ③ 위원장의 유고시 위원장이 미리 지명한 위원이 그 직무를 대행한다.

12. 벌칙(경찰관직무집행법 제12조)

경찰관의 의무를 위반하거나 직권을 남용하여 다른 사람에게 해를 끼친 사람은 1년 이하의 징역이나 금고에 처한다(21 1차). 위 제12조는 「경찰관직무집행법」에 규정된 유일한 처벌규정으로서 경찰관에 대한 처벌규정만 있다.

Ⅲ. 「경찰관직무집행법」과 「해양경비법」의 비교

1. 직무

「경찰관직무집행법」은 제2조에서 직무의 범위를 규정하고 있고, 「해양경비법」은 제7조에서 해양경비활동의 범위를 규정하고 있다.

경찰관직무집행법 제2조	해양경비법 제7조
1. 국민의 생명 · 신체 및 재산의 보호 2. 범죄의 예방 · 진압 및 수사 2의2. 범죄피해자 보호 3. 경비, 주요 인사(人士) 경호 및 대간첩 · 대테러 작전 수행 4. 공공안녕에 대한 위험의 예방과 대응을 위한 정보의 수집 · 작성 및 배포 5. 교통 단속과 교통 위해(危害)의 방지 6. 외국 정부기관 및 국제기구와의 국제협력 7. 그 밖에 공공의 안녕과 질서 유지	1. 해양 관련 범죄에 대한 예방 2. 해양오염 방제 및 해양수산자원 보호에 관한 조치 3. 해상경호, 대(對)테러 및 대간첩작전 수행 4. 해양시설의 보호에 관한 조치 5. 해상항행 보호에 관한 조치 6. 그 밖에 경비수역에서 해양경비를 위한 공공의 안녕과 질서유지

2. 무기의 사용

무기의 사용의 경우 「경찰관직무집행법」 제10조의4와 「해양경비법」 제17조에서 규정하고 있다. 해양경찰관은 해양경비 활동 중 무기를 사용하는 경우 기준은 「경찰관 직무집행법」 제10조의4에 따른다고 규정하고 있다. 무기란 사람의 생명이나 신체에 위해를 끼칠 수 있도록 제작된 권총 · 소총 · 도검 등을 말한다.

경찰관직무집행법 제10조의4	해양경비법 제17조 (19 · 20 · 21 채용)
① 경찰관은 범인의 체포, 범인의 도주 방지, 자신이나 다른 사람의 생명 · 신체의 방어 및 보호, 공무집행에 대한 항거의 제지를 위하여 필요하다고 인정되는 상당한 이유가 있을 때에는 그 사태를 합리적으로 판단하여 필요한 한도에서 무기를 사용할 수 있다. 다만, 다음 어느 하나에 해당할 때를 제외하고는 사람에게 위해를 끼쳐서는 아니 된다. 1. 정당방위와 긴급피난에 해당할 때 2. 다음 각 목의 어느 하나에 해당하는 때에 그 행위를 방지하거나 그 행위자를 체포하기 위하여 무기를 사용하지 아니하고는 다른 수단이 없다고 인정되는 상당한 이유가 있을 때 가. 사형 · 무기 또는 장기 3년 이상의 징역이나 금고에 해당하는 죄를 범하거나 범하였다고 의심할 만한 충분한 이유가 있는 사람이 경찰관의 직무집행에 항거하거나 도주하려고 할 때 나. 체포 · 구속영장과 압수 · 수색영장을 집행하는 과정에서 경찰관의 직무집행에 항거하거나 도주하려고 할 때 다. 제3자가 가목 또는 나목에 해당하는 사람을 도주시키려고 경찰관에게 항거할 때 라. 범인이나 소요를 일으킨 사람이 무기 · 흉기 등 위험한 물건을 지니고 경찰관으로부터 3회 이상 물건을 버리라는 명령이나 항복하라는 명령을 받고도 따르지 아니하면서 계속 항거할 때 3. 대간첩 작전 수행 과정에서 무장간첩이 항복하라는 경찰관의 명령을 받고도 따르지 아니할 때	① 해양경찰관은 해양경비 활동 중 다음 각 호의 어느 하나에 해당하는 경우에는 무기를 사용할 수 있다. 이 경우 무기사용의 기준은 「경찰관 직무집행법」 제10조의4에 따른다. 1. 선박 등의 나포와 범인을 체포하기 위한 경우 2. 선박 등과 범인의 도주를 방지하기 위한 경우 3. 자기 또는 다른 사람의 생명 · 신체에 대한 위해(危害)를 방지하기 위한 경우 4. 공무집행에 대한 저항을 억제하기 위한 경우

3. 공용화기의 사용

「경찰관직무집행법」과 「해양경비법」은 대간첩·대테러 작전 등 국가안전에 관련되는 작전을 수행할 때에 공통적으로 공용화기를 사용할 수 있다. 「해양경비법」은 무기·흉기 등 위험한 물건을 사용하여 경비세력을 공격하거나 공격하려는 경우와 선박에 의한 공격이 있을 경우 공용화기를 사용할 수 있다.

경찰관직무집행법 제10조의4	해양경비법 제17조(19 · 20 · 21 채용, 19 간부)
③ 대간첩 · 대테러 작전 등 국가안전에 관련되는 작전을 수행할 때에는 개인화기(個人火器) 외에 공용화기(共用火器)를 사용할 수 있다.	② 다음 어느 하나에 해당하는 경우에는 개인화기(個人火器) 외에 공용화기를 사용할 수 있다. 1. 대간첩 · 대테러 작전 등 국가안보와 관련되는 작전을 수행하는 경우 2. 제1항 어느 하나에 해당하는 경우로서 선박 등과 범인이 선체나 무기 · 흉기 등 위험한 물건을 사용하여 경비세력을 공격하거나 공격하려는 경우 3. 선박 등이 3회 이상 정선 또는 이동 명령에 따르지 아니하고 경비세력에게 집단으로 위해를 끼치거나 끼치려는 경우

4. 경찰 장구의 사용

경찰장구란 경찰관이 휴대하여 범인 검거와 범죄 진압 등의 직무 수행에 사용하는 수갑, 포승(捕繩), 경찰봉, 방패, 페인트볼, 투색총 등을 말한다.

해양경찰관은 「경찰관 직무집행법」 제10조 제2항 및 제10조의2 제2항에 따른 경찰장비 및 경찰장구인 수갑, 포승(捕繩), 경찰봉, 방패 외에 「해양경비법」에서 규정한 페인트볼과 투색총을 사용할 수 있다.

경찰관직무집행법	해양경비법 제18조
• 경찰관직무집행법 제10조 ① 경찰관은 직무수행 중 경찰장비를 사용할 수 있다. 다만, 사람의 생명이나 신체에 위해를 끼칠 수 있는 경찰장비를 사용할 때에는 필요한 안전교육과 안전검사를 받은 후 사용하여야 한다. ② "경찰장비"란 무기, 경찰장구(警察裝具), 최루제(催淚劑)와 그 발사장치, 살수차, 감식기구(鑑識機具), 해안 감시기구, 통신기기, 차량 · 선박 · 항공기 등 경찰이 직무를 수행할 때 필요한 장치와 기구를 말한다.	① 해양경찰관은「경찰관 직무집행법」제10조 제2항 및 제10조의2 제2항에 따른 경찰장비 및 경찰장구 외에 다음 각 호의 어느 하나에 따른 경찰장비 및 경찰장구를 사용할 수 있다. 1. 해상검문검색 및 추적 · 나포 시 선박 등을 강제 정선, 차단 또는 검색하는 경우 경비세력에 부수되어 운용하는 경찰장비 및 경찰장구 2. 선박 등에 대한 이동 · 해산 명령 등 해상항행 보호조치에 필요한 경찰장비 및 경찰장구 3. 제1호 · 제2호 외에 정당한 직무수행 중 경비세력에 부당하게 저항하거나 위해를 가하려 하는 경우 경비세력의 자체 방호를 위한 경찰장비 및 경찰장구(19 채용)
• 경찰관직무집행법 제10조의2 ① 경찰관은 다음 직무를 수행하기 위하여 필요하다고 인정되는 상당한 이유가 있을 때에는 그 사태를 합리적으로 판단하여 필요한 한도에서 경찰장구를 사용할 수 있다. 1. 현행범이나 사형 · 무기 또는 장기 3년 이상의 징역이나 금고에 해당하는 죄를 범한 범인의 체포 또는 도주 방지 2. 자신이나 다른 사람의 생명 · 신체의 방어 및 보호 3. 공무집행에 대한 항거(抗拒) 제지	• 경찰장비 · 경찰장구의 종류 및 사용기준(시행령 제5조) ① 경찰장비 및 경찰장구의 종류는 다음과 같다. 1. 경찰장비: 소화포(消火砲) 2. 경찰장구: 페인트볼 및 투색총(줄을 쏘도록 만든 특수총을 말한다) ② 경찰장비 및 경찰장구의 사용기준은 다음과 같다. 1. 통상의 용법에 따라 사용할 것 2. 목적 달성에 필요한 최소한의 범위에서 사용할 것 3. 다른 사람의 생명 · 신체에 대한 위해(危害)를 최소화할 것

연/습/문/제 CHAPTER 06 해양경찰작용법

01 경찰권 발동의 한계에서 '경찰비례의 원칙'에 대한 설명으로 틀린 것은 모두 몇 개인가?

18 3차 · 19 간부

> ㉠ '경찰비례의 원칙'이란 일반적으로 행정작용에 있어 목적 실현을 위한 수단과 당해 목적 사이에 합리적인 비례관계가 있어야 한다는 원칙이다.
> ㉡ '경찰비례의 원칙'의 내용에는 적합성의 원칙, 필요성의 원칙, 상당성의 원칙이 있으며, 그 적용순서도 적합성의 원칙, 필요성의 원칙, 상당성의 원칙의 순서대로 적용된다.
> ㉢ "참새를 쫓기 위해 대포를 쏘아서는 안 된다"는 표현은 적합성의 원칙을 말한다.
> ㉣ 해양경찰관이 범인을 제압하는 도중 상대방과 근접한 거리에서 얼굴을 향해 가스총을 발사하여 상대방 눈 한쪽이 실명된 경우 비례의 원칙을 준수했다고 보기 힘들다.
> ㉤ 실정법적인 근거로는 「헌법」 제37조 제2항과 「경찰관 직무집행법」 제1조 제2항, 「해양경비법」 제8조 등이 있다.
> ㉥ 경찰작용은 적합성, 필요성, 상당성의 원칙 중 적어도 어느 하나는 충족되어야 한다.

① 모두 옳은 지문 ② 1개
③ 2개 ④ 3개

해설 ㉢, ㉥ 2개가 틀린 설명이다. ㉢은 상당성의 원칙의 예에 해당하고, ㉥은 모두 충족해야 한다.

정답 ③

02 주취자에 대한 파출소 근무자의 조치요령에 대한 설명으로 가장 옳지 않은 것은?

18 3차 · 19 간부

① 주취자가 파출소 내에서 소란 · 공무집행방해 시 CCTV를 작동하여 채증한다.
② 부상당한 주취자 발견시 사진촬영을 하여 항의나 오해의 소지가 없도록 한다.
③ 타인의 생명 · 신체와 재산에 위해를 미칠 우려가 있는 주취자에 대해서는 보호조치가 불필요하다.
④ 형사사건으로 구속대상이 아닐 경우 보호자나 친구 등 지인을 찾아 우선 귀가조치한 다음 출석하도록 하여 조사한다.

해설 경찰관직무집행법 제4조(보호조치 등) ① 경찰관은 수상한 행동이나 그 밖의 주위 사정을 합리적으로 판단해 볼 때 다음 각 호의 어느 하나에 해당하는 것이 명백하고 응급구호가 필요하다고 믿을 만한 상당한 이유가 있는 사람(이하 "구호대상자"라 한다)을 발견하였을 때에는 보건의료기관이나 공공구호기관에 긴급구호를 요청하거나 경찰관서에 보호하는 등 적절한 조치를 할 수 있다.

1. 정신착란을 일으키거나 술에 취하여 자신 또는 다른 사람의 생명 · 신체 · 재산에 위해를 끼칠 우려가 있는 사람

정답 ③

03 다음 중 해양경찰과 관련된 법률의 내용 중 옳지 않은 것은 모두 몇 개인가? 20 간부

> ㉠ 해양경찰 작용과 관련하여 「해양경비법」에 규정되어 있더라도 「경찰관직무집행법」을 우선 적용한다.
> ㉡ 「경찰관직무집행법」은 국민의 자유와 권리를 보호하고 사회공공의 질서를 유지하기 위한 경찰관(경찰공무원만 해당)의 직무수행에 필요한 사항을 규정함을 목적으로 한다.
> ㉢ 「경찰관직무집행법」에는 국제협력과 관련된 사항을 경찰관의 직무범위에 포함하고 있다.
> ㉣ 「경찰관직무집행법」은 사회공공의 질서를 유지하기 위한 것으로 직무수행을 위해 필요하다면 규정된 직권을 적극적이고 최대한도로 수행할 수 있게 규정하고 있다.

① 1개　　② 2개
③ 3개　　④ 4개

해설 ㉠, ㉣ 틀림. 해양경비법 제5조 ② 해양경비에 관하여 이 법에서 규정한 것을 제외하고는 「경찰관 직무집행법」을 적용한다.
경찰관직무집행법 제1조 ② 이 법에 규정된 경찰관의 직권은 그 직무 수행에 필요한 최소한도에서 행사되어야 하며 남용되어서는 아니 된다.

정답 ②

04 경찰권은 법규에 의한 제약 외에도 조리상의 한계를 가진다. 다음은 조리상의 한계 중 무엇에 대한 설명인가? 20 간부

> ㉠ 일반적으로 협의의 비례원칙으로도 불린다.
> ㉡ 경찰권의 행사로 인해 발생되는 불이익이 경찰권의 행사로 인해 초래되는 효과보다 큰 경우에는 의도한 조치가 취해져서는 안 된다.
> ㉢ 나무에 앉아 있는 참새를 쫓기 위해 대포를 쏘아서는 안 된다.

① 경찰비례의 원칙 중 적합성
② 경찰비례의 원칙 중 필요성
③ 경찰비례의 원칙 중 상당성
④ 경찰비례의 원칙 중 사생활 자유의 원칙

해설 침해되는 사익보다 공익이 커야 한다(협의의 비례원칙). 이는 상당성에 해당한다.

정답 ③

05 다음 중 「경찰관직무집행법」을 설명하는 내용으로 가장 옳지 않은 것은?(21 1차)

① 경찰관은 어떠한 죄를 범하였거나 범하려 하고 있다고 의심할 만한 상당한 이유가 있는 사람 또는 이미 행하여진 범죄나 행하여지려고 하는 범죄행위에 관한 사실을 안다고 인정되는 사람을 정지시켜 질문할 수 있다.

② 경찰장비란 무기, 경찰장구, 최루제와 그 발사장치, 살수차, 감식기구, 해안 감시기구, 통신기기, 차량·선박·항공기 등 경찰이 직무를 수행할 때 필요한 장치와 기구를 말한다.

③ 이 법에 규정된 경찰관의 의무를 위반하거나 직권을 남용하여 다른 사람에게 해를 끼친 사람은 6개월 이하의 징역이나 금고에 처한다.

④ 해양경찰청장은 이 법에 따른 해양경찰관의 직무수행을 위하여 외국 정부기관, 국제기구 등과 자료교환, 국제협력 활동 등을 할 수 있다.

해설 제12조(벌칙) 이 법에 규정된 경찰관의 의무를 위반하거나 직권을 남용하여 다른 사람에게 해를 끼친 사람은 1년 이하의 징역이나 금고에 처한다.

정답 ③

06 다음 중 경찰권 발동의 조리상 한계에 대한 설명으로 가장 옳은 것은?(22 간부)

① 사주소 내의 행위가 직접 사회공공의 안녕과 질서에 영향을 미쳐 그에 대한 장해가 될지라도 사주소불가침의 원칙상 경찰권 발동은 불가능하다.

② 경찰비례의 원칙은 일반조항에 근거하여 경찰권을 발동하는 경우에는 물론 개별적 수권조항에 근거하여 경찰권을 발동하는 경우에도 적용된다.

③ 타인을 보호·감독할 지위에 있는 자가 자신의 지배를 받는 자의 행위로부터 발생하는 경찰위반의 상태에 대하여 책임을 지는 경우에는 자신의 지배범위 내에서 발생한 데에 따른 대위책임이다.

④ 경찰권은 경찰위반의 직접책임자에게만 발동되는 것이 원칙이므로, 경찰위반의 직접책임이 없는 자에게는 경찰권이 발동될 수 없다.

해설 ①의 경우 사주소에서 공공의 안녕에 장애가 될 경우 경찰권발동 가능, ③은 자기 책임, ④ 경찰책임 원칙의 예외로서 긴급상황인 경우 가능하다.

정답 ②

해양경찰 기획 · 운영론

SECTION

01 서설

Ⅰ. 기획 · 운영 조직변화

해양경찰 본청의 조직변화는 다음과 같다.

1996년 해양경찰청이 독립외청으로 개편되었을 때에 경무국 · 경비구난국 · 정보수사국 및 해양오염관리국을 두고, 청장밑에 공보담당관 · 감사담당관 및 기동방제관을 두었으며, 경무국에 경무과 · 기획과를 두었다.

1999년에는 총무과 · 경무국 · 경비구난국 · 정보수사국 및 해양오염관리국을 두었다.

2004년에는 총무과 · 경무기획국 · 경비구난국 · 정보수사국 및 해양오염관리국을 둔다.

2005년에는 총무과 · 정책홍보관리관 · 장비기술국 · 경비구난국 · 정보수사국 및 해양오염관리국을 둔다. 감사담당관이 청장소속에서 차장 소속으로 변경되었다.

2007년에는 청장 밑에 청내 업무의 대외공표에 관한 사항을 보좌하기 위하여 대변인을 두고, 정책홍보관리관이 겸임하였다.

2008년에 해양경찰청에 운영지원과 · 경비구난국 · 정보수사국 · 장비기술국 및 해양오염방제국을 두어 총무과가 운영과로 변경되었고, 청장 밑에 대변인 1명을 두고, 차장 밑에 기획조정관 및 감사담당관 각 1명을 두었다.

2020년에는 기획조정관 밑에 「행정기관의 조직과 정원에 관한 통칙」에 따른 보좌기관 중 실장 · 국장을 보좌하는 보좌기관인 정책관을 두고 기획조정관은 치안감으로, 정책관은 고위공무원단에 속하는 일반직 공무원 또는 경무관으로 보하였다.

Ⅱ. 기획 · 운영의 현행조직

1. 본청의 조직

기획조정관은 치안감으로 보하고, 기획조정관은 차장을 보좌한다.

기획조정관 밑에 기획재정담당관·혁신행정법무담당관, 인사담당관 및 교육훈련담당관을 두되, 기획재정담당관·혁신행정법무담당관 및 인사담당관은 총경으로, 교육훈련담당관은 서기관 또는 총경으로 보한다. 위 4개의 담당관은 기획조정관을 보좌한다.

기획재정담당관 (총경)	1. 주요정책과 계획의 수립 · 종합 및 조정 2. 주요업무계획에 관한 지침의 수립 · 종합 및 조정 3. 정책자문위원회의 구성 및 운영 4. 각종 지시사항의 총괄 · 관리 4의2. 해양경찰위원회의 간사업무에 관한 사항 5. 국회 관련 업무의 총괄 6. 예산의 편성 및 집행의 조정 및 결산 7. 중기 재정계획 수립 및 재정사업 성과 분석 8. 국유재산관리계획의 수립 및 집행 9. 각종 통계관리 10. 그 밖에 관 내 다른 담당관의 주관에 속하지 아니하는 사항
혁신행정 법무담당관 (총경)	1. 청 내 정부혁신 관련 과제 발굴 · 선정, 추진상황 확인 · 점검 및 관리 2. 업무처리절차의 개선, 조직문화의 혁신 등 청 내 행정혁신업무의 총괄 · 지원 3. 지식관리 기본계획의 수립 및 총괄 · 운영 4. 민원(공무원제안 및 국민제안 포함) 관련 제도의 운영 5. 행정제도 개선계획의 수립 · 집행 6. 조직진단 및 평가를 통한 조직과 정원(의무경찰 제외)의 관리 7. 성과관리제도의 운영 및 개선에 관한 사항 8. 주요사업의 진도 파악 및 그 결과의 심사평가 9. 정부업무 평가에 관한 사항 10. 법령안의 심사 등 법제업무 11. 소송업무 및 행정심판 관련 업무 12. 규제개혁 관련 업무
인사담당관 (총경)	1. 소속 공무원의 임용 등 인사관리에 관한 사항 2. 근무성적 평정 및 승진심사에 관한 사항 3. 소속 공무원의 충원에 관한 계획의 수립 4. 인사위원회 운영에 관한 사항 5. 소속 공무원의 상훈 업무 6. 인사관련 통계의 작성 및 유지

교육훈련 담당관 (서기관 또는 총경)	1. 교육훈련 일반지침 수립 및 제도 개선에 관한 사항 2. 교육훈련 계획의 수립 및 지도감독과 평가에 관한 사항 3. 소속 공무원의 교육훈련과 채용 · 승진 시험 4. 직장훈련 계획의 수립 및 운영에 관한 사항 5. 국내 · 외 교육기관 위탁교육 운영에 관한 사항 6. 소속 공무원의 역량 개발에 관한 사항

대변인은 청장을 보좌하고, 운영지원과를 두고 있다.

대변인 (4급 또는 총경)	1. 주요정책에 관한 대언론 홍보 계획의 수립 · 조정 및 소속기관의 대언론 정책홍보 지원 · 조정 2. 보도계획의 수립, 보도자료 작성 · 배포 3. 인터뷰 등 언론과 관련된 업무 4. 온라인대변인 지정 · 운영 등 소셜 미디어 정책소통 총괄 · 점검 및 평가
운영지원과장 (총경)	1. 보안 · 당직 · 청내안전 및 관인의 관리 2. 소속 공무원의 복무 · 연금 · 급여 및 복리후생에 관한 사무 3. 문서의 분류 · 접수 · 발송 · 보존 및 관리, 기록관의 운영 · 관리 4. 물품의 구매 및 조달 5. 자금의 운용 및 회계 6. 의무경찰의 운영 및 관리 7. 민원의 접수 · 관리 및 정보공개제도 업무 8. 그 밖에 다른 국 및 담당관의 주관에 속하지 아니하는 업무

2. 지방해양경찰청과 해양경찰서

지방해양경찰청장 밑에 청문감사담당관을 두고, 중부·서해 및 남해지방해양경찰청의 경우 안전총괄부 및 기획운영과를 두고 있으며, 동해 및 제주지방해양경찰청은 기획운영과를 두고 있다.

해양경찰서의 경우 기획운영과를 두고 있다. 지방해양경찰청(청문감사담당관 별도로 둠)과 해양경찰서의 기획운영과는 본청의 기획재정담당관·혁신행정법무담당관, 인사담당관 및 교육훈련담당관, 대변인, 감사담당관, 운영지원과의 업무 중 현장부서에서 담당해야 하는 업무를 담당하고 있다.

SECTION

02 해양경찰 조직관리

Ⅰ. 개설

1. 의의

해양경찰조직은 해양경찰의 목적을 신속하고 효율적으로 달성하기 위하여 인적·물적 요소를 갖춘 일체화된 조직을 말한다. 「해양경찰법」 제1조(목적)는 "해양주권을 수호하고 해양 안전과 치안 확립을 위하여 해양경찰의 직무와 민주적이고 효율적인 운영에 필요한 사항을 규정함을 목적으로 한다"고 규정하고 있다.

2. 해양경찰 업무의 특수성

1) 일반 경찰의 특수성

서재근 교수는 경찰의 특수성으로 돌발성, 시급성, 직접성, 위험성, 조직성을 들고 있다.[1] 이황우 교수는 이러한 견해를 종합하여 다음과 같은 특성을 제시하였다.[2]

(1) **위험성**: 경찰관은 사람의 생명·신체·재산에 대한 공격에 대처로 위험에 노출되어 있다.

(2) **돌발성**: 예측하지 못한 돌발적인 상황에 처하는 경우가 많다.

(3) **기동성**: 시급히 해결하지 아니하면 그 피해회복의 기회를 상실할 수 있다.

(4) **권력성**: 경찰작용은 사회공공의 안녕 질서 유지를 위하여 국민에게 명령·강제하는 작용이다.

(5) **조직성**: 돌발적인 위험에 신속히 대응하기 위하여 조직은 안정적이고 능률적인 군대식으로 조직되어 제복을 착용하고 계급이 있다.

1) 서재근(1963). 경찰행정학, pp. 90-92.

2) 이황우(2005). 경찰행정학, pp. 19-24.

(6) **정치성**: 경찰조직이 전국적이고 24시간 근무체제이며 집행력이 강력하기 때문에 정치적 중립이 지켜지지 않을 경우 정치적으로 악용될 소지가 많다.

(7) **고립성**: 일반국민들의 경찰에 대한 존경심 결여, 법집행에 대한 협력의 결여, 경찰업무에 대한 이해부족 등으로 경찰관은 종종 소외된다.

(8) **보수성**: 경찰업무가 사회공공의 안녕과 질서를 유지하는 것이므로 본질적으로 변화를 추구하기보다는 현상유지적인 보수적인 색체가 강하다.

2) 해양경찰 업무의 특수성

해양경찰은 일반경찰과 제도적인 측면에서는 같으나 해상이라는 공간에서의 경찰작용이라는 면에서 차이가 있다. 해양경찰 업무의 특수성은 다음과 같다.

(1) 해상이라는 환경적 특수성

우리나라의 영해와 배타적 경제수역을 포함한 주권해역은 국토면적의 4.5배에 달하고, 총연장 11,542km의 긴 해안선과 3,153개의 도서지역을 보유하고 있다. 기상환경으로 태풍, 바람, 안개, 조류 등으로 인하여 바다의 가변성이 커서 사건·사고 발생시 대응시간이 많이 소요되고 현장보존이 불가능하며, 수색·구조가 어려운 특성이 있다.[3] 육상의 자동차 속력은 시속 100km까지도 가능하나, 함정의 속력은 통상시속 50km 이하이고, 육상에서의 활동속력은 기상에 크게 영향을 받지 않으나 해상에서는 태풍, 바람, 파도의 영향을 받는다. 해양사고는 다수·다량의 인명·재산·화물·오염피해를 동반하고, 바람, 조류, 파도, 해류의 영향으로 급속히 확산·이동되어 사고현장이 보존되지 않는 측면이 있다.

(2) 해상근무의 특수성

한반도 주변은 악천후 날씨가 많아 해난사고가 빈번히 발생하고, 심한 배멀미, 소음, 진동 등으로 정신적·육체적 고통과 난청, 만성피로, 관절 통증 현상 등이 발생하며,[4] 문화생활의 단절, 반복되는 생활패턴으로 스트레스를 받으며, 가족과 장시간 떨어져 생활하는 관계로 가정생활과 사회활동의 기회상실로 가장으로서의 권위가 상실될 위기감을 느낀다.[5]

---

3) 조호대(2003), "우리나라 해양경찰의 교육훈련 개선방안에 관한 연구," 한국공안행정학회보 제15호, p. 201.

4) G. O. W. Mueller and Freda Adler(1996). "Hailing and Boarding the Psychological Impact of US Coast Guard Boardings," Police Studies, 19(4), p. 21.

(3) 해양사고의 재난성

1993년 10월 10일 전북 위도 앞 해상에서 발생한 여객선 서해훼리호 침몰사건의 경우 승선원 362명 중에서 292명이 사망하였고, 2014년 4월 16일 세월호 침몰 사건에서는 304명이 사망하였다.

바다에서 수영 미숙자는 3분 이내에 사망하고, 수온 10℃ 이하에서는 1시간 이내에 저체온 현상으로 사망하며, 파도가 있는 경우 이러한 사망시간은 더욱 단축된다. 또한 대형 오염사고는 재난사고의 결과로 수반되는 사고로서 야간이나 기상악화로 연근해에서 발생하며, 피해범위가 매우 넓은 특성이 있고, 이해 당사자가 많아 민원과 분쟁이 발생되어 사회문제화될 가능성이 크다.[6)]

(4) 해양경찰 업무의 국제성

외국인의 밀입국은 안보적 요인과 통관·위생, 사회문제와 관련이 있으며, 관련국과의 국제적 관계도 고려해야 한다. 이 밖에도 마약밀수, 농축산물 밀수, 해상강도, 해적행위, 불법조업이 발생할 경우에는 국제적 해결이 요구된다.[7)] 해양오염발생시 인접국으로 오염군이 이동·확산되어 오염이 유발되며, 방제소홀, 고의 등에 대한 항의와 보상요구 등 국제적 분쟁의 소지가 있다. 국내항만에 출입하는 외항선박의 대부분이 외국적 선박이고, 인명구조인 SAR협약에 의한 국제적 구조의무를 이행하여야 한다.

3. 전통적 조직관리 모형: 관료제 모형

1) 이상적 관료제 모형의 특성(Max Weber)

계층제 조직	직무조직은 계층제적 구조로 구성(베버가 가장 강조한 특징)
법규 중시	권한과 직무의 범위는 관례가 아니라 법규에 의해 규정
문서주의	직무수행은 서류에 의해 이루어지며 기록은 장기보존 된다.
몰인정성	구성원간 또는 직무수행상 감정의 배제(비정의성)
분업과 전문화	효율적 업무처리를 위해 필요

5) 해양경찰청(2002). 함정근무 피로도 분석연구, pp. 159－168.

6) 해양수산부 국립수산과학원(2005). 한국해양환경조사연보, p. 3.

7) 최응렬·박주상(2007. 8). "해양경찰 지방조직의 효율적 개편방안에 관한 연구," 한국지방자치연구, 제9권 2호. p. 146.

2) 관료제의 역기능(R. K. Merton)

동조과잉(목표전환)	행정의 본래 목표보다는 수단(엄격한 규칙 · 절차)에 집착, 법규 만능사상
할거주의	자신의 소속에만 충실하여 다른 조직과 협조 곤란
번문욕례(red-tape)	양식과 절차에 따른 문서에 집착하는 형식주의
변화에 대한 저항	신분유지를 위해 신기술, 신지식을 거부하고 보수주의화
전문가적 무능	① 전문 관료의 편협한 시각으로 조정 저해, 지나친 분업으로 발생 ② 한 가지 기술을 훈련받고 규칙을 준수하여 변동된 조건에 대응 곤란
무사안일주의	상급자 권위에 지나친 의존하는 소극적 일처리, 책임회피
인간성 상실	엄격한 법규주의로 몰인정성, 과도한 공사 구별로 인간성 상실
전문화 저해	관료제 조직의 획일적 명령체계는 비판을 요구하는 전문화 저해
권력구조 이원화	상관의 계서적(계층과 서열) 권한과 부하의 전문적 권력이 이원화되어 갈등
권위주의 행태	권한과 능력의 괴리, 상위직일수록 모호한 업적평가기준, 규범 준수의 압박감 등으로 권위주의적 행태가 나타남
피터의 원리	조직구성원들은 자신의 무능력 수준까지 승진한다.
파킨슨 법칙	관료조직의 인력과 예산 등은 업무량과 무관하게 늘어난다.

Ⅱ. 조직편성의 원리

1. 계층제의 원리

1) 의의

조직목적 수행을 위한 구성원의 임무를 책임과 난이도에 따라 직무를 상하로 등급화하고, 상위로 갈수록 권한과 책임이 무거운 임무를 수행하도록 편성하는 것이다. 수직적인 상하간의 명령 및 복종과 지휘·감독 체계를 특징으로 한다.

2) 장점과 단점

장점	① 계층제의 필요성: 조직의 일체감과 통일성 유지 ② 행정의 능률성, 책임성, 명확성을 보장 ③ 명령과 지시를 일사분란하게 수행 ④ 권한과 책임의 배분으로 업무에 신중함, 그러나 신속한 결정이 어렵다. ⑤ 조직 내 갈등이 계층구조 속에서 용해됨 ⑥ 목표를 명확히 설정하고 업무를 분담하는 통로 ⑦ 조직의 안정성 확보
단점	① 조직의 경직화로 환경변화에 비신축적이고, 신지식 · 기술 도입이 곤란 ② 계층이 많아지면 업무처리 과정 지연, 관리비용 증가, 계층간 갈등 증가 ③ 계층제의 무리한 적용은 행정의 능률성과 종적 조정을 저해한다.

2. 통솔범위의 원리

1) 의의

1인의 상관이 직접 통솔 가능한 부하의 수를 정하는 원리이다. 통솔범위 조정으로 직급조정, 인력재배치, 구조조정 등이 발생한다.

2) 통솔범위 결정요인

(1) 오래된 조직, 장소적으로 근접부서, 단순 업무는 통솔범위가 확대된다.
(2) 조직의 규모가 클수록 관리자가 많아지므로 통솔범위가 축소된다.
(3) 계층제 원리와 상반관계에 있다. 통솔 범위를 좁게 하면 계층이 늘어나고, 계층수가 적으면 통솔범위가 늘어난다.
(4) 전통적으로 통솔범위가 좁을수록 이상적으로 보았으나, 통솔범위가 좁으면 계층이 늘어나서 상위직 증가, 행정비용 과다, 의사소통 왜곡, 하위직 사기저하, 할거주의 등의 문제가 발생한다.

3. 분업의 원리

업무를 담당자별로 구분하여 조직의 능률을 향상시키려는 것이다. 분업에 의하여 지나치게 세분화되면 업무의 예측가능성 저하로 불확실한 환경이 조성되고, 구성원의 부품화로 소외감이 발생되며, 흥미 저하, 전체적인 통찰력 약화, 부처간 할거주의 만연 등의 문제가 발생한다.

4. 명령통일의 원리

(1) 조직의 구성원은 한 사람의 직속 상관으로부터 명령을 받고, 그 사람에게만 보고한다는 원칙이다. 경비경찰의 조직운영 원칙 중 지휘관 단일의 원칙과 일맥상통하는 원리이다.
(2) 해양경찰업무는 신속한 결단과 집행이 필요한 경우가 많아서 지시가 한 사람에게 통합되어야 한다. 지시가 분산되면 범인을 놓치거나 사고처리가 지연된다.
(3) 명령통일의 원리를 엄격하게 적용하면 관리자 부재시 오히려 혼란을 가져오게 된다. 관리자 공백에 대비하여 대리, 위임, 유고관리자 사전지정, 통솔범위 조정 등이 필요하다.

5. 조정 · 통합의 원리

(1) 조직과 구성원의 개별적인 활동을 전체적인 관점에서 통일하는 원리이다. 명령통일의 원리와는 다른 의미이다.
(2) Mooney는 조정의 원리를 가장 상위의 원리라고 하였다.
(3) 조정은 목표를 달성하기 위한 최종적인 원리로서, 다른 원리들은 조정을 위한 수단적 원리이다.
(4) 갈등 문제해결 방법
  ① 세분화된 업무처리로 갈등: 처리과정 통합·연결하는 장치나 대화채널 필요
  ② 부서 간의 갈등: 더 높은 상위목표 제시, 상호 간 이해와 양보 유도
  ③ 한정된 인력과 예산 갈등: 업무추진 우선순위 지정
(5) 문제해결이 어려운 경우 사용할 수 있는 방식: 갈등완화·타협도출·관리자가 갈등을 초래할 수 있는 결정을 보류·회피
(6) 갈등 해결의 장기적 방안: 조직구조 개선(지나친 분업구조 조정), 보상체계 개선, 인사제도 개선, 조직원 행태 개선

SECTION

03 해양경찰 인사관리

Ⅰ. 개설

1. 개념

인사관리는 모집·채용, 배치전환, 교육훈련, 동기부여, 행동통제 등을 포함한다. 인사관리의 목적에는 '환경변화에 대한 적응성,' '조직의 효과성 제고'도 포함된다. 그러나, 통솔범위의 적정화는 포함되지 않는다. 통솔범위는 조직편성의 원리이다. 조직관리는 한 부서에 의자를 몇 개 둘 것인가의 문제이고 인사관리는 그 의자에 누구를 앉힐 것인가의 문제이다.

2. 인사관리의 2대 원리

1) 엽관주의

19세기(1828년) 미국의 잭슨 대통령은 공직집단이 부패하고 변화를 거부하는 보수엘리트화한 것에 대하여 선거에 승리한 정당이 공직을 정당원들에게 개방하는 엽관주의를 발달시켰다.

행정을 누구든지 할 수 있는 것이라고 가정하며 행정의 전문성을 간과한 것이다.

2) 실적주의

부패하고 무능한 엽관주의 공직제도를 극복하고자 영국에서는 제2차 추밀원령을 제정하고, 미국에서는 「펜들턴법」을 제정(1883년)하여 실적주의로 전면 수정하였다.

실적주의는 공직임용 기준을 개인의 능력, 자격, 업적에 두는 인사제도로서, 공직에의 기회균등, 공개경쟁 채용시험, 정치적 중립성, 신분보장, 독립적인 중앙인사위원회 설치 등으로 발전하였다.

3) 엽관주의와 실적주의 비교(22 간부)

구분	엽관주의	실적주의
장 점	① 정당정치 발전과 책임행정 구현 ② 의회와 행정부의 조정이 원활하여 정책추진이 용이 ③ 공직에 대한 민주적 통제 강화(국민요구 행정에 반영) ④ 관료의 특권화 및 공직침체 방지	① 공무원의 정치적 중립 확보, 공직이 정당이 아니라 국민에 개방되어 기회균등 실현 ② 신분보장으로 능률성, 전문성, 안정성, 계속성 확보 ③ 공무원 부패 방지
단 점	① 인사기준의 비객관성에 기인한 부정부패 만연(인사행정의 정실화 우려) ② 공무원이 국민이 아닌 정당에 충성(행정의 공정성 확보 곤란) ③ 행정의 비능률성, 비전문성, 계속성, 안정성 저해 ④ 신분보장 미흡으로 사기저하 ⑤ 불필요한 관직을 증설한다는 위인설관 또는 파킨슨의 법칙과 관련됨.	① 정책의 효율적 집행이나 정당이념의 행정에 반영 곤란 ② 인사행정의 소극화, 형식화, 집권화 ③ 인사관리의 경직성 ④ 공무원의 보수화, 특권주의 형성 ⑤ 공무원에 대한 민주적 통제 약화(국민요구에 대한 반응성 저하)

4) 양자의 조화

엽관주의와 실적주의는 서로 배타적인 관계가 아닌 보완적인 제도로 이해하고 조화를 이루는 것이 바람직하고, 실적주의가 엽관주의 보다 우월한 제도라고 단정적으로 말할 수는 없다.

우리나라를 포함하여 대부분의 현대국가는 실적주의를 바탕으로 엽관주의를 가미하고 있다.

3. 직업공무원제도

1) 의의

직업공무원 제도는 젊고 유능한 인재들이 공직을 보람있는 평생의 직업으로 여기고 성실히 근무할 수 있도록 운영되는 인사제도를 의미한다. 미국의 경우 1883년「펜들턴법」제정으로 실적주의가 확립되고 50여년 후에 직업공무원제도가 정립되었다.

실적주의는 직업공무원제로 발전되어 가는 기반이 되고 직업공무원제도를 위한 기초가 되지만, 실적주의가 바로 직업공무원 제도를 의미하는 것은 아니다.

실적주의는 연령제한을 두지 않지만, 직업공무원제도는 반드시 젊고 유능한 인재에게 공직을 개방한다는 측면에서 공직 임용의 기회 균등을 저해한다는 측면이 있다.

실적주의와 직업공무원제도는 정치적 중립성을 유지하고, 능력에 따른 공개경쟁 시험에 의하여 임용하며, 신분보장 등에 있어서 공통점이 있다.

2) 직업공무원제도 확립요건

(1) 공직을 보람 있는 평생의 직업을 삼을 수 있도록 공직에 대한 사회적 평가가 높아야 한다.
(2) 적정한 보수, 안정적인 연금제도, 능력개발의 기회가 주어져야 한다.
(3) 안정적으로 근무할 수 있도록 장기적인 인력수급계획이 따라야 한다.

3) 직업공무원제도의 장점과 단점

장 점	단 점
① 공무원의 신분보장, 유능한 인재의 확보 ② 행정의 안정성, 계속성, 독립성, 중립성 확보	① 연령제한으로 공직에 기회균등 저해 ② 강력한 신분보장으로 공무원에 대한 민주적 통제 약화, 공무원의 무책임성이 발생하여 행정통제 · 행정책임 확보 곤란

4. 계급제와 직위분류제

1) 계급제

계급제는 공무원의 자격, 능력 등을 기준으로 일정한 신분을 보장하는 공직분류방식이다. 계급제는 인간중심의 분류방식으로 일반적인 교양과 능력을 갖춘 사람을 채용하여 장기간에 걸쳐 능력을 키우므로 공무원이 보다 종합적·신축적인 능력을 가질 수 있다. 또한, 계급제는 보통 외부충원이 아닌 폐쇄형 충원방식으로 모집한다.

2) 직위분류제

(1) 개념

직위분류제는 1909년 시카고 시에서 처음으로 실시된 이후 1920년 미국의 연방정부에서 도입되었다.[8] 직위분류제는 직무의 특성에 따라 직무의 종류와 책임, 난이도를 기준으로 공직을 분류하고, 임용, 보수, 인사행정의 합리화를 위한 수단으로

8) 김창윤외 27인 공지(2018). 경찰학, 제3판, 박영사, p. 617.

직무분석과 직무평가가 중요하며, 전직이 제한되고 동일한 직무에 장기간 종사하여 행정의 전문화에 기여한다.

(2) 직위분류제의 원칙과 실시

직위분류를 할 때에는 모든 대상 직위를 직무의 종류와 곤란성 및 책임도에 따라 직군·직렬·직급 또는 직무등급별로 분류하되, 같은 직급이나 같은 직무등급에 속하는 직위에 대하여는 동일하거나 유사한 보수가 지급되도록 분류하여야 한다(국가공무원법 22조).

직위분류제는 대통령령으로 정하는 바에 따라 그 실시가 쉬운 기관, 직무의 종류 및 직위부터 단계적으로 실시할 수 있다(국가공무원법 제24조).

직군(職群)	직무의 성질이 유사한 직렬의 군
직렬(職列)	직무의 종류가 유사하고 그 책임과 곤란성의 정도가 서로 다른 직급의 군
직류(職類)	같은 직렬 내에서 담당 분야가 같은 직무의 군
직무등급	직무의 곤란성과 책임도가 상당히 유사한 직위의 군
직급(職級)	직무의 종류 · 곤란성과 책임도가 상당히 유사한 직위의 군
직위(職位)	1명의 공무원에게 부여할 수 있는 직무와 책임

3) 계급제와 직위분류제의 비교(20 간부 · 21 하반기)

구 분	계급제	직위분류제
의 의 (18 3차)	① 인간 중심(창의적 행정인 강조) ② 관료제 전통이 강한 독일 · 프랑스 · 일본	① 직무 중심(직무분석 · 평가) ② 1909년 미국 시카고에서 처음 실시
경력 발전	일반 행정가 중심(전문성 낮음)	전문 행정가 중심
내부 인사	신축적(다른 부서로 이동 용이)	비신축적(다른 부서로 이동 곤란)
외부 환경	비신축적(적응력 낮음)	신축적(적응력 높음)
충 원	폐쇄형(내부에서 충원)	개방형(외부에서 충원)
인력계획	장기 발전가능성 중시	단기 직무수행능력 중시
신분보장	강함(직업공무원제 확립 용이)	약함(직업공무원제 확립 곤란)
사 기	높음	낮음
보 수	생활급	직무급
합리성	낮음(정실 개입 가능성 높음)	높음(정실 개입 가능성 낮음)
협 조	기관간 횡적 협조가 용이	횡적 협조 곤란

4) 계급제와 직위분류제의 관계

(1) 양자는 상호 보완적인 제도로서 우리나라는 계급제를 원칙으로 하고, 직위분류제를 가미하고 있다. (22 간부)

(2) 계급제는 내부 인사이동(배치전환)은 신축적이지만 외부 환경변화에 신축적으로 대응하지 못하고, 직위분류제는 반대로 내부 인사이동은 비신축적이지만 환경변화에 신축적 대응이 가능하다.

(3) 계급제는 보통 계급의 수가 적고 계급 간의 차별이 심하다.

(4) 직위분류제는 시험·채용·전직의 기준을 제공하여 인사행정의 합리화를 기하고, 권한과 책임 한계가 명확하지만 전직이 제한된다.

5. 동기부여이론

1) 개념

내용이론	① 인간의 욕구가 동기부여를 일으킨다는 이론 ② 매슬로우의 욕구이론, 샤인의 복잡인 모형, 허즈버그의 동기위생요인이론, 맥그리거의 X,Y 이론, 알더퍼의 ERG 이론, 아지리스의 성숙·미성숙 이론
과정이론	① 인간의 욕구가 직접적으로 동기부여하는 것이 아니고 다양한 요인들이 동기부여 과정에 작용한다는 이론 ② 아담스의 공정성(형평성)이론, 브룸의 기대이론, 포터&롤러의 업적만족이론

2) 이론 구분

내용 이론	매슬로우	욕구 5단계 이론
	샤인	복잡인(4대 인간관) 모형
	허즈버그	동기(만족) 요인과 위생(불만족) 요인은 상호 독립 되어 있으며, 사기진작을 위해서는 직무관련 동기요인을 강화해야 하며, 환경적인 위생요인의 만족은(불만족 해소) 생산성 향상과 무관하다는 이론
	맥그리그	X이론은 인간을 타율적 존재로 인식하여 통제를 강조하고, Y이론은 인간을 자율적 존재로 인식하고 참여를 강조한다.
	알더퍼	① 매슬로우의 욕구 5단계를 발전시켜 3단계 이론을 주장 ② 욕구를 Existence(생존), Relatedness(관계), Growth(성장)로 구분하고, 매슬로우와 달리 '좌절-퇴행' 요소를 추가하여 상위 욕구가 좌절되면 하위 욕구로 내려갈 수 있고, 한 가지 이상의 욕구가 동시에 작용할 수 있다고 주장

	아지리스	공식조직이 구성원의 미성숙을 조장한다고 비판하며, 구성원들이 성장할 수 있는 새로운 관리 전략(Y형) 주장
과정 이론	아담스	공정하게 취급받으려는 욕망이 동기부여
	브룸(Vroom)	결과에 대한 기대가 동기부여
	포터 & 롤러	업적만족은 보상이 중요

3) Maslow 욕구 이론

(1) 내용

① 인간은 5가지 욕구를 가지고 있으며 욕구충족을 위하여 노력을 하게 된다.

② 인간의 욕구는 낮은 단계의 욕구를 충족하면 다음 단계의 욕구 충족을 위해 노력하며, 이미 충족된 욕구는 더 이상 동기부여 요인으로서의 의미가 없어진다.

(2) 충족방법(21 하반기)

단 계	내 용	충족방안
1. 생리적 욕구	의식주	적정 보수제도(월급), 휴가제도, 탄력적 근무제
2. 안전 욕구	신분, 불안 해소	연금제도의 활성화, 신분보장
3. 사회적(애정) 욕구	친근, 귀속감	고충처리상담, 인간관계의 개선, 민주적 리더십
4. 존경 욕구	인정	참여의 확대, 제안제도, 포상제도, 권한의 위임
5. 자기실현 욕구	자기발전, 성취감	공정하고 합리적인 승진, 공무원 단체의 활용

(3) 한계

Maslow의 이론은 낮은 단계의 욕구가 충족되어야 다음 단계의 욕구로 이동한다고 보았기 때문에 충분한 휴식을 취하지 못하여 생리적 욕구가 강함에도 존경의 욕구 충족을 위하여 열심히 일하는 경우를 설명할 수 없다.

Ⅱ. 채용과 교육훈련

1. 채용

1) 개념

「경찰공무원법」 제8조의 임용 결격사유에 해당하지 않는 사람을 채용과정을 통해 선발하는 것을 말한다. 해양경찰청 소속 경찰공무원의 채용과정은 일반적으로 모집, 채용시험, 교육훈련, 시보임용 순으로 전개되며, 공개채용과 특별채용으로 구분된다.

2) 응시자격

(1) 결격 사유(경찰공무원법 제8조)

경찰공무원은 신체 및 사상이 건전하고 품행이 방정(方正)한 사람 중에서 임용한다. 다음 어느 하나에 해당하는 사람은 경찰공무원으로 임용될 수 없다.

1. 대한민국 국적을 가지지 아니한 사람
2. 「국적법」 제11조의2 제1항에 따른 복수국적자
3. 피성년후견인 또는 피한정후견인
4. 파산선고를 받고 복권되지 아니한 사람
5. 자격정지 이상의 형(刑)을 선고받은 사람
6. 자격정지 이상의 형의 선고유예를 선고받고 그 유예기간 중에 있는 사람
7. 공무원으로 재직기간 중 직무와 관련하여 「형법」 제355조 및 제356조에 규정된 죄를 범한 자로서 300만원 이상의 벌금형을 선고받고 그 형이 확정된 후 2년이 지나지 아니한 사람
8. 「성폭력범죄의 처벌 등에 관한 특례법」 제2조에 규정된 죄를 범한 사람으로서 100만원 이상의 벌금형을 선고받고 그 형이 확정된 후 3년이 지나지 아니한 사람
9. 미성년자에 대한 다음 각 목의 어느 하나에 해당하는 죄를 저질러 형 또는 치료감호가 확정된 사람(집행유예를 선고받은 후 그 집행유예기간이 경과한 사람을 포함한다)
   가. 「성폭력범죄의 처벌 등에 관한 특례법」 제2조에 따른 성폭력범죄
   나. 「아동 · 청소년의 성보호에 관한 법률」 제2조 제2호에 따른 아동 · 청소년대상 성범죄
10. 징계에 의하여 파면 또는 해임처분을 받은 사람

(2) 연령

채용연령은 공개경쟁, 경력경쟁, 채용계급에 따라 다르다.9) 대체로 18세 이상 40세 이하로 제한하고 있다. 경찰간부후보생 공개경쟁선발시험에 응시하려는 사람은 최종시험 예정일이 속한 연도에 21세 이상 40세 이하의 연령에 해당해야 한다. 다만, 최종시험 예정일이 속한 연도에 41세인 사람으로서 1월 1일에 출생한 사람은 경찰간부후보생 공개경쟁선발시험에 응시할 수 있다.

(3) 채용시험

경찰공무원 채용시험은 다음의 방법에 따라 실시한다.

1. 신체검사: 직무수행에 필요한 신체조건 및 건강상태를 검정(檢定)
2. 체력검사: 직무수행에 필요한 민첩성 · 지구력 등 체력을 검정
3. 필기시험: 교양부문과 전문부문으로 구분하되, 교양부문은 일반교양정도를, 전문부문은 직무수행에 필요한 지식과 그 응용능력을 검정
4. 실기시험: 직무수행에 필요한 지식 및 기술을 실습 또는 실기의 방법으로 검정
5. 종합적성검사: 직무수행에 필요한 적성과 자질을 종합검정
6. 서류전형: 직무수행에 관련되는 자격 및 경력 등을 서면으로 심사
7. 면접시험: 직무수행에 필요한 능력, 발전성 및 적격성을 검정

(4) 학력

2011년부터 공개채용의 경우 학력에 상관없이 누구나 경찰관 채용시험에 응시할 수 있도록 변경되었고, 해양경찰관련학과 특별채용(경력채용) 규정의 경우 대학졸업자에서 전문대학 졸업자로 변경하고 45학점 이상 이수한 자로 변경하였다.

2011년 시행의 「경찰공무원임용령」(시행 2011. 2. 9.) 개정 내용은 「경찰공무원임용령」 제40조의 "경찰공무원의 채용시험 및 경찰간부후보생 공개경쟁선발시험에 응

9) 채용시험 응시연령: 해양경찰청 소속 경찰공무원 임용에 관한 규정 [별표 3]

계급별	공개경쟁채용시험	경력경쟁채용시험등
경정 이상	25세 이상 40세 이하	27세 이상 40세 이하 (항공 분야는 27세 이상 45세 이하)
경감 · 경위	-	23세 이상 40세 이하 (정보통신 및 항공 분야는 23세 이상 45세 이하)
경사 · 경장	-	20세 이상 40세 이하
순 경	18세 이상 40세 이하	20세 이상 40세 이하 (함정요원은 18세 이상 40세 이하, 의무경찰로 임용되어 정해진 복무를 마친 것을 요건으로 경력경쟁채용 등을 하는 경우에는 20세 이상 30세 이하)

시하고자 하는 자는 「초·중등교육법」에 의한 고등학교를 졸업하였거나 이와 동등 이상의 학력을 가진 자이어야 한다"를 삭제하였고, 「경찰공무원임용령」 제16조의 "4년제 대학의 해양경찰학과를 졸업"을 "2년제 이상 대학의 해양경찰 관련 학과를 졸업했거나 4년제 대학의 해양경찰 관련 학과에 재학 중이거나 재학했던 사람으로서 해양경찰학 전공 이수로 인정될 수 있는 과목을 45학점 이상 이수한 자"로 변경하였다.

2. 교육훈련

1) 개념

해양경찰청장은 모든 경찰공무원에게 균등한 교육훈련의 기회가 주어지도록 교육훈련에 관한 종합적인 기획 및 조정을 하여야 하고, 경찰공무원의 교육훈련을 위한 교육훈련기관을 설치·운영할 수 있다. 그리고 국내외의 교육기관에 위탁하여 일정기간 교육훈련을 받게 할 수 있다(경찰공무원법 제22조).

2) 교육훈련의 구분(해양경찰청 소속 경찰공무원 교육훈련규정 제3조)

해양경찰청 소속 경찰공무원과 경찰공무원으로 임용될 사람에 대한 교육훈련은 다음과 같이 구분한다.

① 교육원 교육훈련: 해양경찰교육원에서 실시하는 교육훈련
② 직장훈련: 해양경찰관서의 장이 소속 경찰공무원의 직무수행 능력을 향상시키기 위해 일상 업무를 수행하는 중에 실시하는 교육훈련
③ 상시학습: 경찰공무원이 자기 개발을 위해 스스로 실시하는 상시적인 학습활동
④ 현장부서 훈련: 현장 부서에서 근무하는 경찰공무원의 긴급 상황 대응 및 효율적인 현장임무 수행 능력을 향상시키기 위해 실시하는 교육훈련
⑤ 위탁교육훈련: 「경찰공무원법」에 따라 국내외 교육기관에 위탁하여 실시하는 교육훈련
⑥ 그 밖의 교육훈련: ①부터 ⑤까지의 교육훈련에 포함되지 않는 직무 관련 학습·연구 활동

3) 교육훈련 계획(해양경찰청 소속 경찰공무원 교육훈련규정 제6조)

해양경찰청장은 매년 11월 30일까지 다음 연도의 경찰공무원 교육훈련의 기본 지침을 수립하고, 해양경찰관서별로 교육훈련 인원을 배정해야 한다.

해양경찰교육원장은 기본 지침에 따라 매년 12월 31일까지 다음의 사항이 포함된 다음 연도의 교육원 교육훈련 계획을 수립해야 한다.

① 교육훈련의 기본방향
② 교육훈련 과정별 목표, 기간, 대상 및 인원
③ 교육훈련 수요조사 결과 분석
④ 교육훈련 대상자 선발계획
⑤ 교육훈련 과정별 교육과목
⑥ 교육훈련 성적 평가방법
⑦ 그 밖에 해양경찰교육원장이 필요하다고 인정하는 사항

해양경찰관서의 장은 기본 지침에 따라 직장훈련 계획을 수립해야 하고, 교육훈련 인원 배정에 따라 교육훈련 대상자를 우선순위를 정하여 선발해야 한다. 경찰공무원은 교육훈련 대상자로 선발된 경우 교육훈련이 시작되기 전까지 해당 교육훈련 기관에 등록해야 한다.

Ⅲ. 보직 관리

1. 보직관리의 원칙(해경 임용규정 제39조)

임용권자 또는 임용제청권자는 법령에서 따로 정하거나 다음의 어느 하나에 해당하는 경우를 제외하고는 소속 경찰공무원에게 하나의 직위를 부여해야 하고, 경과·교육훈련·근무경력 등을 고려하여 능력을 적절히 발전시킬 수 있도록 해야 한다.

1. 「국가공무원법」 규정에 따라 정원이 따로 있는 것으로 보고 결원이 보충되는 휴직자의 복직, 파견된 사람의 복귀 또는 파면·해임·면직된 사람의 복귀 시 그에 해당하는 계급의 결원이 없어 그 계급의 정원에 최초로 결원이 생길 때까지 해당 경찰공무원을 보직 없이 근무하게 하는 경우
2. 기구의 개편 또는 직제 및 정원의 변경 시 2개월 이내의 기간 동안 기관의 신설 준비 등을 위해 보직 없이 근무하게 하는 경우

1) 초임 경찰공무원의 보직(해경 임용규정 제40조)

경위 이상으로 신규채용된 경찰공무원은 관리능력을 배양할 수 있도록 전공 및 적성을 고려하여 합리적으로 보직해야 하고, 경사 이하로 신규채용된 경찰공무원은 함정(艦艇), 파출소 또는 채용목적에 부합하는 부서에 보직해야 한다.

2) 교육훈련 이수자의 보직(해경 임용규정 제41조)

1년 이상의 교육훈련을 받은 경찰공무원은 특별한 사정이 없으면 그 교육훈련 내용과 관련되는 직위에 보직해야 하고, 2년 이상 교육훈련을 받은 경찰공무원은 교육훈련기관의 인력현황을 고려하여 교수요원으로 보직할 수 있다.

3) 전보(해경 임용규정 제42조)

임용권자 또는 임용제청권자는 장기근무 또는 잦은 전보로 인한 업무 능률 저하를 방지하기 위해 특별한 사정이 없으면 정기적으로 전보를 실시해야 한다.

2. 전보(경찰공무원법, 해경 임용규정 제43조 · 제44조)

전보란 동일 직위 및 자격 내에서 부서를 달리하는 임용을 말하고, 특별한 사정이 없는 한 정기적으로 전보를 실시해야 한다. 전보를 제한하는 경우와 전보를 할 수 있는 경우는 아래와 같다.

전보 제한	1년 이내 전보 제한이 기본, 감사업무 담당은 2년, 교수요원 1년 이상 3년 범위, 전문직위 3년 범위
전보할 수 있는 경우	① 직제상 최하단위인 보조기관 또는 보좌기관 내에서 전보하는 경우 ② 소속기관 간의 교류/직제개편/승진임용/전문직위/징계처분/형사사건으로 피조사/비위협의로 피조사/특수임무부서에서 정기적으로 교체/교수요원으로 보직/시보임용/신규채용보직관리기준/감사담당 부적격자/중요한 치안상황 대응, 긴급 현안 처리 또는 지휘권 확립 ③ 경정 이하의 자를 배우자 또는 직계존속이 거주하는 지역으로 전보(직계비속 X) ④ 임신 또는 출산 후 1년이하 자의 모성보호, 육아

3. 경과별 직무의 내용(해경 임용규정 시행규칙 제2조)

해양경찰의 경과에는 해양경과, 수사경과, 항공경과, 정보통신경과, 특임경과가 있다.

경 과	담당직무
해양경과	홍보 · 기획 · 국제협력 · 감사 · 운영지원 · 경비 · 해상교통관제 · 해양안전 · 수색구조 · 수상레저 · 정보 · 장비기술 · 해양오염방제나 그 밖에 수사경과, 항공경과, 정보통신경과 및 특임경과에 속하지 않은 직무

수사경과	범죄수사에 관한 직무
항공경과	경찰항공기의 운영 · 관리에 관한 직무
정보통신경과	경찰정보통신 · 전산의 운영 · 관리에 관한 직
특임경과	특공, 구조 또는 응급구조에 관한 직무

4. 수사경과(수사경찰 인사운영규칙)

수사경과의 적용부서는 ① 해양경찰청 수사국장의 업무지휘를 받고 있는 해양경찰관서의 수사부서, ② 해양경찰청 국제정보국장의 업무지휘를 받고 있는 해양경찰서의 정보외사부서 및 보안부서(서해 5도 특별경비단 외사관련부서 포함), ③ 해양경찰교육기관의 수사 전문교육 담당부서, ④ 「국가공무원법」 및 「해양경찰청 소속 경찰공무원 임용에 관한 규정」 규정에 따른 수사업무와 관련된 파견근무 부서, ⑤ 그 밖의 해양경찰청장이 특별한 필요에 따라 지정하는 부서이다.

<table>
<tr><td>유효기간</td><td colspan="2">① 수사경과 유효기간은 수사경과 발령일 또는 갱신일로부터 5년.
② 수사경과 발령일로부터 5년이 되는 날이 1월 1일부터 6월 30일까지의 사이에 있는 경우에는 해당 연도 6월 30일까지, 7월 1일부터 12월 31일까지의 사이에 있는 경우에는 해당 연도 12월 31일까지</td></tr>
<tr><td>갱신</td><td colspan="2">① 수사경과는 수사 직무교육(사이버교육 포함)을 이수하거나 수사경과 갱신을 위한 시험 합격의 방법으로 언제든지 갱신할 수 있다.
② 휴직 등 사유로 갱신할 수 없는 경우에는 연기를 받을 수 있다.</td></tr>
<tr><td rowspan="2">해제사유</td><td>필요적 해제</td><td>① 직무 관련 금품 · 향응 수수, 중대한 인권침해 행위로 징계처분을 받는 경우
② 5년간 연속으로 수사부서에 근무하지 않은 경우
③ 수사경과 갱신이 되지 않은 경우</td></tr>
<tr><td>임의적 해제</td><td>① 직무 관련 금품 · 향응수수 외의 비위로 징계처분을 받은 경우
② 인권침해, 편파수사 등에 관한 시비로 사건관계인으로부터 수시로 진정을 받는 경우
③ 과도한 채무부담 등으로 경제적 빈곤상태가 현저하거나, 도박 · 사행행위 · 불건전한 이성관계 등 성실한 수사업무 수행을 기대하기 곤란한 경우 수사업무 능력 · 의욕이 현저하게 부족하거나 그 밖의 사회적 물의를 일으킨 경우
⑤ 2년 동안 연속으로 수사부서 전입을 기피하는 경우
⑥ 그 밖의 수사경과 해제를 희망하는 경우</td></tr>
</table>

5. 전문직위

전문직위임용에 관한 규정은 「공무원임용령」, 「해양경찰청 소속 경찰공무원 임용에 관한 규정」에서 그 기준을 정하고 있다.

공무원 임용령	제43조의3 ① 소속 장관은 해당 기관의 직위를 업무 성격 및 해당 직위에서의 장기 근무 필요성 등을 고려하여 유형별로 구분하고, 이를 보직관리에 반영하여 행정의 전문성이 향상되도록 노력하여야 한다. ③ 소속 장관은 전문직위 중 인사혁신처장이 정하는 전문직위에 대해서는 직무수행 요건을 설정하고, 직무수행 요건을 갖춘 사람을 전문직위 전문관으로 선발하여 임용하여야 한다.
해양경찰청 소속 경찰공무원 임용에 관한 규정	임용권자 또는 임용제청권자는 「공무원임용령」에 따른 전문직위에 임용된 경찰공무원을 해당 직위에 임용된 날부터 3년의 범위에서 해양경찰청장이 정하는 기간이 지나야 다른 직위에 전보할 수 있다. 다만, 직무수행요건이 같은 직위 간의 전보 등 해양경찰청장이 정하는 경우에는 기간에 관계없이 전보할 수 있다(제44조 제1항).

6. 구조업무 담당자의 자격기준

1) 구조대 및 구급대 대원의 자격기준(수상구조법 시행령 제17조)

구조대, 구급대의 대원은 해양경찰관으로서 다음 어느 하나에 해당하는 사람이어야 한다.

구조대	1. 구조업무를 위하여 특별채용된 사람 2. 해양경찰청장이 실시하는 인명구조 교육을 받은 사람 3. 「응급의료에 관한 법률」에 따른 응급구조사 자격을 가진 사람으로서 해양경찰청장이 실시하는 구조업무에 관한 교육을 받은 사람
구급대	1. 「의료법」에 따른 의료인 2. 「의료법」에 따른 간호조무사 자격을 취득한 사람 3. 「응급의료에 관한 법률」에 따른 응급구조사 자격을 취득한 사람 4. 해양경찰청장이 실시하는 구급업무에 관한 교육을 받은 사람

2) 해양경찰구조대 보직기준(해양경찰구조대 운영규칙 제11조)

① 체력측정에서 불합격하였거나, 연속하여 2회 이상 체력측정에 불참한 사람에 대해서는 구조대에 배치할 수 없다. 이 경우 체력측정에 불참한 사람이 다음 체력측정에 참여하였으나, 불합격한 경우 연속하여 불참한 것으로 본다.

② 구조대 외 부서에서 근무하는 구조직별 또는 양성 구조대원 중 구조대 근무를 희망하는 사람은 근무를 하고자 하는 직전 해에 지방해양경찰청장이 주관하는 체력측정에 합격하여야 한다. 소속기관장은 체력측정을 희망하는 자가 체력측정에 응시할 수 있도록 해야 한다.
③ 합격자가 구조대 배치 수요보다 적은 경우에는 불합격자 중 고득점자 순으로 배치할 수 있다.
④ 지방청장은 구조대 보직을 위해서 체력측정 결과를 지방청 인사위원회에 제출하고 전보자의 경우 전보된 지방청인사위원회로 통보하여야 한다.
⑤ 구조요원은 잠수능력 유지를 위해 분기별 1회 이상 수심 18m 이상 30m 이하에서 잠수훈련을 실시하여야 한다. 다만, 해당 수심에서 수중 수색을 실시한 경우 잠수훈련 실적으로 인정한다.

3) 중앙해양 특수구조단 대원선발기준(중앙해양 특수구조단 운영규칙 제10조)

① 특수구조요원은 대원 후보자 훈련을 이수한 사람을 우선 선발하는 것을 원칙으로 한다. 다만, 다음의 어느 하나에 해당하는 사람 가운데 체력 측정, 기술 검증 및 면접 등의 선발절차를 거쳐 선발할 수 있다.
1. 특임경과로 채용되어 현장 실무 경력 2년 이상인 자
2. 군 특수부대 병장 이상 만기전역자로서 구조 능력 보유자
3. 해기사 면허, 잠수기능사 및 잠수산업기사 면허 또는 자동차 특수면허 소지자
4. 「의료법」에 따른 의료인 또는 「응급의료에 관한 법률」에 따른 응급구조사
② 긴급방제요원은 해양오염방제 관련 업무를 하는 자 중 실무 경력 2년 이상인 사람 가운데 선발하는 것을 원칙으로 한다.

Ⅳ. 승진

1. 해양경찰공무원의 근무성적평정

총경 이하의 경찰공무원에 대해서는 매년 근무성적을 평정해야 하며, 근무성적평정의 결과는 승진 등 인사관리에 반영해야 한다(해양경찰청 소속 경찰공무원 임용에 관한 규정 제55조). 근무성적 평정요소에는 제1평정요소와 제2평정요소가 있고, 총경의 근무성적은 제2평정요소로만 평정한다.

1) 근무성적 평정 요소

제1평정요소	① 해양경찰업무 발전에 대한 기여도, ② 포상 실적, ③ 그 밖에 해양수산부령으로 정하는 평정요소
제2평정요소	① 근무실적, ② 직무수행능력, ③ 직무수행태도
	분포비율: ① 수(20%), ② 우(40%), ③ 양(30%), ④ 가(10%) ※ "가"에 해당하는 사람이 없는 경우에는 "양"의 비율에 가산하여 적용한다.

(1) 근무성적 평정 결과는 비공개가 원칙이고, 해양경찰청장은 평정 완료 후 대상자에 통보할 수 있다.

(2) 신규채용 또는 승진임용된 경찰공무원의 경우 2개월이 지난 후부터 평정해야 한다.

(3) 평정시기: 근무성적평정은 10월 31일 기준으로, 경력평정은 12월 31일 기준으로 하되, 총경과 경정의 경력평정은 10월 31일 기준으로 한다.

2) 평정방법(해경 임용규정 시행규칙 제41조)

구 분	평정요소	평정자
총 경	제2평정요소(50점)	제1차 평정자: 15점 평정 제2차 평정자: 15점 평정 제3차 평정자: 20점 평정
경정 이하	제1평정요소(20점) 제2평정요소(30점)	제1평정요소: 제1차 평정자가 20점 평정 제2평정요소: 제1차 · 제2차 평정자가 각각 11점 평정 제3차 평정자가 8점 평정

2. 승진심사위원회(해경 임용규정 제61 · 62조)

승진심사위원회에는 해양경찰청에 두는 중앙승진심사위원회, 해양경찰청과 소속기관에 두는 보통승진심사위원회가 있다.

종 류	중앙승진심사위원회(해양경찰청), 보통승진심사위원회(해양경찰청 · 소속기관 · 해양경찰연구센터 및 해양경찰서)
소속/성격	심의 · 의결 기구
구 성	3-7명(중앙, 위원장 포함), 5-7명(보통, 위원장 포함)
위원장	최상위 계급 또는 선임

위 원	중앙: 승진심사대상자보다 상위계급인 경찰공무원 중에서 임명 보통: 승진대상자보다 상위계급인 경위 이상 중에서 소속 경찰기관장이 임명
의결정족수	재적위원 과반수의 찬성으로 의결

총경 이상 계급으로의 승진심사는 중앙승진심사위원회에서 하고, 경정으로의 승진심사는 해양경찰청의 보통승진심사위원회에서 한다(해경 임용규정 63조 제1항).

해양경찰청 · 해양경찰교육원 · 해양경찰정비창 또는 지방해양경찰청 소속 경찰공무원 중 경감 이하 계급으로의 승진심사는 해양경찰청 · 해양경찰교육원 · 해양경찰정비창 또는 지방해양경찰청 보통승진심사위원회에서 한다. 다만, 중앙해양특수구조단 · 해양경찰연구센터 또는 해양경찰서 소속 경찰공무원 중 경위 이하 계급으로의 승진심사는 해당 경찰공무원이 소속된 해양경찰기관의 보통승진심사위원회에서 한다(해경 임용규정 63조 제2항).

3. 대우공무원(해경 임용규정 및 동규정 시행규칙)(19 1차)

대우근무원이란 소속 경찰공무원 중 해당 계급에서 승진소요 최저근무연수 이상 근무하고 승진임용 제한 사유가 없는 근무실적 우수자를 바로 위 계급의 대우공무원으로 선발하는 것을 말한다.

선발을 위한 근무기간	① 총경 · 경정: 7년 이상 ② 경감 이하: 5년 이상
선발시기	① 매월 말 5일 전까지 대우공무원 발령일을 기준으로 대우공무원 선발요건을 충족하는 대상자를 결정 ② 그 다음 달 1일에 일괄하여 대우공무원으로 발령
수당지급	① 「공무원수당 등에 관한 규정」에 따라 월 봉급액의 4.1% 지급 ② 징계, 직위해제, 휴직할 경우 대우공무원수당을 줄여 지급
자격상실	① 상위계급으로 승진임용되는 경우 승진임용일에 당연 상실 ② 강등되는 경우 강등일에 당연 상실

SECTION

04 해양경찰 예산관리

Ⅰ. 예산 제도

1. 서설

우리 정부의 예산은 크게 세입예산과 세출예산으로 구성되며, 「국가재정법」에 따라 각 예산은 독립기관 및 중앙관서의 소관별로 구분하고 있다(국가재정법 제21조 제2항).[10] 세입예산은 한 회기 동안 국세와 지방세 등의 조세수입, 경상이전 수입과 재산수입 등의 세외수입, 기금수입 등으로 구성되고, 세출예산은 공무원들의 근로에 대한 인건비와 각종 물건비, 자산취득비 등이 포함된다.

정부예산은 일반회계와 특별회계로 구분되는데, 일반회계는 조세수입 등을 주요한 세입으로 국가의 일반적 세출을 충당하기 위해 설치하는 예산을 말하며(국가재정법 제4조 제2항), 특별회계는 국가에서 특정한 사업을 운영하고자 할 때 등 일반회계와 구분할 필요가 있을 때 설치하는 예산을 말한다(국가재정법 제4조 제3항).

이러한 예산을 세부적으로 살펴보기 위해서는 예산이 구성되어 있는 구체적 체계를 이해해야 하는데, 우리나라의 예산과목 체계는 프로그램예산제도를 토대로 구성되어 있다. 프로그램 예산제도란 프로그램을 중심으로 예산을 편성하는 제도로, 여기서 프로그램이란 동일한 정책을 수행하는 단위사업(activity/project)들의 묶음이라고 볼 수 있다.[11] 즉, 예산을 프로그램 단위로 구분하여 각 프로그램별로 성과와 목표를 비교하는 성과중심의 예산제도를 운영하고 있다.

---

10) 박종승 · 최응렬(2014). "해양경찰 예산편성의 문제점 및 개선방안," 한국경찰학회보 16권 3호, pp. 28－29.

11) 윤영진(2013). 재무행정학, 대영출판사, p. 54.

2. 예산의 분류

특징상 분류에는 일반회계, 특별회계, 기금이 있고, 성립과정상 분류에는 본예산, 준예산, 추가경정예산, 수정예산이 있다.

특징상 분류	일반회계 (국가재정법 제4조)	① 조세수입 등을 주요 세입으로 하여 국가의 일반적인 세출에 충당하기 위하여 설치한다. ② 해양경찰 예산 대부분은 일반회계에 속한다.
	특별회계 (국가재정법 제4조)	① 국가에서 특정한 사업을 운영하고자 할 때, 특정한 자금을 보유하여 운용하고자 할 때, 특정한 세입으로 특정한 세출에 충당함으로써 일반회계와 구분하여 회계처리할 필요가 있을 때에 법률로써 설치하되, 법률에 의하지 아니하고는 이를 설치할 수 없다. ② 기재부의 직접적인 통제를 받지 않으며 설치 소관부서가 관리한다. ③ 해양경찰은 해양경찰정비창의 책임운영기관 특별회계가 있다. ④ 최근 경영합리화를 위해 특별회계의 적용이 점차 늘어가는 경향이다.
	기 금 (국가재정법 제5조)	① 국가가 특정한 목적을 위하여 특정한 자금을 신축적으로 운용할 필요가 있을 때에 한정하여 법률로써 설치하되, 정부의 출연금 또는 법률에 따른 민간부담금을 재원으로 하는 기금은 법률에 의하지 아니하고는 이를 설치할 수 없다. ② 기금은 세입세출예산에 의하지 아니하고 운용할 수 있다. ③ 예를 들면 국민주택기금, 군인연금기금 등이 있다.
성립 과정상 분류	본예산	① 정상적인 절차를 거쳐 최초로 확정된 예산을 의미한다. (19 3차) ② 법률상 용어가 아니고, "추가경정예산"에 대한 대응 개념으로 사용된다.
	준예산 (19 3차)	① 회계연도 개시때까지 예산 불성립시 전년도 예산에 준하는 예산 ② 지출가능 기간: 당해연도 예산이 국회 의결될 때끼지 ③ 지출용도: ㉠ 시설 유지 운영(공무원 보수 등 기본경비), ㉡ 법률상 지출의무 이행, ㉢ 이미 예산으로 승인된 사업의 계속 ④ 헌법 제54조 제3항: 새로운 회계연도가 개시될 때까지 예산안이 의결되지 못한 때에는 정부는 국회에서 예산안이 의결될 때까지 다음의 목적을 위한 경비는 전년도 예산에 준하여 집행할 수 있다. ㉠ 헌법이나 법률에 의하여 설치된 기관 또는 시설의 유지ㆍ운영 ㉡ 법률상 지출의무의 이행 ㉢ 이미 예산으로 승인된 사업의 계속 ⑤ 잠정예산: 새로운 회계연도가 개시될 때까지 부득이한 사유로 예산안이 입법부에서 확정되지 못한 경우에 일정기간 집행을 허용하는 제도, 한국에서는 잠정예산 제도를 채택하지 않고 준예산제도를 택하고 있다.
	추가경정 예산	국회에서 예산이 성립된 후에, 사정 변경으로 수정하는 예산 (19 3차)
	수정예산	국회 제출 후 예산이 성립 전에, 사정 변경으로 수정하는 예산 (19 3차)

3. 예산 제도

1) 예산 제도의 역사

품목별 예산제도는 영국에서 국왕(행정부)에 대한 의회의 통제에 중점을 둔 제도이며, 1930년대 세계대공황 이후 미국의 뉴딜정책 실시로 예산의 관리적 측면이 강조되었고, 1960년대 미국에서 계획(정책)과 예산의 관련성이 강조된 계획예산이 등장하게 되었다.

2) 품목별 예산제도(통제기능)(22 간부)

개 념	① 인건비, 운영비, 시설비 등 품목별로 예산을 배정하는 제도, 경찰 예산 제도 ② 통제지향적 예산으로서 예산 담당자가 필요한 것은 회계처리 기술임. ③ 인건비(해양경찰관, 일반직), 장비 구입비(함정, 차량, 오토바이) 등으로 표시 ④ 행정기관이 구체적으로 어떠한 항목에 지출하는가를 상세히 밝혀주는 예산제도이다.
장 점	① 운영과 회계검사 용이함, 회계책임이 명확함. ② 행정의 재량범위 축소로 예산 유용이나 재량권 남용이 방지됨. ③ 인건비 자료 등 인사행정에 유용한 정보 제공(첩보수집비 대비 실적 파악 등)
단 점	① 정부활동(사업)에 대한 정보 부족으로 기능 중복(동일 기능을 하는 물품의 중복) ※ 어떤 물건을 구입하는 지는 알 수 있으나 왜 구입하는 지는 알 수 없음. ② 상황변화에 따른 예산집행 신축성을 저해함. ③ 사업과 지출에 대한 성과나 효과측정이 곤란함. ④ 세부항목에 집중하여(미시적 관리), 의사결정을 위한 자료제시가 부족함. ⑤ 계획과 지출의 불일치, 지출목적이 불분명함.

3) 성과주의 예산(관리기능)(22 간부)

개 념	① 물품보다 업무에 중점을 두는 관리지향적 예산제도 ② 예산을 각 세부 사업별로 구분하여 「단위원가 X 업무량 = 예산액」으로 표시 ③ 119 해양사고 신고 처리비(해양사고 신고 1건 처리에 필요한 단위 원가 × 전체 신고건수)
장 점	① 국민의 입장에서 해양 경찰활동 이해가 용이함. ② 예산집행의 신축성이 있음. ③ 기능 중복 회피(예산편성 시 단위원가와 업무량을 계산하여 자원배분 합리화) ④ 의사결정을 위한 충분한 자료제시
단 점	① 기본 요소인 단위원가 및 업무측정단위 산정이 곤란함. ② 품목별 예산에 비하여 입법통제가 곤란하고, 회계책임이 불분명하다. ③ 인건비 등 경직성 경비 또는 기본경비에 적용이 곤란하다.

4) 계획예산(PPBS: Planning Programming Budgeting System)(22 간부)

(1) 개념

예산 단년성의 원칙이 갖는 문제점을 극복하고 예산편성을 장기적 목표하에 합리적 자원배분을 지향하고자 하는 예산제도이다.

(2) 특성

① 장기 기본계획과 단기 예산편성을 유기적으로 연결한 제도로 프로그램예산제도라고 한다.

※ 도로포장: 매년 보도 블럭 교체 하는 폐단 방지 등

② 자원배분에 관한 의사결정의 일관성과 합리성을 도모할 수 있는 예산제도이다.

③ 계획예산제도에 의할 경우 국민의 입장에서 해양경찰활동을 이해하기 어렵다.

5) 영기준예산(Zero-Base Budget System)(22 간부)

개 념	① 전년도 예산을 기준으로 예산액을 책정하는 폐단을 시정하려는 목적임. ② 매년 사업의 우선 순위에 영기준을 적용하여 효과성 등을 원점에서 재검토함.
장 점	① 사업의 전면적 평가를 통한 자원배분의 합리화를 기할 수 있음. ② 예산 운영의 효율성을 높이고, 조세부담 증가를 방지함.
단 점	① 업무부담이 과중함. ② 장기 계획이 위축되고, 소규모 조직이 불이익을 받을 가능성 있음. ③ 정부사업의 폐지 · 축소 곤란

6) 자본예산(22 간부)

(1) 개념

정부의 재정활동을 크게 경상예산과 자본예산으로 나누고, 소비적 지출과 투자적 지출을 구분하고자 하는 것이 자본예산제도이다.

(2) 특징

경상지출과 자본지출로 구분하여 경상지출은 경상수입으로 충당시켜 균형을 이루도록 하고, 자본지출은 적자재정과 공채발행으로 수입에 충당케 하여 불균형 예산(적자예산)을 편성한다.

7) 일몰법

(1) **개념**: 일정 기간이 지나면 사업이 자동 폐기되도록 법률로 정하는 제도이다.
(2) 일몰법은 법률이므로 행정부가 아니라 국회에서 제정한다.

Ⅱ. 예산 과정

예산의 과정은 크게 편성(정부) → 심의(국회) → 집행(정부) → 결산(국회)로 진행된다. (21 간부)

1. 예산의 편성 및 결정 과정

예산의 편성·결정과정은 크게 정부의 예산편성과정과 국회의 예산심의 과정으로 구분할 수 있다.

1) 정부의 예산 편성

정부의 예산편성과정은 「국가재정법」 제28조 내지 제33조에 근거하여 이루어진다. 먼저 해양경찰청은 매년 1월 31일까지 중기사업계획서를 기획재정부장관에게 제출하여야 한다. 이후 기획재정부장관은 다음 연도의 예산안 편성지침을 작성하여 대통령에게 승인을 얻은 뒤, 각 중앙관서의 장에게 이를 통보하여야 한다. 이렇게 하달된 편성지침을 바탕으로 해양경찰청에서는 다음 연도의 세입세출예산안 등이 포함된 예산요구서를 작성하여 기획재정부 장관에게 정해진 기한까지 제출해야 한다.

이후 기획재정부장관은 각 중앙관서의 예산요구서를 종합하여 정부의 예산안을 편성하여 국무회의의 심의를 거친 뒤 대통령의 승인을 받음으로써 정부 예산안을 확정하게 된다. 이렇게 확정된 정부예산안을 정해진 기한까지 국회에 제출하면 정부의 예산편성과정은 마무리된다.

중기사업계획서 (신규 · 계속) 제출 (국가재정법 제28조)	해양경찰청장은 매년 1월 31일까지 해당 회계연도부터 5회계연도 이상의 기간 동안의 신규사업 및 기획재정부장관이 정하는 주요 계속사업에 대한 중기사업계획서를 기획재정부장관에게 제출하여야 한다. (21 간부 · 하반기) (20 간부)

예산안 편성지침(국가재정법 제29조)(21하반기)	기획재정부장관은 국무회의의 심의를 거쳐 대통령의 승인을 얻은 다음 연도의 예산안편성지침을 매년 3월 31일까지 해양경찰청장에게 통보하여야 한다. (20 간부)
예산요구서 제출(국가재정법 제31조)(21 하반기)	해양경찰청장은 예산안편성지침에 따라 그 소관에 속하는 다음 연도의 세입세출예산 · 계속비 · 명시이월비 및 국고채무부담행위 요구서를 작성하여 매년 5월 31일까지 기획재정부장관에게 제출하여야 한다. (20 간부)
정부안 국회 제출(국가재정법 제32 · 33조)(21 하반기)	기획재정부장관은 예산요구서에 따라 예산안을 편성하여 국무회의의 심의를 거친 후 대통령의 승인을 얻어 회계연도 개시 120일 전까지 국회에 제출하여야 한다. (20 · 21 간부)

2) 국회의 예산 심의

정부의 예산편성과정이 완료되면 국회의 예산심의 과정이 시작된다. 국회의 예산심의 과정은 ① 정부 예산안 제출 → ② 시정연설 → ③ 농림축산식품해양수산위원회 예비심사 → ④ 예산결산 특별위원회 종합심사 → ⑤ 본회의 심의·의결 → ⑥ 정부이송의 순으로 전개된다.

먼저 정부에서 예산안을 제출한 뒤 대통령이 국회에 방문하여 시정연설을 실시하고 난 뒤, 예산안은 해양경찰청의 소관 상임위원회인 농림축산식품해양수산위원회에 회부되어 예산안에 대한 예비심사를 실시한다.

다음으로 농림축산식품해양수산위원회 전체회의에서 예산안을 상정한 후 제안설명과 전문위원의 검토보고를 들은 후, 예산안심사소위원회에서 세부적인 예산안의 내용을 검토한다. 소위원회의 검토결과를 바탕으로 전체회의에서 최종 의결을 실시하며, 그 결과를 국회의장에게 보고한다.

상임위원회에서의 심사가 완료되면, 예산결산특별위원회의 종합심사를 받게 되는데, 종합심사 시에는 국무위원 전원을 대상으로 하는 종합정책질의와 경제부처와 비경제부처 별도로 실시하는 부별심사, 소위원회의 심사, 전체회의 의결이 이루어진다. 예산결산특별위원회 종합심사의 절차는 종합정책질의 → 부처별 심의 → 계수조정(예결위 소위원회) → 승인(예결위 전체회의) → 본회의 의결 순이다.

이런 절차를 거쳐 수정된 예산안은 본회의에 상정되고, 본회의에서 최종심의를 거친 뒤 의결을 한다. 이렇게 의결된 예산안이 최종 예산으로 확정되고 이를 정부에 이송하면 국회의 예산심의 절차는 완료된다.

정부는 회계연도마다 예산안을 편성하여 회계연도 개시 90일 전까지 국회에 제출하고, 국회는 회계연도 개시 30일 전까지 의결하여야 한다(헌법 제54조 제2항). (21 간부)

2. 예산의 집행

1) 예산의 집행 과정(국가재정법)

예산의 집행과정은 해양경찰청장이 기획재정부장관에게 예산배정요구서 제출 → 기획재정부장관의 배정 → 기획재정부장관이 해양경찰청장에게 예산집행지침 통보 → 사용의 순서로 진행된다.

각 중앙관서의 장(해양경찰청장)은 세출예산이 정한 목적 외에 경비를 사용할 수 없다(국가재정법 제45조).

예산배정요구서의 제출 (법 제42조)	해양경찰청장은 예산이 확정된 후 사업운영계획 및 이에 따른 세입세출예산 · 계속비와 국고채무부담행위를 포함한 예산배정요구서를 기획재정부장관에게 제출하여야 한다.
예산의 배정 (법 제43조)	기획재정부장관은 예산배정요구서에 따라 분기별 예산배정계획을 작성하여 국무회의의 심의를 거친 후 대통령의 승인을 얻어야 하고, 각 중앙관서의 장에게 예산을 배정한 때에는 감사원에 통지. 예산이 확정되어도 배정되지 않으면 지출원인행위 불가
예산집행지침의 통보(법 제44조)	기획재정부장관은 예산집행의 효율성을 높이기 위하여 매년 예산집행에 관한 지침을 작성하여 각 중앙관서의 장에게 통보하여야 한다.

2) 예산의 탄력적 집행제도

예산의 탄력적 집행제도에는 「국가재정법」상 전용과 이용이 있다. 전용과 이용의 절차는 아래와 같고, 예비비제도가 있다.

전용 (법 제46조) (20 간부)	① 해양경찰청장은 예산의 목적범위 안에서 재원의 효율적 활용을 위하여 대통령령으로 정하는 바에 따라 기획재정부장관의 승인을 얻어 각 세항 또는 목의 금액을 전용할 수 있다. 이 경우 사업 간의 유사성이 있는지, 재해대책 재원 등으로 사용할 시급한 필요가 있는지, 기관운영을 위한 필수적 경비의 충당을 위한 것인지 여부 등을 종합적으로 고려하여야 한다. ② 해양경찰청장은 회계연도마다 기획재정부장관이 위임하는 범위 안에서 각 세항 또는 목의 금액을 자체적으로 전용할 수 있다.
이용 (법 제47조) (20 간부)	해양경찰청장은 예산이 정한 각 기관 간 또는 각 장 · 관 · 항 간에 상호 이용(移用)할 수 없다. 다만, 다음 어느 하나에 해당하는 경우에 한정하여 미리 예산으로써 국회의 의결을 얻은 때에는 기획재정부장관의 승인을 얻어 이용하거나 기획재정부장관이 위임하는 범위 안에서 자체적으로 이용할 수 있다. 1. 법령상 지출의무의 이행을 위한 경비 및 기관운영을 위한 필수적 경비의 부족액이 발생하는 경우

	2. 환율변동 · 유가변동 등 사전에 예측하기 어려운 불가피한 사정이 발생하는 경우 3. 재해대책 재원 등으로 사용할 시급한 필요가 있는 경우 4. 그 밖에 대통령령으로 정하는 경우
예비비의 관리와 사용 (법 제22 · 51조)	예비비: 정부는 예측할 수 없는 예산 외의 지출 또는 예산초과지출에 충당하기 위하여 일반회계 예산총액의 100분의 1 이내의 금액을 예비비로 세입세출예산에 계상할 수 있다. (20 간부) ① 해양경찰청장은 예비비의 사용이 필요한 때에는 그 이유 및 금액과 추산의 기초를 명백히 한 명세서를 작성하여 기획재정부장관에게 제출하여야 한다. 다만, 대규모 재난에 따른 피해의 신속한 복구를 위하여 필요한 때에는 「재난 및 안전관리기본법」에 따른 피해상황보고를 기초로 긴급구호, 긴급구조 및 복구에 소요되는 금액을 개산(概算)하여 예비비를 신청할 수 있다. ② 기획재정부장관은 예비비 신청을 심사한 후 필요하다고 인정하는 때에는 이를 조정하고 예비비사용계획명세서를 작성한 후 국무회의의 심의를 거쳐 대통령의 승인을 얻어야 한다.
명시이월비 (법 제24조) (20 간부)	① 세출예산 중 경비의 성질상 연도 내에 지출을 끝내지 못할 것이 예측되는 때에는 그 취지를 세입세출예산에 명시하여 미리 국회의 승인을 얻은 후 다음 연도에 이월하여 사용할 수 있다. ② 각 중앙관서의 장은 명시이월비에 대하여 예산집행상 부득이한 사유가 있는 때에는 사항마다 사유와 금액을 명백히 하여 기획재정부장관의 승인을 얻은 범위 안에서 다음 연도에 걸쳐서 지출하여야 할 지출원인행위를 할 수 있다.

3. 예산의 결산

결산과정은 ① 해양경찰청장의 기획재정부장관에게 중앙관서결산보고서 제출 → ② 기획재정부장관의 국가결산보고서 감사원에 제출 → ③ 감사원의 결산검사 기획재정부장관에 송부 → ④ 정부에서 국가결산보고서 국회 제출 순으로 전개된다.

또한 정부는 여성과 남성이 동등하게 예산의 수혜를 받고 예산이 성차별을 개선하는 방향으로 집행되었는지를 평가하는 성인지 결산서와 온실가스를 감축하는 방향으로 집행되었는지를 평가하는 온실가스감축인지 결산서를 작성하여야 한다(국가재정법 제57조 · 제57조의2).

중앙관서결산보고서 제출	해양경찰청장이 기획재정부장관에 제출	2월 말까지
국가결산보고서 제출	기획재정부장관이 감사원에 제출	4. 10.까지
결산 검사	감사원이 기획재정부장관에 송부	5. 20.까지
국가결산보고서 국회 제출	정부에서 국회에 제출	5. 31.까지

Ⅲ. 관서운영경비

1. 의의

중앙관서의 장 또는 그 위임을 받은 공무원은 관서를 운영하는데 드는 경비로서 그 성질상 규정 절차에 따라 지출할 경우 업무수행에 지장을 가져올 우려가 있는 경비는 필요한 자금을 출납공무원으로 하여금 지출관(해양경찰서의 경우 경리계장)으로부터 교부받아 지급하게 할 수 있다(국고금 관리법 제24조 제1항).

2. 취급

관서운영경비는 관서운영경비출납공무원이 아니면 지급할 수 없고, 관서운영경비출납공무원은 관서운영경비를 금융회사 등에 예치하여 관리하여야 한다(국고금관리법 제24조 제3·4항).

3. 지급

관서운영경비출납공무원이 관서운영경비를 지급하려는 경우에는 정부구매카드를 사용하여야 한다. 다만, 경비의 성질상 정부구매카드를 사용할 수 없는 경우에는 대통령령으로 정하는 바에 따라 현금지급 등의 방법으로 지급할 수 있다(국고금관리법 제24조 제5항).

4. 관서운영경비의 범위(국고금관리법 시행령 제31조)

1) 관서운영경비의 범위

관서운영경비로 지급할 수 있는 경비의 최고금액은 건당 500만원으로 한다(시행규칙 제52조).

① 운영비(복리후생비 · 학교운영비 · 일반용역비 및 관리용역비 제외) · 특수활동비 · 안보비 및 업무추진비 중 기획재정부령으로 정하는 금액 이하의 경비
② 외국에 있는 채권자가 외국에서 지급받으려는 경우에 지급하는 경비(재외공관 및 외국에 설치된 국가기관에 지급하는 경비 포함)
③ 여비
④ 그 밖에 규정한 절차에 따라 지출할 경우 업무수행에 지장을 가져올 우려가 있는 경비로서 기획재정부령으로 정하는 경비

2) 500만원을 초과할 수 있는 경우

다음 어느 하나에 해당하는 경우에는 500만원을 초과할 수 있다(시행규칙 제52조).

① 기업특별회계상 당해 사업에 직접 소요되는 경비
② 운영비 중 공과금 및 위원회참석비
③ 특수활동비 중 수사활동에 소요되는 경비
④ 안보비 중 정보활동에 소요되는 경비
⑤ 그 밖에 기획재정부장관이 정하는 경비

5. 반납

지출된 금액이 반납되는 경우에는 대통령령으로 정하는 바에 따라 각각 그 지출한 과목에 반납하여야 한다(국고금관리법 제29조)

이미 지출된 국고금을 해당 지출과목에 반납하려는 경우에는 해당 회계연도 말일까지 반납하여야 한다. 다만, 관서운영경비출납공무원이 교부받은 관서운영경비를 반납하는 경우에는 다음 회계연도 1월 20일까지 반납할 수 있다(시행령 제7조).

SECTION

05 해양경찰 홍보

Ⅰ. 서설

1. 홍보의 의의

해양경찰 홍보는 국민에게 해양경찰의 시책이나 해양경찰의 활동을 널리 알리는 활동을 말한다. 해양경찰의 시책이나 활동을 정확하게 전달함과 동시에 국민의 의견이나 요망을 파악해 해양경찰활동에 반영하는데 있다. 국민의 이해와 협력 없이는 해양경찰의 목적 달성이 관란하며, 홍보는 해양경찰과 국민을 연결하는 교량으로서 중요한 역할을 수행하고 있다.[12)]

2. 해양 경찰홍보 유형

<table>
<tr><td>협의의 홍보
(Public Relations)</td><td colspan="2">조직의 좋은 점을 일방적으로 알리는 활동, 선전</td></tr>
<tr><td>언론 관계
(Press Relations)</td><td colspan="2">기자들의 질의에 대응하는 소극적인 활동</td></tr>
<tr><td>지역공동체 관계
(Community Relations)</td><td>지역사회 문제해결을 위해 공동 노력하는 종합적인 활동이다.</td><td rowspan="3">종합적
활동</td></tr>
<tr><td>대중매체 관계
(Media Relations)</td><td>① 대중매체의 요구에 부응하는 종합적이고 적극적인 활동
② 전직 언론인 등 전문가를 채용하여 활용</td></tr>
<tr><td>기업 이미지식
해양 경찰 홍보</td><td>① 사설 경비업체와 경쟁, 경찰만이 치안유지의 독점적 기구가 아니라는 인식에서 출발
② 주민을 소비자로 보는 관점
③ 영 · 미를 중심으로 발달한 적극적인 홍보 활동</td></tr>
</table>

12) 순길태(2017). 해양경찰학개론, 대영문화사, p. 216.

3. 해양경찰의 홍보 전략

적극적 홍보전략	대중매체 이용	대중매체를 이용하는 전략으로 전직 언론인 등 전문가를 적극 활용
	공개주의: 비밀최소화 원칙	영국경찰의 '필요 최소한을 제외한 나머지를 모두 공개'하는 정책
	전 경찰의 홍보요원화	전 경찰관에게 언론 대응 교육을 실시하여 언론 대응 역량 향상
	총체적 홍보전략	홍보기능과 다른 기능과의 연계로 신속하게 언론 홍보
소극적 홍 보	대변인실 이용, 비밀주의 및 공개최소화 원칙, 언론접촉 규제, 홍보기능 고립	

Ⅱ. 언론중재 및 피해구제 등에 관한 법률

「정기간행물의 등록 등에 관한 법률」, 「방송법」등 각 개별법에 분산 규정되어 있던 언론피해 구제제도를 포괄하여 단일화하고, 언론보도로 침해된 국민의 권리구제를 확대하기 위하여 청구기간을 확대하며, 종전의 중재제도를 조정과 중재로 구분하고 중재위원회의 조정이나 중재 절차에 의하여도 손해배상을 받을 수 있게 하고, 언론의 자유와 독립에 상응한 언론의 사회적 책임을 분담하게 함으로써 공정한 여론형성과 언론의 공적 책임의 실현에 기여하도록 「언론중재 및 피해구제 등에 관한 법률」이 2005년에 시행되었다.

1. 개념(법 제2조)

언 론	방송, 신문, 잡지 등 정기간행물, 뉴스통신, 인터넷신문
방 송	「방송법」에 따른 텔레비전방송, 라디오방송, 데이터방송, 이동멀티미디어방송 ※ 「방송법」: 데이터방송은 방송사업자의 채널을 이용하여 데이터를 위주로 방송하는 것으로 인터넷을 이용한 경우를 제외하며, 이동멀티미디어방송은 이동중 수신을 주목적으로 텔레비전 · 라디오 · 데이터방송을 복합적으로 송신하는 방송을 말한다.
언론사	방송사업자, 신문사업자, 잡지 등 정기간행물사업자, 뉴스통신사업자, 인터넷신문사업자
사실적 주장	증거에 의하여 그 존재 여부를 판단할 수 있는 사실관계에 관한 주장
언론보도	언론의 사실적 주장에 관한 보도

정정보도	언론의 보도 내용의 전부 또는 일부가 진실하지 아니한 경우 이를 진실에 부합되게 고쳐서 보도하는 것(22 간부)
반론보도	언론의 보도 내용의 진실 여부에 관계없이 그와 대립되는 반박적 주장을 보도하는 것(22 간부)

2. 언론중재위원회(법 제7조)

언론등의 보도 또는 매개로 인한 분쟁의 조정·중재 및 침해사항을 심의하기 위하여 언론중재위원회를 둔다. 언론 중재위원회는 ① 중재부의 구성에 관한 사항, ② 중재위원회규칙의 제정·개정 및 폐지에 관한 사항, ③ 사무총장의 임명 동의, ④ 시정권고의 결정 및 그 취소결정, ⑤ 그 밖에 중재위원회 위원장이 회의에 부치는 사항 심의한다.

소속/성격	독립적, 준사법적
구 성	40-90인(중재시 5인 이내 중재부 구성) (22 간부)
위원장	위원장 1명, 부위원장 2명, 감사 2명, 각각 중재위원 중에서 호선
위 원	• 법관/변호사 자격 • 언론사 취재, 보도 업무 10년 이상 • 기타 언론에 학식, 경험 풍부 • 위원장 · 부위원장 · 감사 · 중재위원 모두 임기 3년(1차 연임만 가능) • 문화체육관광부장관이 위촉
의결정족수	재적위원 과반수의 출석과 출석위원 과반수의 찬성으로 의결
심의사항	보도 또는 매개로 인한 분쟁의 조정 · 중재, 침해사항 심의

3. 정정보도청구권(법 제14 · 15조)

청구 요건 (21 간부)	① 사실적 주장에 관한 언론보도 등이 진실하지 아니함으로 인하여 피해를 입은 자는 해당 보도를 안 날부터 3개월, 발생한지 6개월 이내에 청구 ② 피해자는 언론보도 등이 진실하지 아니하다는 증명책임을 부담한다(대판 2011. 9. 2. 2009다52649). ③ 언론사 등의 고의 · 과실이나 위법성을 필요로 하지 않는다. ④ 국가 · 지방자치단체, 기관 또는 단체의 장은 해당 업무에 대하여 그 기관 또는 단체를 대표하여 정정보도를 청구할 수 있다. ④ 「민사소송법」상 당사자능력이 없는 기관 또는 단체라도 하나의 생활단위를 구성하고 보도 내용과 직접적인 이해관계가 있을 때에는 그 대표자가 정정보도를 청구할 수 있다. (22 간부)

청구권 행사	① 청구는 언론사 등의 대표자에게 서면으로 하여야 한다. ② 언론보도 등의 내용, 정정을 청구하는 이유, 정정보도문을 명시하여야 한다. 다만, 인터넷신문 및 인터넷뉴스 서비스의 언론보도 등의 내용이 해당 인터넷 홈페이지를 통하여 계속 보도 중이거나 매개 중인 경우에는 그 내용의 정정을 함께 청구할 수 있다. ③ 언론사 등의 대표자는 수용 여부 통지를 3일 이내에 청구인에게 발송 ③ 청구를 수용할 때에는 지체 없이 피해자 또는 그 대리인과 정정보도의 내용 · 크기 등에 관하여 협의한 후, 그 청구를 받은 날부터 7일 내에 정정보도문을 방송하거나 게재(인터넷 신문 및 인터넷뉴스 서비스의 경우 해당 언론보도 등 내용의 정정을 포함)하여야 한다.
정정보도 거부사유	① 피해자가 정정보도청구권을 행사할 정당한 이익이 없는 경우 ② 청구된 정정보도의 내용이 명백히 사실과 다른 경우 ③ 청구된 정정보도의 내용이 명백히 위법한 내용인 경우 ④ 정정보도의 청구가 상업적인 광고만을 목적으로 하는 경우 ⑤ 청구된 정정보도의 내용이 국가 · 지방자치단체 또는 공공단체의 공개회의와 법원의 공개재판절차의 사실보도에 관한 것인 경우

4. 반론보도 및 추후보도 청구권(법 제16 · 17조)

1) 사실적 주장에 관한 언론보도 등으로 인하여 피해를 입은 자는 그 보도 내용에 관한 반론보도를 언론사 등에 청구할 수 있고, 반론보도 청구에는 언론사 등의 고의·과실이나 위법성을 필요로 하지 아니하며, 보도 내용의 진실 여부와 상관없이 그 청구를 할 수 있다.
2) 반론보도 청구에 관하여는 따로 규정된 것을 제외하고는 정정보도 청구에 관한 이 법의 규정을 준용한다.
3) 추후보도청구권은 특별한 사정이 있는 경우를 제외하고는 이 법에 따른 정정보도청구권이나 반론보도청구권의 행사에 영향을 미치지 아니한다. (22 간부)

5. 언론중재위원회의 조정(법 제18 · 19조)

정정보도청구 등과 관련하여 분쟁이 있는 경우 피해자 또는 언론사등은 중재위원회에 조정을 신청할 수 있다. 조정은 관할 중재부에서 하고, 관할구역을 같이 하는 중재부가 여럿일 경우에는 중재위원회 위원장이 중재부를 지정한다.

신 청	① 신청은 보도가 있음을 안 날부터 3월, 발생한지 6월내 구술, 서면, 전자문서로 함 ② 피해자가 먼저 언론사 등에 정정보도청구 등을 한 경우에는 협의가 불성립된 날(언론사 등이 청구를 거부한다는 문서를 피해자가 받은 날)부터 14일 이내에 하여야 한다.

절 차	① 조정은 관할 중재부에서 한다. ② 신청 접수일부터 14일 이내에 조정하여야 한다. ※ 협의 불성립일부터 14일내 신청, 신청 접수일부터 14일내 결정 ③ 신청인 2회 불출석시 취하로 간주하고, 언론사 2회 불출석시 합의로 간주한다. ④ 중재위원은 사실관계와 법률관계를 설명, 조언하거나 절충안을 제시, 합의 권유 가능 ⑤ 조정은 비공개 원칙 ⑥ 합의가 이루어지지 아니하거나 신청인의 주장이 이유 있다고 판단되는 경우 조정신청 접수일부터 21일 이내에 직권조정결정을 할 수 있다. 이에 불복하는 자는 결정정본을 송달받은 날부터 7일 이내에 이의신청할 수 있으며 이 경우 그 결정은 효력을 상실한다. ⑦ 조정에 의한 합의는 재판상 화해와 동일한 효력

6. 언론중재위원회의 중재(법 제24 · 25조)

당사자 양쪽은 정정보도청구 등 또는 손해배상의 분쟁에 관하여 중재부의 종국적 결정에 따르기로 합의하고 중재를 신청할 수 있다. 중재결정은 확정판결과 동일한 효력이 있다.

Ⅲ. 언론 홍보(해양경찰 인권보호 직무규칙)

1. 수사사건 언론공개의 기준(제62조)

경찰관은 원칙적으로 수사사건에 대하여 공판청구 전 언론공개를 하여서는 아니 된다.

공공의 이익 및 국민의 알권리를 보장하기 위해 다음에 해당하는 경우 해양경찰관서장의 승인을 받아 언론공개를 할 수 있다.

① 중요범인 검거 및 참고인·증거 발견을 위해 특히 필요하다고 인정되는 경우

② 국민의혹 또는 불안을 해소하거나 유사범죄 예방을 위해 특히 필요하다고 인정되는 경우

③ 그 밖에 공익을 위해 특히 필요하다고 인정되는 경우

언론공개를 하는 경우에도 객관적이고 정확한 증거 및 자료를 바탕으로 필요한 사항만 공개하여야 하고, 개인의 신상정보 등이 기록된 모든 서류 및 부책 등은 외부로 유출되지 않도록 보안관리 하여야 한다.

2. 수사사건 언론공개의 한계

1) 공개금지

언론공개를 할 때에도 다음에 해당하는 사항은 공개하지 않아야 한다(제63조).

① 범죄와 직접 관련이 없는 명예·사생활에 관한 사항
② 보복 당할 우려가 있는 사건관계인의 신원에 관한 사항
③ 범죄 수법 및 검거 경위에 관한 자세한 사항
④ 그 밖에 법령에 의하여 공개가 금지된 사항

초상권 침해 금지(제64조)	경찰관은 경찰관서 안에서 피의자, 피해자 등 사건관계인의 신원을 추정할 수 있거나 신분이 노출될 우려가 있는 장면이 촬영되지 않도록 하여야 한다.
예외적 촬영 허용(제65조)	경찰관은 「특정강력범죄의 처벌에 관한 특례법」 제8조의2 제1항 또는 「성폭력범죄의 처벌 등에 관한 특례법」 제23조 제1항에 해당하는 경우에는 피의자의 얼굴, 실명, 및 나이 등 신상에 관한 정보를 공개할 수 있다.

2) 신상정보 공개

검사와 사법경찰관은 요건을 모두 갖춘 특정강력범죄사건의 피의자의 얼굴, 성명 및 나이 등 신상에 관한 정보를 공개할 수 있다(특정강력범죄의 처벌에 관한 특례법 제8조의2).

피의자의 얼굴 등 공개(특정강력범죄의 처벌에 관한 특례법 제8조의2)	1. 범행수단이 잔인하고 중대한 피해가 발생한 특정강력범죄사건일 것 2. 피의자가 그 죄를 범하였다고 믿을 만한 충분한 증거가 있을 것 3. 국민의 알권리 보장, 피의자의 재범방지 및 범죄예방 등 오로지 공공의 이익을 위하여 필요할 것 4. 피의자가 「청소년 보호법」의 청소년에 해당하지 아니할 것
성폭력범죄의 처벌 등에 관한 특례법 제23조	법원 또는 수사기관이 성폭력범죄의 피해자, 성폭력범죄를 신고(고소·고발 포함)한 사람을 증인으로 신문하거나 조사하는 경우

SECTION

06 운영지원

Ⅰ. 보안관리

1. 의의

국가기밀이란 국가의 안전에 대한 중대한 불이익을 피하기 위하여 한정된 인원만이 알 수 있도록 허용되고 다른 국가 또는 집단에 대하여 비밀로 할 사실·물건 또는 지식으로서 국가 기밀로 분류된 사항만을 말한다(국가정보원법 제2조).

보안관리란 이러한 국가 기밀에 속하는 문서·자재·시설·지역 및 국가안전보장에 한정된 국가 기밀을 취급하는 인원에 대한 보호를 보안관리에 해당한다. 이와 관련하여 국가정보원은 정보 및 보안 업무의 기획·조정을 담당한다.

2. 보안업무의 원칙

한정의 원칙	① 보안에서 가장 기본적인 원칙, 알 사람만 알아야 한다는 원칙 ② 보안에서 가장 기본이 되는 중요한 원칙
부분화 원칙	한 번에 다량의 비밀이나 정보가 유출되지 않도록 하는 원칙
보안과 효율의 조화	보안과 업무효율은 반비례 관계이므로 양자의 조화 유지 필요

3. 문서 및 자재 보안

1) 법적 근거

문서 및 자재 보안의 법적 근거에는 ① 보안업무규정(대통령령), ② 보안업무규정 시행규칙(대통령 훈령), ③ 해양경찰청 보안업무 시행세칙(해양경찰청 훈령) 등이 있다.

2) 개념(보안업무규정 제2조)

비 밀	① 「국가정보원법」에 따른 국가기밀로서 보안업무규정에 따라 비밀로 분류된 것 ② 비밀은 중요성과 가치의 정도에 따라 Ⅰ · Ⅱ · Ⅲ급 비밀로 구분한다.
대외비	Ⅰ · Ⅱ · Ⅲ급 비밀 외에 직무상 특별히 보호가 필요한 사항
암호자재	비밀의 보호 및 정보통신 보안을 위하여 암호기술이 적용된 장치나 수단으로서 Ⅰ · Ⅱ · Ⅲ급 비밀 소통용 암호자재로 구분된다.

3) 비밀 구분(보안업무규정 제4조)

비밀은 그 중요성과 가치의 정도에 따라 다음과 같이 구분한다.

1급 비밀	누설될 경우 대한민국과 외교관계가 단절되고 전쟁을 일으키며, 국가의 방위계획 · 정보활동 및 국가방위에 반드시 필요한 과학과 기술의 개발을 위태롭게 하는 등의 우려가 있는 비밀
2급 비밀	누설될 경우 국가안전보장에 막대한 지장을 끼칠 우려가 있는 비밀
3급 비밀	누설될 경우 국가안전보장에 해를 끼칠 우려가 있는 비밀

4) 암호자재(보안업무규정 제7 · 8 · 10조)

국가정보원장은 암호자재를 제작하여 필요한 기관에 공급한다. 다만, 국가정보원장이 필요하다고 인정하는 암호자재의 경우 그 암호자재를 사용하는 기관은 국가정보원장이 인가하는 암호체계의 범위에서 암호자재를 제작할 수 있다(제7조).

암호자재를 사용하는 기관의 장은 사용기간이 끝난 암호자재를 지체 없이 그 제작기관의 장에게 반납하여야 한다(제7조).

제8조(비밀 · 암호자재의 취급) 비밀은 해당 등급의 비밀취급 인가를 받은 사람만 취급할 수 있으며, 암호자재는 해당 등급의 비밀 소통용 암호자재취급 인가를 받은 사람만 취급할 수 있다.

제10조(비밀 · 암호자재취급의 인가 및 인가해제) ① 비밀취급 인가권자는 비밀을 취급하거나 비밀에 접근할 사람에게 해당 등급의 비밀취급을 인가하고, 필요한 경우에는 인가 등급을 변경한다.

② 비밀취급 인가는 인가 대상자의 직책에 따라 필요한 최소한의 인원으로 제한하여야 한다.

③ 암호자재취급 인가권자는 비밀취급 인가를 받은 사람 중에서 암호자재취급이 필요한 사람에게 해당 등급의 비밀 소통용 암호자재취급을 인가하고, 필요한 경우에는 인가 등급을 변경한다. 이 경우 암호자재취급 인가 등급은 비밀취급 인가 등급보다 높을 수 없다.

④ 비밀취급 및 암호자재취급의 인가와 인가 등급의 변경 및 인가 해제는 문서로 하여야 하며, 직원의 인사기록사항에 그 사실을 포함하여야 한다.

5) 비밀분류 원칙(보안업무규정 제12조)

독립분류 원칙	그 자체의 내용과 가치에 따라 분류하여야 하며 다른 비밀과 관련하여 분류해서는 안 된다. • 지시문서가 II급이라고 해서 보고문서까지 II급으로 분류 → 독립분류 위반 • 상급부서가 하급부서에게 획일적으로 보고문서 비밀등급을 지시 → 독립분류 위반
과도 · 과소 분류금지 원칙	적절히 보호할 수 있는 최저등급으로 분류해야 한다는 원칙으로 3급 비밀로도 보호할 수 있다면 더 높은 2급 비밀로 분류해서는 안 된다는 의미이다.
외국(국제기구) 비밀 존중 원칙	외국으로부터 접수한 비밀은 생산기관이 필요로 하는 정도로 보호할 수 있도록 분류하여야 한다.

6) 비밀취급 인가(보안업무규정 제9조)

I급 비밀 및 I · II급 비밀 소통용 암호자재 취급 인가권자	① 대통령, 국무총리, 각 부 · 처의 장 등 ② 검찰총장
II · III급 비밀 및 III급 비밀 소통용 암호자재 취급 인가권자	① 중앙행정기관등인 청의 장, 지방자치단체의 장 ② 해양경찰청장, 해양경찰청장이 지정한 기관의 장
인가권의 위임 (해양경찰청 보안업무 시행세칙 제10조)	해양경찰청장은 다음 사람을 비밀 · 암호자재 취급 인가권자로 지정한다. 1. 해양경찰교육원장(해양경찰연구센터장 포함) 2. 중앙해양특수구조단장 3. 지방해양경찰청장 4. 해양경찰서장(서해 5도 특별경비단장 포함) 5. 해양경찰정비창장

7) 특별 인가(해양경찰청 보안업무 시행세칙 제12조)

해양경찰청 소속 경찰공무원(의무경찰 포함)은 임용과 동시에 II급 비밀 및 III급 비밀 소통용 암호자재 취급인가를 받는다.

8) 비밀의 보관(보안업무규정 시행규칙 제33 · 34조)(20 3차)

① 비밀은 일반문서나 암호자재와 혼합하여 보관하여서는 아니 된다.
② Ⅰ급 비밀은 반드시 금고에 보관하여야 하며, 다른 비밀과 혼합하여 보관하여서는 아니 된다.
③ Ⅱ급 비밀 및 Ⅲ급 비밀은 금고 또는 이중 철제캐비닛 등 잠금장치가 있는 안전한 용기에 보관하여야 하며, 보관책임자가 Ⅱ급 비밀 취급 인가를 받은 때에는 Ⅱ급 비밀과 Ⅲ급 비밀을 같은 용기에 혼합하여 보관할 수 있다.
④ 보관용기에 넣을 수 없는 비밀은 제한구역 또는 통제구역에 보관하는 등 그 내용이 노출되지 아니하도록 특별한 보호대책을 마련하여야 한다.
⑤ 비밀의 보관용기 외부에는 비밀의 보관을 알리거나 나타내는 어떠한 표시도 해서는 아니 된다.

9) 비밀 관리부철

비밀관리기록부 (보안업무 규정 제22조)	① 각급기관의 장은 비밀의 작성 · 분류 · 접수 · 발송 및 취급 등에 필요한 모든 관리사항을 기록하기 위하여 비밀관리기록부를 작성하여 갖추어 두어야 한다. 다만, Ⅰ급 비밀관리기록부는 따로 작성하여 갖추어 두어야 하며, 암호자재는 암호자재 관리기록부로 관리한다. ② 비밀관리기록부와 암호자재 관리기록부에는 모든 비밀과 암호자재에 대한 보안책임 및 보안관리 사항이 정확히 기록 · 보존되어야 한다.
보관 (시행규칙 제70조)	① 비밀접수증, 비밀열람기록전, 배부처는 비밀과 함께 철하여 보관 · 활용하고, 비밀의 보호기간이 만료되면 비밀에서 분리한 후 각각 편철하여 5년간 보관해야 한다. ② 비밀관리기록부, 비밀 접수 및 발송대장, 비밀대출부, 암호자재 관리기록부는 새로운 관리부철로 옮겨서 관리할 경우 기존 관리부철을 5년간 보관해야 한다. ③ 서약서는 서약서를 작성한 비밀취급인가자의 인사기록카드와 함께 철하여 인가 해제 시까지 보관하되, 인사기록카드와 함께 철할 수 없는 경우에는 별도로 편철하여 보관해야 한다. ④ 암호자재 증명서는 해당 암호자재를 반납하거나 파기한 후 5년간 보관해야 한다. ⑤ 암호자재 점검기록부는 최근 5년간의 점검기록을 보관해야 한다.

10) 비밀의 복제 · 복사 제한

비밀의 일부 또는 전부나 암호자재에 대해서는 모사(模寫) · 타자(打字) · 인쇄 · 조각 · 녹음 · 촬영 · 인화(印畵) · 확대 등 그 원형을 재현(再現)하는 행위를 할 수 없다. 다만, 다음 각 호의 구분에 따른 비밀의 경우에는 그러하지 아니하다(보안업무규정 제23조 제1항).

① **Ⅰ급 비밀:** 그 생산자의 허가를 받은 경우
② **Ⅱ급 비밀 및 Ⅲ급 비밀:** 그 생산자가 특정한 제한을 하지 아니한 것으로서 해

당 등급의 비밀취급 인가를 받은 사람이 공용(共用)으로 사용하는 경우

③ **전자적 방법으로 관리되는 비밀:** 해당 비밀을 보관하기 위한 용도인 경우

각급기관의 장은 보안 업무의 효율적인 수행을 위하여 필요하다고 인정되는 경우에는 해당 비밀의 보존기간 내에서 사본을 제작하여 보관할 수 있다(보안업무규정 제23조 제2항).

11) 비밀의 열람 등(보안업무규정)

열 람 (제24조)	① 인가자 중 업무상 직접 관계있는 사람만 열람 가능 ② 1급 비밀의 비인가자 열람시 미리 국정원장과 협의해야 하고, 2 · 3급 비밀의 비인가자 열람은 소속 기관장이 자체 보안조치를 마련해야 한다.
공 개 (제25조)	① 중앙행정기관의 장은 보안심사위원회 심의를 거쳐 비밀을 공개할 수 있다. ② 1급 비밀의 공개는 미리 국정원장과 협의하고 보안심사위원회 심의를 거쳐야 한다. ③ 공무원(공무원이었던)은 소속 기관장의 승인 없이 공개할 수 없다.
반 출 (제27조)	시설 밖으로 반출할 수 없으나 공무상 반출이 필요할 때에는 소속 기관장의 승인을 받아 반출 가능.

12) 보안심사위원회(보안업무규정 제3조의3)

중앙행정기관등에 비밀의 공개 등 해당 기관의 보안 업무 수행에 관한 중요 사항(신원특이자 심의, 비밀의 공개 등)을 심의하기 위하여 보안심사위원회를 둔다. 보안심사위원회의 구성·운영 등에 필요한 세부사항은 국가정보원장이 정한다.

4. 시설보안

보호지역 (시행규칙 제54조)	의의	각급기관의 장과 관리기관 등의 장은 인원, 문서, 자재, 시설의 보호를 위하여 보호지역을 설정할 수 있다.
	제한지역	비인가자 출입에 감시가 필요한 지역
	제한구역	비인가자 출입에 안내가 필요한 구역
	통제구역	비인가자 출입금지
설정장소 (시행세칙 제67조)	제한구역 (22 간부)	가. 기록관, 문서고, 발간실 나. 인사기록카드 보관시설(장소) 다. 중앙망관리센터 내 통합지휘무선통신망 및 정보보안 관제시스템 운용실

		라. 송수신소 마. 함정 및 항공대 바. 작전 · 경호 및 정보 · 보안 · 외사 업무 담당부서 전역 사. 중앙감시실(CCTV 감시 및 저장 장소) 아. 수상레저조정면허 발급실 자. 해상교통관제(VTS)센터와 레이더 사이트 및 중계소 차. 그 밖에 해양경찰청장이 필요하다고 인정한 곳
	통제구역	가. 을지연습 및 전시 종합상황실 나. 중앙망관리센터 내 통합지휘무선통신망 장비실 다. 보안실(암호취급소) 라. 무기고 및 탄약고 마. 종합상황실 바. 비밀발간실 사. 사이버보안 관제센터, 행정전산실 아. 백업센터 및 중요 정보통신시설을 집중 제어하는 국소 자. 그 밖에 해양경찰청장이 필요하다고 인정한 곳

Ⅱ. 문서관리(행정효율과 협업촉진에 관한 규정)

1. 개념(제3조)

공문서	행정기관에서 공무상 작성하거나 시행하는 문서(도면 · 사진 · 디스크 · 테이프 · 필름 · 슬라이드 · 전자문서 등의 특수매체기록 포함)와 행정기관이 접수한 모든 문서
서 명	기안자 · 검토자 · 협조자 · 결재권자[결재, 위임전결 또는 대결(代決)하는 자] 또는 발신명의인이 공문서(전자문서 제외)에 자필로 자기의 성명을 다른 사람이 알아 볼 수 있도록 한글로 표시하는 것
전자이미지서명	기안자 · 검토자 · 협조자 · 결재권자 또는 발신명의인이 전자문서상에 전자적인 이미지 형태로 된 자기의 성명을 표시하는 것
업무관리시스템	행정기관이 업무처리의 모든 과정을 과제관리카드 및 문서관리카드 등을 이용하여 전자적으로 관리하는 시스템
행정정보시스템	행정기관이 행정정보를 생산 · 수집 · 가공 · 저장 · 검색 · 제공 · 송신 · 수신하고 활용할 수 있도록 하드웨어 · 소프트웨어 · 데이터베이스 등을 통합한 시스템

2. 공문 서류(제4조)

민원문서	허가, 인가, 처분 등 특정행위를 요구하는 문서 및 그 처리문서
비치문서	행정기관 내부에 비치하면서 업무에 활용하는 대장, 카드 등
공고문서	고시, 공고 등 알리는 문서
법규문서	헌법 · 법률 · 대통령령 · 총리령 · 부령 · 조례 · 규칙 등에 관한 문서
일반문서	아래 다른 문서에 속하지 않는 모든 문서
지시문서	훈령 · 지시 · 예규 · 일일명령 등 행정기관이 그 하급기관이나 소속 공무원에 대하여 일정한 사항을 지시하는 문서

3. 문서의 성립과 효력 발생(제6조)

성 립	문서는 결재권자가 해당 문서에 서명(전자이미지서명, 전자문자서명 및 행정전자서명 포함)의 방식으로 결재함으로써 성립		
효 력	학설	표백주의	작성완료한 때 효력발생
		발신주의	상대방에 발송한 때 효력발생

	도달주의	상대방에 도달한 때 효력발생
	요지주의	상대방에 전달되어 그 내용을 알았을 때
시기	① 도달주의 원칙: 수신자에게 도달(전자문서는 수신자가 관리하거나 지정한 전자적 시스템 등에 입력되는 것)됨으로써 효력발생 ② 공고문서는 효력발생 시기를 구체적으로 밝히지 않을 경우 고시나 공고가 있은 날부터 5일 경과한 때 효력발생 ※ 공시송달: 공고일부터 14일 후 효력 징계 출석요구 관보게재: 게재일부터 10일 후 효력	

4. 공문서 작성 일반원칙(제7조)

① 문서는 한글로 작성하되, 괄호 안에 한자나 외국어를 함께 적을 수 있다.
② 문서는 간결하고 명확하게 표현하고, 약어와 전문용어의 사용을 피한다.
③ 문서에는 음성이나 영상정보 등이 수록되거나 연계된 바코드 등을 표기할 수 있다.
④ 숫자는 오름차순으로 표시하며, 상위항목부터 1, 가, 1), 가), (1), (가), ①, ㉮의 형태로 표시한다.
⑤ 문서는 특별한 사유가 없으면 가로 210mm, 세로 297mm의 직사각형 용지(A4)로 한다.
⑥ 본문 마지막 글자에서 한 글자 띄우고 "끝" 표시를 한다.
⑦ 기안문에서 발의자는 ★표시를, 보고자는 ◉표시를 한다.
⑧ 첨부되는 계산 · 통계 · 도표 등에 작성자의 책임을 밝힐 필요가 있으면 첨부물에도 작성자를 표시
⑨ 검토자나 협조자가 다른 의견을 표시하는 경우에는 직위나 직급 다음에 '(의견있음)'이라고 표시한다.
⑩ 결재권자의 서명란에는 서명날짜를 함께 표시한다.
⑪ 전결하는 사람은 전결자의 서명란에 '전결' 표시를 한 후 서명하고, 대결하는 사람은 대결자의 서명란에 '대결'이라고 표시한 후 서명한다.

5. 관인의 종류(제33조)

① 관인은 행정기관의 명의로 발신하거나 교부하는 문서에 사용하는 청인(廳印)과 행정기관의 장이나 보조기관의 명의로 발신하거나 교부하는 문서에 사용하는 직인(職印)으로 구분한다.
② 각급 행정기관은 다음 각 호의 구분에 따라 관인을 가진다.
1. 합의제기관은 청인을 가진다. 다만, 행정기관의 소관 사무에 관한 자문에 응하기 위하여 설립된 합의제기관은 필요한 경우에만 청인을 가진다.
2. 제1호 외의 기관은 그 기관장의 직인을 가진다.
3. 「정부조직법」 제6조 제2항에 따라 보조기관이 위임받은 사무를 행정기관으로서 처리하는 경우에는 그 사무 처리를 위하여 직인을 가진다.
4. 합의제기관의 장이 법령에 따라 합의제기관의 장으로서 사무를 처리하는 경우에는 그 사무 처리를 위하여 직인을 가질 수 있다.

③ 각급 행정기관은 전자문서에 사용하기 위하여 전자이미지관인을 가진다.

Ⅲ. 물품관리(물품관리법)

1. 총괄기관(법 제7조)

① 기획재정부장관은 물품관리의 제도와 정책에 관한 사항을 관장하며, 물품관리에 관한 정책의 결정을 위하여 필요하면 조달청장이나 각 중앙관서의 장으로 하여금 물품관리 상황에 관한 보고를 하게 하거나 필요한 조치를 할 수 있다.

② 조달청장은 각 중앙관서의 장이 수행하는 물품관리에 관한 업무를 총괄·조정한다.

③ 조달청장은 각 중앙관서의 장이 수행하는 물품관리에 관한 사항에 대하여 다음 각 호의 조치를 할 수 있다.

㉠ 각 중앙관서의 장이 수행하는 물품관리 상황에 관한 자료의 요구 및 감사의 실시

㉡ 각 중앙관서의 장이 수행하는 물품관리에 관한 모범사례 등 주요 사항의 관보게재

㉢ 불용(不用) 결정된 물품의 재활용촉진에 관한 조치

㉣ 그 밖에 물품관리에 필요한 사항으로서 대통령령으로 정하는 조치

④ 조달청장이 실시하는 물품관리 상황에 관한 감사는 실지감사(實地監査) 또는 서면감사(書面監査)의 방법으로 한다.

⑤ 조달청장은 감사 결과 부당하거나 위법한 사실이 있으면 해당 중앙관서의 장에게 대통령령으로 정하는 바에 따라 시정 요구 등의 조치를 하여야 한다.

⑥ 조달청장은 부당하거나 위법한 사실의 재발 방지를 위하여 필요하다고 인정하는 경우에는 시정 요구 등과 함께 책임있는 관계 공무원에 대한 주의 또는 징계 처분을 요구할 수 있다.

⑦ 요구를 받은 중앙관서의 장은 지체 없이 시정, 주의 또는 징계 처분 등 필요한 조치를 하고 그 결과를 조달청장에게 알려야 한다.

2. 물품의 관리(법 제8조에서 제12조)

각 중앙관서의 장(해양경찰청장)은 그 소관 물품을 관리한다.

1) 물품관리관

① 중앙관서의 장은 대통령령으로 정하는 바에 따라 그 소관 물품관리에 관한 사무를 소속 공무원에게 위임할 수 있고, 필요하면 다른 중앙관서의 소속 공무원에게 위임할 수 있다.
② 중앙관서의 장으로부터 물품관리에 관한 사무를 위임받은 공무원을 물품관리관(物品管理官)이라 한다.
③ 물품관리에 관한 사무의 위임은 특정한 직위를 지정하여 할 수 있다.

2) 물품출납공무원

① 물품관리관은 대통령령으로 정하는 바에 따라 그가 소속된 관서의 공무원에게 그 관리하는 물품의 출납(出納)과 보관에 관한 사무(출납명령에 관한 사무 제외)를 위임하여야 한다.
② 물품의 출납과 보관에 관한 사무를 위임받은 공무원을 물품출납공무원이라 한다.
③ 물품관리관이 그 사무를 위임하는 경우에는 특정한 직위를 지정하여 할 수 있다.

3) 물품운용관

① 물품관리관은 대통령령으로 정하는 바에 따라 그가 소속된 관서의 공무원에게 국가의 사무 또는 사업의 목적과 용도에 따라서 물품을 사용하게 하거나 사용 중인 물품의 관리에 관한 사무를 위임하여야 한다.
② 물품의 사용에 관한 사무를 위임받은 공무원을 물품운용관이라 한다.
③ 물품관리관이 그 사무를 위임하는 경우에는 특정한 직위를 지정하여 할 수 있다.

4) 관리기관의 분임 및 대리

① 각 중앙관서의 장은 물품관리관 사무의 일부를 분장하는 공무원(분임물품관리관)을, 물품관리관은 물품출납공무원 사무의 일부를 분장하는 공무원(분임물품출납공무원)을 대통령령으로 정하는 바에 따라 각각 둘 수 있다.
② 각 중앙관서의 장은 물품관리관이 부득이한 사유로 직무를 수행할 수 없을 때에는 그 사무를 대리하는 공무원을, 물품관리관은 물품출납공무원 또는 물품운용관이 부득이한 사유로 직무를 수행할 수 없을 때에는 그 사무를 대리하는 공무원을 대통령령으로 정하는 바에 따라 각각 지정할 수 있다.

Ⅳ. 개인정보 보호

1. 개인정보보호법

1) 개념(법 제2조)

개인정보	① 성명, 주민등록번호 및 영상 등을 통하여 개인을 알아볼 수 있는 정보 ② 해당 정보만으로는 특정 개인을 알아볼 수 없더라도 다른 정보와 쉽게 결합하여 알아볼 수 있는 정보. ③ ① 또는 ②을 가명처리에 따라 가명처리함으로써 원래의 상태로 복원하기 위한 추가 정보의 사용 · 결합 없이는 특정 개인을 알아볼 수 없는 정보
가명처리	개인정보의 일부를 삭제하거나 일부 또는 전부를 대체하는 등의 방법으로 추가 정보가 없이는 특정 개인을 알아볼 수 없도록 처리하는 것
처리	개인정보의 수집, 생성, 연계, 연동, 기록, 저장, 보유, 가공, 편집, 검색, 출력, 정정(訂正), 복구, 이용, 제공, 공개, 파기(破棄), 그 밖에 이와 유사한 행위
정보주체	처리되는 정보에 의하여 알아볼 수 있는 사람으로서 그 정보의 주체가 되는 사람
개인정보 파일	개인정보를 쉽게 검색할 수 있도록 일정한 규칙에 따라 체계적으로 배열하거나 구성한 개인정보의 집합물(集合物)
개인정보 처리자	업무를 목적으로 개인정보파일을 운용하기 위하여 스스로 또는 다른 사람을 통하여 개인정보를 처리하는 공공기관, 법인, 단체 및 개인 등
공공기관	① 국회, 법원, 헌법재판소, 중앙선거관리위원회의 행정사무를 처리하는 기관, 중앙행정기관(대통령 소속 기관과 국무총리 소속 기관 포함) 및 그 소속 기관, 지방자치단체 ② 그 밖의 국가기관 및 공공단체 중 대통령령으로 정하는 기관
영상정보 처리기기	일정한 공간에 지속적으로 설치되어 사람 또는 사물의 영상 등을 촬영하거나 이를 유 · 무선망을 통하여 전송하는 장치로서 대통령령으로 정하는 장치

2) 개인정보 보호 원칙(법 제3조)

① 개인정보처리자는 개인정보의 처리 목적을 명확하게 하여야 하고 그 목적에 필요한 범위에서 최소한의 개인정보만을 적법하고 정당하게 수집하여야 한다.
② 개인정보처리자는 개인정보의 처리 목적에 필요한 범위에서 적합하게 개인정보를 처리하여야 하며, 그 목적 외의 용도로 활용하여서는 아니 된다.
③ 개인정보처리자는 개인정보의 처리 목적에 필요한 범위에서 개인정보의 정확성, 완전성 및 최신성이 보장되도록 하여야 한다.

④ 개인정보처리자는 개인정보의 처리 방법 및 종류 등에 따라 정보주체의 권리가 침해받을 가능성과 그 위험 정도를 고려하여 개인정보를 안전하게 관리하여야 한다.
⑤ 개인정보처리자는 개인정보 처리방침 등 개인정보의 처리에 관한 사항을 공개하여야 하며, 열람청구권 등 정보주체의 권리를 보장하여야 한다.
⑥ 개인정보처리자는 정보주체의 사생활 침해를 최소화하는 방법으로 개인정보를 처리하여야 한다.

3) 정보주체의 권리와 국가 등의 책무

정보주체는 자신의 개인정보 처리와 관련하여 다음의 권리를 가진다(법 제4조).
① 개인정보의 처리에 관한 정보를 제공받을 권리
② 개인정보의 처리에 관한 동의 여부, 동의 범위 등을 선택하고 결정할 권리
③ 개인정보의 처리 여부를 확인하고 개인정보에 대하여 열람(사본의 발급 포함)을 요구할 권리
④ 개인정보의 처리 정지, 정정·삭제 및 파기를 요구할 권리
⑤ 개인정보의 처리로 인하여 발생한 피해를 신속하고 공정한 절차에 따라 구제받을 권리

국가와 지방자치단체는 개인정보의 목적 외 수집, 오용·남용 및 무분별한 감시·추적 등에 따른 폐해를 방지하여 인간의 존엄과 개인의 사생활 보호를 도모하기 위한 시책을 강구하여야 하고, 정보주체의 권리를 보호하기 위하여 법령의 개선 등 필요한 시책을 마련하여야 한다(법 제5조).

4) 개인정보의 목적 외 이용 · 제공 제한(법 제18조)

개인정보처리자는 개인정보 범위를 초과하여 이용하거나 범위를 초과하여 제3자에게 제공하여서는 아니 된다. 개인정보처리자는 특정한 경우에 정보주체 또는 제3자의 이익을 부당하게 침해할 우려가 있을 때를 제외하고는 개인정보를 목적 외의 용도로 이용하거나 이를 제3자에게 제공할 수 있다.

① 개인정보처리자는 다음의 어느 하나에 해당하는 경우에는 정보주체 또는 제3자의 이익을 부당하게 침해할 우려가 있을 때를 제외하고는 개인정보를 목적 외의 용도로 이용하거나 이를 제3자에게 제공할 수 있다. 다만, 이용자의 개인정보를 처리하는 정보통신서비스 제공자의 경우 제1호 · 제2호의 경우로 한정하고, 제5호부터 제9호까지의 경우는 공공기관의 경우로 한정한다. (19 간부)
1. 정보주체로부터 별도의 동의를 받은 경우(19 간부)
2. 다른 법률에 특별한 규정이 있는 경우

3. 정보주체 또는 그 법정대리인이 의사표시를 할 수 없는 상태에 있거나 주소불명 등으로 사전 동의를 받을 수 없는 경우로서 명백히 정보주체 또는 제3자의 급박한 생명, 신체, 재산의 이익을 위하여 필요하다고 인정되는 경우
4. 삭제 〈2020. 2. 4.〉
5. 개인정보를 목적 외의 용도로 이용하거나 이를 제3자에게 제공하지 아니하면 다른 법률에서 정하는 소관 업무를 수행할 수 없는 경우로서 보호위원회의 심의 · 의결을 거친 경우
6. 조약, 그 밖의 국제협정의 이행을 위하여 외국정부 또는 국제기구에 제공하기 위하여 필요한 경우
7. 범죄의 수사와 공소의 제기 및 유지를 위하여 필요한 경우(19 간부)
8. 법원의 재판업무 수행을 위하여 필요한 경우
9. 형(刑) 및 감호, 보호처분의 집행을 위하여 필요한 경우

② 개인정보처리자는 동의를 받을 때에는 다음의 사항을 정보주체에게 알려야 한다. 다음의 어느 하나의 사항을 변경하는 경우에도 이를 알리고 동의를 받아야 한다.

1. 개인정보를 제공받는 자
2. 개인정보의 이용 목적(제공 시에는 제공받는 자의 이용 목적을 말한다)
3. 이용 또는 제공하는 개인정보의 항목
4. 개인정보의 보유 및 이용 기간(제공 시에는 제공받는 자의 보유 및 이용 기간을 말한다)
5. 동의를 거부할 권리가 있다는 사실 및 동의 거부에 따른 불이익이 있는 경우에는 그 불이익의 내용

5) 개인정보의 파기와 민감정보의 처리 제한

개인정보처리자는 보유기간의 경과, 개인정보의 처리 목적달성 등 그 개인정보가 불필요하게 되었을 때에는 지체없이 그 개인정보를 파기하여야 한다. 다만, 다른 법령에 따라 보존하여야 하는 경우에는 그러하지 아니하고, 개인정보를 파기할 때에는 복구 또는 재생되지 아니하도록 조치하여야 한다(법 제21조). (19 간부)

개인정보처리자는 사상·신념, 노동조합·정당의 가입·탈퇴, 정치적 견해, 건강, 성생활 등에 관한 정보, 그 밖에 정보주체의 사생활을 현저히 침해할 우려가 있는 개인정보로서 대통령령으로 정하는 정보(민감정보)를 처리하여서는 아니 된다. 다만, 다음의 어느 하나에 해당하는 경우에는 그러하지 아니하다(법 제23조).

① 정보주체에게 알리고 다른 개인정보의 처리에 대한 동의와 별도로 동의를 받은 경우

② 법령에서 민감정보의 처리를 요구하거나 허용하는 경우

개인정보처리자가 민감정보를 처리하는 경우에는 그 민감정보가 분실·도난·유출·위조·변조 또는 훼손되지 아니하도록 안전성 확보에 필요한 조치를 하여야 한다.

6) 금지행위(법 제59조) (19 간부)

개인정보를 처리하거나 처리하였던 자는 다음의 어느 하나에 해당하는 행위를 하여서는 아니 된다.

① 거짓이나 그 밖의 부정한 수단이나 방법으로 개인정보를 취득하거나 처리에 관한 동의를 받는 행위
② 업무상 알게 된 개인정보를 누설하거나 권한 없이 다른 사람이 이용하도록 제공하는 행위
③ 정당한 권한 없이 또는 허용된 권한을 초과하여 다른 사람의 개인정보를 훼손, 멸실, 변경, 위조 또는 유출하는 행위

2. 해양경찰 소관 법령에서의 개인정보보호

1) 수상레저안전법 시행령 제39조의2(민감정보 및 고유식별정보의 처리)

해양경찰청장(해양경찰청장의 권한을 대행하는 기관이나 단체 포함), 해양경찰서장, 시·도지사 또는 시장·군수·구청장은 사무를 수행하기 위하여 불가피한 경우 「개인정보 보호법」에 따른 건강에 관한 정보나 주민등록번호 또는 외국인등록번호가 포함된 자료를 처리할 수 있다.

2) 수상구조사의 결격사유 관련 개인정보

(1) 수상에서의 수색구조 등에 관한 법률 제30조의3

개인정보를 가지고 있는 기관 중 대통령령으로 정하는 기관의 장은 수상구조사의 결격사유와 관련이 있는 개인정보를 해양경찰청장에게 통보하여야 한다. 해양경찰청장에게 통보하여야 하는 개인정보의 내용, 통보방법 및 그 밖에 개인정보의 통보에 필요한 사항은 대통령령으로 정한다.

(2) 수상에서의 수색구조 등에 관한 법률 시행령 제30조의9(개인정보의 통보)

대통령령으로 정하는 기관의 장이란 ① 보건복지부장관, ② 병무청장, ③ 특별시장·광역시장·도지사 및 특별자치도지사 또는 시장·군수·구청장(자치구의 구청장), ④ 해군참모총장, 공군참모총장, 육군의 각 군사령관 및 국군의무사령관, ⑤ 「정신건강증진 및 정신질환자 복지서비스 지원에 관한 법률」에 따른 정신의료기관의 장

을 말한다.

해양경찰청장에게 통보해야 하는 개인정보는 수상구조사의 결격사유와 관련된 개인정보이고, 위 기관장은 개인정보를 6개월마다 한 번 이상 해양경찰청장에게 통보해야 한다.

3) 연안사고 예방에 관한 법률 시행령 제12조(고유식별정보의 처리)

해양경찰청장(해양경찰청장의 사무를 위탁받은 자 포함), 지방해양경찰청장 또는 해양경찰서장은 사무를 수행하기 위하여 불가피한 경우 「개인정보 보호법 시행령」에 따른 주민등록번호 또는 외국인등록번호가 포함된 자료를 처리할 수 있다.

연습문제 CHAPTER 07 해양경찰 기획 · 운영론

01 다음 〈박스〉 중 매슬로(Maslow)의 5단계 욕구 이론에 대한 설명으로 옳지 않은 것은 모두 몇 개인가? 21 하반기

> ㉠ 제안제도, 고충처리 상담은 사회적 욕구의 충족과 관련된다.
> ㉡ 공정하고 합리적인 승진, 공무원 단체의 활용은 자기실현욕구와 관련된다.
> ㉢ 포상제도, 권한의 위임, 참여확대는 존경욕구와 관련된다.
> ㉣ 신분보장, 연금제도는 안전욕구와 관련된다.

① 1개 ② 2개
③ 3개 ④ 4개

해설 ㉠은 제안제도는 존경욕구, 고충상담은 사회적 욕구와 관련된다. 틀린 것은 1개이다.

정답 ①

02 공직분류의 방식에는 크게 계급제와 직위분류제가 있다. 다음의 설명 중 직위분류제와 관련 있는 것으로 묶은 것은? 20 간부

> ㉠ 직무의 종류, 난이도, 책임에 따라 직급이 같더라도 서로 다른 보수를 받고 권한과 책임의 영역을 명확하게 하는 제도이다.
> ㉡ 직무에 보임하고 있는 공무원의 자격 및 신분을 중심으로 계급을 만드는 제도이다.
> ㉢ 사람중심의 분류방법이다.
> ㉣ 직무중심의 분류방법이다.
> ㉤ 개방형 충원방식이다.
> ㉥ 폐쇄형 충원방식이다.

① ㉡, ㉣, ㉤ ② ㉠, ㉣, ㉤
③ ㉠, ㉢, ㉤ ④ ㉠, ㉢, ㉥

해설 ㉠, ㉣, ㉤이 직위분류제와 관련이 있다.

정답 ②

03 다음은 성립과정을 중심으로 예산의 종류를 설명한 것이다. 괄호 안의 내용과 관련하여 설명이 가장 올바른 것은? 19 3차

> (㉠)은(는) 최초로 편성되어 국회에 제출된 후 국회에서 의결을 통해 확정된 예산
> (㉡)은(는) 행정부가 예산안을 국회에 제출한 이후 성립 · 확정되기 전에 예산안의 일부내용을 변경하여 다시 국회에 제출한 예산
> (㉢)은(는) 예산이 확정된 이후에 생긴 사유로 인해 이미 성립한 예산에 변경을 가한 예산
> (㉣)은(는) 회계연도 개시 전까지 예산이 성립하지 못한 경우, 당초 연도 예산이 국회에서 의결될 때까지 전년도에 준해서 임시로 지출하는 예산

① ㉠은 준예산에 대한 설명이다.
② ㉡은 해당부처에서 별도의 심의절차 없이 대통령의 승인만을 얻어 국회에 제출한다.
③ 우리나라는 ㉢을 편성한 경우가 있다.
④ ㉣은 국회에서 예산 확정되기 전까지 지출목적과 용도에 관계없이 사용할 수 있다.

해설 ㉠ 본예산, ㉡ 수정예산, ㉢ 추가경정예산, ㉣ 준예산

정답 ③

04 다음 〈박스〉 중 「국가재정법(시행령 포함)」상 예산안의 편성절차에 대한 설명으로 옳지 않은 것은 모두 몇 개인가? 21 하반기

> ㉠ 해양경찰청장은 매년 1월 31일까지 다음 회계연도부터 5회계연도 이상의 기간 동안의 신규사업 및 기획재정부장관이 정하는 주요 계속사업에 대한 중기사업계획서를 기획재정부장관에게 제출하여야 한다.
> ㉡ 기획재정부장관은 국회의 심의를 거쳐 대통령의 승인을 얻은 다음 연도의 예산안편성지침을 매년 3월 31일까지 해양경찰청장에게 통보하여야 한다.
> ㉢ 해양경찰청장은 예산안편성지침에 따라 그 소관에 속하는 다음 연도의 세입세출예산 · 계속비 · 명시이월비 및 국고채무부담행위 요구서를 작성하여 매년 5월 31일까지 기획재정부장관에게 제출하여야 한다.
> ㉣ 기획재정부장관은 예산요구서에 따라 예산안을 편성하여 국무회의의 심의를 거친 후 대통령의 승인을 얻어야 한다.
> ㉤ 정부는 대통령의 승인을 얻은 예산안을 회계연도 개시 120일 전까지 국회에 제출하여야 한다.

① 없음 ② 1개
③ 2개 ④ 3개

해설 ㉠, ㉡이 틀림. ㉠은 "다음 회계연도부터 5회계연도 이상"이 아니라 "해당 회계연도부터 5회계연도 이상"이어야 한다. ㉡은 "국회의 심의를 거쳐 대통령의 승인"이 아니라 "국무회의의 심의를 거쳐 대통령의 승인"이 맞다(국가재정법 제28조 · 제29조 참조).

정답 ③

05 다음 중 예산제도에 대한 설명으로 가장 옳은 것은? 22 간부

① 품목별 예산제도(LIBS)는 정부 정책이나 계획수립을 용이하게 하며, 입법부의 예산심의를 간편하게 하는 장점이 존재한다.

② 계획예산제도(PPBS)는 예산을 품목별로 분류하는 방식으로 행정책임의 소재와 회계책임에 대한 감독부서 및 국회의 통제가 용이하도록 하기 위한 제도이다.

③ 자본예산제도는 세입과 세출을 경상적인 것과 자본적인 것으로 나누어 경상적 지출은 경상적 수입으로 충당하고, 자본적 지출은 공채 발행 등의 차입으로 충당하는 복식예산제도의 일종이다.

④ 영기준예산제도(ZBB)가 예산편성에 관련된 입법적인 과정이라면, 일몰법은 예산에 관한 심의, 통제를 위한 행정적인 과정으로 평가할 수 있다.

해설

정답 ③

06 다음 중 「보안업무규정 시행규칙」상 비밀의 보관에 관한 내용으로 가장 옳지 않은 것은? 20 3차

① 비밀은 일반문서나 암호자재와 혼합하여 보관하여서는 아니 되며, 비밀의 보관용기 외부에는 비밀의 보관을 알리거나 나타내는 어떠한 표시도 해서는 아니 된다.

② 보관용기에 넣을 수 없는 비밀은 제한구역 또는 통제구역에 보관하는 등 그 내용이 노출되지 아니하도록 특별한 보호대책을 마련하여야 한다.

③ Ⅰ급 비밀은 반드시 금고에 보관하여야 하며, 다른 비밀과 혼합하여 보관하는 경우 구별이 쉽도록 분리하여 보관한다.

④ Ⅱ급 비밀 및 Ⅲ급 비밀은 금고 또는 이중 철제캐비닛 등 잠금장치가 있는 안전한 용기에 보관하여야 하며, 보관책임자가 Ⅱ급 비밀 취급 인가를 받은 때에는 Ⅱ급 비밀과 Ⅲ급 비밀을 같은 용기에 혼합하여 보관할 수 있다.

해설 제33조(보관기준) ② Ⅰ급 비밀은 반드시 금고에 보관하여야 하며, 다른 비밀과 혼합하여 보관하여서는 아니 된다.

정답 ③

07 다음 중 「언론중재 및 피해구제 등에 관한 법률」상 사실적 주장에 관한 언론보도등이 진실하지 아니함으로 인하여 피해를 입은 자가 그 내용에 관한 정정보도를 청구할 수 있는 기간으로 가장 적절한 것은? 21 간부

① 언론보도 등이 있음을 안 날부터 10일 이내, 언론보도 등이 있은 후 1개월 이내
② 언론보도 등이 있음을 안 날부터 1개월 이내, 언론보도 등이 있은 후 2개월 이내
③ 언론보도 등이 있음을 안 날부터 2개월 이내, 언론보도 등이 있은 후 4개월 이내
④ 언론보도 등이 있음을 안 날부터 3개월 이내, 언론보도 등이 있은 후 6개월 이내

해설 법 제14조(정정보도 청구의 요건) ① 사실적 주장에 관한 언론보도 등이 진실하지 아니함으로 인하여 피해를 입은 자는 해당 언론보도 등이 있음을 안 날부터 3개월 이내에 정정보도를 청구할 수 있다. 다만, 해당 언론보도 등이 있은 후 6개월이 지났을 때에는 그러하지 아니하다.

정답 ④

08 다음 〈박스〉는 「해양경찰청 보안업무시행세칙」에서 정의하고 있는 보호구역이다. 이 중 제한구역에 해당하는 것은 모두 몇 개인가? 22 간부

㉠ 함정 및 항공대	㉡ 해상교통관제센터
㉢ 인사기록카드 보관시설(장소)	㉣ 종합상황실
㉤ 사이버보안 관제센터	㉥ 송 · 수신소
㉦ 중앙감시실(CCTV 감시 및 저장 장소)	㉧ 비밀발간실

① 3개　② 4개
③ 5개　④ 6개

해설 제한구역은 ㉠ 함정 및 항공대, ㉡ 해상교통관제센터, ㉢ 인사기록카드 보관시설(장소), ㉥ 송 · 수신소, ㉦ 중앙감시실(CCTV 감시 및 저장 장소) 5개이다.

정답 ③

해양경찰 통제

SECTION

01 서설

Ⅰ. 통제의 필요성과 기본요소

1. 해양경찰 통제의 필요성

해양경찰 통제란 해양경찰 조직과 활동을 체크하고 감시함으로써 해양경찰 조직과 해양경찰활동의 적정을 도모하기 위한 제도적 장치 또는 활동을 총칭한다.

1) 해양경찰의 민주적 운용

「해양경찰법」제1조에서 해양주권을 수호하고 해양 안전과 치안 확립을 위하여 민주적이고 효율적인 운영을 표방하고 있다. 이는 해양경찰의 기본이념에 해당한다. 민주적으로 운영되어야 하기 때문에 해양경찰통제가 필요하다.

2) 정치적 중립성 확보

해양경찰의 공정한 법집행을 위해서는 정치적으로 중립적일 필요성이 있다. 특정 정당의 이익이나 이념을 위해서 활동해서는 아니 된다.

이에 대한 법률 규정으로 "해양경찰위원회 위원은 해양수산부장관의 제청으로 국무총리를 거쳐 대통령이 임명한다. 이 경우 해양수산부장관은 위원 임명을 제청할 때 해양경찰의 정치적 중립이 보장되도록 하여야 한다(해양경찰법 제6조)"고 의무를 규정하고 있다.

3) 법치주의의 확립

해양경찰활동은 법이 부여한 직무권한이 행사되어야 한다. 이에 대한 통제가 필요하다.

4) 인권보호

해양경찰활동은 개인의 인권과 직결되는 부분이 상당수 존재한다. 인권침해를 방지하기 위하여 해양경찰통제가 필요하다.

5) 조직 자체의 부패 방치

해양경찰 조직 자체의 부패를 방지하고 건전성을 유지하기 위하여 외부통제와 내부통제가 필요하다.

2. 해양경찰 통제의 기본요소

권한의 분산, 공개, 참여, 책임, 환류가 있다. (22 간부)

권한의 분산	① 수사권 조정으로 강화된 해양경찰권에 대하여 수사국장의 지휘감독과 외부임용 ② 중앙조직과 지방조직간의 권한 분산, 상급자와 하급자간의 권한 분산 등
공 개	① 정보공개는 행정통제의 근본이다. ② 행정기관의 정보공개는 「공공기관의 정보공개에 관한 법률」에 근거
참 여	① 종래 행정은 절차적 권리 보호에 소홀하였다. ② 「행정절차법」에 의하여 행정참여 보장 및 행정의 공정성, 투명성, 신뢰성을 확보하고, 해양경찰위원회의 간접적 참여장치가 있음.
책 임	① 책임(Responsibility): 해양경찰관 개인의 위법행위나 비위에 대한 형사 · 민사 · 징계 책임 ② 책무(Accountability): 해양경찰기관의 행정에 대해서 조직으로서 지는 책임을 져야 할 경우가 있음
환 류	해양경찰활동의 적정여부를 환류를 통하여 조직발전으로 연결시켜야 한다.

Ⅱ. 정보공개와 행정절차 및 부패방지

1. 공공기관의 정보공개에 관한 법률

1) 개념(법 제2조)

(1) 정보와 공개

① **정보:** 공공기관이 직무상 작성 또는 취득하여 관리하고 있는 문서(전자문서를 포함) 및 전자매체를 비롯한 모든 형태의 매체 등에 기록된 사항을 말한다.

② **공개:** 공공기관이 이 법에 따라 정보를 열람하게 하거나 그 사본·복제물을 제공하는 것 또는 「전자정부법」에 따른 정보통신망을 통하여 정보를 제공하는 것 등을 말한다.

(2) 공공기관

국가기관과 지방자치단체에 한정하지 않고, 공공기관, 지방공사, 지방공단을 포함하고 대통령령에 정하는 기관을 말한다.

① 국가기관
- 국회, 법원, 헌법재판소, 중앙선거관리위원회
- 중앙행정기관(대통령 소속 기관과 국무총리 소속 기관 포함) 및 그 소속 기관
- 「행정기관 소속 위원회의 설치 · 운영에 관한 법률」에 따른 위원회

② 지방자치단체
③ 「공공기관의 운영에 관한 법률」 제2조에 따른 공공기관
④ 「지방공기업법」에 따른 지방공사 및 지방공단
⑤ 그 밖에 대통령령으로 정하는 기관 (공개 기관은 국가기관, 지방자치단체에 한정 되지 않음)

2) 공공기관의 의무

공공기관의 의무(법 제6조)	① 행정안전부장관은 통합정보공개시스템을 구축 · 운영하여야 한다. ② 공공기관(국회 · 법원 · 헌법재판소 · 중앙선거관리위원회 제외)이 정보공개시스템을 구축하지 아니한 경우에는 행정안전부장관이 운영하는 통합정보공개시스템을 통하여 정보공개 청구 등을 처리하여야 한다. ⑤ 공공기관은 소속 공무원 또는 임직원 전체를 대상으로 이 법 및 정보공개 제도 운영에 관한 교육을 실시하여야 한다.

담당자의 의무(법 제6조의2)	공공기관의 정보공개 담당자(정보공개 청구 대상 정보와 관련된 업무 담당자 포함)는 정보공개 업무를 성실하게 수행하여야 하며, 공개 여부의 자의적인 결정, 고의적인 처리 지연 또는 위법한 공개 거부 및 회피 등 부당한 행위를 하여서는 아니 된다.

3) 비공개 대상 정보

(1) 원칙

공공기관 정보는 국민 알권리를 위하여 적극적으로 공개하여야 한다(법 제3조). (20 3차)

(2) 부분공개

공개 청구한 정보가 비공개 대상 정보와 공개 가능한 부분이 혼합되어 있는 경우, 두 부분을 분리할 수 있는 경우에는 비공개 대상 정보를 제외하고 공개하여야 한다(법 제14조).

(3) 비공개 대상정보(법 제9조)

① 공공기관이 보유 · 관리하는 정보는 공개 대상이 된다. 다만, 다음 각 호의 어느 하나에 해당하는 정보는 공개하지 아니할 수 있다.

1. 다른 법령에서 비밀이나 비공개 사항으로 규정
2. 국가안전보장, 국방, 통일, 외교에 관한 사항
3. 국민의 생명 · 신체 · 재산(생신재)의 보호에 관한 사항
4. 진행 중인 재판에 관련, 범죄의 예방 · 수사, 공소 제기 · 유지, 형의 집행 · 교정, 보안처분에 관한 사항으로 공개될 경우 직무수행 곤란, 공정한 재판 침해 우려 있는 정보
5. 감사, 감독, 기술개발, 인사관리 등에 관하여 의사결정이나 검토 과정에 있는 사항. 이 경우 의사결정 과정 또는 내부검토 과정의 단계 및 종료 예정일을 안내하여야 하며, 의사결정 과정 및 내부검토 과정이 종료되면 청구인에게 이를 통지하여야 한다.
6. 성명, 주민번호 등 개인정보 사항. 다만, 다음 사항은 제외(공개 가능)
   가. 법령에서 정하는 바에 따라 열람할 수 있는 정보
   나. 공공기관이 공표를 목적으로 작성하거나 취득한 정보로서 사생활의 비밀 또는 자유를 부당하게 침해하지 아니하는 정보
   다. 공공기관이 작성하거나 취득한 정보로서 공개하는 것이 공익이나 개인의 권리 구제를 위하여 필요하다고 인정되는 정보
   라. 직무를 수행한 공무원의 성명 · 직위
   마. 공개하는 것이 공익을 위하여 필요한 경우로서 법령에 따라 국가 또는 지방자치단체가 업무의 일부를 위탁 또는 위촉한 개인의 성명 · 직업

7. 경영 · 영업상 비밀에 관한 사항
8. 부동산 투기, 매점매석 등이 우려되는 사항

② 공공기관은 비공개 대상 정보가 기간의 경과 등으로 인하여 비공개의 필요성이 없어진 경우에는 그 정보를 공개 대상으로 하여야 한다.

③ 공공기관은 해당 공공기관의 업무 성격을 고려하여 비공개 세부 기준을 수립하고 이를 정보통신망을 활용한 정보공개시스템 등을 통하여 공개하여야 한다.

④ 공공기관(국회 · 법원 · 헌법재판소 및 중앙선거관리위원회 제외)은 비공개 세부 기준이 비공개 정보 대상 각 호의 비공개 요건에 부합하는지 3년마다 점검하고 필요한 경우 비공개 세부 기준을 개선하여 그 점검 및 개선 결과를 행정안전부장관에게 제출하여야 한다.

4) 정보공개 절차

(1) 청구권자(20 3차)

모든 국민은 정보의 공개를 청구할 권리를 가진다(법 제5조).

정보공개를 청구할 수 있는 외국인은 다음 어느 하나에 해당하는 자로 한다(시행령 제3조).

① 국내에 일정한 주소를 두고 거주하거나 학술·연구를 위하여 일시적으로 체류하는 사람

② 국내에 사무소를 두고 있는 법인 또는 단체

(2) 청구방법과 정보공개 불복절차

청구인은 해당 정보를 보유하거나 관리하고 있는 공공기관에 정보공개 청구서를 제출하거나 말로써 정보의 공개를 청구할 수 있다. 말로써 정보의 공개를 청구할 때에는 담당 공무원 또는 담당 공무원 앞에서 진술하여야 하고, 담당 공무원은 정보공개 청구조서를 작성하여 이에 청구인과 함께 기명날인하거나 서명하여야 한다(법 제10조).

정보공개 결정 및 불복절차 (법 제11 · 18조)	① 청구를 받은 날부터 10일 이내에 공개 여부를 결정하여야 한다. 부득이한 경우 그 기간이 끝나는 날의 다음 날부터 기산(起算)하여 10일의 범위에서 연장할 수 있다. (21 간부) ② 공공기관으로부터 정보공개 여부의 결정 통지를 받은 날 또는 정보공개 청구 후 20일이 경과한 날부터 30일 이내에 해당 공공기관에 문서로 이의신청을 할 수 있다. (21 간부) ③ 이의신청이 있는 경우에는 심의회를 개최하여야 한다. 다만, 다음의 경우에는 심의회를 개최하지 아니할 수 있다. 그 사유를 청구인에게 통지해야 한다. 1. 심의회의 심의를 이미 거친 사항

	2. 단순 · 반복적인 청구 3. 법령에 따라 비밀로 규정된 정보에 대한 청구 ④ 공공기관은 이의신청을 받은 날부터 7일 이내에 그 이의신청에 대하여 결정하여야 하고, 부득이한 경우 7일의 범위에서 연장할 수 있다. ⑤ 공공기관은 이의신청을 각하 또는 기각하는 결정을 한 경우, 행정심판 또는 행정소송을 제기할 수 있다는 사실을 결과 통지와 함께 알려야 한다. ⑥ 결정에 대하여 불복이 있거나 정보공개 청구 후 20일이 경과하도록 정보공개 결정이 없는 때에는 이의신청 절차를 거치지 아니하고 행정심판을 청구할 수 있다. (20 3차)
제3자의 비공개 요청 및 불복절차 (법 제21조)	① 공공기관은 공개 청구된 정보가 제3자와 관련이 있다고 인정할 때에는 그 사실을 제3자에게 지체없이 통지하여야 하며, 그의 의견을 들을 수 있다. ② 통지를 받은 제3자는 통지를 받은 날부터 3일 이내에 자신과 관련된 정보를 공개하지 아니할 것을 요청할 수 있다. ③ 제3자의 비공개 요청에도 불구하고 공공기관이 공개 결정한 경우, 제3자는 통지를 받은 날부터 7일 이내에 해당 공공기관에 문서로 이의신청을 하거나 행정심판 또는 행정소송을 제기할 수 있다. ④ 공공기관은 제3자의 비공개 요청에도 불구하고 공공기관이 공개 결정할 경우에는 공개 결정일과 공개 실시일 사이에 최소한 30일의 간격을 두어야 한다.
비용 (법 제17조)	① 청구인은 정보 공개 및 우송에 드는 실비를 부담(20 3차) ② 정보의 사용목적이 공공복리의 유지 증진인 경우 감면 가능

5) 민원 처리 및 종결 처리

공공기관은 정보공개 청구가 다음 어느 하나에 해당하는 경우로서 「민원 처리에 관한 법률」에 따른 민원으로 처리할 수 있는 경우에는 민원으로 처리할 수 있다(법 제11조).

① 공개 청구된 정보가 공공기관이 보유·관리하지 아니하는 정보인 경우

② 공개 청구의 내용이 진정·질의 등으로 이 법에 따른 정보공개 청구로 보기 어려운 경우

반복 청구의 처리 (법 제11조의2)	① 다음의 경우는 종결 처리할 수 있다. 종결 처리 사실을 청구인에게 알려야 한다. 1. 정보공개 결정 통지를 받은 자가 정당한 사유 없이 다시 청구하는 경우 2. 정보공개 청구가 민원으로 처리되었으나 다시 청구를 하는 경우 ② 다음의 경우는 각 호의 구분에 따라 안내하고, 종결 처리할 수 있다. 1. 이미 공개된 정보를 청구하는 경우: 해당 정보의 소재를 안내 2. 다른 법령이나 사회통념상 청구인의 여건 등에 비추어 수령할 수 없는 방법으로 정보공개 청구를 하는 경우: 수령이 가능한 방법으로 청구하도록 안내

6) 정보공개위원회 및 정보공개심의회

정보공개에 관한 사항을 심의·조정하기 위하여 국무총리 소속으로 정보공개위원회를 두고, 국가기관, 지방자치단체, 「공공기관의 운영에 관한 법률」에 따른 공기업 및 준정부기관, 「지방공기업법」에 따른 지방공사 및 지방공단은 정보공개 여부 등을 심의하기 위하여 정보공개심의회를 설치·운영한다.

구 분	정보공개위원회(법 제22조)	정보공개심의회(법 제12조) 해양경찰청 정보공개 운영규정
소속/성격	국무총리	해양경찰관서
구성	11명	5-7명
공무원	차관급 또는 고위공무원단 일반직	• 내부위원 3명(임기는 그 직위에 재직하는 기간) • 심의회의 사무를 처리하기 위하여 간사 1명을 둠. • 간사: 해양경찰청은 운영지원과 총무계장 또는 정보공개담당자, 소속기관은 소속기관의 장이 정함.
민간위원	• 정보공개에 학식 경험이 풍부한 사람으로 국무총리가 위촉한 사람 • 시민단체 추천한 사람으로 국무총리가 위촉한 사람 • 7명(위원장 포함) • 임기 2년, 연임 가능.	• 위원장은 외부 전문가 중에서 위촉하고 심의회의 의장이 됨. • 민간위원은 4명 • 심의회 위원의 임기는 2년으로 하며, 한 차례에 한정하여 연임할 수 있음.
의결	① 정보공개 정책, 제도, 기준 수립 ② 공공기관(국회, 법원, 헌재, 선관위 제외)의 정보공개 운영실태 평가	① 정보공개 이의신청 사안 심의 ② 위원의 제척, 기피, 회피제도 도입

2. 행정절차법(20 간부)

1) 목적

행정절차에 관한 공통적인 사항을 규정하여 국민의 행정 참여를 도모함으로써 행정의 공정성·투명성 및 신뢰성을 확보하고 국민의 권익을 보호함을 목적으로 「행정절차법」을 제정하여 운영하고 있다. 행정에 대한 사전통제를 규정하고 있는 기본법은 「행정절차법」이다. (22 간부)

2) 송달(법 제14 · 15조)

송달 방법	송달은 우편, 교부 또는 정보통신망 이용 등의 방법으로 하되, 송달받을 자(대표자 또는 대리인 포함)의 주소 · 거소(居所) · 영업소 · 사무소 또는 전자우편 주소로 한다. 다만, 송달받을 자가 동의하는 경우에는 그를 만나는 장소에서 송달할 수 있다.
교부 송달	① 교부에 의한 송달은 수령확인서를 받고 문서를 교부함으로써 하며, 송달하는 장소에서 송달받을 자를 만나지 못한 경우에는 그 사무원 · 피용자 또는 동거인으로서 사리를 분별할 지능이 있는 사람에게 문서를 교부할 수 있다 ② 다만, 문서를 송달받을 자 또는 그 사무원등이 정당한 사유 없이 송달받기를 거부하는 때에는 그 사실을 수령확인서에 적고, 문서를 송달할 장소에 놓아둘 수 있다.
전자 송달	정보통신망 이용 송달은 송달받을 자가 동의하는 경우만 가능
공시 송달	송달받을 자의 주소등을 통상적인 방법으로 확인할 수 없거나 송달이 불가능한 경우 관보, 공보, 게시판, 일간신문 중 하나 이상에 공고하고(and), 인터넷에도 공고하여야 한다.
효력 발생	① 효력은 도달됨으로써 발생한다. ② 정보통신망 이용 송달은 송달받을 자가 지정한 컴퓨터에 입력된 때 도달된 것으로 본다. ② 공시송달은 특별한 규정이 없으면 공고일부터 14일이 지난 때 효력 발생

3) 의견청취 제도

(1) 의의(법 제2조)

① **청문**: 행정청이 어떠한 처분을 하기 전에 당사자 등의 의견을 직접 듣고 증거를 조사하는 절차를 말한다.

② **공청회**: 행정청이 공개적인 토론을 통하여 어떠한 행정작용에 대하여 당사자 등, 전문지식과 경험을 가진 사람, 그 밖의 일반인으로부터 의견을 널리 수렴하는 절차를 말한다.

③ **의견제출**: 행정청이 어떠한 행정작용을 하기 전에 당사자 등이 의견을 제시하는 절차로서 청문이나 공청회에 해당하지 아니하는 절차를 말한다.

(2) 청문

청문을 하는 경우, 청문의 절차는 아래와 같다.

청문을 하는 경우 (법 제22조)	1. 다른 법령 등에서 청문을 하도록 규정하고 있는 경우 2. 행정청이 필요하다고 인정하는 경우 3. 다음 각 목의 처분 시 의견제출기한 내에 당사자 등의 신청이 있는 경우 가. 인허가 등의 취소 나. 신분 · 자격의 박탈 다. 법인이나 조합 등의 설립허가의 취소

절차 (법 제 21 · 28 · 29 · 37조 등)	① 행정청은 청문을 하려면 청문이 시작되는 날부터 10일 전까지 당사자 등에게 통지하여야 한다. ② 행정청은 소속 직원 또는 대통령령으로 정하는 자격을 가진 사람 중에서 청문 주재자를 공정하게 선정하여야 한다. ③ 행정청은 청문이 시작되는 날부터 7일 전까지 청문 주재자에게 청문과 관련한 필요한 자료를 미리 통지하여야 한다. ④ 청문 주재자는 독립하여 공정하게 직무를 수행하며, 제척(자신이 해당 처분업무를 처리하는 부서에 근무하는 경우 등) · 기피 · 회피를 할 수 있다. ⑤ 당사자 신청 또는 청문 주재자가 필요하다고 인정시 공개할 수 있으나, 공익 또는 제3자 이익 침해 우려시 공개 불가 ⑥ 당사자 등은 청문의 통지가 있는 날부터 청문이 끝날 때까지 행정청에 해당 사안의 조사결과에 관한 문서와 그 밖에 해당 처분과 관련되는 문서의 열람 또는 복사를 요청할 수 있다. 이 경우 행정청은 다른 법령에 따라 공개가 제한되는 경우를 제외하고는 그 요청을 거부할 수 없다.

(3) 공청회

공청회를 개최하는 경우 (법 제22조)	1. 공청회를 개최하도록 법령이 규정 2. 널리 의견을 수렴할 필요가 있다고 행정청이 인정하는 경우 3. 국민생활에 큰 영향을 미치는 대통령령으로 정하는 처분(다수의 생명, 안전, 건강, 소음 · 악취 등 환경에 영향)에 대하여 대통령령으로 정하는 수(30명) 이상의 당사자 등이 공청회 개최를 요구하는 경우
절차 (법 제38조)	행정청은 공청회 개최 14일 전까지 당사자 등에게 통지하고, 널리 알려야 한다. 다만, 공청회 개최를 알린 후 예정대로 개최하지 못하여 새로 일시 및 장소 등을 정한 경우에는 공청회 개최 7일 전까지 알려야 한다.

(4) 의견제출(법 제21 · 22 · 27조, 27조의2)

① 의무부과 또는 권익제한 처분시 청문이나 공청회를 하지 아니한 경우에는 의견제출 기회를 주어야 한다.

② 의견제출 기한은 10일 이상으로 고려하여 정하여야 한다.

③ 의견 제출은 서면, 구술, 정보통신망 이용 가능

④ 의견이 이유 있다고 인정할 때는 이를 반영하여야 한다.

⑤ 행정청은 당사자 등이 제출한 의견을 반영하지 아니하고 처분을 한 경우 당사자 등이 처분이 있음을 안 날부터 90일 이내에 그 이유의 설명을 요청하면 서면으로 그 이유를 알려야 한다. 다만, 당사자 등이 동의하면 말, 정보통신망 또는 그 밖의 방법으로 알릴 수 있다.

4) 처분의 이유제시

(1) 처분의 개념(법 제2조)

행정청이 행하는 구체적 사실에 관한 법 집행으로서의 공권력의 행사 또는 그 거부와 그 밖에 이에 준하는 행정작용(行政作用)을 말한다.

(2) 처분의 이유제시(법 제23조)

① 행정청은 다음의 경우를 제외하고는 당사자에게 처분의 근거와 이유를 제시하여야 한다.
   ㉠ 신청 내용을 모두 그대로 인정하는 처분인 경우
   ㉡ 단순 · 반복적인 처분 또는 경미한 처분으로서 당사자가 그 이유를 명백히 알 수 있는 경우
   ㉢ 긴급히 처분을 할 필요가 있는 경우

② 행정청은 위 ㉡과 ㉢의 경우에 당사자가 요청하는 경우에는 그 근거와 이유를 제시하여야 한다.

5) 입법예고와 행정예고(19 1차)

입법예고 (법 제41 · 43조)	① 법령 등을 제정 · 개정 · 폐지하려는 경우, 해당 입법안을 마련한 행정청이 이를 예고하여야 한다. ② 입법예고기간은 특별한 사정이 없으면 40일(자치법규는 20일) 이상으로 한다.
행정예고 (법 제46조)	① 행정청은 정책, 제도 및 계획을 수립 · 시행하거나 변경하려는 경우에는 이를 예고하여야 한다. 다만, 다음 각 호의 어느 하나에 해당하는 경우에는 예고를 하지 아니할 수 있다. 1. 신속하게 국민의 권리를 보호하여야 하거나 예측이 어려운 특별한 사정이 발생하는 등 긴급한 사유로 예고가 현저히 곤란한 경우 2. 법령 등의 단순한 집행을 위한 경우 3. 정책 등의 내용이 국민의 권리 · 의무 또는 일상생활과 관련이 없는 경우 4. 정책 등의 예고가 공공의 안전 또는 복리를 현저히 해칠 우려가 상당한 경우 ② 법령 등의 입법을 포함하는 행정예고는 입법예고로 갈음할 수 있다. ③ 행정예고기간은 특별한 사정이 없으면 20일 이상으로 한다.

3. 부패방지 및 국민권익위원회의 설치와 운영에 관한 법률

1) 주요 개념(법 제2조)

부패행위	가. 공직자가 직무와 관련하여 그 지위 또는 권한을 남용하거나 법령을 위반하여 자기 또는 제3자의 이익을 도모하는 행위 나. 공공기관의 예산사용, 공공기관 재산의 취득 · 관리 · 처분 또는 공공기관을 당사자로 하는 계약의 체결 및 그 이행에 있어서 법령에 위반하여 공공기관에 대하여 재산상 손해를 가하는 행위 다. 가목과 나목에 따른 행위나 그 은폐를 강요, 권고, 제의, 유인하는 행위
고충민원	행정기관 등의 위법 · 부당하거나 소극적인 처분(사실행위 및 부작위 포함) 및 불합리한 행정제도로 인하여 국민의 권리를 침해하거나 국민에게 불편 또는 부담을 주는 사항에 관한 민원(현역장병 및 군 관련 의무복무자의 고충민원 포함).
불이익조치	가. 파면, 해임, 해고, 그 밖에 신분상실에 해당하는 불이익조치 나. 징계, 정직, 감봉, 강등, 승진 제한, 그 밖에 부당한 인사조치 다. 전보, 전근, 직무 미부여, 직무 재배치, 그 밖에 본인의 의사에 반하는 인사조치 라. 성과평가 또는 동료평가 등의 차별과 그에 따른 임금 또는 상여금 등의 차별 지급 마. 교육 또는 훈련 등 자기계발 기회의 취소, 예산 또는 인력 등 가용자원의 제한 또는 제거, 보안정보 또는 비밀정보 사용의 정지 또는 취급 자격의 취소, 그 밖에 근무조건 등에 부정적 영향을 미치는 차별 또는 조치 바. 주의 대상자 명단 작성 또는 그 명단의 공개, 집단 따돌림, 폭행 또는 폭언, 그 밖에 정신적 · 신체적 손상을 가져오는 행위 사. 직무에 대한 부당한 감사(監査) 또는 조사나 그 결과의 공개 아. 인가 · 허가 등의 취소, 그 밖에 행정적 불이익을 주는 행위 자. 물품계약 또는 용역계약의 해지(解止), 그 밖에 경제적 불이익을 주는 조치

2) 부패행위의 신고와 처리

(1) 부패행위 신고방법

누구든지 부패행위를 알게 된 때에는 이를 국민권익위원회에 신고할 수 있다(법 제55조).

공직자는 그 직무를 행함에 있어 다른 공직자가 부패행위를 한 사실을 알게 되었거나 부패행위를 강요 또는 제의받은 경우에는 지체 없이 이를 수사기관·감사원 또는 국민권익위원회에 신고하여야 한다(법 제56조).

부패행위 신고자가 신고의 내용이 허위라는 사실을 알았거나 알 수 있었음에도 불구하고 신고한 경우에는 이 법의 보호를 받지 못한다(법 제57조).

신고를 하려는 자는 본인의 인적사항과 신고취지 및 이유를 기재한 기명의 문서로써 하여야 하며, 신고대상과 부패행위의 증거 등을 함께 제시하여야 한다(법 제58조).

(2) 신고의 처리

신고처리 (법 제59조 · 61조의2)	① 조사가 필요한 경우 감사원, 수사기관, 해당 공공기관의 감독기관에 이첩해야 함. ② 아래 부패행위자에 대하여는 국민권익위원회 명의로 검찰, 수사처, 경찰 등 관할 수사기관에 고발을 하여야 한다. (2021. 8. 17.개정) 1. 차관급 이상의 공직자 2. 특별시장, 광역시장, 특별자치시장, 도지사 및 특별자치도지사 3. 경무관급 이상의 경찰공무원 4. 법관 및 검사, 5. 장성급(將星級) 장교, 6. 국회의원 ③ 위 ②에 따라 고발한 경우, 위원회가 사법경찰관으로부터 해당 사건을 검사에게 송치하지 아니한다는 통지를 받았을 때에는 위원회는 「형사소송법」 제245조의7(고소인 등의 이의신청)에 따라 해당 사법경찰관의 소속 관서의 장에게 이의를 신청할 수 있다.
조사결과 (법 제60조)	① 조사기관은 신고 이첩 받은 날부터 60일 이내 조사 종결해야 하며, 정당한 사유로 연장할 경우에는 위원회에 통보 ② 조사기관은 조사 종료후 10일내 위원회 통보. 위원회는 즉시 신고자에 요지 통지 ③ 위원회는 조사결과를 통보받은 날부터 30일 이내에 재조사 요구 가능 ④ 재조사를 종료한 경우 종료한 날부터 7일 이내에 결과를 위원회에 통보
감사청구권 (법 제72조)	19세 이상의 국민은 공공기관의 사무처리가 법령위반 또는 부패행위로 인하여 공익을 현저히 해하는 경우 대통령령으로 정하는 일정한 수(300인) 이상의 국민의 연서로 감사원에 감사를 청구할 수 있다.

SECTION

02 해양경찰 통제의 유형

해양경찰에 대한 통제의 유형은 민주적 통제, 사법 통제, 사전·사후 통제, 내부·외부 통제로 나눌 수 있고, 요약하면 아래의 표와 같다.

<table>
<tr><td>민주적 통제</td><td colspan="2">① 해양경찰위원회
② 국민감사청구: 19세 이상, 300인 이상 연서로 감사원에 감사 청구</td></tr>
<tr><td>사법통제</td><td colspan="2">행정소송, 국가배상</td></tr>
<tr><td>사전통제</td><td colspan="2">행정절차법(청문, 입법예고, 행정예고 등), 국회 입법권 · 예산심의권, 해양경찰위원회의 심의 · 의결권(21 후반기)</td></tr>
<tr><td>사후통제</td><td colspan="2">사법심사, 국회의 예산결산권, 국정감사 · 조사권, 행정심판, 징계, 상급기관의 하급기관에 대한 감사권 등(21 후반기)</td></tr>
<tr><td>내부통제</td><td colspan="2">해양경찰 내부의 통제로서 청문감사관제도, 훈령 · 직무명령권</td></tr>
<tr><td rowspan="4">외부통제</td><td>행정통제
(22간부)</td><td>① 대통령, 해양수산부장관
② 해양경찰위원회의 주요정책 심의 · 의결
③ 국민권익위원회: 경무관 이상의 부패혐의 수사기관 고발 등
④ 중앙행정심판위원회: 경찰관청의 위법 · 부당한 처분에 대한 행정심판 재결권
⑤ 소청심사위원회, 감사원, 국가인권위원회(독립기관이므로 광의의 행정통제에 해당)</td></tr>
<tr><td>입법통제</td><td>입법권, 예산 심의의결권, 예산결산권, 국정감사 · 조사권</td></tr>
<tr><td>사법통제</td><td>행정소송, 국가배상소송, 민 · 형사책임</td></tr>
<tr><td>민중통제</td><td>여론, 언론, 정당, 이익집단, NGO, 국민감사청구제도</td></tr>
</table>

Ⅰ. 민주 통제와 사법 통제 및 사전 · 사후 통제

1. 민주 통제와 사법 통제

1) 민주적 통제: 해양경찰위원회

동등한 지위에 있는 여러 사람들로 구성되는 합의제 기관으로 계층적 단독제와 상반하는 개념이다. 위원회(委員會)란 계층적 단독제 조직에서 소홀하기 쉬운 민주적 결정과 조정(調整)을 보완하기 위하여 여러 사람들이 동등한 지위로 참여하여 합의적으로 의사결정(意思決定)을 하고 그에 대하여 책임을 지는 합의제 조직을 말한다.[13]

해양경찰위원회제도는 2019년에 제정되어 2020년에 시행된 「해양경찰법」에 의하여 설치된 기관이다. 해양경찰행정에 관한 사항을 심의·의결하기 권한을 가지고 있으나 권한이 약하며, 관청의 지위를 가지고 있지 않고, 해양경찰청장에 대한 구속력이 약하다. 또한 해양수산부장관의 재의요구권이 있어서 민주적 통제장치라고 보기는 힘들다.

2) 민주 통제: 국민감사청구

민주(民主) 즉 국민이 주체가 되어 통제한다는 점에서 국민 감사청구는 민주통제에 해당한다고 볼 수 있다. 19세 이상의 모든 국민은 공공기관의 사무처리가 법령위반 또는 부패행위로 인하여 공익을 현저히 해하는 경우 300인 이상 연서로 감사원에 감사 청구를 할 수 있다(부패방지 및 국민권익위원회의 설치와 운영에 관한 법률 제72조). (20 간부)

감사청구의 방법 (법 제73조)	감사청구를 하고자 하는 자는 대통령령으로 정하는 바에 따라 청구인의 인적사항과 감사청구의 취지 및 이유를 기재한 기명의 문서로 하여야 한다.
감사실시의 결정 (법 제74조)	① 감사청구된 사항에 대하여는 감사원규칙으로 정하는 국민감사청구심사위원회에서 감사실시 여부를 결정하여야 한다. ② 감사원 또는 당해 기관의 장(국회의장 · 대법원장 · 헌법재판소장 · 중앙선거관리위원회 위원장 또는 감사원장)은 감사청구가 이유 없다고 인정하는 때에는 이를 기각하고, 기각을 결정한 날부터 10일 이내에 그 사실을 감사청구인에게 통보하여야 한다.

13) [네이버 지식백과] 위원회 [委員會, committee, commission] (이해하기 쉽게 쓴 행정학용어사전, 2010. 3. 25., 하동석 · 유종해).

감사청구에 의한 감사 (법 제75조)	① 감사원 또는 당해 기관의 장은 감사를 실시하기로 결정한 날부터 60일 이내에 감사를 종결하여야 한다. 다만, 정당한 사유가 있는 경우에는 그 기간을 연장할 수 있다. ② 감사원 또는 당해 기관의 장은 감사가 종결된 날부터 10일 이내에 그 결과를 감사청구인에게 통보하여야 한다.

3) 사법부에 의한 통제(사법 통제)

(1) 행정소송

① 행정소송의 종류(행정소송법 제3 · 4조)

주관적 소송	항고 소송	취소소송	행정청의 위법한 처분 등을 취소 또는 변경하는 소송
		무효등확인소송	행정청의 처분 등의 효력 유무 또는 존재여부를 확인하는 소송
		부작위위법확인소송	행정청의 부작위가 위법하다는 것을 확인하는 소송
	당사자 소송	행정청의 처분 등을 원인으로 하는 법률관계에 관한 소송 그 밖에 공법상의 법률관계에 관한 소송으로서 그 법률관계의 한쪽 당사자를 피고로 하는 소송 예 공법상 신분 또는 지위 등의 확인소송	
객관적 소송	민중 소송	국가 또는 공공단체의 기관이 법률에 위반되는 행위를 한 때에 직접 자기의 법률상 이익과 관계없이 그 시정을 구하기 위하여 제기하는 소송 예 선거와 국민투표에 관한 소송 등	
	기관 소송	국가 또는 공공단체의 기관 상호간에 있어서의 권한의 존부 또는 그 행사에 관한 다툼이 있을 때에 이에 대하여 제기하는 소송(헌법재판소의 관장사항 제외). 예 지방자치단체장이 지방의회를 상대로 소송을 제기하는 경우 등	

② 소송의 구별

㉠ **주관적 소송과 객관적 소송:** 주관적 소송은 개인의 권리구제를 주된 목적으로 하고, 객관적 소송은 적법성 통제가 주된 목적이다.

㉡ **항고소송과 당사자소송:** 항고소송은 행정주체가 우월한 지위에서 갖는 공권력의 행사·불행사와 관련된 분쟁의 해결을 위한 소송이고, 당사자소송은 대등한 당사자 간에 다투어지는 공법상의 법률관계를 소송의 대상으로 한다.

㉢ **당사자소송과 민사소송:** 당사자소송과 민사소송 모두 대등한 당사자 간에 이루어진다는 점에서 유사하지만, 당사자소송은 공법상의 법률관계를 대상으로 하고, 민사소송은 사법상의 법률관계를 대상으로 한다는 점에서 구별된다.

③ 취소소송

취소소송은 항고소송의 중심적인 소송으로서 행정소송법은 취소소송에 대하여 상세한 규정을 두고 다른 소송은 취소소송에 관한 규정을 준용하는 방식으로 규정하고 있다.

④ 행정소송법상 집행정지(행정소송법 제23조)

㉠ 취소소송의 제기는 처분 등의 효력이나 그 집행 또는 절차의 속행에 영향을 주지 아니한다.

㉡ 취소소송이 제기된 경우에 처분 등이나 그 집행 또는 절차의 속행으로 인하여 생길 회복하기 어려운 손해를 예방하기 위하여 긴급한 필요가 있다고 인정할 때에는 본안이 계속되고 있는 법원은 당사자의 신청 또는 직권에 의하여 처분 등의 효력이나 그 집행 또는 절차의 속행의 전부 또는 일부의 정지를 결정할 수 있다. 다만, 처분의 효력정지는 처분 등의 집행 또는 절차의 속행을 정지함으로써 목적을 달성할 수 있는 경우에는 허용되지 아니한다.

㉢ 집행정지는 공공복리에 중대한 영향을 미칠 우려가 있을 때에는 허용되지 아니한다.

㉣ 집행정지의 결정을 신청함에 있어서는 그 이유에 대한 소명이 있어야 한다.

㉤ 집행정지의 결정 또는 기각의 결정에 대하여는 즉시항고할 수 있다. 이 경우 집행정지의 결정에 대한 즉시항고에는 결정의 집행을 정지하는 효력이 없다.

(2) 국가배상

① 헌법과 국가배상법의 비교

헌 법	국가배상법
공무원의 직무상 불법행위로 손해를 받은 국민은 법률이 정하는 바에 의하여 국가 또는 공공단체에 정당한 배상을 청구할 수 있다(헌법 제29조 제1항)	국가 또는 지방자치단체는 ① 공무원의 직무상 불법행위로 인한 손해를 배상(제2조) ② 공공 영조물의 설치 · 관리 하자로 인한 손해배상(제5조)

② 공무원의 위법한 직무행위로 인한 손해배상(국가배상법 제2조)

㉠ 국가나 지방자치단체는 공무원 또는 공무를 위탁받은 사인이 직무를 집행하면서 고의 또는 과실로 법령을 위반하여 타인에게 손해를 입히거나, 「자동차손해배상 보장법」에 따라 손해배상의 책임이 있을 때에는 이 법에 따

라 그 손해를 배상하여야 한다. 이 경우 공무원에게 고의 또는 중대한 과실이 있으면 국가나 지방자치단체는 그 공무원에게 구상할 수 있다.

㉡ 다만, 군인·군무원·경찰공무원 또는 예비군대원이 전투·훈련 등 직무 집행과 관련하여 전사·순직하거나 공상을 입은 경우에 본인이나 그 유족이 다른 법령에 따라 재해보상금·유족연금·상이연금 등의 보상을 지급받을 수 있을 때에는 이 법 및 「민법」에 따른 손해배상을 청구할 수 없다.

㉢ 생명·신체의 침해로 인한 국가배상을 받을 권리는 양도하거나 압류하지 못한다. 재산권 침해에 대한 배상청구권은 양도가능하다.

㉣ 서해지방해양경찰청 소속 해양경찰관의 불법행위에 대한 국가배상 청구는 서해지방해양경찰청에게 제기하는 것이 아니라 '대한민국'을 피고로 소송 제기해야 한다. 국가배상의 피고는 국가 또는 지방자치단체이기 때문이다. 행정소송의 피고는 해당 권한을 가진 해양경찰청장, 지방해양경찰청장 등이 된다.

③ 영조물의 설치·관리상 하자로 인한 손해배상(국가배상법 제5조)

㉠ 도로·하천, 그 밖의 공공의 영조물의 설치나 관리에 하자(瑕疵)가 있기 때문에 타인에게 손해를 발생하게 하였을 때에는 국가나 지방자치단체는 그 손해를 배상하여야 한다.

㉡ 영조물은 도로 등 인공공물과 하천 등 자연공물을 포함한다.

㉢ 공무원의 고의·과실을 요건으로 하지 않는 무과실책임이다. 다만, 설치·관리상의 흠이 아닌 '불가항력'적인 경우까지 책임을 지는 것은 아니다.

④ 비용부담(국가배상법 제6조)

㉠ 국가나 지방자치단체가 손해를 배상할 책임이 있는 경우에 공무원의 선임·감독 또는 영조물의 설치·관리를 맡은 자와 공무원의 봉급·급여, 그 밖의 비용 또는 영조물의 설치·관리 비용을 부담하는 자가 동일하지 아니하면 그 비용을 부담하는 자도 손해를 배상하여야 한다.

㉡ 상호주의: 외국인에 대한 배상책임은 해당국가와 상호보증이 있을 때 적용된다(국가배상법 제7조).

2. 사전 · 사후 통제

1) 사전 통제

첫째, 해양경찰에 대한 사전통제에는 「행정절차법」에 의한 청문, 입법예고, 행정예고 등이 있다.

둘째, 국회는 입법권, 예산심의권 등을 통하여 해양경찰 관련 법령의 제정이나 해양경찰 예산의 편성과정에서 통제할 수 있다.

셋째, 해양경찰위원회의 "해양경찰청 소관 법령 또는 행정규칙의 제정 · 개정 · 폐지, 소관 법령에 따른 기본계획 · 관리계획 등의 수립 및 이와 관련된 사항" 등의 심의 · 의결권을 통해 사전 통제할 수 있다.

2) 사후 통제

(1) 사법부, 입법부, 행정부

첫째, 행정에 대한 사후통제는 사법심사(사법부)에 의한 통제가 중심이 된다. 위법한 처분 등에 대한 행정소송과 국가배상 소송이 있다.

둘째, 국회의 예산결산권, 국정감사 · 조사권을 통하여 행정기관인 해양경찰청과 그 소속기관을 통제한다.

셋째, 행정청의 처분에 대하여 행정심판을 통하여 일반 국민은 구제를 받을 수 있고, 행정기관을 통제한다.

넷째, 징계를 통하여 해양경찰 공무원을 통제한다.

다섯째, 상급기관의 하급기관에 대한 감사권 등을 통하여 해양경찰청장은 하부기관을 통제한다.

(2) 행정심판(사후 통제)

① 개념(행정심판법 제2조)

처 분	행정청이 행하는 구체적 사실에 관한 법집행으로서의 공권력의 행사 또는 그 거부, 그 밖에 이에 준하는 행정작용
부작위	행정청이 당사자의 신청에 대하여 상당한 기간 내에 일정한 처분을 하여야 할 법률상 의무가 있는데도 처분을 하지 아니하는 것
재 결	행정심판의 청구에 대하여 행정심판위원회가 행하는 판단
행정청	행정에 관한 의사를 결정하여 표시하는 국가 또는 지방자치단체의 기관, 그 밖에 법령 또는 자치법규에 따라 행정권한을 가지고 있거나 위탁을 받은 공공단체나 그 기관 또는 사인(私人)

② 행정심판의 종류(행정심판법 제5조)

취소심판	행정청의 위법 또는 부당한 처분을 취소하거나 변경하는 행정심판
무효등확인심판	행정청의 처분의 효력 유무 또는 존재 여부를 확인하는 행정심판
의무이행심판	당사자의 신청에 대한 행정청의 위법 또는 부당한 거부처분이나 부작위에 대하여 일정한 처분을 하도록 하는 행정심판

③ 행정심판의 대상

㉠ 열기주의는 법률상 특히 열거한 사항에 대해서만 행정심판을 인정하고, 개괄주의는 법률상 특히 예외가 인정된 사항을 제외한 모든 사항에 대하여 행정심판을 인정하는 제도이다. 「행정심판법」 제3조 제1항은 "행정청의 처분 또는 부작위에 대하여는 다른 법률에 특별한 규정이 있는 경우 외에는 이 법에 따라 행정심판을 청구할 수 있다"고 규정하여 개괄주의를 채택하고 있다.

㉡ 다만, 대통령의 처분 또는 부작위에 대하여는 다른 법률[14]에서 행정심판을 청구할 수 있도록 정한 경우 외에는 행정심판을 청구할 수 없도록 규정하고 있다(제3조 제2항). 이 경우 행정소송을 제기할 수 있다.

④ 행정심판위원회

㉠ 「행정심판법」 제6조 제1항에 규정된 행정청은 그 행정청에 두는 행정심판위원회에서 심리·재결을 하지만, 해양경찰기관은 이에 포함되지 않으므로 국민권익위원회에 두는 중앙행정심판위원회에서 심리·재결한다.

㉡ 해양경찰청장, 지방해양경찰청장, 해양경찰서장에 대한 행정심판은 중앙행정심판위원회에서 심리·재결한다.

⑤ 행정심판 청구기간(행정심판법 제27조)

㉠ 행정심판청구는 처분이 있음을 안 날부터 90일, 처분이 있었던 날부터 180일 이내에 제기할 수 있다. 어느 것이라도 먼저 경과하면 청구를 할 수 없다. 이 기간은 불변기간으로 한다.

㉡ 청구기간의 제한은 무효등확인심판청구와 부작위에 대한 의무이행심판청구에는 적용하지 아니한다.

14) **국가공무원법 제16조(행정소송과의 관계)** ② 제1항에 따른 행정소송을 제기할 때에는 대통령의 처분 또는 부작위의 경우에는 소속 장관(대통령령으로 정하는 기관의 장을 포함한다. 이하 같다)을, 중앙선거관리위원회위원장의 처분 또는 부작위의 경우에는 중앙선거관리위원회사무총장을 각각 피고로 한다.

Ⅱ. 내부 및 외부 통제

1. 내부 통제

첫째, 해양경찰에 대한 내부적 통제에는 해양경찰 조직 내에서 하는 감사담당관제도, 청문감사담당관제도에 의해서 실행된다. 관련 규정으로는 「해양경찰청 감사·감찰관 윤리강령」, 「해양경찰청 감찰규칙」, 「해양경찰청 자체감사 운영규칙」, 「해양경찰청 일상감사 운영규칙」이 있다.

해양경찰청 감사담당관	① 행정감사제도의 운영 및 행정감사계획 · 부패방지종합대책의 수립 · 조정 ② 해양경찰청 및 그 소속기관에 대한 감사 ③ 해양경찰청 및 그 소속기관에 대한 다른 기관의 감사결과 처리 ④ 사정업무 및 징계위원회의 운영 ⑤ 진정 · 민원 및 비위사실의 조사 · 처리
지방해양경찰청 청문감사담당관	청문감사담당관은 본청의 감사담당관과 거의 동일한 업무를 수행하고, 민원실 운영에 관한 사항, 지방해양경찰청장이 감사에 관하여 지시한 사항의 처리를 담당한다.
해양경찰서 기획운영과 청문감사계장	해양경찰청과 지방해양경찰청의 기획과 훈령 및 지침에 따라 현장에서 구체적인 감사, 감찰, 징계, 부패 방지, 민원제도 개선 등의 업무를 수행한다.

둘째, 훈령과 직무명령권을 통하여 통제한다. 상급기관은 하급기관에 대한 지시·감독권 등의 훈령권을 행사하여 하급기관의 위법이나 잘못된 재량권 행사를 통제할 수 있다. 또한 상급자는 하급자에 대하여 직무명령권에 의하여 통제할 수 있다.

1) 해양경찰청 감찰규칙

(1) 감찰관

감찰이란 복무기강 확립과 해양경찰 행정의 적정성을 확보하기 위해 해양경찰관서 또는 해양경찰공무원 등의 모든 업무와 활동 등을 조사·점검·확인하고 그 결과를 처리하는 감찰관의 직무활동을 말하고, 감찰관이란 감찰업무를 담당하는 해양경찰공무원 등을 말한다.

감찰관 결격사유 (제5조)	1. 직무와 관련한 금품 및 향응 수수, 공금의 횡령 · 유용, 「성폭력범죄의 처벌 등에 관한 특례법」에 따른 성폭력범죄, 「성매매알선 등 행위의 처벌에 관한 법률」에 따른 성매매 · 성매매 알선 등 행위 · 성매매 목적의 인신매매, 「국가인권위원회법」에 따른 성희롱 및 「도로교통법」에 따른 음주운전으로 징계처분을 받은 사람 2. 제1호 이외의 사유로 징계처분을 받아 말소기간이 지나지 않은 사람 3. 질병 등으로 감찰관으로서의 업무수행이 어려운 사람 4. 민원, 복무규율 위반 등으로 수시 감찰조사대상이 되었던 사람 5. 그 밖의 감찰관으로서 적합하지 않다고 판단되는 사람
감찰관의 신분보장 (제6조)	① 해양경찰관서의 장은 감찰관이 결격사유에 해당되는 것으로 밝혀졌을 경우와 다음 어느 하나에 해당하는 경우를 제외하고는 2년 이내에 본인의 의사에 반하여 전보해서는 안 된다. 1. 징계사유가 있는 경우 2. 형사사건에 계류된 경우 3. 직무수행 능력이 현저히 부족하다고 판단되는 경우 4. 고압 · 권위적인 감찰활동을 반복하여 물의를 일으킨 경우 ② 해양경찰관서의 장은 1년 이상 성실히 근무한 감찰관 중 다른 부서 근무를 희망하는 사람에 대해서는 희망부서를 고려하여 전보한다.
징계조치 (제22조)	② 감찰관의 의무위반행위는 「해양경찰공무원 징계양정 등에 관한 규칙」의 징계양정 기준보다 가중하여 징계의결을 요구할 수 있다.

(2) 감찰활동

감찰관은 소속 해양경찰관서의 관할 구역 안에서 활동하는 것을 원칙으로 한다. 다만, 필요한 경우에는 관할 구역 밖에서도 활동할 수 있다(제7조). 감찰관 활동의 종류는 아래와 같다(제10조).

예방감찰	해양경찰공무원등의 직무실태를 감찰하여 불합리한 요소와 사고 발생 요인을 제거하기 위하여 점검할 수 있다.
특별감찰	의무위반행위가 자주 발생하거나 그 발생 가능성이 높다고 인정되는 시기, 업무분야 및 해양경찰관서 등에 대해서는 일정기간 동안 전반적인 조직관리 및 업무추진 실태 등을 집중 점검할 수 있다.
교류감찰	감찰관은 상급 해양경찰관서의 장의 지시에 따라 일정기간 동안 소속 해양경찰관서가 아닌 다른 해양경찰관서의 소속 직원에 대한 복무실태, 업무추진 실태 등을 점검할 수 있다.

(3) 감찰조사

출석요구 (제16조)	① 감찰관은 감찰조사를 위해서 의무위반행위와 관련된 해양경찰공무원 등에게 출석을 요구할 때에는 조사기일 2일 전까지 출석요구서 또는 구두로 조사일시, 의무위반행위 사실 요지 등을 통지해야 한다. 다만, 사안이 급박한 경우에는 즉시 조사에 착수할 수 있다. ② 조사일시 등을 정할 때에는 조사대상자의 의사를 존중해야 한다.
조사시 유의사항 (제17 · 20조)	① 감찰관은 심야(자정부터 오전 6시까지)에 조사해서는 안 된다. 다만, 사안에 따라 신속한 조사가 필요하고, 조사대상자로부터 심야 조사 동의서를 받은 경우에는 심야에도 조사할 수 있다. ② 성폭력 · 성희롱 피해 여성은 피해자 의사에 반하지 않는 한 여경이 조사
기관 통보사건 (제15조)	① 감찰관은 다른 경찰기관 또는 검찰, 감사원 등 행정기관으로부터 통보받은 소속직원의 의무위반행위에 대해서는 통보받은 날부터 1개월 안에 신속히 처리해야 한다. ② 감찰관은 검찰 · 경찰, 그 밖의 수사기관으로부터 수사개시 통보를 받은 경우에는 징계의결요구권자의 결재를 받아 해당 기관으로부터 수사결과를 통보받을 때까지 감찰조사, 징계의결 요구 등의 절차를 진행하지 않을 수 있다.

2) 해양경찰청 자체감사 운영규칙

「해양경찰청 자체감사 운영규칙」은 「공공감사에 관한 법률」, 「중앙행정기관 및 지방자치단체 자체감사기준」등에 따라 해양경찰청장이 그 소관 사무와 소속기관과 산하단체에 대하여 실시하는 각종 감사의 기준과 절차 등에 관한 세부사항을 규정함을 목적으로 한다.

(1) 감사담당관 및 감사관의 자격

감사담당관의 임용(제5조)	① 청장은 감사담당관 직위를 개방형으로 운용하는 경우 특별한 사정이 없으면 해양경찰청 소속 공무원이 아닌 사람을 임용하도록 해야 한다. ② 청장은 부득이한 사유로 자체감사업무를 전담하여 수행하는 자체감사기구를 두지 못한 경우에는 감사 · 조사업무에 학식과 경험이 풍부한 사람으로 하여금 감사업무를 총괄하도록 해야 한다.
감사관의 자격 및 추천 (제6조)	① 감사관은 다음 각 호의 어느 하나에 해당하는 사람으로 한다. 1. 변호사 · 회계사 또는 기술사 등 감사업무 수행에 필요한 자격증을 보유한 사람 2. 해당 감사부문에 관한 3년 이상의 실무경험이 있는 사람으로서 해당업무를 분석하고 종합하는 능력과 이해력 및 표현력을 구비한 사람 3. 그 밖에 청장이 감사업무 수행에 필요한 전문성, 자질, 적성을 갖추었다고 인정하는 사람 ② 다음 각 호의 어느 하나에 해당하는 사람은 감사관이 될 수 없다. 1. 정직 이상의 징계 또는 문책을 받은 날부터 3년이 지나지 않은 사람 2. 정직 미만의 징계 또는 문책을 받은 날부터 2년이 지나지 않은 사람 3. 그 밖에 청장이 감사관으로서 부적당하다고 인정하는 사람

(2) 감사의 구분

감사의 종류는 아래와 같이 구분한다. 종합감사의 주기는 2년을 원칙으로 하며, 종합감사가 필요하지 않다고 인정되거나 감사주기를 다르게 할 필요가 있다고 인정되는 기관 및 단체에 대해서는 감사주기를 조정하여 실시할 수 있으며, 특별한 사유가 있는 경우 다른 종류의 감사로 대체할 수 있다(제11조).

종합감사	감사대상 기관의 주기능 · 주임무 및 조직 · 인사 · 예산 · 장비 등 업무 전반의 적법성 · 타당성 등을 정기적으로 점검하는 감사
특정감사	특정한 업무 · 사업 등에 대하여 문제점을 파악하여 원인과 책임 소재를 밝히고 개선대책을 마련하기 위하여 실시하는 감사
특별감사	각종 부정 · 비위 등에 관한 진정 · 고발 · 제보 및 건의사항을 처리하기 위하여 필요하다고 인정하는 경우와 청장이 특별히 지시하는 사항에 대하여 실시하는 감사
재무감사	예산의 운영실태 및 회계처리의 적정성 여부 등에 대한 검토와 확인을 위주로 실시하는 감사
성과감사	특정한 정책 · 사업 · 조직 · 기능 등에 대한 경제성 · 능률성 · 효과성의 분석과 평가를 위주로 실시하는 감사
복무감사	자체감사 대상기관에 속한 사람의 복무의무 위반, 비위사실, 근무실태 점검 등을 목적으로 실시하는 감사
일상감사	주요업무 처리에 앞서 예방 지도적 사전감사 기능으로서 시행착오를 최소화하고 행정 및 재정상의 낭비를 예방하고자 실시하는 감사
관서운영 경비감사	관서운영경비출납공무원이 집행한 관서운영경비 운영실태 및 회계처리의 적정성 여부 등에 대한 검토와 확인을 위주로 실시하는 감사

3) 해양경찰청 일상감사 운영규칙

해양경찰청 일상감사 운영규칙은 「공공감사에 관한 법률 시행령」 제13조 제5항에 따른 일상감사의 대상 업무 및 기준 예산액 그 밖에 일상감사의 시행에 필요한 사항을 정함을 목적으로 한다.

(1) 일상감사 실시 및 대상기관(제2조)

일상감사를 실시하는 기관 및 대상은 다음과 같다.

① 해양경찰청 감사담당관: 해양경찰청 각 과(담당관 등), 해양경찰교육원, 해양경찰정비창, 중앙해양특수구조단

② 지방해양경찰청 청문감사담당관: 지방해양경찰청 및 소속 해양경찰서. 다만, 남해지방해양경찰청 청문감사담당관은 해양경찰정비창(일부사업)

(2) 일상감사 업무의 범위(제3조)

일상감사의 대상업무는 ① 대형공사의 계약(청사신축·함정건조·헬기 등), ② 물품의 제조·구매, ③ 용역계약: 용역계획 및 계약체결, ④ 주요정책의 집행사항, ⑤ 주요 위원회 개최에 관한 사항, ⑥ 그 밖에 일상감사가 필요하여 해양경찰청 감사담당관이 선정한 업무 등이다. 기관별 예산범위는 다음과 같다.

해양경찰청	가. 건당 5억원 이상의 건축 · 토목공사, 함정 건조 · 수리, 항공기 구매 · 수리 나. 건당 5억원 이상의 공사계약중 계약금액의 20% 이상 증액 조정 · 설계변경 다. 건당 1억원 이상의 물품의 제조 · 구매 라. 건당 1억원 이상의 용역 계약
해양경찰교육원, 해양경찰정비창, 중앙해양특수구조단, 지방해양경찰청	가. 건당 1억원 이상의 건축 · 토목공사, 함정건조 · 수리, 항공기 구매 · 수리 나. 건당 1억원 이상의 공사계약중 계약금액의 20% 이상 증액 조정 · 설계 변경 다. 건당 5천만원 이상의 물품의 제조 · 구매 라. 건당 5천만원 이상의 용역 계약 마. 해양경찰정비창 범위 중 가목 및 나목의 건당 1억원 이상 5억원 미만의 건축 · 토목공사, 함정건조 · 수리, 공사계약중 계약금액의 20% 이상 증액 조정 · 설계변경과 다목 및 라목의 건당 5천만원 이상 1억원 미만의 물품의 제조 · 구매, 용역계약은 남해지방해양경찰청
해양경찰서	가. 건당 5천만원 이상의 건축 · 토목공사, 함정건조 · 수리 나. 건당 5천만원 이상의 공사계약중 계약금액의 20% 이상 증액 조정 · 설계 변경 다. 건당 3천만원 이상의 물품의 제조 · 구매 라. 건당 3천만원 이상의 용역 계약
제외 대상	가. 조달청 나라장터 종합쇼핑몰 계약 나. 「국가를 당사자로 하는 계약에 관한 법률 시행령」에 해당되는 계약 다. 일반적인 경비지출: 인건비 부담금 등 법정경비 지출, 임차료 지급 등 사전 감사의 실익이 적은 것 라. 그 밖에 해양경찰청 감사담당관 및 지방해양경찰청 청문감사담당관이 일상감사 대상에서 제외함이 타당하다고 인정하는 사항

4) 해양경찰의 인권보호 직무규칙

인권이란 「대한민국헌법」 및 법률에서 보장하거나 대한민국이 가입·비준한 국제인권조약 및 국제관습법에서 인정하는 인간으로서의 존엄과 가치 및 자유와 권리를 말한다(국가인권위원회법 제2조).

「경찰관직무집행법」 제1조는 국민의 자유와 권리 및 모든 개인이 가지는 불가침의 기본적 인권을 보호하고 사회공공의 질서를 유지하기 위한 경찰관(경찰공무원만 해당)의 직무 수행에 필요한 사항을 규정함을 목적으로 한다.

「해양경찰법」 제3조에서도 해양경찰은 그 직무를 수행할 때 국민 전체에 대한 봉사자로서 공정·중립을 지켜야 하고, 헌법과 법률에 따라 국민의 자유와 권리를 존중하며, 부여된 권한을 남용하여서는 아니 된다고 규정하고 있다.

(1) 해양경찰의 인권보호

해양경찰청에 인권의식의 향상과 인권보호 실태의 지도·감독·조치 등을 위하여 인권담당관을 두고, 지방해양경찰청과 해양경찰서에는 인권보호관을 둔다. 인권담당관은 해양경찰청 수사기획과장이 되고, 인권보호관은 지방해양경찰청의 경우 수사과장, 해양경찰서의 경우 수사과장이 된다(제25조).

개 념 (제2조)	① 인권침해: 경찰관이 직무수행과 관련하여 모든 사람에게 보장된 인권을 침해하는 것. ② 사회적 약자: 장애인, 19세 미만의 자, 여성, 노약자, 외국인, 그 밖에 신체적 · 경제적 · 정신적 · 문화적인 차별 등으로 어려움을 겪고 있어 사회적 보호가 필요한 자. ③ 성(性)적 소수자: 동성애자, 양성애자, 성전환자 등 당사자의 성 정체성을 기준으로 소수인 자. ④ 신고자 등: 범죄에 관한 신고 · 진정 · 고소 · 고발 등 수사단서의 제공이나 진술, 그 밖에 자료제출행위 또는 범인검거를 위한 제보나 검거활동에 기여한 자
인권교육 (제13조)	① 해양경찰관서의 장은 소속 경찰관의 인권의식을 높이기 위하여 필요한 연간 교육계획을 수립하여 실시하여야 한다. ② 교육은 경찰활동에 있어 준수하여야 할 법령을 학습하고, 인권의 본질에 대한 이해를 바탕으로 모든 사람의 인권을 보호할 수 있도록 인권 의식을 함양하는데 목적이 있다.

(2) 해양경찰청 인권위원회

인권을 존중하는 경찰활동 정립을 위하여 해양경찰청장 소속 하에 인권위원회 두고 지방해양경찰청장 및 해양경찰서장 소속 하에 시민인권단을 설치·운영할 수 있다(제14조).

구 성 (제15조)	① 인권위(인권단)는 위원장(단장)을 포함하여 7명 내외의 위원(단원)으로 구성한다. ② 위원장은 위원 중에서 해양경찰청장이 위촉하며 단장은 단원 중에서 해양경찰관서의 장이 위촉한다.
임 기 (제16조)	① 인권위 및 인권단의 위촉 기간은 2년으로 하되, 연임할 수 있다. ② 위원(단원)이 부득이한 사유로 직무를 수행할 수 없다고 인정되거나 위원(단원)이 그 직무상 의무를 위반하는 등 위원(단원)으로서의 자격을 유지하기가 부적합하다고 인정되는 경우 해양경찰청장(해양경찰관서의 장)은 그 위원(단원)을 해촉할 수 있다.
회 의 (제19조)	인권위(인권단) 회의는 정기회의와 임시회의로 구분하며, 재적위원(단원) 과반수 출석과 출석위원(단원) 과반수의 찬성으로 의결한다. 다만, 가부동수인 경우에는 위원장(단장)이 결정하는 바에 따른다.

임 무 (제20조)	1. 인권과 관련된 해양경찰의 제도 · 정책 · 관행에 대한 자문, 개선권고 및 의견표명 2. 해양경찰에 의한 인권침해 행위에 대한 조사 및 시정권고 3. 해양경찰관련 시설에 대한 방문조사 4. 인권교육 강의

2. 외부 통제(20 3차)

1) 행정부에 의한 통제(행정 통제)

행정부에 의한 통제는 ① 대통령, ② 해양수산부장관, ③ 해양경찰위원회, ④ 국민권익위원회, ⑤ 중앙행정심판위원회, ⑥ 소청심사위원회, ⑦ 감사원, ⑧ 국가인권위원회 등이 있다.

첫째, 대통령은 해양경찰청장 임명, 해양경찰위원회 위원의 임명, 경정이상의 임명 등의 인사권을 통하여 해양경찰을 통제하며, 대통령령 제정 및 행정부의 수반으로서 주요 정책결정과 예산배분 권한을 통하여 통제가 가능하다.

둘째, 해양수산부장관은 해양경찰청은 해양수산부장관 소속하에 두고 있고, 해양수산부장관은 해양경찰청장과 해양경찰위원회 위원, 총경이상에 대한 임명제청권을 통하여 통제하고, 해양경찰 소관법령의 부령제정권을 통해서 통제한다.

셋째, 해양경찰위원회는 해양수산부장관 소속기관이다. 해양경찰행정에 관한 사항을 심의·의결을 통하여 해양경찰을 통제한다.

넷째, 국민권익위원회는 국무총리 소속으로 설치되어 있다. 누구든지 부패행위를 알게 된 때에는 국민권익위원회에 신고할 수 있다. 공직자는 그 직무를 행함에 있어 다른 공직자가 부패행위를 한 사실을 알게 되었거나 부패행위를 강요 또는 제의받은 경우에는 지체 없이 국민권익위원회에 신고하여야 한다.

다섯째, 중앙행정심판위원회는 경찰관청의 위법·부당한 처분에 대한 행정심판 재결권을 행사하여 해양경찰을 통제한다.

여섯째, 소청심사위원회는 행정기관 공무원의 징계처분, 그 밖에 그 의사에 반하는 불리한 처분이나 부작위에 대한 소청을 심사·결정하게 하기 위하여 인사혁신처에 둔다. 소청심사를 통하여 해양경찰을 통제한다.

일곱째, 감사원은 세입·세출의 결산, 해양경찰기관 및 해양경찰공무원의 직무에 대한 감찰을 통하여 경찰을 통제한다.

여덟째, 국가인권위원회는 구금시설(해양경찰서 유치장), 보호시설(아동복지시설) 등을 방문·조사가 가능하고, 개인 사생활 침해, 계속 중인 재판, 수사 중인 사건의 소추에 부당하게 관여할 목적으로 조사를 하여서는 아니 되며, 「국가인권위원회법」은 외국인에게도 적용된다.

2) 입법부에 의한 통제(입법 통제)(19 1차 · 20 간부)

국회는 입법권, 예산 심의의결권, 예산결산권, 국정 감사·조사권을 통하여 해양경찰을 통제한다. 해양경찰청의 국회 소관상임위원회는 농림축산식품해양수산위원회이다.

3) 사법부에 의한 통제(사법 통제)(19 1차)

외부적 통제로서 사법부에 의한 통제로는 위법한 처분에 대하여 행정소송으로 해양경찰을 통제하고, 해양경찰공무원의 위법한 행위로 손해를 입은 국민은 국가를 상대로 손해배상을 청구할 수 있다. 해양경찰 공무원 개인에게는 민사·형사 책임을 물을 수 있다.

4) 민중 통제

민중 통제에는 여론, 언론, 정당, 이익집단, NGO, 국민감사청구제도 등이 있다. 특히 언론과 시민단체의 행정에 대한 영향력이 증대되고 있다.

연습문제 CHAPTER 08 해양경찰 통제

01 다음 중 「공공기관의 정보공개에 관한 법률」에 대한 설명으로 가장 옳지 않은 것은?

20 3차

① 모든 국민은 정보의 공개를 청구할 권리를 가지며, 외국인의 정보공개 청구에 관하여는 대통령령으로 정한다.
② 공공기관이 보유·관리하는 정보는 비공개 대상 정보가 아닌 한, 국민의 알권리 보장 등을 위하여 이 법에서 정하는 바에 따라 공개할 수 있다.
③ 청구인이 정보공개와 관련한 공공기관의 비공개결정 및 부분 공개 결정에 대하여 불복이 있거나 정보공개 청구 후 20일이 경과하도록 정보공개 결정이 없는 때에는 공공기관으로부터 정보공개 여부의 결정 통지를 받은 날 또는 정보공개 청구 후 20일이 경과한 날부터 30일 이내에 해당 공공기관에 문서로 이의신청을 할 수 있다.
④ 정보의 공개 및 우송 등에 드는 비용은 실비의 범위에서 청구인이 부담한다.

해설 법 제3조(정보공개의 원칙) 공공기관이 보유·관리하는 정보는 국민의 알권리 보장 등을 위하여 이 법에서 정하는 바에 따라 적극적으로 공개하여야 한다.

정답 ②

02 다음 중 「공공기관의 정보공개에 관한 법률」상 정보공개제도에 대한 설명으로 가장 옳지 않은 것은?

21 간부

① 모든 국민은 정보의 공개를 청구할 권리를 가진다.
② 공공기관은 정보공개의 청구를 받으면 그 청구를 받은 날부터 10일 이내에 공개 여부를 결정하여야 한다.
③ 공공기관은 부득이한 사유로 기간 이내에 공개 여부를 결정할 수 없을 때에는 그 기간이 끝나는 날부터 기산하여 10일의 범위에서 공개 여부 결정기간을 연장할 수 있다.
④ 청구인이 공공기관의 비공개 결정에 대하여 불복이 있는 때에는 공공기관으로부터 정보공개 여부의 결정 통지를 받은 날부터 30일 이내에 해당 공공기관에 문서로 이의신청을 할 수 있다.

해설 법 제11조(정보공개 여부의 결정) ② 공공기관은 부득이한 사유로 제1항에 따른 기간 이내에 공개 여부를 결정할 수 없을 때에는 그 기간이 끝나는 날의 다음 날부터' 기산(起算)하여 10일의 범위에서 공개 여부 결정기간을 연장할 수 있다. 이 경우 공공기관은 연장된 사실과 연장 사유를 청구인에게 지체 없이 문서로 통지하여야 한다.

정답 ③

03 다음의 경찰 통제의 유형 중 그 성격이 가장 다른 것은? 19 1차

① 국회의 국정조사·감사권 ② 행정심판
③ 「행정절차법」상 입법예고제 ④ 행정소송

해설 본 문제는 사전통제와 사후통제에 관한 것이다. ① 국회의 국정조사·감사권, ② 행정심판, ④ 행정소송은 사후통제에 해당하고, ③ 「행정절차법」상 입법예고제는 사전통제에 해당한다.

정답 ③

04 해양경찰의 민주적 운영, 정치적 중립성 확보, 국민의 인권보호 측면에서 경찰통제는 중요한 의미를 가진다. 다음의 경찰통제에 대한 설명 중 가장 옳지 않은 것은? 20 간부

① 「행정절차법」에는 사전 통제의 수단으로 청문, 행정예고 등을 규정하고 있다.
② 감사, 행정심판 등은 경찰통제 중 사후 통제에 해당한다.
③ 국회에 의한 예산의 심의·결산·국정감사 등은 외부적 통제에 해당한다.
④ 현재 우리나라에서 국민이 직접 감사를 청구할 수 있는 제도는 도입되어 있지 않다.

해설 부패방지 및 국민권익위원회의 설치와 운영에 관한 법률 제72조(감사청구권) ① 19세 이상의 국민은 공공기관의 사무처리가 법령위반 또는 부패행위로 인하여 공익을 현저히 해하는 경우 대통령령으로 정하는 일정한 수 이상의 국민의 연서로 감사원에 감사를 청구할 수 있다.

정답 ④

05 행정통제 중 외부통제로 가장 옳지 않은 것은? 20 3차

① 공무원으로서 직업윤리 ② 사법부에 의한 통제
③ 감사원에 의한 통제 ④ 입법부에 의한 통제

해설 ①은 내부통제에 해당하고, 사법부, 감사원, 입법부 등에 의한 통제는 외부통제이다.

정답 ①

06 다음 해양경찰 통제제도 중 사후통제 제도로 가장 옳지 않은 것은?

① 사법부의 사법심사 ② 행정부의 징계책임

③ 국회의 예산결산권 ④ 해양경찰위원회의 심의 · 의결권

해설 해양경찰위원회의 심의 · 의결권은 사전통제에 해당한다.

정답 ④

비교해양경찰제도

SECTION

01 외국의 해양경찰제도

Ⅰ. 미국 해양경비대(U.S. Coast Guard)

1. 역사

1790년 재무장관 Alexander Hamilton의 제안으로 밀수방지와 관세법 집행을 주 목적으로 10척의 함정으로 관세집행기관(Revenue Marine)이 창설되었고(22 간부), 재무부(Treasury Department)소속을 거쳐 1967년 교통부(Department of Transportation)창설과 함께 소속 부처가 교통부로 변경되었다. 2001년 9·11 테러 이후 2003년 3월 국토안보부[1](Department of Homeland Security) 소속으로 이관되어 현재에 이르게 되었다. (19 1차)

미국 해양경비대(United States Coast Guard)는 육군, 해군, 공군, 해병대와 함께 무장조직으로서 제5군으로 알려져 있다.[2] 그러나 2019년에 우주군(United States Space Force)이 창설되어 6군 중의 하나가 되었다.[3] 경찰기관의 성격보다는 군대의 성격

---

1) 2001년 9.11 테러사건을 계기로 테러에 대한 효과적 대응을 위해 설치된 연방행정부 중의 하나로 국토안보부(DHS)가 있다. 이 국토안보부는 기존 22개의 연방기관을 흡수하여 재개편 하였다(이상원, 2010: 77-78). 국토안보부의 소속기관에는 특수업무국(Secret Service), 해안경비대(Coast Guard: USCG), 시민권 및 이민업무국(Citizenship and Immigration Service) 등이 있다. 이 국토안보부내 법집행기관으로서 해양경비대(Coast Guard)는 해상안전업무 즉 연안에서의 법집행, 해상에서의 범죄예방, 진압, 수사, 범인의 체포, 밀수단속, 해상에서 인명, 재산보호 등의 임무를 수행한다. 해양경비대는 교통부 소속에 있던 것이 국토안보부로 흡수되었다. 특수업무국(Secret Service)은 연방정부의 화폐, 지폐, 공채, 연방정부 발행증권의 위조를 금지하는 법률집행, 국고·은행·통화에 대한 법집행, 대통령 및 대통령 가족·대통령 후보자의 경비와 경호를 담당한다. 재무부(Department of Treasury)의 소속으로 있다가 2003년 3월부터 Coast Guard와 함께 국토안보부로 이관되었다. 시민권 및 이민업무국(CIS)는 시민권과 이민업무를 담당한다. 특히 대테러와 관련하여 이민업무와 시민권 업무를 강화하고, 이에 관련된 법령집행 및 수사업무를 행한다.

2) 김성기(2004. 7.). "미국 해양경비대의 조직·활동·법집행에 대한 연구," 해양경찰청, p. 5.

3) 미국의 우주군(United States Space Force)은 미군의 6개 군 중 하나이고, 미합중국 국방부

이 강하다. 평시임무는 해상법집행, 해상안전관리, 오염방방지, 쇄빙 등을 수행하다가 전쟁이 발생하면 해군으로 편입되어 전쟁업무를 수행한다.

그 역사적 변천은 다음과 같다.[4)]

<그림 1> 10달러 지폐: Revenue Marine을 창설한 초대 재무장관 Alexander Hamilton

1) 1789 - 1865: 세입보호 목적 탄생

처음에 해양경비대는 정부수립 탄생기에 재정적인 목적을 위하여 관세법집행기관(the Revenue Marine)이라는 이름으로 탄생되었다. 미국혁명 후 영국으로부터 정치적인 독립을 확보하기 위하여 우선 재정적인 독립을 추구하게 되었고, 이때 재무장관 해밀턴(Alexander Hamilton)은 외국상품과 선박에 대하여 관세를 징수하였다.

이에 따른 효과적인 관세징수와 밀수방지를 목적으로 관세법(Tariff Act of 1790)에 근거하여 1790년 10척의 함정으로 관세법집행기관(the Revenue Marine)이 창설되었다. 또한 안전한 세입징수를 위해서는 항로안전확보가 우선적인 과제로 인식하여 각 지방에서 관리하던 12개 등대를 중앙정부가 이관받는 등 1789년 모든 항로표지 업무가 재무부에 이관되어 관세집행기관이 담당하게 되었다. 이 외에도 해상교통과 무역에 대해 규제와 보호하는 임무를 수행하였고, 1832년 이후 조난자 구조활동과 빙기 해상순찰활동을 부과하였다.

주로 미대륙 하천에 운항하던 증기선들이 불안정한 기관 사고로 많은 생명과 재산을 잃게 되자 1838년 증기선 검사원(Steamboat Inspector)을 두도록 했는데 이것이

(U.S. Department of Defense, DoD) 산하의 5개 군(해안경비대 제외) 중 하나이다. 우주군은 2019년 12월 20일 도널드 트럼프 미국 대통령이 서명한 「국방수권법」에 따라 공군 우주사령부가 우주군으로 승격, 창설되었으며 공군부(U.S. Department of the Air Force) 산하이다. 모체인 미합중국 공군 및 NASA와 밀접한 협력관계를 맺고 있다.

4) 고명석(2005. 6). "미국 Coast Guard 연구," 해양경찰청, pp. 17-22.

코스트가드 상선검사의 시초가 되었다. 또한 1798년 프랑스와 준전쟁, 1812년 대영전쟁, 1846년 멕시코전쟁 등에 해군배속으로 참가하였고 남북전쟁에도 참가하였다.

2) 1865 – 1915

남북전쟁 후 미국의 국토확장과 대외무역증가로 효율적인 관세법집행기관(Revenue Marine) 조직과 구난서비스 요구가 증가되었다. 이에 따라 낙후된 함정을 전면 교체하는 등 양적·질적 성장을 추구하였고, 조직도 재무부 산하에 관세법집행기관(Revenue Cutter Service: RCS)를 창설하였다. 1867년에는 알라스카를 매입함에 따라 어로보호, 과학조사 등 많은 임무를 추가로 수행하였다. 1910년에는 레저보트 활동에 관한 권한을 부여하였고, 1912년 타이타닉사고 이후 북극해 주변의 빙산순찰임무가 추가되었다. 1898년 미·스페인 전쟁에 해군과 함께 참가하여 많은 공을 세웠다.

3) 1915 – 1916: Coast Guard 탄생

(1) 해양경비대는 사실상 관세법집행기관(Revenue Cutter Service)를 없애려는 노력의 결과로 탄생되었다. 1911년 대통령 윌리엄 태프트는 정부의 경제성과 효율성을 추구하는 노력의 일환으로 관세법집행기관(RCS)의 기능이 인명구조기관(Life – Saving Service: LSS)과 유사하여 이를 해체하여 재무부, 해군, 상공노동부 등에 분할하자는 제안을 국회에 하였고, 그후 1915년 윌슨 대통령시 RCS와 LSS를 합쳐 코스트가드가 탄생하였다. 그러나 성격상 군대기구인 RCS와 민간인이 구성원인 LSS는 15년 동안이나 코스트가드 안에서 각각 별개의 조직으로 운영되었다.

(2) **1915년 1월 28일 U.S. Coast Guard 탄생:** 명령 1호(GENERAL ORDER NO. 1). U.S. Coast Guard가 탄생하게 되는 「명령 1호(GENERAL ORDER NO. 1): 「그림 2」는 1915년 1월 28일 미국의 국회에서 통과된 법률이다. 즉 이 법은 기존의 관세집행기관과 인명구조기관을 통합하여 Coast Guard를 창설하는 법이다. 관세집행기관의 사령관 Bertholf(Ellsworth P. Bertholf, 그림2의 우측)와 인명구조기관의 장인 Summer Kimball(그림 2의 좌측)의 노력, 재무성의 리더십 및 의회의 전폭적인 지원 하에 U.S. Coast Guard가 창설되었다. Bertholf는 두 개의 기관을 하나의 기관으로 통합하여 효율성을 확보하겠다고 행정부, 의회, 국민들에게 제안하면서 두 기관을 폐지하거나 각각을 해체하여 다른 기관에 넘기려는 계획에 방어하였다.[5)]

<그림 2> 1915년 1월 28일 U.S. Coast Guard 탄생: 명령 1호(GENERAL ORDER NO. 1)

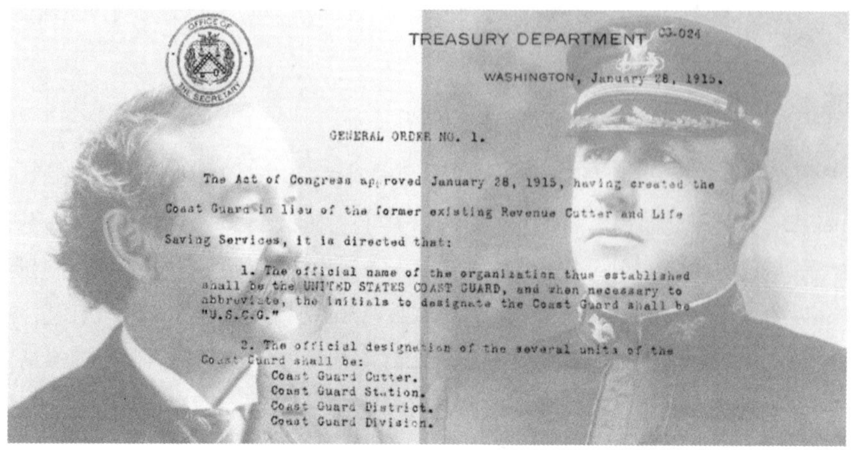

OFFICE OF THE SECRETARY

TREASURY DEPARTMENT CG-024

WASHINGTON, January 28, 1915.

GENERAL ORDER NO. 1.

The Act of Congress approved January 28, 1915, having created the Coast Guard in lieu of the former existing Revenue Cutter and Life Saving Services, it is directed that:

1. The official name of the organization thus established shall be the UNITED STATES COAST GUARD, and when necessary to abbreviate, the initials to designate the Coast Guard shall be "U.S.C.G."

2. The official designation of the several units of the Coast Guard shall be:

Coast Guard Cutter.
Coast Guard Station.
Coast Guard District.
Coast Guard Division.

4) 1917 - 1946: 전쟁, 위기, 통합으로

탄생 2년 후에 코스트가드는 전쟁에 참여하였다. 1917년 1차 세계대전, 2차 세계대전 등에 해군배속으로 참전하였는데 그 이전 RCS는 재무부 지휘 아래 해군과 작전을 함께 하던 것이 해군 지휘 아래 참전하도록 변경되었다. 1차 대전시 유럽해양과 지중해에서 구축함을 호위하는 역할을 하였고, 국내에서는 주로 항만방어역할을 수행하였다.

1917년 Halifax에서 발생한 함상 폭발사고(1000명 이상 사망) 이후 항만 및 항로안전확보임무가 코스트가드에 추가되었다. 1918년 2차 대전 후 코스트가드를 해군에 영구히 통합하려는 시도가 있었으나 실패하였다. 1920년 금주법(National Prohibition Act)이 통과되면서 동법을 해상에서 집행하는 코스트가드가 비약적으로 성장하였는데 10년동안 인원과 함정이 3배 이상 증가하였다.

1936년에서 1945년 사이 사령관 Waesche에 의해 코스트가드는 전환기를 마련하는데, 해양에서 모든 미국법 집행을 할 수 있는 권한을 마련하였으며, 항구쇄빙, 상선검사, 레저활동 규제, 등대관리업무 등 많은 업무가 추가되었고 이를 집행하기

---

5) Bertholf는 다음과 같이 언급: "Coast Guard는 새로운 조합일 뿐만 아니라 Revenue Cutter Service의 직접적인 계승자이다. 명칭이 변했다하더라도 우리의 역사를 잃은 것은 아니다. 함정은 항상 cutters라고 명명될 것이며, Cutter라는 이름은 코스트 가드의 떠 있는 활동을 나타내는 명칭으로 남는다. 그런 관점에서 과거 활동의 연속선상에 있고, 우리는 여전히 1790년에 탄생하였다고 당당하게 주장할 수 있다."(https://coastguard.dodlive.mil/2015/01/celebrating 2015/01/celebrating-coast-guard-history-100th-anniversary-of-the-act-to-create-the-u-s-coast-guard/, 2019. 11. 22. 김색).

위하여 1940년 Coast Guard Auxiliary, 1941년 Coast Guard Reserve가 창설되었다. 1939년에서 1945년까지 여러 전쟁에 참전하였는데 1939년 미국전쟁, 1941년 필리핀전쟁, 1941년 2차 대전 등이다.

5) 1946 - 1972: 역할과 임무의 정비

이 기간 동안에는 전시 또는 평시에 코스트가드의 국제적인 임무수행이 강조되었다. 코스트가드는 평시에 일본 해상보안청 건립, 한국 및 필리핀 해군 창설에 도움을 주었고, UNITAS훈련 등 남미해군과 군사훈련 등 세계 각지에서 중소국가와 합동 군사훈련을 실시하였다. 또한 한국전쟁에 제한적으로 참전하였으나 베트남전쟁에는 전면적으로 참가하여 베트남 해군과 합동작전을 수행하였다. 여러 기관에 중복되어 있던 수난구조조정 역할을 코스트가드가 수행하게 되었고, 쿠바와 아이티로부터 난민이 증가함에 따라 밀입국 방지업무가 추가되었다.

Roland 제독(1962-1966년)은 베트남 전쟁에서 한국전쟁 동안의 제한된 지원 역할을 탈피하여 베트남 전쟁에서 군사적으로 신뢰를 확보하려고 하였고, 소형보트 운영의 전문가로서 인도차이나 전쟁에서 활약하였다.[6)]

1967년 4월 1일 Coast Guard는 새로 창설된 교통부(Department of Transportation로 이전하였다.[7)] 재무부에 177년간의 소속되어 있었다가, 존슨 행정부는 교통을 관리하기 위하여 새로운 장관급 부서설치를 요망하였고, 존슨 행정부는 Coast Guard가 재무성에 그대로 남아있는다면 기능이 축소될 것이라고 통지하자, Roland 제독은 새로운 부서에서 군사적인 지위가 유지된다고 확인을 받은 후에 부서 이전을 받아들였다. 이러한 교통부로의 소속부처를 이전한 후에 거점순찰의 종료, 12마일 어업수역관리, 마약집행, 서인도 난민통제, 200해리 경제자원 수역에서의 경비활동을 선언하였다.

6) 1973 - 2001: 국가안보의 일환으로

코스트가드는 베트남전 이후에도 군대와 법집행기관으로 성격을 동시에 가진 다기능 국가기관으로서 중요한 임무를 수행하였다. 1980년과 1994년 쿠바대량난민, 1992년과 1994년 하이티 대량난민 등 사건이 발생하였고, 1970년대 불법 마약수입

6) Ostrom, Thomas P.(2006). *The UNITED STATES COAST GUARD 1790 TO THE PRESENT: A History*, Oakland: RED ANVIL PRESS, p. 81.

7) *Ibid*, p. 93.

이 증가하여 심각한 사회문제가 되자 카리브해 코스트가드 세력을 대폭 증강하여 대처하였다.

1972년 Torrey Canyon and Amoco Cadiz 사건, 1976년 Argo Merchant 사건, 1989년 Exxon Valdez 사건 등은 증가하는 해양오염 사고에 대비한 코스트가드의 역할을 증대시켰다. 또한 심각하게 고갈되어가는 어족자원을 보호하기 위한 역할이 강조되어 어업관련 법령 집행에 무게가 주어졌다. 1990년 코스트가드 함정은 걸프전 사막의 폭풍작전에 참가하여 임무를 수행하였다. 2003년에는 2001년의 9. 11 테러의 영향으로 교통부(Department of Transportation) 소속에서 국토안보부(Department of Homeland Security) 소속으로 변경된다.

7) 21세기 코스트 가드: 테러와의 전쟁

2001년 9월 11일 알카에다 테러리스트들은 4대의 상업용 미국 항공기를 납치하여 뉴욕의 세계 무역 센터에 2대를 충돌시켰고 워싱턴 DC의 펜타곤에 1대를 충돌시켰다. 네 번째 항공기는 탑승한 승객이 테러리스트로부터 항공기를 다시 통제하려고 시도했을 때 펜실베니아주 샹크스빌(Shanksville) 주변에서 추락했다. 이번 공격으로 무고한 민간인 3000여 명이 사망하였다.

2002년 11월 26일 부시 대통령은 50년 만에 연방정부의 최대 행정조직 재편성인 국토안보부(Department of Homeland Security)를 창설한 법안에 서명하였고, 코스트가드는 1967년 4월 1일부터 교통부소속이었으나 2003년 3월 1일에 국토안보부로 소속부처가 바뀌었다.

해양경비대는 2001년 9·11 테러 사건 이후 유사한 테러 행위를 방지하기 위하여 해상 특공대(Maritime SWAT Teams)라고도 불리는 해양경비팀(Maritime Safety and Security Teams)을 창설하였다.[8)]

8) 김성기(2004. 7.). 전게보고서, p. 10.

2. 조직

Coast Guard 조직은 워싱턴 DC에 위치한 본부조직과 지역조직으로 나눌 수 있다.[9] 본부조직은 ① 사령관(Commandant) 직속으로 최고재판관(Chief Judge), 국제협력관(International Affairs), 주임사관(Master Chief Petty Officer), 군목(Chaplain) 등 보좌조직이 있으며, ② 시민권리보호국(Civil Right), ③ 참모장(Chief of Staff), ④ 장비획득국(Aquisition), ⑤ 법무담당관(Chief Counsel), ⑥ 공보담당국(Governmental and Public Affairs), ⑦ 인사담당국(Human Resources), ⑧ 해상안전 및 환경보호국(Maritime Safety and Environmental Protection), ⑨ 운용국(Operations)으로 되어 있다.

이밖에도 전시나 대규모재난발생시 투입되는 예비군(Coast Guard Reserve)과 해양관련 민간인 자원봉사자들로 구성된 보조대(Coast Guard Auxiliary)도 활동에 큰 역할을 담당하고 있다.

지역조직으로 대서양지역 사령부와 태평양지역 사령부의 2개 사령부 조직을 두고, 대서양사령부 산하에 5개 해양경비단(Coast Guard District, 1, 5, 7, 8, 9 지역본부)와 수리 및 물류기지(Maintenance and Logistics Command), 태평양사령부산하에 4개 해양경비단(11, 13, 14, 17 지역본부)와 수리 및 물류기지를 각각 두고 있다.

계급은 미해군의 계급체계를 그대로 사용하고 있다. 장교는 소위(Ensign), 중위(Lieutenant junior), 대위(Lieutenant), 소령(Lieutenant commander), 중령(commander), 대령(captain), 준장(Rear Admiral), 소장(Rear Admiral), 중장(Vice Admiral), 대장(Admiral)의 10계급으로 되어 있다.

사령관은 해군대장(Admiral), 부사령관과 2개 지역의 지역사령관은 각 해군중장(Vice Admiral)이다. 하사관에 최고 계급에 해당하는 Chief Warrant Officer는 3단계로 되어있고, 사병에 해당하는 Enlisted Men and Women은 각 업무별로 직별을 나타내는 엠블램을 사용한다.

미국 Coast Guard의 인력은 현역과 예비인력으로 구성되어 있고, 약 9만명 정도이다. 현역은 장교, 사병, 일반직으로 구분되며, 현역 중 군인은 약 4만 2천명이고 나머지는 일반직으로 구성되어 있다. 예비인력은 자원봉사자 8천여명, 보조대 3만 2천여명을 두고 있다. 경비함정은 160척, 순찰보트 1,700척, 쇄빙선 등 특수정은 90여척, 항공기는 210대를 운영하고 있다.[10]

---

9) 고명석(2005. 6.). 전게서, pp. 22－24.

10) 해양경찰청(2013). 해양경찰 장비발전 60년사, pp. 270－274.

<그림 3> 2021년 해양경비대 조직

3. 주요임무

1) 법적 근거

해양경비대의 임무, 직무, 적용범위 및 권한에 대해서는 「U. S. Code Title 14」에서 규정하고 있다. 그 주요내용은 다음과 같다.[11] "미국법을 집행하거나 집행을 지원하기 위해 해상 항공감시, 차단을 하여야 한다. 미국관할권에 속한 공해와 수역의 수면, 수중에서 인명과 재산의 안전 증진을 위하여 특별히 법으로 다른 기관에

11) U. S. Code Title 14(Coast Guard, Part I , Regular Coast Guard, Chapter 1. Establishmnt and Duties, Section 2).

위임한 경우를 제외한 모든 것에 대한 법을 정비하고 공포하며, 규칙을 집행해야 한다. 미국관할권에 속하는 공해와 수역의 수상, 수면, 수중에서의 안전증진을 위하여 국방설비, 항로표지, 쇄빙설비, 구조설비 등이 합목적적인 것이 되도록 개발, 설치, 보수, 운영해야 한다. 전쟁시에는 해사방어구역 통제임무를 수행하는 것을 포함한 해군 특수 임무수행기능을 하도록 대비태세를 갖추어야 한다"고 규정하고 있다.

전시업무로 군사상황 발생시 해안방어와 주요항만방어 임무를 가지고 있으며, 평시에는 교육훈련을 병행하고 이 업무를 수행하기 위한 예비군(Coast Guard Reserve)이 별도로 편성되어 있다. Coast Guard는 전쟁과 관련된 군규모로 볼 때 세계 12위 함정세력과 세계 7위 항공세력을 보유하고 있다.[12)]

2) 주요임무(19 간부)

해양경비대의 주요임무는 다음과 같다.[13)]

(1) 국가경비 및 법집행(Homeland Security and Law Enforcement)

테러리스트들로부터 미국을 보호하기 위한 핵심기관이고, 해양경비대원들은 지속적인 순찰과 정보수집을 통하여 잠재적인 위협요소를 제거하고 있다. 미국령에 속하는 해역에서 모든 연방법을 집행하고 경비대원들은 마약이나 무기밀매, 불법밀입국, 해상강도 등을 차단하고 체포함은 물론, 배타적 경제수역, 대륙붕, 기타 미국령으로 속한 해역 내에서 어업, 환경 등에 관한 제반 법률을 집행한다.

(2) 항구내 안전 및 경비(Port Safety and Security)

항구, 수로 및 해안가 시설물, 선박과 그 안에서 근무하고 있는 사람들의 각종 사고로 인한 손상, 해상오염, 인명손상으로부터 보호하고 있다.

(3) 해상검색(Marine Inspection)

상선과 해상시설물의 안전장치, 건설, 관리작업 등에 따른 기준과 정책을 마련하여 시행함으로써 인명이나 재산의 손실, 환경피해를 최소화하는 임무를 수행하고 있다.

12) 고명석(2005. 6.). 전게서, p. 28.

13) 김성기(2004. 7.). 전게서, pp. 12－14.

(4) 방어작전(Defense Operation)

무장한 해상세력으로서 국가방위전략을 지원하기 위하여 필요한 전투능력을 유지하며, 그를 위하여 훈련에도 힘쓰고 있다. 평화시에는 해역사령관(Maritime Defense Zone Commanders)은 연안방어계획과 훈련에 대한 책임을 진다.

(5) 수색 및 구조(Search and Rescue)

해양경비대는 수색 및 구조(SAR) 해역 내에서 조난자 및 선박 등 재난을 수색하고 구조함은 물론, 구역내 SAR관련 시설물을 관리한다.

(6) 항해보조시설 및 항행안전(Aids to Navigation and Boating Safety)

항행 보조시설(항로표지)은 지속적이며 정확한 전전 후 전파항해서비스를 제공함에 의하여 해상 또는 항공교통의 안전과 효율적인 통행을 증진시킨다. 해양경비대는 항행보조 시설물을 설치하고 관리하는 역할과 함께 안전 항법을 교육하는 임무를 수행하고 있다.

(7) 수로관리(Waterways Management)

수로관리는 선박, 수로와 시설물(부두, 교각, 선거 등)의 관리를 고려하여 선박들이 좁은 수로나 교각사이로 안전하게 항행할 수 있도록 항로를 확보하는 것을 말한다.

(8) 해양오염방제(Environmental Response)

해양경비대는 해양오염원으로부터 피해를 최소화하기 위하여 노력하며, 현장에서 오염방제업무를 지원한다.

(9) 쇄빙작업(Ice Operations)

쇄빙작업을 통하여 상선의 항행을 가능하게 하며, 얼어붙은 항행 가능한 수역에서 조난자 및 조난선박을 탐색하고 구조하는 임무를 수행한다.

(10) 선박운항 면허발급(Marine Licensing)

해양경비대는 일정자격 요건을 갖춘 항해사나 일반 선원에게 신규면허를 발급해주거나 일정기간이 지난 기존 면허를 갱신해주는 업무를 수행하고 있으며, 선박의 규모 및 용도에 따라 선박안전 운항에 필요한 최소한의 인원을 규정하고 있다.

4. Coast Guard의 교육훈련

1) 개관

Coast Guard의 교육기관은 크게 훈련센터(Training Center)와 해양경비대 사관학교(Coast Guard Academy)로 구분할 수 있으며, 훈련센터는 한국식으로 하면 직원교육훈련을 담당하는 경찰학교나 경찰교육기관에 해당하고, 해양경비대 사관학교는 삼군사관학교처럼 젊은 사관생도를 교육하여 초급장교를 배출하는 4년제 대학기관이다.

훈련센터는 교육내용을 중심으로 여러 개 교육기관과 프로그램으로 나누어져 있으며, 장소개념으로 구분할 경우, ① 신임자 교육훈련을 담당하는 Cape May 신병훈련센터(Recruit Training Center), ② 항공훈련을 담당하는 Mobile 항공훈련센터(Aviation Training Center, ATC), ③ 항공기술교육을 담당하는 Elizabeth City 항공기술훈련센터(Aviation Technical Training Center, ATTC), ④ 다양한 기술실무교육을 담당하는 Petaluma 훈련센터, ⑤ 직원 직무교육을 주로 담당하는 York Town 훈련센터, ⑥ 특수임무에 대한 훈련을 담당하는 Camp Lejeune 특수훈련센터(Special Missions Training Center) 등이 있다.

본부 및 교육기관에서 진행하는 대표적인 프로그램으로 Leadership Development Center, Officer Candidate School, Chief Petty Officer's Academy, Chief Warant Officer Indoc School 등이 있으며, 또한 국제교류와 관련된 프로그램도 세계 각국 공무원 초청 프로그램이나 교환프로그램 등이 있다.

2) Coast Guard 교육기관

해양경비대의 교육기관은 신임교육센터(Recruit Training Center), 항공훈련센터(Aviation Training Center, ATC), 항공기술교육센터(Aviation Technical Training Center, ATTC), Petaluma 훈련센터(Training Center Petaluma), 해안경비대 사관학교(Coast Guard Academy) 등이 있다.

(1) 신임교육센터(Recruit Training Center)

뉴저지주 Cape May에 위치해 있는 해양경비대 신병훈련소(Boot Camp)는 해안경비대에 지원하는 사병(Enlisted men and women)을 교육시키는 신병훈련센터이다. 신병훈련이 주임무이지만 Recruiter School, Company Commander School, Reserve Enlisted Basic Indoctrination, and the Maritime Academy Reserve Training Program

등 다른 프로그램도 실시한다.

(2) 항공훈련센터(Aviation Training Center, ATC)

알라바마주 모바일에 위치한 항공훈련센터는 Coast Guard의 비행학교인 동시에 항공기지를 겸하고 있다. 훈련기종으로는 HU-25 "Guardian", HH-60 "Jayhawk", HH-65 "Dolphin"을 사용하고 있다.

항공기지로서 모바일 기지는 미국 남부 텍사스와 루이지애나 등 멕시코만 연안을 관할 구역으로 활동할 뿐만 아니라 극지방의 함정물류지원, 극지방연구 지원, SAR, 쇄빙선 지원의 임무를 띠고 남극 등 극지방에 항공기를 파견한다.

(3) 항공기술교육센터(Aviation Technical Training Center, ATTC)

노스캐롤라이나 Elizabeth City에 위치한 항공기술훈련센터는 능력있는 항공정비사를 양성하여 Coast Guard 항공대의 안전하고 효율적인 정비와 보수유지에 있다.

교육과정으로는 항공전자기술자(Avionics Electrical Technician), 항공정비기술자(Aviation Maintenance Technician), 항공생존기술자(Aviation Survival Technician) 양성과정으로 나누어지는데 항공전자기술자는 항공기 전자계통의 검사, 정비, 유지, 이상유무 확인 등을 행한다. 항공정비기술자는 항공기에 대한 일상적인 정비와 검사를 행하고, 항공생존기술자는 항공관제, 항공기안전검사 및 항공행정분야 등 항공기 안전관련 기술과 탑승자 생존훈련 등 사고시 생존능력을 교육받는다.

(4) Petaluma 훈련센터(Training Center Petaluma)

캘리포니아주 Petaluma에 위치한 Petaluma 훈련센터는 주로 하사관(Petty Officer)을 대상으로 실무에서 필요한 IT과정, 보건 및 통신 등 운영지원과정, 리더십훈련과정 등 다양한 실무교육을 담당하고 있다.

(5) 해양경비대 사관학교(Coast Guard Academy) (20 간부)

해양경비대 사관학교는 코네티컷주 뉴런던의 템즈강변에 위치하고 있다. 매년 약 175명의 Coast Guard 해군 소위가 이 학교를 통해 배출되고 있다. 학교는 최초 1876년에 교육을 시작하였으나 현대적 의미의 사관학교는 1915년에 개교하여 1932년 현재 위치로 옮겼다. 학교장은 Coast Guard 해군소장이 맡고 있다.

학생은 4년간 126학점 이상을 필수로 이수해야 하며 공학사 학위가 수여된다. 수업은 일부 저학년 필수과목은 제외하고는 교수대 학생비율이 1 : 8을 넘지 않게 진행된다. 전공할 수 있는 분야는 조선술 및 해양공학, 토목공학, 기계공학, 전기공학,

OR 및 컴퓨터분석, 해양환경학, 정부학, 경영학 등이 있다.

졸업 후 Coast Guard 소위로 임관되며, 수습장교로서 함정에 승선하여 2년간 견시장교 또는 엔지니어로 의무복무한다. 이 과정이 끝나면 진학하여 석사과정을 이수하거나 항공 등 타분야의 학교에 입학하여 계속 공부도 가능하며, 모든 경비는 지원된다.

해양경비대 사관학교에는 장교, 사병, 보조대, 예비군 등 모든 Coast Guard 직원을 대상으로 리더십 발전 센터(Leadership Development Center, LDC)에서 리더십 발전 프로그램을 운영하고 있으며, 현장에서의 리더십 기술을 익히는 것을 목표로 하고 있다.

5. 특징

1) 해양종합행정기관으로서의 Coast Guard: 5개 해양행정기관 통합의 산물

관세집행기관(Revenue Cutter Service), 인명구조기관(Life-Saving Service), 등대국(Lighthouse Service), 항행담당국(Bureau of Navigation), 증기선 검사 서비스(Steamboat Inspection Service) 등 5개 기관이 Coast Guard에 통합되었다.

다른 연방 조직과는 달리 Coast Guard는 한 번에 지금과 같은 기능을 수행하는 기관으로 창설되지 않았다. 현재의 Coast Guard는 5개의 연방 행정조직을 하나로 통합한 집합체이다.[14] 역사적인 관점에서 Coast Guard는 안전하고 효율적인 해상 운송, 관세의 징수, 효과적인 해안 방어와 각종 해상 사고에 수반되는 생명과 재산 피해를 최소화하기 위하여 만들어진 정부 조직이다. 5개의 해양행정기관은 각각 독립된 조직이었으나 서로 비슷한 기능들을 중복해서 제공하고 있었으며 체계적이지 못했다.

① 1799년 프랑스와의 준 전쟁(Quasi-War of 1798-1801년)의 결과로서 관세 징수를 위한 임무 외에 연안 방어와 공해상 각종 보호 임무 수행

② 관세집행기관은 1836년부터 1842년까지 세미놀 인디언과의 전쟁(Seminole Wars) 중 처음으로 해군과 합동으로 상륙작전 수행을 통한 전시 국가 방어임무 추가

③ 관세집행기관은 1798년부터 1915년까지 국가간 주요 갈등이 발생할 때마다 국가 방어 임무 수행

14) 김성기, 전게보고서, pp. 6-10.

④ 1915년 관세집행기관과 인명구조기관 통합
⑤ 1939년 등대국 통합
⑥ 1946년 증기선 검사서비스와 항행담당기관 통합

Coast Guard는 1790년 이후 전쟁과 해양 재난을 통하여 창설되었고, 발전되었다. 전쟁은 국가 방어 임무를 강화시켰고, 해양재난은 구조와 각종 대민 서비스 기능을 강화시켰다. 국가 방어 임무는 오늘날 가장 중요한 임무 중 하나가 되었다. 또한 해양 재난은 선박 안전 검사, 인명구조 장비, 오염 방지 장치 등의 검사와 같은 다양한 임무를 담당하는 결정적인 계기가 되었다. 해양과 관련된 5개의 해양행정기관의 중복된 기능들은 비효율성과 비용이 과다하게 발생하는 문제를 초래하였으므로 1946년까지 하나의 기관인 Coast Guard에 마침내 통합되었다.

2) 포괄적인 해양 안전 기능과 안보기능 수행

미국의 Coast Guard는 다음과 같은 해양안전기능과 안보기능을 수행한다.15)

① **해양안전기능**: 수색구조, 선박표준설계 개발 및 검사, 선박 등록, 선원면허발급 및 교육훈련, 여객선·어선·레저선박 총괄관리, 항만국통제, 해난조사 등
② **해상교통기능**: 항만 운영 및 관리, 교통관제, 조류·해류 정보수집 등 수로관리, 등대 및 항로표지관리, 북극 쇄빙활동, 선박 항행안전을 위한 교각 관리 등(19 간부)
③ **해양안보기능**: 해양경비, 불법어로 단속, 고래 등 해양보호종 보호, 마약단속, 정보수집, 밀수·밀항단속 등
④ **자원보호기능**: 오염방제, 폐기물 규제 등
⑤ **국방기능**: 해군과의 통합 해상작전, 해군의 전력보강, 미국의 해양방어 지역에 대한 보호

우리나라의 경우 선박의 표준설계·검사·등록, 선원 면허발급 및 교육훈련, 해난조사, 항만운영, 수로 및 항로표지관리, 항만국통제의 경우 해양수산부에서 수행한다.

15) 오정동, 전게서, p. 112.

Ⅱ. 일본 해상보안청

1. 역사

해상보안청은 제2차 세계 대전 후 본토 육지 면적의 86.9배(33,057㎢)에 달하는 일본의 해안 곳곳에 밀입국, 밀무역, 해적행위, 불법어로 등 범죄행위가 극도에 달한 1948년 5월 1일 해상에서의 인명 및 재산의 보호, 치안의 유지를 목적으로 운수성의 4개 외청(해상보안청, 선원노동청, 기상청, 해난심판청) 중의 하나로 창설되었다. 그 뒤 2001년 운수성에서 국토교통성의 4개 외국 중의 하나로 이관되었다.16) 창설 당시 미국의 해양경비대를 모델로 해사에 관한 사항을 일원적으로 수행하기 위해 설립되었다.17)

1) 창설과정

해상의 치안유지는 수상경찰, 세관, 수산당국, 해운국, 검역소 등의 여러 기관이 각자의 주관에 속하는 법령의 집행을 맡아서 수행했으나 어느 쪽도 실력으로 강제하는 힘이 약했기 때문에 단속상 최후의 실력행사는 전부 해군에 의존하였다. 해난구조에 있어서는 시(市)·정(町)·촌(村)의 장 또는 경찰이 행하는 수난구호와 선장의 의무로서 행하는 조난선박구조가 중심이 되었고 해안에서 좀 떨어진 해역에서 발생한 해난선박의 구조는 결국 해군에 의뢰하였다.18)

또한 해상보안업무를 각각의 행정기관이 행정목적을 위해 예산과 자재를 요하는 설비를 독립적으로 갖는 것은 매우 비경제적이고 비합리적이기 때문에 해상보안업무 강화를 위해서는 하나의 기관이 필요한 선박과 경비정, 시설을 일원화하여 관리운용하고 그 책임하에 항해의 안전과 해상치안의 유지에 관한 행정사무 전반에 걸친 포괄적이고 통합적 권한을 행사하도록 하는 것이 가장 바람직하다고 생각하고 있었다.19)

2차 세계대전 전후의 일본 주변 해역은 밀항과 밀수가 횡행하는 무질서한 상태

16) 서울행정학회·인천대 위기관리연구센터(2006. 7.). 해양경찰의 효율적 조직체계에 관한 연구, －지방조직을 중심으로, p. 31.

17) 泉昌弘(일본해상보안청 섭외관)(1998. 9.). "海上保安廳の責務は現狀," 해양환경안전학회 해양관리행정 선진화세미나자료집, p. 70.

18) 상게논문, p. 71.

19) 상게논문, pp. 71－72.

였고, 1946년에 조선반도에서 콜레라가 만연하였고, 밀항자를 통하여 일본에 유입되는 것을 극도로 두려워했다. 이를 대비하기 위하여 연합군각서(Suppression of Illegal Entry into Japan, 12 Jun 1946, SCAPIN-1015)에 따라 1946년 7월 1일 운수성 해운총국(運輸省 海運總局)에 불법입국선박감시본부(不法入國船舶監視本部), 구주해운국(九州海運局) 등의 6개의 기지에 감시선이 배치되었다.[20]

위와 같은 행정기관들이 설립되었으나 효과적이고 일원적인 관리가 이루어지지 않았다.[21] 즉 불법입국감시본부 등의 행정기관이 발족되었으나 동본부는 불법입국선박의 감시를 목적으로 하고 있고, 항해의 안전과 해상치안의 유지에 해당하는 해상보안에 관계된 행정사무 일반을 취급하는 것이 아니었다. 그 외의 해상보안에 관련된 행정사무는 과거와 같이 경찰, 세관, 검역소, 해운국, 제이부원국(第二復員局) 등의 기관이 독립적으로 실행하였다. 그러나 이러한 행정기관들이 각각의 행정목적을 위하여 다액의 경비와 설비를 개별적으로 유지하는 것은 전후의 어려운 재정상황하에서 매우 비경제적이고 불합리하며, 해상보안을 강화하기 위해서는 1개의 행정기관이 필요한 함정과 기타 시설을 일원적으로 관리운영하고, 그 기관의 책임하에 항해의 안전과 해상치안의 유지에 관한 행정사무 전반을 포괄적·총합적 권한을 행사하는 것이 바람직한 동시에 유효한 것으로 생각되었다.

국회에서 심의한 후 1948년 4월에 「해상보안청법」이 제정되었고, 동년 5월 1일 해상보안청이 발족되었다.[22]

해상보안청은 1948년 5월 1일 운수성의 외국으로 창설되었다. 창설 당시의 임무는 미국 해양경비대와 거의 같았고 수로업무가 부가되었을 뿐이었다. 즉 해상에 있어서의 치안유지나 해난구조와 같은 동적인 업무와 해난조사와 해난심판의 청구, 해기시험, 선박검사 같은 정적인 감독행정의 양자를 포함하는 형태로 일체화된 해상보안행정이 당시의 해상보안청의 임무였다.

1949년 1월에는 선박검사 사무 운수성에서 해상보안청으로 이관되었고, 해상보안청의 임무는 다음과 같았다.

이 당시의 해상보안청의 임무는 ① 선박의 안전에 관한 법령의 해상에서의 집행, ② 선박직원의 자격 및 정원, ③ 해난구조, ④ 해난조사, ⑤ 도선사, ⑥ 해상에 있어서의 범죄의 예방 및 진압, ⑦ 해상에 있어서 범인의 조사 및 체포, ⑧ 수로, ⑨ 항로표지업무, ⑩ 그 외 해상의 안전 확보에 관한 사항, ⑪ 위의 사항에 부수적인

20) 海上保安廳總務部政務課(1961). 參考資料 6-7項.

21) 村上暦造·森征人(2009). "海上保安廳の成立と外國法制の繼受," 海上保安法制-海洋法と國內法の交錯, 三省堂, p. 26.

22) 村上暦造·森征人, 전게서, p. 27.

사항 등이었다.

1951년에는 해상보안청의 부속기관으로 해상경비대를 설치하였다. 이 해상경비대는 해상에서의 인명, 재산의 보호 또는 치안유지를 위해 긴급히 필요한 경우에 행동을 취하는 것을 본래의 임무로 하였다. 그후 해상경비대는 해상자위대가 되었다. 창설 당시에는 운수성의 외국으로 설치되었다가 2001년 국토교통성의 소속으로 변경되어 현재에 이르고 있다.

2) 조직과 사건의 약사

이하는 일본 해상보안청 홈페이지를 참고하였다(https://www.kaiho.mlit.go.jp, 2021년 9월 검색).

(1) 조직

① 1946년 7월 1일: 해상보안청의 전신으로서 운수성(運輸省) 해운총국에 불법입국선박감시본부를 설치

② 1948년 5월 1일: 운수성(運輸省)의 외국으로 해상보안청 설치
순시선정은 불법입국선박감시본부에서 인계받은 옛 해군 소형 선·정이나 지방관공서의 다양한 선박으로 출발함. 이 때의 함정과 인력은 순시선 132척, 정원 8,156명, 동년 6월 1일에는 해상보안학교 설치

③ 1951년 4월 1일: 해상보안대학교 설치

④ 1997년 9월 3일: 내각에 설치된 행정개혁회의는 해상보안청을 국가공안위원회에 이관하는 중간보고가 있었고, 동년 12월 3일 행정개혁회의는 최종보고에서 해상보안청의 국가공안위원회이관안을 철회함

⑤ 2000년 4월 1일: 해상보안청의 영어표기를 「Maritime Safety Agency of Japan」에서 「Japan Coast Guard」로 변경

⑥ 2001년 1월 6일: 중앙성청재편에 따라 국토교통성의 외국으로 소속 변경

⑦ 2008년 7월 1일: 외국선박항행법 시행

⑧ 2009년 4월 5일: 북한 탄도미사일 발사

⑨ 2012년 9월 25일: 「해상보안청법과 영해 등 외국 선박의 항항에 관한 법률」 개정시행에 따라 경찰관이 신속히 범죄를 다루기 어려운 센카쿠 제도 등 원거리 섬에서 해상보안관이 임시적으로 육상에서의 범죄를 대처할 수 있게 되는 등 해상보안청의 집행권한을 강화함.

(2) 활동

첫째, 경비임무에서의 주요활동은 다음과 같다.

① 1950년: 6·25 전쟁이 발생하자 기회제게부대인 특별소해대(特別掃海隊)가 조선반도로 출동함. 특별소해대는 원산을 시작으로 인천, 군산, 진남포, 해주 등 제항에 대한 소해대 파견이 이어졌고, 12월까지 7차례 연인원 1,200명이 한반도 연안에서 기뢰제거작전을 수행함. 이 과정에서 1명이 전사, 18명이 중경상을 입었다.

② 1953년 8월 8일: 라즈에즈노이호 사건발생함. 어업순회선(漁業巡回船)으로 위장한 소련 연방공작선 「라즈에즈노이호」가 일본국내에 잠입했던 공작원을 수용하기 위해 일본 영해를 침범한 러시아 공작선을 검거함.

③ 1954년 4월 21일: 죽도(竹島)에 접근한 순시선 3척, 독도의용수비대로부터 공격을 받아 손상피해.

④ 2001년 12월 22일: 규슈 남서해역(九州南西海域) 공작선 사건발생. 위혁사격에 불심선의 반격을 받음. 총격전 끝에 북조선공작선은 자폭하여 침몰했다. 교전에 의해 순시정이 피탄해서 일본의 해상보안관 3명이 부상, 북조선측의 공작원은 20여명이 사망했다.

⑤ 2005년 5월 31일: 일본 배타적 경제수역(EEZ)을 한국의 어선 「502 신풍호」가 침범.

⑥ 2008년 7월 1일: 외국선박항행법 시행.

⑦ 2010년 9월 7일: 센카쿠 열도 주변 영해에서 위법조업하고, 순시선에 충돌한 중국의 도로루선의 중국인선장을 공무집항방해 혐의로 체포장을 청구함.

⑧ 2012년 9월 25일: 대만행정원(台湾行政院) 해안순방서(海岸巡防署)의 순시선 12척과 어선 약 40척이 동시에 센카쿠열도의 영해를 침범하여 해상보안청 순시선 약 30척이 물포로 퇴거하라고 경고.

둘째, 해난구조 등의 활동은 다음과 같다.

① 1954년 9월 26일: 洞爺丸 태풍에 의하여 청함연락선 5척이 침몰하여 1,430명이 사망동야환사고).

② 1965년 10월 7일: 마리아나해역 어선 집단조난사건에 의하여 사망 1명, 실종 208명의 대참사가 발생함.

③ 1983년 9월 1일: 대한항공기 격추 사건 발생. 그 후 약 2개월에 걸쳐 대규모 해상 수색을 실시.

(3) 자체 해상보안청 장관 배출

1948년 5월 1일부터 2018년 7월 31일까지의 70년 동안의 역대 해상보안청장관은 1대에서 45대까지 임명하였다. 2대(1951. 6.)에서 5대(1959. 5.)까지는 해상보안청 차장이 해상보안청장관이 되었고, 7대(1961. 7.－1963. 6.)에도 해상보안청 차장이 해상보안청장관이 되었다. 41대(2009. 7.－2012. 9.)에도 해상보안청 차장이 해상보안청장관이 되었다. 해상보안청장관은 대체로 운수성이나 국토교통성 출신의 관료가 장관이 되는 관례가 있었으나 최근 43대(2013. 8.－2016. 6.), 44대(2016. 6.－2018. 7.), 45대(2018. 7.－2020. 6.)에는 해상보안대학교 출신의 해상보안감이 해상보안청장관에 취임하였다.

(4) 해상보안제도 70주년 기념

2018년은 1948년 5월 1일 「해상보안청법」이 시행되어 해상에서의 인명·재산 보호, 해상 안전 및 치안 확보를 목표로 한 해상보안제도가 수립된 이래 70년이 되는 해에 로고제작, 관열식 및 총합훈련, 70주년 기념식이 있었다.

2. 조직

1) 해상보안관

2019년(영화 원년)도 말 현재 해상보안청의 정원은 14,178명이다.[23)]

해상보안청에는 해상보안관(海上保安官)과 해상보안관보(海上保安官補)를 둔다. 해상보안관과 해상보안관보의 계급은 시행령으로 정하고, 해상보안관은 상관의 명령을 받아 「해상보안청법」 제2조 1항에서 규정한 사무를 관장한다. 해상보안관보는 해상보안관의 직무를 보조한다(해상보안청법 제14조).

해상보안관과 해상보안관보의 계급은 해상보안관에는 해상보안감(1등 해상보안감, 2등 해상보안감, 3등 해상보안감), 해상보안정(1등 해상보안정, 2등 해상보안정, 3등 해상보안정), 해상보안사(1등 해상보안사, 2등 해상보안사, 3등 해상보안사)이 있고, 해상보안관보에는 1등 해상보안사보, 2등 해상보안사보, 3등 해상보안사보로 구분된다(해상보안청법 시행령 제9조). 해상보안관은 3계층 9개의 계급이 있고, 해상보안관보는 1계층 3개의 계급이 있다. 총 12개의 계급이 있다.

---

23) 海上保安廳(2020). 「海上保安 Report」.

2) 해상보안청의 정부조직상의 위치

해상보안청은 정부조직상 「해상보안청법」의 근거하여 설치되어 해상안전과 치안 유지를 목적으로 국토교통성의 외국이다. 조직면에서는 헌법, 내각법, 국가행정조직법, 국토교통성설치법 또는 국가공무원법 등과 관련되고, 작용면에서는 경찰법, 경찰관직무집행법, 소방법 또는 자위대법 등 경찰행정부문 또는 방위행정부문의 법령과 관련된다.

사법적 측면에서는 해상보안청은 해상범죄에 관한 사법경찰권을 부여받고 있으며, 해상보안청 직원은 대부분이 사법경찰직원으로 임명되어 있다. 따라서 일본의 형법, 형사소송법 등 형사부문의 실체와 절차면의 법령과 관련된다.

국제법과의 관계측면에서는 해상보안청의 업무는 주로 해상에서 이루어지는 것으로 순시선이나 기타 소속선정이 그 임무수행을 위해 경우에 따라 공해상의 활동, 외국 영해내로의 항행 또는 직접 외국선박이나 외국인을 상대로 한 업무를 행할 필요가 있어서 국제법의 규제를 받는 경우가 많다.

3) 해상보안관의 지위

(1) 사법경찰직원

해상보안청은 해상범죄에 관한 사법경찰권을 부여받고 있으며 해양보안청직원은 「해상보안청법」 제31조[24]에 근거하여 대부분이 사법경찰직원으로 임명되어 있다.

1등 해상보안사 이상의 해상보안관이 사법경찰원(우리나라의 사법경찰관), 2등 해상보안사 이하의 해상보안관 및 해상보안관보가 사법순사(우리나라의 사법경찰리)로서 지정되어 있다.

(2) 해상보안관의 사법권: 일반사법경찰권 vs. 특별사법경찰권

해상보안청은 해상이라는 특수한 구역에서 국가 경찰권을 행사하는 것이 인정되고 있는 것이므로 경찰법에 따라 폭넓은 권한 행사를 하는 경찰행정에 비해 일종의 특별경찰행정이라고 말할 수 있다. 일본 「형사소송법」은 일반사법경찰직원으로서 경찰관을 지정하고, 기타는 모두 특별사법경찰직원으로서 「형사소송법」 이외의 개

---

24) 「해상보안청법」 제31조: ① 해상보안관 및 해상보안관보는 해상에서의 범죄에 대하여 해상보안청장관이 정하는 바에 따라 형사소송법의 규정에 의한 사법경찰직원으로서 직무를 행한다. ② 이도(離島)에서의 범죄는 해상보안청장관이 경찰청장관이 협의해서 정한 바에 따라 형사소송법의 규정에 의한 사법경찰직원(司法警察職員)으로서 직무를 행한다.

별 법률에 따라 지정되어 있으며, 해상보안관 또한 이에 속한다. 이러한 의미에서 해상보안관은 특별사법경찰직원이라고 볼 수 있다. 무기의 사용에 관하여서는 「경찰관직무집행법」이 준용되고 있다.

다만, 구역을 해상 그 자체로 한정할 경우 해상보안관은 선원노무관, 어업감독관 등과는 달리 해상에 관한 한 일반사법경찰직원으로 모든 범죄에 대한 수사가 허용된다. 이러한 의미에서 해상보안관은 일반사법경찰직원이라고 할 수 있다.

3) 해상보안청의 기구

해상보안청은 국토교통성의 외청으로 본청, 관구해상보안본부, 교육훈련기관으로 구성된다.

(1) 본 청

본청에는 장관 아래에 차장, 해상보안감이 있고, 총무부, 장비기술부, 경비구난부, 해양정보부, 교통부의 5개의 부가 설치되어 있으며, 교육기관으로 해상보안대학교, 해상보안학교(모지분교, 미야기분교)가 있다. 본청은 기본적인 정책법령과 개정, 다른 청과의 업무조정과 같이 해상보안행정 전체업무를 책임지고 이끌어 간다. 본청은 동경에 소재하고 있다.

(2) 관구해상보안본부

해상보안청에는 지방청으로 일본 전국에 11개의 해상보안관구를 나눠 각각의 관구해상보안본부(우리나라의 지방해양경찰청에 해당)를 설치해 담당수역을 정하고, 관구해상보안본부에는 해상보안(감)부는 우리나라의 해양경찰서에 해당하며, 해상보안서(우리나라의 파출소에 해당), 항공기지에 사무소를 설치해 순시선과 항공기 등을 배치하고 있다. 각각의 사무소에는 해상치안유지와 선박교통의 안전확보 등 현장 최일선 업무를 담당한다. 2021년 9월 현재 관구해상보안본부 밑에 해상보안(감)부 71개, 해상보안항공기지 2개, 해상보안서 61개, 해상교통센터 7개, 항공기지 12개, 국제조직범죄대책기지 1개, 특수경비기지 1개, 특수구난기지 1개, 기동방제기지 1개, 수로관측소 1개가 있다.

3. 주요 업무

해상보안청의 업무는 「해상보안청법」 제2조 제1항에서 "해상보안청은 법령의 해상에서의 집행, 해난구조, 해양오염 등의 방지, 해상에서의 선박항행질서 유지, 해상에서의 범죄예방 및 진압, 해상에서의 범인의 수사 및 체포, 해상에서의 선박교통에 관한 규제, 수로, 항로표지에 관한 사무, 기타 해상안전 확보에 관한 사무와 이와 관련된 사항에 관한 사무를 수행함으로써 해상의 안전 및 치안을 확보하기 위한 사무를 담당한다"고 명시하고 있다. 해상보안청의 8대 임무는 ① 치안의 확보, ② 영해와 배타적 경제수역 경비, ③ 해난구조, ④ 해상환경 보전과 단속, ⑤ 재해대책, ⑥ 해양조사, ⑦ 해상교통의 안전, ⑧ 국제관계업무이다.

1) 치안의 확보

(1) 불법입국사범의 처리 강화

불법 입국사범의 경우 과거 밀항선에 의한 집단밀항사범이 다수 발생하였으나 최근에는 상선을 이용한 소규모의 불법상륙사범이나 대형 크루즈 여객선의 관광상륙허가제도를 악용한 불법상륙사범을 적발하고 있어 그 수법은 소규모화 추세가 계속되고 있다.

치안 및 법질서를 어지럽히는 이 같은 사범을 엄격히 단속하고 외국에서 입항하는 선박에 대한 출입검사와 주변 해역에서의 감시·경계, 국내외 관계 기관과의 연계 및 정보수집 활동을 수행함으로써 불법 입국대책을 추진해 불법상륙자의 저지를 도모하고 있다.

(2) 국내 밀어대책

일본 주변 해역은 세계적으로도 수산자원이 풍부한 해역이지만, 이들 자원을 지속적으로 이용하기 위해서는 어획량 제한이나 조업구역·기간을 법령으로 정하는 등 적절한 자원관리를 수행하는 것이 극히 중요하다. 조직적이고 거대한 밀어단체나 자금 확보를 목표로 하는 폭력배 등에 의한 수산자원 남획이 끊이지 않고 있다. 수사능력 향상과 채증기자재 등 실질적인 안전관리를 위해 노력하고, 악성밀어사범에 대한 엄격한 감시를 하고, 지역특성에 따른 예방 대책 등 종합적인 밀어대책을 추진하고 있으며, 관련 기관과 어업인 유관단체 등과의 긴밀한 협조를 도모하고 있다.

(3) 외국어선의 불법조업 대책

주변 해역의 풍부한 수산자원을 노리고 불법조업을 벌이는 외국어선은 끊이지 않고 있다. 이들 외국어선은 야간이나 악천후에서 배타적 경제수역(EEZ) 경계 부근 해역에서 불법조업을 벌이고, 심지어 순시선정·항공기의 접근을 감지하면 적발을 피하기 위해 장시간 도주하는 등 그 양상은 광역화, 악질화되고 있다.
관련 기관 외 지역 어업인 등 지역 주민과의 연계·협력을 도모하고, 정보수집·분석 활동에 따른 순시선정·항공기의 효율적인 운용을 도모함과 동시에 도주·방해 등을 수행하는 외국어선을 정선시키기 위해 필요한 역량의 추가 향상을 도모함으로써 엄정하고 정확한 감시단속을 실시하고 있다.

(4) 밀수·밀항 대책

밀수·밀항은 치안에 큰 위협이 된다. 이 범죄로 인해 불법적으로 얻은 이익이 폭력배의 자금으로 남아 있다는 지적이 제기되고 있다. 해상보안청은 관련 기관과 연계한 엄격한 감시단속을 실시하여 밀수·밀항사범의 저지를 위해 노력하고 있다.

(5) 해적 대책

해적 및 해상 무장강도 문제는 세계 각국과 해사 관계자들의 노력으로 최근 몇 년간 감소 추세에 있지만 계속해서 소말리아 앞바다 아덴만과 동남아 해역 등에 해적 등의 위협이 존재하고 있다.
대부분의 주요 무역을 해상 운송에 의존하는 일본에 항해 선박의 안전을 보장하는 것은 사회 경제 및 국민 생활 안정에 필수적이며 매우 중요한 과제이다. 해상보안청은 해적대처를 위해 파견된 해상자위대 호위함과 해상보안관 동승, 소말리아 앞바다 아덴만과 동남아해역 등 연안국 해상보안기관에 대한 법집행능력 향상 지원 등에 따라 해적대책을 실시하고 있다.

(6) 테러 대책

2001년 발생한 미국 동시다발 테러 이후 각국이 협조해 테러대책을 추진하고 있지만, 1997년 1월에는 시리아, 튀니지 등에 있어서 방인이 테러의 희생이 되는 사안이 발생하고, 일본을 포함한 각국을 테러의 표적으로 지목하고 있는 가운데, 1997년 11월에는 프랑스 파리에서, 1997년 3월에는 벨기에 브뤼셀에서 연속적으로 테러가 있었다. 일본도 테러는 현실적인 문제로서 긴장감을 갖고 미연에 방지나 대처능력 향상에 노력해야 하고, 해상보안청은 관련 기관과 지역과의 긴밀한 협력을 통해 민관과 함께 대테러활동을 추진하고 있다.

(7) 불심선 · 공작선 대책

해상보안청에서는 1948년 출범 이후 2021년까지 21척의 수상한 배 · 공작선을 확인하고 있다. 이러한 수상함 · 공작선은 2001년 규슈 남서해역의 공작선 사건에서 볼 수 있듯이 각성제 운반이나 공작원의 불법출입국 등 중대범죄에 연루될 가능성이 높아 우리나라 치안을 위협하는 수상함 · 공작선의 활동을 미연에 방지하는 것은 중요한 과제이다.

해상보안청은 순시선정과 항공기에 의한 감시경계를 실시하는 동시에 각종 대책훈련 실시에 노력하고 발견 시에는 적절히 대응할 수 있도록 대비하고 있다.

(8) 위기관리 업무

해상보안청은 위기관리관청으로서 영해경비 문제, 불심선 문제 및 각종 테러 사안 등의 대응과 같은 해상 치안 유지, 해난구조, 자연재해 대응 등 다양한 업무를 수행하고 있다. 총무부의 위기관리조정관은 중대한 피해가 발생하거나 예상되는 비상사태에 대한 대처나 사전예방에 관한 사무를 총괄하여 수행하고 있다. 평상시에는 비상사태 발생에 대비한 계획(국민보호계획, 신종플루 대책계획, 업무지속계획) 등의 수립에 관한 청내 종합조정과 관계기관과의 조정, 사안 대응을 위한 훈련 등의 조정을 하고 있으며, 비상사태 발생 시에는 대책본부를 설치하는 등 청내 전체 총괄로 각종 대응 취합 등을 하고 있다. 또한 해상보안청은 「국제연합 평화유지활동 등과 협력에 관한 법률」에 따라 임무에 차질을 빚지 않는 한도에서 선박 또는 항공기 등의 파견 등을 통해 국제평화협력 업무에 협력해 나가고 있다.

2) 영해와 배타적 경제수역 경비

(1) 센카쿠열도(尖閣諸島) 주변해역 영해경비

최근 몇 년간 주변국들은 해양진출 움직임을 활발히 하고 있다. 특히 센카쿠열도 주변 해역에서는1999년 9월 센카쿠 3개의 섬(魚釣島, 北小島, 南小島)에 대한 취득 · 보유 이후 중국 해경국 소속 선박 등에 의한 영해 침입이 반복되는 등 주변 해역에 대한 정세는 긴박해지고 있다.

중국 해경국에 소속된 선박 등에 대해 영해에 침입하지 말라는 경고에도 불구하고 영해에 침입한 경우에는 퇴거 요구나 항로규제를 실시해 영해외로 퇴거시키고 있다. 외국어선이나 영유권에 관한 독자적인 주장을 하는 활동가나 선박 등에 대해 국제법과 국내법에 의거 대응하고 있다.

(2) 외국 해양조사선 대응

최근 몇 년 동안 일본 주변 해역에서는 외국 해양 조사선이 사전 동의를 얻지 못한 조사 활동 또는 동의 내용과 다른 조사 활동을 하고 있다. 외국해양조사선의 특이행동에 관한 정보를 입수할 경우, 순시선·항공기를 현장해역에 파견하여 해당 조사선의 활동상황과 행동목적 확인을 하고, 얻은 정보를 관계부처에 제공함과 동시에 순시선·항공기에 의해 중단요구를 실시하는 등 관계부처와 연계하면서, 상황에 대응을 하고 있다.

3) 해난구조

(1) 해난구조

바다에서는 선박 사고와 해변 사고로 인해 매년 많은 생명이 사망한다. 해상보안청은 해난 등 사망자·실종자를 최대한 줄이기 위해 안전의식 고양 등 해난방지 사상의 보급·계발에 힘쓰고, 해난 등 발생에 대비한 구조체제의 내실화 및 강화, 민간구조조직 등과의 연계·협력을 위해 노력하고 있다. 또한 실제로 해난 등이 발생할 경우에 조기에 구조세력을 투입해 신속한 구조활동을 벌이고 있다.

(2) 연안해역 안전 추진

해난과 같은 90%는 해안에서 약 20 해리(약 37km) 미만의 해역에서 발생한다. 이에 따라 주로 연안지역에서 활동하는 소형 어선과 레저보트 등 사고대책과 해양레저 중 해변사고 대책 등 연안지역에서의 안전 추진이 중요한 과제가 되고 있다. 연안해역에서 사고를 예방하고 사망자·실종자 수를 줄이기 위해 관계기관과도 연계·협력하면서 자기구명책에 대한 주지·계발 등을 추진하고 있다.

4) 해상환경

(1) 해양환경 사범에 대한 대응

기름 오염수 불법배출과 폐기물 불법투기 등은 해양환경에 악영향이나 어업피해뿐만 아니라 생활환경 악화와 수산자원 오염으로 인한 인체에 악영향 등 우리 생활에 직접적인 피해를 야기할 수 있다.
유관기관, 지역 주민과 연계·협력해 항내 등에서 유류 등 불법배출사범과 폐기물 등 불법투기사범의 실태를 파악하고 항공기의 광역감시능력을 활용해 외국 선박에 의한 유류 등 불법배출행위 감시를 효율적으로 실시하는 등 해상환경사범 단속에 임하고 있다.

(2) 해양환경 보전을 위한 지도 및 계몽

푸른 바다를 보호하고, 아름다운 바다를 다음 세대로 계승하고 공통재산인 바다를 지키기 위해 「미래에 남을 푸른 바다」라는 슬로건으로 해양오염 조사, 해양환경 보전에 관한 지도·계발 등에 임하고 있다. 특히 5월 30일부터 6월 30일까지 기간을 「해양환경보전 추진기간」으로 정하고, 해사·어업인과 해양레저 동호인 등 일반 시민 등에 대해 해양환경 보전지도·계발활동을 중점적으로 실시하고 있다.

5) 재해대책

(1) 사고 재해 대책

선박의 화재, 충돌, 승부 및 침몰 등의 사고가 발생하면 인명·재산이 위협받을 뿐만 아니라 사고에 수반해 기름과 유해액체 물질이 바다로 유출됨에 따라 자연환경과 인근 주민들의 생활에도 심각한 악영향을 미친다. 사고예방을 위해 노력하고 있으며, 사고 발생 시 관계기관과 연계해 피해를 최소화하기 위해 노력하고 있다. 구체적으로 배출유방제체제의 정비, 유류방제 기자재 등의 정비, 관계기관 상호 협력강화, 국가적인 긴급계획수립, 원자력재해관련 방재체제의 확립을 하고 있다.

(2) 자연 재해 대책

지진, 쓰나미, 태풍, 폭우, 화산 등으로 인한 자연재해가 발생할 경우, 인명·재산을 보호하기 위해 재난응급활동을 실시하고 있다. 발생이 우려되는 거대지진 등 앞으로 일어날 수 있는 자연재해에 대비해 동일본 대지진 대응 경험을 바탕으로 관계기관과의 합동훈련에 참여하는 등 지역과의 연계 강화를 도모하고 있다.

6) 해양조사

(1) 해양조사

항해 안전을 위한 해양조사에는 수로 측량, 인공위성 레이저 측정(SLR) 관측을 하고, 방재를 위한 해양조사에는 해저 지각 변동 관측, DGPS에 의한 해안 지각 변동 관측, 해역 화산 데이터베이스가 있다. 해양권익 보전을 위한 해양조사, 해양 단파 레이더 조사, 평균수면·최고수면 및 최저 수면 높이에 대한 고시, 해양오염 조사(방사능 조사 포함), 환경보전조사(도쿄만 재생추진회의)를 하고 있다.

(2) 해양정보

항해 안전 정보 제공, 항행 경보·수로 통보, 해양정보 수집관리 및 제공(일본 해양데이터센터, 해양정보하우스, 해상상황표시시스템, 바다상담실), 재난에 대비하는 정보제공(대규모 유출유 관련 정보, 쓰나미 방재정보), 관할해역 정보 관리, 해양속보 및 해류 추측도, 실시간시험 조류 데이터, 조석 추산, 조류 추산, 해빙정보센터를 등을 운영하여 각종 정보를 제공하고 있다.

7) 해상교통의 안전

바다 사고 제로 캠페인, 각 관구별 사고방지 대응책, 항만에서의 안전정보제공, 항로표지의 이용, 해역 및 항구 내 안전 조치, 해상교통관련 법령의 집행, 해상교통센터 운영을 하고 있다.

많은 사고가 부주의로 인해 발생하고 있으므로 선박 조종자 및 해양 레저 애호가의 안전 의식 향상을 도모하고 있다. 유관기관·단체와 연계해 방선지도 및 해난방지 강습회 개최, 낚시인 등에 대한 리플릿 배포 등을 통한 계발활동을 실시하고 있다. 음주운항이나 위험조종 등 소형 선박 조종자가 준수해야 할 사항을 위반하는 것은 중대한 사고로 이어질 수 있기 때문에 위반자에 대한 조사, 지도를 하고 있다. 선박조종자 및 해양레저 애호가들의 자발적인 계발활동이 효과적이기 때문에 소형선박안전협회 및 해상안전지도원 등 민간 자원봉사자와 연계해 지역에 밀착된 안전활동을 전개하고 있다.

8) 국제관계

세계 해상 보안기관 장관급 회의, 북태평양 해상보안 포럼, 아시아 해상보안기관 장관급 회의, 미국과 일본 양국 간의 협력, 국제 긴급 지원 활동, 외국에 대한 해상보안 능력 향상 지원, 국제기구와의 협력 등을 통한 국제적인 협의와 지원을 하고 있다.

4. 교육훈련

해상보안관이 되기 위한 3가지 길은 ① 해상보안대학교 입학, ② 해상보안학교 입학, ③ 해상보안학교 모지분교를 입교(해기사면허 자격취득자에 한함)하는 것이다.[25]

25) 해상보안대학교, 해상보안학교, 해상보안학교 모지분교 모두 입학금, 수업료 등은 불필요하

대부분 해상보안관은 해상보안학교 또는 해상보안대학교를 졸업한 후, 순시선정에 배속된다.

1) 해상보안대학교

해상보안대학교의 교육기간은 본과 4년과 전문과 6개월로 합계 4년 6개월이다. 수업은 행정법, 국제법, 형법 등 법률과 해상보안행정 외에 수영 및 체포술, 소형선박 조종과 같은 실기를 습득하게 된다.

2학년 하반기부터는 졸업 후 순시선정 근무시 담당하게 될 업무에 관한 전공분야를 선택한다. 제1군(항해), 제2군(기관), 제3군(정보통신) 중 한 가지를 전공하여 해사관계 지식을 취득한다. 예를 들면 순시선정의 선장이 되기 위해서는 항해사 자격이 필요하므로 제1군을 선택하게 된다.

2) 해상보안학교

해상보안학교는 해상보안청 직원으로서 필요한 지식 및 기능을 습득하며 심신을 단련하는 곳이다. 전공은 채용시험 시 4개 과정 중 1가지를 선택하게 되며, 교육기간은 과정에 따라 1－2년이다.

해상보안학교에는 항공과정 및 해양과학과정 등 해상보안대학교에는 개설되지 않은 과정도 있다. 각 과정별 수업 외에 기초교양, 영어와 같이 전 학년을 대상으로 한 공통과목 수업뿐만 아니라, 해상보안대학교와 같이 소형선박 조종실습 및 연습선 「미우라」를 이용한 승선실습 등 현장업무에 맞는 훈련도 받게 된다. 과정에 따라 졸업 후에는 3등 해상보안사 또는 2등 해상보안사에 임관된다.

3) 해상보안학교 모지분교

기 자격을 취득한 자를 채용한 경우 필요한 보수교육을 실시하고 있는 곳이 해상보안학교 모지분교이다. 해상보안청의 순시선정 및 항공기를 운항하기 위해서는 자격이 필요하다. 이 자격은 일반 선박 및 항공기를 운항하기 위한 자격과 동일하

다. 학교생활에 필요한 제복 및 침구류는 제공되나, 교과서 · 식비 · 기타 비용은 자기부담이다. 해상보안대학교, 해상보안학교에서는 매월 급여가 지급되며 기타 기말수당, 근무수당(일반적으로 말하는 보너스)이 지급된다. 또한 해상보안학교 모지분교에서는 입교까지의 직무경력에 따라 급여가 지급된다. 위 3개 학교 입학과 동시에 국가공무원 신분이 보장되어 국토교통성 공제조합원으로서의 사회보장을 받을 수 있다.

다. 해상보안대학교와 해상보안학교에서는 학과 수업과정을 통해 이러한 자격(해기사·무선통신사·사업용 조종사 등)을 취득하지만, 기 자격 취득한 자를 채용한 경우 필요한 보수교육을 실시하고 있는 곳이 바로 해상보안학교 모지분교이다. 해상보안대학교, 해상보안학교와는 달리 모지분교는 「해상보안관」으로서 채용되어 경력이 있는 3등 해상보안사 또는 2등 해상보안사에 대하여 교육을 실시한다. 교육과정은 6개월간의 「초임자 연수」를 통해 필요한 지식·기능을 습득하는 한편 권총사격, 체포술 등의 훈련을 통해 기력·체력을 단련한다. 또한 승선실습, 현지 실습 등을 통해 순시선정 등의 운용 기능 및 실무를 몸에 익힌다.

5. 특징

1) 해상보안의 일원화

해상보안청은 역사적 맥락에서 미국의 해양경비대를 모델로 하여 전후 무질서한 일본주변 해역에서 법적 질서를 유지하기 위하여 설치되었고, 기존의 일본의 법체계와의 정합성(整合性)을 고려하며, 필요한 수정을 하여 「해상보안청법」을 제정하였다.[26]

1948년 해상보안청이 설립되기 전 운수성내에 불법입국 감사본부를 구주(九州)와 동해(東海)에 설치하고 구일본군 해군함정 28척을 인수받아 외국인 불법입국방지에 대처하였다. 이러한 초기과정을 거쳐 1948년에 여러 기관이 담당하고 있었던 업무를 일원화하여 해상보안청을 설립하게 되었다.

창설 당시 「해상보안청법」 제2조 2항은 "종래 운수대신관방, 운수성 해운총국의 장관관방, 해운국, 선박국 및 선원국, 해난심판소의 이사관, 등대국, 수로부 및 그 밖의 행정기관의 소장에 속하는 사무에 해당하는 것은 해상보안청의 소장으로 이관하는 것으로 한다"로 규정하여 기존에 여러 기관이 담당하고 있었던 사무를 해상보안청이 일원화하여 관리하게 된다.[27]

해양집행 업무가 중복되거나 분산되어 수행되고 있어 신속한 업무 추진에 어려움이 있었다. 일본의 경우 전후 어려운 경제상황을 고려하여 여러 기관이 산재해 있는 해상보안업무를 해상보안청으로 일원화한 사례를 타산지석으로 삼아야 할 것이다.[28]

---

26) 村上暦造·森征人, 전게서, pp. 28－33.

27) 노호래(2012). "일본 해상보안제도의 특징과 정책적 제언," 한국공안행정학회보 제40호, p. 128.

28) 상게서, p. 129.

2) 해양정보부의 업무 특성

본청에 해양정보부를 두고, 그 밑에 기획과, 기술·국제과, 연안조사과, 대양조사과, 정보관리과, 정보이용추진과를 두고 있다. 이 해양정부부는 해양안전정보 및 해양조사에 관한 업무를 수행하고, 해양치안과 국가안보를 위한 정보수집기능은 경비구난부 경비정보과(警備情報課)·각 관구본부의 경비정보과(警備情報課)[29]라는 부서를 두고 있다. 우리나라의 경우 해양조사 업무는 해양수산부에서 담당한다.

해양정보부에 두는 부서와 직위로는 해양정보조정관, 해양연구실·해양정보섭외관, 지진조사관·화산조사관, 해양방재조사실과 대륙붕조사실, 표류예측관리관, 해양공간정보실과 대륙붕정보관리관, 수로통보실을 두고 있다. 지방의 11개의 관구해상보안본부에 두는 부는 일반적으로 6개의 부를 둔다. 그 6개의 부에는 총무부, 경리보급부, 선박기술부, 경비구난부, 해양정보부, 교통부이다. 해양정보부는 11관구해상보안본부를 제외하고 모두 설치되어 있다(海上保安廳 組織規則, 국토교통성령 제87조–제89조).

각 관구해상보안본부 해양정보부의 업무는 수로의 측량 및 해상의 관측 관련 업무, 수로의 측량 및 해상의 관측에 관련하여 행하는 해양오염방지를 위한 과학적 조사에 관련 업무, 해양정보업무 관련 자료의 수집 및 교환 관련 업무, 수로조사 관련 업무, 수로통보, 항행경보 및 해상에 관련된 정보의 통보 업무, 해양정보업무를 수행하기 위해 사용하는 선박의 운용 관련 업무이다.

3) 신분

해상보안청은 해상범죄에 관한 사법경찰권을 부여받고 있으며, 1등 해상보안사 이상의 해상보안관이 사법경찰원으로 우리나라의 사법경찰관에 해당하고, 2등 해상보안사 이하의 해상보안관 및 해상보안관보가 사법순사로서 우리나라의 사법경찰관리에 해당한다.

해상보안관은 해상이라는 공간에 한정하여 경찰권을 행사하는 것이 인정되고 있

29) 경비정보과의 업무: ① 경비정보의 수집, 분석과 그 외의 조사 및 경비정보의 관리에 관련된 사무, ② 테러리즘(광의의 공포는 불안을 야기하는 것에서부터 그 목적을 달성할 의도로 행하여지는 정치상의 주의주장에 기반으로 한 폭력주의적 파괴활동을 말함). 그 외의 일본의 공안을 해치는 활동에 관계된 범죄, 외국인은 그 활동 지역이 외국에 있는 일본인에게 관계된 것, 해상에 있어서 수사 및 그에 관계된 범인 또는 피의자의 체포에 관계된 사무, ③ ② 에서 규정한 범죄의 범인 또는 피의자의 해상체포에 관계된 사무를 담당한다(海上保安廳 組織規則, 國土交通省令 第21條). 경비정보과에 경비정보조정관(警備情報調整官) 및 선박동정정보조정관(船舶動静情報調整官)을 각각 1인을 두고 있다.

는 것이므로 「경찰법」에 따라 일반적 수사권을 행사하는 경찰관과는 달리 특별사법경찰관리이다. 구역을 해상 그 자체로 한정할 경우 해상보안관은 선원노무관, 어업감독관 등과는 달리 해상에 관한 한 일반사법경찰관리로서 해상에서의 모든 범죄에 대한 수사가 허용된다. 이러한 의미에서 해상보안관은 해상에서의 일반사법경찰관리라고 할 수 있다.

Ⅲ. 중국의 해경국

1. 역사

1) 배경

중국은 고대부터 근대까지 해양보다는 대륙을 중심으로 발전해 왔다. 15세기 대함대로 태평양과 인도양을 항해했던 정화의 탐험[30]도 중국 사회에 큰 반향을 불러일으키지는 못하였다. 오히려 중국은 해양을 통한 서구 열강의 침입에 아편전쟁과 청일전쟁의 패배로 반식민지화 되었다. 그 당시의 중국의 해금정책(海禁政策)은 당시의 세계조류에 역행하는 조치였다.[31] 최근에는 중국 정부, 학계, 국민은 대륙중심의 사고가 근대 시기와 같은 패배주의에 빠질 수 있음을 인식하고 있다. 과거의 역사를 거울삼아 바다를 지배했던 자가 세계를 주도한다는 점을 인식하고, 해양을 통한 중국몽(中國夢)을 실현하기 위한 준비에 박차를 가하고 있다.

해양권익 강화를 위해 중국은 2020년 10월 13일 제13회 중국 전국인민대표대회 상무위원회의에서 중화인민공화국 「해양경찰법」초안 제정 이후, 2021년 1월 22일 중화인민공화국 「해경법」을 제정하였고, 동법은 2월 1일부터 시행하였다. 해경법에는 해경기구의 성격과 직무, 해상권익 보호를 위한 법집행 권한과 조치, 보장과 협력, 국제협력, 감독 및 법률 책임 등을 규정하고 있다.[32]

---

30) 명나라 세 번째 황제인 영락제(1360－1424년)의 명으로 무슬림 출신 환관이었던 정화(1371－1434년)는 28년간 7차례나 해외원정(1405－1433년)을 하였다. 정화는 대규모 선단을 이끌고 동남아시아, 인도, 아라비아반도, 아프리카까지 해상 실크로드를 누볐다. 정화의 원정은 대항해시대보다 70년이나 앞섰지만 정화가 죽은 후 명나라는 쇄국정책으로 전환하였다(이혜경외 7인(2016). 이민정책론, 박영사, p. 52).

31) 강신석(2013). "2013년 중국 해양관리기구 조직개편의 함의," 한국해양경찰학회보 제3권 제2호(제5호), pp. 6－7.

2) 과정

최근 중국 해양정책 기구의 변천과정은 중국 해경의 조직, 기능, 규모 확대에 따라 3단계로 구분할 수 있다.

(1) 1단계

중국의 개혁개방은 공식적으로 1978년 12월 제11기 중국공산당 중앙위원회 제3차 전체회의에서부터 시작되었는데, 그 후로 벌써 40여년이 흘렀고 중국은 최근까지도 매해 10% 넘는 경제성장률을 이룩하였다. 그에 따라 해양에서의 무역, 어업, 밀수, 교통관제 등의 통합관리에 관한 필요성이 대두되었으나 해양관리기구는 소위 오룡(五龍)으로 불리는 ① 국가해양국 산하의 중국해감, ② 공안부 산하의 변방해경, ③ 농림부 중국어업국, ④ 해관(세관)총서 산하의 해상 밀수 단속경찰, ⑤ 교통·운수부 산하 해사국 등으로 분산되어 있었다.[33]

2013년 국가해양국이 출범하고, 중국 국무원은 국가해양국과 해감총대(海洋監視總隊), 공안부 변방해경부대(China Coast Guard, 邊防海警部隊), 농업부 중국어정(中國漁政), 해관총서(海關總署) 소속 해상 밀수수사 경찰의 대오와 직책을 통합 조정하여 '국가해양국'으로 재편성했으며, '국토자원부'가 관리토록 했다.[34] 주요 임무는 해양발전계획을 입안하고 해상 권익수호 집법을 시행하며, 해역 이용과 해양환경 보호 등을 관리 및 감독하는 것이다. 중국 '국가해양국'은 '중국 해경국'의 명의로 해상 권익수호 집법을 전개하고 중국 공안부의 업무지도를 받는 '중앙 집중관리형 원스톱 시스템' 체제이다. 이는 새로운 기구로 신설하는 것이라기 보다는 기존 5개 기관의 분산 체제를 국가해양국 중심의 중앙관리체제로 전환하는 재편과정으로 보는 것이 합리적이다.

다수의 기구로 나뉘어 해양정책을 펼치다 보니 행정의 효율성 저하, 비용증가,

---

32) 中国人民代表会议 中华人民共和国 *海洋警察法* (http://www.npc.gov.cn/npc/c30834/202101/ec50f62e31a6434bb6682d435a906045.shtml)

33) 구체적으로 설명하면 2013년 개편 이전의 중국해양 법집행 부서는 해감, 어정, 해사, 변방, 세관으로 구성되어 있었고 이를 '五龍治海'라고 부른다. 해감, 어정, 해사, 변방, 세관은 각각 국가해양국, 농업부, 교통부, 공안부, 관세청에 소속되어 있었다. 국가해양국에는 중국해감총대, 농업부에는 어정국, 교통부에는 해사국, 공안부에는 변방국, 관세청에는 연안 경비대가 있다. 이들은 각각 해양환경보호, 해양과학연구와 권익, 어업, 해상교통, 변방안전, 밀수검사 등의 업무를 관장하고 있었다(사진원·박상식(2018). "중국 해상 법집행의 문제점과 개선방안에 관한 연구," 법학연구 제26권 제3호, p. 105.).

34) 강신석, 전게논문, p. 30.

부처 이기주의 확산 등의 문제를 야기하였다. 이에 2013년 3월 14일 제12차 전국인민대표회의에서 해상통합법 집행을 추진하고 법집행의 효율을 제고하기 위하여 위 기관들을 통폐합하여 중국 해경국(china coast guard)을 창설하였다.[35)]

〈그림 4〉 2013년 조직개편

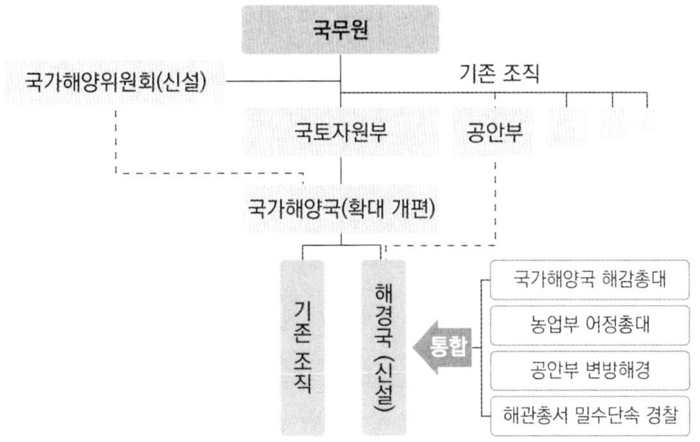

(2) 2단계

2단계는 2018년 7월 중국 공산당 중앙위원회에서 「당과 국가기구 개혁 심화 방안」(국무원 조직개편안)을 발표하여 중국 해경은 무장경찰 부대로 편입시켰다. 우선 이관한 후 다시 재편성하는 방식에 따라, 국가해양국(중국해경국)이 지도·관리하는 해경부대 및 관련 직무기능은 모두 중앙군사위원회의 무장경찰 부대(무경부대)로 편입하였다.[36)]

1단계와 같이 해경으로 법집행 관리를 통합하였음에도 불구하고 문제는 여전히 해결되지 않았다. 구조적으로 통합은 되어 있었으나 각 기관 주체들은 여전히 이전과 같은 집행 방식을 선호하였고, 집행권의 개시·개입 등의 문제가 발생하였으며, 통일된 범규범이 없어 형식적인 통합에 불과하였다. 해양법집행의 통합은 단순히 한 차례의 조직 개편에 따라 이뤄지지는 않을 것이며 전략적으로 점진적인 추진이 필요할 것이다.[37)]

35) 史进元, 中国海上执法主体法律问题研究.

36) 新华社 https://china.huanqiu.com/article/9CaKrnK71cW(검색일 2021. 9. 10.).

37) 史进元, 中国海上执法主体法律问题研究.

(3) 3단계

2013년 3월 제12차 전국인민대표회의에서 다수의 해양법집행 기관을 해경국으로 통합하였고, 2018년 무장경찰 소속으로 편입하기까지 해경국은 기관의 체제 통합에 주력하였고, 해경 관련 통합된 입법이 필요하다는 인식이 관계부처와 중국 학계의 공통된 의견이었다.38)

3단계는 2021년 「해양경찰법」의 시행이다. 중국은 해경 기구의 직능 범위와 권한 및 감독체계를 명확히 하고, 해양에서의 법치를 강화하여 중국 해경이 자국과 자국민의 권익 보호 및 대외협력을 전개할 때 법에 따라 집행하게 하며, 자신의 직책 및 국제 조약에 따른 의무를 더욱 잘 수행하고 중국 관할수역의 양호한 질서를 유지하기 위해 「해경법」을 제정하게 되었다.39)

<그림 5> 「해경법」 제정에 따른 해경기구의 직무와 관제[41]

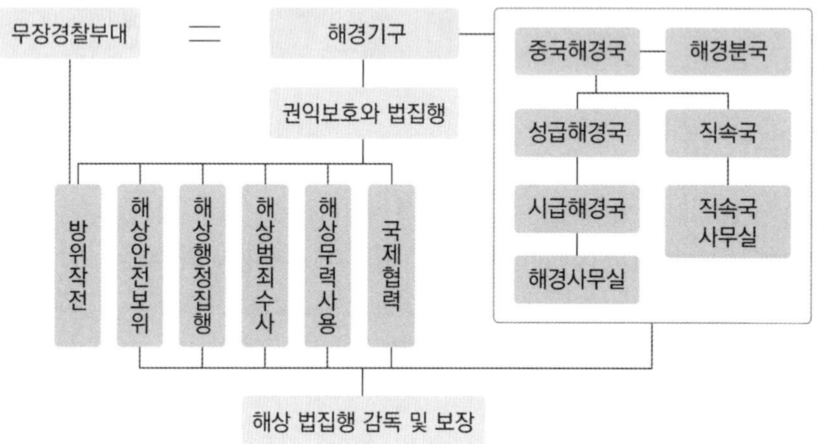

38) 史进元, 中国海上执法主体法律问题研究.

39) http://kr.china-embassy.org/kor/sgxx/t1850487.htm(주한국 중국대사관 답변자료).

40) 张保平,《海警法》的制定及其特色与创新.

2. 조직

「해경법」[41]은 해경기관의 직무수행을 규범화 및 보장하고, 국가의 주권안보과 해양권익을 수호하며, 국민과 법인, 그 밖의 조직의 합법적 권익을 보호하기 위하여 제정한다(해경법 제1조).

무장경찰 부대와 해경부대, 즉 해경기관은 해상권익 보호와 법 집행 직무를 모두 수행한다. 해경기관은 중국 해경국과 해당 해구(海区)분국 및 직속국, 성(省)급 해경국, 시(市)급 해경국, 해경사무소를 포함한다(해경법 제2조).

국가는 육상과 해상을 아울러 업무를 분담협력하고 과학적 효율이 높은 해상권익 보호와 법 집행 협력체제를 세운다. 국무원 관련 부서, 연해(沿海) 지방 인민정부, 군 관련 부서와 해경기관 간 상호 협력을 강화하여 해상권익 보호 업무를 완수하여야 한다(해경법 제8조).

국가는 연해 지역에 행정구획과 임무 구역에 따라 중국 해경국 해구분국과 직속국, 성급 해경국, 시급 해경국과 해경사무소를 설치하고, 각 관할구역의 관련 해상권익 보호와 법 집행 업무를 분담한다. 중국 해경국은 국가 관련 규정에 따라 소속 해경기관을 지도하여 해상권익 보호와 법집행 업무를 전개한다(해경법 제10조).

1) 중앙본부: 중국 인민무장경찰부대 해경총대(中國人民武装警察部隊海警總隊)

본부조직은 해경사, 인사사, 재무장비사가 있다.

(1) 해경사(해경사령부, 중국해경지휘 중심)

해양 관련 법집행의 제도 및 시행, 법집행 절차 규정, 지휘통제, 업무계획 수립, 훈련 등을 담당한다.

---

41) 「해경법」은 중국의 「영해 및 접속수역법」, 「배타적 경제수역 및 대륙붕법」, 「공안기관의 해상법률 규정」, 「인민경찰법」 등에 분산되어 있던 해양관련 입법기능을 통일시켰고, 해경기구의 직책과 법집행 원칙을 명확히 하였으며, 각 해상기관 간의 협력사무의 세분화를 규정하였다. 해경법은 총 제11장 제84조의 조문으로 구성되어 있으며 주요한 법조항의 내용은 다음과 같다. 제1장 총칙, 제2장 기관과 직무, 제3장 해상안보, 제4장 해상 행정법 집행, 제5장 해상범죄 수사, 제6장 경찰 기구 및 무기 사용, 제7장 보장과 협력, 제8장 국제협력, 제9장 감독, 제10장 법적 책임으로 구성되어 있고, 제11장 부칙에서 "해경기관은 「중화인민공화국 국방법」, 「중화인민공화국 인민무장경찰법」 등 관련 법률·군사법규와 중앙군사위원회의 명령에 따라 방위작전 등의 임무를 수행한다"로 규정하고 있다.

(2) 인사사(人事司)(해경정치부)

기구의 인사관리, 편성, 교육, 해양 인재개발 및 정책 수립, 간부급 인사의 정책 규정, 간부 심사, 임면(任免), 사상·정치 지도 등을 담당한다.

(3) 재무장비사(해경후생장비부)

직속 부서의 예산, 재무, 국유자산, 해경부대의 장비, 기본시설 등 관리, 장비·후생 계획 수립, 경비·물자장비 기준 관리제도, 장비 조달 등을 담당한다.

중국 해경의 임무[42]는 다음과 같이 정리할 수 있다.

① 해상범죄 단속, 해상 치안 유지 및 안전보장
② 해양자원 개발 및 해양생태 환경보호
③ 해양어업 관리
④ 해상 밀수 단속
⑤ 위 업무 관련 지방에서의 해상 법집행 지도·협력
⑥ 중국 해경국과 공안기관 및 관련 행정기관의 법집행 협조체제 구축

<그림 6> 중국 해경 휘장

2) 직속기관, 분국 및 지방 해경지대

(1) 직속 해경국

직속 해경국에는 ① 해경총대 제1지대(중국해경국 직속 제1국), ② 해경총대 제2지대(중국해경국 직속 제2국), ③ 해경총대 제3지대(중국해경국 직속 제3국), ④ 해경총대 제4지대(중국해경국 직속 제4국), ⑤ 해경총대 제5지대(중국해경국 직속 제5국), ⑥ 해

42) 中央政府门户网站, '全国人民代表大会常务委员会关于中国海警局行使海上维权执法职权的决定' http://www.gov.cn/xinwen/2018-06/23/content_5300665.htm.

경총대 제6지대(중국해경국 직속 제6국)이 6개가 있다.

(2) 분국 및 지방해경지대

① 중국인민무장경찰대 해경총대 북해지구 지휘부(중국해경국 북해분국)

북해지구의 하부 기관은 해경총대 랴오닝지대(랴오닝 해경국), 해경총대 텐진지대(텐진 해경국), 해경총대 허베이지대(허베이 해경국), 해경총대 산동지대(산동해경국)가 있다.

② 중국인민무장경찰대 해경총대 동해지구 지휘부(중국해경국 동해분국)

동해지구에는 해경총대 장쑤지대(장쑤 해경국), 해경총대 상하이지대(상하이 해경국), 해경총대 저장지대(저장 해경국), 해경총대 푸젠지대(푸젠 해경국)이 있다.

③ 중국인민무장경찰대 해경총대 남해지구 지휘부(중국해경국 남해분국)

남해지구에는 해경총대 광저우지대(광저우 해경국), 해경총대 광시지대(광시 해경국), 해경총대 하이난지대(하이난 해경국)가 있다.

④ 해경 항공대대

항공대대에는 제1항공대대, 제2항공대대, 제3항공대대의 3개가 있다.

3. 임무

1) 해경기관의 직무(해경법 제12조)

(1) 중국 관할해역에서 순항경비하여, 중점 섬·암초를 지키고, 해상 경계선을 관리·보호하며, 국가주권안보와 해양권익에 위해를 가하는 행위를 예방제지제거

(2) 해상의 중요 목표와 중대 활동에 대하여 안전을 보위하며, 중점 섬·암초 및 배타적 경제수역과 대륙붕의 인공도서시설과 구조 안전에 필요한 조치

(3) 해상 치안관리·출입국관리 위반행위를 조사·처리하고, 해상 테러를 예방 및 처리하며, 해상치안 질서를 유지

(4) 해상 밀수 혐의가 있는 운송수단 또는 화물물품과 인원을 검색하고, 해상밀수 위법행위를 조사처리

(5) 직무 범위에서 해역 사용, 섬 보호 및 무인도 개발 이용, 해양 광물자원 탐사 개발, 해저 전기(광)케이블과 배관 설치 및 보호, 해양 조사측량, 해양 기초측정, 해외 해양 과학연구 등 활동을 감시하고, 위법행위를 조사처리

(6) 직무 범위에서 해양공사 건설사업, 해양폐기물의 해양오염 피해, 자연보호지

해안선의 바다 쪽 보호 이용 등 활동을 감시하고, 위법행위를 조사처리하며, 규정에 따라 해양 환경오염 사고의 응급처치와 조사처리에 참여

(7) 동력어선의 저인망 금어구역 바깥 해역과 특정 어족자원 어장 어업생산 작업, 해양 야생동물 보호 등 활동을 하고, 위법행위를 조사처리하며, 해상 어업생산 안전사고와 어업생산 분쟁에 관하여 법에 따라 조사처리를 조직하거나 참여

(8) 해상 범죄 활동의 예방제지 및 수사

(9) 국가의 관련 직무 분담에 따라 해상 돌발사건을 처리

(10) 중국의 법령과 중국이 체결참가한 국제조약에 따라 우리나라 관할해역 외 지역에서 관련 법집행 임무를 담당

(11) 법령이 규정한 그 밖의 직무

해경기관은 공안·자연자원·생태환경·교통운수·어업어정·세관 등 주무 부서의 직무를 분담하고, 국가의 관련 규정에 따라 집행

2) 해상안보

해상 안전과 질서를 유지하기 위하여 해경기관은 관련 법에 따라 중국 관할해역에서 항행 정박작업하는 외국선박에 대하여 식별 검증하고, 선박의 기본정보와 그 항행작업의 기본상황을 판명할 권한이 있다. 위법혐의가 있는 외국선박에 대하여 해경기관은 추적 감시 등 조치할 수 있는 권한이 있다(해경법 제16조).

불법으로 중국 영해와 그 안 해역에 들어온 외국선박에 대하여 해경기관은 즉각 이탈하도록 명령하거나, 나포·강제 퇴거·강제 예인 등 조치할 수 있다(해경법 제17조).

해경기관은 해상안보 임무 수행을 위하여 중국 관할해역에서 항행하거나 정박 작업하는 선박을 법에 따라 승선하여 검색할 수 있다. 해경기관이 선박을 승선·검색할 때는 명확한 명령으로 피검 선박을 배를 멈추고 검색을 받게 하여야 한다. 피검 선박은 명령에 따라 배를 멈추고 검색을 받으며, 필요한 편의를 제공한다. 검색에 응하지 않으면 해경기관은 강제검색을 할 수 있다. 현장에서 도피하면 해경기관은 필요한 조치를 하여 차단·추적할 권한이 있다(해경법 제18조).

Ⅳ. 호주의 해양안전청

1. 역사

해상안전청(AMSA)는 해양안전, 해역 관리, 해양환경, 선박 및 해기사 관련 등의 업무를 전담하는 기관이므로, 관련 법령 제·개정, 담당 업무의 정책 및 실행계획 수립에서부터 현장 집행까지 전 과정을 책임지는 기관이다.

해상안전청은 선박에 대한 규제와 안전, 국제적인 해양 의무 관리를 담당하는 호주의 법정 기관이다. 이 기관은 11,000,000km^{2}에 이르는 배타적 경제수역에 대한 관할권을 가지고 있고, 선박의 국적(일반, 국제)를 관리한다.

AMSA는 1990년 호주 해상 안전청법(Australian Maritime Safety Authority Act)에 따라 1991년 설립되었으며, 1997년 연방 당국 및 회사법(Commonwealth Authorities and Companies Act 1997)에 의해 관리되고, AMSA는 인프라 및 교통부(Department of Infrastructure and Transport) 내에 설치된 기관이다.

위원들(Directors)은 인프라 및 교통부장관에 의해 임명한다. AMSA가 관리하는 국제 조약에는 「2012년 항법(Navigation Act 2012)」 및 「1983년 선박으로부터의 오염방지에 관한 바다 보호법(Protection of the Sea)」이 포함된다.

2. 관련 법령

AMSA가 집행하는 관련법령은 다음과 같다.[43] 항로표지사용료징수법(Marine Navigation Levy Act(Canada Ocean Act), 해양오염방지법(Protection of the Sea Act), 해양오염손해배상법(Protection of the Sea－Civil Liability & Compensation Fund－Act), 항로표지법(Lighthouses Act), 항해법(Navigation Act), 선박 등록법(Shipping Registration Act), 해저케이블 및 파이프보호법(Submarine Cables and Pipelines Protection Act), 해양사고손해배상 책임한도법(Limitation of Liability for Maritime Claims Act), 작업자건강안전법(Occupational Health and Safety Act), 선원재활 및 보상법(Seafarers Rehabilitation and Compensation Act) 등 선박과 관련된 해양현장집행 및 관리 등의 업무를 위임받아 수행한다.

---

43) 해양경찰교육원(2013). 해양경찰학 초고, pp. 198－204.

3. 기능

AMSA는 선박으로부터의 해양오염의 위협을 예방하고 대응하기 위한 프로그램을 관리함으로써 해양 환경을 보호하는 것을 목표로 한다. 호주 해양석유 유출 센터와 함께 석유 및 기타 유해하고 위험한 물질로부터 해양오염과 대응하기 위한 호주의 국가 계획을 관리한다.

해양오염을 최소화하기 위한 국제해양환경 협약인 「MARPOL 73/78」을 관리하는 책임을 맡고 있고, AMSA는 위반자에게 법적 처벌을 요구할 수 있지만 주로 선박 검사와 같은 조사 및 집행 활동을 통하여 주(states) 및 지역(territories)과 협력한다.

AMSA의 해양안전활동은 다음과 같다.

① 등대와 같은 항해 보조 기구 네트워크의 제공, 운영 및 유지
② 호주 및 외국 선박의 안전 운항 관리
③ 선박직원의 증명서 관리
④ 해상 조난 및 안전 통신망의 제공
⑤ 호주 구조 조정 센터의 운영 및 민간 항공기 및 조난 선박에 대한 수색 및 구조(SAR) 운영 조정
⑥ 해상안전을 위한 상선 입법체계 및 운영 체제의 개발

4. 조직과 신분

1) 본부 구성

AMSA는 장관의 지휘를 받으나 업무면에서는 해운산업계에서 징수하는 요금과 중앙정부에서 지원하는 기금의 두 가지 재원으로 운영되는 형태이다.

AMSA의 조직구성은 크게 분부, 지부, 위원회 운영형태로 구성되는데, 먼저 본부 구성은 의장, 부의장, 집행관(Chief Executive Officer)을 포함한 8인의 위원회(Board)에서 목표, 전략 및 정책을 결정하며, 효율적이고 효과적인 방법으로 업무를 수행하도록 보장할 책임이 있다.

2) 지부 구성

AMSA 본부는 수도 Canberra에 위치하며 Brisbane, Queensland, Sydney, New South Wales, Melbourne, Victoria, Adelaide, South Australia, Fremantle, Western

Australia에 각각 지부를 두고 있다.

3) 신분

연방정부의 경찰 또는 준군대 조직이 아니라 일반직 공무원 신분이다.

5. 국립 SAR 학교(National SAR School)

국립 SAR 학교는 국가적인 SAR 기구의 구조조정 일환으로 동부지역의 항공 SAR 구조조정본부, 항공 SAR 학교 및 AMSA 해양 SAR 구조조정본부를 합병함에 따라 1997년 7월 1일 설립되었다. 국립 SAR 학교에서는 호주 SAR 구조조정본부 근무요원 뿐만 아니라 외국인 위탁교육생을 대상으로 항공 SAR 관련 교육을 실시하고 있다.[44]

교육 및 훈련과정은 ① 해양 SAR 과정, ② 항공 SAR 과정, ③ 해양 SAR 고급간부 과정, ④ 항공 SAR 고급간부 과정이 있다. 이 외에 AMSA에서는 필요시 SAR부서 이외의 직원에 대한 교육은 호주 상선대학 등 타 교육 및 훈련기관에 위탁교육을 시키고 있다.

V. 캐나다 해양경비대(Canada Coast Guard)

1. 역사

1867년 캐나다 연방이 결성되면서 해운수산부(Department of Marine and Fisheries)가 창설되고, 정부함정 운영, 항로표지 업무, 인명구조대 운영, 운하 및 수로 업무, 해양규제 업무, 해안시설 지원업무를 수행하기 시작하면서 기능적인 면에서는 실제적인 코스트 가드 업무가 시작되었다.[45]

1930년 해운수산부는 다시 해운부와 수산부로 분리되었으며, 해운부에서 담당하

44) 서울대학교 행정대학원(2007). 세계일류 종합해양관리기관 구현을 위한 미래 발전전략, 「연구보고서」, p. 333.

45) 고명석(2017). "캐나다 코스트가드와 우리나라 해양경찰 비교 연구: 조직구조와 운영상의 특징을 중심으로," 한국해양경찰학회보 제7권 제2호 (통권 14호), p. 4.

던 수로업무가 광산자원부(Department of Mines and Resoureces)로 이관되었다. 1936년 해운부는 철도운하 관리부(Department of Railways and Canals)를 흡수하여 운수부로 확대되었으며, 1962년 운수부 산하에 캐나다 코스트가드가 설립되었고, 1995년에 운수부에서 분리되어 수산해양부로 흡수·통합되었다가 2005년 수산해양부 산하의 독립외청(Special Operating Agency)으로 승격되었다.

2. 조직

캐나다 Coast Guard는 Ottawa에 본부를 두고 5개의 지방청(Central & Arctic, Maritime, Newfoundland & Labrador, Pacific, Quebec)으로 구성되어 있고, 지방청장은 캐나다 Coast Guard 본청 차장을 경유하여 청장에게 제반 업무를 보고하는 지휘계통을 두고 있고, 본청은 5개의 국, 즉 해사국, 선박국, 기술국, 사업국, 총무국으로 구성되어 있다.

지방청은 본청에서 결정한 정책을 집행하는 기능을 수행한다.[46] 지방청에는 사업운영(IBMS), 해양서비스(Maritime Service), 기술지원(ITS), 수로유지(WM) 등과 현장집행기능인 함정(Fleet), 수색구조(SAR) 기능으로 구성되어 있다. 지방에는 지방청(Region office), 기지(Base), 해상교통관제센터(MCTS), 인명구조 출장소(SAR Station), 합동구조조정본부(JRCC), 각종 통신기지 등이 있다.

이 밖에 교육기관으로 코스트가드 대학과 민간자원봉사단체인 코스트가드 보조대(CCGA: Canadian Coast Guard Auxiliary)를 두고 있다.

캐나다 Coast Guard 근무자의 신분은 연방정부의 일반직 공무원 신분이었다. 그동안 신분에 대한 논란은 없었으나, 최근 해양을 통한 테러에 대비한 해상보안 지원 활동 및 EEZ 내의 불법 조업 외국어선 감시 활동 등의 효율성 극대화를 위하여 경찰 또는 준군대 조직으로 전환하자는 의견이 제기되고 있다.[47]

3. 임무

캐나다 코스트 가드의 임무는 다음과 같다.[48]

46) 고명석(2017), 전게논문, p. 5.

47) 해양경찰교육원(2013). 전게서, pp. 187－198.

48) 고명석(2017), 선세논문, pp. 5－7.

1) 항로표지(Aids to Navigation) 관리

주요업무로 각종 항로표지시스템 운영, 전국적인 항로표지 기준 적용, 안전항행 정보 제공 등이다. 캐나다 전체적으로는 약 17,000여 개의 항로표지가 있다.

2) 수로관리(Waterways Management)

항행 가능한 운하에서 수심유지 및 바닥상태를 유지하여 항행위험으로부터 선박을 보호하는 기능이다. 이 기능은 수심측정과 바닥상태 및 위험물 정보를 조사하여 제공하는 것, 내수면 운하에서 수심예보, 특정수역 준설관리, 해양구조물 관리유지 등의 업무를 수행한다. 캐나다 수로에는 매년 100,000척 이상이 통항하며, 이 중에서 36,000척이 여객선 및 화물선이라고 한다.

3) 해양교통관제(MCTS)

항행선박에 정확한 항행정보를 제공하여 선박교통을 관리하고, 조난통신 및 조난상황 조정, 위험선박 영해 진입방지를 위한 선박스크린, 해양보안운영센터 및 타 기관에 선박보안에 관한 정보제공 등이다.

4) 쇄빙업무(Icebreaking Services)

겨울철 대서양 및 오대호 북극해 등 얼음으로 덮힌 바다를 안전하고 신속하게 항해하는데 불가결한 기능이다. 또한 항구기능을 연 중 유지하고 세인트 로렌스 수로의 범람을 예방하는데도 필수적 기능이다. 캐나다 코스트가드는 쇄빙선 17척과 공기부양정 2척을 쇄빙업무에 이용하고 있다.[49)]

5) 수색구조(Search and Rescue Services)

5.3백만 ㎢의 SAR 구역을 보유한 캐나다 코스트가드에서 가장 중요한 기능의 하나이다. 캐나다에서 수색구조 주무기관은 국방부(DND, Department of National Defense)이며, 코스트가드는 코스트가드 보조대와 함께 해양 분야 수색구조업무를 주로 담당하고 있다. 연 중 약 8,300건의 수색구조 상황이 발생하며, 코스트가드는 일일 평균 13명의 인명을 구조한다.

---

49) 고명석, 전게논문, p. 6.

코스트가드 보조대(CCG Auxiliary)는 수상레저활동자, 어업종사자, 각종 해양관련 클럽 등 민간 자원봉사자들로 구성되어 있고 4,000여 명의 대원과 1,100여 척의 선박이 있으며, 매년 1천여 명의 인명을 구조하고 있다.

6) 해양오염방제(Environmental Response Services)

오염사고에 대비하여 전국적으로 적합한 준비상태 및 대응서비스 수준을 유지하고, 모든 해양오염사고 모니터, 조사 및 대응, 해양오염 정책 및 집행과 관련된 교통부, 환경부, 지방정부 등과 원활한 협조체제 유지, 오염사고에 대비한 각종 교육훈련 등이다.

7) 해양보안(Maritime Security)

해양보안에 대한 주무부서는 아니지만 함정 및 항행시스템을 이용한 해양보안에 기여하고 있다. 즉, 해양보안의 책임기관인 국방부, 경찰, 교통부 등에 함정과 직원을 지원하고 최신 선박식별 및 추적정보를 타 연방부처에 제공한다. 또한, 수산해양부, 수로국, 과학부 등과 해양안보그룹(Maritime Security group)을 형성하여 간접적으로 해양보안에 기여하고 있다.

4. 교육 훈련

캐나다 Coast Guard는 사관을 양성하기 위하여 자체 대학을 운영하고 있고, 기타 필요한 경우 운수부의 운수부 훈련원(Transport Canada Institute) 등 외부 교육기관에서 위탁 교육을 실시한다.

캐나다 Coast Guard는 캐나다 Coast Guard 함정의 사관을 양성하기 위하여 1965년 코스트가드대학(CCGC: Canadian Coast Guard College)을 설립하였다. Coast Guard 대학은 해상통신 · 교통, 항해, 수색구조, 해양오염방제, 수상레저안전교육, 기기보수 · 장비운용훈련부 등의 부서로 구성되어 있다.

5. 특징

캐나다 코스트가드의 신분은 연방공무원인 민간인(Civilian) 신분이다. 1962년 운수부 산하에 코스트가드가 설치될 때에도 변화가 없었고 지금까지 유지되고 있다.

최근에는 해양테러에 대비한 해양보안 지원활동 및 EEZ내 외국어선 불법조업 감시 활동 등 효율성 극대화를 위해 상명하복 체계가 명확한 경찰이나 준군대조직으로 전환하자는 의견도 있다.

캐나다 코스트 가드는 일반사법권을 가지고 있지 않기 때문에 업무수행에 한계가 있다. 이에 따라 불법 어로행위나 해상에서의 범죄, 밀입국·밀수, 안보 위해 행위 등 집행강제가 필요한 불법 행위에 대한 효과적인 단속이 이루어지지 않는 편이다.[50)]

50) 상게논문, p. 20.

SECTION

02 한국 해양경찰과의 비교

Ⅰ. 주요 국가의 변화 경향: 해양종합행정기관

해상치안수요의 변화에 따라 각국의 해양집행기관들은 임무와 기능이 변화하여 왔다. 대부분 업무영역이 넓어지고 세력규모가 커졌으며, 해상종합치안기관으로 정착하는 데 많은 시간이 걸렸다.

미국의 경우 관세집행기관, 인명구조기관, 등대국, 항행담당국, 증기선 검사 서비스 등 5개 기관이 각각 독립된 조직으로 서로 비슷한 기능들을 중복해서 제공하고 있었으며 체계적이지 못하였다. 1946년에서야 비로소 Coast Guard에 마침내 통합되었다.

중국의 경우도 소위 오룡(五龍)으로 불리는 ① 국가해양국 산하의 중국해감, ② 공안부 산하의 변방해경, ③ 농림부 중국어업국, ④ 해관(세관)총서 산하의 해상 밀수 단속경찰, ⑤ 교통·운수부 산하 해사국 등으로 분산되어 있었다. 나뉘어 해양정책을 펼치다 보니 행정의 효율성 저하, 비용증가, 부처 이기주의 확산 등의 문제를 야기하였다. 이에 2013년 해상통합법 집행을 추진하고 법집행의 효율을 제고하기 위하여 위 기관들을 통폐합하여 중국 해경국(china coast guard)으로 통합하였고, 2018년 국가해양국(중국해경국)이 지도·관리하는 해경부대 및 관련 직무기능은 모두 중앙군사위원회의 무장경찰 부대(무경부대)로 편입하였으나 통일된 범규범이 없어 형식적인 통합에 불과하였다. 이에 따라 2021년 「해양경찰법」이 제정되어 제도적인 틀을 갖추었다.

일본의 경우 1946년 운수성 해운총국에 불법입국선박감시본부, 구주해운국에 불법입국선박감시부가 설치되었으나 위와 같은 행정기관들이 설립되었으나 효과적이고 일원적인 관리가 이루어지지 않았다. 그 외의 해상보안에 관련된 행정사무는 과거와 같이 경찰, 세관, 검역소, 해운국, 제이부원국 등의 기관이 독립적으로 실행하였다. 이러한 행정기관들이 각각의 행정목적을 위하여 다액의 경비와 설비를 개별적으로 유지하는 것은 전후의 어려운 재정상황하에서 매우 비경제적이고 불합리하였다. 해상보안을 강화하기 위해서는 1개의 행정기관이 일원적으로 관리·운영하고,

그 기관의 책임하에 항해의 안전과 해상치안의 유지에 관한 행정사무 전반을 포괄적·총합적 권한을 행사하는 것이 바람직한 동시에 유효한 것으로 생각되었다. 이에 따라 1948년 일본의 해상보안청이 창설된다. 이와 같이 각 국가는 여러 기관이 통합되는 과정을 거치고 있다.

우리나라의 경우도 연안교통관제센터는 해양경찰이, 선박교통관제센터는 해양수산부가 관리하다가 2020년에 「선박교통관제에 관한 법률」이 제정되어 선박교통관제업무가 일원화되어 해양경찰이 관리하게 되었다.

Ⅱ. 해양치안 기관 분류와 비교

1. 해양치안기관의 분류

선행 구분에 따르면 해양집행 업무를 수행하는 형태, 구성원의 신분, 행정비용 부담 측면에서 구분하고 있다.[51)]

1) 해양집행 업무를 수행하는 형태에 따른 분류

통합형은 해상치안과 안전, 해양환경 행정업무를 포괄적이고 종합적으로 수행하는 형태로 미국, 일본이 여기에 속한다.

분산형은 장비운영이 필수적인 현장 집행업무는 해군 또는 특수부대에 의존하고 육상 사무와 정책기획 업무만 전담하는 형태로 노르웨이 등을 이런 범주에 포함시킬 수 있다.

혼합형은 통합형과 분산형의 중간 형태로 업무영역이 확장되고 기능이 팽창되는 국가인 한국이 해당할 것으로 판단된다.

2) 조직 구성원 신분에 따른 분류(19 1차)

해양치안 기관의 구성원 신분은 세계적으로 다양하다. 미국 코스트가드처럼 군인의 신분인 경우도 있고, 일본 해상보안청처럼 공안직 국가공무원인 경우도 있으며, 중국, 대만, 싱가폴 등 아시아 국가에서처럼 경찰공무원인 경우도 있다. 조직 구성

51) 해양경찰교육원(2013). 전게서, pp. 169－170.

원의 신분은 그 조직의 설립 배경이나 임무와 밀접히 관련이 있으며, 한번 정해진 신분은 쉽게 변경하기가 어려운 측면이 있다.

군인형은 구성원 대부분 신분이 군인인 경우로 미국의 코스트 가드가 있다.

공무원형은 구성원 대부분의 신분이 일반공무원인 경우는 캐나다, 일본이 여기에 해당한다. 일본 해상보안청은 특별사법경찰관리이기는 하지만 해양에서의 일반사법권을 가지고 있다. (20 간부)

공사형은 구성원 대부분의 신분이 공사 직원으로 호주의 해양안전청이 여기에 해당된다고 할 수 있으며 수색구조 등 해상안전 업무에 전문화되어 있다.

경찰형은 구성원 대부분 신분이 경찰관인 경우로 우리나라의 해양경찰이 해당한다. 일반사법권을 가지고 있고, 해상치안에 관한 전반적인 업무를 담당하고 있다.

3) 행정비용 부담 형태에 따른 분류

국가 부담형, 수익자 부담형, 자선기금(펀드)형으로 분류할 수 있다. 해양집행 행정비용 전체를 국가의 예산으로 운영하는 미국, 캐나다, 일본, 한국 등은 국가 부담형이라고 볼 수 있다.

수익자 부담형은 해양집행 행정비용 중 수익자가 있는 경우에는 수익자가 일부를 부담하고 나머지는 국가가 분담하는 형태이고, 그러한 국가로는 호주와 뉴질랜드가 있다.

자선기금(펀드)형은 해양집행 행정비용 중 수색구조 등에 자선기금(펀드)을 조성하여 충당하고 필요한 경우에 국가가 보조금을 제공하는 형태로 영국 Coast Guard가 여기에 해당된다고 할 수 있다.

2. 우리나라와의 비교

Coast Guard라는 단어는 1915년 미국 Coast Guard에서 시작되어 전세계적인 해양종합행정기관으로 자리 매김하였다.

일본은 2000년 4월 1일 해상보안청의 영어표기를 「Maritime Safety Agency of Japan」에서 「Japan Coast Guard」로 변경하였다.

우리나라는 2004년 11월에 해양경찰의 영문표기를 「Korea National Maritime Police Agency」에서 「Korea Coast Guard」로 변경되었다.[52] 이는 Maritime Police

52) 노호래외 14인(2016). 전게서, p. 118.

라는 표현이 독자적인 행정기관을 나타내기 보다는 해양을 담당하는 경찰청 소속기관이라는 이미지가 강해 중앙행정기관으로서의 위상에 맞지 않고, 미국 등 세계적으로 유사한 해상치안기관의 명칭이 Coast Guard인데 비해 해양경찰청의 명칭이 달라 이들 해외기관과 국제협력을 확대하는 데에도 어려움이 있었기 때문이었다.

위와 같이 「Coast Guard」라는 명칭이 같다 하더라도 담당하는 기능은 각 국가의 역사적 배경과 그 국가의 특성에 따라 발전하여 다른 측면이 상당수 있다.

각 국가의 해양치안기관 설립 시기를 검토하면 미국 해양경비대는 1790년에 설립되었고, 일본 해상보안청은 1948년에 설립되고, 한국 해양경찰은 1953년에 설립되었다. 캐나다 해양경비대는 1962년 설립되었다. 미국의 해양경비대는 가장 긴 역사를 가지고 있다.

한국 해양경찰은 어자원보호 및 해양주권, 미국 해양경비대는 관세집행, 일본 해상보안청은 해상치안의 부재, 캐나다 해양경비대는 해상에서의 수색구조가 초기 설립 배경이다. 미국 해양경비대의 경우 남북전쟁 등 전쟁 참여 경험이 많아 군사적 성격이 강하였다. 대부분 해양경찰 기관은 대형 해양사고, 테러사건 등 해양안전과 안보에 영향을 받아 조직이 확장되는 경향이 발견된다. (20 간부)

미국과 캐나다의 Coast Guard는 항로표지 업무를 담당하고, 일본의 해상보안청도 항로표지 업무를 담당한다. 우리나라의 경우 항로표지[53] 업무는 해양수산부에서 담당한다. (19 1차)

즉, 우리나라 해양경찰은 선박의 항행안전 기능이 있지만 항로표지, 수로관리 등 주요 항행안전기능은 해양수산부에서 담당하고 있고 수색구조 등 일부 기능만을 담당하고 있다. 즉, 항행안전 사전예방에 관한 기능은 해양수산부에, 사고발생시 사후 대처기능은 해양경찰이 각각 맡고 있다.[54]

일본의 경우 해양과학조사를 해상보안청에서 담당하지만 우리나라의 경우 해양수산부에서 담당한다. 해양수산부 소속의 국립해양조사원은 다음과 같은 업무를 수행한다.

① 해양관측에 관한 업무로는 관할해역에서의 해양관측 시행, 해양관측 자료의

---

53) **항로표지법 제2조(정의)** 이 법에서 사용하는 용어의 뜻은 다음과 같다.

1. "항로표지"란 항행하는 선박에 대하여 등광(燈光)·형상(形象)·색채·음향·전파 등을 수단으로 선박의 위치·방향 및 장애물의 위치 등을 알려주는 항행보조시설로서 광파(光波)표지, 형상표지, 음파표지, 전파표지 및 특수신호표지 등 해양수산부령으로 정하는 것을 말한다.

제9조(항로표지의 설치·관리) ① 항로표지는 해양수산부장관이 설치·관리한다.

54) 고명석(2017), 전게논문, p. 11.

분석·평가, 조석·조류의 추산예보, 평균해면 및 기본수준면의 결정고시 등이 있고, 해양측량에 관한 업무로는 해양관할권 확보와 해양의 이용 및 개발을 위한 바다의 제형상 조사, 국가해양기본도의 제작 등이 있다.

② 해도 간행에 관한 업무로는 해양조사 자료를 이용한 바다의 종합안내도로서의 해도 간행, 전자해도의 제작 및 보급기술 개발 등이 있고, 항해서지 간행에 관한 업무로는 선박의 안전운항을 위한 항해용 서지 간행, 항행통보 발행 및 항행경보의 발령 등이 있다.

연/습/문/제 CHAPTER 09 비교해양경찰제도

01 세계의 해상치안기관과 한국 해양경찰에 대한 다음 비교 설명 중 가장 옳은 것은? 19 1차

① 미국 코스트가드가 태동될 당시 주요 업무는 밀수감시였다.
② 한국 해양경찰에서 수행하는 업무 중 미국 코스트가드가 수행하지 않는 업무로는 항만국통제가 있다.
③ 미국 코스트가드, 일본 해상보안청, 한국 해양경찰의 신분은 모두 경찰관이다.
④ 한국 해양경찰과 일본 해상보안청은 모두 항로표지 관리 업무를 수행하고 있다.

해설 한국의 경우 항만국통제는 해양수산부 지방해양수산청에서 수행하고 일반사법경찰관리로서 경찰관의 신분을 가지고 있고 항로표지 업무를 수행하지 않는다. 미국 코스트 가드는 군인신분, 일본 해상보안청 직원은 해상보안관으로 특별사법경찰관리이고 경찰관 신분은 아니다.

정답 ①

02 미국 해양경비대(USCG)와 대한민국 해양경찰이 공통으로 수행하는 업무로 가장 옳지 않은 것은? 19 간부

① 해상수색구조 ② 해양범죄단속
③ 항로표지관리 ④ 해양오염방제

해설 「해사안전법」 제44조(항행보조시설의 설치와 관리) ① 해양수산부장관은 선박의 항행안전에 필요한 항로표지 · 신호 · 조명 등 항행보조시설을 설치하고 관리 · 운영하여야 한다.
「항로표지법」 제9조(항로표지의 설치 · 관리) ① 항로표지는 해양수산부장관이 설치 · 관리한다.

정답 ③

03 다음 여러 나라의 해양경찰기관에 대한 설명 중 가장 옳은 것은? 20 간부

① 미국 코스트가드(USCG)는 1913년 타이타닉호 침몰사고를 계기로 창설되었다.
② 전 세계 해상치안기관은 모두 'Coast Guard'라는 명칭을 사용한다.
③ 일본 해상보안청 직원들은 특별사법경찰권을 보유하고 있다.
④ 미국 코스트가드(USCG)는 코스트가드 아카데미를 운영하고 있으며, 군사조직이라기보다는 경찰조직의 성격이 강하다.

해설 미국의 코스트 가드는 6군 중의 하나로서 군사적 성격이 강하다.

정답 ③

해양경비론

SECTION

01 해양경비 일반

Ⅰ. 서설

1. 해양경비의 성격

1) 의의

해양경비의 역사적 기록을 보면[1] 고려시대 서해의 중요지역에 순검군, 순검군사를 배치하여 순찰과 검색을 하였고, 서해와 남해에서 송나라 상선의 왕래에 대한 순찰 및 송·왜 등의 해적선의 순포에 중점을 두었으며, 선종 10년(1093)에는 안서도호부 관할 연평도 순검군이 해적선 1척을 포획하였다는 기록이 있다.

해양경비(海洋警備)의 사전적 의미는 도난, 재난, 침략 따위를 염려하여 사고가 나지 않도록 미리 살피고 지키는 일을 말한다. 따라서 해양경비란 해양경찰이 해양에서 범죄·재난이나 사고·국가안보에 영향을 미치는 상황에 대하여 미리 살피고 준비하는 것이라고 볼 수 있다.

법률적 의미는 "해양경비란 해양경찰청장이 경비수역에서 해양주권의 수호를 목적으로 행하는 해양안보 및 해양치안의 확보, 해양수산자원 및 해양시설의 보호를 위한 경찰권의 행사를 말한다"고 규정하고 있다(해양경비법 제2조).

2) 해양경비 활동의 범위

(1) 해양경비 임무의 변화

시대별로 해양경비의 중점이 변화되어 왔고, 그 변화는 다음과 같다.[2]

① **1950년대:** 1953년 창설된 해양경찰대는 휴전협정 이후 북방한계선(NLL)에서 북한의 도발 및 해상을 통한 간첩침투 등 불안한 안보 상황과 관할수역인 평

---

1) 해양경찰청(2003). 해양경찰 50년사, p. 3.

2) 오정동(2017). 해양경찰학개론, 서울고시각, p. 142.

화선을 침범한 일본어선의 불법어로 문제에 대응하기 위한 해양경비업무를 주로 수행하였다.

② **1960-1990년대 초반**: 어로보호, 밀수, 밀항, 오염방제 등 민생치안으로 해양경비업무가 확대되었고, 1993년 서해훼리호 침몰사고를 계기로 1995년 가입한 SAR협약으로 인해 해양구조의 활동범위가 광역화되기에 이르렀지만 국내문제에 치중한 해양경비활동이었다.

③ **1996년 이후**: 1996년 배타적 경제수역 선포를 계기로 관할해역이 광역화되면서 현재의 해양경비임무가 시작되었고, 200해리 배타적 경제수역으로까지 그 활동이 확대되었다. 2012년 「해양경비법」이 제정되면서 해양분쟁과 해양주권 수호를 국가차원의 해양경비체제가 다듬어지게 되었다. 앞으로 우리의 바다에서 새로운 가치를 창출해내는 경비활동이 필요하고, 이는 현재와 미래의 경비개념에 해당한다.

(2) 「해양경비법」의 목적과 적용범위 및 활동의 범위

첫째, 해양경비법의 목적은 경비수역에서의 해양안보 확보, 치안질서 유지, 해양수산자원 및 해양시설 보호를 위하여 해양경비에 관한 사항을 규정함으로써 국민의 안전과 공공질서의 유지에 이바지함을 목적으로 한다(제1조). (19 간부)

둘째, 다른 법률과의 관계로는 ① 해양경비에 관하여 「통합방위법」에서 규정한 것을 제외하고는 이 법에서 정하는 바에 따르고, ② 해양경비에 관하여 이 법에서 규정한 것을 제외하고는 「경찰관 직무집행법」을 적용한다(제5조). (20 간부)

셋째, 해양경찰관은 다음 여섯 가지 해양경비 활동을 수행한다(해양경비법 제7조).

① 해양 관련 범죄에 대한 예방

② 해양오염 방제 및 해양수산자원 보호에 관한 조치(22 간부)

③ 해상경호, 대(對)테러 및 대간첩작전 수행

④ 해양시설의 보호에 관한 조치

⑤ 해상항행 보호에 관한 조치

⑥ 그 밖에 경비수역에서 해양경비를 위한 공공의 안녕과 질서유지

3) 해양경비의 특성

해양경찰은 해양에서 임무를 수행하는 특성으로 인해 국제문제에 대한 비중이 상대적으로 크고, 「UN해양법협약」을 바탕으로 국제·국내 법령의 법집행활동을 수행하고 있기 때문에 국제관계에 민감하며, 국민의 생명·신체 및 재산의 보호라는 경

찰임무와 국익에 직접적으로 연계된 해양권익의 확보라는 중요한 사명을 지니고 있다. 이러한 해양경비의 특성은 다음과 같다.

① 해양에서의 국가안보·주권, 환경보호·안전관리 등 다양한 권리·이익과 관련되어 복합적인 성격
② 함정, 항공기 등 경비 세력을 이용한 활동으로 장비의 의존성
③ 해양경계 미획정, 대륙붕 연장 등 주변국과의 경쟁적인 영역 갈등과 마찰 발생가능성
④ 국제적인 비군사적 해양 분쟁 대비 및 대응하기 위한 일련의 활동
⑤ 관할해역이 광범위하고 해양기상 등 외부 환경의 영향을 많이 받음.
⑥ 경비대상이 국내·외적인 특성에 의해 좌우되어 국제법적 성질이 강함.
⑦ 국가안보, 해양자원 등 국익에 직결되는 중요한 가치를 보호하기 위한 활동

2. 해양경비의 법적 근거

해양경찰의 작용은 다른 국가와의 주권 및 국제법적인 차원이 밀접히 관련되어 있는 경찰작용이라는 점에서 육상경찰의 작용과는 차이가 있다. 「경찰관 직무집행법」은 다른 선박의 항행 안전에 대한 지장을 주는 선박, 대량파괴무기나 그 밖의 무기류 또는 관련 물자의 수송에 사용되고 있다고 의심되는 선박 및 국내법령 등과 체결·비준한 조약을 위반하거나 위반행위가 발생하려 하고 있다는 의심이 되는 선박에 대하여 충분히 고려하지 못한다는 문제점이 있다. 이러한 문제점을 「해양경비법」은 위반이 의심되는 선박 등에 대하여 주위의 사정을 합리적으로 판단하여 상당한 이유가 있는 경우 해상검문검색을 실시할 수 있도록 규정하고 있다.

「해양경비법」은 해양경비에 대한 기본법에 해당하고, 그 외에 관련법령은 ① 영해 경비, ② 배타적 경제수역 경비, ③ 해양안보 경비, ④ 해양사고 관련 측면에서 구분할 수 있다.

구 분	국내법령	조약 등 국제법	행정규칙
영해경비	• 영해 및 접속수역법, 수산업법, 양식산업발전법, 출입국관리법, 관세법, 마약류관리에 관한 법률, 밀항단속법 • 해사안전법, 선박의입항 및 출항 등에 관한 법률, 무인도서의 보전 및 관리에 관한 법률	• UN해양법협약 • 한 · 일/한 · 중 어업협정 • UN헌장, MARPOL협약 • 각종 공해어족 보호협약 • 국제형사법 • 범죄인 인도 조약	• 해양경찰 경비규칙 • 함정 운영관리 규칙 • 항공기 운영규칙 • 함정 · 항공기등지원 규칙 • 함정 기본조직에 관한 규칙 • 해상특수기동대 운영 규칙 • 국가위기관리 세부 운영규칙 • 해상경호규칙 • 해양경찰 특공대 운영규칙 • 해상치안상황실운영 규칙 • 비상소집 및 근무규칙 • 계선부표 관리규칙
EEZ경비	• 배타적 경제수역 및 대륙붕에 관한 법률 • 배타적 경제수역에서의 외국인 어업 등에 대한 주권적 권리의 행사에 관한 법률 • 해저광물자원개발법, 해양과학조사법, 해양환경관리법, 어선안전조업법		
해양안보 경비	• 경찰관직무집행법, 의무경찰대 설치 및 운영에 관한 법률 • 통합방위법 • 비상대비자원관리법, 대외무역법 • 국제 항해선박 및 항만시설의 보안에 관한 법률 • 선박 및 해상구조물에 대한 위해 행위의 처벌에 관한 법률 • 국민보호와 공공안전을 위한 테러방지법, 대통령 등의 경호에 관한 법률 등	• 남북해운합의서 • UN안전보장이사회 대북제재 결의 • 해상항행의 안전에 대한 불법적 행위의 억제를 위한 협약 • 대륙붕에 위치한 고정플랫폼의 안전에 대한 불법적 행위의 억제를 위한 의정서 • 외교관 등 국제적 보호인물에 대한 범죄의 방지 및 처벌에 관한 협약 • 인질억류방지 · 폭탄테러행위의 억제를 위한 국제협약	
해양사고 관련	• 재난 및 안전관리 기본법 • 수상에서의 수색구조 등에 관한 법률 • 수상레저안전법	• SAR 협약 • ICAO 협약	

3. 해양 경비의 조직

해양경찰청 경비국에 국장 1명을 두고, 국장은 치안감 또는 경무관으로 보하며, 경비국에 경비과·종합상황실 및 해상교통관제과를 두되, 경비과장·종합상황실장은 총경으로 보하고, 해상교통관제과장은 서기관 또는 기술서기관으로 보한다.

경비과장	1. 해양경비에 관한 계획의 수립 · 조정 및 지도 2. 함정, 항공기 등의 운용 및 지도 · 감독 3. 동 · 서해 특정해역에서의 조업 경비 4. 「해양경비법」에 따른 해양시설 보호 및 해상항행 보호에 관한 조치 5. 불법외국어선 단속지침 수립 및 단속 관련 행정지원에 관한 사항 6. 해상에서의 집단행동에 관한 사항 7. 경비함정 해외파견 및 파견 관계 부처와의 협의에 관한 사항 8. 통합방위 업무의 기획 및 지도 · 감독에 관한 사항 9. 해상에서의 경비 · 작전 관련 위기관리 업무에 관한 사항 10. 해양에서의 경호 및 요인보호에 관한 사항 11. 해양에서의 대테러 예방 및 진압에 관한 사항 12. 대량살상무기 확산방지구상(WMD-PSI)에 따른 해상 승선 및 검색에 관한 사항 13. 특공대 운영지원 및 교육 · 훈련에 관한 사항 14. 그 밖에 국 내 다른 과의 주관에 속하지 아니하는 사항
종합상황실장	1. 해양 경비 · 재난 · 치안 · 오염 상황 등에 대한 관리 조정에 관한 업무 2. 해양상황 등의 접수 · 처리 · 전파 및 보고 등 초동조치 3. 해양상황 등의 진행상황 파악 · 전달 및 처리 4. 해양상황 등의 피해, 구조 및 대응 현황 등에 대한 파악 · 기록 · 통계관리 및 정보 분석 5. 국내외 해양상황 등의 정보 수집 · 분석 및 전파 6. 상황관리시스템 구축 · 운영 및 보안관리 7. 긴급신고전화 운용에 관한 사항 8. 국제조난 안전통신 업무에 관한 사항
해상교통관제과장	1. 해상교통관제(VTS) 정책의 수립 및 제도 개선에 관한 사항 2. 해상교통관제 운영에 관한 사항 3. 해상교통 항행안전 지원에 관한 사항 4. 해상교통관제 시설의 설계 · 구축 및 시설물 관리 · 운영에 관한 사항 5. 해상교통관제사의 교육 · 훈련에 관한 업무 6. 선진 해상교통관제시스템 연구 및 중장기 해상교통관제 발전계획 수립 7. 해상교통관제 관련 국제교류 · 협력에 관한 사항 8. 「선박교통관제에 관한 법률」에 따른 선박교통관제구역의 설정 및 관리에 관한 사항

Ⅱ. 「해양경비법」의 주요 내용

1. 개념(법 제2조)

1) 해양시설

해양경비의 개념에서 해양경찰청장이 경비수역에서 해양주권의 수호를 목적으로 행하는 해양안보 및 해양치안의 확보, 해양수산자원 및 해양시설의 보호를 위한 경찰권의 행사를 규정하고 있다(제2조). 그리고 「해양경비법」 제7조에서 해양경비 활동의 범위에서 "해양시설의 보호에 관한 조치"를 포함시키고 있다.

해양경비	해양경찰청장이 경비수역에서 해양주권의 수호를 목적으로 행하는 해양안보 및 해양치안의 확보, 해양수산자원 및 해양시설의 보호를 위한 경찰권의 행사
경비수역	대한민국의 법령과 국제법에 따라 대한민국의 권리가 미치는 수역으로서 연안수역, 근해수역 및 원해수역(20 간부)
연안수역	「영해 및 접속수역법」에 따른 영해 및 내수(내수면어업법에 따른 내수면 제외)(20 간부)
근해수역	「영해 및 접속수역법」에 따른 접속수역(20 간부)
원해수역	「해양수산발전 기본법」에 따른 해양 중 연안수역과 근해수역을 제외한 수역(20 간부)
해양수산자원	「해양수산발전 기본법」에 따른 해양수산자원
해양시설	「해양환경관리법」에 따른 해양시설
경비세력	해양경찰청장이 해양경비를 목적으로 투입하는 인력, 함정, 항공기 및 전기통신설비 등
해상검문검색	해양경찰청장이 경비세력을 사용하여 경비수역에서 선박 등을 대상으로 정선 요구, 승선, 질문, 사실 확인, 선체 수색이나 그 밖에 필요한 조치를 하는 것(20 간부)
선박 등	「선박법」에 따른 선박, 「수상레저안전법」에 따른 수상레저기구, 「어선법」에 따른 어선, 그 밖에 수상에서 사람이 탑승하여 이동 가능한 기구
임해중요시설	바다와 인접하고 있는 공공기관, 공항, 항만, 발전소, 조선소 및 저유소(貯油所) 등 국민경제의 기간(基幹)이 되는 주요 산업시설로서 대통령령으로 정하는 시설

해양경비의 대상인 해양시설은 「해양환경관리법」에 따른 해양시설을 말하고, 「해양환경관리법」에서 규정한 해양시설이란 해역(「항만법」 제2조 제1호[3])의 규정에 따른 항만 포함)의 안 또는 해역과 육지 사이에 연속하여 설치·배치하거나 투입되는

3) 항만법 제2조(정의) 1. "항만"이란 선박의 출입, 사람의 승선·하선, 화물의 하역·보관 및 처리, 해양친수활동 등을 위한 시설과 화물의 조립·가공·포장·제조 등 부가가치 창출을 위한 시설이 갖추어진 곳을 말한다.

시설 또는 구조물로서 해양수산부령이 정하는 것을 말한다. 해수부령에 따른 해양시설의 범위는 아래의 표와 같다(해양환경관리법 시행규칙 제3조 및 별표 1).

구 분	시설의 종류	범 위
1. 기름, 유해액체물질, 폐기물, 그 밖의 물건의 공급(공급받는 경우 포함)·처리 또는 저장 등의 목적으로 해역 안 또는 해역과 육지 사이에 연속하여 설치·배치된 시설 또는 구조물(해역과 일시적으로 연결되는 시설 또는 구조물 포함)	가. 기름 및 유해액체물질 저장(비축 포함)시설	계류시설(돌핀), 선박과 저장시설을 연결하는 이송설비, 저장시설, 자가처리시설
	나. 법 제38조에 따른 오염물질저장시설	저장시설, 교반시설, 처리시설
	다. 선박 건조 및 수리시설, 해체시설	저장시설, 상가시설 및 수리시설(이동식 시설 제외)
	라. 시멘트·석탄·사료·곡물·고철·광석·목재·토사의 하역시설	해양수산부장관이 정하여 고시하는 계류시설, 하역설비(컨베이어 벨트 포함)
	마. 「해양폐기물 및 해양오염퇴적물 관리법」에 따른 폐기물해양배출업자의 폐기물저장시설	폐기물저장시설, 교반시설 및 이송관
2. 해양레저, 관광, 주거, 해수이용, 그 밖의 목적으로 해역 안 또는 해역과 육지 사이에 연속하여 설치·배치·투입된 시설 또는 구조물	가. 연면적 100㎡ 이상의 해상관광시설, 주거시설(호텔·콘도), 음식점(「선박안전법」상 선박 제외)	해역 안에 설치된 시설, 해역과 육지 사이에 연속하여 설치된 시설의 경우에는 취수 및 배수 시설(배관 포함)
	나. 관경의 지름이 600㎜ 이상의 취수·배수시설(관이 2개 이상인 경우는 각각의 지름을 합함)	취수 및 배수시설(배관 포함)
	다. 유어장	유어시설, 가두리낚시터
	라. 그 밖의 시설	해상송전철탑, 해저광케이블, 해상부유구조물
3. 그 밖에 해역 안에 설치·배치·투입된 시설 또는 구조물	「해양수산발전기본법」에 따른 국가해양관측을 위한 종합해양과학기지	기상관측 등 그 밖의 목적시설

2) 선박 등

해양경비의 대상인 "선박 등"이란 「선박법」에서 규정한 기선, 범선, 부선과 「수상레저안전법」상의 동력수상레저기구 및 수면비행선박, 수륙양용기구, 수상에서의 탈 수 있는 모든 기구가 포함된다.

3) 임해 중요시설

해양경비의 대상인 임해중요시설이란 바다와 인접하고 있는 공공기관, 공항, 항만, 발전소, 조선소 및 저유소(貯油所) 등 국민경제의 기간(基幹)이 되는 주요 산업시설로서 대통령령으로 정하는 시설을 말한다. "대통령령으로 정하는 시설"이란 다음 시설 중 해양경찰청장이 지정·고시하는 시설을 말한다(시행령 제2조).

① 국가, 지방자치단체 또는 「공공기관의 운영에 관한 법률」 제4조에 따른 공공기관의 청사
② 「공항시설법」에 따른 비행장 및 공항
③ 「항만법」에 따른 항만 및 항만시설
④ 발전소·조선소·제철소 및 저유소(貯油所) 등 국가기간(基幹) 산업시설

「임해 중요시설 고시(해양경찰청 고시, 시행 2021. 4. 19.)에서 다음 세 가지 기준에 해당하는 임해중요시설 149개를 정하여 고시하였다. 지정된 임해 중요시설은 ① 「해양경비법시행령」 제2조에 열거된 국가 중요시설일 것, ② 장소적으로 시설이 바다와 인접(1㎞ 이내)해야 하며, 해상집단행동으로 직·간접적인 영향을 받을 수 있는 시설일 것, ③ '국가의 안전보장 또는 공공의 이익'을 위해 특별히 보호가 필요한 국가 중요시설일 것 등 3가지 기준으로 적용하여 지정하였다.

2. 해양경비 기본계획·중점경비·해상검문 검색

1) 해양경비 기본계획(법 제6조)(20 간부)

해양경찰청장은 해양경비기본계획을 5년마다 수립하고 추진하여야 한다. (21 하반기)
그 기본계획에는 다음 사항이 포함되어야 한다.
① 주변정세의 변화에 따른 해양치안 수요 분석에 관한 사항
② 해양치안 수요에 따른 경비세력의 운용방안 및 국제공조에 관한 사항
③ 경비세력 증감에 대한 전망 및 인력·재원의 조달에 관한 사항
④ 경비수역별 특성에 알맞은 경비 방법에 관한 사항
⑤ 그 밖에 해양경비 운용에 필요한 사항

해양경찰청장은 기본계획에 따라 매년 전년도 해양경비 실적이나 치안여건 등을 분석하여 해당 연도의 중점 경비대상과 달성목표 등을 포함한 연간 해양경비계획을 수립하여야 한다.

2) 협의체와 중점경비

(1) 협의체

해양경찰청장은 해양경비 활동과 관련하여 긴급한 사안이 있을 경우 신속한 정보의 수집·전파 등 업무협조를 위하여 외교부, 해양수산부 및 경찰청 등 관계 기관과 협의체를 설치하여 운영할 수 있다(법 제10조).

- 시행령 제4조(협의체의 설치 및 구성 등) ① 협의체는 해양경찰청에 설치한다.
  ② 협의체는 다음 각 호의 사항을 협의·조정한다.
  1. 해양경비 활동과 관련된 긴급 대책의 협의에 관한 사항
  2. 관계 기관 간 신속한 정보 교류 및 활용 등에 관한 사항
  3. 외국과의 분쟁 발생 가능성이 높은 사안에 대한 긴급한 업무협조에 관한 사항
  4. 그 밖에 위원장이 긴급한 업무협조가 필요하다고 인정하여 회의에 부치는 사항

  ③ 협의체는 위원장 1명을 포함한 10명 이내의 위원으로 구성하고, 협의체의 위원장은 해양경찰청 경비국장이 된다.

(2) 중점경비(법 제11조)(18 3차·19 간부)

해양경찰청장은 경비수역의 구분에 따라 경비세력의 배치와 중점 경비사항을 달리할 수 있다.

① 연안수역: 해양 관계 국내법령을 위반한 선박 등의 단속 등 민생치안 확보 및 임해 중요시설의 보호 경비

② 근해수역: 「영해 및 접속수역법」에 따른 법령을 위반한 외국선박의 단속을 위한 경비

③ 원해수역: 해양수산자원 및 해양시설의 보호, 해양환경의 보전·관리, 해양과학조사 실시 등에 관한 국내법령 및 대한민국이 체결·비준한 조약을 위반한 외국선박의 단속을 위한 경비

3) 해상검문검색(법 제12조)(20·22 간부)

해상검문검색에 따르지 않고 도주하는 선박의 경우는 「해양경비법」 제13조의 추적, 나포에 의해 해결할 수 있고, 검문검색 과정에서 확성기나 무전기를 사용하여 정선명령을 내리고 선박이 정지한 후에 승선하여 소속, 성명, 목적 및 이유를 고지해야 한다. 해상검문검색은 적법한 사전영장 없이 선박 또는 사람의 신체를 수색하는 것이므로 헌법에서 인정하고 있는 신체의 자유와 인권의 보장을 위하여 형사소송에 관한 법률에 따르지 아니하고는 신체를 구속당하거나 그 의사에 반하여 답변

을 강요할 수 없는 한계가 있다.

외국 선박에 대한 해상검문검색은 「해양경비법」 제12조 제1항에 해당되는 선박이나 또는 「UN해양법협약」 제110조(임검권)에 규정된 선박에 대하여 행사할 수 있으며, 해상검문검색의 방법은 영해 내에서는 「해양경비법」 제12조 제1항 단서 규정을 적용하여 무해통항권을 침해하지 않도록 국제 법규에 따를 것을 규정하고 있다.

선박의 검색은 질서정연하고 효율적으로 실시되어야 하며 그 선박의 기물이나 탑재된 화물에 손해를 주지 않게 하여야 하고 검색이 완료된 후에는 모든 기재와 화물을 제자리에 복귀해 놓아야 한다. 검색의 결과, 혐의 없음이 판명된 때는 항해 지체와 기타 검색 실시 과정 등에서 손해가 발생한 것이 증명될 수 있을 때에는 정부는 그 선박이나 혐의선박의 기국의 요청에 따라 그 선박이 입은 손실이나 피해에 대하여 보상을 하여야 한다(UN해양법협약 제110조).

① 해양경찰관은 해양경비 활동 중 다음 어느 하나에 해당하는 선박 등에 대하여 주위의 사정을 합리적으로 판단하여 상당한 이유가 있는 경우 해상검문검색을 실시할 수 있다. 다만, 외국선박에 대한 해상검문검색은 대한민국이 체결 · 비준한 조약 또는 일반적으로 승인된 국제법규에 따라 실시한다. (19 간부)

1. 다른 선박의 항행 안전에 지장을 주거나 진로 등 항행상태가 일정하지 아니하고 정상적인 항법을 일탈하여 운항되는 선박 등
2. 대량파괴무기나 그 밖의 무기류 또는 관련물자의 수송에 사용되고 있다고 의심되는 선박 등
3. 국내법령 및 대한민국이 체결 · 비준한 조약을 위반하거나 위반행위가 발생하려 하고 있다고 의심되는 선박 등

② 해양경찰관은 해상검문검색을 목적으로 선박 등에 승선하는 경우 선장(선박등을 운용하는 자 포함)에게 소속, 성명, 해상검문검색의 목적과 이유를 고지하여야 한다. (18 · 20 채용, 19 간부)

③ 제21조(벌칙) ① 해상검문검색을 정당한 사유 없이 거부, 방해 또는 기피한 자는 1년 이하의 징역 또는 1천만원 이하의 벌금에 처한다. (21 하반기)

3. 추적 · 나포, 해상항행 보호조치

1) 추적 · 나포(법 제13조)(22 간부)

외국 선박에 대한 추적권의 행사는 「UN해양법협약」 제111조를 국내법으로 수용한 것이고, 다만 추적의 대상이 된 선박이 다른 국가의 영해나 선적국에 들어갔을 때는 그 국가의 관할권을 존중해야 하기 때문에 추적권이 소멸한다.

해양경찰관은 다음 어느 하나에 해당하는 선박 등에 대하여 추적 · 나포(拿捕)할 수 있다. 다만, 외국선박에 대한 추적권의 행사는 「해양법에 관한 국제연합 협약」 제111조에 따른다.
1. 제12조에 따른 해상검문검색에 따르지 아니하고 도주하는 선박 등
2. 해당 경비수역에서 적용되는 국내법령 및 대한민국이 체결 · 비준한 조약을 위반하거나 위반행위가 발생하려 하고 있다고 확실시되는 상당한 이유가 있는 선박 등

2) 해상항행 보호조치(법 제14조)(19 3차)

해상항행보호조치는 불특정 선박이 고의 또는 과실로 해상교통 및 타 선박들의 안전을 위협할 경우에 대비한 것이고, 해상에서는 육상의 경우보다 사건·사고 발생에 대한 사전예방이 중요하므로 규정한 것이다. 또한, 해상에서의 집단행동에 대하여 이동·해산 명령을 할 수 있는 근거에 해당한다.

해양경찰관은 해상항행 보호조치 등을 하는 경우 다음 순서에 따라야 한다(해양경비법 시행규칙 제2조). 그 순서는 ① 경고 → ② 이동·해산·피난 명령 → ③ 이동·해산·피난 실행이다.

① **경고:** 선박 등의 선장(선박 등을 운용하는 자 포함)에게 그 행위를 중단할 것과 해양경찰관의 이동·해산·피난 명령 또는 이동·피난 조치를 따르지 아니하는 경우 벌칙이 부과된다는 내용을 경고할 것

② **이동 · 해산 · 피난 명령:** 경고에도 불구하고 행위를 멈추지 아니하거나, 인명·신체에 대한 위해나 중대한 재산상 손해의 발생 또는 해양오염의 우려가 현저한 경우에는 선박 등을 이동·해산하거나 선장, 해원(海員) 또는 승객에게 피난할 것을 세 번 이상 명령할 것

③ **이동 · 해산 · 피난 실행:** 이동·해산·피난 명령을 따르지 아니하는 경우에는 직접 선박 등을 이동·해산시키거나 선장, 해원(海員) 또는 승객을 피난시킬 것

① 해양경찰관은 경비수역에서 다음 어느 하나에 해당하는 행위를 하는 선박 등의 선장에 대하여 경고, 이동 · 해산 명령 등 해상항행 보호조치를 할 수 있다. 다만, 외국선박에 대한 해상항행 보호조치는 연안수역에서만 실시한다. (22 간부)
1. 선박 등이 본래의 목적을 벗어나 다른 선박 등의 항행 또는 입항 · 출항 등에 현저히 지장을 주는 행위
2. 선박 등이 항구 · 포구 내외의 수역과 지정된 항로에서 무리를 지어 장시간 점거하거나 항법상 정상적인 횡단방법을 일탈하여 다른 선박 등의 항행에 지장을 주는 행위
3. 임해 중요시설 경계 바깥쪽으로부터 1킬로미터 이내 경비수역에서 선박 등이 무리를 지어 위력적인 방법으로 항행 또는 점거함으로써 안전사고가 발생할 우려가 높은 행위(21 상반기)

② 해양경찰관은 경비수역(이 항에서 「선박의 입항 및 출항 등에 관한 법률」에 따른 무역항의 수

상구역 등의 수역 제외)에서 다음 각 호의 어느 하나에 해당하는 사유로 선박 등이 좌초 · 충돌 · 침몰 · 파손 등의 위험에 처하여 인명 · 신체에 대한 위해나 중대한 재산상 손해의 발생 또는 해양오염의 우려가 현저한 경우에는 그 선박 등의 선장에 대하여 경고, 이동 · 피난 명령 등 안전조치를 할 수 있다. 다만, 외국선박에 대한 안전조치는 연안수역에서만 실시한다.

1. 태풍, 해일 등 천재(天災)
2. 위험물의 폭발 또는 선박의 화재
3. 해상구조물의 파손

③ 해양경찰관은 선박 등의 통신장치 고장 등의 사유로 명령을 할 수 없거나 선박 등의 선장이 명령에 불응하는 경우로서 인명 · 신체에 대한 위해, 중대한 재산상 손해 또는 해양오염을 방지하기 위하여 긴급하거나 불가피하다고 인정할 때에는 합리적으로 판단하여 필요한 한도에서 다음의 조치를 할 수 있다.

1. 선박 등을 안전한 곳으로 이동시키는 조치
2. 선박 등의 선장, 해원(海員) 또는 승객을 하선하게 하여 안전한 곳으로 피난시키는 조치
3. 그 밖에 대통령령으로 정하는 조치

④ 해양경찰관은 조치를 하려는 경우에는 선박 등의 선장에게 자신의 신분을 표시하는 증표를 제시하고 조치의 목적 · 이유 및 이동 · 피난 장소를 알려야 한다. 다만, 기상상황 등으로 선박에 승선할 수 없는 경우에는 무선통신 등을 이용하여 자신의 신분 고지 등을 할 수 있다.

4. 무기와 장구의 사용

1) 무기의 사용(법 제17조)(19 1차 · 간부)

해양경찰의 유형력 행사의 남용이 우려될 수 있으므로 무기를 사용할 수 있는 사용 기준은 「경찰관직무집행법」 제10조의4 규정을 따른다고 규정하고 있고, 특정 선박 등이나 범인이 무기, 흉기 및 위험한 물건을 상용하여 경비세력을 공격하거나 국가안보와 관련되는 중요 작전을 수행하는 경우에는 개인화기 이외의 공용화기도 사용할 수 있다.

① 해양경찰관은 해양경비 활동 중 다음 어느 하나에 해당하는 경우에는 무기를 사용할 수 있다. 이 경우 무기사용의 기준은 「경찰관 직무집행법」 제10조의4에 따른다. (19 1차)

1. 선박 등의 나포와 범인을 체포하기 위한 경우
2. 선박 등과 범인의 도주를 방지하기 위한 경우
3. 자기 또는 다른 사람의 생명 · 신체에 대한 위해(危害)를 방지하기 위한 경우
4. 공무집행에 대한 저항을 억제하기 위한 경우

② 다음 어느 하나에 해당하는 경우에는 개인화기(個人火器) 외에 공용화기를 사용할 수 있다. (19 간부)

1. 대간첩 · 대테러 작전 등 국가안보와 관련되는 작전을 수행하는 경우

2. 제1항 각 호의 어느 하나에 해당하는 경우로서 선박 등과 범인이 선체나 무기 · 흉기 등 위험한 물건을 사용하여 경비세력을 공격하거나 공격하려는 경우
3. 선박 등이 3회 이상 정선 또는 이동 명령에 따르지 아니하고 경비세력에게 집단으로 위해를 끼치거나 끼치려는 경우(21 하반기)

2) 경찰장비 · 경찰장구의 종류 및 사용기준(법 제18조)

「해양경비법」 제18조는 「경찰관직무집행법」상의 경찰장비 및 경찰장구를 사용할 수 있고, 해상에서의 경찰작용을 위해 필요한 경찰장비 및 경찰장구를 별도로 사용할 수 있다.

① 해양경찰관은 「경찰관 직무집행법」에 따른 경찰장비 및 경찰장구 외에 다음 어느 하나에 따른 경찰장비 및 경찰장구를 사용할 수 있다.
1. 해상검문검색 및 추적 · 나포 시 선박 등을 강제 정선, 차단 또는 검색하는 경우 경비세력에 부수되어 운용하는 경찰장비 및 경찰장구
2. 선박 등에 대한 이동 · 해산 명령 등 해상항행 보호조치에 필요한 경찰장비 및 경찰장구
3. 제1호 및 제2호에 따른 경찰장비 및 경찰장구 외에 정당한 직무수행 중 경비세력에 부당하게 저항하거나 위해를 가하려 하는 경우 경비세력의 자체 방호를 위한 경찰장비 및 경찰장구

(1) 경찰장비 및 경찰장구의 종류(시행령 제5조)(21 상반기)

① 경찰장비: 소화포(消火砲)
② 경찰장구: 페인트볼 및 투색총(줄을 쏘도록 만든 특수총을 말함)

(2) 경찰장비 및 경찰장구의 사용기준(시행령 제5조)(20 3차)

① 통상의 용법에 따라 사용할 것
② 목적 달성에 필요한 최소한의 범위에서 사용할 것
③ 다른 사람의 생명 · 신체에 대한 위해(危害)를 최소화할 것

3) 추격선의 무기 사용 판례: 대법원 71다1987(1971. 11. 9. 손해배상)

해안초소에서 복무 중인 군인이 목선을 정선하여 검문하기 위해 추격하여 약 300미터 거리까지 접근하였으며, 여자 2명을 포함하여 여러 명의 민간인들이 타고 있음을 확인하였고, 추격선의 속도가 목선보다 2배나 빨라 10분 이내에 나포할 수 있었던 상황에서 배의 발동기 소음 때문에 칼빈 소총정도의 약한 소리로서는 정선 신호를 알아차리기 어려움에도, 공포탄을 2발 발사하여 정선하지 않자 선수를 맞출

의도로 발사한 실탄에 원고가 명중되어 상해를 입힌 것은 부득이 총기를 발사하지 않을 수 없는 사정이라 보기 어려우므로 과실을 인정하였다.

5. 경비수역 내 점용 · 사용허가 등의 통보

① 공유수면 점용·사용허가, ② 항만개발사업, ③ 어항개발사업 등의 3가지 경우에는 해양경비 활동에 중대한 지장을 줄 것으로 인정할 때에 해양경찰청장, 지방해양경찰청장 또는 관할 해양경찰서장에게 그 사실을 통보하여야 한다고 규정하고 있고, 「수산업법」에 따른 어업 면허 또는 「양식산업발전법」에 따른 면허를 하는 경우에는 해양경비 활동과 관련이 있는 사항에 대하여는 관할 해양경찰서장에게 통보하여야 한다고 규정하고 있다.

경비수역 내 점용 · 사용허가 등의 통보 (법 제20조)	① 해양수산부장관, 특별시장 · 광역시장 · 특별자치시장 · 도지사 · 특별자치도지사 · 시장 · 군수 · 구청장(자치구의 구청장)은 경비수역에서 「공유수면 관리 및 매립에 관한 법률」에 따른 공유수면 점용 · 사용허가를 하는 경우 해양경비 활동에 중대한 지장을 줄 것으로 인정할 때에는 해양경찰청장, 지방해양경찰청장 또는 관할 해양경찰서장에게 그 사실을 통보하여야 한다. ② 해양수산부장관은 「항만법」에 따른 항만개발사업을 시행하는 경우 해양경비 활동에 중대한 지장을 줄 것으로 인정할 때에는 해양경찰청장, 지방해양경찰청장 또는 관할 해양경찰서장에게 그 사실을 통보하여야 한다. ③ 해양수산부장관, 시 · 도지사 또는 시장 · 군수 · 구청장은 「어촌 · 어항법」에 따른 어항개발사업을 시행하는 경우 해양경비 활동에 중대한 지장을 줄 것으로 인정할 때에는 해양경찰청장, 지방해양경찰청장 또는 관할 해양경찰서장에게 그 사실을 통보하여야 한다. ④ 시 · 도지사 또는 시장 · 군수 · 구청장은 「수산업법」에 따른 어업 면허 또는 「양식산업발전법」에 따른 면허를 하는 경우 해양경비 활동과 관련이 있는 사항에 대하여는 관할 해양경찰서장에게 통보하여야 한다.
시행규칙 (법 제3조)	① 통보는 다음의 허가, 공사 또는 사업의 시행, 면허를 하기 5일 전까지 이루어져야 한다. 1. 「공유수면 관리 및 매립에 관한 법률」에 따른 공유수면 점용 · 사용허가 2. 「항만법」에 따른 항만개발사업 시행 3. 「어촌 · 어항법」에 따른 어항개발사업 시행 4. 「수산업법」에 따른 어업면허 5. 「양식산업발전법」에 따른 양식업 면허(내수면양식업 면허 제외) ② 통보에는 다음 사항이 포함되어야 한다. 1. 허가등과 관련된 인적 현황에 관한 사항, 2. 허가 등의 기간에 관한 사항 3. 허가등의 장소에 관한 사항, 4. 허가 등에 따라 해양경비활동에 지장을 초래하는 사항 5. 그 밖에 허가 등의 내용과 관련하여 해양경찰청장이 정하여 고시하는 사항 ③ 통보를 받은 해양경찰청장, 지방해양경찰청장 또는 관할 해양경찰서장은 필요하다고 인정하는 경우에는 해당 허가등에 대한 의견을 제출하거나 그 밖에 필요한 협조를 요청할 수 있다.

Ⅲ. 해역별 경비임무

과거 해양은 배의 이동 공간, 어업활동의 공간 등 물을 기반으로 제한적인 경제 활동을 수행하는 장소로 인식되어 왔고, 국방의 차원에서 영해를 설정하여 외부로부터의 침입에 대응하여 왔다. 1982년 「UN 해양법협약」이 완성되면서 배타적 경제수역 제도가 신설되었고, 해양은 해저 및 하층토도 관리되면서 3차원적 공간으로 범위가 확대되었다. 이에 따라 해양경찰의 경비임무도 영해, 접속수역, 배타적 경제수역으로 공간적 범위를 구분하여 해역별로 연안국이 가지고 있는 권리의 종류와 성격에 따라 구별되며 그 역할이 점차 확대되고 있다.

1. 영해 및 접속수역 경비

우리나라는 해안선의 굴곡이 많고 해안 가까이 섬이 흩어져 있는 지형적 특성을 고려하여 「영해법」 제정 시부터 영일만에서 소령도까지 23개의 직선기선을 선포하여 영해의 범위를 확정하여 공포하였으며, 해양경찰은 영해기점 무인도서의 점검 및 관리 임무를 수행하고 있다.

영해는 대부분 지리적 근접성이 있기 때문에 중·소형 경비함정이 배치되어 있지만, 다소 원거리에 위치해 있는 독도와 울릉도는 대형 경비함정을 배치하여 해양주권수호 임무를 수행하고 있다.

영해는 「해양경비법」상 연안수역에 해당하고, 접속수역은 근해수역에 해당한다. 해양경찰은 경비수역별 중점 경비사항으로 연안수역은 해양 관계 국내법령을 위반한 선박 등의 단속 등 민생치안 확보 및 임해 중요시설의 보호 경비를 해야 하고, 근해수역에서는 법령을 위반한 외국선박의 단속을 위한 경비를 담당한다.

2. 배타적 경제수역 경비(22 간부)

배타적 경제수역은 「해양경비법」상 원해수역에 해당하고, 해양자원 및 해양시설의 보호, 해양환경의 보전·관리, 해양과학조사 실시 등에 관한 국내법령 및 대한민국이 체결·비준한 조약을 위반한 외국선박의 단속을 위한 경비를 중점적으로 수행한다.

「배타적 경제수역 및 대륙붕에 관한 법률」과 「배타적 경제수역에서의 외국인어업 등에 대한 주권적 권리의 행사에 관한 법률」에 따라 대한민국의 법령을 위반한 혐의가 있다고 인정되는 자에 대하여 해양경찰은 추적권(追跡權)의 행사, 정선(停船)·승선·검색·나포 및 사법절차를 포함하여 필요한 조치를 할 수 있다.

「해저광물자원 개발법」상 채취권 또는 탐사권의 설정허가를 받지 아니하고 해저광물을 채취한 자는 처벌하며, 자료 취득현황 및 해저광업활동의 진행상황을 확인하기 위하여 소속 공무원에게 현장조사를 할 수 있다.

「선박 및 해상구조물에 대한 위해행위의 처벌 등에 관한 법률」상 해상구조물의 안전을 위험하게 할 목적으로 해상구조물에 있는 사람을 살해, 상해 또는 폭행하거나 사람을 협박한 사람, 폭행이나 협박 또는 그 밖의 방법으로 해상구조물을 강탈한 사람, 해상구조물을 파괴하거나 해상구조물 또는 그에 적재된 화물에 그 안전을 위험하게 할 만한 손상을 입힌 사람 등에 대한 처벌 및 범죄인 인수권한이 부여되어 있다.

「해양과학조사법」상 허가나 동의를 받지 아니하고 해양과학조사를 수행한다는 혐의가 있는 때에는 관계기관의 장은 정선·검색·나포 기타 필요한 명령이나 조치를 할 수 있고, 「해양환경관리법」 상 선박이 위반한 혐의가 있다고 인정되는 경우에는 해양경찰청장은 정선·검색·나포·입출항금지 그 밖에 필요한 명령이나 조치를 할 수 있다.

1) 이어도 해양과학기지

이어도는 한·중 간의 EEZ 중간선으로부터 우리 측 EEZ에 속하는 수중암초로서 마라도 남서쪽 149km에 위치하고 있으며, 2003년에 이어도 종합해양과학기지를 건설하여 「배타적 경제수역 및 대륙붕에 관한 법률」에 따라 관할권을 행사하고 있다. 「UN해양법 협약」상 인공섬·시설 및 구조물은 섬의 지위를 갖지 못하여 영해나 EEZ, 대륙붕을 가지지 못한다(동협약 제60조).

2) 외국어선의 불법조업 단속

외국인은 배타적 경제수역 중 어업자원의 보호 또는 어업조정(漁業調整)을 위하여 대통령령으로 정하는 구역에서 어업활동을 하여서는 아니 된다(배타적 경제수역에서의 외국인어업 등에 대한 주권적 권리의 행사에 관한 법률 제4조). 외국인은 특정금지구역이 아닌 배타적 경제수역에서 어업활동을 하려면 선박마다 해양수산부장관의 허가를 받아야 하고, 해양수산부장관은 허가를 하였을 때에는 해당 외국인에게 허가증을 발급하여야 한다(동법 제5조). 중국 어선의 불법조업이 자주 발생하여 해양경찰은 단속을 강화하고 있다.

외국어선의 불법조업 활동에 대하여 검사나 사법경찰관(해양경찰)은 명령 또는 제한이나 조건을 위반한 선박 또는 그 선박의 선장이나 그 밖의 위반자에 대하여 정선, 승선, 검색, 나포(拿捕) 등 필요한 조치를 할 수 있고(동법 제23조), 사법경찰관은 조치를 하였을 때에는 그 결과를 검사에게 보고하되, 사정이 급하여 미리 지휘를 받을 수 없는 경우를 제외하고는 검사의 지휘를 받아 조치를 하여야 한다(동법 제23조 제2항).

검사는 조치를 하였거나 보고를 받았을 때에는 선장이나 그 밖의 위반자에게 지체 없이 다음 사항을 고지하여야 한다. 다만, 대통령령으로 정하는 외국인이 하는 어업활동 등에 대하여는 그러하지 아니하다(동법 제23조 제3항).

① 담보금이나 담보금 제공을 보증하는 서류가 법무부령으로 정하는 바에 따라 검사에게 제출되었을 때에는 선장이나 그 밖의 위반자를 석방하고, 선박을 반환한다는 취지
② 담보금의 금액

3. 특정해역 경비

서해 5도에는 서해 5도 특별경비단을 설치하고 있다. 서해 5도 특별경비단장은 다음 사항에 관하여 중부지방해양경찰청장을 보좌한다(해양경찰청과 그 소속기관 직제 시행규칙 제23조).

① 불법외국어선 단속, 수사 및 사후처리에 관한 사항
② 서해 5도 해역에서의 경비 및 작전 업무에 관한 사항
③ 서해 5도 해역에서의 경비 · 작전 관련 위기관리 업무에 관한 사항
④ 서해 5도 해역에서의 수색 및 구조 업무에 관한 사항

서해 5도 특별경비단은 서해 5도 해역에서 특정해역경비를 담당하고 있다.

그리고 「어선안전조업법」에 의해 속초해양경찰서 및 인천해양경찰서에 각각 동해조업보호본부 및 서해조업보호본부를 설치하고, 어선에 대하여 군부대와 함께 출입항통제를 하고 있다.

4. 해양경비활동의 방법과 수단

1) 해양경비의 방법

해양경비활동은 크게 통상경비, 순항경비, 거점경비, 표류경비, 전략경비, 입체경비, 해상경호경비로 나눌 수 있다.[4)]

통상경비	일일 해상치안정보 등을 고려하여 함 · 정장의 판단하에 책임 경비구역내 순찰 등 임무를 수행하는 경비
순항경비	경비해역 중 선박의 밀도가 높은 해역 등을 지속적으로 항행하면서 감시하는 경비
거점경비	야간 또는 치안수요가 적은 시간대에 함 · 정장의 판단하에 긴급출동이 가능하고 경계가 용이한 곳에서 대기와 순찰을 반복적을 실시하는 경비
표류경비	우범해역 등 임의의 해역을 선정해 기관을 정지시키고 표류하면서 실시하는 경비
전략경비	함정 운영부서나 지휘부서의 판단에 따라 미리 지정한 해상에서 기관을 정지시킨 상태에서 해상이동물체를 감시하는 경비
입체경비	함정 · 항공기를 병용한 해 · 공 입체경비를 말함
해상경호경비	복합 및 입체경비의 한 형태로 정부요인, 국내외 중요인사 등 피경호자의 신변에 대하여 직접 · 간접으로 가해지려는 위해방지를 위하여 위험요소를 사전에 제거하고 피경호자의 안전을 도모하려는 종합적이고 입체적인 경비

2) 해양경비의 수단

해양경비의 수단에는 간접적 실력행사와 직접적 실력행사로 나누어 볼 수 있고, 그 법적 근거는 「해양경비법」, 「경찰관직무집행법」, 「형사소송법」에 두고 있다.

구 분	종 류	내 용
간접적 실력행사	경고	① 근거: 해상항행보호조치(해양경비법 제14조), 위험발생의 방지 · 범죄의 예방과 제지(경찰관직무집행법 제5조 · 제6조) ② 성질: 경비사태를 예방 · 경계하기 위해 발하는 임의처분
직접적 실력행사	제지	① 근거: 범죄의 예방과 제지(경찰관직무집행법 제6조) ② 성질: 대인적 즉시강제이고, 강제처분에 해당하며, 반드시 법률의 근거를 두어야 하고 경찰비례의 원칙이 지켜져야 한다.
	체포	① 근거: 형사소송법 ② 성질: 상대방의 신체를 구속하는 강제처분이며, 직접적 실력행사에 해당한다.
	해상검문	① 근거: 해양경비법 제12조

4) 해양경찰교육원(2017). 해양경비론, p. 93; 해양경찰학교(2009), 경비 · 해양안전, p. 27.

검색	② 성질: 비정상적인 선박, 대량파괴물자 수송, 대한민국 법령 위반 선박에 대한 직접적 실력행사
추적 · 나포	① 근거: 해양경비법 제13조 ② 성질: 해상검문검색을 따르지 않고 도주하는 선박과 국내법령 위반행위가 확실시되는 상당한 이유가 있는 선박에 대해 행하는 직접적 실력행사

Ⅳ. 함정 운영관리(함정운영관리 규칙)

경비세력이란 해양경찰청장이 해양경비를 목적으로 투입하는 인력, 함정, 항공기 및 전기통신설비 등을 말한다(해양경비법 제2조)'라고 정의하고 있고, 함정은 대표적인 경비세력 중의 하나이며, 함정의 운영과 관리에 대하여 구체적으로 규정하는 「해양경찰청 함정 운영관리 규칙(해양경찰청 훈령)」이 있다.

1. 개념(제2조)

해양경찰청 함정의 운용관리 및 근무에 관한 용어의 정의는 다음과 같다.

용 어	정 의
함정	해양경찰 업무수행을 위하여 운용되는 선박(부선 및 부선거 제외)(20 간부)
경비함정	해상경비를 주임무로 하는 함정(20 간부)
특수함정	해양경찰 특수목적 수행을 위해 운용되는 함정(20 간부)
배속함정	해양경찰서, 서해 5도 특별경비단(이하 '서특단'이라 한다) 소속 함정을 일정한 기간 다른 해양경찰서, 서특단에 소속시키는 것
대기함정	전용부두 안전관리 및 각종 상황에 대한 조치 목적으로 매일 09:00부터 다음 날 09:00까지 특별히 임무가 부여된 함정(22 간부)
대기예비함정	대기함정이 긴급 출동 시 대기함정 임무를 수행하기 위해 매일 09:00부터 다음 날 09:00까지 지정된 함정(21 · 22 간부 · 하반기)
대기유보함정	대기함정, 대기예비함정을 제외한 정박함정(21 간부)
전용부두	함정운항의 근거지로서 평상시 정박장소로 지정된 항 · 포구의 부두(21 하반기)
출동	함정이 출동 지시서를 받고 임무수행을 위하여 전용부두(기지)를 출항하는 경우(기상악화로 인하여 피항 중인 경우 포함)
정박	출동임무를 마치고 모항(전진기지를 포함한다)에 입항 하는 것

모항(22 간부)	함정운항의 근거지로서 평상시 관할 해양경찰서 소속 함정의 정박장소로 지정된 전용 부두가 있는 항 · 포구
대기근무	정박 중인 함정의 각종 기동장비 관리 등 함정의 전반적 안전관리와 긴급출동 등 긴급 상황에 대응하기 위해 함정에서 토요일, 공휴일, 휴무일 및 일과시간 후에 근무하는 것
해상종합훈련 (21 하반기)	함정직원의 정신자세와 근무기강 확립으로 함정의 안전운항, 긴급상황의 효과적 대처, 해상사격 등 직무수행 능력의 향상을 위하여 실시하는 종합적인 훈련으로 해양경찰교육원 종합훈련지원단에서 수립하는 연간 함정 교육훈련계획에 따라 실시하는 훈련
지방해양경찰청 주관 함정훈련	정의 안전운항과 대형 해양사고 등 긴급 상황 대응, 해상 대간첩 작전 등 직무수행능력 향상을 위하여 지방해양경찰청 자체 계획에 따라 실시하는 종합적인 훈련
직무훈련	지방해양경찰청 훈련단 및 해양경찰서에서 정기수리를 완료한 함정에 대하여 수리기간 동안 침체된 임무수행 능력을 정상수준으로 향상시키기 위한 훈련(22 간부)
취역훈련 (19 3차)	지방해양경찰청 훈련단 및 해양경찰서에서 신조함정에 대하여 장비 운용 및 함정 안전 운항능력 확보와 해상치안 임무수행 능력향상을 위하여 실시하는 훈련(22 간부)
함정자체훈련 (19 3차 · 21하반기)	함정 승무원의 기본임무 수행에 필요한 지식 및 기술의 습득과 행동요령의 숙달을 위하여 함정별로 자체 계획에 따라 실시하는 훈련으로 해양경찰교육원 종합훈련지원단에서 수립하는 연간 함정 교육훈련계획에 따른 함정별 자체 계획에 따라 실시
특수직무	함정의 출 · 입항, 상황배치, 그 외의 특정한 상항에 따라 승무원에게 부여되는 직무
통합대기근무	중형함정, 소형함정 또는 특수함정이 전용부두에 2척 이상, 동일한 장소에 정박계류시 통합하여 대기근무를 편성 · 운용하는 것
복수승조원제 (21 간부)	경비함정 출동률을 향상시키기 위해 2개 팀 이상의 승조원이 1척 이상의 함정에서 교대근무를 실시하는 인력 중심의 제도
대외지원	관련 법령에 따라 해상경비 등 해양경찰 고유임무 수행을 제외한 국가기관, 지방자치단체, 공공기관, 언론사, 민간단체 등의 요청에 따라 관련 사람을 편승하여 함정이 출항하거나 항공기가 이륙하는 것
운용부서	함정과 항공기 운항일정을 수립하는 부서로 해양경찰청은 경비과(형사기동정은 형사과, 방제정 및 화학방제함은 방제기획과), 지방해양경찰청은 경비과 및 경비안전과, 해양오염방제과, 해양경찰교육원은 교육훈련과, 해양경찰서는 경비구조과(형사기동정은 수사과, 방제정 및 화학방제함은 해양오염방제과, 순찰정, 순찰차 및 연안구조장비는 해양안전과)

2. 함정의 지휘 및 분류(제5조 · 제6조)

1) 소속 및 지휘(21 간부)

① 함정은 해양경찰청장, 지방해양경찰청장, 해양경찰서장, 서해 5도 특별경비단장이 지휘한다.

② 해양경찰 파출소에 대한 함정의 배치는 해경서장이 한다.
③ 지방청장, 해경서장, 서특단장과 해양경찰교육원장은 함정의 지휘권을 갖는다. 다만, 파출소에 배치된 함정에 대한 지휘권은 파출소장에게 위임할 수 있다.
④ 배속함정에 대한 지휘권은 배속받은 해양경찰관서의 장, 서특단장에게 있다.
⑤ 해경청장 및 지방청장은 구난사항과 그 밖의 임무수행을 위하여 필요한 경우에는 함정을 직접 지휘할 수 있다

2) 함정의 호칭 및 분류(19 1차)

① 경비함정의 호칭에 있어서는 250톤 이상 함정은 "함", 250톤 미만 함정은 "정"이라고 하며 특수함정은 500톤 이상은 '함', 500톤 미만은 '정'이라 한다.
② 함정은 그 운용목적에 따라 경비함정과 특수함정으로 구분한다.
③ 경비함정은 톤수에 따라 다음 각호와 같이 경비함과 경비정으로 구분한다. (21 1차)
 ㉠ 대형 경비함(영문표기 MPL): 1,000톤급 이상
 ㉡ 중형 경비함(영문표기 MPM): 1,000톤급 미만 250톤 이상
 ㉢ 소형 경비정(영문표기 MPS): 250톤 미만(19 간부)
④ 경비함정은 해상경비 및 민생업무 등 해상에서의 전반적인 업무를 수행하는 함정을 말한다.
⑤ 특수함정은 그 운용 목적에 따라 다음과 같이 구분한다.

구분	내용
형사기동정	해상범죄의 예방과 단속활동을 주 임무로 하는 함정
순찰정	항 · 포구를 중심으로 해상교통 및 민생치안 업무를 주 임무로 하는 함정
소방정	해상화재 진압업무를 주 임무로 하는 함정
방제정	해양오염 예방활동 및 방제업무를 주 임무로 하는 함정
예인정 (영문표기 T)	예인업무를 주 임무로 하는 함정
수리지원정	함정수리 지원업무를 주 임무로 하는 함정
공기부양정 (영문표기 H)	천해, 갯벌, 사주 등 특수해역에서 해난구조와 테러예방 및 진압 임무를 수행하는 함정 (19 1차)
훈련함	해양경찰교육원에서 실시하는 신임 · 기본 · 전문교육 및 대형 해양오염 방제 업무 등을 수행 하는 함정(19 1차)
훈련정	불법외국어선 단속 훈련용으로 사용되는 함정

잠수지원함 (영문표기 D)	해상 수색구조 및 잠수 지원업무를 수행하는 함정(21 간부)
화학방제함	해상 화학사고 대비 · 대응 업무를 주 임무로 하는 함정
특수기동정 (영문표기 S)	불법조업 외국어선 단속 임무, 해양사고 대응 입무, 해양테러 및 PSI 상황 대응 임무를 수행하는 함정 • 중형 특수기동정(50톤 이상): 영문표기(SM: Special Medium) • 소형 특수기동정(50톤 미만): 영문표기(SS: Special Small)

3. 함정의 명명(제8조) (18 3차 · 21 1차 · 19 · 20 간부)

① 경비함정은 톤급별 명칭을 지정 취역순서(또는 함정번호순서)로 다음과 같이 부여한다.

5000톤급	역사적 지명, 인물
3000톤급	태평양 1호, 2호, ...
1500톤급(22 간부)	제민 1호, 2호, ...
1000톤급	한강 1호, 2호, ...
500톤급	태극 1호, 2호, ...
500톤급 미만 250톤급 이상	해우리 1호, 2호, ...
250톤급 미만 50톤급 이상	해누리 1호, 2호, ...
50톤급 미만	함정번호를 사용

② 경비함정의 번호는 톤급별로 구분하여 취역일자 순으로 부여하되, 번호부여 방법은 해경청장이 따로 정하여 시행한다.
③ 특수함정의 명칭 및 번호는 그 용도와 취역 순위에 상응하도록 따로 부여한다.
④ 함정의 명명은 해경청장이 행한다.

4. 함정의 편제와 운영(제13 · 14조)(21 간부)

① 신조 또는 편입된 함정의 배치와 운용중인 함정의 지방해양경찰청간 이동배치는 해경청장의 편제명령에 따르고, 지방해양경찰청 소속 해양경찰관서간 이동배치(대형함정 제외)는 지방청장의 편제명령에 따른다.
② 해경청장과 지방청장은 해역별 특성 및 치안수요를 감안하여 함정의 편제를 조정한다. 다만, 지방청장이 함정의 편제를 조정할 경우 서면으로 해경청장에

게 보고하여야 한다.

③ 지방청장 또는 해경서장은 함정의 배속이 필요한 경우 서면으로 해양경찰청장의 승인을 받아야 한다.

④ 긴급상황 발생시 1차 초동조치는 인근 출동함정이 2차는 상황에 따라 연안해역 출동함정, 특수함정, 대기함정이 대응하도록 한다. (21 간부)

5. 대기함정 및 대기근무(제19 · 20조의2 · 29조)

해경서장, 서특단장은 대기함정, 대기예비함정을 매일 1척씩 09:00시부터 다음 날 09:00시까지 지정하여 운용한다. (21 간부) 관할해역, 서특단 구역 내 상황발생시 인근 출동함정이 초동조치하고, 상황에 따라 2차 대응을 위해 대기함정은 긴급출동에 대비하여야 한다(제19조).

대기함정 및 대기예비함정	① 대기함정이 긴급 출동 시 대기예비함정이 대기함정 임무를 수행한다. ② 출동함정이 전용부두로 피항시에는 피항함정이 대기함정 임무를 겸하여 수행하며 총원대기 긴급출동에 대비한다. 다만, 출동함정 2척 이상이 전용부두에 피항한 경우 대기함정 임무를 겸하는 함정을 제외한 피항함정은 기상, 치안수요 등을 고려하여 해경서장, 서특단장이 적의 조정할 수 있다. ③ 경비함정에 복수승조원제 운영 시 대기함정의 대기자는 복수승조원 팀 중 정박함정에 근무하는 승조원 팀 직원으로 한다. ④ 대기근무자를 제외한 다른 직원은 일과시간 후 긴급출동에 대비하여 자가대기를 원칙으로 한다.
지도점검	지방청장은 소속 해양경찰서 함정의 안전관리 실태를 안전관리 점검표에 따라 연 1회 이상 지도 · 점검해야 하고, 해경서장은 소속 함정의 안전관리 실태를 안전관리 점검표에 따라 반기 1회 이상 지도 · 점검해야 한다.
대기근무	① 대기 근무인원은 함정의 크기 및 함정 승조원(의무경찰 제외)의 수를 고려하여 다음과 같이 편성하되, 대기관은 대기자와 함께 대기 근무를 편성 운용한다. 단 예인정은 톤급에 관계없이 250톤급 미만 기준에 따른다. 1. 5,000톤급 이상: 4명 이내(대기함정은 4명)(22 간부) 2. 3,000톤급 이상: 3명 이내(대기함정은 4명) 3. 1,000톤급 이상: 3명 이내(대기함정은 3명) 4. 250톤급 이상: 2명 이내(대기함정은 2명)(21 간부) 5. 250톤급 미만: 1명 ② 중형함정, 250톤 미만의 소형함정 또는 특수함정이 전용부두에 2척 이상이 동일한 장소에 정박 계류 중일 때에는 다음과 각 호와 같이 통합대기 근무를 편성 · 운용할 수 있다. 1. 중형함정: 척당 2명 이내 2. 소형함정: 척당 1명 이내

SECTION

02 작전 및 비상소집

Ⅰ. 통합방위 작전(통합방위법)

1. 통합방위의 개념과 기구

1) 통합방위 의의

"통합방위"란 적의 침투·도발이나 그 위협에 대응하기 위하여 각종 국가방위요소를 통합하고 지휘체계를 일원화하여 국가를 방위하는 것을 말하고, 통합방위법은 적(敵)의 침투·도발이나 그 위협에 대응하기 위하여 국가 총력전(總力戰)의 개념을 바탕으로 국가방위요소를 통합·운용하기 위한 통합방위 대책을 수립·시행하기 위하여 필요한 사항을 규정함을 목적으로 한다(법 제1조·제2조).

2) 개념(법 제2조)

(1) 침투·도발·위협

침 투	적이 특정 임무를 수행하기 위하여 대한민국 영역을 침범한 상태
도 발	적이 특정 임무를 수행하기 위하여 대한민국 국민 또는 영역에 위해를 가하는 모든 행위
위 협	대한민국을 침투·도발할 것으로 예상되는 적의 침투·도발 능력과 기도(企圖)가 드러난 상태

(2) 국가방위요소

국가방위요소란 ① 「국군조직법」에 따른 국군, ② 경찰청·해양경찰청 및 그 소속 기관과 「제주특별자치도 설치 및 국제자유도시 조성을 위한 특별법」에 따른 자치경찰기구, ③ 국가기관 및 지방자치단체, ④ 「예비군법」에 따른 예비군, ⑤ 「민방위기본법」따른 민방위대, ⑥ 통합방위협의회를 두는 직장을 말한다.

(3) 통합방위사태

통합방위사태란 적의 침투·도발이나 그 위협에 대응하여 선포하는 단계별 사태를 말한다.

갑종사태	일정한 조직체계를 갖춘 적의 대규모 병력 침투 또는 대량살상무기(大量殺傷武器)공격 등의 도발로 발생한 비상사태로서 통합방위본부장 또는 지역군사령관의 지휘·통제 하에 통합방위작전을 수행하여야 할 사태(22 간부)
을종사태	일부 또는 여러 지역에서 적이 침투·도발하여 단기간 내에 치안이 회복되기 어려워 지역군사령관의 지휘·통제하에 통합방위작전을 수행하여야 할 사태(22 간부)
병종사태	적의 침투·도발 위협이 예상되거나 소규모의 적이 침투하였을 때에 시·도경찰청장, 지역군사령관 또는 함대사령관의 지휘·통제하에 통합방위작전을 수행하여 단기간 내에 치안이 회복될 수 있는 사태(22 간부)

(4) 통합방위작전과 국가중요시설

통합방위작전, 지역군사령관, 방호, 국가중요시설의 개념은 아래와 같다.

통합방위작전	통합방위사태가 선포된 지역에서 통합방위본부장, 지역군사령관, 함대사령관 또는 시·도경찰청장이 국가방위요소를 통합하여 지휘·통제하는 방위작전
지역군사령관	통합방위작전 관할구역에 있는 군부대의 여단장급(旅團長級) 이상 지휘관 중에서 통합방위본부장이 정하는 사람
방호	적의 각종 도발과 위협으로부터 인원·시설 및 장비의 피해를 방지하고 모든 기능을 정상적으로 유지할 수 있도록 보호하는 작전 활동
국가중요시설	공공기관, 공항·항만, 주요 산업시설 등 적에 의하여 점령 또는 파괴되거나 기능이 마비될 경우 국가안보와 국민생활에 심각한 영향을 주게 되는 시설

(5) 통합방위 기구

중앙통합방위협의회 의장은 국무총리이고, 위원은 각부장관이며, 해양경찰청장 및 지방해양경찰청장은 참석대상이다.

중앙통합방위협의회 (법 제4조·시행령 제3조)	• 의장: 국무총리, 위원은 각 부 장관 • 통합방위회의의 개최 등(시행령 제3조): 통합방위태세를 확립하기 위하여 중앙통합방위회의를 연 1회 이상 개최 • 참석대상: ① 중앙협의회의 의장 및 위원, ② 방송통신위원회위원장 ③ 특별시·광역시·특별자치시·도·특별자치도 통합방위협의회의 의장 ④ 국가정보원의 지부장, ⑤ 경찰청장 및 시·도경찰청장 ⑥ 소방청장 및 소방본부장, ⑦ 해양경찰청장 및 지방해양경찰청장 ⑧ 군단장급 이상의 군(軍) 지휘관, ⑨ 지역군사령관 및 함대사령관 ⑩ 그 밖에 통합방위본부의 본부장이 선정하는 사람

<table>
<tr><td>지역통합방위협의회
(법 제5조)</td><td>시 · 도 통합방위협의회(시 · 도협의회) 의장: 시 · 도지사
시 · 군 · 구 통합방위협의회(지역협의회) 의장: 시 · 군 · 구청장</td></tr>
<tr><td>통합방위본부
(법 제8조)</td><td>통합방위본부장은 합동참모의장이 되고 부본부장은 합동참모본부 합동작전본부장이 된다.</td></tr>
</table>

2. 통합방위사태 선포(법 제12조)

통합방위 사태는 갑종, 을종, 병종이 있고, 갑종 사태(2개 지역 이상의 을종사태)의 선포는 국방부장관이 건의하여 대통령이 선포한다.(22간부)

2개 지역 이상의 병종사태의 경우 행정안전부장관 또는 국방부장관이 건의하여 대통령이 선포한다.

을종 또는 병종사태는 시 · 도경찰청장 · 지역군사령관 · 함대사령관이 건의하여 시 · 도지사가 선포한다.

<table>
<tr><td rowspan="3">사태
구분
(22간부)</td><td>갑종</td><td colspan="3">대규모 병력, 대량살상무기 공격 등으로 통합방위본부장 또는 지역군사령관 지휘</td></tr>
<tr><td>을종</td><td colspan="3">일부 지역 도발, 단기 회복 불가</td></tr>
<tr><td>병종</td><td colspan="3">소규모 적이 침투, 단기 회복 가능, 시 · 도경찰청장, 지역군사령관, 함대사령관 지휘</td></tr>
<tr><td rowspan="4">사태
선포</td><td colspan="2">구 분</td><td>건 의</td><td>선 포</td></tr>
<tr><td>갑종</td><td>2개 지역 이상의 을종사태</td><td>국방부장관</td><td rowspan="2">대통령</td></tr>
<tr><td></td><td>2개 지역 이상의 병종사태</td><td>행정안전부장관 또는 국방부장관</td></tr>
<tr><td>을 · 병종</td><td></td><td>시 · 도경찰청장, 지역군사령관, 함대사령관</td><td>시 · 도지사</td></tr>
</table>

3. 관할구역 및 작전수행권자(법 제15조)

시·도 경찰청장, 지역군사령관 또는 함대사령관은 통합방위사태가 선포된 때에는 즉시 다음 구분에 따라 통합방위작전(공군작전사령관의 경우에는 통합방위 지원작전)을 신속하게 수행하여야 한다. 다만, 을종사태가 선포된 경우에는 지역군사령관이 통합방위작전을 수행하고, 갑종사태가 선포된 경우에는 통합방위본부장 또는 지역군사령관이 통합방위작전을 수행한다.

지상관할구역	특정경비지역	지역군사령관
	군관할지역	
	경찰관할지역	시 · 도 경찰청장
해상관할구역	특정경비해역	함대사령관
	일반경비해역	
공중관할구역	비행금지공역	공군작전사령관
	일반공역	

4. 통제구역 설정과 대피명령(법 제16 · 17 · 18조)

시·도 경찰청장, 지방해양경찰청장(대통령령으로 정하는 해양경찰서장 포함), 지역군사령관 및 함대사령관은 관할구역 중에서 적의 침투가 예상되는 곳 등에 검문소를 설치·운용할 수 있다. 다만, 지방해양경찰청장이 검문소를 설치하는 경우에는 미리 관할 함대사령관과 협의하여야 한다(법 제18조). (22간부)

통제구역	① 통제구역을 설정하여 출입을 금지 · 제한하거나 통제구역에서 퇴거를 명할 수 있음 ② 지방자치단체장(시 · 도지사 또는 시 · 군 · 구청장)이 설정
대피명령	① 통합방위사태가 선포된 때에는 작전지역 내 주민들에게 대피명령을 할 수 있음 ② 지방자치단체장(시 · 도지사 또는 시 · 군 · 구청장)이 명령 ③ 대피명령 위반시 처벌규정(300만원 이하 벌금) 있음(법 제24조)
검문소	시 · 도경찰청장, 지역군사령관, 함대사령관은 검문소를 설치 · 운용할 수 있다.

Ⅱ. 비상근무(해양경찰 비상소집 및 근무규칙)

1. 개념(제2조)

1) 비상

① **비상상황:** 해양주권 · 안보 · 안전 · 치안 · 오염과 관련하여 중요상황이 발생하거나 발생할 우려가 있어 다수의 경력을 동원할 필요가 있는 때를 말한다.
② **비상소집:** 비상상황이 발생하거나 발생할 우려가 있어 현행 근무인력으로 상황조치가 어려운 경우 소속 공무원을 해당 소집장소로 집결하게 하는 것(비상상황에 미치는 상황은 아니나 현행 근무인력으로 상황처리가 어려운 경우 포함)을 말한다.
③ **비상근무:** 비상상황하에서 업무수행의 계속성을 유지하는 것을 말한다.
④ **해상경계 강화:** 관내 취약요소에 대한 순찰과 감시를 강화하고 유관기관 간 정보교환을 철저히 하는 등 즉응태세를 유지하는 것을 말한다.
⑤ **지휘통제선상 위치:** 지휘관이 유사시 통신으로 즉시 상황지휘가 가능하고 1시간내 상황지휘 및 상황근무가 가능한 위치에서 대기하는 것을 말한다.
⑥ **비상대기 태세 유지:** 지휘관을 제외한 공무원이 비상연락체계를 유지하면서 비상소집이 가능한 위치에서 대기하는 것을 말한다.

2) 담당기관

비상업무 주무부서	기관 전체의 비상연락망을 유지하고 비상업무를 관리 · 감독하는 부서로 종합상황실을 포함한 경비업무를 담당하는 부서(해양경찰교육원과 해양경찰정비창은 총무기능)
가용인력	출장 · 휴직 · 휴가 · 파견 · 교육중(이하 사고)인 인원과 가용경비세력 운용인력을 제외하고 실제 동원될 수 있는 인원(22 간부)
가용경비 세력	수리중인 함정 및 항공기를 제외하고 실제 동원될 수 있는 함정 및 항공기와 그 운용인력
필수요원	비상발령권자가 지정한 자로 비상소집 시 1시간 이내에 응소하여야 할 공무원
일반요원	필수요원을 제외한 공무원으로 비상소집 시 2시간 이내에 응소하여야 할 공무원

2. 비상근무의 종류 및 등급(제4조)

비상근무의 종류는 경비비상, 구조비상, 정보수사비상, 방제비상, 해상경계 강화가 있고, 등급에는 갑호, 을호, 병호가 있다.

경비 비상	갑호	1. 전시, 사변 또는 이에 준하는 비상사태가 발생하였거나 발생이 임박하여 긴장이 최고조에 이른 경우 2. 대규모 집단사태 · 테러 등의 발생으로 사회가 극도로 혼란하게 되었거나 그 징후가 현저한 경우 3. 국제행사 · 기념일 등을 전후하여 해상경비수요가 증가하여 가용 경력을 100% 동원할 필요가 있는 경우
	을호	1. 전시, 사변 또는 이에 준하는 비상사태와 관련된 긴장이 고조된 경우 2. 대규모 집단사태 · 테러 등의 발생으로 사회가 혼란하게 되었거나 그 징후가 예상되는 경우 3. 국제행사 · 기념일 등을 전후하여 해상경비수요가 증가하여 가용 경력을 50% 동원할 필요가 있는 경우
	병호	1. 전시, 사변 또는 이에 준하는 비상사태와 관련된 징후가 현저히 증가된 경우 2. 적의 국지도발이 있는 경우로서 경비비상 "갑호" 또는 "을호"의 발령단계에 이르지 아니한 경우 3. 집단사태 · 테러 등의 발생으로 사회적 혼란 발생이 예상되는 경우 4. 국제행사 · 기념일 등을 전후하여 해상경비수요가 증가하여 가용 경력을 30% 동원할 필요가 있는 경우
구조 비상	갑호	재난으로 인명 또는 재산의 피해정도가 매우 크거나 재난의 영향이 사회적 · 경제적으로 광범위한 경우
	을호	재난으로 인명 또는 재산의 피해정도가 현저히 증가되거나 재난의 영향이 사회적 · 경제적으로 미치는 경우
	병호	재난으로 인명 또는 재산의 피해정도가 크고 재난이 사회적 · 경제적으로 영향을 미칠것으로 예상되는 경우
정보수 사비상	갑호	사회 이목을 집중시킬만한 중대범죄 발생 시
	을호	중요범죄 사건발생 시
방제 비상	갑호	전시 또는 재난적 해양오염사고로 인명, 재산 및 환경피해가 심각한 수준으로 확대된 경우
	을호	전시 또는 재난적 해양오염사고로 인명, 재산 및 환경피해가 발생한 경우
	병호	전시 또는 재난적 해양오염사고가 발생하거나, 발생될 우려가 있는 경우
해상경 계강화		별도의 경력 동원이 없는 "병호"비상보다 낮은 단계로, 적 활동징후 및 취약시기를 고려 적정수준의 경비세력을 추가 배치하여 해상 경계를 강화할 필요가 있을 때

3. 비상근무 발령(제5조)

비상근무 발령권자는 해양경찰청장, 지방해양경찰청장, 해양경찰서장이 있다.

구 분	발령권자
전국 또는 2개 이상 지방해양경찰청 관할구역	해양경찰청장
지방해양경찰청 또는 2개 이상 해양경찰서 관할구역	관할 지방해양경찰청장
단일 해양경찰서 관할구역	관할 해양경찰서장

4. 비상근무 요령(제6조)(19 1차 · 20 3차)

비상근무의 종류에 따라 갑호, 을호, 병호에 따라 동원 인력의 범위가 다르고, 연가의 경우 갑호 비상일 경우 중지된다.

구 분	동원인력과 세력	연가(21 하반기)
갑호 비상	가용인력과 경비세력의 100%까지 동원할 수 있다.	중지
을호 비상	가용인력과 경비세력의 50%까지 동원할 수 있다.	억제
병호 비상	가용인력과 경비세력의 30%까지 동원할 수 있다.	억제
해상경계강화	필요에 따라 적정수준의 가용인력과 가용경비세력을 동원	

5. 비상소집(제9 · 11 · 13 · 15조)

비상소집은 비상근무발령권자의 지시에 따라 종합상황실장이 실시하며, 상황대응에 필요한 인원의 전부 또는 일부를 지역별, 계급별, 기능별로 구분하여 비상소집한다. 단, 자체 상황처리를 위하여 함·정장, 파출소장, 특공대장 등 현장 지휘관이 인력을 동원할 필요가 있는 경우 비상소집을 할 수 있다. (22 간부)

응소 및 보고 (제11조)	① 비상소집 명령을 전달받은 공무원은 소집장소로 응소함을 원칙으로 하고 함정, 항공대, 구조대, 특공대, 파출소 등 현장부서는 특별한 지시가 없을 경우 해당 근무장소로 응소한다. 단, 도서를 포함한 원거리 소재 파출소 및 출장소 근무자 등 시간 내 응소가 불가능한 경우에는 가까운 해양경찰관서에 응소 후 지시에 따른다. (22 간부) ② 비상소집시 필수요원은 1시간 이내, 일반요원은 2시간이내 응소함을 원칙으로 하고 응소자 명부에는 응소시간별로 기록하며, 시간내 응소자와 시간외 응소자, 미응소자를 구분하여 기록한다. 1. 시간내 응소: 해당시간 내 응소, 2. 시간외 응소: 해당시간 경과후 1시간내 응소 3. 미응소: 해당시간 경과 후 1시간 초과 응소

	③ 비상소집된 부서는 비상소집 후 1시간 내에 비상소집 실시보고를 주무부서에 통보해야 함.
필수요원의 지정 (제13조)	① 경비세력의 운용인력 및 파출소, 출장소, 특공대, 구조대 인력 등 현장 집행이 필요한 인원은 필수요원으로 지정한다. ② 사무실 일근 부서는 계장급 이상 및 과장이 지정하는 직원 2명으로 필수요원을 지정한다. ③ 필수요원에 대해서는 비상상황이 발생하거나 발생할 우려가 있어 현행 근무인력으로 상황대비 또는 조치가 어려운 경우를 포함하여 소집을 명할 수 있다.
교육훈련 (제15조)	① 비상근무발령권자는 연1회 이상 불시 비상소집훈련을 실시한다. ② 비상근무발령권자는 전화 확인 방식으로 반기 1회 이상 불시 비상소집 전화훈련을 실시할 수 있으며, 비상소집 전화응소는 30분내 응소함을 원칙으로 하고, 30분 이후 응소자는 미응소로 한다. (22 간부)

SECTION

03 해양 대테러 경비와 경호경비

Ⅰ. 해양 대테러

국제사회는 9·11 테러 이후 20여년 전 동안 '테러와의 전쟁'을 펼치고 있으나 알카에다 등에 의한 테러 위협으로부터 여전히 벗어나지 못하고 있고, 2008년 11월에는 인도의 뭄바이에서 해상테러가 발생하는 등 새로운 양상의 테러행위도 증가하고 있는 추세이다. 또한, 소말리아 아덴만 부근 해역에서의 해적피해 예방을 위해 다국적 연합해군 등이 대응하고 있으나, 우리나라 선박을 비롯한 전 세계 선박과 인명피해는 줄어들지 않고 있다.[5)]

2016년 3월에는 테러로부터 국민의 생명과 재산을 보호하고 국가 및 공공의 안전을 확보하는 것을 목적으로 「국민보호와 공공안전을 위한 테러방지법」을 제정되었다. 해양경찰은 해양테러의 주무기관으로서 체계적인 대응방안을 모색해야 하며 해양수산부와 해군의 역할도 중요하다.

1. 해양테러의 개념과 유형

1) 개념

테러리즘의 개념정의가 다양하게 제시되고 있는 것처럼 해양테러리즘 역시 일반적 정의를 내리는 것은 매우 어렵다. 최근 들어 해상테러리즘을 해상안전 내지 해상보안에 대한 폭력적 위해행위라는 관점에서 파악하여 광의의 개념으로 이해하는 것이 일반적인 추세이고,[6)] 해양테러의 개념을 선박을 이용한 시설물에 대한 불법적 폭력행위까지 포함하는 광의의 개념을 채택하고 있다.[7)]

---

5) 노호래(2019). "해상상테러에 대한 대응역량 강화방안," 한국경찰학회보 21권 6호, p. 176.

6) 제성호, 1990; 신창훈, 2004; 이윤철 외, 2006; 최석윤 외, 2007; 최응렬·이대성, 2010; 박주상·정병수, 2011.

7) 「**국민보호와 공공안전을 위한 테러방지법**」에서도 해상테러의 개념으로 해적을 포함한 개념으로

"테러"란 국가·지방자치단체 또는 외국 정부(외국 지방자치단체와 조약 또는 그 밖의 국제적인 협약에 따라 설립된 국제기구 포함)의 권한행사를 방해하거나 의무 없는 일을 하게 할 목적 또는 공중을 협박할 목적으로 하는 행위를 말한다(국민보호와 공공안전을 위한 테러방지법 제2조). 해양테러란 위와같은 행위를 해상에서 하는 것이라고 정의할 수 있다.

2) 해양테러의 유형

(1) 장소에 따른 구분

① 내수와 영해에서의 테러행위, ② 접속수역에서의 테러행위, ③ 배타적 경제수역이나 어업전관수역에서의 테러행위, ④ 대륙붕에서의 테러행위, ⑤ 공해상에서의 테러행위로 구분하기도 한다.[8] 이러한 장소에 따라 연안국의 관할권이 무제한적으로 적용되거나 일부가 제한되기도 한다.

(2) 대상시설에 따른 구분

그 유형은 ① 여객선 내에서의 화학·유독가스 방출 테러, ② 선박 내 테러요원이 잠입하여 승객인질 및 선내 폭발물 설치, ③ 조류를 이용하여 폭발물을 이동시켜 목표물 충돌파괴, ④ 폭발물을 적재한 소형보트의 자살공격 테러, ⑤ 해상원유송유관 및 유류저장시설 폭파, ⑥ 유조선 등 위험물수송선을 납치하여 항만시설과

정의하고 있다. 동법의 정의에 따르면 국제해역에서의 해적은 선박과 해상구조물과 관련된 것으로써 테러에 개념에 대부분 포함된다. 제2조(정의) 1. "테러"란 국가·지방자치단체 또는 외국 정부(외국 지방자치단체와 조약 또는 그 밖의 국제적인 협약에 따라 설립된 국제기구를 포함한다)의 권한행사를 방해하거나 의무 없는 일을 하게 할 목적 또는 공중을 협박할 목적으로 하는 다음 각 목의 행위를 말한다.

다. 선박(「선박 및 해상구조물에 대한 위해행위의 처벌 등에 관한 법률」 제2조 제1호 본문의 선박을 말한다. 이하 이 목에서 같다) 또는 해상구조물(같은 법 제2조 제5호의 해상구조물을 말한다. 이하 이 목에서 같다)과 관련된 다음 각각의 어느 하나에 해당하는 행위

1) 운항(같은 법 제2조 제2호의 운항을 말한다. 이하 이 목에서 같다) 중인 선박 또는 해상구조물을 파괴하거나, 그 안전을 위태롭게 할 만한 정도의 손상을 가하는 행위(운항 중인 선박이나 해상구조물에 실려 있는 화물에 손상을 가하는 행위를 포함한다)
2) 폭행이나 협박, 그 밖의 방법으로 운항 중인 선박 또는 해상구조물을 강탈하거나 선박의 운항을 강제하는 행위
3) 운항 중인 선박의 안전을 위태롭게 하기 위하여 그 선박 운항과 관련된 기기·시설을 파괴하거나 중대한 손상을 가하거나 기능장애 상태를 야기하는 행위

8) 신창훈(2004). "海上테러리즘의 規制와 防止에 관한 國際法 動向과 우리나라의 對應方向," 「서울국제법연구」, 11(2): 63-104.

충돌 폭파, ⑦ 수중침투하여 선박의 선저 또는 시설물의 수중폭파, ⑧ 반잠수정이용 취약해역 침투 후 목표시설 폭발물 투척 파괴, ⑨ 여객선 터미널 등 다중이용시설 점거 및 폭파 등이 있다.[9] 미래에는 무인자율운항 선박에 의한 테러도 발생할 가능성이 있다.

2. 해양테러 관련 법적 근거와 사례

1) 국제협약

(1) 항해의 안전에 대한 불법적 행위의 억제를 위한 협약(SUA: Convention for the Suppression of Unlawful Acts against the Safety of Maritime Navigation)

국제해사기구(IMO) 주도로 1992년 3월 2일 발효되고, 한국은 2003년 8월 12일 발효되었다. 주요내용은 해상테러를 범죄행위로 규정하고, 범죄자의 형사처벌을 위한 범죄인인도, 관할권 등의 형사절차를 위한 국제공조에 관한 것이다.

(2) ISPS Code(International Ship and Port Facility Security Code)

국제해사기구(IMO)에 의해 9·11 테러사건 이후 테러에 대한 국제적 대응이 필요하다는 인식 아래 만들어 졌다. 주요내용은 ① 선박은 보안심사를 받은 후 국제선박보안증서를 소지하고 운항, ② 항만은 보안평가를 실시하고 보안계획 수립·시행을 의무화하고, 적용대상선박은 국제항해에 취항하는 모든 여객선과 500톤 이상 화물선은 의무적으로 선박보안경보장치(Ship Security Alert System, SSAS)를 설치하도록 하는 등 선박보안 강화를 위한 구체적인 이행조치를 규정하고 있다. 이 밖에 해상테러 관련 국제협약들[10]이 다수 있다.

---

9) 김승수(2004). "ISPS－Code와 관련한 해상테러 대응대책," 「2004년도 해양환경안전학회 추계 학술발표회 자료집」.

10) 「외교관 등 국제적 보호인물에 대한 범죄의 방지 및 처벌에 관한 협약」, 「인질억류 방지에 관한 국제협약」, 「폭탄테러행위의 억제를 위한 국제협약」, 「항공기의 불법납치 억제를 위한 협약」, 「민간항공의 안전에 대한 불법적 행위의 억제를 위한 협약」, 「1971년 9월 23일 몬트리올에서 채택된 민간항공의 안전에 대한 불법적 행위의 억제를 위한 협약을 보충하는 국제민간항공에 사용되는 공항에서의 불법적 폭력행위의 억제를 위한 의정서」, 「대륙붕상에 소재한 고정플랫폼의 안전에 대한 불법적 행위의 억제를 위한 의정서」, 「핵물질의 방호에 관한 협약」, 「테러자금 조달의 억제를 위한 국제협약」 등이 있다.

(3) 대량살상무기 확산방지안보구상(Proliferation Security Initiative: PSI)

국제협약에는 이르지 아니한 국제적인 안보구상으로는 PSI가 있다. 이는 2003년 5월 31일 조지 부시 미국대통령이 폴란드 의회에서 행한 연설에서 대량살상무기 확산방지안보구상(Proliferation Security Initiative: PSI)의 필요성을 제안하였다. 2003년 9월 3차 회의에서 혐의선박이 당사국의 국기를 게양하거나 당사국 수역에 있을 경우 당해 국가는 확산관련 국가로 확산과 밀접한 화물을 수송하고 있는 것으로 의심되는 선박에 승선하여 조사하기 위한 법적 권한의 행사에 모든 노력을 경주할 것에 합의하였다.[11)]

(4) 「남북해운합의서」

우리나라와 북한 간의 「남북해운합의서」는 2005년 8월 10일 채택됐으며, 남북한이 항구를 개방하고, 여러 가지 지켜야 할 규정들을 묶어놓은 합의서다.[12)] 이 합의서는 상대방 영해에서 군사활동, 잠수항행, 정보수집, 무기수송, 어로 등을 금지하고 있으며, 이를 어겼을 때는 정선 및 검색을 하고 영해 밖으로 쫓아낼 수 있도록 규정하고 있으나, 천안함 사태 이후 남북해운합의서는 사실상 파기되었다.

2) 국내법

국내의 해상테러 관련 법규에는 「국민보호와 공공안전을 위한 테러방지법」, 「해양경비법」, 「통합방위법」, 「국가정보원법」, 「국제항해 선박 및 항만시설의 보안에 관한 법률」, 「선박 및 해상구조물에 대한 위해행위의 처벌 등에 관한 법률」, 「국제항해선박 등에 대한 해적행위 피해예방에 관한 법률」 등이 있고, 행정규칙인 훈령이 다수 있다.

---

11) 최석윤 · 이윤철 · 홍성화 · 조동호. (2007). "해상테러행위에 대한 법적 책임과 대응방안", 「한국해법학회지」, 29(2): 331－378.

12) **남북해운합의서**에 따른 북한선박 항로대는 다음과 같다.

- 남과 북은 쌍방 간의 해상항로를 민족내부의 항로로 인정하면서, 남측 7개항(인천, 군산, 여수, 부산, 울산, 포항, 속초항) 및 북한 7개항(남포, 해주, 고성, 원산, 흥남, 청진, 나진항)을 지정 · 운영하고 있다.
- 지정된 해상항로대로부터 좌우 2.5마일씩 5마일의 폭에 제한된다. 다만, 제주해협은 지정항로대의 좌우 1마일씩 2마일이다.

3) 해양테러 사례

해양테러는 1970년대 중반기부터 급증하는 추세를 보이기 시작했다. 1960년대에 단지 4건 발생하였고, 1971년부터 1979년까지 32건이 발생하여 800%의 증가율을 보이고 있다.[13] 1985년 이후의 해상테러 사건은 다음과 같다.

(1) Achille Lauro호 납치사건

1985년 10월 7일 팔레스타인해방기구(PLO)의 팔레스타인해방전선(Palestine Liberation Front: PLF)을 자처하는 4명의 무장괴한들이 이탈리아의 Achille Lauro호를 이집트 Said 항구의 약 30마일 밖 공해상에서 약 400여명의 선원과 승객들을 인질로 억류했다.

(2) City of Pros호 피격사건

복면을 한 3명의 무장괴한들이 1988년 아테네 근처의 Trocdero 계선장으로 항해 중인 City of Pros호를 기관총과 수류탄으로 공격한 사건. 이 사건으로 무고한 승객 11명이 살해되고 90여 명이 부상당했다.

(3) Cole호 · M/A Silk Pride호 · M/V Limburg호 폭파사건

2000년 10월 예멘 아덴항에 정박해 있던 미군함 Cole호에 폭발물을 적재한 소형 고무보트가 충돌하여 미군 17명이 사망하고 39명이 부상당했다. 2001년 10월 30일 스리랑카에서 650톤 이상의 연료를 싣고 가던 유조선이 폭파된 M/A Silk Pride호 사건 발생했다. 2002년 10월 6일도 예멘 동부해안에 접안 중이던 프랑스 유조선 M/V Limburg호에 소형어선 1척이 충돌하여 선원 1명이 사망하고 9만배럴의 원유가 유출되었다.

(4) 인도 뭄바이 테러

2008년 11월 26일 9.11 테러 이후 최대 테러사건이 인도 뭄바이에서 발생하였다. 10명의 테러범에 의해 이틀 동안 민간인 등 200여 명이 사망하고 300여 명이 부상당하는 피해가 발생했다. 뭄바이 테러는 그 동안의 테러 양태와는 많이 다른 사회적으로 혼란을 일으키고 경제 발전을 저해할 의도가 있는 것으로 파악되었다. 테러리스트들은 해상에서 화물선으로부터 소형 고무보트로 이동하여 테러행위를 하였다.

---

13) 해양경찰학교(2009). 「경비 · 해상안전」. pp. 103~106

(5) 해적에 의한 우리나라 국적선 피납사건

2000년 이후 피랍 등 우리나라 국적선박의 해상에서의 피해는 인도네시아 해역에 피습 1건, 방글라데시 해역에서 피습 4건, 말라카해협에서 피습 1건, 시에라라이온 해역에서 피습 1건, 페루 해역에서 피습 1건 등이 있었고, 2006년 이후에는 주로 소말리아 해적에 의해 10척이 피습 또는 미수에 그쳤고 그 중 삼호주얼리호, 한진텐진호 등이 우리 해군함정에 의하여 구출되었다. 2011년 4월 피랍된 싱가포르 선적 제미니호의 한국선원 4명이 2012. 12 석방되었다.

3. 해양테러 대응체제

1) 「국민보호와 공공안전을 위한 테러방지법」상의 대응체계(19 간부)

(1) 「국민보호와 공공안전을 위한 테러방지법」상 개념과 주요내용

테 러	국가 · 지방자치단체 또는 외국 정부(외국 지방자치단체와 조약 또는 그 밖의 국제적인 협약에 따라 설립된 국제기구를 포함한다)의 권한행사를 방해하거나 의무 없는 일을 하게 할 목적 또는 공중을 협박할 목적으로 하는 행위
테러단체	국가정보원장이 아니라 국제연합(UN)이 지정한 테러단체
테러위험인물	테러단체의 조직원이거나 테러단체 선전, 테러자금 모금 · 기부, 그 밖에 테러 예비 · 음모 · 선전 · 선동을 하였거나 하였다고 의심할 상당한 이유가 있는 사람(22 간부)
외국인테러전투원	① 정의: 테러를 실행 · 계획 · 준비하거나 테러에 참가할 목적으로 국적국이 아닌 국가의 테러단체에 가입하거나 가입하기 위하여 이동 또는 이동을 시도하는 내국인 · 외국인 ② 외국인테러전투원으로 출국하려는 사람: 관계기관의 장이 법무부장관에게 90일간 출국금지를 요청할 수 있으며 필요시 연장도 가능(제13조) ③ 외국인테러전투원으로 가입한 사람: 5년 이상 징역에 처한다(제17조).
테러자금	「공중 등 협박목적 및 대량살상무기확산을 위한 자금조달행위의 금지에 관한 법률」 제2조 제1호에 따른 공중 등 협박목적을 위한 자금
대테러활동	테러 관련 정보의 수집, 테러위험인물의 관리, 테러에 이용될 수 있는 위험물질 등 테러수단의 안전관리, 인원 · 시설 · 장비의 보호, 국제행사의 안전확보, 테러위협에의 대응 및 무력진압 등 테러 예방과 대응에 관한 제반 활동을 말한다.
관계기관	대테러활동을 수행하는 국가기관, 지방자치단체, 그 밖에 대통령령으로 정하는 기관을 말한다.
대테러조사	대테러활동에 필요한 정보나 자료를 수집하기 위하여 현장조사 · 문서열람 · 시료채취 등을 하거나 조사대상자에게 자료제출 및 진술을 요구하는 활동을 말한다.

대테러 인권보호관 (법 제7조)	관계기관의 대테러활동으로 인한 국민의 기본권 침해 방지를 위하여 대책위원회 소속으로 대테러 인권보호관 1명을 둔다.
테러위험인물에 대한 정보 수집 (법 제9조)	① 국가정보원장은 테러위험인물에 대하여 출입국 · 금융거래 및 통신이용 등 관련 정보를 수집할 수 있다. 이 경우 출입국 · 금융거래 및 통신이용 등 관련 정보의 수집은 「출입국관리법」, 「관세법」, 「특정 금융거래정보의 보고 및 이용 등에 관한 법률」, 「통신비밀보호법」의 절차에 따른다. (22 간부) ② 국가정보원장은 제1항에 따른 정보 수집 및 분석의 결과 테러에 이용되었거나 이용될 가능성이 있는 금융거래에 대하여 지급정지 등의 조치를 취하도록 금융위원회 위원장에게 요청할 수 있다. ③ 국가정보원장은 테러위험인물에 대한 개인정보(「개인정보 보호법」상 민감정보를 포함한다)와 위치정보를 「개인정보 보호법」 제2조의 개인정보처리자와 「위치정보의 보호 및 이용 등에 관한 법률」 제5조 제7항에 따른 개인위치정보사업자 및 같은 법 제5조의2 제3항에 따른 사물위치정보사업자에게 요구할 수 있다. ④ 국가정보원장은 대테러활동에 필요한 정보나 자료를 수집하기 위하여 대테러조사 및 테러위험인물에 대한 추적을 할 수 있다. 이 경우 사전 또는 사후에 대책위원회 위원장에게 보고하여야 한다.
세계주의 (법 제19조)	제17조의 죄(테러단체 구성죄 등)는 대한민국 영역 밖에서 저지른 외국인에게도 국내법을 적용한다.

(2) 대응체제

대테러활동에 관한 정책의 중요사항을 심의 · 의결하기 위하여 국가테러대책위원회를 두고 위원장은 국무총리이고(제5조), 대책위원은 해양경찰청장, 기획재정부장관, 외교부장관 등 20여 개 부처가 망라되어 있다(동법 시행령 제3조). 관계 기관의 장은 테러 예방 및 대응을 위하여 필요한 전담조직을 둘 수 있다.

각 부처는 테러가 발생하거나 발생할 우려가 현저한 경우 테러사건대책본부를 설치 · 운영하여야 한다. 외교부장관은 국외테러사건대책본부, 국방부장관은 군사시설테러사건대책본부, 국토교통부장관은 항공테러사건대책본부, 경찰청장은 국내일반테러사건대책본부, 해양경찰청장은 해양테러사건대책본부를 두어야 한다(동법 시행령 제14조).

또한 국방부장관, 경찰청장 및 해양경찰청장은 테러사건에 신속히 대응하기 위하여 대테러특공대를 설치 · 운영한다(동법 시행령 제18조). (19 채용 · 22 간부)

<표 1> 한국의 대테러 사무 분담

구 분			내 용
대테러 활동근거	업무분담		국민안전과 공공안전을 위한 테러방지법
	처벌법규		국민안전과 공공안전을 위한 테러방지법, 형법, 국가보안법 등 일반 법규
대테러 지휘체계	완성시기		1982, 1988올림픽 계기, 테러방지법제정
	최고정책조정기구		국가테러대책위원회(위원장: 국무총리)(22 간부)
	실무정책기구		테러대책실무위원회(위원장: 대테러센터장)
테러사건 관할	국내사건	육상	행정안전부(경찰청)
		해상	해양수산부(해양경찰청)
	국외사건		외교부
테러사건 진압부대	경찰	육상	경찰특공대(경찰청)
		해양	해양경찰특공대(해양경찰청)
	군	육상	육군특공대(국방부)
		해양	해군특공대(국방부)
테러사건 합동조사기구	국내사건		국정원 주관, 중앙 및 지방 단위편성
	국외사건		국정원 주관, 합동조사반 편성 파견
대테러 활동	조정부서		대테러센터(국무총리소속), 테러정보통합센터(국가정보원 소속)
	합동기구		평시는 기관별 소관업무수행, 중요행사시 합동대책기구운영
	활동방향		사전예방 및 대응차원의 국내 보안활동
	협력중점		국내 · 외 테러/대테러 정보수집

2) 해양경찰의 대응체계

(1) 「국제 항해선박 및 항만시설의 보안에 관한 법률」상의 역할

① 개념(법 제2조)

국제 항해선박	「선박안전법」에 따른 선박으로서 국제항해에 이용되는 선박
항만시설	국제 항해선박과 선박항만연계활동이 가능하도록 갖추어진 시설로서 「항만법」 제2조 제5호에 따른 항만시설 및 해양수산부령으로 정하는 시설
선박항만 연계활동	국제 항해선박과 항만시설 사이에 승선 · 하선 또는 선적 · 하역과 같이 사람 또는 물건의 이동을 수반하는 상호작용으로서 그 활동의 결과 국제 항해선박이 직접적으로 영향을 받게 되는 것(22 간부)
선박상호활동	국제 항해선박과 국제 항해선박 또는 국제 항해선박과 그 밖의 선박 사이에 승선 · 하선 또는 선적 · 하역과 같이 사람 또는 물건의 이동을 수반하는 상호작용

보안사건	국제 항해선박이나 항만시설을 손괴하는 행위 또는 국제 항해선박이나 항만시설에 위법하게 폭발물 또는 무기류 등을 반입 · 은닉하는 행위 등 국제 항해선박 · 항만시설 · 선박항만 연계활동 또는 선박 상호활동의 보안을 위협하는 행위 또는 그 행위와 관련된 상황
보안등급	보안사건이 발생할 수 있는 위험의 정도를 단계적으로 표시한 것으로서 「1974년 해상에서의 인명안전을 위한 국제협약」에 따른 등급구분 방식을 반영한 것
국제항해 선박소유자	국제 항해선박의 소유자 · 관리자 또는 국제 항해선박의 소유자 · 관리자로부터 선박의 운영을 위탁받은 법인 · 단체 또는 개인
항만시설 소유자	항만시설의 소유자 · 관리자 또는 항만시설의 소유자 · 관리자로부터 그 운영을 위탁받은 법인 · 단체 또는 개인
국가보안기관	가정보원 · 국방부 · 관세청 · 경찰청 및 해양경찰청 등 보안업무를 수행하는 국가기관

② 보안 등급

해양수산부장관은 국제 항해선박 및 항만시설에 대하여 대통령령으로 정하는 바에 따라 보안등급을 설정하여야 하고(동법 제6조). (22 간부) 보안등급을 설정하거나 조정하는 경우 ① 보안사건을 일으킬 수 있는 위험에 관한 정보의 구체성, 긴급성 및 신뢰성, ② 보안사건이 일어날 때 예상되는 피해 정도를 고려해야 한다(동법 시행령 제4조).

해양경찰의 임무는 항만시설 해상경비에 관한 계획의 수립 및 지도, 해상에서의 선박납치, 파괴, 폭탄 또는 기타 위협 등 불법행위 발생시 진압 및 사법처리, 해상사고 구조업무에 관한 계획 및 지도, 대형 해난사고에 대비한 계획의 수립 등의 역할을 수행한다. 보안등급은 3개의 등급으로 구분된다(동법 시행령 제4조 제2항). (22 간부) 보안등급별 해양경찰의 대응은 아래와 같다.

보안 1등급 (평시상황)	국제 항해선박과 항만시설이 정상적으로 운영되는 상황으로 일상적인 최소한의 보안조치가 유지되어야 하는 평상수준	
	해경의 대응	해양경찰은 테러관련 정보수집 및 해상테러 대비 상황체제 유지, 해상을 통한 테러분자 잠입 방지 · 색출 및 테러위해 물품 반입저지, 항만 및 국가 중요시설 주변해역 테러 대비 경계 및 안전활동 실시, 여객선 이용 승객에 대한 신원확인 및 휴대품 등 보안검색 실시
보안 2등급 (경계태세)	국제 항해선박과 항만시설에 보안사건이 일어날 가능성이 증대되어 일정기간 강화된 보안조치가 유지되어야 하는 경계수준	
	해경의 대응	보안 1등급 조치사항에 다음 사항이 추가된다. 대테러 상황실 구성 · 운영으로 상황체제 유지, 항만 · 국가중요시설 주변해역 경비함정 증가배치, 특공대 · 특기대 비상출동태세 유지

보안 3등급 (긴급상황)	국제 항해선박과 항만시설에 보안사건이 일어날 가능성이 뚜렷하거나 임박한 상황이어서 일정기간 최상의 보안조치가 유지되어야 하는 비상수준	
	해경의 대응	보안 2등급 조치사항에 다음 사항이 추가된다. 출입항 항로 및 취약해역 함정 및 항공기 순찰강화, 해당 항만 3선 차단선 개념 경비정 · 순찰정 증가배치, 정보 · 수사 · 파출소 요원 항만주변 테러정보수집활동을 강화

③ 적용범위(법 제3조)(20 간부)

국제 항해선박 및 항만시설에 대하여 적용한다. 비상업용 목적으로 사용되는 선박으로서 국가 또는 지방자치단체가 소유하는 국제 항해선박에 대하여는 적용하지 아니한다.

> ① 다음의 국제 항해선박 및 항만시설에 대하여 적용한다. 다만, 이 법에 특별한 규정이 있으면 그 규정에 따른다.
> 1. 다음 각 목의 어느 하나에 해당하는 대한민국 국적의 국제 항해선박
>   가. 모든 여객선
>   나. 총톤수 500톤 이상의 화물선
>   다. 이동식 해상구조물(천연가스 등 해저자원의 탐사 · 발굴 또는 채취 등에 사용되는 것을 말함)
> 2. 제1호의 어느 하나에 해당하는 대한민국 국적 또는 외국 국적의 국제 항해선박과 선박항만 연계활동이 가능한 항만시설

해양경찰은 테러 선박으로부터 경보발신에 대비하여 해경청 상황실에 보안경보 수신시스템을 설치하고, 24시간 수신체제를 유지하고 있으며, 선박경보 수신시 국가정보원, 선사 및 테러피해 선박이 위치한 연안국가의 해상치안기관에 신속히 전파하여 구조할 수 있도록 핫라인(Hot Line)을 구축하는 등 국제항해 국적선의 테러 발생시 구조지원체계를 갖추고 있다.[14)]

ISPS Code 대상 항만은 「항만법」상의 31개 무역항이 모두 포함되며,[15)] 「국가정보원법」이나 「통합방위법」에 의해 국가중요시설도 포함된다. 해양경찰은 「해양경비법」상 임해 중요시설[16)]로써 149개를 지정하여 해양경비활동을 시행하고 있다.[17)] 해양경찰은 해상테러 대응역량을 강화하기 위하여 국무조정실 대테러센터와 긴밀한 협조체제 유지 및 관련 매뉴얼을 전면 개정하고, 테러 대응 기본체제에 지속적인

14) 선박이 외국해역에서 테러위협 등이 발생한 경우 기국 또는 연안국과의 연락을 한다. 국적선에서 선박보안경보장치가 발령되면 해양수산부와 해양경찰청 상황실에서는 동시에 수신하게 되며 해양수산부는 국정원 대테러상황실, 해운회사 당직자, 보안책임자, 인접국 등에 통보하며, 해양경찰청은 수신내용에 따라 진압부대 현장투입, 유관기관 공조진압, 연안국 해상치안기관에 상황전파 등 해상대테러 주무기관으로서 조치와 임무를 수행한다(김승수, 2004: 26).

15) 테러대상 주요항만 현황(항만법 시행령 별표 2)

교육·훈련을 실시하고 있다.[18)]

(2) 북한 선박 통항 문제

한반도 주변수역은 해양이해관계가 복잡하여 특정 국가만의 독주나 일방적인 법해석 또는 이에 따른 권한행사가 대단히 어렵고, 북한선박의 제주해협의 통항문제는 면밀히 고찰할 필요가 있다고 보고 있다.[19)]

2001년 6월 우리의 영해를 침범하고 제주해협을 통항하였던 북한 상선은 청진 2호를 비롯하여 총 4척이었다. ① 2001년 6월 2일 12시 35분경 북한상선 '령군봉호(6,735톤)'는 추자도 동남방 17마일 위치에서 발견되어 통과, ② 같은 날 19시 10분경에는 추자도 서방 15마일 위치에서 '백마강호(2,740톤)'가 해군에 의해 발견되었다. ③ 2001년 6월 2일 11시 43분경부터 '청진2호(13,000톤)'는 울산 동남방 해역으로부터 제주해협에 진입, ④ 2001년 6월 4일 14시 25분경에는 북한상선 '대홍단호'가 소흑산도 서방에서 우리의 영해로 접근중인 것을 해양경찰 함정에 의해 발견, 통신검색결과 대홍단호는 석탄 8,568톤을 적재하고 중국을 출발하여 청진으로 항해하였다.

PSI 해상 선박·화물 차단 검색 주도기관으로서의 역량을 강화하기 위해 2017.

구 분	항 명
국가관리 무역항(14개)	경인항, 인천항, 평택 · 당진항, 대산항, 장항항, 군산항, 목포항, 여수항, 광양항, 마산항, 부산항, 울산항, 포항항, 동해 · 묵호항
지방관리 무역항(17개)	서울항, 태안항, 보령항, 완도항, 하동항, 삼천포항, 통영항, 장승포항, 옥포항, 고현항, 진해항, 호산항, 삼척항, 옥계항, 속초항, 제주항, 서귀포항

16) 「해양경비법」 제2조: "임해 중요시설"이란 바다와 인접하고 있는 공공기관, 공항, 항만, 발전소, 조선소 및 저유소(貯油所) 등 국민경제의 기간(基幹)이 되는 주요 산업시설로서 대통령령으로 정하는 시설을 말한다.

17) 임해 중요시설 지정고시(해양경찰청 고시)에서는 임해 중요시설로써 임해 공공시설, 항구, 공항, 저유소, 발전소, 조선소 등 149곳을 지정하고 있다.

18) 해양경찰의 테러관련 주요 임무는 해상테러사건에 대한 무력진압 작전수행과 해양테러사건과 관련한 폭발물 탐색 및 처리, 요인 경호 및 국가중요행사의 안전활동에 대한 지원업무를 수행하고 특수진압작전을 수행하고 있다. 2017년에는 바다와 인접해 있는 항만 및 국가중요시설에 대한 해상감시활동과 국제 및 국내를 취항하는 여객선, 위험물 운반선 등에 대한 대테러 예방활동을 599회 실시하였고, U−20 월드컵 기간에는 전 해역 해상경계를 강화(2018. 5. 17−6. 13)하고, 북한의 6차 핵실험시 테러 대응 상황관리 체계를 가동하였다(해양경찰청, 2018 해양경찰백서: 127).

19) 김현수.(2003). "제주해협 통항문제에 관한 법적 고찰," 「2003년도 해양환경안전학회 추계학술발표회자료집」.

9. 아시안·태평양 6개국(한국, 미국, 일본, 호주, 싱가폴, 뉴질랜드) 합동훈련을 실시하는 등 국내·외 대테러 유관기관과 협조체제를 강화하고 있다.[20]

북한 어선의 침범도 여러 차례 있었다. ① 2019. 6. 15. 4명의 선원을 태운 북한 어선이 삼척항 부두에 정박할 때까지 우리 군과 경찰 당국이 이를 인지하지 못하였다.[21]

② 정부가 살인을 저지른 북한 주민 2명을 동해상에서 나포해 2019. 11. 7. 북한으로 추방하였다. 2019. 11. 2. 합동 조사 결과 동해상에서 조업 중이던 오징어잡이 어선에서 16명의 동료 선원을 살해하고 도주한 것으로 조사되어 추방하였다.[22]

(3) 「해양경비법」상의 해양 대테러 계획의 수립

해양경찰청장은 대테러작전의 수행 및 「국민보호와 공공안전을 위한 테러방지법」에 따른 테러예방대책의 원활한 수립과 해양에서의 효율적인 테러 예방·대응을 위하여 5년마다 해양 대테러 계획을 수립하여야 하고, 해양경찰관서의 장은 해양 대테러 계획의 원활한 시행을 위하여 매년 유관기관과의 협의를 통하여 해양 테러 예방 및 대응 활동계획을 수립·시행하여야 한다(법 제16조의2).

해양 대테러 계획과 해양 테러 예방 및 대응 활동계획에는 다음 사항이 포함되어야 한다(동법 시행규칙 제2조의2).

① 국내외 테러 정세 및 전망 분석
② 해양 대테러 조직·인력·시설·장비의 확충·관리
③ 해양 대테러 역량 강화를 위한 교육·훈련 및 제도 개선
④ 해양테러 관련 정보의 수집·교환
⑤ 국내외 대테러 유관기관과의 유기적 협력체제 구축
⑥ 그 밖에 해양 테러 예방 및 대응역량 강화를 위해 필요한 내용

3) 해양수산부와 해군의 해상테러 대응체제

(1) 해양수산부

「국제 항해선박 및 항만시설의 보안에 관한 법률」에서 해양수산부장관은 국제 항해선박 및 항만시설의 보안에 관한 업무를 효율적으로 수행하기 위하여 10년마다 항만의 보안에 관한 종합계획을 수립·시행하여야 한다. 이 경우 해양수산부장관은 관계 행정기관의 장과 미리 협의하여야 하고(제5조), 국제 항해선박 및 항만시

20) 해양경찰청(2018). 「해양경찰백서」.
21) 연합뉴스, 2019. 6. 19.
22) SBS 뉴스, 2019. 11. 7.

설에 대하여 대통령령으로 정하는 바에 따라 보안등급을 설정하여야 한다(제6조). 이와 더불어 해양수산부장관은 선박보안계획서의 승인, 선박보안심사, 국제선박보안증서의 교부, 항만국통제, 항만시설보안평가, 항만시설보안계획서의 승인, 항만시설보안심사 등을 수행한다.

「국제 항해선박 등에 대한 해적행위 피해예방에 관한 법률」에 따르면 해양수산부장관은 해적행위 등으로 인하여 발생하였거나 발생할 수 있는 위험과 피해를 예방하고 최소화하기 위하여 관계 중앙행정기관의 장 및 「국제 항해선박 및 항만시설의 보안에 관한 법률」에 따른 관계 국가보안기관의 장과 협의한 후 해적행위피해예방협의회의 심의를 거쳐 해적행위 피해예방 종합대책을 수립·시행하여야 한다(동법 제6조).

해양수산부장관은 위험해역 등에서 해적행위 등이 발생하였거나 발생할 우려가 상당하다고 인정하는 경우에는 해당하는 조치를 취하여야 한다(동법 제11조). 해양수산부장관은 종합상황실의 운영에 필요한 경우 관계 중앙행정기관의 장에게 소속 공무원의 파견을 요청할 수 있다. 이 경우 관계 중앙행정기관의 장은 특별한 사유가 없으면 이에 따라야 한다(동법 제11조 제3항). 이 밖에 해양수산부는 선박대피처의 설치 등에 대한 점검, 교육훈련의 실시, 해상특수경비원 관련 업무(해양수산부장관의 허가)[23]를 수행한다.

해양수산부는 해양안전종합정보시스템(GICOMS)[24]를 구축하여 각종의 정보를 제공하고 있다.[25] GICOMS에서는 해상테러를 해적을 포함하는 광의의 개념으로 보고 해상테러에 대한 추진상황과 예방, 대응요령을 제시하고 있다.[26]

---

23) **국제 항해선박 등에 대한 해적행위 피해예방에 관한 법률 제16조**(해상특수경비업의 허가) ① 해상특수경비업을 영위하려는 자는 해양수산부장관의 허가를 받아야 한다.
② 해상특수경비업을 하려는 자는 법인으로 하며, 다음 각 호의 요건을 갖추어야 한다.
1. 대통령령으로 정하는 1억원 이상의 자본금을 보유할 것
2. 제26조에 따른 자격기준을 갖춘 10명 이상의 해상특수경비원을 고용할 것
3. 해상특수경비원의 교육시설을 포함하여 대통령령으로 정하는 시설과 장비를 보유할 것
4. 그 밖에 해상특수경비업무 수행을 위하여 대통령령으로 정하는 사항

24) **GICOMS의 목적**은 ① 정보기술(IT)을 활용하여 범국가적 해양재난안전 종합관리체제 마련, ② 선박모니터링을 통한 소형선박·어선의 조난체계 개선으로 인명피해 최소화, ③ 해적·테러 우범 해역 내 국내 수출입화물의 안전한 수송로 확보, ④ 해양안전 분야의 정보화 구축을 통한 업무의 효율성 제고 등이다.

25) https://www.gicoms.go.kr.

26) **해적 피해 예방 및 대응요령**으로 ① 해적위험해역 진입전 조치(해양수산부 종합상황관리실에 통항보고, 해적위험해역 진입 전 해적침입 방지설비 설치, 해양수산부 해양안전정보시스템 해적정보 수시 확인 등, 해적공격 발생 정보 등, 취약선박의 경우 보안요원을 탑승 조치할

(2) 해군

해양에서 발생한 테러가 북한과 연계되었을 경우에는 통합방위사태별로 통합방위본부(합동참모본부장, 관할 함대사령관)를 구성한다.[27] 「통합방위법」에 따르면 특정경비해역 및 일반경비해역에서 통합방위사태가 선포된 때에는 함대사령관은 통합방위작전을 신속하게 수행하여야 한다. 다만, 을종사태가 선포된 경우에는 함대사령관이 통합방위작전을 수행하고, 갑종사태가 선포된 경우에는 통합방위본부장 또는 함대사령관이 통합방위작전을 수행한다. 해상테러를 대비하여 해군은 해군특공대를 운영하고 있다.

국가는 해적행위 등으로 부터 국제 항해선박 등의 안전확보와 피해예방을 위하여 특히 필요하다고 인정하는 때에는 헌법과 관계 법률에 따라 국군 등을 국외에 파견할 수 있다(국제 항해선박 등에 대한 해적행위 피해예방에 관한 법률 제11조 제2항).

소말리아 근해 해적피해를 예방하기 위해 해군(청해부대)를 파견하게 된 배경은 소말리아 근해 해적피해로 인해 국민의 관심이 고조된 2006년 동원호, 2007년 마부노 1·2호 사건이다.[28] 해군 함정을 파견한 이유는 유엔 안보리가 2008년 6월에 해적퇴치를 위해 외국군함이 소말리아 영해로 진입하는 것을 승인한 결의안(1816호, 1838호, 1846호, 1851호)이 있었고, 2008년 4월 프랑스가 군사력을 동원하여, 피랍된 자국선박을 구출한 이후 한국선박 보호를 위해 우리 정부도 조치를 취해야 된다는 국민적 요구가 나타나기 시작했다. 그 후 2008년 9월 10일에 한국인 8명이 탑승한 화물선 Bright Buby호가 소말리아 해상에서 납치되자 정부는 언론을 통해 함정파견에 대한 정책적 방향을 제시하기 시작했다.[29] 정부는 해적피해를 방지하기 위하여 2009년 3월 13일 링스헬기 1대를 적재한 4,500톤(KDX-II)급 문무대왕함이 진해항을 출항하여 소말리아 해역으로 향하게 되었다. 2011년 1월 21일 새벽 대한민국 해군 청해부대는 "아덴만의 여명"이라는 작전명으로 소말리아 해적에 납치되었던 "삼호주얼리"호를 구출하였으며, 이 작전결과 피납선박 및 선원 21명을 구조하였다.

것), ② 해적위험해역 통항중 조치(선사담당자 비상연락망 24시간 유지, 최대속력으로 운항할 것, 선박위치발신장치(AIS) 전원을 차단할 것, 해양수산부 종합상황관리실·청해부대와 위성통신 유지), ③ 해적공격 조우시 조치(해양수산부 종합상황관리실에 SSAS 신호 발신 및 신고, 증속·지그재그 운항 등 회피 운항, 선원대피처로 대피시 청해부대 또는 선사에 연락)

27) 최주연·순길태(2016). 최주연·순길태(2016). "해양 대테러 활동 분석 및 효율적 대응을 위한 제언-해양경비안전본부 특공대 활동을 중심으로 -," 「한국경찰연구」, 15(1): 357-384.

28) 김태준(2009. 4.). "초국가적 위협에 대한 한국의 대응방안: 소말리아 해적위협을 중심으로," 「국방연구」, 52(1): 70.

29) 중앙일보, 2008. 9. 25.

Ⅱ. 해상경호 경비

1. 개념과 원칙

1) 경호의 개념

경호란 경호 대상자의 생명과 재산을 보호하기 위하여 신체에 가해지는 위해(危害)를 방지하거나 제거하고(호위), 특정 지역을 경계·순찰 및 방비하는 등의 모든 안전 활동(경비)을 말하며(대통령 등의 경호에 관한 법률 제2조), 경호는 호위와 경비를 합한 개념이다. 해상경호란 경호대상자가 선박으로 이동시 또는 해상관련 행사 및 해상과 인접한 육상에서의 행사시 요인의 안전을 확보하기 위하여 해상에서 경비함정 등을 이용하여 행하는 경호활동을 말한다.

2) 경호 원칙

하나의 통제된 지점으로 접근	피경호자로의 접근은 오직 하나의 통로로 접근되어야 한다는 원칙
자기희생	어떤 희생을 치르더라도 피경호자 보호
자기 담당 구역 책임	자기 담당구역에서 발생한 일은 자기책임으로 해결한다는 원칙으로, 비록 인근지역에 특별 상황이 발생하여도 자기구역 이탈금지
목적물 보존	① 불순분자로부터 피경호자가 격리되어야 한다는 것 ② 보안의 원칙이라고도 하며, 행차 일시 · 장소 · 코스 비공개, 동일 시간 · 장소 행차는 변경, 도보행차는 지양한다.

2. 법적 근거와 책임

해양경찰은 「대통령 등의 경호에 관한 법률」에 따라 경호처의 업무를 지원하고 있다. 법적 근거로는 「해양경찰법」 제14조, 「경찰관직무집행법」 제2조, 「전직대통령예우에 관한 법률」 제6조, 「대통령경호처와 그 소속기관 직제」 제3조, 「대통령경호안전대책위원회규정」[30] 등이 있다. 경호업무의 특성상 비밀로 규정하여 보안을

30) 대통령경호안전대책위원회규정 제2조(구성) 대통령경호안전대책위원회(이하 "위원회"라 한다)의 위원은 국가정보원 테러정보통합센터장, 외교부 의전기획관, 법무부 출입국·외국인정책본부장, 과학기술정보통신부 통신정책관, 국토교통부 항공안전정책관, 식품의약품안전처 식

철저히 유지하며 임무를 수행하고 있다. 해양경찰청 경비국장은 「대통령경호안전대책위원회규정」에 따라 대책위원회의 위원에 포함되어 있다.

동 규정상 해양경찰청 경비국장은 다음의 책임이 있다(동규정 제4조).

① 입수된 경호 관련 첩보 및 정보의 신속한 전파 · 보고
② 해상에서의 경호 · 테러예방 및 안전조치
③ 그 밖에 국내 · 외 경호행사의 지원의 책임이 있다.

3. 경호 대상(대통령 등의 경호에 관한 법률 제4조)

경호 대상에는 국내요인과 국외요인으로 구분하고, 국내는 갑호, 을호, 병호로 등급을 나누고, 국외는 A, B, C로 구분하여 경호를 실시한다.

<table>
<tr><td rowspan="3">국 내</td><td>갑호</td><td>① 대통령과 그 가족
② 대통령 당선인과 그 가족
③ 퇴임 후 10년 이내 전직 대통령과 그 배우자
※ 임기 만료 전에 퇴임, 재직 중 사망: 5년
※ 처장이 고령 등의 사유로 필요 인정시 5년내 연장 가능
④ 대통령 권한대행과 그 배우자</td><td>1선: 경호처
2 · 3선: 해양경찰</td></tr>
<tr><td>을호</td><td>① 퇴임 후 10년 경과 대통령
② 대통령 선거 후보자
③ 국회의장, 대법원장, 헌법재판소장, 국무총리</td><td rowspan="2">해양경찰과 육상경찰 담당</td></tr>
<tr><td>병호</td><td>갑, 을 외에 해양경찰청장 또는 경찰청장이 필요하다고 인정</td></tr>
<tr><td rowspan="2">국 외</td><td>국 빈
A, B, C</td><td>대통령, 국왕, 행정수반</td><td>1선: 경호처
2 · 3선: 해양경찰과 육상경찰</td></tr>
<tr><td>외 빈
A, B</td><td>왕족, 국제기구대표, 기타 장관급</td><td>해양경찰과 육상경찰</td></tr>
</table>

품안전정책국장, 관세청 조사감시국장, 대검찰청 공공수사정책관, 경찰청 경비국장, 소방청 119구조구급국장, 해양경찰청 경비국장, 합동참모본부 작전본부 소속 장성급 장교 중 위원장이 지명하는 1명, 군사안보지원사령부 소속 장성급 장교 또는 2급 이상의 군무원 중 위원장이 지명하는 1명, 수도방위사령부 참모장과 위원장이 임명 또는 위촉하는 자로 구성한다.

4. 경호해역

해상에서의 경호해역은 행사장을 중심으로 3선의 차단선을 형성하게 된다. 이를 3선 경호라 한다.[31]

제1선 (안전해역)	행사장 또는 행사장과 인접한 해안으로부터 3해리 이내 연안의 수상 및 수중
제2선 (경비해역)	행사장 또는 행사장과 인접한 해안으로부터 6해리 이내 연안의 수상 및 수중
제3선 (경계해역)	행사장 또는 행사장과 인접한 해안으로부터 11해리 이내 연안의 수상 및 수중

5. 행사장 주변 총기소지

행사장 주변 수렵 허가지역에서 수렵활동 하는 사람의 엽총을 행사 종료시까지 인근 경찰청 소속 파출소에 보관시킬 수 있는 근거는 「총포·도검·화약류 등의 안전관리에 관한 법률」이다.

31) 오정동(2017). 해양경찰학개론, 서울고시각, p. 214.

SECTION

04 선박교통관제 (VTS: Vessel Traffic Service)

Ⅰ. 서설

1. 역사

① 1993년 포항항에서 VTS를 최초로 설치함.
② 그 동안 해양수산부에서 운영하다가 2004년 부산항에서 발생한 선박사고 이후 주요 항만 VTS에 해양경찰관이 파견되어 합동근무 시작.
③ 2007년 태안 오염사고가 발생하여 항만에서의 VTS는 해양수산부에서, 연안에서의 VTS는 해양경찰에서 관리하도록 분리됨.
④ 2006년부터 해양수산부에서 운영 중이던 진도 연안 VTS가 2010년 해양경찰로 이관됨.
⑤ 2012년 여수 전남동부연안 VTS, 2014년 통영 연안 VTS 해양경찰이 직접 설치하여 운영.
⑥ 2014년 세월호 여객선 사고가 발생하여 국민안전처가 발족되면서 항만과 연안에서의 VTS를 국민안전처에서 통합관리하게 되었지만 해양수산부장관과 협의하여 운영하도록 되어 있어서 일원적인 관리가 이루어지지 아니함.
⑦ 2020년 6월 「선박교통관제에 관한 법률」이 시행되어 해양경찰청에서 일원적으로 관리하게 됨.

2. 「선박교통관제에 관한 법률」의 시행(2020. 6.)

선박교통관제는 선박의 위치를 탐지하고 선박과 통신할 수 있는 장비를 설치·운영함으로써 선박에 대하여 안전에 관한 정보 및 항만운영정보를 제공하는 것으로서 선박교통의 안전과 항만운영의 효율성을 확보하기 위하여 필수적이고 중요한 요소이다.

과거에 선박교통관제에 관한 법령은 「해사안전법」과 「선박의 입항 및 출항 등에 관한 법률」에서 최소 사항만을 규정하고 세부 운영규정은 하위법령에 위임되어 있으며, 그 업무도 해양수산부와 해양경찰청으로 이원화되어 있었다. 그동안 법체계를 간소화하고 업무를 담당하는 기관을 일원화할 필요성이 제기되고 있었다. 「해사안전법」과 「선박의 입항 및 출항 등에 관한 법률」로 분산되어 있는 선박교통관제 관련 사항을 통합하여 규정함으로써 선박교통의 안전 및 항만운영의 효율성을 높이고 해양환경을 보호하는데 이바지하려는 목적으로 「선박교통관제에 관한 법률」이 2019년 12월에 제정되어 2020년 6월에 시행되었다. 주요내용은 다음과 같다.

① 해양경찰청장은 선박교통관제 기본계획을 5년 단위로 수립하도록 함(제8조).
② 해양경찰청장은 선박교통의 안전을 위하여 선박교통관제를 시행하도록 하고, 효율적인 선박교통관제를 위하여 선박교통관제관서를 설치 · 운영할 수 있도록 함(제11조).
③ 국제항해에 취항하는 선박, 총톤수 300톤 이상의 선박, 위험화물운반선 등을 선박교통관제를 실시하는 대상 선박으로 정함(제13조).
④ 관제대상선박의 선장은 선박교통관제에 따르도록 하고, 선박교통관제구역을 출입하려는 때에는 관할 선박교통관제관서에 신고하도록 함(제14조).
⑤ 선박교통관제사는 해양수산령으로 정하는 공무원 중에서 선박교통관제사 교육을 이수하고 평가를 통과한 사람으로 하고, 해양경찰청장은 선박교통관제사를 육성하기 위하여 선박교통관제사 전문교육기관을 지정할 수 있도록 함(제16조 및 제17조).
⑥ 선박교통관제사는 선박교통관제구역 내 해상기상상태, 항로상태, 해상교통량 및 해양사고 등을 고려하여 선박의 입 · 출항 및 이동시간을 조정할 수 있도록 함(제20조).
⑦ 해양경찰청장은 선박교통관제의 시행을 위하여 레이더, 초단파 무선전화, 선박자동식별장치 등 관제업무를 위한 시설을 설치하도록 함(제21조).
⑧ 선박교통관제에 대한 연구 · 개발 및 교육훈련 등 행정기관이 위탁하는 업무의 수행을 위하여 한국선박교통관제협회를 설립할 수 있도록 함(제24조).

3. 조직

1) 해양경찰청

경비국에 해상교통관제과를 두고, 해상교통관제과장은 서기관 또는 기술서기관으로 보한다(해양경찰청과 그 소속기관 직제 시행규칙 제6조).

그리고 차장 밑에 선박교통관제기술개발단을 둔다. 선박교통관제기술개발단에 단장 1명을 두며, 단장은 기술서기관으로 보한다. 선박교통관제기술개발단장은 다음 사항에 관하여 차장을 보좌한다(해양경찰청과 그 소속기관 직제 시행규칙 제4조의4).

① 음주운항, 과속, 항로이탈 등 해양사고 위험 탐지 시스템(음주운항 자동탐지시스템) 개발 및 운영에 관한 계획의 수립 · 시행
② 음주운항 자동탐지시스템 활용에 관한 사항
③ 음주운항 자동탐지시스템과 해상교통관제시스템 등과의 연동에 관한 사항

2) 지방해양경찰청

지방해양경찰청장 소속하에 연안교통관제센터 및 항만교통관제센터를 두고, 연안교통관제센터장은 방송통신사무관 · 해양수산사무관 또는 경정으로, 항만교통관제센터장은 방송통신사무관 또는 해양수산사무관으로 보한다. 해상교통관제센터장은 다음 사항을 분장한다(해양경찰청과 그 소속기관 직제 시행규칙 제32조). 연안교통관제센터 5개소 및 항만교통관제센터 15개소, 총 20개소를 두고 있다.

① 해상교통관제센터의 설치 · 운영에 관한 사항
② 해상교통관제 시설 설치 및 관리 · 운영에 관한 사항
③ 해상교통관제절차 위반사항의 처리에 관한 사항
④ 항만운영에 관한 정보 제공에 관한 사항
⑤ 해상교통관제센터 직원 복무에 관한 사항
⑥ 해상교통관제업무 절차 홍보 · 안전교육 및 지도 · 점검에 관한 사항
⑦ 해상교통관제센터의 대내외 협력에 관한 사항

지방해양경찰청장 소속의 연안교통관제센터, 항만교통관제센터 현황은 아래와 같다.

구 분	소 속	명 칭	위 치
연안 교통 관제 센터	중부지방해양경찰청	경인 연안 해상교통관제센터	인천광역시 중구
		태안 연안 해상교통관제센터	충청남도 서산시
	서해지방해양경찰청	진도 연안 해상교통관제센터	전라남도 진도군
		여수 연안 해상교통관제센터	전라남도 여수시
	남해지방해양경찰청	통영 연안 해상교통관제센터	경상남도 통영시
항만 교통 관제 센터	중부지방해양경찰청	대산항 해상교통관제센터	충청남도 서산시
		평택항 해상교통관제센터	경기도 평택시
		인천항 해상교통관제센터	인천광역시 중구
		경인항 해상교통관제센터	인천광역시 서구
	서해지방해양경찰청	여수항 해상교통관제센터	전라남도 여수시
		완도항 해상교통관제센터	전라남도 완도군

구 분	소 속	명 칭	위 치
		목포항 해상교통관제센터	전라남도 목포시
		군산항 해상교통관제센터	전라북도 군산시
	남해지방해양경찰청	울산항 해상교통관제센터	울산광역시 남구
		부산항 해상교통관제센터	부산광역시 영도구
		부산신항 해상교통관제센터	경상남도 창원시
		마산항 해상교통관제센터	경상남도 창원시
	동해지방해양경찰청	동해항 해상교통관제센터	강원도 동해시
		포항항 해상교통관제센터	경상북도 포항시
	제주지방해양경찰청	제주항 해상교통관제센터	제주특별자치도

4. 법적 근거(19 간부)

국내법으로 「선박교통관제에 관한 법률(시행령, 시행규칙)과 행정규칙으로 「선박교통관제의 시행 등에 관한 고시」, 「선박교통관제 운영규정(훈령)」, 「선박교통관제 시설관리규정(훈령)」, 「선박교통관제사 자격인증 교육 등에 관한 규정」 등이 있다.

국제법적 근거 규정으로는 국제해사기구(IMO)의 해상인명안전협약(SOLAS)[32] 제5장(항해의 안전) 제12규칙(선박교통관제)에 규정되어 있고 「결의서 A.857(20) VTS 지침서」가 있고, 국제항로표지협회(IALA)의 「권고서 VTS 서비스 이행(V-119) 등 14개」, 「지침서 VTS 감사 및 평가(G1101) 등 39개」, 「2016년 VTS 매뉴얼」 등이 있다. (19 1차)

※「해상에서의 인명안전을 위한 국제협약(SOLAS)」에서 VTS의 목적

- VTS의 목적은 항해의 안전과 효율성 향상, 해상의 인명안전, 해양환경과 또는 해상교통환경에서 발생 가능한 위험으로부터 인접한 해안지역, 작업장, 연안 시설물의 보호를 증진시키는 것이다.
- VTS 이행의 이점은 이동 선박을 식별, 이동사항의 확인, 관제구역내 전체적인 통항의 흐름 파악, 항해 정보의 제공, 적절한 지원의 제공이다. 또한 오염을 예방하고 오염 대응의 조정을 지원할 수 있다.
- VTS의 효율성은 통신의 지속성과 신뢰성, 정확한 정보를 제공하는 것이다. 사고예방 효과성은 위험으로 진행되는 상황을 탐지하는 시스템적인 능력과 그러한 위험경고를 제때에 줄 수 있는 능력을 말한다.

---

32) **SOLAS 협약: 해상에서의 인명안전을 위한 국제협약**(International Convention for the Safety of Life at Sea, 1974).
해상에서의 인명안전 증진과 선박의 안전을 위한 선박의 구조(선박의 설계와 건조, 구획 및 복원성), 설비(추진·조정설비 및 조종설비) 및 운항에 관한 최저기준을 규정한 협약.

Ⅱ. 「선박교통관제에 관한 법률」의 주요 내용

1. 목적과 개념

목적 (법 제1조)	이 법은 선박교통관제에 필요한 사항을 규정함으로써 선박교통의 안전 및 항만운영의 효율성을 높이고 해양환경을 보호하는 데 이바지함을 목적으로 한다. (20 채용, 21 간부)
정의 (법 제2조)	1. "선박교통관제(Vessel Traffic Service)"란 선박교통의 안전을 증진하고 해양환경과 해양시설을 보호하기 위하여 선박의 위치를 탐지하고 선박과 통신할 수 있는 설비를 설치 · 운영함으로써 선박의 동정을 관찰하며 선박에 대하여 안전에 관한 정보 및 항만의 효율적 운영에 필요한 항만운영정보를 제공하는 것을 말한다. 2. "선박교통관제구역(VTS Area)"이란 선박교통관제를 시행하기 위하여 해양경찰청장이 해양수산부장관과 협의하여 고시하는 수역을 말한다. (20 채용, 21 간부) 3. "선박교통관제사(VTSO, VTS Operator)"란 해양수산부령으로 정하는 자격을 갖추고 선박교통관제를 시행하는 사람을 말한다.

2. 적용범위 및 국가 · 선박 소유자의 책무

대한민국의 「영해 및 접속수역법」에 따른 영해 및 내수(해상항행선박이 항행을 계속할 수 없는 하천 · 호수 · 늪 등은 제외)에 있는 선박 중에서 관제대상선박에 대하여 적용한다(법 제3조). (22 간부)

국가는 선박교통의 안전 및 효율성을 높이고 해양환경을 보호하기 위하여 선박교통관제에 필요한 시책을 마련하고 시행하여야 한다(법 제4조).

선박소유자의 책무 (법 제5조)	선박소유자는 국가의 선박교통관제에 관한 시책에 협력하여 자기가 소유 · 관리하거나 운영하는 선박이 선박교통관제에 따르도록 운항자에 대하여 다음의 사항을 포함하는 교육 · 훈련 등을 실시하고 제반 안전규정을 준수하여야 한다. 1. 선박교통관제의 목적 · 용어, 통신절차 및 정보교환 방법 2. 선박교통관제의 관련 규정 및 제반 준수사항 3. 국내 선박교통관제 운영 현황 4. 그 밖에 해양수산부령으로 정하는 사항

3. 기본 및 시행 계획(법 제8조)

해양경찰청장은 선박교통관제 기본계획을 5년 단위로 수립하여야 한다. (20 채용, 21 간부)

그 기본계획은 「해사안전법」에 따른 국가해사안전기본계획의 내용에 부합되어야 하고, 해양경찰청장은 기본계획을 수립하거나 변경하는 경우 관계 중앙행정기관의 장과 협의하여야 한다.

선박교통관제 시행계획 (법 제9조)	① 해양경찰청장은 기본계획을 시행하기 위하여 매년 선박교통관제 시행계획을 수립하여야 한다. (20 채용, 21 간부) ② 해양경찰청장은 시행계획의 수립을 위하여 필요한 경우 관계 중앙행정기관의 장, 「공공기관의 운영에 관한 법률」 제4조에 따른 공공기관의 장, 그 밖의 관계 기관에 자료의 제출, 의견의 진술 또는 그 밖에 필요한 협력을 요청할 수 있다.
계획의 국회제출 등 (법 제10조)	① 해양경찰청장은 기본계획 및 시행계획을 수립하거나 변경한 때에는 관계 중앙행정기관의 장 및 특별시장 · 광역시장 · 도지사 · 특별자치도지사에게 통보하고 지체 없이 국회 소관 상임위원회에 제출하여야 한다.

4. 선박교통관제 시행 및 대상

해양경찰청장은 선박교통의 안전을 도모하기 위하여 선박교통관제를 시행하여야 하고, 선박교통관제를 시행하기 위한 선박교통관제구역의 설정기준은 대통령령으로 정한다(법 11조).

관제구역 (시행령 제6조)	(선박교통관제구역의 설정기준) 해양경찰청장은 다음의 수역 중에서 유효한 레이더 탐지범위 내의 해상교통량 및 이동경로 등을 고려하여 선박교통관제구역을 설정해야 한다. 1. 「선박의 입항 및 출항 등에 관한 법률」에 따른 무역항의 수상구역 등 2. 「해사안전법」에 따른 교통안전특정해역 3. 「연안관리법」에 따른 연안해역
관제대상 선박 (법 제13조) (20 채용) (22 간부)	1. 국제항해에 취항하는 선박 2. 총톤수 300톤 이상의 선박(다만, 「어선법」에 따른 어선 중 국내항 사이만을 항행하는 내항어선 제외) 3. 「해사안전법」 제2조 제6호에 따른 위험화물운반선 4. 그 밖에 관할 선박교통관제구역에서 이동하는 선박의 특성 등에 따라 해양경찰청장이 고시하는 선박 ※ 선박교통관제에 관한 규정 〈별표 2〉(해양경찰청 고시): 모든 해상교통센터 공통 • 부선이나 구조물을 끌거나 밀어서 이동시키는 선박자동식별장치(AIS)를 설치한 예인선 • 여객선 • 총톤수 2톤 이상의 선박자동식별장치(AIS)를 설치한 유선 • 총톤수 300톤 미만의 선박자동식별장치(AIS)를 설치한 다음 어느 하나에 해당하는 선박 - 공사 또는 작업에 종사하는 선박 - 해양조사선 · 순찰선 · 표지선 · 측량선 · 어업지도선 · 시험조사선 등 행정목적으로 운영하는 관공선

5. 선장의 의무(법 제14조)

관제대상선박의 선장은 선박교통관제에 따라야 한다. 다만, 선박교통관제에 따를 경우 선박을 안전하게 운항할 수 없는 명백한 사유가 있는 경우에는 선박교통관제에 따르지 아니할 수 있다.

관제대상선박의 선장은 선박교통관제사의 관제에도 불구하고 그 선박의 안전운항에 대한 책임을 면제받지 아니한다. (19 · 22 간부)

① 관제대상선박의 선장은 선박교통관제구역을 출입하려는 때에는 해당 선박교통관제구역을 관할하는 선박교통관제관서에 신고하여야 한다.

② 관제대상선박의 선장은 선박교통관제구역을 출입 · 이동하는 경우 해양수산부령으로 정하는 무선설비와 관제통신 주파수를 갖추고 관제통신을 항상 청취 · 응답하여야 한다. 다만, 통신의 장애로 인하여 선박교통관제사와 지정된 주파수로 통화가 불가능할 때에는 휴대전화 등 다른 통신주파수를 이용하여 보고할 수 있다.

③ 선박교통관제구역 내에서 항행 중인 관제대상선박의 선장은 항로상의 장애물이나 해양사고 발생 등으로 선박교통의 안전을 해치거나 해칠 우려가 있다고 인지한 경우에는 지체 없이 이를 선박교통관제관서에 신고하여야 한다.

※ 시행령 제8조(관제대상선박의 신고)

1. 진입 신고: 선박교통관제구역으로 들어오는 경우
   가. 선박명, 호출부호, 통과위치
   나. 선박교통관제구역 안에 있는 「항만법」에 따른 정박지 또는 계류시설에 입항하는 선박의 경우에는 입항 예정 시각, 입항 시각 및 입항 장소
   다. 그 밖에 해양경찰청장이 정하는 사항
2. 진출 신고: 선박교통관제구역에서 나가는 경우
   가. 선박명, 통과위치
   나. 선박교통관제구역 안에 있는 정박지 또는 계류시설에서 출항하는 선박의 경우에는 출항 예정 시각, 출항 시각 및 출항 장소
   다. 그 밖에 해양경찰청장이 정하는 사항

※ 시행령 제9조(관제통신의 제원) 해양경찰청장은 다음 사항이 포함된 선박교통관제관서별 관제통신 제원(諸元)을 고시해야 한다.

1. 호출부호, 2. 관제통신시설, 3. 조난 · 긴급 · 안전 통신용 채널, 4. 관제통신용 채널, 5. 운용시간

6. 관제통신의 녹음

선박교통관제관서와 대통령령으로 정하는 선박의 선장은 관제통신을 녹음하여 보존하여야 한다(법 제15조).

관제통신 녹음 (시행령 제10조)	① 관제통신 녹음 대상 선박은 다음 하나에 해당하는 선박을 말한다. 1. 국제항해에 취항하는 다음 각 목의 선박 가. 13명 이상의 여객을 운송할 수 있는 선박 나. 가목 외의 선박으로서 총톤수 3천톤 이상의 선박 2. 「해운법」 제4조에 따른 해상여객운송사업에 사용되는 선박으로서 국내항해에 종사하는 총톤수 300톤 이상의 여객선 ② 선박교통관제관서와 선박의 선장은 관제통신을 녹음하여 관제통신을 한 날짜 및 시각과 함께 보존해야 한다. ③ 선박교통관제관서 등은 관제통신을 녹음하려는 경우 전자적 수단을 이용해야 한다. 다만, 관제통신 녹음시설의 일시적인 고장 등으로 전자적 수단을 이용한 관제통신 녹음이 불가능한 경우에는 수기(手記)로 대체할 수 있다. ④ 녹음 정보의 보존기간은 60일로 한다. 다만, 해양사고의 조사 및 심판 등을 위해 필요한 경우에는 해양경찰청장이 정하여 고시하는 기준에 따라 보존기간을 연장할 수 있다.
녹음 등 보존기간 (선박교통 관제운영 규칙 제25조)	① 「공공기록물 관리에 관한 법률 시행령」의 기록물 보관기간별 책정 기준에 따라 녹음·녹화정보 및 각종일지의 보존기간은 다음과 같다. (21 간부) 1. 관제통신 녹음정보 및 관제운영상황 녹화정보: 60일 2. 근무일지: 1년 3. 관제일지: 3년 ② 센터장은 관제통신 녹음정보 및 관제운영상황 녹화정보를 해양사고 조사 및 심판, 수사 등에 관한 업무와 관련되는 기관에서 요청하는 경우 해양사고의 조사 및 심판, 수사 등이 종료될 때까지 보존해야 한다. ③ 센터장은 관제통신 녹음정보 및 관제운영상황 녹화정보를 선박교통관제사의 직무교육, 관제사례 발표회 및 학술연구 등을 할 목적으로 활용할 수 있다. 이 경우, 「개인정보보호법」 등 관련 법령을 준수해야 한다.

7. 선박교통관제사의 업무

선박교통관제사의 업무는 다음과 같다(법 18조).

① 선박교통관제구역에서 출입하거나 이동하는 선박에 대한 관찰확인, 안전정보의 제공 및 안전에 관한 조언·권고·지시(19 간부)

② 혼잡한 교통상황의 발생을 예방하기 위한 선박교통정보 및 기상청에서 발표한 기상특보 등의 제공

③ 「선박의 입항 및 출항 등에 관한 법률」에 따른 무역항의 수상구역 등에서 항만의 효율적 운영에 필요한 선박 출입신고·선석(船席)·정박지(碇泊地)·도선(導船)·예선(曳船) 정보 등 항만운영정보의 제공

④ 「선박의 입항 및 출항 등에 관한 법률」규정에 따른 무역항 질서 단속에 관한

정보의 제공

⑤ 「해사안전법」에 따른 선박 출항통제 관련 정보의 제공

⑥ 그 밖에 선박교통안전과 효율성 증진을 위하여 해양수산부령으로 정하는 업무

관제업무 절차 (법 제19조)	선박교통관제사가 선박이 명백한 사고위험에 처할 우려가 있다고 판단하는 경우에는 관제업무 절차를 따르지 아니할 수 있다. ※ 시행규칙 제8조(관제업무 절차) ① 선박교통관제사는 다음의 단계별 절차에 따라 선박교통관제를 시행한다. (20 채용) 1. 1단계(관찰 · 확인): 선박교통관제구역 내에서 관제대상선박이 해양사고 위험이 있는지 관찰 · 확인 2. 2단계(정보제공): 선박교통관제사가 필요하다고 인정하거나 관제대상선박에서 요구하는 경우 선박교통의 안전을 위해 필요한 정보를 제공 3. 3단계(조언 · 권고): 관제대상선박에 선박교통의 안전을 위한 조치에 관한 조언 · 권고 4. 4단계(지시): 관제대상선박이 명백한 해양사고 위험에 처할 우려가 있는 경우 시정 또는 안전조치를 지시
관제사의 권한 (법 제20조)	선박교통관제사는 선박교통관제구역 내 해상기상상태, 항로상태, 해상교통량 및 해양사고 등을 고려하여 선박의 안전 확보를 위하여 필요하다고 판단되는 경우 선박의 입항 · 출항 및 이동시간을 조정할 수 있다. (20 채용, 21 간부)
설치관리 (법 제21조)	해양경찰청장은 선박교통관제의 시행을 위하여 레이더, 초단파 무선전화, 선박자동식별장치 등 관제업무를 위한 시설을 설치하여야 한다.

연습문제 CHAPTER 10 해양경비론

01 다음 중 「해양경비법」상 해양경찰관이 해상검문검색을 하는 경우 선장 등에게 고지하여야 하는 것으로 가장 옳지 않은 것은? 18 3차 · 19 간부

① 소속 ② 계급
③ 성명 ④ 해상검문검색의 목적과 이유

해설 동법 제12조(해상검문검색) ② 해양경찰관은 해상검문검색을 목적으로 선박 등에 승선하는 경우 선장(선박 등을 운용하는 자를 포함한다. 이하 같다)에게 소속, 성명, 해상검문검색의 목적과 이유를 고지하여야 한다.

정답 ②

02 다음 중 「해양경비법」상 해양경찰관이 공용화기를 사용할 수 있는 경우로 가장 옳지 않은 것은? 19 간부

① 대간첩, 대테러 작전 등 국가안보와 관련되는 작전을 수행하는 경우
② 선박의 나포와 범인을 체포하기 위한 경우
③ 선박 및 범인이 선체나 무기, 흉기 등 위험한 물건을 사용하여 경비세력을 공격하거나 공격하려는 경우
④ 선박 등이 3회 이상 정선 또는 이동 명령에 따르지 아니하고 경비세력에게 집단으로 위해를 끼치거나 끼치려는 경우

해설 선박 등의 나포와 범인을 체포하기 위한 경우"는 제17조 제1항에 의해 공용화기가 아니라 무기를 사용할 수 있다.

정답 ②

03 다음 중 해상교통관제(Vessel Traffic Services)에 대한 설명으로 가장 옳지 않은 것은? 19 1차

① VTS센터에는 일정한 조건을 갖추고 특별한 교육을 받은 관제사가 배치된다.
② 선박교통관제와 관련된 국제협약은 SOLAS이다.
③ 선박교통관제에서 실시하는 관제의 임무는 운항하는 선박에 대한 관찰확인, 안전운항을 위한 정보제공, 항만운영정보의 제공 등이다.
④ 선박교통관제를 충실히 따른 결과로 선박사고가 발생한 경우 선장은 안전운항

에 대한 책임을 면제받을 수 있다.

해설 선박교통관제에 관한 법률 제14조(선장의 의무 등) ② 관제대상선박의 선장은 선박교통관제사의 관제에도 불구하고 그 선박의 안전운항에 대한 책임을 면제받지 아니한다.

정답 ④

04 「해양경찰 비상소집 및 근무규칙」상 '비상근무 등급'의 인력동원에 대한 설명으로 가장 옳지 않은 것은? 19 1차

① 갑호비상: 가용인력의 100%까지 동원할 수 있다.
② 을호비상: 가용인력의 50%까지 동원할 수 있다.
③ 병호비상: 가용인력의 25%까지 동원할 수 있다.
④ 해상경계강화: 별도의 경력 동원 없이 비상대기태세를 유지하되 필요에 따라 적정 수준의 가용인력을 동원할 수 있다.

해설 제6조 (근무요령) ② 3. 병호비상: 가용경비세력의 30%까지 동원할 수 있다.

정답 ③

05 다음 중 「함정 운영관리 규칙」에 대한 내용으로 가장 옳지 않은 것은? 21 간부

① "복수승조원제"란 경비함정 출동률을 향상시키기 위해 2개 팀 이상의 승조원이 1척 이상의 함정에서 교대근무를 실시하는 인력 중심의 제도를 말한다.
② 함정은 해양경찰청장, 지방해양경찰청장, 해양경찰서장, 서해 5도 특별경비단장이 지휘한다.
③ 잠수지원함은 해상 수색구조 및 잠수 지원업무를 수행하는 함정을 말한다.
④ 지방해양경찰청 소속 해양경찰관서간 대형함정을 이동배치하는 경우 지방해양경찰청장의 편제명령에 따른다.

해설 제13조(편제) ① 신조 또는 편입된 함정의 배치와 운용중인 함정의 지방해양경찰청간 이동배치는 해경청장의 편제명령에 따르고, 지방해양경찰청 소속 해양경찰관서간 이동배치(대형함정 제외)는 지방청장의 편제명령에 따른다.

정답 ④

06 다음 〈박스〉의 「선박교통관제에 관한 법률(시행령 · 시행규칙 포함)」상 선박교통관제사가 선박교통관제를 시행할 때 따라야 할 단계별 절차가 옳은 것은? 21 상반기

> ㉠ 선박교통관제사가 필요하다고 인정하거나 관제대상선박에서 요구하는 경우 선박교통의 안전을 위해 필요한 정보를 제공
> ㉡ 관제대상선박에 선박교통의 안전을 위한 조치에 관한 조언 · 권고
> ㉢ 관제대상선박이 명백한 해양사고 위험에 처할 우려가 있는 경우 시정 또는 안전조치를 지시
> ㉣ 선박교통관제구역 내에서 관제대상선박이 해양사고 위험이 있는지 관찰 · 확인

① ㉣ → ㉠ → ㉡ → ㉢
② ㉣ → ㉡ → ㉢ → ㉠
③ ㉢ → ㉣ → ㉠ → ㉡
④ ㉠ → ㉣ → ㉡ → ㉢

해설 시행규칙 제8조(관제업무 절차): 1단계(관찰 · 확인) → 2단계(정보제공) → 3단계(조언 · 권고) → 4단계(지시)

정답 ①

07 다음 〈보기〉 중 「해양경비법(시행령 · 시행규칙 포함)」의 내용에 대한 설명으로 옳지 않은 것은 모두 몇 개인가? 21 상반기

> ㉠ 해양경찰관은 해양경비 활동 중 자기 또는 다른 사람의 신체 · 재산에 대한 위해를 방지 하기 위한 경우 무기를 사용할 수 있다.
> ㉡ 해양경찰관은 해양경비 활동 중 선박 등이 3회 이상 정선 또는 이동 명령에 따르지 아니하는 경우 공용화기를 사용할 수 있다.
> ㉢ 대간첩 · 대테러 작전 등 국가안보와 관련되는 작전을 수행하는 경우 개인화기 외에 공용화기를 사용할 수 있다.
> ㉣ 「해양경비법」시행령 제5조(경찰장비 · 경찰장구의 종류 및 사용기준)상 경찰장비에는 소화포, 투색총(줄을 쏘도록 만든 특수총)이, 경찰장구에는 페인트볼이 포함된다.

① 없음
② 1개
③ 2개
④ 3개

해설 옳지 않은 것은 ㉠, ㉡, ㉣임.

정답 ④

08 2001년 9월 11일 미국에서 발생한 테러사건 이후 해상화물 운송선박 및 항만시설에 대한 해상테러 가능성을 대비하기 위한 해상분야 보안강화 규정 관련 협약이 탄생되었다. 이 협약과 관련된 설명 중 가장 옳지 않은 것은? 20 간부

① ISPS CODE로 불린다.

② 우리나라는 「국제 항해선박 및 항만시설의 보안에 관한 법률」을 국내법으로 수용하였다.

③ 「국제 항해선박 및 항만시설의 보안에 관한 법률」에서 대한민국 국적이면 고정식 해상구조물도 포함된다.

④ 「국제 항해선박 및 항만시설의 보안에 관한 법률」에서 비상업용 목적으로 사용되는 국가소유 국제 항해선박은 이 법의 적용이 제외된다.

해설 국제 항해선박 및 항만시설의 보안에 관한 법률 제3조(적용범위) ① 이 법은 다음 각 호의 국제 항해선박 및 항만시설에 대하여 적용한다. 다만, 이 법에 특별한 규정이 있으면 그 규정에 따른다. 〈개정 2016. 12. 2.〉

1. 다음 각 목의 어느 하나에 해당하는 대한민국 국적의 국제 항해선박
   가. 모든 여객선
   나. 총톤수 500톤 이상의 화물선
   다. 이동식 해상구조물(천연가스 등 해저자원의 탐사·발굴 또는 채취 등에 사용되는 것을 말한다.)

정답 ③

CHAPTER 11

구조 · 안전론

해양경찰청 구조안전국에 국장 1명을 두고, 국장은 치안감 또는 경무관으로 보하며, 구조안전국에 해양안전과·수색구조과 및 수상레저과를 두며, 각 과장은 총경으로 보하고 있다. 각 과별 업무는 다음과 같다.

해양안전과장	1. 파출소 및 출장소의 기획 및 지도 · 운영 2. 연안해역 안전점검 및 사고예방 활동 3. 「연안사고 예방에 관한 법률」에 따른 기본계획 · 시행계획 등 수립 4. 해수면 유선 및 도선의 안전관리 지도 5. 해수면 유선 및 도선 사업면허 · 신고에 관한 사항 6. 해수욕장 안전관리에 관한 정책의 수립 · 조정 7. 해수욕장 안전관리 지도 · 감독 8. 해수욕장 안전관리와 관련된 국내외 법령 · 제도의 연구 및 개선 9. 해수욕장 안전관리 관계기관 · 단체 등 협의 · 조정 10. 연안체험활동 안전관리에 대한 정책의 수립 · 조정 11. 연안체험활동 안전교육 위탁기관 지정 및 운영 12. 중앙연안사고예방협의회 운영 13. 어선 출입항 신고 업무 지도 · 관리 14. 즉결심판 및 통고처분에 관한 사항 15. 그 밖에 국 내 다른 과의 사무에 속하지 아니하는 사항
수색구조과장	1. 해양사고 및 해양재난 대비 · 대응 2. 해양사고 수색구조 및 관련 제도의 연구 · 개선 3. 해양 사고 및 재난 발생에 대비한 수난대비계획의 수립 4. 해양수색구조 관련 기술정보의 수집 · 연구 5. 해양수색구조 관련 국제협력 및 협약 이행 6. 해상수색구조 작업에 동원된 인원 및 장비의 지휘 · 통제 및 조정 7. 중앙해양특수구조단 및 해양경찰구조대 운영지원 및 지도 · 감독 8. 해양안전 관련 민간구조단체 등 민간구조자원의 관리 및 지원 9. 해양안전 관련 민 · 관 · 군 구조 협력 및 합동 구조훈련에 관한 사항 10. 주변국 등 국가 간 수색구조 합동훈련 지도 · 조정에 관한 사항 11. 수상구조사 자격 및 제도 운영에 관한 사항
수상레저과장	1. 수상레저활동 안전관리에 관한 정책의 수립 · 조정 및 지도 2. 수상레저안전문화의 조성 및 진흥 3. 수상레저안전과 관련된 국내외 법령 · 제도의 연구 및 개선 4. 수상레저기구의 안전검사 및 등록 업무의 지도에 관한 사항 5. 수상레저사업 등록업무의 지도 · 조정 및 감독 6. 동력수상레저기구의 조종면허시험제도 운영 7. 수상레저 관련 위탁 · 대행기관의 지정 및 지도 · 감독 8. 수상레저 관련 단체 관리 및 민관 협업체계 구축에 관한 사항 9. 수상레저활동 안전확보를 위한 관리체계 구축에 관한 사항

SECTION

01 수색 · 구조

Ⅰ. 서설

1. 수색구조 관련 국제협약

1) UN해양법 협약

모든 연안국은 "해상안전에 관한 적절하고도 실효적인 수색·구조기관의 설치·운영 및 유지를 촉진시키고, 필요한 경우 이를 위하여 지역약정의 형태로 인접국과 서로 협력해야 한다"고 규정하고 있다(동협약 제98조).

2) 해상에서의 인명안전을 위한 국제협약(SOLAS, 1974: International Convention For The Safety Of Life At Sea, 1974)

1912년에 발생한 Titanic호 사고를 계기로 1914년 영국 런던에서 회의를 갖고 해상인명안전협약이 채결되었고 「선박안전법」, 「수난구호법」에 수용되었다. 이 협약에는 선박의 항해안전, 여객선 수밀구획 및 방화격벽, 구명설비, 소화설비, 무선설비 등에 관한 사항이 규정되어 있다.

3) 해상수색 및 구조에 관한 국제협약(International Convention on Maritime Search and Rescue, 79)

이 협약은 전 세계의 바다를 13개 해역으로 구분하고 협약 체약국의 관할해역(Search & Rescue Region)에서 발생하는 조난사고에 대해 신속한 수색구조를 위해 조직, 인력 및 시스템을 구축하고 인접국과 상호 협조하도록 규정하고 있다. 해양경찰은 1995년에 협약 이행기관이 되었다.

4) IAMSAR 매뉴얼(International Aeronautical and Maritime Search & Rescue Manual)

국제항공협약(ICAO), 수색구조 협약(SAR 1979) 및 해상에서의 인명안전을 위한 국제협약(SOLAS 74)에 근거하여 항공 및 해양의 통합된 수색구조 지침서로서 국제민간항공기구(ICAO)와 국제해사기구(IMO)가 1998년 공동으로 발간한 것으로 해상에서의 수색구조를 원활하게 하기 위해 매 3년마다 개정을 통해 발간하고 있다.

5) ICAO협약(International Civil Aviation Organization)

국제민간항공협약은 영공에 관한 국가의 주권, 영역 상공을 비행할 권리, 항공기의 국적 및 서류 등을 규정한 조약으로 우리나라는 1952년에 가입하였다. 이 협약의 주요 내용은 항공 운송의 안전과 정규성을 확보하기 위한 하늘에서 질서 유지, 항공교통관제, 항공종사자에 대한 면허, 공항의 설계, 기타 항공의 안전과 관련된 국제적 표준 제시하고 있으며, 협약 부속서에서 항공기 사고에 대한 수색구조에 관한 지침을 기술하고 있다.

6) 협정

한·일 해상 수색구조 협정(1990), 한·중 해상수색구조 협정(2007), 한·러 해상수색구조 협정(2011)이 체결되었다.

2. 국내법

「수상에서의 수색·구조 등에 관한 법률」, 「재난 및 안전관리 기본법」, 「해사안전법」이 있다.

「수상에서의 수색·구조 등에 관한 법률」은 조난에 처한 사람과 선박 등의 구조 및 보호에 관한 사항을 규정하기 위한 법이며, 일정한 조건하에서 국민의 자유를 제한하거나 의무를 부과하는 등의 권력적·명령적 성격의 공법(公法)이며 수색구조에 관한 일반법이다.

해수면에서의 수난구호는 구조본부의 장(해양경찰)이 수행하고, 내수면에서의 수난구호는 소방관서의 장이 수행한다. 다만, 국제항행에 종사하는 내수면 운항선박에 대한 수난구호는 구조본부의 장과 소방관서의 장이 상호 협조하여 수행하여야 한다(수상에서의 수색·구조 등에 관한 법률 제13조).

「재난 및 안전관리 기본법」에서 "긴급구조"란 재난이 발생할 우려가 현저하거나 재난이 발생하였을 때에 국민의 생명·신체 및 재산을 보호하기 위하여 긴급구조기관과 긴급구조지원기관이 하는 인명구조, 응급처치, 그 밖에 필요한 모든 긴급한 조치를 말하고, 그 긴급구조 임무를 수행하는 "긴급구조기관"은 소방청·소방본부 및 소방서이고, 해양에서 발생한 재난의 경우에는 해양경찰청·지방해양경찰청 및 해양경찰서가 긴급구조기관이다(제3조).

「해사안전법」은 선박의 안전운항을 위한 안전관리체계를 확립하여 선박항행과 관련된 모든 위험과 장해를 제거함으로써 해사안전(海事安全) 증진과 선박의 원활한 교통에 이바지함을 목적으로 한다.

3. 해양경찰공무원의 국민의 생명·신체 보호의무의 한계(대법원 2007. 11. 15. 선고, 2007다38618 손해배상)

1) 사건 개요

원고 구○○ 외 14인은 가족여행을 위해 2005. 5. 15.경 화성시 전곡항을 통해 인근 해역에 위치한 입파도에 나들이를 간 후 위 구○○ 외 7인은 같은 날 16:10경 보트의 스크류가 양식장 로프에 걸리면서 보트가 전복되어 위 구○○을 제외한 7인 전원이 시차를 두고 사망한 사건이다.

5.15. 19:55	20:47	21:24	21:40	5.16. 00:25	06:20	09:15
신고자, 입항 확인 문의	출장소 → 파출소 보고	파출소 → 인천서에 보고	인천서, 파출소에 순찰정 출동지시	P-100정 현장도착 01:00 S-37정 출항	S-37정 1명 구조	사체 7구 인양

2) 법원의 판단

해양경찰은 일반경찰보다 더욱 엄격한 업무상 주의의무를 부담하므로 해양경찰의 업무상 주의의무 위반과 이로 인한 손해발생 사이의 상당인과관계는 매우 폭넓게 해석될 수 있다. 법원은 「국가배상법」 제2조 제1항의 배상책임의 성립요건과 관련하여 다음과 같이 판결하였다.

(1) 공무원의 직무상 불법행위(고의 또는 과실로 법령에 위반)의 성립여부

해양경찰 공무원들의 직무상 의무위반 여부에 관하여는 대법원은 최초 실종 신고를 받은 소송 외 이○○가 피해자들의 입항 여부에 관하여 소홀히 파악하였고 이후 해양경찰청 대응이 늦었다는 이유로 피고 측의 업무상 주의의무 위반 사실을 인정하였다.

(2) 직무상 불법행위와 인과 관계

경찰법, 경찰관직무집행법, 수난구호법의 제반 규정을 종합, 경찰공무원은 국민의 생명, 신체 및 재산의 보호와 범죄의 예방, 진압 및 수사, 치안정보의 수집, 교통의 단속 기타 공공의 안녕과 질서유지를 그 임무로 하고 있고, 특히 해양경찰은 해양에서 국민에게 발생하는 위해의방지를 임무로 하며, 해양조난사고의 경우 그 위험성이 다른 사고에 비하여 훨씬 증대한다는 점에 비추어, 특히 해양경찰은 일반경찰보다 더욱 엄격한 업무상 주의의무를 부담하므로 해양경찰의 업무상 주의의무 위반과 이로 인한 손해발생 사이의 상당인과관계는 매우 폭넓게 해석될 수 있고, 해양경찰관의 직무상 의무를 부과하는 법령의 목적 및 이 사건 가해행위의 태양 및 피해의 정도 등을 고려한다면, 이 사건 사고와 관련된 피고의 업무상 주의의무 위반과 피해자들 사망의 결과 사이에는 상당인과관계가 있다.

4. 「수상에서의 수색 · 구조 등에 관한 법률」의 변천

일제강점기인 1914년에 제정되었던 「조선수난구호령」은 일본의 「수난구호법」에 근거하여 제정되었다. 대한민국 정부수립 후 최초의 「수난구호법」이 1961년에 제정되었으며 「조선수난구호령」은 폐지되었다.

1993년 10월에 전북 부안 앞바다에서 발생한 서해훼리호 사고로 292명의 대형 인명피해가 발생하면서 우리나라 연안을 중심으로 한 국가적 수난구호 대응력을 확보하여 국제적 구호역할에 부응할 수 있는 범세계적인 수난구호체계의 구축 필요성이 높아지게 되었고, 「수난구호법」을 1994년 12월에 전면적으로 개정하였다. 그 후 2012년 12월에 수난구호활동에 대한 효과적이고 체계적인 규정들을 정비할 필요성이 높아지면서 「수난구호법」을 전부 개정하였다.

2014년 세월호 사건이 발생하여 2015년 「수난구호법」을 「수상에서의 수색·구조 등에 관한 법률」(시행 2016. 1. 25.)로 명칭을 변경하고 대폭 개정하였다.

주요 개정 내용은 「재난 및 안전관리 기본법」에 해양경찰을 긴급구조지원기관으로 명시하고, 중앙구조본부의 주관으로 수난구호협력기관 및 수난구호민간단체 등과 공동으로 매년 수난대비기본훈련을 실시하도록 하며, 그 결과를 국회 상임위원회에 보고하도록 하였다.

조난사고의 원인을 제공한 선박의 선장 및 승무원뿐만 아니라 조난된 선박의 선장 및 승무원도 조난된 사람을 구조하는 데 필요한 조치를 하도록 명시하고, 심해에서의 잠수 및 수난구호를 전문으로 하는 심해잠수사의 양성 및 관리를 위하여 심해잠수구조훈련센터를 설치할 수 있도록 하였다.

그리고 조난사실을 신고하지 아니하거나 구조에 필요한 조치를 하지 아니하여 피해자를 죽게 한 경우에는 무기 또는 3년 이상의 징역에, 상해에 이르게 한 경우에는 10년 이하의 징역 또는 1억원 이하의 벌금에 처하도록 하였다.

Ⅱ. 「수상에서의 수색 · 구조 등에 관한 법률」의 주요 내용

1. 개념(법 제2조) 및 적용범위(법 제2조의2)

수 상	해수면과 내수면
해수면	「수상레저안전법」에 따른 바다의 수류나 수면
내수면	「수상레저안전법」에 따른 하천, 댐, 호수, 늪, 저수지, 그 밖에 인공으로 조성된 담수나 기수(汽水)의 수류 또는 수면
수난구호	수상에서 조난된 사람 및 선박, 항공기, 수상레저기구 등의 수색 · 구조 · 구난과 구조된 사람 · 선박 등 및 물건의 보호 · 관리 · 사후처리에 관한 업무(21 간부 · 21 하반기)
조난사고	수상에서 다음 사유로 인하여 사람의 생명 · 신체 또는 선박 등의 안전이 위험에 처한 상태. 가. 사람의 익수 · 추락 · 고립 · 표류 등의 사고 나. 선박 등의 침몰 · 좌초 · 전복 · 충돌 · 화재 · 기관고장 또는 추락 등의 사고
수난구호 협력기관	수난구호를 위하여 협력하는 중앙행정기관 · 지방자치단체, 「재난 및 안전관리 기본법」에 따른 긴급구조지원기관, 대통령령으로 정하는 공공단체
수 색	인원 및 장비를 사용하여 조난을 당한 사람 또는 사람이 탑승하였을 것으로 추정되는 선박 등을 찾는 활동
구 조	조난을 당한 사람을 구출하여 응급조치 또는 그 밖의 필요한 것을 제공하고 안전한 장소로 인도하기 위한 활동(21 하반기)
구 난	조난을 당한 선박 등 또는 그 밖의 다른 재산(선박 등에 실린 화물 포함)에 관한 원조를 위하여 행하여진 행위 또는 활동(21 하반기)
구조대	수색 및 구조활동을 신속히 수행할 수 있도록 훈련된 인원으로 편성되고 적절한 장비를 보유한 단위조직
민간해양	지역해역에 정통한 주민 등 해양경찰관서에 등록되어 해양경찰의 해상구조활동을 보조하는

구조대원	사람(21 간부)
표류물	점유를 이탈하여 수상에 떠 있거나 떠내려가고 있는 물건(21 하반기)
침몰품	점유를 이탈하여 수상에 가라앉은 물건
적용범위	이 법 또는 이 법에 따른 명령 중 선박소유자에 관한 규정은 선박을 공유하는 경우로서 선박관리인을 임명하였을 때에는 그 선박관리인에게 적용하고, 선박을 임차하였을 때에는 그 선박임차인에게 적용하며, 선장에 관한 규정은 선장을 대신하여 그 직무를 수행하는 사람이 있는 경우 그 사람에게 적용한다.

2. 수난대비 계획과 훈련

해양경찰청장은 해수면에서 조난사고로부터 사람의 생명과 신체 및 재산을 보호하고 효율적인 수난구호를 위하여 수난대비기본계획을 5년 단위로 수립하여야 하고, 수난대비집행계획을 매년 수립·시행하여야 하며, 그 수난대비집행계획은 「민방위기본법」에 따른 민방위계획에 포함하여 수립·시행할 수 있다(법 제4조).

중앙구조본부 등의 설치 (법 제5조) (20채용)	① 해수면에서의 수난구호에 관한 사항의 총괄·조정, 수난구호협력기관과 수난구호민간단체 등이 행하는 수난구호활동의 역할조정과 지휘·통제 및 수난구호활동의 국제적인 협력을 위하여 해양경찰청에 중앙구조본부를 둔다. ② 해역별 수난구호에 관한 사항의 총괄·조정, 해당 지역에 소재하는 수난구호협력기관과 수난구호민간단체 등이 행하는 수난구호활동의 역할조정과 지휘·통제 및 수난현장에서의 지휘·통제를 위하여 지방해양경찰청에 광역구조본부를 두고, 해양경찰서에 지역구조본부를 둔다. ③ 중앙구조본부, 광역구조본부 및 지역구조본부의 장은 신속한 수난구호를 위하여 수난구호협력기관의 장에게 소속 직원의 파견 및 장비의 지원을 요청할 수 있다. 이 경우 요청을 받은 기관·단체의 장은 특별한 사유가 없는 한 이에 응하여야 한다.
수난대비 기본훈련의 실시 등(법 제5조의2)	① 중앙구조본부는 수상에서 자연적·인위적 원인으로 발생하는 조난사고로부터 사람의 생명과 신체 및 재산을 보호하기 위하여 수난구호협력기관 및 수난구호민간단체 등과 공동으로 매년 수난대비기본훈련을 실시하여야 한다. (19 3차) ② 해양경찰청장은 수난대비기본훈련 실시결과를 매년 국회 소관상임위원회에 보고하여야 한다. (19 3차)

3. 기술위원회, 구조대, 여객선 비상수색구조계획서

해양에서의 수색구조활동을 신속하고 효과적으로 지원하고, 수색구조 관련 정책 조정과 유관기관 및 민간단체와의 협력체제를 구축하기 위하여 중앙구조본부의 장, 광역구조본부의 장 및 지역구조본부의 장 소속으로 각각 중앙, 광역 및 지역 해양수색구조기술위원회를 둔다(법 제6조).

구조·구급대편성·운영(법 제7조)	구조본부의 장은 해수면에서 수난구호를 효율적으로 수행하기 위하여 구조대를 편성·운영하고, 해수면과 연육로로 연결되지 아니한 도서(소방관서가 설치된 도서 제외)에서 발생하는 응급환자를 응급처치하거나 의료기관에 긴급히 이송하기 위하여 구급대를 편성·운영해야 한다.
여객선비상수색구조계획서의 작성 등(법 제9조)	① 국제항해에 취항하는 여객선(「해운법」에 따라 승인을 받은 외국의 해상여객운송사업자가 운영하는 여객선 포함) 소유자는 비상시 여객선의 수색구조를 위하여 구조본부의 비상연락망, 비상훈련계획 및 구명설비배치도 등이 기재된 계획서(여객선비상수색구조계획서)를 작성하여 관할 해양경찰서장에게 신고하고 확인을 받아 해당 여객선 및 선박 소유자의 주된 사무실에 비치하여야 한다. ② 여객선 소유자는 여객선비상수색구조계획서의 내용에 변경이 있는 경우 지체 없이 변경된 내용을 관할 해양경찰서장에게 신고하여야 한다. ③ 여객선 및 「해운법」에 따른 여객선 소유자는 여객선비상수색구조 훈련을 연 1회 이상 선장의 지휘하에 실시하여야 하며, 훈련의 시기와 방법은 관할 해양경찰서장 또는 소방서장과 협의하여 정한다.

4. 대피명령과 긴급피난

구조본부의 장은 다음 어느 하나에 해당하는 선박의 경우에는 해당 선박의 이동 및 대피를 명할 수 있다. 다만, 외국선박에 대한 이동 및 대피명령은 「영해 및 접속수역법」에 따른 영해 및 내수(「내수면어업법」에 따른 내수면 제외)에서만 실시한다(법 제10조). (20 간부)

① 태풍, 풍랑 등 해상기상의 악화로 조난이 우려되는 선박

② 선박구난현장에서 구난작업에 방해가 되는 선박

구조본부의 장은 이동 및 대피 명령을 할 때에는 대상 선박의 선장에게 다음 사항을 고지하여야 한다(시행규칙 제6조).(22 간부) ① 이동 및 대피 사유, ② 이동 및 대피 해역, ③ 이동 및 대피 기간

긴급피난의 신청과 허가(법 제12조)	① 긴급피난을 하려는 조난된 선박의 선장 또는 소유자는 구조본부의 장에게 긴급피난의 허가를 신청하여야 한다. ② 긴급피난의 허가신청을 받은 구조본부의 장은 지체 없이 그 허가여부를 결정하여야 한다. 허가를 하는 경우 구조본부의 장은 조난된 선박이 초래할 수 있는 인명이나 해양환경에 미치는 영향을 고려하여 조건을 붙여 허가를 할 수 있다. ③ 구조본부의 장은 해상기상 또는 선박의 상태 등을 고려하여 긴급피난의 허가를 하지 아니한 때에는 즉시 신청자에게 알리고, 선박의 안전에 필요한 조치를 하여야 한다.

5. 조난신고, 외국구조대, 구조활동 종료, 민간구조대

수상에서 조난사고가 발생한 때에는 다음 어느 하나에 해당하는 자는 즉시 가까운 구조본부의 장이나 소방관서의 장에게 조난사실을 신고하여야 한다(법 제15조).

① 조난된 선박 등의 선장·기장 또는 소유자
② 수상에서 조난사실을 발견한 자
③ 조난된 선박 등으로부터 조난신호나 조난통신을 수신한 자
④ 조난사고 원인을 제공한 선박의 선장 및 승무원

외국구조대의 영해진입 (법 제22조)	외국의 구조대가 신속한 수난구호활동을 위하여 우리나라와 체결한 조약에 따라 우리나라의 영해 · 영토 또는 그 상공에의 진입허가를 요청하는 때에는 중앙구조본부의 장은 지체 없이 이를 허가하고 그 사실을 관계 기관에 통보한다.
구조활동의 종료 또는 중지 (법 제24조)	구조본부의 장은 다음 어느 하나에 해당하는 경우 구조활동을 종료 또는 중지할 수 있다. 1. 구조활동을 완료한 경우 (19 간부) 2. 생존자를 구조할 모든 가능성이 사라지는 등 더 이상 구조활동을 계속할 필요가 없다고 인정되는 경우 (19 간부)
수난구호를 위한 종사명령 등 (법 제29조)	① 구조본부장 및 소방관서장은 수난구호를 위하여 부득이하다고 인정할 때에는 필요한 범위에서 사람 또는 단체를 수난구호업무에 종사하게 하거나 선박, 자동차, 항공기, 다른 사람의 토지 · 건물 또는 그 밖의 물건 등을 일시적으로 사용할 수 있다. 다만, 노약자, 정신적 장애인, 신체장애인, 그 밖에 대통령령으로 정하는 사람에 대하여는 제외한다. (21채용) ② 수난구호업무에의 종사명령을 받은 자는 구조본부의 장 및 소방관서의 장의 지휘를 받아 수난구호업무에 종사하여야 한다. (21채용)
민간해양 구조대원 등의 처우 (법 제30조)	① 민간해양구조대원 및 수난구호참여자 중 요건을 갖춘 자(민간해양구조대원 등)가 해상구조 및 조난사고 예방 · 대응 활동을 지원한 때에는 수당 및 실비를 지급할 수 있다. ② 지방자치단체의 장은 필요한 경우 관할 구역에서 민간해양구조대원 등이 수난구호활동에 참여하는 데 소요되는 경비의 일부를 지원할 수 있다. 이 경우 수난구호활동 참여 소요경비 지원에 필요한 사항은 지방자치단체의 조례로 정한다. (21 간부) ③ 구조본부의 장은 민간해양구조대원의 구조활동에 필요한 장비 무상 대여 가능.

6. 수상구조사 제도

수상구조사 시험 추진 경과를 살펴보면 2017－2020년까지 4년간 총 시험 116회 실시하여 응시인원 3,087명 중 2,162명 합격으로 70%의 합격률이었고, 2017년 시행 이후 2019년까지 3년간 응시 및 합격 인원이 점진적으로 증가 추세였으나 코로나－19로 인해 2020년 전국 11개 시험장 중 8개 시험장에서만 집행하여 응시 및 합격 인원이 전년 대비 50% 이하로 감소하였다.

시행년도	횟수	응시(결시)	합격인원	합 격 률
2017년	17회	443명(13)	272명	61.3%
2018년	35회	858명(49)	622명	72.4%
2019년	42회	1,231명(84)	872명	70.8%
2020년	22회	555명(28)	396명	71.3%
합 계	116회	3,087명(174)	2,162명	70%

자료: 해양경찰청 수색구조과

수상구조사 제도 활용 사례로 학생수영장 임기제 공무원 채용에서 수상구조사 자격자를 우대채용하는 등 공공수영장, 워터파크 등에서 우대하여 채용 중이다. 수상구조사 자격증 취득자를 생존수영 강사 우대채용, 교육부 2020년 초등생존수영 실기교육부터 수상구조사 자격자를 우선 위촉하고 있다. 또한, 학점은행제 반영으로 2020년 12월부터 교육부 「학점인정 등에 관한 법률」에 의하여 3학점이 반영되었고, 해양경찰 채용·승진·전보에 반영되고 있다. 특히, 2021년 해양경찰 심사승진부터 수상구조사 보유자에 대하여 가점을 0.2점에서 0.4점으로 상향하였다.

수상구조사 (법 제30조의2)	① 수상구조사가 되려는 사람은 해양경찰청장이 지정하는 관련 단체 또는 기관에서 교육과정을 이수한 후 해양경찰청장이 실시하는 시험에 합격하여야 한다. ② 수상구조사 자격의 효력은 자격증을 발급받은 날부터 발생한다.
부정행위제재 (법 제30조의4)	시험이 정지되거나 합격이 무효로 된 사람은 그 처분이 있은 날부터 2년간 수상구조사 시험에 응시할 수 없다.
준수사항 (법 제30조의5)	① 수상구조사는 다음 사항을 준수하여야 한다. 1. 구조 완료 후 구조된 사람에게 법령에 의하지 않은 금품 등의 대가를 요구하지 않을 것 2. 다른 사람에게 자기의 명의를 사용하게 하거나 그 자격증을 대여(貸與)하지 않을 것 ② 누구든지 수상구조사 자격을 취득하지 아니하고 그 명의를 사용하거나 자격증을 대여받아서는 아니 되며, 명의의 사용이나 자격증의 대여를 알선하여서도 아니 된다. ③ 수상구조사는 조난된 사람의 구조 과정에서 알게 된 비밀을 누설하거나 공개하여서는 아니 된다.

자격유지 (법 제30조의7)	① 수상구조사 자격을 취득한 사람은 다음 구분에 따른 기간에 해양경찰청장이 실시하는 보수교육을 받아야 한다. 1. 최초 수상구조사 자격을 취득한 경우 자격증을 발급 받은 날부터 기산하여 2년이 되는 날부터 6개월 이내 (21 간부) 2. 제1호 이외의 경우 직전의 보수교육을 받은 날부터 기산하여 2년이 되는 날부터 6개월 이내 ② 보수교육 대상자가 보수교육 기간 중 보수교육을 받을 수 없다고 인정되는 경우 해양경찰청장은 보수교육을 미리 받게 하거나 6개월의 범위에서 연기하도록 할 수 있다. ③ 해양경찰청장은 보수교육을 교육기관에 위탁하여 실시할 수 있다. ④ 보수교육을 받지 않은 사람은 보수교육 기간이 만료한 다음 날부터 수상구조사 자격이 정지된다. 다만, 자격정지 후 1년 이내에 보수교육을 받은 경우 보수교육을 받은 날부터 자격의 효력이 다시 발생한다. (21 간부) ⑤ 해양경찰청장은 자격이 정지된 사람에게 자격 정지사실을 통보하여야 하고, 자격정지 통보를 받은 사람은 통보를 받은 날부터 15일 이내에 자격증을 해양경찰청장에게 반납하여야 한다.
자격의 취소 등 (법 제30조의8)	① 해양경찰청장은 수상구조사가 다음 어느 하나에 해당하는 경우에는 그 자격을 취소하거나 1년의 범위에서 자격의 효력을 정지시킬 수 있다. 다만, 제1호부터 제3호까지의 어느 하나에 해당하면 자격을 취소하여야 한다. 1. 거짓이나 그 밖의 부정한 방법으로 자격을 취득한 사실이 드러난 경우 2. 결격사유 중 어느 하나에 해당하게 된 경우 3. 보수교육을 받지 않아 자격이 정지된 날부터 1년이 경과한 경우 4. 준수사항을 위반한 경우 5. 비밀 준수 의무를 위반한 경우 ② 자격이 취소된 사람은 그 처분이 있은 날부터 2년간 수상구조사시험에 응시할 수 없고, 취소된 날부터 15일 이내에 자격증을 해양경찰청장에게 반납하여야 한다.

7. 조난통신

해양경찰청장은 「1979년 해상수색 및 구조에 관한 국제협약」과 「1944년 국제민간항공협약」에 따른 해상구조조정본부와 해상구조조정지부를 지정·운영하여야 한다(법 제31조).

해상구조조정본부의 장은 조난통신을 수신할 수 있는 통신시설을 갖추고 조난사실을 신속히 알 수 있도록 항상 조난통신을 청취하여야 한다(법 제32조).

선박위치 통보 등 (법 제33조)	① 선장은 선박이 항구 또는 포구로부터 출항하거나 해양경찰청장이 지정·고시하는 선박위치통보해역에 진입한 때에는 해상구조조정본부의 장에게 다음 각 호의 통보를 하여야 한다. 1. 항해계획통보, 2. 위치통보, 3. 변경통보, 4. 최종통보 ② 「선박안전법」에 따라 선박위치발신장치를 갖추고 항행하는 선박의 경우에는 위치통보를 생략할 수 있다.
선박위치 통보 선박의 범위 (시행규칙 제13조)	선박의 위치를 통보하여야 하는 선박의 범위는 다음 각 호와 같다. 다만, 제3호부터 제5호까지의 규정에 해당하는 선박의 경우에는 해수면에서의 인명 안전을 위한 국제협약 및 관련 의정서에 따른 세계 해상조난 및 안전제도의 시행에 필요한 통신설비를 설치하고 있는 선박으로 한정한다. (21 채용) 1. 국제항해에 취항하는 여객선 2. 국제항해에 취항하는 총톤수 300톤 이상의 선박 중 항행시간이 12시간 이상인 선박 3. 「해사안전법」 제2조 제12호부터 제14호까지의 규정에 따른 조종불능선(操縱不能船)·조종제한선(操縱制限船) 및 흘수제약선(吃水制約船) 4. 예인선열(曳引船列)의 길이가 200미터를 초과하는 예인선 5. 석유류 액체화학물질 등 위험화물을 운송하고 있는 선박
선박위치 통보의 시기 등 (시행규칙 제14조) (19 1차·20 간부)	① 선박위치통보의 시기는 다음 각 호의 구분에 따른다. 1. 항해계획통보: 선박이 항구 또는 포구를 출항하기 직전 또는 그 직후나 해양경찰청장이 지정·고시하는 선박위치통보해역에 진입한 때 2. 위치통보: 항해계획 통보 후 약 12시간마다 3. 변경통보: 항해계획의 내용을 변경한 때, 선박이 예정위치에서 25해리 이상 벗어난 때 또는 목적지를 변경한 때 4. 최종통보: 목적지에 도착하기 직전이나 도착한 때 또는 해양경찰청장이 지정·고시하는 선박위치통보해역을 벗어난 때

8. 사후처리

구조본부의 장 또는 소방관서의 장은 구조된 사람이나 사망자에 대하여는 그 신원을 확인하고 보호자 또는 유족이 있는 경우에는 보호자 또는 유족에게 인계하여야 하며, 구조된 선박 등이나 물건에 대하여는 소유자가 확인된 경우에는 소유자에게 인계할 수 있다(법 제35조).

구조본부의 장 또는 소방관서의 장은 구조된 사람이나 사망자의 신원이 확인되지 아니하거나 인계받을 보호자 또는 유족이 없는 경우 및 구조된 선박 등이나 물건의 소유자가 확인되지 아니한 경우에는 구조된 사람, 사망자, 구조된 선박 등 및 물건을 특별자치도지사 또는 시장·군수·구청장에게 인계한다(법 제35조).

물건의 인계 (법 제35조)	표류물 또는 침몰품을 습득한 자는 지체 없이 이를 특별자치도지사 또는 시장 · 군수 · 구청장에게 인도하여야 한다. 다만, 그 표류물 등의 소유자가 분명하고 그 표류물등이 법률에 따라 소유 또는 소지가 금지된 물건이 아닌 경우에는 습득한 날부터 7일 이내에 직접 그 소유자에게 인도할 수 있다.
구조된 사람의 보호 등 (법 제36조)	구조된 사람 등을 인계받은 특별자치도지사 또는 시장 · 군수 · 구청장은 구조된 사람에게 신속히 숙소 · 급식 · 의류의 제공과 치료 등 필요한 보호조치를 취하여야 하며, 사망자에 대하여는 영안실에 안치하는 등 적절한 조치를 취하여야 한다.
인계된 물건의 처리 (법 제37조)	① 구조된 선박 등 또는 물건을 인계받거나 습득한 표류물 등을 인도받은 특별자치도지사 또는 시장 · 군수 · 구청장은 이를 안전하게 보관하여야 한다. ② 인계받은 물건이 다음 어느 하나에 해당하여 보관이 부적당하다고 인정될 경우 공매하여 그 대금을 보관할 수 있다. 1. 멸실 · 손상 또는 부패의 염려가 있거나 가격이 현저히 감소될 우려가 있는 것 2. 폭발물, 가연성의 물건, 보건상 유해한 물건, 그 밖에 보관상 위험이 발생할 우려가 있는 것 3. 보관비용이 그 물건의 가격에 비하여 현저히 고가인 것
구조된 사람의 구호비용 (법 제38조)	① 구조된 사람에 대하여 조치에 소요된 비용은 구조된 사람의 부담으로 하고, 비용을 특별자치도지사 또는 시장 · 군수 · 구청장이 지정하는 기한 내에 납부하여야 한다. ② 구조된 사람이 비용을 납부할 수 없는 때에는 국고의 부담으로 한다. 이 경우 비용을 납부할 수 없는 기준은 해양수산부령으로 정한다. ③ ①부터 ②까지의 규정은 사망자에 대하여 이를 준용한다(“구조된 사람”은 “유족”으로 본다).
수난구호 비용의 지급 (법 제39조)	수난구호에 종사한 자와 일시적으로 사용된 토지 · 건물 등의 소유자 · 임차인 또는 사용인은 특별자치도지사 또는 시장 · 군수 · 구청장으로부터 수난구호비용을 지급받을 수 있다. 다만, 다음 각 호의 어느 하나에 해당하는 자의 경우에는 그러하지 아니하다. (21 채용) 1. 구조된 선박 등의 선장 등 및 선원 등 2. 고의 또는 과실로 인하여 조난을 야기한 자 3. 정당한 거부에도 불구하고 구조를 강행한 자(21 간부) 4. 조난된 물건을 가져간 자

Ⅲ. 수색 · 구조 조직

1. 해상구조조정본부의 지정

「1979년 해상 수색 및 구조에 관한 국제협약」 및 「1944년 국제민간항공협약」 상의 해상구조조정본부 및 해상구조조정지부를 지정하여 수색 및 구조 구역 내에서 수색 및 구조업무의 효율적인 조직화를 촉진하고, 선박위치통보에 필요한 사항을 규정한 「해상구조조정본부 지정 등에 관한 고시」에서 규정하고 있다.

해상구조조정본부는 지방해양경찰청으로 하고 해상구조조정지부는 해양경찰서로 한다(해상구조조정본부 지정 등에 관한 고시 제2조).

2. 구조본부 구성 및 운영(구조본부 구성 및 운영 등에 관한 훈령)(21 간부)

1) 개념(제2조)

중앙 · 광역 · 지역구조본부	「수상에서의 수색 · 구조 등에 관한 법률」 제5조 및 같은 법 시행령 제4조부터 제5조까지에 따른 구조본부
수색구조 주관부서	중앙구조본부는 해양경찰청 수색구조과, 광역구조본부는 지방해양경찰청 구조안전과, 지역구조본부는 해양경찰서 경비구조과(단, 구조안전과가 설치되지 않은 광역구조본부는 경비안전과)
종합상황실	각급 구조본부에 설치 · 운영하는 것으로서 해경청, 지방청, 해경서에서 각각 운영 중인 상황센터 또는 상황실
구조본부 비상 가동	해양 사고 또는 재난대응에 있어 종합상황실을 중심으로 평상단계로 운영하던 구조본부를 대비단계 또는 대응단계로 격상하여 운영하는 것
대응부	대응계획부 · 자원지원부 · 현장대응부 · 긴급복구부 · 정보관 · 공보관

2) 구성 및 지휘체계

(1) 구조본부 구성 및 지휘체계

구조본부 비상 가동 시 구성 및 담당사무 (제5조)	① 중앙구조본부는 본부장 · 부본부장 각 1명과 중앙조정관 1명을 두는 외에 하부조직으로 대응계획부 · 자원지원부 · 현장대응부 · 긴급복구부 및 공보관, 정보관을 둘 수 있다. 이 때 중앙구조본부장이 따로 지명하지 않는 한 부본부장은 해경청 차장이 되고, 중앙조정관은 구조안전국장이 된다.

	② 광역 · 지역구조본부는 본부장 1명과 광역조정관 1명을 두는 외에 하부조직으로 대응계획부 · 자원지원부 · 현장대응부 · 긴급복구부 및 공보관, 연락관, 정보관을 둘 수 있다. 이 때 광역 · 지역구조본부장이 따로 지명하지 않는 한 광역조정관은 지방청의 안전총괄부장이 되고, 지역조정관은 경비구조과장이 된다. 단, 안전총괄부장이 없는 지방청은 구조안전과장이, 구조안전과장이 없는 지방청은 경비안전과장이 광역조정관이 된다.
운영기준 (제6조)	① 각급구조본부장은 대비단계, 대응 1단계, 강화 대응 1단계, 대응 2단계 및 대응 3단계로 구분하여 구조본부를 비상 가동한다. 단, 사고의 규모, 사회적 파장, 구조활동 추이 등에 따라 비상단계 및 단계별 근무인원, 인원구성, 임무 등을 달리 운영할 수 있고, 상급구조본부는 하급구조본부의 설정 단계와 같거나 낮은 단계로 설정하는 것을 원칙으로 한다.(21 간부) ② 태풍 등 자연재난의 대비목적으로 구조본부를 운영하는 경우 대비단계 또는 대응 1단계 가동을 원칙으로 하고, 상황모니터링 강화 등 확대 대응이 필요할 경우에는 강화 대응 1단계로 상향하여 구조본부를 비상 가동한다. 다만, 자연재난에 의한 해양사고 발생 시에는 제1항에 따라 대응 2단계 이상으로 상향하여 운영 할 수 있다.
지휘체계 (제8조)	① 상급 구조본부와 하급 구조본부가 동시에 가동되는 경우 수색구조활동에 관한 직접적인 지휘는 사고 발생지 관할 지역구조본부장이 우선적으로 권한과 책임을 가지며, 상급구조본부장을 비롯한 다른 구조본부장은 지휘권을 인수하지 않는 한 지역구조본부장의 현장 대응에 대한 판단에 혼선을 주어서는 안 된다. 단, 상급구조본부장이 서면 또는 전자매체를 이용하여 지시하는 경우는 예외로 한다. (21 간부) ② 중앙구조본부장은 사고의 규모 및 양상을 감안하여 사고 발생지를 관할하는 광역구조본부장으로 하여금 지역구조본부장으로부터 지휘권을 인수하여 직접 지휘하도록 지시할 수 있으며, 상급구조본부장은 하급 구조본부를 통합하여 직접 지휘하는 것이 효율적이라고 판단하는 경우 지휘권을 발동하고 하급 구조본부의 인력 및 장비 등을 통합하여 운영할 수 있다. ③ 같은 등급의 구조본부장 간 지휘권을 이양할 경우에는 공통의 상급 구조본부장의 허가를 받아야 한다. ④ 상급 구조본부장은 둘 이상의 하급 구조본부의 공동대응 등이 필요하다고 판단하는 경우 하급 구조본부장 중 주된 지휘권을 행사하는 구조본부장을 지정할 수 있으며, 그 외의 구조본부장은 지휘권을 지정받은 구조본부장의 요청에 적극 협조하여야 한다. ⑤ 지휘권을 이양할 경우에는 지휘권 공백이 발생하지 않도록 별지 제1호 서식을 작성하여 서면으로 지휘권을 이양하며, 부득이한 경우에는 유 · 무선 통신망 등을 활용하여 지휘권을 이양할 수 있다. ⑥ 사고대응을 직접 지휘하는 구조본부는 '지휘 구조본부'로, 그 외 구조본부는 '지원 구조본부'로 구별, 이는 역할에 관한 구분일 뿐이고 명칭은 법령상의 규정을 그대로 따른다.
구조본부 운영 훈련 (제17조)	① 수색구조 주관부서의 장은 구조본부 운영 요원의 임무숙지와 적응 · 숙달을 위해 특별한 사정이 없는 한 분기 1회 이상 구조본부 운영훈련을 실시하는 것을 원칙으로 하고, 각 운영요원은 정당한 사유가 없는 한 훈련에 적극 참여하여야 한다. ② 실제 해양사고 발생 또는 자연재난에 대비하여 구조본부를 비상 가동하였을 때는 해당 분기에 구조본부 운영훈련을 실시한 것으로 본다.

(2) 구조본부 운영기준(구조본부 구성 및 운영 등에 관한 훈령 별표 2)

① 대비단계

가. 관할 해역에 태풍, 지진해일 등으로 인한 자연재난 발생이 우려되는 경우

나. 해양에서의 자연재난 대비·대응을 위해 중앙재난안전대책본부 "비상 1단계" 발령 시

다. 종합상황실의 사고대응에 단기적으로 지원이 필요하다고 각급 조정관이 판단하는 경우

※ 이 경우 상황판단회의 없이 각급 조정관은 대비단계 근무를 지시할 수 있다.

라. 해양 사고 또는 재난으로 인해 하급 구조본부에 대응 1단계 이상의 비상단계가 설정되어 상급 구조본부에서 상황을 예의 주시할 필요가 있는 경우

마. 그 밖의 구조본부장이 필요하다고 판단하는 경우

② 대응 1단계

가. 사고발생시점으로부터 단기간 내 수색구조 종결 가능성이 매우 희박하고, 종합상황실 자체 인력으로는 종합적 대응이 곤란할 정도로 규모가 큰 사고로서,

㉠ 전복 및 침몰사고의 경우 사망 또는 선내 고립인원이 5명 이상이거나 사고해점 인근 초기 집중해상수색이 종료된 상태에서 실종자가 5명 이상인 경우(21 간부)

㉡ 충돌, 침수, 좌초, 화재 사고의 경우 구조세력의 현장도착 후 초기 구조활동이 완료된 상태에서 사망·실종을 포함하여 5명 이상의 안전확보가 매우 곤란한 경우

㉢ 선박 실종사고의 경우 5명 이상 탑승한 선박에 대한 통신 수색결과 전복, 침몰 등 고위험성 사고의 개연성이 매우 높은 것으로 추정할 수 있는 단서가 발견된 경우

㉣ 관할해역 내 민간여객기 추락사고가 발생하였거나 추락이 확실시 되는 경우

㉤ 연안에서 발생한 비선박사고로 5명 이상의 안전확보가 매우 곤란한 경우

나. 관할해역에 태풍, 지진해일 관련 주의보 또는 경보가 발령된 상태에서 선박 또는 비선박 사고 발생 가능성이 매우 농후한 경우

다. 해양에서의 자연재난 대비·대응을 위해 중앙재난안전대책본부 "비상 2단

계" 발령 시

라. 그 밖의 구조본부장이 필요하다고 판단하는 경우

③ 강화 대응 1단계

가. 태풍이 한반도를 관통하는 등의 자연재해로 인해 한반도에 많은 피해가 예상되어 기능별 상황모니터링 강화가 필요하다고 판단되는 경우

나. 그 밖의 구조본부장이 필요하다고 판단하는 경우

④ 대응 2단계

가. 대응 1단계의 조건에서 확대 대응이 필요하거나 지원기능(민·관·군 세력의 조직적 동원, 현장기능 보급지원 등)이 필요한 경우

나. 사고의 규모 및 사회적 파장이 매우 큰 대형 해양재난으로 인해 「대응 1단계」로는 대응이 곤란하다고 판단되는 경우

다. 그 밖의 구조본부장이 필요하다고 판단하는 경우

⑤ 대응 3단계

가. 대응 2단계의 조건에서 확대 대응이 필요하거나 수습, 복구활동이 요구되는 대규모 해양오염사고, 대규모 유·도선 사고의 경우

나. 범 국가적 차원의 대응이 필요하거나 재난의 규모가 2단계로는 대응이 곤란하다고 판단되는 경우

다. 그 밖의 구조본부장이 필요하다고 판단하는 경우

⑥ 공통

가. 다중이용선박이나 항공기 사고의 경우 사고의 사회적 파장을 고려하여 위 운영기준과 관계없이 비상단계를 설정할 수 있다.

나. 중앙 및 광역 구조본부장은 설정된 운영단계와 관계없이 필요시 지역구조본부의 대응활동 지원을 위한 '긴급대응지원팀'을 편성하여 파견할 수 있다. 이 때 '긴급대응지원팀'의 구성은 수색구조, 홍보, 방제, 정보 등 상황에 따라 탄력적으로 편성한다.

다. 해양오염 및 방제 상황과 연계된 해양사고에 있어 별도의 방제대책본부를 가동하지 않는 경우에는 각 반에 해양오염방제 기능의 인원을 추가하여 운영할 수 있고, 이 때 추가되는 인원은 해양오염방제국장(지방청 및 해경서는 해양오염방제과장)이 지정한다.

라. 위 '다'의 경우 수색구조 상황은 종료되고 해양오염방제에 관한 수습·복구 상황만 남은 경우, 운영되고 있는 비상단계와 대응반 편성을 유지하되 조정관을 해양오염방제국장(지방청 및 해경서는 해양오염방제과장)으로 교체하여 구조본부 비상운영을 일정기간 계속할 수 있고, 이러한 방제상황이 장기화될 경우 구조본부는 평상단계로 전환하고 해양오염방제에 관한 수습·복구는 관련 기능에서 주도하여 관리한다.

마. 방제대책본부 등을 별도로 가동할 경우에는 상황판단회의를 통해 대응체계의 구성을 조정하여 실시할 수 있다.

바. 중앙 또는 광역구조본부에서 사고 대응을 지휘하는 경우, 지휘구조본부장은 지역구조본부장을 현장에 파견하여 현장조정관으로서의 역할을 수행하게 할 수 있다.

3. 해양경찰 구조대(해양경찰구조대 운영규칙)

1) 개념(제2조)

구조대	수색 및 구조 활동에 필요한 장비를 갖추고 해양경찰청 소속 경찰공무원으로 편성되어 해양경찰서에 설치된 단위조직
수 색	인원 및 장비를 사용하여 조난을 당한 사람 또는 사람이 탑승하였을 것으로 추정되는 선박 등을 찾는 활동
구 조	조난을 당한 사람을 구출하여 응급조치 또는 그 밖의 필요한 것을 제공하고 안전한 장소로 인도하기 위한 활동
구 급	응급환자에 대하여 행하는 상담, 응급처치 및 이송 등의 활동
구조대원	구조요원, 구급요원 및 운항요원
구조요원	「수상에서의 수색 · 구조 등에 관한 법률 시행령」에 따라 구조업무를 위하여 특별채용되었거나, 해양경찰청장이 실시하는 인명구조 교육을 받은 사람으로서 구조대에 근무하는 자
구급요원	「응급의료에 관한 법률」에 따른 1급 응급구조사로서 자격을 유지중인 자 또는 구급직별 중 구조대에서 근무하는 자
운항요원	구조대에 배치되어 구조보트 운항에 관한 업무를 수행하는 자
응급환자	「응급의료에 관한 법률」의 응급환자
응급처치	「응급의료에 관한 법률」의 응급처치
업무지원	해양안전 · 치안 · 오염방제 등과 관련하여 소속 해양경찰서 외에 인원, 장비 등을 지원하기 위하여 수행되는 기능

교대근무	근무조를 나누거나 일정 인원을 편성하여 계획에 의한 반복 주기에 따라 교대로 업무를 수행하는 근무형태
당 번	교대근무자가 일정한 계획에 따라 근무하는 날 또는 시간
비 번	교대근무자가 다음 근무시작 전까지 자유롭게 쉬는 것
일 근	오전 9시부터 오후 6시까지의 근무
휴게시간	업무능률의 균형 있는 유지와 보건을 위하여 근무시간 중에 잠시 또는 일정시간 쉬는 시간
비상상황	해양안전 · 치안 · 오염 등과 관련하여 중요상황이 발생하거나 발생할 우려가 있어 다수의 경력을 동원할 필요가 있는 때
동원근무	공무수행 상 필요하다고 인정되어 당번 이외에 비번에 실시하는 근무
대체휴무	동원근무에 대한 보상으로 근무일에 휴무하는 것

2) 편성 및 운영

설 치 (제4조)	해양경찰서장은 해수면에서 수색 및 구조를 효율적으로 수행하기 위하여 구조대를 설치할 수 있고, 구조대의 명칭은 해당 해양경찰서의 기관명을 표기한 "00해양경찰구조대"로 한다.
임 무 (제5조)	1. 해양사고 등에 필요한 수색 및 구조 활동 2. 응급환자에 대한 응급처치활동 3. 구조 · 구급장비의 관리 · 운영 4. 해양안전 및 치안유지 활동 등의 지원 5. 그 밖에 해양경찰청장 등이 지정하는 임무
임무지역 등(제6조)	구조대의 임무수행지역은 각 해양경찰서 관할 해역으로 한다(상급기관장의 지시가 있을 때와 비상상황일 경우에는 예외)

4. 중앙해양 특수구조단 운영(중앙해양특수구조단 운영규칙)

1) 개념(제3조)

대 원	특수구조단에서 근무하는 직원
특수구조요원	특수구조팀 및 교육 · 훈련팀에서 구조임무에 종사하는 경찰공무원
긴급방제요원	긴급방제팀에서 해양오염사고 대응에 종사하는 일반직 공무원
지원요원	구조임무 및 해양오염사고 대응 임무에 대해 현장 보급지원 및 현장관리, 상황관리 지원임무를 수행하는 행정 · 지원팀의 대원
잠수지원함	잠수 및 수중탐색지원업무를 수행하는 함정

함정요원	잠수지원함에서 함정운항과 구조업무에 종사하는 경찰공무원
대형해양 사고	사망 5명이상 · 부상 10명 이상 해양사고, 사망 3명 이상 · 부상 5명 이상 다중이용선박 사고 등으로 사회적 이목이 집중되는 사고
특수해양 사고	해양에서 발생하는 일반적이고 보편적인 상황이 아닌 비유형적이고 복합적이며 예측할 수 없는 그 밖의 모든 사고
중 · 대형 해양오염사고	「방제대책본부 운영규칙」에 따른 대책본부 설치기준 규모의 해양오염사고
유해화학 물질사고	「해양환경관리법」에 따른 위험 · 유해물질에 의한 사고
상황관리	각종 해양상황 발생 시 인명과 재산피해를 최소화 하거나 사전에 방지하기 위하여 신속한 상황전파와 초동조치 및 지휘 등의 업무를 수행하기 위한 모든 활동

2) 임무와 출동

중앙해양 특수구조단의 임무는 다음과 같다(규칙 제4조).

① 대형 · 특수 해양사고의 구조 · 수중수색에 관한 사항,

② 잠수 · 구조 기법개발 · 교육 · 훈련 및 장비관리 등에 관한 사항,

③ 인명구조 등 관련 국내 · 외 기관과의 교류 협력에 관한 사항,

④ 수중수색구조 활동 및 잠수구조 인력 교육 · 훈련 등 잠수지원함 운영에 관한 사항,

⑤ 중 · 대형 해양오염사고 발생 또는 우려시 긴급방제조치에 관한 사항,

⑥ 오염물질에 대한 방제기술 습득 및 훈련에 관한 사항

조직 (제5 · 6조)	중앙해양특수구조단장은 해양경찰청장의 명을 받아 소관 업무를 총괄, 소속대원 지휘 · 감독한다. ① 특수구조단에 행정 · 지원팀과 특수구조팀, 교육 · 훈련팀, 긴급방제팀 및 잠수지원함을 둔다. ② 특수구조단 소속으로 지역 특수구조대를 둘 수 있다.
현장출동 (제14조)	① 중앙구조본부 · 방제대책본부의 장이 필요하다고 판단하여 명하는 경우에 출동하여야 한다. ② 특수구조단은 제1항의 경우 외 다음에 해당하는 경우 출동할 수 있다. 1. 수심 30m 이상 심해구조 상황, 수심 40m 이상 잠수필요상황 등 구조난이도, 위험성 등으로 관할 해경구조대로는 대응하기 곤란한 경우 2. 관할 해경구조대와 인근서 해경구조대로는 대응하기 어려운 대규모 해양사고가 발생하여 현장대응에 장시간 소요되는 경우 3. 특수구조단이 보유한 장비를 이용한 수색구조 활동이 필요한 경우 4. 원해 해양사고 또는 기상여건상 제약으로 인해 대형헬기의 출동 및 항공구조 가 요구되는 경우

	5. 위험 · 유해물질을 적재한 선박의 사고로 선내 인원의 퇴선조치 및 부상자 구조가 요구되나 해경구조대가 대응하기 어려운 경우 6. 선박충돌 등의 해양사고로 인해 중 · 대형 해양오염이 발생하였거나 예상되는 상황에서 파공부위의 응급봉쇄 등 응급조치가 필요한 경우 7. 「수상구조법」에 규정된 광역 · 지역구조본부 및 긴급구조기관의 수색구조 지원요청이 있고, 지원이 필요하다고 인정되는 경우 8. 그 밖에 사회적 관심이 집중되는 해양사고 발생으로 지원이 필요한 경우

Ⅳ. 수색 · 구조 절차

1. 기본 절차

수난구호는 사람의 생명을 최우선으로 하고(수상구조법 시행령 제3조), 해양 수색구조 성패는 신속한 계획과 실행에 달려 있고, 어떠한 상황에서도 신속한 구조가 필요한 생존자가 있다고 보고 구조에 착수하는 것이 필요하다.

일반적인 수색구조 절차는 ① 인지 단계 → ② 초동 조치 단계 → ③ 수색 단계 → ④ 구조 단계 → ⑤ 구난 및 사후 조치 단계로 진행된다. (19 채용 · 19 간부)

「국제항공 및 해상수색구조 매뉴얼(IAMSAR 매뉴얼)」은 수색구조 절차를 ① 인지 단계 → ② 초동 조치 단계→ 계획 단계 → 작전 단계 → 종결 및 사후조치 단계로 구분하고 있다.

2. 수색 · 구조 5단계

1) 조난사고 인지 단계

조난사고를 인지하는 방법으로는 해상에 있는 조난선박으로부터 경고신호 또는 조난신호를 직접 또는 경유하여 수신하는 경우, 항공기로부터 조난신호 또는 메시지를 수신 받은 경우, 선박의 조난경보장치로부터 육상국을 경유하여 중계받는 정보, 인근의 조난선박으로부터 시각신호 또는 음향신호 등이 있다.

특히 조난신호를 수신한 함정은 즉각적으로 조난신호 수신을 통보하고, 가능하면 조난선박으로부터

① 조난선박의 위치, 선명, 승선원 수, ② 조난의 종류, 요구되는 지원의 형태,

희생자 수, ③ 조난선박의 침로 및 속도, 선박의 형태, 통신수단 등의 정보를 수집해야 한다.

적절한 조치를 하도록 선장이나 선원에게 지시하고, 지시한 사항이 수행되었는지 확인하여야 하고 수행되지 않을 경우에는 재차 인명구조를 위한 조치를 하도록 강력히 지시할 필요가 있다.

2) 초동 조치 단계

조난사실을 인지와 동시에 조난선박에게 적절한 조치를 지시하거나 또는 인근 선박 또는 함정에 지시하여 수색구조를 실시하도록 해야 하며, 조난사고의 특성상 초동조치는 수색구조 활동의 성패를 가름하는 매우 중요한 요소이다. 이 단계는 정보의 평가와 분류, 수색구조 함정·항공기에 대한 조난경보, 통신점검, 긴급 상황시 다른 단계의 관련 활동들을 신속히 수행하는 것을 포함한다.

3) 수색 단계

수색구조 세력이 조난현장에 도착하였을 때부터 수색은 개시되지만 모든 조난상황에서 수색단계가 존재하는 것은 아니며, 선박자동식별장치(AIS) 등의 활용으로 대부분 조난선박의 위치를 사전에 확인할 수 있게 되어 수색단계가 없이 곧바로 구조단계로 이행될 수 있다.

조난위치를 특정하지 못하는 경우 등에 있어서는 수색은 반드시 필요하고, 신속하고 체계적인 수색이 인명구조의 성패를 좌우하게 된다. 조난자 또는 조난선박의 표류해역을 추정하고 표류 가능해역 등 당시 수색환경에 맞는 수색기법을 활용하여 수색을 실시하여야 한다.

4) 구조 단계

수색을 통해 조난선박이나 생존자를 찾았거나, 처음부터 조난위치가 특정된 경우에는 수색활동 없이 곧바로 구조단계가 시작될 수 있으며, 현장지휘관은 구조활동 수행에 있어 성급한 판단이나 독자적인 현장조정활동을 지양해야 하고, 화재나 전복선박 등과 같이 구조요원의 안전에 위험요소가 많은 상황에서는 기상여건 등을 종합적으로 고려하여 안전장비 등을 활용한 퇴선유도 등을 통한 안전한 구조활동을 진행해야 한다.

5) 구난 및 사후조치 단계

누구든지 다음 장소에서 조난된 선박 등을 구난하려는 자는 구난작업을 시작하기 전에 구조본부의 장 또는 소방관서의 장에게 그 사실을 신고하여야 한다. 다만, 대통령령으로 정하는 소형선박을 구난하려는 경우,[1] 구조본부의 장 또는 소방관서의 장의 요청으로 구난을 하려는 경우에는 그러하지 아니하며, 긴급구난을 하려는 경우에는 구난작업을 시작한 후 지체 없이 구조본부의 장 또는 소방관서의 장에게 알려야 한다(수상구조법 제19조 제1항).

① 「영해 및 접속수역법」에 따른 영해 및 내수

② 「배타적 경제수역 및 대륙붕에 관한 법률」에 따른 배타적 경제수역

구조본부의 장 또는 소방관서의 장은 구난 신고를 받은 경우 그 내용을 검토하여 구난작업을 실시하는 데 적합하다고 인정할 때에는 신고를 수리하여야 한다. 이 경우 신고된 내용이 미흡하다고 인정할 때에는 필요한 사항을 보완한 후 다시 신고하게 할 수 있다(수상구조법 제19조 제2항).

구조본부의 장은 다음 어느 하나에 해당하는 경우에는 구조활동을 종료 또는 중지할 수 있다(수상구조법 제24조). (19 간부)

① 구조활동을 완료한 경우

② 생존자를 구조할 모든 가능성이 사라지는 등 더 이상 구조활동을 계속할 필요가 없다고 인정되는 경우

3. 수색패턴(21 간부)

수색패턴은 보통 4가지 그룹, 주간 시각수색, 전자수색, 야간시각수색 및 특수목적수색으로 분류한다.

---

1) **수상구조법 시행령 제20조(소형선박의 구난)** 법 제19조 제1항 단서에서 "대통령령으로 정하는 소형선박"이란 「해양환경관리법」 제2조 제4호·제5호 또는 제7호에 따른 폐기물·기름 또는 유해액체물질의 산적운반(散積運搬)에 전용(轉用)되지 아니하는 선박으로서 총톤수 100톤 미만의 선박을 말한다.

1) 주간 시각수색(Daylight Visual Search)

부채꼴 수색, 확대사각수색, 항로 수색, 평행수색, 크리핑라인 수색, 해공(海空) 합동수색 등이 있다.[2]

(1) 부채꼴 수색(Sector Search)(21 간부)

① 수색 목표물의 표류 위치가 정확하고 수색구역이 소규모일 때 가장 효과적이다.
② 기준점을 중심으로 한 원구역을 수색하기 위해 사용한다.
③ 적용 수색구역이 좁으므로 비슷한 고도에서 다수의 항공기 또는 다수의 함정이 동시에 이 방법을 사용해서는 아니 된다.

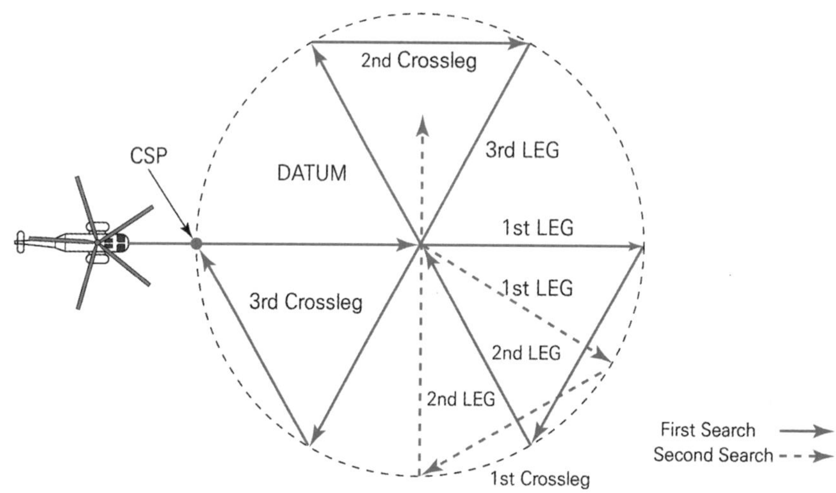

(2) 확대 사각수색(Expanding Square Search)(21 간부)

① 수색 목표물의 추정위치 정확성이 비교적 상대적으로 가까운 한계 내에 있는 것으로 알려져 있을 때 효과적인 수색방법이다.
② 최초 도착선박이 실시하는 수색방식이며 수색 개시시점은 항상 기준위치이다.
③ 해류나 풍압류가 없을 때 적합하다.
④ 수색구역이 좁으므로 비슷한 고도에서 다수의 항공기 또는 다수의 함정이 동시에 절차를 사용해서는 안 된다.

2) 해양경찰청(2015). 「해상수색구조매뉴얼」, p. 66.

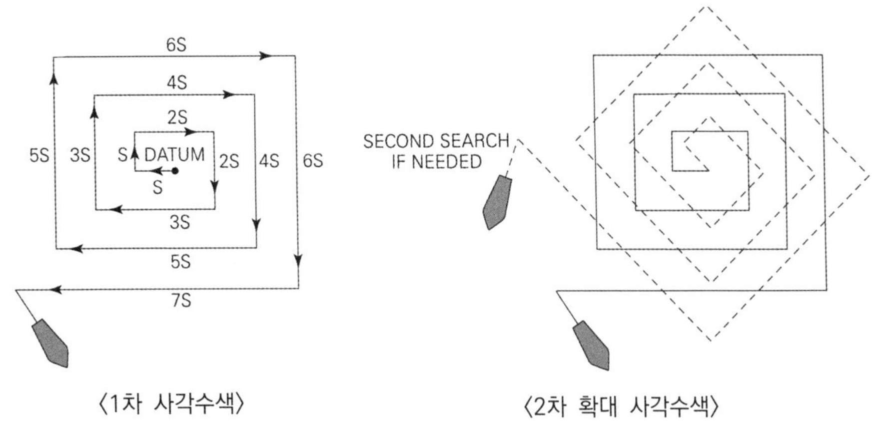

〈1차 사각수색〉 〈2차 확대 사각수색〉

(3) 항적선 수색(Track Line Search)

① 알려진 경로를 따라가지 않고 항공기 또는 선박이 실종되었을 때 예상항로를 따라 직선으로 수색하는 것을 말하고, 조난 초기 단계에 적용한다.

② 의도된 항적을 따라서 양쪽을 수색하면서 항로를 돌아오는 회항방식(TSR)과 돌아오지 않는 불회항방식(TSN)이 있다.

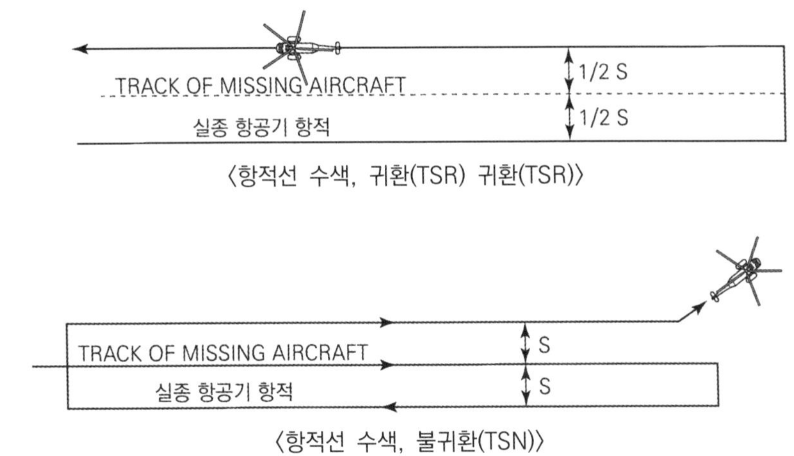

〈항적선 수색, 귀환(TSR) 귀환(TSR)〉

〈항적선 수색, 불귀환(TSN)〉

(4) 평행선 수색(Parallel Sweep Search) (21 간부)

① 생존자의 추정위치가 불확실하고 광범위한 지역을 수색하는 해상수색에 사용하는 패턴이다.

② 현장에 있는 여러 척의 함정이나 항공기로 수색이 가능하다.

③ 단점으로 수색에 장시간이 소요되고 수색의 효율성이 떨어진다.

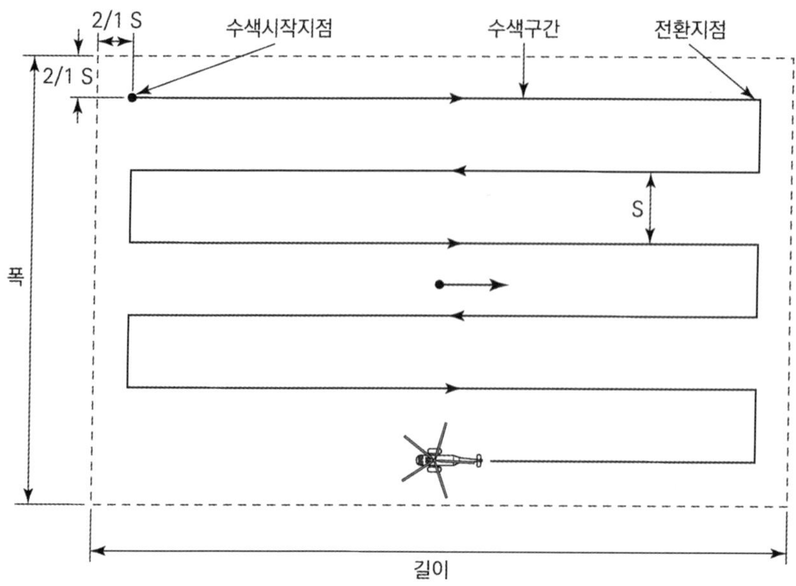

(5) **지그재그 수색: 크리핑라인 수색**(Creeping line search)

① 기본적으로 평행수색과 같으나 "ㄹ" 자형을 세운형태의 수색으로 길이가 길고 폭이 좁은 해역의 수색에 사용된다.

② 목표물이 통상항로를 크게 벗어나서 표류할 것으로 추정되는 경우에 사용되며 통상항로를 따라 광범위한 수색을 한다.

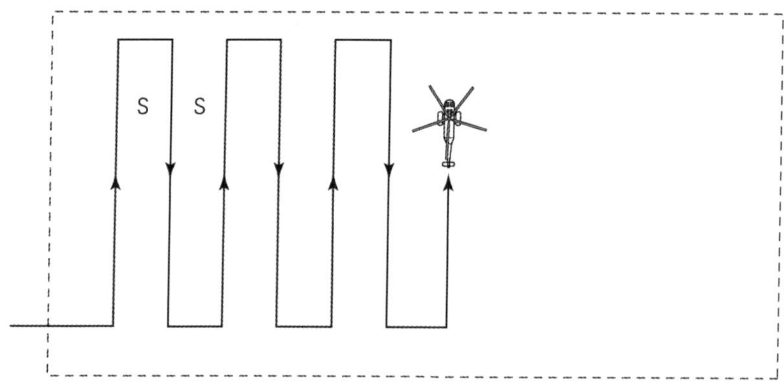

(6) **해공(海空) 합동수색**(Creeping line Search, Co-ordinated)

① 공중과 해상에서의 신속하고 조화를 이룬 수색으로 항공기가 수색의 주체이며 다량의 인원을 구조할 때 이용한다.

② 항공기는 크리핑라인(Creeping line)수색을 하고, 선박은 수색구역의 중심축을

따라서 수색하며 항공기에서 조난자를 발견하면 선박에서 구조한다.

③ 항공기 불시착의 경우 승무원에 대한 신속한 구조가 가능하다.

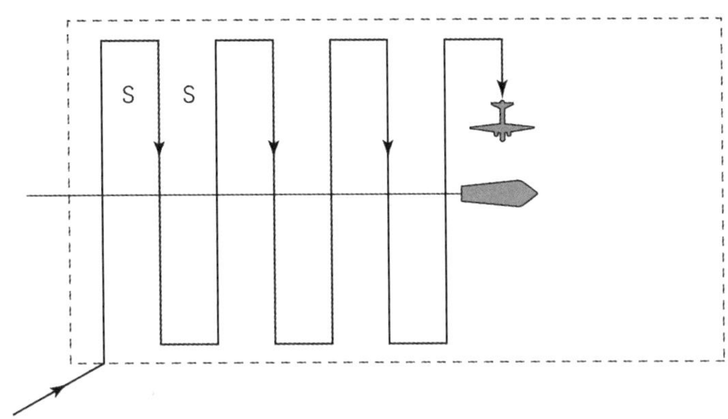

(7) 등고선 수색(Contour Search)

① 고도가 가파르게 변화하여 다른 패턴을 실행할 수 없는 산 주위 및 계곡에서 사용된다.

② 산꼭대기에서 수색을 시작하여 각 선회시 마다 새로운 수색고도로 꼭대기부터 바닥까지 수색한다.

③ 수색고도의 간격은 150－300m이다.

2) 전자 수색 · 야간 시각 수색 · 특수목적 수색

(1) 전자수색패턴(Electronic Search pattern)

생존자가 ELT(비상위치송신기), PLB(개인용 위치발신장치) 또는 EPIRB(비상위치지시용 무선표지설비)를 작동시킬 것으로 생각되는 경우에 이용되는 방법이다.

(2) 야간 수색패턴(Night Visual Search pattern)

낙하산 화면(Parachute Flare)에 의한 수색, 적외선 장치(Infrared devices)에 의한 야간용 안경(Night vision goggle)을 이용한 수색방법 등이 있다.

(3) 레이더 수색(Special Purpose Search)

레이더 수색은 몇 척의 선박이 수색활동에 참여할 때 효과적이며, 특히 조난사고 위치가 불명이거나 수색 항공기 동원이 불가한 때에는 더욱 유용하게 이용될 수 있는 방법이다.

V. 재난 및 안전관리

1. 서설

1) 개념(재난 및 안전관리 기본법 제3조)

재 난	국민의 생명 · 신체 · 재산과 국가에 피해를 주거나 줄 수 있는 것(21 채용) • 자연재난: 태풍, 홍수, 호우(豪雨), 강풍, 풍랑, 해일(海溢), 대설, 한파, 낙뢰, 가뭄, 폭염, 지진, 황사(黃砂), 조류(藻類) 대발생, 조수(潮水), 화산활동, 소행성 · 유성체 등 자연우주물체의 추락 · 충돌, 그 밖에 이에 준하는 자연현상으로 인하여 발생하는 재해 (21 채용) • 사회재난: 화재 · 붕괴 · 폭발 · 교통사고(항공사고 및 해상사고를 포함한다) · 화생방사고 · 환경오염사고 등으로 인하여 발생하는 대통령령으로 정하는 규모 이상의 피해와 국가핵심기반의 마비, 「감염병의 예방 및 관리에 관한 법률」에 따른 감염병 또는 「가축전염병예방법」에 따른 가축전염병의 확산, 「미세먼지 저감 및 관리에 관한 특별법」에 따른 미세먼지 등으로 인한 피해(21 채용)
해외재난	대한민국의 영역 밖에서 대한민국 국민의 생명 · 신체 및 재산에 피해를 주거나 줄 수 있는 재난으로서 정부차원에서 대처할 필요가 있는 재난
재난관리	재난의 예방 · 대비 · 대응 및 복구를 위하여 하는 모든 활동
안전관리	재난이나 그 밖의 각종 사고로부터 사람의 생명 · 신체 및 재산의 안전을 확보하기 위하여 하는 모든 활동(21 간부)
재난관리 책임기관	가. 중앙행정기관 및 지방자치단체(「제주특별자치도 설치 및 국제자유도시 조성을 위한 특별법」에 따른 행정시 포함) 나. 지방행정기관 · 공공기관 · 공공단체(공공기관 및 공공단체의 지부 등 지방조직 포함) 및 재난관리의 대상이 되는 중요시설의 관리기관 등으로서 대통령령으로 정하는 기관(지방해양수산청, 국립수산과학원, 국립해양조사원, 한국해양교통안전공단, 사단법인 한국선급, 해양환경공단, 항만공사 등)
재난관리 주관기관	재난이나 그 밖의 각종 사고에 대하여 그 유형별로 예방 · 대비 · 대응 및 복구 등의 업무를 주관하여 수행하도록 대통령령으로 정하는 관계 중앙행정기관
긴급구조	재난이 발생할 우려가 현저하거나 재난이 발생하였을 때에 국민의 생명 · 신체 및 재산을 보호하기 위하여 긴급구조기관과 긴급구조지원기관이 하는 인명구조, 응급처치, 그 밖에 필요한 모든 긴급한 조치(21 간부)
긴급구조 기관	소방청 · 소방본부 및 소방서를 말한다. 다만, 해양에서 발생한 재난의 경우에는 해양경찰청 · 지방해양경찰청 및 해양경찰서(21 간부)(21 채용)

2. 중앙 재난안전대책본부와 중앙사고수습본부(재난 및 안전관리 기본법)

1) 중앙 재난안전대책본부

대통령령으로 정하는 대규모 재난의 대응·복구 등에 관한 사항을 총괄·조정하고 필요한 조치를 하기 위하여 행정안전부에 중앙 재난안전대책본부를 둔다.

(1) 행정안전부장관이 중앙 재난안전대책 본부장인 경우

중앙대책본부의 본부장은 행정안전부장관이 되며, 중앙대책본부장은 중앙대책본부의 업무를 총괄하고 필요하다고 인정하면 중앙 재난안전대책본부회의를 소집할 수 있다. 다만, 해외재난의 경우에는 외교부장관이, 「원자력시설 등의 방호 및 방사능 방재 대책법」에 따른 방사능재난의 경우에는 중앙방사능방재대책본부의 장이 각각 중앙대책본부장의 권한을 행사한다(재난 및 안전관리 기본법 제14조).

(2) 국무총리가 중앙 재난안전대책 본부장인 경우

재난의 효과적인 수습을 위하여 다음 어느 하나에 해당하는 경우에는 국무총리가 중앙대책본부장의 권한을 행사할 수 있다. 이 경우 행정안전부장관, 외교부장관(해외재난의 경우에 한정) 또는 원자력안전위원회 위원장(방사능 재난의 경우에 한정)이 차장이 된다(재난 및 안전관리 기본법 제14조).

① 국무총리가 범정부적 차원의 통합 대응이 필요하다고 인정하는 경우
② 행정안전부장관이 국무총리에게 건의하거나 수습본부장의 요청을 받아 행정안전부장관이 국무총리에게 건의하는 경우

국무총리가 필요하다고 인정하여 지명하는 중앙행정기관의 장은 행정안전부장관, 외교부장관(해외재난의 경우에 한정) 또는 원자력안전위원회 위원장(방사능 재난의 경우에 한정한다)과 공동으로 차장이 된다(재난 및 안전관리 기본법 제14조).

업무 총괄	행정안전부 장관이 국가, 지자체가 행하는 재난 및 안전관리 업무 총괄 조정(22 간부)
중앙안전관리위원회	국무총리 소속으로 재난 안전관리 주요 정책 심의(22 간부)
중앙재난안전대책본부	① 대통령령(행안부령 X)으로 정하는 대규모 재난 총괄을 위하여 행정안전부에 둔다.(22 간부) ② 본부장은 원칙적으로 행정안전부 장관이나 해외재난은 외교부장관, 방사능재난은 중앙방사능방재대책본부의 장이 된다. ③ 국무총리는 범정부적 차원에서 통합 대응이 필요할 때 본부장이 될 수 있으며 각 소관 장관은 차장이 된다. 이 때 국무총리가 지명하는 중앙행정기관의 장은 행정안전부

	장관, 외교부장관 또는 원자력안전위원회 위원장과 공동으로 차장이 된다. ※ 코로나 19 중대본: 총리-본부장, 1차장-보건복지부 장관, 2차장-행안부장관
선포	① 재난사태: 행정안전부 장관이 중앙위원회의 심의를 거쳐 재난사태를 선포할 수 있다. 다만, 재난상황이 긴급하여 중앙위원회의 심의를 거칠 시간적 여유가 없다고 인정하는 경우에는 중앙위원회의 심의를 거치지 아니하고 재난사태를 선포할 수 있으며 이 때에는 지체 없이 중앙위원회의 승인을 받아야 하고 승인받지 못하면 재난사태를 즉시 해제해야 한다. ② 특별재난지역: 대통령이 선포, 중앙대책본부장은 중앙위원회의 심의를 거쳐 해당 지역을 특별재난지역으로 선포할 것을 대통령에게 건의할 수 있으며(해야한다 X), 대통령은 특별재난지역으로 선포할 수 있다.

2) 중앙사고수습본부

재난관리주관기관의 장은 재난이 발생하거나 발생할 우려가 있는 경우에는 재난상황을 효율적으로 관리하고 재난을 수습하기 위한 중앙사고수습본부를 신속하게 설치·운영하여야 하고, 수습본부의 장은 해당 재난관리주관기관의 장(해양경찰청장, 해양수산부장관 등)이 된다(재난 및 안전관리 기본법 제15조의2).

수습본부장은 재난정보의 수집·전파, 상황관리, 재난발생 시 초동조치 및 지휘 등을 위한 수습본부상황실을 설치·운영하여야 한다. 이 경우 재난안전상황실과 인력, 장비, 시설 등을 통합·운영할 수 있다(재난 및 안전관리 기본법 제15조의2).

3. 재난분야 위기관리 매뉴얼 작성·운용(재난 및 안전관리 기본법 제34조의5)

1) 메뉴얼

재난관리책임기관의 장은 재난을 효율적으로 관리하기 위하여 재난유형에 따라 다음 각 호의 위기관리 매뉴얼을 작성·운용하여야 한다. 이 경우 재난대응활동계획과 위기관리 매뉴얼이 서로 연계되도록 하여야 한다.

(1) 위기관리 표준매뉴얼: 국가적 차원에서 관리가 필요한 재난에 대하여 재난관리체계와 관계 기관의 임무와 역할을 규정한 문서로 위기대응 실무매뉴얼의 작성 기준이 되며, 재난관리주관기관의 장이 작성한다. 다만, 다수의 재난관리주관기관이 관련되는 재난에 대해서는 관계 재난관리주관기관의 장과 협의하여 행정안전부장관이 위기관리 표준매뉴얼을 작성할 수 있다.

(2) 위기대응 실무매뉴얼: 위기관리 표준매뉴얼에서 규정하는 기능과 역할에 따라 실제 재난대응에 필요한 조치사항 및 절차를 규정한 문서로 재난관리주관기

관의 장과 관계 기관의 장이 작성한다. 이 경우 재난관리주관기관장은 위기대응 실무매뉴얼과 위기관리 표준매뉴얼을 통합하여 작성할 수 있다.

(3) 현장조치 행동매뉴얼: 재난현장에서 임무를 직접 수행하는 기관의 행동조치 절차를 구체적으로 수록한 문서로 위기대응 실무매뉴얼을 작성한 기관의 장이 지정한 기관의 장이 작성하되, 시장·군수·구청장은 재난유형별 현장조치 행동매뉴얼을 통합하여 작성할 수 있다. 다만, 현장조치 행동매뉴얼 작성 기관의 장이 다른 법령에 따라 작성한 계획·매뉴얼 등에 재난유형별 현장조치 행동매뉴얼에 포함될 사항이 모두 포함되어 있는 경우 해당 재난유형에 대해서는 현장조치 행동매뉴얼이 작성된 것으로 본다.

2) 메뉴얼의 운영

(1) 행정안전부장관은 재난유형별 위기관리 매뉴얼의 작성 및 운용기준을 정하여 재난관리책임기관의 장에게 통보할 수 있고, 재난관리주관기관의 장(해양경찰청장)이 작성한 위기관리 표준매뉴얼은 행정안전부장관의 승인을 받아 이를 확정하고, 위기대응 실무매뉴얼과 연계하여 운용하여야 한다.

(2) 재난관리주관기관의 장은 위기관리 표준매뉴얼 및 위기대응 실무매뉴얼을 정기적으로 점검하여야 한다.

4. 긴급구조 관련 특수번호 전화서비스

긴급구조 관련 특수번호 전화서비스란 「전기통신사업법」에 따른 전기통신번호자원 관리계획에 따라 부여하는 다음의 특수번호 전화서비스를 말한다(재난 및 안전관리 기본법 시행령 제64조의2).

1) 화재·구조·구급 등에 관한 긴급구조 특수번호 전화서비스: 119

2) 범죄 피해 등으로부터의 구조 등에 관한 긴급구조 특수번호 전화서비스: 112

세월호 사고 당시 신고자 대부분은 112와 119를 통해 신고함으로써 해양경찰 긴급신고 전화번호의 효용성에 의문이 제기되어 2016년 10월 28일부터 해양경찰 긴급신고 122가 112, 119로 통합되었다.[3]

3) 김종선(2021). 해양경찰학Ⅱ, 문운당, p. 310.

5. 해양 유 · 도선 재난에 대한 중앙사고수습본부 구성 및 운영 등에 관한 규정(훈령)

해양경찰청은 중앙행정기관이므로 재난관리 업무를 담당하는 재난관리 책임기관이고, 해양에서의 재난은 사고 유형에 따라 해양수산부와 해양경찰청이 나누어 재난관리 주관기관으로서의 책임을 수행한다(재난 및 안전관리법 및 시행령 별표 1의3). 해양수산부는 ① 조류 대발생(적조에 한정), ② 조수(潮水), ③ 해양 분야 환경오염 사고, ④ 해양 선박 사고에서 예방·대비·대응 및 복구 등의 업무를 주관하여 수행하는 재난관리 주관기관이고, 해양경찰청은 해양에서 발생한 유도선 등의 수난 사고의 재난관리 주관기관이다. (20 간부)

1) 개념(제2조)

해양경찰청은 「재난 및 안전관리 기본법」에 따라 해양 유·도선사고 발생 시 설치하는 해양경찰청 중앙사고수습본부의 구성 및 운영에 필요한 사항을 규정함을 목적으로 「해양 유·도선 재난에 대한 중앙사고수습본부 구성 및 운영 등에 관한 규정(훈령)」을 제정하여 시행하고 있다.

재 난	「재난 및 안전관리 기본법」의 자연재난과 사회재난
수 습	재난의 대응 · 복구를 수행하는 일련의 활동
대 응	재난 발생 시 대처하는 일련의 활동으로 현장지휘, 응급조치, 긴급구조, 상황관리, 기관 간의 협조 · 지원 등 피해를 최소화하기 위하여 수행하는 제반 활동
복 구	재난으로 피해가 발생한 경우 피해조사, 피해자 지원 등을 통해 재난 이전의 상태로 만드는 일련의 활동
위기경보 수준	「재난 및 안전관리 기본법」에 따라 작성한 해양 유 · 도선 위기관리 매뉴얼에서 정하는 바에 따라 관심 · 주의 · 경계 · 심각으로 구분하는 위기경보의 단계
해양경찰청 소관 재난	해양에서의 유 · 도선사고로 인해 국가 또는 지방자치단체 차원의 대처가 필요한 대규모 인명 또는 재산 피해가 발생되었거나 발생이 예상되는 경우

2) 중앙사고수습본부 설치 · 운영

해양경찰청장은 다음 경우에 수습본부를 지체 없이 설치·운영하고, 수습본부를 설치·운영하거나 종료하는 경우에는 그 내용을 중앙대책본부장에게 지체 없이 통보해야 한다(제4조).

① 해양경찰청 소관 재난이 발생하여 체계적인 수습이 필요한 경우

② 위기관리 매뉴얼에서 정하는 위기경보수준에 도달한 경우

③ 해양경찰청 소관 재난이 발생하여 중앙재난안전대책본부를 운영하는 경우
④ 그 밖에 해양경찰청장이 필요하다고 인정하는 경우

수습본부의 기능과 역할 (제5조)	1. 해양경찰청 소관 재난 발생 시 피해상황 종합관리 및 상황보고 2. 해양경찰청 소관 재난의 조기수습을 위한 조정 · 통제 등 수습업무 총괄 3. 재난 위기경보수준 상황 판단과 예보 · 경보 발령 및 전파 4. 사상자 긴급구조 및 구급활동 지원, 피해자 신원파악 및 관리 등 상황관리 5. 피해상황 조사, 피해지원 대책 마련 및 복구계획 수립 6. 지역재난안전대책본부와 지역사고수습본부 지휘 · 지원 7. 재난관리책임기관의 장에게 재난수습에 필요한 행정상 및 재정상 조치 요구 8. 해양경찰청 소관 재난 상황 시 대국민 브리핑 및 언론 대응 9. 중앙대책본부설치 건의 및 수습지원단 구성 · 파견 등 중앙대책본부장에게 필요한 협조요청 10. 그 밖에 수습본부장이 재난 수습을 위하여 필요하다고 인정하는 사항
수습본부의 구성 (제6조)	① 수습본부는 다음과 같이 구성한다. 1. 수습본부장은 해양경찰청장이 되며, 수습본부의 업무를 총괄한다. 2. 부본부장은 해양경찰청 차장이 되며, 본부장을 보좌한다. 3. 수습본부 상황실장은 기획조정관으로 하며, 수습본부상황실 업무를 맡아 처리한다. 4. 수습본부상황실은 해양경찰청 소속 공무원과 관계부처 공무원 및 유관기관(단체) 직원을 파견 받아 실무반을 편성하여 수습업무를 수행한다. 5. 실무반 구성, 편성인력 및 기능 등은 위기관리 매뉴얼에서 정하는 바에 따른다. ② 수습본부장은 재난상황에 대한 체계적인 홍보와 언론대응 등을 위하여 홍보반을 운영할 경우 언론대응 창구의 일원화를 위하여 홍보책임자를 지정 · 운영해야 한다.

3) 지역본부 및 재난 위기경보

수습본부장은 해양경찰청 소관 재난이 발생한 경우에 전문성이 있는 소속기관의 공무원 및 관계분야 전문가로 구성된 지역수습본부를 편성하여 운영할 수 있고, 지역수습본부장은 수습본부장의 지휘를 받아 재난현장에서 수습활동을 수행하며, 수습활동 상황을 수습본부장에게 보고해야 한다(제8조).

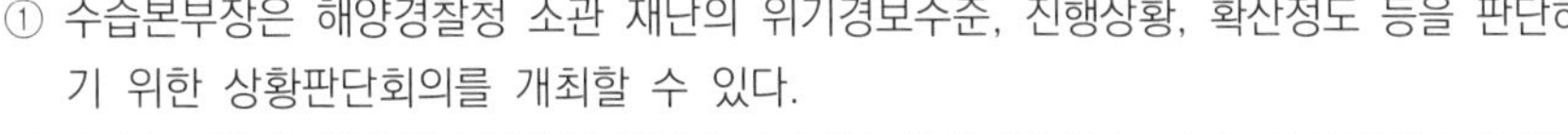

상황판단회의 (제9조)	① 수습본부장은 해양경찰청 소관 재난의 위기경보수준, 진행상황, 확산정도 등을 판단하기 위한 상황판단회의를 개최할 수 있다. ② 수습본부장은 필요시 상황판단회의를 수습본부장이 지명하는 소속 공무원으로 하여금 다음 각 호의 공무원 및 외부전문가를 참석하도록 하여 개최하도록 할 수 있다. 1. 해양경찰청 소관 재난을 담당하는 과장급 이상 소속 공무원 2. 발생한 해양경찰청 소관 재난의 수습을 위해 필요한 관계기관 공무원 3. 발생한 해양경찰청 소관 재난에 대한 전문지식을 갖춘 교수 등 관련 전문가 4. 그 밖에 수습본부장이 필요하다고 인정하는 사람

	③ 수습본부장은 위기관리 매뉴얼에서 정하는 기준을 고려하여 위기경보수준을 판단한다. 다만, 적극적인 대응이 필요하다고 판단되는 경우에는 상황판단회의를 통하여 위기경보수준의 단계를 상향 조정하여 대응체계를 강화할 수 있다.
재난 예보 · 위기경보 발령 (제10조)	① 수습본부장은 예보 · 위기경보를 발령할 수 있다. ② 재난의 위기경보는 위기관리 매뉴얼에서 정하는 바에 따라 관심 · 주의 · 경계 · 심각 등으로 단계를 구분하여 발령할 수 있다. 다만, 관계 법령에서 별도의 예보 · 위기경보 발령기준을 따로 정하고 있는 경우에는 그 기준을 따른다. ③ 수습본부장이 예보 · 위기경보를 발령하는 때에는 중앙대책본부장에게 발령 상황을 즉시 통보한다.

4) 위기관리 매뉴얼 및 파견요청

수습본부장은 위기관리 매뉴얼에 따라 재난관리 업무를 수행하며, 위기대응 실무매뉴얼 및 현장조치 행동매뉴얼의 수정·승인을 위해 위기관리 매뉴얼 협의회를 구성·운영할 수 있다. 그리고 수습본부장은 해양경찰청 소관 재난이 발생한 경우에 체계적인 대응을 할 수 있도록 소속 공무원이나 관계기관 공무원 또는 직원 등이 위기관리 매뉴얼의 내용을 이해하고 숙지하도록 평상시 교육과 훈련을 실시해야 한다(제11조).

중앙본부와의 관계 (제13조)	① 해양경찰청 소관 재난으로 인해 중앙대책본부를 설치 · 운영하는 경우에 수습본부장은 중앙대책본부장의 총괄 · 조정을 받아 수습활동을 수행한다. ② 수습본부장은 해양경찰청 소관 재난으로 인해 중앙구조본부를 설치 · 운영하는 경우에 지휘체계 혼선 방지와 효율적인 재난대응을 위하여 수습본부와 통합하여 운영할 수 있다.
수습본부 근무자 파견 요청(제14조)	① 수습본부장은 재난관리책임기관의 장에게 소속 공무원 또는 직원이 수습본부에서 근무하도록 파견을 요청할 수 있다. 다만, 다른 중앙부처에 소속된 공무원의 파견은 재난의 위기경보수준이 심각단계에 도달한 경우에 한하여 요청하는 것을 원칙으로 한다. ② 파견을 요청 받은 재난관리책임기관의 장은 특별한 사유가 없으면 수습본부장의 요청에 따라야 하며, 파견근무자 명단을 즉시 통보한다. ③ 수습본부에 근무하는 재난관리책임기관의 공무원 및 직원은 수습본부장의 지휘 하에 수습업무를 수행한다.

5) 재난의 수습관리

수습본부장은 해양경찰청 소관 재난을 체계적이고 효율적으로 수습하기 위하여 재난 대응 업무를 수행한다(제12조 별표 1).

재난 및 사고의 수습관리 주요 업무

순서	조치목록	세부내용
1	평시 재난 및 사고 모니터링	• 재난 및 사고 상황 모니터링 • 본청 및 소속기관 상황실 운영
2	상황판단회의 개최	• 재난 및 사고상황 접수 및 초동보고 • 상황의 심각성, 시급성, 확대 가능성, 전개속도, 파급효과 파악 • 국내·외 여론 등 고려 위기경보 발령 및 대응·대책 마련
3	재난(사고) 발생 상황보고 · 전파	• 재난(사고)발생시 대통령실, 관계 행정기관, 지자체 등에 신속한 상황보고 및 전파(서면, 전화)
4	재난 및 사고 발생 중앙사고 수습본부 설치	• 재난 및 사고의 위험수준을 고려하여 수습본부 설치여부 판단 • 수습본부상황실 근무요원 근무명령(필요시 관계부처 등 파견요청) • 상황근무자 편성 및 배치, 근무요령 교육 • 상황전파기관과 비상연락체계 확인 · 점검: 수시 상황전파 • 응급구조·구급 등 사고수습 초동대응
5	응급조치 대응	• 주민(승객) 대피 · 구호 및 응급조치 실시 항행제한, 위험구역 설정 등 대응 • 재난응급 복구에 필요한 장비 · 물자 확인
6	관계기관 협력	• 관계기관, 지자체 등 담당자 파견 요청 • 사고수습·응급복구 지휘, 구조 · 구급 협력 • 지역대책본부 · 지역수습본부 · 관련기관 등과 현장상황 공유 • 관련 공무원, 전문가 현장 파견
7	재난수습 언론홍보 · 대응팀 가동 및 취재지원	• 재난(위기)상황 전파 및 지원요청 • 재난수습상황 언론브리핑 실시 • 홍보책임자(대변인) 지정 · 운영 • 언론사 취재활동 지원
8	중앙대책본부 운영 협조 요청	• 범정부적 대응이 필요한 재난인 경우, 위기관리 매뉴얼에 따라 중앙대책본부 설치 • 재난사태 선포 및 특별재난지역 선포 필요성 검토 • 범정부적 재난 및 사고 수습대응

6) 수습본부상황실 설치 및 운영(제15조)

수습본부장은 재난이 발생한 경우에 효과적인 초동조치 및 지휘 등을 위하여 수습본부상황실을 설치 · 운영하고, 수습본부상황실은 해양경찰청 종합상황실 또는 종합상황실과 연계된 장소에 설치함을 원칙으로 하고, 24시간 상황관리체계를 유지해야 한다.

수습본부상황실은 다음의 상황관리 체계를 갖추어야 한다.

㉠ 해양경찰청 소관 재난에 대한 신고 접수 및 상황관리
㉡ 발생한 해양경찰청 소관 재난 수습에 필요한 구조 · 구급요청 등 초동조치
㉢ 해양경찰청 소관 재난이 발생한 경우에 초동지휘 및 내부보고, 국민행동요령 전파
㉣ 해양경찰청 소관 재난이 발생한 경우에 상황별 근무요령 전파 및 비상근무 발령
㉤ 국가안보실, 행정안전부(중앙재난안전상황실) 등에 재난 발생 상황 보고
㉥ 해양경찰청 소관 재난이 발생한 경우에 관계기관과의 비상연락 체계 구축 및 유지

SECTION

02 해양안전

Ⅰ. 파출소와 출장소 제도 및 운영

1. 파출소와 출장소의 특성과 변천

파출소는 함정과 함께 해양경찰의 최일선기관으로 그 주요 임무로는 관할 항·포구 범죄예방활동, 어선 등 출·입항 통제업무, 여객선과 유·도선 및 수상레저에 관한 안전관리업무, 각종 해상범죄 또는 해난사고에 대한 초동조치, 첩보수집, 「경범죄처벌법」에 의한 기초질서 위반사범 단속 등 해양경찰서 각 부서와 연계하여 해양경찰의 첨병역할을 수행한다.

파·출장소 설치와 운영의 법적 근거는 「해양경찰청과 그 소속기관직제」, 「해양경찰청과 그 소속기관직제 시행규칙」, 「파출소 및 출장소 운영규칙」, 「중부지방해양경찰청과 소속 해양경찰서 사무분장 규칙」, 「동해지방해양경찰청과 소속해양경찰서 사무분장 규칙」, 「남해지방해양경찰청과 소속해양경찰서 사무분장 규칙」, 「서해지방해양경찰청과 소속해양경찰서 사무분장 규칙」, 「제주지방해양경찰청과 소속해양경찰서 사무분장 규칙」 등이 있다.

1) 파출소 및 출장소의 설치기준

지방해양경찰청장은 해양경찰서장의 소관 사무를 분장하기 위하여 해양수산부령으로 정하는 바에 따라 해양경찰서장 소속으로 파출소를 둘 수 있고, 지방해양경찰청장은 필요한 경우에는 해양수산부령으로 정하는 바에 따라 해양경찰서장 소속으로 출장소를 둘 수 있으며, 파출소 및 출장소의 명칭·위치와 관할구역, 그 밖에 필요한 사항은 지방해양경찰청장이 정한다(해양경찰청과 그 소속기관 직제 제31조).

해양경찰서장의 소관 사무를 분장하기 위하여 해양경찰서장 소속으로 파출소를 두되, 다음 어느 하나에 해당하는 경우에는 출장소를 둘 수 있다(해양경찰청과 그 소속기관 직제 시행규칙 제31조).

① 도서, 농 · 어촌 벽지 등 교통 · 지리적 원격지로 인접 해양경찰관서에서의 출동이 용이하지 아니한 경우
② 관할구역에 국가중요시설 등 특별한 경계가 요구되는 경우
③ 휴전선 인근 등 보안상 취약지역을 관할하는 경우
④ ①부터 ③까지에서 규정한 사항 외에 치안수요가 특수하여 파출소를 운영하는 것이 적당하지 아니한 경우

출장소는 파출소의 보조기관으로 치안수요 및 해역별 특성에 따라 설치되어 있고, 출장소의 관할구역은 관할 파출소 구역의 일부로 하되 해양경찰서장이 지정한다. 이러한 파·출장소는 대행신고소와 함께 특정해역, 조업자제해역, 일반해역을 출·입항하는 어선을 조업해역별로 구분하여 출·입항 신고 관련 업무를 담당하는 신고기관으로도 운영된다.

2) 파출소와 출장소의 변천

파출소와 출장소의 변천은 다음과 같다.[4] 1953년 12월에 해양경찰이 창설될 당시 가장 상위에 기관은 해양경찰대(대장: 경무관)이었고 그 하부기관으로 해양경찰대의 임무를 분담하게 하기 위하여 "해양순찰반(반장: 총경 또는 경감[5])"을 전국의 6개 지역(인천, 군산, 목포, 포항, 강릉, 북제주)에 둔다고 「해양경찰대편성령」에 규정하였다가 동년 12월 23일 "해양순찰반"의 명칭이 "해양경찰대 기지대"로 변경되었다. 1955년에는 해무청 소속의 "해양경비대"이었다가 다시 1962년에 치안국 소속의 "해양경찰대"로 복귀하게 된다.

1972년 5월에는 "해양경찰대 기지대"를 "해양경찰지구대"로 변경하고, 해양경찰대장은 지구해양경찰대의 사무의 일부를 처리하게 하기 위하여 내무부장관의 승인을 얻어 "전진기지"를 둘 수 있었다.

1978년 8월에는 해양경찰대장은 지구해양경찰대장의 사무의 일부를 처리하게 하기 위하여 내무부장관의 승인을 얻어 "지대"를 둘 수 있다고 「해양경찰대직제」에 규정하고 있다. 그 동안 해양경찰대 기지대 또는 해양경찰지구대의 하부 기구가 없었으나 1972년부터 "전진기지"라는 하부기구를 둘 수 있었고, 1978년에는 그 하부기구가 "지대"로 명칭이 변경되어 내무부장관의 승인하에 설치할 수 있었다. 1991

---

4) 노호래(2012). "Community Policing 관점에 따른 해양경찰 파·출장소의 발전방안," pp. 84–86.

5) 이 때는 경정, 경장 계급이 없었을 때이다.

년 7월에는 해양경찰대를 해양경찰청으로 개칭하고, 해양경찰지구대를 해양경찰서로, “지대”를 “지서”로 명칭을 변경하였다. 2002년 7월에 해양경찰서 “지서”를 “파출소”로, “신고소”를 “출장소”로 명칭을 변경하였다.

해양경찰의 파·출장소는 육상경찰의 연안경찰서로부터 선박출입항 통제업무를 인수하면서부터 증가하게 된다. 1986년 1월에는 선박출입항 통제업무 1차 인수로 통제소 4개소, 합동신고소 11개소, 검문소 1개소를 연안경찰서로부터 인수하고, 1987년 5월에는 선박출입항 신고기관 68개소를 2차로 인수하였으며, 1989년 1월에는 제3차 선박출입항업무 인수에 따라 신고소 288개소를 인수하였다.

1991년 7월에 해양경찰 지서는 6개, 선박출입항 신고기관 368개소, 해양검문소 1개소가 설치되어 있었고, 1992년 10월에는 지서가 9개로 증가하였다. 1996년에는 해양경찰지서가 52개소로 증가하고 선박출입항신고기관이 375개이었다. 1998년 2월에는 해양경찰지서 10개소를 신설하였다. 2001년 7월 현재 해양경찰지서는 63개소, 선박출입항 신고기관은 785개소이었다. 2002년 7월에는 지서의 명칭이 파출소로, 신고서가 출장소를 변경되어 파출소는 69개소, 출장소 293개소가 되었고, 2003년 7월에는 파출소 71개소, 출장소 264개소로 변화되었다.

2011년 12월 해양경찰서 예하에 83개 파출소, 242개 출장소를 두고 있었다. 출장소를 줄이고 파출소로 신설하는 형태이므로 출장소의 수가 줄어드는 추세를 보이고 있다. 최근의 파출소 신설의 특징은 경인운하의 개통으로 내수면에도 해양경찰 파출소가 신설되고 있다는 것이다. 2011년 10월 말에 개통을 한 우리나라 최초의 운하인 경인 아래뱃길에 “아래뱃길 해양경찰대”를 출범하고 김포, 청라, 여의도에 파출소를 설치했다. 항만과 수로를 겸하는 경인아라뱃길의 특성상 선박출입항 검문검색과 수로 내 사고발생시 수습 등의 업무들 담당한다. 특히 선박화재 등 사고가 발생할 경우 장비와 경험이 있는 인력을 갖춘 해경이 출동해 대응하게 된다.

2014년 11월 해양경찰조직이 국무총리소속의 국민안전처 소속의 해양경비안전본부로 변경되어 해양경찰서는 해양경비안전서, 파출소는 해양경비안전센터로 변경되었고, 2017년에 해양경찰이 원래의 상태로 환원되어 해양경찰서, 파출소, 출장소로 변경되었다.

해양경찰기관의 명칭 변경

구 분	1972년 이전	1972년	1978년	1991년	2002년	2014년	2017년
본 대	해양경찰대	해양경찰대	해양경찰대	해양경찰청	해양경찰청	해양경비안전본부	해양경찰청
해양경찰서급	해양경찰대 기지대	지구해양경찰대	지구해양경찰대	해양경찰서	해양경찰서	해양경비안전서	해양경찰서
파출소급	-	전진기지	지대	지서	파출소, 출장소	해양경비안전센터, 출장소	파출소, 출장소

2. 파출소와 출장소 현황

2020년 11월 기준 19개 해양경찰서 소속의 파출소와 출장소별 조직현황을 분석하면 다음과 같다. 파출소와 출장소의 총 정원은 2,579명이고 현원은 2,352명이다. 파출소에 근무하는 인력은 2,232명이고, 출장소에 근무하는 인력은 120명이다. 파출소당 22.5명 근무, 팀당 7.5명, 여경 294명(12.5%)으로 구성되어 있다. 해양경찰이 운영하는 파출소와 출장소는 96개의 파출소와 234개의 출장소로서 총 330개이다.

지방청별 파 · 출장소 현황(2020년 11월 현재)

구 분	계	중부청	서해청	남해청	동해청	제주청
정 원	2,579	596	666	627	475	215
현 원(①+②) (과부족)	2,352 (-227)	506 (-90)	626 (-40)	568 (-59)	445 (-30)	207 (-8)
① 파출소(정원/현원)	2,461/2,232	569/487	606/556	598/538	473/444	215/207
② 출장소(정원/현원)	118/120	27/19	60/70	29/30	2/1	0/0
계	1,182	171	430	348	161	72
파출소	96	25	24	23	18	6
출장소	234	48	62	63	47	14

남해청의 통영해경서의 경우 파출소 8개, 출장소 32개, 여수해경서의 경우 파출소 6개, 출장소 21개, 목포해양경찰서는 파출소 7개, 출장소 11개이다.

해양경찰서별 파 · 출장소 현황(2020년 11월 현재)

구분	계	중부청				서해청					남해청				동해청				제주청	
		보령	태안	평택	인천	여수	완도	목포	군산	부안	울산	부산	창원	통영	속초	동해	울진	포항	제주	서귀포
계	330	19	17	12	25	27	24	18	10	7	13	21	12	40	20	22	9	14	10	10
파출소	96	5	4	5	11	6	5	7	3	3	5	7	3	8	4	5	4	5	3	3
출장소	234	14	13	7	14	21	19	11	7	4	8	14	9	32	16	17	5	9	7	7

3. 파 · 출장소 운영규칙(훈령)

1) 개념(제2조)

구분	내용
파출소	해경서장의 소관 사무를 분장하기 위하여 해경서장 소속하에 설치하는 지방관서(19 3차 · 20 간부)
출장소	해양경찰서장의 소관 사무를 분장하기 위하여 파출소장 소속하에 설치(20 간부)
지역 경찰 활동	지역사회의 주민과 기관 · 단체 등과 협력을 통해 범죄와 안전사고를 예방하고 민원사항이나 지역주민의 의견을 청취하여 치안활동에 반영하며 해양경찰활동에 지역주민의 이해와 참여를 이끌어내어 함께하는 해양경찰 활동(19 3차)
연안구조정	연안해역의 안전관리와 해상치안활동을 위해 파출소 및 출장소에 배치하여 운용하는 선박 등
연안구조장비	파출소 및 출장소에 배치하여 운용하는 연안구조정 및 수상오토바이 등(19 3차 · 20 간부)
교대근무	근무조를 나누어 일정한 계획에 의한 반복 주기에 따라 교대로 업무를 수행하는 근무형태(19 3차)
일 근	「국가공무원 복무규정」 제9조 제1항[6]에 규정된 근무형태19 3차
당 번	교대근무자가 일정한 계획에 따라 근무하는 날 또는 시간을 말하며, 주간근무와 야간근무를 포함
상황대기 근무	파출소장이 파출소의 전반적 안전관리와 긴급상황에 대응하기 위해 토요일 · 공휴일 및 일과시간 후에 근무하는 것
휴무	근무일에 해당함에도 불구하고 누적된 피로 회복 등 건강 유지를 위하여 근무에서 벗어나 자유롭게 쉬는 것(22 간부)
비 번	교대근무자가 다음 근무시작 전까지 자유롭게 쉬는 것
휴 게	교대근무자 또는 연일 근무자 등을 대상으로 근무 중 청사 내에서 자유롭게 쉬는 시간

2) 파출소와 출장소의 설치 및 폐지기준

지방해양경찰청장은 인구, 선박, 해수욕장, 해상교통, 범죄, 해양사고 등 치안수요 및 지리적 여건 등을 고려하여 해양경찰서의 관할구역을 나누고, 해양경찰청장의 승인을 얻어 파출소 또는 출장소를 설치, 폐지한다(제4조).

(1) 파출소의 등급 및 설치기준(별표 1)

① 파출소 등급기준
가. 파출소 관내 선박출입항, 해양종사자, 관리선박과 사건사고 등 4개 치안수요 기준 (등급 설정시 통계는 사건사고 최근 2년 평균, 그 외 자료는 전년 기준으로 함)
나. 각 치안수요별 전 파출소를 3단계로 분류하여 하위그룹부터 1점에서 3점까지 배점
다. 각 파출소별 4개 치안수요 배점의 합을 구별기준으로 3등급(A·B·C급) 분류

* 파출소 등급기준 치안수요별 배점기준

치안수요	3점	2점	1점	비 고
선박출입항(건)	12만 이상	12만 미만-6만 이상	6만 이하	
해양종사자(명)	3천 이상	3천 미만-1천 이상	1천 이하	
관리선박(척)	8백 이상	8백 미만-4백 이상	4백 이하	
사건사고(건)	150 이상	150 미만- 80 이상	80 이하	

② 설치기준
가. 파출소 등급기준 4개 치안수요별 하위그룹 평균값을 기준*
나. 신설되는 파출소 관할해역의 치안수요 중 2개가 기준값 이상

* 치안수요별 하위그룹(배점 1점) 기준값

구 분	선박출입항	해양종사자	관리선박	사건사고	비 고
평균값	34,000건	450명	200척	45건	

③ 예외: 기준에 일부 미달하더라도 해역특수성*을 고려 파출소 운영 가능
* 해역특수성: 도서지역, 접적해역과 관할면적 및 해안선 길이, 파출소 간 거리 등

6) 국가공무원복무규정 제9조(근무시간 등) ① 공무원의 1주간 근무시간은 점심시간을 제외하고 40시간으로 하며, 토요일은 휴무(休務)함을 원칙으로 한다.

(2) 파출소의 설치 및 폐지 절차(별표 2)

치안수요 중심의 1차 소요제기(해양경찰서)와 치안수요 및 기타요소를 종합평가하는 2차 심사(지방해양경찰청)를 통해 최종 승인(해양경찰청)한다.

① 1차 소요제기: 해양경찰서장
- 대 상: 파출소 신설 및 폐지 적용에 대한 치안수요 등
- 방 식: 파출소 치안수요와 설치기준, 해역특성 및 파출소 위치와 적정인력, 장비운영, 지자체 협의(지역의견) 등 필요한 사항을 검토

② 2차 심사: 지방해양경찰청장
- 대 상: 소요제기한 파출소 설치 및 폐지 적용에 대한 치안수요 및 여건
- 방 식: 심사위원회에서 현재 치안수요와 변화추이, 파출소 위치, 인력·장비 배치 적절성, 기타 설치 · 폐지 필요성 등을 심사

③ 3차 승인/미승인: 해양경찰청장
- 대 상: 2차 심사하여 통과된 파출소 설치 및 폐지 안건
- 방 식: 심사위원회에서 승인 여부를 심사

3) 파출소와 출장소의 임무

파출소의 임무는 ① 범죄의 예방, 단속 및 치안·안전 정보의 수집, ② 다중이용선박 및 수상레저활동 안전관리, ③ 선박 출입항 신고 접수 및 통제, ④ 연안해역 안전관리, ⑤ 각종 해양사고 예방 및 초동조치, ⑥ 민원, 주민협력체계 구축 등 지역경찰 활동, ⑦ 국가기관, 지방자치단체 등의 공익을 위한 행정지원, ⑧ 그 밖에 해양경찰서장이 지시하는 업무처리 등이다(제6조).

출장소임무 (제7조) (21 간부)	1. 선박 출입항 신고 접수 및 통제 2. 각종 해양사고 초동조치 3. 민원, 주민협력체계 구축 등 지역경찰 활동 4. 그 밖에 파출소장이 지시하는 업무처리 등
파출소장 (제8조)	① 파출소의 사무를 통할하고 소속 출장소를 지휘 · 감독하기 위해 파출소장을 두고, 파출소장은 경감 또는 경위로 보한다. ② 파출소장은 다음 직무를 수행한다. 1. 관내 해양안전 · 치안 분석 및 대책 수립 2. 파출소 및 관할 출장소의 시설, 예산, 무기 · 탄약 및 장비의 관리 3. 해양안전 · 치안에 대한 대민홍보 및 협력활동 4. 관내 순시 및 상황 처리 지휘 5. 관내 대행신고소에 대한 지도 및 교육 6. 소속 경찰관 및 의경의 근무지정, 순찰지시 등 근무와 관련된 제반사항에 대한 지휘 및 감독 7. 그 밖에 해양경찰서장의 지시사항 업무처리 등

4) 순찰구조팀, 파출소와 출장소의 종류

순찰구조팀은 범죄, 안전사고 예방과 각종 사건사고에 대한 초동조치 등 현장의 치안 및 안전관리 활동을 담당하며, 순찰구조팀장은 파출소장이 지정하고, 순찰구조팀장은 다음의 직무를 수행한다(제10조).

① 근무교대 시 주요 취급사항, 무기·탄약 및 장비 등의 인계인수
② 순찰구조팀원에 대한 일일 근무편성 및 지휘·감독
③ 관내 사건사고 발생시 초동조치 및 현장 상황처리
④ 연안구조정, 순찰차 등 보유장비 관리
⑤ 관내 안전관리, 순찰 등 지역경찰 활동
⑥ 파출소장 부재 시 업무 대행
⑦ 그 밖에 파출소장 지시사항 처리 등

구조거점 파출소 (제11조) (21 간부)	① 해양경찰서 구조대와 원거리에 위치하고 해양사고빈발해역을 관할하는 파출소의 현장 대응 역량 강화를 위하여 구조거점파출소를 운영할 수 있다. ② 구조거점파출소장은 경정 또는 경감으로 보하고, 잠수구조요원을 배치·운영할 수 있다.
출장소 (제12조)	파출소의 관할 구역을 나누어 출장소를 설치·운영하며 안전관리 등 치안수요 및 인력 여건 등을 고려하여 "탄력근무형 출장소", "순찰형 출장소"를 운영할 수 있다.
탄력근무형 출장소(제13조)	① 탄력근무형 출장소는 상주 근무자를 두지 않고, 해당 출장소를 관할하는 파출소 경찰관이 출장소에 일정 시간 근무하다, 파출소로 귀소 하는 방법으로 운영한다. (22 간부) ② 서장은 지역의 치안·안전 수요와 인력운영 여건 등을 고려하여 탄력근무형 출장소의 근무시간을 탄력적으로 조정할 수 있고, 탄력근무형 출장소의 관할은 따로 지정하지 아니한다.
순찰형 출장소 (제14조) (20 간부)	① 순찰형 출장소는 상주 근무자를 배치하지 않고, 관할 파출소에서 탄력적으로 기동순찰하며 치안업무를 수행하는 출장소를 말한다. ② 파출소장은 치안·안전 수요를 고려하여 순찰형 출장소에 대하여 구체적으로 순찰지시하여야 하고, 원활한 선박출입항업무를 위하여 대행신고소를 병행하여 운영할 수 있다.

5) 감독과 근무방법

해양경찰서장, 해양경찰서 각 과장, 파출소장, 순찰구조팀장의 각각의 지휘 감독 범위는 다음과 같다(제16조).

① **해양경찰서장:** 파출소 및 출장소 운영에 관하여 총괄 지휘 및 감독
② **해양경찰서 각 과장:** 해양안전과장 협조하에 각 과의 소관업무와 관련된 파출소 및 출장소 업무에 대한 지휘, 감독
③ **파출소장:** 소속 파출소와 출장소(월 1회 이상) 근무에 관한 제반사항 지휘·감

독. 다만, 도서 지역 출장소는 기상, 선박운항 등 입도여건 감안 자체 조정 가능

④ **순찰구조팀장**: 근무시간 중 파출소 근무자에 대한 지휘 및 감독

근무방법 (제19조) (21하반기)	① 파출소장은 일근을 원칙으로 한다(도서지역 파출소장의 근무 교대근무로 운영가능). ② 해양경찰서장은 매월 일정한 계획에 따라 파출소장의 상황대기근무를 명할 수 있다. ③ 파출소의 순찰구조팀 및 출장소의 근무는 3교대 근무를 원칙으로 한다. ④ 지방해양경찰청장은 지역별 취약시간에 인력을 집중하기 위하여 교대근무 운영 취지에 부합하는 범위 내에서 파출소의 교대근무제를 변형하여 운영할 수 있다. ⑤ 해양경찰서장은 파출소 및 출장소의 근무방법(교대시간, 근무시간 주기 등)을 치안 · 안전 수요와 인력운영 여건 등을 고려하여 지역별 취약시간에 인력을 집중할 수 있도록 운영하여야 한다. 다만, 도서지역 파출소 및 출장소 교대근무제는 지역별 실정에 맞게 해양경찰서장이 정할 수 있다.

6) 근무의 종류

파출소와 출장소의 근무의 종류는 행정근무, 상황근무, 순찰근무, 대기근무 및 기타 근무로 구분한다(제20조).

근무교대 요령 **(제21조)**	근무교대는 매일 근무시작 전 30분 내에서 파출소장 또는 출장소장 책임하에 주요 취급사항, 중요업무 지시사항, 장비 등을 정확하게 인계인수하여 업무의 연속성을 유지하고, 업무처리에 차질이 없도록 하여야 한다. (22 간부)
행정근무 (제22조)	1. 문서의 접수 및 처리 2. 시설 · 장비의 관리 및 예산의 집행 3. 각종 현황, 통계, 자료 등 관리 4. 그 밖에 파출소장이 지시한 업무 등 행정업무
상황근무 (제23조)	1. 민간구조세력 등 관내 안전관리 및 치안상황 파악, 전파 2. 중요사건 · 사고 및 수배사항 전파 3. 민원 및 사건의 접수, 조사, 처리 4. 피보호자 또는 피의자, 수배자에 대한 보호 · 감시 5. 순찰 근무자와의 무전상황 유지 및 자체경비 6. 그 밖에 파출소장이 지시한 업무
순찰근무 (제24조)	① 순찰근무는 파출소장 및 출장소장의 지시에 따라 파출소 또는 출장소의 관내를 순회하는 근무를 말하며, 해상순찰과 해안순찰로 구분하되 주로 해상순찰을 중심으로 하여야 한다. ② 파출소장 및 출장소장은 관내의 순찰요점, 순찰코스, 순찰방법, 순찰근무 중 착안사항 등을 구체적으로 지시 하여야 한다. ③ 순찰근무자는 순찰활동 사항, 검문검색 등 순찰근무 중 취급사항을 근무일지에 기록한다.

대기근무 (제25조)	① 각종 사건사고 또는 신고에 따른 출동 등 안전 · 치안상황에 대응하기 위하여 일정시간 지정된 장소에서 근무태세를 갖추고 있는 형태의 근무를 말한다. ② 대기근무의 장소는 파출소 및 출장소 내로 하고, 대기근무를 지정받은 경찰관은 지정된 장소에서 대기하되, 통신기기를 청취하며 5분 이내 출동이 가능한 상태를 유지하여야 한다.

7) 출입항 업무, 민원처리, 수사, 휴무

선박출입항 신고 접수 시에는 신속하게 선박출입항관리 종합정보시스템에 입력을 하여야 한다. 단, 대행신고소의 선박출입항 신고 자료는 30일 이내에 입력하여야 한다(제28조).

민원 접수 · 처리 (제30조)	① 파출소 및 출장소에서는 고소, 고발, 진정 및 탄원과 범죄 또는 피해신고에 관한 민원 등을 접수하였을 때에는 신속하게 해양경찰서에 이송한다. 다만, 출장소에서 접수한 경우에는 파출소장을 경유하여야 한다. ② 파출소 및 출장소에서 발급할 수 있는 민원서류는 다음과 같다. (19 1차) 1. 선원 승선신고 사실 확인서(별지 제3호 서식) 2. 선박 출항 · 입항신고 사실 확인서(별지 제4호 서식, 별지 제5호 서식) ③ 작성된 발급신청서의 보존기간은 3년으로 하고, 파출소 및 출장소에서 2년간 보관한 다음 소속 해양경찰서로 이관한다.
사건 · 사고 처리 및 수사 (제31조)	① 해양사고 또는 해양오염사고의 신고를 받았거나, 사고 발생사항을 인지하였을 때에는 다음에 정하는 바에 따른다. (21 채용) 1. 해양경찰서장에게 즉시 보고와 동시에 현장에 임하여 인명과 재산피해의 확대 방지와 필요한 초동조치를 취하여야 한다. (20 간부) 2. 사고현장을 보존하고 조사를 행하여야 한다. (21 채용) 3. 해양경찰서 구조담당자 또는 해양오염방제 담당자 등이 현장에 도착하면 상황을 인계하고, 사고처리에 협조하여야 한다. (21 채용) 4. 경미한 사건 · 사고에 대하여는 파출소장이 직접 처리할 수 있으며, 이 경우에는 조사 또는 처리사항을 해양경찰서장에게 보고하여야 한다. (21 채용) ② 변사사건이 발생하였을 때에는 변사체의 발견 연월일시, 변사자의 인적사항, 변사체 발견 장소와 그 상황, 변사체 발견자의 성명, 그 밖의 참고사항을 조사하여 보고하여야 한다.
휴게 및 휴무 등 지정 (제33조)	① 업무효율과 건강관리를 위하여 치안수요 등을 감안하여 휴게를 실시하여야 한다. 1. 3교대 근무자는 8시간 당 1시간씩 야간 3시간 이내(2교대 근무 시에는 24시간 당 야간 4시간 이내) 2. 도서, 벽지 연일근무자는 1일 8시간(주간 4시간, 야간 4시간) 이내 ② 휴게 방법, 휴게 시간, 휴무 횟수 등 구체적인 사항은 해양경찰서장이 정한다. ③ 파출소장은 지정된 휴게 시간이라 할지라도 업무수행 상 부득이 하다고 인정되는 경우에는 제1항의 규정에 따른 휴게 시간을 주지 아니하거나, 근무를 조정할 수 있다. ④ 파출소장은 2교대 근무자에 대하여 별도로 매월 정기적으로 휴무일을 지정할 수 있다.

8) 순찰차와 무기 탄약관리

순찰차 등의 활동 구역은 담당 파출소 관내로 한정함을 원칙으로 하나, 해양경찰서장은 관내 치안여건 등을 감안하여 순찰 권역별로 통합 운영할 수 있다(제36조).

순찰차 등 (제36조)	① 순찰차는 불가피한 경우를 제외하고는 2명 이상 탑승을 원칙으로 하고, 순찰차 운전요원은 제2종 보통운전면허 이상, 이륜차량 운전요원은 원동기장치 자전거 면허 이상을 소지하여야 한다. (21 채용) ② 순찰차 등은 순찰 이외에 경찰관서 출입, 출장소 감독순시 등 파출소 및 출장소의 효율적인 업무수행을 위하여 운용할 수 있다. (21 채용)
연안 구조정 (제37조)	① 연안구조정은 파출소 및 출장소의 임무수행을 위하여 파출소 및 출장소에 배치하며, 소속 해양경찰서장의 지시를 받아 파출소장이 운용한다. ② 연안구조정 근무자는 출 · 입항 및 해상순찰 근무 시에는 1시간 간격으로 파출소에 위치 및 해상상황을 보고하고, 연안구조정의 행동사항, 검문검색 등 중요 순찰결과를 입항 즉시 파출소장에게 보고 및 별지 제1호 서식의 근무일지에 기록한다. (21 간부)
무기 · 탄약 및 장비관리(제40조)	파출소 순찰구조팀장 및 출장소장은 근무교대 전에 무기 · 탄약 및 순찰차, 연안구조정, 구조장비 등 주요장비의 이상유무를 확인 후, 인계인수를 하여야 한다. (22 간부)

4. 음주운항 단속

1) 음주운항 처벌규정

해상에서의 음주운항으로 인한 해양사고는 인명뿐만 아니라 해양환경 오염이라는 국가적 대재난으로 이어질 수 있다. 「해사안전법」상 음주운항에 대한 처벌규정은 5톤 이상과 5톤 이하로 나누어 처벌의 강도가 다르고, 혈중 알코올 농도에 따라 처벌수준이 다르며, 해양사고가 발생한 경우 반드시 술에 취하였는지를 측정하여야 한다. 술에 취한 상태의 기준은 혈중알코올 농도 0.03%이다. 2014년 11월 「해사안전법」이 개정되어 음주운항 단속기준이 0.05%에서 0.03%으로 강화되었다.

구 분	처벌 내용
해사 안전법	제41조(술에 취한 상태에서의 조타기 조작 등 금지) ① 술에 취한 상태에 있는 사람은 운항을 하기 위하여 「선박직원법」 제2조 제1호에 따른 선박[총톤수 5톤 미만의 선박과 같은 호 나목 및 다목에 해당하는 외국선박을 포함하고, 시운전선박(국내 조선소에서 건조 또는 개조하여 진수 후 인도 전까지 시운전하는 선박을 말함) 및 이동식 시추선 · 수상호텔 등 「선박안전법」에 따라 해양수산부령으로 정하는 부유식 해상구조물은 제외]에 따른 선박의 조타기(操舵機)

구 분	처벌 내용
	를 조작하거나 조작할 것을 지시하는 행위 또는 「도선법」에 따른 도선을 하여서는 아니 된다. ② 해양경찰청 소속 경찰공무원은 다음 어느 하나에 해당하는 경우에는 운항을 하기 위하여 조타기를 조작하거나 조작할 것을 지시하는 사람 또는 도선을 하는 사람(도선사)이 술에 취하였는지 측정할 수 있으며, 해당 운항자 또는 도선사는 해양경찰청 소속 경찰공무원의 측정 요구에 따라야 한다. 다만, 제3호에 해당하는 경우에는 반드시 술에 취하였는지를 측정하여야 한다. 1. 다른 선박의 안전운항을 해치거나 해칠 우려가 있는 등 해상교통의 안전과 위험방지를 위하여 필요하다고 인정되는 경우 2. 술에 취한 상태에서 조타기를 조작하거나 조작할 것을 지시하였거나 도선을 하였다고 인정할 만한 충분한 이유가 있는 경우 3. 해양사고가 발생한 경우 ③ 술에 취하였는지를 측정한 결과에 불복하는 사람에 대하여는 해당 운항자 또는 도선사의 동의를 받아 혈액채취 등의 방법으로 다시 측정할 수 있다. ④ 술에 취한 상태의 기준: 혈중알코올 농도 0.03퍼센트 이상으로 한다.
5톤 이상	제104조의2(벌칙) ① 술에 취한 상태에서 선박(외국선박 포함)의 조타기를 조작하거나 그 조작을 지시한 운항자 또는 도선을 한 사람은 다음 구분에 따라 처벌한다. 1. 혈중알코올 농도가 0.2퍼센트 이상인 사람은 2년 이상 5년 이하의 징역이나 2천만원 이상 3천만원 이하의 벌금 2. 혈중알코올 농도가 0.08퍼센트 이상 0.2퍼센트 미만인 사람은 1년 이상 2년 이하의 징역이나 1천만원 이상 2천만원 이하의 벌금 3. 혈중알코올 농도가 0.03퍼센트 이상 0.08퍼센트 미만인 사람은 1년 이하의 징역이나 1천만원 이하의 벌금 ② 2회 이상 술에 취한 상태에서 선박(외국선박을 포함)의 조타기를 조작하거나 그 조작을 지시한 운항자 또는 도선을 한 사람은 2년 이상 5년 이하의 징역이나 2천만원 이상 3천만원 이하의 벌금에 처한다. ③ 해양경찰청 소속 경찰공무원의 측정 요구에 따르지 아니한 선박(외국선박 포함)의 조타기를 조작하거나 그 조작을 지시한 운항자 또는 도선을 한 사람은 다음의 구분에 따라 처벌한다. 1. 측정 요구에 1회 따르지 아니한 사람은 3년 이하의 징역이나 3천만원 이하의 벌금 2. 측정 요구에 2회 이상 따르지 아니한 사람은 2년 이상 5년 이하의 징역이나 2천만원 이상 3천만원 이하의 벌금
5톤 미만	제107조(벌칙) 500만원 이하의 벌금에 처한다. ① 술에 취한 상태에서 총톤수 5톤 미만 선박(한국선박에 한정)의 조타기를 조작하거나 그 조작을 지시한 운항자 ② 해양경찰청 소속 경찰공무원의 측정 요구에 따르지 아니한 총톤수 5톤 미만 선박(한국선박에 한정)의 조타기를 조작하거나 그 조작을 지시한 운항자

「유선 및 도선사업법」, 「수상레저안전법」, 「낚시관리 및 육성법」 모두 술에 취한 상태의 기준은 혈중알코올 농도 0.03%으로 「해사안전법」 제41조 제5항에 맞추어 통일되어 있다.(19 간부).

처벌기준의 경우 「해사안전법」은 혈중 알코올 농도와 위반횟수에 따라 세분하여 처벌하지만 다른 법률은 그렇지 않다.

유선 및 도선 사업법	제12조 · 제16조(유선사업자 · 도선사업자 등의 안전운항 의무) ③ 유선사업자 · 도선사업자와 선원은 음주, 약물중독, 그 밖의 사유로 정상적인 조종을 할 수 없는 우려가 있는 경우에는 도선을 조종하여서는 아니 된다. 제40조(벌칙) 1년 이하의 징역 또는 1천만원 이하의 벌금
수상레 저안전법	제13조(조종면허의 취소 · 정지) ① 해양경찰청장은 조종면허를 받은 사람이 제4호에 해당하면 조종면허를 취소하여야 한다. 4. 술에 취한 상태에서 조종을 하거나 술에 취한 상태라고 인정할 만한 상당한 이유가 있음에도 불구하고 관계 공무원의 측정에 따르지 아니한 경우
낚시관리 및육성법	제30조(술에 취한 상태에서의 조종 금지 등) ① 낚시어선업자 및 선원은 술에 취한 상태에서 낚시어선을 조종하거나 술에 취한 상태에 있는 낚시어선업자 또는 선원에게 낚시어선을 조종하게 하여서는 아니 된다. ② 낚시어선업자 및 선원은 그 측정에 따라야 한다. 제53조(벌칙) 6개월 이하의 징역 또는 500만원 이하의 벌금 ① 해상항행선박이 항행을 계속할 수 없는 하천 · 호소 등 「해사안전법」의 적용대상이 아닌 장소에서 술에 취한 상태에서 낚시어선을 조종하거나 술에 취한 상태에 있는 자에게 낚시어선을 조종하게 한 자 ② 해상항행선박이 항행을 계속할 수 없는 하천 · 호소 등 「해사안전법」의 적용대상이 아닌 장소에서 술에 취한 상태라고 인정할 만한 상당한 이유가 있는 데도 관계 공무원의 측정에 따르지 아니한 자

2) 음주운항 행정처분 기준

해양경찰청장은 「해사안전법」에 따라 해양수산부장관에게 해기사면허의 취소·정지를 요청할 수 있고, 직접 취소하거나 정지할 수는 없다. 해기사면허는 「선박직원법」에 의하여 행정처분을 하게 되는데, 혈중 알코올 농도에 따라 행정처분 수준이 다르고, 측정불응을 한 경우 면허취소 처분을 한다.

「선박직원법」은 혈중알코올 농도에 따라 해기사 면허 취소나 정지 등 여러 단계로 나누어 있지만 「수상레저안전법」상의 조종면허의 경우 혈중알코올 농도 0.03% 이상이면 무조건 취소된다는 점에서 가혹한 점이 있다. 각 법률 간의 행정처분 기준이 일정한 기준이 없다는 점에서 문제점이 있다.

<table>
<tr><th>법적근거</th><th colspan="2">처벌 내용</th></tr>
<tr><td>해사안전법
(해기사면허)</td><td colspan="2">제42조(해기사면허의 취소 · 정지 요청) 해양경찰청장은 「선박직원법」에 따른 해기사면허를 받은 자가 다음 어느 하나에 해당하는 경우 해양수산부장관에게 해당 해기사면허를 취소하거나 1년의 범위에서 해기사면허의 효력을 정지할 것을 요청할 수 있다.
1. 술에 취한 상태에서 운항을 하기 위하여 조타기를 조작하거나 그 조작을 지시한 경우
2. 술에 취한 상태에서 조타기를 조작하거나 조작할 것을 지시하였다고 인정할 만한 상당한 이유가 있음에도 불구하고 해양경찰청 소속 경찰공무원의 측정요구에 따르지 아니한 경우</td></tr>
<tr><td>선박직원법
(해기사면허)</td><td colspan="2">제9조(면허의 취소 등) ③ 해양수산부장관은 해기사가 해양경찰청장이 요청하는 경우에는 다음에 따라 처분하여야 한다. 다만, 해당 사유와 관련된 해양사고에 대하여 해양안전심판원이 심판을 시작하였을 때에는 그러하지 아니한다.
1. 혈중알코올 농도가 0.03퍼센트 이상 0.08퍼센트 미만인 경우
가. 1차 위반: 업무정지 6개월
나. 2차 위반 또는 사람을 죽게 하거나 다치게 한 경우: 면허취소
2. 혈중알코올 농도가 0.08퍼센트 이상인 경우: 면허취소
3. 측정요구에 따르지 아니한 경우: 면허취소</td></tr>
<tr><td>유선 및
도선사업법
(사업면허)</td><td colspan="2">시행규칙 〈별표 2〉
① 1차위반: 경고, ② 2차위반: 사업정지 1개월,
③ 3차위반: 사업정지 3개월, ④ 4차위반: 면허취소 또는 사업장 폐쇄</td></tr>
<tr><td rowspan="2">수상레저
안전법</td><td>조종면허</td><td>제13조(조종면허의 취소 · 정지) ① 제4호에 해당하면 조종면허 취소
4. 술에 취한 상태에서 조종을 하거나 술에 취한 상태라고 인정할 만한 상당한 이유가 있음에도 불구하고 관계 공무원의 측정에 따르지 아니한 경우</td></tr>
<tr><td>사업면허</td><td>• 제48조(사업자의 안전점검 등 조치) ② 1. 14세 미만인 사람(보호자를 동반하지 아니한 사람으로 한정), 술에 취한 사람 또는 정신질환자를 수상레저기구에 태우거나 이들에게 수상레저기구를 빌려 주는 행위
• 시행규칙 〈별표 13〉
① 1차위반: 업무정지 1개월, ② 2차위반: 업무정지 3개월, ③ 3차위반: 등록 취소</td></tr>
<tr><td>낚시관리
및육성법</td><td colspan="2">시행규칙〈별표 2〉
① 1차 위반: 영업정지 2개월, ② 2차 위반: 영업폐쇄</td></tr>
</table>

5. 경범죄처벌법

개정된 「경범죄처벌법」이 1996년 8월 8일 시행되었다. 해양경찰청이 경찰청의 부속기관이었다가 독립관청으로 격상됨에 따라 해양경찰청장장, 지방해양경찰관서의 장으로 변경되었다. 개정 내용은 야간통행제한위반(제1조 제40호), 범칙금의 납부(제7조 제1항)에서 "경찰청장"을 각각 "경찰청장 또는 해양경찰청장"으로 하고, 통고처분(제6조 제1항) 및 통고처분 불이행자등의 처리(제8조) 중 "경찰서장"을 각각 "경찰서장 또는 지방해양경찰관서의 장"으로 개정하였다.

「경범죄처벌법」은 경범죄의 종류 및 처벌에 필요한 사항을 정함으로써 국민의 자유와 권리를 보호하고 사회공공의 질서유지에 이바지함을 목적으로 한다(법 제1조).

1) 주요 내용

형법과의 관계	① 형법의 보충법(형법이 우선 적용) (형법의 특별법은 아님) ② 교사범, 방조범은 정범과 동일하게 처벌 ③ 미수범 처벌규정 없음 ④ 사정과 형편을 헤아려서 그 형을 면제하거나 구류와 과료를 함께 부과 ※ 과태료는 감면 가능(범칙행위는 금액이 적고 과태료는 금액이 큰 것도 많다)
범칙행위 (제3조①,②)	① 10만원 이하 벌금, 구류, 과료: 대부분 ② 20만원 이하 벌금, 구류, 과료: 4개 1. 출판물 부당게재, 2, 업무방해, 3. 거짓광고, 4. 암표매매 ③ 주거부정인 경우에 한하여 현행범 체포 가능(형사소송법 제214조)
60만원 이하 벌금 · 구류 · 과료(제3조③)	① 범칙행위 대상이 아니다. 즉결심판 청구는 가능하다. ② 주거가 분명하더라도 현행범 체포 가능하다. ※「형사소송법」 제214조: 50만원 이하의 벌금 · 구류 · 과료에 해당하는 현행범인은 주거가 분명하지 아니한 때에 한하여 현행범 체포 규정을 적용한다. ③ 종류는 2개분 1. 관공서 주취소란(단순 음주소란은 10만원 이하) 2. 거짓 신고(장난 전화는 대상아님)
범칙금 납부절차	① 1차 납부기간: 10일【1차 10일】 ② 2차 납부기간: 1차 만료 후 20일내 20% 가산 ③ 50% 가산금을 즉결심판 청구 전에 납부시, 즉결심판 청구를 하지 않고, 즉결심판 청구 후 선고 전에 납부시에는 즉결심판 청구 취소 ④ 천재지변 사후 5일내 납부 ⑤ 신용카드 납부 가능, 분할 납부는 불가 ⑥ 범칙금 납부자는 그 행위에 대하여 다시 벌 받지 아니한다.

2) 경범죄의 종류(법 제3조)

① 20만원 이하의 벌금, 구류 또는 과료

1. (출판물의 부당게재 등) 올바르지 아니한 이익을 얻을 목적으로 다른 사람 또는 단체의 사업이나 사사로운 일에 관하여 신문, 잡지, 그 밖의 출판물에 어떤 사항을 싣거나 싣지 아니할 것을 약속하고 돈이나 물건을 받은 사람

2. (거짓 광고) 여러 사람에게 물품을 팔거나 나누어 주거나 일을 해주면서 다른 사람을 속이거나 잘못 알게 할 만한 사실을 들어 광고한 사람
3. (업무방해) 못된 장난 등으로 다른 사람, 단체 또는 공무수행 중인 자의 업무를 방해한 사람
4. (암표매매) 흥행장, 경기장, 역, 나루터, 정류장, 그 밖에 정하여진 요금을 받고 입장시키거나 승차 또는 승선시키는 곳에서 웃돈을 받고 입장권 · 승차권 또는 승선권을 다른 사람에게 되판 사람

③ 60만원 이하의 벌금, 구류 또는 과료
1. (관공서에서의 주취소란) 술에 취한 채로 관공서에서 몹시 거친 말과 행동으로 주정하거나 시끄럽게 한 사람
2. (거짓신고) 있지 아니한 범죄나 재해 사실을 공무원에게 거짓으로 신고한 사람

3) 통고처분 할 수 없는 경우

① '범칙자 제외자'는 범칙금 발부대상에 해당 되지 않는 것이고, '통고처분 제외자'는 범칙자에는 해당하지만 통고처분을 할 수 없는 사람이다. 모두 즉결심판 청구할 수 있다.

② 경범죄는 18세 미만에 대하여 통고처분을 할 수 없다.

범칙자 제외자	1. 범칙행위를 상습적으로 하는 사람 2. 죄를 지은 동기나 수단 및 결과를 헤아려볼 때 구류처분을 하는 것이 적절하다고 인정되는 사람 3. 피해자가 있는 행위를 한 사람 4. 18세 미만인 사람
통고처분 제외자	1. 통고처분서 받기를 거부한 사람 2. 주거 또는 신원이 확실하지 아니한 사람 3. 그 밖에 통고처분을 하기가 매우 어려운 사람
처 리	18세 미만자는 훈방하고, 나머지는 즉결심판 청구

6. 즉결심판에 관한 절차법

「경찰법」의 제정(1991. 5. 31.)으로 해양경찰서장과 일반경찰서장의 조직법상 지위가 동일하게 됨에 따라 1991년 11월 22일부터 해양경찰서장에게 즉결심판청구권을 부여하였다. 즉결심판은 죄질이 경미하고 죄증이 명백한 범죄사건을 간단한 절차로 심판하는 것이다.

대 상	20만원 이하의 벌금, 구류, 과료에 처할 수 있는 범죄이다. 20만원은 선고형 기준이므로 이론적으로 벌금형이 있는 모든 범죄는 대상이 될 수 있다. 가벼운 절도죄의 경우 즉결심판으로 청구된다.
공소장 일본주의 예외	즉결심판 청구와 동시에 증거물도 함께 제출하므로 공소장 일본주의 예외
청구 기각	판사가 즉결심판을 할 수 없거나 즉결절차로 심판하는 것이 적당하지 않다고 판단하면 기각한다. 이 때 해양경찰서장은 지체없이 사건을 검찰에 송치하여야 한다.
개 정	재판의 심리와 선고는 해양경찰관서 외의 공개법정에서 한다.
정식재판 청구	① 피고인은 즉결심판 후 7일 이내에 해양경찰서장에게 청구서를 제출 ② 해양경찰서장은 무죄, 면소, 공소기각(즉결심판 청구기각 X) 선고시 7일 이내에 검사의 승인을 얻어 판사에게 정식재판 청구서를 제출 ③ 판사는 정식재판 청구서를 받은 날부터 7일 이내에 서장에게 사건기록과 증거물을 송부하고, 서장은 검찰청에 이를 송부한다. ④ 피고인은 정식재판 청구를 포기할 수 있다.
유치명령	구류를 선고 받은 피고인이 주소가 없거나 도망할 우려가 있을 때에는 5일내 해양경찰서 유치장에 유치 명령할 수 있다. 이 기간은 선고 기간을 초과할 수 없다.

7. 구명조끼 착용

구명조끼 착용관련 규정이 있는 법은 「수상레저안전법」, 「낚시관리 및 육성법」, 「어선안전조업법」, 「유선 및 도선사업법」, 「연안사고 예방에 관한 법률」 등이 있다.

수상레저 안전법	• 제17조: 수상레저활동자는 구명조끼 등 인명안전에 필요한 장비를 착용하여야 한다. • 시행규칙 제14조: ① 수상레저활동자는 해양경찰서장 또는 시장 · 군수 · 구청장이 특별한 지시를 하지 않는 경우에는 구명조끼(서프보드 또는 패들보드를 이용한 수상레저활동의 경우에는 보드 리쉬[7])를 착용해야 하며, 워터슬레드를 이용한 수상레저활동 또는 래프팅을 할 때에는 구명조끼와 함께 안전모를 착용해야 한다. ② 해양경찰서장 또는 시장 · 군수 · 구청장은 수상레저활동의 형태, 수상레저기구의 종류 및 날씨 등을 고려하여 수상레저활동자가 착용하여야 할 구명조끼 · 구명복 또는 안전모 등 인명안전장비의 종류를 정하여 특별한 지시를 할 수 있고, 수상레저활동자가 착용하여야 하는 인명안전장비의 종류를 특별히 지시할 때에는 수상레저활동자가 보기 쉬운 장소에 그 사실을 게시하여야 한다.
낚시관리 및 육성법	• 제29조: ③ 낚시어선업자 및 선원은 낚시어선 승선자 전원에게 구명조끼를 착용하도록 하여야 한다. 이 경우 승객이 구명조끼를 착용하지 아니하면 승선을 거부할 수 있다.

7) 보드리쉬(board leash: 서프보드 또는 패들보드와 발목을 연결하여 주는 장비를 말함.

어선안전 조업법	• 제24조: ① 어선 승선자는 기상특보 발효 등 해양수산부령이 정하는 요건 발생 시 구명조끼를 착용하여야 한다. • 시행규칙 제13조: ① "기상특보 발효 등 해양수산부령이 정하는 요건 발생 시"란 태풍 · 풍랑 특보 또는 예비특보 발효 중에 외부에 노출된 갑판에 있는 경우를 말한다.
유선 및 도선사업법	• 제12조 ④ 및 제16조 ④: 유선사업자 · 도선사업자와 선원은 안전운항을 위하여 필요한 경우 및 대통령령으로 정하는 소형 도선 · 유선의 경우에는 승객 등 승선자 전원에게 구명조끼를 착용하도록 하여야 한다. • 시행령 제10조: "대통령령으로 정하는 소형 유선 및 소형 도선"이란 총톤수 5톤 미만의 선박 중 관할관청이 해당 영업구역의 수심(水深) · 수세(水勢) · 운항거리 등을 고려하여 승객 등 승선자가 구명조끼를 착용할 필요가 있다고 인정하여 지정하는 선박을 말한다. (21 간부)
연안사고 예방에 관한 법률	• 제11조(연안체험활동 안전수칙) ① 해양경찰청장은 발생할 수 있는 사고를 예방하기 위하여 연안체험활동 안전수칙(안전장비의 종류와 배치기준)을 정하여야 한다. ② 연안체험활동에 참가하려는 자를 모집하여 연안체험 프로그램을 운영하려는 자는 안전수칙을 준수하여야 한다. ※ 구명조끼 착용 의무 규정은 없고, 운영자에게 갖출 의무를 부과하고 있음. • 시행규칙 〈별표 3〉: 수상형 체험활동과 수중형 체험활동(일반형 체험활동 제외)에서 연안체험활동 참가자 110퍼센트 이상에 해당하는 수의 구명조끼를 갖출 것(10퍼센트는 소아용).

Ⅱ. 연안 안전관리

1. 서설

1) 「연안사고 예방에 관한 법률」의 제정 배경

국민 소득의 증가와 사회적 여건 변화 및 연안 활동 저변 확대에 따른 해양 활동레저객 증가로 연안사고 지속적으로 발생하고 있다. 특히 2013년 7월에는 충남 태안군 안면도에서 해병대 캠프에 참가했던 고등학교 학생들이 구명조끼를 벗고 바다로 들어가라는 교관의 지시에 따르다가 깊은 갯골에 빠진 뒤 그들 중 5명의 학생이 파도에 휩쓸려 사망한 사건이 발생했다. 이를 계기로 「연안사고 예방에 관한 법률」이 제정되었고, 「연안사고 예방에 관한 법률」과 「연안사고 안전관리규정」의 시행으로 사망사고 발생지역과 위험구역을 지정하고, 연안사고 예방을 위한 안전관리를 실시하고 있다.

2) 연안사고의 개념

(1) 법률상의 개념

연안사고란 연안해역[8]에서 발생하는 인명에 위해를 끼치는 사고를 말하고 「무인도서의 보전 및 관리에 관한 법률」에 따른 무인도서를 포함한다. 다만, 「해양사고의 조사 및 심판에 관한 법률」에 따른 해양사고[9]는 제외한다. 그러한 사고의 유형의 사고로는 ① 갯벌·갯바위·방파제·연육교·선착장·무인도서 등에서 바다에 빠지거나 추락·고립 등으로 발생한 사고, ② 연안체험활동[10] 중에 발생한 사고 등이 있다(연안사고 예방에 관한 법률 제2조).

위 법률상의 개념을 정리하여 연안사고의 개념을 정의하면 다음과 같다.[11] 연안사고란 연안해역에서 발생하는 인명에 위해를 끼치는 사고로서 갯벌·갯바위·방파제·연육교·선착장·무인도서·해수욕장 등 바다 근접지역에서 바다에 빠지거나 추락·고립 등으로 발생한 사고와 연안체험활동 중에 발생한 사고를 말한다. 또한 연안사고의 범위에는 「해양사고의 조사 및 심판에 관한 법률」에 따른 선박관련 해양사고는 제외되고, 수상레저기구를 이용하는 수상레저활동도 제외된다. 연안사고의 공간적 범위에는 「연안관리법」에 따른 연안해역이므로 바닷가와 바다(무인도서 포함)를 의미한다. 바닷가란 해안선으로부터 지적공부에 등록된 지역까지의 사이를 말하고, 바다란 해안선으로부터 영해의 외측한계까지의 사이를 말한다.

---

8) 연안해역이란 다음 각 목의 지역을 말한다(연안관리법 제2조(정의) 2).
   가. 바닷가[「공간정보의 구축 및 관리 등에 관한 법률」 제6조 제1항 제4호에 따른 해안선으로부터 지적공부(地籍公簿)에 등록된 지역까지의 사이를 말한다]
   나. 바다[「공간정보의 구축 및 관리 등에 관한 법률」 제6조 제1항 제4호에 따른 해안선으로부터 영해(領海)의 외측한계(外側限界)까지의 사이를 말한다]

9) 해양사고란 해양 및 내수면(內水面)에서 발생한 다음 각 목의 어느 하나에 해당하는 사고를 말한다(해양사고의 심판 및 조사에 관한 법률 제2조 1).
   가. 선박의 구조·설비 또는 운용과 관련하여 사람이 사망 또는 실종되거나 부상을 입은 사고
   나. 선박의 운용과 관련하여 선박이나 육상시설·해상시설이 손상된 사고
   다. 선박이 멸실·유기되거나 행방불명된 사고
   라. 선박이 충돌·좌초·전복·침몰되거나 선박을 조종할 수 없게 된 사고
   마. 선박의 운용과 관련하여 해양오염 피해가 발생한 사고

10) 연안체험활동이란 연안해역에서 이루어지는 체험활동으로서 해양수산부령으로 정하는 활동을 말한다(연안사고예방에 관한 법률 제2조 3). 연안체험활동의 유형으로는 수상(水上)형 체험활동, 수중(水中)형 체험활동, 일반형 체험활동이 있다(연안사고예방에 관한 법률 시행규칙 제2조).

11) 노호래(2017). "「연안사고 예방에 관한 법률」상의 위험구역 관리 개선방안," 한국치안행정논집 제14권 제3호, pp. 93-94.

(2) 새로의 개념 구성

일본 해상보안청의 경우 구난과(救難課)에 해변사고대책관 1인을 두고 있다(海上保安廳 組織規則, 국토교통성령 제47조). 해변사고(海浜事故)의 유형은 해양레저를 동반한 해변사고로는 해수욕, 낚시, 서핑(파도타기), 스쿠버다이빙 등 해양에서 여가활동 중에 발생한 사고이고, 해양레저 이외의 해빈사고로는 여가활동 이외의 해빈에서 발생한 사고로써 자살, 연안의 벽으로부터 바다추락 등이 해당한다.

우리나라에서의 연안사고에 대한 사전적 의미를 검토하면 연안(沿岸)이란 "강이나 호수, 바다를 따라 잇닿아 있는 육지," "육지와 면한 바다 · 강 · 호수 따위의 물가"를 의미한다(naver 국어사전). 이에 따르면 연안사고란 육지와 바다가 만나는 육지나 물가를 의미한다. 사전적 의미에 따르면 현재의 「연안사고 예방에 관한 법률」상의 연안사고는 갯벌 · 갯바위 · 방파제 · 연육교 · 선착장 · 무인도서 등에서 바다에 빠지거나 추락 · 고립 등으로 발생한 사고, 연안체험활동 중에 발생한 육지와 바다와 접한 곳에서의 사고로서 사전적 의미에서는 적정한 용어사용이라고 생각된다.

그러나 「연안사고 예방에 관한 법률」 제2조의 "연안사고"란 연안해역에서 발생하는 인명에 위해를 끼치는 다음 각 목의 사고를 말한다. 다만, 「해양사고의 조사 및 심판에 관한 법률」 제2조 제1호에 따른 선박에 관련한 해양사고는 제외한다. 그리고 연안해역이란 바닷가에서 12해리(대한해협 3해리)까지의 해역을 말한다. 또한 체험활동에서 선박 · 기구를 사용한 것은 제외된다. 이런 개념규정에 의할 때 연안사고란 연안해역에서 발생한 모든 사고라고 일반적으로 생각할 수 있는데, 현행 법령의 연안사고는 연안해역에서 발생한 사고 중 선박과 수상레저기구 관련 사고는 제외된다. 일반적으로 생각할 수 있는 연안사고라는 관념에서 상당 부분이 축소되어 개념이 규정되어 있다.

따라서 이러한 개념상의 혼돈을 줄이기 위해서는 해양사고라는 광의의 개념이 있고, 연안사고는 해양사고의 하위개념으로서 12해리까지의 선박과 기구를 사용하여 발생한 사고와 바다 근접지역에서 발생한 사고를 포괄하는 개념정의가 되는 것이 합당할 것으로 판단된다.

위와 같이 정의할 수 없다면 바닷가 주변, 즉 바닷가와 인접한 해양에서 발생한 사고로 정의하고 이를 해변사고라고 정의하는 방법도 고려해 보아야 할 것이다.

3) 연안사고 현황

「2020 해양경찰백서」에서는 연안사고 발생 현황은 다음과 같다.[12] 2019년 연안해역 발생 사고는 721건, 사망자는 129명으로 전년 대비 사고는 5%(38건) 감소, 인명피해는 4%(5명) 상승하였고, 유형별로 살펴보면 물놀이, 수중레저활동, 해녀사고 등 익수로 인한 사망자는 68명(52%)로 가장 많았으며, 방파제·갯바위 실족 등 추락 57명(44%), 고립 2명(1%)순으로 사망사고가 발생하였다. 추락사고는 부주의에 기인한 테트라포드 낚시객 실족과 항포구 차량추락이 대표적이다.

구 분	2015년	2016년	2017년	2018년	2019년
발생건수	1,114	723	698	759	721
사망자수(명)	145	130	115	124	129

장소별로는 해안가에서 42명(32%)으로 가장 많이 발생하였으며, 항포구 23명(17%), 해상 18명(13%), 갯바위 14명(10%) 순으로 나타났고, 연령별로는 사회활동이 가장 왕성한 4·50대, 기대수명 연장과 다양한 여가생활을 즐기려는 6·70대 비율이 사망자 중 85명(79%)으로 나타나 해양경찰은 성인을 대상으로 한 다양한 연안안전 홍보 정책 추진에 노력하고 있다. 시기별로는 물놀이·해양레저활동이 활발한 여름철(6–8월)에 사망자가 59명(45%)으로 절반 이상 차지하였으며, 낚시객과 행락객이 많은 가을철이 41명(31%)이 뒤를 따랐다.

구 분	계절	봄 철			여름철			가을철			겨울철		
	총계	3월	4월	5월	6월	7월	8월	9월	10월	11월	12월	1월	2월
'17년	115	4	4	14	8	18	27	8	11	8	3	5	5
'18년	124	3	9	9	7	21	30	16	4	7	5	3	10
'19년	129	10	4	6	10	21	28	15	13	13	2	4	3

2. 「연안사고 예방에 관한 법률」의 주요 내용

1) 시행계획 등

개념	"연안해역"이란 다음 각 목의 지역을 말한다(연안관리법 제2조 제2호). 가. 바닷가[「해양조사와 해양정보 활용에 관한 법률」에 따른 해안선으로부터 지적공부(地籍公簿)에 등록된 지역까지의 사이] 나. 바다[「해양조사와 해양정보 활용에 관한 법률」에 따른 해안선으로부터 영해(領海)의 외측한계(外側限界)까지의 사이]

12) 해양경찰청(2020). 해양경찰백서, pp. 139–140.

	제2조(정의) (연안사고 예방에 관한 법률 제2조). (20 · 21채용, 21 간부) 1. "연안해역": 「연안관리법」 제2조 제2호의 지역(「무인도서의 보전 및 관리에 관한 법률」에 따른 무인도서 포함) 2. "연안사고": 연안해역에서 발생하는 인명에 위해를 끼치는 다음 각 목의 사고(해양사고의 조사 및 심판에 관한 법률에 따른 해양사고 제외) 가. 갯벌 · 갯바위 · 방파제 · 연육교 · 선착장 · 무인도서 등에서 바다에 빠지거나 추락 · 고립 등으로 발생한 사고 나. 연안체험활동 중에 발생한 사고 3. "연안체험활동: 연안해역에서 이루어지는 체험활동으로서 해양수산부령으로 정하는 활동
예방기본 계획의 수립 등 (법 제5조)	① 해양경찰청장은 5년마다 연안사고 예방 기본계획을 수립 · 추진하여야 한다. (20 채용 · 간부) ② 해양경찰청장은 기본계획을 수립하려는 경우 미리 소방청장, 광역시장 · 도지사 · 특별자치도지사 및 특별시 · 광역시 · 특별자치시 · 도 · 특별자치도의 교육감의 의견을 들어야 한다. 대통령령으로 정하는 중요한 사항을 변경하려는 경우에도 또한 같다.
기본 및 시행 계획 내용 (법 제6 · 7조)	1. 연안사고 예방에 관한 정책의 기본방향 2. 연안사고 예방에 필요한 안전체계 구축에 관한 사항 3. 연안해역의 특성을 고려한 연안사고 예방 방안에 관한 사항 4. 연안사고 예방을 위한 전문인력의 양성 및 운영에 관한 사항 5. 연안사고 예방에 필요한 재원의 조달방안에 관한 사항 6. 그 밖에 연안사고 예방에 필요한 사항 • 해양경찰청장은 기본계획에 따라 매년 연안사고 예방 시행계획을 수립 · 시행하여야 한다. (20 채용 · 간부)
예방협의회 (법 제8조)	해양경찰청장 소속으로 중앙연안사고예방협의회를 두고, 지방해양경찰청 및 해양경찰서에 각각 광역연안사고예방협의회 및 지역연안사고예방협의회를 둔다. (20 채용 · 간부)

2) 안전관리규정과 출입통제

해양경찰청장은 연안사고를 예방하기 위하여 소방청장, 특별자치도지사 · 시장 · 군수 · 구청장(자치구의 구청장을 말함) 및 시 · 도교육감의 의견을 들어 연안사고 안전관리규정을 작성하여 시행하여야 한다. 안전관리규정을 변경하려는 때에도 또한 같다. 안전관리규정에는 다음 각 호의 사항이 포함되어야 한다(법 제9조).

① 인명사고가 자주 발생하는 연안해역에 관한 사항
② 인명사고 예방조치에 관한 사항
③ 인명사고 위험구역 설정 및 위험경보에 관한 사항
④ 위험표지판 등 안전관리 시설물의 설치에 관한 사항
⑤ 연안해역 안전점검 주기 및 안전점검 결과에 따른 응급조치에 관한 사항
⑥ 그 밖에 해양수산부령으로 정하는 사항

출입통제 등 (법 제10조)	① 해양경찰청장은 연안사고 예방을 위하여 특별자치도지사 · 시장 · 군수 · 구청장, 소방서장 및 항만에 관한 업무를 관장하는 해양수산부 소속 기관의 장의 의견을 들어 인명사고가 자주 발생하거나 발생할 우려가 높은 다음 장소에 대하여 출입통제를 할 수 있다. (19 3차) 1. 너울성 파도가 잦은 해안가 또는 방파제 2. 물살이 빠르고 갯골이 깊은 갯벌 지역 3. 사고발생이 빈번하고 구조활동이 용이하지 아니한 섬 또는 갯바위 4. 연안절벽 등 해상추락이 우려되는 지역 5. 그 밖에 연안사고가 자주 발생하는 장소 ② 해양경찰청장은 출입통제를 하려는 경우에는 그 사유와 기간 등 해양수산부령으로 정하는 사항을 포함하여 공고하고, 정보통신매체를 통하여 이를 적극 알려야 한다. ③ 해양경찰청장은 출입통제 사유가 없어졌거나 필요가 없다고 인정하는 경우에는 즉시 출입통제 조치를 해제하고 제2항에 따른 공고 등을 하여야 한다.
출입통제 장소의 지정 · 해제 (시행규칙 제5조)	해양경찰서장은 장소에 대하여 출입통제를 하거나 출입통제를 해제하려는 때에는 그 출입통제 개시일 또는 출입통제 해제일 20일 전까지 다음의 내용이 포함된 사항을 표지판으로 제작하여 해당 장소 입구 등 일반인이 잘 볼 수 있는 곳에 설치하여야 하고, 해당 해양경찰서 게시판 · 인터넷 홈페이지 등에 공고하여야 한다.(22 간부) 1. 출입통제 장소의 지정 또는 해제 사유 2. 출입통제 장소의 소재지 3. 출입통제 장소의 범위 4. 출입통제 기간(출입통제장소를 지정하는 경우에만 해당) 5. 출입통제의 지정일 또는 해제일 6. 그 밖에 출입통제와 관련하여 필요한 사항

3) 안전관리

해양경찰청장은 연안체험활동 중 발생할 수 있는 사고를 예방하기 위하여 다음 각 호의 사항이 포함된 연안체험활동 안전수칙을 정하여야 하고, 연안체험활동에 참가하려는 자를 모집하여 연안체험 프로그램을 운영하려는 자(연안체험활동 운영자)는 안전수칙을 준수하여야 한다(법 제11조).

(1) 안전관리요원의 자격과 배치기준 및 안전장비의 종류와 배치기준(시행규칙 별표 3)

1. 안전관리요원의 자격
   가. 일반형 체험활동: 안전교육 위탁기관에서 안전교육을 이수한 자
   나. 수상형 체험활동: 「수상레저안전법」 시행령에 따른 인명구조요원 또는 「수상구조법」에 따른 수상구조사의 자격을 갖춘 자
   다. 수중형 체험활동: 해양수산부장관 또는 해양경찰청장이 고시하는 수중 관련 단체에서 인정하는 자격을 갖춘 자

2. 안전관리요원의 배치기준
   가. 수상형 체험활동: 1명 이상의 안전관리요원을 두고, 연안체험활동 참가자 10명 당 안전관리요원 1명 이상을 추가로 배치할 것. 이 경우 비상구조선마다 1명 이상의 안전관리요원이 배치되어야 한다.
   나. 수중형 체험활동: 1명 이상의 안전관리요원을 두고, 연안체험활동 참가자 8명 당 안전관리요원 1명 이상을 추가로 배치할 것. 이 경우 비상구조선마다 1명 이상의 안전관리요원이 배치되어야 한다.
   다. 일반형 체험활동: 1명 이상의 안전관리요원을 두고, 연안체험활동 참가자 20명 당 안전관리요원 1명 이상을 추가로 배치할 것

3. 안전장비의 종류 및 배치기준
   가. 수상형 체험활동
      1) 비상구조선(무동력 비상구조선 포함): 탑승정원이 연안체험활동 참가자 인원의 100퍼센트 이상인 비상구조선을 갖출 것
      2) 구명조끼(구명자켓 또는 구명슈트 포함): 연안체험활동 참가자 110퍼센트 이상에 해당하는 수의 구명조끼를 갖출 것(10퍼센트는 소아용)
      3) 구명튜브: 1개 이상의 구명튜브를 갖추고, 연안체험활동 참가자 10명 당 구명튜브 1개 이상을 추가로 갖출 것
      4) 구명줄: 지름 10밀리미터 이상, 길이 30미터 이상의 구명줄을 1개 이상 갖추고, 연안체험활동 참가자 10명 당 구명줄 1개 이상을 추가로 갖출 것
      5) 구급장비: 구급장비와 구급약품을 갖출 것

   나. 수중형 체험활동
      1) 비상구조선: 탑승정원이 연안체험활동 참가자 인원의 100퍼센트 이상인 비상구조선을 갖출 것
      2) 구명조끼: 연안체험활동 참가자 110퍼센트 이상에 해당하는 수의 구명조끼를 갖출 것(10퍼센트 소아용)
      3) 구명튜브: 1개 이상의 구명튜브를 갖추고, 연안체험활동 참가자 10명 당 구명튜브 1개 이상을 추가로 갖출 것
      4) 구명줄: 지름 10밀리미터 이상, 길이 30미터 이상의 구명줄을 1개 이상 갖추고, 연안체험활동 참가자 5명 당 구명줄 1개 이상을 추가로 갖출 것
      5) 구급장비: 구급장비와 구급약품을 갖출 것

   다. 일반형 체험활동
      1) 구명튜브: 1개 이상의 구명튜브를 갖추고, 연안체험활동 참가자 20명 당 구명튜브 1개 이상을 추가로 갖출 것
      2) 구명줄: 지름 10밀리미터 이상, 길이 30미터 이상의 구명줄을 1개 이상 갖추고, 연안체험활동 참가자 20명 당 구명줄 1개 이상을 추가로 갖출 것
      3) 구급장비: 구급장비와 구급약품을 갖출 것

(2) 안전교육 내용 및 교육시간(시행규칙 별표 2)

연안체험활동 운영자 및 안전관리요원은 연안체험활동의 안전에 관하여 해양경찰청장이 실시하는 안전교육을 받아야 하고, 해양경찰청장은 연안체험활동 운영자 및 안전관리요원에 대한 안전교육을 효율적으로 수행하기 위하여 연안체험활동 안전에 관한 교육을 전문적으로 실시하는 교육기관을 지정하여 안전교육을 실시하게 할 수 있다(법 11조의2).

교육구분	교육내용	교육시간
가. 수상형 체험활동	수상안전 수칙	6시간
	관련 법령 등	
	응급처치	
	인명구조	
나. 수중형 체험활동	수중안전 수칙	6시간
	관련 법령 등	
	응급처치	
	인명구조	
다. 일반형 체험활동	관련 법령 등	4시간
	응급처치술	
	인명구조	
라. 수상형 · 수중형 체험활동 통합교육	수상 · 수중안전 수칙	8시간
	관련 법령 등	
	응급처치	
	인명구조	

4) 신고와 제한

연안체험활동 운영자는 해양경찰서장에게 연안체험활동 안전관리 계획서를 작성하여 신고하여야 한다.[13] 그 계획서에는 다음 사항이 포함되어야 한다(법 제12조).

---

13) 신고가 제외되는 경우는 다음과 같다.

1. 「수상레저안전법」, 「유선 및 도선 사업법」, 「낚시 관리 및 육성법」, 「수중레저활동의 안전 및 활성화 등에 관한 법률」, 「청소년활동 진흥법」, 「체육시설의 설치·이용에 관한 법률」, 「도시와 농어촌 간의 교류촉진에 관한 법률」, 「수산업법」, 「양식산업발전법」 등 다른 법률에서 지도·감독 등을 받는 법인 또는 단체가 운영하는 경우
2. 연안체험활동 참가자 수가 해양수산부령으로 정하는 규모 이하인 경우

① 연안체험활동의 기간과 장소 및 유형
② 안전수칙 준수에 관한 사항
③ 보험 또는 공제의 가입사실
④ 연안체험활동 중 사고발생 시 연안체험활동 운영자의 관계 기관에 대한 신고 의무 부과 등 대처계획에 관한 사항

연안체험 활동 신고 (법 제12조)	① 연안체험활동 운영자는 계획서의 신고가 수리되기 전에는 연안체험활동 참가자의 모집을 하여서는 아니 된다. ② 해양경찰서장은 신고를 받은 날부터 7일 이내에 신고수리 여부를 신고인에게 통지하여야 하고, 계획서의 신고를 수리한 경우에는 그 사실을 특별자치도지사 · 시장 · 군수 · 구청장에게 통보하여야 한다. (22 간부) ③ 연안체험활동 운영자 또는 안전관리요원은 연안체험활동 관련 사고로 사람이 사망하거나 실종된 경우 또는 중상을 입은 경우에는 해양수산부령으로 정하는 바에 따라 지체 없이 해양경찰관서나 소방관서 또는 경찰관서 등 관계 행정기관에 신고하여야 한다.
신고 제외 (시행규칙 제9조)	1. 연안체험활동 참가자가 10명 미만인 수상형 체험활동 (22 간부) 2. 연안체험활동 참가자가 5명 미만인 수중형 체험활동 3. 연안체험활동 참가자가 20명 미만인 일반형 체험활동
연안체험 활동의 제한 등 (법 제14조)	① 관할 해양경찰서장은 다음 어느 하나에 해당하는 경우로서 연안체험활동이 곤란하거나 연안체험활동 참가자의 안전에 위해를 끼칠 우려가 있다고 인정하는 때에는 연안체험활동의 전부 또는 일부를 금지하거나 제한할 수 있다. (19 3차) 1. 자연재해의 예보 · 경보 등이 발령된 경우 2. 유류오염 · 적조 · 부유물질 · 유해생물이 발생하거나 출현하는 경우 3. 어망 등 해상장애물이 많은 경우 4. 그 밖에 연안사고 예방을 위하여 대통령령(해수부령 아님)으로 정하는 경우 ② 관할 해양경찰서장은 연안체험활동의 금지 또는 제한의 원인이 되는 사유가 소멸되거나 완화된 경우 연안체험활동의 금지 또는 제한의 전부 또는 일부를 해제할 수 있고, 연안체험활동의 금지 · 제한 또는 금지 · 제한을 해제한 경우 지체 없이 특별자치도지사 · 시장 · 군수 · 구청장에게 알리고, 정보통신매체 등을 통하여 공고하여야 한다.

5) 안전점검 및 연안순찰대

관할 해양경찰서장은 소속 경찰공무원으로 하여금 연안사고 예방을 위하여 연안체험활동 장소에 출입하여 다음 사항에 대한 안전점검을 하게 할 수 있고, 안전점검의 결과 안전수칙을 위반하였거나 안전확보에 중대한 문제가 있다고 판단되는 경우에는 시정명령 등 필요한 조치를 하거나 관계 법률에 따른 영업정지 등의 조치를 관계 행정기관의 장에게 요청할 수 있다(법 제15조).

122 연안 순찰대원의 자격 (법 제8조)	122 연안순찰대원은 「수상레저안전법 시행령」에 따라 인명구조요원의 자격을 갖춘 경찰공무원으로서 다음 요건을 모두 갖춘 사람으로 한다. 1. 다음 각 목의 어느 하나에 해당하는 사람일 것 가. 연안순찰대원으로 배치하려는 지역을 관할하는 해양경찰 파출소 · 출장소에서 2년 이상 근무한 사람 나. 연안순찰대원으로 배치하려는 지역을 관할하는 「수상구조법 시행령」에 따른 122 구조대의 구조대원으로 2년 이상 근무한 사람 다. 해양경찰청함정(100톤 미만의 함정으로 한정)에서 2년 이상 근무한 사람 라. 「응급의료에 관한 법률」에 따른 응급구조사 자격을 갖춘 사람 2. 다음 각 목의 어느 하나에 해당하는 면허가 있는 사람일 것 가. 「도로교통법」에 따른 제1종 운전면허 중 대형면허 또는 보통면허 나. 「수상레저안전법」에 따른 일반조종면허
연안순찰 대원의 임무 등 (법 제9조)	1. 연안해역의 순찰 및 연안사고 예방 활동 등 안전관리규정의 시행 2. 출입통제 장소의 관리 3. 연안체험활동의 금지 또는 제한 4. 연안체험활동 안전점검 5. 연안사고 발생 시 긴급구조 등의 조치 6. 그 밖에 연안사고 예방과 연안사고 발생 시 구호(救護)에 관한 업무

6) 연안안전 지킴이(민간연안순찰요원)와 무인도서 관리

해양경찰청장은 지역주민으로서 연안해역의 특성을 잘 아는 사람 등을 연안안전지킴이로 위촉하여 연안사고예방을 위한 순찰 · 지도업무를 보조하게 할 수 있고, 연안안전지킴이가 그 직무를 수행하는 경우에는 신분을 표시하는 증표를 지니고 이를 관계인에게 내보여야 한다. 그리고 지방자치단체의 장은 필요한 경우 관할 구역에서 연안안전지킴이가 활동하는 데 소요되는 경비의 전부 또는 일부를 지원할 수 있다(법 제17조).

연안안전 지킴이 위촉방법, 활동범위 (시행규칙 제11조)	① 연안안전지킴이는 지방해양경찰청장 추천으로 해양경찰청장이 위촉한다. (20채용 · 21 간부) ② 연안안전지킴이의 활동범위는 다음과 같다. 1. 연안순찰대원 임무의 보조 · 지원 2. 연안체험활동이 이루어지는 장소나 출입통제 장소 등에서의 순찰 · 지도 및 위험표지판 등 안전관리 시설물에 대한 점검 3. 그 밖에 연안사고 예방을 위하여 필요한 사항 ③ 해양경찰청장은 연안안전지킴이에게 예산의 범위에서 수당을 지급 가능하고, 업무를 수행하는 데 필요한 다음 물품 및 경비를 예산의 범위에서 지원할 수 있다.

무인도서 안전관리 (법 제18조)	① 특별자치도지사 · 시장 · 군수 · 구청장은 「무인도서의 보전 및 관리에 관한 법률」에 따른 무인도서로서 해양수산부령으로 정하는 무인도서에서 발생할 수 있는 인명사고의 예방을 위하여 필요한 안전관리체계를 마련하여야 한다. ② 관할 해양경찰서장은 무인도서에서 발생하는 인명사고에 효과적으로 대처하기 위하여 특별자치도지사 · 시장 · 군수 · 구청장과 협의하여 긴급신고망을 운영할 수 있다.
무인도서 안전관리 (시행규칙 제12조)	"해양수산부령으로 정하는 무인도서"란 다음 어느 하나에 해당하는 무인도서를 말한다. 1. 연안체험활동이 활발한 무인도서 2. 연안체험활동 중 인명사고가 발생한 무인도서 3. 그 밖에 해양수산부장관, 해양경찰청장, 특별자치도지사 또는 시장 · 군수 · 구청장이 인명사고 발생이 우려된다고 판단하는 무인도서

3. 「연안사고 안전관리 규정(훈령)」

1) 개념(제2조)

위험성 조사	「연안사고 예방에 관한 법률」의 연안해역 중 인명에 위해를 끼치는 사고가 발생한 장소 및 발생할 우려가 높은 장소를 조사하는 것
위험구역	연안사고로 인해 직접적으로 인명피해가 발생했거나 발생할 우려가 있는 지점(길이×폭)
위험구역 평가	위험성조사 결과를 바탕으로 다음과 같이 평가 · 분류하는 것 가. 사망사고 발생구역, 나. 연안사고 다발구역, 다. 연안사고 위험구역
출입통제 장소	인명사고가 자주 발생하거나 발생 우려가 높은 위험구역에 대해 특별자치도지사 · 시장 · 군수 · 구청장(자치구의 구청장), 소방서장, 지방해양수산청장의 의견을 들어 해양경찰서장이 출입을 통제하기 위하여 지정한 장소
위험예보제	연안해역에서의 안전사고가 반복 · 지속적으로 발생했거나 발생할 우려가 있는 경우에 그 위험성을 "관심," "주의보," "경보"로 구분하여 국민에게 알리는 것
안전관리 시설물	위험한 장소에 대하여 안전사고 위험성을 국민들이 인식하여 사전에 위험에 대비할 수 있도록 설치하는 "위험표지판," "위험알림판," "인명구조장비함" 등
인명구조 장비함	연안사고 발생 시 신속한 인명구조를 목적으로 누구나 사용할 수 있도록 연안해역 위험한 장소에 설치하는 장비 보관함

2) 위험구역

해양경찰서장은 위험성조사 결과보고서를 작성하여 위험구역을 평가하고 개별 안전관리카드 및 총괄 안전관리카드를 작성·관리해야 한다. 위험성 평가기준(별표 1)은 다음과 같다.

위험 구역	분류 기준
사망사고 발생구역	• 최근 3년간 연안 인명(사망 · 실종)사고가 발생한 구역 • 근거: 연안사고 통계 결과 기준
연안사고 다발구역	• 최근 3년간 3건 이상 연안사고가 발생한 구역 • 근거: 연안사고 통계 결과 기준, 사망사고 발생구역 제외
연안사고 위험구역	• 연안 사망 · 실종사고 및 연안사고 발생 위험성이 높은 구역 • 근거: 연안사고 발생 위험성 평가 항목

3) 안전사고 위험예보제(제9조-제15조)

위험 예보제	해양경찰서장은 연안해역의 위험한 장소 또는 위험구역에서 특정시기에 기상악화 또는 자연재난 등으로 인하여 같은 유형의 안전사고가 반복 · 지속적으로 발생할 우려가 있거나 발생되는 경우 그 위험성을 국민에게 미리 알리는 안전사고 위험예보제를 운용해야 한다.
위험 예보제 종류	1. 안전사고 "관심": 연안해역에 안전사고가 과거 특정시기에 집중 · 반복적으로 발생하여 사전에 대비가 필요한 경우에 발하는 위험예보 2. 안전사고 "주의보": 연안해역에 안전사고가 발생될 우려가 높거나 발생되고 있어 피해 확산이 우려되는 경우에 발하는 위험예보 3. 안전사고 "경보": 안전사고 "주의보"를 발령했음에도 안전사고가 확산되는 경우에 피해 상황과 전망, 및 예방요령을 반복적으로 알리는 경우에 발하는 위험예보
위험예보 발령대상 안전사고	1. 특정시기에 같은 유형의 피해사례가 반복 · 지속적으로 발생한 안전사고 2. 태풍, 집중호우, 너울성 파도, 저시정(안개 등) 등과 같은 기상특보 또는 자연재난으로 인하여 피해발생이 예상되는 안전사고 3. 그 밖에 해양경찰서장이 국민의 생명과 안전을 보호하기 위하여 예방이 시급하다고 판단되는 안전사고
위험예보 발령 절차	해양경찰서 종합상황실과 지방자치단체 재난상황실 또는 해당 부서에서 발령 여부를 분석 · 판단하여 상호 협의를 거쳐 관할 해양경찰서장이 발령한다(다음의 경우 협의 생략가능). 1. 안전사고의 단기간 급증으로 긴급하게 위험예보 발령이 필요한 경우 2. 안전사고가 발생되고 있어 피해확산을 방지할 필요가 있는 경우
위험예보 발령 방법	해양경찰서장은 안전사고 위험예보를 발령하여 그 내용을 국민에게 알릴 수 있다. 1. 보도자료 배포 및 브리핑 실시 2. 해양경찰서 홈페이지, 인터넷 온라인 및 모바일 게시 3. 그 밖에 안전사고 위험예보가 발령된 지역을 찾은 일반인들이 쉽게 접할 수 있는 방법
예보 내용	1. 위험예보의 종류 및 발령일시, 2. 발령 이유, 3. 안전사고 예방 안전수칙 및 행동요령
해제	발령된 안전사고 위험예보는 발령이유가 해소되면 특별한 절차 없이 해제된 것으로 본다.

4) 연안해역 안전점검

해양경찰서장은 안전관리 실태를 점검해야 한다. 안전관리 실태 점검은 다음과 같이 실시한다(제21조).

① 일상점검: 일상적인 경찰활동을 통하여 연안해역 안전관리 실태에 대한 적정여부를 수시로 점검

② 정기점검: 해양경찰서장 및 지방자치단체의 장이 합동으로 행락시기 이전, 이후 2회 점검

③ 특별점검: 자연재해 발생이 예상되는 경우와 해양경찰서장 또는 지방자치단체의 장이 필요하다고 인정할 경우 합동으로 일제 점검

연안해역 안전점검 (제21조)	1. 일상점검 가. 안전관리시설물의 상태, 훼손, 파손, 오염 정도 나. 인명구조장비함 내에 비치된 인명구조장비 상태 및 수량 2. 정기점검 가. 위험성조사 결과 인명에 위해를 끼치는 사고가 발생된 장소 및 발생할 우려가 높은 장소가 전부 포함되어 있는지 여부 나. 위험구역평가 및 설정의 적절성 다. 개별 안전관리카드 및 총괄 안전관리카드 작성 · 관리 상태 라. 안전관리시설물 기능이 제대로 국민들에게 전달되고 있는지 여부 3. 특별점검: 자연재해 이후 달라진 환경 및 정보전달 시설상태 등
확인 · 점검 (제23조)	해양경찰청장은 연 1회 전국 연안해역 안전관리 실태를 확인 · 점검해야 한다. 다만, 지방해양경찰청장 또는 해양경찰서장으로 하여금 실시하게 하고 그 결과를 보고받음으로써 확인 · 점검을 대신할 수 있다.

Ⅲ. 유선 및 도선 · 낚시어선 · 해수욕장 · 해상교통 안전관리

1. 유선 및 도선사업법

행정안전부(안전제도과)의 소관 법률이다.

1) 개념(법 제2조)과 적용배제(법 제2조의2)

(1) 유선사업: 유선 및 유선장(遊船場)을 갖추고 수상에서 고기잡이, 관광, 그 밖의

유락(遊樂)을 위하여 선박을 대여하거나 유락하는 사람을 승선시키는 것을 영업으로 하는 것으로서 「해운법」을 적용받지 아니하는 것을 말한다.

(2) 도선사업: 도선 및 도선장을 갖추고 내수면 또는 대통령령으로 정하는 바다목에서 사람을 운송하거나 사람과 물건을 운송하는 것을 영업으로 하는 것으로서 「해운법」을 적용받지 아니하는 것을 말한다.

적용배제 (22 간부)	1. 「수상레저안전법」에 따른 수상레저사업 및 그 사업과 관련된 수상에서 행위를 하는 경우 2. 「체육시설의 설치 · 이용에 관한 법률」에 따른 체육시설업 및 그 사업과 관련된 수상에서의 행위를 하는 경우 3. 「낚시 관리 및 육성법」에 따른 낚시어선업 및 그 사업과 관련된 수상에서의 행위를 하는 경우 4. 「마리나항만의 조성 및 관리 등에 관한 법률」에 따른 마리나업 및 그 사업과 관련된 수상에서의 행위를 하는 경우 5. 「수중레저활동의 안전 및 활성화 등에 관한 법률」에 따른 수중레저사업 및 그 사업과 관련된 수상에서의 행위를 하는 경우 6. 「항로표지법」에 따른 항로표지(시설항로표지를 포함한다)의 설치·관리, 위탁관리업 및 그 사업과 관련된 수상에서의 행위를 하는 경우

2) 사업의 면허 및 신고

유선사업 및 도선사업을 하려는 자는 대통령령으로 정하는 유·도선의 규모 또는 영업구역에 따라 다음의 구분에 따른 관할관청의 면허를 받거나 관할관청에 신고하여야 한다. 면허 또는 신고사항을 변경하려는 경우에도 또한 같다(법 제3조).

사업의 면허 또는 신고 (법 제3조)	1. 유선장 및 도선장 또는 영업구역이 내수면과 해수면에 걸쳐 있거나 둘 이상의 특별시 · 광역시 · 특별자치시 · 도 또는 특별자치도에 걸쳐 있는 경우: 해당 유 · 도선을 주로 매어두는 장소를 관할하는 특별시장 · 광역시장 · 특별자치시장 · 도지사 또는 특별자치도지사 또는 지방해양경찰청장 2. 영업구역이 내수면인 경우: 특별자치도지사 · 시장 · 군수 · 구청장(구청장은 자치구의 구청장). 다만, 영업구역이 둘 이상의 특별자치도 · 시 · 군 · 구(자치구)의 관할구역에 걸쳐 있고 운항거리가 5해리 이상인 경우에는 시 · 도지사, 운항거리가 5해리 미만인 경우에는 해당 유 · 도선을 주로 매어두는 장소를 관할하는 시장 · 군수 · 구청장 3. 영업구역이 해수면인 경우: 해당 유 · 도선을 주로 매어두는 장소를 관할하는 해양경찰서장 4. 서울특별시의 한강에서 운항하는 유 · 도선의 경우: 서울특별시의 한강 관리에 관한 업무 중 유 · 도선에 관한 업무를 관장하는 기관의 장
결격 사유 (법 제6조)	1. 미성년자 · 피성년후견인 또는 피한정후견인 2. 이 법, 「선박안전법」, 「선박법」, 「선박직원법」, 「선원법」, 「해사안전법」, 「물환경보전법」 또는 「해양환경관리법」을 위반하여 금고 이상의 형을 선고받고 그 집행이 끝나거나 집행을 받지 아니하기로 확정된 날부터 2년이 지나지 아니한 사람 3. 이 법, 「선박안전법」, 「선박법」, 「선박직원법」, 「선원법」, 「해사안전법」, 「물환경보전법」

	또는 「해양환경관리법」을 위반하여 금고 이상의 형의 집행유예를 선고받고 그 집행유예 기간 중에 있는 사람 4. 유 · 도선사업의 면허가 취소(이 항 1에 해당하여 면허가 취소된 경우 제외)된 후 2년이 지나지 아니한 자 (19 3차) 5. 임원 중 제1호부터 제4호까지의 어느 하나에 해당하는 사람이 있는 법인

3) 해양경찰의 안전관리

(1) 안전관리계획 및 해양사고

시 · 도지사 또는 지방해양경찰청장은 매년 유 · 도선 안전관리계획을 수립 · 시행하여야 하며, 행정안전부장관 또는 해양경찰청장은 유 · 도선 안전관리계획의 수립에 필요한 지침을 정하고, 그 시행에 필요한 지도 · 감독을 할 수 있다(법 제21조).

개선명령 (법 제27조)	관할관청은 유 · 도선의 안전사고 예방과 공공복리의 증진을 위하여 특히 필요하다고 인정할 때에는 유 · 도선사업자에게 다음 사항을 명할 수 있다. 1. 승선 정원이나 적재 중량 또는 용량의 제한 2. 영업시간 또는 운항횟수의 제한 3. 영업구역의 제한 또는 영업의 일시 정지 4. 유 · 도선 또는 유 · 도선장시설의 개선 · 변경 및 원상복구 5. 운항 약관의 변경 6. 유 · 도선사업 면허 발급 시 붙인 조건의 이행 7. 시설기준 등의 유지 · 관리 8. 휴업기간 초과 시 영업재개 9. 보험 등에의 가입 10. 그 밖에 안전사고 예방을 위하여 필요한 사항
사고발생의 보고 (법 제29조)	유 · 도선사업자와 선원은 다음 어느 하나에 해당하는 경우에는 지체 없이 인접 시장 · 군수 · 구청장과 경찰서장 또는 해양경찰서장에게 그 사실을 보고하여야 한다. 1. 승객이 사망하거나 실종되거나 중상자가 발생한 때 및 승객 중에 감염병으로 인정되는 환자가 있는 경우 2. 충돌, 좌초, 그 밖의 사고로 인해 선체가 심하게 손상되는 등 선박 운항에 장애가 생긴 경우 3. 교량, 수리시설, 수표(水標), 입표(立標), 호안(護岸), 그 밖에 수면에 설치된 인공구조물을 파손한 경우
관계 기관의 협조 (법 제30조)	시 · 도지사와 시장 · 군수 · 구청장, 지방해양경찰청장 · 해양경찰서장, 지방해양수산청장 등 관계 행정기관의 장은 유 · 도선의 안전운항과 위해방지를 위하여 필요할 때에는 서로 협조를 요청할 수 있다. 이 경우 협조 요청을 받은 관계 행정기관의 장은 특별한 사유가 없으면 요청에 따라야 한다.

(2) 기상특보 발효시 유·도선의 운항 허용 기준 및 절차(시행규칙 별표 1)

① 운항 허용 기준

가. 공통기준

㉠ 관할관청(해양경찰서장 또는 지방해양경찰청장)은 기상특보 발효 시 실제 기상상황을 종합 판단하여 유·도선의 안전운항에 지장이 없는 경우에만 운항을 허용하여야 한다.

㉡ 관할관청은 기상상황으로 시정(視程)이 1km 미만인 경우에는 운항을 허용할 수 없다.

나. 기상특보별 세부기준

㉠ 호우, 폭풍해일, 강풍, 풍랑 주의보가 발표된 경우: 유·도선 운항로의 실제 기상상황이 다음의 유·도선 규모별 풍속 기준 또는 파고 기준 중 어느 하나에 해당하는 경우 해당 유·도선의 운항을 허용하지 아니한다.

구 분	10톤 미만	10톤 이상-30톤 미만	30톤 이상-100톤 미만	100톤 이상
풍속 기준	10m/s 이상	10m/s 이상	12m/s 이상	14m/s 이상
파고 기준	1.5m 이상	2m 이상	2.5m 이상	2.5m 이상

㉡ 한파 주의보가 발표된 경우: 유·도선 운항로가 결빙된 경우 운항을 허용하지 아니한다. 다만, 쇄빙선 또는 예인선 등을 이용하여 결빙을 제거한 경우 운항로의 안전운항 상태를 확인한 후 강선(鋼船)에 한정하여 운항을 허용할 수 있다.

㉢ 대설, 황사, 건조, 폭염 주의보가 발표된 경우: 시정 등 실제 기상상황을 종합 판단하여 운항을 허용한다.

② 운항 허용 절차

운항 허용절차는 기상상태 판단(현장 확인) → 운항 허용·통제 여부 통보(구두, 유선 또는 공문) → 운항 통제 이행 여부 확인(현장 확인) → 운항 통제 해제(기상특보 확인)로 진행된다.

2. 낚시 관리 및 육성법

1) 개념(법 제2조)과 적용범위(법 제3조)

낚시	낚싯대와 낚싯줄 · 낚싯바늘 등 도구를 이용하여 어류 · 패류 · 갑각류, 그 밖에 대통령령으로 정하는 수산동물을 낚는 행위
낚시터업	영리를 목적으로 낚시터에 일정한 수면을 구획하거나 시설을 설치하여 낚시인이 낚시를 할 수 있도록 장소와 편의를 제공하는 영업(22 간부)
낚시어선업	낚시인을 낚시어선에 승선시켜 낚시터로 안내하거나 그 어선에서 낚시를 할 수 있도록 하는 영업(22 간부)
낚시어선	「어선법」에 따라 등록된 어선으로서 낚시어선업에 쓰이는 어선
낚시어선업자	낚시어선업을 경영하는 자로서 신고한 자
적용범위	1. 바다 2. 「수산업법」에 따른 바닷가 3. 「수산업법」에 따른 어업을 목적으로 하여 인공적으로 조성된 육상(陸上)의 해수면 4. 「내수면어업법」에 따른 공공용 수면(公共用 水面) 5. 「내수면어업법」에 따른 사유수면(私有水面) 6. 낚시터업을 목적으로 인공적으로 조성된 육상의 해수면
다른 법률과의 관계 (제4조)	① 낚시어선업에 대하여는 「유선 및 도선사업법」을 적용하지 아니한다. ② 낚시의 관리 및 육성에 관하여 다른 법률에 특별한 규정이 있는 경우를 제외하고는 이 법에서 정하는 바에 따른다.

2) 낚시어선업의 신고 요건(시행령 제16조)

낚시어선업에 종사하기 위해서는 아래의 6가지 요건을 모두를 갖추어야 한다.

① 낚시어선이 「수산업법」 또는 「내수면어업법」에 따라 어업허가를 받은 어선으로서 총톤수 10톤 미만의 동력어선일 것

② 낚시어선이 선령(船齡) 20년 이하인 목선(木船)이거나 선령 25년 이하인 강선(鋼船) · 합성수지선 · 알루미늄선일 것

③ 낚시어선에 시행령 <별표 4>에 따른 설비를 갖출 것

④ 낚시어선 안전성 검사를 받았을 것

⑤ 낚시어선의 선장은 다음 요건을 모두 갖출 것

㉠ 「선박직원법」에 따른 소형선박 조종사 면허 또는 그 상위등급의 해기사 면허를 받았을 것

㉡ 「선박직원법」에 따른 승무경력이 2년 이상이거나 120일 이상의 선박 출입

항 기록을 보유할 것

⑥ 전문교육을 이수할 것(최초로 낚시어선업을 신고하는 경우로 한정)

3) 해양경찰의 안전관리

낚시터업의 허가 (법 제10조)	① 낚시터업을 하려는 자는 해당 수면 등을 관할하는 시장 · 군수 · 구청장의 허가를 받아야 한다. ② 낚시터업의 허가를 받으려는 수면 등이 둘 이상의 시 · 군 · 구에 걸쳐 있는 경우에는 허가를 받으려는 면적이 큰 수면 등을 관할하는 시장 · 군수 · 구청장에게 허가를 받아야 한다. ③ 시장 · 군수 · 구청장은 바다와 바닷가에서 낚시터업을 허가한 경우 그 허가한 사항을 관할 해양경찰서장에게 즉시 통보하여야 한다.
출입항 신고 등 (법 제33조)	① 낚시어선업자는 승객을 승선하게 하여 항구 · 포구 등에 출항이나 입항을 하려는 경우에는 해양수산부령으로 정하는 바에 따라 어선의 출입항 신고에 관한 업무를 담당하는 기관(해양경찰 파출소)의 장에게 신고하여야 한다. ② 출항 신고를 하려는 낚시어선업자는 그 신고서에 해당 낚시어선에 승선할 선원과 승객의 명부를 첨부하여 출입항신고기관의 장에게 제출하여야 한다. ③ 출항 신고를 하려는 낚시어선업자는 승선하는 승객으로 하여금 해양수산부령으로 정하는 바에 따라 승선자명부를 작성하도록 하여야 한다. 이 경우 낚시어선업자는 승객에게 신분증을 요구하여 승선자명부 기재내용을 확인하여야 한다. ④ 낚시어선업자는 승객이 정당한 사유 없이 승선자명부를 작성하지 아니하거나 신분증 제시 요구에 따르지 아니하는 경우에는 승선을 거부하여야 한다. ⑤ 낚시어선업자는 해당 낚시어선에 승선자명부의 사본을 3개월 동안 갖추어 두어야 한다.
출항의 제한 (시행령 제19조)	낚시어선의 출항 제한은 다음 각 호의 경우에 할 수 있다. 1. 「기상법 시행령」에 따라 초당 풍속 12미터 이상 또는 파고(波高) 2미터 이상으로 예보가 발표된 경우 2. 「기상법 시행령」의 규정에 따른 호우 · 대설 · 폭풍해일 · 태풍 · 강풍 · 풍랑 주의보 또는 경보가 발표된 경우 3. 기상청장이 제2호에 따른 주의보 또는 경보를 발표하기 전에 이를 사전에 알리기 위한 정보를 발표한 경우 4. 안개 등으로 인하여 해상에서의 시계가 1킬로미터 이내인 경우 5. 일출 전 또는 일몰 후. 다만, 설비를 갖추고 시장 · 군수 · 구청장이 영업을 제한하지 않는 시간대에 영업하는 경우는 제외한다. 6. 그 밖에 출입항신고기관의 장(파출소장)이 해상상황의 급작스런 악화 등으로 인하여 낚시어선의 출항이 어렵다고 판단하는 경우

3. 해수욕장 이용 및 관리에 관한 법률

1) 개념(법 제2조)

해수욕장이란 천연 또는 인공으로 조성되어 물놀이 · 일광욕 · 모래찜질 · 스포츠 등 레저활동이 이루어지는 수역 및 육역으로서 지정 · 고시된 구역을 말한다.

해수욕장 시설	가. 기본 및 기능시설 1) 백사장(모래, 자갈 등 토양의 재질에 상관없이 일광욕 · 모래찜질 · 스포츠 등을 할 수 있는 육역을 말함) 2) 산책로 3) 탈의시설, 샤워시설, 화장실, 식수대, 주차장, 야영장, 공중이용통신시설, 차양시설 등 이용객 편의시설 4) 인명구조선, 구명보트, 안전부표, 유영가능구역부표, 조명시설, 감시탑 등 안전시설 5) 오수 · 폐수처리시설, 수질오염방지시설, 쓰레기집하 · 처리시설 등 환경시설 나. 지원시설 1) 관리사무소, 진료시설 등 행정시설 2) 체육시설 3) 판매 · 대여시설 다. 그 밖에 해수욕장의 효용을 높이기 위한 시설로서 해양수산부령으로 정하는 시설
해수욕장 시설사업	해수욕장시설을 신설 · 증설 · 개축 · 보수 · 복구 및 복원하는 사업
물놀이구역	물놀이 · 일광욕 · 모래찜질 등의 활동이 이루어지고 부표 · 안전선 등으로 구분되어지는 구역으로서 지정된 구역
수상레저 구역	주로 「수상레저안전법」에 따른 수상레저활동이 이루어지는 구역으로서 지정된 구역
관리청	해수욕장이 소재한 지역을 관할하는 특별자치도지사 또는 시장 · 군수 · 구청장(자치구청장)

2) 해양경찰의 해수욕장 안전관리

(1) 안전관리지침(법 제24조)과 환경관리지침(법 제29조)

해양경찰청장은 해수욕장에서의 안전사고를 예방하고 효과적으로 대처하기 위하여 시 · 도지사의 의견을 듣고 관계 중앙행정기관의 장과 협의를 거쳐 해수욕장 안전관리지침을 정하고 이를 관계 중앙행정기관의 장 및 관리청에 통보하여야 한다.

해양경찰청장은 안전관리지침을 정한 경우에는 지체 없이 관보에 고시하고, 해양경찰청의 인터넷 홈페이지에 공고하여야 한다(시행령 제11조).

해양수산부장관은 해수욕장의 깨끗한 환경 유지를 위하여 시 · 도지사의 의견을 듣고 관계 중앙행정기관의 장과 협의를 거쳐 해수욕장 환경관리지침을 정하고 이를 관계 중앙행정기관의 장 및 관리청에 통보하여야 한다.

(2) 안전관리요원(안전관리지침 제11조)

① 관리청은 해수욕장 개장기간 중 안전관리 및 인명구조 활동을 위해 해수욕장 규모, 이용객 수, 위험도 등을 감안하여 적정한 수의 안전관리요원을 확보·배치하여야 한다.

② 안전관리요원은 다음의 자격을 보유하여야 한다. 다만, 미 자격자 중 관리청이 지정하는 자는 자격자의 보조요원으로서 안전관리 임무를 수행할 수 있다.

㉠ 법령에 따른 인명구조 자격

㉡ 「수상레저안전법」에 따른 조종면허 자격(단, 동력수상레저기구 운용 시에 한함)

③ 안전관리요원의 배치기준은 다음과 같다. 다만, 관리청은 해수욕장의 규모, 이용객, 위험개소 등을 종합적으로 판단하여 조정할 수 있다.

㉠ 과거 인명피해 발생지역 및 피해우려가 높은 지역: 고정배치

㉡ ㉠호 이외의 지역으로 인명피해 우려지역: 순찰배치

④ 관리청은 안전관리요원에 대하여 해수욕장 배치 전 다음의 교육·훈련을 실시하여야 한다.

㉠ 구명환, 구명볼, 구명조끼 등 구명장구 사용요령
㉡ 인명구조보트, 수상오토바이 등 구조장비 사용 요령
㉢ 심폐소생술, 기본응급처리법 등 구급요령
㉣ 물놀이 안전지도, 민원처리 등 근무요령

⑤ 안전관리요원의 임무는 다음과 같고, 안전관리 업무에만 종사하여야 한다.

㉠ 해수욕장 안전사고 예방·순찰 활동
㉡ 인명구조 활동
㉢ 안전시설의 이상 유무 확인
㉣ 응급환자 응급처치
㉤ 그 밖에 관리청이 안전관리를 위해 필요하다고 인정한 사항

(3) 해수욕장 시설의 안전 점검(법 제27조)

① 관리청은 해수욕장시설에 대하여 주기적으로 안전점검을 하여야 한다. 이 경우 관리청은 안전점검의 효율성을 높이기 위하여 관계 기관 및 전문가와 합동하여 안전점검을 할 수 있다.

② 해수욕장시설 중 해수면에 설치된 안전시설에 대하여는 관할 해양경찰서장이 안전점검을 할 수 있다.
③ 관리청 또는 해양경찰서장은 안전점검을 한 결과 해수욕장 이용자의 안전을 저해할 우려가 있다고 인정하는 경우에는 지체 없이 해당 시설의 소유자 또는 관리자에게 정비·보수 등 필요한 조치를 명하여야 한다.

(4) 해수욕장의 이용 제한(법 제28조)

① 관리청은 해수욕장 이용자의 안전 확보를 위하여 유해물질의 유입, 유해생물의 출현, 기상악화 등 대통령령령으로 정하는 사유가 발생한 경우에는 관계 행정기관의 장과 협의를 거쳐 해수욕장의 전부 또는 일부에 대하여 그 이용을 금지하거나 제한할 수 있다. 다만, 상황이 급박하여 협의할 시간이 없는 경우에는 관계 행정기관의 장과 협의를 거치지 아니할 수 있다.
② 관계 행정기관의 장은 해수욕장 이용자의 안전을 위협하는 요소가 발생하거나 발생할 우려가 있다고 인정되는 경우에는 관리청에게 해수욕장 이용의 금지나 제한을 요청할 수 있다. 이 경우 관리청은 특별한 사유가 없으면 이에 따라야 한다.
③ 관할 해양경찰서장은 해수욕장 이용자의 안전을 위협하는 요소가 발생하거나 발생할 우려가 있어 해수면에서의 물놀이가 적절하지 아니하다고 인정하는 때에는 이를 금지하거나 제한할 수 있다. 이 경우 관할 해양경찰서장은 지체 없이 그 사실을 관리청에 통보하여야 한다.
④ 관리청은 해수욕장 이용의 금지 또는 제한, 해수욕장 이용의 금지 또는 제한 해제의 사실을 지체 없이 특별자치도·시·군·구의 공보 또는 인터넷 홈페이지 등을 통하여 알려야 한다.

4. 해상교통 안전관리

1) 출항통제

일반적으로 해양수산부장관은 해상에 대하여 기상특보가 발표되거나 제한된 시계 등으로 선박의 안전운항에 지장을 줄 우려가 있다고 판단할 경우에는 선박소유자나 선장에게 선박의 출항통제를 명할 수 있다(해사안전법 제38조). 그러나 국제항해에 종사하지 않는 여객선 및 여객용 수면비행선박, 즉 내항여객선에 대한 출항통제는 해양경찰서장이 명할 수 있다. 그 선박출항통제의 기준 및 절차는 「해사안전법 시행규칙」<별표 10>에 세부적으로 규정되어 있다.

종합적으로 검토하면 해양경찰은 ① 내항여객선, ② 「수상레저안전법」에 따른 수상레저기구, ③ 「낚시 관리 및 육성법」에 따른 낚시어선, ④ 「유선 및 도선 사업법」에 따른 유·도선 ⑤ 「어선안전조업법」에 따른 어선에 대한 출항통제를 명할 수 있다.

2) 항행안전 확보(해사안전법)

해양경찰서장은 거대선, 위험화물운반선, 고속여객선, 그 밖에 해양수산부령으로 정하는 선박이 교통안전특정해역을 항행하려는 경우 항행안전을 확보하기 위하여 필요하다고 인정하면 선장이나 선박소유자에게 다음의 사항을 명할 수 있다(해사안전법 제11조).

① 통항시각의 변경
② 항로의 변경
③ 제한된 시계의 경우 선박의 항행 제한
④ 속력의 제한
⑤ 안내선의 사용
⑥ 그 밖에 해양수산부령으로 정하는 사항

(공사 또는 작업 (법 제13조)	① 교통안전특정해역에서 해저전선이나 해저파이프라인의 부설, 준설, 측량, 침몰선 인양작업 또는 그 밖에 선박의 항행에 지장을 줄 우려가 있는 공사나 작업을 하려는 자는 해양경찰청장의 허가를 받아야 한다. 다만, 관계 법령에 따라 국가가 시행하는 항로표지 설치, 수로 측량 등 해사안전에 관한 업무의 경우에는 그러하지 아니하다. ② 해양경찰청장은 공사 또는 작업의 허가를 받은 자가 다음 어느 하나에 해당하면 그 허가를 취소하거나 6개월의 범위에서 공사나 작업의 전부 또는 일부의 정지를 명할 수 있다. 다만, 제1호 또는 제4호에 해당하는 경우에는 그 허가를 취소하여야 한다. 1. 거짓이나 그 밖의 부정한 방법으로 허가를 받은 경우 2. 공사나 작업이 부진하여 이를 계속할 능력이 없다고 인정되는 경우 3. 허가를 할 때 붙인 허가조건 또는 허가사항을 위반한 경우 4. 정지명령을 위반하여 정지기간 중에 공사 또는 작업을 계속한 경우 ③ 허가를 받은 자는 해당 허가기간이 끝나거나 허가가 취소되었을 때에는 해당 구조물을 제거하고 원래 상태로 복구하여야 한다.

3) 항로의 안전확보(해사안전법)

누구든지 항로에서 선박의 방치, 어망 등 어구의 설치나 투기 행위를 하여서는 아니 되고, 해양경찰서장은 위반한 자에게 방치된 선박의 이동·인양 또는 어망 등 어구의 제거를 명할 수 있다(해사안전법 제34조).

항로 등의 보전 (법 제34조)	누구든지 「항만법」에 따른 항만의 수역 또는 「어촌 · 어항법」에 따른 어항의 수역 중 대통령령으로 정하는 수역에서는 해상교통안전에 장애가 되는 스킨다이빙, 스쿠버다이빙, 윈드서핑 등 대통령령으로 정하는 행위를 하여서는 아니된다. 단, 해상교통안전에 장애가 되지 아니한다고 인정되어 해양경찰서장의 허가(19 3차)를 받은 경우와 「체육시설의 설치 · 이용에 관한 법률」에 따라 신고한 체육시설업과 관련된 행위를 하는 경우에는 그러하지 아니하다.
해상교통 장애행위 (시행령 제10조)	"스킨다이빙, 스쿠버다이빙, 윈드서핑 등 대통령령으로 정하는 행위"란 다음 어느 하나에 해당하는 행위를 말함(선박 및 레저기구가 수역을 통과하기 위하여 침로나 속력의 급격한 변경 등이 없이 다른 선박의 항행안전을 저해하지 않고 항행하는 경우 제외). 1. 「수상레저안전법」에 따른 수상레저활동 2. 「수중레저활동의 안전 및 활성화 등에 관한 법률」에 따른 수중레저활동 3. 「마리나항만의 조성 및 관리 등에 관한 법률」에 따른 유람, 스포츠 또는 여가 행위 4. 「유선 및 도선 사업법」에 따른 고기잡이, 관광 또는 그 밖의 유락 행위
수역 등 및 항로의 안전 확보 (법 제35조)	① 누구든지 수역 등 또는 수역 등의 밖으로부터 10킬로미터 이내의 수역에서 선박 등을 이용하여 수역 등이나 항로를 점거하거나 차단하는 행위를 함으로써 선박 통항을 방해하여서는 아니 된다. ② 해양경찰서장은 선박 통항을 방해한 자 또는 방해할 우려가 있는 자에게 스스로 해산할 것을 요청하고, 이에 따르지 아니하면 해산을 명할 수 있다.
안전한 속력 (법 제64조)	안전한 속력을 결정할 때에는 다음 각 호(레이더를 사용하고 있지 아니한 선박의 경우에는 제1호부터 제6호까지)의 사항을 고려하여야 한다. (19 간부) 1. 시계의 상태 2. 해상교통량의 밀도 3. 선박의 정지거리 · 선회성능, 그 밖의 조종성능 4. 야간의 경우에는 항해에 지장을 주는 불빛의 유무 5. 바람 · 해면 및 조류의 상태와 항행장애물의 근접상태 6. 선박의 흘수와 수심과의 관계 7. 레이더의 특성 및 성능 8. 해면상태 · 기상, 그 밖의 장애요인이 레이더 탐지에 미치는 영향 9. 레이더로 탐지한 선박의 수 · 위치 및 동향

Ⅳ. 어선 안전관리

1. 어선법

1) 개념(법 제2조)

어 선	가. 어업(「양식산업발전법」에 따른 양식업 포함), 어획물운반업 또는 수산물가공업에 종사하는 선박 나. 수산업에 관한 시험 · 조사 · 지도 · 단속 또는 교습에 종사하는 선박 다. 건조허가를 받아 건조 중이거나 건조한 선박 라. 어선 등록을 한 선박
개 조	가. 어선의 길이 · 너비 · 깊이를 변경하는 것 나. 어선의 추진기관을 새로 설치하거나 추진기관의 종류 또는 출력을 변경하는 것 다. 어선의 용도를 변경하거나 어업의 종류를 변경할 목적으로 어선의 구조나 설비를 변경하는 것
만재흘수선	선박이 안전하게 항해할 수 있는 적재한도(積載限度)의 흘수선으로서 여객이나 화물을 승선하거나 싣고 안전하게 항해할 수 있는 최대한도를 나타내는 선
복원성	수면에 평형상태로 떠 있는 선박이 파도 · 바람 등 외력에 의하여 기울어졌을 때 원래의 평형상태로 되돌아오려는 성질

2) 무선설비

(1) 무선설비의 설치

어선의 소유자는 해양수산부장관이 정하여 고시하는 기준에 따라 「전파법」에 따른 무선설비를 어선에 갖추어야 한다. 다만, 국제항해에 종사하는 총톤수 300톤 이상의 어선으로서 어획물운반업에 종사하는 어선 등 해양수산부령으로 정하는 어선에는 「해상에서의 인명안전을 위한 국제협약」에 따른 세계해상조난 및 안전제도의 시행에 필요한 무선설비를 갖추어야 한다. 이 경우 무선설비는 「전파법」에 따른 성능과 기준에 적합하여야 한다(법 제5조).

(2) 무선설비 설치 대상

무선설비의 설치대상어선은 국제항해에 종사하는 총톤수 300톤 이상의 어선으로서 다음 어느 하나에 해당하는 어선을 말한다(시행규칙 제4조).

① 어획물운반업 또는 수산물가공업에 종사하는 어선
② 수산업에 관한 시험·조사·지도·단속 또는 교습에 종사하는 어선
무선설비를 갖추지 아니하고 항행할 수 있는 경우는 항행의 목적이 다음과 같은 경우이다(시행규칙 제4조).
① 임시항행검사증서를 가지고 1회의 항행에 사용하는 경우
② 시운전을 하는 경우

(3) 위치발신장치(법 제5조의2)

① 어선의 안전운항을 확보하기 위하여 어선(내수면어업에 종사하는 어선 등 해양수산부령으로 정하는 어선 제외)의 소유자는 해양수산부장관이 정하는 기준에 따라 어선의 위치를 자동으로 발신하는 장치(어선위치발신장치)를 갖추고 이를 작동하여야 한다. 다만, 해양경찰청장은 해양사고 발생 시 신속한 대응과 어선 출항·입항 신고 자동화 등을 위하여 필요한 경우 그 기준을 정할 수 있다.
② 무선설비가 어선위치발신장치의 기능을 가지고 있는 때에는 어선위치발신장치를 갖춘 것으로 본다.
③ 어선의 소유자 또는 선장은 어선위치발신장치가 고장나거나 이를 분실한 경우 지체 없이 그 사실을 해양경찰청장에게 신고한 후 대통령령으로 정하는 기한까지 어선위치발신장치를 정상 작동하기 위한 수리 또는 재설치 등의 조치를 하여야 한다.
④ 국가 또는 지방자치단체는 어선위치발신장치를 설치하는 어선의 소유자에 대하여 예산의 범위에서 그 설치비용의 전부 또는 일부를 지원할 수 있다.

「총톤수10톤 미만 소형어선의 구조 및 설비기준」 무선설비 (제72조)	① 총톤수 2톤 이상의 어선은 다음 각 호에 해당하는 무선설비를 설치하여야 한다. 1. 5톤 이상 어선에는 다음 각 목의 무선설비 가. 초단파대 무선설비(무선전화 및 디지털선택호출장치) 나. 중단파대 무선전화 또는 디지털선택호출장치를 포함한 중단파대 무선전화 및 단파대 디지털 송수신장치(D-MF/HF) 2. 그 밖의 어선에는 초단파대 무선설비(무선전화 및 디지털선택호출장치)

(4) 어선위치발신장치 설치 제외(시행규칙 제42조의2)

「내수면어업법」에 따른 내수면어업에 종사하는 어선 등 해양수산부령으로 정하는 어선이란 다음의 어선을 말한다.

① 무동력어선
② 「내수면어업법」에 따른 내수면어업에 종사하는 어선
③ 수산업에 관한 시험 · 조사 · 지도 · 단속에 종사하는 어선
④ 「수산업법」에 따른 면허어업 또는 「양식산업발전법」에 따른 면허 양식업에 사용하기 위하여 「수산업법」또는 「양식산업발전법」에 따라 관리선으로 지정받거나 승인받은 어선. 다만, 「낚시 관리 및 육성법」에 따른 낚시어선은 제외한다.
⑤ 「어선안전조업법」에 따른 서해특정해역에서 「수산업법 시행령」에 따른 근해자망어업에 종사하는 어선의 부속선
⑥ 총톤수 2톤 미만의 어선으로서 상갑판이 없이 현단(舷端)으로만 이루어져 있거나, 상갑판 상부에 구조물이 없는 어선[기관실의 보호를 위하여 기관실 위벽(圍壁)만 설치한 어선 포함]

2. 어선 출 · 입항 제도의 변천

1) 어선 입출항 제도의 연혁

1960년 중반부터 북한은 우리 어선을 납치하여 어선과 어부들을 억류하거나 어부들에게 세뇌교육을 시켜 귀향시킴으로써 국가안보에 크게 위협을 끼치고 있었고, 간첩선의 침투도 빈번했다. 이에 따라 정부는 동·서해 어로보호본부를 설치하고 「선박안전조업규칙」을 제정했다.[14)]

1972년 4부합동부령으로 「선박안전조업규칙」이 제정되면서 동해어로보호본부는 속초지구해양경찰대에, 서해어로보호본부는 인천지구해양경찰대에 설치되고, 지구대장이 어로보호본부장을 겸임하게 되었다.[15)]

우리 어선임을 입증하는 황색도색(1976), 선박식별신호포판관리(1982)를 해오다가 2010년에 선박식별 신호포판관리를 폐지하고, 5톤 미만 어선의 전화·정보통신망에 의한 신고로 출입항 제도를 간소화해왔다. 2019년에는 법체계를 갖추지 않은 「선박안전조업규칙」에서 「어선안전조업법」으로 법률적인 체계를 갖추었다. 위치보고의 경우는 특정해역에서 1일 2회(1972)→ 기타 해역 1일 1회(1978)→ 특정해역 1일 3회 이상, 일반해역 1일 1회 이상(1985)→서해 5도 군부대통제(1989)으로 변화되었다.

14) 海洋警察廳, 海洋警察五十年史, pp. 25－30.
15) 동해어로특정해역에서 어로보호경비임무를 수행 중이던 863함(181톤, 승조원 28 명)은 1974년 6월 28일 08:45분 강원도 고성군 저진 동방 15마일(북방한계선 남방 2마일) 해상에서 북한 함정 3척과 조우 교전하다가 침몰되어 승조원 28명 전원이 전사 또는 실종되었다(海洋警察廳, 2003: 80).

「선박안전조업규칙」 변경의 주요 내용

구 분	주요 내용
1972.	• 개항 · 지정항에서는 출입항신고서, 그 밖의 항포구 출입항신고카드로 신고, 조업 중인 경우 규정된 식별신호를 이행, 특정해역 출어선 어업무선국 1일 2회 위치보고
1차개정 1973.	• 출항 후 신고한 입항예정지의 변경통보 규정 신설, 어로보호협의회 규정 신설, 출입항 통제소 설치
3차개정 1976.	• 특정해역 15톤 이상 동력어선 주갑판 상부선체 황색으로 도색, 특정해역 이외의 조업위치보고 해역으로 출어하고자 하는 어선은 출항 전에 출입항통제소에 등록 및 선단편성
4차개정 1978.	• 동지나해 조업 어선 1일 2회 위치보고, 기타 해역 조업 어선(10톤 이상)은 1일 1회 위치 보고 • 해역밖 조업어선은 2척 이상으로 선단편성하여 출입항 신고
6차개정 1982. 4.	• 통제소 · 신고소의 임무: 선박식별 신호포판의 관리신설 • 3해리이내의 해역을 제외한 일반해역에서 조업어선은 어선단편성
7차개정 1985.7.	• 특정해역출어선 1일 3회→ 3회 이상 위치보고로 변경 • 조업자제해역 및 동해지정해역에 출어어선(10톤미만 어선제외): 1일 2회→ 2회 이상 위치보고로 변경, 일반해역출어선 1일 1회→1회 이상 위치보고로 변경
8차 개정 1987. 8.	• 특정해역 · 조업자제해역의 출어선 지도를 위해 통제소 • 합동신고소에 수협중앙회 요원을 승선지도원으로 배치
9차 개정 1989. 4.	• 서해 5도 해역 관할군부대장의 통제, 12해리 이내 해역 조업을 제외한 일반해역 조업어선은 어선단편성 후 신고
12차개정 1994.10.	• 해안선으로부터 12해리 밖의 일반해역: 통신시설이 있는 어선과 어선단을 편성하여 신고 • 특정해역 2척 이상, 조업자제 · 일반해역 2척 이상 어선단 편성
13차개정 1997. 8.	• 통신기 설치 어선은 어업무선국에 변경통보 • 통신기기 무설치 어선은 변경된 기항지에 입항한 즉시 모든 사용가능한 수단으로 출항지의 신고기관에 보고 • 통신기 설치된 어선 어업무선국에 출입항통보, 입출항 전후 각각 3시간 이상 개국
15차개정 2000. 8.	• 대행신고소장 관할의 항 · 포구: 2톤 미만 어선 전화 등으로 출입항 신고, 선원명부를 첨부(승선원이 1인인 경우 생략)
16차개정 2006. 3.	• 2톤 미만 어선 전화 · 인터넷 등을 이용 출입항 신고
19차개정 2010. 1.	• 선박 출 · 입항 종합정보시스템을 구축 · 운영, 선박식별 신호포판 관리 폐지, 5톤 미만: 전화 · 정보통신망으로 출 · 입항 신고
2020. 8.	• 어선안전조업법 2019. 8. 27, 제정, 시행 2020. 8. 28.

2) 「어선안전조업법」 제정 이후의 변화

「어선안전조업법」 제정 전후의 제도를 비교해 보면 「선박안전조업규칙」은 법률적인 체계를 갖추지 아니하고 「수산업법」의 위임에 의해서 시행되는 것이었으나 「어선안전조업법」은 법률적인 체계를 갖춘 법－시행령－시행규칙의 체계를 갖추었고, 어선안전조업기본계획 수립 등의 제도가 신설되었다. 출입항 신고의 경우에는 「어선안전조업법」이 제정된 이후에도 큰 변화는 없었다. 위치통지는 대체로 특정해역 1일 3회 이상에서 1일 3회로 약간의 변화가 있었고, 사무위탁, 구명조끼 착용 규정이 신설되었다.

「어선안전조업법」 제정 전후 비교

구 분	선박안전조업규칙	어선안전조업법
법체계	「수산업법」 제34조의 위임	법-시행령-시행규칙
적용범위	• 어선, 총톤수 100톤 미만 선박	• 국민(외국인 · 외국법인 포함)과 대한민국 정부가 소유하는 모든 어선
기본계획	• 없음	• 어선안전조업기본계획의 수립 등
출입항 신고	• 직접 방문 신고 - 최초 신고하는 경우, 어선 관련서류의 내용에 변동이 있는 경우 - 특정해역이나 조업자제해역에 출어하는 경우 • 선박 출입항 발신장치를 갖추고 출항 · 입항하는 선박은 신고를 한 것으로 봄. • 5톤 미만의 어선은 전화 또는 정보통신망 등을 이용하여 출항 · 입항 신고를 할 수 있음.	• 좌와 동일
위치통지	• 특정해역: 1일 3회 이상 • 조업자제해역: 1일 2회 이상 • 일반해역: 1일 1회 이상	• 특정해역: 1일 3회, • 조업자제해역: 1일 2회, 일반해역: 1일 1회 • 풍랑특보 발효시: 매 12시간 간격, 태풍특보 발효시: 매 4시간 간격
사무위탁	• 없음	• 어선안전조업본부에 일부 위탁 가능
구명조끼	• 없음	• 기상특보 발효 등 일정한 요건 발생 시

3. 어선안전조업법

1) 개념(법 제2조)

어 선	「어선법」 제2조 제1호 각 목의 어느 하나에 해당하는 선박
조 업	해상에서 어선 · 어구를 사용하여 수산동식물을 포획 · 채취하는 행위와 이를 목적으로 어구 등 시설물을 설치하는 행위
조업한계선	조업을 할 수 있는 동해 및 서해의 북쪽한계선으로서 대통령령으로 정하는 선
특정해역	동해 및 서해의 조업한계선 이남(以南)해역 중 어선의 조업과 항행이 제한된 해역으로서 대통령령으로 정하는 범위의 해역
조업자제선	조업자제해역의 동해 및 서해의 북쪽한계선으로서 대통령령으로 정하는 선
조업자제해역	북한 및 러시아 등의 배타적 경제수역(EEZ)과 인접한 동해특정해역의 이동(以東)해역 및 서해특정해역의 이서(以西)해역 중 어선의 조업과 항행이 제한된 해역으로서 대통령령으로 정하는 범위의 해역(22 간부)
일반해역	「원양산업발전법」 제2조 제10호에 따른 해외수역을 제외한 해역 중 특정해역 및 조업자제해역을 제외한 모든 해역
항포구	어선이 조업 또는 항행 등을 위하여 출항 또는 입항(이하 "출입항"이라 한다)하는 항구 또는 포구
신고기관	어선의 출입항 신고업무를 담당하는 해양경찰서 소속 파출소, 출장소 및 해양경찰서장이 민간인으로 하여금 출입항 신고업무를 대행하게 하는 대행신고소
교신가입	무선설비가 설치된 어선의 선주가 「전파법」 제19조에 따라 무선국 개설허가를 받고 어선안전조업본부에 가입하는 것

2) 어선 출 · 입항 신고의 법률적 성격

항포구에 출입항하려는 어선의 소유자 또는 선장은 신고기관에 신고하여야 하고(어선안전조업법 제8조 제1항), 동법 시행규칙에서 출입항신고의 절차 및 방법,[16] 어선출입항신고서의 기재사항[17]을 정하고 있으며, 출입항 신고를 하지 아니하고 출입항한 경우 행정처분을 부과한다.[18]

---

16) **제2조(출입항 신고의 절차 및 방법 등)** ① ....어선출입항신고(확인)서를 출입항하려는 항포구를 관할하는 신고기관에 제출하여 확인을 받은 후 해당 확인서를 어선에 갖춰........... ② 제1항에도 불구하고 총톤수 5톤 미만 어선의 소유자 또는 선장은 ....어선출입항신고(확인)서 제출을 갈음하여 전화 등으로 출입항 신고를 할 수 있다.

17) **제3조(어선출입항신고서의 기재사항)** 1. 신고인 인적사항, 2. 승선원 명부, 3. 어선의 제원(諸元), 4. 출항 일시, 출항지, 조업 업종 및 해역, 5. 입항예정 일시 및 장소, 6. 입항 일시 및 장소

이러한 출입항 신고규정 및 그 절차를 고려할 때, 어선 등의 출입항 신고의 법률적 성격은 수리행위를 요하는 신고이며, 금지해제적 신고라고 할 수 있다. 즉 신고의 형식적 요건을 갖추어 신고하는 것만으로는 신고효과를 인정하지 않으며, 실질적 요건(신고기관의 확인)을 갖추어야 신고의 효과를 인정할 수 있다.[19] 다만, 어선위치발신장치(V-Pass)를 갖추고 이를 정상적으로 작동하여 출입항하는 경우와 총톤수 5톤 미만 어선의 출입항 신고(확인)서 제출을 갈음하여 전화 등으로 출입항 신고를 하는 경우 출입항 전 사전확인이 이루어지기 힘들다고 할 수 있으므로 자기완결적 신고[20]로서 정보제공적 신고의 성격을 가진다.[21]

사실상 대부분의 어선이 어선위치발신장치를 갖추고 출·입항하므로 자기완결적 신고로써 정보제공적 신고가 거의 대부분을 차지한다고 볼 수 있다. 어선출입항 신고는 해양경찰의 관련정보수집과 사전실태파악의 목적이고, 해양사고가 발생할 경우 이러한 사전정보를 바탕으로 구조 등의 사후적 조치를 통하여 어선의 안전을 확보하려는 목적이다.

3) 「어선안전조업법」의 주요 내용

(1) 어선안전조업기본계획의 수립(법 제7조)

해양수산부장관은 관계 행정기관의 장과 협의하여 어선의 안전한 조업과 항행을 위한 어선안전조업기본계획을 5년마다 수립하여야 한다.(22 간부)

---

18) **어선안전조업법 제27조(행정처분)** ① ....어업허가 등을 취소하거나 3개월 이내의 기간을 정하여 해당 어업허가 등을 정지할 것을 요청할 수 있다. 1. 제8조 제1항 및 제2항에 따른 출입항 신고를 하지 아니하거나 거짓으로 한 경우

19) ① 최초로 출입항 신고를 하는 경우, ② 승선원 명부 등 어선출입항신고(확인)서의 기재 내용에 변동이 있는 경우, ③ 특정해역이나 조업자제해역에 출어하는 경우 어선출입항신고(확인)서를 출입항하려는 항포구를 관할하는 신고기관에 제출하여 확인을 받은 후 해당 확인서를 어선에 갖춰 두어야 한다(어선안전조업법 시행규칙 제2조 제1항).

20) 자기완결적 신고는 신고의 요건을 갖춘 신고가 있는 경우 신고의무를 이행한 것이 되는 신고를 말하고, 적법한 신고만 있으면 행정청의 수리가 없더라도 신고의 대상이 되는 행위를 적법하게 할 수 있으며, 과태료나 벌금의 부과 등 어떠한 불이익도 받지 않는다. 따라서, 자기완결적 신고에 있어서 신고의 수리는 접수행위로 보며, 법적 효과를 발생시키지 않는 사실행위로 본다.

21) 노호래(2021). "어선의 출·입항 제도 개선방안*-간소화 방안을 중심으로-," 한국경찰학회보 23권 3호, pp. 25-27.

(2) 신고기관과 출입항 신고

신고기관은 어선의 출입항 신고업무를 담당하는 해양경찰서 소속 파출소, 출장소 및 해양경찰서장이 민간인으로 하여금 출입항 신고업무를 대행하게 하는 대행신고소(2020. 11. 현재 852개)가 있다. (20 간부)

대행신고소의 지정 기준과 절차, 대행신고소장의 위촉 절차는 다음과 같다.

해양경찰서장은 일반해역에 출입항하는 어선의 신고관리 업무를 위하여 다음의 어느 하나에 해당하는 경우를 제외하고는 해양경찰서 신고기관이 설치되지 않은 항포구에 대행신고소를 지정할 수 있다(어선 출입항 신고관리규칙 제7조).

① 해당 항포구에 출입항 하는 어선이 모두 5톤 미만인 경우

② 해당 항포구에 출입항 하는 어선 중 5톤 이상 어선이 모두 어선용 선박패스(V－Pass) 장치나 지능형 해상교통정보서비스 단말기(e－Nav) 장치를 갖추고 출입하는 경우

대행신고소의 설치 절차는 해양경찰서장이 대행신고서 설치 승인신청서를 작성하여 지방해양경찰청장의 승인을 받아야 하고, 지방해양경찰청장은 대행신고소의 설치 승인을 한 때에는 그 내용을 해양경찰청장에게 보고하고, 각 지방해양경찰청장에게 통보해야 한다(어선 출입항 신고관리규칙 제8조).

해양경찰서장은 항포구에서 출입항 신고 업무를 대행할 대행신고소장을 위촉해야 하며 대행신고소장이 상주하거나 주로 위치하는 사무실 또는 주택을 대행신고소로 한다(어선 출입항 신고관리규칙 제9조).

출입항 신고 (법 제8조)	① 항포구에 출입항하려는 어선의 소유자 또는 선장은 신고기관에 신고하여야 한다. 다만, 「수산업법」에 따라 관리선 사용지정을 받은 어선 또는 사용승인을 받은 어선은 다음의 어느 하나에 해당하는 해역에 출어하는 경우에만 신고한다. 1. 특정해역 2. 조업자제해역 3. 관할 해양경찰서장이 치안유지나 국방을 위하여 필요하다고 인정하여 관계 기관의 장과 협의를 거쳐 지정한 해역 ② 「어선법」에 따라 해양경찰청장이 정하는 어선위치발신장치를 갖추고 이를 정상적으로 작동하여 출입항하는 어선은 출입항 신고를 한 것으로 본다. 다만, 다음 어느 하나에 해당하는 경우에는 그러하지 아니하다. 1. 최초로 신고하는 경우 2. 승선원 명부 등 어선출입항신고서의 내용에 변동이 있는 경우 3. 특정해역이나 조업자제해역에 출어하는 경우
항포구의 출입항 제한 (법 제9조)	① 어선은 신고기관이 설치되지 아니한 항포구에는 출입항하여서는 아니 된다. 다만, 기상 악화에 따른 피항, 기관 고장 등으로 인한 표류, 그 밖의 부득이한 사정이 있는 경우에는 그러하지 아니하다. ② 어선이 항포구에 입항한 경우 어선의 선장은 입항한 항포구 인근에 있는 신고기관에 신고하여야 한다.

(3) 출항 제한과 조업보호본부, 위치통지

신고기관의 장은 해상 기상특보가 발효된 때에는 어선의 출항을 제한할 수 있고, 어선의 선장은 해상에 대하여 기상특보가 발효된 때에는 해양수산부령으로 정하는 어선의 안전조치 및 준수사항에 따라야 한다(법 제10조).

서해 북방한계선과 잇닿아 있는 접경해역 중 백령도, 대청도, 소청도, 연평도, 강화도 어장에 대한 출입항은 신고기관의 협조를 받아 그 지역 관할 군부대장이 통제할 수 있다(법 제17조).

조업보호본부의 설치 · 운영 (법 제18조)	① 해양경찰청장은 특정해역의 조업보호에 관한 다음 사무를 처리하기 위하여 해양경찰관서에 조업보호본부를 설치 · 운영할 수 있다. 1. 조업보호를 위한 경비 및 단속 2. 어선의 출입항 및 출어등록의 현황 파악과 출어선(出漁船)의 동태 파악 3. 해양사고 구조 4. 조업을 하는 자의 위법행위의 적발 · 처리 및 관계 기관 통보 5. 특정해역에 출입하는 어획물운반선의 통제 ② 속초해양경찰서 및 인천해양경찰서에 각각 동해조업보호본부 및 서해조업보호본부를 설치 (22 간부)
위치통지의 횟수 및 절차 등 (법 제12조)	① 위치통지의 횟수는 다음의 구분에 따른다. 이 경우 출항시각을 기준으로 매 24시간을 1일로 한다. (21 간부) 1. 특정해역에 출어하는 어선: 1일 3회(매일 최초의 위치통지는 출항시각에 해당하는 시각을 기준으로 6시간이 경과한 이후에 하고, 두 번째 및 세 번째 통지는 직전의 통지와 6시간 이상의 간격을 두어야 한다) 2. 조업자제해역에 출어하는 어선: 1일 2회(매일 최초의 위치통지는 출항시각에 해당하는 시각을 기준으로 8시간이 경과한 이후에 하고, 두 번째 통지는 직전의 통지와 8시간 이상의 간격을 두어야 한다) 3. 일반해역에 출어하는 어선: 1일 1회(매일 위치통지는 출항시각에 해당하는 시각을 기준으로 12시간이 경과한 이후에 해야 한다) ② 기상특보가 발효된 경우에는 앞의 통지 외에 다음의 구분에 따라 추가로 위치통지를 해야 한다. 이 경우 기상특보 발효 당시 조업 또는 항행 중인 어선은 기상특보 발효시각을, 기상특보 발효 이후 출항한 어선은 출항시각을 각각 기준으로 하여 최초로 다음 각 호에 따른 간격이 되었을 때 최초 통지를 해야 한다. (21 간부) 1. 풍랑특보 발효시: 매 12시간 간격(12시간 전후로 30분의 간격은 허용한다) 2. 태풍특보 발효시: 매 4시간 간격(4시간 전후로 30분의 간격은 허용한다)

(4) 어선의 선단 편성 조업(법 제15조)

특정해역 또는 조업자제해역에서 조업하려는 어선은 선단을 편성하여 출항하고 조업하여야 한다. 다만, 어선장비의 고장, 인명사고 등 불가피한 경우에는 선단 편성 조업에서 이탈할 수 있다.

무선설비가 없는 어선으로서 「영해 및 접속수역법」 제2조에 따른 영해 내 기선으로부터 12해리 밖의 일반해역에서 조업하려는 어선은 무선설비가 있는 어선과 선단을 편성하여 신고기관에 신고하여야 한다. (22 간부)

SECTION

03 수상레저

Ⅰ. 수상레저 일반

1. 서설

해양경찰청은 동력수상레저기구 사용에 대한 면허제도의 도입, 레저활동자의 안전준수 의무 강화 및 수상레저사업자의 자격요건과 안전의무 부과 등을 주요내용으로 하는 「수상레저안전법」을 2000년부터 시행하고 있다.

「수상레저안전법」은 레저기구를 이용하여 수상에서 이루어지는 모든 레저활동을 그 대상으로 하기 때문에 수상레저활동에 관한 기본법이라고 할 수 있다. 그러나 「유선 및 도선사업법」, 「체육시설의 설치·이용에 관한 법률」, 「낚시 관리 및 육성법」의 적용을 받는 경우를 배제함으로써 규제의 사각지대가 생길 가능성이 있다. 따라서 안전에 관한 사항을 통합하여 규제하는 법률이 필요하고, 그 법률이 수상레저안전에 대한 기본법이 되도록 체계화해야 할 것이다.

2. 「수상레저안전법」의 변천

「수상레저안전법」은 2000년 2월에 시행되었다. 「수상레저안전법」의 제정이유는 국민소득수준의 향상과 수상레저활동의 다양화로 수상레저 인구가 급속히 증대됨에 따라 수상레저기구 조종자에 대한 면허제도, 수상레저활동자의 안전준수의무, 수상레저사업자의 등록제도 등을 도입함으로써 수상레저활동의 안전과 질서를 확보하고 수상레저사업의 건전한 발전을 도모하려는 것이었다.

제정 당시의 주요 내용은 ① 모터보트, 수상오토바이. 요트등을 조종하고자 하는 자는 해양경찰청장으로부터 조종면허를 받도록 하고, ② 수상레저활동의 안전을 위하여 수상레저활동 금지구역을 지정할 수 있도록 하며, ③ 수상레저기구를 대여하는 등 수상레저사업을 하고자 하는 자는 영업구역이 해수면인 경우에는 해양경찰서장에게, 영업구역이 내수면인 경우에는 시장·군수·구청장에게 각각 등록하도록 하였다.

2006. 4. 1. 시행	① 약물복용 등의 상태에서 조종금지 ② 수상레저기구의 등록 및 안전검사제도 도입 ③ 보험가입 의무 ④ 수상레저기구의 형식승인
2006. 9. 27. 시행	① 동력수상레저기구조종면허의 취득을 제한하고 있는 정신질환자, 마약 등 약물 중독자에 대하여 동력수상레저기구 조종능력 여부에 따라 동력수상레저기구 조종면허의 취득 가부를 결정할 수 있도록 함. ② 해안으로부터 5해리 이내의 해역에서 수상레저활동을 하는 경우에는 사전 신고 의무가 없어 수상레저 안전관리에 어려움이 있으므로 원거리 수상레저활동자의 신고 의무기준을 출발항으로 정함.
2008. 3. 28. 시행	① 조종면허의 갱신 개선(군복무 등) ② 주취 조종의 단속 개선 ③ 시 · 도지사 또는 해양경찰서장의 매년 수상레저안전관리계획 수립 · 시행 ④ 모터보트 압류에 관한 절차적 규정 신설
2011. 12. 16. 시행	① 다른 법률에서 조종면허를 자격요건으로 규정한 경우 이 법에 따라 조종면허를 취소 · 정지 처분할 수 있는 근거를 마련함. ② 국제대회에 참가하는 외국인에 대하여 조종면허 특례규정을 마련함. ③ 조종면허 결격사유와 관련하여 해양경찰청장에게 통보하여야 하는 개인정보에 정신질환자 등을 삭제함. ④ 대통령령으로 정하는 기관이나 단체에서 실시하는 교육을 마치고 정하여진 자격을 받은 자에 대하여는 면허시험 과목의 전부를 면제하도록 함. ⑤ 조종면허 갱신기간 연장, 시험대행기관에 대한 과징금 부과기준을 명확히 함. ⑥ 원거리 수상레저활동의 신고 범위를 10해리로 확대함. ⑦ 한국수상레저안전협회를 설립할 수 있도록 함.
2016. 7. 8. 시행	① 조종면허시험 면제교육기관을 법정위탁에서 지정위탁으로 변경하여 국민안전처의 관리 · 감독을 실효성 있게 강화 ② 조종면허 취소 대상의 범죄를 구체화하고 필요적 취소 사유에서 임의적 취소사유로 변경함. ③ 수상레저사업의 등록 유효기간을 10년으로 하고, 휴업 중인 사업자가 재개업할 때에는 이를 신고하도록 하며, 영업의 제한 사유를 구체화함.
2018. 12. 31. 시행	① 「정신보건법」이 「정신건강증진 및 정신질환자 복지서비스 지원에 관한 법률」로 개정됨에 따라 정신질환자의 정의 및 인용 법률을 개정함. ② 동력수상레저기구 조종면허의 결격사유 기준일을 '시험의 시행일'로 명시함.
2020. 2. 28. 시행	① 동력수상레저기구 조종면허증을 갱신하지 않아 효력이 정지된 경우 기간의 제한 없이 면허증을 갱신하면 효력이 다시 발생하도록 함. ② 해양경찰청장이 실시하는 교육을 의무적으로 받아야 하는 대상에 면허시험 면제교육기관, 안전교육 위탁기관 및 안전검사 대행 기관이나 단체에서 시험 · 교육 · 검사

	업무에 종사하는 자 등을 추가함. ③ 술에 취한 상태 또는 약물복용 등의 상태에서 동력수상레저기구 조종이 금지되는 자 및 수상레저기구의 정원을 초과하여 사람을 태우고 운항해서는 안 되는 자의 범위를 명확히 규정함. ④ 수상레저사업자와 종사자는 비상구조선을 배치하도록 하고, 비상구조선을 그 목적과 다르게 이용하는 행위를 하지 못하도록 함.
2020. 11. 27. 시행	① 등록대상 동력수상레저기구가 아닌 수상레저기구로 출발항으로부터 10해리 이상 떨어진 곳에서 수상레저활동 금지규정을 신설 ② 동력수상레저기구를 등록 전에 임시로 항해에 사용하려면 「선박안전법」상 임시항행검사를 받아야 하는 불편을 해소하기 위하여 신규검사를 받기 전에 국내에서 시험운전에 대한 임시운항허가 제도 신설 ③ 고위험신종레저기구인 공기주입형 고정식 튜브 등 등록대상 동력수상레저기구가 아닌 수상레저기구를 운영하는 수상레저사업자와 종사자의 준수사항규정신설
2021. 1. 5. 시행	① 동력수상레저기구 등록의 말소신청하는 경우 등록증 분실 등의 사유서를 제출하면 등록증 및 등록번호판을 반납하지 않을 수 있도록 함. ② 등록 대상 동력수상레저기구의 임시검사 대상에 정원 또는 항해구역을 변경하려는 경우를 추가하여 등록 대상 동력수상레저기구에 대한 안전검사 체계 정비

3. 「수상레저안전법」 제13조 제1항 제3호 위헌(2015. 7. 30. 2014헌가13)

1) 사건 개요

수상레저안전법상의 조종면허 소지자로서 제주도에서 '○○낚시'를 운영하던 제청신청인은 유선사업면허를 받지 않고 낚시객들을 동력수상레저기구로 등록된 고무보트에 태워 낚시를 하게 하고 돈을 받았다는 범죄사실로 2013. 8. 20. 제주지방법원에서 벌금 300만 원을 선고받았다.

서귀포해양경찰서장은 제청신청인이 수상레저안전법 제13조 제1항 제3호에 정한 '조종면허를 받은 자가 동력수상레저기구를 이용하여 범죄행위를 한 때'에 해당한다는 이유로 2013. 11. 1. 제청신청인에 대하여 수상레저안전법상 일반조종 1급, 2급 면허를 취소하였다.

제청신청인이 제주지방법원에 위 조종면허취소처분의 취소를 구하는 소를 제기하였고, 그 소송 계속 중 동력수상레저기구를 이용하여 범죄행위를 한 때에는 조종면허를 필요적으로 취소하도록 규정한 수상레저안전법 제13조 제1항 제3호가 과잉금지원칙 등에 반한다는 이유로 위헌법률심판 제청신청을 하자, 제청법원은 제청신청인의 신청을 받아들여 2014. 8. 11. 이 사건 위헌법률심판을 제청하였다.

2) 심판대상조항

구 수상레저안전법 제13조(조종면허의취소·정지) ① 해양경찰청장은 조종면허를받은 자가 다음 각 호의 어느 하나에 해당하는 경우에는 국토해양부령으로 정하는 바에 따라 조종면허를 취소하거나 1년의 범위에서 그 조종면허의 효력을 정지할 수 있다. 다만, 제1호부터 제4호까지의 어느 하나에 해당하면 조종면허를 취소하여야 한다.

1.~2. 생략

3. 조종면허를 받은 자가 동력수상레저기구를 이용하여 범죄행위를 한 경우

4.~9. 생략

3) 위헌심판 제청 이유

심판대상조항은 조종면허가 취소되는 범죄행위의 내용과 범위를 전혀 규정하지 않고 있으므로, 동력수상레저기구를 어떠한 범죄행위에 이용하여야 조종면허가 취소되는 것인지 예측할 수 없다. 만약 형사처벌을 받을 수 있는 모든 행위가 대상이라면, 심판대상조항은 규율범위가 과도하게 광범위하여 명확성원칙에 위반된다.

심판대상조항은 조종면허의 임의적 취소만으로도 입법목적을 달성할 수 있음에도 기본권 제한 정도가 더 큰 필요적 조종면허 취소사유로 규정하고 있어 침해최소성 원칙에 위반되고, 공익침해의 정도가 낮은 경우에도 조종면허를 취소함으로써 동력수상레저기구의 운행을 직업의 직접적인 수단으로 이용하는 국민에게 생계에 지장을 초래하므로, 법익균형성의 원칙에도 위반된다는 점에서 과잉금지원칙에 반하여 제청신청인의 직업의 자유를 침해한다.

4) 법원의 판단

(1) 제한되는 기본권 및 심사기준

심판대상조항은 동력수상레저기구를 이용하여 범죄행위를 한 경우에 그 조종면허를 취소하도록 하고 있으므로, 동력수상레저기구의 조종을 생업으로 하는 자에 대해서는 직업의 자유를 제한하게 되고, 취미활동으로 수상레저활동을 하는 자에 대해서는 일반적 행동자유권을 제한하게 되므로, 이러한 기본권 제한을 정당화하기 위해서는 헌법 제37조 제2항의 비례의 원칙을 준수하여야 한다.

(2) 입법목적의 정당성 및 수단의 적정성

동력수상레저기구를 범죄를 위한 수단으로 이용하여 수상활동의 위험과 장해를 유발하고 국민의 생명과 재산에 위협을 초래하는 행위를 방지, 제거하여 수상활동의 안전과 질서를 확보하고, 동력수상레저기구를 이용한 범죄의 발생을 방지하기 위한 심판대상조항은 그 입법목적이 정당하다. 그리고 동력수상레저기구 등을 이용하여 범죄행위를 하였다는 이유로 조종면허를 필요적으로 취소하도록 하는 것은 동력수상레저기구를 이용한 범죄 재발 방지에 기여할 수 있으므로, 그 입법목적을 달성하기 위한 적정한 수단이다.

(3) 침해의 최소성

어떤 법률의 입법목적이 정당하고 그 목적을 달성하기 위해 선택한 수단이 어느 정도 적합하다고 하더라도 입법자가 임의적 규정이나 기본권 제한이 덜한 다른 수단으로 법의 목적을 실현할 수 있음에도 불구하고 구체적 사안의 개별성과 특수성을 고려할 수 있는 가능성을 일체 배제하는 필요적 규정으로 법의 목적을 실현하려 한다면 이는 비례의 원칙의 한 요소인 '침해의 최소성의 원칙'에 위배된다.

(4) 법익의 균형성

심판대상조항에 따라 조종면허가 취소되면 면허가 취소된 날부터 1년 동안은 조종면허를다시 받을 수 없게 되므로 동력수상레저기구 조종을 생업으로 하는 사람은 생계에 커다란 지장을 초래할 만큼 직업의 자유를 제약받게 되고, 조종을 업으로 하지 않는 사람도 다양한 가치관과 생활양식이 공존하는 현대 사회에서 동력수상레저기구를 이용한 취미활동을 즐길 수 없거나 일상생활에 불편을 초래하여 일반적 행동의 자유를 제약받게 될 것이다. 그러므로 동력수상레저기구를 이용한 범죄행위의 재발을 방지하여 수상활동의 안전과 질서를 유지하고자 하는 입법목적을 고려하더라도, 공익침해의 정도가 현저히 낮은 경우에까지도 반드시 조종면허를 취소하도록 하는 것은 심판대상조항에 의하여 달성하고자 하는 공익에 비하여 조종면허 소지자의 기본권을 과도하게 제한하는 것으로서 법익의 균형성 원칙에 위반된다.

(5) 소 결

심판대상 조항은 직업의 자유 내지 일반적 행동의 자유를 침해하여 헌법에 위반된다.

Ⅱ. 「수상레저안전법」의 주요 내용

1. 개념(법 제2조) 및 적용배제(법 제3조)

수상레저 활동	수상(水上)에서 수상레저기구를 이용하여 취미 · 오락 · 체육 · 교육 등을 목적으로 이루어지는 활동(20 간부)
래프팅	무동력수상레저기구를 이용하여 계곡이나 하천에서 노를 저으며 급류 또는 물의 흐름 등을 타는 수상레저활동
수상레저 기구	수상레저활동에 이용되는 선박이나 기구로서 대통령령으로 정하는 것
동력수상 레저기구	추진기관이 부착되어 있거나 추진기관을 부착하거나 분리하는 것이 수시로 가능한 수상레저기구로서 대통령령으로 정하는 것 1. 모터보트　　2. 세일링요트(돛과 기관이 설치된 것) 3. 수상오토바이　　4. 고무보트 5. 스쿠터　　6. 공기부양정(호버크래프트) 7. 수면비행선박　　8. 수륙양용기구 10. 물추진형 보드
수 상	해수면과 내수면
해수면	바다의 수류나 수면
내수면	하천, 댐, 호수, 늪, 저수지, 그 밖에 인공으로 조성된 담수나 기수(汽水)의 수류 또는 수면
적용 배제 (제3조)	1. 「유선 및 도선사업법」에 따른 유 · 도선사업 및 그 사업과 관련된 수상에서의 행위를 하는 경우 2. 「체육시설의 설치 · 이용에 관한 법률」에 따른 체육시설업 및 그 사업과 관련된 수상에서의 행위를 하는 경우 3. 「낚시관리 및 육성법」에 따른 낚시어선업 및 그 사업과 관련된 수상에서의 행위를 하는 경우

2. 조종면허

동력수상레저기구를 조종하는 자는 면허시험에 합격한 후 해양경찰청장의 동력수상레저기구 조종면허를 받아야 한다. (20 간부) 조종면허는 ① 일반조종면허: 제1급 조종면허, 제2급 조종면허, ② 요트조종면허로 구분한다. 일반조종면허의 경우 제2급 조종면허를 취득한 자가 제1급 조종면허를 취득한 때에는 제2급 조종면허의 효력은 상실된다(법 제4조).

조종면허 대상 · 기준 등 (시행령 제3조)	① 해양경찰청장의 동력수상레저기구 조종면허를 받아야 하는 동력수상레저기구는 동력수상레저기구 중 추진기관의 최대 출력이 5마력 이상인 것을 말한다. (20 간부) ② 조종면허의 발급대상은 다음 각 호와 같이 구분한다. 1. 일반조종면허 가. 제1급 조종면허: 등록된 수상레저사업의 종사자 및 시험대행기관의 시험관 나. 제2급 조종면허: 조종면허를 받아야 하는 동력수상레저기구(세일링요트 제외)를 조종하려는 사람 2. 요트조종면허: 세일링요트를 조종하려는 사람
조종면허의 결격사유 등 (법 제5조) (20 간부)	1. 14세 미만인 자(대통령령으로 정하는 체육 관련 단체에 동력수상레저기구의 선수로 등록된 사람 제외) 2. 정신질환자(「정신건강증진 및 정신질환자 복지서비스 지원에 관한 법률」의 정신질환자를 말함) 중 수상레저활동을 할 수 없다고 인정되어 대통령령으로 정하는 자 3. 마약 · 향정신성의약품 또는 대마 중독자(「마약류 관리에 관한 법률」의 규정의 마약 · 향정신성의약품 · 대마를 말함) 중 수상레저활동을 할 수 없다고 인정되어 대통령령으로 정하는 자 4. 조종면허가 취소된 날부터 1년이 지나지 아니한 자 5. 조종면허를 받지 아니하고 동력수상레저기구를 조종한 자로서 그 위반한 날부터 1년(사람을 사상한 후 구호 등 필요한 조치를 하지 아니하고 달아난 자는 이를 위반한 날부터 4년)이 지나지 아니한 자(19 채용 · 20 간부)
부정행위자에 대한 제재 (법제8조)	① 해양경찰청장은 면허시험에서 부정행위를 한 자에 대하여 그 시험을 중지하게 하거나 무효로 할 수 있다. ② 해당 시험의 중지 또는 무효의 처분을 받은 자는 그 시험 시행일부터 2년간 면허시험에 응시할 수 없다.

3. 면허와 필요적 취소사유

해양경찰청장은 ① 면허시험에 합격하여 면허증을 발급하거나 재발급하는 경우, ② 면허증을 갱신하는 경우 해양수산부령으로 정하는 바에 따라 면허증을 발급하여야 한다(법 제11조). (20 간부)

해양경찰청장이 조종면허를 취소해야 하는 반드시 취소사유에는 다음의 4가지가 있다(법 제13조). (22 간부)

① 거짓이나 그 밖의 부정한 방법으로 조종면허를 받은 경우

② 조종면허 효력정지 기간에 조종을 한 경우

③ 정신질환자, 마약·향정신성의약품 또는 대마 중독자에 해당하는 경우

④ 술에 취한 상태에서 조종을 하거나 술에 취한 상태라고 인정할 만한 상당한 이유가 있음에도 불구하고 관계 공무원의 측정에 따르지 아니한 경우

4. 안전장비

수상레저활동을 하는 자는 구명조끼 등 인명안전에 필요한 장비를 해양수산부령으로 정하는 바에 따라 착용하여야 한다(법 제17조). (19 채용)

인명안전 장비의 착용 (시행규칙 제14조)	① 서프보드 또는 패들보드를 이용한 수상레저활동의 경우에는 보드 리쉬를 착용해야 하며, 워터슬레드를 이용한 수상레저활동 또는 래프팅을 할 때에는 구명조끼와 함께 안전모를 착용해야 한다. ② 해양경찰서장 또는 시장 · 군수 · 구청장은 수상레저활동의 형태, 수상레저기구의 종류 및 날씨 등을 고려하여 수상레저활동자가 착용하여야 할 구명조끼 · 구명복 또는 안전모 등 인명안전장비의 종류를 정하여 특별한 지시를 할 수 있다.

5. 수상레저활동자가 지켜야 하는 운항규칙(시행령 별표 7)

1. 주위의 상황 및 다른 수상레저기구와의 충돌위험을 충분히 판단할 수 있도록 시각 · 청각과 그 밖에 당시의 상황에 적합하게 이용할 수 있는 모든 수단을 이용하여 항상 적절한 경계를 해야 한다.
2. 등록대상 동력수상레저기구의 경우에는 해양경찰청장이 지정 · 고시하는 항해구역을 준수해야 한다. 다만, 다음 각 목의 어느 하나에 해당하는 경우에는 그렇지 않다.
   가. 항해구역을 평수구역(「선박안전법 시행령」에 따른 평수구역을 말함)으로 지정받은 동력수상레저기구를 이용하여 평수구역의 끝단 및 가까운 육지 또는 섬으로부터 10해리(해양수산부령으로 정하는 기관을 사용하는 동력수상레저기구는 5해리) 이내의 연해구역(「선박안전법 시행령」에 따른 연해구역을 말함)을 항해하려는 경우
   나. 항해구역을 평수구역으로 지정받은 동력수상레저기구를 이용하여 항해구역을 연해구역 이상으로 지정받은 동력수상레저기구와 500미터 이내의 거리에서 동시에 이동하려고 관할 해양경찰서장에게 운항신고(수상레저기구의 종류, 운항시간, 운항자의 성명 및 연락처 등의 신고를 말함)를 하여 해양경찰서장이 허용한 경우
3. 다이빙대 · 계류장 및 교량으로부터 20미터 이내의 구역이나 해양경찰서장 또는 시장 · 군수 · 구청장이 지정하는 위험구역에서는 10노트 이하의 속력으로 운항해야 하며, 해양경찰서장 또는 시장 · 군수 · 구청장이 별도로 정한 운항지침을 따라야 한다. (21 간부)
4. 태풍 · 풍랑 · 해일 · 호우 · 대설 · 강풍과 관련된 주의보 이상의 기상특보가 발효된 구역에서는 수상레저기구를 운항해서는 안 된다. 다만, 다음 각 목의 어느 하나에 해당하는 경우에는 그렇지 않다.
   가. 해양경찰서장 또는 시장 · 군수 · 구청장이 해당 구역의 기상 상태를 고려하여 그 운항을 허용한 경우
   나. 기상특보 중 풍랑 · 호우 · 대설 · 강풍 주의보가 발효된 구역에서 파도 또는 바람만을 이용하여 활동이 가능한 수상레저기구를 운항하려고 관할 해양경찰서장 또는 시장 · 군수 · 구청장에게 운항신고를 한 경우

다. 기상특보 중 풍랑 · 호우 · 대설 · 강풍 경보가 발효된 구역에서 파도 또는 바람만을 이용하여 활동이 가능한 수상레저기구를 운항하려고 관할 해양경찰서장 또는 시장 · 군수 · 구청장에게 운항신고를 하여 해양경찰서장 또는 시장 · 군수 · 구청장이 허용한 경우

5. 다른 수상레저기구와 정면으로 충돌할 위험이 있을 때에는 음성신호 · 수신호 등 적당한 방법으로 상대에게 이를 알리고 우현 쪽으로 진로를 피해야 한다. (21 간부)
6. 다른 수상레저기구의 진로를 횡단하는 경우에 충돌의 위험이 있을 때에는 다른 수상레저기구를 오른쪽에 두고 있는 수상레저기구가 진로를 피해야 한다.
7. 다른 수상레저기구와 같은 방향으로 운항하는 경우에는 2미터 이내로 근접하여 운항해서는 안 된다.
8. 다른 수상레저기구를 앞지르기 하려는 경우에는 앞지르기 당하는 수상레저기구를 완전히 앞지르기 하거나 그 수상레저기구에서 충분히 멀어질 때까지 그 수상레저기구의 진로를 방해해서는 안 된다.
9. 다른 사람 또는 다른 수상레저기구의 안전을 위협하거나 수상레저기구의 소음기를 임의로 제거하거나 굉음을 발생시켜 놀라게 하는 행위를 해서는 안 된다. (21 간부)
10. 안개 등으로 가시거리가 0.5킬로미터 이내로 제한되는 경우에는 수상레저기구를 운항해서는 안 된다. (21 간부)

6. 원거리 신고 및 무면허 조종이 허용되는 경우

출발항으로부터 10해리 이상 떨어진 곳에서 수상레저활동을 하려는 자는 해양수산부령으로 정하는 바에 따라 해양경찰관서나 경찰관서에 신고하여야 한다. 다만, 「선박의 입항 및 출항 등에 관한 법률」에 따른 출입 신고를 하거나 「선박안전 조업규칙」에 따른 출항 · 입항 신고를 한 선박인 경우에는 그러하지 아니하다(법 19조). (19 채용 · 21 하반기)

원거리 수상레저 활동의 신고 등 (법 제19조)	① 등록 대상 동력수상레저기구가 아닌 수상레저기구로 수상레저활동을 하려는 자는 출발항으로부터 10해리 이상 떨어진 곳에서 수상레저활동을 하여서는 아니 된다. 다만, 안전관리 선박의 동행, 선단의 구성 등 해양수산부령으로 정하는 경우에는 그러하지 아니하다. ② 수상레저활동을 하는 자는 수상레저기구에 동승한 자가 사고로 사망 · 실종 또는 중상을 입은 경우에는 지체 없이 해양경찰관서나 경찰관서 또는 소방관서 등 관계 행정기관의 장에게 신고하여야 한다. (21 하반기)
무면허 조종의 금지 (법 제20조)	누구든지 조종면허를 받아야 조종할 수 있는 동력수상레저기구를 조종면허를 받지 아니하고(조종면허의 효력이 정지된 경우 포함) 조종하여서는 아니 된다. 다만, 다음 각 호의 어느 하나에 해당하는 경우에는 그러하지 아니하다. (21 하반기) 1. 1급 조종면허가 있는 자의 감독하에 수상레저활동을 하는 경우로서 해양수산부령으로 정하는 경우 2. 조종면허를 가진 자와 동승하여 조종하는 경우로서 해양수산부령으로 정하는 경우

무면허 조종이 허용되는 경우 (시행규칙 제17조)	① 법 제20조 제1호에서 "해양수산부령으로 정하는 경우"란 다음 요건을 모두 충족하는 경우를 말한다. 1. 동시 감독하는 수상레저기구가 3대 이하인 경우 2. 해당 수상레저기구가 다른 수상레저기구를 견인하고 있지 아니하는 경우 3. 다음 어느 하나에 해당하는 경우 가. 수상레저사업을 등록한 자의 사업장 안에서 탑승 정원이 4명 이하인 수상레저기구를 조종하는 경우(수상레저사업자 또는 그 종사자가 이용객을 탑승시켜 조종하는 경우 제외) 나. 면허시험과 관련하여 수상레저기구를 조종하는 경우 다. 「초 · 중등교육법」및 「고등교육법」에 따른 학교에서 실시하는 교육 · 훈련과 관련하여 수상레저기구를 조종하는 경우 라. 수상레저활동 관련단체 중 해양경찰청장이 정하여 고시하는 단체가 실시하는 비영리목적의 교육 · 훈련과 관련하여 수상레저기구를 조종하는 경우 ② 법 제20조 제2호에서 "해양수산부령으로 정하는 경우"란 제1급 조종면허 소지자 또는 요트조종면허 소지자와 함께 탑승하여 조종하는 경우를 말한다. 다만, 해당 면허의 소지자가 법 제22조 및 제23조에 위반하여 술에 취한 상태 또는 약물복용 상태에서 탑승하는 경우는 제외한다.

7. 야간 수상레저활동과 정원초과 금지

누구든지 해진 후 30분부터 해뜨기 전 30분까지는 수상레저활동을 하여서는 아니 된다. 다만, 해양수산부령으로 정하는 바에 따라 야간 운항장비를 갖춘 수상레저기구를 이용하는 경우에는 그러하지 아니하다(법 제21조). (19 채용 · 21 하반기)

야간 운항장비 (시행규칙 제18조)	① 야간 수상레저활동을 하려는 사람이 갖추어야 하는 운항장비는 다음 각 호와 같다. (20 간부) 1. 항해등 2. 나침반 3. 야간 조난신호장비 4. 통신기기 5. 전등 6. 구명튜브 7. 소화기 8. 자기점화등 9. 위성항법장치 10. 등(燈)이 부착된 구명조끼
(정원 초과 금지 (시행령 제18조)	누구든지 대통령령으로 정하는 바에 따라 그 수상레저기구의 정원을 초과하여 사람을 태우고 운항하여서는 아니 된다(법 24조). (19 채용) ① 수상레저기구의 정원은 안전검사에 따라 결정되는 정원으로 한다. ② 등록의 대상이 되지 아니하는 수상레저기구의 정원은 해당 수상레저기구의 좌석 수 또는 형태 등을 고려하여 해양경찰청장이 정하여 고시하는 정원산출 기준에 따라 산출한다. ③ 정원을 산출할 때에는 수난구호나 그 밖의 부득이한 사유로 승선한 인원은 정원으로 보지 아니한다.

8. 금지구역지정 및 시정명령, 안전검사

해양경찰서장 또는 시장 · 군수 · 구청장은 수상레저활동의 안전을 위하여 필요하다고 인정하면 수상레저활동 금지구역을 지정할 수 있고, 누구든지 지정된 금지구역에서 수상레저활동을 하여서는 아니 된다(법 25조).

시정명령 (법 제26조)	해양경찰서장 또는 시장 · 군수 · 구청장은 안전을 위하여 필요하다고 인정하면 수상레저활동을 하는 사람 또는 수상레저활동을 하려는 사람에게 다음 사항을 명할 수 있다. 다만, 수상레저활동을 하려는 사람에 대한 시정명령은 사고의 발생이 명백히 예견되는 경우로 한정한다. 1. 수상레저기구의 탑승(수상레저기구에 의하여 밀리거나 끌리는 경우 포함) 인원의 제한 또는 조종자의 교체, 2. 수상레저활동의 일시정지, 3. 수상레저기구의 개선 및 교체
동력수상레저기구 구조 · 장치 변경 (법 제36조)	해양수산부령으로 정하는 부양성에 영향을 미치는 구조 · 장치를 변경하려는 경우에는 해당 소유자가 제37조 제1항 제3호의 임시검사에 합격한 후 시장 · 군수 · 구청장에게 변경등록을 신청하여야 한다. (21 간부)
안전검사 (법 제37조)	① 등록 대상 동력수상레저기구를 수상레저활동에 이용하려는 자는 해양경찰청장이 실시하는 다음 검사를 받아야 한다. 1. 신규검사: 등록을 하려는 경우에 하는 검사 2. 정기검사: 등록 후 5년마다 정기적으로 하는 검사 3. 임시검사: 동력수상레저기구의 구조, 장치, 정원 또는 항해구역을 변경하려는 경우에 하는 검사(이 경우 정원의 변경은 해양경찰청장이 정하여 고시하는 최대승선정원의 범위 내로 한정). ② 수상레저사업자는 등록 대상 동력수상레저기구에 대하여 영업구역이 해수면인 경우 해양경찰청장으로부터, 영업구역이 내수면인 경우 그 지역을 관할하는 시 · 도지사로부터 각각 안전검사를 받아야 한다. ③ 검사 대상 동력수상레저기구 중 수상레저사업에 이용되는 동력수상레저기구는 1년마다, 그 밖의 동력수상레저기구는 5년마다 정기검사를 받아야 한다. (20 간부)

9. 사업자의 안전점검

수상레저사업자와 그 종사자는 수상레저활동의 안전을 위하여 다음 조치를 하여야 한다(법 제48조).

① 수상레저기구와 시설의 안전점검
② 영업구역의 기상 · 수상 상태의 확인
③ 영업구역에서 사고가 발생하는 경우 구호조치 및 해양경찰관서 · 경찰관서 · 소방관서 등 관계 행정기관에 통보

④ 이용자에 대한 안전장비 착용조치 및 탑승 전 안전교육

⑤ 사업장 내 인명구조요원이나 래프팅가이드의 배치 또는 탑승

⑥ 비상구조선(수상레저사업장과 그 영업구역의 순시 및 인명구조를 위하여 사용되는 동력수상레저기구를 말함)의 배치

사업자의 금지사항 (법 제48조)	수상레저사업자와 그 종사자는 영업구역에서 다음 행위를 하여서는 아니 된다. 1. 14세 미만인 사람(보호자를 동반하지 아니한 사람으로 한정), 술에 취한 사람 또는 정신질환자를 수상레저기구에 태우거나 이들에게 수상레저기구를 빌려 주는 행위 2. 수상레저기구의 정원을 초과하여 태우는 행위 3. 수상레저기구 안에서 술을 판매 · 제공하거나 수상레저기구 이용자가 수상레저기구 안으로 이를 반입하도록 하는 행위 4. 영업구역을 벗어나 영업을 하는 행위 5. 수상레저활동시간 외에 영업을 하는 행위 6. 폭발물 · 인화물질 등의 위험물을 이용자가 타고 있는 수상레저기구로 반입 · 운송하는 행위 7. 안전검사를 받지 아니하거나 안전검사에 합격하지 못한 동력수상레저기구 또는 안전점검을 받지 아니한 동력수상레저기구를 영업에 이용하는 행위 8. 비상구조선을 그 목적과 다르게 이용하는 행위

10. 인명구조요원과 영업의 제한

인명구조요원 및 래프팅가이드는 다음 구분에 따른 자격을 갖춘 사람이어야 한다(시행령 제37조).

① 인명구조요원의 경우: 다음 각 목의 어느 하나에 해당하는 사람

㉠ 기준을 충족하는 기관이나 단체 중 해양경찰청장이 지정하는 수상레저 관련 기관이나 단체에서 교육과정을 마친 후 인명구조요원 자격을 취득한 사람 (20 간부)

㉡ 「수상에서의 수색 · 구조 등에 관한 법률」에 따른 수상구조사

② 래프팅가이드: 교육기관에서 교육과정을 마친 후 래프팅가이드 자격을 취득한 사람

인명구조요원 · 래프팅가이드의 배치 기준 등 (시행령 제37조)	① 인명구조요원은 해당 수상레저사업의 영업구역에 배치하여야 하며, 래프팅가이드는 영업 중인 래프팅기구마다 1명 이상 탑승하여 영업구역의 안전상태와 탑승객의 안전을 확인하여야 한다. 다만, 운항수역을 관할하는 시장 · 군수 · 구청장이 해당 사업장과 영업구역의 물의 깊이, 유속(流速), 운항거리, 급류의 세기 및 안정성 등을 고려하여 위험방지에 지장이 없다고 인정하는 경우로서 승선정원이 4명 이하인 래프팅기구의 경우에는 래프팅가이드가 다른 래프팅기구에 탑승하여 근접운항하면서 영업구역의 안전상태와 탑승객의 안전 상태를 확인하게 할 수 있다.

	② 래프팅기구를 운항하는 경우 래프팅가이드 1명이 근접운항하면서 운항할 수 있는 래프팅기구의 수는 시장 · 군수 · 구청장이 2대부터 5대까지의 범위에서 정하여야 한다.
영업의 제한 등 (법 제49조)	해양경찰서장 또는 시장 · 군수 · 구청장은 다음 어느 하나에 해당하는 경우에는 수상레저사업자에게 영업구역이나 시간의 제한 또는 영업의 일시정지를 명할 수 있다. 다만, 제3호부터 제5호까지에 해당하는 경우에는 이용자의 신체가 직접 수면에 닿는 수상레저기구 등 대통령령으로 정하는 수상레저기구를 이용한 영업행위에 대해서만 이를 명할 수 있다. 1. 기상 · 수상 상태가 악화된 경우 2. 수상사고가 발생한 경우 3. 유류 · 화학물질 등의 유출 또는 녹조 · 적조 등의 발생으로 수질이 오염된 경우 4. 부유물질 등 장애물이 발생한 경우 5. 사람의 신체나 생명에 피해를 줄 수 있는 유해생물이 발생한 경우 6. 그 밖에 대통령령으로 정하는 사유가 발생한 경우

01 「수상구조법」에서 구조본부의 장은 특정한 경우 선박에 대해 이동 및 대피를 명할 수 있다. 이와 관련하여 옳은 것을 모두 고르시오 20 간부

㉠ 태풍, 풍랑 등 해상기상의 악화로 조난이 우려되는 선박에 대해 이동 및 대피를 명할 수 있다.
㉡ 선박구난현장에서 구난작업에 방해가 되는 선박은 이동 및 대피를 명할 수 있다.
㉢ 수색구조 훈련 중인 해역에서 조업 중인 선박에 대하여 이동 및 대피를 명할 수 있다.
㉣ 외국선박의 이동 및 대피명령은 「영해 및 접속수역법」 제1조 및 제3조에 따른 영해 및 내수(「내수면어업법」 제2조 제1호에 따른 내수면은 제외)에서만 실시한다.

① ㉠, ㉢ ② ㉠, ㉡
③ ㉠, ㉡, ㉢ ④ ㉠, ㉡, ㉣

해설 법 제10조(선박의 이동 및 대피 명령) 1. 태풍, 풍랑 등 해상기상의 악화로 조난이 우려되는 선박
2. 선박구난현장에서 구난작업에 방해가 되는 선박

정답 ④

02 다음 중 「수상에서의 수색 · 구조 등에 관한 법률」상 민간구조활동 지원에 대한 내용으로 가장 옳지 않은 것은? 21 간부

① 민간해양구조대원은 해양경찰의 해상구조 및 조난사고 예방 · 대응 활동을 지원할 수 있다.
② 지방자치단체의 장은 필요한 경우 관할 구역에서 민간해양구조대원이 수난구호활동에 참여하는 데 소요되는 경비의 전부 또는 일부를 지원할 수 있다.
③ 최초 수상구조사 자격을 취득한 경우 자격증을 발급 받은 날부터 기산하여 2년이 되는 날부터 6개월 이내에 해양경찰청장이 실시하는 보수교육을 받아야 한다.
④ 보수교육을 받지 않은 사람은 보수교육 기간이 만료한 다음 날부터 수상구조사 자격이 정지된다. 다만, 자격정지 후 1년 이내에 보수교육을 받은 경우 보수교육을 받은 날부터 자격의 효력이 다시 발생한다.

해설 법 제30조(민간해양구조대원의 처우 등) ③ 지방자치단체의 장은 필요한 경우 관할 구역에서 민간해양구조대원이 수난구호활동에 참여하는 데 소요되는 경비의 일부를 지원할 수 있다. 〈신설 2015. 7. 24.〉
2. 선박구난현장에서 구난작업에 방해가 되는 선박

정답 ②

03 다음 중 「구조본부 구성 및 운영 등에 관한 훈령」상 구조본부 구성에 대한 내용으로 가장 옳지 않은 것은? 21 간부

① 상급 구조본부와 하급 구조본부가 동시에 가동되는 경우 수색구조활동에 관한 직접적인 지휘는 상급구조본부장이 우선적으로 권한과 책임을 가진다.
② 하급 구조본부장이 수색구조활동을 지휘할 경우 상급 구조본부장은 지휘 구조본부에 대한 지원 및 임무 조정 역할을 수행한다.
③ 각급 구조본부장은 운영기준에 따라 대비단계, 대응 1단계, 강화 대응 1단계, 대응 2단계 및 대응 3단계로 구분하여 구조본부를 비상 가동한다.
④ 전복 및 침몰사고의 경우 사망 또는 선내 고립인원이 5명 이상이거나 사고 해점 인근 초기 집중 해상수색이 종료된 상태에서 실종자가 5명 이상인 경우 대응 1단계로 구조본부를 비상 가동한다.

해설 제8조(지휘체계) ① 상급 구조본부와 하급 구조본부가 동시에 가동되는 경우 수색구조활동에 관한 직접적인 지휘는 법 제17조를 적용하여 사고 발생지 관할 지역구조본부장이 우선적으로 권한과 책임을 가지며, 상급구조본부장을 비롯한 다른 구조본부장은 지휘권을 인수하지 않는 한 지역구조본부장의 현장 대응에 대한 판단에 혼선을 주어서는 안 된다. 단, 상급구조본부장이 서면 또는 전자매체를 이용하여 지시하는 경우는 예외로 한다.

정답 ①

04 「재난 및 안전관리 기본법 시행령」상 해양경찰청이 재난관리주관기관으로 지정되어 있는 재난 또는 사고를 모두 고르시오. 20 간부

㉠ 내륙에서 발생한 유도선 등의 수난사고
㉡ 해양에서 발생한 유도선 등의 수난사고
㉢ 해양선박사고
㉣ 해양분야 환경오염 사고

① ㉡
② ㉠, ㉡
③ ㉡, ㉢
④ ㉡, ㉢, ㉣

해설

정답 ①

05 다음 중 「수상에서의 수색 · 구조 등에 관한 법률(시행령, 시행규칙 포함)」에 따라, 구조본부의 장이 선박구난현장에서 구난작업에 방해가 되는 국내 선박의 선장에게 이동 및 대피를 명령함에 있어 고지하여야 할 사항으로 가장 옳지 않은 것은? 22 간부

① 이동 및 대피 사유
② 이동 및 대피 경로
③ 이동 및 대피 해역
④ 이동 및 대피 기간

해설

정답 ②

06 「파출소 및 출장소 운영규칙」에 의거, 파출소 및 출장소에서 발급할 수 있는 민원서류를 모두 고르시오. 19 1차

㉠ 선원 승선신고 사실 확인서
㉡ 선박 조업사실 확인서
㉢ 선박 출항 · 입항 신고 사실 확인서
㉣ 선박 보험가입 사실 확인서

① ㉠, ㉡
② ㉠, ㉢
③ ㉠, ㉣
④ ㉡, ㉢

해설 제30조(민원 접수 · 처리) 1. 선원 승선신고 사실 확인서, 2. 선박 출항 · 입항신고 사실 확인서

정답 ②

07 「파출소 및 출장소 운영규칙」상 해양사고 또는 해양오염사고의 신고를 받았거나 사고발생사항을 인지하였을 때 처리사항으로 옳지 않은 것은? 20 간부

① 해양경찰서 구난담당자 또는 해양오염방제 담당자 등이 현장에 도착하면 상황을 인계하고, 사고처리에 협조하여야 한다.
② 사고현장을 보존하고 조사를 행하여야 한다.
③ 해양경찰서장에게 즉시 보고와 동시에 현장에 임하여 인명과 재산피해의 확대방지 및 필요한 초동조치를 취할 수 있다.
④ 경미한 사건 · 사고에 대하여 파출소장이 직접 처리할 수 있으며, 이 경우에는 조사 또는 처리사항을 해양경찰서장에게 보고하여야 한다.

해설 제31조(사건 · 사고 처리 및 수사) ② 1. 해양경찰서장에게 즉시 보고와 동시에 현장에 임하여 인명과 재산피해의 확대 방지와 필요한 초동조치를 취하여야 한다.

정답 ③

08 다음 중 「어선안전조업법 시행령」상 위치통지에 대한 내용으로 가장 옳지 않은 것은?

21 간부

① 일반해역에 출어하는 어선은 1일 1회 위치통지를 해야 한다.
② 특정해역에 출어하는 어선은 1일 3회 위치통지를 해야 한다.
③ 어선은 풍랑특보 발효시 매 12시간 간격으로 어선안전조업본부에 위치통지를 해야 한다.
④ 어선은 태풍특보 발효시 매 6시간 간격으로 어선안전조업본부에 위치통지를 해야 한다.

해설 시행령 제12조(위치통지의 횟수 및 절차 등)
1. 풍랑특보 발효시: 매 12시간 간격(12시간 전후로 30분의 간격은 허용한다.)
2. 태풍특보 발효시: 매 4시간 간격(4시간 전후로 30분의 간격은 허용한다.)

정답 ④

09 해양경찰청은 연안해역에서 발생하는 연안사고의 예방에 필요한 사항을 규정하기 위해 「연안사고 예방에 관한 법률」을 제정 · 시행하고 있다. 다음 중 이 법과 관련하여 옳지 않은 것은 모두 몇 개인가?

20 간부

㉠ 해양경찰청장은 연안사고 예방을 위하여 5년마다 연안사고 예방 기본계획을 수립 · 추진하여야 한다.
㉡ 지방해양경찰청장은 기본계획에 따라 매년 연안사고 예방 시행계획을 수립 · 시행하여야 한다.
㉢ 연안사고 예방에 관하여 필요한 사항을 협의하기 위해 해양경찰청장 소속으로 중앙연안사고예방협의회를 둔다.
㉣ 연안사고 예방에 관하여 필요한 사항을 협의하기 위하여 지방해양경찰청장 소속으로 광역연안사고예방협의를 두고, 해양경찰서장 소속으로 지역연안사고예방협의회를 둔다.
㉤ 연안사고란 연안해역에서 발생하는 인명에 위해를 끼치는 사고를 말한다. 다만 「해양사고의 조사 및 심판에 관한 법률」 제2조 제1호에 따른 해양사고는 제외한다.

① 1개
② 2개
③ 3개
④ 4개

해설 틀린 것은 ㉡이다. ㉡은 해양경찰청장이어야 한다.
제7조(시행계획의 수립 · 시행) ① 해양경찰청장은 기본계획에 따라 매년 연안사고 예방 시행계획을 수립 · 시행하여야 한다.
제8조(연안사고예방협의회) ① 연안사고 예방에 관하여 필요한 사항을 협의하기 위하여 해양경찰청장 소속으로 중앙연안사고예방협의회를 두고, 지방해양경찰청장 소속으로 광역연안사고예방협의회, 해양경찰서장 소속으로 지역연안사고예방협의회를 둔다.

정답 ①

10 「수상레저안전법」에 규정된 내용 중 옳은 것은 모두 몇 개인가? 20 간부

> ㉠ 동력수상레저기구 조종면허는 지방해양경찰청장이 발급한다.
> ㉡ 수상레저사업 등록을 위해서는 인명구조요원이 필요하며 인명구조요원은 해양경찰청장이 발급하는 인명구조요원자격증 또는 수상구조사자격증을 보유하여야 한다.
> ㉢ 수상레저활동이란 수상에서 수상레저기구를 이용하여 취미·오락·체육·교육 등을 목적으로 이루어지는 활동을 말하며 수상은 해수면과 내수면을 말한다.
> ㉣ 수상레저사업을 하려는 자는 영업구역이 내수면이면 해당지역 관할 시장·군수·구청장, 해수면이면 해당지역 관할 해양경찰서장에게 등록하여야 한다.
> ㉤ 수상레저사업에 이용되는 모든 등록대상 동력수상레저기구는 등록 후 5년마다 정기검사를 받아야 한다.

① 2개 ② 3개
③ 4개 ④ 5개

해설 맞는 것은 ㉢, ㉣이다. 틀린 것은 ㉠, ㉡, ㉤이다.

정답 ①

11 甲은 혈중알코올 농도 0.05% 상태에서 모터보트를 조종하다가 해양경찰관에게 적발되었다. 「수상레저안전법」상 甲에 대한 조종면허 행정처분(㉠)과 형벌(㉡)로 옳은 것은? 21 채용

① ㉠ 면허 정지 6개월 ㉡ 6개월 이하의 징역 또는 500만원 이하의 벌금
② ㉠ 면허 정지 6개월 ㉡ 1년 이하의 징역 또는 1천만원 이하의 벌금
③ ㉠ 면허 취소 ㉡ 1년 이하의 징역 또는 1천만원 이하의 벌금
④ ㉠ 면허 취소 ㉡ 3년 이하의 징역 또는 3천만원 이하의 벌금

해설 0.03 이상이므로 음주운항에 해당한다. 조종면허는 취소이고, 1년 이하의 징역 또는 1천만원 이하의 벌금에 처한다.

정답 ③

해양경찰 수사론

SECTION

01 수사 일반론

Ⅰ. 조직의 변천과 법적 근거

1. 독립 외청(1996년) 이전

1953년 해양경찰대 창설 당시 전문화된 수사조직을 두지 않았고, 1955년 2월 해양경찰대를 상공부 해양경비대로 이관하고 「어업자원보호법」 제4조(범죄의 수사)에 규정한 사법경찰관의 직무를 행하였다.

1962년 5월 해양경찰대에 경무과, 경비과, 정비과, 통신과, 기지대 및 항공대를 두었고, 그리고 「해양경찰대직제」 제5조에서 "(경비과) 경비과는 경비, 작전, 정보, 무기관리, 교육훈련, 해난구조, 기상, 함정통제 및 사법경찰에 관한 사항을 분장한다"로 되어 있었고, 경비과에서 사법경찰에 관한 사항을 분장하였다.

1969년 9월 「해양경찰대직제」를 개정하여 정보수사과를 신설하고, 대공정보·범죄수사 및 기타 사법경찰에 관한 사항을 분장하게 하였고, 경비과내에 있던 정보·수사기능은 신설된 정보수사과로 이관되었다.

1972년 5월 기지대를 지구해양경찰대로 승격하였고, 1972년 6월 시행된 「지구해양경찰대의 조직·명칭·위치 및 관할구역에 관한 규정」(내무부령) 제4조에 따르면 9개 지구해양경찰대의 정보수사과의 업무관할은 "제4조 (정보수사과) 정보수사과는 첩보수집, 수산해운업체의 동향파악, 밀항사범의 공작, 외국적 선박의 동태파악, 해상에 있어서의 범죄수사 및 조사, 범죄 기록작성관리, 수사자료 수집에 관한 사항을 분장한다"로 되어 있다.

1982년 12월 수사요원 자격시험을 실시하여 성적이 우수한 57명을 선발하여 수사요원으로서 갖추어야 할 자질을 개선하였고, 수사상 도움이 될 수 있는 사건수사 실례를 선정하여 1982년 3월 수사사례연구집 제1편을 발간하여 수사착수로부터 종결시까지 일선수사 요원의 직접 체험을 기초로 하여 경험을 전수하고 사건을 추리·분석·정리에 대한 사고력을 향상시켰다.

1990년 7월 「해양경찰대직제」를 개정하여 본부의 정보수사과를 수사과와 정보과로 분과하였다. 수사과는 ① 수사에 관한 계획 및 지도, ② 해상범죄의 수사 및 통계분석을 분장하였고, 정보과는 ① 정보에 관한 계획 및 지도, ② 치안정보 및 대공·외사정보의 수집과 활동, ③ 공안사범의 수사 및 지도를 분장하였다. 지구해양경찰대는 수사정보과로 되어 있었으나, 부산 지구해양경찰대의 경우에는 수사과와 정보과로 분과하였다.

1991년 7월 「경찰법」 제정과 「경찰청과 그 소속기관 등 직제」 제정에 따라 기존의 해양경찰대에서 해양경찰청과 해양경찰서로 변경되고, 본청에 정보수사부가 신설되었으며, 그 정보수사부에 수사과와 정보과가 설치되었다. 해양경찰서에는 정보수사과(수사계, 형사계, 정보계, 보안계)가 설치되었다. 부산해양경찰서는 수사과와 정보과로 구성되었다.

1994년 11월 「UN해양법협약」이 발효됨에 따라 국제사회에서는 새로운 해양질서가 확립되었으며, 국가간 개방의 가속화로 인해 해상을 통한 물적교류와 인적교류의 지속적인 증가는 해양에서의 치안수요의 증가를 가져와 해양경찰에서는 이에 대처하기 위한 노력이 요구되었다. 이러한 추세를 반영하여 1996년 8월에 해양경찰청이 독립관청으로 창설되고 해양범죄에 체계적으로 대응할 수 있는 여건이 조성되었다.

2. 독립 외청 이후(1996. 8. 8. 이후)

1996년 8월 8일 「해양경찰청과 그 소속기관 직제」가 제정되어 해양경찰청 정보수사국에 기존의 수사과(수사, 형사), 정보과(정보, 보안)외에 외사과(외사, 국제)를 신설하였다. 해양경찰청 훈령 「해양경찰서사무분장규칙」을 제정하여 12개 해양경찰서에 외사계를 신설하여 정보수사과 정원 중 24명을 외사기능 인력으로 이채하였다.

1998년 12월 31일 「해양경찰청과 그 소속기관직제시행규칙」을 개정하여 군산·여수·통영·제주 해양경찰서에 정보과를 신설하였다.

1999년 1월 9일 「해양경찰청 사무분장규칙」 및 「해양경찰서사무분장규칙」을 개정하여 4개 해양경찰서의 정보수사과를 분과하였다. 동년 5월 24일에는 외사과를 국제과로 명칭을 변경하였고, 동년 1월 22일에는 개정된 「한·일 어업협정」이 발효되어 해양법질서과 변화되었다.

2000년 9월 20일 국제항만내 외국적 선박 및 출입국자 증가로 해상치안 수요의 증대, C.I.Q기관 등 유관기관과의 공조체제 유지, 해상치안 위해요인 색출, 차단 및 국제성 범죄첩보수집 등 외사보안활동 강화 필요성에 의하여 부산, 인천, 태안 등 국제항만 내에 외사분실을 설치하여 국제성 범죄에 대처하였다.

2001년 6월 30일 「한·중 어업협정」이 발효되었다.

2003년 7월 속초해양경찰서와 동해해양경찰서에 외사계를 신설하였다.

2005년 8월 정보수사국내에 광역수사단장을 신설하였다. 광역수사단장은 광역수사업무와 그 기획·지도 및 조정 등에 관한 사무를 분장한다.

2007년 9월 「해양경찰청과 그 소속기관 직제 시행규칙」을 개정하여 광역수사단을 형사과로 명칭을 변경하였다.

2008년 3월 국제과의 명칭을 외사과를 변경하고, 동년 12월 23일 해양과학수사센터를 설치하며 그 하부에 과학수사계, 증거분석계를 두었다.

세월호 사건 이후 2014년 11월 19일 변경된 해양경찰 수사기능의 업무 영역은 「정부조직법」 제22조의2 및 「국민안전처와 그 소속기관 직제」 제3조에 의하여 '해상에서 발생한 사건'에 한정되었다. 해양경찰의 수사권은 범죄발생부터 종료까지의 과정 특성상 해상에서 발생한 사건이라 할지라도 대다수 육상으로의 연계가 필수불가결한 것이므로 해양경찰 수사활동의 범위를 '해상'으로 한정하는 것은 무리가 따르는 업무 조정이었다. 이 때 수사·정보 기능의 정원 505명과 수사·정보 담당 해양경찰 공무원 200명이 경찰청으로 이관되었고, 해양경찰청이 국민안전처의 해양경비안전국으로 변경되고, 본청의 정보수사국은 해양경비안전국의 수사정보과로 대폭 축소되었다.

문재인 정부(2017. 5. 10.－2022. 5. 9.) 출범 이후 2017. 7. 26.에 해양경찰 조직이 2014. 11. 19. 이전의 해양경찰청으로 환원되었다. 조직개편의 이유는 해양경찰의 역할을 재정립하여 해양안전을 확보하고, 해양주권 수호 역량을 강화하기 위하여 해양수산부장관 소속으로 해양경찰청을 신설하는 내용으로 「정부조직법」이 개정(법률 제14839호, 2017. 7. 26. 공포·시행)됨에 따라, 해양경찰청과 그 소속기관의 조직과 직무범위 및 정원 등을 구체적으로 정하였다. 조직개편의 주요 내용은 해양경찰청의 직무를 "해양에서의 경찰 및 오염방제에 관한 사무"로 환원하고, 해양경찰청에 두는 하부조직으로 운영지원과·경비국·구조안전국·수사정보국·해양오염방제국 및 장비기술국 등을 두었다.

2021년 1월에는 수사정보국이 수사국으로 변경되었고, 국제정보국이 신설되었다.

3. 현행 수사 조직과 지휘·감독

1) 수사의 조직

수사국에 국장 1명을 두고, 국장은 치안감 또는 경무관으로 보한다(해양경찰청과 그 소속기관 직제 제13조). 2021년에는 「해양경찰법」에서 수사부서의 장에 대한 규정을 신설하고, 수사부서의 장은 「형사소송법」에 따른 해양경찰의 수사에 관하여 대통령령으로 정하는 바에 따라 해양경찰청 소속 공무원을 지휘·감독하고, 수사부서의 장은 「경찰공무원법」에도 불구하고 일정 자격을 갖춘 자를 대상으로 해양경찰청 외부를 대상으로 모집하여 임용할 수 있도록 하였다(해양경찰법 제15조의2).

수사국에 수사기획과·수사과·형사과 및 과학수사팀을 두며, 수사기획과장·수사과장·형사과장은 총경으로, 과학수사팀장은 경정으로 보한다(직제 시행규칙 제8조). 각 과별 분장업무는 다음과 같다.

각 지방해양경찰청마다 수사를 담당하는 부서로 수사과를 두고, 수사과장은 총경으로 보한다. 서해 5도 특별경비단장은 중부지방해양경찰청장을 보좌하고, 불법외국어선 단속, 수사 및 사후처리에 관한 사항을 담당한다.

19개의 해양경찰서에 수사조직으로 수사과를 두고 수사과장은 경정 또는 경감으로 보한다. 해양경찰 본청의 조직은 다음과 같다.

수사기획과장	1. 수사업무에 관한 기획 · 지도 및 조정 2. 수사 관련 법무지원 업무 3. 영장심사 · 수사심사에 관한 제도 · 정책 수립 및 소속기관 영장 · 수사심사관 지도 · 관리 4. 인권보호정책 수립 · 지도 및 수사경찰 청렴도 평가 관리 5. 수사기록물 및 통합증거물 관리 6. 수사와 관련된 위원회 운영 및 관리 7. 그 밖에 국내 다른 과의 주관에 속하지 아니하는 사항
수사과장	1. 수사민원 사건(고소 · 고발 · 진정 · 탄원)의 접수 및 처리 2. 중요 범죄첩보의 수집 · 분석 및 기획 · 조정 · 지도 · 통제에 관한 사항 3. 범죄통계의 관리 및 분석 4. 유치장 및 유치인 관리 업무 5. 수사사건 관련 지시사항 관리

형사과장	1. 형사업무에 관한 기획 · 지도 및 조정 2. 범죄기록의 수집 · 관리 · 지도 3. 살인 · 강도 · 절도 · 폭력 등 강력범죄의 수사 · 지도 4. 광역수사업무와 그 기획 · 지도 및 조정 5. 마약사범에 관한 정보의 처리, 수사 및 지도 6. 지능범죄 등에 관한 기획수사 및 지도 7. 중대 안보위해범죄에 대한 수사지도
과학수사팀장	1. 과학수사 업무에 관한 기획 · 지도 및 조정 2. 과학수사 관련 국내 · 외 기관 등과의 교류 및 협력 3. 과학수사 장비 및 기법에 관한 사항 4. 범죄 감식 및 증거 분석

2) 수사 지휘 · 감독(해양경찰청 범죄수사규칙)

수사국장은 각 지방해양경찰청장과 해양경찰서장 및 수사부서 소속 공무원을 지휘·감독하고, 다음 사항을 제외한 일반적인 사건수사에 대한 지휘를 지방해양경찰청장에게 위임이 가능하다(제16조).

① 수사관할이 수 개의 지방해양경찰청에 속하는 사건
② 고위공직자 또는 경찰관이 연루된 비위 사건으로 해당 해양경찰관서에서 수사하게 되면 수사의 공정성이 의심받을 우려가 있는 경우
③ 해양경찰청장이 수사본부 또는 특별수사본부를 설치하여 지정하는 사건
④ 그 밖에 사회적 이목이 집중되거나, 파장이 큰 사건으로 수사국장이 특별히 지정하는 사건

지방해양경찰청장과 해양경찰서장은 소속 공무원 및 소속 해양경찰서 및 관할내의 수사를 지휘·감독하고, 체계적인 수사 인력·장비·시설·예산 운영 및 지도 등을 통해 합리적이고 공정한 수사를 위해 그 책임을 다해야 한다(제17조, 제18조).

지방해양경찰청장은 사건의 경중, 중요도 등을 종합적으로 검토하여 다른 해양경찰관서에서 수사를 진행하는 것이 적합하다고 판단되는 경우 지방해양경찰청 또는 다른 해양경찰서에서 수사할 것을 명할 수 있다(제23조).

수사지휘의 방식으로 지방해양경찰청장이 해양경찰서장에게 사건에 대한 구체적 지휘를 할 때에는 형사사법정보시스템 또는 팩스 등을 통해 수사지휘서를 작성하여 송부해야 하고, 수사지휘권자가 해양경찰관서 내에서 사건에 대한 구체적 지휘를 할 때에는 형사사법정보시스템을 통해 수사지휘서를 작성하여 송부하거나 수사서류의 결재 수사지휘란에 기재하는 방식으로 해야 한다(제24조).

3. 법적 근거

1) 법령

법적 근거에는 「정부조직법」, 「해양경찰법」, 「경찰관직무집행법」, 「형사소송법」, 「검사와 사법경찰관의 상호협력과 일반적 수사준칙에 관한 규정(대통령령)」, 「해양경찰 수사규칙(해양수산부령)」, 「검찰사건사무규칙(법무부령)」, 「내사사건 처리규칙(훈령)」, 「해양경찰청 범죄수사규칙(훈령)」, 「해양경찰청 사건의 관할 및 관할사건수사에 관한 규칙(훈령)」, 「해양경찰청 수사긴급 배치규칙(훈령)」 등이 있다.

2) 「검사와 사법경찰관의 상호협력과 일반적 수사준칙에 관한 규정」

수사준칙의 적용범위는 검사, 행안부 소속 사법경찰은 물론 원칙적으로 특별사법경찰, 검찰청 소속 사법경찰 나아가 공수처 검사와 수사관 등도 적용된다. 다만, 각 해당 법령에서 특별한 규정이 있으면 그것이 먼저 적용되는 것이므로 특사경, 검찰청 직원, 공수처 검사 및 수사관 등은 각 해당 법령에서 특별한 규정을 둘 수 있다.

육상경찰은 행정안전부령으로서 「경찰수사규칙」을, 해양경찰은 해양수산부령으로서 「해양경찰수사규칙」을 제정하고, 검찰은 법무부령으로서 「검찰사건사무규칙」을, 특별사법경찰관리는 법무부령으로서 「특별사법경찰관리에 대한 검사의 수사지휘 및 수사준칙에 관한 규정」을 각각 제·개정하여 법률과 본 대통령령의 집행에 필요한 세부사항들을 별도로 정하고 있다.

(1) 상호협력의 일반원칙

① 수사 과정 및 공소제기·유지 절차에 있어서 경·검이 상호 존중하고 협력할 수 있도록 기본 원칙을 규정하였다.

② 협력의 기본원칙에 관한 일반적인 규정들으로는 제6조(원칙), 제8조(필수협의/임의협의 대상, 관서장 협의 대상), 제9조(수사기관 협의회)으로 두되, 일부 주요한 개별적 협력 사항으로서 특정 중요사건에 관한 상호 의견 제시 교환(제7조), 소재수사 협력(제55조) 등을 별도 규정하고 있다.

③ 경찰·검찰은 법에서 명시적으로 규정하는 개별 절차 외에도 필요할 때에 상호 간에 일반적 협력 요구, 요청, 신청 등을 할 수 있다. 다만, 일반적 협력 요구 등을 받은 기관이 협력에 응할 것인지 여부는 임의사항이므로 일방 기관이 상대 기관에게 의무를 부과하는 것으로 볼 수는 없다. (22 간부)

(2) 중요 사건 협력절차

제7조(중요사건 협력절차) 검사와 사법경찰관은 공소시효가 임박한 사건이나 내란, 외환, 선거, 테러, 대형참사, 연쇄살인 관련 사건, 주한 미합중국 군대의 구성원 · 외국인군무원 및 그 가족이나 초청계약자의 범죄 관련 사건 등 많은 피해자가 발생하거나 국가적 · 사회적 피해가 큰 중요한 사건의 경우에는 송치 전에 수사할 사항, 증거수집의 대상, 법령의 적용 등에 관하여 상호 의견을 제시 · 교환할 것을 요청할 수 있다.

① **중요사건:** 시효임박, 내란 · 외환, 선거, 테러, 대형참사, 연쇄살인, SOFA
② 중요 사건에 대해 경찰과 검사가 송치 전이라도 의견을 제시하거나 교환하는 등 상호 협의할 수 있고, 중요사건에 대한 상호 의견을 제시 교환할 것을 요청할 수 있다.

Ⅱ. 해양범죄의 의의와 특성

1. 해양범죄의 의의

일반적으로 해양범죄라 함은 육상범죄와는 달리 법률적 · 학문적 개념은 아니고, 해양과 관련된 법질서의 위반행위라고 할 수 있다. 즉 육상과 대비되는 해양이라는 지역에서 발생하는 것을 의미한다. 여기서 "해양과 관련된"이란 법질서의 위반행위가 해상에서 발생되는 것뿐만 아니라 해상에서 발생되어 육상으로 이어지는 범죄행위를 의미하고, 한 걸음 나아가 해양에 영향을 미치는 범죄라고 할 수 있다.[1] 결론적으로 앞에서의 해상이라는 용어보다는 해양[2]이라는 용어가 더 적절한 표현으로 생각된다. 왜냐하면 해상(海上)이란 '바다의 위'를 의미하는데, 해양에서의 범죄가 반드시 바다의 위에서 발생하는 것이 아니고, 수중에서도 발생할 수 있다는 점에서 바다 위와 밑을 모두 포괄할 수 있는 해양범죄라는 용어가 적절한 것으로 생각된다.[3] 해양범죄란 공간적으로 해양에서 발생한 법위반행위와 해양에서 발생하여 육지로 이어지는 범죄행위, 그리고 해양에 영향을 미치는 범죄라고 정의내릴 수 있

1) 이에 대한 논리는 일본 해상보안청, 「범죄수사규범」 제2조 제9호(해상범죄): 해상에 있어서 행해지는 또는 시작되는 또는 해상에 영향을 미치는 범죄로 규정하고 있다.
2) 해양(海洋)의 사전적 의미는 '넓고 큰 바다'를 의미한다.
3) 노호래, "해양범죄의 유형분석과 대응방안," 한국공안행정학회보 제42호, 2011, pp. 15-16.

고, 국내관할권 외에서 발생하는 해상테러와 해적행위는 해양에서 발생한다는 점에서 해양범죄에 포함된다고 생각된다.

2. 해양범죄의 특성

해양범죄의 특성은 격리 · 소외성, 광할 · 위험성, 수용 · 자정성, 선박이용성, 행정법범 비중성이 있고,[4] 송창훈은 해양범죄의 특징은 범죄 규모의 대형화, 국제화, 고립성을 가지고 있다[5]고 하며, 송일종은 국제해양범죄의 특징을 조직성, 광역성, 전문성과 지능성, 파급효과 및 사회 문제성이 있다[6]고 하며, 김현은 앞의 특성을 대부분 인정하고 있다[7]고 한다. 이러한 의견을 종합하여 해양범죄의 특징을 정리하면 아래와 같다.[8]

1) 범죄규모의 대형화

범죄규모의 대형화를 설명할 수 있는 예로는 법적 의무위반으로 선박 충돌사고가 발생한 경우 인명과 재산의 피해가 크다. 충돌로 인한 오염사고의 경우 그 범위가 방대하고 사고 후 원상회복이 거의 불가능에 가까울 정도로 미치는 영향이 심대하다고 할 수 있다. 해양오염의 심각성을 보여주는 사례로는 엑슨 발데즈호사건[9]이 있고, 우리나라의 해양오염사고로는 씨프린스호 사고[10]와 삼성－허베이 스피리트

4) 전국9대학 해양경찰학과 교수 · 해양경비안전교육원(2016). 「해양경찰학개론」, pp. 340－341.

5) 송창훈(2008). "해양경찰의 중요범죄 정의와 기대효과에 관한 연구－ 5대 범죄를 중심으로," 한국방송대학교 석사학위논문. pp. 33－34.

6) 송일종(2009). "국제해양범죄 실태와 대응력 강화방안에 관한 연구－해양경찰을 중심으로," 인하대학교 행정대학원 석사학위논문, pp. 33－35.

7) 김현(2005). "한국해양경찰의 기능의 재정립에 관한 연구," 전남대학교 박사학위논문, pp. 67.

8) 노호래, 전게서, pp. 18－22.

9) 1989년 3월 24일 미국 알래스카의 프린스 윌리암 만(Prince William Sound) 북방에 있는 블라이암초(Bligh Reef)에 좌초된 후, 거대한 기름 유출과 해안선 오염의 범위, 높은 야생동물 사망률은 전례가 없었으며, 이후 14년 이상 동안의 생태학적인 영향에 관한 평가가 실시되었다. 이 사고로 유출된 42,000kℓ의 원유는 1,990km에 달하는 해안선을 오염시켰으며, 기름이 켄나이(Kenai)반도와 코디악(Kodiak)군도, 알래스카 반도를 따라 남서쪽으로 750km이상까지 퍼졌다. 100마리의 조류와 2,500마리의 해달, 200만 마리의 해양생물이 죽었으며, 어패류의 피해는 측정이 불가능하다(사이언스, 2003. 12. 19.).

10) 우리나라에서도 1995년 태풍으로 전남 여수 해안가에서 좌초한 씨프린스호는 모두 5,035톤에 이르는 기름 유출로 청정해역이었던 여수 앞바다는 생태계가 파괴된 죽음의 바다로 변했다. 기름띠는

원유 유출사고[11]가 있다.

2) 범죄의 국제화

해상에서 발생하는 범죄 자체가 여러 국가에 걸쳐 있는 경우가 대부분이며, 범죄의 해결 또한 관련 국가들과의 국제적인 공조를 통하여야만 해결이 가능한 경우가 많다는 것이다. 이는 선박의 특성상 국제간을 운항하며 적화를 실어 나르기 때문이며, 그 배를 운용하는 종사자 역시 여러 나라 사람들로 구성되어 있어 언어의 장애, 국가간 풍습에서 오는 제문제 등으로 많은 사건이 발생하기도 한다는 것이다. 그리고 사건이 종종 국가간 외교분쟁으로 비화되기도 한다.[12]

3) 고립성

망망대해 고립무원의 상태에서 반복적이고도 지속적으로 자행될 수 있다. 즉 다양한 부류의 사람들이 좁은 공간에서 생활하면서 상호 충돌시 당해 항해가 종료된 부두에 입항시 까지는 그 어떤 외부로 부터의 지원이나 구호의 손길을 받을 수 없

포항까지 퍼져나갔고, 방제비만 220억원, 어장과 양식정 피해액은 730억원에 달했다.

11) 삼성－허베이 스피리트 원유 유출 사고는 2007년 12월 7일 충청남도 태안군 앞바다에서 홍콩 선적의 유조선 '허베이 스피리트'(중국어: 河北精神號, Hebei Spirit)와 삼성물산 소속의 '삼성 1호'가 충돌하면서 유조선 탱크에 있던 총 12,547킬로리터(78,918배럴)의 원유가 태안 인근 해역으로 유출한 사고이다. 기름유출로 인한 피해는 바닷물이 혼탁해지고 용존 산소량이 줄어들면서 인근 양식장의 어패류가 대량으로 폐사했다.

12) 2007년 5월 12일 오전 4시 5분경(한국시간) 중국 다롄(大連) 남동방 38마일 해상에서 제주 선적 화물선 골든로즈호(3,849톤급)가 중국 컨테이너선 진성(金盛)호(4,822톤급)와 충돌한 뒤 침몰했다. 그러나 진성호는 사고 후 별다른 구호조치를 취하지 않고 현장을 떠나 자력으로 다롄항에 입항했으며, 사고 발생 7시간만인 같은 날 오전 11시가 돼서야 중국 옌타이(煙臺)시 해사국에 사고 발생사실을 신고한 것으로 전해졌다. 사고 해역은 다롄항으로부터 불과 38마일 떨어진 곳이어서 구조선박이 2시간이면 도달할 수 있고, 진성호가 신속히 신고를 했더라면 실종자 구조 가능성이 그만큼 높아졌을 것이기 때문이다. 게다가 진성호는 출동 사고로 뱃머리 부분만 약간 파손됐을 정도의 경미한 피해를 봤고 선원들도 전원 무사한 것으로 전해져, 국제협약과 관례를 무시한 비인도적인 행위였다는 비난이 높아지고 있다(연합뉴스, 2007. 5. 13.).
UN해양법협약 제98조에는 충돌 후 상대 선박, 선원, 승객에 대해 지원을 제공하도록 명시돼 있다. 또한 국제해사기구(IMO)의 SOLAS(Safety of Life at Sea)협약과 SAR(Search and Rescue)협약은 해상에서 구조를 제공할 수 있는 선박은 조난선박을 구조하기 위해 전속력으로 사고해역으로 항해해야 하며 수색구조기관에도 신속히 연락을 취하도록 규정하고 있다. 이에 따라 중국은 IMO가입국이기 때문에 구조임무를 다하지 않은 중국선박에 대해 중국 국내법으로 처벌할 수 있다.

을 뿐만 아니라 지속적이고도 반복적으로 피해를 당할 수 있다는 사실이다. 이는 고귀한 생명 11명을 무참히 살해한 1999년 원양어선 「페스카마호 선상 살인사건[13)]」에서 알 수 있다.

4) 조직성

국제해양범죄는 조직성을 띄는 경우가 많다. 해상과 관련된 국제 해양범죄 조직원의 활동은 어느 한 국가의 영토적 범위를 한계로 활동하는 경우도 있으나 대부분 어느 일정한 국가나 또는 수개국의 영역을 넘나들면서 조직적으로 범죄행위를 수행하고 있다. 사회적으로 문제된 대부분의 사건이 국내·외 범죄조직이 연계되어 있다. 이와 같이 대부분 투자에 비해 월등히 많은 불법자금을 확보하기 위해 조직적으로 움직이는 경향이 있다. 그 예[14)]는 부산에서의 권총살해사건과 여수 태창호 밀입국 사건을 들 수 있다.

5) 광역성

해양은 매우 넓고 광활하여 정체되지 않고 부단히 유동적이고 바람과 파도에 의한 변화가 심하고 조류의 흐름에 따라 해양은 지속적으로 움직이고 있다. 우리나라의 관할해역의 면적이 447,000km^{2}로서 국토면적의 4.5배에 달하고 있다. 해상 또는 항·포구에서 범죄가 발생한 경우 현장에 도착하는 시간이 지연되거나 현장을 발견·보존하는 것도 거의 불가능한 측면이 있다. 따라서 관할권내의 해상에서 국제해양범죄가 발생했을 때 범인을 검거하거나 구인하기가 용이하지 않을 뿐만 아니라 전국 주요항만이나 육지와 원거리인 도서, 낙도 등지에서 발생한 범죄도 이와 마찬가지로 자연적인 제약으로 검거에 한계가 있다.

---

13) 1996년 남태평양 해상에서 참치잡이 조업에 나간 원양어선에서 조선족 선원들이 한국인 선원 7명과 조선족 1명, 인도네시아 선원 3명 등 총 11명을 살해하여 수장한 충격적인 참사를 일으켰다.

14) 부산 권총살인사건은 러시아 마피아 소속의 조직원이 수산물 이권을 목적으로 특정조직의 두목을 부산 소재 아파트에서 권총으로 살해하고 러시아로 도주한 사건이고, 여수 태창호 밀입국사건(2001. 10. 8.)은 한·중 알선조직이 연계되어 알선료를 받고 중국인들을 여수로 밀입국시키기 위해 항해 중 안강망어선 어창에 숨어 있던 밀입국자 25명이 질식 사망하자 해상에 사체를 유기시키고 도주하다 검거된 사건이다. 태창호(75톤, 여수 안강망어선) 사건은 중국인 60명이 밀입국도중 어창에 숨어 있던 25명이 질식사망하자 선원 8명이 약 30분에 걸쳐 해상에 사체를 유기시킨 사건으로 사체 12구를 인양하여 중국당국에 인계하였다.

6) 전문성과 지능성

조직범죄자들은 우연한 기회를 틈타 범죄를 저지르는 것이 아니라 사전에 치밀한 계획과 그 범죄행위에 대한 전문지식을 가지고 지능적으로 움직이면서 국내·외의 관계당국의 단속망을 피해가며 범행에 가담하거나 공모관계를 유지하고 있다. 특히 해상과 관련된 밀수의 경우는 비교적 전문적이고 지능적인 성격이 다른 범죄에 비해 강하다고 볼 수 있다. 관세포탈과 해당국가의 통제를 회피하려면 어떤 국가에서 수출입을 금지·제한하고 있는 물품이 무엇인가?, 내·외국의 물가사정과 그 물품에 대한 관세율은 얼마인가?, 외국에서의 물품구입은 어떠한 방법으로 할 것인가? 등을 알기 위해서는 국내·외적으로 광범위한 조직을 가지고 있어야 한다. 또한 국가간의 물품이동을 규제하고 있는 관세법규에 대한 지식은 물론이고, 국제거래에서 상품에 대한 전문지식을 가지고 있어야 하므로 밀수사범은 경제사범 중에서도 가장 전문적이고 지능적인 특성을 가지고 있다.

7) 파급효과와 사회문제성

해상에서의 선박을 통한 범죄행위는 단일사건이더라도 대형사건으로 발전할 수 있는 특징을 가지고 있다.[15] 해상에서 검거된 밀입국 사범은 발생건수에 비해 검거인원은 대규모이기도 하고, 사건 건수는 얼마 되지 않더라도 선박의 수송능력 등을 감안하면 그 파급효과는 전국적으로 영향을 미칠 수 있다. 밀입국자가 상륙하여 도주하였을 경우 사회적으로 이목을 집중되는 경향이 있다. 한 척의 선박으로 다수의 밀입국자들이 불법입국하면, 결국 전국적으로 불법 체류자가 확산될 수 있다. 즉 하나의 범죄가 양적으로 확대되고 지속적으로 연계되어 범죄가 계속 순환되는 상황을 만들어 내고 있다. 이러한 전국적인 파급효과를 차단하려면 주요항만 등 외사 취약요소에 대한 첩보수집활동은 물론 대국민 신고권장과 함께 단속활동을 강화해 나가야 할 것이다.

8) 선박이용성

해상은 육지와 많은 면에서 다르지만 특히 인간이 해상에서 정주하지 않는다는 것만으로도 큰 차이가 있다. 인간이 해양을 이용하려면 선박을 이용하여야 하고,

15) 부연하면 해상에서 검거된 밀입국사범은 1994년 4건에 95명이고, 2000년에는 33건에 1,544명, 2006년 7건에 67명, 2007년 8건에 166명이 검거되었다. 이는 범죄발생건수에 비교하여 검거인원이 많음을 알 수 있다.

선박 등의 사용을 전제하지 않는 해양이용은 거의 불가능하며, 해상에서 자행되는 불법행위는 모두 선박을 수단으로 이용하여 발생하고 있다. 예를 들면 불법어업활동, 밀입국, 밀수 등도 모두 선박을 이용하여 이루어지고 있으며, 해양범죄자들이 선박을 선호하는 이유는 선박이 가지고 있는 비용의 저렴성과 대규모의 운반능력, 그리고 기상특보 시의 연안해안선 경비의 공백상태를 이용하고자 하는 범죄자들의 심리가 반영되어 있다.

9) 진행성

해양범죄는 진행성을 가지고 있다.[16] 해양에서의 범죄는 범죄행위가 종결되지 못하고 진행되는 과정에 있는 것이 대부분이다. 해상은 인간이 상주하는 공간이 아니기 때문에 수단적으로 진행하는 과정에 불과할 뿐 실질적으로 범죄가 완성되는 것이 아니다. 예외적으로 선상 살인사건이나 선상 강도사건들은 선상에서 범죄행위가 완성되어 가는 과정에 있다고 볼 수 있다. 밀입국사범이나 밀수사범에 이용되는 선박이 최소한 영해나 접속수역에 들어와야 「출입국관리법」, 「관세법」 적용이 가능하게 된다. 영해와 접속수역을 제외한 공해상에서 적용될 수 있는 국내법은 배타적 경제수역, 대륙붕 관련 법령 이외 적용 가능한 법령이 거의 없다.

10) 국제법 적용

해양범죄는 공해상에서는 국내법이 적용이 거의 되지 않기 때문에 국제법을 적용하는 경우가 많다. 어업에 대해서는 「한·중 어업협정」, 「한·일 어업협정」이 있고, 노예수송 등 「UN 해양법 협약」에서 연안국이 개입할 수 있는 근거규정이 있다.

11) 행정법범(특별법범) 비중 높음

해양범죄는 형법범보다는 행정법범의 비중이 높다. 수사기능이 약화되었던 2016－2017년 최근 2년 동안의 범죄발생 동향을 살펴보면 2016년 총범죄 건수는 30, 415건(형법범 5,435건, 특별법범 24, 980건)이었고, 2017년에는 총범죄 건수 26,215건(형법범 3,301건, 특별법범 22,914건)이었다. 수사인력이 정상화되어 있던 2013년의 경우 총범죄건수 51,441건(형법범 11,628건, 특별법범 39,813건)이었다. 형법범이 23%, 특별법범이 77%이었다.[17]

16) 해양경찰청(2006). 「해양경찰백서」, p. 33.

17) 해양경찰청(2018). 「해양경찰백서」, pp. 187－188.

12) 증거 확보의 곤란성

바다는 외부로부터 들어오는 오염물질 등을 그대로 받아들이고 이를 스스로 깨끗하게 처리하는 자정능력이 있어서 범죄의 증거 확보가 어렵게 만든다. 이러한 해양의 수용·자정성은 일반적 과학수사 기법과 다른 해양만의 특성화된 과학수사기법의 개발과 전문적인 수사교육이 필요하다. 해양범죄는 대부분의 범죄행위가 광활한 해상에서 발생하기 때문에 지문이나 족적, 유류품 등 범죄현장을 보존하기가 불가능하고 목격자도 거의 없는 등 육지에서의 범죄와는 다른 특성을 가지고 있다.

Ⅲ. 해양범죄의 수사기관

1. 수사기관의 의의

수사기관이란 법률상 수사의 권한이 인정된 국가기관을 말한다. 범죄수사는 기동성과 신속성이 요구되므로 다수의 수사 인력과 전국적 수사조직이 필요하다. 현행법상 수사기관으로서는 검사와 사법경찰관리가 있다. 해양범죄의 수사기관은 일반사법경찰관리와 특별사법경찰관리로 구분된다. 해양범죄에 대한 일반사법경찰관리에는 해양경찰청 소속 경찰공무원과 검사가 있고, 특별사법경찰관리에는 세관공무원, 어업감독공무원, 선장과 해원, 선원근로감독관, 등대에서 근무하는 국가공무원 등이 있다.

2. 수사기관의 종류

1) 검사

과거 검사는 "범죄의 혐의 있다고 사료하는 때에는 범인, 범죄사실과 증거를 직접 수사하거나 사법경찰관리에 대한 지휘권을 이용하여 수사한다"로 되어 있었다. 그러나 2020년 2월 4일에 「형사소송법」이 개정되어 "검사와 사법경찰관은 수사, 공소제기 및 공소유지에 관하여 서로 협력하여야 한다(제195조)," "검사는 범죄의 혐의가 있다고 사료하는 때에는 범인, 범죄사실과 증거를 수사한다(제196조)"로 변경되었다.

2) 사법경찰관리

(1) 일반사법경찰관리

일반사법경찰관리는 원칙적으로 모든 수사의 직무를 행할 수 있다. 일반사법경찰관리 중 수사관·경무관·총경·경정·경감·경위는 사법경찰관으로서 범죄의 혐의가 있다고 인식하는 때에는 범인, 범죄사실과 증거에 관하여 수사를 개시·진행하여야 하고, 경사·경장·순경은 사법경찰리로서 수사의 보조를 하여야 한다. 해양경찰청 소속 경찰공무원은 일반사법경찰관리에 해당된다.

(2) 특별사법경찰관리

특별사법경찰관리는 「사법경찰관리의 직무를 행할 자와 그 직무범위에 관한 법률」에 정한 바에 따라 산림·해사·세무·철도·군 수사기관 및 기타 특별한 사항에 관하여 사법경찰관리의 직무를 행하는 자를 말한다. 이러한 특별사법경찰관리는 특정지역 또는 특수분야의 수사를 담당하는 사법경찰관리여서 그 권한의 범위가 지역적, 사항적으로 제한되어 있다는 점을 제외하고는, 일정한 직무가 자신의 권한에 속한 이상 일반사법경찰관리와 동일한 권한과 지위를 갖는다.

① 세관공무원

세관공무원은 「관세법」 제295조에 따라 관세범에 관하여 「사법경찰관리의 직무를 수행할 자와 그 직무범위에 관한 법률」에서 정하는 바에 따라 사법경찰관리의 직무를 수행한다. 즉 「관세사법」, 「수출용 원재료에 대한 관세 등 환급에 관한 특례법」, 「자유무역협정의 이행을 위한 관세법의 특례에 관한 법률」, 「자유무역지역의 지정 및 운영에 관한 법률」, 「대한민국과 아메리카합중국 간의 상호방위조약 제4조에 의한 시설과 구역 및 대한민국에서의 합중국군대의 지위에 관한 협정의 실시에 따른 관세법 등의 임시특례에 관한 법률」 등과 관련하여 사법경찰권을 행사한다.

② 어업감독공무원

어업감독공무원은 특별사법경찰관리로서 관할구역에서 발생하는 「수산업법」에 규정된 범죄, 「어업자원보호법」에 규정된 범죄 및 「수산자원관리법」에 규정된 범죄, 「어선법」에 규정된 범죄 및 「내수면어업법」에 규정된 범죄에 대하여 범죄수사권한이 있다.

③ 해군함정의 승무장교, 사병 등

해군함정의 승무장교, 사병 기타 대통령령으로 정하는 공무원은 「어업자원보호법」

제4조에 의해 사법경찰관리의 직무를 수행하므로 「어업자원보호법」에 규정된 관할 수역을 위반한 경우 범죄수사권한이 있다.

④ 선장과 해원

선장과 해원은 「사법경찰관리의 직무를 수행할 자와 그 직무범위에 관한 법률」 제7조에 의하여 특별사법경찰관리로 인정된다. 해선(총톤수 20톤 이상 또는 적석수 2백석 이상의 것)안에서 발생하는 범죄에 관하여는 선장은 사법경찰관의 직무를, 사무장 또는 갑판부, 기관부, 사무부의 해원 중 선장의 지명을 받은 자는 사법경찰리의 직무를 수행한다.

⑤ 선원근로감독관

선원근로감독관은 「사법경찰관리의 직무를 행할 자와 그 직무범위에 관한 법률」이 정하는 바에 의하여 사법경찰관의 직무를 행한다. 선원법·근로기준법 그밖의 선원근로관계법령에 의한 서류의 제출·심문이나 신문 등 수사는 오로지 검사와 선원근로감독관이 행한다.

⑥ 등대에서 근무하는 국가공무원

등대에서 근무하는 국가공무원은 등대에서 근무하며 등대 사무에 종사하는 6급부터 9급까지의 국가공무원은 「사법경찰관리의 직무를 수행할 자와 그 직무범위에 관한 법률」 제5조에 의해 검사장의 지명에 의한 특별사법경찰관리이다. 이 중 7급이상은 사법경찰관의 직무를 수행하고, 8급과 9급은 사법경찰관리의 직무를 수행한다.

⑦ 해양수산부와 그 소속 기관, 광역시·도 및 시·군·구에 근무하며 해양환경 관련 단속 사무에 종사하는 4급부터 9급까지의 국가공무원 및 지방공무원

「해양환경관리법」, 「해양생태계의 보전 및 관리에 관한 법률」, 「공유수면 관리 및 매립에 관한 법률」, 「습지보전법」, 「무인도서의 보전 및 관리에 관한 법률」, 「해양심층수의 개발 및 관리에 관한 법률」, 「선박의 입항 및 출항 등에 관한 법률」(제38조만 해당), 「어촌·어항법」(제45조만 해당), 「항만법」(제22조만 해당)을 위반한 경우의 사법경찰권을 행사한다.

3. 수사기관 상호 간의 관계

1) 검사와 사법경찰관리와의 관계

2011년 「형사소송법」이 개정되면서 사법경찰관에게 수사 개시 및 진행권을 부여하게 되었고, 「검찰청법」 제53조 복종의무가 삭제되면서 사법경찰관과 검사의 관계가 재설정되는 전기를 마련하게 되었다. 2020년 「형사소송법」이 개정되어 "제195조 ① 검사와 사법경찰관은 수사, 공소제기 및 공소유지에 관하여 서로 협력하여야 한다, ② 제1항에 따른 수사를 위하여 준수하여야 하는 일반적 수사준칙에 관한 사항은 대통령령으로 정한다"고 규정하여 상호협력관계로 변화되었다. 다만, 수사진행의 핵심인 영장청구는 오직 검사만이 할 수 있도록 규정하고 있다(헌법 제12조 제3항).

2) 사법경찰관리 상호 간의 관계

(1) 사법경찰관리의 상호협력

사법경찰관리는 수사에 필요한 경우에는 다른 사법경찰관리에게 피의자의 체포·출석요구·조사·호송, 압수·수색·검증, 참고인의 출석요구·조사 등 그 밖의 필요한 조치에 대한 협력을 요청할 수 있다. 이 경우 요청을 받은 사법경찰관리는 정당한 이유가 없으면 이에 적극 협조해야 한다(해양경찰 수사규칙 제8조 제1항).

(2) 일반사법경찰관리와 특별사법경찰관리 간의 관계

일반사법경찰관리는 수사를 함에 있어 그 범위의 제한을 받지 않기 때문에 법에서 특별히 규정하고 있지 않는 한 법리적으로 특별사법경찰관리가 담당하는 개별행정영역에서 수사가 가능하다.

다만, 사법경찰관리는 수사에 필요한 경우에는 「형사소송법」 제245조의10에 따른 특별사법경찰관리와 긴밀히 협력해야 한다. 이 경우 협력의 구체적인 내용·범위 및 방법 등은 상호 협의하여 정한다(해양경찰 수사규칙 제8조 제2항).

Ⅳ. 수사 기초이론

1. 범죄 수사의 개념

1) 형식적 의의

형식적 의의의 수사는 수사를 하는 과정에서 '어떤 수단과 방법을 선택할 것인가?'에 해당하는 절차적 측면의 것으로 합법성이 요구되고 「형사소송법」의 절차적 이념인 인권보장과 공공복리의 조화를 추구한다.

2) 실질적 의의

실질적 의의의 수사는 '범인은 누구인가?, 범행의 동기는 무엇인가?, 범행의 수단과 방법은 무엇이며 수사로 무엇을 명백히 할 것인가?'를 밝히는 것이다. 따라서 실질적 의미의 수사는 합리성이 요구되며 「형사소송법」의 실질적 이념인 실체적 진실발견을 추구한다.

- 형식적 의의 - 절차적 측면 - 수사의 수단과 방법 - 인권보장과 공공복리 - 합법성
- 실질적 의의 - 실체적 측면 - 범죄의 실체 해명 - 실체적 진실발견 - 합리성

2. 수사와 다른 행정행위의 구별

1) 일반경찰상의 행위와의 구별

범죄수사는 이미 발생한 범죄를 진압할 목적으로 행하는 것으로 범죄예방과 사회질서유지를 주요임무로 하는 일반(예방) 경찰상의 행위와 구별된다.

2) 행정기관의 조사행위와의 구별

행정기관의 조사행위는 행정목적의 수행을 위한 행위임에 비해 범죄수사는 범죄행위를 밝혀 공소제기 여부를 결정함을 목적으로 한다.

3) 공소제기 · 재판 등과의 구별

범죄수사도 공소제기나 재판 등과 같이 형사소송절차의 성질을 내포하고 있으나 순수한 소송절차보다는 법률적 색채가 약하며 합목적성이 강조된다.

3. 수사의 대상

수사의 대상이란 범죄수사를 통하여 명확하게 해야 할 것, 즉 범죄의 실체적 측면을 의미한다. 수사의 대상인 실체적 측면은 사실적 실체와 법률적 실체로 나뉘어진다.

과거의 범행을 재현하기 위해서는 수사요소의 충족, 행위의 필연성 및 사건의 형태성이 중요하므로 수사를 할 때에는 항상 이 세 가지의 사실적 실체를 잘 검토하여야 한다. 그렇다고 하여 수사의 법률적 실체를 무시해서는 안 된다. 그 행위가 현행의 형벌규정에 비추어 범죄의 성립요건을 충족하는지 여부를 평가하고 확인해야 하기 때문이다.

1) 수사의 사실적 실체

(1) 수사요소의 충족

범죄의 사실적 내용을 밝히기 위해서는 범죄행위를 구체적으로 설명할 수 있는 수사요소(4하 원칙, 6하 원칙, 8하 원칙)가 충족되어야 한다. 수사요소는 일반적으로 6하 원칙이 적용된다.

(2) 행위의 필연성

범행이 관념적으로 재현되려면 충족된 수사요소는 현실성을 가져야 하며 이를 위해 그 범행이 일어나지 않으면 안 되었던 조건, 즉 행위의 필연성을 묘사해야 한다.

(3) 사건의 형태성

사건의 형태성이란 검출된 각종의 수사 자료를 질서 있게 전체적으로 집약하여 사건의 전모를 밝혀내는 것을 말한다.

2) 수사의 법률적 실체

수사의 법률적 실체는 그 행위가 형벌법규에 비추어 범죄의 성립요건을 충족하는지 검토하는 것으로 구성요건해당성, 위법성, 책임, 가벌성 및 소송조건 등을 평가·확인하는 것을 말한다. 수사의 대상을 요약·정리하면 아래와 같다.

<table>
<tr><td>수사의
사실적 내용</td><td>① 수사요소의 파악
(4하, 6하, 8하 원칙)
② 행위의 필연성
③ 사건의 형태성</td><td rowspan="2">※ 수사요소의 파악
1) 4하 원칙
① 주체(누가) ② 일시(언제)
③ 장소(어디서) ④ 행동 결과(무엇을 했나)
2) 6하 원칙
4하 원칙에 두 가지 추가
⑤ 동기(왜)
⑥ 수단, 방법(무엇으로, 어떻게 해서)
3) 8하 원칙
6하 원칙에 두 가지 추가
⑦ 공범(누구와) ⑧ 객체(누구를)</td></tr>
<tr><td>수사의
법률적 내용</td><td>① 구성요건 해당성 여부
② 위법성 여부
③ 책임 여부
④ 가벌성 여부
⑤ 소송조건</td></tr>
</table>

4. 수사의 성질

1) 형사절차의 일환

범죄수사는 국가의 형벌권 행사를 목적으로 수행되는 형사사법절차의 일환이다. 범죄의 발생 → 범죄수사 → 공소의 제기·유지 → 재판 → 형 집행 등과 같은 형사사법시스템 속에서 범죄수사는 형사사법절차에 본격적으로 진입하는 첫 단계의 절차이다.

2) 범죄사실의 진상을 탐지하는 활동

범죄수사는 범죄사실의 진상을 탐지·규명하여 그 범죄사실에 적정한 형벌법령을 적용하는 활동이다. 공공의 안전을 지키기 위해서는 수사를 통하여 과거의 범죄사실을 재구성함으로써 그 범죄사실에 적합한 형벌법령을 적용해야 한다.

3) 심증형성을 지향하는 활동

수사관은 범죄수사를 통하여 피의자가 진범임을 확신할 수 있도록 범죄의 사실적 실체를 구체적으로 밝혀야 한다. 이를 통하여 수사관 자신은 물론이고 검사나 판사가 심증을 형성할 수 있도록 모든 준비를 다하여야 한다. 범죄사건에 대한 최종 판단은 결국 형사사법절차의 궁극적 주재자이며 인권보장의 최후의 보루인 법관의 심증에 의하여 결정되기 때문이다.

4) 유죄판결을 지향하는 활동

수사의 궁극적 목적은 당해 범죄자를 처벌하기 위함이다. 즉, 범인에게 유죄판결을 받도록 하는데 그 목적이 있다. 수사관이나 수사기관이 특정한 사람에 대해 주관적 범죄혐의를 둘 경우, 그에 따른 범죄사실의 규명과 증거의 수집 및 보존활동을 통하여 주관적 범죄혐의를 객관적 범죄혐의로 발전시켜 유죄판결을 받을 수 있도록 해야 한다.

5) 하강과정과 상승과정의 연속

수사는 수사관, 검사·판사의 심증형성을 위하여 하강과정과 상승과정을 반복하는 활동이다.[18] 하강과정이란 수사관 또는 검사(수사관으로서의 검사)가 파악한 범죄사실의 진상에 관하여 스스로 확신을 갖기 위한 심증형성과정이고, 상승과정이란 형사절차의 발전단계에 따라 검사(공소관으로서의 검사)와 판사로 하여금 수사관의 진상판단에 대하여 동일한 확신을 갖도록 하기 위한 심증형성과정이다. 수사는 대체적으로 하강과정을 거쳐 상승과정의 순서로 발전하나 반드시 고정되어 있는 것은 아니다.

6) 진실발견을 위한 창조적 활동

수사는 진실의 발견을 위하여 미지의 사실에서 자료를 수집하여 범죄사실을 재구성해 나가는 창조적 활동이다. 형사사건은 개개 사건의 성격에 따라 진실의 발견이 비교적 용이한 경우가 있는가 하면, 어떠한 수사 자료도 없어 그 실마리조차 파악할 수 없는 경우도 있다. 이러한 경우 수사관들은 치밀한 현장관찰, 성실한 탐문, 감별수사, 수법수사 및 과학수사를 통한 창조적 수사 활동을 통하여 실체적 진실에 접근하도록 노력해야 한다.

18) 김충남(2006). 경찰수사론, 박영사, p. 6.

5. 범죄 징표

1) 의의와 기능

(1) 의의

범죄의 징표(徵表)란 범죄에 수반하여 나타나는 내적·외적 현상을 말한다. 수사의 대상이 되는 범죄 징표는 수사 자료로 될 수 있는 것이어야 하며, 수사수단에 의해서 수집되어야 한다. 수사수단에 의해서 수집되는 범죄의 징표는 주로 외적으로 표현되는 징표인 바, 이 외적 징표를 범죄의 흔적이라고 말한다.

(2) 기능

범인과 범죄사실의 발견을 위한 수사 자료로서의 기능이 범죄 징표의 기능이다. 이러한 범죄 징표는 주로 범인·범죄일시·범행 장소·물건 등 수사의 요소를 확정하는데 이용된다. 범죄 징표의 형태에 따라 수사방식의 형태가 결정되며 구체적인 수사방침의 수립을 용이하게 한다.

2) 형태

범죄는 사회와 자연환경 속에서의 인간행동이기 때문에 범죄 징표는 범행 시 범인이 관계한 여러 가지 대상에서 찾을 수 있다. 그 구별 기준에 따라 유형적 징표와 무형적 징표(예 심리적·사회적 징표) 또는 직접적 징표와 간접적 징표(예 사람의 기억을 진술에 의하여 간접적으로 듣는 것)로 나눌 수 있다. 범죄 징표의 형태로 중요한 것은 다음과 같다.[19]

(1) 범인의 생물학적 특징에 의한 범죄 징표(20 간부)

인간은 생물학적 존재이므로 각자 개인별 신체적 특징을 가지고 있어서 그것을 정확하게 측정한다면 동일성 여부를 가려낼 수 있다. 수사상 이용되는 징표로는 인상·지문·혈액형·기타의 신체특징이 있다.

① 인상

사회생활에서 개인을 식별할 경우 성명과 인상(physiognomy)으로 식별하는 경우가 제일 많다. 성명은 속이기 쉽지만 인상은 생물학적 특징이므로 완전한 성형수술

19) 경찰대학(2004). 경찰수사론, 경찰공제회, pp. 15－24.

이나 변장을 하기 전에는 쉽게 변경할 수 없다. 피의자의 인상, 즉 얼굴·안색·머리 모양·머리 색깔·눈·눈썹·콧날·귀·수염·입·입술 등 사람의 특징을 수사상 피의자 수배의 필수적인 부분으로 포함시키거나 범죄수법자료로 많이 이용하고 있다.

② 지문

지문(fingerprint)은 사람마다 다르고(만인부동-萬人不同), 일생동안 결코 변하지 않는다(종생불변-終生不變). 이러한 지문의 특성 때문에 개인 식별에 있어서 가장 효과적이고 정확한 방법으로 적극적으로 동일인임을 증명하는데 이용된다.

③ DNA지문

유전자는 일정한 염기(鹽基) 배열구조를 하고 있는 데, 특정부위가 사람마다 다르기 때문에 DNA지문(DNA Fingerprint)이라는 용어를 사용하고 있다. 유전자는 극도로 개인차가 심하여 일란성 쌍둥이를 제외하고는 모든 사람에게서 검출된 패턴이 완전히 다르기 때문에 지금까지는 개인 식별의 가장 정확한 방법으로 알려지고 있다. 유전자지문은 혈흔·타액·정액·모발·기타 장기조직에서 채취할 수 있다. 최근에는 성폭력범이나 연쇄 성폭행범을 범인이 버린 담배꽁초나 피해자의 의류나 질 분비물에 남겨진 범인의 정액에서 추출한 DNA로 많이 검거한 바 있다.[20)]

④ 혈액형

혈액형만으로 개인의 동일성을 적극적으로 증명할 수는 없으나 혈액형이 다른 경우 소극적으로 동일인이 아니라는 것을 증명할 수 있다. 현재 우리나라는 A형, B형, AB형, O형의 ABO식 분류법(A, B, AB, O형의 4개형)과 MN식(M, N, MN형 3개형), Rh식(C, c, D, E, e형의 5개형)의 분류법을 사용하고 있다.

⑤ 기타

기타 신체적 특징으로 신체의 불구, 모발의 특징, 치아와 귀의 형태, 음성, 동작 등도 개인 식별의 유력한 단서가 될 수 있다.

(2) 범인의 심리적 특징에 의한 범죄 징표(20 간부)

인간의 표정과 외적 행동에는 인간의 심리가 반영되어 흔적을 남기게 된다. 인간 심리에 관한 지식은 범죄자에게도 적용되므로 범죄 징표의 발견은 물론 진술·도주·증거인멸·위장 등의 심리를 포착하여 수사수단의 기술로 이용할 수 있다.

---

20) 전대양(2006). "연쇄강간범의 범행특징과 대응방안-일명 '발바리'사건을 중심으로-," 한국공안행정학회보 제24호 참조.

① 범죄자의 성격

사람의 언행·동작·수법 등에는 성격적 특징이 나타나므로 이에 의하여 범인을 특정할 수 있다. 범죄자의 성격은 가정환경, 교우관계, 교육정도, 직업관계, 집단관계 등의 수사 자료를 제공하여 주기 때문에 수사관의 추리를 용이하게 해준다. 인간의 성격은 지문이나 DNA지문처럼 고정불변의 것이 아니라 어느 정도 변동성이 있기 때문에 성격을 제대로 파악하기가 어렵다.

② 범죄자의 심리

정상심리 하에서 행하는 범죄에는 범행의 동기·결의·실행 및 실행 후에 각각 나타나는 징표가 있다.[21] 범행에는 필연코 원한·치정·이욕 등과 같은 범행동기를 수반한다. 일반적으로 범행 결의시 그 징표로 불안·초조·친지와 상담 등의 심리적 갈등이 나타나고 흉기나 도구의 준비, 현장 사전답사, 알리바이 공작 등 범죄 실행을 위한 준비를 하게 마련이다. 범행을 실행할 때 범인은 자신이 이미 알고 있거나 숙달된 범행방법을 자신도 모르게 활용하는 경향이 있다. 범행 후 범인은 보통 흥분과 긴장의 해소로 일시 안도감을 가지나 곧 후회와 체포에 대한 공포심 때문에 특수한 꿈, 잠꼬대, 피해자에 대한 죄책감, 친구나 친지 등에게 고백, 자살이나 자살 시도, 도주, 증거인멸 공작, 변명 준비 등을 행한다.

이상심리(abnormal psychology)[22]란 정신병자나 이상성격자가 범죄의 실행 전후에 보이는 이상행동을 말한다. 이상심리를 가진 자의 범행은 행동에 합리성과 일관성 및 필연성이 없기 때문에 수사관이 적절한 추리를 통하여 범죄자의 심리적 징표를 찾기가 쉽지 않다.

(3) 범인의 사회관계에 의한 범죄 징표(20 간부)

범죄는 인간의 사회적 행동이므로 범죄가 발생한 경우 반드시 사회관계와 관련된 범죄의 흔적을 남긴다. 인간은 독특한 사회적 지문을 갖고 있다. 사회적 지문은 사회적 연대관계, 즉 종적 사회관계와 횡적 사회관계로 이들에 의하여 개인을 특정할 수 있게 된다. 사회적 지문의 요소로는 성명, 가족, 주거, 경력(일반경력과 주거경력을 포함), 직업 등이 있다. 범인의 착의, 조발, 회화, 범행방법, 직업에 따른 특징 등으로 범인의 직업을 추정할 수 있다. 예를 들어, 범죄현장에 범인의 것으로 추정되는 옷에서 짧은 머리카락이 많이 발견되는 경우 범인의 직업은 이발사로 추정할 수 있는 것과 같다.

---

21) 경찰대학, 전게서, pp. 19－20.

22) 원호택·권석만(2008). 이상심리학 총론, 학지사, pp. 22－32.

(4) 자연현상에 의한 범죄 징표(20 간부)

인간은 자연 속의 생물체이고, 범인의 범행도 자연현상 속에서 발생하므로 수사관은 자연현상에 대한 광범위한 지식을 배양해야 한다.

① 일시의 확정

범죄일시는 범죄사실의 구성요소로써 범죄의 특정에 매우 중요하다. 일시의 확정은 살인사건, 방화사건, 알리바이에 다툼이 있는 사건 등 반증을 요하는 경우에 절대적으로 필요하다.

② 물건의 특정

범죄에는 흉기와 같은 범행수단 또는 도난품과 같은 피해물건 등 여러 물건이 관련되는데 범죄사실의 확정을 위해서는 이러한 물건의 특정이 필요하다. 물건의 특정은 그 물건의 구성성질을 과학적으로 확정하는 것과 그 물건의 동일성을 다른 유사한 물건과 식별하는 것을 그 본질로 하고 있다.

③ 물건의 이동

물건의 이동여부, 이동방법, 이동경로 등도 범죄 징표가 된다. 물건의 이동을 중심으로 하는 수사는 절도범수사나 장물수사이다.

(5) 문서에 의한 범죄 징표(20 간부)

문서범죄는 문서상에 범죄 징표로서의 범적을 남기게 되므로 이러한 범죄관계 문서의 특정은 범죄사실을 확정하는데 중요한 기능을 갖는다. 문서범죄 수사에는 특히 문서의 작성권자·작성절차·작성형식·결재권자·장부기입 등에 관한 광범위한 지식이 필요하다.

6. 수사의 수단과 수사자료

1) 수사의 수단

(1) 개념

수사수단이란 수사기관이 구체적인 사건의 해결을 위하여 필요한 수사 자료를 입수하는 방법을 말한다. 수사선(捜査線)이 추리의 연장선으로서 이론적인 분류라고 정의한다면, 수사수단은 자료를 어떻게 입수할 것인가 하는 실제적 문제인 동시에 경험적이고 기능적이며 임기응변적인 실행기술이라고 할 수 있다.[23)]

(2) 종류

① 듣는 수사

듣는 수사란 범죄를 직접 경험했거나 또는 타인의 경험을 전문(傳聞)한 자의 기억에 의존하는 수사수단으로 용의자조사, 참고인조사, 풍설의 탐문 등 사람에 대한 조사가 이에 해당된다.

② 보는 수사

보는 수사란 시각을 동원하여 현장 또는 물건의 형상과 이동에 따라 남겨진 수사 자료를 입수하는 수사수단으로 광의의 현장관찰이다. 장소의 관찰, 범죄현장에서 물건 입수 및 관찰, 물건의 수색·발견, 물건현상의 관찰, 감식조사 등이 보는 수사에 해당된다.

③ 추리수사

추리수사는 듣는 수사와 보는 수사의 보충적인 수사로 일련의 추리선(推理線)에 따라 수사 자료를 입수하는 수사수단이다. 수사수단에 의하여 입수되는 구체적인 사실로의 진술 또는 물건은 추리의 기점을 이룬다.

(3) 수사 방향

① 횡적수사

㉠ 의의: 횡적수사(橫的搜査)란 자료 수집을 위한 수사로 범행에 관련된 모든 자료의 발견과 수집을 목적으로 수사의 폭을 넓혀 가는 수사 활동이다.

㉡ 종류: 현장관찰, 탐문수사, 행적수사, 미행, 잠복, 수색, 감별수사 등이 있다.

㉢ 장·단점: 광범위한 자료수집으로 사건의 신중한 판단과 수사의 확실성을 기할 수 있으나, 많은 노력과 시간이 소요되어 비경제적이다.

② 종적수사

㉠ 의의: 종적수사(縱的搜査)는 범인을 발견하기 위하여 수집된 특정 자료의 성질, 특징 등을 면밀히 관찰하여 깊이 파고드는 수사 활동이다.

㉡ 종류: 유류품수사, 수법수사, 장물수사, 인상특징수사, 수배수사 등이 있다.

㉢ 장·단점: 특정 자료를 통한 집중적인 수사 활동으로 범인검거를 신속하게 할 수 있는 장점이 있는 반면에 한정된 자료만으로 판단을 잘못하여 수사를 그르칠 가능성이 있다.

---

23) 경찰종합학교(1983). 수사경찰 간부용, 신우인쇄주식회사, pp. 61–62.

2) 수사자료

(1) 의의와 특징

① 의의

수사 자료란 범인과 범죄사실을 명백히 하고 범죄와 범인과의 관계를 추리·판단·단정하기 위하여 수집되는 유형무형의 증거가치 있는 자료(협의의 수사자료)와 수사 활동에 도움이나 뒷받침이 되는 모든 자료(광의의 수사자료)를 말한다.[24)]

② 특징

수사 자료는 범죄수사의 주요 대상이다. 범죄수사는 궁극적으로 범죄의 사실적 내용 파악을 목적으로 하는 바, 이는 증거가치가 있는 수사 자료의 수집을 통하여 가능하기 때문이다.

수사 자료는 수사과정에서 범인 및 범죄사실을 명백히 하는데 이용되는 자료이다. 따라서 소송절차에서 증거자료(증언, 증거물)의 상태로 이용된다.

증거자료는 소송의 목적이 되는 특정한 구체적 사건의 처리에 필요한 한도로 그 수집 및 조사가 국한되나 수사 자료는 전에 일어난 사건은 물론 앞으로 일어날 사건의 해결을 위해서 평소에 수집하는 기초자료까지를 포함한다.

(2) 종 류(21 하반기)

수사 자료의 종류는 기초자료, 사건자료, 감식자료, 참고자료가 있다.[25)]

① 기초자료

기초자료는 평소의 수사 활동을 통하여 수집해 놓은 것으로 범죄통계나 우범자 동향 등이 이에 해당한다. 이 기초자료는 범죄가 발생하였을 때 수사에 유용하게 활용할 수 있다. 특히, 수사상 주의를 요한다고 인정되는 자의 동향에 대한 자료들은 추후 이들에 의한 범행을 수사함에 있어서 그 활용도가 매우 크다. 따라서 기초자료는 평소에 계획적·조직적으로 수집·정리해 놓아야 한다.

② 사건자료

사건자료는 구체적인 사건수사와 관련하여 그 사건의 수사방침수립과 범인 및 범죄사실의 발견을 위하여 수집되는 모든 자료를 말한다. 사건자료의 유형으로는 ㉠ 유류물품 등과 같은 유형의 자료, ㉡ 수법·냄새와 같은 무형의 자료, ㉢ 탐문·미

---

24) 김충남(1999). 범죄수사학, 집문당, p. 98.

25) 상게서, pp. 116－117.

행·은신·파수와 같은 내탐에 의한 자료가 있다.

③ 감식자료

감식자료는 수사를 과학적으로 추진하기 위하여 과학적 감식기술과 지식을 이용하여 범인의 발견, 범죄의 증명에 활용되는 자료이다. 이에 해당하는 것으로는 지문·유전자·혈액형 등의 감식자료와 수법감식자료가 있다.

④ 참고자료

참고자료는 수사과정의 반성·분석·검토를 통하여 얻어진 자료로서 사후의 수사에 활용될 수 있는 수사성패의 교훈과 새로 발견된 범행수법 등으로 향후수사의 참고자료가 된다. 수사비망록이나 수사사례집 등이 그 예이다.

7. 범죄수사의 추리

1) 추리의 개념과 요소

(1) 개념

추리란 알고 있는 사실을 바탕으로 하여 알지 못하는 사실을 미루어 추정하는 것을 말한다. 범죄수사에서 추리는 범죄의 결과로 나타난 범죄 흔적, 범죄정보 등 각종 수사 자료를 수집·종합하고 그것을 관찰·분석·판단하여 범인과 범죄사실을 추리·검증하는 것을 말한다.

(2) 요소

추리의 대상은 범죄의 사실적 내용을 이루는 범인과 범죄사실이며, 추리의 요소는 4하, 6하, 8하의 요소가 있고, 그 내용은 범죄의 주체(범인), 일시, 장소, 동기, 행동, 방법, 결과, 공범 및 객체이다.

2) 추리의 종류

(1) 연역적 추리

수사의 하강과정에 있어서 하나의 자료나 사실로써 여러 개의 추리를 전개하여 진상규명이라는 목적에 도달하는 추리방식으로 전개적 추리라고도 한다. 즉, 하나의 사실로써 다수의 가능한 사실을 추론하는 것이다.

연역적 추리의 예
㉠ 피살자가 수십 군데나 찔리고 음부를 훼손당한 채 유기되어 있었음 - 하나의 사실
㉡ 원한, 치정, 정신병자의 소행 및 이를 위장한 전과자의 소행이 아닐까 - 여러 개의 추리선
㉢ 다양하고 치밀한 수사 결과 용의자로 떠오른 A · B · C · D 중에서 A가 진범 - 진상규명

(2) 귀납적 추리

수사의 상승 과정에서 상정한 다수의 용의자 중에서 합리성 있는 추리를 하여 한 사람의 진범에 도달하는 추리방법으로 집중적 추리라고도 한다. 즉, 다수의 사실로써 하나의 결론을 추론하는 것이다.

귀납적 추리의 예
㉠ 범행에 사용된 흉기를 갑의 집에서 찾았다 - 증거 1
㉡ 범행현장에 유류된 지문 감식결과 갑의 것으로 판명되었다 - 증거 2
㉢ 갑이 범행의 구체적인 상황을 재현했고, 임의성 있는 자백을 하였다 - 증거 3
㉣ 피살자의 남자관계가 복잡하여 갑과 자주 다투었다는 참고인의 진술 - 증거 4
㉤ 범행현장을 목격한 목격자의 진술 - 증거 5
위와 같은 증거(다수의 사실)로 보아 A가 진범임이 분명하다(하나의 결론).

3) 사실상의 추정

사실상의 추정은 어떠한 사실이 합리적인 의심을 넘어설 만큼 신빙성이 있는 경우에는 소송법상 증명을 요하지 아니하는 사실 즉 불요증사실(不要證事實)로 되는 경우를 말한다.[26] 판례 등을 통하여 발전된 사실상의 추정 예는 다음과 같다.

(1) 절도품의 소지와 절도의 추정

절도피해가 있었고 절도당한 물건을 소지한 자가 있는 경우에 그 소지가 타인의 개입을 허용하지 않는 정도이며, 절도품의 입수경로에 대하여 합리적인 설명을 하지 못할 경우 그 자를 절도범으로 추정하는 것을 말한다.

(2) 인간의 정상인 추정

인간은 특별한 사정이 없는 한 정상인으로 추정된다.

26) 배종대 · 이상돈 · 정승환(2008). 신형사소송법, 홍문사, p. 553.

(3) 행위와 의사와의 관계

사람의 행위는 그 사람이 의식하는 과정을 밟는 것으로 추정된다.

(4) 상태 계속의 추정

사람이나 사물의 상태는 특별한 사정이 없는 한 보통 같은 상태로 계속될 것으로 추정된다. 예컨대, 사적관계의 지속·상거래의 계속·만성질병의 계속·교우관계의 계속 등이 그것이다.

(5) 중간상태의 추정

사물의 시작과 끝이 확정되면 중간상태는 추정된다. 예컨대 오후 6시와 9시에 주취 상태에 있었던 자는 그 중간 시간에도 주취 상태에 있었다고 추정된다.

(6) 인거인의 추정

인거인(隣居人)은 보통의 경우 이웃의 사정을 잘 알고 있는 것으로 추정된다.

(7) 정규 우편물의 배달 추정

정규의 우편물은 반송이나 특별한 배달 불능(예 천재지변)의 사유가 없는 한 배달된 것으로 추정된다.

8. 수사의 제 원칙

1) 수사의 기본원칙

(1) 강제수사 법정주의

수사기관의 강제처분은 「형사소송법」에 특별한 규정이 있는 경우에 한해서 허용된다. 이를 강제수사 법정주의 또는 강제처분 법정주의라고 한다.

(2) 영장주의

강제처분에 관한 영장주의는 헌법상의 원칙(헌법 제12조 제3항)이므로 수사기관의 강제처분에 관하여는 영장주의 원칙이 적용되며, 엄격한 요건하에 영장주의의 예외가 인정된다.

(3) 자기부죄 강요금지의 원칙

헌법은 형사상 자기에게 불리한 진술을 강요당하지 않을 권리, 즉 자기부죄(自己負罪) 강요금지(헌법 제12조 제2항)를 명시하고 있고 그 제도적 표현으로 고문의 절대적 금지(헌법 제12조 2항, 형법 제125조)를, 「형사소송법」은 피의자의 진술거부권(형사소송법 제244조의3)을 보장하고 있다.

(4) 임의수사의 원칙

임의수사를 원칙으로 하고 강제수사는 형사소송법에 특별한 규정이 있는 경우에 한하여 예외적으로 허용한다(형사소송법 제199조 제1항). 이를 임의수사의 원칙이라고 한다. 이는 무죄추정의 법리 또는 필요 최소한도의 법리의 제도적 표현이기도 하다. 무죄추정의 원칙은 증명의 단계에서 확증이 없을 경우, 즉 의심스러울 때에는 피고인에게 유리하게 판단하여야 한다는 원칙이다.

(5) 수사비례의 원칙

수사처분은 그 목적을 달성하기 위한 필요 최소한도에 그쳐야 하며 수사의 결과에 따른 이익과 수사로 인한 법익침해가 부당하게 균형을 잃어서는 안 된다. 이를 수사비례의 원칙이라고 한다. 따라서 죄질과 피해가 극히 경미한 사건을 입건(예 슈퍼마켓에서 500원짜리 과자 한 봉지를 훔친 초등학생을 입건)하는 것은 범죄인지권의 남용이 된다.

(6) 수사비공개의 원칙

수사의 개시와 실행은 이를 공개하지 아니한다. 수사비공개의 원칙은 공판절차가 공개주의를 채택하는 것과 대조적이다. 이 원칙은 범인의 발견, 검거 또는 증거의 발견 · 수집 · 보전단계에서는 물론이고, 관계자(피해자 · 참고인 · 피의자 등)의 개인적인 비밀, 사생활, 명예 등 인권의 보호를 위해서도 요청된다. 수사내용을 공판청구 전에 공개할 경우 원칙적으로 피의사실공표죄를 구성한다.

(7) 제출인 환부의 원칙

수사기관이 압수물을 환부할 경우에 피압수자(제출인)에게 환부함을 원칙으로 한다. 이를 제출인 환부(還付)의 원칙이라 한다. 형사절차에서는 사인 간의 실체법상 권리관계에 관여하지 아니함이 원칙이므로 압수물을 환부하는 경우에 피압수자에게 환부하여야 함은 당연하다. 다만, 압수물이 장물인 경우에는 피해자를 보호하기 위하여 일정한 요건하에 피해자 환부를 허용하고 있다(형사소송법 제133조 · 제134조).

2) 범죄수사의 3대 원칙

(1) 신속착수의 원칙(speedy initiation)

범죄의 흔적은 시간이 경과함에 따라 소멸·변경된다. 이런 현상을 방지하기 위하여 모든 범죄수사는 가급적 신속히 착수하여 범죄 흔적과 증거가 인멸되기 전에 수사를 수행·종결해야 한다.

(2) 현장보존의 원칙(scene preservation)

수사관이 그 범죄현장을 보존하고 철저하게 관찰하지 않으면 증거수집이 곤란하여 사건이 미궁에 빠질 우려가 있다. 범인검거 후에도 증거가 뒷받침되지 않으면 공소유지에 어렵고, 유죄 판결이 불가능하다. 범죄의 현장을 '증거의 보고'라고 하는 이유가 바로 여기에 있다.

(3) 공중협력의 원칙(support by the public)

범죄의 흔적은 목격자나 전문자(傳聞者)의 기억에 남는 것이므로 목격자나 전문자가 살고 있는 사회는 '증거의 바다'라고 한다. 공중의 기억에 남은 범죄흔적이 '사회적 파문'이 되어 사람들의 입과 귀를 통하여 전파되기도 한다. 따라서 수사관은 지역사회에서 국민의 적극적인 협력을 얻을 수 있도록 노력해야 한다. 해양경찰청은 중요 범인을 신고하여 검거하게 한 시민에게 신고자 보상금을 지급하고 있다. 이는 시민의 협력을 얻기 위한 방법(공중협력의 원칙)의 하나이다.[27)]

3) 범죄수사상의 준수원칙(21 채용)

(1) 선증후포의 원칙

사건에 관하여 먼저 조사하여 증거를 확보한 후에 범인을 체포하여야 한다.

(2) 법령준수의 원칙

범죄수사에 있어서는 관련법규를 숙지하고 이를 철저하게 준수하여야 한다.

---

27) 「범죄신고자 및 공익신고자 보호 등에 관한 규칙」 제9조(신고보상 주무부서) ① 신고보상 주무부서는 다음 각 호와 같다. 1. 제8조 제9호를 제외한 사건(가. 해양경찰청: 수사기획과, 나. 지방해양경찰청: 수사과, 다. 해양경찰서: 수사과)
2. 제8조 제9호 사건(가. 해양경찰청: 방제기획과, 나. 지방해양경찰청: 해양오염방제과, 다. 해양경찰서: 해양오염방제과)

(3) 민사관계 불간섭의 원칙

범죄수사는 형사사건에 한하여 행하여야 하며, 민사사건에 관하여 수사권이 발동되어서는 안 된다.

(4) 종합수사의 원칙

모든 사건자료를 종합하여 상황을 파악하고 활용 가능한 기술과 지식을 동원하여 체계적이고 조직적인 종합수사를 행하여야 한다.

4) 수사실행의 5원칙(21 채용)

수사실행의 5원칙이란 범죄수사의 효율성을 최대한 높이기 위하여 가장 적절한 수사방법과 순서 등 기본요소를 정립하여 수사에 적용하는 것을 말한다. 수사자료 완전수집의 원칙 → 수사자료 감식 · 검토의 원칙 → 적절한 추리의 원칙 → 검증적 수사의 원칙 → 사실판단 증명의 원칙과 같은 순서로 진행된다.

(1) 수사자료 완전수집의 원칙

수사실행의 최초 조건으로서, 기초수사를 철저히 함으로써 대소의 자료를 완전히 수집하여 문제를 명확히 하는 데 있다. 범죄수사는 문제해결의 과정이므로 수사의 최초 단계에서는 기초수사를 철저히 하여 문제해결의 관건이 되는 자료를 누락하거나 멸실시키는 일이 없도록 주의해야 한다.

(2) 수사자료 감식 · 검토의 원칙

수집된 자료는 범죄행위자와의 관련성을 입증할 수 있도록 과학적 지식과 시설을 최대한 활용하여 면밀히 감식 · 검토하여야 하며, 수사관의 상식적인 검토나 경험적인 판단에 의존하는 일이 있어서는 안 된다.

(3) 적절한 추리의 원칙

수사자료를 모아 일단 정리가 끝나면 그것을 기초로 사건에 대하여 가상의 추측과 판단, 즉 추리를 해 볼 필요가 있다. 그 사건이 '범인은 누구인가' 하는 것이 문제점이라면 '범인은 A인가, B인가' 하는 식으로 추측해 보기도 하고, 또는 '범인은 초범인가, 전과자인가' 하는 식으로 예상해 보기도 한다. 또한 '범행동기'가 문제가 된다면 '치정에 의한 사건인가, 물욕에 의한 사건인가' 등으로 이를 예상해 볼 수 있다.

① **직감이나 감상의 기록**: 자료를 수집하고 검토하는 과정에서 떠오르는 직감이나 감상을 항상 기록해 두고 후에 잘 검토하여 보아야 한다.

② **과거의 사건해결 경험**: 경험한 사건의 실례를 고려하여 해결방법이 있는가를 검토해야 한다. 과거 동종사건의 해결방법은 현재의 사건을 해결하는데 도움이 되는 경우가 많다.

③ **사건의 합리적 설명**: 자료검토의 결과를 기초로 현실에 일어난 사건을 어떻게 하면 가장 합리적으로 설명할 수 있는가를 연구하여 보아야 한다. 사건의 추측은 이와 같이 수사관의 직감이나 경험이 주요 원천이 된다.

(4) 검증적 수사의 원칙

검증적 수사란 여러 가지 추측 중에서 과연 어느 추측이 정당한가를 가리기 위해 그들 추측 하나하나를 모든 각도에서 검토하는 것이다. 검증적 수사단계에서는 먼저 수사사항을 결정한 후 수사방법을 결정하고 이를 실행에 옮기는 것이 바람직하다.

① 수사사항의 결정

검증적 수사에서는 먼저 무엇을 확인할 것인가의 문제, 즉 수사사항을 결정해야 한다. 예를 들면 'A가 절도범이다'라는 것이 정당하다고 하기 위해서는 A가 범행시간에 자신의 집에 있지 않았을 것, A는 금전에 궁했어야 할 것, A는 현장에 유류된 족적과 합치되는 신발을 가지고 있어야 할 것, A는 피해자의 내부사정을 잘 알 것 등이다.

② 수사방법의 결정

수사사항이 결정되면 어떠한 수단과 방법으로 그것을 수사에 옮길 것인가를 연구하여야 한다. 예를 들면 절도범 용의자 A의 가족 또는 주변사람들에 대하여 범행 당시의 상황을 탐문 또는 조사할 것, A의 소행·성격·금전소비상황 등을 조사할 것, A와 피해자와의 관계 또는 피해자의 출입상황을 조사할 것, A의 신발 종류를 조사하고 그 족적을 채증 할 것 등이다.

③ 수사의 실행

수사방침이 수립되면 그 방침에 따라 수사가 실행된다. 그래서 실제의 수사결과가 먼저 추측한 사실을 입증할 수 있으면 그 추측은 옳았고, 반대로 입증할 수 없으면 그 추측은 배척된다. 위의 예에서 A가 족적에 맞는 신을 소지하고 있다는 사실을 알게 되었다면, 먼저 추측한 'A가 절도범이다'라는 추측은 정당한 추측이 된다.

(5) 사실판단증명의 원칙

수사관만의 주관적인 판단에 그칠 것이 아니라 다른 누구에 대해서도 그 판단이 진실이라는 것을 객관적으로 증명하지 않으면 안 되므로 수사관의 판단을 형사절차에 올려놓기 위해서는 객관적으로 진실하다는 것이 증명되어야 한다.

① 판단을 일정한 형식으로 표현할 것

판단이 수사관 개개인의 판단으로 머물면 그 판단은 주관적이 될 가능성이 많으므로 이를 객관화하기 위해서는 먼저 그 판단을 일정한 형식으로 표현하여야 한다. 예를 들면 '피의자 A는 2018. 6. 20. 02:00경 서울 종로구 ○○동 00번지 상가에 침입하여 동인 소유의 현금 500만원을 절취한 것이다'라고 표현되는 것이다.

② 판단이 진실이라는 이유 또는 근거를 제시

증거들을 하나하나 실제로 검증(檢證)함으로써 그 판단이 진실함을 밝혀야 한다. 따라서 판단은 검증 가능성이 있어야 하고 검증을 거친 후에야 비로소 그 판단이 진실이라는 것이 객관적으로 증명된다.

V. 수사의 전개과정

1. 수사의 과정

일련의 과정 중에서 어디까지를 범죄수사로 볼 것인가는 학자들에 따라 견해를 달리하지만 통설적 입장인 협의설에 따른다. 협의설은 수사란 공소를 제기하고 유지하기 위한 준비로서 범죄사실을 조사하고 범인과 증거를 발견·수집하는 수사기관의 활동이라고 본다. 판례가 협의설을 따르고 있고,[28] 경찰에서 범죄수사라 함은 일반적으로 협의의 수사를 지칭하므로 본서는 협의의 수사로 수사의 과정을 설명하기로 한다. 협의의 수사는 내사 → 수사의 개시 → 수사의 실행 → 사건송치 → 송치 후 수사 → 수사의 종결 순으로 진행된다.

---

28) 대법원 1999. 12. 7. 98 도 3329.

1) 내사

내사는 범죄의 혐의 유무를 확인하기 위하여 수행하는 수사기관의 활동을 말하는 것으로 수사의 전(前) 단계 또는 입건 전의 단계라고 한다. 내사의 종류는 수집된 첩보를 바탕으로 하는 첩보내사, 진정서나 탄원서를 기초로 하는 진정탄원내사 및 신문이나 출판물의 기사 혹은 풍문 등으로 시작하는 내사가 있다. 내사도 수사의 일종인 만큼 임의수사를 원칙으로 한다. 피내사자에게 접견교통권과 진술거부권이 인정됨은 물론이다.

(해양경찰청) 내사사건 처리 규칙(훈령)

제3조(내사의 대상과 분류) ① 내사는 범죄첩보, 진정 · 탄원 및 범죄에 관한 언론 · 출판물 · 인터넷 등의 정보, 신고 또는 풍문 중에서 출처 · 사회적 영향 등을 고려하여 그 진상을 확인할 가치가 있는 사안을 그 대상으로 한다.

② 내사는 다음 각 호와 같이 분류한다.

1. 진정내사: 진정 · 탄원 · 투서 등 서면으로 접수된 신고에 대한 내사
2. 신고내사: 제1호를 제외한 유 · 무선신고 · 방문신고 등 서면이 아닌 방법으로 접수된 각종 신고에 대한 내사
3. 첩보내사: 경찰관이 서면으로 작성한 범죄첩보에 대한 내사
4. 기타내사: 제1호부터 제3호까지를 제외한 범죄에 관한 정보 · 풍문 등 진상을 확인할 가치가 있는 사안에 대한 내사

제11조(수사절차로의 전환) 사법경찰관은 내사과정에서 범죄혐의가 있다고 판단될 때에는 내사를 종결하고 범죄인지서를 작성하여 수사를 개시하여야 한다. 이 경우 지체 없이 소속 해양경찰관서장에게 보고하여야 한다.

제11조의2(내사 병합) 진행 중인 사건과 동일 또는 유사한 내용의 내사사건이 있거나 경합범으로 다른 내사사건과 병합처리할 필요가 있는 경우 내사병합할 수 있다.

제11조의3(불입건 결정 지휘) 수사부서의 장은 내사에 착수한 후 6개월 이내에 수사절차로 전환하지 않은 사건에 대하여 「해양경찰수사규칙」 사유에 따라 불입건 결정 지휘를 하여야 한다. 다만, 다수의 사건관계인 조사, 관련자료 추가확보 · 분석, 외부 전문기관 감정의 장기화 등의 사유로 인해 계속 내사가 필요하여 그 구체적 사유가 소명된 경우에는 6개월 연장 할 수 있다.

내사의 처리: 해양경찰수사규칙(시행 2021. 1. 1, 해양수산부령)

제19조(입건 전 조사) ① 사법경찰관은 입건 전에 범죄를 의심할 만한 정황이 있어 수사 개시 여부를 결정하기 위한 사실관계의 확인 등 필요한 조사(내사)에 착수하기 위해서는 해당 사법경찰관이 소속된 해양경찰관서의 수사 부서의 장(소속수사부서장)의 지휘를 받아야 한다.

② 사법경찰관은 내사한 사건을 다음 각 호의 구분에 따라 처리해야 한다.

1. 입건: 범죄의 혐의가 있어 수사를 개시하는 경우
2. 내사종결: 혐의 없음, 죄가안됨, 공소권 없음 사유가 있는 경우

3. 내사중지: 피혐의자 또는 참고인 등의 소재불명으로 내사를 계속할 수 없는 경우
4. 이송: 관할이 없거나 범죄특성 및 병합처리 등을 고려하여 다른 해양경찰관서 또는 기관(해당 기관과 협의된 경우로 한정)에서 내사할 필요가 있는 경우
5. 공람종결: 진정 · 탄원 · 투서 등 서면으로 접수된 신고가 다음 각 목의 어느 하나에 해당하는 경우
   가. 같은 내용으로 3회 이상 반복하여 접수되고 2회 이상 그 처리 결과를 통지한 신고와 같은 내용인 경우
   나. 무기명 또는 가명으로 접수된 경우
   다. 단순한 풍문이나 인신공격적인 내용인 경우
   라. 완결된 사건 또는 재판에 불복하는 내용인 경우
   마. 민사소송 또는 행정소송에 관한 사항인 경우

2) 수사 개시

수사기관이 사건을 수리·인지하여 수사를 개시함을 입건이라 부르며, 입건 이후에는 용의자 또는 혐의자가 피의자로 신분이 변동된다. 수사의 개시는 사건의 수리, 현행범 체포, 불심검문, 고소·고발 등 수사단서에 의해 이루어진다. 입건이 되면 실무상 범죄사건부에 기재하고 사건번호를 부여한다.

구체적인 사실에 근거를 둔 범죄의 혐의를 인식한 때에는 수사를 개시한다. 사법경찰관은 수사를 개시할 때에는 지체 없이 범죄인지서를 작성하여 사건기록에 편철해야 한다(해양경찰 수사규칙 제18조).

사건의 수리란 수사관서에 사건이 접수되는 것으로 수사의 개시 여부와 관계없이 사건이 수사관서에 접수되는 것을 총칭하고, 범죄인지란 수사기관의 체험에 의한 수사단서(현행범 체포, 불심검문, 출판물의 기사·풍설, 가택수색 중 다른 증거물 발견, 변사자의 검시 등)를 토대로 직접 범죄혐의를 인정함으로써 수사를 개시하는 것을 말한다. 범죄인지는 입건의 한 방법이다.

3) 수사의 실행

(1) 구속 기간

사건이 수리되면 범인을 발견하거나 증거를 수집하기 위한 수사가 실행된다. 사법경찰관이 피의자를 구속한 때에는 10일 이내에 피의자를 검사에게 인치하지 아니하면 석방하여야 한다(형사소송법 제202조).

(2) 조사의 제한(검사와 사법경찰관의 상호협력과 일반적 수사준칙에 관한 규정)

① **심야조사 제한(제21조)**: 심야조사(21:00－06:00)는 원칙적 금지된다. 다만, 이미 작성된 조서의 열람을 위한 절차는 자정 이전까지 진행할 수 있다.
② **장시간 조사 제한(제22조)**: 대기시간, 휴식시간, 식사시간 등 모든 시간을 합산한 총조사시간은 원칙적으로 12시간 초과 금지. 총조사시간 중 식사시간, 휴식시간 및 조서의 열람시간 등을 제외한 실제 조사시간은 8시간 초과 금지. 조사를 마친 때부터 8시간이 지나기 전에는 원칙적으로 조사를 금지한다(제22조).
③ 조사 도중에 최소한 2시간마다 10분 이상의 휴식시간을 보장해야 한다(제23조).

4) 사건송치

사법경찰관은 사건에 대하여 진상이 파악되고 적용할 법령과 처리의견을 제시할 정도가 되면 관계서류와 증거물 일체를 검찰청에 송치하여야 한다.

검사는 사법경찰관과 동일한 범죄사실을 수사하게 된 때에는 사법경찰관에게 사건을 송치할 것을 요구할 수 있고, 요구를 받은 사법경찰관은 지체 없이 검사에게 사건을 송치하여야 한다. 다만, 검사가 영장을 청구하기 전에 동일한 범죄사실에 관하여 사법경찰관이 영장을 신청한 경우에는 해당 영장에 기재된 범죄사실을 계속 수사할 수 있다(형사소송법 제197조의4).

사법경찰관은 고소·고발 사건을 포함하여 범죄를 수사한 때 범죄의 혐의가 있다고 인정되는 경우에는 지체 없이 검사에게 사건을 송치하고, 관계 서류와 증거물을 검사에게 송부하여야 한다. 그 밖의 경우에는 그 이유를 명시한 서면과 함께 관계 서류와 증거물을 지체 없이 검사에게 송부하여야 한다. 이 경우 검사는 송부받은 날부터 90일 이내에 사법경찰관에게 반환하여야 한다(형사소송법 제245조의5).

5) 송치 후 보완 수사(형사소송법 제197조의2)

검사는 다음 어느 하나에 해당하는 경우에 사법경찰관에게 보완수사를 요구할 수 있다.
① 송치사건의 공소제기 여부 결정 또는 공소의 유지에 관하여 필요한 경우
② 사법경찰관이 신청한 영장의 청구 여부 결정에 관하여 필요한 경우

사법경찰관은 검사의 요구가 있는 때에는 정당한 이유가 없는 한 지체 없이 이를 이행하고, 그 결과를 검사에게 통보하여야 한다.

검찰총장 또는 각급 검찰청 검사장은 사법경찰관이 정당한 이유 없이 검사의 보완수사 요구에 따르지 아니하는 때에는 권한 있는 사람에게 해당 사법경찰관의 직무배제 또는 징계를 요구할 수 있고, 그 징계 절차는 「공무원 징계령」 또는 「경찰

공무원 징계령」에 따른다.

6) 수사의 종결

(1) 사법경찰관의 수사 종결

객관적인 범죄혐의가 충분하고 소송조건을 구비한 경우에는 공소를 제기한다. 불기소처분은 각하, 공소권 없음, 죄가 안됨, 혐의 없음 등이 있다. 즉결심판에 해당하는 범죄의 종결권자는 해양경찰서장이다. 지방법원, 지원 또는 시·군법원의 판사는 즉결심판절차에 의하여 피고인에게 20만원 이하의 벌금, 구류 또는 과료에 처할 수 있다(즉결심판에 관한 절차법 제2조). 즉결심판은 관할해양경찰서장이 관할법원에 이를 청구한다(즉결심판에 관한 절차법 제3조).

사법경찰관의 결정 (검사와 사법경찰관의 상호협력과 일반적 수사준칙에 관한 규정 제51조)	① 사법경찰관은 사건을 수사한 경우에는 다음 구분에 따라 결정해야 한다. 1. 법원송치 2. 검찰송치 3. 불송치: 혐의 없음(범죄인정안됨, 증거불충분), 죄가 안됨, 공소권 없음, 각하 4. 수사중지(피의자중지, 참고인중지), 5. 이송 ② 사법경찰관은 하나의 사건 중 피의자가 여러 사람이거나 피의사실이 여러 개인 경우로서 분리하여 결정할 필요가 있는 경우 그중 일부에 대해 제1항 각 호의 결정을 할 수 있다. ③ 사법경찰관은 죄가 안됨 또는 공소권 없음에 해당하는 사건이 다음 어느 하나에 해당하는 경우에는 해당 사건을 검사에게 이송한다. 1. 「형법」에 따라 벌할 수 없는 경우 2. 기소되어 사실심 계속 중인 사건과 포괄일죄를 구성하는 관계에 있는 경우 ④ 사법경찰관은 수사중지에 따른 수사중지 결정을 한 경우 7일 이내에 사건기록을 검사에게 송부해야 한다. 이 경우 검사는 사건기록을 송부받은 날부터 30일 이내에 반환해야 하며, 그 기간 내에 시정조치요구를 할 수 있다. ⑤ 사법경찰관은 검사에게 사건기록을 송부한 후 피의자 등의 소재를 발견한 경우에는 소재 발견 및 수사 재개 사실을 검사에게 통보해야 한다. 이 경우 통보를 받은 검사는 지체 없이 사법경찰관에게 사건기록을 반환해야 한다.
불송치 결정 (해양경찰 수사규칙 제110조)	1. 혐의 없음 가. 혐의 없음(범죄인정 안됨): 피의사실이 범죄를 구성하지 않거나 범죄가 인정되지 않는 경우 나. 혐의 없음(증거불충분): 피의사실을 인정할 만한 충분한 증거가 없는 경우 2. 죄가 안됨: 피의사실이 범죄구성요건에 해당하나 법률상 범죄의 성립을 조각하는 사유가 있어 범죄를 구성하지 않는 경우(수사준칙 제51조 제3항 제1호는 제외) (18 채용) 3. 공소권 없음 가. 형을 면제한다고 법률에서 규정한 경우 나. 판결이나 이에 준하는 법원의 재판·명령이 확정된 경우

	다. 통고처분이 이행된 경우 라. 사면이 있는 경우 마. 공소시효가 완성된 경우 바. 범죄 후 법령의 개정 · 폐지로 형이 폐지된 경우 사. 「소년법」, 「가정폭력범죄의 처벌 등에 관한 특례법」, 「성매매알선 등 행위의 처벌에 관한 법률」 또는 「아동학대범죄의 처벌 등에 관한 특례법」에 따른 보호처분이 확정된 경우(보호처분이 취소되어 검찰에 송치된 경우 제외) 아. 동일사건에 대하여 재판이 진행 중인 경우(수사준칙 제51조 제3항 제2호는 제외한다) 자. 피의자에 대하여 재판권이 없는 경우 차. 친고죄에서 고소가 없거나 고소가 무효 또는 취소된 경우 카. 공무원의 고발이 있어야 공소를 제기할 수 있는 죄에서 고발이 없거나 고발이 무효 또는 취소된 경우 타. 반의사불벌죄에서 처벌을 희망하지 않는 의사표시가 있거나 처벌을 희망하는 의사표시가 철회된 경우, 「부정수표 단속법」에 따른 수표회수, 「교통사고처리 특례법」에 따른 보험가입 등 법률에서 정한 처벌을 희망하지 않는 의사표시에 준하는 사실이 있는 경우 파. 동일사건에 대하여 공소가 취소되고 다른 중요한 증거가 발견되지 않은 경우 하. 피의자가 사망하거나 피의자인 법인이 존속하지 않게 된 경우 4. 각하: 고소 · 고발로 수리한 사건에서 다음 어느 하나에 해당하는 사유가 있는 경우 가. 고소인 또는 고발인의 진술이나 고소장 또는 고발장에 따라 제1호부터 제3호까지의 규정에 따른 사유에 해당함이 명백하여 더 이상 수사를 진행할 필요가 없다고 판단되는 경우 나. 동일사건에 대하여 사법경찰관의 불송치 또는 검사의 불기소가 있었던 사실을 발견한 경우에 새로운 증거 등이 없어 다시 수사해도 동일하게 결정될 것이 명백하다고 판단되는 경우 다. 고소인 · 고발인이 출석요구에 응하지 않거나 소재불명이 되어 고소인 · 고발인에 대한 진술을 청취할 수 없고, 제출된 증거 및 관련자 등의 진술에 의해서도 수사를 진행할 필요성이 없다고 판단되는 경우 라. 고발이 진위 여부가 불분명한 언론 보도나 인터넷 등 정보통신망의 게시물, 익명의 제보, 고발 내용과 직접적인 관련이 없는 제3자로부터의 전문이나 풍문 또는 고발인의 추측만을 근거로 한 경우 등으로서 수사를 개시할 만한 구체적인 사유나 정황이 충분하지 않은 경우
이의신청, 재수사요청 (형사소송법 제245조의7, 제245조의8)	제245조의7(고소인 등의 이의신청) ① 통지를 받은 사람은 해당 사법경찰관의 소속 관서의 장에게 이의를 신청할 수 있다. ② 사법경찰관은 신청이 있는 때에는 지체 없이 검사에게 사건을 송치하고 관계 서류와 증거물을 송부하여야 하며, 처리결과와 그 이유를 신청인에게 통지하여야 한다. 제245조의8(재수사요청 등) ① 검사는 사법경찰관이 사건을 송치하지 아니한 것이 위법 또는 부당한 때에는 그 이유를 문서로 명시하여 사법경찰관에게 재수사를 요청할 수 있고, 사법경찰관은 요청이 있는 때에는 사건을 재수사하여야 한다.

(2) 검사의 수사종결

검사의 수사종결권은 「검찰사건사무규칙」에서 규정되어 있다(제98조, 제115조, 제120조, 제121조, 제125조).

<table>
<tr><td colspan="2">공소제기</td><td>범죄의 객관적 혐의가 충분하고 소송조건을 구비하여 유죄판결을 받을 수 있다고 인정할 때에는 검사는 공소를 제기한다.</td></tr>
<tr><td rowspan="5">불기소 처분</td><td>협의의 불기소 처분 (20 간부)</td><td>1. 혐의 없음(범죄인정 안됨, 증거불충분)
2. 죄가 안됨
3. 공소권 없음
4. 각하</td></tr>
<tr><td>기소유예 (20 채용)</td><td>피의사실이 인정되나 「형법」 제51조 ① 범인의 연령, 성행, 지능과 환경, ② 피해자에 대한 관계, ③ 범행의 동기, 수단과 결과, ④ 범행 후의 정황의 사항을 참작하여 소추할 필요가 없는 경우</td></tr>
<tr><td>공소보류</td><td>검사가 「국가보안법」에 따라 공소제기를 보류하는 경우에는 불기소 사건기록 및 불기소 결정서에 따라 공소보류의 결정을 한다.</td></tr>
<tr><td>기소중지</td><td>검사가 피의자의 소재불명 또는 「검찰사건사무규칙」 제121조에 규정된 사유가 아닌 사유로 수사를 종결할 수 없는 경우에는 그 사유가 해소될 때까지 불기소 사건기록 및 불기소 결정서, 불기소 사건기록 및 불기소 결정서(간이)에 따라 기소중지의 결정을 할 수 있다.</td></tr>
<tr><td>참고인중지</td><td>검사가 참고인 · 고소인 · 고발인 또는 같은 사건 피의자의 소재불명으로 수사를 종결할 수 없는 경우에는 그 사유가 해소될 때까지 불기소 사건기록 및 불기소 결정서, 불기소 사건기록 및 불기소 결정서(간이)에 따라 참고인중지의 결정을 할 수 있다.</td></tr>
</table>

2. 수사의 단서

수사의 단서란 수사기관이 범죄의 혐의가 있다고 판단하여 수사를 개시할 수 있는 자료를 말한다. 수사단서의 유형으로 「형사소송법」은 현행범인의 체포, 변사자의 검시, 고소와 고발 및 자수만을 규정하고 있으나 실무상 수사의 단서는 더 많다. 수사단서의 유형은 체험 주체에 따라 수사기관의 체험에 의한 단서와 타인의 체험에 의한 단서로 나뉜다. 수사단서의 종류는 아래와 같이 구분된다.

수사기관 체험의 의한 수사단서	타인 체험의 의한 수사단서
① 범죄첩보 ② 현행범인의 체포 ③ 변사자의 검시 ④ 불심검문 ⑤ 타 사건 수사 중 범죄발견 ⑥ 신문 · 출판물 · 풍설 등 ⑦ 자동차검문 ⑧ 해상검문검색	① 고소와 고발 ② 자수 ③ 피해자의 신고나 익명의 신고 ④ 밀고 · 투서 · 진정 · 탄원 등

1) 수사기관 체험에 의한 단서

(1) 범죄첩보

① 범죄첩보라 함은 대상자 · 혐의 내용 · 증거자료 등이 특정된 내사단서 자료와 범죄관련 동향을 말하며, 전자를 범죄내사첩보, 후자를 범죄동향첩보라고 한다.

② **범죄첩보의 특징**(20 채용 · 21 간부)

결합성	여러 첩보가 서로 결합하여 구체적인 범죄첩보가 된다.
혼합성	단순한 사실의 나열이 아니고 그 속에 원인과 결과가 내포되는 것
결과지향성	수사에 착수하여 현출되는 결과가 있어야 한다.
가치변화성	수사기관의 필요성에 따라 가치가 변화한다.
시한성	시간에 따라 가치가 감소한다.

(2) 임의동행

① 불심검문

불심검문은 경찰관이 범죄예방과 진압을 목적으로 거동이 수상한 자를 발견한 때에 이를 정지시켜 질문하는 것을 말한다(경찰관직무집행법 제3조).

불심검문의 대상은 ㉠ 어떠한 죄를 범하였다고 의심할 만한 상당한 이유가 있는 자(예 피의자나 용의자), ㉡ 어떠한 죄를 범하려 하고 있다고 의심할 만한 상당한 이유가 있는 자(예 우범자), ㉢ 이미 행하여진 범죄 혹은 행하여지려고 하는 범죄에 관하여 그 사실을 안다고 인정되는 자(예 목격자, 참고인)로 경찰관은 이들의 수상한 거동 기타 주위의 사정을 합리적으로 판단하여 정지시켜 질문할 수 있다.

② 불심검문에서의 임의동행과 수사상 임의동행과의 비교

㉠ 수사상 임의동행과 「경찰관직무집행법」상 임의동행은 법적 근거 등에서 서로 구분된다.

㉡ 대법원 판례를 반영하여 수사준칙에서 수사상 임의동행의 절차와 요건을 명시적으로 규정하고 있다.

검사와 사법경찰관의 상호협력과 일반적 수사준칙에 관한 규정

제20조(수사상 임의동행 시의 고지) 검사 또는 사법경찰관은 임의동행을 요구하는 경우 상대방에게 동행을 거부할 수 있다는 것과 동행하는 경우에도 언제든지 자유롭게 동행 과정에서 이탈하거나 동행 장소에서 퇴거할 수 있다는 것을 알려야 한다.

구 분	수사상 임의동행	경직법상 임의동행
근거법률	형소법 제199조 제1항 · 제200조	경찰관직무집행법 제3조 제2항
성 격	임의수사	경찰행정작용
대 상	피의자 및 용의자 (규정은 없음)	거동불심자
요 건	제한 없음	당해인에게 불리하거나 교통의 방해가 된다고 인정되는 경우
절 차	규정 없음	신분증표 제시, 소속 · 성명 고지, 동행의 목적 · 이유 · 동행장소 설명
목 적	피의자신문	불심검문(범죄예방과 진압)
고지의무	동행거부, 언제든지 퇴거 가능	규정 없음
대기시간	규정 없음	6시간 초과 금지

(3) 변사자 검시

① 개념

변사체란 범죄에 기인한 사망이라는 의심이 있는 사체를 의미한다.[29] 변사자 검시(檢視)란 사람의 사망이 범죄로 인한 것이 아닌가를 판단하기 위하여 수사기관이 오관의 작용에 의하여 변사자의 상황을 조사하는 것으로 행정검시와 사법검시가 있다.

검시(檢視)	수사기관이 오관의 작용에 의하여 변사자의 상황을 조사하는 것으로 행정검시와 사법검시가 있다.
검시(檢屍)	의사가 수사기관을 보조하여 사망원인에 대한 의학적 판단을 하는 것으로 부검과 검안이 있다.

29) 이재상(2008). 신형사소송법, 박영사, p. 193.

② 변사사건 처리의 주체와 목적

㉠ 주체

변사자 또는 변사의 의심이 있는 사체가 있는 경우 검시는 검사가 하도록 되어 있다(형사소송법 제222조). 즉, 검시의 주체는 검사이다. 다만, 검사는 사법경찰관에게 검시를 명할 수 있다. 즉, 사법경찰관은 검사의 명령을 받아 검시를 대행할 수 있다.

변사체의 검시는 범죄혐의의 존재를 전제로 하지 않으며, 검시의 결과 그 사망이 범죄에 기인한 것이라고 인정되는 경우에 비로소 수사가 개시되므로 수사가 아니고 수사 이전의 처분, 즉 수사의 단서에 불과하다. 수사 이전의 처분이라는 점에서 수사가 개시된 이후의 처분인 검증과 구별된다.

㉡ 목적

변사사건 처리의 목적은 변사체의 사인을 규명하여 자·타살 여부를 명확히 하는데 있다. 변사가 범죄에 기인한 것일 때에는 수사의 단서가 된다. 신원불상 변사체의 신원을 파악함으로써 범죄수사에 활용하고, 사체를 유가족에게 인도함을 목적으로 한다.

③ 변사사건 처리

㉠ 변사체의 발견보고와 검시[30)]

사법경찰관은 변사자 또는 변사한 것으로 의심되는 사체가 있으면 변사사건 발생사실을 검사에게 통보해야 하고(22 간부), 검사는 검시를 했을 경우에는 검시조서를, 검증영장이나 검증을 했을 경우에는 검증조서를 각각 작성하여 사법경찰관에게 송부해야 한다.

사법경찰관이 검시를 했을 경우에는 검시조서를, 검증영장이나 검증을 했을 경우에는 검증조서를 각각 작성하여 검사에게 송부해야 한다.

검사와 사법경찰관은 변사자의 검시를 한 사건에 대해 사건 종결 전에 수사할 사항 등에 관하여 상호 의견을 제시·교환해야 한다.

한편, 의사·치과의사·한의사·조산사는 사체를 검안하여 변사의 의심이 있는 때에는 그 소재지를 관할하는 경찰서장에게 신고하여야 한다(의료법 제26조).

30) 검사와 사법경찰관의 상호협력과 일반적 수사준칙에 관한 규정 제17조.

ⓛ 해양경찰의 처리(해양경찰 수사규칙)

변사자 발견 (제26조)	① 사법경찰관은 변사사건 발생사실을 검사에게 통보하는 경우 변사사건 발생 통보서에 따른다. ② 사법경찰관은 긴급한 상황 등 통보하는 것이 불가능하거나 현저히 곤란한 경우에는 구두 · 전화 · 팩스 · 전자우편 등 간편한 방식으로 통보할 수 있다. 이 경우 사후에 지체 없이 서면으로 변사사건 발생사실을 통보해야 한다.
변사자 검시 (제27조-제30조)	• 제27조(변사자의 검시 · 검증) ① 사법경찰관은 검시를 하는 경우에는 의사를 참여시켜야 하며, 그 의사로 하여금 검안서를 작성하게 해야 한다. 이 경우 사법경찰관은 검시 조사관을 참여시킬 수 있다. ② 사법경찰관은 검시 또는 검증 결과 사망의 원인이 범죄로 인한 것으로 판단하는 경우에는 신속하게 수사를 개시해야 한다. • 제28조(검시 · 검증조서 등) ① 사법경찰관은 검사에게 검시조서 또는 검증조서를 송부하는 경우에는 의사의 검안서, 감정서 및 촬영한 사진 등 관련 자료를 첨부해야 한다. • 제29조(검시의 주의사항) 1. 검시에 착수하기 전에 변사자의 위치, 상태 등이 변하지 않도록 현장을 보존하고, 변사자 발견 당시 변사자의 주변 환경을 조사할 것 2. 변사자의 소지품이나 그 밖에 변사자가 남겨 놓은 물건이 수사에 필요하다고 인정되는 경우에는 이를 보존하는 데 유의할 것 3. 검시하는 경우에는 잠재지문 및 변사자의 지문 채취에 유의할 것 4. 자살자나 자살로 의심되는 사체를 검시하는 경우에는 교사자(敎唆者) 또는 방조자의 유무와 유서가 있는 경우 그 진위를 조사할 것 5. 등록된 지문이 확인되지 않거나 부패 등으로 신원확인이 곤란한 경우에는 디엔에이(DNA) 감정을 의뢰하고, 입양자로 확인된 경우에는 입양기관 탐문 등 신원확인을 위한 보강 조사를 할 것 6. 신속하게 절차를 진행하여 유족의 장례 절차에 불필요하게 지장을 초래하지 않도록 할 것 • 제30조(검시와 참여자) 사법경찰관리는 검시에 특별한 지장이 없다고 인정하면 변사자의 가족 · 친족, 이웃사람 · 친구, 시 · 군 · 구 · 읍 · 면 · 동의 공무원이나 그 밖에 필요하다고 인정하는 사람을 검시에 참여시켜야 한다.
시체의 인도 (제31조)	① 사법경찰관은 변사자에 대한 검시 또는 검증이 종료된 때에는 사체를 소지품 등과 함께 신속히 유족 등에게 인도한다. 다만, 사체를 인수할 사람이 없거나 변사자의 신원이 판명되지 않은 경우에는 사체가 현존하는 지역의 특별자치시장 · 특별자치도지사 · 시장 · 군수 또는 자치구의 구청장에게 인도해야 한다. ② 검시 또는 검증이 종료된 때는 다음 구분에 따른 때를 말한다. 1. 검시가 종료된 때: 다음 각 목의 어느 하나에 해당하는 때 가. 수사준칙에 따라 검사가 사법경찰관에게 검시조서를 송부한 때 나. 수사준칙에 따라 사법경찰관이 검사에게 검시조서를 송부한 이후 검사가 의견을 제시한 때 2. 검증이 종료된 때: 부검이 종료된 때 ③ 사법경찰관은 사체를 인도한 경우 인수자로부터 사체 및 소지품 인수서를 받아야 한다.

(4) 타 사건 수사 중 범죄 발견

입건하여 수사 중인 당해 피의자 또는 그 이외의 자에 대한 새로운 혐의를 발견하게 되는 경우 수사의 단서가 된다. 타 사건 수사 중 새로운 범죄사실을 발견하였을 때에는 별도의 사건번호를 부여하고 인지절차를 밟아야 하며, 관련사건으로 병합처리하기도 한다.

(5) 보도 · 기사 · 풍설 등

수사기관은 신문이나 방송의 보도, 기타 출판물의 기사 및 풍설의 내용 가운데 범죄에 관한 것이 있을 때에는 특히 출처에 주의하여 그 진상을 내사한 후 범죄혐의가 있다고 인정할 때에는 즉시 수사에 착수하여야 한다.

2) 타인 체험에 의한 수사단서

(1) 고소

① 고소의 의의

고소라 함은 피해자, 고소권자 또는 그 대리인이 수사기관에 대하여 범죄사실을 신고하여 범인의 처벌(소추)을 구하는 의사표시이다. 고소가 접수되면 즉시 수사가 개시되므로 수사의 단서가 된다.

② 친고죄와 수사

친고죄라 함은 형사소송법상 고소가 있어야 논하는 범죄로 고소는 수사의 단서일 뿐만 아니라 고소 자체가 소송조건이 되므로 고소가 없으면 검사는 공소를 제기할 수 없다.

친고죄는 절대적 친고죄와 상대적 친고죄로 나뉘어진다.

절대적 친고죄는 신분과 관계없이 범죄사실 그 자체가 친고죄에 해당하는 것이다. 간통죄 폐지, 친고죄 폐지(강간죄, 강제추행죄, 준강간, 준강제추행죄, 업무상 위력 등에 의한 간음죄, 혼인빙자간음죄, 13세 미만 미성년자 강간 · 추행죄), 사자의 명예훼손죄, 모욕죄, 비밀침해죄, 업무상 비밀누설죄 등이 이에 속한다.

상대적 친고죄는 범인과 피해자 사이에 특수한 신분관계가 있는 친고죄로서 친족상도례(親族相盜例)가 적용되는 범죄가 이에 속한다.[31] 친족상도례라 함은 강도죄와 손괴죄를 제외한 재산죄에 대하여 친족 간의 범죄는 형을 면제하거나 고소가 있어

31) 상게서, p. 207.

야 공소를 제기할 수 있다는 특례이다.

고소 · 고발사건의 수사기간(해양경찰 수사규칙 제24조)
① 사법경찰관리는 고소 · 고발을 수리한 날부터 3개월 이내에 수사를 마쳐야 한다. (21 간부)
② 사법경찰관리는 제1항의 기간 내에 수사를 완료하지 못한 경우에는 그 이유를 소속수사부서장에게 보고하고 수사기간 연장을 승인받아야 한다.

(2) 고발

고발이란 범인과 고소권자 이외의 제3자가 범죄사실을 수사기관에 신고하여 범인의 소추를 구하는 의사표시이다. 누구든지 범죄사실이 있음을 안 때에는 고발할 수 있다. 특히 공무원은 직무를 행함에 있어서 범죄가 있다고 사료한 때에는 고발할 의무가 있다(형사소송법 제234조).

고발은 일반적으로 수사 개시의 단서에 불과한 것이나 예외로 공무원의 고발을 기다려 죄를 논하게 되는 경우에는 소송조건이 될 수 있다. 「관세법」 또는 「조세범처벌법」 법률위반의 경우가 여기에 해당한다. 자기 또는 배우자의 직계존속은 고발하지 못한다(형사소송법 제235조).

(3) 자수와 피해신고

① 자수

자수란 범인이 수사기관에 대하여 자발적으로 자기의 범죄사실을 신고하여 소추를 구하는 의사표시로 범죄사실이 발각된 후에 신고하거나, 지명수배를 받은 후라할지라도 체포 전에 자발적으로 신고한 이상 자수에 해당한다.

자수의 시기·신고수단·방법에 대해서는 법률상 특별한 제한이 없으므로[32] 반드시 범인 자신이 신고하지 않고 타인을 시켜서도 자수할 수 있으나 제3자에게 자수의사를 전달하여 달라고 한 것만으로는 자수라고 할 수 없다. 대리인에 의한 자수는 허용되지 않는다. 일단 자수가 성립한 이상 자수의 효력은 확정적으로 발생한다.[33].

자수는 수사기관에 대한 의사표시라는 점에서 반의사불벌죄에서 고소권을 가진

32) 자수의 신고수단, 방법에 대해서는 특별한 제한이 없으므로 반드시 범인 자신이 신고하지 않고 타인을 시켜서도 자수 할 수 있다(1964. 8. 31. 대법원 64도 252).

33) 자수란 범인이 자발적으로 자신의 범죄사실을 수사기관에 신고하여 그 소추를 구하는 의사표시를 함으로써 성립하는 것으로 일단 자수가 성립한 이상 자수의 효력은 확정적으로 발생하고 그 후에 범인이 번복하여 수사기관이나 법정에서 범행을 부인한다고 하더라도 일단 발생한 자수의 효력이 소멸하는 것은 아니다(1999. 7. 9. 대법원 99도 1695).

피해자에게 자발적으로 자기의 범죄사실을 고하여 그 고소를 맡기는 자복과는 다르나 그 형을 감경 또는 면제할 수 있다는 점에서는 같다(형법 제52조).

② 피해신고

피해신고를 접수한 경찰관은 사건의 대소를 막론하고 피해자의 입장에서 조속한 수리를 하여야 한다. 피해신고는 피해신고자가 서면으로 제출하는 것이 원칙이나 대부분의 경우 112 전화 등을 이용한 구술신고인 경우가 많다. 피해신고가 있을 때에는 관할구역 내의 사건여부를 불문하고 즉시 접수하여야 한다. 구술신고의 경우에는 피해신고서를 작성하여야 하여야 하는데, 피해신고서는 신고자 본인이 신고자 명의로 작성한다.

3. 임의수사와 강제수사(19 채용)

1) 서설

범죄수사의 방법에는 임의수사와 강제수사가 있다. 임의수사는 임의적인 방법에 의한 수사로 강제력을 행사하지 아니하고 상대방의 동의나 승낙을 얻어서 수사하는 방법이다. 이에 비해 강제수사는 강제적 처분에 의한 수사로 상대방의 동의나 승낙을 얻지 않고 강제적으로 수사하는 방법이다.

범죄수사는 임의수사가 원칙이다. 강제수사는 강제수사 법정주의의 원칙에 따라 법률에 특별한 규정이 있는 경우에만 예외적으로 허용된다. 강제수사의 경우에는 영장주의 원칙에 따라 법으로 규정된 일부의 예외를 제외하고는 법관이 발부한 영장이 요구된다.

임의수사	강제수사
① 출석요구: 출석요구서	① 체포, 구속
② 피의자 신문: 진술거부권고지, 변호인 참여권보장	② 압수, 수색, 검증
③ 참고인 조사: 출석요구, 진술거부권 고지하지 않음.	③ 통신제한조치
④ 통역 · 번역 · 감정의 위촉	④ 수사상 감정유치
⑤ 실황조사	⑤ 수사상 증거보전
⑥ 사실조회	⑥ 수사상 증인신문의 청구
⑦ 촉탁수사	⑦ 기타 감정에 필요한 처분
⑧ 임의제출물의 압수(영장없이 가능)	

2) 임의수사

임의수사란 강제력을 행사하지 않고 상대방의 동의나 승낙을 얻어 행하는 수사방법이다. 상대방의 승낙을 구할 때에는 승낙을 강요하거나 강요의 의심을 받을 염려가 있는 태도나 방법을 취하지 말고 임의성이 의심받는 일이 없도록 필요한 배려를 하여야 한다.

(1) 출석요구

출석요구란 수사기관이 피의자나 참고인에 대해서 진술을 듣기 위해 수사기관에 출석할 것을 요구하는 것이다(형사소송법 제200조). 출석요구는 출석요구서의 발부로 시작된다. 피의자 또는 참고인 등에 대하여 출석을 요구할 때에는 사법경찰관 명의로 출석요구서를 발부하여야 한다.

(2) 피의자 신문

피의자 신문이란 수사기관이 수사에 필요한 경우에 피의자의 출석을 요구하여 그를 신문하고 그 진술을 듣는 것을 말한다. 피의자 신문은 원칙적으로 입건된 피의자에 대하여 하여야 한다.

(3) 기타의 임의수사

① **참고인 조사**

참고인이란 피의자 아닌 자를 말한다. 검사 또는 사법경찰관은 수사에 필요한 때에는 피의자 아닌 자의 출석을 요구하여 그 진술을 들을 수 있다(형사소송법 제221조). 참고인은 강제로 소환당하거나 신문당하지 않는다. 따라서 출석의무도 없다. 단, 참고인이 출석 또는 진술을 거부하는 경우에 검사는 1회 공판기일 전에 한하여 증인신문을 청구할 수 있다.

예외적으로 검사 또는 사법경찰관으로부터 「국가보안법」에 정한 죄의 참고인으로 출석을 요구받은 자가 정당한 이유 없이 2회 이상 출석요구에 불응한 때에는 관할 법원판사의 구속영장을 발부받아 구인할 수 있다. 구속영장에 의하여 참고인을 구인하는 경우에 필요한 때에는 근접한 경찰서 기타 적당한 장소에 임시로 유치할 수 있다(국가보안법 제18조).

② **감정 · 통역 · 번역의 위촉**

㉠ 감정의 위촉: 감정이란 범죄수사 또는 재판의 사실인정에 필요한 자료를 제공하기 위하여 특별한 학식 · 경험이 있는 제3자에게 그 학식 · 경험을 토

대로 한 경험법칙의 결과나 구체적 사실에 관한 진위의 판단 결과를 얻는 것이다.

㉡ 통역·번역의 위촉: 외국인·농아자에 대하여 피의자신문을 하는 경우에는 통역을 통해 피의자신문조서를 작성하여야 하고, 국어가 아닌 문자 또는 부호는 번역인으로 하여금 번역하게 하여야 한다. 통역인에 대하여는 별도로 참고인진술조서를 작성한다.

③ 실황조사

수사기관이 강제력을 사용하지 않고 범죄현장 기타 범죄관련 장소·물건·신체 등의 존재 상태를 오관의 작용으로 실험·경험·인식한 사실을 명확히 하는 수사활동을 말한다. 실황조사는 실무상 검증과 다를 바 없으나, 다만 강제력이 따르지 않고 검사의 지휘를 받지 않는다는 점에서 검증과 구별된다.

④ 공무소 등에의 사실 조회

수사상 필요한 때에는 공무소 기타 공사단체에 범죄경력, 전과, 신원 등을 조회하여 그 회답을 요구할 수 있다(형사소송법 제199조 2항). 조회를 의뢰받은 자는 회답의무가 있으나 그 이행을 강제할 수 없다.

⑤ 촉탁수사

공조수사의 일종으로 타 수사기관에 일정한 사실의 수사를 의뢰하는 것이다. 촉탁사항에는 제한이 없으나 수사의 성질상 직접 수사하여야 할 필요가 있을 때에는 출장수사를 하여야 한다.

3) 강제수사

상대방의 의사여하를 불문하고 강제력을 수반하는 수사방법으로써 인권제한적인 처분을 수반하므로 관련법령에 정한 절차와 요건에 대한 철저한 준수가 필요하다. 강제수사는 강제수사 법정주의 원칙에 따라 법률에 특별한 규정이 있는 경우에만 예외적으로 허용된다(형사소송법 제199조 제1항).

강제수사에는 영장주의 원칙에 따라 일부 법정된 예를 제외하고는 법관이 발부한 영장이 요구된다. 영장주의가 적용되지 않는 예외로는 ① 긴급체포, ② 체포·구속 목적의 피의자 수색, ③ 피고인 구속현장에서의 압수·수색·검증, ④ 임의제출한 물건의 압수, ⑤ 체포·구속현장에서의 압수·수색·검증(사후영장 요함), ⑥ 긴급체포 시의 압수·수색·검증(사후영장 요함), ⑦ 범죄 장소에서의 압수·수색·검증(반드시 사후영장), ⑧ 변사체 검시 후 긴급을 요할 때의 검증(반드시 사후영장)이 있다.

현행법상 강제수사의 방법으로는 체포영장에 의한 체포, 긴급체포, 현행범인의 체포, 피의자의 구속, 압수·수색·검증, 증거보전, 증인신문의 청구, 수사상의 감정유치, 기타 감정에 필요한 처분이 있다.

형사소송법 제200조의3(긴급체포) (20 간부)

① 검사 또는 사법경찰관은 피의자가 사형·무기 또는 장기 3년 이상의 징역이나 금고에 해당하는 죄를 범하였다고 의심할 만한 상당한 이유가 있고, 다음 각 호의 어느 하나에 해당하는 사유가 있는 경우에 긴급을 요하여 지방법원판사의 체포영장을 받을 수 없는 때에는 그 사유를 알리고 영장없이 피의자를 체포할 수 있다. 이 경우 긴급을 요한다 함은 피의자를 우연히 발견한 경우 등과 같이 체포영장을 받을 시간적 여유가 없는 때를 말한다. 〈개정 2007. 6. 1.〉

1. 피의자가 증거를 인멸할 염려가 있는 때
2. 피의자가 도망하거나 도망할 우려가 있는 때

② 사법경찰관이 제1항의 규정에 의하여 피의자를 체포한 경우에는 즉시 검사의 승인을 얻어야 한다.

③ 검사 또는 사법경찰관은 제1항의 규정에 의하여 피의자를 체포한 경우에는 즉시 긴급체포서를 작성하여야 한다.

SECTION

02 수사 활동

Ⅰ. 초등 수사와 긴급 배치

1. 초등 수사

1) 개념

사건의 발생 초기에 범인을 체포하고 증거를 확보하기 위하여 행하는 수사활동을 의미한다. 일반적으로 파출소에서 근무하는 해양경찰이 그러한 임무를 수행한다.

2) 파출소 순찰구조팀과 파출소 및 출장소 근무자

순찰구조팀은 범죄, 안전사고 예방과 각종 사건·사고에 대한 초동조치 등 현장의 치안 및 안전관리 활동을 담당하며, 순찰구조팀장은 파출소장이 지정한다(파출소 및 출장소 운영 규칙 제10조).

순찰구조팀장은 관내 사건사고 발생시 초동조치 및 현장 상황처리를 하고, 순찰구조팀원 각종 사건·사고 초동조치 및 상황전파를 한다.

상황근무를 지정받은 경찰관은 파출소 및 출장소 내에서 중요사건·사고 및 수배사항 전파한다.

3) 사건·사고 처리 및 수사(파출소 및 출장소 운영 규칙 제31조)

① 사건·사고 처리 및 수사는 다음에 따라 처리하여야 한다.

범죄현장의 보존, 증거의 수집, 피해현황과 범죄 실황조사 등 범죄 현장을 중심으로 필요한 초동조치와 수사를 행하고 해양경찰서의 수사 전문경찰관이 현장에 도착하면 이를 인계하고 사건 조사에 협조하여야 한다.

② 해양사고 또는 해양오염사고의 신고를 받았거나, 사고 발생사항을 인지하였을 때에는 다음에 정하는 바에 따른다.

㉠ 해양경찰서장에게 즉시 보고와 동시에 현장에 임하여 인명과 재산피해의 확대 방지와 필요한 초동조치를 취하여야 한다.
㉡ 사고현장을 보존하고 조사를 행하여야 한다.
㉢ 해양경찰서 구조담당자 또는 해양오염방제 담당자 등이 현장에 도착하면 상황을 인계하고, 사고처리에 협조하여야 한다.
㉣ 경미한 사건 · 사고에 대하여는 파출소장이 직접 처리할 수 있으며, 이 경우에는 조사 또는 처리사항을 해양경찰서장에게 보고하여야 한다.

③ 변사사건이 발생하였을 때에는 변사체의 발견 연월일시, 변사자의 인적사항, 변사체 발견 장소와 그 상황, 변사체 발견자의 성명, 그 밖의 참고사항을 조사하여 보고하여야 한다.

4) 현장 조사와 보존(해양경찰청 범죄수사규칙)

사건 초기에 경찰관은 범죄현장을 직접 관찰할 필요가 있는 범죄를 인지하였을 때에는 신속히 그 현장에 가서 필요한 수사를 하여야 하고, 부상자의 구호, 현장보존을 수행한다.

부상자의 구호 (제167조)	① 경찰관은 현장조사 시 부상자가 있을 때에는 지체 없이 구호조치를 하여야 한다. ② 경찰관은 빈사상태의 중상자가 있을 때에는 응급 구호조치를 하는 동시에 가능한 경우에 한하여 그 사람으로부터 범인의 성명, 범행의 원인, 피해자의 주거, 성명, 연령, 목격자 등을 청취해 두어야 하고, 그 중상자가 사망하였을 때에는 그 시각을 기록해 두어야 한다.
현장보존 (제168조)	① 경찰관은 범죄가 실행된 지점뿐만 아니라 현장보존의 범위를 충분히 정하여 수사자료를 발견하기 위해 노력하여야 한다. ② 경찰관은 보존하여야 할 현장의 범위를 정하였을 때에는 지체 없이 출입금지 표시 등 적절한 조치를 하여 함부로 출입하는 자가 없도록 하여야 한다. 이때 현장에 출입한 사람이 있을 경우 그들의 성명, 주거 등 인적사항을 기록하여야 하며, 현장 또는 그 근처에서 배회하는 등 수상한 사람이 있을 때에는 그들의 성명, 주거 등을 파악하여 기록하도록 노력한다. ③ 경찰관은 현장을 보존할 때에는 되도록 현장을 범행 당시의 상황 그대로 보존하여야 한다. ④ 경찰관은 부상자의 구호, 증거물의 변질 · 분산 · 분실 방지 등을 위해 특히 부득이한 사정이 있는 경우를 제외하고는 함부로 현장에 들어가서는 아니 된다. ⑤ 경찰관은 현장에서 발견된 수사자료 중 햇빛, 열, 비, 바람 등에 의하여 변질, 변형 또는 멸실할 우려가 있는 것에 대하여는 덮개로 가리는 등 적당한 방법으로 그 원상을 보존하도록 노력하여야 한다.

5) 현장에서의 수사(해양경찰청 범죄수사규칙)

현장에서의 수사사항은 일시 관계, 장소관계, 피해자와 피의자 관계를 6하 원칙 또는 8하 원칙에 따라 파악하는 것을 말한다.

현장에서의 수사사항 (제169조)	① 경찰관은 현장에서 수사를 할 때는 현장 감식 그 밖의 과학적이고 합리적인 방법에 의하여 다음의 사항을 파악하여야 한다. 1. 일시 관계 가. 범행의 일시와 이를 추정할 수 있는 사항 나. 발견의 일시와 상황 다. 범행당시의 기상 상황 라. 특수일 관계(시일, 명절, 축제일 등) 마. 그 밖의 일시에 관하여 참고가 될 사항 2. 장소 관계 가. 현장으로 통하는 도로와 상황 나. 가옥 그 밖의 현장근처에 있는 물건과 그 상황 다. 현장 방실의 위치와 그 상황 라. 현장에 있는 기구 그 밖의 물품의 상황 마. 지문, 족적, DNA시료 그 밖의 흔적, 유류품의 위치와 상황 바. 그 밖의 장소에 관하여 참고가 될 사항 3. 피해자 관계 가. 범인과의 응대 그 밖의 피해 전의 상황 나. 피해 당시의 저항자세 등의 상황 다. 상해의 부위와 정도, 피해 금품의 종류, 수량, 가액 등 피해의 정도 라. 시체의 위치, 창상, 유혈 그 밖의 상황 마. 그 밖의 피해자에 관하여 참고가 될 사항 4. 피의자 관계 가. 현장 침입 및 도주 경로 나. 피의자의 수와 성별 다. 범죄의 수단, 방법 그 밖의 범죄 실행의 상황 라. 피의자의 범행동기, 피해자와의 면식 여부, 현장에 대한 지식 유무를 추정할 수 있는 상황 마. 피의자의 인상 · 풍채 등 신체적 특징, 말투 · 습벽 등 언어적 특징, 그 밖의 특이한 언동 바. 흉기의 종류, 형상과 가해의 방법 그 밖의 가해의 상황 사. 그 밖의 피의자에 관하여 참고가 될 사항

6) 증거물의 보존(해양경찰청 범죄수사규칙)

증거물의 재감식을 대비하고, 증거물을 상세히 적거나 사진촬영, 자료수집과정을 녹화해야 하며, 국립과학수사연구원 등에 감정을 의뢰하는 경우 감정의뢰서를 작성한다.

재감식을 위한 고려 (제171조)	혈액, 정액, 타액, 대소변, 장기, 모발, 약품, 음식물, 폭발물 그 밖에 분말, 액체 등을 감식할 때에는 되도록 필요 최소한의 양만을 사용하고 잔량을 보존하여 재감식에 대비하여야 한다.
증거물의 보존 (제172조)	① 경찰관은 지문, 족적, 혈흔 그 밖에 멸실할 염려가 있는 증거물은 특히 그 보존에 유의하고 검증조서 또는 다른 조서에 그 성질 형상을 상세히 적거나 사진을 촬영하여야 한다. ② 경찰관은 시체해부 또는 증거물의 파괴 그 밖의 원상의 변경을 요하는 검증을 하거나 감정을 위촉할 때에는 변경 전의 형상을 알 수 있도록 유의하여야 한다. ③ 경찰관은 중거물 또는 유류물 그 밖의 자료를 발견하였을 때에는 증거물의 위치를 알 수 있도록 원근법으로 사진을 촬영하되 가까이 촬영할 때에는 되도록 증거물 옆에 자를 놓고 촬영하여야 한다. ④ 경찰관은 증명력의 보전을 위하여 필요하다고 인정되는 참여인을 함께 촬영하거나 자료 발견 연월일시와 장소를 기재한 서면에 참여인의 서명을 요구하여 이를 함께 촬영하고, 참여인이 없는 경우에는 비디오 촬영 등으로 현장상황과 자료수집과정을 녹화하여야 한다.
감정의 위촉 (제173조)	① 경찰관은 「형사소송법」에 따라 수사에 필요하여 국립과학수사연구원 등에게 감정을 의뢰하는 경우에는 감정의뢰서에 따른다. ② 경찰관은 ① 이외의 감정기관이나 적당한 학식 · 경험이 있는 사람에게 감정을 위촉하는 경우에는 「경찰수사규칙」 감정위촉서에 따르며, 이 경우 감정인에게 예단이나 편견을 생기게 할 만한 사항을 적어서는 아니 된다. ③ 경찰관은 감정을 위촉하는 경우에는 감정인에게 감정의 일시, 장소, 경과와 결과를 관계자가 용이하게 이해할 수 있도록 간단명료하게 기재한 감정서를 제출하도록 요구하여야 한다.

2. 긴급 배치(해양경찰청 수사 긴급 배치규칙)

1) 의의

긴급배치란 중요사건이 발생하였을 때, 적시성이 있다고 판단되는 경우, 신속한 경찰력 배치, 범인의 도주로 차단, 검문검색을 통하여 범인을 체포하고 현장을 보존하는 등의 초동조치로 범죄수사자료를 수집하는 수사활동을 말한다(제2조).

2) 발령권자

긴급배치의 발령권자는 다음과 같다(제4조).

① 긴급배치를 사건발생지 관할해양경찰서 또는 인접 해양경찰서에 시행할 경우는 발생지 관할 해양경찰서장이 발령한다. 인접 해양경찰서가 인접 지방해양경찰청 관할인 경우도 같다.

② 긴급배치를 사건발생지 지방해양경찰청의 전 해양경찰서 또는 인접 지방해양경찰청에 시행할 경우는 발생지 지방해양경찰청장이 발령한다.

③ 전국적인 긴급배치는 해양경찰청장이 발령한다.

발령권자는 긴급배치를 함에 있어, 사건의 종류, 규모, 태양, 범인 도주 및 차량 이용 등을 감안하여 긴급배치 수배서에 의해 신속히 긴급배치 수배를 하여야 한다. 2개 이상의 해양경찰서 또는 지방해양경찰청에 긴급배치를 발령을 할 경우, 발령권자는 긴급배치 수배사항을 관련 해양경찰서에 통보를 하여야 하며, 통보를 받은 해당 해양경찰서장은 지체없이 긴급배치를 하여야 한다.

3) 범위

긴급배치는 사건의 긴급성 및 중요도에 따라 갑호, 을호로 구분 운용하며, 긴급배치 종별, 사건범위는 다음과 같다(제3조).

갑 호	을 호(21 간부)
살인, 강도, 강간, 약취유인 방화사건 2. 기타 중요사건 인사사고를 동반한 선박충돌 도주사건, 총기 대량의 탄약 및 폭발물 절도, 구인 또는 구속 피의자 도주(21 간부)	중요 상해치사 2. 5,000만원 이상 다액절도, 관공서 및 국가 중요시설 절도, 국보급 문화재 절도 3. 기타 해양경찰관서장이 중요하다고 판단하여 긴급배치가 필요하다고 인정하는 사건

4) 경력 동원 기준

긴급배치 종별에 따른 경력동원 기준은 다음과 같다(제7조).

① **갑호배치:** 형사(수사)요원, 형사기동정요원, 해양파출소 요원은 가동경력 100%

② **을호배치:** 형사(수사)요원, 형사기동정요원은 가동경력 100%, 해양파출소 요원은 가동경력 50%

발령권자는 긴급배치 실시상 필요하다고 인정할 때는 전항의 규정에 불구하고 추가로 경력을 동원 배치할 수 있다.

Ⅱ. 수사 유형

1. 수법 수사

1) 수법수사의 개념

범죄수법(MO: Modus Operandi)이란 범인이 일정한 수단·방법으로써 반복하여 범행하는 유형으로 범죄의 일시·장소, 수법범죄자의 인적 특징, 범죄행위에 나타난 수단·방법 등에 의하여 범인을 식별하려는 정형을 말한다.[34]

수법수사란 검거한 피의자와 발생사건의 범죄현장 등에서 채집한 범행수단과 방법, 습벽 등 인적·물적 특징자료를 체계적으로 분류·수사 자료화 하고, 차후 발생하는 사건의 범죄현장과 검거한 피의자로부터 채집한 특징을 비교·분석함으로써 사건의 동일성, 검거 피의자의 여죄, 동일수법 용의자를 특정하는 수사 활동을 말한다.

2) 범죄 수법의 특성

범죄수법의 특성을 학문적으로 연구하여 이론화한 것은 19세기 말엽 오스트리아의 형사학자겸 예심판사였던 한스 그로스(Hans Gross: 1847－1915)이다. 그는 범죄수법의 특성으로서 반복성(관행성)과 필존성을 들고 있다.

(1) 반복성

범죄수법은 개인적 습벽·특징 때문에 일정한 수단과 방법으로 정형화하여 고정되고 계속 반복되는 경향이 있다. 특히 상습범들은 다음과 같은 특성을 갖는다.

① 그들의 범죄수법이 일정한 정형으로 고정되는 경향이 있다.

② 그때그때 용이하게 변경되지 않고 계속 반복적으로 행한다.

③ 개인적 습벽이나 특징이 나타난다.

34) 전대양(2009). 범죄수사, 21세기사, p. 453.

(2) 필존성

강도나 살인사건의 경우 다음과 같은 조건이 구비되어야 완전범죄에 해당한다고 한다.

① 흉기는 철저하게 현장에 있는 것을 활용한다.
② 알리바이(Alibi)를 완벽하게 위장한다.
③ 피해자를 완전히 살해한다.
④ 특징 있는 물건에는 손대지 않는다.
⑤ 범죄현장에 일체의 증거를 남기지 않는다.
⑥ 일면식도 없는 사람을 피해자로 선정한다. 위와 같은 조건들을 충족하는 것은 현실적으로 쉬운 일이 아니고 불가능에 가깝다.[35]

2. 공조 수사

1) 개설

(1) 의의

공조수사란 경찰관서 상호가 자료를 수집하고 수배·통보·조회·촉탁 또는 합동수사를 함으로써 범인, 여죄, 장물, 범죄경력, 신원불상자의 신원을 확인하고 범인을 검거하고 범죄를 구증하기 위한 과학적이고 종합적이며 입체적인 일련의 조직수사활동을 말한다. 이러한 공조수사에는 수법수사·수배·조회·수사본부의 운영 등 경찰수사 업무의 효율적인 수행을 위한 필수적인 수사활동이다.

(2) 필요성

범죄추세가 날로 광역화·기동화 함에 따라 사건 발생지 경찰서에서 모든 사건을 해결한다는 것은 현실적으로 불가능하므로 지역책임제에 기초하되 관서간의 연결고리의 형성이 요구되고 공조수사는 이 연결고리에 해당한다.

2) 공조수사의 당사자

해양경찰서, 파출소 상호 간 내지 각 관서내의 부서 상호 간, 나아가서 횡적·종적 직원 상호 간까지도 포함시켜 파악할 필요가 있으며, 대외적으로 각 부처 또는

35) 전대양(2002). 현대사회와 범죄, 형설출판사, p. 414.

유관단체와 개인과의 협조 내지 국제협정에 의한 형사기구까지를 의미한다.

3) 공조수사의 종류

(1) 평상공조와 비상공조

① **평상공조:** 예견 가능한 일반적인 공조로서 수배, 통보, 조회, 촉탁 등

② **비상공조:** 중요 특이사건 발생 등 특수한 경우의 공조로서 수사비상배치, 수사본부설치운영, 특별사법경찰관리 등과의 합동수사 등이 그 예이다.

(2) 횡적 공조와 종적 공조

횡적 공조는 지방해양경찰청, 해양경찰서, 파출소 상호 간은 물론 관서내의 각부서 상호 간 내지 횡적 동료 상호 간의 수사공조로서 정보의 교환, 수사자료의 수집활동, 수배통보, 촉탁 또는 합동수사 등을 말하고, 종적 공조는 상·하급 관서는 물론 관서내의 상·하급 부서 내지 상·하급자 상호 간의 상명하복 관계를 의미하지만 지배와 피지배 질서가 아니라 하나의 공조수사 개념으로 승화시켜야 한다.

(3) 자료 공조와 활동 공조

① **자료 공조:** 자료의 수집과 조회제도, 자료 공조제도야 말로 모든 공조 제도의 기본이며 이상이다.

② **활동 공조:** 수사비상배치, 불심검문, 미행, 잠복, 현장긴급출동

4) 공조수사와 개별수사의 합리적 공존

자기 책임을 다하기 위하여 자기 분담업무를 전체 업무보다 우선하려는 속성이 있으며, 한편 전체를 통할하는 입장에서는 개별 분담자로 하여금 개인보다는 전체에 우선을 둘 것을 요구하게 된다. 이 양자는 항상 균형을 이루도록 하여야 한다.

3. 수배 제도(해양경찰 수사규칙)

1) 지명 수배(제45 · 46조)

대 상	① 사법경찰관리는 다음의 어느 하나에 해당하는 사람의 소재를 알 수 없을 때에는 지명수배 가능. 1. 법정형이 사형, 무기 또는 장기 3년 이상의 징역이나 금고에 해당하는 죄를 범했다고 의심할 만한 상당한 이유가 있어 체포영장 또는 구속영장이 발부된 사람 2. 지명통보의 대상인 사람 중 지명수배를 할 필요가 있어 체포영장 또는 구속영장이 발부된 사람 ② 긴급체포를 하지 않으면 수사에 현저한 지장을 초래하는 경우에는 영장을 발부받지 않고 지명수배할 수 있다. 이 경우 지명수배 후 신속히 체포영장을 발부받아야 하며, 체포영장을 발부받지 못한 때에는 즉시 지명수배를 해제해야 한다.
발견시 조 치	① 사법경찰관리는 지명수배자를 발견한 때에는 체포영장 또는 구속영장을 제시하고, 수사준칙에 따라 권리 등을 고지한 후 체포 또는 구속하며 권리 고지 확인서를 받아야 한다. 다만, 체포영장 또는 구속영장을 소지하지 않은 경우 긴급하게 필요하면 지명수배자에게 영장이 발부되었음을 고지한 후 체포 또는 구속할 수 있으며 사후에 지체 없이 그 영장을 제시해야 한다. ② 사법경찰관은 영장을 발부받지 않고 지명수배한 경우에는 지명수배자에게 긴급체포한다는 사실과 수사준칙에 따른 권리 등을 고지한 후 긴급체포해야 한다. 이 경우 지명수배자로부터 권리 고지 확인서를 받고 긴급체포서를 작성해야 한다.

2) 지명 통보(제47 · 48조)

대 상	1. 법정형이 장기 3년 미만의 징역 또는 금고, 벌금에 해당하는 죄를 범했다고 의심할 만한 상당한 이유가 있고, 출석요구에 응하지 않은 사람 2. 법정형이 장기 3년 이상의 징역이나 금고에 해당하는 죄를 범했다고 의심되더라도 사안이 경미하고, 출석요구에 응하지 않은 사람
발견시 조 치	사법경찰관리는 지명통보된 사람을 발견한 때에는 지명통보자에게 지명통보된 사실, 범죄사실의 요지 및 지명통보한 해양경찰관서를 고지하고, 발견된 날부터 1개월 이내에 통보관서에 출석해야 한다는 내용과 정당한 사유 없이 출석하지 않을 경우 지명수배되어 체포될 수 있다는 내용을 통지해야 한다.

3) 공개수배(범죄수사규칙 제98조)

지방해양경찰청장은 지명수배를 한 후, 6개월이 경과하여도 검거하지 못한 사람들 중 다음 어느 하나에 해당하는 중요지명피의자를 매년 5월과 11월 연 2회 선정하여 수사국장에게 보고해야 한다.

① 강력범(살인 · 강도 · 성폭력 · 마약 · 방화 · 폭력 · 절도범을 말함)

② 다액 · 다수피해 경제사범, 부정부패 사범

③ 그밖에 신속한 검거를 위해 전국적 공개수배가 필요하다고 판단되는 사람

수사국장은 공개수배 위원회를 개최하여 중요지명피의자 종합 공개수배 대상자를 선정하고, 매년 6월과 12월 중요지명피의자 종합 공개수배 전단을 작성하여 게시하는 방법으로 공개수배할 수 있다.

4) 사건수배(범죄수사 규칙 제85조)

경찰관은 범죄수사와 관련하여 사건의 용의자와 수사자료, 그 밖의 참고사항을 다른 경찰관 및 해양경찰관서에 요구하는 것을 말한다.

4. 종합수사 지휘본부와 수사본부

1) 종합수사 지휘본부(해양경찰청 종합수사지휘본부 운영규칙)

개 념	각 지방해양경찰청 또는 해양경찰서의 수사본부의 수사활동을 지휘통제, 조정 및 감독하기 위한 종합 수사 지휘본부의 설치 · 운영한다.
설치와 기능 (제2 · 3조)	• 설치 ① 전국 또는 2개 이상 지방해양경찰청에 걸친 범죄의 광역수사에 있어서 필요하다고 인정하는 때에는 해양경찰청에 지휘본부를 설치 · 운영한다. ② 2개 이상의 경찰서에 걸친 범죄의 광역수사에 있어서 필요하다고 인정하는 때에는 지방해양경찰청에 지휘본부를 설치 · 운영한다. • 기능 1. 수사본부의 지휘, 통제 조정 및 감독 2. 종합적인 수사계획의 수립 3. 수사본부의 수사상황 등에 대한 종합적 분석 4. 당해 사건에 관한 각 시도의 공조 제보
구 성 (제4조)	① 지휘본부에는 본부장 1인, 부본부장 1인, 전임관 1인, 수사지도의 연락요원 및 그 밖에 필요한 요원을 둔다. ② 해양경찰청의 지휘본부 본부장은 해양경찰청의 수사국장이 되고, 지휘본부 부본부장은 형사과장이 된다. 지방해양경찰청의 지휘본부장은 수사정보과장이 되고, 지휘본부 부본부장은 수사계장이 된다.
수사본부와의관계 (제5조)	① 수사본부장은 지휘본부장의 지시에 따라 신속하게 수사를 하고 그 결과를 보고하여야 한다. ② 수사본부장은 정보 등 그밖에 수사자료를 얻었을 때는 필요한 긴급조치를 하는 동시 지체 없이 지휘본부장에게 보고하고 그 지휘를 받아야 한다. ③ 수사본부장은 정례 또는 수시로 수사상황을 지휘본부장에게 보고하여야 한다.

2) 수사본부(해양경찰청 수사본부 운영 규칙)

개 념	살인 등 그 밖에 중요사건이 발생한 경우에 경찰의 수사기능을 집중적으로 강력하게 운용함으로써 종합수사의 효율성을 제고하기 위하여 수사본부 설치운영
중요사건 (제2조)	1. 살인, 강도, 강간, 약취유인, 방화사건 2. 5인 이상 상해 또는 업무상과실치사상 사건 3. 국가중요시설물 파괴 및 인명피해가 발생한 테러사건 또는 그러한 테러가 예상되는 사건 4. 〈삭 제〉 5. 집단 특수공무집행 방해사건 6. 선박의 충돌 · 침몰 · 도주사건 7. 기름 또는 유해물질 30㎘ 이상 해양오염사고 8. 그 밖의 사회적 이목을 집중시키거나 중대한 영향을 미칠 우려가 있는 사건
수사본부 의 설치 (제3조 · 4조)	• 설치 ① 해양경찰청장은 중요사건이 발생한 경우, 필요하다고 인정할 때에는 지방해양찰청장에게 수사본부 또는 합동수사본부의 설치를 명하여 그 사건을 특별수사하게 할 수 있고, 이 경우 지방해양경찰청장은 수사본부를 설치하여야 한다. ② 지방해양경찰청장은 제2조의 중요사건이 발생한 경우, 필요하다고 인정할 때에는 수사본부를 설치하거나 해양경찰서장에게 수사본부의 설치를 명하여 그 사건을 특별수사하게 할 수 있다. ③ 수사본부에는 본부장, 부본부장, 수사전임관, 홍보관, 분석연구관, 지도관, 관리관 및 수사반을 둔다. ④ 국가기관간 공조수사가 필요한 경우 지방해양경찰청장은 관계기관과 합동수사본부를 설치 · 운용할 수 있으며, 수사본부의 조직, 설치장소, 인원구성, 수사분담 등에 관하여는 상호 협의하여 운용한다. • 수사본부의 설치장소 수사본부는 사건 발생지를 관할하는 해양경찰서에 설치함을 원칙으로 한다. 다만, 관계기관과 공조가 필요하거나 사건내용에 따라 다른 곳에 설치하는 것이 적당하다고 인정될 때에는 그러하지 아니한다.
수사 본부장 (제6조)	① 수사본부장은 다음의 어느 하나에 해당하는 자 중에서 지방해양경찰청장이 지명한다. 1. 지방해양경찰청 안전총괄부장 또는 지방해양경찰청 수사과장 2. 해양경찰서 수사과장

5. 장물 수사

1) 개념

장물수사란 범죄의 피해품을 정확히 조사하고 그 종류와 특징을 분명히 밝히는 동시에 그 이동 경로에 따라서 장물수배·장물품표의 발부·출입조사·불심검문 등을 실시하여 범인을 발견하고자 하는 수사 활동으로 절도범수사의 가장 기본적인 수사방법이다.

2) 장물수배(범죄수사규칙)

장물수배란 수사중인 사건의 장물에 관하여 다른 해양경찰관서 및 경찰관서에 그 발견을 요청하는 수배를 말한다. 경찰관은 장물수배를 할 때에는 발견해야 할 장물의 명칭, 모양, 상표, 품질, 품종 그 밖의 특징 등을 명백히 하여야 하며 사진, 도면, 동일한 견본·조각을 첨부하는 등 필요한 조치를 하여야 한다(제105조).

3) 장물수배서(범죄수사규칙)

해양경찰서장은 범죄수사상 필요하다고 인정할 때에는 장물과 관련있는 영업주에 대하여 장물수배서를 발급할 수 있으며, 장물수배서는 다음의 3종으로 구분한다(제106조).

특별중요장물수배서	홍색	수사본부를 설치한 사건에 관하여 발부하는 경우의 장물수배서
중요장물수배서	청색	수사본부를 설치하고 있는 사건 이외의 중요사건
보통장물수배서	백색	기타 사건

6. 알리바이 수사

1) 개념

'알리바이(Alibi)'란 범죄의 혐의자가 범죄가 행하여진 시간에 범죄현장 이외의 장소에 있었다는 사실을 입증함으로써 범죄현장에는 있지 않았다는 사실을 증명하는 현장부재증명이다. 현장부재증명이 진실이라면 물리적으로 한 사람이 같은 시간에 2개 장소에 있을 수 없으므로 종국적으로는 혐의자가 범죄를 행하지 않았다는 것을 증명한다. 최근에는 통신 수단의 발달로 핸드폰이나 인터넷 등의 사용이 많아 핸드폰이나 인터넷 등의 통화(위치) 혹은 접속 기록이 알리바이수사에 응용되기도 한다.

2) 종류

(1) 절대적 알리바이

범죄가 행하여진 그 시각에는 혐의자가 현실적으로 범죄현장 이외의 다른 장소에 있었다는 사실이 명확하게 증명되는 경우이다.

(2) 상대적 알리바이

범죄발생 전·후의 시각을 고려하여 용의자가 도저히 범죄현장에는 도달하지 못할 것이라고 인정되는 경우이다.

(3) 위장 알리바이

사전에 계획적으로 자기의 존재를 확실히 인상 깊게 해놓고 그 사이에 극히 단시간 내에 범죄를 감행하는 경우를 말한다.

(4) 청탁 알리바이

범죄 실행 후 자기의 범행사실을 은폐하기 위하여 가족·동료·친지에게 시간과 장소를 약속 또는 청탁해 놓는 경우를 말한다.

7. 유류품 수사

1) 개념

유류품수사란 범죄현장과 그 주위에 남겨져 있는 범인의 흉기, 착의 등과 같은 유류품에 대하여 그 출처를 찾아 범인을 색출하는 수사방법을 말한다.

2) 유류품의 종류

(1) 좁은 의미의 유류품

좁은 의미의 유류품이란 범인이 범죄현장과 그 주위에 그가 소지 또는 휴대하고 있었던 흉기·의류·휴지 등을 남겨놓은 것을 말한다.

(2) 범죄흔적

범죄흔적은 범인이 범죄현장과 그 주위에 남겨놓은 물건의 흔적, 차바퀴 자국,

도구의 흔적 등과 같은 것으로 유류품과 같이 수사에 활용할 수 있는 것들이다.

지문·장문·족문·체액 및 정액 등의 신체적인 소산물인 유류물은 원칙적으로 유류품수사에는 해당되지 않는다.36)

3) 유류품의 가치

(1) 범인의 추정

범죄현장에서 발견한 유류품에 범인의 신분증이 있거나 성명이 기재되어 있는 경우는 직접 범인을 추정할 수 있다. 또 범인의 가족이나 친구 등의 성명이 기입되어 있는 유류품을 발견하였을 때에도 그 출처를 확인하여 범인을 직접 추정 할 수 있다.

(2) 범인의 속성 추정

유류품에서 범인의 속성을 추정할 수 있는 경우는 다음과 같다.37)

① 유류된 담배꽁초를 수거하여 꽁초에 묻은 타액을 검사함으로써 범인이 어떤 혈액형인가를 알 수 있다.
② 유류품의 마멸상태로 범인이 기물을 사용할 때의 버릇이나 직업적인 특징을 발견할 수 있다.
③ 의류 등에서 범인의 연령·신장·체격 등을 추정할 수 있다.
④ 유류품의 부착물에서 범인의 직업 및 행동범위를 추정할 수 있다.
⑤ 범인이 유류한 고무신·운동화·구두 등에서 범인의 직업·신분 등을 추정할 수 있다.
⑥ 먹다 남은 음식물에 치흔이 명료할 때에는 그 형상·특징·입의 대소 등을 추정할 수 있으며 과일 등의 기호·생활정도·껍질 벗기는 특별한 버릇 등이 추정된다.

8. 감별수사

1) 의의

감별수사(鑑別搜査)는 횡적수사의 일종으로 감수사(鑑搜査)라고도 한다. 즉, 범인과 피해자 간에 존재하는 각종 사정이나 관계 혹은 범인과 범행 장소 및 그 주변의 지역 간에 존재하는 각종 사정·관계 등에 근거를 두고 수사하는 방법을 말한다.

---

36) 양태규(2004). 과학수사론, p. 246.

37) 상게서, p. 247.

감별수사는 범죄현장에 나타난 여러 가지 수사 자료나 수집된 범죄수법 등 유·무형의 수사 자료를 통해 피해자나 범행지에 관한 범인의 지식유무를 판단함으로써 범인을 추정·검거하는 수사방법이다.

2) 감의 종류

감이란 보통 범인과 '어떤 관계'에 있는 것을 말한다. 실무상 연고감과 지리감이 있다. 농감·박감·직접감·간접감 등의 용어들이 쓰이고 있다. (18 채용, 19 간부)

(1) 연고감: 범인과 피해자(피해자의 가족과 피해가옥 포함)와의 관계 유무를 말한다.
(2) 지리감: 범인과 범행 장소 및 그 주변 지역과의 관계 유무를 말한다.
(3) 농감(濃鑑)은 위에서 말한 그 관계들이 밀접한 것이고, 박감(薄鑑)은 상대적으로 그 관계가 희박한 것이다.
(4) 직접감은 범인과 직접적인 관련성이 있는 것이며, 간접감은 간접적인 관련성, 즉 범인이 직접 그 사정을 알고 있는 것이 아니라 타인으로부터 얻어들은 지식을 가지고 범행한 경우를 말한다.

3) 원리

범인은 자신과 관계가 있거나 사정을 잘 아는 사람이나 장소를 선정하게 된다. 피해자 또는 범행 장소에 관한 범인의 사전 지식의 여부가 범죄현장에 남아 있기에 감별수사는 이런 범인의 범행 심리를 응용하여 수사를 추진시켜 범인검거에 도달하는 수사방법이다. 감별수사는 범인과 피해자와의 관계를 검토함으로써 ① 향후 수사방침의 기초설정, ② 용의자에 대한 결정적 판단자료 제공, ③ 유력한 정황 증거 및 ④ 수법이 비슷한 전과자 대상 수사로 용의자를 압축함으로써 수사범위를 축소할 수 있다.

9. 수사 관할(해양경찰청 사건의 관할 및 관할사건수사에 관한 규칙)

1) 사건의 관할

사건의 관할은 범죄지, 피의자의 주소·거소 또는 현재지를 관할하는 해양경찰서를 기준으로 하고, 사건관할이 다른 수개의 사건에 관련된 때에는 1개의 사건에 관하여 관할이 있는 해양경찰서는 다른 사건까지 병합하여 수사할 수 있다(제5조).

2) 사건별 수사 관할

사건관할이 불분명한 경우의 관할지정, 소속공무원 사건, 해양경찰청의 수사대상, 지방해양경찰청의 수사대상으로 구분할 수 있다. 수사 중 다른 해양경찰관서에 소재하는 수사대상에 대하여 수사를 촉탁할 수 있다. 다만, 피의자 조사는 현장진출이 곤란한 경우로 한정한다(제10조).

수사촉탁 처리기한(연기 가능)은 ① 피의자 조사: 20일, ② 고소인, 고발인, 참고인 등 조사: 15일, ③ 소재수사, 사건기록 사본 송부: 10일이다(제12조).

사건관할이 불분명한 경우의 관할지정 (제6조)	① 다음의 사건 중 범죄지나 피의자가 불명확한 경우에는 특별한 사정이 없는 한 사건을 최초로 접수한 관서를 사건의 관할관서로 한다. 1. 전화, 인터넷 등 정보통신매체를 이용한 범죄 2. 버스, 선박, 항공기 등 교통수단 이동 중에 발생한 범죄 3. 그 밖에 해양경찰청장이 정하는 범죄 ② 외국에서 발생한 범죄의 경우에도 사건을 최초로 접수한 관서를 사건의 관할관서로 한다. 다만, 사건접수 단계부터 피의자가 내국인으로 특정된 경우에는 피의자의 주소 · 거소 또는 현재지를 관할하는 해양경찰서를 관할관서로 한다. ③ 국내 또는 국외에 있는 대한민국 및 외국국적 항공기 내에서 발생한 범죄에 관하여는 출발지 또는 범죄 후의 도착지를 관할하는 해양경찰서를 관할관서로 한다. ④ 경찰청, 군수사기관, 철도특별사법경찰대 등 다른 국가기관과 협의하여 정한 협정 등이 있으면 이를 이 규칙보다 우선하여 적용한다.
소속 공무원 관련 사건의 관할 지정 (제6조의2)	① 경찰관 등 해양경찰관서에서 근무하는 공무원이 피의자, 피혐의자, 피고소인, 피진정인 또는 피해자, 고소인, 고발인, 진정인, 탄원인인 모든 사건은 해당 공무원의 소속 경찰관서가 아닌 동일 법원관할 내 인접 해양경찰관서 중 상급 해양경찰관서장의 지휘를 받아 지정된 관서를 사건의 관할관서로 한다. ② 긴급 · 현행범체포 등 즉시 현장조치가 필요한 경우, 관할관서 또는 최초 신고접수서에서 우선 피의자 검거 및 초동조치를 취한 후 즉시 상급관서의 지휘를 받아 동일 법원관할 내 인접 경찰관서 중 지정된 경찰관서로 이송하여야 한다. ③ 인접 해양경찰관서에서 수사하는 것이 수사의 신속성 · 효율성을 현저히 저해하거나, 해당 공무원의 소속 해양경찰관서에서 수사하더라도 수사공정성에 지장이 없음이 명백한 경우에는 상급 해양경찰관서장의 승인을 받아 계속 수사할 수 있다.
사건관할의 유무에 따른 조치 (제7조)	① 경찰관은 사건의 관할 여부를 불문하고 접수해야 한다. ② 경찰관은 사건의 관할이 인정되면 다른 해양경찰관서에 이송하지 않고 수사해야 한다. ③ 사건을 접수한 관서는 일체의 관할이 없다고 판단되는 경우에는 사건의 관할이 있는 관서에 이송해야 한다. ④ 사건의 이송은 원칙적으로 범죄지를 관할하는 관서에 우선적으로 해야 한다. ⑤ 범죄지가 분명하지 않거나 사건의 특성상 범죄지에 대한 수사가 실익이 없어 범죄지를 관할하는 관서에 이송하는 것이 불합리한 경우에는 피의자의 주소 · 거소 또는 현재지를 관할하는 관서로 이송할 수 있다. 다만, 본문에도 불구하고 사건의 관할이 중첩되거나 분명하지 아니한 경우에는 최초로 사건을 접수한 관서에서 수사해야 한다.

해양경찰청과 지방해양경찰청의 수사대상 (제13 · 14조)	• 해양경찰청의 수사대상 1. 수사관할이 수개의 지방해양경찰청에 속하는 사건 2. 고위공직자 또는 경찰관이 연루된 비위 사건으로 해당관서에서 수사하게 되면 수사의 공정성이 의심받을 우려가 있는 경우 3. 해양경찰청장이 수사본부 또는 특별수사본부를 설치하여 지정하는 사건 4. 그 밖에 사회적 이목이 집중되거나 파장이 큰 사건으로 해양경찰청장이 특별히 지정하는 사건 • 지방해양경찰청의 수사대상 1. 지방해양경찰청 내 관할이 불명확하거나, 다수의 해양경찰서 관할지역에서 발생한 사건 2. 해당 해양경찰서에서 수사하기가 부적합한 경찰관 비위 사건 3. 그 밖에 지방해양경찰청장이 지정하는 사건

Ⅲ. 피의자 유치 및 호송(해양경찰청 피의자 유치 및 호송규칙)

피의자(피고인, 구류 처분을 받은 자 및 의뢰 입감자)의 유치 및 호송에 필요한 사항을 규정함을 목적으로 「해양경찰청 피의자 유치 및 호송규칙(훈령)」을 제정하여 운영하고 있다.

1. 유치인 보호

관리책임 (제4조)	① 유치인보호주무자: 해양경찰서 수사과장이 유치인보호주무자이다. 야간 또는 공휴일에는 당직사령 또는 해양경찰서장이 지정하는 자가 유치인보호주무자의 직무를 대리한다. ② 유치인보호관: 유치인 보호 및 유치장 관리를 담당하는 경찰관	
유치절차 (제7조)	① 동시에 3명(2명 X) 이상 입감시에는 경위 이상이 입회하여 순차적으로 입감(출감 X) ② 형사범과 구류, 19세 이상과 19세 미만(미성년), 사건 공범자, 신체 장애인 등은 유치실이 허용하는 범위 내에서 분리 유치한다.	
신체검사 (제8조)	외표검사	죄질이 경미하고 동작과 언행에 특이사항이 없으며 위험물 등을 은닉하고 있지 않다고 판단되는 경우에 눈으로 확인하고 손으로 가볍게 두드려 검사
	간이검사	탈의막 안에서 속옷은 벗지 않고 신체검사의를 착용한 상태(유치인의 의사에 따른다)에서 위험물 등의 은닉여부 검사
	정밀검사	살인, 강도, 절도, 강간, 방화, 마약류, 조직폭력 등 죄질이 중하거나 타인에 대한 위해 또는 자해할 우려가 있을 때 탈의막 안에서 속옷을 벗고 신체검사의로 갈아입은 후 정밀하게 위험물 등의 은닉여부를 검사
접견 요령 (제38조)	유치인의 접견시간은 1회에 30분 이내, 접견횟수는 1일 3회 이내로 하여 접수순서에 따라 접견자의 수를 고려 균등하게 시간을 배분해야 한다(변호인과의 접견은 예외). (21 간부)	

2. 여성의 유치(12조)

1) 여성은 남성과 분리하여 유치해야 한다.

2) 유아 대동

(1) 해양경찰서장은 여성유치인이 친권이 있는 18개월 이내의 유아의 대동(對同)을 신청한 때에는 다음 어느 하나에 해당하는 사유가 없다고 인정되는 경우 이를 허가해야 한다. 이 경우 유아의 양육에 필요한 설비와 물품의 제공, 그 밖에 양육을 위하여 필요한 조치를 해야 한다.

① 유아가 질병 · 부상, 그 밖의 사유로 유치장에서 생활하는 것이 적당하지 않은 경우
② 유치인이 질병 · 부상, 그 밖의 사유로 유아를 양육하는 것이 적당하지 않은 경우
③ 유치장에 감염병이 유행하거나 그 밖의 사정으로 유아의 대동이 적당하지 않은 경우

(2) 유아의 대동 허가를 받으려는 자는 해양경찰서장에게 유아대동신청서를 제출해야 하며, 해양경찰서장이 이를 허가할 때에는 해당 신청서를 입감지휘서에 첨부해야 한다.

(3) 해양경찰서장은 유아의 대동을 허가하지 않은 경우에는 「형의 집행 및 수용자의 처우에 관한 법률 시행령」 제80조의 규정에 따라 해당 유치인의 의사를 고려하여 유아보호에 적당하다고 인정하는 개인 또는 법인에게 그 유아를 보낼 수 있다. 다만, 적당한 개인 또는 법인이 없는 경우에는 해양경찰서 소재지 관할 시장·군수 또는 구청장에게 보내서 보호하게 해야 한다.

(4) 유치장에서 출생한 유아에게도 (1) 및 (3)의 규정을 준용한다.

3. 호송

종류 (제46조)	이감호송	다른 곳으로 이동하거나 특정관서에 인계하는 호송 〈20경간〉
	왕복호송	특정장소에서 용무를 마치고 다시 돌아오는 호송
	집단호송	한 번에 다수의 피호송자를 호송
	비상호송	전시, 사변, 비상사태, 천재 · 지변에 피호송자를 다른 곳으로 호송 〈18경간〉
지휘감독관 (제48조)	① 호송인원이 어떠한 경우라도 호송관 2명 이상 지정, 조건부순경 또는 의무경찰만으로 지명할 수 없다. ② 경위 1인: 호송관이 5명 이상일 때	

포박 (제49조, 제50조)	① 호송관은 반드시 호송주무관의 지휘에 따라 포박하기 전에 피호송자에 대하여 안전호송에 필요한 신체검색을 실시해야 한다. ② 호송관서를 출발하기 전에 반드시 수갑을 채우고 포박하여야 한다. 다만, 구류선고 및 감치명령을 받은 자와 고령자, 장애인, 임산부 및 환자 중 주거와 신분이 확실하고 도주의 우려가 없는 자에 대하여는 수갑 등을 채우지 아니한다. ③ 개인별로 포박한 후 2-5인을 1조로 상호 연결하여 포승
호송시간 (제54조)	호송은 일출 전 또는 일몰 후에 할 수 없다. 다만, 기차, 선박 및 차량을 이용하는 때 또는 특별한 사유가 있는 때에는 그러하지 아니한다.
호송수단 (제55조)	호송수단은 경찰호송차 기타 경찰이 보유하고 있는 차량에 의함을 원칙으로 하여야 한다. 다만, 경찰차량을 사용할 수 없거나 기타 특별한 사유가 있는 때에는 도보나 경비정, 경찰항공기 또는 일반 교통수단을 이용할 수 있다.

4. 사고발생시 조치(제65조)

도주시	① 사고발생지 해경서에 신고하고, 소속 기관장에 보고하며 즉시 보고할 수 없는 때에는 신고관서에 보고를 의뢰할 수 있다. ② 호송관서의 장은 즉시 상급 감독관서 및 관할 검찰청에 보고, 인수관서에 통지, 도주피의자 수사에 착수하며, 사고발생지 해양경찰서장에게 수사를 의뢰하여야 한다. ③ 호송관계 서류 및 금품은 호송관서(발생지 관서 X)에서 보관한다.
발병시	① 경증: 당일 호송을 마칠 수 있을 때에는 호송관이 응급조치 후 계속 호송 ② 중증: 피호송자, 서류, 금품을 발병지에서 가까운 해양경찰서에 인도 - 인수 경찰관서에서 질병 치료 후 상태를 호송관서 및 인수관서에 통지 - 질병이 치유된 때에는 호송관서(인수관서 X)에 통지하고 치료한 관서에서 호송 - 단, 24시간내 치유 가능 진단시에는 치료 후 호송관서에서 계속 호송
사망시	① 사망지 관할 해양경찰관서에 신고하고 시체와 서류 및 영치금품은 신고관서에 인도 ② 인도 받은 해양경찰관서는 호송관서와 인수관서에 사망일시, 원인 등을 통지하고, 서류와 금품은 호송관서에 송부 ③ 호송관서의 장은 통지받은 즉시 상급 감독관서 및 관할 검찰청에 보고하는 동시에 사망자의 유족 또는 연고자에게 이를 통지 ④ 통지 받을 가족이 없거나, 통지를 받은 가족이 통지를 받은 날부터 3일 내에 그 시신을 인수하지 않으면 구, 시, 읍, 면장에게 가매장을 하도록 의뢰

5. 호송 중 유의사항

영치품 (제53조)	① 금전, 유가증권: 송부 원칙, 소액 또는 당일 호송 종료시에는 호송관에 탁송 가능 ② 물품: 호송관에 탁송 원칙, 위험 또는 휴대 부적당시 송부 가능 ③ 송치하는 금품을 호송관에게 탁송할 때에는 호송관서에 보관책임이 있고, 그렇지 아니한 때에는 송부한 관서에 그 책임이 있다.
호송비용 (제67조, 제68조)	① 여비, 식비, 기타 비용: 호송관서 부담 ② 피호송자의 사망, 발병시 비용: 인계받은 관서에서 부담 ③ 교도소 또는 유치장에 숙식: 당해 교도소 또는 해양경찰서에서 부담 ④ 피호송자가 식량, 의류, 침구 등을 자비 구입할 수 있을 때 호송관은 물품 구매 허가할 수 있음
총기휴대 (제70조)	호송관은 호송근무에 당할 때에는 호송관서의 장이 특별한 지시가 없는 한 총기를 휴대해야 한다.

SECTION

03 과학수사와 통신수사

Ⅰ. 과학 수사

1. 과학수사와 법과학 및 범죄감식

1) 과학수사의 개념

범인을 발견하고 증거를 수집하여 사안의 진상을 밝히는 수사 활동에 과학적 지식·기술과 감식시설·장비·기자재 등을 체계적이며 합리적으로 활용하는 수사를 말한다. 종래 과학수사는 감정·감식을 지칭하는 의미로 통용되었으나 현재는 수사방법의 개선을 위한 의미로 과학적 방법을 이용하거나 과학적으로 행하는 모든 수사를 과학수사라고 한다.

과학기술의 발달에 따라 감정 및 감식 이외에도 과학과 관련된 수사방법이 개발될 여지가 크다. 미국에서는 첨단장비 및 컴퓨터의 이용과 더불어 수사·재판에서 이용 가능한 분야인 사회학의 행위형태 연구 등도 새로운 과학수사로 보고 있다.[38]

과학수사에서는 생물학·화학·물리학·생화학·독물학·혈청학 등 자연과학 분야의 지식은 물론 범죄학·사회학·철학·논리학·심리학 등 사회과학적 지식의 원리가 총동원된다.[39]

2) 법과학

법과학(forensic science)이란 일반적으로 과학적인 관찰과 실험 등을 통하여 수사 또는 재판에 필요한 증거자료를 제공하는 과학을 의미한다. 또한 감정·감식에 관한 과학을 총칭하며 법의학, 법의병리학, 법의혈청학, 법이화학, 법생물학, 문서감정학 등으로 나눌 수 있다.

---

38) Richard. Saferstenr저·박성우·홍성욱 번역(2005). 수사와 과학, 한림원, p. 2.

39) 최상규(1998). 과학수사 -이론과 실제, 법문사, p. 3.

법과학은 국가마다 분류가 다르지만 크게 법의학과 협의의 법과학으로 분류한다. 협의의 법과학은 법의학 이외의 분야로 보통 법과학이나 범죄감식과학이라 부른다.[40]

3) 범죄감식

법과학의 주요 내용을 이루는 것은 범죄감식이다. 범죄감식이란 현장감식에 의해 수사 자료를 발견하고 수집된 수사 자료를 과학적으로 분석하는 것이다. 범죄감식에는 자연과학적 지식과 기술이 응용됨은 물론이고 이미 수집되어 보관·분류되어 있는 조직적인 자료·시설이 활용된다. 따라서 범죄감식은 주관적 판단이나 근거 없는 추리가 아닌 합리적인 추리와 객관적인 증거를 확인하는 과학수사의 정수이다.

범죄감식의 분류는 자료감식과 기술감식으로 분류할 수 있다.[41]

자료감식이란 수집된 각종 기초자료를 범죄수사에 활용하는 것을 의미한다.

기술감식은 법의학·물리학·화학 등 자연과학적 지식과 기술 등을 활용하여 경험과 육감으로서 파악할 수 없는 사물을 판별하는 것을 말한다.

구 분	자 료 감 식	기 술 감 식
의의	수집된 각종 기초자료를 컴퓨터 등에 수록하여 집중 관리함으로써 필요 시 범죄수사에 활용하는 것	법의학 · 물리학 · 화학 등 자연과학적 지식과 기술 등을 활용하여 경험과 육감으로 파악할 수 없는 사물을 판별하는 것
내용	• 지문자료에 의한 신원, 범죄경력 확인 • 피의자 사진에 의한 범인 추정 • 수법원지에 의한 감식 • 족흔적 자료에 의한 용의자 추정	• 잠재지문, 족흔적, 혈흔 등의 채취 · 검사 및 감정 • 화재감식 • 필적감정, 사진촬영 • 성문감정 • 거짓말탐지기 검사

2. 해양경찰청 과학수사 기본규칙(훈령)

1) 개념(제2조)

해양경찰의 과학수사란 과학적으로 검증된 지식·기술·기법·장비·시설 등을 활용하여 현장감식 또는 감정 등을 통해 객관적·과학적 증거를 확보하기 위한 수사활동를 말한다.

---

40) 유영찬(2002). 법과학과 수사, 현암사, p. 23.

41) 日本鑑識實務硏究會(1978). 鑑識實務: その理論と實題, p. 47.

과학수사관	해양경찰청 과학수사팀 및 지방해양경찰청 과학수사계에 소속되어 과학수사 관련 업무를 수행하는 사람
현장감식	범죄가 행하여졌거나 행하여진 것으로 의심되는 사건현장에 임장하여 상황의 관찰 및 증거물의 수집 · 채취 등을 통해 사건의 진상을 파악하거나 범죄와 범인을 결부시킬 수 있는 증거자료를 확보하기 위한 수사 활동
감정(鑑定)	특별한 학식 · 경험 등의 자격을 갖춘 과학수사관이 과학수사 장비 또는 시스템 등을 활용하여 일정한 사실을 판단하는 것
과학적범죄분석 시스템(SCAS)	현장감식 및 증거물 수집 · 채취에 관한 정보, 증거물 감정 정보, 범죄분석을 위한 과학수사 데이터 등을 관리하는 전산시스템
지문자동검색 시스템(AFIS)	주민등록증 발급신청서 · 외국인의 생체정보 · 수사자료표 지문의 원본을 저장 · 관리하면서 변사자 또는 사건현장 등에서 채취한 지문과 비교하여 신원을 확인하는 전산시스템
선박충돌재현 시스템	해상에서 발생한 사고 선박의 시간대별 위치, 속력 및 침로(針路) 등의 자료를 바탕으로 항적을 재현하는 시스템

2) 현장 감식

현장감식은 ① 사건현장 보존 및 임장 → ② 현장관찰 및 기록 → ③ 증거물 수집·채취 → ④ 현장감식결과보고서 작성의 순서에 따라 하는 것을 원칙으로 한다(제11조).

과학수사관은 현장감식을 통하여 수집·채취한 증거물에 대한 감정 또는 해양경찰관서 수사부서의 장으로부터 의뢰받은 감정을 직접 하거나 외부 전문기관·단체·개인에게 의뢰할 수 있다(제27조).

과학수사관의 특수 현장감식 (제24조-제26조)	① 화재감식: 화재사건의 현장에서 증거물 수집, 발화점, 발화원인, 확산 과정, 범죄 혐의점 등을 조사하기 위한 감식. ② 선박감식: 선박의 충돌 · 좌초 · 침몰 등의 사건에 대한 사고원인 규명, 범죄 혐의점 등을 조사하기 위한 감식. ③ 수중감식: 수중현장에서 증거물 수집, 범죄 혐의점 등을 조사하기 위한 감식.
지문감정 (제29조)	신원확인을 위하여 변사자 또는 사건현장에서 현출한 지문의 문형, 특징(점, 단선, 접합, 도형 등), 그 밖에 지문에 나타난 정보를 지문자동검색시스템 등을 활용하여 동일지문인지를 감정하는 것.
폴리그래프 검사 (제30조)	① 피검사자의 심리상태에 따른 호흡, 혈압, 맥박, 피부전기저항 및 뇌파 등 생체 현상을 측정 · 분석하여 진술의 진위 등을 판단하는 것. ② 폴리그래프 검사는 피검사자가 동의한 경우에만 할 수 있다.

디지털포렌식 (제31조)	범죄와 관련된 증거를 찾기 위하여 「해양경찰청 디지털 증거의 처리 등에 관한 규칙」에 따라 디지털포렌식 방법으로 조사하는 것.
영상분석 (제32조)	범죄의 단서 또는 증거의 수집을 위해 사건과 관련된 폐쇄회로텔레비전(CCTV), 디지털 카메라, 디지털 캠코더, USB 메모리 등 각종 저장매체의 영상자료를 분석하는 것
선박충돌 재현(제33조)	선박충돌사건의 사고 상황 파악 · 분석 및 원인 규명을 위해 선박충돌재현시스템을 이용하여 재현하는 것.

3. 지문 수사

1) 지문의 정의

지문이란 손가락 끝마디의 안쪽에 피부가 융기(隆起)한 선 또는 점(융선)으로 형성된 각종 무늬를 말한다.

2) 주요 개념(해양경찰청 지문 및 수사자료표 등에 관한 규칙 제2조)

지문자동검색시스템(AFIS)	주민등록증발급신청서, 외국인지문원지, 별지 제2호 서식에 의한 수사자료표를 이미지 형태로 전산입력하여 필요시 단말기에 현출시켜 지문을 열람 · 대조확인할 수 있는 시스템
전자수사자료표시스템 (E-CRIS)	관련 DB자료 및 라이브 스캐너(생체지문인식기)로 신원을 확인하고 필요사항을 전산입력하는 등 수사자료표를 전자문서로 작성, 실시간 경찰청에 전송 관리하는 시스템
신원확인조회	신원을 확인할 필요가 있는 피의자, 변사자 등에 대하여 주민등록증발급신청서, AFIS, E-CRIS 등에 의해 신원을 확인하는 조회
현장지문	범죄현장에서 채취한 지문
준현장지문	피의자 검거를 위하여 범죄현장 이외의 장소에서 채취한 지문
관계자지문	현장지문 또는 준현장지문 중에서 피의자의 지문이 아닌 지문
유류지문	현장지문 또는 준현장지문 중에서 피의자가 유류하였다고 인정되는 지문
라이브스캐너 (생체지문인식기)	지문을 전자적으로 채취하는 장비

3) 지문의 종류 및 특성

종 류		내 용	
현장 지문	현재지문	① 가공을 하지 않고도 육안으로 식별되는 지문 ② 정상지문은 혈액, 먼지 등이 손가락에 묻은 후 인상된 지문 ③ 역지문은 먼지 쌓인 물체, 연한 점토 등에 인상된 지문으로 선의 고랑('골', 들어간 부분)과 이랑이 반대로 현출 ④ 먼지지문 채취방법: 사진촬영, 전사법, 실리콘러버법 ⑤ 혈액지문 채취방법: 사진촬영, 전사법(실리콘러버법 X)	
	잠재지문	인상된 상태로는 육안 식별되지 않고 이화학적 가공 후 가시상태로 되는 지문	
준현장 지문		범죄현장 이외의 장소에서 채취한 지문 예) 침입경로 · 도주경로 · 예비장소의 지문, 금은방 거래대장에 압날된 지문 등	
관계자 지문		현장 · 준현장 지문 중, 범인 이외의 자가 남긴 지문(피해자 등)	
유류 지문		현장 · 준현장 지문 중, 범인지문으로 추정되는 지문(관계자 지문을 제외한 지문)	
지문의 분류		궁상문	궁(弓)은 활. 활 모양의 지문으로 삼각도가 없음
		제상문	제(蹄)는 말발굽. 말발굽 모양의 지문으로 1개의 삼각도가 있음
		와상문	2개 이상의 삼각도가 있는 지문. 유태제형 와상문은 삼각도가 1개
		변태문	육손가락, 합지 등 위 분류에 속하지 않는 지문

4) 지문 채취방법(해양경찰청 지문 및 수사자료표 등에 관한 규칙 제14조)

신원확인조회서를 작성함에 있어 지문채취는 지문의 융선과 삼각도가 완전히 현출되도록 회전하여 채취해야 한다. 수사자료표 지문란에는 오른손 첫째 손가락의 지문을 채취하고 절단, 손상 등 그 밖에 사유로 지문을 채취할 수 없는 경우에는 ① 왼손 첫째 손가락 → ② 오른손 둘째 · 셋째 · 넷째 · 다섯째 손가락 → ③ 왼손 둘째 · 셋째 · 넷째 · 다섯째 손가락 순서에 의하여 지문을 채취한다.

5) 현장지문 채취방법

(1) 인상상태

① **먼지에 인상된 경우:** 사진촬영에 의한 방법, 전사판에 의한 방법, 실리콘러버에 의한 방법을 사용한다.

② **혈액으로 인상된 경우:** 사진촬영에 의한 방법, 전사판에 의한 방법을 사용한다.

(2) 전사법과 실리콘러버법

① **전사법:** 전사법은 평면체로부터 검출된 지문채취에 주로 사용하는 방법이다.

② **실리콘러버법:** 실리콘러버는 검체가 구면체 또는 요철면체일 때에 사용되며 주로 부패한 변사체의 지문이나 공구흔 채취에 사용된다. 실리콘러버법에 사용되는 기자재는 실리콘러버 · 경화제 · 플라스틱판 · 대가지 주걱 등이다.

6) 잠재지문 채취방법(21 1차)

잠재지문의 채취방법은 크게 고체법, 액체법, 기체법 및 기타 방법으로 나눌 수 있다.[42)]

(1) 고체법

고체법은 분말법이라고도 하는데 미세한 분말을 지문이 인상되었다고 생각되는 물체에 도포해서 분비물에 부착시켜 잠재지문을 검출하는 방법이다. 표면이 비교적 편편하고 매끄러우며 경질의 물체(도자기 · 창문 등)에 유류된 잠재지문을 채취하는데 적당하다. 고체법은 사용이 간단하고 지문검출 결과를 바로 얻을 수 있는 장점이 있는 반면에, 분말성분 중 일부(납)는 독성이 있어 인체에 해롭고, 지문 채취 시 붓에 의하여 지문의 손상이 있을 수 있다는 단점이 있다.

(2) 액체법

지두의 분비물들에 함유되어 있는 염분이나 단백질 등에 닌히드린용액이나 초산은용액을 분무하여 화학적 반응을 일으켜 지문을 검출하는 방법이다.

① 닌히드린용액법

의 의	땀이나 분비물 속에 함유되어 있는 아미노산에 닌히드린을 작용시켜 자청색(紫靑色)의 발색(發色)반응을 시키는 방법
물 체	종이류 등
기 재	닌히드린 용액, 스테인리스 용기, 전기다리미, 핀셋, 깔때기
사용방법	① 닌히드린 용액을 스테인리스 용기에 부은 후 검체를 담가서 적신 후 2분이 경과되면 용액이 증발한다. ② 전기다리미로 약 1분간 가열(加熱)하면 잠재지문이 검출된다. ③ 지문이 검출되면 사진촬영 한다(전사법을 활용하지 못함).

42) 전대양(2009). 범죄수사, 21세기사, pp. 561−565.

② 초산은 용액법

의 의	초산은 용액을 땀 속에 함유되어 있는 염분과 작용시켜 태양광선에 쬐여서 자색(紫色)으로 지문을 검출하는 방법
물 체	종이류 등
기 체	초산은 용액, 스테인리스 용기, 핀셋, 깔때기
사용방법	① 초산은 용액을 스테인리스 용기에 붓고 검체를 담가서 적신 후 약 5-10분 경과되면 액체의 물방울이 건조된다. ② 액 3-4분간 햇볕에 쬐이고 지문이 현출되면 중지한다. ③ 지문이 검출되면 사진촬영 한다(전사법을 활용하지 못함).

③ 벤지딘 용액법

혈액으로 인상된 지문은 칼라로 사진촬영 하는 것이 좋다. 칼라로 촬영하여 좋은 결과를 얻지 못한다고 인정되는 것에 대해서는 벤지딘 알코올포화용액에 3분의 1의 '옥시풀'을 가한 것을 분무하면 짙은 청색의 지문이 검출되므로 이것을 사진촬영 한다.

④ 치오시안산 용액법

치오시안산 용액을 분무하여 먼지에 찍힌 불선명한 잠재지문을 적갈색으로 검출하여 사진촬영을 한다.

(3) 기체법

지문 속에 함유되어 있는 염분이나 지방분 및 아미노산 등과 화학반응을 일으켜 지문을 현출하는 옥도가스나 오스믹산 등을 활용하는 방법이다.

① 옥도가스법

의 의	옥도가스(요오드 가스)를 사용하여 잠재지문의 지방분에 작용시켜 다갈색으로 착색되어 지문을 검출하는 방법
물 체	종이류, 목재류, 초자류, 도자기류 등
기 재	옥도분무기(옥도결정, 염화칼슘, 석면, 유리초자관)
사용방법	① 초자관(일명 호발기)안에 석면, 염화칼슘, 석면, 옥도결정, 석면 순으로 넣은 다음, 입으로 가볍게 불어서 옥도를 증발시켜 검체에 뿜으면 다갈색으로 착색되어 지문이 검출된다. ② 지문이 검출되면 사진촬영 한다(전사법을 활용하지 못함).

② 강력순간접착제법

의 의	본드의 증기에 의해 지문 속에 함유되어 있는 염분, 지방분, 단백질 등과 화학 반응을 일으켜서 백색의 잠재지문을 검출하는 방법
물 체	목재류, 종이류, 철재류, 초자류, 피혁류, 플라스틱류, 비닐류, 알루미늄류 등
기 재	유리시험관, 강력순간접착제, 옷걸이, 은박지, 철사, 신분증패용 집게
사용방법	① 잠재지문을 검출할 증거물을 유리시험관 안에 매달고 바닥에 깐 은박지에 강력순간접착제를 2-3g 떨어뜨리고 뚜껑을 덮어 테이프로 밀봉한다. ② 지문이 검출되면 사진촬영한 후 분말을 도포하여 전사판으로 채취한다.(※ 이 방법은 현출되는 시간이 오래 걸리므로(2시간-수일), 가성소다를 처리한 솜을 이용하면 시간을 반으로 줄일 수 있고 가스분사지문현출기를 이용하면 보다 신속하게 현출시킬 수 있다).

③ 오스믹산용액법

의 의	오스믹산의 증기에 의해 지문의 분비물에 화학반응을 일으켜서 흑색의 잠재지문을 검출하는 방법
물 체	습기 있는 지류, 장기간 경과된 지문, 화장지류, 과실류, 각종 테이프류, 피혁류, 스티로폴류, 나무 잎사귀 등
기 재	유리시험관, 오스믹산, 사염화탄소, 증류수, 뚜껑 있는 컵, 벽 옷걸이, 철사, 신분증패용 집게
사용방법	① 유리시험관 바닥에 오스믹산용액의 컵을 넣은 다음 증거물을 시험관 안 철사받침대에 매달고 뚜껑을 덮어 테이프로 밀봉한다. ② 지문이 검출되면 사진촬영한 후 분말을 도포하여 전사판으로 채취한다.

④ 진공금속 지문채취기법

진공금속지문채취기법(VMD: Vacuum Metal Deposition)은 범죄현장의 증거물을 장비의 진공통 속에 넣고 진공상태에서 금과 아연을 증발시켜 증거물에 입힘(도금 형식)으로써 잠재지문을 현출하는 방법이다. 매끈하고 흡수성이 없는 표면, 폴리에스테르 재질 등의 플라스틱류, 카메라 필름이나 사진, 매끈한 천, 가죽이나 비닐 혹은 고무 등에 효과적인 방법이다. 이 방법은 강력접착제법보다 효과가 크고 오래된 지문도 현출이 가능하다는 장점이 있다.

4. 시체 현상(20 채용 · 21 간부)

사람이 죽으면 생전의 생리작용이 사라지고 시체에만 나타나는 변화 혹은 현상이 나타나는데 이를 시체현상(postmortem changes)이라고 한다. 시체현상은 초기에 나타나는 현상(사후 48시간 이전)과 후기에 나타나는 현상(사후 48시간 이후)으로 나누어 볼 수 있다.

(1) 초기현상

체온하강	① 주변습도 낮을수록, 통풍 잘 될수록, 피부에 습도가 있을수록 빨리 하강 ② 하강속도: 남자 > 여자, 마른 사람 > 뚱뚱한 사람, 노인 · 소아 > 젊은 사람
각막혼탁	① 사후 12시간: 흐려짐 ② 사후 24시간: 현저히 흐려짐 ③ 사후 48시간: 불투명
시체얼룩	① 중력으로 시체 아래에 피가 몰려 암적갈색을 띰 ② 주위 온도가 높을수록 빠르게 나타남
시체굳음	① 근육 경직과 관절 고정으로 발생 ② 『턱 → 어깨 → 팔 · 다리 → 손가락 · 발가락』 (Nysten 법칙) ③ 사후 2-3시간부터 시작하여 12시간 정도면 전신 경직

(2) 후기현상

자가용해	체내에 있는 효소(세균 X)가 작용 ※ 효소: 화학 반응의 촉매 작용, 세균: 단세포 생물, 세균도 효소를 갖고 있음
부패	① 자가용해는 효소, 부패는 부패균이 작용 ② 부패 3대 조건: 공기 유통, 온도는 20-30도, 습도는 60-66% ③ 진행속도: 공기 : 물 : 흙 = 1 : 2 : 8(Casper 법칙) ⇨ 대기중에서 1일 걸리는 부패가 물속에서는 2일, 땅속에서는 8일 소요
미이라	건조가 부패보다 빠를 때 발생
밀랍	수중이나 수분이 많은 지중(地中)에서 형성
백골화	성인은 7-10년, 소아는 4-5년

5. 해양경찰 특성화 분야의 육성

해양경찰 과학수사는 경찰청의 발전모델을 그대로 따라왔고 경찰청에의 의존도가 지극히 높은 상황이었다. 아래와 같이 해양범죄에 대한 해양경찰의 특화된 과학수사 분야를 육성해야 할 것이다.[43]

구 분	해양경찰의 특성화 분야
수중과학수사 체계 및 수중 과학수사팀의 창설	바다에서 발생한 사건에서 이를 인양하고 조사할 수 있는 수중과학수사 체계의 구축이 필요하다. 또한, 변사체, 증거인멸을 위해 물속에 투기되어 있는 범행증거, 유기된 차량 · 선박 등에서 증거를 수집할 수 있는 능력을 확보하여야 한다. 해양경찰은 풍부한 경험을 보유한 파일럿, 잠수요원 등의 전문 인력들이 이미 활동하고 있고 수중이라는 특수한 환경에 대응할 수 있는 전문가가 존재하므로 수중과학수사팀의 창설은 필수불가결한 부분이다.
해양디지털 포렌식 센터의 설립	항해에 사용되고 있는 각종 첨단 장비들은 그 설치가 법제적으로 규정되어 있지만, 장비에 사용되는 운영체제나 자료저장 방식이 상호 호환되지 않고 이에 대한 수사기관의 분석기법도 일천하여 선박충돌이나 불법조업 등의 위반선박에서 객관적인 증거자료를 확보하기가 곤란하고, 전자해도나 선박용 블랙박스에서 항적기록을 고의로 삭제한 경우 제대로 된 복구가 어려운 실정이다. 선원들도 이 사실을 알고 항해 중에 사법기관과의 문제가 발생한 경우 먼저 항적기록부터 삭제를 시도한다.
수중 변사체 수사	해양경찰 과학수사요원이 담당하는 과학수사의 내용 중에서 변사체와 관련된 부분이 가장 많은데 비하여, 신원확인이 불가하여 미제로 처리되는 사건이 해마다 늘어가는 추세이다. 변사체 발견시 무엇보다도 가장 먼저 필요한 것이 변사자의 신원을 확인하는 것이므로 해양 표류시체 등에 대한 독자적 감식기법을 개발하여야 한다.
선박 관련 사고 전문 감식팀 운영	해양경찰 과학수사 사건 유형 중, 변사, 절도, 충돌 다음으로 많은 것이 화재사건으로서, 변사 이외에는 주로 선박과 관련된 사건들이다. 해양범죄의 특성상 선박을 제외한 해양범죄를 생각할 수 없을 만큼 선박은 중요한 대상이므로 선박과 관련된 과학수사 만큼은 총망라하여 자료를 수집하고 확보할 수 있어야 한다.
해양 동 · 식물과 관련된 수사	해양 동 · 식물과 관련된 수사는 해양범죄수사에 직 · 간접적으로 적용할 수 있는 기본적인 수사방법이다. 해양 동 · 식물의 DNA 등을 활용하여 해양수산 관련 각종 사건에 활용이 가능하고, 특히 플랑크톤을 활용하면 앞서 언급했던 수중 익사체 수사와 연계하여 범행 발생장소, 사후 변경여부 등을 확인할 수 있는 결정적인 증거가 될 수 있다.

43) 최정호(2015). "해양범죄에 대한 과학수사 적용가능성 연구－해양경찰 수사기능을 중심으로－", 한국해양경찰학회보 제5권 제1호(통권 8호), pp. 140－147.

구 분	해양경찰의 특성화 분야
유지문 분석	유류(油類)는 수천종의 화합물로 구성되어 있어 원유의 산지 및 생성 조건에 따라 화학적 특성이 다르다. 사람의 지문이 모두 다른 것과 비슷하다고 해서 유지문(油指紋, oil fingerprint)이라고 하며, 이 유지문을 이용해 유류 오염 사고 때 오염원을 판별하는 분석 방법을 유지문 기법(oil fingerprinting method)이라고 한다. 이미 해양경찰에서 활발하게 연구가 진행되고 있고 어느 정도 성과를 보이고 있는 분야로서, 선박에 사용되는 연료의 성분을 분석하여 그 사용처와 탈세 등 범법 여부를 확인하는데 사용되고 있다.
해수로 인한 부식 자료확보	바닷물에 잠겨있는 각종 물건들의 상태에 따라 해당 물건의 버려진 기간 등 경과여부 등을 파악할 수 있는 자료로 사용가능하다. 선박 자체로도 가능하고, 증거인멸을 위한 차량이나 각종 범행도구 등도 재질별로 분석을 하여 자체 자료를 충분히 가지고 있어야 한다. 해양활동에서 사용될 수 있는 가능한 한 많은 도구와 어업, 양식장, 낚시 등에 사용되는 그물망 등 어구장비들까지 필요한 모든 영역에 있어 범행에 사용된 도구를 대조해 볼 수 있는 최대한의 자료를 구축하여야 한다.
수상레저 사고 분석	국민소득이 높아짐에 따라 레저에 사용되는 제트스키, 모터보트 등 각종 오락기구 등에 대하여 제조사나 재질, 관련 사고유형과 피해상황 등에 대한 자료의 구축이 필요하다. 해수욕장에서 발생할 수 있는 각종 사고에 대한 물놀이 용품에 대한 자료도 함께 마련하여야 할 것이다.
수중촬영 기술확보	바닷물 속에 잠겨있는 범죄현장이나 선박 또는 범행에 사용된 도구 등을 인양하기 전에 현장 그대로를 증거로 활용할 수 있도록 하기 위해 해양에 특화된 수중촬영기술 및 분석 방법이 필요하다.

Ⅱ. 통신 수사(통신비밀보호법)

통신수사에서의 통신제한조치와 통신사실확인 자료의 허가요건, 절차는 「통신비밀보호법」에서 규정하고 있고, 통신자료는 「전기통신사업법」에서 규정하고 있다.

통신제한 조치	① 통신비밀보호법 ② 우편물 검열, 감청(전기통신 내용을 지득하거나 송수신을 방해하는 것) ③ 통화내용(통화내역 X)에 관한 것 ④ 법원 허가 필요 ㉠ 범죄수사 목적: 지방법원의 허가 ㉡ 국가안보 목적: • 고등법원 수석판사의 허가(통신의 일방 또는 쌍방당사자가 내국인인 때) • 대통령 승인(적대국, 반국가활동 혐의 외국인, 북한 관련, 작전수행을 위한 군용전기통신)

통신사실 확인자료	① 통신비밀보호법 ② 통화내역에 관한 것(통화내용 X, 이용자 X) ③ 통신일시 · 시간, 사용도수, 상대방번호, 인터넷로그기록, 기지국 · 정보통신망 위치 추적자료 ④ 법원 허가 필요
통신자료	① 전기통신사업법 ② 이용자 개인정보(성명, 주민번호, 주소, 전화번호, 아이디, 가입일 등) ③ 서장 공문(법원 허가 X) ④ 수사기관의 요청에 전기통신사업자는 응하지 않을 수 있고 아무런 제재도 받지 않으므로 강제수사가 아닌 임의수사로 본다(헌재)

1. 통신제한조치(법 제5조)

1) 개념

통신제한조치란 과학기술의 발달에 의하여 새로이 등장한 수사기법으로 일정한 요건 하에서 법원의 허가를 받아 대상자의 우편물을 검열하거나 전기통신을 감청하는 것을 말한다. 검열이라 함은 당사자의 동의 없이 개봉 기타의 방법으로 그 내용을 지득·채록·유치하는 것이다. 감청이라 함은 전기통신에 대하여 당사자의 동의 없이 전자장치·기계장치 등을 사용하여 통신의 음향·문언·부호·영상을 청취·공독하여 그 내용을 지득 또는 채록하거나 전기통신의 송·수신을 방해하는 것을 말한다.

2) 범죄수사를 위한 통신제한 조치

(1) 대상

통신제한조치는 280개 대상범죄의 범죄를 계획 또는 실행하고 있거나 실행하였다고 의심할만한 충분한 이유가 있고 다른 방법으로는 그 범죄의 실행을 저지하거나 범인의 체포 또는 증거의 수집이 어려운 경우에 한하여 허가할 수 있다(법 제5조).

(2) 허가절차(법 제6조)

① 검사(군검사 포함) 는 요건이 구비된 경우에는 법원(軍事法院 포함)에 대하여 각 피의자별 또는 각 피내사자별로 통신제한조치를 허가하여 줄 것을 청구할 수 있다.
② 사법경찰관(軍司法警察官 포함)은 요건이 구비된 경우에는 검사에 대하여 각 피의자별 또는 각 피내사자별로 통신제한조치에 대한 허가를 신청하고, 검사는 법원에 대하여 그 허가를 청구할

수 있다.

③ 통신제한조치 청구사건의 관할법원은 그 통신제한조치를 받을 통신당사자의 쌍방 또는 일방의 주소지 · 소재지, 범죄지 또는 통신당사자와 공범관계에 있는 자의 주소지 · 소재지를 관할하는 지방법원 또는 지원(군사법원 포함)으로 한다.

④ 통신제한조치청구는 필요한 통신제한조치의 종류 · 그 목적 · 대상 · 범위 · 기간 · 집행장소 · 방법 및 당해 통신제한조치가 허가요건을 충족하는 사유 등의 청구이유를 기재한 서면(請求書)으로 하여야 하며, 청구이유에 대한 소명자료를 첨부하여야 한다. 이 경우 동일한 범죄사실에 대하여 그 피의자 또는 피내사자에 대하여 통신제한조치의 허가를 청구하였거나 허가받은 사실이 있는 때에는 다시 통신제한조치를 청구하는 취지 및 이유를 기재하여야 한다.

⑤ 법원은 청구가 이유 있다고 인정하는 경우에는 각 피의자별 또는 각 피내사자별로 통신제한조치를 허가하고, 이를 증명하는 서류(허가서)를 청구인에게 발부한다.

⑥ 통신제한조치의 기간은 2개월을 초과하지 못하고, 그 기간 중 통신제한조치의 목적이 달성되었을 경우에는 즉시 종료하여야 한다. 다만, 허가요건이 존속하는 경우에는 소명자료를 첨부하여 2개월의 범위에서 통신제한조치기간의 연장을 청구할 수 있다.

3) 국가안보를 위한 통신제한조치(법 제7조)

(1) 대상

대통령령이 정하는 정보수사기관의 장은 국가안전보장에 상당한 위험이 예상되는 경우 또는 「국민보호와 공공안전을 위한 테러방지법」의 대테러활동에 필요한 경우에 한하여 그 위해를 방지하기 위하여 이에 관한 정보수집이 특히 필요한 때에는 다음 각호의 구분에 따라 통신제한조치를 할 수 있다.

① 통신의 일방 또는 쌍방당사자가 내국인인 때에는 고등법원 수석판사의 허가를 받아야 한다. 다만, 군용전기통신법 제2조의 규정에 의한 군용전기통신(작전수행을 위한 전기통신에 한함)에 대하여는 그러하지 아니하다.

② 대한민국에 적대하는 국가, 반국가활동의 혐의가 있는 외국의 기관·단체와 외국인, 대한민국의 통치권이 사실상 미치지 아니하는 한반도 내의 집단이나 외국에 소재하는 그 산하단체의 구성원의 통신인 때 및 제1항 제1호 단서의 경우에는 서면으로 대통령의 승인을 얻어야 한다.

(2) 기간

통신제한조치의 기간은 4월을 초과하지 못하고, 그 기간중 통신제한조치의 목적이 달성되었을 경우에는 즉시 종료하여야 하되, 요건이 존속하는 경우에는 소명자료를 첨부하여 고등법원 수석판사의 허가 또는 대통령의 승인을 얻어 4월의 범위 이내에서 통신제한조치의 기간을 연장할 수 있다. 다만, 전시·사변 또는 이에 준하는 국가비상사태에 있어서 적과 교전상태에 있는 때에는 작전이 종료될 때까지 대통령의 승인을 얻지 아니하고 기간을 연장할 수 있다.

4) 긴급통신제한조치(법 제8조)

검사, 사법경찰관 또는 정보수사기관의 장은 국가안보를 위협하는 음모행위, 직접적인 사망이나 심각한 상해의 위험을 야기할 수 있는 범죄 또는 조직범죄 등 중대한 범죄의 계획이나 실행 등 긴박한 상황에 있고 규정에 의한 요건을 구비한 자에 대하여 규정에 의한 절차를 거칠 수 없는 긴급한 사유가 있는 때에는 법원의 허가없이 통신제한조치를 할 수 있다.

(1) 검사, 사법경찰관 또는 정보수사기관의 장은 통신제한조치의 집행착수 후 지체없이 법원에 허가청구를 하여야 하며, 그 긴급통신제한조치를 한 때부터 36시간 이내에 법원의 허가를 받지 못한 때에는 즉시 이를 중지하여야 한다.

(2) 사법경찰관이 긴급통신제한조치를 할 경우에는 미리 검사의 지휘를 받아야 한다. 다만, 특히 급속을 요하여 미리 지휘를 받을 수 없는 사유가 있는 경우에는 긴급통신제한조치의 집행착수 후 지체없이 검사의 승인을 얻어야 한다.

통신제한 조치	범죄수사 목적	① 각 피의자별(사건별 X), 각 내사자별 신청 ② 통신제한 기간은 2월(기본) + 2월(연장), 총 연장기간은 1년까지(내란 · 외환죄 등은 총 연장기간 3년까지)
	국가안보 목적	① 국가안전보장, 대테러 활동에 필요한 경우 ② 통신제한 기간은 4월(기본) + 4월(연장) (총 연장기간 제한 없음)
	통신제한 집행	① 통신제한조치의 집행을 위탁 · 협조하는 경우 통신기관 등에 통신제한조치 허가서 또는 긴급감청서의 표지 사본을 교부하여야 함. ② 그 사본을 교부하지 않고 위탁 · 협조 요청하는 것만으로도 10년 이하 징역(상대방이 협조하지 않았다고 하여 미수범으로 처벌되는 것이 아님) ③ 통신제한조치 집행자, 위탁 · 협조자는 관련 대장을 3년 비치
	통지	① 경찰은 검사의 기소 또는 불기소(기소중지 제외) 통보를 받거나, 내사 불입건시 30일 이내에 대상자에게 서면 통지해야 함. ② 압수 · 수색 · 검증을 한 경우에도 30일 이내 통지 ② 위반시 3년 이하 징역 또는 1천만원 이하 벌금
	사용제한	수집한 자료는 범죄 예방, 수사 · 소추, 손해배상소송, 징계절차, 그 밖에 법률의 규정에 의한 경우에만 사용가능

긴급통신 제한조치	① 경찰이 긴급통신제한조치를 할 경우 미리 검사 지휘를 받아야 하며, 급속을 요하여 미리 받을 수 없는 경우에는 착수 후 지체없이(48시간내 X) 승인 받아야 함. ② 착수 후 36시간(48시간 X) 내에 법원 허가받지 못하면 즉시 중지 ③ 단시간 내에 종료되어 법원의 허가를 받을 필요가 없는 경우에는 그 종료후 7일 이내에 검사장(국가안보목적 긴급제한조치의 경우는 고등검사장)이 법원장에게 긴급통신제한조치통보서를 송부하여야 함.

2. 통신사실 확인자료

1) 개념(법 제2조)

통신사실확인 자료한 다음 어느 하나에 해당하는 전기통신사실에 관한 자료를 말한다.

① 가입자의 전기통신일시, ② 전기통신개시·종료시간, ③ 발·착신 통신번호 등 상대방의 가입자번호, ④ 사용도수, ⑤ 컴퓨터통신 또는 인터넷의 사용자가 전기통신역무를 이용한 사실에 관한 컴퓨터통신 또는 인터넷의 로그기록 자료, ⑥ 정보통신망에 접속된 정보통신기기의 위치를 확인할 수 있는 발신기지국의 위치추적 자료, ⑦ 컴퓨터통신 또는 인터넷의 사용자가 정보통신망에 접속하기 위하여 사용하는 정보통신기기의 위치를 확인할 수 있는 접속지의 추적자료

2) 절차(법 제13조)

(1) 검사 또는 사법경찰관은 수사 또는 형의 집행을 위하여 필요한 경우 전기통신사업법에 의한 전기통신사업자에게 통신사실 확인자료의 열람이나 제출을 요청할 수 있다.

(2) 검사 또는 사법경찰관은 수사를 위하여 통신사실확인 자료 중 다음 어느 하나에 해당하는 자료가 필요한 경우에는 다른 방법으로는 범죄의 실행을 저지하기 어렵거나 범인의 발견·확보 또는 증거의 수집·보전이 어려운 경우에만 전기통신사업자에게 해당 자료의 열람이나 제출을 요청할 수 있다. 다만, 제5조 제1항 어느 하나에 해당하는 범죄 또는 전기통신을 수단으로 하는 범죄에 대한 통신사실 확인 자료가 필요한 경우에는 제1항에 따라 열람이나 제출을 요청할 수 있다.

① 실시간 추적자료

② 특정한 기지국에 대한 통신사실확인 자료

(3) 통신사실 확인자료제공을 요청하는 경우에는 요청사유, 해당 가입자와의 연관성 및 필요한 자료의 범위를 기록한 서면으로 관할 지방법원(군사법원 포함) 또는 지원의 허가를 받아야 한다. 다만, 관할 지방법원 또는 지원의 허가를 받을 수 없는 긴급한 사유가 있는 때에는 통신사실 확인자료제공을 요청한 후 지체 없이 그 허가를 받아 전기통신사업자에게 송부하여야 한다.

3) 긴급통신사실 확인자료 제공요청

(1) 관할 지방법원 또는 지원의 허가를 받을 수 없는 긴급한 사유가 있는 때에는 통신사실 확인자료제공을 요청한 후 지체 없이 그 허가를 받아 전기통신사업자에게 송부하여야 한다.
(2) 긴급한 사유로 통신사실확인 자료를 제공받았으나 지방법원 또는 지원의 허가를 받지 못한 경우에는 지체 없이 제공받은 통신사실확인 자료를 폐기하여야 한다.

3. 통신제한조치와 통신사실 확인자료의 허가요건

통신제한조치와 통신사실 확인자료의 허가요건은 범죄수사 목적과 국가안보 목적으로 나눌 수 있고, 요약하면 다음과 같다.

통신제한조치	범죄수사 목적	충분한 이유 + 보충성	긴급통신제한조치는 각 요건에 긴급성이 추가된다.
	국가안보 목적	필요성	
통신사실 확인자료	범죄수사 목적	① 필요성 원칙 ② 필요성 + 보충성: '실시간 (위치)추적자료,' '특정 기지국에 대한 통신사실확인 자료'	
	국가안보 목적	필요성	

4. 통신자료(전기통신사업법)

전기통신사업자는 법원, 검사 또는 수사관서의 장(군 수사기관의 장, 국세청장 및 지방국세청장 포함), 정보수사기관의 장이 재판, 수사(「조세범 처벌법」의 범죄 중 전화, 인터넷 등을 이용한 범칙사건의 조사 포함), 형의 집행 또는 국가안전보장에 대한 위해를 방지하기 위한 정보수집을 위하여 다음 자료의 열람이나 제출을 요청하면 그 요청에 따를 수 있다(법 제83조 제3항).

① 이용자의 성명, ② 이용자의 주민등록번호, ③ 이용자의 주소, ④ 이용자의 전화번호, ⑤ 이용자의 아이디(컴퓨터시스템이나 통신망의 정당한 이용자임을 알아보기 위한 이용자 식별부호를 말함), ⑥ 이용자의 가입일 또는 해지일

경찰관이 「전기통신사업법」에 따라 전기통신사업자에게 통신자료 제공을 요청하는 경우에는 통신자료 제공요청서에 의하고, 따른 통신자료 제공요청서에는 해양경찰서장 및 지방해양경찰청·해양경찰청 과장 이상 결재권자의 직책, 직급, 성명을 명기해야 한다(범죄수사규칙 제160조).

연 / 습 / 문 / 제 CHAPTER 12 해양경찰 수사론

01 불기소처분 중 '죄가 안됨' 사유에 해당하지 않는 것은? 18 3차

① 정당방위인 경우
② 심신상실자인 경우
③ 피의사실이 피의자의 행위인지 아닌지 명확하지 않은 경우
④ 친족이 본인을 위해 증거인멸의 죄를 범한 경우

해설 죄가 안됨이란 위법성 조각사유 · 책임조각사유가 존재하는 경우, 명예훼손에 있어서 위법성의 조각(형법 제310조: 오로지 공공의 이익을 위한 명예훼손), 친족 · 동거가족의 범인은닉과 증거인멸(형법 제151조 제2항, 형법 155조 제4항)의 경우가 있다. ③은 증거불충분으로 혐의 없음에 해당한다.

정답 ③

02 다음 중 살인사건의 경우 범인과 피해자와의 관계에 대하여 수사하는 기법으로 가장 옳은 것은? 18 3차 · 19 간부

① 지리감 수사 ② 연고감 수사
③ 추적수사 ④ 유류품 수사

해설 연고감이란 범인의 피해자 · 피해자의 가족 · 피해가옥과의 관계를 말한다.

정답 ②

03 다음 중 임의수사에 해당하는 것은 모두 몇 개인가? 19 1차

㉠ 피의자 신문	㉡ 감정유치	㉢ 압수 · 수색 · 검증
㉣ 참고인 조사	㉤ 실황조사	㉥ 출석요구

① 5개 ② 4개
③ 3개 ④ 2개

해설 임의수사는 강제력이 없고 동의나 승낙이 있는 경우이고, 강제수사는 상대방의 의사에 불문하고 강제하는 것이다. 강제수사는 법정주의, 영장주의가 적용된다. 임의수사에는 출석요구, 참고인조사, 피의자 신문, 감정 · 통역 · 번역 위촉, 실황조사, 사실조회, 촉탁수사가 있고, 강제수사에는 체포영장 · 긴급 · 현행범 체포, 피의자 구속, 압수 · 수색 · 검증, 증거보전, 증인 신문 청구, 수사상 감정유치, 임의제출물 압수 등이 있다. 여기에서 임의수사에는 ㉠ 피의자 신문, ㉣ 참고인조사, ㉤ 실황조사, ㉥ 출석요구 4개이다.

정답 ②

04 다음 중 수사의 종결처분에 대한 설명으로 가장 옳지 않은 것은? 20 간부

① 혐의의 불기소처분을 할 수 있는 경우에는 “혐의 없음”, “죄가 안됨”, “공소권 없음” 등이 있다.

② 피의사실이 범죄구성요건에 해당하나 위법성조각사유나 책임조각사유가 있어 범죄를 구성하지 아니하는 경우 수사 종결처분은 “혐의 없음”이다.

③ 현행법상 수사의 종결권은 원칙적으로 검사에게만 인정된다.

④ 고소 또는 고발이 있는 사건에 관하여 “혐의 없음”, “죄가 안됨”, “공소권 없음”의 사유에 해당함이 명백한 경우 수사 종결처분은 “각하”이다.

해설 죄가 안됨이란 위법성조각사유, 책임조각사유가 존재하는 경우, 명예훼손에 있어서의 위법성조각, 친족이나 동거가족의 범인은닉 · 증거인멸을 의미하고, 혐의 없음이란 공소를 제기함에 충분한 범죄의 객관적 혐의가 없는 경우(피의자가 범인이 아닐 때), 유죄판결을 받기에는 증거가 불충분한 경우(증거 불충분), 피의사실을 특정할 수 없는 경우(구성요건해당성이 없음)이다. ②는 죄가 안됨에 해당한다.

정답 ②

05 다음 중 범죄징표와 그 흔적을 연결한 것으로 가장 옳지 않은 것은? 20 간부

① 자연현상에 의한 징표－물건의 이동 등

② 심리학적 특징에 의한 징표－범죄수법, 습관, 경력 등

③ 문서에 의한 징표－문자의 감정, 사용잉크의 감정 등

④ 생물학적 특징에 의한 징표－인상, 지문, 혈액형 등

해설 범인의 심리적 특징에 의한 범죄 징표에는 범행동기(원한, 치정, 미신, 이욕), 범죄수법(숙지 · 숙달된 기술선호), 습관(범죄자의 심리)이 있고, 경력, 성명, 가족, 주거, 직업 등은 범인의 사회관계에 의한 범죄 징표에 해당한다.

정답 ②

06 다음 중 「해양경찰수사규칙」상 고소 · 고발사건의 수사기간으로 괄호 안에 들어갈 가장 알맞은 말을 고르시오.

21 간부

> 사법경찰관리는 고소 · 고발을 수리한 날부터 ( ) 이내에 수사를 마쳐야 한다.

① 1개월 ② 2개월
③ 3개월 ④ 6개월

해설 제24조(고소 · 고발사건의 수사기간) ① 사법경찰관리는 고소 · 고발을 수리한 날부터 3개월 이내에 수사를 마쳐야 한다.

정답 ③

07 「(해양경찰청) 수사긴급배치규칙」 상 긴급배치종별 사건 범위 중 을호에 해당하는 내용으로 가장 옳지 않은 것은?

21 간부

① 총기 대량의 탄약 및 폭발물 절도 ② 5,000만원 이상 다액절도
③ 중요 상해치사 ④ 국보급 문화재 절도

해설 〔별표 1〕 긴급배치종별 사건 범위

정답 ①

08 다음은 「(해양경찰청) 피의자 유치 및 호송규칙」상 유치인 접견에 대한 설명이다. 괄호 안에 들어갈 숫자의 합으로 가장 옳은 것은?

21 간부

> 유치인의 접견 시간은 1회에 ( )분 이내로, 접견횟수는 1일 ( )회 이내로 하여 접수순서에 따라 접견자의 수를 고려 균등하게 시간을 배분해야 한다. 다만, 변호인과의 접견은 예외로 한다.

① 31 ② 33
③ 61 ④ 63

해설 제38조(접견시간 및 요령) ③ 유치인의 접견 시간은 1회에 30분 이내로, 접견횟수는 1일 3회 이내로 하여 접수순서에 따라 접견자의 수를 고려 균등하게 시간을 배분해야 한다. 다만, 변호인과의 접견은 예외로 한다.

정답 ②

09 다음 중 시체의 후기현상에 대한 설명으로 가장 옳지 않은 것은? 20 3차

① 사망으로 혈액순환이 정지됨에 따라 중력에 의해 적혈구가 낮은 곳으로 가라앉아 혈액침하현상이 발생하여 시체하부의 피부가 암적갈색으로 변화한다.
② 부패균의 산화작용과 환원작용에 의하여 부패가 발생한다.
③ 시체밀랍은 화학적 분해에 의해 고체형태의 지방산 혹은 그 화합물로 변화한 상태이다.
④ 미이라화(mummification)는 고온·건조지대에서 시체의 건조가 부패·분해보다 빠를 때 생기는 현상이다.

해설 ①은 초기현상에 해당한다. 초기현상에는 체온의 하강, 시체건조, 각막의 혼탁, 시체얼룩, 시체굳음이 있고, 후기현상에는 자가용해, 부패, 미이라, 시체밀랍, 백골화가 있다.

정답 ①

10 다음 〈박스〉 중 잠재지문의 채취방법과 현출되는 색깔의 연결이 옳지 않은 것은 모두 몇 개인가? 21 1차

> ㉠ 닌히드린 용액법 – 자청색
> ㉡ 요오드증기 검출법 – 다갈색
> ㉢ 강력순간접착제법 – 흑색
> ㉣ 오스믹산 용액법 – 백색
> ㉤ 초산은 용액법 – 자색

① 없음
② 1개
③ 2개
④ 3개

해설 ㉠, ㉡, ㉤은 맞고, ㉢, ㉣이 틀림, ㉢은 백색, ㉣은 흑색이다.

정답 ③

11 다음 〈박스〉 중 수사자료 종류의 연결이 가장 옳은 것은? 21 하반기

> ㉠ 구체적인 범죄사건 수사와 관련하여 그 사건의 수사방침 수립과 범인 및 범죄사실의 발견을 위하여 수집되는 모든 자료
> ㉡ 수사를 과학적으로 추진하기 위하여 과학의 지식과 기술을 이용해서 범인의 발견 · 범죄의 증명에 활용되는 자료
> ㉢ 수사과정의 반성 · 분석 · 검토를 통하여 얻어진 자료로서 차후의 수사에 활용될 수 있는 자료
> ㉣ 구체적인 범죄사건과 관계없이 범죄가 현실적으로 발생했을 때 수사에 제공하기 위하여 평소 수사활동을 통해 수집

① ㉠ 사건자료 ㉡ 감식자료 ㉢ 기초자료 ㉣ 참고자료
② ㉠ 사건자료 ㉡ 감식자료 ㉢ 참고자료 ㉣ 기초자료
③ ㉠ 기초자료 ㉡ 감식자료 ㉢ 참고자료 ㉣ 사건자료
④ ㉠ 참고자료 ㉡ 사건자료 ㉢ 기초자료 ㉣ 감식자

정답 ②

해양경찰 국제 · 정보론

해양경찰청에서 국제정보업무를 담당하는 부서로 국제정보국을 두고 있다. 국제정보국에 국장 1명을 두고, 국장은 치안감 또는 경무관으로 보한다. 국제정보국에 정보과·외사과·보안과 및 국제협력과를 두며, 정보과장·외사과장·보안과장 및 국제협력과장은 총경으로 보한다.

정보과장	1. 정보업무에 관한 기획 · 지도 및 조정 2. 공공안녕에 대한 위험의 예방과 대응을 위한 정보의 수집 · 종합 · 분석 · 작성 및 배포 3. 정책정보의 수집 · 종합 · 분석 · 작성 및 배포 4. 해상집회 · 시위 등 집단사태의 관리에 관한 지도 · 조정 5. 그 밖에 국내 다른 과의 주관에 속하지 않는 사항
외사과장	1. 외사경찰업무에 관한 기획 · 지도 및 조정 2. 외사방첩업무에 관한 사항 3. 외사정보의 수집 · 종합 · 분석 · 작성 및 배포 4. 국제형사경찰기구에 관한 사항 5. 국제사법공조에 관한 사항 6. 국제해항에서의 외사활동 계획 및 지도
보안과장	1. 보안경찰업무에 관한 기획 · 지도 및 조정 2. 보안방첩업무에 관한 사항 3. 보안정보의 수집 · 종합 · 분석 · 작성 및 배포 4. 항만에서의 보안활동 계획 및 지도
국제협력과장	1. 해양경찰직무와 관련된 국제협력 업무에 관한 계획의 수립 · 조정 업무 2. 외국 해양치안기관 및 주한외국공관과의 교류 · 협력 업무 3. 해양경찰 관련 국제기구 참여 및 국제협약 등과 관련된 업무 4. 해외주재관 파견 · 운영 및 공무 국외여행 5. 국제해양 정보 수집 · 분석 및 배포

SECTION

01 정보 경찰론

Ⅰ. 정보경찰의 조직과 기능

1. 정보경찰 조직의 변천

1) 해양경찰대 시기

1953년 12월 대통령령 제844호로 『해양경찰대편성령』이 공포되고, 『해양경찰대편성령시행규칙』이 제정됨으로써 내무부 치안국 경비과장 산하에 해양경찰대가 편성되었다.

해양경찰대장은 경무관으로 보하고, 대의 업무를 분장하기 위하여 참모장, 행정참모, 작전참모, 정비참모, 보급참모를 두었으며, 참모장과 각 참모는 총경으로 보하였다. 이 시기에 작전참모실은 정보계, 작전계, 통신계로 편성되어 있어서 해양경찰의 정보기능은 작전참모실에 속해 있었다.

1962년에는 『해양경찰대설치법』에 의하여 해무청 소속에서 내무부장관 소속하에 해양경찰대로 다시 변경되었다. 해양경찰대 하부조직으로서 경무과, 경비과, 통신과, 기지대 및 항공대를 두었으며, 과장과 기지대 및 항공대의 장은 총경으로 보하도록 하였다. 이 때의 정보기능은 경비과(경비계, 정보계, 교육계)에 소속되어 있었다.

1969년 9월에는 『해양경찰대직제개정령』에 의하여 정보수사과를 신설하고 대공정보·범죄수사 및 기타 사법경찰에 관한 사항을 분장하게 하였고, 경비과내의 정보수사기능은 신설된 정보수사과로 이관되었다. 해양경찰대장 밑에 경무과, 경비과, 정보수사과, 정비과, 통신과로 구성되었다. 정보수사과에는 정보계와 수사계로 부서가 편제되어 있었다.

1974년 8월에는 정보수사과 내에 정보계와 수사계가 있었다. 그리고 9개 지역의 지구해양경찰대장 밑에 경무과, 경비통신과, 정보수사과가 편제되어 있었으며, 정보수사과는 정보계와 수사계로 편제되어 있었다.

1978년 8월에는 『해양경찰대직제개정령』에 의하여 부대장 제도를 폐지하고, 관리부, 경비부, 해양오염관리실로 개편하는 한편 기획감사과를 신설하고 교육대를 폐지하였다. 관리부에 경무과, 기획감사과, 정비보급과를 두고, 경비부에는 경비과, 통신과, 정보수사과를 두며, 부장은 경무관으로 보하였다. 9개의 지구해양경찰대에 경무과, 경비통신과, 정보수사과, 해상공해과를 두고, 정보수사과에는 정보계와 수사계를 두었다.

1990년 7월에는 과거의 조직과 다른 모습을 보이고 있다. 해양경찰대 본부 조직이 격상되어 관리부, 경비부, 해양오염관리부와 같이 부체제로 변화되었다. 경비부 내에는 통신과, 수사과, 정보과, 해난구조대로 구성되어 있었다. 이 때에 경비부 정보수사과를 수사과와 정보과로 분과하고 해난구조대를 신설하였으며, 동년 10월 29일에는 부산 지구해양경찰대에 정보과와 수사과를 신설하였다.

2) 경찰청소속 해양경찰청 시기

1991년 7월 에는 1991년『경찰법』에 의하여 경찰청 소속의 해양경찰청으로 승격되어 경찰청 내에 해양경찰청 및 해양경찰서를 설치토록 하고, 해양경찰청 하부조직으로 경무부, 경비부, 정보수사부 및 해양오염관리부를 두고 정비창을 청장보좌기관으로 소속을 변경하여 경무부에 경무과, 기획감사과, 정비보급과, 전산담당관을 두었으며, 경비부에 경비과, 통신과를 두고 구난과를 신설하였다. 정보수사부에 수사과와 정보과를 두었다.

1991년 7월에 해양경찰서에 경무과, 경비통신과, 장비보급과, 정보수사과, 해양오염관리과를 두며, 부산·목포·제주해경서는 경비과와 통신과를, 부산해경서는 수사과와 정보과(과장은 경정 또는 경감)를 두었다.

3) 독립외청 시기

1996년 8월 해양경찰청이 외청으로 승격되어 정보수사국으로 개칭되었다.

2002년 7월 해양경찰청 「사무분장규칙」을 개정하여 해양경찰청 정보수사국의 조직편제는 수사과(수사계, 형사계), 정보과(정보계, 보안계), 국제과(외사계, 국제협력계)로 구성되었고, 일선 해양경찰서의 정보과는 정보계, 보안계, 외사계로 구성되었다.

2005년 8월 본청 정보계를 정보 1·2계로 확대 개편하였으며, 2006년 4월 본청 정보 2계를 정보 2·3계로 조직이 확대되었고, 그 때의 정보과의 조직구성은 정보 1계, 정보 2계, 정보 3계, 보안계로 구성되어 있었다.

4) 국민안전처 해양경비안전본부 시기

2014년 11월 19일 이전에는 본청에 정보수사국이 있었고, 국장 밑에 정보기능을 수행하는 정보과장과 외사과장이 두었고, 지방해양경찰청에는 정보수사과를 설치하고 있었으며, 현장의 해양경찰서에는 정보과를 설치하여 운영하였다. 수사와 정보를 담당하는 전체 인력이 840여명 정도 배치되어 있었으나 이 중 정보를 담당하는 인력은 300여명 정도로 추정된다.

2014년 4월 19일 발생한 세월호 사건 이후 정부조직 개편이 단행되었다. 기존의 6국 체제에서 3국 체제로 변화되었다. 그 3개의 국은 해양경비안전국, 해양오염방제국, 해양장비기술국이다. 이 중 정보 업무의 소관 부서는 해양경비안전국 해양수사정보과이다. 정보업무의 사무범위도 축소되어 "해상에서 발생한 사건에 한정한다"로 변화되었다. 해양경비안전본부의 정보업무는 1-2개의 계 단위에서 수행하고, 지방해양경비안전본부는 불과 1-2명이 정보업무를 담당하며, 일선 해양경비안전관서의 경우에는 1명 정도가 정보, 보안, 외사의 정보업무를 수행했다.

해양경찰청		**지방해양경찰청**	**해양경찰서**
정보수사국		**안전총괄부(서해, 남해)**	
정보과	외사과	정보수사과	정보과
• 정보 1계 • 정보 2계 • 정보 3계 • 보안계	• 외사 1계(기획) • 외사 2계(수사)	• 정보계 • 보안계 • 외사계	• 정보계 • 보안계 • 외사계
2014. 11. 19. 이후 조직			
해양경비안전본부		지방해양경비안전본부	해양경비안전서
해양수사정보과		경비안전과	해양수사정보과
정보보안계, 외사계		정보보안외사계	정보보안외사계

5) 환원 해양경찰청 시기

문재인 정부 출범 이후 2017년 7월 26일 「정부조직법」을 개정하였다. 정부조직법 제43조 제2항을 신설하여 해양경찰의 역할을 재정립하고 해양안전을 확보하며, 해양주권 수호 역량을 강화하기 위하여 해양수산부장관 소속으로 해양경찰청을 신설하였다. 해양경찰청은 해양에서의 경찰 및 오염방제에 관한 사무를 관장하도록 하고, 해양경찰청에 두는 하부조직으로 운영지원과·경비국·구조안전국·수사정보국·해양오염방제국 및 장비기술국 등을 두었다. 정보관련 부서의 변경은 2014년

11월 19일 이전의 명칭인 수사정보국으로 변경되었고, 수사정보국의 소속부서로 정보과를 두었다. 2021년 1월에는 국제정보국을 신설하고, 그 소속으로 정보과·외사과·보안과 및 국제협력과를 두었다.

2. 해양경찰 정보조직

해양경찰청의 경우 국제정보국 소속의 정보과로 편성되어 있다. 해양경찰청 정보과장의 사무분장은 ① 정보업무에 관한 기획·지도 및 조정, ② 공공안녕에 대한 위험의 예방과 대응을 위한 정보의 수집·종합·분석·작성 및 배포, ③ 정책정보의 수집·종합·분석·작성 및 배포, ④ 해상집회·시위 등 집단사태의 관리에 관한 지도·조정, ⑤ 그 밖에 국 내 다른 과의 주관에 속하지 않는 사항이다.

5개의 지방해양경찰청의 정보경찰 업무를 담당하는 부서는 정보외사과로 구성되어 있고, 19개의 해양경찰서에도 정보외사과를 두고 있다.

3. 해양경찰 정보기능의 법적 근거

1) 한국의 정보보안 체계

한국의 정보기구는 국가정보원, 국방부(정보본부, 군사안보지원사령부, 국군정보사령부), 경찰청 정보국·보안국·외사국, 해양경찰청 수사정보국, 통일부 정보분석국, 외교통상부 외교정책실이 있다.

국가정보원의 업무는 국외정보활동, 국내보안정보활동(대공, 대정부전복, 방첩, 대테러, 국제범죄조직)를 담당하고, 국가정보원의 조직 및 예산, 인원 등은 비밀로 규정하여 공개를 금지(국가정보원법 제6조)하고 있다. 국방부의 정보기관은 군사안보지원사령부, 국군정보사령부가 있다. 2018년 8월 국군기무사령부의 계엄령 준비 사건 및 세월호 사건 민간인 사찰과 관련하여, 국군기무사령부의 폐지가 결정되었고, 이를 대체하기 위한 새 조직으로 군사안보지원사령부가 설치되었다.

2) 해양경찰의 정보기능

(1) 정보경찰의 의의

① **실질적 개념:** 해양에서 공공안녕에 대한 위험의 예방과 대응을 위한 경찰활동을 위하여 그 전제가 되는 정보의 수집·분석·작성·배포하는 경찰을 의미한다.

② **형식적 개념**: 해양경찰청 국제정보국, 각 지방해양경찰청과 해양경찰서 정보부서에서 하는 직무를 말한다.

(2) 정보경찰의 임무

① 정보경찰은 예방경찰로서의 임무를 주로 하되 진압단계에서의 정보지원이라는 사후적인 의의와 목적도 함께 가진다. 즉 예방경찰로서의 행정경찰작용을 주로 하되 사후 조치 단계에서 사법경찰작용까지를 포함한다.
② 해양에서 공공안녕에 대한 위험의 예방과 대응을 위한 정보는 정치, 경제, 사회, 학원, 종교, 문화는 물론 정책정보까지 포함한다.
③ 모든 국가정책이 이해당사자들 간의 갈등의 소지를 가지고 있으며 갈등의 조정이 실패할 경우 경찰작용을 필요로 하는 무질서의 상태가 야기할 수 있다.
④ 경찰의 정보활동은 대부분 강제력을 수반하지 않는 임의활동이 대부분이며, 첩보수집과정에서 정보수집권과 개인정보자기결정권을 침해할 가능성이 있다.
⑤ 정보경찰의 예방적 기능에 덧붙여 범죄 또는 무질서에 대한 상태가 실현된 이후에도 경찰의 진압기능을 지원하게 된다.

3) 정보활동의 법적 근거

과거에 「경찰관직무집행법」 제2조의 치안정보의 수집작성 및 배포이었다. 이 조항은 직무범위를 규정한 것으로 수권규정으로 볼 수 있는지는 의문시되었다.

법률적 수권규정이 필요한 경우로는 ① 행정객체의 권리변동, ② 행정객체의 의사에 반하여 권리침해 내지 강제를 하여야 할 필요가 있거나, ③ 강제력을 동반하지는 않지만 임무수행의 정당성을 인정받고 행정력의 과다한 운용을 막기 위하여 임무의 범위를 설정하고자 하는 경우이다.

즉 해양경찰 정보활동의 법적 근거는 「경찰관직무집행법」에 따라 치안정보의 수집·작성·배포 및 기타 공공의 안녕질서로 되어 있었다. 이 치안정보 개념이 광범위하고, 정보수집활동의 법적 근거가 구체적으로 명시되어 있지 않아 다음과 같은 문제점이 있었다.[1)]

첫째, 개인정보를 부당하게 또는 불법적인 방법으로 수집·축적하는 경우가 발생할 수 있다. 정보기관에 의한 자의적이고 불법적인 정보수집은 국익을 위한 것이라고 하더라도 개인의 프라이비시권과 조화를 이루어야 한다. 「헌법」 제17조에서 "모

1) 이근안(2012). 「해양경찰 정보활동의 활성화 방안 연구」, 동국대학교 행정대학원 석사학위논문, pp. 51-68.

든 국민은 사생활의 비밀과 자유를 침해 받지 아니한다"라고 하여 사생활의 자유를 보장하고 있다.

둘째, 일선 해양경찰서 정보요원들은 상황정보[2]에 치중하여 정책정보의 분석기능이 부족하고, 수직적 보고체계로 인한 신속성이 결여되어 있으며, 범죄정보와 사이버상 범죄정보 수집활동이 미흡하다.

경찰개혁위원회는 2018월 4월 경찰청에 "경찰의 정보활동 개혁" 권고안을 권고하였다.[3] 그 권고안은 ① 경찰청 정보국의 기능을 '치안정보의 수집·작성·배포'에서 '공공안녕의 위험성에 대한 예방 및 대응' 기능으로 재편하고, 경찰의 정보활동은 경찰의 각 기능별 직무 수행을 위한 필요최소한 범위로 제한하면서 이에 대한 사후 통제를 강화할 것, ② 민간을 대상으로 하는 사찰활동을 즉각 중단하고, 경찰청 정보국의 기구와 인력을 대폭 축소할 것, ③ 개별적 경찰정보활동에 관한 구체적인 수권규정을 두면서 "구체적인 직무 범위와 권한, 직무수행시의 인권침해 우려를 불식할 수 있는 방안 및 권한남용시의 엄중한 형사처벌 등"을 명시할 것, ④ 경찰의 정보활동에 관하여 투명성과 공개성의 원칙을 준수할 것 등이었다.

이러한 개혁방안이 반영되어 「경찰관직무집행법」 제2조의 직무범위가 2020년 12월 "치안정보의 수집·작성·배포"에서 "공공안녕에 대한 위험의 예방과 대응을 위한 정보의 수집·작성 및 배포"로 변경되고, 2021년 1월 「해양경찰법」 제14조(직무)에서 "해양경찰은 해양에서 공공안녕에 대한 위험의 예방과 대응을 위한 정보의 수집·작성·배포에 관한 직무를 수행한다"로 규정하여 정보의 수집범위가 축소되었다.

---

2) 상황정보는 노사분규나 집단민원, 학생 운동권 등에서 불법집회·시위 등을 야기할 때 현장 경찰력으로 상황을 신속하고 효과적으로 보고되어야 한다.

3) 오병두(2018). "정보경찰 개혁방안 — 경찰개혁위원회의 「경찰의 정보활동 개혁권고안」을 중심으로 —," 민주법학 제68호, p. 269.

Ⅱ. 정보이론

1. 정보의 개념

1) 개념

국가정보학적 관점에서 정보(情報)의 의미를 살펴보면 미국의 정보전문가 Richelson의 정보(intelligence)에 대한 정의는 국가안보계획에 즉각적 또는 잠재적으로 중요한 영향을 미치는 여타 국가에 관한 첩보를 수집·평가하여 종합·해석하여 얻어지는 결과라고 한다.[4] Sims는 정보를 정책결정자들을 대신하여 수집된 첩보를 조직화하여 분석해 놓은 것이라 규정하고 있다.[5] 정보의 개념을 가장 체계적으로 정의한 Lowenthal에 따르면 정보란 비밀을 그 속성으로 하는 것으로 국가안보와 관련하여 그 소요가 제기되고, 수집·분석을 통해 국가안보정책에 유용하게 반영될 수 있는 하나의 투입변수이다. 이와 더불어 정보활동은 단순히 정보의 산출에 그치지 않고 생산된 정보를 방첩활동을 통해 보호하는 동시에 합법적 기관에 의해 요청된 공작활동의 수행까지를 포함한다고 정의내리고 있다.[6] 이를 종합하면 정보활동이란 첩보의 수집, 분석, 배포의 과정과 그 결과를, 이와 관련된 일련의 공작활동, 그리고 이러한 임무에 관련되어 있는 조직을 통칭하는 것으로 해석될 수 있다.

국가정보란 국가의 안전보장과 국익보호, 국가정책 수행을 위해 국가정보기관이 수집·분석·생산하는 정보이고,[7] 우리나라의 국가정보기관에는 국가정보원, 경찰청 정보관련부서, 국방부의 국방정보본부, 국군정보사령부, 국가안보지원사령부, 외교통상부와 통일부, 검찰 등의 정부부서, 해양경찰청 국제정보국 등이 있다.

해양경찰의 정보란 국가안보 및 치안질서, 국가 중요정책결정을 위하여 수집된 첩보를 평가·분석·종합 및 해석한 결과로 얻은 지식을 말한다.

---

4) Jeffrey T. Richelson, *The U. S. Intelligence Community*, Lexington, MA: Ballinger, 1985, p. 2.

5) Jennifer Sims, *What is Intelligence ?*, Washington, D.C.: Consortium for the Study of Intelligence. 1993, p. 2.

6) Mark M. Lowenthal, *Intelligence: From Secrets to Policy*, Washington, D.C.: CQ Press, 2000, pp. 5−9.

7) 문경환·이창무(2014). 「경찰정보학」, 박영사, p. 7.

2) 구별 개념

정보(Intelligence), 첩보(Information), 자료(Data)의 개념구분을 검토하면 다음과 같다.[8)]

Intelligence는 분석되어 여과된 체계화된 지식으로 정책에 직접적으로 유용한 자산을 의미한다. 그러나 Information은 첩보라고 번역되는데, Intelligence의 산출에 필수적인 투입변수라 할 수 있다. 바꾸어 말하면 Information은 자의적으로 수집된 자료들이 아직 분석·정제되지 아니한 상태를 의미한다. 이런 점에서 Information은 광범위한 자료를 통칭하는 반면, Intelligence는 Information의 하위 카테고리로 파악할 수 있다. 이 때문에 모든 Intelligence는 Information에서 도출되지만, 모든 Information가 반드시 Intelligence가 될 수는 없다.

그러나 Information 역시 무작위적인 것이 아니다. 정보기관이 의도를 가지고 무제한적으로 깔려 있는 생자료(raw data)들로부터 추려낸 것이 Information이다. 이 때문에 Information을 생정보(raw intelligence)라고도 한다.[9)]

일반적으로 우리나라에서는 Intelligence와 Information을 정보라 번역하기도 하고 우리말로 표현할 마땅한 단어가 부재하므로 Intelligence를 원어 그대로 인텔리전스라고 표현하는 것이 합당하다고 판단된다. 인텔리전스는 인퍼메이션(데이타, 뉴스 등)을 꼼꼼하게 살펴보고, 또 인퍼메이션을 조합한 것이므로 우리나라 언어로 충분하게 설명할 수 없는 측면이 있다.

자료(data)	특별한 의미가 부여되지 않는 상태, 즉 여러 사회현상이나 단순한 사실, 기호.
첩보 (information)	목적을 가지고 의도적으로 수집된 자료들이 아직 분석 · 정제되지 않은 상태
정보 (intelligence)	첩보를 특정 목적, 즉 국가정책이나 안전보장, 치안질서유지 등을 위해 일정한 절차를 거쳐 가공한 체계적인 지식

8) Mark M. Lowenthal, 2000, op. cit, p. 20.

9) Gregg Treverton, *Reshaping National Intelligence for an Age of Information*, Cambridge: Cambridge University Press. Treverton, 2001, p. 104.

2. 정보의 질적 요건과 효용

1) 정보의 질적 요건

(1) 의의

국가안보나 정책결정 등의 목적에 사용되기 위해 정보사용자에게 제공될 경우 가치 있는 정보로서 갖추어야 할 기본조건을 말한다. 충분한 요건을 갖추지 못한다면 그 전망이나 대안에 있어 치명적인 오류가 초래될 수 있다.

(2) 질적 요건의 내용(20 채용 · 19 간부)

정확성과 완전성에 충실하다 보면 적시에 사용자에게 정보제공이 어렵고, 적시성을 충족시키면서도 정확성이나 완전성이 훼손되지 않도록 적절히 조화시키는 것이 중요하다. 지나치게 정보사용자의 요구에 부합하기 위해 노력하다 보면 수집 및 분석단계에서 객관성을 상실하게 되어 정보의 정치화 경향이 나타날 수 있다.

적실성 (관련성)	① 정보가 현안 문제와 어느 정도 밀접하게 관련이 되어 있느냐의 문제로 목적이나 정책방향 등에의 부합정도 ② 정보는 정보사용자의 사용목적(당면 문제)과 관련되어야 한다.
정확성	① 사실과의 일치여부 의미. 같은 주제를 여러 정보원에게 부여하여 공통사항을 사용 ② 징기스칸은 전쟁 전에 여러 계층의 간첩을 보내 다양한 경로로 정보를 수집하여 확인
적시성	① 정보는 정책결정 시점, 사용자(생산자 X)가 필요한 시기에 제공되어야 함. ② 국가안보나 치안질서 유지 및 정책결정 등이 이루어지는 시점에 비추어 가장 적절한 시기에 사용될 수 있느냐의 문제
완전성	① 정보는 시간이 허용하는 한 최대한 완전한 지식이어야 함. ② 주제와 관련된 사항을 모두 망라되어, 추가 정보가 필요하지 않는 상태 ③ 첩보와 정보를 구분하는 기준 ④ 보고서는 사용자가 궁금한 사항이 없도록 6하 원칙에 따라 작성되어야 함.
객관성	① 의도에 따라 정보가 주관적으로 왜곡되면 선호정책의 합리화 도구로 전락할 수 있음. ② 임진왜란 직전 일본을 살피고 돌아온 황윤길과 김성일은 전혀 상반된 보고를 하였음. ③ 자기반사오류, 지나친 고객지향, 겹층쌓기, 집단사고 등 인지적 오류에 극복하고 객관성 유지

2) 정보의 효용

(1) 의의

가치나 이익, 정보사용자의 입장에서 강조되는 것으로 "요건을 갖춘 정보가 정책결정과정에서 어느 정도 기여했는가?"를 의미한다.

(2) 정보효용의 내용

접근효용	① 사용자가 쉽게 접근할 수 있어야 한다. 해양경찰청 정보기록실 운영과 관련성이 높다. ② 정보의 분류, 기록, 관리와 가장 관련이 깊다. ③ 정보의 통제효용을 저해하지 않는 범위 내에서 접근성을 높이는 방향으로 관리
시간효용	사용자 요구가 없어도 생산자가 판단하여 사용자에게 가장 적절한 시기에 정보를 제공
소유효용	① 정보는 상대적으로 많이 소유할수록 집적의 효과를 발휘 ② '정보는 국력이다'라는 표현은 정보의 소유효용을 나타내는 말이다.
통제효용	① '필요한 사람에게 필요한 만큼,' '차단의 법칙'과 관련된다. ② 한정성의 원칙(알 사람만 알아야 하는 원칙 또는 필요성의 원칙)'이라고도 한다.
형식효용	① 사용자 요구에 맞는 형식에 부합하여야 하며, 수준에 따른 형식의 차별화 필요 ② 대통령 등 최고정책결정자에 대한 정보보고서는 '1면주의' 원칙(시간효용 X)

(3) 국가정보자료 관리규정(대통령령)

국가정보정책의 수립 및 시행의 효율성을 높이기 위한 국가정보자료의 효율적인 관리 및 공동활용체제의 확립에 관하여 필요한 사항을 규정함을 목적으로 한다(제1조).

① 용어의 정의(제2조)

국가정보자료	국가정보정책의 수립에 기여할 수 있는 국내외 정치 · 경제 · 사회 · 문화 · 군사 · 과학 · 지지 · 통신 등 각 분야별 기본정보와 각 분야에 영향을 미칠 수 있는 인적 · 물적 정보 등의 내용이 수록된 자료
전담관리기관	국가정보자료중 특정분야의 자료를 종합관리하는 기관
각급기관	정부조직법 제2조의 규정에 의한 중앙행정기관(대통령 직속기관 포함)

② 국가정보자료 관리협의회(제3조)

국가정보자료의 효율적인 관리와 공동활용에 관하여 필요한 사항을 심의하기 위하여 국가정보원에 국가정보자료관리협의회를 둔다.

협의회는 위원장 1인을 포함한 25인 이내의 위원으로 구성하되, 위원장은 국정원 기획조정실장이 되고, 위원은 국정원직원과 국가정보원장이 지정하는 각급기관의 국장급 이상 공무원 중 당해기관의 장의 추천으로 국정원장이 임명 또는 위촉하는 자 각 1인이 된다. 다만, 국정원장이 필요하다고 인정하는 기관에 대하여는 위원을 2인까지 위촉할 수 있다.

3. 정보의 분류

1) 사용주체 및 사용수준에 따른 분류

(1) 국가정보와 부분정보

① **국가정보:** 최고결정권자가 국가적 차원에서 종합적으로 사용하는 정보

② **부문정보:** 외교, 통일, 국방, 경제, 환경 등 특정부처의 필요나 요구에 따라 생산하는 정보

(2) 전략정보와 전술정보

① **전략정보:** 국가차원의 정책이나 국가의 안전보장 등과 관련하여

② **전술정보:** 비교적 단기적 관점에서 구체적이고 세부적인 현실 사안 해결을 위해 사용되는 정보

2) 사용목적에 따른 분류

(1) **적극정보:** 국가이익의 증대를 위해 정책의 입안과 계획수립 및 정책계획의 수행에 필요한 정보

(2) **보안정보:** 방어적 의미의 정보, 국가의 안전을 유지하는 국가경찰기능의 기초가 되는 정보

3) 테러 정보

해양경찰청장은 대테러작전의 수행 및 「국민보호와 공공안전을 위한 테러방지법」에 따른 테러예방대책의 원활한 수립과 해양에서의 테러 예방·대응을 위하여 5년마다 해양 대테러 계획을 수립하여야 하고, 해양경찰관서의 장은 해양 대테러 계획의 원활한 시행을 위하여 매년 유관기관과의 협의를 통하여 해양 테러 예방 및 대응 활동계획을 수립·시행하여야 한다. 이러한 활동에는 해양테러 관련 정보의 수집·교환이 포함된다(해양경비법 제16조의2, 동법 시행규칙 제2조의2).

4) 분석 형태에 따른 분류(19 채용)

기본정보	과거의 사실이나 사건들에 대한 정적인 상태를 기술한 정보
현용정보	① 현재의 동적인 상태를 보고하는 정보로서 경찰의 정보상황보고 등 ② 통상 정보사용자는 현안에 관심이 많아서 판단정보 보다 현용정보를 더 높게 평가
판단정보	① 과거와 현재를 바탕으로 하여 미래 가능성을 예측한 평가정보 ② 종합 분석과 과학적 추론을 하므로 가장 정선된 형태의 정보이며, 생산자의 능력과 재능을 가장 많이 필요로 함. ③ 사용자에게 정책 결정에 필요한 적당한 사전 지식 제공을 사명으로 함.

5) 대상지역에 따른 분류

(1) 국내정보(국내 보안정보와 국내 정책정보)

① **국내보안정보:** 간첩, 반국가세력 등

② **국내정책정보:** 경제, 사회, 과학 기술 등 국가 내부 정책결정에 필요한 정보

(2) 국외정보(국외보안정보, 국외 정책정보)

(3) 국가정보원의 업무

국가정보원은 「국가정보원법」 제3조 제1항에 의하여 "국외 정보 및 국내 보안정보[대공(對共), 대정부전복(對政府顚覆), 방첩(防諜), 대테러 및 국제범죄조직]의 수집·작성 및 배포" 직무를 수행한다. 따라서 국가정보원의 직무는 국외정보 및 국내 보안정보를 수집·작성 및 배포하는 것이지 경찰이 수행하는 국내 일반정보활동과 국내 정책정보활동은 국가정보원의 업무범위가 아니다.

6) 출처에 따른 분류

부차출처	중간매체(TV, 신문 등이 대표적)를 통하여 정보를 감지하며, 그 중간매체의 주관이나 편견이 개입될 소지가 있어서 내용의 신뢰성이 낮게 평가될 여지가 있음(간접정보)
근본출처	중간매체 없이 정보관이 직접 체험한 정보로서 부차출처보다 신뢰성이 높음(직접정보)
공개출처	① 공개출처라고 하여 비밀출처에 비하여 신뢰성이나 가치가 떨어지는 것은 아니다. ② 오신트(Open Source INTelligence) 전문가 스틸은 "학생이 갈 수 있는 곳에 스파이를 보내지 말라."고 하여 정보수집은 공개출처 활용가능성 판단에서 시작되어야 함을 강조 ③ 가장 큰 장점은 접근성이지만 가장 큰 단점은 방대한 양이다. 또한, 적시에 공개되지 않는 경우 적시성에서 한계가 따른다. ④ 특별한 보호조치가 필요하지 않아 일상적인 방법으로 첩보를 수집하는 출처

<table>
<tr><td>비밀출처</td><td>① 정보출처 노출시 출처로서의 기능 상실 및 출처의 입장이 곤란해지는 출처
② 정보관이 비밀리에 관리하는 공작원, 협조자, 귀순자, 외교관, 주재관 등이 비밀출처에 해당하며 정보관 자신도 비밀출처에 해당한다.</td></tr>
<tr><td>우연출처</td><td>부정기적으로 얻어지는 정보로서 원칙적으로 정보관에 의해 획득되는 비밀출처 정보</td></tr>
<tr><td>정기출처</td><td>① 정기출처 중 정기간행물, 일간신문 등은 공개출처 정보이고, 정기적으로 정보를 제공하는 공작원이나 협조자는 비밀출처 정보임.
② 일반적으로 정기출처 정보가 우연출처 정보에 비해 내용의 신뢰성이 높음.</td></tr>
</table>

7) 수집활동에 따른 분류

<table>
<tr><td>인간정보</td><td colspan="2">① 인간정보는 휴민트(HUMINT: HUMan INTelligence)
② 최첨단 정보수집 장비가 등장하는 현대에도 인간에 의해서가 아니면 수집할 수 없는 첩보가 있으며, 인간정보는 첩보수집의 시작이자 마지막이다.
③ 역공작은 휴민트만이 가능하다.
④ 테러, 마약, 국제범죄조직은 기술정보로 파악하는데 한계가 있다.
⑤ 이중스파이 등 배신과 음모의 가능성이 상존
⑥ 테킨트의 발달로 휴민트 영역이 줄고 있으나 오늘날에도 여전히 중요성을 가진다.</td></tr>
<tr><td rowspan="2">기술정보
(TECHINT)</td><td>영상
정보</td><td>① 영상정보는 이민트(IMINT: IMagery INTelligence)
② 걸프전에서 미국은 레이다 정찰위성으로 이라크군의 장비와 지하벙커의 위치를 탐지하여 전략목표를 무력화시켰다.
③ 공군의 영웅이었던 미첼은 "전선 위를 한 번 비행하는 것이 지상을 수백 번 다니는 것보다 적군을 더 분명하게 파악할 수 있다"고 함</td></tr>
<tr><td>신호
정보</td><td>① 신호정보는 시진트(SIGINT: SIGnals INTelligence)
② 영상정보로는 획득할 수 없는 상대방의 내심과 목적을 원거리에서 파악
③ 소련이 대한항공기의 격추사실을 시인한 것은 일본이 레이다와 전파도청으로 소련요격기와 지상과의 교신기록을 확보하고 있었기 때문
④ 신호정보는 당사자 쌍방의 통신이나 통화가 전제되어야 하므로 당사자가 침묵하거나 보안조치를 강구하면 작동할 수 없는 단점</td></tr>
</table>

Ⅲ. 정보의 순환체계

1. 정보의 순환(intelligence cycle)

사용자의 요구에 따라 국가정보체계를 통해 첩보를 수집, 처리 및 분석하여 정보사용자에게 전달하는 유기적인 일련의 과정을 말한다. 그 흐름은 정보요구(requirement) → 첩보수집(collection) → 정보처리(processing) → 정보분석(analysis) → 정보배포 또는 전파(dissemination) 5단계를 거치거나 4단계를 거쳐 정보요구로 다시 환류된다. 새로운 정보요구를 발생할 경우 정보체계 내로 다시 환류된다.

단 계	소 순 환
정보 요구	첩보기본요소 결정 → 첩보수집계획서 작성 → 명령하달 → 사후검토(조정 · 감독)
정보 수집	수집계획 → 출처개척 → 첩보수집 → 전달
정보 생산	선택 → 기록(분류) → 평가 → 분석 → 종합 → 해석 ※ 기록 과정이 분류 과정임
정보 배포	사용권자에게 구두, 서면, 도식 등으로 배포되는 단계

2. 정보요구 단계

1) 정보요구의 의의

기획 및 지시과정, 정보사용자가 필요로 하는 정보가 무엇인지 파악하여 필요로 하는 시기에 정확한 정보의 제공이 될 수 있도록 적절한 운용계획을 수립하여 수집기관에 첩보의 수집을 명령(지시)하는 단계이다.

2) 정보요구의 방법(19 채용 · 21 하반기)

다양한 정보요구 가운데 어떠한 것을 우선적으로 수집할 것인가를 결정하는 것은 제한적인 물적 · 인적자원을 활용하여 최대의 효과를 달성해야 하는 아주 중요한 문제이다. 국가정보원은 「국가정보원법」 제3조 제1항 5호에 의하여 '정보 및 보안 업무의 기획 · 조정'에 대한 직무를 수행하고, 동조에 의하여 직무 수행을 위하여 필요한 사항과 기획 · 조정의 범위와 대상 기관 및 절차 등에 관한 사항은 대통령령으로 정하도록 되어 있다. 이에 따라 「정보 및 보안업무기획 · 조정규정」(대통령령)이 제정되어 있다.

국가정보목표 우선순위 (PNIO)	PNIO(Priority of National Inetlligence Objectives): 국가안전보장이나 정책에 관련되는 국가정보목표의 우선순위로서, 정부의 연간 기본정책 수행에 필요한 자료 ① 국가정책의 수립자와 수행자의 질문에 대한 응답을 위하여 선정된 우선적인 정보목표 ② 국가의 전 정보기관활동의 기본방침이고, 특히 경찰청이 정보수집계획을 수립할 때 가장 중요한 지침이 된다.
첩보기본요소 (EEI)	EEI(Essential Elements of Information): ① 정보관들이 일상적으로 정보를 수집하는 가장 기본적인 사항 ② 정보요구 소순환 과정에서 첩보수집계획서를 작성하여 정보수집을 명한다. ③ 계속 · 반복적으로 수집할 사항 ④ 통계표와 같이 공개적 · 문서화된 경우 대부분 ⑤ 광범위한 지역에서 수집되는 항시적 요구사항
특별첩보요구 (SRI)	SRI(Special Requirements for Information): ① 임시 · 돌발 · 단기적 문제해결을 위한 요구 ② 정보요구 소순환 과정에서 첩보수집계획서 작성은 필요하지 않음(22 간부) ③ 첩보수집 지침은 사안과 대상에 따라 상이하며 비교적 구체성, 전문성 요구 ④ 정보기관의 활동은 주로 SRI에 의함
기타정보요구 (OIR)	OIR(Other Intelligence Requirement): PNIO에 누락된 주요 정보 목표로서 정보상황에 따라 수정이 필요한 경우 등 PNIO에 우선하여 충족시키기 위한 정보요구이다. 일시적이라는 점에서 SRI와 유사하지만 더 광범위하고 장기적인 요구이다.

3) 정보 및 보안업무기획 · 조정 규정(대통령령)

(1) 개념(제2조)

국외정보	외국의 정치 · 경제 · 사회 · 문화 · 군사 · 과학 및 지지 등 각 부문에 관한 정보
국내보안정보	간첩 기타 반국가활동세력과 그 추종분자의 국가에 대한 위해 행위로부터 국가의 안전을 보장하기 위하여 취급되는 정보
통신정보	전기통신수단에 의하여 발신되는 통신을 수신 · 분석하여 산출하는 정보
통신보안	통신수단에 의하여 비밀이 직접 또는 간접으로 누설되는 것을 미리 방지하거나 지연시키기 위한 방책
정보사범 등	형법, 군형법, 군사기밀보호법 및 국가보안법에 규정된 죄를 범한 자와 그 혐의를 받는 자
정보수사기관	정보 및 보안업무와 정보사범 등의 수사업무를 취급하는 각급 국가기관

(2) 정보 및 보안업무의 기획 · 조정

국가정보원장은 국가정보 및 보안업무에 관한 정책의 수립 등 기획업무를 수행하며, 동 정보 및 보안업무의 통합기능수행을 위하여 필요한 합리적 범위 내에서 각 정보수사기관의 업무와 행정기관의 정보 및 보안업무를 조정한다(제3조).

(3) 기획업무의 범위

국정원장이 정보 및 보안업무에 관하여 행하는 기획업무의 범위는 다음과 같다(제4조).

① 국가 기본정보정책의 수립
② 국가 정보의 중 · 장기 판단
③ 국가 정보목표 우선순위의 작성
④ 국가 보안방책의 수립
⑤ 정보예산의 편성
⑥ 정보 및 보안업무의 기본지침 수립

(4) 조정의 절차 및 정보사범의 내사

① **조정의 절차**: 국정원장은 조정을 행함에 있어 국가안보에 중대한 영향을 미치는 주요사안에 관하여는 직접 조정하고, 기타 사안에 관하여는 일반지침에 의하여 조정한다(제6조).

② **정보사범 등의 내사 등(제7조)**

㉠ 정보수사기관이 정보사범 등의 내사 · 수사에 착수하거나 이를 검거한 때와 관할 검찰기관(군검찰기관 포함)에 송치한 때에는 즉시 이를 국정원장에게 통보하여야 한다.

㉡ 관할 검찰기관의 장은 정보사범 등에 대하여 검사의 처분이 있을 때에는 즉시 이를 국정원장에게 통보하여야 한다.

㉢ 관할 검찰기관의 장은 정보사범 등의 재판에 대하여 각 심급별로 그 재판결과를 국정원장에게 통보하여야 한다.

(5) 신병처리와 공소보류

① **정보사범 등의 신병처리 등(제8조)**

㉠ 정보수사기관의 장은 주요 정보사범 등의 신병처리에 대하여 국정원장의 조정을 받아야 한다.

㉡ 정보수사기관이 주요정보사범 등 · 귀순자 · 불온문건 투입자 · 납북귀환자 ·

망명자 및 피난사민에 대하여 신문 등을 하고자 할 때에는 국정원장의 조정을 받아야 한다.

② 공소보류 등(제9조)

㉠ 정보수사기관(검사 제외)의 장이 주요 정보사범 등에 대하여 공소보류 의견을 붙일 필요가 있다고 인정할 때에는 국정원장에게 통보하여 조정을 받아야 한다.

㉡ 검사는 주요 정보사범 등에 대하여 공소보류 또는 불기소 의견으로 송치된 사건을 소추하거나 기소의견으로 송치된 사건을 공소보류 또는 불기소 처분할 때에는 국정원장과 협의하여야 한다.

3. 첩보수집 단계

1) 첩보수집의 의의

첩보수집기관이 출처를 개척하여 수요첩보를 입수하여 이를 정보작성기관에 전달하기까지의 과정을 말한다. 보안의식이 높아지는 현대에서 가장 중요하고 어려운 단계이다.

2) 첩보의 출처

(1) 출처(source)

조직, 단체, 지역, 인물 등의 첩보 수집목표가 설정되면 구체적 방법 및 경로를 파악해야 한다.

(2) 출처의 종류

① 인간정보

㉠ **공개출처정보:** 신문, 잡지, 기타 출판물과 인터넷, 방송매체 등 각종 매스컴 활용이 일반적이다. 그 밖에 공공기관방문, 전화문의, 공개토론회 참석, 전시장에서의 팜플랫 수집 등에서의 정보를 말한다.

㉡ **비밀출처정보:** 정보관(Intelligence Officer), 외국주재관, 공작원, 협조자로부터의 정보를 말한다.

② 기술정보

영상정보(위성전자사진, 레이더영상, 재래식 항공사진), 신호정보(음성, 전신부호, 전화회선, 공중파, 전자우편)를 말한다.

첩보출처 결정시 고려사항	첩보종류 결정	요구되는 첩보가 어떠한 종류의 것인가(EEI, SRI)를 최초의 정보요구를 감안하여 결정함
	신빙성	① 인간정보 출처는 대상자의 성장배경, 사안과의 이해관계, 수집자와의 신뢰관계 등이 신빙성 근거가 될 수 있음 ② 공개정보 출처는 공신력, 사안과의 이해관계 등을 살펴야 함
	접근성	주어진 시간 내에 해당 출처 개척 가능성을 검토
	신속성 (경제성)	신빙성과 접근성이 있어도 가장 신속하고 경제적으로 입수할 수 있는 출처를 선별하여야 함 ※ 신빙성 있는 공개출처는 비밀출처를 대신할 수 있다.
	가외성	획득한 첩보의 신뢰성 검토를 위하여 둘 이상의 출처를 개척하고 이들간의 상호 검증의 과정을 거쳐야 하는 원칙(이중출처 개척의 원칙)
손자(孫子) 간첩분류	반간(反)	적의 간첩을 역으로 이용: 소련 KGB가 미국 CIA 비밀요원을 매수하여 십여 년간 CIA의 비밀활동 정보를 수집
	향간(鄕)	적국의 시민을 첩보원으로 이용
	내간(內)	적의 관리를 매수하여 이용
	사간(死)	적의 교란을 위해 적에게 붙잡혀 죽게 만드는 간첩. 배반할 염려가 있는 아군의 간첩에게 허위 정보를 주어 적에게 누설하게 하는 것
	생간(生)	적국에 잠입하여 정보활동 후 돌아와 보고하는 간첩

4. 정보의 분석 · 생산 단계

1) 정보의 분석 · 생산의 의의

수집된 첩보를 전달받은 생산부서에서 첩보를 기록 · 보관하고 평가, 분석, 종합, 해석하는 등의 과정으로 가공되지 않은 자료(raw data) → 묘사 · 설명 또는 결론의 형태로 전환시키는 과정이다.

2) 정보의 분석 · 생산 절차

분류 및 기록 → 평가 → 분석 → 종합 → 해석의 5단계를 말한다.

개 념	① 정보보고서를 작성하며, 정보 순환 과정에서 가장 중심이고 학문적 성격이 요구됨 ② 선택 → 기록(분류) → 평가 → 분석 → 종합 → 해석	
분 류	개념적 분류	① 주지의 사실: 공개출처로 수집, 최소한 실체 확실한 것으로 평가 ② 역정보: 의도적으로 정보분석가를 기망, 오도하기 위한 정보 ③ 비밀: 정보 소유 주체가 알려지지 않도록 조치를 취하는 경우 ④ 난제: 정보분석이나 비밀 수집으로도 해결할 수 없는 문제
	기능적 분류	국가정보 차원에서 정치, 군사, 경제, 사회 등 대상에 다른 분류
	지역적 분류	정보분석 대상이 지역에 따라 나뉘어지는 것. 정보조직이 각 시 · 도청, 경찰서에 설치된 것은 지역별 분류에 해당한다.
평 가	① 첩보의 신뢰성, 가치 등을 1차적으로 검토하는 단계 ② 출처의 신빙성: 첩보를 획득한 인물, 비밀출처 등 출처 자체에 대한 신용 평가 ③ 첩보내용의 신뢰성: 첩보의 내용이 사실과 일치하는 성질을 의미	
개념위주 분석방법	상황논리적 분석	① 정보 분석에 가장 일반적으로 이용되는 모형 ② 구체적 사실과 관련된 특수성, 이해관계 등을 우선적으로 고려하여, 상황이 논리적으로 어떤 방향으로 전개될 것인지에 대한 결론 도출
	이론 적용 분석	① 현안에 가장 적합한 이론을 적용하여 결론을 도출 ② 학생운동의 전개 방향을 전망하면서 학생운동을 주도하는 계파의 이론적 배경을 우선적으로 검토하는 것
	역사적 상황 비교 분석	① 현재 분석대상을 과거 사례들과의 비교하여 결론 도출 ② 특정 단체의 집회와 관련한 분석에 있어서 해당 단체가 과거 수회 폭력시위 전력이 있었으므로 금지통고가 필요하다는 판단을 제시하는 경우 ③ 상황논리 분석에 필요한 충분한 자료가 없는 경우에 사용되는 방법 ④ 가장 간편하고 분석시간을 줄일 수 있는 방법
자료위주 분석방법	① 분석보다 수집에 우선순위를 두는 형태이다. 정보분석의 정확성이 결국 완전한 첩보 수집에 의존하기 때문이다. ② 첩보 양이 부족한 경우, 부분 첩보로 결론을 도출하는 단순화의 우려가 발생한다. ③ 첩보 양이 부족한 경우, 분석을 포기하고 첩보 수집을 다시 요구하는 무한회귀의 오류에 빠질 수도 있다. ④ 첩보가 많을수록 반드시 분석의 정확성이 높아지는 것은 아니다. 대량의 첩보를 분류 · 평가하는 부담, 수집된 첩보 간의 상충 등으로 분석의 정확성을 해칠 수도 있다.	

5. 정보배포 단계

1) 정보배포의 개념

정보순환절차에 따라 수집·분석·생산된 정보를 사용자(정책결정자)의 수준에 맞춰 적합한 형태를 갖추어 사용자가 필요로 하는 시기에 제공하는 과정을 말한다. 배포된 정보는 정책결정이라는 결과를 낳거나, 추가적인 정보의 수요를 발생시킨다.

2) 정보배포의 원칙

정보배포의 주된 목적은 정책입안자 또는 정책결정자가 정보를 바탕으로 건전한 정책결정에 이르도록 하는 것이다.

<table>
<tr><td>적시성</td><td colspan="2">① 정보활용에 필요한 최소한의 시간적 여유를 보장(활용 직전에 배포 X)
② 중요하고 긴급한 정보를 우선 배포(먼저 생산된 정보 우선 배포 X)</td></tr>
<tr><td>필요성</td><td colspan="2">알 필요가 있는 대상자에게 알려야 한다.</td></tr>
<tr><td>적당성</td><td colspan="2">사용자의 능력과 상황에 맞춰 적당한 양을 조절하여 필요한 만큼만 전달한다.</td></tr>
<tr><td rowspan="4">보안성</td><td>물리보안</td><td>① 시설, 장비에 대한 조치
② 보호구역 설정, 시설보안, 이동수단 등에 대한 물리적 보안</td></tr>
<tr><td>인사보안</td><td>① 사람에 대한 조치
② 담당 공무원에 보안심사, 보안서약, 보안교육</td></tr>
<tr><td>분류조치</td><td>① 문서에 대한 조치
② 비밀 표시, 배포범위 제한, 폐기문서 파기 등
③ 문서 열람자격 제한: ‘자격’이 아닌 ‘문서’에 대한 것으로 인사보안이 아닌 분류조치임에 유의</td></tr>
<tr><td>통신보안</td><td>전선, 전파, 컴퓨터 네트워크 보안</td></tr>
<tr><td>계속성</td><td colspan="2">한번 배포되었으면 추가된 정보를 계속 배포한다.</td></tr>
</table>

3) 정보배포 수단(21 채용)

정보배포는 브리핑, 메모, 일일정보보고, 특별정보보고 등의 배포수단을 결정해야 한다. 이외에도 도표 및 사진, 전화(전신), 문자메시지(최근 활용도가 높아짐)를 활용할 수 있다.

<table>
<tr><td>비공식적</td><td>통상 개인적인 대화의 형태</td></tr>
<tr><td>브리핑</td><td>① 통상 강연식, 문답식으로 진행. 현용정보 배포수단으로 많이 이용
② 긴급할 경우 주로 사용하며, 서면보고에 비해 완전성, 책임성은 떨어진다.
③ 보안성, 신속성은 높다.</td></tr>
<tr><td>메모</td><td>① 정보분석관이 가장 많이 활용. 요약하기 때문에 정확성은 낮다.
② 구두보고와 서면보고의 중간형태로 볼 수 있다.
③ 정기간행물에 포함시키는 것이 적절하지 못한 긴급 · 현용정보 전달</td></tr>
<tr><td>문자메시지</td><td>정보사용자와 물리적인 접촉이 용이하지 않은 경우나 사실확인 차원의 단순보고에 활용되는 방식으로 최근 활용도가 높아지고 있음</td></tr>
<tr><td>일일정보보고</td><td>일정한 양식으로 24시간 정세 변화 보고. 현용정보이므로 신속성 중요</td></tr>
<tr><td>정기간행물</td><td>광범위한 배포를 위하여 출판. 공인된 사용자에게 최근 중요 상황 전달</td></tr>
</table>

특별보고서	① 축적된 정보가 여러 사람이나 기관에게 가치를 가질 때 발행 ② 부정기적으로 생산하며 형식면에서 통일성이 낮다.	구별
지정된 연구과제	어떤 기관 또는 사용자가 요청한 문제에 대하여 정보를 작성하고 배포하는 방법	

Ⅳ. 정책결정과 정보의 역할, 정보보고서

1. 정책결정 과정에서의 정보의 역할

일반적으로 정책결정과정은 사회문제 중에서 일부를 정책문제로 채택하고 다른 것은 방치하기로 결정하는 정책의제설정단계, 정책목표를 설정하고 여러 대안들 가운데 하나를 채택하는 정책결정단계, 이러한 정책을 현실적으로 실현하는 정책집행단계 및 정책효과의 발생여부를 검토하는 정책평가단계로 분류될 수 있다.[10)]

정책결정이란 어떤 정책문제가 거론되면 이의 해결을 위해 정책목표를 설정하고 이 목표를 달성할 수 있도록 여러 대안을 고안, 검토하여 하나의 정책대안을 채택하는 일련의 활동을 말하는데, 이렇게 사회문제가 정책의제로 채택되어 대안을 마련해 가는 과정을 정책결정과정이라 한다.[11)]

이러한 과정에서 인텔리전스의 역할은 정책결정자에게 예측할 수 있는 미래에 대한 판단자료들을 주고 현재의 고려요소들을 알려줌으로써 불확실성을 제거하고 정책결정자의 오판과 실수의 개연성을 최소화하는데 있고, 정확한 예측을 바탕으로 올바른 정책적 판단을 할 수 있도록 도움을 주는 것이다.

정책의제 설정단계	정책 환경의 진단, 조기경보
정책결정단계	미래상황의 예측에 대한 판단제공, 정책결정에 있어 필요한 고려사항(판단자료)의 제공, 정책적 대안 제시
정책집행단계	부처할거주의 · 예기치 않은 변수 · 현장갈등에 대한 지속적인 모니터링
정책평가단계	문제점 · 효과 · 반응 등에 대한 평가

10) 정정길(2001). 정책학원론, 대명출판사, pp. 18－19.

11) 문경환 · 이창무, 전게서, p. 79.

2. 정보보고서의 종류

견문보고서	경찰관이 공 · 사생활을 통하여 정치, 경제, 사회, 문화 등 제 분야에서 수집한 보고서
정보상황 보고서	① 현용정보의 일종으로 '상황속보' 또는 '속보'로 불림 ② 집단시위, 사회갈등 등을 전파하는 보고서 ③ 특별한 사안에 대해 일시적인 상황이나 진행과정(제1보, 제2보)으로 보고 ④ 필요시 경찰 외부에도 전파하는 시스템으로 운용
정보판단서 (정보대책서)	① 지휘관으로 하여금 경력동원 등 조치를 요하는 보고서 ② 주민들이 항만 건설과 관련하여 집회를 계획 중이라는 첩보에 따라 경력배치가 요망된다는 취지의 보고서를 작성
정책정보 보고서	① 정부 정책의 문제점과 개선책 보고. '민심정보'도 정책정보에 포함된다. ② '예방적 상황정보'라고 불리며 정부 부처에서 생산하는 일반적인 정책보고서와는 구별되는 개념이다.

3. 해양경찰 정보보고서의 용어

1) 경찰 조치를 나타내는 용어

용어	사용 예
설득 · 반발 최소화	합법적인 활동이지만 방치하게 되면 그 파급영향이 심각한 경우 또는 경고해야 할 사안이지만 그 대상이 경고가 적합하지 않은 경우에 한정해서 사용한다. 단, 불법행위에는 가급적 사용하지 않는다.
경 고	불법적인 상황이나 불법으로 흐를 우려가 있을 때
차 단	불법폭력시위 · 기습 등을 제지시
연 행	다중의 불법행위가 행해지고 있거나. 행해지려고 하는 현장에서 주동자, 극렬행위자, 단순가담자 등을 구분함이 없이 포괄하여 경찰관서에 동행 조사 후 사법처리할 목적으로 연행한 경우
격리연행	단순히 해산시키려는 하나의 방법으로 일시적으로 다중을 연행한 경우
검 거	폭력사용 등 비교적 뚜렷한 위법의 혐의가 있거나 이미 수배중인 자 또는 검거대상으로 분류된 자를 검거한 경우(또는 검거하고자 할 경우)

2) 판단을 나타내는 용어

용 어	사용 예
판단됨	어떤 징후가 나타나거나 상황이 전개될 것이 거의 확실시 되는 근거가 있는 경우
예상됨	첩보 등을 분석한 결과 단기적으로 어떤 상황이 전개될 것이 비교적 확실한 경우
전망됨	과거의 움직임이나 현재동향, 미래의 계획 등으로 미루어 장기적으로 활동의 윤곽이 어떠하리라는 예측을 할 경우
추정됨	구체적인 근거는 없이 현재 나타난 동향의 원인. 배경 등을 다소 막연히 추측할 때
우려됨	구체적인 징후는 없으나 전혀 그 가능성을 배제하기 곤란하여 최소한의 대비가 필요한 때

Ⅴ. 미국과 일본의 해양치안기관 정보조직

1. 미국의 해양경비대

1) 정보기관 개요

미국에서 정보공동체(Intelligence Community)란 미국 내의 공식적인 정보기관 간의 결합체를 말하며, 현행 미국 정보기구의 체계는 9.11 테러 사건 이후 대통령이 의회의 인준을 받아 임명하는 국가정보장(DNI: Director of National Intelligence)의 지휘 아래 16개의 정보기관이 정보공동체를 이루는 형태로 조직화되어 있다.[12] 16개의 기관이란 중앙정보부(CIA), 국가안보국(NSA), 국방정보국(DIA), 육군정보국(INSCOM), 해군정보국(ONI), 공군정보국(AIA), 해병대정보국(MCIA), 해안경비대정보국(CGI), 에너지부 정보실(IN), 국토안보부 정보분석/인프라보호국(IAIP), 국무부 정보조사국(INR), 재무부 테러금융정보실(TFI), 국가대기권정보국(NGA), 국가정찰국(NRO), 연방수사국(FBI), 법무부 마약단속국(DEA)을 말한다.

9·11 테러사건 이전에는 DCI(Director of Central Intelligence)는 CIA국장으로서의 역할 이외에 정보공동체를 대표하여 대통령에게 정보와 관련된 조언을 하는 역할을 수행했다. DCI는 미국 정보 공동체가 수행하는 정보수집 활동에 대한 요구사항과

12) 金明植(2009). "미국에서의 국가정보 개명에 대한 논의,"『美國憲法硏究』 제20권 제2호, pp. 380－381.

우선순위를 결정하였고, 다른 정보기구들에 대해서도 예산 집행을 승인하고 감독할 권한이 있었으며, 국방부장관이 정보부서의 책임자를 임명할 때 DCI와 협의하도록 되어 있었다.[13] 9.11 이후 정보공동체 통제와 관련된 문제, 정보기구 간의 역할 중복 및 협조문제가 발생하여 국가정보장((DNI)이 통제하는 형태로 변화되었다.

2) 해양경비대(U.S. Coast Guard)의 정보조직

코스트 가드는 설립 초기에 미국 연안을 차트로 그려 놓고, 세관을 통과한 선박의 동정, 화물목록, 화물, 승무원 등에 관한 정보를 수집했다. 122명의 세관원, 10척의 함정은 미국의 항구와 연안에서 재무부장관 해밀턴(Alexander Hamilton)에게 끊임없이 정보를 제공했다. 사실 해밀턴 장관은 동부연안과 카리부연안 전역에 걸쳐 인적첩보와 정보수집시스템을 소유하고 있었다.[14]

1919년에 미국의 금주법이 시행되면서 Coast Guard는 법 실행의 중추적인 임무를 수행하였다. 주류 밀수 조사를 위해 정보 및 첩보의 수집을 담당하는 정보부서를 창설하여 전략정보 능력을 발전시켰다.[15] 코스트 가드 정보기능은 CGI(Coast Guard Intelligence)로 표기된다. 그 연혁을 살펴보면 다음과 같다.[16]

코스트가드 인텔리전스는 본부조직에 첩보대장(Chief Intelligence Officer)을 배치한 1915년까지 거슬러 올라간다. 코스트가드 규제법의 1장 제304조는 첩보대장 배치의 근거이고 사령관 보조실(Office of Assistant Commandant)의 소속이었다. 첩보대장의 임무는 동법 614조에서 기술되어 있다: 코스트가드 임무수행에서 필수적인 정보의 보호; 코스트가드 작전 단위의 책임 있는 담당 장교들, 재무성과 다른 협력기관들에게 정보의 배포; 그리고 법집행활동에 대한 자료와 기록의 유지였다.

이 기능은 CGI가 45명의 기간요원 수사관으로 편성되어 금주법(the Prohibition Act)을 집행할 때까지 알려지지 않았다. CGI는 금주법시기에 매우 성공적이었으므로 1930년에 중앙본부에 정보부서(Intelligence Division)가 설치되고, 1933년에 지역본부(district)에도 설치되었다.

---

13) 신유섭(2003). "9·11 테러 사건 이후 미국 정보계 개혁의 성격과 전망,"『國際政治論叢』 제43집 4호, pp. 84-86.

14) Michael E. Bennett, "The US Guard and OSS Maritime Operations During World War Ⅱ," *Study in Intelligence*, Vol. 42, No. 4, 2008, pp. 13-14.

15) 이재승·이완희·문준섭(2013). "미 해안경비대(U.S. Coast Guard)의 고찰을 통한 한국해양경찰의 제도적 개선방안," 한국경호경비학회지 제36호, pp. 451-452.

16) http://www.uscg.mil/history/faqs/CGI.asp, 2015. 9. 11. 검색.

코스트 가드 정보의 아버지로 평가되는 Billard 장군(Frederick C. Billard, 1924-1932년의 기간동안 코스트 가드 사령관으로 재직)은 50개 정도의 정보수집 거점을 만들었고, 중앙본부 내의 정보기능의 위치를 평가하고 정보센터, 정보분실 등을 만들었다. 이러한 금주법 시기에 코스트 가드 정보는 1927-1928년 사이에 밀수를 60%나 축소시키는데 핵심적 역할을 했다.[17)]

제2차 세계대전 동안 CGI는 국내정보와 대적(對敵) 정보활동에 관심이 있었다. CGI는 코스트 가드 직원에 대한 모든 필요한 조사를 할 책임이 있고, 코스트 가드에 입직하려는 지원자에 대한 조사할 책임도 있었으며, 상선관련 증서교부를 위해서 신청자들에 대해 조사를 수행할 책임이 있었다. 게다가 CGI는 해양조사 규제를 제외하고 코스트 가드 규제 기능과 관련된 조사를 할 책임이 있었다.

1948년에 CGI는 코스트 가드의 주요 수사기관이 되었다. 이러한 수사기능은 특별요원들에 의하여 코스트 가드 영역 내에서 범죄, 방첩, 직원보안관련 조사를 수행하는 것이 필요했다. 이러한 수사의 대부분은 군사법전(uniform code of military justice)을 위반한 형사범과 관련되었다.

1996년에 청렴과 효율성에 관한 대통령위원회(the President's Council on Integrity and Efficiency)의 권고에 따라 코스트 가드는 모든 범죄수사 및 보안기능을 코스트 가드 수사기능, 즉 CGIS(Coast Guard Investigative Service)로 일원화하는 것을 인정하였다.

CGIS의 집권화는 위에서부터 아래로의 재조직화를 의미했다. 특별요원(Special agents)들은 현재 지역 단위에서 특별요원(Special Agent-in-Charge: SAC)으로 업무를 수행한다. 그 특별요원들은 Boston, Portsmouth, VA, Miami, Cleveland, New Orleans, Alameda, CA, Seattle 등 7개 지역관서에 배치되었다. SAC는 작전장(the Chief of Operations)과 부사령관(the vice commandant) 직속의 중앙본부 CGIS 장(director)에게 보고한다.

2015년 9월 현재 중앙본부의 정보조직은 사령관 직속으로 편재되어 있다. 사령관 직속의 정보수사국(Intelligence & Criminal Investigations, CG-2)은 7개의 단위부서로 구성되어 있다. 그 7개의 부서는 다음과 같다.[18)]

17) Michael E. Bennett, *op. cit*, p. 19.

18) 노호래(2016). "미국 코스트 가드의 인텔리전스와 시사점," 경찰학논총 제11권 제2호, 원광대 경찰학연구소, p. 95.

① 정보인력관리(Office of Intelligence Workforce Management)
② 정보보안관리(Office of Intelligence Security Management)
③ 정보기획과 정책(Office of Intelligence Plans & Policy)
④ ISR시스템 및 기술(Office of ISR Systems & Technology)
⑤ 정보자원 관리(Office of Intelligence Resources Management)
⑥ 집행사무(Executive Secretariat Staff)
⑦ 전략기획(Strategic Planning Staff)

2. 일본의 해상보안청

1) 정보기관 개요

내각관방(일본어: 内閣官房, Cabinet Secretariat)은 일본에 존재하는 정부 기관 중 하나이다. 내각의 보조기관으로, 내각을 이끄는 내각총리대신을 돕는, 내각부 소속의 기관이다. 주로 내각의 서무, 주요 정책의 기획·입안·조정, 정보의 수집 등을 담당한다. 내각관방에 내각 정보조사실(150명)을 두고 실장, 정보조사실 차장, 내각 정보조사실 조사관, 내각 위성정보센터를 두고 있다.

경찰청의 정보활동은 경찰청 경비국, 관구경찰국 공안부, 경시청 공안부, 도·도·부·현 경찰본부 공안부 또는 경비부, 일선경찰서 경비과 라인을 통해 이루어진다.

법무부 공안조사청(公安調査庁, 영어: Public Security Intelligence Agency. PSIA)는 일본의 법무성 산하에 있는 정보기관이다. 주로, 일본의 국내첩보를 수집하며, 해외첩보에 대해서는 내각정보조사실이 담당하고 있다. 그리고 외무부 정보분석국이 있다. 공안조사청은 1952년 7월 21일 창설되었다. 2016년 현재 일본은 세계 5위의 정보기관을 보유했다고 평가받는데, 그 핵심에 일본 법무부 공안조사청이 있다. 다른 정보기관들도 많지만, 1,500명 규모의 공안조사청이 매우 크며, 해외첩보까지 수집하고 있다. 법무부 산하 기관이지만, 총리가 직접 챙기는 정보기관으로 알려져 있다.

일본의 정부정보회(政府情報會)는 각 성청차관급회의, 각 성청국장급회의, 각 성청과장급회의가 있었다. 새로 추가된 해상보안청은 지금까지 이러한 회의에 임시적으로 참여했었지만 정식 맴버가 되었고, 해양에 관련된 정보도 내각 관저에 수집되었다. 육상에서의 사회적 사상(事象)만을 관찰하는 것으로 한정하는 것은 아니 되고, 해양에 관한 사회적 사상도 관찰하여, 이러한 두 가지 사상을 조감(鳥瞰)[19]적으로

19) **조감(鳥瞰)**: 새가 높은 하늘에서 아래를 내려다보는 것처럼 전체를 한눈으로 관찰함.

결합시키면 지금까지 파악하지 못했던 것도 볼 수 있게 될 가능성이 있다. 이와 같은 시점, 다른 말로 하면 바다에서 발견한 정보를 일본의 인텔리전스 기능에 추가하는 것이 필요하다고 인식하였다.[20]

2) 해상보안청의 정보조직

해상보안청 경비구난부에 관리과, 형사과, 국제형사과, 경비과, 경비정보과(警備情報課), 구난과, 환경방제과 등의 7과를 둔다.[21]

(1) 정보 조직의 정비과정

최근 해상보안청 내에 인텔리전스에 관계된 조직을 신설, 개정 움직임이 활발하고, 정보기능을 강화하고 있다. 그 정보조직의 변천은 다음과 같다.[22]

① 2002(평성 14)년 4월 관구해상보안본부 경비과 정보조사실 신설
② 2004(평성 16)년 4월 본청 경비과 정보조사실 신설
③ 2005(평성 17)년 4월 관구해상보안본부 정보조사실을 일부 공안과로 승격
④ 2008(평성 20)년 4월 본청 정보조사실을 경비정보과로 승격, 관구해상보안본부 공안과를 경비정보과로 개정
⑤ 2015(평성 27)년 4월 본청 경비정보과에 선박동정분석조정관 신설

2015년도 증원 요구안에 따르면 435명의 증원을 요청하고 있다. 주요 인력증원 계획을 살펴보면 전략적 해상보안체제의 구축을 위해 263명, 센카쿠(尖閣) 영해경비 전종 대형순시선 승조원 138명, 센카쿠 영해경비 지원요원 40명, 빈틈없는 해상보안체제의 구축을 위한 정보수집 및 분석요원 85명 등이다.[23] 특히 정보수집 및 분석요원 85명의 증원을 요청하고 있다. 그 만큼 정보기능이 강화되고 있음을 알 수 있다.

해상보안청은 정부의 움직임에 부합하도록 조직정비를 착실히 추진하고, 해상에서의 정보수집력, 분석능력향상을 도모하고 있다. 본격적으로 정보조직을 정비함에 따라 국제적 전략성을 보유하고, 미국 코스트가드, 러시아 국경경비국, 중국 해경

20) 海洋・東アジア研究會編, 海上保安廳進化論－海洋國家日本のポリシーパワー, 東京: 星雲社. 2009, p. 144.

21) 海上保安廳 組織規則, 國土交通省令 第16條.

22) 海洋・東アジア研究會編, 전게서, p. 148.

23) 海上保安廳, 平成27年度定員要求査定の概要.

국, 한국 해양경비청, 카나다 코스트가드 등의 해상보안기관과의 국제적 연대, 협력을 추진하고, 국가간에 빈번한 정보교환을 행하고 있다.

(2) 본청 경비정보과의 임무

① 경비정보의 수집, 분석과 그 외의 조사 및 경비정보의 관리에 관련된 사무

② 테러리즘(광의의 공포는 불안을 야기하는 것에서부터 그 목적을 달성할 의도로 행하여지는 정치상의 주의·주장에 기반으로 한 폭력주의적 파괴활동을 의미함), 그 외 일본의 공안을 해치는 활동에 관계된 범죄, 외국인은 그 활동 지역이 외국에 있는 일본인에게 관계된 것, 해상에 있어서 수사 및 그에 관계된 범인 또는 피의자의 체포에 관계된 사무

③ ②에서 규정한 범죄의 범인 또는 피의자의 해상체포에 관계된 사무를 담당한다.

경비정보과에 경비정보조정관(警備情報調整官) 및 선박동정정보조정관(船舶動静情報調整官)을 각각 1인을 두고 있다. 경비정보조정관은 경비정보의 수집·분석, 그 외의 조사 및 경비정보의 관리에 관한 중요사항을 조정하는 사무를 담당(선박동정정보조정관의 소장에 속하는 사무 제외)하고, 선박동정정보조정관은 경비정보 중 선박의 동정(動静)의 수집, 분석, 그 외의 조사 및 선박동정분석 관리의 중요사항에 관한 조정에 관한 사무를 담당한다.[24]

본청의 해양정보부(海洋情報部)에는 다음의 6과를 둔다. 6개의 과는 기획과(企画課), 기술·국제과(技術·国際課), 해양조사과(海洋調査課), 환경조사과(環境調査課), 해양정보과(海洋情報課), 항해정보과(航海情報課)이다.[25] 각 관구해상보안본부에도 해양정보부를 두고 있다. 이들 부서는 주로 국가안보와 테러방지를 위한 인텔리전스와는 달리 해양에 관한 자연·환경 정보를 분석하고 해양안전정보를 제공하는 부서이다.

(3) 관구해상보안본부와 해상보안부

11개의 관구해상보안본부(우리나라의 지방해양경찰청에 해당)에 경비정보과를 설치하고 있다. 이 경비정보과는 경비정보의 수집·분석 및 경비정보의 관리업무, 테러리즘과 관련된 수사 및 범인과 용의자의 체포업무를 담당한다. 해상보안(감)부(우리나라의 해양경찰서에 해당)에는 경비구난과를 두고 있다.

---

24) 海上保安廳 組織規則, 國土交通省令 第46조의 2.

25) 海上保安廳 組織規則, 국토교통성령 제24조.

(4) 국제조직범죄대책기지(国際組織犯罪対策基地)

이 기지의 사무는 다음과 같다.

① 고도의 지식 및 기술을 활용하여 국제적으로 한층 조직적으로 행하여지고 있는 것에 대한 해상에 있어서 정보의 수집, 분석, 그 외의 조사 및 정보의 관리에 관한 사무
② 고도의 지식 및 기술을 활용하여 해상에 있어서 국제조직범죄의 수사 및 이것에 관계된 범인과 용의자의 체포 및 국제조직범죄 범인과 피의자의 해상에 있어서 체포에 관한 사무
③ 전 2호에서 규정한 사무를 행하기 위해 보유한 지식 및 기술을 활용하는 국제수사공조에 관한 사무
④ 전 3호에서 규정한 사무를 수행하기 위하여 사용하는 통신시설의 보수 및 운영에 관련된 사무 및 「해상보안청법」 제5조 제19호에 규정한 사무

3) 정보활동

해상보안청의 순시경계활동은 정보수집활동이고, 가장 기본적인 정보수집의 필드워크(현장업무)이다. 해상테러저지활동에서 테러행위의 징후를 살펴서 알기 위해서도 항상 그릇된 상태를 인지하는 순찰이 중요한 활동이라고 말할 수 있다.[26] 더구나 해상보안관에게는 선박의 선장 등에 대해서 서류의 제출명령, 출입검사 및 질문을 할 권한이 있고, 연간 약 25만척의 선박에 대하여 출입검사 등을 하고 있다. 또한 일본의 해상테러대책의 일환으로서 2004년(평성 16년) 7월에 시행된 「국제항해선박 및 국제항만시설의 보안유지 등에 관한 법률」에 의하여 일본에 입항한 외국선박은 사전입항통보 등의 의무가 부과되었고, 해상보안청이 입항선박을 심사할 수 있도록 되어 있다.

Ⅵ. 해양경찰의 집회 · 시위 관리

1. 육상에서의 집회 · 시위

「헌법」 제21조 제1항에서 "모든 국민은 언론·출판의 자유와 집회·결사의 자유를 가진다"라고 규정하여 집회시위는 헌법상 보장된 자유권적 기본권에 해당한다. 집회와 시위를 규제하는 「집회 및 시위에 관한 법률」은 적법한 집회(集會) 및 시위(示威)를 최대한 보장하고 위법한 시위로부터 국민을 보호함으로써 집회 및 시위의

26) 노호래(2015). "일본 해상보안청의 정보활동과 시사점," 한국경찰학회보 제17권 제6호, p. 130.

권리 보장과 공공의 안녕질서가 적절히 조화를 이루도록 하는 것을 목적으로 한다. 이 법률은 집회 및 시위의 신고, 집회 및 시위의 금지 및 금지통고, 옥외집회와 시위의 금지 장소, 집회 및 시위의 금지 통고에 대한 이의 신청, 옥외집회와 시위의 금지 시간, 주최자의 준수 사항, 질서유지인의 준수 사항, 참가자의 준수 사항, 질서유지선 및 확성기 사용제한을 규정하고 있다. 동법은 육상시위에 적용되고 해상시위에 관해서는 적용되지 아니한다.

2. 해상에서의 집회 · 시위

1) 해양에서의 집회와 시위의 의의

해양오염, 연안지역의 공업화와 개발은 해양환경의 급격한 변화로 어민들의 생존권이 위협받고 있다.

「집회 및 시위에 관한 법률」의 규율대상이 아니기 때문에 해상시위는 헌법상 보장된 기본권으로 인정할 수 없다는 견해와 장소의 특수성으로 인한 위험성 때문에 집회·시위 자체가 불법이라는 견해가 있다. 이러한 태도는 과격한 불법집회를 야기할 수 있고 어민들의 요구를 수렴할 수 없기 때문에 법치국가질서를 동요시킬 수 있다는 문제점이 발생한다.

2) 해상시위의 특징

해상 집회와 시위의 특징은 해상위험성, 선박동원성, 생계관련성, 법적·제도적 미비성이 있다.[27]

(1) 해상위험성

① 파도, 조수의 흐름, 해안선, 기상상태 등 해상치안유지를 곤란하게 하는 자연상태에서 통제할 수 없는 해상위험이 존재한다.

② 육상시위와는 달리 진압부대와 시위자 쌍방간의 물리적 충돌시 좌초, 추락 등 대형사고가 발생할 가능성이 있다.

---

27) 張仁植(2001). "海上 集會·示威의 合理的 規律을 위한 一考察," 「법학연구」 제22집, 전북대 법학연구소, 268-271.

(2) 선박동원성

선박이라는 수단이 동원되고, 효과적인 주장을 위해 항구, 항만 등 해상교통량이 많은 장소에서 이루어진다.

(3) 생계관련성

어민들의 생계에 직접적으로 관련되는 경우가 대부분이다. 그 예로는 잠수기어업 허가 불허조치에 대한 완화요구 시위, 양식에 피해 보상 요구, 연안매립공사에 따른 어업권보상요구, 해양오염에 따른 어민 피해보상요구, 부정어업단속에 따른 생계대책요구, 「어선안전조업법」관련 시위 등이 있다.

(4) 법적 · 제도적 미비성

「집회와 시위에 관한 법률」이 적용되지 않아서 관할 해양경찰서는 사전에 집단행동을 자제토록 설득 · 해산시키고 있는 실정이다. 위법행위자의 경우 「집회와 시위에 관한 법률」이 아닌 「형법」, 「선박의 입항과 출항 등에 관한 법률」, 「해사안전법」 등에 의하여 사법처리가 가능하다. 「형법」의 교통방해죄, 「해사안전법」의 교통방해, 「선박의 입항과 출항 등에 관한 법률」에서의 무역항 질서파괴, 「해양경비법」의 해상항행 보호조치, 수산관계 법령의 행정처분에 의하여 우회적으로 처리한다.

3. 해상시위 관련 법령 규정

1) 우리나라

(1) 「선박의 입항과 출항 등에 관한 법률」 제42조(선박경기 등 행사의 허가)

① 무역항의 수상구역 등에서 선박경기 등 대통령령으로 정하는 행사를 하려는 자는 해양수산부령[28]으로 정하는 바에 따라 관리청의 허가를 받아야 한다. 허가를 하였을 때에는 해양경찰청장에게 그 사실을 통보하여야 한다.

---

28) 「선박의 입항 및 출항 등에 관한 법률 시행규칙」 제27조(행사의 허가 신청) ① 법 제42조 제1항에 따라 선박경기 등의 행사 허가를 받으려는 자는 별지 제20호 서식에 따른 행사 허가신청서에 행사계획서(위치도를 포함한다)를 첨부하여 지방해양수산청장 또는 시 · 도지사에게 제출하여야 한다.

② 지방해양수산청장 또는 시 · 도지사는 제1항에 따라 신청받은 행사를 허가하는 경우 별지 제20호 서식에 따른 행사 허가신청서의 확인란에 날인하여 신청인에게 발급하여야 한다.

② 관리청(지방해양수산청장 또는 시·도지사)은 허가 신청을 받았을 때에는 다음 어느 하나에 해당하는 경우를 제외하고는 허가하여야 한다.

㉠ 행사로 인하여 선박의 충돌·좌초·침몰 등 안전사고가 생길 우려가 있다고 판단되는 경우
㉡ 행사의 장소와 시간 등이 항만운영에 지장을 줄 우려가 있는 경우
㉢ 다른 선박의 출입 등 항행에 방해가 될 우려가 있다고 판단되는 경우
㉣ 다른 선박이 화물을 싣고 내리거나 보존하는 데에 지장을 줄 우려가 있다고 판단되는 경우

(2) 「해사안전법」 제35조(수역 등 및 항로의 안전 확보)

① 누구든지 수역 등 또는 수역 등의 밖으로부터 10킬로미터 이내의 수역에서 선박 등을 이용하여 수역 등이나 항로를 점거하거나 차단하는 행위를 함으로써 선박 통항을 방해하여서는 아니 된다.
② 해양경찰서장은 선박 통항을 방해한 자 또는 방해할 우려가 있는 자에게 일정한 시간 내에 스스로 해산할 것을 요청하고, 이에 따르지 아니하면 해산을 명할 수 있다.
③ 해산명령을 받은 자는 지체 없이 물러가야 한다.

(3) 「해양경비법」 제14조(해상항행 보호조치 등)

해양경찰관은 경비수역에서 다음 어느 하나에 해당하는 행위를 하는 선박 등의 선장에 대하여 경고, 이동·해산 명령 등 해상항행 보호조치를 할 수 있다. 다만, 외국선박에 대한 해상항행 보호조치는 연안수역에서만 실시한다.

㉠ 선박 등이 본래의 목적을 벗어나 다른 선박 등의 항행 또는 입항·출항 등에 현저히 지장을 주는 행위
㉡ 선박 등이 항구·포구 내외의 수역과 지정된 항로에서 무리를 지어 장시간 점거하거나 항법상 정상적인 횡단방법을 일탈하여 다른 선박 등의 항행에 지장을 주는 행위
㉢ 임해 중요시설 경계 바깥쪽으로부터 1킬로미터 이내 경비수역에서 선박 등이 무리를 지어 위력적인 방법으로 항행 또는 점거함으로써 안전사고가 발생할 우려가 높은 행위

(4) 「위해성 경찰장비의 사용기준 등에 관한 규정(대통령령)」

① 불법집회 등에서의 경찰봉·호신용경봉의 사용기준(제6조)

경찰관은 불법집회·시위로 인하여 발생할 수 있는 타인 또는 경찰관의 생명·신체의 위해와 재산·공공시설의 위험을 방지하기 위하여 필요한 때에는 최소한의 범위안에서 경찰봉 또는 호신용경봉을 사용할 수 있다.

② 가스차 · 특수진압차 · 물포의 사용기준(제13조)

㉠ 경찰관은 불법집회 · 시위 또는 소요사태로 인하여 발생할 수 있는 타인 또는 경찰관의 생명 · 신체의 위해와 재산 · 공공시설의 위험을 억제하기 위하여 부득이한 경우에는 현장책임자의 판단에 의하여 필요한 최소한의 범위에서 가스차를 사용할 수 있다. 〈개정 2020. 1. 7.〉
㉡ 경찰관은 소요사태의 진압, 대간첩 · 대테러작전의 수행을 위하여 부득이한 경우에는 필요한 최소한의 범위안에서 특수진압차를 사용할 수 있다.
㉢ 경찰관은 불법해상시위를 해산시키거나 선박운항정지(정선)명령에 불응하고 도주하는 선박을 정지시키기 위하여 부득이한 경우에는 현장책임자의 판단에 의하여 필요한 최소한의 범위안에서 경비함정의 물포를 사용할 수 있다. 다만, 사람을 향하여 직접 물포를 발사해서는 안 된다.

2) 일본의 경우

「항칙법(港則法)」 제32조 따르면 특정항내에 있어서 단정경쟁(端艇競争) 그 외의 행사를 하고자 하는 자는 항장(港長)의 허가를 받지 않으면 아니 된다. 해상시위는 그 외의 행사에 해당하여 항장의 허가를 받아야 한다. 여기서 항장은 해상보안청장관의 지휘감독을 받고, 항칙에 관한 법령에 규정된 사무를 담당하며, 해상보안청장관이 해산보안관 중에서 항장을 임명한다(해상보안청법 제21조). 따라서 항장은 간부급의 해상보안청 직원이므로 해상시위를 해상보안청에서 관리한다고 볼 수 있다.

SECTION

02 보안 경찰론

Ⅰ. 서설

1. 보안경찰의 조직변화

1969년 9월 개정된 「해양경찰대 직제」에서 대공이라는 업무분장 명칭이 등장한다. 구 구체적인 규정은 본대 정보수사과의 업무로 "대공정보·범죄수사 및 기타 사법경찰에 관한 사항을 분장한다(해양경찰대 직제 제6조)"이다.

1989년 9월 「해양경찰대 사무분장규정」(내무부 훈령 제980호)을 개정하여 해양경찰대에 공보계, 전경관리계, 구난계, 보안계, 대공계, 형사계를 신설하고, 지구해양경찰대에 보안계, 기술계, 대공계, 형사계를 신설하였다. 보안계는 경무 계통의 부서이고, 대공계가 국가안전보장과 관련된 부서이다.

1990년 7월 정보과를 신설하였다. 정보과의 업무는 ① 정보에 관한 계획 및 지도, ② 치안정보 및 대공·외사정보의 수집과 활동, ③ 공안사범의 수사 및 지도이었다. 여기에서 대공, 공안사범의 수사 및 지도업무가 등장한다(해양경찰대 직제 제6조 제6항).

1991년 7월 「경찰법」이 제정되면서 「내무부와 그 소속기관 직제」에서 해양경찰의 조직은 「경찰법」과 「경찰청과 그 소속기관 직제」에 의해 조직이 구성되었고, 해양경찰청이 독립관청이 된 1996년 이후에는 「해양경찰청과 그 소속기관 직제」에 조직이 편성되었다. 보안경찰 업무는 "대공 또는 공안사범"이라는 명칭으로 업무로 수행하여 왔으며, 1991년 7월부터 보안계(해양경찰청, 해양경찰서)라는 부서명칭으로 변경되었다. 1969년 이후 2020년 3월 현재까지 보안경찰 담당 경찰관들은 정보과 또는 정보수사과에 소속되어 업무를 수행하고 있다.

2020년 3월 해양경찰청은 정보과장의 보안경찰 업무는 ① 보안경찰업무에 관한 기획·지도 및 조정, ② 보안사범에 대한 수사의 기획·지도 및 조정, ③ 보안과 관련된 정보의 수집·분석이고, 지방해양경찰청은 정보수사과장의 업무이다. 해양경찰서의 경우 정보과장에 소속되어 보안계 또는 정보보안계로 편성되어 운영되고 있었다.

2021년 1월 14일에 해양경찰청에 보안과를 신설하였다. 보안과장의 사무는 ① 보안경찰업무에 관한 기획·지도 및 조정, ② 보안방첩업무에 관한 사항, ③ 보안정보의 수집·종합·분석·작성 및 배포, ④ 항만에서의 보안활동 계획 및 지도이다. 이러한 업무를 수행하기 위하여 각 지방해양경찰청 및 해양경찰서는 정보외사과 소속의 보안계를 두고 있다.

2. 보안경찰의 특성과 법적 근거

1) 의의

보안경찰이란 국가안전보장을 위태롭게 하는 간첩활동 및 모든 반국가활동 세력에 대비하는 국가적 대공취약점에 대한 첩보수집과 분석 및 판단, 보안사범수사을 전담하는 경찰을 말한다.[29] 해양경찰은 해상을 통한 간첩침투, 불순분자·탈북자들의 합동신문 등을 실무적으로 담당하고 있으며, 국가체제 관리기관의 한 축으로 역할을 수행하고 있다.[30]

2) 보안경찰의 특성

성질상 특징	① 보안경찰의 1차적 목적은 국가의 안전보장이다. ② 보안경찰의 활동은 사전 · 예방적 성격이다. 국가 안전보장에 대한 사후 진압적 활동은 이미 보안경찰의 목표를 달성할 수 없게 한다. ③ 보안경찰은 위태성 범죄를 대상으로 한다. 일반범죄는 침해적 성격을 갖지만 보안경찰의 사전예방적 활동은 법익이 현실적으로 침해됨을 요하는 범죄를 대상으로 삼을 수 없다. ④ 보안경찰의 보호법익은 국가적 법익이다.
수단상 특징	① 비공개성: 활동수단의 비공개 ② 비노출성: 임수수행의 성질상 신분 비노출

3) 법적 근거

보안경찰의 궁극적 목적은 우리 「헌법」에 명시된 기본적 인권이 존중, 의회제도, 복수정당제도, 자유재산제도와 시장경제를 기본으로 하는 경제질서 등 대한민국의 내부체제를 파괴·전복시키려는 세력으로부터 보호하는 것이다.

29) 중앙경찰학교(2005), 「정보·보안」, p. 91.

30) 순길태(2017), 해양경찰학개론, 대영문화사, p. 481.

국가안전과 관련하여 가장 중요한 안전보장기관은 대통령 직속의 국가정보원이다. 국가정보원장은 「국가정보원법」과 「정보 및 보안업무기획·조정 규정(대통령령)」에 따라 국가정보 및 보안업무에 관한 정책수립 등 기획업무를 수행하며, 정보 및 보안업무의 통합기능 수행을 위하여 필요한 합리적 범위 내에서 각 정보수사기관의 업무와 행정기관의 정보 및 보안업무를 조정하는 권한을 갖고 있다.

보안경찰의 법적 근거로는 「국가보안법」, 「보안관찰법」, 「경찰관직무집행법」 제2조(직무의 범위), 「형법」 제98조(간첩), 「국가정보원법」, 「정보 및 보안업무기획·조정 규정(대통령령)」「방첩업무 규정(대통령령)」 등이 있다.

Ⅱ. 방첩 업무

1. 주요 개념과 업무의 범위

1) 개념(방첩업무 규정 제2조)

(1) 방첩

방첩활동은 국내보안정보활동의 하나이다. 「국가정보원법」 제3조에서 국내 보안정보란 대공(對共)·대정부전복(對政府顚覆)·방첩(防諜)·대테러 및 국제범죄조직에 관한 정보라고 정의하고, 방첩을 그 범위에 포함하고 있다. 방첩이란 국가안보와 국익에 반하는 외국의 정보활동을 찾아내고 그 정보활동을 견제·차단하기 위하여 하는 정보의 수집·작성 및 배포 등을 포함한 모든 대응활동을 말한다.

(2) 외국의 정보활동

외국 정부·단체 또는 외국인이 직접 하거나 내국인을 이용하여 하는 정보 수집활동과 그 밖의 활동으로서 대한민국의 국가안보와 국익에 영향을 미칠 수 있는 모든 활동을 말한다.

(3) 방첩기관

방첩에 관한 업무를 수행하는 방첩기관은 ① 국가정보원, ② 법무부, ③ 관세청, ④ 경찰청, ⑤ 해양경찰청, ⑥ 군사안보지원사령부 등 6개의 기관이 있다.

2) 업무의 범위(방첩업무 규정 제3조)

방첩기관이 수행하는 업무의 범위는 다음과 같다. 이 경우 ③의 업무는 국가정보원만 수행한다.

① 외국 등의 정보활동에 대한 정보 수집 · 작성 및 배포
② 외국 등의 정보활동에 대한 확인 · 견제 및 차단
③ 외국 등의 정보활동 관련 국민의 안전을 보호하기 위하여 취하는 대응조치
④ 방첩 관련 기법 개발 및 제도 개선
⑤ 다른 방첩기관 및 관계기관에 대한 방첩 관련 정보 제공
⑥ ①, ②, ④ 및 ⑤의 업무와 관련한 국가안보 및 국익을 지키기 위한 활동

2. 방첩업무의 기획 · 조정과 지침의 수립(방첩업무 규정)

국가정보원장은 방첩업무에 관한 정책을 기획하고, 방첩업무를 통합적으로 수행하기 위하여 필요한 경우 법령으로 정한 범위에서 방첩기관 등의 방첩업무를 합리적으로 조정하고, 방첩업무를 조정하는 경우에 국가안보에 중대한 영향을 미치는 주요 사안에 대해서는 직접 조정하고, 그 밖의 사안에 대해서는 지침으로 정하는 바에 따라 조정한다(제5조).

국가방첩 업무 지침의 수립(제6조)	① 국가정보원장은 국가의 방첩업무를 효율적으로 수행하기 위하여 국가방첩업무 기본지침을 수립하여 방첩기관 등의 장에게 송부하여야 하고, 다음 연도의 방첩업무 수행에 관한 시행계획을 매년 수립하여 방첩기관 등의 장에게 송부해야 하며, 연도별 계획을 받은 방첩기관 등의 장은 그 기관의 해당 연도 방첩업무계획을 수립 · 시행해야 한다. ② 방첩기관 등의 장은 방첩업무계획에 따라 해당 기관의 방첩업무를 시행한 결과를 매년 11월 30일까지 국가정보원장에게 송부해야 한다.

3. 해양경찰청의 담당부서 및 담당관(해양경찰청 방첩업무 규칙 제3조)

1) 다음의 사람은 보임과 동시에 방첩담당관이 된다.

① **본청:** 외사과장
② **소속기관:** 해양경찰교육원 운영지원과장, 중앙해양특수구조단 행정지원팀장, 지방해양경찰청 정보외사과장, 해양경찰서 정보외사과장, 해양경찰정비창 기획운영과장

본청 및 소속기관의 장은 소속 방첩담당관이 교체되거나 자체규칙을 제·개정하였을 때에는 제·개정 후 7일 이내에 국가정보원장에게 통보하여야 한다. 이 경우, 소속기관의 장은 본청 방첩담당관경유하여 통보하여야 한다.

2) 방첩담당관의 업무는 다음과 같다.

① 방첩관련 자체 규칙 제정·개정 및 그 시행에 관한 업무
② 외국인 접촉 시 특이사항의 통보에 관한 업무
③ 외국정보기관 구성원 접촉 관리에 관한 업무
④ 자체 방첩교육 계획 수립 및 시행에 관한 업무
⑤ 그 밖에 방첩업무의 원활한 수행을 위해 필요한 업무

Ⅲ. 방첩 및 항만보안 활동

1. 방첩의 기본원칙과 수단

방첩이란 기밀유지 또는 보안유지라고 하며, 상대로 하여금 우리 측의 의도를 간파하지 못하게 하고 우리 측의 어떤 상황도 상대방에게 전파되어서는 안 된다는 것을 의미한다.

기본 원칙	완전협조 원칙	일반 국민의 적극적인 협조 필요
	치밀 원칙	치밀한 계획과 준비로 방첩활동 수행
	계속접촉 원칙	간첩 발견시 즉시 검거하지 않고 전체 파악할 때까지 계속 접촉 유지 탐지 → 판명 → 주시 → 이용 → 검거
방첩 수단	적극적 수단 (19 채용)	적의 공작망에 대한 공격적인 수단으로서 ① 적에 대한 첩보 수집 ② 적의 공작방향과 수단방법을 파악하기 위한 적의 첩보공작분석 ③ 대상 인물 감시 ④ 대상단체 및 지역의 정황탐지 및 증거수집을 위한 침투공작전개 ⑤ 간첩 신문 ⑥ 간첩을 활용한 역용 공작 등
	소극적 수단	① 정보 및 자재보안의 확립: 비밀사항에 대한 표시방법·보호방법을 강구

		② 인원보안의 확립: 비밀취급인가제도의 확립 ③ 시설보안의 확립: 시설에 대한 경비 및 출입자에 대한 통제 ④ 보안 업무 규정화 확립: 소극적 방첩수단을 체계적으로 통제할 수 있는 가장 효과적인 방법 ⑤ 입법 사항 건의: 방첩업무와 관련되는 법령의 개정을 통한 보완 및 정비
	기만적 수단	적이 오인하도록 방해하는 수단으로서 ① 허위정보 유포, ② 유언비어 유포, ③ 양동간계시위 등

2. 방첩 대상

간첩	의의		기밀을 수집하거나 태업, 전복 활동을 하는 모든 조직적 구성 분자
	연락 수단		① 난수표: 지령이나 보고 내용을 은닉, 보호하기 위해 약정한 암호 문건 ② A-3 방송: 북한이 남파 간첩에게 지령을 하달하는 방송
	포섭 방법		직파간첩 김동식, 부부간첩 최정남은 자신의 신분을 노출하고 포섭하는 방법을 사용하였으며, 돈이나 명예, 이성을 활용한 포섭, 월북자 가족의 안부나 안전을 매개로 하는 포섭, 강압이나 기만적인 방법을 통한 포섭이 있다.
	활동범위(임무)별 분류(22 간부)		일반간첩: 전형적 형태 간첩 무장간첩: 요인암살, 일반간첩 호송 보급간첩: 공작금, 장비 등 활동자재 보급(물건 중심) 증원간첩: 이미 구성된 간첩망 보강 또는 간첩 양성을 위한 양민 납치, 월북 등(사람 중심)
	활동별 분류(22간부)		고정간첩: 일정지역에서 영구적 간첩임무. 합법 신분 취득 공행간첩: 외교관 등 합법적 신분 보유 배회간첩: 일정 주거 없이 전국 배회
	간첩망	단일형	단독활동: 간첩 상호 간에 종 · 횡적 연락을 일체 회피. 대남간첩의 가장 많은 유형으로서 활동범위 좁고 공작성과 낮음
		삼각형	지하당 구축에 이용 3명 한도에서 공작원 지휘, 횡적 연락 차단으로 일망타진 가능성이 낮으나, 검거시 간첩 정체가 쉽게 노출되고 활동범위가 좁음
		서클형(22 간부)	합법적 신분 이용 자유롭고 대중적 조직과 동원이 가능하나, 발각시 외교적 문제 야기 우려(제3국을 통한 신분세탁을 하는 경우)
		피라미드형	간첩 밑에 주공작원 2-3명, 그 아래 행동공작원 2-3명을 둠, 활동범위가 넓은 반면 노출이 쉽고 일망타진 가능성 높으며 조직구성에 장시간 소요
		레포형	피라미드형에서 상호 간 연락원을 두고 종횡으로 연결하는 방식

태 업 (22 간부)	① 기계를 파괴하여 생산능력 약화시키는 노동쟁의처럼 설비 등을 파괴하여 전쟁수행 능력, 방위력 약화시키는 행위 ② 전략 · 전술적 가치가 있고, 일단 파괴되면 대체가 어려운 것을 대상 ③ 물리적 태업과 심리적 태업(유언비어 유포 등 선전태업, 경제혼란을 초래하는 경제태업, 정치갈등을 조장하는 정치태업)이 있다.
전 복	① 국가 전복: 피지배자가 지배자를 타도하여 정권 탈취 ② 정부 전복: 지배계급 내의 일부세력이 권력 차지 ③ 수단: 전위당 조직, 통일전선 구성, 선전 · 선동, 테러, 파업과 폭동, 게릴라 전술

3. 공작

1) 공작 4대 요소(21 간부)

주관자	공작의 책임자로서 상부로부터 하달된 지령을 계획하고 수행. 공작관이 된다. ※ 집회 · 시위 책임자: 주최자	
공작목표	목표는 공작진행에 따라 구체화, 세분화된다. (처음부터 세부적 X)	
공작원 (22 간부)	주공작원	공작망 책임자로서 공작관의 명령에 자기 공작망 산하 공작원 조종
	행동공작원	주공작원의 조종을 받아 임무 수행(보조공작원 X)
	지원공작원	주공작원의 조종을 받아 공작에 필요한 기술, 물자, 기타 자원을 제공
공작금	비공개활동이므로 막대한 자금 필요	

2) 공작 순환과정

1. 지 령	상부로부터 받은 지령에 따라 공작을 시작(상세한 지시 X)
2. 계 획	지령을 수행하기 위한 수단과 방법을 조직화하는 것
3. 모 집	공작계획에 따라 공작을 진행할 사람을 채용
4. 훈 련	임무수행에 필요한 능력 배양
5. 브리핑	상황과 임무에 대한 상세한 지시. 공작원에게 수행에 대한 최종적인 설명이 이루어짐.
6. 파견 · 귀환	공작원을 대상지역에 파견하고, 임무수행 후 귀환
7. 디브리핑	임무를 마치고 귀환한 공작원이 공작관에게 체험한 것을 보고하는 과정
8. 보고서	보고서 작성 제출
9. 해 고	공작임무가 종결되거나 공작에 부적합한 경우 해당 공작원 해고

3) 공작활동 유형

가 장	정보활동에 관계되는 모든 요소가 외부에 노출되지 않도록 꾸며지는 것
신 호	비밀공작에서 의사 전달을 위한 사전 약정 표시
연 락	비밀공작에서 비밀을 은폐하면서 첩보, 문서, 물자 등을 전달하기 위한 수단
감시(기술)	공작 대상의 인물이나 시설 등 정보 획득 목적으로 관찰하는 기술
사전정찰	공작 목표나 지역에 대하여 예비지식 수집을 위한 사전 조사활동
관찰묘사	관찰은 사물 현상 및 사건 전말을 감지하는 과정이고, 묘사는 관찰한 경험을 표현, 기술하는 것

4) 연락 수단

개인회합	① 구성원 간에 접촉 유지, 첩보보고, 지령 · 공작자료 전달 등을 위하여 직접 만남 ② 장점: 공작원 능력 신속파악 및 조종 · 통제 용이, 첩보 대량 전달, 착오 즉시 시정 ③ 단점: 부분화 원칙 적용 곤란, 장소 선택 어려움, 상급자가 하급자에 의하여 함정에 빠질 우려 상존 ※ 부분화의 원칙: 한 번에 다량의 비밀이나 정보가 유출되지 않도록 하는 원칙	
차 단	의의	직접 접촉 없이 매개자나 매개물을 통하여 연락하는 수단
	수수자(유인포스트)	조직원 간의 직접 접촉을 피하기 위한 제3자
	연락원	물자나 문서를 전달하는 공작원(레포형)
	편의주소관리인	우편물을 주고 받기 위해 편의상 선정된 제3자
	수수소(무인포스트)	직접 접촉 없이 물건을 전달할 수 있도록 은닉하는 장소
	기타	전보, 우편물, 광고, 방송, 무선전보 등
아지트	① 선동지령본부의 약칭으로 노동쟁의를 지휘하는 지하본부를 말함. ② 공작원이 외부로부터 보호될 수 있는 고도의 차단성을 구비해야 함. ③ 종류에는 무전아지트, 교육아지트, 비상아지트 등이 있다. ※ 비트: 땅을 파고 들어가 은신하는 비합법적 잠복거점	
드보크	① 러시아어로 참나무를 뜻하는 '두푸'에서 유래되었다. ② 자연지물을 이용하여 비밀리에 필요한 물품을 주고받는 연락수단이다. ③ 대인 접선으로 인한 위험을 예방하고 노출을 방지하지만, 매물장소 식별 곤란 단점	

4. 심리전

1) 의의

비무력적인 선전·선동·모략 등의 수단에 의해 직접 상대국이 국민 또는 군대에 정신적 자극을 주어 사상의 혼란과 국론의 분열을 유발시킴으로써 자국의 의도대로 유도하는 전술을 의미한다.

2) 심리전의 분류

심리전의 종류는 주체·목적·운용에 따라 구분된다.

주 체	공연성(백색)	출처를 명시하는 심리전으로 방송, 출판물, 전단 등
	비공연성 (흑색 · 회색)	출처를 밝히지 않거나 위장, 도용하여 모략, 비방하여 내부혼란 조장
운 용	전략	광범위하고 장기적, 전국민 대상 심리전이며 대공산권 방송 등
	전술	단기적 목표로 즉각적 효과 기대, 간첩 체포시 공개하는 것 등
목 적	선무	우리측 사기 앙양 또는 수복지역 주민 협조 목적. '타협심리전'이라고도 함
	공격적	적에 대해 특정 목적을 달성 위하여 공격적으로 행하는 심리전
	방어적	적의 공격에 방어적으로 행하는 심리전

3) 심리전의 수단

특정집단의 심리를 자극하여 감정이나 견해 등을 자기측에 유리한 방향으로 유도하기 위하여 계획적으로 특정한 주장과 지식 등을 전파하는 심리전술을 의미한다.

선 전 (21 채용)	백색	① 출처 공개, ② 신뢰도가 높음
	흑색	① 출처 위장 ② 적국 내에서도 가능하며 즉각적 · 집중적 효과 있으나 노출 위험이 있음
	회색	① 출처 비공개 ② 출처를 밝히지 않아 선전이라는 선입견을 주지 않고도 효과를 거둘 수 있지만 적이 역선전을 할 경우 대응 곤란
선 동	대중의 심리를 자극하여 감정을 폭발시켜 폭력 유발 ※ 선전: 대중에게 어떤 사상, 판단, 감정 등을 일방적으로 표시하여 그들 태도에 일정한 방향을 부여하는 것	
유언비어	① 인위적으로 조작하여 전파되거나 자연 발생 ② 사회가 불안(안정 X)할 때 불안, 공포, 희망 등과 맞물려 발생되거나 조작	

모 략	상대측에 누명을 씌워 사회적 매장을 시키거나 상대 세력의 단결력을 파괴시킴
북 한 불온선전물	북한이 직접(이적단체구성원 X) 사회교란 목적으로 살포하는 전단 등의 선전물
하이덴 하이머의 부패유형	① 백색 부패: 관례화된 부패 ② 흑색 부패: 처벌을 원하는 심각한 부패(대가성 있는 뇌물수수) ③ 회색 부패: 흑색부패로 발전할 잠재성(정치인 후원금, 떡값)

5. 대공상황 분석 및 판단

1) 대공상황 보고 및 전파는 적시성, 정확성, 간결성, 보안성이 고려되어야 하고, 우선 개요를 보고한 후 2보, 3보 순으로 연속 보고한다.
2) 일반 형사사건과 동일하게 현장조사가 매우 중요하다.
3) 간첩의 해상침투 적기는 무월광기에 파고가 1.5m 이내의 잔잔한 때이고, 장소는 해안이 인가와 근접하여 위장침투가 가능하고 내륙과 교통수단 연계가 잘 되어 있는 장소이다.
4) 주어진 상황과 결론이 일치하여야 한다.
5) 출동조치와 병행(사실확인 후 X)하여 군·보안부대 등 유관기관에 통보되어야 한다.
6) 합신조(합동조사) 운용: 통합방위지침에 근거하여 국정원, 군부대, 경찰 등이 합동으로 현지상황 분석하여 대공용의점을 도출한다.

6. 항만에서의 보안활동 계획 및 지도

1) 선박보안경보장치와 선박식별번호

(1) 선박보안경보장치(국제항해선박 및 항만시설의 보안에 관한 법률 제17조)

① 국제항해선박소유자는 그가 소유하거나 관리·운영하는 개별 국제항해선박에 대하여 선박에서의 보안이 침해되었거나 침해될 위험에 처한 경우 그 상황을 표시하는 발신장치(선박보안경보장치), 선박보안평가의 결과 선박의 보안을 유지하는데 필요하다고 인정되는 시설 또는 장비를 설치하거나 구비하여야 한다.

② 해양수산부장관은 선박보안경보장치에서 발신하는 신호(보안경보신호)를 수신할 수 있는 시설 또는 장비를 갖추어야 하고, 국제항해선박으로부터 보안경보신호를 수신한 때에는 지체 없이 관계 국가보안기관의 장에게 그 사실을 통보하여야 하며, 국제항해선박이 해외에 있는 경우로서 그 선박으로부터 보안경보

신호를 수신한 때에는 그 선박이 항행하고 있는 해역을 관할하는 국가의 해운관청에도 이를 통보하여야 한다.

③ 국가보안기관의 장이 보안경보신호의 수신을 통보 받은 때에는 해당 선박의 보안확보에 필요한 조치를 하여야 한다.

(2) 선박식별번호(국제항해선박 및 항만시설의 보안에 관한 법률 제18조)(20 간부)

다음에 해당하는 국제항해선박은 개별 선박의 식별이 가능하도록 부여된 번호(선박식별번호)를 표시하여야 한다. 선박식별번호를 표시해야 하는 선박은 ① 총톤수 100톤 이상의 여객선, ② 총톤수 300톤 이상의 화물선이다.

2) 국제항해선박 및 항만시설 보안위원회

국제항해선박 및 항만시설의 보안에 관한 주요사항을 심의·의결하기 위하여 해양수산부장관 소속으로 국제항해선박 및 항만시설 보안위원회를 둔다(국제항해선박 및 항만시설의 보안에 관한 법률 제34조).

보안위원회 (법 제34조)	② 보안위원회는 다음 각 호의 사항을 심의한다. 1. 국가항만보안계획의 수립에 관한 사항 2. 보안등급의 설정·조정에 관한 사항 3. 선박 및 항만시설에 대한 보안의 확보 및 유지에 관한 사항 4. 선박 및 항만시설의 보안과 관련된 국제협력에 관한 사항 5. 그 밖에 선박 및 항만시설의 보안에 관련된 사항으로서 해양수산부령으로 정하는 사항 ③ 보안위원회는 위원장 1인과 부위원장 2인을 포함하여 10인 이내의 위원으로 구성한다. ④ 보안위원회의 위원장은 해양수산부차관이 되고, 부위원장은 해양수산부의 고위공무원단에 소속된 공무원으로, 위원은 3급·4급 공무원 또는 고위공무원단에 속하는 일반직 공무원(이에 상당하는 특정직·별정직 국가공무원 포함)으로 구성한다. ⑤ 보안위원회는 재적위원 과반수의 출석과 출석위원 과반수의 찬성으로 의결한다.
보안위원회의 구성·운영 (시행령 제12조)	위원회의 부위원장은 해양수산부의 해운물류국장·해사안전국장으로 하고, 위원은 법무부, 국방부, 보건복지부, 국가정보원, 국무조정실, 관세청, 경찰청 및 해양경찰청 소속의 고위공무원단에 속하는 공무원과 이에 상당하는 공무원 중 해당 기관의 장이 추천한 사람 1명으로 한다.

Ⅳ. 보안 수사

1. 정보사범

1) 의의와 특성

(1) 의의

「정보 및 보안업무기획·조정규정(대통령령)」에서 국가보안법 등 위반자를 '정보사범'으로 정의하고 있고, 정보사범을 인지, 색출, 검거, 신문하는 일련의 활동을 보안수사라고 한다.

(2) 특성

① 확신범, ② 보안성, ③ 비노출적 범행, ④ 조직적 범행(지하당 등), ⑤ 비인도적 범행(목적을 위해 살인, 방화 등 수단을 가리지 않음), ⑥ 동족간의 범행 등이다.

2. 국가보안법 개관

1) 국가보안법의 특징

(1) 고의범만 처벌하고, 예비·음모·미수가 원칙적으로 적용되고 일부 죄만 적용되지 않는다.

(2) 각종 편의를 제공한 자는 종범이 아닌 정범(편의제공죄)으로 처벌된다.

(3) 범죄를 선동, 선전, 권유한 자는 교사나 방조범이 아닌 정범으로 처벌된다.

(4) 특정인이 아닌 모든 국민에게 범죄에 대한 고지의무를 부과하고 있다.

(5) 유기징역형을 선고할 때는 그 형의 장기 이하의 자격정지를 병과할 수 있다(임의적).

2) 국가안보 목적 통신제한조치(통신비밀보호법)

(1) 정보수사기관의 장은 국가안전보장 또는 대테러 활동과 관련, 당사자가 내국인이면 고등법원 수석부장판사의 허가

(2) 작전수행을 위한 군용전기통신, 대한민국에 적대하는 국가, 반국가활동의 혐의가 있는 외국기관이나 외국인, 북한 등의 통신은 대통령의 승인

(3) 통신제한조치 기간은 4월이며, 4월 연장 가능하다(총 연장기간 제한 없음). 이에 반하여 범죄수사 목적의 통신제한조치의 기간은 2월+2월(연장), 총 연장기간은 1년(내란·외환죄 등은 총 연장기간 3년까지)이다.

3) 구별 개념

이적지정(利敵知情)	① '국가의 존립·안전이나 자유민주적 기본질서를 위태롭게 한다'는 사실을 인식 ② '국가의 존립·안전을 위태롭게' 하는 것은 대한민국의 독립을 위협·침범하고, 헌법과 법률의 기능 및 헌법기관을 파괴·마비시키는 것을 의미 ③ '자유민주적 기본질서를 위태롭게' 하는 것은 우리나라의 법치주의적 통치질서와 경제체제 등을 파괴·변혁시키는 것을 의미 ④ 인식은 확정적일 필요는 없고 미필적 인식으로도 충분
이적성	표현물에 '국가의 존립·안전이나 자유민주적 기본질서를 위태롭게 하는 내용' 또는 '사회질서의 혼란을 조성할 우려가 있는 사항' 등이 포함되어 있는지에 대한 판단
이적목적성	반국가 단체를 이롭게 할 수 있다는 정을 알면서도 제7조의 행위(찬양, 고무, 선전, 동조, 국가변란 선전, 선동, 이적단체 구성, 가입, 허위사실 날조, 유포 등)를 실현시킬 목적을 의미 (정을 알면서 + 목적)

4) 주요 내용

(1) 주체에 제한이 있는 범죄

① **목적수행죄**: 반국가단체 구성원, 그 지령 받은 자

② **자진지원죄**: 반국가단체 구성원, 그 지령 받은 자 이외의 자

③ **직권남용무고·날조죄**(제12조 ②): 정보·수사 공무원, 그 보조·지휘자

④ **특수직무유기죄**: 정보·수사 공무원

⑤ **허위사실 날조·유포죄**(제7조 ④): 이적단체 구성원

(2) 목적범

① 정부참칭·국가변란 목적으로 반국가단체 구성하거나 찬양·고무 등 목적으로 이적단체 구성·가입, 표현물 제작·취득 등을 하는 것이다.

② 지령을 받거나 목적을 수행하기 위한 협의를 목적으로 특수 잠입·탈출을 한 경우 잠입·탈출죄가 성립한다.

③ 형사처벌을 받게 할 목적으로 무고·날조한 경우 무고·날조죄가 성립한다.

④ 반국가단체 구성원·지령을 받은 자 이외의 자가 반국가단체 구성원·지령을

받은 자를 지원할 목적으로 지원할 경우 자진 지원죄가 성립한다.

⑤ 목적은 추정되는 것이 아니고 증거로 증명되어야 한다.

(3) 이적 지정이 필요한 범죄

① 금품수수죄, ② 단순 잠입 · 탈출죄, ③ 찬양 · 고무죄, ④ 회합 · 통신죄가 있다.

(4) 예비 · 음모 · 미수

처 벌	반국가단체 구성 · 가입(가입권유 X), 목적수행, 자진지원, 잠입 · 탈출, 이적단체구성, 무기 등 편의제공(단순 편의제공 X)
불처벌	불고지죄, 특수직무유기죄, 무고 등의 죄
기 타	미수 처벌, 예비 · 음모 불처벌: 반국가단체 가입권유, 단순 편의제공 등 나머지

5) 불고지죄

(1) '반국가단체 구성 · 가입죄, 목적수행, 자진지원'에 대하여 신고하지 않을 경우 처벌

(2) 불고지죄에서 본범과 친족 관계시 필요적 감면

(3) 구속기간 연장불가: 특수직무유기죄, 무고날조죄, 찬양고무죄, 불고지죄

(4) 불고지죄만 유일하게 벌금형(5년 이하의 징역, 200만원 이하의 벌금) 규정 있음.

6) 특별 절차

필요적 감면사유 (감경 X)	불고지죄에서 본범과 친족 관계시
	타인의 죄를 고발, 자수, 타인의 죄를 방해한 경우
재범가중	국가보안법 · 군형법 · 형법에 규정된 반국가적 범죄로 금고 이상 형을 받고 5년 내 특정범죄 재범시 최고법정형이 사형
참고인 구인	참고인 2회(3회 X) 소환 불응시 구속영장으로 구인 가능 ※ 언론중재위: 2회 출석 불응시 취소 또는 합의 간주
구속기간 연장	① 경찰은 1차 연장(최대 20일), 검사는 2차 연장(최대 30일), 총 50일 구속수사 가능 ② 연장불가: 특수직무유기죄, 무고날조죄, 찬양고무죄, 불고지죄 ※ 특수직무유기죄, 무고날조죄는 법조문상 연장이 불가하고, 찬양고무죄와 불고지죄는 위헌(헌재 90헌마82)으로 연장이 불가하다.
공소보류	① 2년간 공소 보류, 기간 경과시 소추 불가 ② 공소보류 취소시 동일 범죄로 재구속 가능

7) 상금 · 보로금 등

상 금	① 범인 신고, 체포한 자에게 상금 지급한다(필수적). ② 범인을 체포한 수사기관 또는 정보기관에 종사하는 자에 대하여도 같다. ③ 체포과정에서 살해하거나 자살하게 한 경우에도 상금을 지급할 수 있다.
보로금	① 압수물이 있는 때에는 상금을 지급하는 경우에 한하여, 압수물 가액의 1/2 범위안에서 보로금을 지급할 수 있다. ② 반 · 지로부터 금품을 취득하여 수사 · 정보기관에 제공한 자에게는 그 가액의 1/2 범위안에서 보로금을 지급할 수 있다(해야한다 X). 반 · 지가 직접 제공한 때에도 같다. ③ 보로금의 청구 및 지급에 관하여 필요한 사항은 대통령령으로 정한다. ④ 상금과 보로금의 지급 및 보상대상자를 심의 · 결정하기 위하여 법무부장관 소속하에 국가유공자 심사위원회를 둔다.
보 상	범인 신고, 체포 관련 사상을 입은 자에 대한 보상할 수 있다. ※ 경직법 손실보상: 정당한 보상을 해야한다. 경직법 범인검거 공로자 보상금: 지급할 수 있다.
몰 수	국가보안법위반의 죄를 범하고 그 보수를 받은 때에는 이를 몰수한다(필수적).

3. 국가보안법 개별 범죄

1) 반국가단체 관련 범죄(법 제3조)

① "반국가단체"라 함은 정부를 참칭하거나 국가를 변란할 것을 목적으로 하는 국내외의 결사 또는 집단으로서 지휘통솔체제를 갖춘 단체를 말한다(제2조).

※ 이적단체: 반국가 단체를 찬양, 고무, 선전, 동조

② 정부참칭은 반드시 정부와 동일한 명칭을 사용할 필요는 없고, 일반인이 정부로 오인할 정도이면 충분하다.

③ 정부전복이란 정부를 구성하고 있는 자연인의 사임이나 교체만으로는 부족하고 정부 조직이나 제도 자체를 파괴하는 것이다.

④ 형법 제91조의 '국헌문란'은 헌법기관 중 일부를 파괴 또는 변혁하는 경우를 포함하므로 '국가변란'보다 넓은 개념이다.

⑤ 목적이 정부참칭이라고 하더라도 스터디 그룹은 위계 · 분담 체계나 지휘통솔 체계가 없으므로 반국가단체에 해당하지 않는다.

2) 목적수행죄(법 제4조)

① 반국가단체의 구성원 또는 그 지령을 받은 자가 그 결사 · 집단의 목적수행을

위하여 간첩, 인명살상, 시설파괴행위 등을 함으로써 성립된다.

② 지령을 받은 자는 직접 지령을 받은 자와 재차 지령을 받은 자를 포함한다.

③ 구성원은 간부 등 지도적 업무에 종사하는 자와 일반 구성원을 포함한다.

③ 기밀은 비공지성과 실질비성을 요건으로 한다. 한정된 사람만이 참관할 수 있는 세미나, 국방산업 박람회, 일반인이 쉽게 구할 수 없는 대학가 유인물 등은 비공지성과 실질비성이 인정되고, 신문이나 라디오에 보도된 것은 공지의 사실로 보았다(판례).

④ 지령은 구체적일 필요는 없고 어떤 지령이 있었다고 인정할 수 있는 정도

⑤ 휴전선 부근의 지리상황, 군사평론과 같은 잡지를 군사상 기밀로 인정(판례)

⑥ 기수는 군사상 기밀을 탐지·수집한 때이다.

⑦ 무인포스트를 설정한 것만으로는 실행의 착수로 볼 수 없고, 국가기밀을 탐지·수집하는 행위의 실행의 착수가 있어야 한다(판례).

⑧ 남파간첩은 대한민국에 잠입할 때 실행의 착수 인정

⑩ 특정된 지령과 목적 수행의 내용이 어느 정도 합치되어야 한다.

3) 자진지원죄(법 제5조 제1항)

반국가단체의 구성원 또는 그 지령을 받은 자 이외의 자가 반국가단체 구성원 또는 그 지령을 받은 자를 지원할 목적으로 자진하여 행위를 한 경우 성립

4) 금품수수죄(법 제5조 제2항)

① "국가의 존립·안전이나 자유민주적 기본질서를 위태롭게 한다는 정을 알면서 반국가단체의 구성원 또는 그 지령을 받은 자로부터 금품을 수수한 경우"에 성립

② 주체에 제한이 없으므로 반국가단체 구성원도 가능하며, 금품은 반드시 환금성이나 경제적 가치가 있어야 하는 것은 아니다. 반국가단체로부터 무기나 무전기를 수령하는 것, 음식물 접대 등 향응을 수수하는 것도 금품에 해당한다.

5) 잠입·탈출죄(법 제6조)

① 잠입죄는 반국가단체 지역으로부터 한국으로 들어올 때 성립하고, 탈출죄는 반국가단체 지역으로 들어갈 때(한국에서 나갈 때 X) 성립한다.

② 외국인이 외국에서 반국가단체로 들어가는 행위는 탈출죄가 성립하지 않는다.

③ '반국가단체 지역'이란 외국의 북한공관, 공작원 교육용 안전가옥 등 반국가단

체가 사실상 지배하고 있는 모든 지역을 말한다.

④ 특수잠입·탈출죄는 지령을 받거나 목적수행 협의 목적으로 잠입하거나 탈출한 경우이다. 이 경우는 반국가단체 지역이 아니어도 무방하다.

⑤ 간첩 목적으로 잠입하였다면 잠입 즉시 특수잠입죄의 기수가 되고, 목적수행죄의 미수죄가 성립되며, 두 범죄는 상상적 경합 관계이다.

6) 찬양 · 고무 등(법 제7조)

① '이적단체'란 국가의 존립·안전이나 자유민주적 기본질서를 위태롭게 한다는 정을 알면서(개연성 X) 반국가단체 등의 활동을 찬양 · 고무 · 선전 · 동조하거나 국가변란을 선전·선동하는 행위를 하는 것을 목적으로 한다(이적지정+목적).

② '동조'란 반국가단체의 활동과 동일한 내용을 주장하거나 합치된 행위를 하는 것

③ 이적단체 구성죄는 통솔체제를 갖춘 결합체를 결성한 시기에 성립(이적성 표출한 때 X)하며, 기존 이적단체원들이 별도 이적단체를 구성해도 새로 범죄가 성립한다. 반국가단체 구성·가입죄와 달리 행위자의 지위·역할에 따른 법정형 차이가 없다.

④ 이적 표현물은 그 내용이 대한민국의 존립·안전과 자유민주주의 체제를 위협하는 적극적이고 공격적인 것이어야 한다. 이적 표현물의 이적성을 인식한 것만으로는 부족하고 이적행위를 할 목적이 증명되어야 한다(판례).

⑤ 반국가단체 구성원 상호 간에도 성립한다.

7) 회합 · 통신(법 제8조)

① 이적지정이 필요하므로 상대방이 단순히 북한 거주민이라거나 단순한 신년인사나 안부편지는 본죄를 구성하지 아니한다.

② 상대방이 반국가단체의 구성원 또는 그 지령을 받은 자라는 인식이 있어야 한다.

③ 잡지·기자회견 등을 통한 언론보도로 연락하는 것도 적용된다.

④ 회합 목적으로 사전 통신하였다면 통신과 회합은 실체적 경합 관계이다.

⑤ 군인이 군사분계선 밖에서 북한군과 회합하였더라도 그들의 선전적 주장을 공박·봉쇄하고 대한민국의 우위를 역설한 경우에는 이적지정이 인정되지 않는다.

8) 편의제공(법 제9조)

① 주체에 제한이 없으므로 반국가단체 구성원 상호 간에도 가능하다.

② 본죄의 대상은 국가보안법 제3조부터 제8조까지의 범죄이다.

③ 금품 제공시 유상제공이라도 편의제공 결과가 발생하면 처벌 가능하다.

④ '제공'은 적극적인 행위를 요하므로 부작위는 해당하지 않는다.

9) 무고날조죄(법 제12조)

타인을 형사처벌받게 할 목적으로 국가보안법 위반으로 무고, 위증, 증거날조 등을 한 경우이다.

V. 남북교류 협력에 관한 법률

1. 서설

1) 제정 배경

남·북한 간의 인적·물적교류와 협력을 원활히 할 수 있도록 하기 위하여 교류·협력에 대한 승인·신고절차 등 필요한 사항을 정하려고 1990년 8월 1일 제정되었다. 남·북한 간의 왕래·교역·협력사업과 통신역무의 제공 등 남북교류와 협력을 목적으로 하는 행위에 관하여는 정당하다고 인정되는 범위 안에서 다른 법률에 우선하여 이 법을 적용하도록 하고 있다.

2) 주요 개념(법 제2조)

출입장소로써 선박을 이용하여 항구에 입항하는 경우 「선박의 입항 및 출항 등에 관한 법률」에 따른 무역항에 입항과 출항을 할 수 있다. 이 때 해양경찰의 관할인 해양이라는 점에서 법집행과 서비스의 대상이 된다.

출입장소	군사분계선 이북지역(북한)으로 가거나 북한으로부터 들어올 수 있는 군사분계선 이남지역(남한)의 항구, 비행장, 그 밖의 장소로서 대통령령으로 정하는 곳
교 역	남한과 북한 간의 물품, 대통령령으로 정하는 용역 및 전자적 형태의 무체물(물품 등)의 반출 · 반입
반출 · 반입	매매, 교환, 임대차, 사용대차, 증여, 사용 등을 목적으로 하는 남한과 북한 간의 물품 등의 이동(단순히 제3국을 거치는 물품 등의 이동을 포함)
협력사업	남한과 북한의 주민(법인 · 단체를 포함한다)이 공동으로 하는 환경, 경제, 학술, 과학기술, 정보통신, 문화, 체육, 관광, 보건의료, 방역, 교통, 농림축산, 해양수산 등에 관한 모든 활동

2. 남북 교류협력 절차

남한의 주민이 북한을 방문하거나 북한의 주민이 남한을 방문하려면 통일부장관의 방문승인(방문증명서)을 받아야 하고(19 채용), 방문증명서 없이 방북하면 3년 이하 징역 또는 3천만원 이하 벌금에 처하고, 북한 방문승인을 받으려는 자는 방문 7일 전까지 방문승인 신청서를 통일부장관에게 제출하여야 한다(법 제9조).

남북한 방문 (법 제9조)	① 통일부장관은 거짓이나 부정한 방법으로 방문승인을 받은 경우에는 승인을 취소하여야 한다. ② 재외국민(영주권자, 장기체류허가자, 외국소재 외국법인 취업자)이 외국에서 북한을 왕래할 때에는 통일부장관이나 재외공관(在外公館)의 장에게 신고(승인 X)하여야 한다. 다만, 외국을 거치지 아니하고 남한과 북한을 직접 왕래할 때에는 방문증명서를 소지하여야 한다.
남북한 주민접촉 (법 제9조의2)	① 남한의 주민이 북한의 주민과 회합 · 통신, 그 밖의 방법으로 접촉하려면 통일부장관에게 미리 신고(승인 X)하여야 한다. 단 대통령령으로 정하는 부득이한 경우 사후신고가 가능하다. ② 방문증명서를 발급받은 사람이 그 방문 목적의 범위에서 당연히 인정되는 접촉을 하는 경우 등에는 접촉신고를 한 것으로 본다. ③ 통일부장관은 남북교류 · 협력을 해칠 명백한 우려가 있거나 국가안전보장, 질서유지 또는 공공복리를 해칠 명백한 우려가 있는 경우에만 신고의 수리를 거부할 수 있다.
남북한거래 원칙(법 제12조)	남북한 간의 거래는 국가 간의 거래가 아닌 민족내부의 거래로 본다. (19 채용)
반출 · 반입 승인 (법 제13조)	물품 등을 반출 · 반입하려는 자는 그 물품 등의 품목, 거래형태 및 대금결제 방법 등에 관하여 통일부장관의 승인을 받아야 한다. (19 채용)
협력사업 승인 (법 제13조)	협력사업을 하려는 자는 협력사업마다 통일부장관의 승인을 받아야 한다.
물품 반출 · 입	북한주민 접촉신고 → 거래를 위한 접촉 및 협의 → 계약체결 및 승인 대상 여부 확인 → 반출 · 입 승인신청 → 관련 서류 구비 및 통관 → 교역 보고
다른 법률과 관계 (법 제3조)	① 남북간 왕래 및 교역 등에 대해서는 국가보안법, 여권법, 대외무역법 등 관련 법률보다 남북교류협력에 관한 법률이 우선 적용되므로 이 법이 국가보안법에 대한 특별법이다. ② 승인없이 금품을 수수한 경우 정당성이 인정되지 않으면(대한민국의 존립 · 안전이나 자유민주적 기본질서를 위태롭게 한다는 점을 알면서 금품수수하였다면), 국가보안법이 적용된다.
관련 판례	① 남북교류와 협력을 목적으로 하는 행위에 관하여 정당하다고 인정되는 범위 안에서 다른 법률에 우선하여 적용된다(국가보안법보다 우선 적용). ② 남북 사이의 화해와 불가침 및 교류협력에 관한 합의서가 체결 발효되었다고 하여도 국가보안법의 규범력이 상실한 것으로 볼 수 없다.

Ⅵ. 국가안보 관련 해사법규 규정

1. 선박의 입항 및 출항 등에 관한 법률

전시·사변이나 그에 준하는 국가비상사태 또는 국가안전보장에 필요한 경우에는 선장은 대통령령으로 정하는 바에 따라 관리청(해양수산부장관 또는 특별시장·광역시장·도지사 또는 특별자치도지사)의 허가를 받아야 한다(법 제4조 제3항).

출입 허가의 대상 선박 (시행령 제3조)	다음 어느 하나에 해당하는 선박의 선장은 관리청의 출입 허가를 받아야 한다. 1. 외국 국적의 선박으로서 무역항을 출항한 후 바로 다음 기항 예정지가 북한인 선박 2. 외국 국적의 선박으로서 북한에 기항한 후 1년 이내에 무역항에 최초로 입항하는 선박 2의2. 「국제항해선박 및 항만시설의 보안에 관한 법률」에 따른 행위를 한 외국인 선원이 승무하였던 국제항해선박으로서 해양수산부장관이 국가안전보장을 위하여 무역항 출입에 특별한 관리가 필요하다고 인정하는 선박 3. 전시·사변이나 이에 준하는 국가비상사태 또는 국가안전보장에 필요한 경우로서 관계 중앙행정기관의 장이나 「국제항해선박 및 항만시설의 보안에 관한 법률」에 따른 국가보안기관의 장이 무역항 출입에 특별한 관리가 필요하다고 인정하는 선박
출입 허가의 신청 (시행령 제4조)	출입 허가를 받으려는 선박의 선장은 출입 허가 신청서에 다음 서류를 첨부하여 입항하거나 출항하기 전에 관리청에 제출해야 한다. 1. 승무원 명부 2. 승객 명부 3. 「남북교류협력에 관한 법률 시행령」에 따라 수송장비 운행의 승인을 받은 서류(「남북교류협력에 관한 법률」에 따라 통일부장관의 승인을 받아 남한과 북한 사이를 항행하는 선박만 해당)
출입 허가의 절차 (시행령 제5조)	① 관리청이 출입 허가를 하려는 경우 관계 국가보안기관의 장 및 출입국관리사무소장과 미리 협의해야 한다. ② 관리청은 출입 허가를 신청한 선박의 출입 허가 신청서 내용의 사실 여부를 확인하기 위하여 필요한 경우 관계 국가보안기관의 장과 협조하여 관계 공무원으로 하여금 해당 선박에 승선하여 항행 관련 사항을 확인하게 할 수 있다(단, 「남북교류협력에 관한 법률」에 따라 통일부장관의 승인을 받아 남한과 북한 사이를 항행하는 선박 제외).

2. 어선안전조업법

국방부장관 또는 해양경찰청장은 국가안전보장 또는 질서유지를 위하여 필요한 경우 해양수산부장관, 광역시장·도지사·특별자치도지사와 협의하여 해양수산부장관 또는 시·도지사에게 일정한 해역에서 지정된 기간 동안 조업 또는 항행의 제한을 요청할 수 있다. 다만, 국방부장관 또는 해양경찰청장은 조업 또는 항행을 즉시 제한하지 아니하면 어선의 안전한 조업 또는 항행에 중대한 영향이 있다고 판단하는 경우 조업 또는 항행을 제한할 수 있다. 이 경우 국방부장관 또는 해양경찰청장은 해양수산부장관, 해당 시·도지사 및 관계기관에 즉시 통보하여야 한다(법 제16조 제1항).

SECTION

03 외사 경찰론

Ⅰ. 서설

1. 외사경찰 조직의 변천

1996년 8월 해양수산부의 외청으로 독립하면서 본청 정보수사국에 외사과(외사, 국제)를 신설하였다. 그 당사의 외사과의 분장사무는 ① 외사경찰에 관한 기획 및 지도, ② 국제형사경찰기구에 관련되는 업무, ③ 국제협력업무에 관한 사항, ④ 외사정보의 수집·분석 및 관리, ⑤ 외국인 또는 외국인과 관련된 중요범죄의 수사, ⑥ 대공산권 외사방첩업무지도, ⑦ 국제해항보안활동에 관한 계획의 수립 및 그 지도와 보안정보의 수집 등이었다(해양경찰청과 그 소속기관 직제, 1996. 8. 8.). 해양경찰서의 경우 정보수사과 소속으로 수사, 형사, 정보, 보안, 외사업무를 두고 외사업무가 전문화되었다.

1998년 12월 해양경찰서의 외사기능은 정보과가 신설된 해양경찰서의 경우 정보과 소속으로 변경되었고, 1999년 5월 24일 본청의 외사과를 국제과로 명칭을 변경하였다.

2005년 8월 「해양경찰청과 그 소속기관 직제 시행규칙」 개정에서는 국제과라는 명칭의 부서가 사라졌다. 이 때의 조직변화는 정보수사국에 수사과·광역수사단 및 정보과를 두되, 수사과장 및 정보과장은 총경으로, 광역수사단장은 총경 또는 경정으로 보하는 등 광역수사단장이 신설되었다. 광역수사단장은 광역수사업무와 그 기획·지도 및 조정 등에 관한 사무를 분장한다.

2008년 3월에는 직제 시행규칙 개정에서 외사과라는 명칭이 부활하고 그 외사과장은 총경 또는 경정으로 하고, 외사과장의 업무는 ① 외사수사 및 외사정보에 관한 기획 및 지도·조정, ② 밀입·출국, 밀수·마약 등 외사사범의 수사, ③ 외사방첩업무에 관한 사항, ④ 외사정보의 수집·분석 및 관리, ⑤ 국제형사경찰기구에 관한 사항, ⑥ 국제형사업무 공조에 관한 사항, ⑦ 국제해항 보안활동에 관한 계획의 수립 및 지도, ⑧ 해양경찰통역센터의 운영 등이었다.

2014년 11월 해양경찰청이 국무총리 소속의 국민안전처로 변경됨에 따라 「국민안전처와 그 소속기관 직제 시행규칙」에 의하여 조직이 편성되었다. 외사과장이라는 직책이 폐지되고, 외사경찰은 해상수사정보과장에 소속되어 외사관련 업무를 수행하였다.

2017년 7월 해양경찰청이 환원됨에 따라 「해양경찰청과 그 소속기관 직제 시행규칙」에 의하여 조직이 편성되었고, 본청에 수사정보국내에 외사과장이라는 직위가 신설되었다.

2021년 1월 본청에 국제정보국을 신설하고, 외사과장을 두었으며, 지방해양경찰청과 해양경찰서에 정보외사과를 두었다.

2. 외사경찰의 의의와 법적 근거

1) 의의

외사경찰이란 대한민국의 안전과 사회공공의 안녕 및 질서보호를 목적으로 외국인, 외국과 관련된 기관, 단체 등 외사활동 대상에 대하여 이들의 동정을 관찰하고 이들과 관련된 범죄를 예방·단속하는 것을 주된 임무로 하는 경찰활동을 말한다.[31] 외사경찰의 활동은 국제화, 개방화 추세 속에서 대외무역의 증가, 새로운 국가와의 교류확대, 중국·일본과의 어업협정, 국제여객선을 이용한 해외여행자의 증가 등 외사경찰의 대상은 증가하는 추세에 있어 외사경찰의 활동은 중요해지고 있다.

2) 법적 근거

(1) 헌법

외사경찰의 업무에 관한 법적 근거는 우선 「헌법」 제6조이다. 동조는 조약, 국제법규의 효력, 외국인의 법적지위를 규정하고 있다. 즉 "① 헌법에 의하여 체결·공포된 조약과 일반적으로 승인된 국제법규는 국내법과 같은 효력을 가진다. ② 외국인은 국제법과 조약이 정하는 바에 의하여 그 지위가 보장된다"이다.

(2) 우리나라 법률

우리나라의 법률로는 「출입국관리법」, 「밀항단속법」, 「범죄인인도법」, 「국제형사사법 공조법」, 「여권법」, 「영해 및 접속수역법」, 「배타적 경제수역에서의 외국인어업 등에 대한 주권적 권리의 행사에 관한 법률」, 「배타적 경제수역 및 대륙붕에 관한 법률」 등이 있다.

31) 전국 9대학 해양경찰학과 교수·해양경비안전교육원(2016). 해양경찰학개론, 문두사, p. 373.

(3) 조약 및 협약

조약 및 협약에는 「범죄인인도조약」, 「형사사법 공조 조약」, 「외교(영사)관계에 관한 비엔나 협약」, 「유엔해양법협약」, 「한·중 어업협정」, 「한·일 어업협정」 등이 있다.

3) 특성

(1) 대상의 특성

외사경찰은 외국인 또는 외국관련 기관·단체를 주요 대상으로 하므로, 일반 내국인과 관련된 범죄의 예방과 단속을 주 업무로 하는 일반경찰활동과 구별되며, 대상법률도 일반 형법범사건 보다는 「출입국관리법」, 「여권법」, 「배타적 경제수역에서의 외국인어업 등에 대한 주권적 권리의 행사에 관한 법률」, 「밀항단속법」 등 주로 외국인과 관련 있는 범법행위와 내국인의 외국관련범죄를 주 단속대상으로 한다는 점에서 그 특성을 찾을 수 있다.

한편 외사경찰은 외교사절도 그 대상으로 하고 있는 바, 외교사절은 일반 체류 외국인과는 달리 특별한 지위를 누리고 있으므로 업무상 특별한 주의를 요한다.

(2) 활동범위의 특성

① **외사정보 및 보안활동:** 외국인, 외국기관·단체 등에 대한 동향이나 이들과 직·간접으로 관계있는 내국인 등을 대상으로 해상치안질서 또는 국가안보상 위해요소 등과 관련된 첩보를 수집·판단· 분석하여 정책수립에 반영함으로써 해상치안질서 유지 및 안보상 장애요인을 예방·제거하는 자료로 제공하고자 하는 수행활동이다.

② 외사수사 활동

㉠ 국제조약 등에서 규정하고 있는 범죄와 국내에서 발생한 범죄가 인적·장소적으로 2개국 이상 관련되거나 조직화하여 행해지는 국제성 범죄와 「출입국관리법」, 「밀항단속법」, 「배타적 경제수역에서의 외국인어업 등에 대한 주권적 권리의 행사에 관한 법률」 등 위반사범과 같은 일반외사사범 수사 활동을 수행하는 것이다.

㉡ 외사수사 활동의 범위는 해외도피사범의 강제송환을 위한 국가간 경찰공조, 인터폴을 통한 각국 수배 등 활동범위가 전 세계에 이르고 있다.

③ **국가적 경찰공조 활동:** 외사경찰의 국제공조 업무는 수사 분야 외에 해상치안 기관간의 이해증진을 위한 상호 교류, 국제회의 참석, 정보기관과의 범죄정보 교환, 경찰관의 공무국외여행 등 고유한 업무수행을 말한다.

3. 외사경찰의 대상

우리나라의 국민은 외국인 및 외국과 관련된 단체와 연관되어 있지 않는 이상 원칙적으로 외사경찰의 대상이 되지 않는다.

1) 인물별 대상

(1) 외국공관원 및 준 외교관: 주한 외국대사 · 공사 · 영사와 국제기관의 직원 등이다.
(2) 주한외국군 구성원: 주한 외국군인 군속과 그 가족, 초청계약자와 그 가족, 고용원 등이다.
(3) 주한외국인: 거류자, 체류자, 항공기와 선박의 승무원 중 상륙 허가를 받은 자 등이다.
(4) 해외교포 및 취업자: 해외에 영주하는 교포, 해외 장기거주자, 취업자 등이다.
(5) 외국과 관련 있는 내국인: 외국공관과 외국기관의 내국인 종업원, 외국인 접객업소의 종업원, 관광안내원 등이다.

2) 기관별 대상

(1) 외국공관: 대사관, 공사관, 영사관, 국제기관 등
(2) 주한외국군 기관: 주한 UN군, 주한 미8군, 정전위원회 등
(3) 외국인 사회단체: 각종 민간단체, 봉사단체, 문화학술단체 등
(4) 외국인 종교 및 구호단체: 각종 종교 · 구호단체, 고아 입양단체 등
(5) 외국기업체: 선박회사, 상사, 금융기관, 여객선사 등
(6) 외국 언론기관: 외국신문, 통신사 등
(7) 외국인과 관련된 국내단체와 기업체 등

4. 여권(여권법)

1) 여권 일반

(1) 여권은 국외여행을 인정하는 본국의 일방적 증명서이다.
(2) 외교부장관이 발급하며, 영사나 지방자치단체장에게 대행하게 할 수 있다.
(3) 영사는 외국에서 일반여권이나 여행증명서를 발급할 수 있으나, 외교관여권은 신청과 교부만 대행하고 발급은 외교부에서만 가능하다.
(4) 여권 발급 후 6개월이 지날 때까지 그 여권을 받아가지 아니하면 효력을 상실한다.

2) 여권의 종류(여권법 제4 · 5조)

목적에 의한 분류	일반여권	유효기간 10년(18세 미만 5년), 단수 또는 복수여권
	관용여권	유효기간 5년, 단수 또는 복수여권
	외교관여권	유효기간 5년, 단수 또는 복수여권
	긴급여권	일반여권, 관용여권, 외교관여권을 발급받거나 재발급받을 시간적 여유가 없는 경우로서 여권의 긴급한 발급이 필요하다고 인정되어 발급하는 여권으로서 단수여권임(복수 X).
횟수에 의한 분류	단수여권	1년 이내의 유효기간 동안 1회에 한정하여 외국여행을 할 수 있는 여권
	복수여권	유효기간 만료일까지 횟수에 제한 없이 외국여행을 할 수 있는 여권

3) 여권 발급 거부(여권법 제12조)

(1) 장기 2년 이상의 형(刑)에 해당하는 죄로 인하여 기소(起訴)되어 있는 사람(국내 · 외) 또는 장기 3년 이상의 형에 해당하는 죄로 인하여 기소중지 또는 수사중지(피의자중지로 한정)되거나 체포영장 · 구속영장이 발부된 사람 중 국외에 있는 사람

(2) 여권법 위반으로 형 선고받고 집행중이거나 집행받지 아니하기로 확정되지 아니한 자

(3) 여권법 외의 범죄로 금고(자격정지 X) 이상 집행중이거나 집행받지 아니하기로 확정되지 아니한 자

(4) 국외에서 대한민국의 안전보장 · 질서유지나 통일 · 외교정책에 중대한 침해를 야기할 우려가 있는 경우

① 출국할 경우 테러 등으로 생명이나 신체의 안전이 침해될 위험이 큰 사람

② 「보안관찰법」에 따라 보안관찰 처분을 받고 그 기간 중에 있으면서 경고를 받은 사람

4) 여권을 갈음하는 증명서(여행증명서)(여권법 제14조)

(1) 외교부장관은 국외에 체류하거나 거주하고 있는 사람으로서 여권의 발급 · 재발급이 거부 또는 제한되었거나 외국에서 강제 퇴거된 사람 등 대통령령으로 정하는 사람에게 여행목적지가 기재된 서류로서 여권을 갈음하는 증명서(여행증명서)를 발급할 수 있다.

(2) 여행증명서의 유효기간은 1년 이내로 하되, 그 여행증명서의 발급 목적을 이루면 그 효력을 잃는다.

여권법 시행령(대통령령)

제16조(여행증명서의 발급대상자) 외교부장관은 법 제14조에 따라 다음 각 호의 어느 하나에 해당하는 사람에게 여행증명서를 발급할 수 있다.

1. 출국하는 무국적자(無國籍者)
2. 국외에 체류하거나 거주하고 있는 사람으로서 여권을 잃어버리거나 유효기간이 만료되는 등의 경우에 여권 발급을 기다릴 시간적 여유가 없이 긴급히 귀국하거나 제3국에 여행할 필요가 있는 사람
3. 국외에 거주하고 있는 사람으로서 일시 귀국한 후 여권을 잃어버리거나 유효기간이 만료되는 등의 경우에 여권 발급을 기다릴 시간적 여유가 없이 긴급히 거주지국가로 출국하여야 할 필요가 있는 사람
4. 해외 입양자
5. 「남북교류협력에 관한 법률」에 따라 여행증명서를 소지하여야 하는 사람으로서 여행증명서를 발급할 필요가 있다고 외교부장관이 인정하는 사람

   ※ 제10조(외국 거주 동포의 출입 보장) 외국 국적을 보유하지 아니하고 대한민국의 여권(旅券)을 소지하지 아니한 외국 거주 동포가 남한을 왕래하려면 「여권법」에 따른 여행증명서를 소지하여야 한다.

5의2. 국외에 체류하거나 거주하고 있는 사람으로서 여권의 발급 · 재발급이 거부 또는 제한되었거나 외국에서 강제 퇴거된 경우에 귀국을 위하여 여행증명서의 발급이 필요한 사람

6. 「출입국관리법」에 따라 대한민국 밖으로 강제퇴거되는 외국인으로서 그가 국적을 가지는 국가의 여권 또는 여권을 갈음하는 증명서를 발급받을 수 없는 사람
7. 제1호부터 제5호까지, 제5호의2 및 제6호에 준하는 사람으로서 긴급하게 여행증명서를 발급할 필요가 있다고 외교부장관이 인정하는 사람

5) 관용여권 발급대상자(여권법 시행령 제7조)

외교부장관은 다음 어느 하나에 해당하는 사람에게 관용여권을 발급할 수 있다.

(1) 공무원, 한국은행 등 공공기관 직원과 동반하는 27세 미만의 미혼자녀, 27세 이상의 경우는 미혼이면서 정신 · 육체적 장애가 있거나 생활능력 없는 부모

(2) 정부파견 의료요원, 태권도 사범, 재외동포 교육을 위한 교사와 배우자, 27세 미만 미혼자녀

(3) 재외공관 행정직원(배우자, 27세 미만 자녀 등), 가사보조자 등

(4) 그 밖에 원활한 공무수행을 위하여 특별히 관용여권을 소지할 필요가 있다고 외교부장관이 인정하는 사람들로서, 이상 위 사람들에게 반드시 관용여권을 발급해야 하는 것은 아니고 할 수 있다는 의미이다.

Ⅱ. 외국인의 지위

1. 외국인

미국의 경우 2001년 9월 11일 미국 뉴욕의 쌍둥이 빌딩에 가해진 항공기 자살테러 즉 9·11 테러는 이민자에 의해서 이루어졌고, 이를 통하여 외국인의 출입국은 안보와 연결되어 지속적인 감시와 관리 그리고 통제가 기본이 되어 출입국 행정이 집행되고 있다.[32)]

1) 대한민국 국적의 취득과 상실

(1) 국적의 취득

대한민국 국적의 취득과 상실은 「국적법」에서 정하고 있다. 대한민국의 국민이 되는 요건은 출생에 의한 국적 취득(제2조), 인지에 의한 국적 취득(제3조), 귀화에 의한 국적 취득(제4조), 일반귀화 (제5조), 간이귀화(제6조), 특별귀화(제7조), 수반 취득(제8조), 국적회복에 의한 국적 취득(제9조)이 있다.

대한민국 국민이 되는 기본요건은 부모 양계 혈통을 바탕으로 하는 선천적 취득과 보충적 방법으로 후천적 취득을 「국적법」에서 규정하고 있다. 선천적 취득은 혈통주의와 속지주의가 있다. 혈통주의는 부모의 국적에 의해 국적이 결정되는 것이고, 부모가 분명하지 않거나 부모가 무국적자일 경우 속지주의를 채택하고 있다.

후천적 취득에는 인지(부 또는 모가 혼인관계 외에서 출생한 자(미성년자)를 자기의 자로서 인정하는 의사표시에 의한 취득), 귀화(일정한 요건을 갖춘 외국인이 타국가 국적을 취득하는 경우)로서 일반귀화, 간이귀화, 특별귀화가 있다.

(2) 국적의 상실

대한민국의 국민으로서 자진하여 외국 국적을 취득한 자는 그 외국 국적을 취득한 때에 대한민국 국적을 상실한다(국적법 제15조 제1항).

대한민국의 국민으로서 다음 어느 하나에 해당하는 자는 그 외국 국적을 취득한 때부터 6개월 내에 법무부장관에게 대한민국 국적을 보유할 의사가 있다는 뜻을 신고하지 아니하면 그 외국 국적을 취득한 때로 소급(遡及)하여 대한민국 국적을

32) 이혜경외 7인(2016). 이민정책론, 박영사, p. 229.

상실한 것으로 본다(국적법 제15조 제2항).

① 외국인과의 혼인으로 그 배우자의 국적을 취득하게 된 자
② 외국인에게 입양되어 그 양부 또는 양모의 국적을 취득하게 된 자
③ 외국인인 부 또는 모에게 인지되어 그 부 또는 모의 국적을 취득하게 된 자
④ 외국 국적을 취득하여 대한민국 국적을 상실하게 된 자의 배우자나 미성년의 자(子)로서 그 외국의 법률에 따라 함께 그 외국 국적을 취득하게 된 자

외국 국적을 취득함으로써 대한민국 국적을 상실하게 된 자에 대하여 그 외국 국적의 취득일을 알 수 없으면 그가 사용하는 외국 여권의 최초 발급일에 그 외국 국적을 취득한 것으로 추정한다(국적법 제15조 제3항).

(3) 국적상실자의 권리 변동

대한민국 국적을 상실한 자는 국적을 상실한 때부터 대한민국의 국민만이 누릴 수 있는 권리를 누릴 수 없고(국적법 제18조 제1항), 대한민국 국민이 누릴 수 있는 권리 중 대한민국의 국민이었을 때 취득한 것으로서 양도(讓渡)할 수 있는 것은 그 권리와 관련된 법령에서 따로 정한 바가 없으면 3년 내에 대한민국의 국민에게 양도하여야 한다(국적법 제18조 제2항).

2) 외국인의 지위

(1) 외국인의 개념

통설적으로 "외국인"이란 대한민국의 국적을 가지지 아니한 사람을 말한다. 법무부 「출입국·외국인정책본부 통계월보」에 따르면 2017년 10월말 현재 체류외국인은 2,135,049명으로 국적별 체류 외국인은 중국 47.4%(1,011,237명), 베트남 7.8%(166,956명), 미국 7.1%(152,343명), 타이 5.8%(124,657명), 우즈베키스탄 2.9%(62,027명) 등의 순이다. 국내의 외국인은 우리나라 전체 인구의 4%에 이를 정도로 큰 비중을 차지하고 있다.[33] 외국인력 중 수산 및 해양 분야의 경우 외국인 선원들이 이미 대세로 자리 잡고 있다. 2016년 「한국선원통계연보」에 따르면, 지난 해 국내 선박에서 일하는 외국인 선원은 총 2만 4,624명으로 전체 선원의 42%를 차지하는 있다.[34]

33) 노호래(2017). "수산 및 해양 분야 외국인 노동자 현황 분석과 해양경찰의 정책방안," 한국경찰학회보 제19권 6호, p. 86.
34) 해양한국 2016년 9월호, p. 28.

(2) 외국인의 권리

헌법상 외국인이 누릴 수 있는 권리는 인간의 존엄성과 자유권에 해당하는 인간의 존엄성, 행복추구권, 생명권, 신체불가침, 신체의 자유, 표현의 자유, 양심의 자유, 종교의 자유, 예술이 자유와 같은 전적으로 개인에게 귀속되는 권리는 국민과 외국인을 구별하지 아니하고 인간이면 모두에게 보장되는 권리이다.

집회·결사의 자유는 외국인에게 원칙적으로 인정되지 아니하지만 합법적으로 근로하고 있는 외국인 근로자의 노동조합설립은 인정된다. 직업선택의 자유는 제한적으로 인정되고, 평등권의 경우 외국인에게 차별대우할 수 있으나 헌법적으로 정당화되어야 한다. 정치적 기본권은 원칙적으로 금지하고, 청구권적 기본권에 해당하는 적법절차에 따른 각종 기본권, 변호인의 조력을 받을 권리, 재판을 받을 권리, 청원권 등은 외국인에게 인정된다.[35)]

법률상 권리로는 「외국인근로자의 고용 등에 관한 법률」에 근거하여 사업장에 고용되어 일을 하는 외국인은 임금과 그 밖에 근로관계로 인한 청구권을 가진다. 「공직선거법」에서 영주외국인에 대한 지방자치단체 의회 구성 및 단체장에 대한 선거권은 「지방자치법」과 「공직선거법」에 의해서 주어진 법률상의 권리이다.

(3) 외국인의 의무

원칙적으로 내국인과 동일하게 체류국의 통치권에 복종할 의무를 지고 있으므로 체류국의 재판권·경찰권·납세권에 복종해야 한다. 다만, 내국인이 부담하는 병역의 의무, 교육의 의무, 사회보장 가입 의무 등은 부담하지 아니한다.

외국인이 한국에 입국하기 위해서는 유효한 여권과 사증을 가지고 있어야 한다(출입국관리법 제7조 제1항). 체류하는 동안 여권을 비롯한 신분증명서를 소지하여야 한다. 3개월 이상 체류할 목적으로 입국하는 경우에는 「출입국관리법」과 관련 법률에 따른 요건을 충족하고 입국목적에 따른 체류자격을 부여받아 해당 체류목적과 자격에 따른 활동을 하여야 한다(동법 제17조). 이때 외국인은 외국인 등록을 하고(동법 제31조), 외국인등록증을 발급받아서 이를 소지하고 다녀야 한다(동법 제33조).

외국인 근로자의 경우 「외국인근로자의 고용 등에 관한 법률」이 정하고 있는 의무를 이행하여야 한다. 이 법률이 정한 취업활동기간이 종료되면 반드시 출국하여야만 한다(동법 제18조, 제18조의 4). 외국인 근로자는 법률이 정하는 사유가 아니면 다른 사업 또는 사업장을 변경하지 못하고 고용허가에 따라 노동계약서에 정한 사업장에서 근로를 하여야 한다.

35) 이철우외 10인(2019). 이민법, 박영사, 2019, pp. 50－57.

2. 외국인의 입국과 출국

1) 외국인의 입국

(1) 개념

물리적 차원의 입국은 대한민국 밖의 지역으로부터 대한민국으로 입국이라고 정의하고 있다(출입국관리법 제6조 제1항). 규범적 차원의 입국은 사증(査證)발급, 물리적 차원이 입국, 입국심사, 입국허가라는 다단계의 과정을 거쳐 이루어진다. 외국인이 입국할 때에는 유효한 여권과 법무부장관이 발급한 사증(査證)을 가지고 있어야 한다.

① 여권: 대한민국정부·외국정부 또는 권한있는 국제기구에서 발급한 여권 또는 난민여행증명서나 그 밖에 여권을 갈음하는 증명서로서 대한민국 정부가 유효하다고 인정하는 것을 말한다. 여권의 발급권자는 외교부장관이고, 여권 발급업무의 일부를 영사나 지방자치단체의 장에게 대행하게 할 수 있다.

② 사증(visa): 국가가 외국인에 대하여 입국을 허가하는 증명서로, 우리가 다른 나라에 가거나 다른 나라 사람들이 우리나라로 올 때 꼭 필요한 것이다. 사증의 발급권자는 법무부장관이고, 사증발급에 관한 권한을 재외공관이 장에게 위임할 수 있다. 비자를 받기 위해 상대국의 대사관이나 영사관을 방문하여 서류를 작성하거나 수수료를 지불하기도 하고, 경우에 따라 인터뷰를 하기도 한다. 최근에는 비자 없이 상대국에 입국할 수 있는 제도를 만들어 관광객들이 많이 찾아오게 하고 관광 수익을 높이고 있다.

(2) 무사증 입국

① 다음 어느 하나에 해당하는 외국인은 사증 없이 입국할 수 있다(출입국관리법 제7조 제2항).

㉠ 재입국허가를 받은 사람 또는 재입국허가가 면제된 사람으로서 그 허가 또는 면제받은 기간이 끝나기 전에 입국하는 사람
㉡ 대한민국과 사증면제협정을 체결한 국가의 국민으로서 그 협정에 따라 면제대상이 되는 사람
㉢ 국제친선, 관광 또는 대한민국의 이익 등을 위하여 입국하는 사람으로서 대통령령으로 정하는 바에 따라 따로 입국허가를 받은 사람
㉣ 난민여행증명서를 발급받고 출국한 후 그 유효기간이 끝나기 전에 입국하는 사람

② 법무부장관은 공공질서의 유지나 국가이익에 필요하다고 인정하면 해당하는 사람에 대하여 사증면제협정의 적용을 일시 정지할 수 있다(출입국관리법 제7조 제3항).

③ 대한민국과 수교(修交)하지 아니한 국가나 법무부장관이 외교부장관과 협의하여 지정한 국가의 국민은 제1항에도 불구하고 대통령령으로 정하는 바에 따라 재외공관의 장이나 지방출입국·외국인관서의 장이 발급한 외국인입국허가서를 가지고 입국할 수 있다(출입국관리법 제7조 제4항).

(3) 입국 금지

① 외국인이 한국에 도착한 후 자신이 입국 금지되었다는 사실을 알게 되었다고 하더라도 이에 대한 이의신청 절차는 없으며 입국금지로 인한 항공료 등 비용은 자비부담이다.

② 입국금지 사유(출입국관리법 제11조)(21 하반기)

1. 감염병환자, 마약류중독자, 공중위생상 위해를 끼칠 염려가 있는 사람
2. 총포·도검·화약류 등을 위법하게 가지고 입국하려는 사람
3. 대한민국의 이익이나 공공의 안전을 해치는 행동을 할 염려가 있는 사람
4. 경제질서, 사회질서, 선량한 풍속을 해치는 행동을 할 염려가 있는 사람
5. 사리 분별력이 없고 국내에서 체류활동을 보조할 사람이 없는 정신장애인, 국내체류비용을 부담할 능력이 없는 사람, 그 밖에 구호(救護)가 필요한 사람
6. 강제퇴거명령을 받고 출국한 후 5년이 지나지 아니한 사람 등
7. 일제강점기(1910. 8. 29.-1945. 8. 15.)의 일본정부 등과 관련하여 학살·학대에 관여한 사람
8. 이에 준하는 자로서 법무부장관이 그 입국이 적당하지 아니하다고 인정하는 사람

(4) 입국시 생체정보 제공(출입국관리법 제12조의2)

① 입국하려는 외국인은 입국심사를 받을 때 법무부령으로 정하는 방법으로 생체정보를 제공하고 본인임을 확인하는 절차에 응하여야 한다.

※ 생체정보: 사람의 지문·얼굴·홍채 및 손바닥 정맥 등의 개인정보

② 17세 미만, 외국정부·국제기구 업무 목적 입국자와 그 가족, 외국과 우호 및 문화교류 증진, 경제활동 촉진 또는 대한민국 이익 등을 고려하여 대통령령으로 정하는 사람에 대하여는 생체정보 제공의무가 면제

③ 생체정보를 제공하지 아니하는 경우에는 입국을 허가하지 아니할 수 있다.

④ 법무부장관은 입국심사에 필요한 경우에는 관계 행정기관이 보유하고 있는 외국인의 생체정보의 제출을 요청할 수 있다(요구하여야 한다 X).

(5) 외국인의 여권휴대 의무(출입국관리법 제27조 · 여권법 제14조)

① 국내에 체류하는 17세 이상 외국인은 항상 여권 등 신분증을 휴대 및 제시해야 하며, 위반시 100만원 이하 벌금(과태료 X)에 처한다.

② '여권 등'이란 여권, 선원신분증명서, 외국인입국허가서, 외국인등록증, 상륙허가서이다.

③ 여권에 갈음하는 증명서는 여행증명서, 난민여행증명서, 국제연합통행증이다.

2) 외국인의 상륙(출입국관리법 제14조-제16조의 2) (20 간부)

(1) 의의

외국인의 상륙이란 사증 없이 출입국관리공무원 또는 지방출입국 · 외국인 관서장의 허가를 받아 상륙하는 것을 말한다.

(2) 종류

종 류	허가 사유	허가기간	허가권자
승무원 상륙	① 승선 중인 선박 등이 대한민국의 출입국항에 정박하고 있는 동안 휴양 등의 목적으로 상륙하려는 외국인승무원 ② 대한민국의 출입국항에 입항할 예정이거나 정박 중인 선박 등으로 옮겨 타려는 외국인승무원	15일 이내	출입국 관리공무원
관광 상륙	관광을 목적으로 대한민국과 외국 해상을 국제적으로 순회하여 운항하는 여객운송선박 중 법무부령으로 정하는 선박에 승선한 외국인승객이 상륙하고자 하는 때	3일 이내	
긴급 상륙	선박 등에 타고 있는 외국인(승무원 포함)이 질병이나 그 밖의 사고로 긴급히 상륙할 필요가 있다고 인정될 때	30일 이내	
재난 상륙	조난을 당한 선박 등에 타고 있는 외국인(승무원 포함)을 긴급히 구조할 필요가 있다고 인정될 때	30일 이내	청장 · 사무소장 또는 출장소장
난민 임시 상륙	선박 등에 타고 있는 외국인이 「난민법」에 규정된 이유나 그 밖에 이에 준하는 이유로 그 생명 · 신체 또는 신체의 자유를 침해받을 공포가 있는 영역에서 도피하여 곧바로 대한민국에 비호(庇護)를 신청하는 경우 그 외국인을 상륙시킬 만한 상당한 이유가 있다고 인정될 때	90일 이내	법무부장관의 승인, 청장 · 사무소장 또는 출장소장
기간 연장 (시행령 제21조)	상륙허가를 받은 사람이 그 허가기간 내에 출국할 수 없을 때에는 상륙허가 신청을 한 자가 그 연장 사유를 적은 상륙허가기간 연장신청서를 제출하여야 한다. 원래의 허가기간만큼 기간 연장가능	예 승무원 상륙 (15일+15일)	청장 · 사무소장 또는 출장소장

3) 외국인의 체류(출입국관리법)

(1) 외국인의 체류 및 활동범위(법 제17조)

① 외국인은 그 체류자격과 체류기간의 범위에서 대한민국에 체류할 수 있다.
② 대한민국에 체류하는 외국인은 이 법 또는 다른 법률에서 정하는 경우를 제외하고는 정치활동을 하여서는 아니 된다.
③ 법무부장관은 대한민국에 체류하는 외국인이 정치활동을 하였을 때에는 그 외국인에게 서면으로 그 활동의 중지명령이나 그 밖에 필요한 명령을 할 수 있다.

(2) 외국인 고용의 제한(법 제18조)

① 외국인이 대한민국에서 취업하려면 대통령령으로 정하는 바에 따라 취업활동을 할 수 있는 체류자격을 받아야 한다.
② 체류자격을 가진 외국인은 지정된 근무처가 아닌 곳에서 근무하여서는 아니 된다.
③ 누구든지 체류자격을 가지지 아니한 사람을 고용하여서는 아니 된다.
④ 누구든지 체류자격을 가지지 아니한 사람의 고용을 알선하거나 권유하여서는 아니 된다.
⑤ 누구든지 체류자격을 가지지 아니한 사람의 고용을 알선할 목적으로 그를 자기 지배하에 두는 행위를 하여서는 아니 된다.

(3) 외국인을 고용한 자 등의 신고의무(법 제19조)

취업활동을 할 수 있는 체류자격을 가지고 있는 외국인을 고용한 자는 다음 어느 하나에 해당하는 사유가 발생하면 15일 이내에 지방출입국·외국인관서의 장에게 신고하여야 한다.

㉠ 외국인을 해고하거나 외국인이 퇴직 또는 사망한 경우
㉡ 고용된 외국인의 소재를 알 수 없게 된 경우
㉢ 고용계약의 중요한 내용을 변경한 경우

(4) 근무처의 변경·추가(법 제21조)

① 대한민국에 체류하는 외국인이 그 체류자격의 범위에서 그의 근무처를 변경하거나 추가하려면 미리 법무부장관의 허가를 받아야 한다. 다만, 전문적인 지식·기술 또는 기능을 가진 사람으로서 대통령령으로 정하는 사람은 근무처를 변경하거나 추가한 날부터 15일 이내에 법무부장관에게 신고하여야 한다.

② 누구든지 근무처의 변경허가·추가허가를 받지 아니한 외국인을 고용하거나 고용을 알선하여서는 아니 된다. 다만, 다른 법률에 따라 고용을 알선하는 경우에는 그러하지 아니하다.

(5) 체류자격 부여(법 제23조)

대한민국에서 출생하여 체류자격을 가지지 못하고 체류하게 되는 외국인은 그가 출생한 날부터 90일 이내에, 대한민국에서 체류 중 대한민국의 국적을 상실하거나 이탈하는 등 그 밖의 사유로 체류자격을 가지지 못하고 체류하게 되는 외국인은 그 사유가 발생한 날부터 60일 이내에 대통령령으로 정하는 바에 따라 체류자격을 받아야 한다.

(6) 특칙

결혼이민자에 대한 특칙(제25조의2), 성폭력피해자에 대한 특칙(제25조의3), 아동학대피해자에 대한 특칙(제25조의4)에 의해 법무부장관은 법원의 재판, 수사기관의 수사 또는 그 밖의 법률에 따른 권리구제 절차가 진행 중인 외국인이 체류기간 연장허가를 신청한 경우에는 그 권리구제 절차가 종료할 때까지 체류기간 연장을 허가할 수 있다.

4) 외국인의 출국(출입국관리법 제28조-제29조의 2)

(1) 출국심사(법 제28조)

외국인이 출국할 때에는 유효한 여권을 가지고 출국하는 출입국항에서 출입국관리공무원의 출국심사를 받아야 한다.

(2) 외국인 출국의 정지(법 제29조 · 제29조의2)

법무부장관은 다음 어느 하나에 해당하는 외국인에 대하여는 출국을 정지할 수 있다.

① 일반 사유(법 제4조 제1항)

㉠ 형사재판에 계속(係屬) 중인 사람
㉡ 징역형이나 금고형의 집행이 끝나지 아니한 사람
㉢ 대통령령으로 정하는 금액 이상의 벌금이나 추징금을 내지 아니한 사람
㉣ 대통령령으로 정하는 금액 이상의 국세 · 관세 또는 지방세를 정당한 사유 없이 그 납부기한까지 내지 아니한 사람
㉤ 「양육비 이행확보 및 지원에 관한 법률」에 따른 양육비 채무자 중 양육비이행심의위원회의 심

의 · 의결을 거친 사람

ⓑ 그 밖에 ㉠부터 ㉤까지의 규정에 준하는 사람으로서 대한민국의 이익이나 공공의 안전 또는 경제질서를 해칠 우려가 있어 그 출국이 적당하지 아니하다고 법무부령으로 정하는 사람

② 범죄수사(법 제4조 제2항)

㉠ 소재를 알 수 없어 기소중지 또는 수사중지(피의자중지로 한정)된 사람 또는 도주 등 특별한 사유가 있어 수사진행이 어려운 사람: 3개월 이내

㉡ 기소중지 또는 수사중지(피의자중지로 한정)된 경우로서 체포영장 또는 구속영장이 발부된 사람: 영장 유효기간 이내

③ 외국인에 대한 긴급 출국정지(법 제29조의2와 제4조의6)

수사기관은 범죄 피의자인 외국인이 출국심사를 하는 출입국관리공무원에게 출국정지를 요청할 수 있다.

㉠ 피의자가 증거를 인멸할 염려가 있는 때

㉡ 피의자가 도망하거나 도망할 우려가 있는 때

5) 외국인의 동향 조사(법 제81조)

출입국관리공무원과 대통령령으로 정하는 관계 기관 소속 공무원은 외국인이 적법하게 체류하고 있는지와 강제퇴거의 대상자에 해당되는지를 조사하기 위하여 ① 외국인, ② 외국인을 고용한 자, ③ 외국인의 소속 단체 또는 외국인이 근무하는 업소의 대표자, ④ 외국인을 숙박시킨 자에 해당하는 자를 방문하여 질문하거나 그 밖에 필요한 자료를 제출할 것을 요구할 수 있다.

시행령 제91조의2(관계 기관 소속 공무원)

① 대통령령으로 정하는 관계 기관 소속 공무원이란 다음 어느 하나에 해당하는 사람을 말한다.

1. 고용노동부 소속 공무원 중에서 고용노동부장관이 지정하는 사람
2. 중소벤처기업부 소속 공무원 중에서 중소벤처기업부장관이 지정하는 사람
3. 경찰청 소속 경찰공무원 중에서 경찰청장이 지정하는 사람
4. 해양경찰청 소속 경찰공무원 중에서 해양경찰청장이 지정하는 사람
5. 국가정보원 소속 공무원 중에서 국가정보원장이 지정하는 사람
6. 기술연수생의 보호 · 관리와 관련하여 법무부장관이 필요하다고 인성하는 관계 숭앙행성기관 소속 공무원

② 관계공무원이 외국인의 동향을 조사한 때에는 그 내용을 청장 · 사무소장 또는 출장소장에게 통보하여야 한다.

Ⅲ. 외교 사절

1. 외교사절의 개념

외교사절이란 외교교섭 및 기타 직무를 수행하기 위해 또는 임시로 외국에 파견되는 국가기관을 말한다.[36] 그동안 외교관계에 대한 규칙은 관습적으로 인정되어 오다가 1961년 4월 「외교관계에 관한 비엔나협약」이 채택되었고, 우리나라는 1971년 1월 27일 발효되었다. 외교사절에는 상임외교사절과 임시외교사절이 있다.

파견 및 접수	아그레망	① 외교사절 파견국에서 접수국에게 특정인의 임명에 관해 이의 유무를 문의하는 것을 '아그레망(Agrément, 불어)의 요청'이라고 한다. ② 접수국이 파견국의 아그레망 요청에 이의가 없으면 아그레망을 부여한다.
	신임장	아그레망을 얻으면 신임장을 주어 접수국에 파견한다.
	위임장	영사는 신임장이 아닌 위임장(Consular Commission)을 교부하여 파견한다.
직무개시	① 외교사절 특권: 주재국에 신임장을 휴대하고 입국하는 때부터 인정 ② 직무: 접수국 외무부에 신임장을 제출하는 때부터 할 수 있음	

2. 외교특권

1) 불가침권

(1) 신체의 불가침

외교관은 어떠한 형태의 체포 또는 구금도 당하지 아니한다. 접수국은 상당한 경의로서 외교관을 대우하여야 하며 또한 그의 신체, 자유 또는 품위에 대한 여하한 침해에 대하여도 이를 방지하기 위하여 모든 적절한 조치를 취하여야 한다(외교관계에 관한 비엔나 협약 제29조). 한국에 파견된 외국사절에 대한 폭행, 협박 등은 가중처벌규정을 두고 있다(형법 제108조).

(2) 공관지역과 개인주거의 불가침

접수국의 관헌은 공관장의 동의없이는 공관지역[37]에 들어가지 못하고, 승용차,

36) 강용길외 5인(2012). 경찰학개론 Ⅱ, 경찰공제회, pp. 529－530.

37) "공관지역"이라 함은 소유자 여하를 불문하고, 공관장의 주거를 포함하여 공관의 목적으로 사용되는 건물과 건물의 부분 및 부속토지를 말한다(외교관계에 관한 비엔나 협약 제1조).

보트, 비행기 등 교통수단도 포함된다. 외교사절 동의가 없으면 접수국 관헌은 직무수행을 위해서도 공관에 들어갈 수 없다. 다만, 화재나 감염병 등 긴급한 경우, 국제적 관습(국제법 X)에 따라 동의 없이 출입이 가능하다.

범죄인 비호권은 불인정되므로 관사 내에 있는 도망자나 범죄인을 인도하거나 관사 밖으로 추방하여야 한다.

접수국은 어떠한 침입이나 손해에 대하여도 공관지역을 보호하며, 공관의 안녕을 교란시키거나 품위의 손상을 방지하기 위하여 모든 적절한 조치를 취할 특별한 의무를 가지며, 공관지역과 동 지역내에 있는 비품류 및 기타 재산과 공관의 수송수단은 수색, 징발, 차압 또는 강제집행으로부터 면제된다(동협약 제22조). 외교관의 개인주거는 공관지역과 동일한 불가침과 보호를 향유한다(동협약 제30조 제1항).

(3) 문서의 불가침

외교관의 서류, 통신문 그리고 제31조 제3항에 규정된 경우를 제외한 그의 재산도 동일하게 불가침권을 향유한다(동협약 제30조 제2항). 외교공관의 문서는 불가침이며, 수색, 검열, 압수되지 않는다.

외교단절의 경우에도 접수국은 문서의 불가침권을 존중하고 보호해야 하고, 문서가 간첩행위의 서증이 되는 경우에는 불가침성을 상실한다.

2) 치외법권

경찰권 면제	① 접수국 경찰의 명령이나 규칙은 외교사절을 구속하지 않는다. ② 경찰권 면제는 경찰권으로부터 자유로이 행동할 특권을 부여하는 것은 아니므로 안전과 질서유지에 필요한 것은 자진하여 준수할 것이 기대된다.
형사 재판권	① 외교사절은 형사재판관할권으로부터 면제되므로 체포, 구금, 소추 또는 처벌되지 않는다. 공무수행 중이거나 개인자격으로 행한 행위에 대해서도 인정된다. ② 다만, 소환요구나 추방은 가능하고 긴급시 일시적으로 신체자유 구속은 가능하다. ③ 주한미군은 형사재판권이 면제되지 않고 SOFA 절차에 따라 처벌이 가능하다.
재판권 면제	① 외교사절은 원칙적으로 접수국의 민사, 행정재판관할권으로부터 면제된다. ② 외교사절은 민 · 형사 또는 행정재판에 출석하여 증언할 의무가 없다.
과세권 면제	원칙적으로 과세권이 면제되므로 조세로부터 면제된다.

Ⅳ. 외사 수사활동

1. 불법조업 외국어선 단속 및 처리

1) 적용 법률

외국어선의 불법행위 해역에 따라 「영해 및 접속수역법」, 「배타적 경제수역에서의 외국인어업 등에 대한 주권적 권리의 행사에 관한 법률」이 적용되고, 외국어선의 불법조업 이외의 살인, 폭력, 공무집행방해, 해양오염 등 위법행위에 대해서는 각 개별법을 적용한다.

(1) 「영해 및 접속수역법」에 의한 처벌

외국선박이 영해에서 어로행위를 한 경우 외국선박의 승무원이나 그 밖의 승선자는 5년 이하의 징역 또는 3억원 이하의 벌금에 처하고, 정상을 고려하여 필요할 때에는 해당 선박, 기재(器材), 채포물(採捕物) 또는 그 밖의 위반물품을 몰수할 수 있고(법 제8조 제1항), 관계 당국의 정선(停船)·검색·나포(拿捕), 그 밖에 필요한 명령이나 조치 거부·방해 또는 기피한 외국선박의 승무원이나 그 밖의 승선자는 2년 이하의 징역 또는 1억원 이하의 벌금에 처한다(법 제8조 제2항).

(2) 「배타적 경제수역에서의 외국인어업 등에 대한 주권적 권리의 행사에 관한 법률」에 의한 처벌

① 적용범위

외국인이 배타적 경제수역에서 어업활동을 하는 경우에는 「수산업법」, 「양식산업발전법」 및 「수산자원관리법」에도 불구하고 「배타적 경제수역에서의 외국인어업 등에 대한 주권적 권리의 행사에 관한 법률」을 적용한다(법 제3조).

「배타적 경제수역에서의 외국인어업 등에 대한 주권적 권리의 행사에 관한 법률」에서 규정하는 사항에 관하여 외국과의 협정에서 따로 정하는 것이 있을 때에는 그 협정에서 정하는 바에 따르며, 배타적 경제수역에서 이루어지는 외국인의 어업활동에 관하여는 「배타적 경제수역 및 대륙붕에 관한 법률」을 적용하지 아니한다(법 제3조).

② 위반 및 처벌조항

특정금지구역에서의 어업활동 금지를 위반한 경우 3억원 이하의 벌금, 무허가 조업을 한 경우 3억원 이하의 벌금에 처한다(법 제16조의 2).

허가에 붙이는 제한 또는 조건을 위반한 자, 위반하여 어획물이나 그 제품을 다른 선박에 옮겨 싣거나 다른 선박으로부터 받아 실은 자, 어업활동의 정지명령을 위반한 자의 경우 2억원 이하의 벌금에 처한다(법 제17조).

정선명령을 따르지 아니한 선박의 소유자 또는 선장은 1억원 이하의 벌금에 처하고(법 제17조의2), 어획물이나 그 제품을 항구에 직접 양륙한 자는 3천만원 이하의 벌금에 처한다(법 제18조).

2) 단속과 수사 절차

단속절차는 준비·채증 → 추적·정선 → 진압·검색 → 나포·조사 → 압송·처리 단계로 진행된다. (19 간부)

수사절차는 현장검거 → 관계기관 등 보고 → 조사(담보금 납부여부 확인, 미납 시 어선압수) → 검찰지휘 건의(담보금 납부시: 불구속·퇴거조치, 미납시: 구속) → 신병처리 → 사건송치의 순서로 진행된다.

현장검거	① 영해 및 접속수역 · EEZ침범 불법조업 외국어선 검거 - 시인서, 자인서 등 징구 - 불법조업 채증 및 범칙어획물 관리철저(공무집행방해시 채증 및 범행도구 등 압수) ② 해당 해양경찰서 전용부두 호송
관계기관 등 보고	① 본청 및 검찰보고, 주중 대사관(영사), 출입국관리소, 수의과학 검역소, 검역검사본부, 세관 등 유관기관 통보 ② 구제역 · 전염병 등 방역 실시(동 · 식물 방역)
조 사	① 통역인 입회, 선장 · 항해사 · 기관장 입건조사 및 선원 1명, 참고인 조사 ② 선장 등 상대 담보금 납부여부 확인 - 담보금 납부의사 표명시 → 통상 2-3일 선장 · 선원 선박에 대기후 출입통제 ③ 어획물 등 압수 - 배타적 경제수역에서의 외국인어업 등에 대한 주권적 권리의 행사에 관한 법률 위반 → 담보금 납부시 압수물 환부, 미납시 → 위탁판매(수협중매인) - 영해및접속수역법 위반 → 벌금납부 유무와 관계없이 위탁판매 후 국고 환수
검찰지휘 건의	① 해당 해양경찰서에서 벌금 납부 유무에 따라 검찰에 지휘 건의 - 담보금 납부시 → 불구속 지휘건의 → 선장 · 선원 및 선박 퇴거조치 - 담보금 미납시 → 선장 · 항해사 · 기관장 등 3명 구속, 선원은 출입국관리사무소인계 → 여객선편 이용 강제출국 → 선박은 위탁관리 후 선주측 인수차 來韓시 위탁금 징구 후 퇴거 ② 검찰에 압수물 지휘 건의(어획물 환부 및 위탁판매)

신병처리	① 구속영장 발부시 해당서 유치장에 선장 · 항해사 등 구속 집행 - 선박처리 → 선장 등 구속 후 통상 7일 이내 위탁관리업체에 인계 - 나머지 선원 → 해당 해경서 관할 출입국 관리 사무소에 신병인계 ② 추가 · 보강 조사 및 송치서류 작성
사건송치	• 구속피의자(선장, 항해사) 10일 내 관할 검찰청(지청에 신병구속 및 서류송치)

2. 주요 외사 사건의 처리

1) 출입국 사범 처리(출입국관리법)

CIQ란 ① Customs(통관): 세관 공무원의 세관 검열, ② Immigration(출입국): 출입국관리 공무원의 출입국 심사, ③ Quarantine(검역조사): 검역관리 공무원의 검역조사의 3가지 절차를 말한다. 출입국은 이 CIQ 중의 하나이고, Immigration의 I에 해당한다.

(1) 고발(법 제101조)

출입국사범에 관한 사건은 지방출입국 · 외국인관서의 장의 고발이 없으면 공소(公訴)를 제기할 수 없다. 해양경찰이 출입국사범을 입건하였을 경우 즉시 관할 지방출입국 · 외국인관서의 장에게 인계해야 한다. 순수하게 출입국 사범인 경우 입건하지 않고 관할 지방출입국 · 외국인관서의 장에게 통보하는 것으로 충분하며, 입건시 신병을 인계해야 한다.

(2) 통고처분(법 제102조)

① 지방출입국 · 외국인관서의 장은 출입국사범에 대한 조사 결과 범죄의 확증을 얻었을 때에는 그 이유를 명확하게 적어 서면으로 벌금에 상당하는 금액(범칙금)을 지정한 곳에 낼 것을 통고할 수 있다.

② 통고처분을 받은 자가 범칙금(犯則金)을 임시납부하려는 경우에는 임시납부하게 할 수 있고, 조사 결과 범죄의 정상이 금고 이상의 형에 해당할 것으로 인정되면 즉시 고발하여야 한다.

(3) 내국인과 외국인에 대한 조치(20 · 21 채용, 21 간부)

「출입국관리법」상 내국인에게는 출국금지를 할 수 있고, 외국인에게는 입국금지(제11조), 출국정지(제29조), 긴급출국정지(제29조의2), 강제퇴거(제46조), 보호조치(제51조), 출국권고(제67조), 출국명령(제68조)를 할 수 있다.

구 분	내국인	외국인	내 · 외국인 공통
조치사항	• 출국금지(제4조)	• 입국금지(제11조) • 출국정지(제29조) • 긴급출국정지(제29조의2) • 강제퇴거(제46조) • 보호조치(제51조) • 출국권고(제67조) • 출국명령(제68조)	• 고발(제101조) • 통고처분(제102조)

2) 밀항사범의 처리(밀항단속법)

(1) 개념(법 제2조)

밀항(密航)	관계 기관에서 발행한 여권, 선원수첩, 그 밖에 출국에 필요한 유효한 증명 없이 대한민국 외의 지역으로 도항하거나 국경을 넘는 것
이선 · 이기 (離船 · 離機)	대한민국 외의 지역에서 승선한 선박이나 탑승한 항공기로부터 무단이탈하거나 선장 또는 기장, 그 밖의 책임자가 지정한 시간 내에 귀환하지 아니하는 것

(2) 사건 통보(법 제7조)

① 사법경찰관리가 「밀항단속법」을 위반한 사건을 수사하였을 때에는 지체 없이 그 사실을 관할 지방출입국·외국인관서의 장에게 통보하여야 한다.

② 수사기관의 장은 지방출입국·외국인관서의 장으로부터 출입국관리사무 처리에 필요한 자료의 제출요구를 받으면 그에 따라야 한다.

3) 관세사범의 처리(관세법)

(1) 관세범(법 제283조)

관세범이란 「관세법」 또는 「관세법」에 따른 명령을 위반하는 행위로서 이 법에 따라 형사처벌되거나 통고처분되는 것을 말하고, 관세범에 관한 조사·처분은 세관공무원이 한다. 관세의 부과·징수 및 수출입물품의 통관절차를 위반하여 해상을 통하여 밀수하는 경우 해양경찰이 관련된다.

(2) 공소의 요건(법 제284조)

① 관세범에 관한 사건에 대하여는 관세청장이나 세관장의 고발이 없으면 검사는 공소를 제기할 수 없다.

② 다른 기관이 관세법에 관한 사건을 발견하거나 피의자를 체포하였을 때에는 즉시 관세청이나 세관에 인계하여야 한다.

4) 한미 행정협정사건의 처리(해양경찰수사규칙 제94조)

(1) 사법경찰관은 주한 미합중국 군대의 구성원·외국인군무원 및 그 가족이나 초청계약자의 범죄 관련 사건을 인지하거나 고소·고발 등을 수리한 때에는 7일 이내에 한미행정협정사건 통보서를 검사에게 통보해야 한다.
(2) 사법경찰관은 주한 미합중국 군당국으로부터 공무증명서를 제출받은 경우 지체 없이 공무증명서의 사본을 검사에게 송부해야 한다.
(3) 사법경찰관은 검사로부터 주한 미합중국 군당국의 재판권포기 요청 사실을 통보받은 날부터 14일 이내에 검사에게 사건을 송치 또는 송부해야 한다. 다만, 검사의 동의를 받아 그 기간을 연장할 수 있다.

5) 외국 군함·선박내의 범죄 사건 처리(해양경찰청 범죄수사규칙)

외국군함에의 출입 (제185조)	① 경찰관은 외국군함에 관하여는 해당 군함의 함장의 청구가 있는 경우 외에는 그 군함에 출입해서는 안 된다. ② 경찰관은 중대한 범죄를 범한 사람이 도주하여 대한민국의 영해에 있는 외국군함으로 들어갔을 때에는 신속히 수사국장에게 보고하여 그 지시를 받아야 한다. 다만, 급속을 요할 때에는 해당 군함의 함장에게 범죄자의 임의 인도를 요구할 수 있다.
외국군함의 승무원에 대한 특칙 (제186조)	경찰관은 외국군함에 속하는 군인이나 군속이 그 군함을 떠나 대한민국의 영해 또는 영토 내에서 죄를 범한 경우에는 신속히 수사국장에게 보고하여 그 지시를 받아야 한다. 다만, 현행범, 그 밖에 긴급한 경우에는 체포, 그 밖의 수사상 필요한 조치를 한 후 신속히 수사국장에게 보고하여 그 지시를 받아야 한다.
외국 선박 내의 범죄 (제188조) (19 채용)	경찰관은 대한민국의 영해에 있는 외국 선박 내에서 발생한 범죄로써 다음 어느 하나에 해당할 때에는 수사를 해야 한다. 1. 대한민국 육상이나 항내의 안전을 해할 때 2. 승무원 이외의 사람이나 대한민국의 국민에 관계가 있을 때 3. 중대한 범죄가 발생하였을 때

V. 국제 형사사법 공조

국제 형사사법 공조(International Judicial Assistance in Criminal Matters)란 형사사건에 있어서의 수사·기소·재판절차와 관련하여 어느 한 국가의 요청에 의하여 다른 국가가 행사하는 형사사법상 협조를 말하는데, 협조의 구체적인 내용은 국가마다 조금씩 다르게 운용하고 있어서 한마디로 정의하기 어려우며 우리나라는 1988년 「범죄인 인도법」, 1991년 「국제 형사사법 공조법」을 제정하였고 외국과의 형사사법 공조 조약 체결을 적극 추진하고 있다.

1. 조약의 유형

조약의 유형에는 협정, 협약, 의정서가 있다. 일반적으로 승인된 국제법규의 경우 국회 동의 없이도 국내법과 동일한 효력이 있고 그러한 국제법규에는 집단학살 금지협정, 포로에 관한 제네바 협정, 부전조약 등이 있다.

조 약	가장 격식을 갖춘 정식문서, 당사자 간의 정치적 · 외교적 기본관계나 지위에 관한 포괄적 합의시 사용 ※ 신사협정은 정치협정에 불과하여 조약이 아님
협 정 (Agreement)	정치적 요소가 포함되지 않은 전문 · 기술적 주제를 다룸으로써 조정하기 어렵지 아니한 사안에 대한 합의
협 약 (Conventon)	특정분야 · 기술적 사항에 대한 입법적 성격의 합의
의정서 (Protocol)	기본 문서에 대한 개정이나 보충적 성격

2. 국제 형사사법 공조법

1) 의의

「국제 형사사법 공조법」은 형사사건의 수사 또는 재판과 관련하여 외국의 요청에 따라 실시하는 공조(共助) 및 외국에 대하여 요청하는 공조의 범위와 절차 등을 정함으로써 범죄를 진압하고 예방하는 데에 국제적인 협력을 증진함을 목적으로 하고, 공조란 대한민국과 외국 간에 형사사건의 수사 또는 재판에 필요한 협조를 제공하거나 제공받는 것을 말한다(법 제1 · 2조).

2) 주요 내용

원 칙	상호주의	외국이 사법공조를 해주는 만큼 동일한 정도로 공조에 응하는 원칙
	쌍방가벌성	공조대상 범죄는 양 국가 모두의 법률로 처벌 가능한 범죄이어야 함.
	특정성	공조에 의하여 취득한 증거는 공조대상 범죄에만 사용해야 한다는 원칙
공조조약 과의 관계 (법 제3조)	① 공조조약과 국제 형사사법 공조법의 규정이 상충하면 공조조약이 우선함. ② 조약을 체결하면 공조법에 포함되지 않은 사항을 공조대상으로 규정할 수 있으므로 일반적으로 공조범위가 확대된다(축소 X). ③ 조약을 체결하면 국제적 협력이 강화된다. ④ 우리나라는 1992년 호주와 최초로 형사사법 공조 조약을 체결하였다.	
수사공조 절 차	외국의 요청	① 공조요청 접수 및 자료의 송부는 외교부장관이 한다. 긴급 · 특별한 경우, 법무부장관이 외교부장관의 동의를 받아 이를 할 수 있다(법 제11조). ② 요청국에 대한 공조는 대한민국의 법률에서 정하는 방식으로 한다. 다만, 요청국의 공조 방식이 대한민국의 법률에 저촉되지 아니하는 경우에는 그 방식으로 할 수 있다(법 제13조).
	외국에 요청	사법경찰관 → 검사 또는 고위공직자범죄수사처장 → 법무부장관 → 외교부장관 ※ 긴급 · 특별한 경우 법무부장관은 외교부장관의 동의를 받아 공조요청서를 직접 외국에 송부할 수 있다(법 제29조-제31조).
공 조 범 위 (법 제5조)	① 사람 또는 물건의 소재 수사 ② 서류 · 기록의 제공 ③ 서류 등의 송달 ④ 증거 수집, 압수 · 수색 또는 검증 ⑤ 증거물 등 물건의 인도 ※ 증거물이 법원에 제출된 경우, 법원의 인도허가 결정을 받아야 한다. ⑥ 진술 청취, 그밖에 요청국에서 증언하게 하거나 수사에 협조하게 하는 조치 ※ 인터폴 공조는 신속하게 정보 교환이나 사실을 확인하는 것으로 공조로 얻은 자료를 재판에서 증거로 사용하기 어려우므로 중요한 진술이나 증거물 등은 피요청국의 공신력이 부여되는 형사사법공조에 의하여 이루어진다.	
임의적 거절사유 (명문규정) (법 제6조)	1. 대한민국의 주권, 국가안전보장, 안녕질서 또는 미풍양속을 해할 우려가 있는 경우(재산 X) 2. 공조범죄가 정치적 성격을 지닌 다른 범죄에 대한 수사 또는 재판 목적이라고 인정되는 경우 3. 인종 · 국적 · 성별 · 사회적 신분 또는 특정 사회단체에 속한다는 사실이나 정치적 견해를 달리한다는 이유로 처벌받을 우려가 있는 경우(차별 우려) 4. 대한민국의 법률에 의하여 범죄를 구성하지 아니하거나 공소를 제기할 수 없는 범죄(양벌성) 5. 요청국의 보증이 없는 경우	
공조 연기 (법 제7조)	공조범죄가 한국에서 재판 또는 수사중인 경우는 종료될 때까지 연기할 수 있다.	

3. 국제형사경찰기구(인터폴, ICPO)

1) 의의

인터폴(International Criminal Police Organization)을 통한 공조는 외교경로를 통할 필요가 없이 인터폴 회원국들이 24시간 운영하는 인터폴 국제통신망을 이용하여 세계 구석구석까지 광범위하고 신속한 공조가 가능하다는 점에서 다른 어떤 경로를 통한 국제공조보다 효과적이라고 볼 수 있다.

인터폴을 통한 형사사건의 국가간 수사협조 및 요청에 관해서는 「국제 형사사법 공조법」 제38조에 규정되어 있으며, 인터폴은 수사기관이 아니고 정보와 자료를 교환하고 범인체포와 인도에 관하여 상호 협조하는 정부간 국제형사 공조기구이다.

2) 공조 요청사항

인터폴 헌장은 공조의 범위에 대해 각 회원국의 현행 법률의 범위 내에서, 정치적·종교적·인종적 성격을 띤 사항을 제외한 모든 경찰사항에 대한 최대한의 협조를 보장하고 있다(인터폴헌장 제2·3조).

<table>
<tr><td colspan="2">인터폴의 의의</td><td>국제범죄의 예방과 진압을 위하여 각 회원국의 국내법이 허용하는 한도 내에서 상호 협력하는 정부 간 국제기구</td></tr>
<tr><td colspan="2">발전과정</td><td>① 1914년 모나코에서 1차 국제형사경찰회의(ICPC)
② 1923년 비엔나에서 19개국 경찰기관장이 참석한 2차 국제형사경찰회의를 개최하여 '국제형사경찰위원회(ICPC)' 창설, 당시는 유럽대륙 위주의 기구였다는 지역적 한계(세계적인 경찰협력기구 X).
③ 1956년 비엔나, ICPC총회에서 국제형사경찰기구(ICPO) 발족(당시 파리에 사무총국을 둠, 현재는 리옹에 있음)</td></tr>
<tr><td rowspan="4">조직</td><td>총회</td><td>① 인터폴의 최고 의결기관, 1년에 한 번 개최
② 총재는 4년 임기</td></tr>
<tr><td>집행위원회</td><td>① 총회에서 선출되는 13명의 위원으로 구성
② 헌장 등의 개정을 제안하고 재정분담금 연체국에 대한 제재방안 등 결정</td></tr>
<tr><td>사무총국</td><td>각 회원국과 협조관계를 유지하는 총본부이자 추진체로서, 국제수배서 발행</td></tr>
<tr><td>국가중앙 사무국</td><td>① 사무총국과 회원국들의 협력을 위해 모든 회원국에 설치되는 상설기관
② 우리나라 국장은 외사국장(담당: 외사수사과 인터폴계)</td></tr>
</table>

인터폴 공조	① 24시간 운영하는 인터폴 전용통신망으로 국제경찰공조 ② 행정안전부장관(법무부 X)은 국제형사경찰기구로부터 요청을 받거나 요청을 하는 경우에 다음 조치를 취할 수 있다(국제 형사사법 공조법 제38조). 1. 국제범죄의 동일 증명 및 전과조회 2. 국제범죄에 관한 사실 확인 · 조사 3. 국제범죄의 정보 · 자료 교환 ※ 사람 · 물건에 대한 소재수사는 형사사법 공조 ③ 국제형사경찰기구 대한민국 국가중앙사무국 운영규칙(경찰청훈령)은 국가중앙사무국의 기능으로 위 3가지 외에도 국외도피사범 검거 업무를 규정함. ④ 인터폴은 형사범을 직접 체포할 수 있는 인력이나 권한은 없음. 인터폴은 수사권을 가진 수사기관이 아니다.
공용어	영어, 불어, 스페인어, 아랍어

3) 인터폴을 통한 국제수배

(1) 국제수배서(19 · 20 채용 · 22 간부)

인터폴 사무총국에서 발행하는 국제수배서의 종류는 아래 표와 같다.

황색(Yellow)	가출인(실종) 소재파악, 기억상실자 신원 파악
청색(Blue)	국제정보조회 수배서, 수배자(실종자 X) 소재 · 신원 파악
적색(Red)	국제 체포 수배서, 범인인도 목적
녹색(Green)	상습국제범죄자, 우범자 동향 파악
보라색(Purple)	신종 수법 공유
흑색(Black)	사망자(변사자) 신원확인
오렌지(Orange)	폭발물, 테러범, 위험인물 등에 대한 보안 경보
장물수배서	도난, 불법취득 물건, 문화재 등에 대한 수배
INTERPOL-UN 특별수배서	인터폴과 UN안보리의 협의사항에 따라 발부

(2) 인터폴 적색수배 요청기준

장기 2년 이상 징역·금고에 해당하는 죄로 체포영장·구속영장이 발부된 자 중에서 ① 살인, 강도, 강간 등 강력범죄 관련사범, ② 조직폭력, 전화금융사기 등 조직범죄 관련 사범, ③ 다액(5억원 이상) 경제사범, ④ 사회적 파장과 중대성을 고려하여 수사관서에서 특별히 적색수배 요청한 사범이다.

4. 범죄인 인도법

1) 원칙

정치범 불인도 원칙	① 우리나라는 정치범불인도 원칙을 명문으로 규정하고 있지만 어떠한 행위가 정치범에 해당하는지에 대한 구체적인 열거는 없다. 정치범죄는 국제법상 불확정적인 개념으로서 이에 대한 판단은 전적으로 피청구국에 의존한다. 이는 정치적 분쟁상황에서 탄력적으로 대응하기 위함이다. ② 정치범이라도 인도할 수 있는 예외 1. 국가원수 · 정부수반 또는 그 가족의 생명 · 신체를 침해하거나 위협하는 범죄 2. 다자간 조약에 따라 한국이 재판권을 행사하거나 범죄인을 인도할 의무를 부담하고 있는 범죄 3. 여러 사람의 생명 · 신체를 침해 · 위협하거나 위험을 발생시킨 범죄 ※ 항공기 불법납치, 집단학살, 전쟁범죄, 야만 · 약탈행위 등
군사범 불인도 원칙	탈영, 항명 등의 군사범죄는 인도하지 않는다는 원칙 ※ 우리나라는 명문규정이 없다.
최소 중요성	어느 정도 중요한 범죄인만 인도한다는 원칙 ※ 우리나라는 사 · 무 · 장 1년 이상 범죄에 한함
쌍방가벌성 원칙	양국의 법률에 의하여 범죄를 구성할 때에만 인도청구에 응한다는 원칙(20 채용)
특정성 원칙	인도 요청된 범죄로만 처벌하고 제3국에 인도되지 아니한다는 원칙
자국민 불인도 원칙	자국민은 인도하지 않는다는 원칙으로 한국은 임의적 거절사유 ※ 대륙법계: 속인주의를 채택하여 자국민을 인도하지 않는다는 원칙 채택 영미법계: 속지주의를 채택하여 자국민불인도 원칙을 규정하지 않음
상호주의 원칙	인도조약 미체결국이라도 향후 유사 범죄에 대한 한국의 인도청구에 응한다는 보증을 하면 인도한다는 원칙(20 채용)
조약 우선	인도조약에 범죄인인도법과 다른 규정이 있는 경우 그 규정에 따른다. ✔ 국제 형사사법 공조법과 범죄인인도법 모두 상호주의 원칙과 조약우선주의를 명문으로 규정하고 있다.
유용성 원칙	범죄인 인도가 범인 처벌에 유용해야 한다는 원칙 ※ 시효 소멸 또는 사면을 한 경우에는 인도 대상에서 제외

2) 인도 거절 사유

절대적 사유 (법 제7조)	인종, 종교, 국적, 성별, 정치적 신념 등의 이유로 처벌될 우려시(차별 우려) 인도범죄를 범하였다고 볼 상당한 이유가 없는 경우 한국 법원에서 재판 중이거나 확정된 경우 한국 또는 청구국의 법률에 공소시효 또는 형의 시효가 완성된 경우
임의적 사유 (법 제9조)	1. 인도범죄의 일부가 한국 영역 내에서 행하여진 경우 2. 범죄인이 한국 국민인 경우 3. 인도범죄 외의 범죄가 한국 법원에 재판 중, 집행 중 또는 면제받지 아니한 경우 4. 인도범죄에 관하여 제3국(청구국이 아닌 외국)에서 재판받고 처벌되었거나 처벌받지 않기로 확정된 경우 5. 인도범죄의 성격과 범죄인의 환경 등 고려하여 인도가 비인도적이라고 인정될 때

3) 외국의 인도 청구시 처리절차(범죄인인도법 제11조-제14조)

① 인도조약에 인도법과 다른 규정이 있는 경우 조약의 규정에 따름(조약 우선적 효력)

② **절차 개요:** 외교부장관 ⇨ 법무부장관 ⇨ 서울고등검찰청 ⇨ 서울고등법원(전속관할)

③ 외교부장관은 범죄인 인도조약의 존재 여부, 상호보증 여부, 인도대상 범죄 여부 등을 확인하고 관계서류를 첨부하여 법무부장관에게 송부함

※ 인도청구서의 경우 조약체결 국가는 외교경로로 청구하고, 조약 미체결국가는 상호보증서를 첨부하여 청구함

④ 법무부장관은 인도조약이나 인도법에 따라 범죄인을 인도할 수 없거나 인도하지 아니하는 것이 타당하다고 인정하는 경우(법무부 장관이 1차적으로 인도거절 타당성 심사), 인도청구심사명령을 하지 아니하고 그 사실을 외교부장관에게 통지한다.

⑤ 법무부장관은 인도여부 심사를 위하여 서울고등검찰청 검사에게 인도심사를 청구할 것을 명령하고(인도심사청구명령), 검사는 서울고등법원(전속 관할)에 인도심사를 청구한다. 다만, 범죄인의 소재(所在)를 알 수 없는 경우에는 그러하지 아니하다.

⑥ 검사는 법무부장관의 인도심사청구명령이 있는 때에는 지체없이 법원에 인도심사를 청구해야 한다.

⑦ 범죄인이 인도구속영장에 의하여 구속된 때에는 구속된 날부터 3일 내에 검사는 인도심사 청구하고, 법원은 2개월 내 인도심사한다.

⑧ 심문기일에서 절차는 공개한다. 다만, 국가의 안전보장, 안녕질서 또는 선량한 풍속을 해할 염려가 있는 때에는 법원은 결정으로 이를 공개하지 아니할 수 있다.

⑨ 범죄인 또는 범죄인의 법정대리인, 배우자, 직계친족, 형제자매, 가족이나 동거인 또는 고용주는 언제든지 변호인을 선임할 수 있다.

⑩ 서울고등법원의 범죄인인도에 관한 결정에 대하여는 불복신청이 인정되지 않는다.

연 / 습 / 문 / 제 CHAPTER 13 해양경찰 국제 · 정보론

01 다음은 정보의 분석형태에 따른 분류이다. 괄호 안에 들어갈 말을 바르게 배열한 것은?

19 채용

(㉠): 기본적 · 서술적 또는 일반 자료적 유형의 정보
(㉡): 현실의 동적인 사항에 관한 정보
(㉢): 특정문제를 체계적이며 실증적으로 연구하여 미래에 있을 상태를 추리, 평가한 정보

① ㉠ 기본정보 ㉡ 판단정보 ㉢ 현용정보
② ㉠ 현용정보 ㉡ 기본정보 ㉢ 판단정보
③ ㉠ 기본정보 ㉡ 직접정보 ㉢ 적극정보
④ ㉠ 기본정보 ㉡ 현용정보 ㉢ 판단정보

정답 ④

02 다음은 경찰 정보의 일반적 특성을 설명한 것이다. 순서대로 옳게 나열한 것은?

19 간부

㉠ 정보는 정보 사용자가 현재 당면하고 있거나 당면하게 될 문제와 관련되어야 한다.
㉡ 정보는 정책결정이 이루어지는 시점에 제공되어야 그 가치를 발휘한다.
㉢ 정보는 그 자체로서 정책결정에 필요한 모든 내용을 가능한 망라하고 있어야 한다.
㉣ 정보는 사실과 일치되어야 하며 그렇지 못한 경우 정보라 할 수 없다.

	㉠		㉡		㉢		㉣
①	적실성	–	적시성	–	완전성	–	정확성
②	적시성	–	적실성	–	완전성	–	정확성
③	적실성	–	정확성	–	적시성	–	완전성
④	완전성	–	적시성	–	적실성	–	정확성

해설 ㉠-적실성, ㉡-적시성, ㉢-완전성, ㉣-정확성이고, 적실성은 현재 당면하고 있는 문제를 말하고, 적시성은 시점과 관련된다.

정답 ①

03 다음은 정보요구방법이다. 가장 올바르게 짝지어진 것은? 19 채용

① PNIO – 각 정보부서에서 맡고 있는 정책을 수행함에 있어 필요한 일반적·포괄적 정보로서 계속적이고 반복적으로 수집해야 할 필요가 있는 경우

② EEI – 급변하는 정세의 변화에 따라 불가피하게 정책상 수정이 필요하거나 또는 이를 위한 자료가 절실히 요구될 때 필요한 경우

③ SRI – 어떤 수시적 돌발상황의 해결에 필요한 한도 내에서 임시적·단편적·지역적인 특수사건을 단기에 해결하기 위하여 필요한 경우

④ OIR – 국가안전보장이나 정책에 관련되는 국가정보목표의 우선순위로서, 정부에서 기획된 연간 기본정책을 수행함에 있어 필요로 하는 자료들을 목표로 선정하는 경우

정답 ③

04 「남북교류협력에 관한 법률」에 따를 때 괄호 안에 들어갈 말이 바르게 연결된 것은? 19 채용

- 남한의 주민이 북한을 방문하려면 (㉠)의 방문승인을 받아야 한다.
- 남한과 북한 간 거래는 (㉡)의 거래로 본다.
- 북한으로 물품 등을 반출하려는 자는 (㉢)의 승인을 받아야 한다.

	㉠	㉡	㉢
①	㉠ 대통령	㉡ 민족내부	㉢ 통일부장관
②	㉠ 대통령	㉡ 국가 간	㉢ 국가정보원장
③	㉠ 통일부장관	㉡ 민족내부	㉢ 통일부장관
④	㉠ 통일부장관	㉡ 국가 간	㉢ 국가정보원

해설 제9조(남북한 방문) 통일부장관의 방문승인을 받아야 하며, 통일부장관이 발급한 증명서를 소지하여야 한다.
제12조(남북한 거래의 원칙) 남한과 북한 간의 거래는 국가 간의 거래가 아닌 민족내부의 거래로 본다.
제13조(반출·반입의 승인) 통일부장관의 승인을 받아야 한다.

정답 ③

05 다음 방첩수단 중 적극적 방첩에 해당하는 것을 모두 고르시오. 19 채용

> ㉠ 시설보안의 확립　　㉡ 보안업무 규정화
> ㉢ 적에 대한 첩보수집　　㉣ 대상인물 감시
> ㉤ 적의 첩보공작 분석　　㉥ 정보 및 자재보안의 확립

① ㉣, ㉤, ㉥　　② ㉡, ㉢, ㉣
③ ㉠, ㉣, ㉤　　④ ㉢, ㉣, ㉤

해설 해양경찰 방첩활동 – 해양경찰 방첩의 수단, ㉢, ㉣, ㉤이 해당하는 것임.
(1) 적극적(공격적) 수단: 침투되어 있는 적 및 적의 공작망을 분쇄하기 위해 취하는 공격적인 수단
① 적에 대한 첩보 수집, ② 적의 공작방향과 수단방법을 파악하기 위한 적의 첩보공작분석, ③ 대상 인물 감시, ④ 대상단체 및 지역의 정황탐지 및 증거수집을 위한 침투공작전개, ⑤ 간첩 신문, ⑥ 간첩을 활용한 역용 공작 등

정답 ④

06 다음 〈박스〉는 심리전의 일종인 선전에 대한 설명이다. ( )안에 들어갈 내용으로 가장 옳은 것은? 21 채용

> (㉠)(이)란 출처를 공개하고 행하는 선전을 말하고, (㉡)(이)란 출처를 위장하고 행하는 선전을 말하며, (㉢)(이)란 출처를 밝히지 않고 행하는 선전을 말한다.

① ㉠ : 흑색선전 ㉡ : 백색선전 ㉢ : 회색선전
② ㉠ : 회색선전 ㉡ : 흑색선전 ㉢ : 백색선전
③ ㉠ : 백색선전 ㉡ : 회색선전 ㉢ : 흑색선전
④ ㉠ : 백색선전 ㉡ : 흑색선전 ㉢ : 회색선전

정답 ④

07 다음 중 「출입국관리법」상 외국인에게 취할 수 있는 조치로 옳은 것은 모두 몇 개인가?

21 간부 · 20 채용

㉠ 강제퇴거	㉡ 고발	㉢ 보호
㉣ 입국금지	㉤ 출국금지	㉥ 출국명령
㉦ 출국정지	㉧ 통고처분	

① 5개 ② 6개

③ 7개 ④ 8개

해설 총 7개임. ㉠ 강제퇴거: 법 제46조, ㉡ 고발: 법 제101조, ㉢ 보호: 법 제51조, ㉣ 입국금지: 법 제11조(입국의 금지 등), ㉥ 출국명령: 법 제68조, ㉦ 출국정지: 법 제29조, ㉧ 통고처분: 제102조(통고처분)

정답 ③

08 울산해양경찰서 강동파출소에 근무하고 있는 이경위는 순찰 중 승선어선에서 무단이탈한 외국인 선원을 검거하였다. 신병처리 절차가 가장 올바른 것은? 19 간부

① 「출입국관리법」위반 혐의로 입건, 불구속 수사한다.

② 불입건시 무단이탈 경위 등에 대하여 조사할 필요가 없다.

③ 무단이탈한 자이므로 「출입국관리법」위반 혐의로 구속수사가 필요하다.

④ 입건의 실익이 없고 다른 범죄사실이 확인되지 않으면 불입건하고, 신병은 지방출입국·외국인관서에 인계한다.

해설 「출입국관리법」 제101조(고발) ① 출입국사범에 관한 사건은 지방출입국 · 외국인관서의 장의 고발이 없으면 공소(公訴)를 제기할 수 없다.
② 출입국관리공무원 외의 수사기관이 제1항에 해당하는 사건을 입건(立件)하였을 때에는 지체 없이 관할 지방출입국 · 외국인관서의 장에게 인계하여야 한다.

정답 ④

09 「국제항해선박 및 항만시설의 보안에 관한 법률」에 따른 선박식별번호를 표시하여야 하는 국제해양선박은? 20 간부

① 모든 여객선 ② 모든 화물선
③ 총톤수 50톤 이상의 여객선 ④ 총톤수 300톤 이상의 화물선

해설 법 제18조(선박식별번호) 1. 총톤수 100톤 이상의 여객선, 2. 총톤수 300톤 이상의 화물선

정답 ④

10 다음 〈박스〉의 내용은 국제수배서의 종류에 대한 설명이다. 가장 옳게 짝지어진 것은? 22 간부

㉠ 체포영장이 발부된 범죄인에 대하여 범죄인 인도를 목적으로 하는 경우에 발행
㉡ 폭발물, 테러범, 위험인물 등에 대한 보안을 경보하기 위하여 발행
㉢ 사망자의 신원을 확인할 수 없거나 사망자가 가명을 사용하였을 경우 정확한 신원을 파악할 목적으로 발행
㉣ 여러 국가에서 상습적으로 범죄를 저질렀거나 범죄를 저지를 가능성이 있는 국제범죄자의 동행을 파악 및 사전에 그 범행을 방지할 목적으로 발행
㉤ 가출인의 소재 확인 또는 기억상실자 등의 신원을 확인할 목적으로 발행

	㉠	㉡	㉢	㉣	㉤
①	적색수배서	오렌지색수배서	흑색수배서	녹색수배서	황색수배서
②	청색수배서	흑색수배서	황색수배서	오렌지색수배서	적색수배서
③	적색수배서	청색수배서	흑색수배서	녹색수배서	황색수배서
④	청색수배서	오렌지색수배서	녹색수배서	적색수배서	흑색수배서

정답 ①

해양경찰 장비관리론

SECTION

01 해양경찰 장비 도입과 관리

Ⅰ. 서설

1. 「해양경찰장비 도입 및 관리에 관한 법률」의 제정

「해양경찰장비 도입 및 관리에 관한 법률」은 2022년 4월 14일부터 시행되었다. 이에 따라 해양경찰청의 단독 소관법령이 6개에서 7개로 늘어나게 되었다.

「해양경찰장비 도입 및 관리에 관한 법률」의 제정이유와 주요내용은 다음과 같다.

최근 급변하는 해양치안환경과 국제해양질서의 재편에 따라 해양경찰의 기능·업무가 해상경비, 어로보호, 해양안보, 해양경찰, 범죄수사, 해양오염방지, 해상교통안전, 자원보호, 해양레저관광 등으로 확대되면서 함정·항공기 등 해양경찰장비의 사용이 급격히 증가하고 있으며, 세계 주요 해양국가들 또한 국내외의 해양자원안보 강화, 해양안전·안보영역 확대 및 이를 위한 국제협력을 강화하면서 해양경찰장비를 확충해 나가고 있다.

우리나라의 경우 1953년 해양경찰대를 창설한 이래 해양경찰장비는 「국유재산법」, 「물품관리법」 등 일반법에 따라 규율되어 왔고 세부적인 사항은 해양경찰청 훈령 등 행정규칙에 따라 규율되어 오는 등 체계적인 관리가 이루어지지 아니하였으며, 2020년 2월에 시행된 「해양경찰법」에도 해양경찰장비에 관해서는 기본적인 사항만 포함되어 있다.

이에 반하여 유사한 특수임무를 수행하는 군과 육상경찰의 경우 「방위사업법」, 「군수품관리법」, 「경찰제복 및 경찰장비의 규제에 관한 법률」이 제정되어 시행되고 있으며, 최근 소방분야의 경우에도 「소방장비관리법」을 제정한 바가 있어서, 해양경찰의 경우에도 해양주권수호 역량강화, 해상 대테러 능력 증강 등 기능과 수요 확대에 따른 첨단화된 경비함정, 특수함정, 다양한 진압장비 및 보호장구 등 해양경찰장비에 대한 지속적인 증강이 요구되고 있다.

이에 급변하는 해양치안환경과 기술환경에 유연하게 대처하고 해양경찰장비를 전(全) 주기 동안 체계적으로 관리하기 위하여 해양경찰청의 임무·기능의 특수성에 맞는 해양경찰장비의 도입 및 관리에 관한 법적 근거를 마련하려는 목적으로 제정되었다.

2. 개 념

장비관리 관련 주요 용어는 다음과 같다(해양경찰장비 도입 및 관리에 관한 법률 제2조).

용 어	정 의
해양경찰장비	「해양경찰법」 제14조에 따른 해양경찰의 직무를 수행하는 데 필요한 함정 · 항공기 및 탑재장비
탑재장비	함정 또는 항공기에 탑재하여 사용하는 장비로서 대통령령으로 정하는 것
도 입	해양경찰장비를 구매하거나 건조 · 제작하여 해양경찰장비관리자에게 인계하는 것
관 리	해양경찰장비관리자가 해양경찰장비를 인수하여 그 본래의 성능을 발휘할 수 있도록 하기 위한 점검 · 정비 · 처분 등의 행위
운 용	해양경찰장비를 그 기능 및 목적에 맞도록 안전하게 사용하는 것
처 분	매각, 양여 등의 방법으로 해양경찰장비의 소유권이 국가 외의 자에게 이전되거나 다른 기관에 관리권이 이전되는 것
내용연수	해양경찰장비의 운용에 지장이 없는 상태에서 해양경찰의 직무를 원활하게 수행할 수 있을 것으로 예측한 해양경찰장비의 경제적 사용연수
해양경찰장비관리자	해양경찰장비를 직접 관리 · 운용하는 해양경찰청 소속 공무원

3. 관리 부서

장비기술국에 국장 1명을 두고 국장은 치안감 또는 경무관으로 보한다(해양경찰청과 그 소속기관 직제 제15조). 장비기술국에 장비기획과 · 장비관리과 · 항공과 및 정보통신과를 두되, 장비기획과장 · 장비관리과장 · 항공과장은 총경으로, 정보통신과장은 서기관 · 기술서기관 또는 총경으로 보한다(해양경찰청과 그 소속기관 직제 시행규칙 제10조 제1항). 현장의 해양경찰서에는 장비관리과(정비계, 보급계, 정보통신계)를 두고 있다. 그리고 책임운영기관으로 해양경찰정비창을 두고 있다.

구 분	사무 분장
장비기획과 (총경)	1. 중장기 해양경찰 장비(함정, 항공기) 도입 · 증강에 관한 종합계획 수립 2. 해양경찰 장비(함정, 항공기) 도입 중기재정계획 수립 및 조정에 관한 사항 3. 함정 및 함포 등의 설치 · 도입 및 개선에 관한 사항 4. 항공기 및 탑재장비 등의 도입 및 개선에 관한 사항 5. 해양경찰 장비(함정 · 항공기) 사업 예산편성, 집행 및 결산에 관한 사항 6. 함정건조 감독관 및 감리자 운영에 관한 사항 7. 해양경찰 장비 연구개발에 관한 사항 8. 해양경찰 장비산업 진흥 및 지원에 관한 사항 9. 그 밖에 국내 다른 과의 사무에 속하지 아니하는 사항
장비관리과 (총경)	1. 해양경찰 장비(함정 등) 유지 · 보수 2. 함정정비 기본계획의 수립 · 조정 및 정비업무의 심사평가 3. 장비사고조사 및 원인규명 등 재발 방지에 관한 사항 4. 함정 내구연한 관리 및 노후함정 안전관리 5. 해양경찰정비창에 대한 지도 · 감독 5의2. 해양경찰정비창의 사업성과 평가 6. 물품의 수급 · 보관 · 출납 및 관리 7. 유류의 확보 및 관리 8. 함정 승조원이 먹는 물 관리 9. 함정안전장비 및 함수품 수급관리 10. 무기 · 탄약 · 화학장비 수급관리 및 출납 · 통제 11. 차량 및 중장비의 수급관리 12. 진압장비 및 보호장구류 수급 관리 13. 경찰제복 및 의복의 보급 · 개선
항공과 (총경)	1. 해양항공업무 관련 계획의 수립 · 조정 2. 해양항공시설 부지 확보 · 신축 및 유지 · 보수 · 관리 3. 해양항공기(탑재장비를 포함한다) 정비 · 유지 4. 해양항공 물품의 수급 · 보관 · 출납 및 관리에 관한 사항 5. 해양항공인력 교육 및 훈련에 관한 사항 6. 해양항공 안전관리 대책 추진 · 제도 개선 및 안전 지도 · 감독 7. 해양항공기 사고조사 및 원인분석(19 간부) 8. 해양에서 항공기 사고시 항공수색지원에 관한 사항
정보통신과 (서기관 · 기술서기관 또는 총경)	1. 정보통신 관련 주요업무계획의 수립 · 조정 및 지도 2. 정보통신 설비 · 장비의 운용 지원 · 관리 3. 정보통신 교육 및 보안업무에 관한 사항 4. 정보통신기술 연구 · 개발 및 도입 5. 해양 위성통신망 등의 구축 · 관리 6. 국제조난 안전통신 장비의 유지 · 관리에 관한 사항 7. 해양 위성통신망 · LTE 통신망 · 네트워크에 대한 관제센터 운영 8. 사이버보안관제센터 구축 · 운영

4. 장비의 도입 및 관리(해양경찰장비 도입 및 관리에 관한 법률)

1) 기본 · 시행 계획(법 제4조)

해양경찰청장은 해양경찰의 직무를 효율적으로 수행하기 위하여 해양경찰장비 도입 및 관리에 관한 기본계획을 5년마다 수립하여 시행하여야 하고, 그 기본계획을 효율적으로 추진하기 위하여 매년 해양경찰장비 도입 및 관리에 관한 시행계획을 수립하여 시행하여야 하며, 수립된 기본계획 및 시행계획을 국회 소관 상임위원회에 제출하여야 한다. 수립된 기본계획 및 시행계획 중 대통령령으로 정하는 중요한 사항을 변경할 때에도 또한 같다.

2) 재원의 확보 및 실태조사(법 제5조 · 6조)

해양경찰청장은 기본계획 및 시행계획에 따라 해양경찰장비의 도입·관리 등을 효과적으로 추진하기 위하여 필요한 재원을 지속적이고 안정적으로 확보할 수 있는 방안을 마련하여야 하고, 기본계획 및 시행계획의 수립·시행을 위하여 해양경찰장비의 도입·관리에 관한 실태를 조사할 수 있다.

3) 연구개발 및 전문인력의 양성(법 제7조 · 8조)

해양경찰청장은 해양경찰장비의 성능 확보 및 직무수행능력 향상 등을 위하여 해양경찰장비의 연구개발 및 관련 산업의 진흥·육성 등에 필요한 시책을 수립하여 추진할 수 있고, 해양경찰장비 관련 전문인력의 양성과 기술의 향상에 필요한 시책을 수립하여 추진할 수 있다.

4) 해양경찰장비 도입의 기본원칙(법 제9조)

(1) 해양경찰장비 도입 사업의 투명성과 효율성을 확보할 것
(2) 최신 기술을 활용한 우수 장비를 도입할 것
(3) 장비 간의 호환성 확보를 통한 해양경찰장비의 운용성을 증진할 것
(4) 해양경찰장비관리자 및 전문가들의 의견을 충분히 수렴할 것

5) 기록관리와 내용연수(법 제12조 · 13조)

(1) 해양경찰청장은 보유하고 있는 해양경찰장비의 현황 및 관리에 관한 사항을 해양수산부령으로 정하는 바에 따라 기록하여 관리하여야 한다.

(2) 해양경찰장비의 내용연수는 「물품관리법」에 따라 조달청장이 정한다. 다만, 조달청장이 내용연수를 정하지 아니한 해양경찰장비 또는 같은 법의 적용을 받지 아니하는 해양경찰장비의 내용연수는 해양경찰청장이 따로 정할 수 있다. 이 경우 해당 내용을 조달청장에게 통보하여야 한다.

6) 안전도 평가 및 용도 폐기(법 제14조 · 15조)

(1) 해양경찰청장은 제13조에 따른 내용연수를 초과한 함정에 대하여 함정의 건조시기, 성능 및 운용 여건 등을 고려하여 대통령령으로 정하는 바에 따라 안전도 평가를 실시할 수 있다.
(2) 안전도 평가결과 또는 사고나 고장으로 해당 해양경찰장비의 최소한의 성능과 안전을 확보하기 어렵다고 판단되는 경우에는 「국유재산법」에 따라 용도 폐지를 하여야 한다.

7) 처분 및 무상양여(법 제16조 · 17조)

(1) 해양경찰청장은 용도폐지한 해양경찰장비에 대하여 중앙관서의 장 등에게 관리전환에 대한 의견을 조회하여야 한다.
(2) 의견조회에도 불구하고 관리전환에 대한 의견이 없는 경우에는 용도폐지한 해양경찰장비를 「국유재산법」에 따라 매각할 수 있다.
(3) 해양경찰장비를 매각할 때에는 해체하여 매각하는 것을 원칙으로 한다. 다만, 국가 간 우호증진을 목적으로 해외에 매각하거나 비영리 공공목적으로 지방자치단체 또는 공공단체에 매각할 때에는 해체하지 아니하고 매각할 수 있다.
(4) 해양경찰청장은 국제협력 증진을 위하여 용도폐지한 해양경찰장비를 「국제개발협력기본법」에 따른 개발도상국에 무상으로 양여할 수 있다.

8) 해양경찰장비관리자의 교육 및 훈련(법 제18조)

(1) 해양경찰청장은 해양경찰장비의 효율적 관리·운용과 해양경찰장비관리자의 능력 향상을 위하여 해양경찰장비관리자 교육 및 훈련에 관한 시책을 수립하여 추진하여야 한다.
(2) 해양경찰장비관리자는 해양경찰장비 관리·운용에 필요한 기량과 지식을 습득하기 위하여 대통령령으로 정하는 바에 따라 해양경찰청장이 실시하는 교육 및 훈련을 받아야 한다.

9) 해양경찰장비의 표시(법 제20조 · 21조)

(1) 해양경찰청장은 해양경찰의 직무를 수행하는 데 필요한 장비라는 것을 알 수 있도록 해양경찰장비의 외관을 도장(塗裝)하고 표시하여야 하고, 해양경찰장비의 도장 및 표시에 관한 사항은 해양경찰청장이 정한다.
(2) 해양경찰청 및 그 소속 기관이 보유하거나 사용하는 함정 및 항공기를 제외한 선박 및 항공기에는 도장 및 표시를 하여서는 아니 된다. 다만, 해양에서의 안전관리 및 수색구조 등 해양경찰 업무를 지원하는 선박과 항공기에 대해서는 해양수산부령으로 정하는 바에 따라 해양경찰청장의 승인을 받은 후 사용할 수 있다.
(3) 해양경찰청장은 해양경찰장비에 경광등을 설치할 수 있고, 누구든지 해양경찰장비가 아닌 선박에 경광등을 설치해서는 아니 된다. 다만, 공공기관에서 운용하는 선박은 그러하지 아니하다.

Ⅱ. 함정의 정비(해양경찰청 함정 정비규칙)

1. 개념(제2조)

경비함정과 특수함정	「함정 운영관리 규칙」에 규정된 각 함정
부선	유류 · 방제 · 계류 바지
부선거	특수함정 중 수리지원정에 해당하며 수리지원업무(상가)를 주임무로 하는 함정
연안구조장비	해양경찰 파출소 및 출장소에 배치하여 운용하는 연안구조정 및 수상오토바이, 해경구조대를 배치하여 운용하는 고속보트
함정정비	경비함정과 특수함정, 부선 및 부선거의 선체와 장비의 성능유지 및 수명연장을 위하여 손질, 검사, 수리, 재생, 개조, 개장, 교정하는 등의 일체 행위
함정 수리 (21 하반기)	함정의 선체 혹은 장비의 설계, 자재, 수량, 위치 또는 구성부품의 상호 관계를 변경하지 아니하고 본래의 선체 또는 장비를 사용할 수 있도록 유지하는데 필요한 작업
함정 개조 (21 하반기)	함정의 성능이나 특성에 영향을 미치는 선체, 장비, 설비 및 의장에 있어서 설계상의 기재 수량, 위치 또는 함정구조를 변경하는 작업
선저외판 검사	씨체스트를 포함한 수선하부 선저외판 및 선미 격벽 외판의 두께를 계측하여 마모도를 계측하여 확인하는 작업
중대복구 수리	추산가 1억 원 이상 수리

2. 관계관의 임무(제4조)

함정을 정비함에 있어 관계관의 종류 및 임무는 다음과 같다.

해양경찰청 장비관리과장	가. 함정 정비 소요예산 편성 · 배정 · 집행 · 결산 나. 함정 계획정비 수립 및 소속기관 함정정비에 대한 지도 · 감독 다. 함정성능 · 정비기술 향상을 위한 연구 · 검토
지방해양경찰청 기획운영과장 (해양경찰교육원 교육훈련과장)	가. 함정 정비 소요예산 집행 및 조정 나. 함정 계획정비 진행 및 조정 다. 중대복구수리 계획 수립 및 조정 라. 함정수리관련 유관기관 및 민간업체간 업무협의 마. 예방정비시스템(이하 "PMS"라 한다) 이행실태 지도 감독 바. 장비관리 실태점검
해양경찰서장	가. 함정 정비 및 수리 계획 수립 · 집행 나. 예산집행 다. 연 1회 PMS 이행실태 확인 감독 라. 함정 및 연안구조장비 정비내용을 통합장비관리시스템에 입력
해양경찰정비창장	가. 균등한 연간 함정수리계획 수립을 위한 정비자료 및 정보제공 나. 함정수리 예산 획득, 집행 다. 함정 계획정비(수리) 및 응급수리, 순회점검 지원 라. 해군 정비창 수리 함정의 수리지원 및 부품, 자재공급 마. 정비창(해군정비창 포함) 입창 정기수리 함정 선체도색 지원 단, 가용예산 범위에서 실시

3. 함정 정비의 책임과 종류(제5조 · 6조)

1) 함정 정비의 책임

(1) 함정이 설계된 성능을 발휘하도록 정비 유지에 대한 총괄책임은 함(정)장에게 있다. (21 하반기 · 22 간부)

(2) 함정의 부서장은 소관장비의 정비유지, 보수의 1차적 책임을 진다. (21 하반기 · 22 간부)

(3) 해양경찰서 장비관리과장은 함정의 자체정비능력을 초과하는 수리사항에 대하여 함(정)장의 요청에 따라 할당된 수리자금 한도 내에서 정비지원을 제공한다.

2) 함정 정비의 종류 및 범위

함정 정비의 종류는 자체정비, 예방정비, 경찰서 정비, 계획정비, 해양경찰정비창 정비가 있으며 그 범위는 다음과 같다.

자체정비	함정을 정상적으로 운용하면서 운전시간에 따라 정기적으로 함정 승조원이 직접 부속품의 교환과 고장방지를 위한 예방적 정비 및 경미한 수리를 실시하는 정비	
예방정비	PMS[1]에 따라 함정에서 실시하는 정비로서 함정에 설치된 장비의 성능 유지를 위하여 제반 장비에 대한 주기적인 정비계획을 수립 · 시행하는 정비	
경찰서 정비	함정 자체정비의 범위를 초과한 고장발생으로 해양경찰서 장비관리과에서 함정정비반 또는 민간업체에 의뢰하여 수리를 실시하는 정비	
계획정비	함정 운용시간 및 수리주기에 맞춰 연간 수리계획에 따라 시행하는 수리로 정기수리와 상가수리가 있다.	
	정기수리: 일정기간 운영 후 함정 전반에 걸친 검사, 정비사항을 해양경찰정비창, 해군정비창(수리창) 또는 민간업체에 의뢰하여 실시하는 정비로서 주기관 총 분해수리 및 부품교환 등을 통한 함정의 성능회복을 위한 수리(21 하반기 · 22 간부)	
	상가수리: 수면 하 선체 및 구조물의 검사수리를 위하여 상가시설을 구비한 해양경찰정비창, 해군 정비창(수리창) 또는 민간업체에 의뢰 실시하는 정비로서 주기적으로 실시하는 정기상가, 중간상가 및 긴급소요에 의해 실시하는 긴급 상가가 있다.	
창 정비	계획정비 이외의 긴급한 수리를 위해 해양경찰정비창 및 해군정비창(수리창)에 의뢰하여 수리를 실시하는 정비(21 하반기 · 22 간부)	

1) 계획정비제도(PMS: Planned Maintenance System): 장비 구성품의 정비업무를 위하여 정비 책임자에게 효과적인 정비를 위한 정비주기, 방법 및 감독요령 등을 제공하고, 제공된 자료를 통해 정비를 계획하여 수행할 수 있도록 한 제도이다.

SECTION

02 무기 · 탄약과 장비 관리

Ⅰ. 무기와 탄약류 관리(무기 · 탄약류 등 관리 규칙)

1. 개념(제2조)

해양경찰관서 등	해양경찰청, 지방해양경찰청, 해양경찰교육원, 해양경찰정비창, 해양경찰서, 서해 5도 특별경비단, 파출소 · 출장소, 함정, 특공대, 항공단, 그 밖에 해양경찰청장이 지정한 소속기관
무기	인명 또는 신체에 위해를 가할 수 있도록 제작된 장비
개인화기	해양경찰관서 등 경찰공무원 개인이 휴대하며 운용할 수 있는 무기
공용화기	경비함정 등에서 공동 임무를 수행하기 위하여 사용하는 무기
무기고 (21 하반기)	해양경찰관서 등에 배정된 개인화기와 공용화기를 보관하기 위하여 설치된 시설
간이무기고 (21 하반기)	해양경찰관서 등의 각 기능별 운용부서에서 효율적 사용을 위하여 무기고로 부터 무기 · 탄약의 일부를 대여 받아 별도로 보관 관리하는 시설(22 간부)
탄약고	경찰탄약 및 최루탄을 집중 보관하기 위하여 다른 용도의 사무실, 무기고 등과 분리 설치된 보관시설
기수탄(基數彈)	각 무기별 지정된 기준 정수량으로 책정된 탄약
전시비축탄(備蓄彈)	전시에 대비해 보유하고 있는 탄약
교육훈련탄	교육훈련 계획에 따라 실시되는 각종 교육훈련에 소요되는 탄약
항공조명탄	항공기를 이용하는 해상항공순찰, 야간 비상착륙, 수색 · 구조 활동을 위해 사용되는 탄약
무기 · 탄약 관리책임자	해양경찰관서 등의 장으로부터 무기 · 탄약 관리업무를 위임받아 무기고, 탄약고 및 간이무기고에 보관된 무기 · 탄약을 총괄하여 관리 감독하는 사람
무기 · 탄약 취급담당자	해당 해양경찰관서 등의 무기 · 탄약의 보관 · 운반 · 수리 · 입출고 등 무기 · 탄약 관리에 종사하는 사람

2. 무기 · 탄약 구분 및 관리책임(제4조에서 제6조)

1) 무기 · 탄약 구분

① 무기는 다음과 같이 구분한다.
  ㉠ 개인화기: 권총, 소총(자동소총 및 기관단총을 포함한다) 등
  ㉡ 공용화기: 유탄발사기, 중기관총, 함포(부대장비를 포함한다) 등
  ㉢ 도검 등
② 탄약은 사용용도, 각 무기별 특성 및 성능에 따라 다음과 같이 구분한다.
  ㉠ 용도별: 기수탄, 전시 비축탄, 교육훈련탄 등
  ㉡ 특성 및 성능별: 철갑탄, 방화탄, 예광탄, 보통탄, 공포탄 등

2) 무기 · 탄약 관리책임자의 배치

무기 · 탄약이 비치된 해양경찰관서 등의 무기 · 탄약 관리책임자는 다음과 같고, 무기 · 탄약 취급담당자를 지정 · 운용할 수 있다.

① 해양경찰청: 장비관리과장
② 지방해양경찰청: 경비(안전)과장
③ 해양경찰교육원: 운영지원과장
④ 해양경찰정비창: 정비관리과장
⑤ 해양경찰서: 장비관리과장
⑥ 서해 5도 특별경비단: 경비지원과장
⑦ 300톤 이상 함정: 함장
⑧ 300톤 미만 및 특수함정(방제정, 소방정, 연안구조정): 정장
⑨ 파출소 · 출장소: 파출소장(22 간부)
⑩ 특공대(항공단): 특공대(항공단)장

3) 무기 · 탄약의 확인점검

① 해양경찰관서 등의 장은 무기고 및 탄약고에 대하여 무기 · 탄약고 주기별 점검자를 지정하고, 보관중인 무기 · 탄약의 이상 유무를 확인해야 한다.
② 점검자는 무기 · 탄약에 대한 점검을 실시한 후에 무기고 · 탄약고 외부 문과 내부 문 사이에 비치된 무기 · 탄약고 개 · 폐 기록부에 기록한다.

4) 무기고 · 탄약고 열쇠의 보관 및 잠금

① 탄약고를 무기고와 분리하는 것이 불가능할 때에는 탄약을 반드시 별도의 상자에 넣어 잠금장치를 한 후 무기고에 보관해야 한다(제8조). (21 하반기)

② 무기고와 탄약고의 열쇠는 무기·탄약 관리책임자가 보관해야 한다(이하 제10조).

③ 무기고·탄약고의 방책 문·내부 문·외부 문 열쇠는 각각 2개씩 제작한 후, 각 문의 열쇠 1개를 한 묶음으로 하여 2개 조(組)로 만든 다음 그 중 1개 조의 열쇠는 비상열쇠함에 넣어 보관하고 나머지 1개 조는 다음에 따라 관리한다.

일과 중	무기 · 탄약 관리책임자가 보관하는 것을 원칙으로 한다. 다만, 업무상황을 고려하여 매주 점검자가 보관할 수 있다.
일과 후 및 공휴일	가. 해양경찰청: 방책 문과 외부 문의 열쇠는 당직관(부당직관)이, 내부 문의 열쇠는 전반 · 후반 선임당직자가 보관한다. 나. 지방해양경찰청 · 해양경찰교육원 · 해양경찰서 · 서해 5도 특별경비단 · 해양경찰정비창: 방책 문과 외부 문의 열쇠는 당직관(부당직관)이, 내부 문의 열쇠는 전반 · 후반 선임당직자가 보관한다. 다. 함정: 외부 문의 열쇠는 상황대기관이 보관하고 내부 문의 열쇠는 선임상황대기자가 보관하며, 통합상황대기 편성 함정에서는 외부 문의 열쇠는 선임상황대기자가 보관하고 내부 문의 열쇠는 차선임 상황대기자가 보관한다. 다만, 1인 상황대기 함정 및 함정 임무수행 중 간이무기고는 내부 문 · 외부 문 열쇠를 통합 보관할 수 있다. 라. 파출소 · 출장소: 외부 문의 열쇠는 순찰팀장이 보관하며, 내부 문의 열쇠는 순찰팀원 중 선임자가 보관한다. 다만, 1인 근무출장소는 1인이 통합관리 한다.

④ 경찰관 1명 근무 출장소는 인접 파출소 또는 출장소에 열쇠를 보관시킬 수 있다. (22 간부)

5) 무기 · 탄약의 안전관리

① **해양경찰관서 등의 장:** 보유·운용중인 무기·탄약에 대해 다음의 안전검사를 연 1회 실시하고 이상유무 기록·유지

소총, 권총, 기관총, 유탄발사기	가. 총열의 균열유무 나. 방아쇠를 당길 수 있는 힘이 1킬로그램 이상인지 여부 다. 안전장치의 작동 여부
20밀리 이상 함포의 균열 여부	-
탄약 및 폭약류	가. 신관부(信管部) 및 탄체(彈體)의 부식 또는 충전물 누출 여부 나. 안전장치의 이상유무

② 총기를 휴대하거나 사용하는 경우의 안전수칙 준수

권총	가. 총구는 공중(空中) 등 안전지역을 향할 것 나. 실탄을 장전할 때는 반드시 안전장치를 방아쇠울에 설치해 둘 것 다. 첫 번째 탄은 공포탄을 장전하고 두 번째 탄부터는 실탄을 장전할 것. 다만, 대간첩 작전, 살인강도 등 중요범인이나 무기 · 흉기 등을 사용하는 범인의 체포 및 위해의 방호를 위하여 불가피한 경우에는 첫 번째 탄부터 실탄을 장전 할 수 있다. 라. 조준할 때는 대퇴부 이하를 조준할 것
소총 · 기관총 · 유탄발사기	가. 실탄은 분리하여 휴대 및 보관할 것 나. 실탄을 장전할 때에는 조정간을 안전위치에 둘 것 다. 사용 전 · 후에는 약실과 총강을 점검할 것 라. 공포탄약은 총구에서 6미터 이내의 사람을 향해 사격하지 말 것
20밀리 이상 함포	가. 실탄은 사격목적 이외는 장전을 금지할 것 나. 실탄 장전할 때는 안전장치를 안전위치에 둘 것 다. 사용 전 · 후에는 약실과 총강을 점검할 것 라. 사용 전에는 포대 주위의 안전저해 요소 사전에 제거할 것
탄약류	가. 실탄 및 폭발물류 등의 임의 변형금지 나. 마찰 · 충격금지 다. 취급 및 사용할 때는 안전수칙 준수
총기손질등	가. 총기를 손질한 후 검사총을 실시할 때는 총구를 공중 또는 지면을 향하도록 할 것 나. 총기를 사용한 경우에는 지체 없이 별지 제6호 서식에 따라 무기사용보고서를 작성하여 해양경찰관서 등의 장에게 보고하고, 해양경찰관서 등의 장은 해양경찰청장에게 보고할 것. 다만, 훈련의 경우에는 예외로 한다. 다. 대여 받은 총기를 다른 직원에게 임시로 인계할 때에는 검사총을 반드시 실시하여야 한다.

6) 무기 · 탄약의 회수 및 보관(21 하반기 · 22 간부)

즉시 회수(의무적)	가. 직무상의 비위로 인하여 징계대상이 된 경우 나. 형사사건으로 인하여 조사의 대상이 된 경우 다. 사의(辭意)를 표명한 경우
회수 가능	가. 경찰관 직무적성검사 결과 고위험군에 해당되는 경우 나. 정신건강상 문제가 우려되어 치료가 필요한 경우 다. 정서적 불안 상태로 인하여 무기소지가 적합하지 않은 자로서 소속 부서장의 요청이 있는 경우 라. 그 밖에 해양경찰관서 등의 장이 부적합하다고 판단하는 경우
특정 장소 출입(의무적)	가. 술자리 또는 연회장소에 출입할 경우 나. 상사의 사무실을 출입할 경우 다. 그 밖에 정황을 판단하여 필요하다고 인정되는 장소에 출입하는 경우

7) 간이무기고 운용

① 해양경찰관서 등의 장은 필요한 경우 간이무기고를 설치하여 운용할 수 있다. 다만, 함정의 경우 100톤급 이상에 한해서 간이무기고를 설치·운용할 수 있다.
② 권총과 소총을 간이무고에 보관할 경우에는 분리보관 장치를 설치하여 보관하고, 소총은 별도의 잠금장치를 설치해서 보관해야 한다.
③ 무기와 탄약을 함께 간이무기고에 보관할 경우에는 탄약은 반드시 상자에 넣어 잠금장치를 하고 무기와 분리해서 보관해야 한다.

Ⅱ. 함정장비 손상원인 규명 조사위원회

해양경찰청 소속 함정 및 장비에 사고 또는 손상이 발생한 경우 그 원인을 정확하게 규명하기 위해 설치하는 사고조사위원회의 구성과 운영에 필요한 사항을 규정함을 목적으로 「해양경찰청 함정 및 장비 사고조사위원회 규칙(해양경찰청 훈령)」을 제정하여 시행하고 있다.

1. 개념(규칙 제2조)

함 정	「해양경찰청 함정 정비규칙」 제2조 제1호부터 제3호까지
장 비	「해양경찰청 함정 정비규칙」의 적용을 받는 장비
사 고	함정의 접촉, 충돌, 전복, 좌주, 좌초 등으로 선체 및 장비가 파손되거나 멸실된 경우
손 상	장비가 장애나 고장으로 기능이 제한되거나 상실된 경우
조 사	사고 또는 손상과 관련된 정보·자료 등의 수집·분석·원인규명, 재발방지에 관한 권고 등 제5조에 따른 함정 및 장비사고조사위원회가 수행하는 모든 과정 및 활동
소속기관	지방해양경찰청, 해양경찰서(서해 5도 특별경비단을 포함한다.), 해양경찰교육원, 중앙해양특수구조단

2. 주요 내용

위원회의 설치(제5조)	① 소속기관의 장은 다음 각 호의 경우 사고 및 손상에 대한 정확한 원인규명과 재발방지 대책 마련을 위해 별표 1의 사고조사 위원회 설치기준에 따라 위원회를 설치·운영한다. 1. 사고 또는 손상의 원인이 분명하지 않은 경우 2. 사고 또는 손상의 결과가 중대하거나 문제성이 있는 경우 ② 지방해양경찰청장은 사고 또는 손상에 따라 사회적 이목이 집중되는 등 특별한 사정이 있는 경우에는 제1항에도 불구하고 위원회 설치에 대하여 따로 정할 수 있다.
위원회의 구성(제7조)	① 위원회는 위원장 1명을 포함하여 6명 이상 9명 이하의 위원으로 구성한다. 이 경우 전체위원 중 외부위원을 과반수로 한다. ② 위원장은 외부위원 중에서 호선(互選)하며, 위원장이 부득이한 사유로 직무를 수행할 수 없을 때에는 위원장이 미리 지명한 외부위원이 그 직무를 대행한다. ③ 내부위원과 외부위원은 다음 각 호의 어느 하나에 해당하는 사람 중 소속기관의 장이 선정하는 사람으로 한다. 1. 함정 및 장비기술 업무와 관련된 소속 공무원(다른 소속기관의 공무원을 포함한다) 2. 함정 및 장비기술 업무와 관련된 단체, 연구기관 등의 임직원 3. 함정에서(군 경력 포함) 항해사 또는 기관사로 5년 이상 근무하였거나, 함정의 장비기술 관련 석사 이상의 학위를 가지고 있는 사람 4. 함정 또는 장비기술 관련 업체에서 10년 이상 근무한 사람 5. 그 밖에 소속기관의 장이 조사의 공정성과 전문성을 확보하기 위하여 사고조사에 필요하다고 인정하는 사람
위원회의 업무(제12조)	① 위원회의 업무는 다음 각 호와 같다. 1. 사고 관련 정보의 수집 및 정리 2. 사고나 손상의 경위 및 원인 조사 3. 사고조사 보고서의 작성 및 결과 보고 4. 사고 재발방지를 위한 권고 또는 건의 5. 그 밖에 소속기관의 장이 지시한 사항 ② 위원회는 우선적으로 경제적 수리한계(정비를 요하는 어떤 물품을 새로 구입해 사용하는 것보다 수리를 해서 사용하는 것이 이익이 되는 한계선을 말한다)를 검토하여 함정 및 장비의 수리 여부를 결정해야 한다.
위원회의 회의(제13조)	① 위원장은 제12조 각 호에 따른 위원회 업무 수행사항에 대한 심의·의결을 위해 회의를 소집한다. ② 회의는 재적위원 과반수 출석으로 개의하고, 출석위원 과반수 찬성으로 의결한다. ③ 위원회는 각 호의 경우를 제외하고는 위원이 출석하는 회의(화상회의 포함)로 개최한다. 1. 안건의 내용이 경미한 경우 2. 긴급한 사유로 위원이 출석하는 회의를 개최할 시간적 여유가 없는 경우 3. 천재지변이나 그 밖의 부득이한 사유로 인하여 위원의 출석에 의한 의사정족수를 채우기 어려운 경우

Ⅲ. 차량 관리(해양경찰청 공용차량 관리규칙)

해양경찰기관에 배치된 차량의 효율적 유지·관리를 위해 「해양경찰청 공용차량 관리규칙(해양경찰청 훈령)」을 제정하여 운영하고 있다.

1. 차량의 배치

공용차량은 다음 해양경찰기관에 배치한다(제2조). 공용차량 배치기관은 ① 해양경찰청, ② 해양경찰교육원, ③ 지방해양경찰청, ④ 해양경찰서, ⑤ 해양경찰정비창, ⑥ 파출소, 출장소, ⑦ 그 밖의 해양경찰청장이 필요하다고 인정하는 소속기관 및 부서에 배치한다.

2. 주요 내용

차량의 정수배정 및 구분 (제3조)	⑦ 차량은 용도별로 다음 각 호와 같이 구분한다. 1. 전용차량: 「공용차량 관리 규정」 제4조 제1항에 따른 해양경찰청장용 차량 2. 지정활용 차량: 지정활용대상자(차장) 차량 3. 지휘 · 경호 의전용 차량: 치안현장 점검지휘 등 상시 지휘체계 유지를 위해 해양경찰기관의 장이 지정하여 운용하는 차량 및 경호 의전용 차량 4. 상황대응 차량: 해양경찰기관의 장이 상황대응 · 지휘 · 대기를 위해 운영하거나 해양경찰기관장으로부터 상황대응 등의 명을 받아 임무를 수행하는 상황대응요원이 운영하는 차량 5. 경비작전 · 업무용 차량: 경비작전 등 통상적인 경찰업무에 공통적으로 사용할 수 있는 일반 차량 6. 순찰용 차량: 파출소 · 출장소 등에서 순찰 목적으로 특장설비를 장착하고 운용하는 차량 7. 특수용 차량: 해양경찰구조대의 구조차량, 특공대의 대테러 차량, 수사과의 형사기동차량 · 과학수사차량, 오염방제과의 방제차량, 항공과의 유조차량 · 기타 무인기 운반 및 관제차량 등 업무에 필요한 설비를 부착하거나 특수한 업무를 수행하는 차량
차량의 관리책임 (제5조)	② 차량의 관리책임자는 다음과 같다. 1. 1차 책임자: 운전자 2. 2차 책임자: 선임탑승자 3. 3차 책임자: 해양경찰기관의 장

차량의 운용 (제6조)	① 차량은 공무수행목적에 한하여 운용할 수 있으며, 정당한 사유 없이 개인적인 용도로 사용할 수 없다. ② 해양경찰기관의 장은 「해양경찰청 종합상황실 운영 규칙」 제20조에 따른 해양상황 지휘 및 「구조본부 구성 및 운영 등에 관한 훈령」 제5조에 따른 구조본부장 임무를 수행하기 위해 차량을 항상 사용할 수 있다.
차량 운용 수칙 (제6조의2)	① 차량은 지정된 사람 이외의 사람이 운전해서는 안 되며, 운전자는 교통법규를 준수하여 사고를 방지해야 한다. ② 운전자를 교대할 때에는 전임자 · 후임자가 입회하여 차량의 이상 유무를 확인한 후에 인계인수해야 한다.
운행절차 (제7조)	① 차량을 운행하고자 할 때에는 “통합장비 관리 시스템(이하 “장비나라”라 한다)에서 배차 신청을 한 후에, 차량관리 주무부서의 승인을 받아 사용해야 하며, 부득이하게 장비나라를 이용할 수 없는 때에는 별지 제6호 서식에 따른다. ② 차량의 운행을 종료한 때에는 차량 관리 담당자는 사용자로부터 운행기록, 유류 주입사항 등을 전달받아 장비나라에 입력하는 등 차량운행결과를 기록 · 관리해야 한다.

Ⅳ. 해양경찰청 정보통신(정보통신 운영규칙)

해양경찰청의 정보통신 업무수행에 필요한 유·무선통신·항해장비, 정보화시스템, 정보통신 보안 등에 관한 사항을 규정하여 업무의 책임과 권한을 명확히 하며, 관리·운영의 효율성 향상을 목적으로 「해양경찰청 정보통신 운영규칙(해양경찰청 훈령)」을 제정하여 운영하고 있다.

1. 개념(제3조)

소속기관	지방해양경찰청, 해양경찰교육원(해양경찰연구센터포함), 해양경찰서(서해 5도 특별경비단 포함), 해양경찰정비창, 중앙해양특수구조단
정보화부서	해양경찰청은 정보통신과, 소속기관은 정보화 업무를 관장하는 과 단위 부서
주관부서	정보화 사업을 기획 · 추진하는 본청과 그 소속기관의 과 단위 부서
운영부서	정보시스템 등 물리적 정보자원을 관리 · 운영하는 부서
정보통신자원	정보통신 관련 인적 · 하드웨어 · 소프트웨어 자원
정보기술 아키텍처	일정한 기준과 절차에 따라 업무, 응용, 데이터, 기술, 보안 등 조직 전체의 구성요소

(이하 EA)	들을 통합적으로 분석한 뒤 이들 간의 관계를 구조적으로 체계화하고, 이를 바탕으로 정보화 구성요소들을 최적화하기 위한 방법
경찰조회	경찰조회시스템에 접속하여 각종 자료를 열람 · 출력하는 것
모바일 경찰조회	모바일 조회기를 이용하여 수배자, 수배차량, 실종자 등 경찰조회 시스템에 접속하여 각종 자료를 열람하는 것
IT관제센터(실)	정보화시스템, 위성통신망 관제 등 정보통신시스템과 부대시설을 설치 · 운영하는 장소
통신망관리실	유선통신 장비 및 전용회선(전화 · 데이터)을 관리 · 운영하는 곳
사이버보안 관제센터	사이버 위협을 탐지 · 분석해 침해사고를 사전예방 및 사고 발생시 즉각적 대응을 통해 피해를 최소화하고 평상시 취약점 분석, 모의해킹 훈련 등 사이버 공격에 대응하기 위한 장소
국제안전 통신센터	5개 해양안전통신국으로 수신된 조난 · 긴급통신을 청취 · 전파하고, 해양안전 정보를 선박국에 제공하는 업무를 수행하기 위하여 본청에 설치 · 운영하는 것
보안실	통신보안 장비 및 자재 관리, 통신망 보호 활동 업무를 수행하는 장소
무선정비실	통신 · 전자 장비의 고장 수리 업무를 수행하는 곳으로 경찰서에서 운용
ICT관제실	IT관제실과 통신망관리실을 한 곳에 설치 · 운영하는 장소

2. 주요 내용

1) 정보통신망의 종류와 LTE통신망

정보통신망의 종류(제4조)	1. "LTE 통신망"이란 상용무선통신망을 이용하여 함정, 파출소, 종합상황실, 항공기 등에 사용하는 휴대통신망을 말한다. 2. "위성통신망(KOSNET)"이란 무궁화 위성을 이용하여 본청 · 소속기관 · 함정 간 음성 · 영상전화 · 업무포털 · 영상전송 등 다양한 통신을 할 수 있는 종합 정보통신망을 말한다. 3. "전용통신망"이란 VHF대역의 전파를 이용하여 함정 및 종합상황실에서 기본임무 수행을 위한 해양경찰 전용 무선통신망을 말한다. 4. "관공선망"이란 VHF대역의 전파를 이용하여 해군 함정 및 다른 행정기관 선박 등과 통신 연락을 위한 통신망을 말한다. 5. "SSB망"이란 어선 및 상선 등 조난통신 및 어업안전조업국과 정보교환, 특정 · 조업자제 · 일반해역에서 어선과 통신하는 통신망 및 예비통신망을 말한다. 6. "DSC(Digital Selective Calling)"이란 기존의 VHF, MF, HF 무선설비에 부가된 장치로, 일정한 형태의 디지털 신호로 처리된 호출 부호를 사용하여 선박 · 국가 · 해역별 및 전 선박의 선택호출을 자동으로 하는 장치를 말한다. 7. "항무통신망"이란 조난통신 및 항내 또는 인근해역에서의 선박과 육상 간 또는 선박 상호 간 해상이동통신으로 정보 교환을 위한 통신망을 말한다.

	8. "군경합동망(J-101망)"이란 해군 함정 및 해안 레이더 기지, 항공기 등 육 · 해 · 공 합동작전을 위한 통신망을 말한다. 9. "항공기유도망(J-201망)"이란 함정에 설치되어 항공기와 이 · 착륙 및 유사시 전투기를 유도하여 공격대상을 타격하기 위한 통신망을 말한다. 10. "항무용 워키토키"란 근거리 업무연락 및 조난선 구조를 위한 통신망을 말한다. 11. "소형정 통신망"이란 소형정에서 업무포탈 등 행정업무 사용을 위해 이동통신사 중계기와 모바일 라우터를 소형정에 설치하여 사용하는 통신망을 말한다.
LTE통신망 (제5조)	① LTE단말기의 지급 대상은 업무 특성 및 근무인원을 고려하여 별표 1호와 같이 지급하며, 사용실적 및 업무조정 등에 따라 지급대상 및 수량을 조정할 수 있다. ② LTE단말기는 함정, 헬기, 종합상황실에 고정하여 사용하는 고정형단말기와 개인이 휴대하여 사용하는 휴대용단말기로 분류한다. ③ LTE단말기의 관리자 및 사용자 지정은 다음 각 호와 같이 운용한다. 1. 총괄관리자는 본청 정보통신과장으로 한다. 2. 기관관리자는 각 기관별 정보통신 소관부서의 장으로 한다.

2) 위성통신망

위성통신망 (제6조)	① 위성통신망(KOSNET)은 육상에서는 본청, 지방청 및 경찰서, 해상에서는 100톤 이상 함정에 설치 운용한다. 1. 주 중심국의 위성통신망 운용 · 관리는 본청 정보통신과에서 한다. 2. 부 중심국의 위성통신망 운용 · 관리는 부산해양경찰서 장비관리과에서 한다. 3. 지방청(육상지구국) · 경찰서(해안지구국)의 위성통신망은 소속기관 종합상황실의 장이 운용하며, 관리는 정보통신 부서의 장이 한다. 4. 선박지구국(함정)의 위성통신망 운용 · 관리는 각 함정장이 지정한 담당자가 한다. ③ 위성통신망의 운영 및 관리방법은 다음 각 호와 같다 1. 주 중심국, 부 중심국, 육상지구국, 해안지구국은 24시간 운용한다. 2. 선박지구국은 출동기간 중 24시간 운용한다. 3. 위성통신장비의 적정한 관리를 위하여 관리책임자와 담당자를 지정하여 운용한다. 4. 위성통신 장비실은 적정 온 · 습도를 유지하여야 한다.

3) 항해장비의 종류

항해장비의 종류(제22조)	1. "레이더"란 전파의 직진성을 이용 반사파를 수신한 시각까지의 시간을 측정하여 물체의 방향과 거리를 측정하는 장비를 말한다. 2. "ECDIS(Electronic Chart Display & Information System)"란 해도를 전자적으로 표시하는 장비로 수심, 암초, 위험지역, 해안선, 항로 등의 항해안전정보를 담고 있으며, GPS 등과 연동되어 해도 위에 선박의 위치, 방향, 속력 등을 표현하는 장비를 말한다. 3. "GPS 플로터"란 간소화된 전자해도 위에 GPS의 실시간 위치확인 기능을 접목한 위치장치를 말한다.

	4. AIS(Automatic Identification System): 초단파(VHF)를 이용한 선박 자동 식별 장치로 선박의 이름, 위치, 침로, 속력, 목적지 등의 데이터를 전송하고, 전송된 데이터를 ECDIS 또는 레이더 화면에 표시하는 시스템으로 해상 교통 관제시 선박을 식별하고 그 위치를 파악하는 장치를 말한다. 5. 음향측심기: 배 중앙부의 밑바닥에 음파의 송 · 수파기를 설치하고, 초음파를 해저까지 보내 그 반사파가 돌아올 때까지의 시간으로 깊이를 측정하는 장비를 말한다.

4) 조난통신, 구명조끼

조난안전 통신 장비의 운용(제27조)	① 항무통신망은 다음과 같이 설치 · 운용한다. 1. 조난현장을 포함하여 항내 또는 그 부근 선박, 해안국 또는 선박 상호 간의 통신 목적으로 사용한다. 2. 설치대상은 해양안전통신국 및 전 경비함정으로 한다. ② MF/HF통신망은 다음과 같이 설치 · 운용한다. 1. 조난현장을 포함하여 항내 또는 그 부근 선박, 해안국 또는 선박 상호 간의 통신 목적으로 사용한다. 2. 설치대상은 해양안전통신국과 300톤 이상 경비함정으로 한다. ③ INMARSAT통신망은 다음과 같이 설치 · 운용한다. 1. 선박과 육상 또는 선박 간 전화, 팩스, 데이터 통신을 목적으로 사용한다. 2. 설치대상은 1,000톤 이상 경비함정에 1대를 설치한다. 3. 조난이 발생한 경우와 함정 원해 활동 시 기존 통신망의 통달권이 미치지 못할 때 운용하며, 통화내용에 따라 전화, 팩스, 데이터 통신을 적절히 운용한다. ④ EPIRB(비상위치지시용 무선표지설비)장비는 다음과 같이 비치 · 운용한다. 1. 조난발생 시 비상위치 표시를 위한 목적으로 사용한다. 2. 설치대상은 전 경비함정(형사기동정 포함)으로 하며, 비치방법은 「선박구명설비기준(해양수산부 고시)」에 따라 설치한다. ⑤ 트렌스폰더(SART)장비는 다음과 같이 비치 · 운용한다. 1. 조난 및 비상 발생 시 수색구조용 위치정보 송신을 위하여 적절한 장소에 비치한다. 2. 비치대상은 300톤 이상 경비함정에 2개 이상 비치한다. ⑥ NAVTEX 수신 장비는 다음과 같이 설치 · 운용한다. 1. 기상 및 항행경보 등 선박의 안전항행와 관련된 해사안전정보를 자동으로 수신하기 위한 목적으로 사용한다. 2. 설치대상은 300톤 이상 경비함정으로 한다.
경비함정 구명조끼용 RFID 장비운용 (제53조, 제54조)	① 경비함정 구명조끼용 RFID장비는 운용프로그램(PC), 수신기, 송신기, 안테나, 충전기 등으로 구성되어 있다. ② RFID장비의 지급대상은 250톤 이상 경비함정이며, 지급기준은 다음 각 호와 같다. 단, 예산 · 업무변경 등에 따라 대상 및 기준이 조정될 수 있다. 1. 수신기: 함정별 1대, 2. 송신기: 함정별 정원 대비 70% 지급(의경 포함) 3. 충전기: 송신기 1대당 1개

V. 해양경찰청 항공 운영규칙(해양경찰청 훈령)

1. 서 설

1) 조직

지방해양경찰청장 밑에 항공단을 직할단으로 두고, 항공단장은 총경 또는 경정으로 보한다.

2) 함정과의 비교

항공기는 고속으로 넓은 면적을 단시간에 순찰하여 정보수집이 가능한 반면 체공시간이 다소 짧은 편이다. 특히 고정익 항공기는 현장 집행력이 부족한 점이 큰 약점이다. 이에 비해 함정은 장기 체류가 가능하고 불법행위 발견 시 물리적 행동이 가능하여 현장 집행에 강점을 가지고 있다. 이에 따라 경비세력별 특성(강점, 약점)을 분석하여, 강점은 최대한 활용하고 약점은 최대한 보완할 수 있는 효율적인 경비방안 및 모델을 연구하여 최상의 경비체계를 구축해야 한다.

3) 항공기의 구분

해양경찰은 '비행기'라고 부르는 '고정익 항공기'와 '헬기'라고 부르는 '회전익 항공기' 2종류의 항공기를 보유하고 있다. 속력이 빠르고 비교적 오랜 시간 동안 먼 거리를 비행할 수 있는 고정익 항공기는 광역 초계순찰 임무를 주로 수행하고 있고, 고정익 항공기보다 속도는 떨어지지만 함정보다 속도가 뛰어나고 현장 집행능력을 보유한 회전익 항공기는 연안 순찰 및 수색구조 등 다양한 임무를 수행하고 있다. 해양경찰은 항공기의 운용 및 관리에 관한 「해양경찰 항공 운영규칙」을 내부 훈령으로 제정하여 시행하고 있다.

2. 개념(제2조)

고정익항공기 (비행기: Airplane)	고정된 날개에 의해 뜰 수 있는 항공기
회전익 항공기 (헬기: Helicopter)	회전되는 날개에 의해 뜰 수 있는 항공기
대형헬기	최대 탑승인원 20명 이상인 회전익 항공기
중형헬기	최대 탑승인원 10-19명 이하인 회전익항공기
소형헬기	최대 탑승인원 10명 미만인 회전익항공기
탑재헬기	함정탑재에 최적화된 회전익 항공기를 말한다. 다만 항공기 임무와 용도에 따라 부서별로 달리 분류
항공종사자	항공기 운항에 직접 종사하는 조종사 및 정비사, 전탐사, 응급구조사, 항공구조사, 관제사, 항공운항관리사
항공운항승무원	항공종사자 중 항공기에 탑승하여 항공업무에 종사하는 사람
기장	비행임무 수행 간 항공기 운용에 전반적인 책임을 지는 자로서 임무 전 항공대장이 지정한 자
전탐사	레이더, 열상장비 등 탐색장비를 운용 및 관리하며 비행 중 수집된 자료를 종합, 분석, 보고, 관리하는 자
항공기 운용관서장	항공기 운용에 대하여 직접 지휘, 감독하는 각 지방해양경찰청장
예방착륙	항공기가 비행 중 기계적 결함이나 기상변화 등으로 계속 비행이 위험하다고 판단 시 지상(함상)으로 착륙(착함)하는 것
비상착륙 (착수)	항공기가 비행 중 비행이 지속될 수 없을 정도의 심각한 기계적 결함이 발생하거나 그 밖의 요인으로 인근 비행장 또는 지상(수상)에 착륙(착수)시킨 상태
시계비행	항공기의 자세 및 항로유지를 계기에만 의존하지 않고, 시각에 의하여 행하는 비행
계기비행	항공기의 자세, 고도, 위치 및 비행방향의 측정을 항공기에 장착된 계기에 의존하여 비행하는 것
해상비행	비행기는 활공비행으로, 헬기는 자동회전 비행으로 육지까지 도달할 수 없는 해상에서 비행하는 것
기술유지비행	일정한 수준의 기술유지를 위해 주기적으로 실시하는 훈련비행
항공기 사고	사람이 비행을 목적으로 항공기에 탑승하였을 때부터 탑승한 모든 사람이 항공기에서 내릴 때까지 항공기의 운항과 관련하여 발생한 다음 어느 하나에 해당하는 것 가. 사람의 사망 · 중상 또는 행방불명 나. 항공기의 파손 또는 구조적 손상 다. 항공기의 위치를 확인할 수 없거나 항공기에 접근이 불가능한 경우
항공기 준사고	항공안전에 중대한 위해를 끼쳐 항공기 사고로 이어질 수 있었던 것으로서 「항공안전법 시행규칙」을 준용
기령(機齡)	항공기를 제작하여 준공한 날부터 경과된 연수

3. 편제 및 근무방법

신규도입 또는 편입된 항공기의 배치와 운용중인 항공기의 이동 배치는 해양경찰청장 편제명령에 따른다. 운용관서장은 해역별 치안수요를 감안하여 항공기의 운용을 조정한다(제6조).

직무 및 책임 (제7조)	1. 해양경찰청장(지방청장)은 전 항공기에 대하여 운용통제 및 지휘를 할 수 있다. 2. 운용관서장은 소속 항공기에 대한 운용통제 및 지휘를 하며, 긴급상황 발생 시에는 항공기를 요청한 해양경찰서장에게 운용 및 비행승인권을 위임할 수 있다. 3. 항공기 임무지원을 받은 해양경찰서장은 항공기 운용기간 동안 지휘·감독 및 지원책임을 갖는다. 4. 탑재헬기 운용함장 가. 탑재헬기의 안전유도 관리책임의 시기는 함정에 탑재를 위한 교신설정 시부터 이함 후 교신 종료 시까지이다. 나. 탑재 중 항공기 연료보급 및 함상에서의 헬기 안전관리, 운항 제한 요소를 확인 감독한다. 다. 함정에 탑재된 항공시설 및 장비, 항공유의 관리·유지 책임을 지며, 이·착함시 안전요원의 배치와 교육훈련을 실시한다. 5. 항공단장은 운용관서장의 지시를 받아 항공기 지휘통제에 관한 사항을 보좌하고, 행정팀 직원을 지휘·감독하여 부여된 임무를 완수할 책임을 진다. 6. 항공대장은 항공단장의 명을 받아 항공기를 효율적으로 관리 운영하고, 항공대를 지휘·감독하여 부여된 임무를 완수할 책임을 진다. 7. 조종사 가. 항공기 시동부터 종료까지 항공기의 운항 책임은 기장에게 있다. 나. 부여된 비행임무를 안전하게 수행할 책임이 있으며, 비행조건이 안전에 위험을 초래할 수 있다고 판단될 때에는 우선조치, 사후보고한다. 다. 기상 및 항공기 상태를 고려, 운항가능 여부를 판단한다. 라. 부기장은 기장을 보좌하여 기장이 지시한 임무를 수행한다.
근무방법 (제8조)	① 항공단·대장은 일근을 원칙으로 한다. 다만, 항공단·대장이 항공종사자일 경우에는 대기인력 감안하여 교대근무로 운영할 수 있다. ② 항공대의 교대근무는 3교대(당번-비번-비번) 근무방법을 실시하는 것을 원칙으로 한다. 다만 운용관서장(항공단장)의 판단(근무인력, 치안상황 등 감안)에 따라 2교대(당번-비번) 및 변형 3교대(당번-주간-비번), 4교대(주간-당번-비번-비번) 등의 형태로 근무할 수 있다.

4. 운용개념 및 임무(제10조)

항공기 운용은 임무에 따라 기본, 특수, 훈련, 정비 및 시험비행, 행정 임무로 구분한다.

운용개념 및 임무구분 (제10조)	1. 기본임무(가. 해상 초계순찰, 나. 해양오염감시 및 방제활동 지원) 2. 특수임무 가. 응급환자후송, 수색 및 구조, 구조장비 투하, 야간조명지원 나. 특공대, 해양경찰구조대, 특수구조단 임무지원 다. 해난사고 시 인원 및 화물수송 라. 그 밖의 지시된 업무지원 3. 훈련임무(가. 항공승무원 기술유지를 위한 비행, 나. 승무원 교육훈련 및 각종 훈련지원 비행) 4. 정비 및 시험비행임무(가. 항공기 성능시험 비행, 나. 항공기 정비입고 및 출고비행, 다. 그 밖의 항공기 정비 및 임무장비의 시험에 관계되는 비행) 5. 행정임무(가. 상급기관이나 타 기관의 지휘통제 임무, 나. 그 밖의 항공기 운항 및 정비에 관계되는 기타 임무)

5. 주정 음료(제40조)

항공기 승무원은 주정성분이 있는 음료나 마약류 등의 영향 하에서 항공 업무에 종사하여서는 아니 된다. 운용관서장은 상당한 이유가 있는 때에는 주정음료 등의 섭취 및 사용여부를 호흡측정기 검사 등의 방법으로 측정할 수 있으며, 운항불가로 판정된 자는 비행편성 정지 및 비상대기 근무를 교체하여야 한다.

운용관서장은 측정결과에 불복하는 항공승무원에 대해서는 혈액채취, 소변검사 등의 방법으로 강제 측정할 수 있다.

주정음료 등 (제40조)	① 주정음료 등의 영향으로 인하여 항공 업무를 정상적으로 수행할 수 없는 상태의 기준은 다음 각 호와 같다. 1. 혈중 알콜 농도기준은 「항공안전법」 제57조 제5항에 따른다(혈중알코올농도가 0.02퍼센트 이상). 2. 「마약류 관리에 관한 법률」 제2조 제1항 및 제2항에 의한 마약류를 사용한 경우 3. 「화학물질관리법」 제22조 제1항에 따른 환각물질을 사용한 경우 ② 항공단(대)장은 불시에 비행 전 항공기 승무원을 대상으로 주정음료 섭취여부를 측정하고, 그 결과를 기록 유지한다. ⑥ 항공정비대장은 정비비행(출고 및 시험비행 포함) 시 승무원을 대상으로 주정음료 섭취여부를 측정하고 그 결과를 기록 유지한다.

6. 항공기 사고조사위원회 설치 및 사고조사

항공기 사고조사 위원회 설치 및 사고조사 (제68조)	① 항공사고의 조사 및 보고서 작성을 위해 필요하다고 인정되는 경우에는 사고조사위원회를 설치하고, 위원회 구성 및 운용은 다음 각 호와 같다. 1. 사고: 위원회는 위원장 1인을 포함한 7인 이내의 위원으로 구성하되, 위원장은 주무국장으로 하고 위원은 자격요건을 감안하여 위원장이 지정한다. 2. 준사고: 위원회는 위원장 1인을 포함한 5인 이내로 구성하되, 위원장은 항공과장으로 하고, 위원은 자격요건을 감안하여 위원장이 지정한다. 3. 위원장은 사고처리 또는 조사를 위해 필요한 때 다른 전문기관에 필요한 사항 의뢰가능. ② 사고조사위원회 위원이 될 수 있는 자는 다음 각 호 어느 하나에 해당하는 자 중 위원장이 지정한다 1. 해양경찰청과 · 계장급 중 복구수리 및 사후처리 업무에 관련 있는 자 2. 항공사고조사 관련 교육수료자 또는 과거 사고조사위원으로서 경험이 있는 자 3. 항공 업무에 5년 이상 종사한 경력이 있는 자 4. 그 밖에 사고조사의 전문성을 고려하여 위원장이 지정한 자 ③ 항공정비대는 사고조사 및 기술조언을 위하여 항공기 기술조사 위원 1명을 사고현장에 파견시키며, 제작사 기술지원 필요시 제작사와 합동조사를 실시할 수 있다. ④ 위원회의 회의는 재적위원 과반수 출석으로 개의하고, 출석위원 과반수 이상의 찬성으로 의결

7. 항공기의 내구연한

내구연한의 기준(제73조)	① 회전익(헬기)는 26년을 기준으로 하며, 고정익(비행기)은 별도 용역을 통해 내구연한 기준을 정할 수 있다.
내구연한의 단축(제74조)	① 지방청장은 임무수행이 불가능하다고 판정된 때에는 해양경찰청장에게 항공기의 내구연한 단축을 위한 운항정지 및 퇴역 항공기 지정을 요청하여야 한다. ② 해양경찰청장은 운항정지 및 퇴역 항공기 승인을 위해 필요한 경우 운항정지 처분 심의위원회(함정 내구연한 규칙 준용)를 개최할 수 있다.
운항정지 처분 (제75조)	① 지방청장은 소속 항공기의 상태불량, 항공기의 용도폐지 등 사유로 운항이 불가한 항공기에 대해 운항정지 처분 심의위원회를 구성, 심의하여 해양경찰청장의 운항정지 승인을 받아야 한다. ② 해양경찰청장의 운항정지승인으로 퇴역이 결정된 항공기에 대한 기능별 분담사무 1. 운영지원과장, 기획재정담당관: 기체 등 국유재산의 처리에 관한 사항 2. 항공과장: 항공기정비(수리) 계획의 변경 · 조정, 장비 · 물품 등의 재분류 처리에 관한 사항과 운항정지 명령 및 각종보고에 관한 사항 3. 해당 지방청장: 운항정지 항공기의 매각 및 매각 전 안전관리에 관한 사항 4. 인사담당관: 운항정지 항공기의 인사에 관한 사항

연/습/문/제 CHAPTER 14 해양경찰 장비관리론

01 해양경찰청과 그 소속기관의 직무에 관한 설명으로 가장 옳지 않은 것은? 19 간부

① 해양경찰청은 해양에서의 경찰 및 오염방제에 관한 사무를 관장한다.
② 중앙해양특수구조단은 오염물질에 대한 방제기술 습득 및 훈련에 관한 사무를 관장한다.
③ 구조안전국장은 해양에서의 항공기 사고조사 및 원인분석에 관한 업무를 분장한다.
④ 경비국장은 해양에서의 경호, 대테러 예방·진압에 관한 업무를 분장한다.

해설 직제 제15조(장비기술국) ③ 국장은 다음 사항을 분장한다. 7. 해양에서의 항공기 사고조사 및 원인분석(항공과).

정답 ③

02 다음 중 함정정비에 대한 설명으로 가장 옳은 것은? 21 하반기

① 함정수리는 함정의 성능이나 특성에 영향을 미치는 선체, 장비, 설비 및 의장에 있어서 설계 상의 기재 수량, 위치 또는 함정구조를 변경하는 작업을 의미한다.
② 경비함정이 설계된 성능을 발휘하도록 정비 유지에 대한 총괄책임은 해양경찰서장에게 있다.
③ 창 정비는 일정기간 운영 후 함정 전반에 걸친 검사, 정비사항을 해양경찰정비창 등에서 실시하는 정비로서, 주기관 총 분해수리 및 부품교환 등을 통한 함정의 성능회복을 위한 수리를 의미한다.
④ 경비함정의 부서장은 소관장비의 정비유지, 보수의 1차적 책임을 진다.

해설 함정 정비규칙 제5조(함정 정비의 책임) ② 함정의 부서장은 소관장비의 정비유지, 보수의 1차적 책임을 진다.

정답 ④

03 다음 〈박스〉 중 「무기 · 탄약류 등 관리 규칙」에 대한 설명으로 옳지 않은 것은 모두 몇 개인가? 21 하반기

> ㉠ 간이무기고란 해양경찰관서 등의 각 기능별 운용부서에서 효율적 사용을 위하여 무기고로부터 무기 · 탄약의 일부를 대여 받아 별도로 보관 관리하는 시설을 말한다.
> ㉡ 무기고란 해양경찰관서 등에 배정된 개인화기와 공용화기를 보관하기 위하여 설치된 시설을 말한다.
> ㉢ 해양경찰관서 등의 장은 무기를 휴대한 사람이 정신건강상 문제가 우려되어 치료가 필요한 경우 대여한 무기 · 탄약을 즉시 회수해야 한다.
> ㉣ 해양경찰관서 등의 장은 무기를 휴대한 사람이 술자리 또는 연회장소에 출입할 경우 대여한 무기 · 탄약을 회수 보관해야 한다.
> ㉤ 탄약고를 무기고와 분리하는 것이 불가능할 때에는 탄약을 반드시 별도의 상자에 넣어 잠금장치를 한 후 무기고에 보관하여야 한다.
> ㉥ 해양경찰관서 등의 장은 무기를 휴대한 사람이 직무상의 비위로 인하여 징계대상이 된 경우 대여한 무기 · 탄약을 회수하여 보관할 수 있다.

① 1개　　② 2개
③ 3개　　④ 4개

해설 옳은 것은 ㉠, ㉡, ㉣, ㉤이고, 틀린 것은 ㉢의 경우 회수할 수 있고, ㉥은 회수하여 보관해야 한다가 맞다. 틀린 것은 2개이다.

정답 ②

해양오염방제론

SECTION

01 서설

Ⅰ. 조직의 변화와 법적 근거

1. 조직 연혁[1)]

1978년 8월 「해양경찰대직제」가 개정되어 해양오염에 대한 감시 및 방제업무를 추가하도록 하고, 해양오염관리관이 그 직무를 분장하도록 하여 해양오염관리조직이 탄생하였다. 본부에는 관리부, 경비부, 해양오염관리관(감시담당, 방제담당, 시험연구담당)을 두고, 전국 9개 지구해양경찰대에 경무과, 경비통신과, 정보수사과, 해상공해과를 두었다.

1990년 7월 「해양경찰대직제」를 개정하여 해양오염관리관을 해양오염관리부로 개편하고 감시과, 방제과, 시험연구과를 두었다.

1991년에는 경찰청 소속 해양경찰청 해양오염관리부로 변경되었고, 해양경찰서 해상공해과를 해양오염관리과로 변경하였으며 하부 계단위에 기동방제단을 신설하여 해양오염 방제업무를 전담하도록 하였다.

1996년 8월에는 해양경찰청이 독립외청으로 승격됨에 따라 「해양경찰청과 그 소속기관 직제」를 제정하고 해양경찰청에 경무국, 경비구난국, 정보수사국, 해양오염방제국을 두고 청장 직속하에 공보담당관, 감사담당관, 기동방제관(경무관)을 두었고, 해양경찰청의 시험연구과를 분석과로 명칭을 변경하였다.

1997년 5월 해양배출 폐기물관리업무를 환경부에서 해양수산부로 이관하고 관련 집행업무를 해양경찰청으로 위임함에 따라 해양오염관리국 감시과에 폐기물 배출해역 승인업무를 신설하는 한편, 해양경찰서 해양오염관리과에 폐기물배출해역 지정 및 지정사항 변경업무, 해양배출 폐기물 위탁자의 신고 및 변경업무를 관장하게 되었다.

1) 조직에 관한 참고문헌은 다음과 같다. 해양경찰청(2008). 「해양오염관리업무 30년의 발자취」, pp. 8-44: 해양경찰청(2013). 안전한 바다 행복한 국민 해양경찰 60년사(1953-2013), pp. 288-293.

2002년 7월 「해양경찰청 사무분장규칙」을 개정하여 본청 해양오염관리국 감시 1계를 감시기획계로, 감시 2계를 감시지도계로 변경하고 폐기물관리계를 신설하였다.

2004년 2월 「해양경찰청 사무분장규칙」을 개정하여 해양경찰청 해양오염관리국 방제과 방제1계를 방제기획계로, 방제 2계를 방제지도계로 개편하고 기동방제계를 신설하였으며, 분석과에 시험연구계를 신설하였다. 해양배출 폐기물이 증가함에 따라 「해양경찰서 사무분장규칙」을 개정하여 부산·인천·군산·포항·울산·통영 해양경찰서에 폐기물관리계를 신설하고 이에 따른 관서별 정원을 조정하였다.

2005년 4월 해양경찰청은 해양배출물관리과를 신설하였고, 폐기물 운반선에 대한 감시, 단속과 지도점검을 강화하였다.

2005년 12월 해양경찰청 해양오염관리국 시험연구과를 확대 개편하여 「해양경찰연구개발센터」를 설립하였고, 2007년 3월 22일 정식 직제화하였다.

2009년 2월 해양오염관리국을 해양오염방제국으로 명칭을 변경하였으며, 2008년 3월에는 본청 해양오염방제국에 방제기획과, 기동방제과, 예방지도과로 두고, 지방청 해양오염관리과 및 해양경찰서 해양오염관리과를 각각 해양오염방제과로 명칭을 변경하고 방제계 및 예방지도계를 두도록 함으로써 본청과 소속기관이 동일한 계선조직 체계로 개편하였다.

2014년 11월부터 2017년 7월까지의 국민안전처 소속일 때의 해양오염방제국의 조직은 해양오염방제국장은 고위공무원단에 속하는 일반직 공무원으로 보하되, 그 직위의 직무등급은 나등급으로 하고, 해양오염방제국에 방제기획과·기동방제과 및 해양오염예방과를 두며, 방제기획과장은 부이사관 또는 기술서기관으로, 기동방제과장 및 해양오염예방과장은 기술서기관으로 보하고 있었으며, 2020년의 조직과 큰 차이는 없다.

2022년 2월 현재 해양경찰청은 본청에 해양오염방제국을 두고, 해양오염방제국장은 고위공무원단에 속하는 일반직 공무원으로 보하되, 그 직위의 직무등급은 나등급으로 하고, 해양오염방제국에 방제기획과·기동방제과 및 해양오염예방과를 두며, 방제기획과장은 부이사관 또는 기술서기관으로, 기동방제과장 및 해양오염예방과장은 기술서기관으로 보하고 있다. 그리고 전국 19개의 해양경찰서에 해양오염방제과를 두고 있다.

2. 현행 부서별 업무 분담

본청에는 해양오염방제국장 밑에 방제기획과장, 기동방제과장, 해양오염예방과장을 두고 있다.

방제기획과장 (부이사관 또는 기술서기관)	1. 해양오염방제 관련 제도 개선 2. 방제함정 등 해양오염방제자원의 확보 · 배치에 관한 사항 3. 해양오염방제를 위한 관계기관 협조 4. 국제기구 및 국가 간 방제지원 협력 5. 해양오염방제 관련 조사 · 연구개발 관리에 관한 사항 6. 방제기술지원협의회의 구성 · 운영 7. 그 밖에 국 내 다른 과의 사무에 속하지 아니하는 사항
기동방제과장 (기술서기관)	1. 기름 등 해양오염 방제조치에 관한 사항 2. 해양오염방지를 위한 긴급구난조치에 관한 사항 3. 유해화학물질 사고 대비 · 대응에 관한 사항 4. 국가긴급방제계획의 수립 · 시행에 관한 사항 5. 지역긴급방제실행계획의 관리 · 운영에 관한 사항 6. 방제대책본부의 구성 · 운영에 관한 사항 7. 해양오염 위기대응매뉴얼의 수립 · 시행에 관한 사항 8. 해양환경공단의 긴급방제조치 지도 · 감독에 관한 사항 9. 방제훈련 계획의 수립 · 운영에 관한 사항 10. 해양오염 신고처리에 관한 사항 11. 방제비용 부담 등에 관한 사항 12. 해안방제지원에 관한 사항 13. 방제현장 안전관리에 관한 사항 14. 해양오염방제 관련 전산시스템 구축 · 운영에 관한 사항 15. 해양자율방제대 구성 · 운영에 관한 사항 16. 방제함정 운용에 관한 사항 17. 해양오염방제업 등록 및 관리에 관한 사항
해양오염 예방과장 (기술서기관)	1. 해양오염 방지를 위한 예방활동 2. 선박 · 해양시설의 출입검사 등 지도 · 점검 3. 오염물질 해양배출행위 조사에 관한 사항 4. 오염물질의 감식 · 분석에 관한 사항 5. 해양오염비상계획서 검인 및 이행 관리 6. 선박해체 신고 등 관리에 관한 사항 7. 유창청소업의 등록 및 관리 8. 해양환경감시원의 임명 및 운영 9. 방제자재 · 약제 형식승인에 관한 사항 10. 해양오염예방 관리시스템 구축 · 운용 11. 명예해양환경감시원 구성 · 운영에 관한 사항

지방해양경찰청의 해양오염방제과장은 기술서기관·공업사무관·보건사무관·환경사무관·해양수산사무관 또는 방재안전사무관으로 보한다.

해양경찰서의 경우 해양오염방제과를 두고 있고, 그 밑에 방제계, 기동방제계, 예방지도계의 사무를 분장한다. 다만, 군산·부안·목포·완도해양경찰서는 기동방제계의 사무를 방제계에 분장한다.

해양경찰서의 해양오염방제과장은 공업사무관·보건사무관·환경사무관·해양수산사무관·방재안전사무관으로 보한다.

3. 법적 근거

1) 국내법

「해양환경관리법」, 「해양환경 보전 및 활용에 관한 법률」, 「재난 및 안전관리기본법」, 「해양오염 지도점검규칙」, 「해양오염조사 규칙」, 「방제대책본부 운영규칙」, 「방재장비 및 자재의 운용규칙」, 「방제함정 및 방제바지 운영규칙」이 있다.

2) 국제협약

국제협약은 해양오염 방지분야 협약, 해양오염 방제분야 협약, 해양오염 피해 보상분야 협약이 있다.[2)]

(1) 해양오염 방지분야 협약

① 선박으로부터 해양오염방지를 위한 국제협약(MARPOL 73/78)

선박으로부터 운송되는 기름, 유해액체물질 및 분뇨와 선박자체 내에서 음식찌꺼기(Garbage)로 인한 오염방지를 위해 「선박으로부터 오염방지를 위한 국제협약: MARPOL 1973」이 1972년 11월 IMO회의에서 채택되었으며, 연안 국가들이 준수가 어려운 협약의 규제사항을 부분적으로 완화하는 내용으로 보완하여 「1973년 선박으로부터 오염방지를 위한 국제협약에 관한 1978년 의정서: MARPOL 73/78」새롭게 마련하였으며 1978년 2월에 채택되어 발효되었다.

2) 전국 9대학 해양경찰학과 교수·해양경비안전교육원(2016). 「해양경찰학개론」, 문두사, pp. 392－397; 해양경찰교육원, 「해양경찰학개론」 집필 초고.

② **선박유해 방오시스템의 규제에 관한협약**(AFS Convention 2001)

선박의 수선하부에 해초 및 조개류가 부착하는 것을 방지하기 위하여 사용되는 방오도료에 포함된 유기주석 화합물의 일종인 TBT가 연안 생태계에 악 영향을 미친다는 사실이 확인되어 이를 규제하기 위하여 「2001 선박의 방오시스템의 사용규제에 관한 국제협약: AFS Convention」 채택되어 2008년 9월에 발효되었으며, 우리나라는 동 협약에 가입 후 제정된 「해양환경관리법」에 전면적으로 수용하고 있다.

③ **선박발라스트수 관리협약**(BWM Convention 2004)

발라스트수가 선박에 의해 이동하여 타 지역으로부터 운반되어온 미생물이 토착 해양미생물을 파괴하는 심각성을 인식하여, 이를 방지하기 위한 「선박 발라스트수 관리 협약: BWM Convention」이 채택되었으며 아직 국제적으로 발효되지 않았다.

(2) 해양오염 방제분야 협약

① **기름오염 대비·대응 및 협력에 관한 국제협약**(OPRC 1990)

미국 알라스카에서 엑슨발데스(Exxon Valdez)호 사고 이후, 대형 해양오염사고시에는 인접국가간 공동으로 대응하여 오염피해를 줄이기 위한 국제적 협력체제 구축이 필요함을 인식하게 되었다. 미국의 주도로 1990년 11월 협약을 채택하게 되었으며 1995년 5월 국제적으로 발효되었다. 우리나라는 1999년 11월 9일 협약에 가입하고 2000년 2월 9일 발효되었다.

② **위험·유해물질 오염대비·대응 및 협력에 관한 국제협약**(OPRC/HNS Protocol 2000)

기름 이외의 물질에 의한 오염 및 화재·폭발사고에도 대비를 위한 국제적 협력체제가 필요함을 인식하여 위험·유해물질에 의한 오염사고의 대비·대응 및 협력에 관한 의정서를 2000년 3월 15일 채택하여 2007년 6월 14일 국제적으로 발효되었으며, 우리나라는 동 협약에 2008년 1월 11일 가입하였다.

(3) 해양오염피해 보상분야 협약

① **유류오염 손해보상 민사책임에 관한 의정서**(CLC Protocol 1992)

유류오염 사고시 선주에게 방제비용, 어류·수산물 피해, 환경피해 등 보상의 책임을 부여하기 위한 협약으로 아국은 1997년에 가입하였고, 동 협약을 국내법으로 수용하기 위해 「유류오염 손해배상보장법」을 제정하였다.

② **유류오염 손해보상을 위한 국제기금 의정서**(FC Protocol 1992)

CLC Protocol 1992의 책임한도를 초과하는 경우, 화주의 분담금으로 마련된 국제기금에 의해 추가적으로 보상하기 위한 「1992 유류오염손해보상을 위한 국제기금 의정서」를 채택하였으며, 아국은 1997년에 가입하였다. 한편, 유럽 국가들을 중심으로 보상한도액을 더욱더 확대한 「2003 유류오염 손해보상을 위한 국제기금의정서」가 채택되었으나, 우리나라도 이 의정서에 가입하고, 2010년 8월부터 「유류오염손해배상보장법」을 개정하여 시행하고 있다.

③ 방카유 오염피해 민사책임에 관한 국제협약

일반선박이 대형화되고 이들 선박의 연료유 유출사고로부터 발생하는 오염사고의 피해도 커지게 됨에 따라 「2001 방카류 오염피해 민사책임에 관한 국제협약」이 채택되었고, 현재 이 협약에의 가입 필요성을 인식하고 있으며, 가입에 필요한 준비작업을 서두르고 있다.

④ 위험·유해물질 운송관련 피해 보상에 관한 국제협약

비지속성 기름, 위험·유해물질 유출에 의한 오염, 화재, 폭발 등에 의한 피해도 별도의 보상제도 필요성을 인식하여 채택하였으나, 이 협약에 대한 국제적 호응이 적어 아직 발효되지 않고 있다.

Ⅱ. 해양환경관리법 일반

1. 주요 개정

해양오염관리의 제도적 기반이었던 「해양오염방지법」과 「해양환경관리법」의 개정은 다음과 같이 진행되었다.[3)]

1977년 12월 「해양오염방지법」을 제정하고 1978년 8월 해양경찰대장 산하에 해양오염관리관을 두고, 지구해양경찰대에는 해상공해과를 두었다. 이 법의 제정 당시 적용대상은 선박 및 해양시설에서 해양에 배출하는 기름 또는 폐기물을 규제하고 해양의 오염물질을 제거하여 해양환경을 보전하는 것을 목적으로 한다고 규정함에 따라 기름의 경우에는 원유와 중유·윤활유 및 유성혼합물만 해당되고 경유·휘발유 및 나트타 등의 경질유는 적용대상에서 제외되었다.

3) 해양경찰청(2008). 「해양오염관리업무 30년의 발자취」, pp. 3-7 ; 해양경찰청(2019). 「2018 해양경찰백서」, pp. 61-90.

1984년 7월 「1973년 선박으로부터의 오염방지를 위한 국제협약 및 1973년 선박으로부터 오염방지를 위한 국제협약에 관한 1978년 의정서」(73/78 MARPOL: International Convention for the Prevention of Pollution From Ships & International Convention for the Prevention of Pollution From Ships as Modified by the Protocol of 1978)를 반영하여 「해양오염방지법」을 개정하여 기름의 범위를 휘발유·경유·등유 등 경질유를 추가하여 규제대상을 확대하고 선박으로부터의 기름 배출규제를 강화하였다.

1991년 3월 국제해양오염방지협약을 수용하여 유해액체물질에 관한 규제를 강화함에 따라 「해양오염방지법」을 개정하여 유해액체물질의 해양배출을 금지하고 이를 운반하는 일정한 선박에는 유해액체 물질 오염방지설비의 설치를 의무화하였다.

1995년 7월 전남 여수에서 발생한 씨프린스호 오염사고 등 대형 해양오염사고가 빈발하고 연안 적조현상 등으로 해양오염이 사회적인 문제로 대두됨에 따라 신속하고 체계적인 방제를 위하여 내무부(해양경찰청)·수산청·해운항만청 및 시·도에서 방제업무를 각각 분담하던 것으로 1995년 12월 「해양오염방지법」을 개정하여 해양오염 방제업무 책임기관을 해양경찰청으로 일원화하였다.

1996년 8월 「정부조직법」개정으로 해양수산부가 신설되고 해양경찰청이 해양수산부 소속의 독립 외청으로 승격되면서 환경부에서 수행하던 폐기물 해양배출 관리업무를 인수하여 관장업무가 추가되었다.

1997년 4월 「해양오염방지법」을 개정하였다. 개정의 이유는 국가만의 방제능력으로는 효율적으로 대응하기 곤란함에 따라 「해양오염방지법」에 한국해양오염방제조합의 설립 근거를 마련하여 국가방제능력을 국가와 민간에서 분담하여 대비·대응할 수 있는 체제를 마련하였다.

1999년 2월 종전에는 선박 또는 해양시설에서 해양에 배출되는 오염물질만을 규제하던 것을 「해양오염방지법」을 개정하여 발생원에 관계없이 해양에서 배출되는 모든 오염물질이 규제대상으로 확대되었다.

2001년 9월 「해양오염방지법」을 개정하여 폐기물 해양배출업자의 폐기물 해양배출 행위에 대한 '해양환경개선 부담금 제도'를 신설하여 해양배출 폐기물의 양을 줄이기 위한 노력을 시작하였다.

2005년 12월에는 국제해사기구(IMO)에서 개정 채택한 「선박으로부터의 오염방지를 위한 1973년 국제협약」의 부속서 Ⅵ[4]를 수용하여 「해양오염방지법」을 개정하여 선박소유자로 하여금 대기오염물질의 배출을 방지하거나 감축하기 위한 설비의 설

4) MAPOL 부속서 Ⅵ: Regulations for the Prevention of Air Pollution fron Ships(선박으로부터 대기오염방지를 위한 규칙, 2005년 5월 19일 발효).

치, 선박으로부터의 오존층파괴물질의 배출금지, 선박의 디젤기관으로부터 배출되는 질소산화물이 일정 배출허용기준을 초과하지 아니하도록 하는 대기오염물질 관리까지 업무영역이 확대되었다.

2007년 1월 해양분야 환경정책을 종합·체계적으로 추진하기 위하여 「해양환경관리법」이 제정됨에 따라 그 「해양환경관리법」이 시행되는 2008년 1월 「해양오염방지법」은 폐지되었다.

2009년 정부는 2007년 1월 제정되어 2008년부터 시행되어 온 「해양환경관리법」에 따라 국가방제기본계획을 전면 개정하여 '국가긴급방제계획(NCP: National Contingency Plan)'으로 새롭게 정비하였다.

2009년 정부는 2007년 1월 제정되어 2008년부터 시행되어 온 「해양환경관리법」에 따라 국가방제기본계획을 전면 개정하여 '국가긴급방제계획(NCP: National Contingency Plan)'으로 새롭게 정비하였다.

2011년 6월 해양환경관리법(시행 2011. 12. 16.)을 개정하여 선박으로부터 해양오염 및 대기오염 예방을 강화하는 내용으로 「선박으로부터 해양오염방지에 관한 국제협약(MARPOL)」이 개정됨에 따라 선박 간 유류이송작업 시 안전관리와 오존층파괴물질에 대한 관리를 강화하고, 해양사고에 효과적으로 대응할 수 있도록 해양경찰청장에게 긴급방제조치를 총괄하여 지휘하도록 하며, 기름이 둘 이상의 시·군 해안에 영향을 미치는 경우 시·도지사가 방제조치를 하도록 하는 등 해양오염사고 관리체계를 개선하는 한편, 해양환경개선부담금의 적용제외 범위를 명확히 하고, 해역별 관리계획을 포괄하는 상위계획의 수립 근거를 신설하는 등 현행제도의 운영과정에서 나타난 일부 미비점을 개선·보완하였다.

2012년에는 선박으로부터의 오염방지를 위한 국제협약(MARPOL)에 따라 선박에너지효율을 개선하기 위하여 선박에너지 효율설계지수의 계산, 선박에너지 효율관리계획서의 비치, 에너지 효율검사에 관한 사항을 정하는 한편, 해양오염을 방지하기 위하여 침몰선박에 대한 정보를 체계적으로 관리하고, 침몰선박의 위해도(危害度)를 평가하며, 그 위해도를 줄이기 위한 대책을 실행할 수 있도록 하는 등 현행 제도의 운영상 나타난 일부 미비점을 개선·보완하였다.

2014년에는 기름 및 유해액체물질 관련 해양시설의 소유자로 하여금 정기적으로 안전점검을 하게 하거나 해양수산부장관이 직접 점검하도록 함으로써 해양시설 안전관리의 효율성을 강화하였다.

2016년에는 유해액체물질·포장유해물질을 바다에 배출한 자에 대해 제재 수준이 낮아 해양오염 등을 효과적으로 방지하기에는 미흡하다는 비판이 있으므로, 유해액체물질·포장유해물질을 해양에 배출한 자에 대한 3년 이하의 징역 또는 3천만원 이하의 벌금을 5년 이하의 징역 또는 5천만원 이하의 벌금으로 상향하여 처벌 수준을 강화하였다.

2017년에는 해양오염방지관리인이 일시적으로 직무를 수행할 수 없는 경우 대리자를 지정하여 그 직무를 대행하게 하고, 오염물질 등을 이송, 배출하는 작업을 하는 때에는 해양오염방지관리인이 작업자에게 해양오염방지에 필요한 지도와 감독을 의무적으로 하도록 하였다.

2019년에는 환경관리해역기본계획 및 해역별 관리계획에 대한 미비한 법 조항을 보충하고, 환경관리해역기본계획 및 해역별 관리계획을 소관 상임위원회에 제출하고 공표하게 함으로써 국회의 기능을 제고하며 국민의 알 권리를 보장하고, 명예해양환경감시원을 지정할 수 있는 근거를 마련하였다.

2020년에는 선박에너지효율관리계획서의 관리 강화 및 선박연료유 사용량 등에 대한 보고제도 신설 등 「1978년 의정서에 의하여 개정된 선박으로부터의 오염방지를 위한 1973년 국제협약」의 개정사항을 반영하고, 해양오염방지관리인 등의 자격요건 강화, 해양오염방제업자의 의무 규정 및 해양자율방제대의 구성 및 운영 관련 규정 신설 등 해양오염사고 방지 및 사고발생 시 신속한 방제를 위하여 필요한 사항을 정하였다.

2. 주요 개념

1) 해양환경과 해양오염(해양환경관리법 제2조)

(1) **해양환경**: 해양에 서식하는 생물체와 이를 둘러싸고 있는 해양수(海洋水), 해양지(海洋地), 해양대기(海洋大氣) 등 비생물적 환경 및 해양에서 인간의 행동양식을 포함하는 것으로서 해양의 자연 및 생활상태를 말한다.

(2) **해양오염**: 해양에 유입되거나 해양에서 발생되는 물질 또는 에너지로 인하여 해양환경에 해로운 결과를 미치거나 미칠 우려가 있는 상태를 말한다.

2) 일반 개념 및 폐기물(해양환경관리법 제2조)

배 출	오염물질 등을 유출(流出)·투기(投棄)하거나 오염물질 등이 누출(漏出)·용출(溶出)되는 것(다만, 해양오염의 감경·방지 또는 제거를 위한 학술목적의 조사·연구의 실시로 인한 유출·투기 또는 누출·용출을 제외).
폐기물 **(20 경장)**	해양에 배출되는 경우 그 상태로는 쓸 수 없게 되는 물질로서 해양환경에 해로운 결과를 미치거나 미칠 우려가 있는 물질(기름, 유해액체물질 및 포장유해물질에 해당하는 물질 제외)

선박평형수	「선박평형수 관리법」에 따른 선박평형수
유해방오도료	생물체의 부착을 제한 · 방지하기 위하여 선박 또는 해양시설 등에 사용하는 도료(방오도료) 중 유기주석 성분 등 생물체의 파괴작용을 하는 성분이 포함된 것으로서 해양수산부령이 정하는 것
잔류성오염물질	해양에 유입되어 생물체에 농축되는 경우 장기간 지속적으로 급성 · 만성의 독성(毒性) 또는 발암성(發癌性)을 야기하는 화학물질로서 해양수산부령으로 정하는 것
오염물질	해양에 유입 또는 해양으로 배출되어 해양환경에 해로운 결과를 미치거나 미칠 우려가 있는 폐기물 · 기름 · 유해액체물질 및 포장유해물질
오존층파괴물질	해양에 유입 또는 해양으로 배출되어 해양환경에 해로운 결과를 미치거나 미칠 우려가 있는 폐기물 · 기름 · 유해액체물질 및 포장유해물질
대기오염물질	오존층파괴물질, 휘발성유기화합물과 「대기환경보전법」의 대기오염물질 및 온실가스 중 이산화탄소
황산화물배출 규제해역	황산화물에 따른 대기오염 및 이로 인한 육상과 해상에 미치는 악영향을 방지하기 위하여 선박으로부터의 황산화물 배출을 특별히 규제하는 조치가 필요한 해역으로서 해양수산부령이 정하는 해역
휘발성유기화합물	탄화수소류 중 기름 및 유해액체물질로서 「대기환경보전법」에서 정한 물질
선박	수상(水上) 또는 수중(水中)에서 항해용으로 사용하거나 사용될 수 있는 것(선외기를 장착한 것 포함) 및 해양수산부령이 정하는 고정식 · 부유식 시추선 및 플랫폼
해양시설	해역(「항만법」의 규정에 따른 항만 포함)의 안 또는 해역과 육지 사이에 연속하여 설치 · 배치하거나 투입되는 시설 또는 구조물로서 해양수산부령이 정하는 것
선저폐수	선박의 밑바닥에 고인 액상유성혼합물
선박에너지효율	선박이 화물운송과 관련하여 사용한 에너지량을 이산화탄소 발생비율로 나타낸 것
선박에너지효율 설계지수	1톤의 화물을 1해리 운송할 때 배출되는 이산화탄소량을 해양수산부장관이 정하여 고시하는 방법에 따라 계산한 선박에너지효율을 나타내는 지표

3) 기름, 유해액체물질, 포장유해물질(해양환경관리법 제2조)

기름	「석유 및 석유대체연료 사업법」에 따른 원유 및 석유제품(석유가스 제외)과 이들을 함유하고 있는 액체상태의 유성혼합물(액상유성혼합물) 및 폐유
유해액체물질	해양환경에 해로운 결과를 미치거나 미칠 우려가 있는 액체물질(기름 제외)과 그 물질이 함유된 혼합 액체물질로서 해양수산부령이 정하는 것(22 간부)
포장유해물질	포장된 형태로 선박에 의하여 운송되는 유해물질 중 해양에 배출되는 경우 해양환경에 해로운 결과를 미치거나 미칠 우려가 있는 물질로서 해양수산부령이 정하는 것

SECTION

02 해양오염 예방

Ⅰ. 해양오염에 대한 예방 및 출입검사

해양경찰은 해양오염방지를 위하여 선박·해양시설에 대한 항·포구 순찰 및 연안 해역 해상순찰, 항공기를 이용한 광역해역 감시활동 등 입체적인 예방과 점검을 수행하고 있다.

1. 예방 활동

1) 육상

선박과 해양시설 등을 해양환경감시원이 점검하는 지도점검과 항만·부두 순찰을 통한 오염물질 불법배출, 선박 침수·침몰로 인한 오염물질의 유출 등을 감시하고 있으며, 예방순찰활동을 강화하기 위해 부두와 해안에 인접한 해양시설 및 임해지역에 대해서는 순찰구역을 지정, 정기적인 예방순찰을 실시한다.

2) 해상

해상감시는 경비함정의 기본업무인 경비업무와 병행하여 연안해역 감시활동을 실시하고, 취약항소 및 취약지역에서는 방제정을 배치하여 해상에서 불법배출 행위에 대한 감시활동을 수행하고, EEZ 등 광역해역에 대해서는 헬기와 고정익 항공기를 이용하여 해양오염 방지활동을 한다.

3) 유지문 기법

유지문(Oil Fingerprint) 기법은 수천 종의 화학물질로 구성된 기름이 원유의 산지 및 생성조건에 따라 조성을 달리하는 것이 사람의 지문과 비슷하다는 데서 유래되었다. 특히 석유 제품유의 경우 같은 유종이라도 그 원료가 되는 원유의 특성, 생산공정 등에서 차이를 이용하여 기름을 유출한 선박 등 오염원 적발에 활용한다.

2. 자재 · 약재 및 방제선의 배치

1) 자재 · 약재의 비치(해양환경관리법 제66조)

항만관리청 및 선박·해양시설의 소유자는 오염물질의 방제·방지에 사용되는 자재 및 약제를 보관시설 또는 해당 선박 및 해양시설에 비치·보관하여야 한다. 비치·보관하여야 하는 자재 및 약제는 형식승인·검정 및 인정을 받거나, 검정을 받은 것이어야 한다.

(1) 해양시설(해양환경관리법 시행규칙 제32조)

오염물질의 방제·방지를 위한 자재 및 약제를 갖추어 두어야 하는 해양시설은 다음과 같다.

① 오염물질을 300킬로리터 이상 저장할 수 있는 시설
② 총톤수 100톤 이상의 유조선을 계류하기 위한 계류시설

(2) 선박(선박에서의 오염방지에 관한 규칙 제53조)

오염물질의 방제·방지를 위한 자재 및 약제를 갖추어 두어야 하는 선박은 다음과 같다.

① 총톤수 100톤 이상의 유조선
② 추진기관이 설치된 총톤수 1만톤 이상의 선박(유조선 제외)

2) 방제선의 배치(해양환경관리법 제67조)

다음 어느 하나에 해당하는 선박 또는 해양시설의 소유자는 기름의 해양유출사고에 대비하여 대통령령으로 정하는 기준에 따라 방제선 또는 방제장비를 해양수산부령으로 정하는 해역 안에 배치 또는 설치하여야 한다.

① 총톤수 500톤 이상의 유조선
② 총톤수 1만톤 이상의 선박(유조선을 제외한 선박에 한함)
③ 신고된 해양시설로서 저장용량 1만 킬로리터 이상의 기름저장시설

방제선 등을 배치하거나 설치하여야 하는 자는 방제선 등을 공동으로 배치·설치하거나 해양환경공단에게 위탁할 수 있고, 해양경찰청장은 방제선 등을 배치 또는 설치하지 아니한 자에 대하여 선박입출항금지 또는 시설사용정지를 명령할 수 있다.

3. 선박 · 해양시설과 해양환경감시원

1) 해양환경감시원

해양수산부장관 또는 해양경찰청장은 해양오염 감시 직무를 수행하게 하기 위하여 소속 공무원을 해양환경감시원으로 지정할 수 있다(해양환경관리법 제116조).

(1) 자격과 직무(해양환경관리법 시행령 제90조)

해양수산부장관 또는 해양경찰청장은 그 소속 공무원 중에서 다음 어느 하나에 해당하는 자를 해양환경감시원으로 임명한다.

① 해양공학기사 · 해양자원개발기사 · 해양환경기사 · 해양조사산업기사 · 조선산업기사 · 수질환경산업기사 · 대기환경산업기사 · 폐기물처리산업기사 · 화공산업기사 · 위험물산업기사 이상이거나 항해사 · 기관사 또는 운항사 각 3급 이상의 자격을 취득한 자
② 해양환경 관련 업무에 1년 이상 근무한 경력이 있는 자
③ 「선박의 입항 및 출항 등에 관한 법률 시행령」에 따라 무역항 단속공무원으로 임명된 자
④ 「선박안전법」에 따라 선박검사관으로 임명된 자

(2) 해양환경감시원의 직무(시행령 제90조)

① 해양수산부장관 소속 해양환경감시원

㉠ 출입검사와 보고에 관한 사항
㉡ 해양공간으로 유입되거나 해양에 배출되는 폐기물의 감시(19 채용)
㉢ 해양공간에 대한 수질 및 오염원 조사활동
㉣ 「해양폐기물 및 해양오염퇴적물 관리법」에 따른 폐기물 해양배출 위탁자 및 해양폐기물관리업자의 사업시설에 대한 지도 · 검사
㉤ 환경관리해역에서의 해양환경 개선을 위한 오염원 조사 활동
㉥ 해양시설에서의 오염물질 배출감시 및 해양오염예방을 위한 지도 · 점검(해양시설오염물질기록부, 해양시설오염비상계획서 및 해양오염방지관리인과 관련된 업무 제외)

② **해양경찰청장 소속 해양환경감시원**(19 채용 · 21 간부)

㉠ 출입검사와 보고에 관한 사항
㉡ 해양시설에서의 오염물질 배출감시 및 해양오염예방을 위한 지도 · 점검(해양시설오염물질기록부, 해양시설오염비상계획서 및 해양오염방지관리인과 관련된 업무로 한정)
㉢ 해양오염방제업자 및 유창청소업자가 운영하는 시설에 대한 검사 · 지도
㉣ 해양시설에서의 방제선 등의 배치 · 설치 및 자재 · 약제의 비치 상황에 관한 검사
㉤ 오염물질의 배출 또는 배출혐의가 있다고 인정된 경우 조사활동 및 감식 · 분석을 위한 오염시료 채취 등

(3) 출입 검사 등

① **출입검사의 개념**

해양환경감시원이 선박 · 해양시설 또는 해양오염방제업 · 유창청소업자가 운영하는 시설 등에 출입하여 오염물질 배출 감시 및 방지 설비 · 시설의 적정운영, 기름 등 폐기물의 인도 · 인수증 등 관계서류 또는 그 밖에 해양오염 감시에 관한 사항을 지도 · 검사하는 것을 말한다.

② **출입검사(해양환경관리법 제115조)**

해양경찰청장은 해양환경감시원으로 지정된 공무원으로 하여금 다음 어느 하나에 해당하는 자에게 필요한 자료를 제출하게 하거나 보고하게 할 수 있으며, 그 시설에 출입하여 확인 · 점검하거나 관계 서류나 시설 · 장비를 검사하게 할 수 있다.

㉠ 해양시설의 소유자(해양시설 오염물질기록부 · 해양시설 오염비상계획서의 관리, 해양시설 해양오염방지관리인, 자재 및 약제의 비치 · 방제선 등의 배치에 따른 업무만 해당)
㉡ 해양오염방제업 · 유창청소업을 하는 자: 출입검사 등을 하는 해양환경감시원은 그 권한을 표시하는 증표를 지니고 이를 관계인에게 내보여야 하며, 출입목적 · 성명 등을 구체적으로 알려야 하고, 선박의 소유자 등 관계인은 출입검사 및 자료제출 · 보고요구 등에 대하여 정당한 사유 없이 이를 거부 · 방해하거나 기피하여서는 아니 된다.

(4) 해양경찰의 출입검사 등의 대상

① **해양시설의 소유자**

해양시설오염물질기록부의 관리 (법 제34조)	기름 및 유해액체물질을 취급하는 해양시설의 소유자는 그 시설 안에 해양시설오염물질기록부를 비치하고 기름 및 유해액체물질의 사용량과 반입 · 반출에 관한 사항 등을 기록하여야 한다. 해양시설오염물질기록부의 보존기간은 최종기재를 한 날부터 3년으로 한다.

해양시설오염 비상계획서의 관리 (법 제35조)	기름 및 유해액체물질을 사용 · 저장 또는 처리하는 해양시설의 소유자는 기름 및 유해액체물질이 해양에 배출되는 경우에 취하여야 하는 조치사항에 대한 내용이 포함된 해양오염비상계획서를 작성하여 해양경찰청장의 검인을 받은 후 그 해양시설에 비치하고, 해양시설오염비상계획서에 따른 조치 등을 이행하여야 한다.
해양시설 해양오염 방지관리인 (법 제36조)	① 해양시설의 소유자는 그 해양시설에 근무하는 직원 중에서 해양시설로부터의 오염물질의 배출방지에 관한 업무를 관리하게 하기 위하여 자격을 갖춘 사람을 해양오염방지관리인으로 임명하여야 한다. 해양오염방지관리인을 임명(바꾸어 임명한 경우 포함)한 경우에는 지체 없이 해양경찰청장에게 신고하여야 한다. ② 해양시설의 소유자는 해양오염방지관리인의 유고시 대리자로 지정하여 그 직무를 대행하게 하여야 한다. 이 경우 대리자가 해양오염방지관리인의 직무를 대행하는 기간은 30일을 초과할 수 없다.

② 해양오염방제업 · 유창청소업을 하는 자(해양환경관리법 제70조)

㉠ 해양오염방제업: 오염물질의 방제에 필요한 설비 및 장비를 갖추고 해양에 배출되거나 배출될 우려가 있는 오염물질을 방제하는 사업(22 간부)

㉡ 유창청소업(油艙淸掃業): 선박의 유창을 청소하거나 선박 또는 해양시설(그 해양시설이 기름 및 유해액체물질 저장시설인 경우에 한정한다)에서 발생하는 해양수산부령으로 정하는 오염물질의 수거에 필요한 설비 및 장비를 갖추고 그 오염물질을 수거하는 사업(22 간부)

2) 명예해양환경감시원(해양환경관리법 제116조의2)

해양수산부장관 또는 해양경찰청장은 효율적인 해양환경관리를 위한 지도 · 계몽 등을 위하여 해양환경의 보전 · 관리 및 해양오염방지를 위한 활동을 하는 민간단체의 회원 또는 해양환경관리를 위한 활동을 성실하게 수행하고 있는 사람을 명예해양환경감시원으로 위촉할 수 있고, 활동에 필요한 경비를 지급할 수 있다.

4. 선박 · 시설의 점검(해양오염 지도 · 점검 규칙)

해양경찰서장은 지도점검을 정기점검 및 수시점검으로 구분하여 실시하고 선박 · 시설 등의 정기점검 대상 · 관리 구분 및 점검기준은 다음과 같다.

1) 정기 점검(제5조)

선박 · 시설 등 정기점검 기준은 다음의 표와 같다.

관리기준	정기점검 기준
중점관리 대상 선박	연 1회
중점관리 대상 시설	연 2회
일반관리 대상, 방제 · 유창청소업체	연 1회
일반관리 대상 선박	연 1회
일반관리 대상 시설	연 1회

2) 수시 점검(제5조)

수시점검은 다음 경우에 실시할 수 있다.

① 법령 등의 위반에 관한 정보가 있거나 다른 행정기관으로부터 법령위반사실을 통보 받은 경우
② 해양오염 신고를 받거나 민원이 접수된 경우
③ 감시원의 예방활동 중 해양오염을 발생시킬 우려가 있는 경우
④ 선박에서 해양오염이 발생한 경우 또는 선박사고로 인하여 해양오염이 발생할 우려가 있는 경우
⑤ 오염원인을 알 수 없는 해양오염이 발생하여 원인을 확인하기 위한 경우
⑥ 재난사고 및 사회적 이슈 등으로 해양오염 예방 · 대비를 위해 선박 · 시설 등의 점검이 필요하다고 판단되는 경우

3) 지도 점검(제12조)

지도점검은 2명을 1개조로 편성하여 운영함을 원칙으로 한다. 다만 해양오염사고처리(조사) 등 특별한 상황에서는 인력사정을 고려하여 증감할 수 있고, 선박 · 시설 등에 출입하는 경우에는 점검목적, 점검사항 등을 밝히고 신분을 명시한 감시원증 또는 공무원증 등의 증표를 보여 주어야 한다.

선박 · 시설 등 지도점검 사전예고 (제12조)	① 해양경찰서장은 선박 · 시설 등에 대한 점검을 할 때에는 다음 각 호의 사항이 포함된 내용을 MPRS 또는 단문메세지(SMS) 등을 통하여 사전 예고하고 점검 한다. 1. 점검목적 2. 점검 일시, 장소 3. 점검자 성명과 소속 4. 점검 내용 5. 해당선박 · 시설 등에 대한 필요한 요구자료 ② 지도 · 점검을 위한 사전예고 기간은 다음 각 호와 같다 1. 선박의 경우 이동성을 고려하여 24시간 전 예고 2. 해양시설 및 방제 · 유창청소업 등의 경우 7일 전 예고

Ⅱ. 오염물질 배출 및 방제자재 · 약제 형식승인

1. 오염물질 배출 신고 의무와 방제조치

1) 오염물질이 배출되는 경우의 신고 의무(해양환경관리법 제63조)

(1) 신고의무자(20 채용, 21 간부)

배출기준을 초과하는 오염물질이 해양에 배출되거나 배출될 우려가 있다고 예상되는 경우 다음 해당자는 지체 없이 해양경찰청장 또는 해양경찰서장에게 이를 신고하여야 한다.

① 배출되거나 배출될 우려가 있는 오염물질이 적재된 선박의 선장 또는 해양시설의 관리자. 이 경우 해당 선박 또는 해양시설에서 오염물질의 배출원인이 되는 행위를 한 자가 신고하는 경우에는 그러하지 아니하다.
② 오염물질의 배출원인이 되는 행위를 한 자
③ 배출된 오염물질을 발견한 자

(2) 오염물질 배출시 신고기준(해양환경관리법 시행령 별표 6)

기름과 유해액체물질의 신고기준은 아래의 표와 같다.

종 류		양 · 농도	확산범위
폐기물	수은 및 그 화합물, 폴리염화비페닐, 카드뮴 및 그 화합물, 6가크롬화합물, 유기할로겐화합물	10㎏ 이상	
	시안화합물, 유기인화합물, 납 및 그 화합물, 비소 및 그 화합물, 구리 및 그 화합물, 크롬 및 그 화합물, 아연 및 그 화합물, 불화물, 페놀류, 트리클로로에틸렌, 테트라클로로에틸렌	100㎏ 이상	
	유기실리콘 화합물, 폐합성수지, 폐합성고분자 화합물, 폐산, 폐알칼리	200㎏ 이상	
	동 · 식물성 고형물, 분뇨, 오니류	200㎏ 이상	
	그 밖의 폐기물	1,000㎏ 이상	
기름		배출된 기름 중 유분이 100만분의 1,000 이상이고 유분총량이 100ℓ 이상	배출된 기름이 1만㎡ 이상으로 확산되어 있거나 확산될 우려가 있는 경우

종 류		양 · 농도	확산범위
유해 액체 물질	알라클로르, 알칸, 그 밖에 해양수산부령으로 정하는 X류 물질	10ℓ 이상	
	아세톤 시아노히드린, 아크릴산, 그 밖에 해양수산부령으로 정하는 Y류 물질	100ℓ 이상	
	아세트산, 아세트산 무수물, 그 밖에 해양수산부령으로 정하는 Z류 물질	200ℓ 이상	
	평가는 되었으나 유해액체물질목록에 등록되지 아니한 잠정평가물질	10ℓ 이상	

2) 오염물질이 배출된 경우의 방제조치

(1) 방제의무자(해양환경관리법 제64조)

방제의무자는 배출된 오염물질에 대하여 ① 오염물질의 배출방지, ② 배출된 오염물질의 확산방지 및 제거, ③ 배출된 오염물질의 수거 및 처리를 하여야 한다. (21 채용 · 간부)

오염물질이 항만의 안 또는 항만의 부근 해역에 있는 선박으로부터 배출되는 경우 다음에 해당하는 자는 방제의무자가 방제조치를 취하는데 적극 협조하여야 한다.

① 해당 항만이 배출된 오염물질을 싣는 항만인 경우에는 해당 오염물질을 보내는 자
② 해당 항만이 배출된 오염물질을 내리는 항만인 경우에는 해당 오염물질을 받는 자
③ 오염물질의 배출이 선박의 계류 중에 발생한 경우에는 해당 계류시설의 관리자
④ 그 밖에 오염물질의 배출원인과 관련되는 행위를 한 자

(2) 해양경찰의 조치(해양환경관리법 제64조 · 68조)(20 채용, 21 간부)

첫째, 해양경찰청장은 방제의무자가 자발적으로 방제조치를 행하지 아니하는 때에는 시한을 정하여 방제조치를 하도록 명령할 수 있고, 방제의무자가 방제조치명령에 따르지 아니하는 경우에는 직접 방제조치를 할 수 있다. 이 경우 방제조치에 소요된 비용은 방제의무자가 부담한다. (22 간부)

둘째, 오염물질의 방제조치에 사용되는 자재 및 약제는 형식승인 · 검정 및 인정을 받거나 검정을 받은 것이어야 한다. 다만, 긴급방제조치에 필요하고 해양환경에 영향을 미치지 아니한다고 해양경찰청장이 인정하는 경우에는 그러하지 아니하다.

셋째, 해양경찰청장은 방제의무자의 방제조치만으로는 오염물질의 대규모 확산을 방지하기가 곤란하거나 긴급방제가 필요하다고 인정하는 경우에는 직접 방제조치를 하여야 한다. 해안의 자갈 · 모래 등에 달라붙은 기름에 대하여는 해당 지방자치단체의 장 또는 행정기관의 장이 방제조치를 하여야 한다.

3) 오염물질이 배출될 우려가 있는 경우의 조치(해양환경관리법 제65조)

선박의 소유자 또는 선장, 해양시설의 소유자는 선박 또는 해양시설의 좌초·충돌·침몰·화재 등의 사고로 인하여 선박 또는 해양시설로부터 오염물질이 배출될 우려가 있는 경우에는 오염물질의 배출방지를 위한 조치를 하여야 한다.

4) 선박해체의 신고(해양환경관리법 제111조)

첫째, 선박을 해체하고자 하는 자는 선박의 해체작업과정에서 오염물질이 배출되지 아니하도록 해양수산부령으로 정하는 바에 따라 작업계획을 수립하여 작업개시 7일 전까지 해양경찰청장에게 신고하여야 한다. 다만, 육지에서 선박을 해체하는 등 해양수산부령으로 정하는 방법에 따라 선박을 해체하는 경우에는 그러하지 아니하다.

둘째, 해양경찰청장은 선박해체 신고를 받은 경우 그 내용을 검토하여 적합하면 신고를 수리하여야 하며, 신고된 작업계획이 미흡하거나 그 계획을 이행하지 아니하는 것으로 인정되는 경우에는 필요한 시정명령을 할 수 있다.

2. 방제자재와 약제의 형식 승인과 성능 인증

1) 형식 승인(해양환경관리법 제110조)

오염물질의 방제·방지에 사용하는 자재·약제를 제작·제조하거나 수입하려는 자는 해양경찰청장의 형식승인을 받아야 한다. 다만, 시험·연구 또는 개발을 목적으로 제작·제조하거나 수입하는 오염물질의 방제·방지에 사용하는 자재·약제에 대하여 해양경찰청장의 확인을 받은 경우에는 그러하지 아니하다.

형식승인을 받고자 하는 자는 미리 해양경찰청장으로부터 자재·약제에 대한 성능시험을 받아야 하고, 형식승인을 얻은 자가 자재·약제를 제작·제조하거나 수입한 때에는 해당 물품에 대하여 해양경찰청장의 검정을 받아야 한다. 이 경우 검정에 합격한 형식승인대상설비 또는 자재·약제에 대하여는 해양오염방지선박검사 중 최초로 실시하는 검사에 합격한 것으로 본다.

해양경찰청장의 형식승인을 받아야 하는 자재·약제의 종류는 ① 해양유류오염확산차단장치(오일펜스, Oil Fence), ② 유처리제, ③ 유흡착재, ④ 유겔화제, ⑤ 생물정화제제(生物淨化製劑)이다(시행규칙 제66조). (22 간부)

2) 성능인증(해양환경관리법 제110조의2)

형식승인을 받아야 하는 자재·약제를 제외한 오염물질의 방제·방지에 사용하는 자재·약제를 제작·제조하거나 수입하려는 자는 해양경찰청장으로부터 성능인증을 받을 수 있고, 성능인증을 받으려는 자는 미리 해양경찰청장으로부터 형식승인대상외 자재·약제에 대하여 성능시험을 받아야 한다.

성능인증을 받은 자가 인증받은 형식승인대상외 자재·약제를 제작·제조 및 수입하는 때에는 해양경찰청장의 검정을 받아야 한다. 해양경찰청장은 성능인증을 받은 자가 부정한 방법 또는 사업실적이 없을 경우에는 인증을 취소할 수 있다.

3. 해양경찰의 대응 조치

1) 정선 · 검색 · 나포 · 입출항 금지(해양환경관리법 제117조)

선박이 「해양환경관리법」의 규정을 위반한 혐의가 있다고 인정되는 경우에는 해역관리청 또는 해양경찰청장은 정선·검색·나포·입출항금지 그 밖에 필요한 명령이나 조치를 할 수 있다.

2) 신고 포상금(해양환경관리법 제119조의2)

해양수산부장관, 해양경찰청장, 시·도지사 또는 시장·군수·구청장은 다음에 해당하는 자를 관계 행정기관 또는 수사기관에 신고 또는 고발한 자에 대하여 예산의 범위에서 신고포상금을 지급할 수 있다.

① 선박 또는 해양시설 등에서 발생하는 오염물질을 배출한 자

② 「해양폐기물 및 해양오염퇴적물 관리법」을 위반하여 폐기물을 해양에 배출한 자

SECTION

03 해양오염 방제

Ⅰ. 해양오염사고 대비 · 대응 체계

1. 국가긴급 방제계획(NCP: National Contingency Plan)

1) 개념

해양경찰청장(방제대책본부장)은 오염물질이 해양에 배출될 우려가 있거나 배출되는 경우를 대비하여 해양오염의 사전예방 또는 방제에 관한 국가긴급방제계획을 수립 · 시행하여야 하고, 해양오염사고로 인한 긴급방제를 총괄지휘하며, 이를 위하여 해양경찰청장 소속으로 방제대책본부를 설치할 수 있다(해양환경관리법 제62조).

이 계획은 방제대책본부장(해양경찰청장)이 방제업무를 총괄지휘하고, 중앙사고수습본부장(해양수산부장관)은 부처간 협조와 복구 및 피해보상 등을 총괄하며, 해양오염 방제에 관한 지휘 · 통제 권한을 방제대책본부로 일원화하고 관계 중앙행정기관과 지방자치단체에 책임과 의무를 부여함으로써 상호 협조하는 긴급대응체계를 구축하며, 국내 · 외 인력이나 장비 등의 긴급동원 · 지원 및 국제협력을 강화하는 등 재난적 대형 해양오염사고 발생시 범 국가차원에서 신속하고 효율적으로 대비 · 대응하기 위한 사항들을 체계적으로 규정한 종합적인 집행계획이다.

2) 국가긴급방제계획에 포함되어야 할 오염물질(해양환경관리법 시행규칙 제26조)

국가긴급방제계획에 포함되어야 할 오염물질은 ① 기름, ② 위험 · 유해물질 중 해양경찰청장이 정하여 고시하는 물질을 말하고, ②의 "위험 · 유해물질"이란 유출될 경우 해양자원이나 생명체에 중대한 위해를 미치거나 해양의 쾌적성 또는 적법한 이용에 중대한 장애를 일으키는 물질로서 유해액체물질 및 포장유해물질과 산적(散積)으로 운송되며, 화재 · 폭발 등의 위험이 있는 물질(액화가스류 포함)을 말한다.

3) 방제대책본부의 설치 기준과 방법

(1) 방제대책본부 설치 기준(방제대책본부 운영 규칙 제4조)(19 채용)

첫째, 해양경찰청장은 다음 어느 하나에 해당하는 경우에는 방제대책본부를 설치하여야 한다.

① 지속성기름이 10㎘ 이상이 유출되거나 유출될 우려가 있는 경우
② 비지속성기름 또는 위험 · 유해물질이 100㎘ 이상이 유출되거나 유출될 우려가 있는 경우
③ ① 및 ②에서 규정한 사고 이외의 경우라도 국민의 재산이나 해양환경에 현저한 피해를 미치거나 미칠 우려가 있어 해양경찰청장이 방제대책본부의 설치가 필요하다고 인정하는 경우

둘째, 다음의 경우에는 방제대책본부를 설치하지 아니할 수 있다. (20 간부)

① 육지로부터 먼 해상에서 해양오염사고가 발생하여 연안유입 우려가 없는 경우
② 단기간 내 방제조치 완료가 예상될 경우
③ 침몰한 선박 등에서 장기간에 걸쳐 소량씩 유출되어 대규모 오염피해의 우려가 없는 경우

방제대책본부의 설치 여부는 「해양경찰청 상황센터 및 지방해양경찰관서 상황실 운영 규칙」에 따른 상황대책팀 회의를 통해 결정한다. 다만, 긴급한 경우에는 해양경찰서장이 상황대책팀 회의 개최 이전에 설치를 지시할 수 있다.

(2) 방제대책본부의 설치 방법(방제대책본부 운영 규칙 제5조) (21 간부 · 20 3차)

해양경찰청장은 오염물질의 유출 규모를 고려하여 다음 기준에 따라 방제대책본부를 구분하여 운영할 수 있다. 다만, 유출 규모를 판단하기 곤란한 사고 초기에는 지역방제대책본부를 우선 설치하고, 이후 사고 상황을 평가하여 광역 또는 중앙방제대책본부로 전환하여 운영할 수 있다.

① 중앙방제대책본부: 지속성 기름이 500㎘ 이상 유출되거나 유출될 우려가 있는 경우, 중앙재난안전대책본부 또는 중앙사고수습본부가 설치된 경우
② 광역방제대책본부: 지속성 기름이 50㎘ 이상(비지속성 기름 또는 위험·유해물질은 300㎘ 이상) 유출되거나 유출될 우려가 있는 경우
③ 지역방제대책본부: 지속성 기름이 10㎘ 이상(비지속성 기름 또는 위험 · 유해물질은 100㎘ 이상) 유출되거나 유출될 우려가 있는 경우

위 규정에 따른 각급 방제대책본부장의 경우 중앙방제대책본부장은 해양경찰청장이 되고, 광역방제대책본부장은 지방해양경찰청장이 되며, 지역방제대책본부장은 해양경찰서장이 된다.

2. 방제함정의 운영(방제함정 및 방제바지의 운영규칙)

1) 개념(제2조)

방제함정	해양경찰 특수목적에 사용되는 함정으로 화학방제함, 방제정, 소형방제작업선
화학방제함	화학물질분석장비, 유회수기, 사고선박 예인 설비 등을 갖추고 있는 선박으로 해상 화학사고 대비 · 대응 업무를 주로 하는 함정
방제정	유회수기 및 기름이송펌프 등 방제장비와 회수한 기름을 저장할 수 있는 시설을 갖추고 있는 선박으로 해양오염방제 및 예방활동을 주로 하는 함정
소형방제작업선	총톤수 25톤 미만의 방제정
방제바지	해양오염 방제작업 시 수거된 폐유 저장 및 방제자재 보관을 주 임무로 하는 부선

2) 방제함정의 임무(제4조)

방제함정의 임무는 다음과 같다.

① 사고 상황파악 보고 및 오염물질의 확산방지 · 수거 등 방제조치
② 사고선박 예인, 화재진압, 유류이적 등 탑재 장비를 활용한 해양오염방지조치
③ 방제기자재 보급 및 폐기물 운반
④ 해양오염 예방 및 사고조사활동
⑤ 해양쓰레기 수거 및 해양환경보전활동 지원
⑥ 그 밖에 해양경찰서장이 필요하다고 판단되는 업무

3) 방제함정의 배치와 운용(제5 · 6조)

배속된 방제함정의 배치 · 운용(제5조)	① 해양경찰서장, 중앙해양특수구조단장은 관할해역 내 선박 밀집 항만 또는 항행이 빈번한 항로 등 해양오염사고가 발생할 우려가 큰 해역에 방제함정을 배치 · 운용한다. 다만, 해양오염사고 대비 · 대응을 위하여 필요한 경우 해양경찰청장 및 지방해양경찰청장은 소속 관서의 방제함정을 배치 · 운용할 수 있고, 해양오염 감시효과를 높이기 위하여 정지상태의 거점감시와 단정을 이용한 밀착감시를 하게 할 수 있다. ② 방제함정을 체계적으로 운용하기 위하여 다음의 기준에 따라 연간 및 월간 방제함

	정 운항계획을 수립해야 한다. 1. 화학방제함 및 방제정: 월 15일 이상 출동 또는 월 100시간 이상 운항 2. 소형방제작업선: 운항지시가 있을 경우 출항하여 임무수행 함을 원칙으로 하며, 별도의 운항계획을 수립하여 운항
방제함정의 이동(제6조)	① 해양경찰청장은 해양오염사고 대응 및 훈련 등을 위하여 해양경찰서 관할 해역에서 다른 해역으로 방제함정의 이동을 명할 수 있고, 지방해양경찰청장은 해양오염사고 대응 및 훈련 등을 위하여 소속 해양경찰서의 방제함정을 다른 해역으로 이동할 것을 명할 수 있으며, 다른 지방해양경찰청 소속 방제함정을 동원하고자 할 때에는 협조를 요청해야 한다. ② 해양경찰서장, 중앙해양특수구조단장은 이동명령이 있는 경우에는 특별한 경우를 제외하고는 방제함정을 이동해야 한다. 방제함정이 이동한 때에는 방제대책본부장 또는 관할 해역의 해양경찰서장의 지휘를 받아야 한다.

3. 해양자율방제대

1) 구성(해양환경관리법 제68조의2)(20 채용, 21 간부)

해양경찰청장은 지역의 자율적인 해양오염방제 기능을 강화하기 위하여 「수산업협동조합법」에 따른 어촌계에 소속된 어업인, 지역주민 등으로 해양자율방제대를 구성·운영할 수 있다.

해양경찰청장은 해양자율방제대 구성원의 역량강화를 위하여 교육·훈련을 실시할 수 있고, 예산의 범위에서 해양자율방제대와 구성원에게 그 활동에 필요한 경비를 지급할 수 있으며, 해양자율방제대의 구성원이 해양오염방제 활동 등에 참여 또는 교육·훈련으로 인하여 질병에 걸리거나 부상을 입거나 사망한 때에는 해양수산부령으로 정하는 바에 따라 보상금을 지급하여야 한다.

2) 해양자율방제대의 임무(해양환경관리법 시행규칙 제35조의2)

① 해양오염사고 발생 시 해양경찰의 해양오염방제업무 보조
② 해양오염사고 현장의 안전을 위한 지원활동
③ 방제역량 강화를 위한 교육 · 훈련에의 참여
④ 그 밖에 지역의 자율적인 해양오염방제 기능 강화를 위해 해양경찰청장이 필요하다고 인정하는 임무

4. 유해액체물질(HNS: Hazardous and Noxious Substances) 사고 대비 대응

1) 개 념

실무상 HNS(Hazardous and Noxious Substances)에 대하여 공통적으로 적용되는 정의는 없으며, 나라마다 혹은 국제협약에 따라 다양하게 정의하고 있다. 「해양환경관리법」에서는 유해액체물질을 HNS로 볼 수 있다. 다만 HNS를 운송하는 방법이 산적(액체 또는 고체)형태와 포장형태로 구분될 뿐이다.[5] 「해양환경관리법」 제2조에서 "유해액체물질"이라 함은 해양환경에 해로운 결과를 미치거나 미칠 우려가 있는 액체물질(기름 제외)과 그 물질이 함유된 혼합 액체물질로서 해양수산부령이 정하는 것을 말한다.

2) 유해액체물질의 분류(선박에서의 오염방지에 관한 규칙 제3조)

(1) X류 물질: 해양에 배출되는 경우 해양자원 또는 인간의 건강에 심각한 위해를 끼치는 것으로서 해양배출을 금지하는 유해액체물질

(2) Y류 물질: 해양에 배출되는 경우 해양자원 또는 인간의 건강에 위해를 끼치거나 해양의 쾌적성 또는 해양의 적합한 이용에 위해를 끼치는 것으로서 해양배출을 제한하여야 하는 유해액체물질

(3) Z류 물질: 해양에 배출되는 경우 해양자원 또는 인간의 건강에 경미한 위해를 끼치는 것으로서 해양배출을 일부 제한하여야 하는 유해액체물질

(4) 기타 물질: 「위험화학품 산적운송선박의 구조 및 설비를 위한 국제코드」 제18장의 오염분류에서 기타 물질로 표시된 물질로서 탱크세정수 배출 작업으로 해양에 배출할 경우 현재는 해양자원, 인간의 건강, 해양의 쾌적성 그 밖에 적법한 이용에 위해가 없다고 간주되어 (1)부터 (3)까지의 규정에 따른 범주에 해당되지 아니하는 것으로 알려진 물질

(5) 잠정평가물질: (1)부터 (4)까지의 규정에 따라 분류되어 있지 아니한 액체물질로서 산적(散積) 운송하기 위한 신청이 있는 경우 해양수산부장관이 「산적된 유해액체물질에 의한 오염규제를 위한 규칙」 부록 1에 정하여진 유해액체물질의 분류를 위한 지침에 따라 잠정적으로 (1)부터 (4)까지의 어느 하나에 해당하는 것으로 평가한 물질

---

5) 오정동, 「해양경찰학개론」, 서울고시각, 2017, p. 437.

3) HNS 사고 대응 조직

(1) 방제대책본부

해양경찰청장은 비지속성기름 또는 위험·유해물질이 100kℓ 이상이 유출되거나 유출될 우려가 있는 경우, 국민의 재산이나 해양환경에 현저한 피해를 미치거나 미칠 우려가 있어 해양경찰청장이 방제대책본부의 설치가 필요하다고 인정하는 경우 방제대책본부를 설치할 수 있다(방제대책본부 운영규칙 제4조).

중앙방제대책본부는 중앙재난안전대책본부 또는 중앙사고수습본부가 설치된 경우, 광역방제대책본부는 비지속성 기름 또는 위험·유해물질은 300kℓ 이상 유출되거나 유출될 우려가 있는 경우, 지역방제대책본부는 비지속성 기름 또는 위험·유해물질은 100kℓ 이상 유출되거나 유출될 우려가 있는 경우이다.

(2) 중앙재난안전대책본부와 중앙사고수습본부

재난관리주관기관의 장은 재난이 발생하거나 발생할 우려가 있는 경우에는 재난상황을 효율적으로 관리하고 재난을 수습하기 위한 중앙사고수습본부를 신속하게 설치·운영하여야 한다. 수습본부의 장은 해당 재난관리주관기관의 장이 된다(재난 및 안전관리기본법」 제15조의2). 대규모 재난으로 인하여 중앙재난안전대책본부가 설치된 경우 재난 및 사고유형별 재난관리주관기관으로 해양 분야 환경오염 사고의 중앙사고수습본부장은 해양수산부장관이고, 조직구성은 중앙재난안전대책본부장과 협의하여 정한다.

Ⅱ. 주요 방제 장비 · 자재 · 약제

해양에서 기름이 유출되었을 경우 해양환경을 보존하기 위한 최선의 방법은 빠른 시간내에 유출유를 회수 및 처리하는 것이다. 그 방법으로는 물리적인 방법과 화학적인 방법으로 구분할 수 있다.[6] 물리적인 처리방법은 오일펜스를 이용하여 유출유를 포집하고 유출유의 두께, 점도, 수온 등을 고려하여 유회수기, 유흡착제, 유겔화제 등의 자재를 선택적으로 사용하여 유출유를 직접 회수하는 방법이 있다. 화학적인 처리방법은 유처리제 등을 유막에 살포하여 해상 유출유를 수중 분산시켜 자연분해될 수 있도록 하는 방법이다.

6) 해양경찰청(2008). 「해양오염관리업무 30년의 발자취」, p. 152.

1. 오일펜스(oil fence, oil boom)

1) 용도

해양에 유출된 오염물질의 확산을 방지하거나 오염물질로부터 피해를 예방하기 위하여 오일펜스를 사용하고 있으며, 크기 및 구조, 용도에 따라서 다양하게 제작하여 사용되고 있다. 오일펜스는 ① 해상에 유출된 오염물질의 확산 방지, ② 해양환경 민감해역 보호 및 확산된 오염물질을 포집에 사용된다. (19 간부)

2) 오일펜스의 종류

커튼형 오일펜스, 펜스형 오일펜스, 특수 목적용 오일펜스가 있다.7)

(1) 커튼형 오일펜스

스커트가 유연한 재질로 구성되어 있다. 여기서 스커트란 기름이 오일펜스 밑으로 빠져나가는 것을 방지하기 위하여 부력체 아래 부분에 위치한 차단막을 말한다.

종 류	구조 및 장·단점	사용시기 및 장소
고형식	• 발포성 부력체가 내장되어 있음. • 장점: 가격이 저렴, 파손저항 우수 • 단점: 부피가 커서 공간을 많이 차지	• 사고선 주위 및 사고위험해역에 장기간 설치할 경우 사용함. • 연안·항만에서 사용
강제 팽창식	• 부력체에 공기를 강제 주입하는 방식 • 장점: 부피가 적어 보관과 운송에 유리 • 단점: 전장 속도가 늦음, 부력체 파공이 발생할 경우 침강우려 있음.	• 초동조치를 위한 긴급 설치할 경우 • 중·대형으로 조류와 파도가 있는 해역에서 사용가능
자동 팽창식	• 팽창용 스프링 내장 • 장점: 자동팽창으로 신속한 전장 가능 • 단점: 전장외피 파공 시 침강 우려 있음.	• 초동조치를 위한 긴급 설치할 경우 • 중·대형으로 조류와 파도가 있는 해역에서 운용

7) 전국 9대학 해양경찰학과 교수·해양경비안전교육원, 전게서, pp. 397-399.

(2) 펜스형 오일펜스

스커트가 고정되거나 판넬로 구성되어 있다.

구조 및 장·단점	사용시기 및 장소
• 방유벽 양쪽에 고형부력체 부착 부피가 크므로 보관 공간을 많이 차지함. • 포집성능이 우수하나 유연성이 떨어져 조류와 파도에 취약함.	• 사고위험 해역에 영구적으로 오일펜스를 설치가 가능하고, 주로 해양시설, 취수구 주변에 설치한다.

(3) 특수 목적용 오일펜스

특수 목적용 오일펜스에는 해안용, 내화용, 넷트형이 있다.

종 류	구조 및 장·단점	사용시기 및 장소
해안용	• 튜브 3개를 겹쳐서 제작 • 부피가 크고 가격이 고가 • 조석간만이 큰 해안보호용	• 평평한 갯벌이나 모래사장에서 운용 • 조석간만의 차가 큰 평평한 해안가
내화용	• 내화용 부력체 내장됨. • 유출유 포집 · 예인용으로도 사용 가능 • 가격이 고가임.	• 해상에서 현장 소각 목적으로 사용 • 외해에서 운용
넷트형	• 보통 어선에서 사용하는 1㎜정도의 그물눈 • 구입이 쉽고 저가임.	• 해상에서 중질유, 유화된 기름, 타르볼(Tar ball) 및 기름 묻은 유흡착재 수거시 사용.

2. 유회수기(oil skimmer), 유흡착재, 유처리제, 유겔화제

유회수기, 유흡착제, 유처리제, 유겔화제의 정의와 특성은 다음과 같다.[8)]

1) 유회수기(19 채용)

해상 또는 해안에 유출된 기름의 물리적·화학적 특성을 변화시키지 않고 유출유를 회수할 수 있도록 고안된 기계장치를 말한다. 즉 바다에 유출된 기름을 기계적으로 직접 흡입하여 수거하는 방식이다.

화학약품을 사용하지 않아 2차적 오염의 위험이 없고, 단시간에 많은 기름을 회수할 수 있다는 장점이 있다.

8) 상게서, pp. 399－409.

유회수기의 재질은 햇빛이나 해수에 내구력이 강한 스테인레스 스틸, 고무, 알루미늄, 폴리프로필렌 등을 주로 사용한다.

유출유를 회수하는 원리는 물과 기름의 비중차, 기름의 점성 및 유동하는 특성을 이용하여 기름을 회수한다. 유회수기는 주로 해상 및 해안에서 사용하는 장비이므로 안전사고 예방을 위하여 전기구동 보다 유압구동을 많이 채택한다.

유회수기의 종류에는 ① 흡착식, ② 위어식, ③ 유도식, ④ 진공식, ⑤ 원심분리식이 있다.

2) 유흡착재

유흡착재는 해상에 유출된 오염물질을 흡수 또는 흡착하여 회수하는 물질로서 유출량이 적거나 좁은 지역으로 회수기를 이용한 회수작업이 곤란한 경우와 양식장 및 산란지 등 민감해역에서 방제작업이 제한된 경우에 주로 사용한다. 해양에 유출된 오염물질을 물리적인 방법으로 흡착 수거에 사용한다. 유흡착제의 종류에는 매트형, 롤형, 쿠션형, 붐형·로프형, 겔화형내장제 등이 있다.

3) 유처리제

유처리제에 의한 분산처리 방법은 해상에서 발생하는 각종 유출사고시 물리적인 수거가 불가능할 경우에 오염에 민감한 지역의 피해를 사전에 대응하기 위하여 사용되는 유출유 방제방법으로 유출사고로 인한 생태계의 피해를 감소시키고 예측되는 각종 위험을 최소화하려는데 그 사용목적이 있다.

유처리제 작용원리는 해상에 유출된 기름을 미립자화하여 유화분산(乳化分散) 시켜 해수와 섞이기 쉬운 상태를 만들어 자연정화작용을 촉진, 즉 박테리아에 의한 미생물분해, 일조에 의한 증발산화작용 등을 통해 기름을 소멸시키는 작용을 하는 것이다. 주성분은 용제 70%, 계면활성제 약 30%이다.

4) 유겔화제

유출유 사고처리는 확산방지가 가장 중요하며 통상 오일펜스의 전장으로 작업이 이루어지지만 겔화제를 사용하여 유출유를 응고 시켜 확산방지를 할 수도 있다. 즉, 해상유출유를 응고시키거나 젤리와 같은 형태로 된다면 확산을 방지하거나 최소화시킬 수 있다.

연/습/문/제 CHAPTER 15 해양오염방제론

01 다음 중 「해양환경관리법」에 따른 폐기물에 포함되지 않는 것은? 20 경장

① 폐유　　② 폐어구
③ 분뇨　　④ 폐목재류

해설 제2조(정의) 4. "폐기물"이라 함은 해양에 배출되는 경우 그 상태로는 쓸 수 없게 되는 물질로서 해양환경에 해로운 결과를 미치거나 미칠 우려가 있는 물질(제5호 · 제7호 및 제8호에 해당하는 물질을 제외한다)을 말한다.
5. "기름"이라 함은 「석유 및 석유대체연료 사업법」에 따른 원유 및 석유제품(석유가스를 제외)과 이들을 함유하고 있는 액체상태의 유성혼합물 및 폐유를 말한다.

정답 ①

02 다음 중 오일펜스를 전장하는 목적으로 가장 옳지 않은 것은? 19 간부

① 유출유의 확산 방지
② 유출유로부터 환경민감지역(어장, 양식장 등)의 보호
③ 유출유의 자연방산을 촉진
④ 유출유의 회수효율 향상

해설 오일펜스는 해상에 유출된 오염물질의 확산방지, 해양환경 민감해역 보호 및 확산된 오염물질의 포집에 사용된다.

정답 ③

03 다음 설명과 가장 관련 있는 방제장비 및 기자재는? 19 채용

- 바다에 유출된 기름을 기계적으로 직접 흡입하여 수거하는 방식이다.
- 흡착식, 위어식 그리고 진공식 등이 있다.
- 화학약품을 사용하지 않아 2차적 오염의 위험이 없고, 단시간에 많은 기름을 회수할 수 있다는 장점이 있다.

① 유흡착제　　② 유처리제
③ 오일펜스　　④ 유회수기

해설 ④ 유회수기는 해상에 유출된 기름을 흡입 또는 흡착방식으로 수거하는 장비이다. 기름을 회수하는 원리는 물과 기름의 비중차, 기름의 점성 및 유동하는 특성 등을 잉용하여 유출된 기름을 회수함.

정답 ④

04 다음 내용 중 「해양환경관리법」상 해양경찰청 소속 해양환경감시원의 '직무의 범위'로 가장 옳지 않은 것은? 19 채용

① 국내항해에 운항하는 대한민국 선박에 대한 출입검사와 보고에 관한 사항
② 해양오염방제업자 및 유창청소업자가 운영하는 시설에 대한 검사·지도
③ 해양공간으로 유입되거나 해양에 배출되는 폐기물의 감시
④ 해양시설에서의 방제선 등의 배치·설치 및 자재·약제의 비치 상황에 관한 검사

정답 ③

05 「해양환경관리법」상 일정 배출기준을 초과하는 오염물질이 해양에 배출되었을 때 신고의무와 관련한 다음 내용 중 가장 옳지 않은 것은? 20 채용

① 선박 사고로 배출된 오염물질이 적재된 선박의 선장 甲은 해양경찰서장에게 관련 사실을 신고하였다.
② 선저폐수 이송 작업 중 실수로 이를 해양에 배출한 기관사 乙은 해양경찰청장에게 배출사실을 신고하였다.
③ 인천 덕적도 앞 바다에서 조업 중 배출된 오염물질을 발견한 닻자망 어선의 선장 丙은 관련 사실을 인천지방해양수산청장에게 신고하였다.
④ 기름 저장시설 관리자 丁은 해당 시설에서 기름이 바다로 배출된 것을 발견하고 관련 사실을 해양경찰서장에게 신고하였다.

해설 제63조(오염물질이 배출되는 경우의 신고의무) ① 배출기준을 초과하는 오염물질이 해양에 배출되거나 배출될 우려가 있다고 예상되는 경우 다음 각 호의 어느 하나에 해당하는 자는 지체 없이 해양경찰청장 또는 해양경찰서장에게 신고하여야 한다.

정답 ③

06 다음은 「방제대책본부 운영 규칙」 제5조에 따른 방제대책본부의 설치에 대한 내용이다. 괄호 안에 들어갈 숫자의 합으로 가장 옳은 것은? 21 간부 · 20 3차

> ㉠ 중앙방제대책본부: 지속성 기름이 ( )㎘ 이상 유출되거나 유출될 우려가 있는 경우
> ㉡ 광역방제대책본부: 비지속성 기름 또는 위험 · 유해물질은 ( )㎘ 이상 유출되거나 유출될 우려가 있는 경우
> ㉢ 지역방제대책본부: 지속성 기름이 ( )㎘ 이상 유출되거나 유출될 우려가 있는 경우

① 560 ② 650

③ 810 ④ 900

해설 중앙방제대책본부: 지속성 기름이 500㎘ 이상, 광역방제대책본부: 지속성 기름이 50㎘ 이상(비지속성 기름 또는 위험 · 유해물질은 300㎘ 이상), 지역방제대책본부: 지속성 기름이 10㎘ 이상(비지속성 기름 또는 위험 · 유해물질은 100㎘ 이상)

정답 ③

07 다음 중 「해양환경관리법」에 대한 내용으로 가장 옳지 않은 것은? 21 간부

① 대통령령이 정하는 배출기준을 초과하는 오염물질이 해양에 배출되거나 배출될 우려가 있다고 예상되는 경우 해당 오염물질이 적재된 선박의 선장은 지체 없이 해양경찰청장 또는 해양경찰서장에게 이를 신고하여야 한다.

② 대통령령이 정하는 배출기준을 초과하는 오염물질을 해양에 배출한 자(방제의무자)는 배출된 오염물질에 대하여 대통령령이 정하는 바에 따라 오염물질의 배출방지, 배출된 오염물질의 확산방지 및 제거 등의 조치를 하여야 한다.

③ 해양경찰청장은 방제의무자의 방제조치만으로는 오염물질의 대규모 확산을 방지하기가 곤란하거나 긴급방제가 필요하다고 인정하는 경우에는 직접 방제조치를 하여야 한다.

④ 해양경찰청장은 해양수산부장관과 협의하여 지역의 자율적인 해양오염방제 기능을 강화하기 위하여 「수산업협동조합법」 제15조에 따른 어촌계에 소속된 어업인, 지역주민 등으로 해양자율방제대를 구성 · 운영할 수 있다.

해설 해양수산부장관과 협의하도록 되어 있지 않다.

정답 ④

참고문헌

■ 국내문헌

1. 단행본

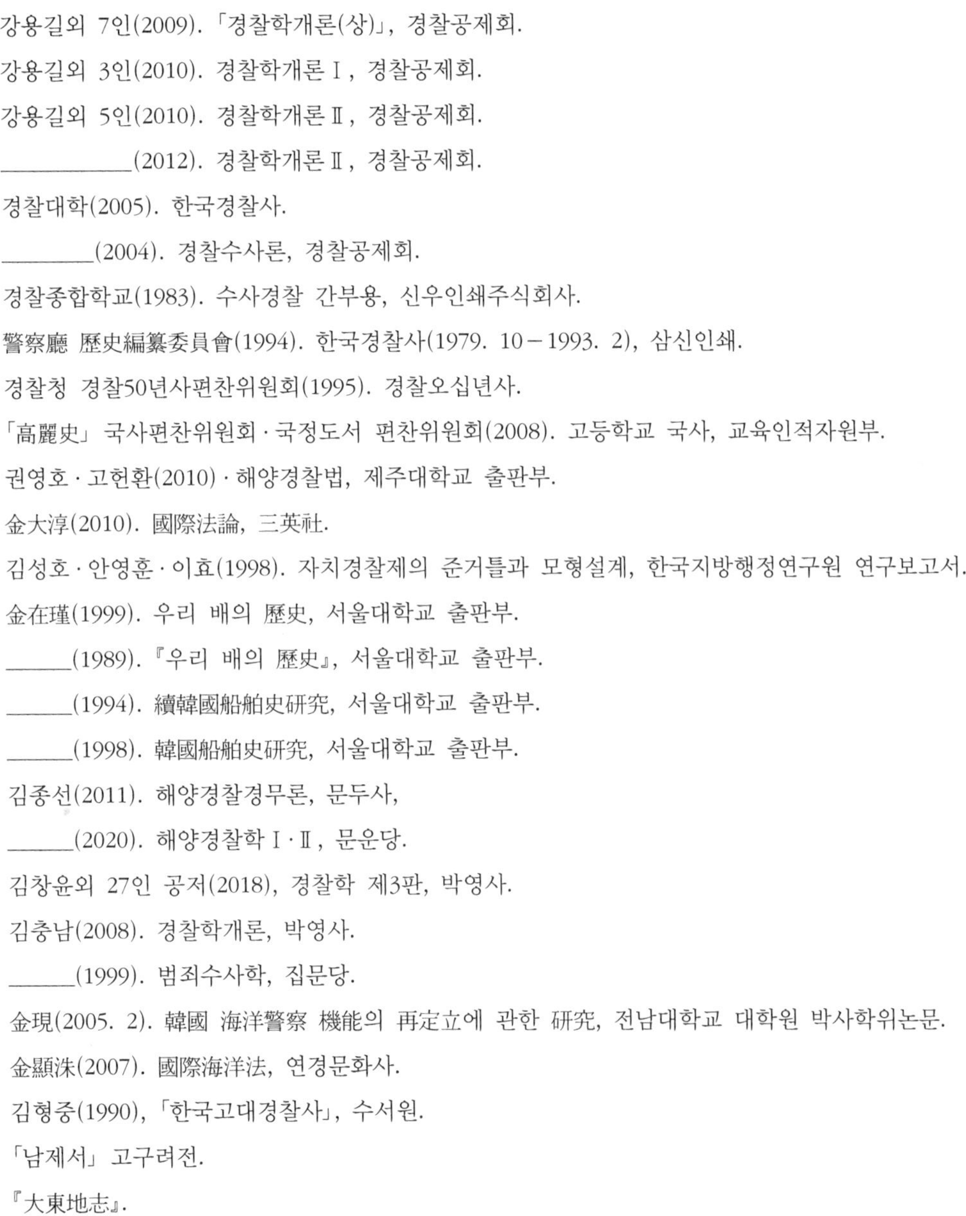

강용길외 7인(2009). 「경찰학개론(상)」, 경찰공제회.

강용길외 3인(2010). 경찰학개론 Ⅰ, 경찰공제회.

강용길외 5인(2010). 경찰학개론 Ⅱ, 경찰공제회.

__________(2012). 경찰학개론 Ⅱ, 경찰공제회.

경찰대학(2005). 한국경찰사.

________(2004). 경찰수사론, 경찰공제회.

경찰종합학교(1983). 수사경찰 간부용, 신우인쇄주식회사.

警察廳 歷史編纂委員會(1994). 한국경찰사(1979. 10－1993. 2), 삼신인쇄.

경찰청 경찰50년사편찬위원회(1995). 경찰오십년사.

「高麗史」 국사편찬위원회 · 국정도서 편찬위원회(2008). 고등학교 국사, 교육인적자원부.

권영호 · 고헌환(2010) · 해양경찰법, 제주대학교 출판부.

金大淳(2010). 國際法論, 三英社.

김성호 · 안영훈 · 이효(1998). 자치경찰제의 준거틀과 모형설계, 한국지방행정연구원 연구보고서.

金在瑾(1999). 우리 배의 歷史, 서울대학교 출판부.

______(1989). 『우리 배의 歷史』, 서울대학교 출판부.

______(1994). 續韓國船舶史硏究, 서울대학교 출판부.

______(1998). 韓國船舶史硏究, 서울대학교 출판부.

김종선(2011). 해양경찰경무론, 문두사,

______(2020). 해양경찰학 Ⅰ · Ⅱ, 문운당.

김창윤외 27인 공저(2018), 경찰학 제3판, 박영사.

김충남(2008). 경찰학개론, 박영사.

______(1999). 범죄수사학, 집문당.

金現(2005. 2). 韓國 海洋警察 機能의 再定立에 관한 硏究, 전남대학교 대학원 박사학위논문.

金顯洙(2007). 國際海洋法, 연경문화사.

김형중(1990), 「한국고대경찰사」, 수서원.

「남제서」 고구려전.

『大東地志』.

류지태 · 박종수(2009). 「행정법신론」, 제13판, 박영사.
<만기요람> 군정편4 해방 동해 기사.
문경환 · 이창무(2014). 경찰정보학 제2판. 박영사.
박균성 · 김재광(2010). 경찰행정법, 박영사.
박영하 · 이은방 · 김운곤 · 최교호 · 이진철 · 성기주 · 김일평 · 김영철 · 한재철(2011). 해양경찰학, 문두사.
박용증 편저(2021). 아두스 경찰학개론, 아두스폴.
박주상 · 김경락 · 윤성현(2021). 해양경찰학개론, 박영사.
배종대 · 이상돈 · 정승환(2008). 신형사소송법, 홍문사.
釜山地方警察廳(2000). 「釜山警察史」.
서울대학교 행정대학원(2007). 세계일류 종합해양관리기관 구현을 위한 미래 발전전략, 「연구보고서」.
서재근(1963). 경찰행정학, 삼중당.
손봉선(2005). 경찰외사론, 大旺社.
손영태(2014). 해양경찰법체계, 지식인.
______(2016). 선박안전범죄론, 지식인.
순길태(2017). 해양경찰학개론, 대영문화사.
『承政院日記』 63.
신현기 · 이영남(2003). 경찰인사관리론, 법문사.
오봉근외 4인(1991). 조선수군사, 백산자료원.
오정동(2017). 해양경찰학개론 제1판, 서울고시각.
원호택 · 권석만(2008). 이상심리학 총론, 학지사.
陸軍士官學校(1968). 韓國軍制史－近世朝鮮前期篇, 陸軍本部.
陸軍本部(1968). 「韓國軍制史」.
윤명철(2016). 현 동아시아 해양국경분쟁의 역사적 근거 연구와 대안탐구, 경제 · 인문사회연구회.
윤상송(1975). 신해운론, 한국해사문제연구소.
윤성현 · 박주상 · 김경락(2018). 해양경찰학개론, 박영사.
윤용혁(2009). 「중세의 관영물류시스템, 고려의 조운제도」, 고려뱃길로 세금을 걷다.
이상원(2010). 경찰학개론, 大明出版社.
이재상(2008). 신형사소송법, 박영사.
이종수 · 윤영진(2009). 새행정학, 대영문화사.
이철주 · 강경선 · 김민배(2004). 행정법 I , 한국방송통신대학교 출판부.
李鉉淙(1977). 開港場監理署와 居留地置廢에 관한 硏究, 동국대학교 대학원 박사학위논문.
李潤哲 · 金鎭權 · 洪聖和(2008). 2008年 新海事法規, 다솜출판사.
이혜경외 7인(2016). 이민정책론, 박영사.
이황우 · 조병인 · 최응렬(2003). 경찰학개론, 한국형사정책연구원.

이황우 편저(2005). 비교경찰제도(Ⅰ), 法文社.

__________(2012). 경찰행정학, 법문사.

이황우 · 김진혁 · 임창호(2007). 경찰인사행정론, 제2판, 법문사.

____________________(2012). 경찰인사행정론, 제3판, 법문사.

임도빈(2020). 행정학: 시간의 관점에서, 박영사.

임원빈 · 김주식 · 이민웅 · 정진술(2004). 고려시대 수군관련사료집, 신서원.

李基白著(1992). 韓國史新論, 一潮閣.

이상인(2009). 해양경찰의 자치경찰제 도입 가능성 연구, 서울시립대학교 석사학위논문.

李瑄根(1961－63). 韓國史, 乙酉文化史.

李運周(2002). 警察學概論, 경찰대학.

「일본서기」 25권.

이철우외 10인(2019). 이민법, 박영사.

日省錄 고종 23년 10월 3일.

일연 · 권상도역 · 한정섭 주해(1996). 삼국유사, 이화문화사.

임창호(2004). 경찰학의 이해, 박영사.

장수호(2011). 조선시대말 일본의 어업 침탈사, 수산경제연구원 BOOKS & 블루앤노트.

장학근외(1997. 11). 조선시대수군관련 사료집Ⅰ, 신서원.

전국9대학 해양경찰학과 교수 · 해양경비안전교육원 공저(2016). 해양경찰학개론, 문두사.

조선왕조실록.

전대양(2009). 범죄수사, 21세기사.

정정길(2001). 정책학원론, 대명출판사.

조철옥(2008). 경찰학개론, 대영문화사.

중앙경찰학교(2005). 「정보 · 보안」.

崔碩南(1965). 『韓國水軍活動史』, 鳴洋社.

최종화(2008). 현대 국제해양법, 제6전정판, 도서출판 두남.

최홍배 · 이성형 공역. 島田征夫 著(2010). 국제법, 법경사.

한국경찰사편찬위원회(1972). 「한국경찰사(Ⅰ)」, 내무부치안국.

한국과학사 편찬위원회(2001). 「한국과학사」, 여강출판사.

해양경찰교육원 · 목포대학교 도서문화연구원(2019). 「해양경찰 뿌리찾기」, 해양경찰교육원.

해양경찰선진화기획단(1998). 해양경찰발전방안.

해양경찰청(2002). 함정근무 피로도 분석연구.

__________(2003). 海洋警察50年史.

__________(2009). 해양경찰백서.

__________(2007). 해양경찰백서.

__________(2006). 해양경찰백서.

__________(2009). 해양경찰백서.

__________(2010). 해양경찰백서.

__________(2000). 외국해양경찰제도.

__________(2007. 10).「2007 일본해상보안청 백서」 번역본.

__________(2008). 해양오염관리업무 30년의 발자취.

__________(2013). 안전한 바다 행복한 국민: 해양경찰 60년사(1953 - 2013).

__________(2013). 해양경찰 장비발전 60년사.

__________(2015). 「해상수색구조매뉴얼」.

__________(2018). 해양경찰백서.

__________(2019. 10). 해양경찰법 해설서.

해양경찰학교(2009). 경무일반, 해양경찰신임과정.

___________(2009). 경비 · 해상안전, 해양경찰신임과정.

___________(2009). 국제법 · 경찰행정법, 해양경찰신입과정.

___________(2009). 해양환경, 해양경찰신임과정.

___________(2009). 정보 · 보안 · 외사.

___________(2007). 일본해상보안청법 해설서.

해양경찰교육원(2017). 해양경비론.

해양수산부 국립수산과학원(2005). 한국해양환경조사연보.

해운항만청(1980). 한국해운항만사,

허경미(2008). 경찰학개론, 박영사.

______(2002). 경찰정보론, 경찰대학.

『湖南鎭誌』,「古群山鎭誌與事例并錄成冊」(서울대 奎 12188).

황현락(2009). 경찰학개론, 청목출판사.

현규병(1955).「韓國警察制度史」, 민주경찰연구회.

홍정선(2007).「경찰행정법」, 박영사.

______(2008). 신행정법입문, 박영사.

______(2010). 경찰행정법, 제2판, 박영사.

2. 논 문

강신석(2013). "2013년 중국 해양관리기구 조직개편의 함의," 한국해양경찰학회보 제3권 제2호(제5호), pp. 6-7.

金南奎(1966). 「高麗都部署考」, 『史叢』 11.

金明植.(2009). "미국에서의 국가정보 개명에 대한 논의," 『美國憲法研究』 제20권 제2호, pp. 377-407.

김문경(1995). "한·일에 비친 장보고", 「동양사학연구」, 50권.

김상호(2003). "경찰학의 정체성 및 학문적 성격에 대한 고찰," 경찰학연구, 제4호.

김영환(2006), "경찰홍보의 효율화를 위한 경찰조직과 공중과의 관계성 형성요인에 관한 연구," 「법학연구」 22: 468-469.

金在瑾(1984). "水軍의 制度," 「월간해양한국」, 한국해사문제연구소.

김창봉·천홍욱(2009). "C.I.Q 기관 정보공유의 문제점 및 개선방안," 관세학회지 제10권 제3호.

김태준(2009. 4). "초국가적 위협에 대한 한국의 대응방안: 소말리아 해적위협을 중심으로," 「국방연구」, 52(1).

김형중(2011). "高麗前期 金吾衛의 조직과 기능에 관한 연구," 한국경찰연구, 제10권 제3호.

김천식(2004). "장보고의 海商活動의 범위와 역사적 의의," 海運物流研究 제41호.

고명석(2005. 6). 미국 Coast Guard 연구, 해양경찰청 국외훈련 자료.

김성기(2004. 7). "미국 해안경비대의 조직·활동·법집행에 대한 연구," 해양경찰청.

김승수(2004). "ISPS-Code와 관련한 해상테러 대응대책," 2004년도 해양환경안전학회 추계학술발표회 자료집.

김진희(2008). 외국어선 불법조업 방지를 위한 해양경비방식에 관한 연구, 한국해양대학교 대학원 석사학위논문.

남궁구(1998). "경찰학의 정체성규명에 관한 시론," 치안정책연구 제11호, 치안연구소

노호래(2010). "집회시위 사례연구: 부안사례를 중심으로," 한국공안행정학회보 제41호.

______(2011). "해양경찰사 小考-한말 개항장(開港場)의 감리서(監理署)와 경무서(警務署)를 중심으로-, 「한국경찰연구」, 제10권 제2호,

___________. "현대 해양경찰사 연구," 한국공안행정학회보 제45호.

___________. "해양범죄의 유형분석과 대응방안," 한국공안행정학회보 제42호.

______(2012). "일본 해상보안제도의 특징과 정책적 제언," 한국공안행정학회보 제49호.

___________. "Community Policing 관점에 따른 해양경찰 파·출장소의 발전방안," 한국공안행정학회보 제46호.

______(2014). "해양사고의 사례분석과 해양경찰의 대응방안- 여객선 사고를 중심으로-," 한국공안행정학회보 제57호.

___________. "해적사건 대응을 위한 무장경비원제도 도입방안에 관한 연구," 한국경호경비학회보

제41호.
______(2015). “일본 해상보안청의 정보활동과 시사점,” 한국경찰학회보, 제55호.
______(2016). “미국 코스트 가드의 인텔리전스와 시사점,” 경찰학논총 제11권 제2호, 원광대 경찰학연구소.
______(2017). “「연안사고 예방에 관한 법률」 상의 위험구역 관리 개선방안,” 한국치안행정논집 제14권 제3호.
__________. “수산 및 해양 분야 외국인 노동자 현황 분석과 해양경찰의 정책방안,” 한국경찰학회보 제19권 제6호.
______(2018). “민간 해양구조대의 현황분석 및 발전방안,” 한국해양경찰학회보 8권 3호.
______(2019). “「해양경찰법」 제정에 관한 연구: 해양경찰청장 임명 관계를 중심으로,” 한국해양경찰학회보 9권 2호.
______(2019). “해상테러에 대한 대응역량 강화방안,” 한국경찰학회보 21권 6호.
문경호(2011). “고려시대 조운제도와 조창,” 지방사와 지방문화 14권 1호.
박용섭(1998. 8). “일본 해상보안청의 해상보안관의 성격에 관한 연구,” 海洋韓國.
박종승 · 최응렬(2014). “해양경찰 예산편성의 문제점 및 개선방안,” 한국경찰학회보 16권 3호.
서울대학교 행정대학원부설 행정연구소(1971). 연근해 어업진흥과 수산행정체계의 개선방안 및 부정어업에 관한 연구.
서울행정학회 · 인천대 위기관리연구센터(2006. 7). 해양경찰의 효율적 조직체계에 관한 연구, －지방조직을 중심으로.
송병호 · 최관(2006). “국제성 해양범죄에 대한 해양경찰의 대응실태 고찰,” 경찰학연구 제6권 3호.
송일종, “국제해양범죄 실태와 대응력 강화방안에 관한 연구－해양경찰을 중심으로,” 인하대학교 행정대학원 석사학위논문, 2009.
송창훈, “해양경찰의 중요범죄 정의와 기대효과에 관한 연구－5대 범죄를 중심으로,” 한국방송대학교 석사학위논문, 2008.
신영태(2005. 3). “불법어업에 대한 정책방향,” 월간 해양수산 제246호.
신유섭.(2003). “9/11 테러 사건 이후 미국 정보계 개혁의 성격과 전망,” 『國際政治論叢』 제43집 4호, pp. 81 - 100.
申昌勳(2004). “海上테러리즘(maritime terrorism)의 規制와 防止에 관한 國際法 動向과 우리나라의 對應方向,” 서울국제법연구, 제11권 2호.
이근안(2012). “해양경찰 정보활동의 활성화방안,” 동국대학교 행정대학원 석사학위논문.
이재승 · 이완희 · 문준섭(2013). “미 해안경비대(U.S. Coast Guard)의 고찰을 통한 한국 해양경찰의 제도적 개선방안,” 한국경호경비학회지 제36호.
張仁植(2001). “海上 集會 · 示威의 合理的 規律을 위한 一考察,” 법학연구 제22집, 전북대 법학연구소.
전대양(2006). “연쇄강간범의 범행특징과 대응방안－일명 ‘발바리’사건을 중심으로－,” 한국공안행정학회보 제24호.
조호대(2003). "우리나라 해양경찰의 교육훈련 개선방안에 관한 연구," 한국공안행정학회보 제15호.
泉昌弘(일본해상보안청 섭외관)(1998. 9). "海上保安廳の責務は現狀," 해양환경안전학회 해양관리행정 선진화세미나자료집.
채영근(2001). "오염원인자부담원칙의 적용상의 어려움－CERCLA상의 정화책임을 중심으로－," 환경법연구 제23권 2호.
최응렬 · 박주상(2007. 8). "해양경찰 지방조직의 효율적 개편방안에 관한 연구," 한국지방자치연구, 제9권 2호.
최석윤. (2006). "해상테러행위에 대한 형사법적 대응방안,"「해사법연구」, 제18권 제2호.
최석윤 · 이윤철 · 홍성화 · 조동호(2007). "해상테러행위에 대한 법적 책임과 대응방안,"「한국해법학회지」, 29(2).
최종화 · 정도훈 · 차철표(2002). "우리나라 연근해 불법어업의 유형별 발생원인과 어업질서 확립방안에 관한 연구," 수산해양교육연구, 14(2).
최주연 · 순길태(2016). "해양 대테러 활동 분석 및 효율적 대응을 위한 제언－해양경비안전본부 특공대 활동을 중심으로－,"「한국경찰연구」, 15(1).
함혜현(2017). "해양경찰 홍보조직 운용 개선방안에 관한 연구:해양재난 발생시 대응체계를 중심으로," 한국해양경찰학회보 제7권 제1호 (통권 13호),

■ 외국문헌

村上暦造 · 森 征人(2009). "海上保安廳の成立と外國法制の繼受," 海上保安法制－海洋法と國內法の交錯, 三省堂,
海洋 · 東アジア研究會編(2009). 海上保安廳進化論－海洋國家日本のポリシーパワー, 東京: 星雲社.
海上保安廳總務部政務課, 1961: 參考資料 6－7項, 10 － 11項.
海上保安廳(2020).「海上保安 Report」.
America's Coast Guard(2005). Safeguarding U.S. Maritime safety and Security in the 21st Century.
Bennett, Michael E.(2008). "The US Guard and OSS Maritime Operations During World War Ⅱ," *Study in Intelligence*, Vol. 42, No. 4.
Götz, Allgemeines Polizei－ und Ordnungsrecht, RN. 11.
Johann Stephan Püttner, Institutiones juris Germanici, 1770.
Lowenthal, Mark. M.(2000). *Intelligence: From Secrets to Policy*, Washington, D.C.: CQ Press.
____________(2006). *Intelligence: From Secrets to Policy*, Washington, D.C.: CQ Press.

McNicholas, Michael(2008). *Maritime Security : an Introduction*, New York: Elsevier Inc.

Mueller, G. O. W. and Freda Adler(1996). “Hailing and Boarding the Psychological Impact of US Coast Guard Boardings,” *Police Studies*, 19(4).

Ostrom, Thomas P.(2006). *The UNITED STATES COAST GUARD 1790 To THE PRESENT: A History*, Oakland, Oregon: RED ANVIL PRESS.

Treverton, Gregg.(2001). *Reshaping National Intelligence for an Age of Information*, Cambridge: Cambridge University Press.

Coastal Zone Mission Analysis Report(http://www.uscg.mil/hq/g%2Do/czma/g%2Do%2D2/webpage/home/czhome.htm).

Home Land Security Home page(http://www.dhs.gov/dhspublic/).

U.S. Coast Guard Academy Home page(http://www.cga.edu/)

U.S. Coast Guard Home page(http://www.uscg.mil/USCG.shtm).

http://www.uscg.mil/history/faqs/CGI.asp, 2015. 9. 11. 검색.

https://coastguard.dodlive.mil/2015/01/celebrating2015/01/celebrating-coast-guard-history-100th-anniversary-of-the-act-to-create-the-u-s-coast-guard/, 2019. 11. 22. 검색.

▪ 기타

경향신문, 1962. 1. 27.

구한국관보, 제402호.

(국가보훈처, 국내항일독립운동사적지, http://815book.co.kr/sajuk/TREA/#, 2011. 8. 3. 검색).

두산백과, 2013. 1. 22. 검색.

한국해양수산연구원 독도연구센터. “독도는 대한민국의 고유 영토입니다.”

해양한국 편집위원회(2016. 9).「해양한국」.

해양수산부 국립수산과학원(2005). 한국해양환경조사연보.

ytn, 2010. 12. 22.

저자 약력

노 호 래(盧 鎬 來)

국립 군산대학교 해양경찰학과 교수
동국대학교 경찰행정학과 졸업 및 동 대학원 졸업(석사, 박사)
한국해양경찰학회 회장
한국경찰학회 부회장
해양경찰청 정책자문위원
해양경찰교육원 자문교수 및 강사
국민안전처 해양경비안전본부 정책자문위원
국민안전처 해양경비안전교육원 자문위원
해양경찰청 자체규제심사위원
국무총리소속 정부업무평가위원
경찰청소속 경찰공무원 채용시험 출제위원 및 면접위원
행정고등고시 출제위원
국가직 7급 및 9급 출제위원
경비지도사 자격시험 출제위원
연락처 : roh122@kunsan.ac.kr

해양경찰학개론

초판발행 2022년 2월 25일

지은이 노호래
펴낸이 안종만 · 안상준

편 집 최문용
기획/마케팅 이영조
표지디자인 BEN STORY
제 작 고철민 · 조영환

펴낸곳 (주) 박영사
서울특별시 금천구 가산디지털2로 53, 210호(가산동, 한라시그마밸리)
등록 1959. 3. 11. 제300-1959-1호(倫)
전 화 02)733-6771
f a x 02)736-4818
e-mail pys@pybook.co.kr
homepage www.pybook.co.kr
ISBN 979-11-303-1480-8 93350

정 가 49,000원